桂林年鉴

GUILIN NIANJIAN

2022

桂林市地方志编纂委员会　编

线装书局

图书在版编目(CIP)数据

桂林年鉴 . 2022 / 桂林市地方志编纂委员会编 . -- 北京 ：线装书局，2022.11
ISBN 978-7-5120-5150-8

Ⅰ . ①桂… Ⅱ . ①桂… Ⅲ . ①桂林－ 2022 －年鉴 Ⅳ . ① Z526.73

中国版本图书馆 CIP 数据核字(2022)第 171444 号

桂林年鉴（2022）

GUILIN NIANJIAN（2022）

编　　者： 桂林市地方志编纂委员会
责任编辑： 周思远
装帧设计： 南宁市佳彩广告设计有限公司
出版发行： 线装書局

地　址：北京市丰台区方庄日月天地大厦 B 座 17 层（100078）
电　话：010-58077126（发行部）010-58076938（总编室）
网　址：www.zgxzsj.com

经　　销： 新华书店
印　　制： 深圳市精一瑞兰印刷有限公司
开　　本： 889 mm × 1240 mm　1/16
印　　张： 35.25
字　　数： 1554 千字
版　　次： 2022 年 11 月第 1 版第 1 次印刷

线装书局官方微信

定　　价： 368.00 元

编 辑 说 明

一、《桂林年鉴》是中共桂林市委、桂林市人民政府领导，桂林市地方志编纂委员会编纂的地方综合年鉴。每年出版 1 卷，已连续出版 28 卷。《桂林年鉴》的编纂出版坚持以马克思列宁主义、毛泽东思想、邓小平理论、“三个代表”重要思想、科学发展观、习近平新时代中国特色社会主义思想为指导，旨在载录桂林市经济和社会发展的基本情况，为各级领导机关决策、指导工作提供市情依据，是社会各界和海外人士了解、研究桂林的最新信息载体，并为桂林市的发展积累史料。

二、《桂林年鉴(2022)》主体内容设类目、分目、条目 3 个层次，除特载类目和辅助资料大事记、统计资料、附录外，其他类目的内容均以条目为表现内容的基本形式。条目的标题统一用黑体加【 】表示。年鉴内容采用科学分类和社会分工相结合的原则设置类目，机构、企事业单位的排序一般不表示其地位和规模。

三、本卷年鉴着重记载 2021 年桂林市经济和社会发展的基本情况及大事、要事、新事，个别重要内容有上溯或下延。全书设概貌、特载、年度聚焦、世界级旅游城市建设、中国共产党桂林市委员会、桂林市人民代表大会、桂林市人民政府、中国人民政治协商会议桂林市委员会、纪检监察、民主党派·工商联、群众团体、法治、军事、外事·接待、旅游业、城乡建设与管理、生态环境保护、交通运输·邮政管理、信息业、工业、农业·水利、商业、财政·税务、金融、新区·开发区、经济行政管理与监督、教育、科学、文化、卫生健康·体育、人力资源·社会保障、社会生活、区县(市)概览、人物 34 个类目，238 个分目。设辅助资料大事记、统计资料、附录。设彩色插页 52 页，内文插图 316 幅。

四、本卷年鉴稿件由各行业主管部门和各县(市、区)提供，并经撰稿单位领导审核。各行业中列入统计部门的主要数据，采用统计部门提供的数据，未列入统计部门范围的数据，以各行业主管部门提供为准，统计数据采用法定计量单位。年鉴中部分数据的合计数和相对数由于四舍五入取舍不同而产生的计算误差，均未做机械调整。

五、本卷年鉴为便于读者查阅，配备双重检索系统，书首设中文目录和英文目录，书尾设索引。

桂林市地方志编纂委员会

主　　任：李　楚

副 主 任：赵卫东　蒋春华　徐　锋　钟　麟　李一飞
　　　　　赵塞经　谷海洪

委　　员：戴　波　叶桂忠　吴晓罡　唐标明　曹方明
　　　　　张晓阳　戴伟鹏　肖必忠　吴应新　王子西
　　　　　蒋平华　梁白冰　隆　斌　孙敬东　苏　骋
　　　　　赵春燕　胡小春　黄先明

《桂林年鉴(2022)》编辑人员

主　　编：徐朝凯

执行主编：赵春燕

常务副主编：胡小春

副 主 编：曾荣平　陈　辉　廖志良　伍已忠　覃丰展
　　　　　李春瑜　潘树能

编　　辑：陶树青　尹　乐　游宇琳　李　靖　廖宝剑
　　　　　诸梦瑶

桂林荣誉

城市性质：

首批中国历史文化名城

著名国际风景游览城市

城市荣誉：

首批中国历史文化名城（1982年）

中国重点风景旅游城市（1986年）

首批中国优秀旅游城市（1998年）

首批中国十大文明风景旅游示范点（漓江景区 1998年）

全国创建文明城市工作先进城市（1999年、2002年、2005年、2009年）

国家园林城市（2003年）

全国园林绿化先进城市（2003年）

最佳中国魅力城市（2004年）

国家卫生城市（2005年）

全国科技进步先进市（2005年、2007年、2009年、2011年）

国家环境保护模范城市（2005年）

全国绿化模范城市（2007年、2011年）

中国十大休闲城市（2007年、2013年）

中国青年喜爱的旅游目的地（2007年）

国家知识产权示范城市创建市（2008年）

全国社会治安综合治理最高奖“长安杯”（2009年、2013年、2017年）

全国十佳绿色城市（2011年）

最中国文化名城（2011年）

中国特色休闲城市——最美休闲城市（2011年）

全国双拥模范城（1993年、1994年、1997年、2000年、2004年、2008年、2012年、2016年、2020年）

首批“全国旅游刷卡无障碍示范区”城市（2012年）

国家信息消费试点城市（2013年）

中国十佳品牌会展城市（2013年）

创建国家电子商务示范城市（2014年）

国家信息惠民试点城市（2014年）

全国优秀会展城市（2014年）

桂林喀斯特地貌列入世界自然遗产名录（2014年）

2014年度最佳国际旅游度假目的地（2014年）

美丽中国之旅十佳山水城市（2014年）

最佳国内旅游城市（2015年）

中欧低碳生态城市合作项目专项试点示范城市（2015年）

全国人民防空先进城市（2016年）

2011—2015年全国法治宣传教育先进城市（2016年）

2015—2016年度中国最具魅力会议目的地（2016年）

2015—2016年度全国会展名城（2016年）

2016亚洲旅游红珊瑚奖——亚洲最受欢迎旅游城市（2016年）

2013—2016年度全国社会治安综合治理优秀市（2017年）

全国首批健康旅游示范基地（2017年）

建设国家可持续发展议程创新示范区（2018年）

国家黑臭水体治理示范城市（2019年）

全国文明城市（2020年）

漓江景区。　林京学摄

桂林数字

城市数字（2021年）：

行政区划：6城区、11县（市）

土地面积：27809平方千米

年末户籍总人口：541.59万人

6城区人口：136.88万人

全市生产总值：2311.06亿元

第一产业增加值：549.47亿元

第二产业增加值：506.40亿元

第三产业增加值：1255.19亿元

一般公共预算收入：117.50亿元

粮食播种面积：34万公顷

粮食总产量：179.16万吨

社会消费品零售总额：942.55亿元

接待国内外游客人数：1.22亿人次

入境过夜游客人数：4.26万人次

旅游总消费：1502.88亿元

民用汽车保有量：81.65万辆

城镇居民人均可支配收入：40739元

农村居民人均可支配收入：18993元

金融机构本外币存款余额：4484.50亿元

金融机构本外币贷款余额：3542.01亿元

外贸进出口总额：91.61亿元

旅游景点：

世界自然遗产1处：桂林喀斯特地貌（漓江）

全球重要农业文化遗产1处：龙脊梯田（龙胜各族自治县）

世界灌溉工程遗产1处：兴安灵渠（兴安县）

国家5A级旅游景区4处：漓江景区、乐满地度假世界、独秀峰·王城景区、两江四湖·象山景区

国家4A级旅游景区46处

国家3A级旅游景区48处

全国重点文物保护单位20处

漓江风光　　李腾钊摄

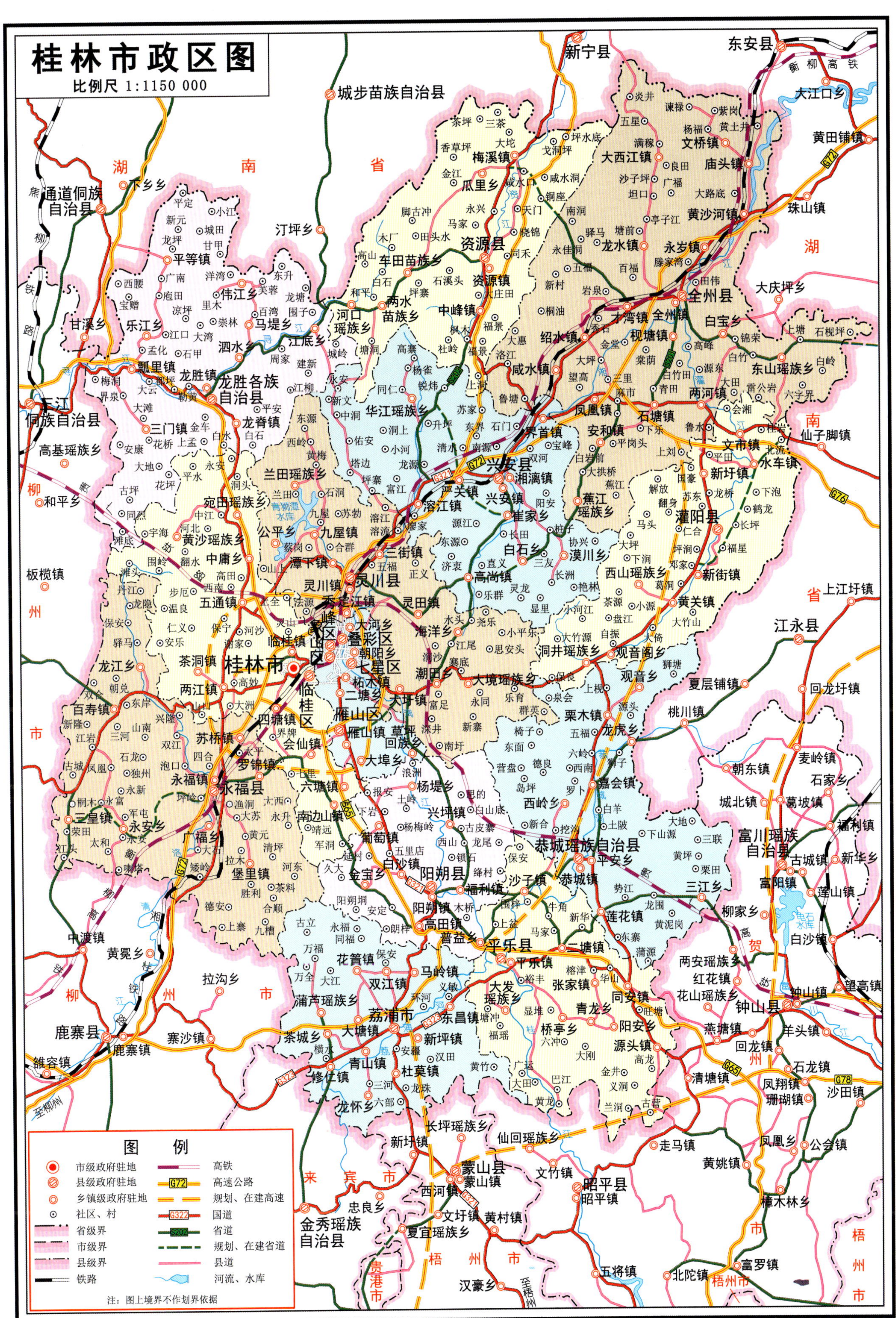

广西南宁六维地理信息服务有限公司编制
审图号：桂S（2019）03-001号
2019年11月

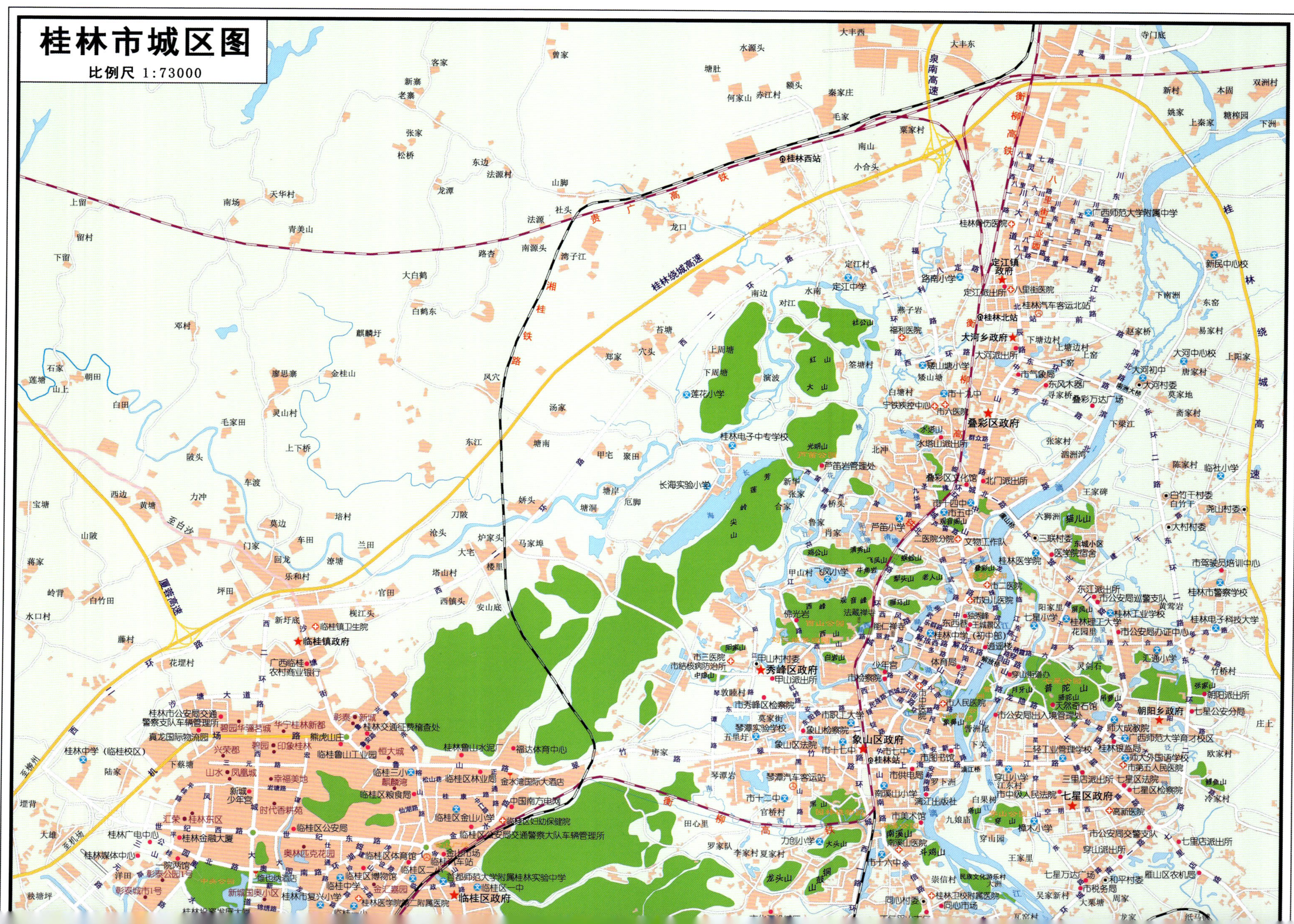
桂林市城区图
比例尺 1:73000

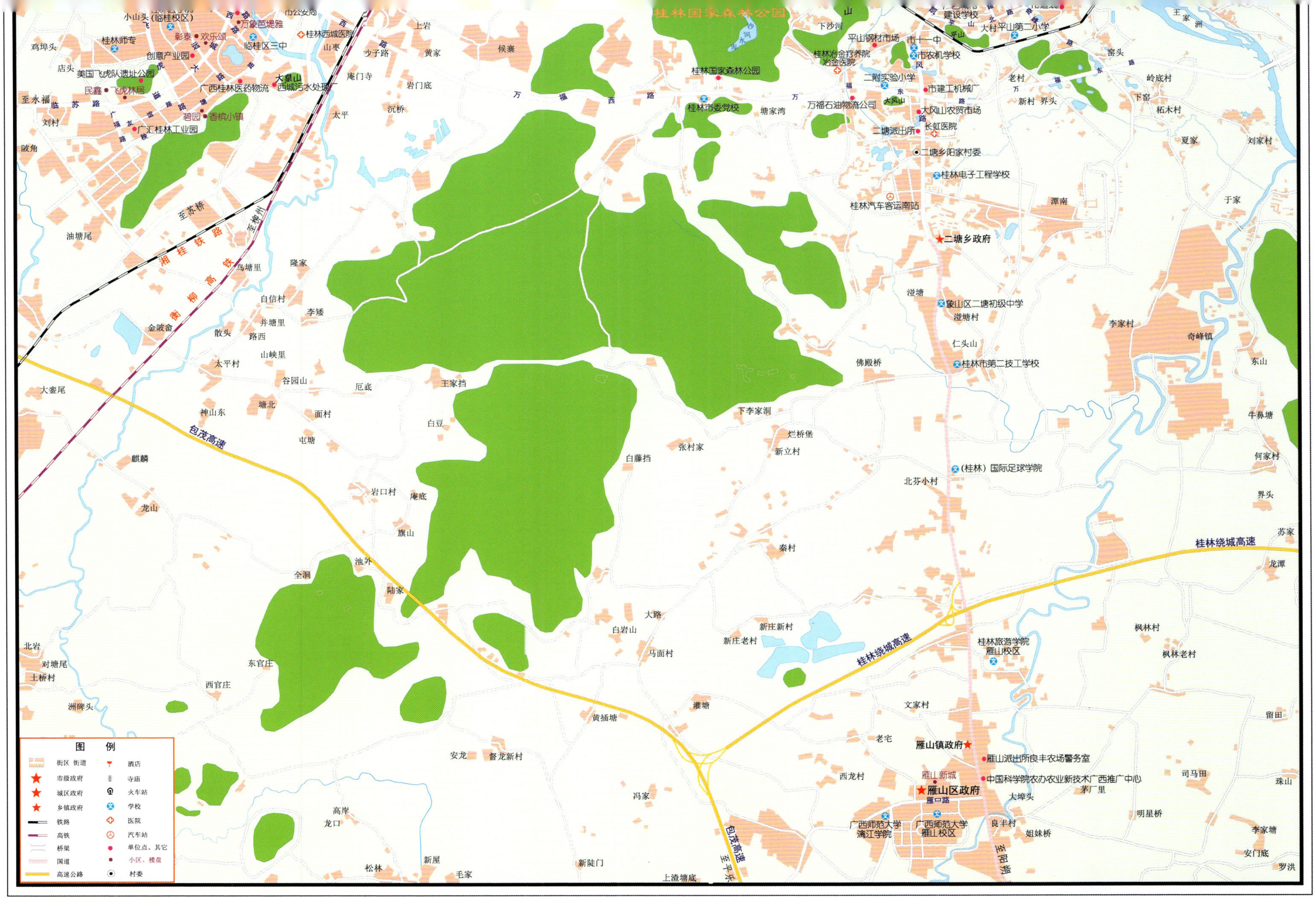

桂林国家森林公园

小山头（临桂校区）
万象芭堤雅
桂林西城医院
桂林师专
彰泰 欢乐颂
临桂区三中
创意产业园
美国飞虎队遗址公园
广西桂林医药物流
大皇山
西城污水处理厂
民鑫 飞虎林居
碧园 香槟小镇
广汇桂林工业园
至永福
刘村
鸡埠头
店头
敞角
油塘尾
至苏桥
湘桂铁路
衡柳高铁
至柳州
金陂畬
鸟塘里
自信村
井塘里
路西
散头
山峡里
太平村
谷园山
塘北
神山东
面村
屯塘
大畲尾
包茂高速
麒麟
龙山
北岩
对塘尾
上桥村
洲碑头
西官庄
东官庄
全洞
池外
陆家
旗山
岩口村
庵底
白豆
王家挡
厄底
隆家
李矮
上岩
少子路
黄家
候寨
庵门寺
岩门底
沉桥
太平
桂林国家森林公园
桂林市委党校
塘家湾
万福石油物流公司
大风山
大风山农贸市场
二塘派出所
长虹医院
二塘乡阳家村委
桂林电子工程学校
桂林汽车客运南站
二塘乡政府
澄塘
象山区二塘初级中学
澄塘村
仁头山
桂林市第二技工学校
佛殿桥
下李家洞
烂桥堡
新立村
张村家
白藤挡
（桂林）国际足球学院
北芬小村
秦村
大路
白岩山
新庄新村
新庄老村
马面村
灌塘
黄插塘
安龙
督龙新村
冯家
高岸
龙口
松林
新屋
毛家
新陡门
上渣塘底
至平乐
下沙河
平山钢材市场
市十一中
桂林冶金疗养院
冶金医院
市农机学校
二附实验小学
市建工机械厂
建设学校
大村平山第二小学
老村
新村
界头
潜头
岭底村
下窑
柘木村
夏家
刘家村
王家洲
于家
潭南
李家村
奇峰镇
东山
牛鼻塘
何家村
界头
苏家
龙潭
桂林绕城高速
枫林村
枫林老村
桂林旅游学院雁山校区
文家村
老宅
雁山镇政府
雁山派出所良丰农场警务室
中国科学院农办农业新技术广西推广中心
雁山新城
雁山区政府
雁山路
西龙村
广西师范大学漓江学院
广西师范大学雁山校区
大埠头
茅厂里
良丰村
姐妹桥
至阳朔
留田
司马田
珠山
明星桥
李家塘
安门底
罗洪

图例

	街区 街道		酒店
★	市级政府		寺庙
★	城区政府		火车站
★	乡镇政府		学校
	铁路		医院
	高铁		汽车站
	桥梁		单位点、其它
	国道		小区、楼盘
	高速公路		村委

广西南宁六维地理信息服务有限公司编制　审图号：桂S（2019）03-002号　2019年11月

领导考察

2021年6月4日，自治区党委书记、自治区人大常委会主任鹿心社（右三）深入桂林市，就经济运行、产业发展、乡村振兴、文旅融合等工作进行调研。

黄克摄

2021年6月4日，自治区党委书记、自治区人大常委会主任鹿心社（前排右三）到桂林云璟科技有限公司调研企业运营发展情况。

黄克摄

2021年12月1日，自治区党委书记刘宁（左四）率十二届自治区党委常委班子和部分十一届自治区党委常委参观红军长征湘江战役纪念馆。

何平江摄

2021年12月1日，自治区党委书记刘宁（前排右二）到兴安县溶江镇五架车村考察乡村治理、农村人居环境改善等工作。

何平江摄

2021年1月9日，自治区主席蓝天立（左二）到叠彩区伏龙洲调研漓江生态保护工作。 何平江摄

2021年3月21日，自治区主席蓝天立（右三）到灵川县花江智慧谷一期四创中心调研。 唐侃摄

领导活动

2021年1月4日，自治区人大常委会副主任、桂林市委书记赵乐秦（中）到叠彩区调研大河坊项目建设情况。　　何平江摄

2021年1月4日，自治区人大常委会副主任、桂林市委书记赵乐秦（中）到靖江王陵国家考古遗址公园调研遗址公园规划建设情况。　　何平江摄

2021年2月23日，市委书记周家斌（左一）在全市推进工业振兴大会上为强优企业、创新企业代表和优秀企业家颁奖。

何平江摄

2021年12月21日，市委书记周家斌（前排左二）到叠彩区调研桂林医学院附属医院漓东新院区项目建设以及叠彩区最新规划情况。

何平江摄

2021年2月3日，市长秦春成（右）走访慰问广西师范大学校长贺祖斌（左）。 李云波摄

2021年2月8日，市长秦春成（右三）看望慰问公安英模戴宇（右四）。 唐艳兰摄

2021年6月18日，市长李楚（前排左二）到荔浦美亚迪光电科技有限公司调研。 市政府办供图

2021年11月5日，市长李楚（前排左二）到桂林吉福思罗汉果有限公司调研农产品加工情况。 市政府办供图

2021年1月6日，市人大常委会主任张晓武（右四）到临桂区调研会仙湿地保护条例立法工作。 罗程泓摄

2021年7月21日，市人大常委会主任张晓武（前排右三）参加“打造桂林世界级旅游城市和推进乡村振兴”年中专题调研活动。 阳文杰摄

2021年11月5日，市人大常委会主任赵仲华（前排中）调研桂林国家高新区七星区企业人大代表联络站建设工作。 李连胜摄

2021年12月14日，市人大常委会主任赵仲华（前排中）率驻桂林全国人大代表和自治区人大代表视察灌阳县莲溪庐乡村振兴农旅融合示范区建设情况。 李源摄

2021年11月9日，市政协系统召开“发挥政协优势，助力乡村振兴”现场经验交流会。图为市政协主席陈丽华（前排左四）在雁山区红顶花园实地考察。
市政协供图

2021年11月23日，市政协组织住桂林市自治区政协委员、市政协常委联合视察桂林市重大项目建设。图为市政协主席陈丽华（前排右二）随视察团成员实地走访。
市政协供图

庆祝中国共产党

2021年，桂林市委、市政府举办庆祝中国共产党成立100周年系列活动。做好庆祝中国共产党成立100周年评选表彰系列活动，向2.3万名老党员发放“光荣在党50年”纪念章。组织桂林市党群共庆中国共产党成立100周年主题晚会、“永远跟党走”庆祝中国共产党成立100周年暨桂林市第42届“漓江之声”活动、桂林地方百年党史展、“百年辉煌·党史百课”课程开发评审等红色系列主题活动，营造“永远跟党走”的浓厚氛围。

成立 100 周年

1 2021 年 6 月 30 日，桂林市“两优一先”表彰大会在市会议中心举行。
2 2021 年 6 月 30 日，在桂林市“两优一先”表彰大会上，市委书记周家斌（左一）为老党员代表颁发“光荣在党 50 年”纪念章。
3 2021 年 6 月 30 日，市委书记周家斌（左三）到叠彩区清风社区党群服务中心调研基层开展党史学习教育情况。
4 2021 年 6 月 30 日，市委书记周家斌（右三）到叠彩区北门街道锦绣社区慰问党员曾志宏（右四）。

本版图片均由何平江摄

2

3

4

桂林市庆祝中国共产党成立100周年座谈会
赵仲华
周家斌
李 楚
彭东光
文建中

1 2021 年 7 月 5 日，桂林市召开庆祝中国共产党成立 100 周年座谈会，市委书记周家斌（正面左五）出席并作讲话。 何平江摄

2 2021 年 7 月 6 日，市委书记周家斌（正面中）主持召开市委常委会会议，传达学习中共中央总书记习近平在庆祝中国共产党成立 100 周年大会上的重要讲话精神。 何平江摄

3 2021 年 7 月 1 日，市民在象山景区收看庆祝中国共产党成立 100 周年大会直播。 游拥军摄

4 2021 年 7 月 1 日，干部群众在秀峰区王城景区门前载歌载舞，欢庆中国共产党成立 100 周年。 游拥军摄

5 2021 年 6 月 18 日，广西党史学习教育“感党恩　跟党走”主题系列活动“党史故事大家讲”特别策划在红军长征湘江战役纪念园举行。 杨海萍摄

6 2021 年 6 月 29 日晚，桂林市党群共庆中国共产党成立 100 周年主题晚会在桂林大剧院隆重举行。图为诗朗诵《沁园春　突破湘江》场景。 李凯摄

7 2021 年 5 月 15 日晚，热烈庆祝中国共产党成立 100 周年——“郁钧剑从艺五十周年回乡演唱会”在桂林体育馆唱响。 唐艳兰摄

8 2021 年 5 月，在市中心广场摆设庆祝中国共产党成立 100 周年主题花坛。 李腾钊摄

世界级旅游

2021年4月，中共中央总书记、国家主席、中央军委主席习近平视察广西第一站到桂林，赋予桂林打造世界级旅游城市的历史使命。自治区党委、自治区人民政府提出“世界眼光、国际标准、中国风范、广西特色、桂林经典”的总体要求和“一城一都一地一中心”四大定位，成立工作领导小组统筹推进，形成了全自治区合力打造桂林世界级旅游城市的工作格局。桂林市委、市人民政府以打造世界级旅游城市为统揽，建立高效推进机制，聘请知名专家，高起点规划设计，统筹实施重大项目建设，争取各方支持，努力创造宜业、宜居、宜乐、宜游的良好环境，奋力谱写建设新时代中国特色社会主义壮美广西的桂林新篇章。

重大活动

城　市　建　设

1 2021年6月10日，桂林建设世界级旅游城市专家研讨会召开。 何平江摄

2 2021年6月10日，在桂林建设世界级旅游城市用地政策座谈会上，专家袁国华积极为桂林建言献策。 何平江摄

3 2021年6月11日，桂林建设世界级旅游城市专家研讨会现场，观众认真聆听专家演讲。 何平江摄

2

3

桂林打造世界级旅游城市专题协商座谈会
Opening Ceremony
开幕式
The 15th UNWTO/PATA Forum on Tourism Trends and Outlook
第十五届联合国世界旅游组织/亚太旅游协会旅游趋势与展望国际论坛
Tourism and Rural Development
旅游与乡村发展
ZHOU Jiabin
周家斌
Secretary of Guilin Municipal Committee of the CPC
中共桂林市委书记
PATA

① 2021年7月14日，市委召开桂林打造世界级旅游城市专题协商座谈会。市委书记周家斌（正面左二）出席会议并讲话。何平江摄

② 2021年10月15日，第十五届联合国世界旅游组织/亚太旅游协会旅游趋势与展望国际论坛在桂林开幕。何平江摄

③ 2021年7月29日，市委书记周家斌（左）、市长李楚（右）共同为桂林市打造世界级旅游城市工作领导小组办公室揭牌。何平江摄

④ 2021年10月15日，第十五届联合国世界旅游组织/亚太旅游协会旅游趋势与展望国际论坛现场，与国外嘉宾进行视频连线。李凯摄

⑤ 2021年10月15日，联合国世界旅游组织秘书长祖拉布·波洛利什维利在第十五届联合国世界旅游组织/亚太旅游协会旅游趋势与展望国际论坛上致辞。唐飞鸿摄

2021中国—东盟博览会旅游展
CHINA-ASEAN EXPO TOURISM EXHIBITION 2021
深化"一带一路"建设 打造世界级旅游城市
Deepen the Belt and Road Initiative, Build a World-class Tourism City
CAEXPOTE

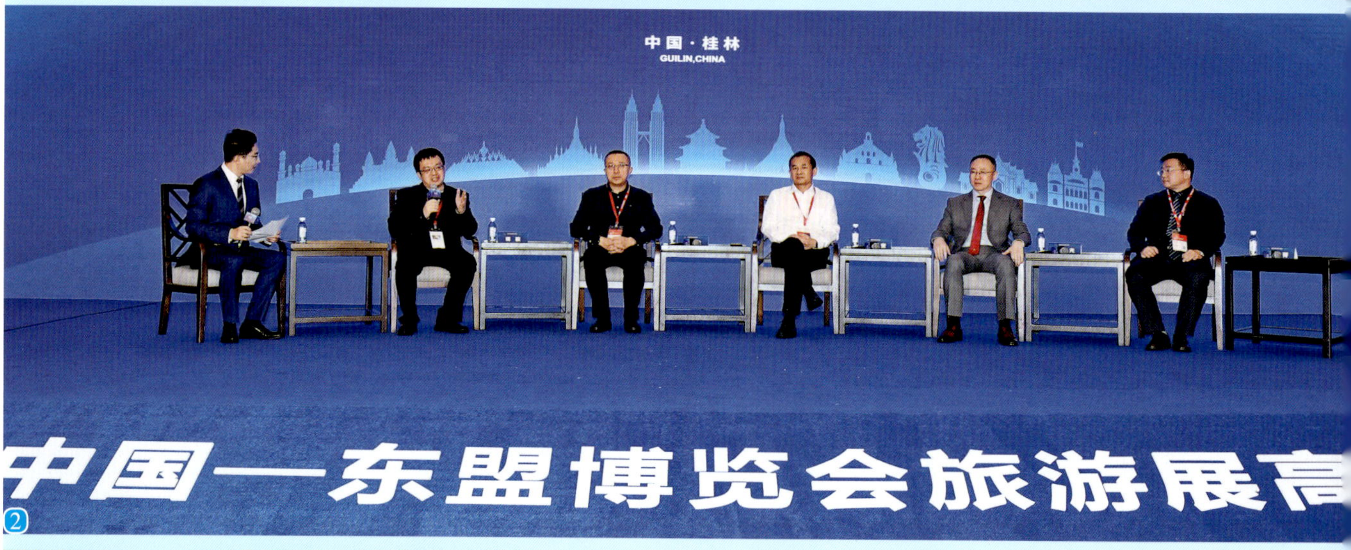

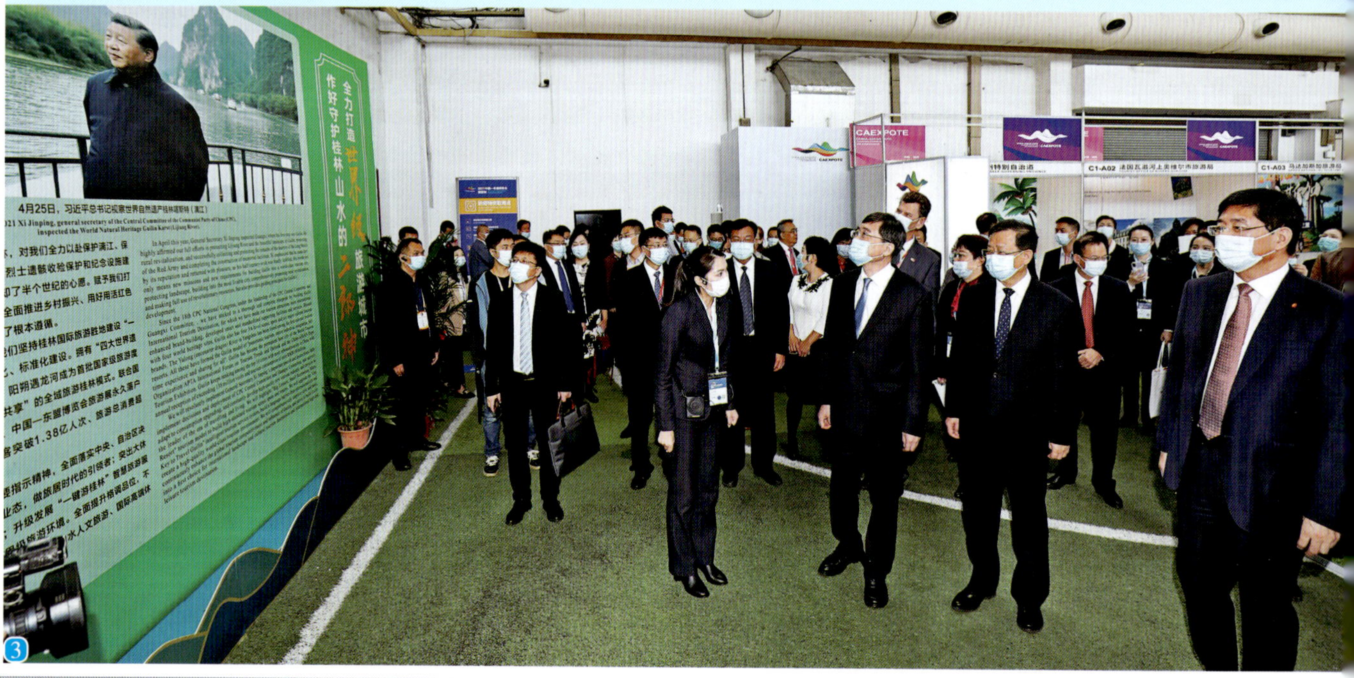

1 2021 年 10 月 15 日，2021 中国 – 东盟博览会旅游展在桂林国际会展中心开幕。 何平江摄

2 2021 年 10 月 15 日，在 2021 中国 – 东盟博览会旅游展高峰论坛上，嘉宾分享各自领域的数字文旅发展经验。 李凯摄

3 2021 年 10 月 15 日，领导嘉宾在 2021 中国 – 东盟博览会旅游展上巡展。 李凯摄

4 2021 年 9 月 8 日，十国驻华使节在阳朔县高田镇喜龙村，与壮族群众沟通交谈。 游拥军摄

5 2021 年 10 月 15 日，2021 中国 – 东盟博览会旅游展现场表演民族特色歌舞。 李凯摄

6 2021 年 10 月 15 日，2021 中国 – 东盟博览会旅游展上精彩的表演。 李凯摄

7 2021 年 10 月 15 日，2021 中国 – 东盟博览会旅游展现场各种旅游文创产品吸引大家目光。 李凯摄

8 2021 年 10 月 15 日，嘉宾在 2021 中国 – 东盟博览会旅游展现场韩国展台体验旅游产品。 何平江摄

9 2021 年 10 月 15 日，嘉宾在 2021 中国 – 东盟博览会旅游展现场泰国展台前体验泰式按摩。 李凯摄

项目建设

❶ 2021年1月29日，市委、市政府召开全市重大项目及重点工业企业工作推进会。 何平江摄

❷ 2021年10月11日，市委书记周家斌（右三）带队前往珠海格力电器总部考察并与董明珠（左三）就桂林与格力合作事宜进行座谈。 何平江摄

3 2021年6月26日，作为广西文旅融合发展的龙头项目，桂林融创国际旅游度假区正式营业，成为世界级旅游城市文旅融合发展的又一新地标。 唐飞鸿摄

4 2021年，桂林全州大碧头国际旅游度假区风光。 唐飞鸿摄

高效建造、品质建造、安全建造、创新建造
1
2
3

1 2021 年 12 月 21 日，建设中的新桂林国际会展中心项目。 唐艳兰摄

2 2021 年，桂林深科技智能制造项目成为集产、研、教、住于一体的新型智能制造产业园。 李凯摄

3 2021 年 12 月 23 日，凤凰·山水尚境涵盖艺术公园、艺术街区等板块，打造国际性的时尚艺术旅游度假目的地及山水人文艺术生活新样板。 唐艳兰摄

漓江生态保护

①

②

③

④

⑤

⑥

⑦

⑧

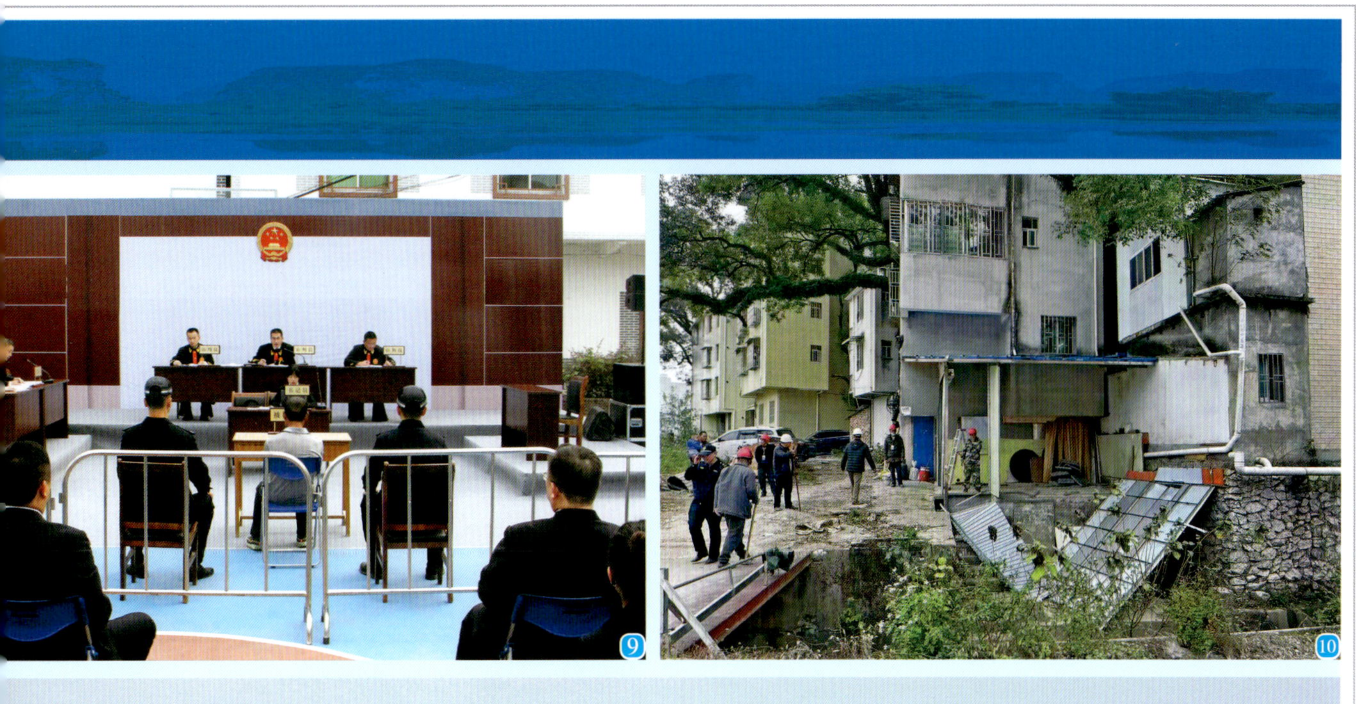

❶ 2021 年 3 月，桂林市打造“漓江卫士”党建船。
❷ 2021 年 4 月，建立纪检监察执纪协同问责机制，开展实地调查。
❸ 2021 年 5 月，维护漓江游览秩序，开展旅游市场秩序综合整治。
❹ 2021 年，新能源排筏成功试航，助推漓江绿色高质量发展。 唐飞鸿摄
❺ 2021 年 6 月，建成首艘漓江五星级高端游船。图为游船内景。
❻ 2021 年 7 月，桂林市启用漓江流域生态环境受损联动举报平台。
❼ 2021 年 8 月，桂林市完成喀斯特自然遗产地生态修复三期。
❽ 2021 年 9 月，桂林市销毁拆解沿岸鱼餐馆，杜绝生活生产污水直排漓江。
❾ 2021 年 10 月，桂林市开展漓江生态保护巡回审判。
❿ 2021 年 11 月，桂林市开展漓江城区段主要支流综合整治。
⓫ 2021 年 10 月，桂林市开展漓江精细化联合执法。

该版图片除署名外均由漓江风景名胜区管委会供图

1 2021 年 5 月 25 日，从猫儿山上流淌下来的水水质奇高，清澈见底。 游拥军摄

2 2021 年，漓江保护经验做法获国务院通报表扬。桂林始终把以漓江为核心的生态保护建设放在首位，生态环境越来越好，漓江水质常年为国家地表水 II 类标准。 唐侃摄

3 漓江兴坪段风光。 滕嘉摄

4 漓江九马画山景观。 林文洪摄

旅游品质提升

①

②

❶ 2021 年 7 月 21 日，伐工们带着游客畅游在遇龙河上。　游拥军摄

❷ 2021 年 8 月 23 日，从独秀峰往南眺望，正阳街笔直居中。　游拥军摄

❸ 2021 年 4 月 15 日，阳朔县兴坪古镇游客众多。“三月三”小长假，阳朔旅游持续火爆。　游拥军摄

❹ 2021 年 5 月 21 日，恭城瑶族自治县举办油茶文化节活动。　伍永炎摄

❺ 2021 年 5 月 2 日，游客坐船游览两江四湖景区。　伍永炎摄

❻ 2021 年 4 月 26 日，桂林竹江码头，满载游客的漓江星级游船顺江而下。山水间云雾缭绕，桂林美景美不胜收。　唐艳兰摄

❼ 2021 年 4 月 26 日，荔浦市马岭镇广安村新黎村屯新增的畅游花海小火车项目，吸引了大量周边游客前来游玩。　桂林日报社供图

❽ 2021年5月5日，游客在红军长征湘江战役纪念馆接受党史教育。　桂林日报社供图

1 2021 年，临桂新区山水公园秋色美景。 李腾钊摄

2 2021 年 10 月 13 日，龙脊金坑梯田景区。 伍永炎摄

3 2021 年，桂林市加强花化彩化，提升城市园林品位。图为訾洲公园再现“訾洲红叶桂林秋”胜景。 李腾钊摄

4 2021 年 9 月 30 日，游客在猫儿山景区游玩。 伍永炎摄

5 2021 年，莲花镇风景如画，美丽乡村已成为近年来开展乡村旅游的热门打卡点。 桂林日报社供图

6 2021 年，全国乡村旅游重点村阳朔鸡窝渡村。 李腾钊摄

1

2

1 2021 年，象山景区免费开放后，春节期间，大量市民和游客纷纷到景区免费参观游览。 唐艳兰摄
2 2021 年，遇龙河十里画廊风貌。 唐艳兰摄
3 2021 年，阳朔西街获评国家级夜间文化和旅游消费集聚区、自治区级步行街。 唐飞鸿摄
4 2021 年，七星区竹江村乌桕滩风光。 李腾钊摄
5 2021 年，全州天湖滑雪场。 唐飞鸿摄

加快工

2021年，桂林市出台多项措施，推进工业发展。制定《桂林市工业振兴2021年实施方案》，编制完善《桂林市工业和信息化发展“十四五”规划》，持续落实支持工业企业发展“18+10”政策，出台《市党政主要领导服务工业企业接待日活动方案》《2021年市领导联系服务重点工业企业工作方案》《桂林市领导领衔推进重点产业链工作专班方案》等系列措施，形成上下联动大抓工业的工作合力。全市工业增加值比上年增长7.6%，规模以上工业增加值增长8.1%。推进桂林华为信息生态产业合作区项目等“双百双新”产业项目41个。三金西瓜霜车间及技术中心改造工程等121个项目列入自治区“千企技改”工程项目库。君泰福金盘科技桂林基地数字化转型项目等68个项目开工建设，桂林领益智能制造项目（一期）等38个项目实现竣工投产。

该专题图片由市工业和信息化局供图

业 振 兴

1 2021 年，桂林莱茵生物科技股份有限公司全景图。
2 2021 年，弗迪科技桂林线束工厂建设项目投产。
3 2021 年，桂林电力电容器有限公司国内先进的高压试验大厅。
4 2021 年，桂林国际电线电缆集团有限责任公司线缆自动装袋设备。
5 2021 年，桂林君泰福电器有限公司厂房外观。

1

2

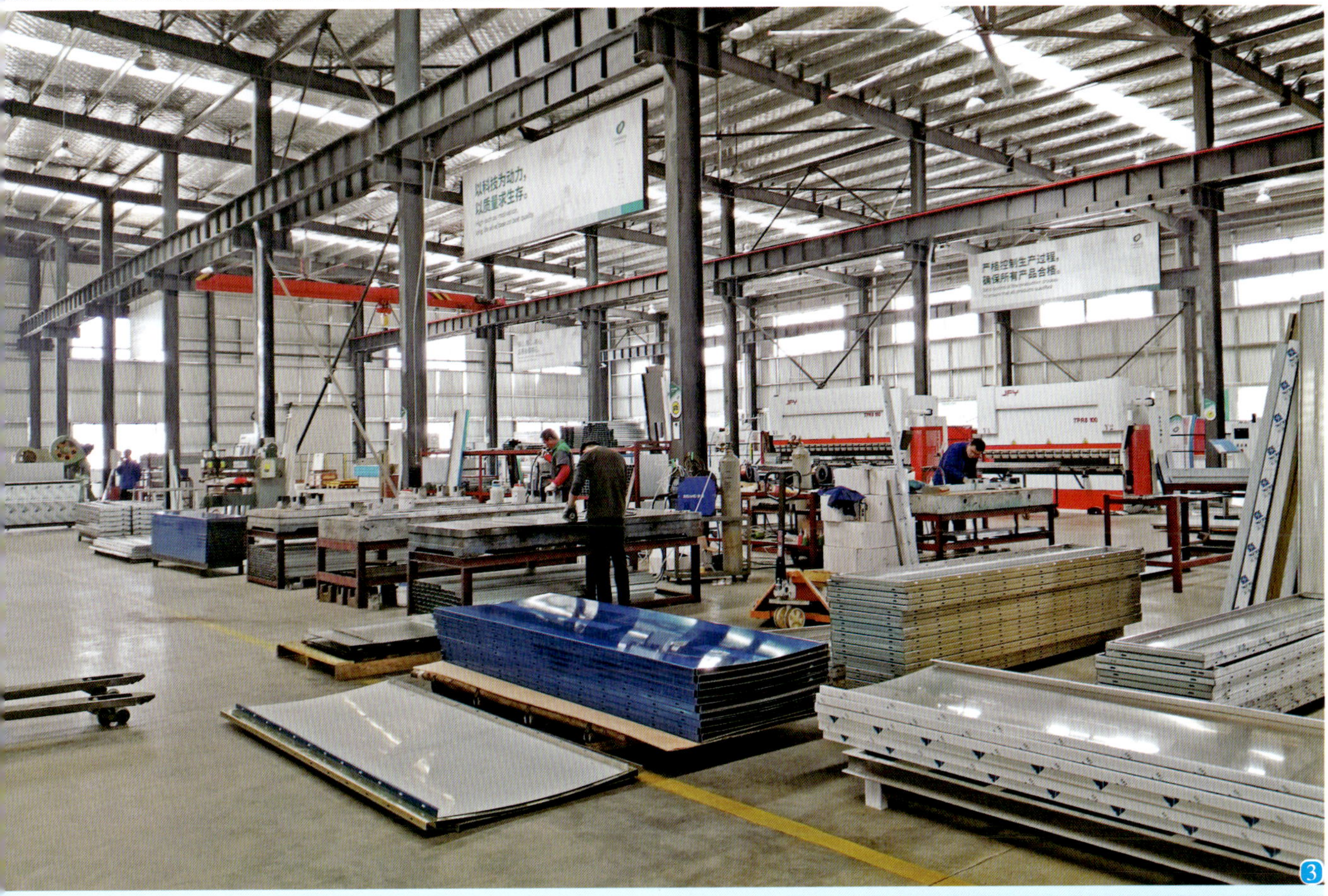

1 2021 年 12 月 6 日，桂林领益制造智能制造项目一期投产仪式举行。
2 2021 年，桂林微腾电子科技有限公司——电子智能化制造项目设备安装。
3 2021 年，平乐县西德电梯生产车间。
4 2021 年，君泰福金盘科技桂林基地数字化转型项目生产车间。
5 2021年10月9日，桂林金殿冶炼有限责任公司调试中的2.5万千伏安铁合金矿热炉。
6 2021 年 11 月 9 日，市工信局到灌阳县文市石材产业园调研。

GUILIN HBM HEALTH PROTECTIONS
桂林恒保健康防护有限公司

1 2021 年，燕京啤酒（桂林漓泉）股份有限公司生产车间。
2 2021 年，桂林三养胶麦生态食疗产业有限责任公司生产车间（桂林米粉）。
3 2021 年，桂林恒保健康防护有限公司厂区图。
4 2021 年，桂林三花包装流水线。
5 2021 年，桂林湘山酒业有限公司生产车间。

推　进　乡

2021年，桂林市坚持以打造世界级旅游城市统揽“三农”工作，加快推动“四大衔接”，推动乡村全面振兴。巩固拓展脱贫成果成效显著，健全防止返贫动态监测和帮扶机制，1.4万名监测对象解除返贫致贫风险。乡村产业提质增效，建成4个国家特色农产品优势区，六大百亿元特色产业集群基本形成，水果种植面积、产量均居全自治区第一，干米粉加工量、木衣架出口量以及罗汉果、砂糖橘、金橘、月柿等产量排名全国第一。发展动能持续增强，累计建成85个新型城镇化示范乡镇、43个田园综合体、4个国家级特色农产品优势区、40个自治区现代特色农业示范区和45个自治区休闲农业与乡村旅游示范点，“新型城镇＋美丽乡村＋产业融合”发展格局正在形成。人居环境大幅改善，全市1镇8村入选全国乡村治理示范村（镇），乡村生产生活、生态空间格局全面优化。

该专题图片除署名外均由市乡村振兴局供图

1

2

3

村　振　兴

1 2021 年 10 月 13 日，自治区党委副书记刘小明（前排右二）、自治区副主席方春明（前排右三）率考察组到临桂区乡村振兴示范点六塘镇岚岩村考察乡村治理和风貌提升等工作。

2 2021 年 6 月 3 日，桂林市委副书记赵仲华（右）、副市长谢灵忠（左）为市乡村振兴局揭牌。

3 2021 年 11 月 5 日，副市长赵奇玲（右二）出席桂林市在广州举办的粤桂协作消费对接活动暨第 20 届广西名特优农产品（广州）交易会相关活动。 赵艳峰摄

4 2021 年 2 月 25 日，桂林市进京参加全国脱贫攻坚表彰大会的代表在人民大会堂前合影。

5 2021 年 10 月 27 日，深圳市南山区向资源县捐赠消费帮扶财政资金 300 万元。

6 2021 年，桂林市加快推进农村道路交通、电网通讯等基础设施建设，统筹抓好农村改厕、污水垃圾处理和村容村貌提升。图为荔浦市荔水青山田园综合体一角。

❶ 2021 年 1 月 30 日，桂林市开展“脱贫感党恩　奋进新起点”主题活动进村屯。图为活动现场。
❷ 2021 年，中央电视台中国农民丰收节晚会节目组到临桂区六塘镇岚岩村取景拍摄。
❸ 2021 年 9 月 29 日，深圳市南山区南头街道办与资源县两水苗族乡签订粤桂帮扶协议。
❹ 2021 年 11 月 3 日，市乡村振兴局在龙胜各族自治县召开全市扶贫资金项目资产专项排查工作推进会。

陈小明摄

1

2

1 2021 年 4 月 28 日，灵川县大圩镇上读礼村一角。

2 2021 年，桂林市落实易地搬迁后续扶持政策，全市 43 个集中安置点的水、电、路、污水垃圾处理等配套基础设施建设齐全。图为灌阳县江东移民新区。

3 2021 年 4 月 28 日，阳朔县福利镇龙尾小学音乐老师给学生上空灵鼓音乐课。 莫艳兰摄

4 2021 年 11 月 14 日，龙胜各族自治县江底乡建新村驻村工作队员入户宣传医保政策。

5 2021 年，市乡村振兴局加大产业以奖代补力度，引导脱贫农户发展粮食蔬菜生产。图为平乐县青龙乡“万亩香芋种植基地”喜获丰收的情景。

6 2021 年，桂林市落实各项就业帮扶政策促进脱贫劳动力就近就地就业。图为资源县脱贫人员就近在食用菌基地上班。

❶ 2021 年，桂林市加大特色水果种植等产业帮扶力度，水果种植面积和产量排名全自治区第一。图为美丽的全州县才湾镇毛竹山村。

❷ 2021 年 4 月 24 日，全州县龙水镇亭子江村用运输传送带运送采收的芦笋。

❸ 2021 年 10 月 3 日，资源县中峰镇猕猴桃喜获丰收的情景。

❹ 2021 年 12 月 1 日，南方电网广西桂林供电局在灵川县开展农网升级台区建设工作。　　陆国辉摄

目　　录
Contents

概　　貌

General Situation

特　　载

Special Edition

大 事 记

Memorabilia

年度聚焦

Annual Focus

世界级旅游城市建设

World-Class Tourism City Construction

中国共产党桂林市委员会

Guilin Municipal Committee of the Communist Party of China

桂林市人民代表大会

Guilin Municipal People's Congress

桂林市人民政府

Guilin Municipal People's Government

中国人民政治协商会议桂林市委员会

Guilin Municipal Committee of the Chinese People's Political Consultative Conference

纪检监察

Discipline Inspection and Supervision

民主党派·工商联

Democratic Parties and Federation of Industry and Commerce

群众团体

Mass Organizations

法　　治

Rule by Law

军　　事

Military

外事·接待

Foreign Affairs and Reception

旅 游 业

Tourism

城乡建设与管理

Urban Construction and Management

生态环境保护

Ecological Environment Protection

交通运输·邮政管理

Transportation and Postal Administration

信 息 业

Information Industry

工 业

Industry

农业·水利

Agriculture and Water Conservancy

商　　业

Commerce

财政·税务

Finance and Taxation

金　融

Banking

新区·开发区

New Area and Development Zone

经济行政管理与监督

Economic Administration and Supervision

教 育

Education

科 学

Science

文 化

Culture

卫生健康·体育

Health and hygiene and Sports

人力资源·社会保障

Human Resources and Social Security

社会生活

Civil Life

区县(市)概览

Districts & Counties (Cities) Overview

人　物

Characters

统计资料

Statistical Information

附　录

Appendix

索　引

Indexes

概 貌

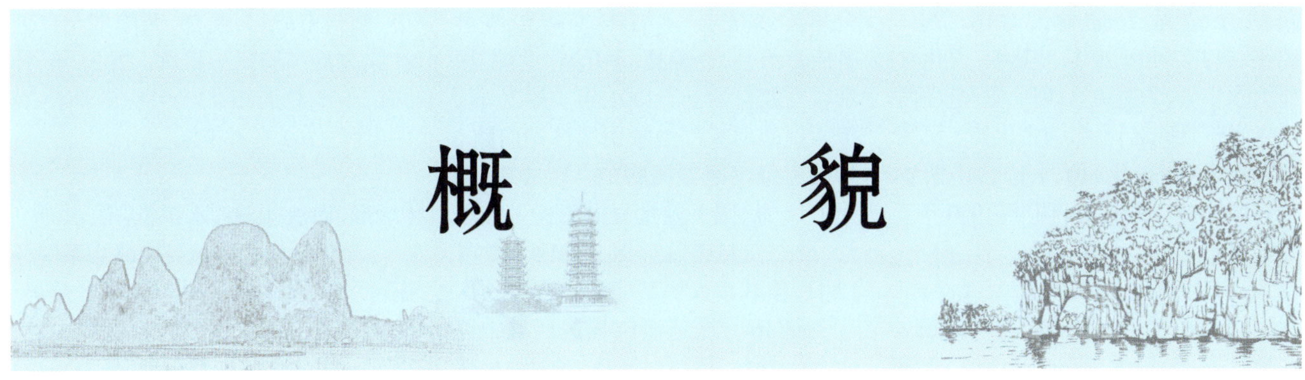

建置沿革

先秦时期，桂林为百越地。秦始皇三十三年（前214年），秦王朝统一岭南，设桂林、南海、象三郡，今桂林市大部分为桂林郡，东北部今兴安县、全州县、资源县、灌阳县和龙胜各族自治县的一部分属长沙郡。

汉高祖三年至元鼎五年（前204年—前112年），原桂林郡地属南越国地。

汉元鼎六年（前111年），置始安县，辖地包括今桂林市区、灵川县、阳朔县、永福县、柳州市鹿寨县及兴安县、龙胜各族自治县部分地域，县治在今桂林市区，属荆州零陵郡。今灌阳县、全州县、资源县及平乐县、恭城瑶族自治县部分地域属零陵郡；今龙胜各族自治县属武陵郡；今荔浦市属苍梧郡。

东汉建武四年（28年），改始安县置始安侯国，治所在今桂林市区。

三国吴甘露元年（265年）十一月，分零陵郡南部置始安郡，辖始安（今桂林市区、兴安县、灵川县、阳朔县、荔浦市、永福县）、平乐（今平乐县、恭城瑶族自治县）、荔浦、尚安（今阳朔县）、熙平（今阳朔县）、永丰（今荔浦市）等县，今全州县、灌阳县、资源县属荆州零陵县，今龙胜各族自治县属荆州武陵郡。始安郡、始安县治所均在桂林市区，仍属荆州管辖。

西晋，始安郡改属广州，辖始安、平乐、常安、熙平、永丰、荔浦等县，包括今桂林兴安县、灵川县、临桂区、阳朔县、永福县、平乐县、荔浦市、恭城瑶族自治县，柳州市鹿寨县，梧州市蒙山县。今全州县、灌阳县、资源县、龙胜各族自治县的归属同三国时期。

南朝刘宋年间，始安郡属湘州；南朝梁天监六年（507年），析广州之苍梧、郁林郡置桂州，领郡县，大同六年（540年）十二月，州治迁至今桂林市区。

隋大业三年（607年），桂州废，改为始安郡，治始安县（今桂林市区），今桂林市区及辖县大部分属始安郡，今全州县、资源县、兴安县、灌阳县属零陵郡。

唐武德四年（621年），始安郡改置桂州。天宝元年（742年），桂州改为始安郡。至德二年（757年）九月，改始安县为临桂县。以后历五代十国、宋、元、明、清至民国二年（1913年）三月一日前均称临桂县，为桂州、广南西路、静江府、静江路、广西行中书省、广西三司（布政使司、提刑按察使司、都指挥使司）、漓江道、桂林道、广西行省治所驻地。唐乾元元年（758年），桂州领临桂、理定（今永福县）、灵川（今灵川县、龙胜各族自治县及临桂区部分）、阳朔、荔浦、永丰（今荔浦市、永福县）、建陵（今荔浦市）、纯化（今鹿寨县）、永福、临源（今兴安县）10县。今全州县、资源县、灌阳县属零陵郡，今平乐县、恭城瑶族自治县先后属乐州、昭州、平乐郡。

五代十国晋天福四年（939年），增设全州，领清湘县（今全州县）、灌阳县，州治清湘县（今全州县城）。晋开运三年（946年），在今兴安县城增置溥州，辖德昌（今兴安县）、广明（今临桂区部分、龙胜各族自治县、灵川县）、义宁（今临桂区部分）。

北宋至道三年（997年），置广南西路，包括今广西和雷州半岛及海南岛等地区，治所桂州（今桂林市），广西简称为“桂”自此始。南宋绍兴三年（1133年）二月初一，桂州升为静江府，府治临桂县城（今桂林市区），辖临桂（今临桂区）、兴安、荔浦、永福、修仁（今荔浦市部分）、灵川、义宁（今龙胜各族自治县及临桂区部分）、理定（今兴安县）、古县（今永福县）、阳朔10县。全州、昭州辖县治所沿袭唐制。

元至元十五年（1278年），改静江府为静江路，所辖县与宋静江府同。元大德五年（1301年），昭州改为平乐府，府治今平乐县城，辖平乐、恭城、蒙山、昭平4县。

明洪武元年（1368年）六月二十三日，静江路复为静江府。洪武五年（1372年）六月，静江府改为桂林府，桂林作为广西东北地区行政区域的名称从此时开始。初领临桂、兴安、荔浦、修仁、灵川、阳朔、永福、理定、古县、义宁10县，后领2州7县（全州、永宁州，临桂、兴安、灵川、阳朔、灌阳、永福、义宁县）。洪武九年（1376年），全州府降为全州，隶属湖广承宣布政使司永州府，辖地不变。洪武二十七年（1394年），全州由属湖广永州府改属广西桂林府，初领灌阳1县。平乐府初领4县，弘治四年（1491年）增辖荔浦、修仁，次年增辖永安州，明末实辖永安州及7县，今桂林市辖县平乐、恭城、荔浦属之。永宁州于隆庆五年（1571年）升古田县置，领永福、义宁2县。

清前期同明制，乾隆六年（1741年）析义宁县西北地置龙胜厅，属桂林府。光绪三十二年（1906年），析永宁州并永福、融县、柳城、雒容4县地置中渡厅，属桂林府。

民国元年（1912年）8月28日，广西省治迁往南宁。民国二年（1913年），改临桂县为桂林县，并废府设道。桂林道辖桂林、全州、兴安、灌阳、灵川、龙胜、义宁、古化、中渡、永福、阳朔、平乐、恭城、荔浦、修仁、蒙山、贺县、昭平、富川、钟山20县。其中,古化县原为永宁县,为避免与四川、贵州、山西等省永宁县同名,易名为古化县。民国二十五年(1936年)10月1日,广西省治迁回桂林。民国二十九年(1940年),改桂林县为临桂县,析城区八桂、白龙、培风、义南、东江、凤北6镇及太沙、柘木、东附廓、三合、北附廓、西南附廓6乡置桂林市,治所在今桂林市区,直属广西省政府。民国三十一年(1942年),设直属行政区,辖桂林市及全州、灌阳、资源、兴安、阳朔、临桂、永福、百寿、义宁、灵川、龙胜11县。民国三十三年(1944年),改直属行政区为第八行政区。平乐、荔浦、恭城县属平乐区,区治平乐县(今平乐县城)。民国末年(1949年1月1日至9月30日止)8月,广西省治从桂林市迁往南宁市。

1949年10月1日,中华人民共和国成立。12月广西全境解放后,桂林市为省直辖市,桂林行政区专员公署驻今桂林市区,辖临桂、灵川、义宁、永福、百寿、龙胜、兴安、全州、灌阳、资源、阳朔11县。1951年8月19日,撤销龙胜县,设龙胜各族联合自治区(县级)。1955年9月,龙胜各族联合自治区改称龙胜各族自治县,义宁县并入灵川县。1952年,百寿县并入永福县,资源县并入全州县,鹿寨县划入桂林专区。1954年,灵川县并入临桂县,恢复资源县制。1958年6月,平乐专区改为梧州专区,荔浦、恭城、平乐县划归桂林专区管辖,鹿寨县划归柳州专区。1960年7月,桂林地区和桂林市合并。1961年5月,桂林地区和桂林市分开。同年,恢复灵川县制,归属桂林地区。1981年7月,阳朔县和灵川县大圩公社的潜经、草坪大队以及茯荔大队的吴家、杨家生产队划归桂林市管辖。1983年10月,临桂县划归桂林市管辖。1990年2月3日,国务院批准撤销恭城县,成立恭城瑶族自治县。

1998年8月27日,国务院批复同意桂林市和桂林地区合并;11月8日正式挂牌,组建新的桂林市(地级)。市人民政府驻象山区榕湖南路6号。新的桂林市辖原桂林市的秀峰区、叠彩区、象山区、七星区、雁山区和临桂县、阳朔县以及原桂林地区的灵川县、全州县、兴安县、永福县、灌阳县、龙胜各族自治县、资源县、平乐县、荔浦县、恭城瑶族自治县。2001年4月29日,市人民政府大门由象山区榕湖南路6号改为象山区五美路16号。2013年1月18日,国务院批复同意撤销临桂县,设立桂林市临桂区。2014年7月12日,桂林市人民政府驻地由象山区五美路16号搬迁至临桂区西城中路69号。2018年7月,国务院同意,民政部批复,撤销荔浦县,设立荔浦市(县级)。2021年,桂林市辖秀峰区、叠彩区、象山区、七星区、雁山区、临桂区、阳朔县、灵川县、全州县、兴安县、永福县、灌阳县、龙胜各族自治县、资源县、平乐县、恭城瑶族自治县、荔浦市。

(市地方志办)

地理位置

【位置面积】 桂林市位于广西壮族自治区东北部,境域地理位置坐标介于北纬24° 15′ 23″ —26° 23′ 30″,东经109° 36′ 50″ —111° 29′ 30″ 之间,境域南北长236千米,东西宽189千米。北部、东北部与湖南省怀化市、邵阳市、永州市交界,南部、东南部与广西壮族自治区贺州市、梧州市、来宾市、柳州市毗邻,西部、西南部与广西壮族自治区柳州市接壤。2021年,桂林市土地总面积27809平方千米,其中市区2767平方千米。

【地形、地貌、山系、水系】

地形　桂林市地处南岭山系的西南部,地形总体上呈北高南低的趋势,北、东、西三面环山,地势较高;中部、南部及东北部为岩溶山地、平原、河谷地区,地势较低平,其中从全州县、兴安县到灵川县、桂林市区一线有“湘桂走廊”之称,是广西的东北门户。

地貌　桂林市地貌特点是四周山地环绕,山地丘陵面积广大,地貌类型多样,可分为中山、低山、丘陵、岩溶石山和河谷平原五大类。中山主要分布在桂林市的北部、西部和中部海洋山等地,低山主要分布在各大山脉的四周,中山、低山总面积大约占全市面积的一半。丘陵多分布于中低山与河流谷地之间。境内石灰岩地层分布广泛,岩层厚、质地纯,加上受地质构造的作用和长期的侵蚀、切割,形成了沿桂江与湘江两岸分布的典型岩溶石山与河流谷地平原。典型的岩溶石山海拔标高200米—500米不等,有峰丛洼(谷)地和峰林平原等类型。石峰内或地下多洞穴或地下河。市区至阳朔县约80千米漓江沿岸的峰林地

表1　　2021年桂林市土地面积

指标	土地面积(平方千米)
全市	27809
秀峰区	54
叠彩区	52
象山区	88
七星区	83
雁山区	288
临桂区	2202
阳朔县	1428
灵川县	2287
全州县	4021
兴安县	2344
永福县	2806
灌阳县	1837
龙胜各族自治县	2538
资源县	1954
平乐县	1919
恭城瑶族自治县	2149
荔浦市	1759

貌最为典型，形成了千峰环抱、山环水绕、碧水青山、奇峰倒影、洞奇石美的独特景观，被世人美誉为“山水甲天下”，成为举世闻名的旅游胜地。岩溶石山、丘陵与平原约占全市总面积的47%。此外，在资源县城向北部和西北的白垩纪红色砂岩分布区，由于地表水系的长期侵蚀，形成了一个沿资江分布，面积达125平方千米的丹霞地貌。桂林素来享有“无山不洞，无洞不奇”的赞誉，是中国也是世界上洞穴开发利用最早、最多的地区之一，有洞穴1万个左右。早在公元5世纪，颜延之就在独秀峰下开辟一洞穴为读书岩。七星岩洞口最早的一方石刻是隋开皇十年（590年）所刻的“栖霞洞”，游览历史有1400多年。桂林的著名洞穴有芦笛岩、七星岩、穿山岩、冠岩、甑皮岩洞穴遗址、银子岩、丰鱼岩、莲花岩、黑岩、永福岩、百寿岩、龙岩等。

山系　主要为中低山和岩溶山地。山系主要呈北北东走向。北部有猫儿山、越城岭，东部和中部有都庞岭、海洋山，西北和西部有大南山、天平山，南部有驾桥岭和大瑶山。组成山地的岩石除古老地层外，还有大量的花岗岩，形成花岗岩地貌景观。山地长度多在60千米以上，在高度上，除驾桥岭主峰高度较低（海拔1246.9米）外，其余山地主峰均在1700米以上。其中，猫儿山主峰海拔2141.5米，为华南第一高峰；越城岭主峰真宝顶海拔2132.4米，为广西第二高峰。猫儿山、越城岭、海洋山和都庞岭构成了珠江和长江水系的分水岭。在分水岭南北两侧，沿湘江和漓江河谷，分布形成西南—东北走向的兴安—全州河谷平原和西北—东南走向的岩溶山地—河谷平原区。

水系　桂林市河流水系发达，全市共有大小河流100余条，分属长江流域的洞庭湖水系与珠江流域的西江水系，为典型的雨源型山区河流。分布有桂江、湘江、洛清江、资江与寻江五大河流，其中资江与湘江属长江流域洞庭湖水系，桂江、洛清江、寻江属珠江流域西江水系。分山地型河流与岩溶丘陵平原型河流两大类，山地型河流多位于碎屑岩分布区，区内降雨量充沛，地表水系发达，河流曲折多弯，流域形成树枝状水系网络，河流坡降大，水流湍急、落差大，多峡谷、险滩，是开展漂流等水上运动的良好地域。岩溶丘陵平原型河流多位于碳酸盐岩分布区，流域内地表地下岩溶发育，致使地表水系不发育，地下多发育有地下河或伏流，地表与地下水系共存。属长江流域洞庭湖水系的有资江、湘江（包括其支流灌江），流域总面积占全市总面积的30%。其中，湘江境内河流长190千米，流域面积7049平方千米；资江境内河流长83千米，流域面积1300平方千米。属珠江流域西江水系的有桂江、洛清江和寻江，约占全市总面积的70%。其中，桂江平乐县城以上段又称漓江，境内河流长约288千米（漓江长214千米），流域总面积12669平方千米；洛清江境内河段长103千米，流域面积2806平方千米；寻江境内河段长139千米，流域面积3868平方千米。在湘江和西江两大水系之间，古代修建有著名的灵渠（位于兴安县城西南）将两大水系沟通。另外，在临桂区会仙镇附近有一条古运河——相思埭，将漓江水系与柳江水系（通过洛清江）沟通。

（中国地质科学院岩溶地质研究所）

猫儿山。　（伍永炎2021年摄）

资源·物产

桂林是农业大市，物产富饶，名特优农产品众多。桂林素有“桂北粮仓”之称，是广西主要粮食生产基地之一。粮油作物主要有水稻、玉米、红薯、马铃薯、小麦、大豆、花生、油菜、芝麻等。桂林是广西第一大水果产区。水果主要有柑橘、沙田柚、金橘、葡萄、月柿、百香果、梨、桃、李、板栗、枇杷、枣子等。野生果类资源有中华猕猴桃、山楂、杨梅、酸枣、山葡萄等。其他经济作物主要有罗汉果、荔浦芋、荸荠、棉花、甘蔗、苎麻、烟叶、西瓜、食用菌等。桂林是“南菜北运”“西菜东运”的重要生产基地。蔬菜主要有辣椒、大蒜、番茄、南瓜、苦瓜、豆角、生姜、白菜、萝卜、莲藕等。名优特农产品主要有金橘、月柿、罗汉果、荔浦芋、白果、沙田柚、荸荠等。

桂林市林业资源丰富，是广西的主要林区之一，全市有维管束植物种类249科1103属3120种，属国家Ⅰ级保护的植物有资源冷杉、银杉、水松、南方红豆杉4种，属国家Ⅱ级保护的植物有桫椤、榉树、华南五针松、福建柏、鹅掌楸、闽楠、香果树、黄枝油杉、金毛狗等。用材林主要有杉、松、毛竹、桉树等。经济林主要有油茶、柿子、板栗、柑橘、柚子、桃、梨、金橘、白果、杜仲、厚朴、金槐、茶叶、油桐等。主要林产品有杉木、松木、桉树、毛竹等商品材，还有柑橘、梨子、葡萄、桃子、柿子、板栗、茶叶、笋干、白果、香菇、杜仲、厚朴、生漆、油桐子、槐米、松脂等。桂林市境内野生动物繁多，陆栖脊椎野生动物545种，其中两栖类36种、爬行类58种、鸟类375种、兽类76种。属国家Ⅰ级重点保护动物18种，分别是猫儿山小鲵、穿山甲、豹、云豹、林麝、豺、金猫、大灵猫、小灵猫、金雕、黄腹角雉、白颈长尾雉、金额雀鹛、黄胸鹀、东方白鹳、黑头白鹮、秃鹫、中华秋沙鸭。国家Ⅱ级重点保护动物有95种：蟒蛇、大鲵、虎纹蛙、黑翅鸢、黑鸢、蛇雕、褐翅鸦鹃、日本松雀鹰、雀鹰、红隼、白鹇、藏酋猴、河麂、猕猴、灰鹤等。

桂林市矿产资源较为丰富，已发现可利用矿产48种，其中查明有一定资源储量并开发利用的矿产40种。在查明资源储量的矿产中有17种居全广西前列，其中滑石矿质量居世界前列，保有资源储量居全国前列。铅锌、铌钽、花岗岩、石灰岩、大理岩、重晶石、矿泉水等资源前景较好，滑石、大理岩、花岗岩、石灰岩、萤石、矿泉水及鸡血石等具有较大开发潜力。

（市地方志办）

气候·水文

【气候】2021年，全市平均气温17.9℃—21.4℃（资源县最低、恭城瑶族自治县最高），与常年同期相比，各地偏高0.7℃—1.6℃。年极端最高气温39.1℃（恭城瑶族自治县和桂林城区8月2日），最低气温-5.1℃（资源县1月12日）。2021年平均气温偏高，为有历史记录以来同期最高，降水量上半年持平、下半年偏少，总日照时数偏多，阳光充足，但时空分布不均，局部有暴雨洪涝和干旱，长时间的高温少雨、局地冰雹、大风、雷电、暴雨等气象灾害给农业生产带来了一定影响。全年气象条件对农业的影响属正常到偏差年份。

年雨量　全年雨量累计1061.5毫米—2184.2毫米（平乐县最少、灵川县最多），与常年同期相比，灵川县、资源县、全州县、桂林城区偏多10%，其余各地偏少10%—30%。年雨日138天—175天（荔浦市和恭城瑶族自治县最少、资源县最多）。

汛期雨量　全市汛期气温偏高，雨量大部分地区偏少，各地雨量和雨日分布不均，地域差异明显。暴雨出现在5月—7月较多，但分布不均，基本都是小范围出现，大范围暴雨不多。前汛期降雨阶段性明显，发生多次暴雨天气过程，局地降雨强度较强。后汛期雨量明显偏少，多地出现气象干旱。4月—9月全市雨量累计782.8毫米-1493.6毫米（平乐县最少，资源县最多），与历年同期相比，灵川县持平，灌阳县、龙胜各族自治县、资源县偏多5%—13%，其余各地偏少7%—20%。汛期雨量占历年平均年雨量的57%—86%，其中前汛期占汛期雨量的63%—86%，后汛期占汛期雨量的14%—37%。

暴雨　全市按13站计(10县+桂林市区+临桂区+荔浦市)，出现1站暴雨有16天，2站暴雨有11天，3站、5站、6站、8站、11站暴雨各有1天。暴雨在各月的分布：3月3天，4月1天，5月11天，6月6天，7月5天，8月和9月各有2天，10月和11月各有1天。暴雨范围最大为5月4日，其次为5月12日。单站日雨量最大为265.5毫米（资源县7月2日），其次为156.4毫米（永福县5月12日）。

日照　全年日照时数1215.0小时—1696.7小时（龙胜各族自治县最少、荔浦市最多），与常年同期相比，龙胜各族自治县偏少1%，其余各地偏多3%—21%。

主要天气气候事件　1.霜或结冰。1月上旬和中旬多地出现霜冻。12月1日—7日、19日—20日出现霜或结冰。2.低温阴雨。2月上旬和中旬北部部分县，2月26日—3月12日各地出现不同程度日平均气温≤12.0℃的低温阴雨天气过程。5月17日—24日，中北部出现连续3天—7天日平均气温≤20.0℃的低温天气过程。3.高温天气较多。6月（6日—8日、17日—20日）最高气温≥35.0℃。7月（5日—7日、9日—31日）部分县（市、区）出现35.0℃以上的高温天气过程，尤其是月底(26日—31日）最高气温连续在37℃以上。8月上旬(1日—10日）出现较大范围35.0℃以上的高温，17日—23日、25日—31日部分县（市、区）最高气温在35℃以上。9月除15日和30日外，月内每天都有县（市、区）出现≥35.0℃的高温天气。10月1日—6日多地出现≥35.0℃的高温天气。4.暴雨。3月3天，4月1天，5月11天，6月6天，7月5天，8月和9月各有2天，10月和11月各有1天出现有暴雨。其中5月暴雨较多(4日、7日—8日、12日—13日、17日、19日—20日、24日、27日、30日）有县（市、区）出现暴雨或大暴雨。5.气象干旱。1

表2　2021年桂林市13站基本气象要素信息表

站点	全年平均气温（℃）	全年最低气温（℃）	全年最高气温（℃）	年降水量（毫米）	年日照时数（小时）
桂林市区（不含临桂区）	20.9	-0.7	39.1	2136.5	1487.5
临桂区	20.6	-0.7	39.0	1858.0	1587.3
阳朔县	20.9	-1.9	38.8	1368.4	1586.5
灵川县	20.0	-2.3	37.9	2184.2	1534.7
全州县	19.7	-2.0	38.4	1703.0	1566.0
兴安县	19.6	-3.2	38.2	1946.9	1424.2
永福县	20.3	-2.9	38.5	1953.3	1592.2
灌阳县	19.2	-4.7	38.8	1749.7	1470.8
龙胜各族自治县	19.5	-2.1	38.7	1694.8	1215.0
资源县	17.9	-5.1	37.0	2084.0	1451.0
平乐县	21.0	-2.5	38.5	1061.5	1705.1
恭城瑶族自治县	21.4	-1.2	39.1	1376.4	1685.1
荔浦市	21.3	-1.1	39.1	1156.9	1696.7

月—4月、6月—9月全市绝大多数县(市、区)连续数月雨量和雨日偏少,出现不同程度的气象干旱。特别是平乐县1月雨量居历史第二少,其余各地月雨量为历史最少,部分县(市、区)1月日照时数为历史上1月最多的年份。9月月平均气温(平乐县、临桂区、灵川县、全州县等地)之高、月总日照时数之多,打破当地历史记录,居历史第一高(多)。6. 寒露风。从10月7日开始气温骤降,中北部出现年内第一次寒露风天气过程,特别是10月11日—31日全市各地日平均气温持续≤22℃。7. 低温雨雪冰冻。12月下旬以低温阴雨为主,气温异常偏低。其中25日开始气温骤降,出现寒潮和低温雨雪冰冻天气,25日—31日日平均气温≤11.6℃,最低气温-5.1℃(资源县1月12日)。 (王存真)

【水文】 2021年,桂林市全年面平均降水量1907.0毫米,与历年平均降水量相比偏多6.7%,与上年降水量相比偏少24.7%。其中汛期(3月—8月)面平均降水量1387.5毫米,占全年降水量的72.8%。

2021年,桂林市降水分布主要集中在5月—7月,汛期(3月—8月)降水量大于1500毫米的主要分布在桂林市西北部地区,大于2000毫米的主要分布在龙胜各族自治县、资源县、兴安县交界处,其中降水量在1200毫米—2000毫米占桂林市面积75%以上。

桂林市所辖各条河流分属于3个不同的水系,即湘江水系、资水水系、西江水系。各水系径流主要由天然降水形成,天然年径流分布与降水量分布基本一致。径流量一般随着集水面积的增加而递增。因降水时间分布不均匀,导致径流量在年内分配不均匀,径流分布主要集中在5月—7月。2021年,湘江水系各站年径流深变化在1116.5毫米—1247.4毫米,年径流深最大的是灌江灌阳水文站,年径流深最小的是湘江全州水文站。桂林市资水水系只有夫夷水资源水文站,年径流深1927.1毫米。西江水系各站年径流深变化在579.8毫米—1794.1毫米,年径流深最小的是荔浦河荔浦水文站,最大的是洛清江两江水文站。各站汛期(3月—8月)径流量占全年径流量74.5%—83.4%,连续最大4个月径流量占全年径流量63.8%—77.2%,最小径流量为六漫河三门水文站,最大径流量为湘江兴安水文站。受降雨影响,桂林市主要江河汛期(3月—8月)来水量与历年平均来水量相比,湘江水系、资水水系各江河来水量偏多3%—47%,其中夫夷水资源水文站偏多最多。西江水系各江河来水量除桂江桂林水文站、灵渠水文站、古宜河勒黄水文站偏多0.5%—28%,其余江河来水量偏少8%—44%,其中荔浦河荔浦水文站来水量偏少最多。

2021年,受强冷空气、暴雨、台风等天气系统影响,桂林市境内湘江水

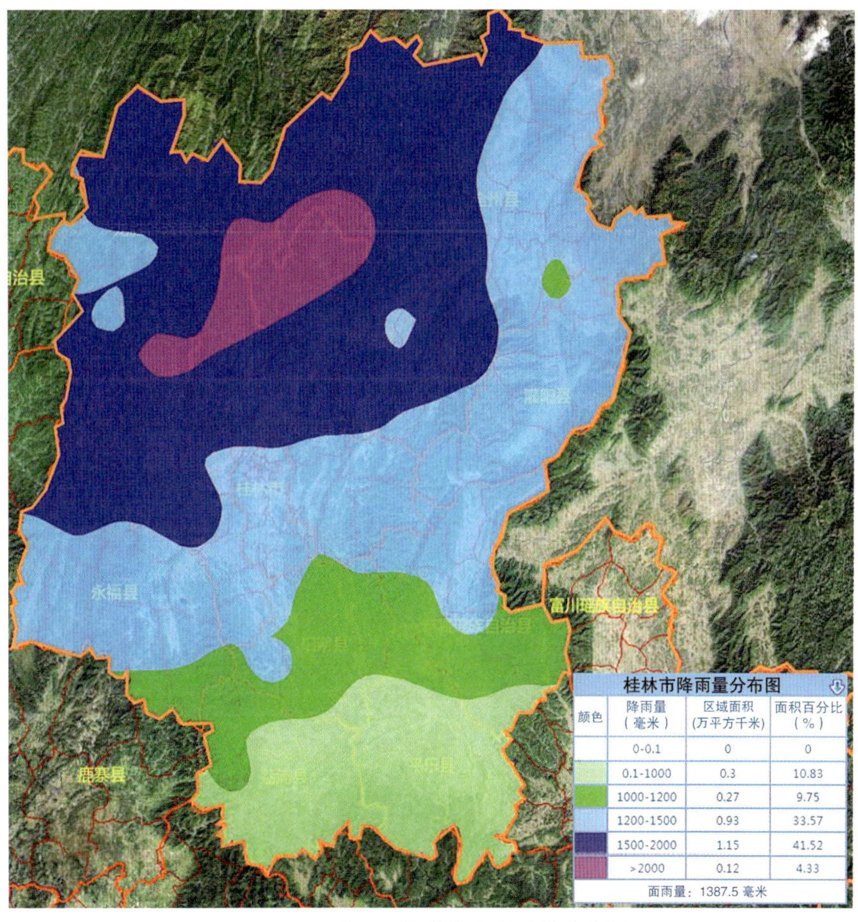

2021年3月—8月桂林市降雨量分布图

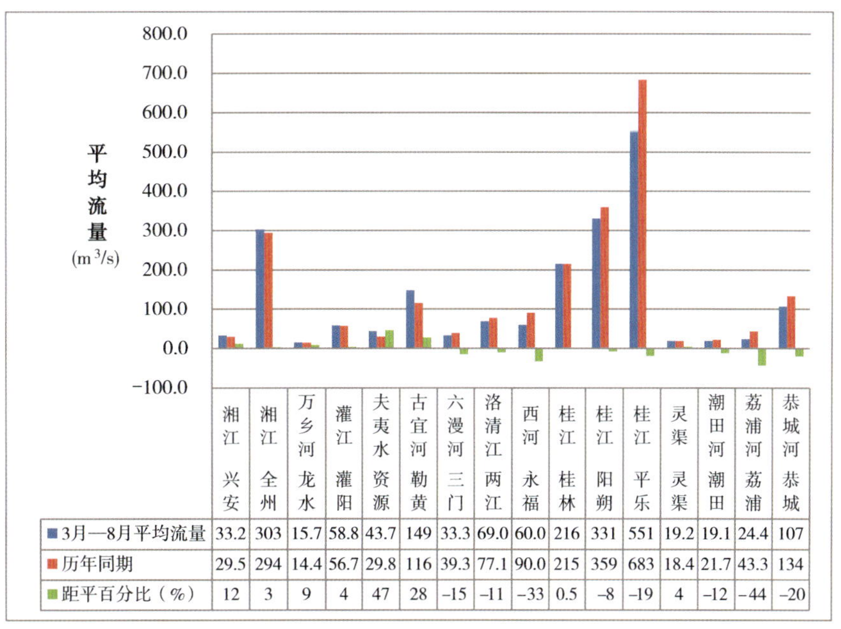

2021年桂林市主要江河汛期(3月—8月)来水量距平图

表 3　　2021 年桂林市主要洪水超警情况统计表

测站	河流	洪峰时间	洪峰水位(米)	洪峰流量(立方米每秒)	超警戒水位(米)	警戒水位(米)
兴安	湘江	5 月 20 日　15:20	210.97	490	0.47	210.5
		5 月 27 日　10:50	210.69	422	0.19	
龙水	万乡河	5 月 13 日　13:00	165.69	262	0.19	165.5
界塘	灌江	5 月 20 日　22:00	165.21	1340	0.21	165.0
		5 月 24 日　18:00	165.11	1250	0.11	
资源	夫夷水	5 月 13 日　11:05	376.86	1090	0.66	376.2
		7 月 2 日　4:40	378.73	1650	2.53	
勒黄	古宜河	5 月 13 日　11:50	210.50	1610	1.00	209.5
		7 月 2 日　8:00	212.93	3010	3.43	
永福(西河)	西河	5 月 4 日　8:40	139.13	732	0.13	139.0
		5 月 12 日　10:35	140.54	1340	1.54	
永福(洛清江)	洛清江	5 月 12 日　15:25	139.16	1250	0.16	139.0
两江	洛清江	7 月 2 日　16:00	155.78	1160	0.18	155.6
嘉会	恭城河	5 月 12 日　17:15	160.04	1330	0.04	160.0

系发生长历时的暴雨洪水场次较多，湘江水系各站点年最大洪水均出现在汛期 5 月，资水水系资源水文站年最大洪水出现在汛期 7 月，非汛期流域内无大洪水出现。西江水系洪水主要发生在主汛期 5 月—7 月，因局部暴雨多、降水范围较广、雨强较大，引发流域内各站点洪水频发，其中勒黄、三门、两江、桂林水文站，大溶江、桃花江水位站年最大洪水出现在 7 月，荔浦水文站年最大洪水出现在 6 月，其余各站年最大洪水均出现在 5 月。受强降水影响，3 月刚入汛，两江水文站出现该站全年第二大洪水，洪峰水位 153.60 米，洪峰流量 395 立方米每秒，年最大洪水出现在 7 月，洪峰水位 155.78 米，洪峰流量 1160 立方米每秒，超警戒水位 0.18 米。桂林市进入主汛期以来，5 月有 10 条河流(河段)12 个水文(位)站共 17 站次出现超警戒洪水，其中永福(西河)水文站 5 月 12 日 10 时 35 分出现 140.54 米的洪峰水位，洪峰流量 1340 立方米每秒，超警戒水位 1.54 米；永福(洛清江)水文站 5 月 12 日 15 时 25 分出现洪峰水位 139.16 米，洪峰流量 1250 立方米每秒，超警戒水位 0.16 米；湘江兴安水文站 5 月 20 日 15 时 40 分出现 210.97 米的洪峰水位，洪峰流量 490 立方米每秒，超警戒水位 0.47 米；湘江支流灌江界塘水文站年最高水位出现在 5 月 20 日 22 时，洪峰水位 165.21 米，洪峰流量 1340 立方米每秒，超警戒水位 0.21 米。7 月桂林市有 9 条河流(河段)16 个水文(位)站共出现 17 站次超警洪水，其中夫夷水资源水文站 7 月 2 日 4 时 40 分出现 378.73 米的洪峰水位，洪峰流量 1650 立方米每秒，超警戒水位 2.53 米；古宜河勒黄水文站 7 月 2 日 8 时出现 212.93 米的洪峰水位，洪峰流量 3010 立方米每秒，超警戒水位 3.43 米；夫夷水、古宜河 7 月出现的洪水均为 20 年一遇大洪水。　　（钟婷）

人　　口

2021 年年末，桂林市户籍人口总户数 168.35 万户，其中 6 个城区

表 4　　2021 年年末桂林市户籍人口统计表

地区别	年末总户数(户)	年末总人口(人) 合计	男	女
桂林市	1683503	5415874	2796415	2619459
市辖区	439149	1368805	679073	689732
秀峰区	40196	119991	57603	62388
叠彩区	57738	161056	76939	84117
象山区	88346	240945	116169	124776
七星区	79949	237549	113792	123757
雁山区	20380	70411	35113	35298
临桂区	152540	538853	279457	259396
阳朔县	97802	330568	170662	159906
灵川县	120370	396886	199746	197140
全州县	244262	838995	452945	386050
兴安县	123204	389235	200387	188848
永福县	85297	290072	153034	137038
灌阳县	108441	295660	158158	137502
龙胜各族自治县	49219	172598	87531	85067
资源县	56296	180670	94171	86499
平乐县	148703	463645	245530	218115
恭城瑶族自治县	91605	304997	158087	146910
荔浦市	119155	383743	197091	186652

注：桂林市公安局提供。

43.91万户、11个县(市)124.44万户。全市有户籍人口541.59万人。其中,6个城区136.88万人,11个县(市)404.71万人;男性279.64万人,女性261.95万人。年末,全市常住人口494.59万人,其中城镇人口264.20万人,占常住人口比重(常住人口城镇化率)53.42%。全年出生人口4.03万人,出生率8.33‰;死亡人口3.57万人,死亡率7.18‰;自然增长率1.15‰。

(李佳)

行政区划

2021年年末,桂林市下辖秀峰区、叠彩区、象山区、七星区、雁山区、临桂区6个城区,荔浦市1个县级市,以及阳朔县、灵川县、全州县、兴安县、永福县、灌阳县、龙胜各族自治县、资源县、平乐县、恭城瑶族自治县10个县。县(市、区)下辖街道13个、镇88个、乡46个(民族乡15个)。分辖社区257个、建制村1653个。

秀峰区　辖街道3个(秀峰街道、丽君街道、甲山街道)。分辖社区22个、建制村7个。

叠彩区　辖街道2个(叠彩街道、北门街道),乡1个(大河乡)。分辖社区22个、建制村15个。

象山区　辖街道3个(象山街道、南门街道、平山街道),乡1个(二塘乡)。分辖社区36个、建制村8个。

七星区　辖街道4个(七星街道、东江街道、穿山街道、漓东街道),乡1个(朝阳乡)。分辖社区33个、建制村14个。

雁山区　辖街道1个(良丰街道),镇2个(雁山镇、柘木镇),乡1个(大埠乡),民族乡1个(草坪回族乡)。分辖社区4个、建制村39个。

临桂区　辖镇9个(临桂镇、六塘镇、会仙镇、两江镇、五通镇、四塘镇、南边山镇、中庸镇、茶洞镇),民族乡2个(宛田瑶族乡、黄沙瑶族乡)。分辖社区15个、建制村161个。

阳朔县　辖镇6个(阳朔镇、白沙镇、福利镇、兴坪镇、葡萄镇、高田镇),乡3个(金宝乡、普益乡、杨堤乡)。分辖社区15个、建制村99个。

灵川县　辖镇7个(灵川镇、大圩镇、定江镇、三街镇、潭下镇、九屋镇、灵田镇),乡3个(潮田乡、海洋乡、公平乡),民族乡2个(大境瑶族乡、兰田瑶族乡)。分辖社区19个、建制村129个。

全州县　辖镇15个(全州镇、黄沙河镇、庙头镇、文桥镇、大西江镇、龙水镇、才湾镇、绍水镇、石塘镇、咸水镇、凤凰镇、安和镇、两河镇、枧塘镇、永岁镇),乡1个(白宝乡),民族乡2个(蕉江瑶族乡、东山瑶族乡)。分辖社区14个、建制村272个。

兴安县　辖镇6个(兴安镇、湘漓镇、界首镇、高尚镇、严关镇、溶江镇),乡3个(漠川乡、白石乡、崔家乡),民族乡1个(华江瑶族乡)。分辖社区10个、建制村115个。

永福县　辖镇6个(永福镇、罗锦镇、百寿镇、苏桥镇、三皇镇、堡里镇),乡3个(广福乡、永安乡、龙江乡)。分辖社区6个、建制村93个。

灌阳县　辖镇6个(灌阳镇、黄关镇、文市镇、新街镇、新圩镇、水车镇),乡1个(观音阁乡),民族乡2个(洞井瑶族乡、西山瑶族乡)。分辖社区4个、建制村138个。

龙胜各族自治县　辖镇6个(龙胜镇、瓢里镇、三门镇、龙脊镇、平等镇、乐江镇),乡4个(泗水乡、江底乡、马堤乡、伟江乡)。分辖社区9个、建制村119个。

资源县　辖镇3个(资源镇、中峰镇、梅溪镇),乡1个(瓜里乡),民族乡3个(车田苗族乡、两水苗族乡、河口瑶族乡)。分辖社区3个、建制村71个。

平乐县　辖镇6个(平乐镇、二塘镇、沙子镇、同安镇、张家镇、源头镇),乡3个(阳安乡、青龙乡、桥亭乡),民族乡1个(大发瑶族乡)。分辖社区13个、建制村134个。

恭城瑶族自治县　辖镇6个(恭城镇、栗木镇、莲花镇、嘉会镇、西岭镇、平安镇),乡3个(三江乡、观音乡、龙虎乡)。分辖社区10个、建制村117个。

荔浦市　辖镇10个(荔城镇、东昌镇、新坪镇、杜莫镇、青山镇、修仁镇、大塘镇、花篢镇、双江镇、马岭镇),乡2个(龙怀乡、茶城乡),民族乡1个(蒲芦瑶族乡)。分辖社区22个、建制村122个。

(桂林市民政局)

经济与社会建设

【概况】 2021年是桂林具有里程碑意义的一年,中共中央总书记习近平到桂林视察,赋予桂林打造世界级旅游城市的新使命新要求,自治区党委、自治区人民政府赋予桂林"一城一都一地一中心"发展新定位,桂林在全国、全自治区的战略地位大幅提升。各级各部门在市委、市政府的正确领导下,以习近平新时代中国特色社会主义思想为指导,深入贯彻中共十九大和十九届历次全会精神,全面落实

2021年4月29日,桂林市召开全市领导干部大会,传达学习中共中央总书记习近平视察广西时的重要讲话和重要指示精神、自治区领导干部大会精神。　(何平江摄)

中共中央总书记习近平视察广西及桂林时的重要讲话和重要指示精神，以推动高质量发展为主题，以改革创新为根本动力，以打造世界级旅游城市为统揽，统筹疫情防控和经济社会发展，做好改革发展稳定各项工作，实现“十四五”规划良好开局。全年全市生产总值2311.06亿元，按可比价计算，(比上年，下同)增长6.6%；一般公共预算收入117.50亿元，增长5.4%；规模以上工业增加值增长8.1%；社会消费品零售总额942.55亿元，增长6.0%；城镇居民人均可支配收入40739元，农村居民人均可支配收入18993元，分别增长6.8%、9.5%；居民消费价格上涨0.7%。

【打造世界级旅游城市开局良好】2021年，桂林市立足新起点开创新局面。全市成立由市四家班子主要领导担任组长的领导小组，组建市重大战略推进中心，搭建“一办十组”专班专抓的高效保障推进机制。积极主动与上级沟通汇报，得到国家12个部委和单位全力支持，国家发展和改革委员会已形成支持意见报国务院。自治区发展和改革委员会就如何推进桂林世界级旅游城市发展形成初步意见报自治区党委、政府。聘请国际一流专家团队，编制桂林市打造世界级旅游城市规划纲要及一批专项规划，举办打造世界级旅游城市专家研讨会、专场推介会、新闻发布会，聘请首批8位国内知名专家，高起点高标准推进世界级旅游城市建设。文旅融合水平不断提升。统筹启动世界级旅游城市100项重大项目和重大事项，总投资160亿元的融创国际旅游度假区建成开业，成为广西文旅融合新典范。长征国家文化公园广西段“一廊一园”(一期)竣工，“血战湘江·突破包围”入选全国“建党百年红色旅游百条旅游精品线路”，湘江战役纪念设施“三园三馆”全年接待参观者770多万人次，成为全国、全自治区党史学习教育的重要阵地。新增国家4A级旅游景区4家，桂林成为广西全域旅游示范市，临桂区、全州县成为广西全域旅游示范区，阳朔县、灵川县、兴安县入选中国县域旅游综合竞争力百强；启动全市职工疗休养、中小学生研学旅行，推出“世界桂林·漓江出发”“云游中国”线上直播等主题活动，桂林境外新媒体项目获第二届中国机构海外传播杰出案例“海帆奖”。桂林山水保护成效明显。织密最严格的漓江保护制度网，漓江干流水质保持国家地表水Ⅱ类标准，漓江保护经验做法获国务院通报表扬，国家地表水考核断面水环境质量保持全国前列。《桂林市喀斯特景观资源可持续利用条例》获批实施，喀斯特生态修复三期完工，完成6个历史遗留采石场以及灵川县和阳朔县两段漓江破损岸线的生态修复，总面积1.1万平方米。推进大气污染防治，空气优良率94.2%，连续7年完成自治区下达的环境空气质量约束性目标任务。完成首个工业危险废物处置项目建设。积极践行“绿水青山就是金山银山”理念，开展国土绿化攻坚，全市森林覆盖率71.97%，桂林国家森林城市建设总体规划通过国家林业和草原局预审，生态系统汇碳能力巩固提升，生态文明积分制等经验在全自治区推广。

【最宜居城市建设再上新台阶】2021年，桂林市加快完善现代基础设施。入选广西首批交通强区建设试点单位，桂林至柳城高速公路建成通车，平乐至昭平、东安经全州至灌阳(广西段)、江永至桂林(广西段)等高速公路开工建设。长塘水库可行性研究报告通过水利部审查。61个风电项目纳入广西陆上风电规划，装机容量7398.4兆瓦。总投资89.8亿元的桂林“风光储一体化”7个子项目全部纳入广西2021年市场化并网建设方案项目清单。全自治区在建投资规模最大的油气管道工程——新疆煤制气外输管道广西支干线工程全面开工。灌阳、龙胜2个抽水蓄能电站纳入全国新一轮抽水蓄能选点规划。出台实施新基建三年行动方案，储备新型基础设施项目78个，总投资934.5亿元。桂林成为全国首批“千兆城市”，广西一体化大数据中心副中心城市加快建设，累计建成5G基站3541个，京东(桂林)数字经济产业园等项目开工。城市格调品位日益提升。新区立体园林绿化建筑建设试点加快推进，西城大道南延长线等道路竣工，桂林国际会展中心主体封顶，兴桂园、宏谋双创中心等项目稳步推进。完成临桂区城区第一小学搬迁和崇文小学等4所学校扩建工程，宏谋中学等10所学校和幼儿园开工建设，旅游综合医院基本建成，新区教育、医疗承载力明显加强。推进城市更新行动，实施286个老旧小区改造，新开工棚改项目1888套；新开工公租房2700套，建成1950套。续建新建地下管网641千米。“畅通缓堵”工程启动建设，万福路维修

2021年，桂林市积极践行“绿水青山就是金山银山”理念，生态建设与环境保护取得良好成效。（李腾钊摄）

改造、西城大道南延长线等155个项目竣工，桂林火车站完成改造提升，完成沙河立交维修加固，净瓶山桥拆除重建工程加快实施。城市治理能力持续增强。常态化创建全国文明城市得到国评组一致好评，12个村镇获评全国文明村镇。建立健全城市管理长效机制，城市建成区黑臭水体、生活污水直排口、污水管网空白区全面消除，建成区生活垃圾无害化处理率保持100%。出台实施餐厨垃圾管理办法，建成164个生活垃圾分类示范小区。公交线网不断优化，服务质量明显提升，城区新能源公交车辆占比54%。推进市域社会治理现代化城市试点，治安防控新体系不断健全。扫黑除恶、打击八类严重暴力犯罪、打击电信诈骗犯罪、打击文物犯罪等成效显著，"一村一辅警"实现行政村全覆盖，刑事警情下降15.2%。

【经济发展民生改善互促共进】 2021年，桂林市财政投入民生领域资金超370亿元，占一般公共预算支出80%。城镇登记失业率2.58%，远低于4.5%的控制目标。各类保险参保人数均超额完成全年目标，城市最低生活保障标准提高到每人每月750元，农村最低生活保障标准提高到每人每年5300元，分别增长13.6%、17.8%。累计发放低保资金7.03亿元，特困资金2.52亿元，抚恤和生活补助金2.49亿元，临时救助资金0.18亿元。新投入使用22所中小学（幼儿园），新增学位1.4万个。桂林市成为广西产教融合型试点城市。全市县域医共体覆盖率99.27%，恭城瑶族自治县成为6个全国实施全民健康覆盖地方试点县之一，5个县（区）获批成为国家级紧密型县域医共体建设试点县。与中南大学湘雅二医院合作建设国家区域医疗中心项目，新成立的中南大学湘雅二医院桂林医院建设顺利推进。国家第五批居家和社区养老服务改革通过验收，社区养老机构和居家养老服务站点城乡覆盖率100%，灵川县成为国家老年人失能（失智）预防干预项目试点地区。全民健身蓬勃发展，16个体育惠民工程项目获专项资金补贴5000万元。全年累计接种新冠病毒疫苗951.36万剂次，全程免疫覆盖413.73万人，排全自治区第三；成功应对新冠复阳病例、无症状感染者、非法入境病例及病例过境等应急事件6起，建立封控区、管控区22个，疫情风险得到及时控制。在全自治区率先升级网上调解平台，个人极端案事件风险隐患排查防范专项行动经验做法在全自治区作典型发言。安全生产事故起数、死亡人数、受伤人数、较大事故持续下降，连续18年保持零重特大事故记录。持续强化食品、药品安全监管，加快创建广西食品安全示范市。桂林市被列为全国两个失信联合惩戒试点城市之一。积极创建全国民族团结进步示范市，象山区、秀峰区获评全国民族团结进步示范区，桂林少数民族服务中心一站式服务平台建设经验获中央领导肯定，举办龙胜各族自治县成立70周年县庆活动。广西师范大学漓江学院转设为桂林学院，桂林电子科技大学信息科技学院转设为桂林信息科技学院。（刘振海）

政治建设

【推进党的政治建设】 2021年，市委认真落实新时代党的建设总要求，推进党的政治建设。一是始终把学懂弄通做实习近平新时代中国特色社会主义思想作为首要政治任务，把深入学习贯彻中共十九届六中全会精神、中共中央总书记习近平视察广西"4·27"重要讲话精神和对桂林的重要指示精神，与学习自治区第十二次党代会精神结合起来，与开展党史学习教育结合起来，深刻领会"两个确立"的决定性意义，增强"四个意识"，坚定"四个自信"，做到"两个维护"。二是突出政治监督。聚焦贯彻落实中共中央总书记习近平视察桂林重要指示精神，强化监督检查，推动中央和自治区党委重大决策部署落实。市委决策部署情况纳入监督重点内容，明确52项重点监督内容，确保政令畅通、令行禁止。三是深化全面从严治党。坚定不移深化反腐败斗争，加大线索处置和案件查办力度，保持高压态势；持之以恒落实中央八项规定及其实施细则精神，毫不松懈纠治"四风"；整治群众身边的腐败和不正之风，扎实开展巩固拓展脱贫攻坚成果同乡村振兴有效衔接专项监督。四是强化政治巡察。完善市县巡察上下联动、上下贯通的监督格局，中央和自治区党委巡视反馈意见整改取得阶段性成果，市委巡察实现全覆盖。

（市委办公室）

【加强党对人大工作的领导】 2021年，市人大常委会坚持把学习贯彻中共中央总书记习近平视察广西"4·27"重要讲话精神和对桂林的重要指示精神作为首要政治任务，并与学习贯彻中央、自治区党委人大工作

2021年5月11日，市委书记周家斌（中）主持召开市委理论学习中心组学习会，学习贯彻中共中央总书记习近平视察广西"4·27"重要讲话精神和对桂林的重要指示精神。

（何平江摄）

会议精神紧密结合起来。召开人大常委会党组扩大会议、中心组学习会、主任会议、常委会会议、机关干部职工会议，系统全面地学习贯彻。开展党史学习教育，将“我为群众办实事”作为学习教育的重要内容，推动落实办实事项目36项，助推解决群众“急难愁盼”问题268个。开展“党建+”特色创建活动，5个党支部被评为“五星”基层党组织，市人大机关“情系人民，依法履职”党建品牌被评为市直机关优秀党建品牌。派出6名机关党员、干部驻村开展乡村振兴工作，市人大机关被自治区评为驻村帮扶先进后盾单位。围绕市委关于打造世界级旅游城市和三大振兴的决策部署，人大常委会领导深入重点企业和重大项目调研，协调解决政策支持、土地、融资等问题。组织人大常委会组成人员对桂林市世界级旅游城市建设工作开展专题视察；组织驻桂林全国、自治区人大代表，分别以推动经济高质量发展、推动乡村振兴工作为主题开展调研活动和集中视察活动。全面加强自身建设，坚持把政治建设摆在首位，严格执行请示报告制度，及时向市委请示报告重大问题和重要事项51次。

【依法加强对“一府一委两院”的监督】 2021年，市人大常委会依法加强对“一府一委两院”（市人民政府、市监察委员会、市中级人民法院、市人民检察院）的工作监督。一是加强对法律法规实施情况的检查。对《桂林市城市市容和环境卫生管理条例》《桂林市销售燃放烟花爆竹管理条例》、农民专业合作社法、旅游法实施情况进行依法检查；对动物防疫法执法检查审议意见落实情况进行跟踪检查，开展传染病防治法实施情况检查“回头看”。二是加强对财政工作的监督力度。听取审议2021年上半年计划与预算执行情况报告、2020年市本级决算报告和审计工作报告、2021年市本级预算调整方案、2020年市本级预算执行和其他财政收支审计查出突出问题整改情况的报告、行政事业性国有资产管理情况的专项报告，审查批准2020年市本级决算和2021年市本级预算调整方案。三是依法听取审议专项工作报告。听取审议自然保护区建设与管理情况、关于桂林市残疾人保障工作情况、桂林市“十三五”期间基层卫生健康事业发展情况、关于开展脱贫攻坚监察监督专项工作等报告。四是推动解决营商环境突出问题。形成“332”专题询问监督模式，优化营商环境专题询问成效，督办办结率显著提高。五是围绕公正司法履职尽责。跟踪督办法院审理破产案件中涉嫌刑事犯罪线索立案难的问题，常态化组织人大代表旁听评议庭审、参与人民监督员选任等工作，更好地满足群众的知情权、参与权、表达权和监督权。 （徐丹）

【加强法治政府建设】 2021年，市人民政府坚持依法行政，健全重大行政决策法定程序，严格执行政府及部门权力责任清单制度，推动建立政府部门领导析法用策制度，进一步推进科学民主决策。认真执行人大及其常委会的决定决议，高质量办理人大代表建议和政协委员提案，依法接受人大监督，自觉接受政协民主监督，人大代表建议和政协委员提案办结率100%。主动接受法律、监察和人民监督，积极接受社会和舆论监督，持续加大财政资金使用、防范化解重大风险、保障和改善民生等方面审计监督力度。开展法治政府建设示范创建活动，桂林市“加强漓江生态环境保护执法，助推桂林打造世界级旅游城市”项目被自治区党委依法治区办推荐申报中央全面依法治国办第二批全国法治政府建设示范项目。加强重点领域立法，颁布实施《桂林市喀斯特景观资源可持续利用条例》《桂林市灵渠保护条例》等重要地方性法规。加强行政执法制约和监督，在兴安县、平乐县、临桂区试点推行行政执法义务监督员制度；编制第一批6个行政执法指导案例在全市推广。全面主动落实政务公开，编制完成17个县（市、区）26个试点领域3.64万项公开事项，并在市、县两级政府门户网站设置“基层政务公开标准化规范化”专栏。

2021年4月23日，市人大机关开展“追忆革命历史，践行初心使命”主题党日活动。（黄英江摄）

【加强政府作风和廉政建设】 2021年，市人民政府全面落实从严治党要求，持续加强政府系统党风廉政建设和反腐败工作。深化“放管服”改革，推进行政审批制度改革，逐步将市本级和县（市、区）最核心的198项经济管理权限全链条赋予园区；推行“无差别全科受理”模式，“一件事一次办”精品套餐数量居全自治区第一；深化“证照分离”改革，创新推动政务服务“跨省通办”，桂林成为全自治区电子证照创新应用试点城市和首个“跨省通办+”试点城市。加强重点领域资源安全监管，严防严惩国资国企、公共资源交易、金融等重点领域违法违规与腐败问题，进一步铲除滋生腐败的土壤。持续推进正风肃纪，突出加强对“关键少数”特别是“一把手”和领导班子的监督，深入开展民生领域损害群众利益问题集中整治，推进扫黑除恶斗争常态化，锲而不舍落实中央八项规定及其实施细则精神，坚定不移纠“四风”树新风。全年会议数比上年精简7.5%，发文压减47.3%。带头厉行节约，严格执行国务院“约法三章”，严控“三公”经费支出，强化预算约束和绩效管理，把财政资金更多用于民生事业。 （邓翔宇）

【市政协强化理论武装】 2021年，市政协坚持把中国共产党领导作为政协工作的根本政治原则，突出政治统领，坚定政治站位。市政协认真学习中共十九大和十九届历次全会精神，学习中共中央总书记习近平“七一”重要讲话及视察广西“4·27”重要讲话精神和视察桂林时的重要指示精神，以及对桂林的重要指示精神，引导政协机关干部和广大政协委员把思想行动统一到中央、自治区和桂林市重大决策部署上来，自觉增强“四个意识”，坚定“四个自信”，做到“两个维护”。市政协领导班子带头上党课，组建委员宣讲团和宣传小分队宣讲党的创新理论、惠民政策，宣传经济社会发展成就。全市政协系统全年开展宣讲100多场，观众近2万人，宣讲情况在5月8日《人民政协报》头版头条作了宣传报道。市政协组织制定市政协系统党史学习教育工作实施方案，开展专题学习、主题活动、为民办实事、组织生活会等各环节工作，开展党史知识竞赛、百堂党课下基层、红色歌曲大家唱、党史故事大家讲、党员心声大家谈、党史学习读书分享会、“我为群众办实事”、庆祝中国共产党成立100周年书画展等党史学习教育活动，以党的百年光辉历程、伟大成就和宝贵经验统一思想，凝心聚力，夯实各界人士共同团结奋斗的思想基础。

【市政协全面加强党的建设】 2021年，市政协落实党对人民政协工作领导的组织体系和制度机制，成立机关党组和机关纪委，形成政协党组、机关党组、机关党委、基层支部上下贯通的党建组织架构。市政协提高政治判断力、政治领悟力、政治执行力；压紧压实党建工作责任，严格执行党章和新形势下党内政治生活的若干准则，加强和规范党内政治生活，严格执行民主集中制；完善以党组理论中心组学习为引领，以机关党委和各支部为重点的学习制度；以增强政治功能和组织力为重点，推进政协机关党委和党支部建设，专委会支部的战斗堡垒作用得到发挥，政协班子凝聚力和战斗力进一步增强。加强党风廉政建设。市政协落实从严治党主体责任，党组书记严格履行第一责任人职责，党组成员认真落实“一岗双责”；支持驻市政协机关纪检监察组开展监督检查工作，组织学习党风廉政建设各项规定，开展警示教育，抓好巡视反馈问题整改，引导广大党员筑牢拒腐防变的思想防线，坚决纠治“四风”树新风，树立廉洁自律的良好形象。加强政协自身建设。市政协组织完成市政协换届选举工作任务，选举产生第六届市政协班子和常委，调整充实了专委会和办事机构人员；加强新一届政协委员培训，举办委员培训班两期；出台《桂林市政协关于强化政协委员责任担当的意见》。重视意识形态工作。制定落实意识形态工作责任制方案，压实意识形态主体责任，一方面利用主流媒体、政协网站、公众号等加大宣传力度，保持正确舆论导向，另一方面加强意识形态阵地管控，开展常态化监督检查，净化网络舆论空间。利用各级主流媒体和政协网站、公众号加强宣传。市政协获2021年度广西报刊宣传工作先进单位一等奖。

（蔺帅）

2021年12月6日，市政协召开党组（扩大）会议暨学习自治区第十二次党代会精神会议。 （市政协供图）

文化建设

【打造高品质文旅业态】 2021年，桂林市成功创建成为广西全域旅游示范市，临桂区、全州县成功创建成为广西全域旅游示范区，全市全域旅游示范区、特色旅游名县总数12家。改造提升漓江等国家5A级游览景区品质，新增国家4A级游览景区4家。推进桂林红军长征湘江战役红色文化旅游景区和龙脊景区创建国家5A旅游景区参评工作。新增全国乡村旅游重点镇、村各1家，新增广西乡村旅游重点镇和重点村、旅游度假区、星级乡村旅游区、星级农家乐、休闲农业与乡村旅游示范点等旅游品牌30多个。评定推出第二批职工（劳模）疗休养基地18家。总投资160亿元的桂林融创国际旅游度假区开业运营，成为广西文旅融合新典范。桂林文化旅游中心漓江歌剧院等一批标志性、引领性、关键性的文旅融合项目加快建设。全年，全市72个列入自治区考核的大健康和文旅产业重大项目共完成投资107亿元。

【优化消费环境】 2021年，桂林市承办“壮族三月三·夜游广西”2021年广西文旅夜游促消费桂林分会场活动，设计发布8条夜游精品线路。承办“红色热土 壮美广西”2021广西全域旅游大集市活动，参展单位、企业和旅游产品数量、品质均创历届新高。带动文化旅游产品销售额超100万元。市委、市人民政府出台《关于支持桂林文化产业高质量发展的若干措施》，开展第五批市级文化产业示范基地评选命名工作。2家文化企业获评为自治区级文化产业示范基地，3家动漫企业参加国家动漫企业认定。“阳朔益田西街”获评为第一批国家级夜间文化和旅游消费集聚区，秀峰区“东西巷历史文化街区”、阳朔县“阳朔西街”获评为广西旅游休闲街区，墨兰山舍获评为首批国家甲级民宿。

【推动文旅复苏】 2021年，桂林市举办“留在桂林过大年，新春文旅惠民季”“2021中国旅游日桂林分会场暨福州－嘉兴－桂林文化旅游城市联盟启动仪式”“百万老广游桂林”等系列主题宣传推广活动。推出9条红色游学精品线路，“血战湘江·突破包围”入选全国“建党百年红色旅游百条旅游精品线路”，湘江战役纪念设施“三园三馆”全年接待参观者770多万人次。启动全市职工疗休养、中小学生研学旅行，推出“冬游桂林”等多种优惠促销活动。赴武汉、深圳等地开展宣传推介，深化粤桂黔滇高铁经济带等城市间合作，有序开展跨省旅游活动。先后赴北京、广州、上海、南宁等地推介桂林会展业发展政策和环境，建立桂林市引展办会数据库。继续开展境外宣传推广活动，与中国驻首尔旅游办事处推出“世界桂林·漓江出发”主题活动，与人民网驻澳大利亚办事处合作开展“云游中国”线上直播等活动；开展境外社交媒体脸书(Facebook)线上推广活动，脸书平台Go Guilin账号粉丝由26.3万人增加至32.7万人，获得曝光量1240万人次，互动量200多万人次。组织文旅企业参加文化旅游部2021“中国·最美四季”营销策划专题，桂林市文化广电和旅游局获优秀组织奖；组织参加澳门国际旅游博览会，加强与澳门旅游业界的交流与合作。举办2021中国－东盟博览会旅游展、第十五届联合国世界旅游组织/亚太旅游协会旅游趋势与展望国际论坛、第十一届桂林国际山水文化旅游节等系列国际文化旅游活动。全年接待国内游客12234.88万人次，增长19.6%。国内旅游总消费1501.79亿元，增长22.0%。

【历史文化和艺术创作】 2021年，桂林市推进长征国家文化公园广西段建设和革命文物保护利用。推进各项文物保护和石刻抢险加固工程，完成桂海碑林园区改造工程、广西省立艺术馆文物维修工程。靖江王陵国家考古遗址公园开园，桂林甑皮岩入选全国“百年百大考古发现”，推进珍贵文物数字化保护项目工作。与专业公司、高校合作共建“中国桂林·石质文物保护工作站”“广西文化遗产数字化保护与利用研究院”。桂林米粉制作技艺、恭城瑶族油茶习俗成为国家级非物质文化遗产代表性项目，新增自治区级非物质文化遗产代表性传承人28人、市级56人。开展非遗进校园活动，惠及学生1万多人次。2名优秀桂剧演员分获中国戏剧梅花奖、国家级非物质文化遗产代表性传承人薪传奖，1名青年演员获第八届广西戏曲青年演员比赛金奖，3个作品在第十一届广西音乐舞蹈比赛中获奖。歌舞剧《龙脊有个金牛寨》入选国家艺术基金，获280万元资助。创作推出桂林抗战文化城精品剧目《燕歌行》、大型红色桂剧《江姐》。大型桂戏《桂林有缘》入选《广西当代文学艺术创作工程三年规划(2022—2024)》扶持项目。承办“永远跟党走”庆祝中国共产党成立100周年广西优秀舞台艺术作品展演暨第十一届广西剧展(小戏小品)和剧展颁奖晚会。全新推出西山雅集生活美学体验和“八桂戏韵”沉浸式戏曲体验活动，推出“品味生活，寄情山水”非遗美学展，创新打造“桂林之夜”沉浸式城市艺术展和沉浸式情境晚宴，成为桂林市文旅融合精品项目。

【文物和博物保护】 2021年，桂林博物馆共接待65.91万人次，开展线下活动95场，参与活动5.98万人次。另外线上活动34场，观众浏览量58.5万人次。编制完成《桂林靖江王陵国家考古遗址公园一期(保护利用设施)工程初步设计及概算》，落实中央预算内资金1600万元；6月25日举行靖江王陵国家考古遗址公园开园仪式，新展示馆正式对外开放，形成靖江王陵“三陵一馆一基地”新格局；完成靖江王陵赵氏次妃墓保护及环境整治工程，该工程的实施对保护展示靖江王陵墓群序列的完整性和丰富靖江王陵国家考古遗址公园游览内容具有重要意义；靖江王陵与国文科保(北京)新材料开发科技有限公司共建“中国桂林·石质文物保护工作站”；完成2021年靖江王陵散葬民坟425座搬迁任务。调查桂林市16处摩崖造像210余龛640余尊，新发现唐代芙蓉山摩崖造像和宋代芦笛佛塔石刻。

【公共服务再升级】 2021年，桂林市升级“一键游桂林”平台，实现旅游管理、服务、营销智慧化；依托“壮美广西·智慧广电”工程网络基础资源，搭建集旅游宣传、智慧管理、宾馆服务、

2021年，湘江战役纪念设施“三园三馆”接待参观者770多万人次。图为位于全州县的红军长征湘江战役纪念馆。
(唐艳兰摄)

游客服务、电视电商于一体的“桂林微游客服务中心”平台，签订“智慧酒店”202家，开通智慧酒店页面终端8861个；新建“一村一屏”综合信息传播平台437个，基本实现行政村全覆盖；新建13个村级“智慧广电”全媒体信息室。新增1个二级旅游集散中心、1个三级旅游集散中心、2个三星级汽车旅游营地、32座国家标准旅游厕所。加快推进国际语言无障碍服务终端系统、旅游中英文标识系统建设，开通资源八角寨等热门景点的旅游直通车。继续开展全市公共文化场馆免费开放工作。广西桂林图书馆推出千家洞、三千漓景区馆外服务点，打造“走读广西 桂林之旅”文旅融合阅读品牌。举办第八届全国少数民族优秀节目展演暨“周末大家乐”广场文艺会演、第42届“漓江之声”活动，开展“我们的中国梦”文化进万家、戏曲进乡村进校园等文化惠民演出近100场。举办“丝绸之路——从写实到写意”杨晓阳小幅作品及创作文献展等精品展览20多个。永福县(彩调)被文化和旅游部命名为“中国民间文化艺术之乡”。桂林图书馆钟琼等4人分别被人力资源和社会保障部评为先进工作者或劳动模范。

【文化市场健康发展】 2021年，桂林市坚持文旅发展与常态化全国文明城市创建工作有机结合，深入开展文物巡查执法、靖江王陵周边环境清理整治、境外卫星电视传播秩序专项整治、文化娱乐场所“扫黄打非”，以及旅游消费购物市场专项整治、旅行社清理整治等行动，加强旅游诚信建设，市场秩序持续向好，游客满意度持续保持全国、全自治区前列。全年共出动执法检查人员3.09万人次，检查旅游企业3188家次，检查文化单位及互联网服务、娱乐场所5757家次，行政立案55件，文旅市场罚没款53万元。市文化市场综合行政执法支队及2名办案人员获文化和旅游部办公厅通报表扬为2020—2021年度全国文化市场综合执法重大办案单位及办案人员。全年受理文化旅游市场投诉、举报、咨询、求助和建议等1564件，为游客挽回经济损失94万元。

（王善库）

生态文明建设

【概况】 2021年，桂林市贯彻落实习近平生态文明思想，牢固树立“绿水青山就是金山银山”的发展理念，持续加大生态保护力度，在经济发展质量、资源能源节约利用、生态建设与环境保护、生态文化培育及体制机制建设等方面均取得良好成效，空气质量持续改善，生态环境质量保持稳中向好，森林覆盖率、森林蓄积量均排全自治区前列，全市生态系统稳定性进一步增强。

【创新生态文明建设体制机制】 2021年，桂林市建立生态文明建设指标体系与考核制度。将生态文明先行示范区建设有关经济发展质量、绿色发展指数、污染防治攻坚战以及漓江流域环境治理、漓江风景名胜区生态环境保护和管理等特色指标纳入县(市、区)绩效考评框架，不断提高生态文明建设占县(市、区)绩效考核比重，同时，根据各县(市、区)功能区划分及实际情况，对不同类别县(市、区)的同一指标在分值权重设置上进行差异化设置，桂林市生态文明建设占县(市、区)绩效考核比重由2014年的18%提高至2020年的24%。加大党政干部教育中生态文明内容比重，将生态文明建设列入干部教育培训计划，以专题培训或讲座等形式对领导干部开展生态文明培训。健全生态文明建设投融资模式。多渠道筹措资金保障市生态文明建设，“十三五”期间通过统筹市本级资金、争取中央和自治区转移支付资金、盘活存量资金等途径，在污染防治方面投入19.48亿元，重点用于支持环境保护、环境监测与监察、污染防治、自然生态保护、污染减排等。推进环保基础设施市场化运营，吸引民间资本和社会入市，推进政府和社会资本合作模式(PPP模式)，实施PPP项目库动态管理，至年底，全市在库30个项目中，共有污水垃圾处理、水源地治理、湿地保护、给排水等涉及生态环境项目10个，总投资58.3亿元。深化绿色金融体制机制改革，建设自治区绿色金融改革创新示范区，成立绿色项目评估委员会，打造绿色项目库，建立绿色金融服务平台，桂林银行成为广西首家披露环境信息的城商行，辖内设立42家绿色金融专营机构，年末全市绿色贷款余额239.43亿元，增长35.09%。完善生态补偿机制。持续加大漓江流域生态环境保护资金支持力度，“十三五”期间累计争取6.52亿元中央资金及42.56亿元自治区资金，向自治区申请设立每年约2亿元的桂林市漓江流域生态环境保护专项资金，以及每年3000万元的桂林市漓江流域横向生态保护补偿试点奖励资金，重点用于桂林市防洪及漓江补水枢纽工程、漓江核心区治理工程、重点流域水污染防治等项目建设，支持桂林市开展漓江生态环境保护。实施生态损坏者履行生态修复补偿责任，在全自治区首次采用生态补偿机制处理公益诉讼案件，引导生态损坏者履行生态修复补偿责任。完善市场化生态补偿模式，健全排污许可体系，“十三五”期间累计完成排污许可证核发543家，排污登记4726家，91个行业发证加权分和登记加权分位居全自治区第一，提前完成生态环境部下达的任务。

【筑牢桂北重要生态屏障】 2021年，桂林市推进生态建设。落实主体功能区制度，灌阳县、阳朔县、恭城瑶族自治县升格国家级重点生态功能区，生态修复和城市修补纳入全国试点。强化各级各类自然生态资源的保护与管理，加强自然保护区建设和生物多样性保护，平乐狮子山、资源冷杉保护区分别晋升国家级森林公园和国家级自然保护区，全市有4个国家级自然保护区、8个自治区级自然保护区，12个自然保护区功能区划编制已全面完成。湿地公园建设步伐加快推进，荔江、会仙喀斯特国家湿地公园试点建设通过国家验收。加强水土保持与治理。加强生态脆弱流域和区域的水土保持、生态建设，加快实施小流域水土保持综合治理工程，深入实施退耕还林、石漠化综合治理等重点生态工程，“十三五”期间累计完成植树造林面积5.33万公

2021 年，实施生态修复后的伏龙洲。（李腾钊摄）

项。持续推进防汛减灾体系建设，初步形成以由川江、小溶江、斧子口水库组成的防洪及漓江补水枢纽工程为支撑的堤库结合防洪体系。开展示范试点创建。桂林市生态创建继续保持全自治区领先，已获国家级生态乡镇16个、自治区级生态县12个、自治区级生态乡镇121个、自治区级生态村183个，龙胜各族自治县获生态环境部"绿水青山就是金山银山"实践创新基地命名，荔浦市获"国家生态文明建设示范区"称号。相继开展低碳示范产业园、低碳示范社区等低碳示范工程，成功创建国家级"绿色学校(幼儿园)"5所，自治区级"绿色学校(幼儿园)"57所，自治区级"绿色大学"3所，市级绿色学校181所，自治区和市级节水型单位分别有11个、106个。

【打好污染防治攻坚战】 2021年，桂林市持续实施大气污染防治行动。以"可吸入颗粒物+细颗粒物+臭氧"三目标联防联控为攻坚重点，突出加强工业、燃煤、露天焚烧、采石场、机动车等污染治理。对全市248家砖厂进行专项整治，关停124家，122家砖厂在全自治区率先实现在线监控；742家"散乱污"企业全部完成整改；完善高污染燃料禁燃区划定工作，禁燃区内燃煤散烧行为逐步清零；全市560余台燃煤锅炉全部完成整改；加大露天焚烧管控力度，完成露天禁烧区划定，落实市、县、乡、村四级责任体系，严厉查处露天焚烧行为；对197家采石场进行整治，关闭138家采石场；推动机动车排放检验新标准落地实施，机动车排放检验机构全部完成新国标改造，淘汰黄标车及老旧车辆66347台，连续5年超额完成黄标车及老旧车淘汰任务。统筹推进"车油路"综合治理，创新意识与能力建设走在广西前列，取得1个全国唯一、5个全自治区率先的显著成绩，成功经验获全自治区推广。桂林市大气环境质量持续改善，成为全自治区唯一连续7年完成大气环境质量考核指标的城市。深入打好碧水保卫战。全面推行河湖长制，落实市、县、乡(镇)、村四级河(湖)长2707人，出台河长巡查等制度12项，2021年桂林市在国家地级及以上城市地表水考核断面水环境质量状况排名位居全国第三。持续推进漓江综合治理与生态保护工程，打好"补水、治水、引水"组合拳，重点实施漓江(城市段)排污综合治理、城市黑臭水体整治、饮用水水源地保护、农村环境综合整治、地下水污染防治等一系列工程，全面整治漓江城市段7条溪河、46个片区，按环保最高标准改造漓江游船，漓江精华段游船全部完成提档升级，未达标老旧游船全部淘汰退出，稳步推动漓江游览排筏动力"油改电"，漓江流域水质改善明显。严格土壤污染防治。持续推进土壤污染综合防治先行先试，重点行业企业用地调查工作获生态环境部表彰。加强涉重金属行业污染防控，建立全口径涉重金属重点行业企业清单并实行动态更新，核算企业重点重金属污染物排放量基数。强化危险废物安全管控，危险废物无害化处理率100%，医疗废物处置能力由每日8吨提升至20吨，成为全自治区首个拥有2座医疗废物处置设施的城市。

【建立健全绿色产业体系】 2021年，桂林市加大工业转型升级力度。坚决遏制"两高"(高污染、高耗能)项目盲目发展，对存量、在建和拟建"两高"项目实施清单式管控，严禁违规上马、未批先建。大力发展高新技术产业，全年全市新增自治区工程研究中心2家，22家企业跻身广西高新技术企业百强，57家企业获广西新增战略性新兴产业企业认定，培育国家级专精特新"小巨人"企业15家，自治区级"专精特新"中小企业60家，数量均排名全自治区第三。大力发展以旅游为龙头的服务业。坚持大旅游、大文化、大融合思路，开创文化旅游融合新模式，在旅游产业用地改革、入境免签政策等方面率全国之先，国际旅游胜地基本建成。用好用活红色资源，全力推进红军长征文化遗产廊道、兴安县湘江战役中央纵队界首渡江遗址公园一期"一廊一园"建设，打造长征国家文化公园精品示范区。全年，全市第三产业增加值占地区生产总值比重提高到54.3%，成为经济增长主动力。推广发展生态循环农业。以绿色养殖为目标，推广种养结合、粮经结合、种养加工结合等生态循环模式。示范推广"果园养鸡""稻田养鸭(鱼)""粮经轮作""立体循环生产"等一批种养结合、生态循环模式典型，取得良好的生态效益和社会经济效益。推广农业清洁生产技术和秸秆资源化利用，实施农药零增长行动，实行主要农作物病虫害统防统治，共建统防统治与绿色防控暨农药减量控害示范区103个，示范区防治效果达90%以上，农药使用量减少20%以上。积极创建生态产品价值实现试点。桂林市被列为广西生态产品价值实现试点城市，为贯彻落实《关于建立健全生态产品价值实现机制的意见》，桂林市围绕制定生态产品目录、建立核算评

2021年，漓江市区段绿意盎然。（李腾钊摄）

估体系、探索实现路径、健全生态保护补偿机制等重点目标任务，制定《桂林市生态产品价值实现试点实施方案》，争取到2023年，生态产品供给能力和交易能力有效提升，形成一系列可复制、可推广的生态产品价值实现路径。

【推进资源节约和循环利用】 2021年，桂林市推动能源结构优化升级。实施清洁能源替代，严格控制煤炭消费总量。大力普及农村沼气，加快开发风力资源。推进资源节约利用。建立严格的水资源管理制度，围绕降低管网漏损和提高水资源使用率，多措并举开展节水工作，"十三五"期间全市累计节水5300万余立方米，工业用水重复利用率83.06%，通过国家水生态文明建设试点城市和节水型城市复核验收。加强能耗双控，以高耗能行业为重点，大力实施节能技术改造，推动重点行业、重点领域深挖节能潜力，"十三五"期间桂林市能耗强度累计下降17.34%，超额完成自治区下达目标任务。严格落实土地用途管制制度，实施耕地占补平衡，全面落实耕地保护各项措施，以保护永久基本农田为刚性约束，加强农田基本建设，全市实际耕地总量及基本农田实际总量均超额完成自治区下达的目标任务。推进农业废物资源化利用，推广秸秆还田等技术，秸秆还田利用成为桂林市最主要的肥料化利用途径。大力发展循环经济。开展工业企业循环经济试点，组织桂林南方水泥有限公司、国电永福电厂等企业实施工业循环经济示范项目，燕京啤酒（桂林漓泉）股份有限公司入选全国工业循环经济示范企业，推进桂林经济技术开发区等园区循环化改造。实施生活废物资源化利用工作，桂林山口生活垃圾焚烧发电项目、阳朔生态环保科技园生活垃圾焚烧发电项目顺利投产，桂林市开始向"焚烧为主、填埋为辅"的生活垃圾处理模式发展。桂林市餐厨废弃物资源化利用和无害化处理BOT项目建设完成，成为广西除省会城市以外首个拥有100吨以上餐厨废弃物处理能力的城市。

【倡导绿色生活消费】 2021年，桂林市推进低碳交通建设。增加公共交通运力投入，推进交通一卡通互联互通建设，特别推出高校学生出行、学生秋游、红色旅游等多项差异化定制公交服务。推广绿色出行装备应用，稳步推进交通运输车辆电动化，开展物流绿色运输试点，推广新能源汽车，推进充电设施建设。全市共有新能源公交车1567辆，新能源公交车占比72%。鼓励公众绿色出行，建设城市公共自行车服务系统，设置租车站点336个，投放单车1万辆，全市累计骑行时间超过1000万小时，累计减少二氧化碳排放18630余吨。大力发展绿色建筑。"十三五"期间完成建设工程建筑节能专项备案1567项次，新建建筑在设计阶段100%执行节能强制性标准，新增绿色建筑1178万平方米，城镇绿色建筑占新建建筑比例已提升至44%。加快可再生能源建筑应用城市示范工作，桂林市可再生能源建筑应用示范项目101个，建筑总面积超490.96万平方米，示范项目年总节能量可达8561万千瓦时。积极推进生活垃圾分类。建立市委书记、市长双组长领导机制，统筹推进生活垃圾分类工作。持续加大垃圾分类保障资金投入，全市公共机构及公共场所垃圾分类已实现全覆盖，共有55个社区基本建成生活垃圾分类示范点，涉及居民18.7万户。创新生活垃圾分类宣传活动模式，结合国家卫生城复审、全国文明城市复查工作，通过进机关、进社区、进市场、进企业、进学校、进家庭"六进"活动开展垃圾分类宣传工作，形成人人动手参与的社会氛围。

（赵密霖）

2021年桂林市党政机关、直属事业单位、党派团体及其领导人名单

中国共产党桂林市委员会

书记：赵乐秦（任至2月）
　　周家斌（2月任职）
副书记：秦春成（任至5月）
　　李楚（5月任职）
　　赵仲华（任至7月）
　　彭东光（7月任职）
常委：王致（任至7月）
　　赵志军（任至1月）
　　韦凤云（任至3月）
　　王建毅（任至7月）
　　彭东光（任至7月）
　　古国章（任至7月）
　　文建中（3月任职，任至7月）
　　张汉川（7月任职）
　　杨雁雁（3月任职）
　　徐波（7月任职）
　　沈威虎
　　赵卫东（7月任职）
　　周卉（7月任职）
　　蒋育亮
　　丁东弟（7月任职）
秘书长：蒋育亮（任至7月）
　　丁东弟（8月任职）
副秘书长：刘春燕（任至7月）
　　李一飞（7月任职）
　　黄立平
　　裴军（任至12月）
　　唐金华（11月任职）
　　张松

李志华(任至11月)
蔡一鸣(任至11月)
程文华(2月任职)
戴伟鹏
戴波
钟涛(12月任职)
卢浮峰(5月挂职)

中国共产党桂林市纪律检查委员会、桂林市监察委员会

中国共产党桂林市纪律检查委员会
书记:古国章(任至7月)
徐波(7月任职)
副书记:韦秋燕(任至7月)
李伟中(任至7月)
刘初刚
韩觅
杨勇(7月任职)
常委:周芳(任至9月)
洪莉春(任至11月)
何涛(任至7月)
张捷林(任至12月)
杨勇(任至7月)
于建新(12月任职)
张琦
黄清云(9月任职)
潘军勇(7月任职)
宋文静(12月任职)

桂林市监察委员会
主任:古国章(任至8月)
徐波(10月任职)
副主任:韦秋燕(任至8月)
李伟中(任至8月)
刘初刚
韩觅
杨勇(8月任职)
委员:周芳(任至12月)
何涛(任至8月)
杨勇(任至8月)
黄清云
张琦(12月任职)
潘军勇(8月任职)
刘凌
胡迅(12月任职)

市委工作部门
中国共产党桂林市委员会办公室
主任:刘春燕(兼,任至7月)
李一飞(7月任职)

中国共产党桂林市委员会组织部
部长:彭东光(任至8月)
赵卫东(8月任职)
副部长:石凤羽(任至12月)
林兵
叶桂忠(兼)
韦文周(兼)
刘琴(兼,任至7月)
黄小桂(兼,7月任职)
唐德华
欧利坚
中国共产党桂林市委员会宣传部
部长:韦凤云(任至5月)
杨雁雁(5月任职)
副部长:时曦(任至5月)
蒋桂斌(兼,任至7月)
诸葛亚
陈利
周娜
周恒志(1月任职)
贾嘉
中国共产党桂林市委员会统一战线工作部
部长:王建毅(任至7月)
蒋育亮(8月任职)
副部长:胡涛
周作智(兼,任至7月)
杨海芬(兼)
程海超
阳行志
潘德辉(7月任职)
徐建强
中国共产党桂林市委员会政法委员会
书记:赵志军(任至1月)
文建中(3月任职,任至7月)
周卉(7月任职)
副书记:朱永辉(任至2月)
罗贤瑞(2月任职)
文社教
毛永安
徐彦平(1月任职)
莫家晶
林杰(1月任职)
委员:郑庆阳(任至7月)
陈敏(任至8月)
林鼎立(任至8月)
罗豪(7月任职)
杨晓春(8月任职)
梁贻勇(8月任职)
诸葛旸

孙杰
盘顺华
李劲
中国共产党桂林市委员会政策研究室
主任:龚明聪
副主任:许敏良
王贵军
刘二辉(9月任职)
中国共产党桂林市委员会全面深化改革委员会办公室
主任:张松
副主任:苏绍维
中国共产党桂林市委员会网络安全和信息化委员会办公室
主任:蒋桂斌(任至7月)
副主任:汤榕
黄荣
中国共产党桂林市委员会机构编制委员会办公室
主任:叶桂忠
副主任:丁银健
袁石平
刘伟
中国共产党桂林市委员会直属机关工作委员会
书记:郑建忠
副书记:唐咸康(任至9月)
沈烈新(任至5月)
张加胜
郑娟(11月任职)
张学奇(11月任职)
委员:刘锦辉
石远国
中国共产党桂林市委员会巡察工作领导小组办公室
主任:洪莉春(任至11月)
于建新(11月任职)
副主任:周华
王忠君(任至7月)
中国共产党桂林市委员会、桂林市人民政府信访局
局长:裴军(任至12月)
副局长:程春林
苏业龙
中国共产党桂林市委员会老干部局
局长:刘琴(任至7月)
黄小桂(7月任职)
副局长:王达金
朱斌
李志

中国共产党桂林市委员会督查和绩效考评办公室
主任:黄立平
副主任:王淑兰
李南海
祁纲

市委直属事业单位

中国共产党桂林市委员会党校
校长:赵仲华(任至8月)
赵卫东(9月任职)
常务副校长:唐庆林(任至12月)
李春孟(12月任职)
副校长:张力丹
李富亮
丁萍
校务委员:杨玉庆
赵国靖

中国共产党桂林市委员会党史研究室
主任:覃澍
副主任:夏建设
王文胜
张林喜

桂林日报社
党组书记:孙敬东(任至8月)
党组副书记:龙霖锋(任至8月)
社长:孙敬东
副社长:王学军
赵秋丽
总编辑:龙霖锋
副总编辑:唐禄贤
郑斌
王光星
唐润海

桂林市档案馆
馆长:奉世江
副馆长:蒙涛(任至8月)
全裕胜
胡正科
翁利群(11月任职)

桂林市人民代表大会常务委员会

主任:张晓武(任至10月)
赵仲华(10月任职)
副主任:徐锋
石春莲(任至10月)
何运保(任至10月)
周卉(任至8月)
谭建国(任至10月)
谢灵忠(10月任职)
区捷(10月任职)
唐修璇(10月任职)
李滨
林武民(10月任职)
党组书记:张晓武(任至8月)
赵仲华(8月任职)
秘书长:周理胜(任至10月)
石凤羽(10月任职)
副秘书长:郑钧洪
李顺意
许礼祥(任至11月)
廖国忠(11月任职)
李方连

桂林市人民代表大会常务委员会办公室
主任:周理胜(兼,任至10月)
石凤羽(兼,10月任职)

桂林市人民代表大会法制委员会
主任委员:李日升
副主任委员:方悦仁(任至10月)
丁白茹(任至10月)
陈玉山(10月任职)
黄英江(10月任职)

桂林市人民代表大会监察和司法委员会
主任委员:石长进(任至9月)
许礼祥(10月任职)
副主任委员:秦清浥(10月任职)
刘俊春

桂林市人民代表大会财政经济委员会
主任委员:李远红
副主任委员:莫秋萍(任至10月)
李建平
蒋奔程(10月任职)

桂林市人民代表大会教育科学文化卫生旅游委员会
主任委员:刘鹃(任至10月)
涂国辉(10月任职)
副主任委员:覃积孔
王艺洁(任至10月)
韦征(10月任职)

桂林市人民代表大会民族华侨外事委员会
主任委员:赵海兵(任至10月)
肖育明(10月任职)
副主任委员:王冬秀(任至10月)
何媛
黄艳秋(10月任职)

桂林市人民代表大会城乡建设环境与资源保护委员会
主任委员:侯翔(任至10月)
赵海兵(10月任职)
副主任委员:蒙少强(任至10月)
王玲(任至10月)
高醇武(10月任职)
丁白茹(10月任职)

桂林市人民代表大会农业与农村委员会
主任委员:兰辉
副主任委员:唐树明(任至10月)
方悦仁(10月任职)
刘长记

桂林市人民代表大会社会建设委员会
主任委员:欧阳莉萍
副主任委员:陈兰香
莫林涛

桂林市人民代表大会常务委员会选举联络工作委员会
主任:黄玲(任至10月)
申春梅(11月任职)
副主任:申春梅(任至9月,9—11月为主任提名人选)
蔡燕(11月任职)
刘义国(11月任职)

桂林市人民代表大会常务委员会调查研究室
主任:涂国辉(任至11月)
唐树明(11月任职)
副主任:秦清浥(任至11月)
蔡燕(任至11月)

桂林市人民代表大会常务委员会法制工作委员会
主任:廖国忠(任至11月)
徐强(11月任职)
副主任:徐强(任至9月,9—11月为主任提名人选)
李三红(11月任职)
张海云

桂林市人民政府

市长:秦春成(任至5月)
李楚(6月任职)
副市长:韦凤云(任至3月)
钟洪
周强(11月任职)
朱永辉(任至1月)
罗贤瑞(1月任职)
沈威虎

兰燕(任至1月)
谢灵忠(任至7月)
赵奇玲
龙杏华
蒋春华(10月任职)
王昕(10月任职)
党组书记:秦春成(任至5月)
李楚(6月任职)
秘书长:丁东弟(任至8月)
蒋春华(12月任职)
副秘书长:赵塞经
唐金华(兼,任至11月)
蔡一鸣(兼,12月任职)
郑文宝
曹方明(任至12月)
孙清洪(任至7月)
粟皎敏
蒋易君
李首群(任至7月)
朱名武(任至12月)
谢波(12月任职)
梁海涛(12月任职)

市政府工作部门

桂林市人民政府办公室
主任:丁东弟(兼,任至10月)

桂林市发展和改革委员会
党组书记:贲黄文(任至6月)
吴晓罡(12月任职)
主任:贲黄文(任至6月)
吴晓罡(12月任职)
副主任:谭永源
覃正东
蒋福光
饶江
徐宁(任至12月)
罗克勤(任至11月)

桂林市教育局
党组书记:唐建林(任至12月)
唐标明(12月任职)
局长:唐建林(任至12月)
唐标明(12月任职)
副局长:吴东才
文泽鸿
容志权
陈念进

桂林市科学技术局
党组书记:张晓阳(任至12月)
曹方明(12月任职)
局长:张晓阳(任至12月)
曹方明(12月任职)
副局长:唐健梅
黄峰(任至7月)
唐健灵(任至7月)

桂林市工业和信息化局
党组书记:韦远明(任至6月)
张晓阳(12月任职)
局长:韦远明(任至6月)
张晓阳(12月任职)
副局长:陈雄文(任至12月)
莫国才
叶涛
向东成

桂林市民族宗教事务委员会
党组书记:杨海芬
主任:杨海芬
副主任:李冠宇
黄有能
刘伟

桂林市公安局
局长:朱永辉(任至1月)
罗贤瑞(4月任职)
政治委员:黄拥军
副局长:文社教(兼)
钟明
谢坚
周云(任至11月)
申小军
代海鹏

桂林市民政局
党组书记:唐标明(任至12月)
肖必忠(12月任职)
局长:唐标明(任至12月)
肖必忠(12月任职)
副局长:刘修祥
赵艳春
易琳

桂林市司法局
党组书记:诸葛旸
局长:诸葛旸
副局长:曾忠东(任至5月)
陈桂生
秦昕
欧阳军辉(7月任职)
董忠

桂林市财政局
党组书记:谷海洪
局长:谷海洪
副局长:卫东(任至1月)
刘桂峰(任至5月)
黄宏忠(任至7月)
秦维忠
林秀洁(1月任职)
文新祥(7月任职)
赵卫(8月任职)
章洁

桂林市人力资源和社会保障局
党组书记:韦文周
局长:韦文周
副局长:苏骋
朱桂平
周斌
欧阳凯

桂林市自然资源局
党组书记:王飚
局长:王飚
副局长:于小明
李济明
易云初
张海(任至12月)

桂林市生态环境局
党组书记:邓学云(任至11月)
曾鸣(11月任职)
局长:邓学云(任至11月)
曾鸣(12月任职)
副局长:舒忠常
蒋永光
刘学振(任至7月)
刘德华

桂林市住房和城乡建设局
党组书记:曾亮(任至12月)
刘江帆(12月任职)
局长:曾亮(任至12月)
刘江帆(12月任职)
副局长:刘开成
高醇武(任至9月)
刘江帆(任至12月)
蒋鹏

桂林市交通运输局
党组书记:李绍政
局长:李绍政
副局长:魏海
覃自仁
陈晞
刘林军

桂林市水利局
党组书记:文飞(任至12月)
杨水才(12月任职)
局长:文飞(任至12月)
杨水才(12月任职)
副局长:唐官荣(任至5月)
蒋伟宁
仇建辉
曾梓林(8月任职)

桂林市农业农村局
党组书记：蔡立圭（任至12月）
吴应新（12月任职）
党组副书记：魏承林（任至12月）
局长：蔡立圭（任至12月）
吴应新（12月任职）
副局长：王松云
蒋福信（任至3月）
刘资灵
蒋林
丛莉（3月任职）
桂林市商务局
党组书记：苏绍坤（任至7月）
徐宁（12月任职）
局长：王昕
副局长：石修雄
吕佳军
邓冶
蔡俊
桂林市文化广电和旅游局
党组书记：王子西
党组副书记：曾小林（11月任职）
局长：王子西
副局长：李汉春（任至9月）
曾小林（12月任职）
陈连生
李山宏（任至5月）
曹健（任至5月）
袁桂兵（8月任职）
李堂炜
桂林市卫生健康委员会
党组书记：蒋平华
主任：蒋平华
副主任：唐玲凤
刘斌（10月任职）
麦浩
桂林市退役军人事务局
党组书记：唐铭泽（任至12月）
陈雄文（12月任职）
局长：唐铭泽（任至12月）
陈雄文（12月任职）
副局长：陆刚
程建屿
蒋晓金
桂林市应急管理局
党委书记：陈建国
局长：陈建国
副局长：秦天清
杨灏
吴根山
张建新
仇建辉（兼）
桂林市审计局
党组书记：肖育明（任至10月）
李强（11月任职）
局长：肖育明（任至10月）
李强（12月任职）
副局长：赵素云
全宏星
梁白冰（任至12月）
傅春灵
桂林市外事办公室
党组书记：陈强华
党组副书记：余治水（任至5月）
主任：陈强华
副主任：余治水（任至5月）
王晓霞（任至9月）
叶兵
王春霞（7月任职）
叶红云（9月任职）
桂林市市场监督管理局
党组书记：黄健
局长：黄健
副局长：张进（任至5月）
曾小林（任至12月）
蒋以宏
彭秀成
黄文（12月任职）
桂林市体育局
党组书记：关小菊
局长：关小菊
副局长：莫智斌
张宇
刘诚
桂林市统计局
党组书记：李强（任至11月）
梁白冰（11月任职）
局长：李强（任至12月）
梁白冰（12月任职）
副局长：和向东
粟峥群
林福元
桂林市人民防空办公室
党组书记：蒋永刚
主任：蒋永刚
副主任：汪信萍
叶昆
桂林市乡村振兴局（2021年6月前为桂林市扶贫开发办公室）
党组书记：吴应新（任至12月）
魏承林（12月任职）
局长：吴应新（任至12月）
魏承林（12月任职）
副局长：经本荣
欧吉兵
桂林市医疗保障局
党组书记：罗静
局长：罗静
副局长：张林
陆小春
阎林
桂林市城市管理委员会
党组书记：刘祖军（任至9月）
石长进（9月任职）
主任：刘祖军（任至10月）
石长进（10月任职）
副主任：张坤（任至5月）
蒋毅（9月任职）
秦军
谢应明
赵小海
桂林市行政审批局
党组书记：唐金华（任至11月）
蔡一鸣（11月任职）
局长：唐金华（任至12月）
蔡一鸣（12月任职）
副局长：蒋少海
莫海林
庞采哲
周迎新（任至9月）
桂林市金融工作办公室
主任：阳耀民
副主任：姜路
徐伟翔
桂林市林业和园林局
党组书记：杨水才（任至12月）
张海（12月任职）
局长：杨水才（任至12月）
张海（12月任职）
副局长：孙桂春
陆丹
刘强
秦香华
桂林市机关事务管理局
党组书记：吴殷丹
局长：吴殷丹（任至12月）
戴波（12月任职）
副局长：韩克军
陈建华
王明伟（9月任职）
桂林市国有资产监督管理委员会
党委书记：龙挥忠（任至12月）
裴军（12月任职）

党委副书记:肖必忠(任至12月)
主任:肖必忠(任至12月)
裴军(12月任职)
副主任:蓝誉国
陈江
赵祖俊
朱袭林

市政府直属事业单位
桂林市接待办公室
党组书记:程文华(2月任职)
主任:程文华(3月任职)
副主任:程文华(任至1月)
刘旭涛(任至11月)
周荣锦(8月任职)
王艳涛
桂林市人民政府发展研究中心
党组书记:吴晓罡(任至12月)
主任:吴晓罡(任至12月)
副主任:曲庭万
谢波(任至12月)
赵弟云
桂林市地方志编纂委员会办公室
主任:徐朝凯
副主任:文剑(任至8月)
李宗庆(任至5月)
赵春燕(12月任职)
胡小春
桂林市供销合作社
党组书记:唐纪文(任至12月)
姚兴松(12月任职)
党组副书记:黄永文
理事会主任:唐纪文(任至12月)
姚兴松(12月任职)
理事会副主任:范远明(任至10月)
唐行知
梁文强(10月任职)
监事会主任:黄永文
监事会副主任:廖忠
桂林市工业合作联社
党组书记:韦杰
主任:韦杰
副主任:宁文超
桂林市投资促进局
党组书记:唐双喜(任至7月)
叶琴(12月任职)
局长:唐双喜(任至7月)
潘玲(7月任职)
副局长:叶琴(任至12月)
黄锡亮
范春德

桂林市住房公积金管理中心
党组书记:李钧
主任:李钧
副主任:邓金山
罗迪
张益泉

政府驻外办事机构
市政府驻北京联络处
主任:秦伟
副主任:徐福照
陈建林
市政府驻南宁办事处
主任:戴玉萍(9月任职)
副主任:周荣锦(任至8月)

中国人民政治协商会议桂林市委员会

党组书记:陈丽华
副书记:王建毅(任至8月)
钟麟(8月任职)
蒋育亮(8月任职)
主席:陈丽华
副主席:蒋育亮(8月任职)
钟麟
文建中(10月任职)
汤桂荔
肖立华
郑毅
区捷(任至7月)
蒋昌桂
唐修璇(任至7月)
陆智成
谭建国(10月任职)
秘书长:苏甲杏(任至10月)
徐熔(10月任职)
副秘书长:唐晓敏
黄明贵
戴玉萍(任至9月)
曾艳波(任至9月)
龙海(11月任职)
周迎新(11月任职)
中国人民政治协商会议桂林市委员会办公室
主任:苏甲杏(兼,任至10月)
徐熔(兼,11月任职)
中国人民政治协商会议桂林市委员会提案委员会
主任:谢漓
副主任:韦敏玲
唐咸康(11月任职)
唐萍莉(任至1月)

沙惠平(兼,任至11月)
赖慧云(兼,任至11月)
马伟荣(兼,任至11月)
赵玉林(兼,任至11月)
中国人民政治协商会议桂林市委员会经济委员会
主任:李小元(任至9月)
梁志鸿(11月任职)
副主任:梁志鸿(任至11月)
沙惠平(11月任职)
钟毅(11月任职)
谭永源(兼,任至11月)
蓝誉国(兼,任至11月)
邱云(兼,任至11月)
何明华(兼,任至11月)
阳耀民(兼,任至11月)
中国人民政治协商会议桂林市委员会农业和农村委员会
主任:阳宝林(任至11月)
唐寿元(11月任职)
副主任:唐建秀
蒋海清(任至9月)
龙晶晶(11月任职)
中国政治协商会议桂林市委员会教科卫体委员会
主任:秦永川(11月任职)
副主任:秦永川(任至11月)
邓凡
杨俊红(11月任职)
何绍连(兼,任至11月)
唐春松(兼,任至11月)
文泽鸿(兼,任至11月)
吴东才(兼,任至11月)
覃澍(兼,任至11月)
王子西(兼,任至11月)
颜丽萍(兼,任至11月)
中国人民政治协商会议桂林市委员会社会法制与民族宗教委员会
主任:邹玉章
副主任:蒋丽娟(任至11月)
林俐(任至11月)
黄利民(11月任职)
夏川(11月任职)
文社教(兼,任至11月)
侯天良(兼,任至11月)
李荣(兼,任至11月)
杨丹(兼,任至11月)
中国人民政治协商会议桂林市委员会文化文史和学习委员会
主任:刘满云
副主任:李汉春(11月任职)

胡伶俐
张彦(任至 11 月)
隆斌(兼,任至 11 月)
伍发进(兼,任至 11 月)
中国人民政治协商会议桂林市委员会港澳台侨外事委员会
主任:谭兴元(任至 11 月)
曾艳波(11 月任职)
副主任:廖晓波(任至 7 月)
蒋海清(11 月任职)
郝晓萍(11 月任职)
王晓霞(兼,任至 11 月)
叶涛(兼,任至 11 月)
蔡振生(兼,任至 11 月)
张翔(兼,任至 11 月)
中国人民政治协商会议桂林市委员会研究室
主任:叶雪刚(任至 9 月)
张彦(11 月任职)
副主任:龙海(任至 11 月)
熊小清(11 月任职)
中国人民政治协商会议桂林市委员会委员联络工作办公室
主任:王晓燕(任至 11 月)
林俐(11 月任职)
副主任:徐松年
莫斌

法院·检察院

广西壮族自治区桂林市中级人民法院
党组书记:陈敏(任至 7 月)
杨晓春(8 月任职)
院长:陈敏(任至 7 月)
杨晓春(10 月任职)
副院长:张德生
黄强
苗小所
于志军(8 月任职)
广西壮族自治区桂林市人民检察院
党组书记:林鼎立(任至 7 月)
梁贻勇(8 月任职)
检察长:林鼎立(任至 7 月)
梁贻勇(11 月任职)
副检察长:周鸿广
邹定华(任至 4 月)
侯天良
秦艳
蒋涛(8 月任职)

民主党派·工商联

中国国民党革命委员会桂林市委员会
主委:区捷
副主委:王文彬(2 月任职,任至 11 月)
蒋东兵(兼,2 月任职)
向惠玲(兼)
龙飞(兼,2 月任职)
秦明群(兼,任至 2 月)
郑发生(兼,任至 2 月)
中国民主同盟桂林市委员会
主委:谭建国
副主委:以体杰
孙小军(兼)
戴雪梅(兼,1 月任职)
张富文(兼,1 月任职)
伍发进(兼,任至 1 月)
蒋太才(兼,任至 1 月)
中国民主建国会桂林市委员会
主委:郑毅
副主委:陈沛如(3 月任职)
蒋雪娇(兼)
康长忆(兼,3 月任职)
刘建明(兼,3 月任职)
唐正柱(兼,任至 3 月)
赵钧铎(兼,任至 3 月)
席国际(兼,任至 3 月)
中国民主促进会桂林市委员会
主委:白云(兼)
副主委:李慧君(3 月任职)
葛浩波(兼)
覃文(兼)
符煜莹(兼,3 月任职)
傅广生(兼,任至 3 月)
李其斌(兼,任至 3 月)
中国农工民主党桂林市委员会
主委:农军
副主委:周长山(任至 2 月)
李素华(兼,任至 2 月)
谢标(2 月任职)
石朝晖(兼,2 月任职)
唐灵(兼,2 月任职)
伍思亭(兼,2 月任职)
中国致公党桂林市委员会
主委:谢永功
副主委:蒋向筝(兼,任至 2 月)
陈东辉(兼,任至 2 月)
刘丽(2 月任职)
曾明华(兼)
张翔(兼,2 月任职)
九三学社桂林市委员会
主委:卢全喜
副主委:胡天峰(3 月任职)
梁士楚(兼)
张伟林(兼,3 月任职)
潘玲(兼,3 月任职)
谭永源(兼,任至 3 月)
林玉山(兼,任至 3 月)
桂林市工商业联合会
党组书记:周作智(任至 7 月)
潘德辉(7 月任职)
主席:林莉
副主席:王卫斌(任至 7 月)
伍和志(任至 7 月)
王明富(兼)
白昱(兼)
阳东升(兼)
李敏遒
杨超灵
陈伟民
罗欣
周明
周新春
项扬
容北国
黄丽娟
黄学军
彭晖
彭铁雁
彭敏
谢玉华
戴东辉

群众团体

桂林市总工会
党组书记:宁志
主席:徐锋
副主席:宁志
龙镇凯(任至 5 月)
李国玉
莫曦媛
中国共产主义青年团桂林市委员会
书记:李超(任至 7 月)
文昕(7 月任职)
副书记:张圆(任至 7 月)
刘俊
滕亚(2021 年挂职结束)
曹洋(7 月任职)
蒋杨桦(9 月任职)
桂林市妇女联合会
党组书记:徐熔(任至 9 月)
主席:徐熔(任至 9 月)
副主席:覃丽(任至 7 月)
舒满江
李彬棠
王珂(兼)

谢玉华(兼)
黄丽娟(兼)
桂林市文学艺术联合会
党组书记:何绍连
主席:何绍连
副主席:许菁
关永兵
张贤(兼)
钟毅(兼)
盘文波(兼)
滕彬(兼)
雷洪(兼)
叶春桃(兼)
罗敏(兼)
桂林市科学技术协会
党组书记:俸文英
主席:俸文英
副主席:彭友萍
唐祖杰
陈雪潮
刘建明(兼)
麦浩(兼)
刘资灵
莫国才(兼)
文泽鸿(兼)
李日辉(兼)
王增文(兼)
桂林市归国华侨联合会
主席:叶涛
副主席:陆飞雄
简桂梅(兼)
蒋向筝(兼)
何明华(兼)
桂林市社会科学界联合会
党组书记:隆斌
主席:隆斌
副主席:邹靖
伍垂龙(任至 11 月)
陆奇岸(兼)
周海(兼)
唐春松(兼)
毕贵索(兼)
中国国际贸易促进委员会桂林市委员会
会长:陈立高
副会长:卢毅
桂林市残疾人联合会
党组书记:潘球明(7 月任职)
理事长:沙惠平(任至 7 月)
潘球明(9 月任职)
副理事长:阳东升
杨娟
蒋红斌(7 月任职)
曾立华
桂林市台湾同胞联谊会
会长:吕虹(兼)
副会长:张伍华
左剑虹(兼)
洪波(兼)
马晓珍(兼)
桂林市红十字会
名誉会长:赵仲华(任至 11 月)
彭东光(11 月任职)
会长:龙杏华(6 月任职)
副会长:刘正东(任至 6 月)
唐小荣(6 月任职)
曹方明(兼,6 月任职)
丁银健(任至 6 月)
袁石平(兼,6 月任职)
唐述东(任至 6 月)
曾云(兼,6 月任职)
王芳(任至 6 月)
蒋平华(兼,6 月任职)
蒋伟名(任至 6 月)
唐标明(兼,6 月任职)
唐建林(兼,任至 10 月)
秦维忠(兼,6 月任职)
杨灏(兼,6 月任职)

县(市、区)机构

秀峰区
中共秀峰区委员会
书记:雷陈(任至 6 月)
余捷(6 月任职)
副书记:谢静(任至 7 月)
刘丰华
王本瑛(7 月任职)
中共秀峰区纪律检查委员会
书记:李巍(任至 7 月)
李强(7 月任职)
秀峰区人大常委会
主任:李元浪(2 月任职)
副主任:贺东方(任至 2 月)
王桂英(任至 9 月)
莫广燕(任至 9 月)
黄晖(9 月任职)
庾和周(2 月任职)
黄璐
覃宁(9 月任职)
秀峰区人民政府
区长:雷陈(任至 6 月)
刘丰华(9 月任职)
副区长:殷允章(任至 1 月)
谢静(任至 7 月)
刘丰华(任至 9 月)
王洋(任至 9 月)
何静
卿立大(3 月任职)
陆军
梁劲(9 月任职)
黄振宇(9 月任职)
李鑫(8 月挂职)
秀峰区政协
主席:郭琳(任至 9 月)
苏绍坤(9 月任职)
副主席:颜艺华(任至 9 月)
黄初长(任至 9 月)
骆家茂(任至 9 月)
卫东军(9 月任职)
伍发进(9 月任职)
王洋(9 月任职)
狄加

叠彩区
中共叠彩区委员会
书记:余捷(任至 6 月)
杨玉霜(6 月任职)
副书记:黄小雪(任至 6 月)
陆华静(6 月任职)
周海斌(7 月任职)
中共叠彩区纪律检查委员会
书记:王唐飞(任至 7 月)
闫位勤(7 月任职)
叠彩区人大常委会
主任:粟卫宏(任至 9 月)
李首群(9 月任职)
副主任:王启贵(任至 9 月)
刘小强(任至 9 月)
秦秀珍
向林海
万小梅(9 月任职)
卢献湘(9 月任职)
叠彩区人民政府
区长:黄小雪(任至 6 月)
陆华静(9 月任职)
副区长:曾建勋(任至 7 月)
朱娟(任至 7 月)
潘玲(任至 7 月)
陈孝云(任至 7 月)
陶日桂(9 月任职)
谢俊
朱友益
滕慧君(9 月任职)

蒋闻(9月任职)
叠彩区政协
主席:李曼华(任至1月)
陈永东(1月任职)
副主席:郭连增(任至9月)
石霞(任至9月)
龚红波(9月任职)
黄晔华
周红英(9月任职)
李志雄(9月任职)

象山区
中共象山区委员会
书记:蒋伟名
副书记:经友新(任至6月)
梁红
李超(7月任职)
中共象山区纪律检查委员会
书记:黄文(任至7月)
文万年(7月任职)
象山区人大常委会
主任:徐维升(任至9月)
经翠艳(9月任职)
副主任:谢东(任至9月)
黄晖(任至9月)
聂桂华(任至9月)
李勇江(任至9月)
白峰(9月任职)
赖慧云(9月任职)
李雅劼(9月任职)
李光祥(9月任职)
象山区人民政府
区长:经友新(任至6月)
梁红(9月任职)
副区长:蒋海燕(任至7月)
崔海健(任至7月)
李光祥(任至9月)
周灿(任至9月)
李军(1月任职)
蒋雪娇(9月任职)
王华
凌熙(9月任职)
蔡尧(9月任职)
象山区政协
主席:眭铂生
副主席:钟庭盛(任至9月)
赖慧云(任至9月)
李雅劼(任至9月)
罗秋云(任至9月)
谢东(9月任职)
聂桂华(9月任职)

潘波平(9月任职)
张杰雄(9月任职)

七星区
中共七星区委员会
书记:石玉琳(任至6月)
郑平(6月任职)
副书记:郑平(任至6月)
谢文彬(任至7月)
郭红星(6月任职)
何涛(7月任职)
中共七星区纪律检查委员会
书记:周毅松
七星区人大常委会
主任:黄文干(任至9月)
周敏(9月任职)
副主任:齐桂平(任至9月)
蒋瑞芳(任至9月)
曾小明(任至9月)
梁荣军(9月任职)
莫家荣(9月任职)
涂文红(9月任职)
张永红
七星区人民政府
区长:郑平(任至6月)
郭红星(9月任职)
副区长:陆华静(任至6月)
王海燕(任至7月)
阳明(任至7月)
刘春吉(任至7月)
张翔(任至7月)
文杰(9月任职)
胡凯
韦崇广(9月任职)
伍晖琳(9月任职)
熊波浪(9月任职)
七星区政协
主席:宛高云(任至9月)
刘琴(9月任职)
副主席:梁荣军(任至9月)
涂文红(任至9月)
孙士桥(任至9月)
刘延风(9月任职)
张一新(9月任职)
彭小珂
向国金(9月任职)

雁山区
中共雁山区委员会
书记:莫振华
副书记:杨玉霜(任至6月)
邓世文(任至6月)
潘军华(6月任职)
刘有文(7月任职)
中共雁山区纪律检查委员会
书记:潘军勇(任至7月)
李少波(7月任职)
雁山区人大常委会
主任:杨明(任至9月)
蒋桂斌(9月任职)
副主任:付德定(任至7月)
蒋继鹃(任至7月)
李春燕(任至9月)
刘开送(任至9月)
张杰雄(任至9月)
葛建斌(9月任职)
唐振国(9月任职)
秦小娟(9月任职)
薛媛(9月任职)
雁山区人民政府
区长:杨玉霜(任至6月)
潘军华(9月任职)
副区长:卿立大(任至3月)
莫运珍(任至7月)
李红(任至7月)
隆胜军(任至7月)
葛建斌(任至9月)
李剑鸿(任至9月)
陈波(9月任职)
蒋家领(9月任职)
谢强(3月任职)
张琴(9月任职)
张斌(9月任职)
雁山区政协
主席:莫连旺(任至9月)
李红(9月任职)
副主席:刘永莉(任至9月)
欧双球(任至9月)
唐振国(任至9月)
蒋家领(任至9月)
黄旭斌(9月任职)
李春燕(9月任职)
刘开送(9月任职)
李剑鸿(9月任职)

临桂区
中共临桂区委员会
书记:何新明(任至6月)
石玉琳(6月任职)
副书记:王凤玲(任至6月)
何兵
谢静(7月任职)

中共临桂区纪律检查委员会
书记:郑远军(任至7月)
文政(7月任职)
临桂区人大常委会
主任:易立林
副主任:李少波(任至7月)
陈苦源(任至9月)
欧翠兰(任至9月)
黄萍(任至9月)
以善梅(9月任职)
唐正红(9月任职)
蒋福军(9月任职)
彭玉胜(9月任职)
临桂区人民政府
区长:何兵
副区长:韦崇广(任至9月)
周波
蒋东兵(9月任职)
赵珂
张国安
张莉彬
临桂区政协
主席:李先赠
副主席:以善梅(任至9月)
唐立勋(任至9月)
葛浩波(任至9月)
欧翠兰(9月任职)
李燕青
陈苦源(9月任职)
黄萍(9月任职)

阳朔县
中共阳朔县委员会
书记:蒋春华(任至6月)
周彦(6月任职)
副书记:周彦(任至6月)
黄小雪(6月任职)
秦太平(1月任职)
中共阳朔县纪律检查委员会
书记:彭莹
阳朔县人大常委会
主任:李自军(任至9月)
陈庆武(9月任职)
副主任:黄燕(任至9月)
梁文干(任至9月)
徐永康(任至9月)
莫永明(任至9月)
莫翠芳(9月任职)
雷长发(9月任职)
王永清(9月任职)
何毅(9月任职)

阳朔县人民政府
县长:周彦(任至6月)
黄小雪(9月任职)
副县长:陈建华(任至1月)
林小波(任至7月)
孟璇(任至9月)
韦星(任至9月)
蒋东兵(任至9月)
韦普健
覃丽虹(9月任职)
吴勇(9月任职)
莫绍廷(9月任职)
赵全平(9月任职)
阳朔县政协
主席:陈庆武(任至9月)
曾杰刚(9月任职)
副主席:吴土得(任至9月)
张猛(任至9月)
蔡龙德(任至9月)
海强(任至9月)
廖元强(2月任职)
李慧君(9月任职)
蒋碧刚(9月任职)
余志业(9月任职)

灵川县
中共灵川县委员会
书记:胡焕忠
副书记:王长发(任至7月)
陈文彬
陆铁拓(7月任职)
中共灵川县纪律检查委员会
书记:罗颖(任至7月)
李巍(7月任职)
灵川县人大常委会
主任:唐火祯(任至9月)
王长发(9月任职)
副主任:刘甲秀(任至9月)
李志仁(任至9月)
陈华
秦玉珍(9月任职)
王刚(9月任职)
唐于辉(9月任职)
灵川县人民政府
县长:陈文彬
副县长:潘军华(任至6月)
唐筱凌(任至7月)
赵莉(任至7月)
卢启辉
张翔(9月任职)
谢小明

唐林宏
李林霞(9月任职)
灵川县政协
主席:赵国平(任至9月)
梁志明(9月任职)
副主席:秦壬娣(任至9月)
秦玉珍(任至9月)
刘云堂
蒋自强(2月任职)
陈沛如(9月任职)
侯永辉(9月任职)

全州县
中共全州县委员会
书记:林武民(任至6月)
朱鹍屏(6月任职)
副书记:朱鹍屏(任至6月)
蒙新宇(任至7月)
邓世文(6月任职)
伍茂民(7月任职)
中共全州县纪律检查委员会
书记:张楷(任至7月)
王耀辉(7月任职)
全州县人大常委会
主任:阳瑞华(任至9月)
蒙新宇(9月任职)
副主任:唐忠祥(任至9月)
陶韬(任至9月)
谭桂松(任至9月)
王荣正
傅超香(9月任职)
张君凤(9月任职)
蒋小猛(9月任职)
全州县人民政府
县长:朱鹍屏(任至6月)
邓世文(9月任职)
副县长:侯中华(任至4月)
伍茂民(任至7月)
蒋雪娇(任至7月)
李恩琼(任至7月)
陶昆宇(任至7月)
唐基恒(9月任职)
伍吉东(9月任职)
彭桂川(4月任职)
邹祎芹(9月任职)
秦涛(9月任职)
石志坚(7月挂职)
全州县政协
主席:蒋经灿
副主席:盘今(任至7月)
伍吉东(任至9月)

丛莉（任至3月）
蒋述生
以体杰（9月任职）
谭桂松（9月任职）
马文涛（9月任职）

兴安县

中共兴安县委员会
书记：黄洪斌（任至6月）
贲黄文（6月任职）
副书记：黄钦（任至6月）
黄小桂（任至7月）
韦远明（6月任职）
吴勋（7月任职）
中共兴安县纪律检查委员会
书记：唐波
兴安县人大常委会
主任：张永军
副主任：刘婉秋（任至9月）
赵代林（任至9月）
蒋功合（任至9月）
蒋世语（9月任职）
韦辉（9月任职）
胡琳
胡天峰（9月任职）
兴安县人民政府
县长：黄钦（任至6月）
韦远明（9月任职）
副县长：伍发进（任至7月）
吕忠荣（任至7月）
文新祥（任至9月）
唐社林（任至9月）
庄慧琼（任至9月）
汤建国（9月任职）
刘绍千
陈红华（9月任职）
卢宇春（9月任职）
潘敏（9月任职）
兴安县政协
主席：唐庆林（任至9月）
庄慧琼（9月任职）
副主席：张琴（任至7月）
韦辉（任至9月）
唐树斌（任至9月）
赵代林（9月任职）
蒋功合（9月任职）
邓永忠
刘丽（9月任职）

永福县

中共永福县委员会
书记：廖照德
副书记：钟涛（任至7月）
唐芳顺
曾建勋（7月任职）
中共永福县纪律检查委员会
书记：周民
永福县人大常委会
主任：罗代璋
副主任：吴明忠（任至7月）
潘小成（任至7月）
莫军（任至9月）
周昌盛（任至9月）
黄宏忠（9月任职）
曹文缤
曾宪辉（9月任职）
石羽（9月任职）
永福县人民政府
县长：唐芳顺
副县长：王春霞（任至7月）
廖先梅（任至7月）
韩中元（任至7月）
王庆文（任至7月）
秦传志
黄成龙
汤庆秋（9月任职）
莫正云（9月任职）
张哲（9月任职）
永福县政协
主席：秦际广
副主席：黄泽治（任至9月）
卢秀明（任至9月）
周昌盛（9月任职）
甘高强（9月任职）
万钦红
唐亮（9月任职）

灌阳县

中共灌阳县委员会
书记：周春涌（任至6月）
卢嵩（6月任职）
副书记：卢嵩（任至6月）
经翠艳（任至7月）
孙清洪（6月任职）
唐文政（7月任职）
中共灌阳县纪律检查委员会
书记：闫位勤（任至7月）
赵宏（7月任职）
灌阳县人大常委会
主任：余桂兰
副主任：赵新春（任至9月）
王峰
袁高明
杨小平（9月任职）
郑有成（9月任职）
灌阳县人民政府
县长：卢嵩（任至6月）
孙清洪（9月任职）
副县长：周恒志（任至1月）
陈春虹（任至7月）
秦家德（任至7月）
唐敏（任至7月）
杨小龙（任至7月）
唐奕（2月任职）
文仆（3月任职）
张韬（9月任职）
谢艳（9月任职）
周桥（9月任职）
谢小军（7月挂职）
灌阳县政协
主席：桂文英（任至9月）
陈礼兵（9月任职）
副主席：郑有成（任至9月）
唐莉姣
赵新春（9月任职）
刘晓玉
肖逸（9月任职）

龙胜各族自治县

中共龙胜各族自治县委员会
书记：周卉（任至6月）
雷陈（6月任职）
副书记：潘德辉（任至7月）
黄强
李文涛（7月任职）
中共龙胜各族自治县纪律检查委员会
书记：李桥胜（任至7月）
莫柳红（7月任职）
龙胜各族自治县人大常委会
主任：粟宁群（任至1月）
粟海英（1月任职）
副主任：李健胜（任至9月）
梁文星（任至9月）
曾波（任至9月）
吴耿心（9月任职）
潘艳玫
王文彬（9月任职）
唐宗权（9月任职）
龙胜各族自治县人民政府
县长：黄强（1月任职）
副县长：刘勇（任至1月）
龙宪智（任至7月）
郑明旺

梁德锋(9月任职)
曾瑞玉
张初有(1月任职)
蒋文明
杨光伟(9月任职)
陈国府(挂职)
唐翊平(7月挂职)
周晓华(7月挂职)

龙胜各族自治县政协
主席:杨桂姬
副主席:甘高强(任至7月)
侯秋英(任至9月)
吴耿心(任至9月)
何彦泽
杨艳琼(9月任职)
唐忠生(9月任职)
梁咏来(9月任职)

资源县

中共资源县委员会
书记:韦绍艺(任至6月)
黄钦(6月任职)
副书记:谭玉成(任至6月)
姚兴松(任至7月)
王凤玲(6月任职)
田勤(7月任职)

中共资源县纪律检查委员会
书记:刘晴(任至7月)
韦兆松(7月任职)

资源县人大常委会
主任:陈育勤
副主任:莫家荣(任至9月)
易敬友(任至9月)
黄民兴(9月任职)
程国
陈虹
何春艳(9月任职)

资源县人民政府
县长:谭玉成(任至6月)
王凤玲(9月任职)
副县长:唐文政(任至7月)
杨清霞(任至7月)
谢强(任至7月)
陈伦元(任至7月)
黄民兴(任至9月)
刘兆龙
易敬友(9月任职)
任江(9月任职)
张振岩(7月任职)
吴龙源(9月任职)
肖志勇(7月挂职)
李源(7月挂职)

资源县政协
主席:容小敏
副主席:李迅军(任至7月)
张征林(任至9月)
何春艳(任至9月)
吴龙华
李异勇(9月任职)
程静莲(9月任职)
易忠游(9月任职)

平乐县

中共平乐县委员会
书记:周政英
副书记:石小松(任至6月)
梁志明(任至7月)
经友新(6月任职)
陶捌旺(7月任职)

中共平乐县纪律检查委员会
书记:王峥

平乐县人大常委会
主任:陶伟文
副主任:王继芳(任至1月)
彭钦凤(任至9月)
伍成红(任至9月)
林忠(9月任职)
彭骏武
王秉阳(9月任职)
邱盛娣(9月任职)

平乐县人民政府
县长:石小松(任至6月)
经友新(9月任职)
副县长:朱建华(任至7月)
杨林葵(任至7月)
张镇(任至7月)
王永树(1月任职)
陈泠志(9月任职)
王继芳(1月任职)
谢标(9月任职)
李斌斌(9月任职)

平乐县政协
主席:袁天赐(任至7月)
唐筱凌(9月任职)
副主席:林忠(任至9月)
黄家乐(任至9月)
于江(任至9月)
邱盛娣(任至9月)
彭钦凤(9月任职)
黎少华(9月任职)
孙军红(9月任职)
唐宇民(9月任职)

恭城瑶族自治县

中共恭城瑶族自治县委员会
书记:邓晓强(任至6月)
陈代昌(6月任职)
副书记:黄枝君(任至6月)
杨征山
周俊缤(7月任职)

中共恭城瑶族自治县纪律检查委员会
书记:侯和琪(任至7月)
蒋舒羽(7月任职)

恭城瑶族自治县人大常委会
主任:陈义军(任至9月)
邓晓强(9月任职)
副主任:蒋述卫(任至9月)
李晓武(任至9月)
吴艳琴
林堃
李财贵(9月任职)
李诗海(9月任职)

恭城瑶族自治县人民政府
县长:黄枝君(任至6月)
杨征山(9月任职)
副县长:骆骁(任至7月)
江选文(任至7月)
叶勇(任至7月)
蒋尽球
周建斌
赵红玲(1月任职)
郑勇(9月任职)
江立(9月任职)

恭城瑶族自治县政协
主席:唐寿元(任至2月)
黄枝君(9月任职)
副主席:贲定明(任至7月)
段凡徐(任至9月)
陈念翠
李晓武(9月任职)
钟础富
蒋庆(9月任职)

荔浦市

中共荔浦市委员会
书记:陈代昌(任至6月)
李玉清(6月任职)
副书记:李玉清(任至6月)
唐双喜(6月任职)
孙志武

中共荔浦市纪律检查委员会
书记:陶捌旺(任至7月)
唐亮(7月任职)

荔浦市人大常委会
主任:覃舜(任至3月)
蒋茂利(3月任职)
副主任:何有军(任至1月)
黄旭斌(任至9月)
王日康(任至9月)
张维娟(任至9月)
孟璇(9月任职)
黄旭庆(9月任职)
伍和志(9月任职)
莫泰恩(3月任职)
荔浦市人民政府
市长:李玉清(任至6月)
唐双喜(9月任职)
副市长:莫桂桓(任至1月)
何彰贤(任至7月)
覃丽虹(任至7月)
李文林(任至7月)
覃传良
葛浩波(9月任职)
周成玉(9月任职)
李青松
彭毅芬(9月任职)
荔浦市政协
主席:蒋战平
副主席:罗毅(任至9月)
黄旭庆(任至9月)
高祖斌
王日康(9月任职)
张维娟(9月任职)
莫志惠

桂林高新技术产业开发区
党工委书记:赵仲华(任至8月)
彭东光(8月任职)
党工委副书记:石玉琳(任至6月)
周敏(任至7月)
郑平(6月任职)
王海燕(7月任职)
党工委委员:赵树刚(任至7月)
黄岳飞(任至12月)
伍传仁
章铁军(12月任职)
管委会主任:石玉琳(任至6月)
郑平(7月任职)
管委会副主任(负责日常工作):
王海燕(7月任职)
管委会副主任:郑平(任至6月)
杨玉霜(任至6月)
经友新(任至6月)
周敏(任至7月)
赵树刚(任至7月)
张一新(任至7月)
黄岳飞(任至12月)
郭红星(7月任职)
梁红(7月任职)
潘军华(7月任职)
伍传仁
章铁军(12月任职)

临桂新区
党工委书记:彭代元(任至1月)
钟洪(2月任职)
党工委第一副书记:
何新明(任至6月)
石玉琳(6月任职)
党工委副书记:何兵
管委会主任:何新明(任至6月)
石玉琳(7月任职)
管委会第一副主任:何兵
管委会常务副主任:李星明
管委会副主任:文杰(任至7月)
于荣升(任至7月)
蒋玖明
周新强
张慧庆
黄福岗
陈清
秦士六
周波(挂职)

漓江风景名胜区
党工委书记:何运保(任至11月)
周家斌(兼,11月任职)
党工委副书记:
郭红星(任至6月)
唐修璇(兼,11月任职)
朱名武(12月任职)
秦荣军
管委会主任:郭红星(任至6月)
李楚(兼,11月任职)
管委会副主任:
朱名武(12月任职)
秦荣军
阳健青
李琼
吴勇(任至7月)
蒋东兵(兼,任至9月)
李吉华(7月任职)
唐新文(兼)
唐明昊(兼,任至9月)
莫运珍(兼,任至9月)
张翔(兼)
韦崇广(兼,12月任职)
吴勇(兼,12月任职)
张斌(兼,12月任职)

桂林经济技术开发区
党工委书记:
彭代元(任至1月)
钟洪(2月任职,任至8月)
王昕(8月任职)
党工委副书记:
何新明(任至6月)
赵家维
何兵(6月任职)
管委会主任:何新明(任至6月)
何兵(7月任职)
管委会副主任(负责日常工作):
赵家维
管委会副主任:何兵(任至6月)
唐芳顺
戴大文
邱海波
黄锦堂
莫孟觉
骆秋国
王健(挂职)

粤桂黔高铁经济带合作试验区(桂林)广西园
党工委书记:钟洪(任至8月)
赵奇玲(8月任职)
党工委副书记:胡焕忠
周文金
管委会主任:胡焕忠
管委会副主任(兼):
雷陈(任至6月)
黄小雪(任至6月)
陈文彬
陆华静(7月任职)
刘丰华(7月任职)
管委会副主任(负责日常工作):
周文金
管委会副主任:
梁劲(任至7月)
梁存(挂任至6月)
石桂祥(7月任职)
高景
周志诚
易小忠(挂职)

(市委组织部)

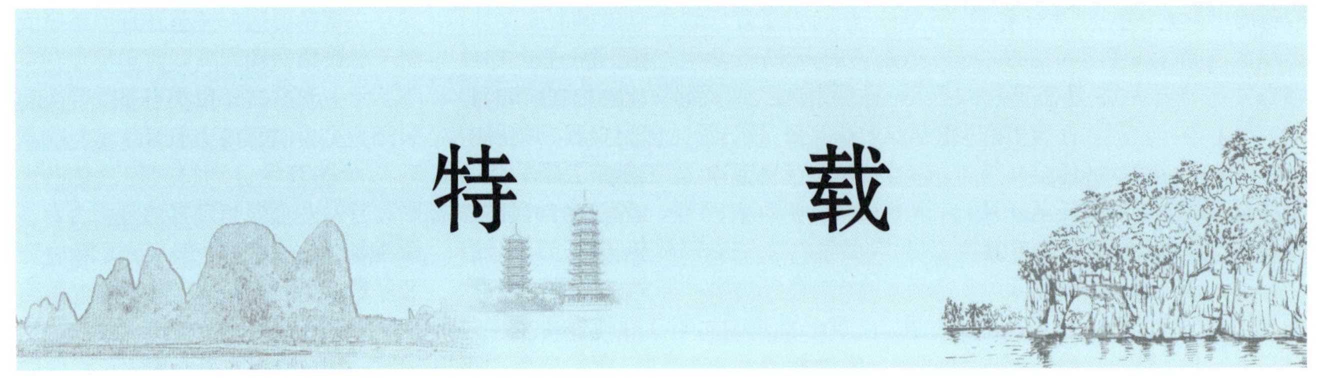

牢记重托　感恩奋进　全力打造世界级旅游城市

——2021 年 8 月 30 日在中国共产党桂林市第六次代表大会上的报告

中共桂林市委书记　周家斌

同志们：

现在，我代表中国共产党桂林市第五届委员会向大会作报告，请予审议。

中国共产党桂林市第六次代表大会，是在“两个一百年”奋斗目标历史交汇的关键节点，在中国共产党成立100周年的辉煌时刻，在全面开启“十四五”崭新征程的关键时期，召开的一次十分重要的大会。大会的主要任务是：坚持以习近平新时代中国特色社会主义思想为指导，深入贯彻落实习近平总书记“七一”重要讲话精神、视察广西及桂林时的重要讲话和重要指示精神，回顾总结市第五次党代会以来的工作，确定今后五年我市发展的指导思想和目标任务，选举产生中国共产党桂林市第六届委员会、第六届纪律检查委员会，团结带领全市各级党组织、广大党员和干部群众，牢记重托，感恩奋进，全力打造世界级旅游城市，奋力谱写建设新时代中国特色社会主义壮美广西的桂林新篇章。

一、五年来的工作回顾

市第五次党代会以来的五年，是桂林抢抓发展机遇、实现历史性跨越、具有里程碑意义的五年。面对复杂严峻的国内外形势、突如其来的新冠疫情冲击、持续加大的经济下行压力，在党中央的亲切关怀和自治区党委的正确领导下，市委团结带领全市各级党组织、广大党员和干部群众，坚持以习近平新时代中国特色社会主义思想为指导，深入学习贯彻党的十九大和十九届二中、三中、四中、五中全会精神，全面落实习近平总书记视察广西及桂林时的重要讲话和重要指示精神，践行新发展理念，落实高质量发展要求，坚持桂林国际旅游胜地建设“一本蓝图绘到底”，全力推进经济建设、政治建设、文化建设、社会建设、生态文明建设和党的建设，胜利完成市第五次党代会提出的主要目标任务，桂林发展呈现良好局面和广阔前景。

五年来，我们取得了八个方面的历史性成就。

一是认真贯彻落实习近平总书记的重要指示批示精神，桂林迎来历史性发展机遇。今年 4 月，习近平总书记视察广西，第一站就来到桂林，对我们全力以赴保护漓江、保护桂林山水，推进乡村振兴，圆满完成红军长征湘江战役烈士遗骸收殓保护和纪念设施建设，给予高度肯定。强调这次是慕名而来，乘兴而归，了却了半个世纪的心愿。嘱咐我们要当好保护桂林山水的“二郎神”，赋予我们打造世界级旅游城市、保护好桂林山水、建设最宜居城市、全面推进乡村振兴、用好用活红色资源等新使命新要求，为桂林发展指明了前进方向，提供了根本遵循。

二是“两个建成”目标如期实现。地区生产总值、居民收入提前一年实现翻一番，与全国、全区同步全面建成小康社会；国际旅游胜地规划纲要主要指标基本完成，旅游实现“七个升级”,年接待游客突破1.38亿人次、旅游总消费超1800亿元,基本建成桂林国际旅游胜地。

三是脱贫攻坚战全面胜利。全市29.7万建档立卡贫困人口全部脱贫、510个贫困村全部出列、3个贫困县全部摘帽,绝对贫困问题得到历史性解决,连续三年获全区设区市扶贫开发成效考核“综合评价好”等次。

四是招大引强实现历史性突破。成功引进华为、格力、比亚迪、融创、深科技等一批知名企业,实现了单个产业项目投资超百亿元的历史性突破。

五是成功入选“全国文明城市”。连续18年的创城努力取得历史性成果。

六是基础设施发生历史性巨变。两江国际机场T2航站楼、贵广高铁、桂林动车所、桂阳公路改扩建工程等一大批重大基础设施投入使用,5条高速公路建成通车,所有建制村通硬化路、通客车;这五年,是桂林基础设施项目最多、投资最大、变化最明显的时期。

七是漓江保护取得历史性成就。漓江“三统”改革全面完成,“四治”工程全面推进,“四乱一脏”全面整治,漓江游船实现30年来最大规模提档升级,漓江生态效益、社会效益和经济效益全面提升。

八是连续战胜灾害疫情、风险挑战。战胜多次历史罕见的严重洪涝灾害,经受住疫情防控的大战大考,防范化解金融、安全生产等各类风险隐患,保持了经济社会平稳发展,保障了人民群众生命安全,向历史和人民交出了优异答卷!

这五年,我们取得了八个方面的新成绩。

经济实力显著增强。地区生产总值累计达9500亿元,组织财政收入累计突破千亿元,实施重大项目1400多项、完成投资4400多亿元。工业振兴取得重大进展,组建经开区、高铁园,拓展高新区,市属园区总规划面积扩大到510平方公里,园区工业总产值占全市比重达75%,较“十二五”提升10.2个百分点,构建三区引领、多点支撑、齐头并进的“345”工业发展新格局;22家企业跻身全区高新技术企业百强,瞪羚企业、“专精特新”中小企业、战略性新兴产业工业企业数量均占全区1/5,国家级科技创新平台达61家,经开区成为全区首个国家级绿色园区,发展新动能加速集聚。旅游发展达到新高度,桂林入选国家文化和旅游消费试点城市,阳朔遇龙河成为广西首个国家级旅游度假区,12个县区成为全国、全区特色旅游名县、全域旅游示范区,数量全区第一,桂林旅游世界品牌、国内标杆、区内龙头地位不断提升。现代服务业实现新发展,数字经济、电子商务、文化创意、金融保险、商贸会展等现代服务业加快发展,入选商贸服务型国家物流枢纽承载城市,三产占地区生产总值比重提高到54.4%,成为经济增长主动力。现代农业提质增效,粮食、柑橘、特色水果、蔬菜、中药材、优质畜禽6个百亿元产业加速形成,水果种植面积和产量、自治区级现代特色农业(核心)示范区数量均居全区第一,农业增加值年均增长5.3%、高于预期2.3个百分点。

城乡面貌深刻变化。常住人口城镇化率由46.7%提高到52.6%,主城区面积达140平方公里、人口达135万。桂林新区成为城市新中心,建成区面积40平方公里、人口40万,环城水系全面通航,市直机关全部入驻,配套设施日益完善,一座产城融合的现代化新城快速崛起,“再造一个新桂林”蓝图变成现实。老城功能品位大幅提升,“北通南畅、东拓西联”城市路网基本建成,特色街区、老旧小区、城中村改造加快推进,逍遥楼、东西巷成为城市新地标。县域经济发展势头强劲,县城新区建设全面提速,特色产业做大做强,荔浦撤县设市,9个县(市、区)累计15次获广西科学发展(高质量发展)先进(进步)县(市、区),10个县入选国家电子商务进农村综合示范县。乡村振兴全面推进,新型城镇化示范乡镇、田园综合体带动作用明显,乡村基础设施、公共服务和社会治理水平全面提高,“美丽桂林·乡村建设”成果丰硕,全国乡村绿化美化现场会在我市召开。

人民生活品质大幅提升。民生领域财政累计投入1700多亿元,占一般公共预算支出78%,累计减税降费超150亿元。城镇居民、农村居民人均可支配收入分别年均增长6.3%、9.4%,高于全国、全区平均水平。新增农村劳动力转移就业44.2万人次,城镇新增就业27.4万人,解决30多万居民住房困难问题,社会保障基本实现应保尽保。新建学校87所,新增学位6.8万个,县域义务教育发展基本均衡县实现全覆盖,教育资源短缺矛盾得到有效缓解,中职学校布局调整和专业结构优化全面完成。基本医疗卫生服务体系、城区社区卫生服务机构实现全覆盖,获批国家健康旅游示范基地。法治桂林、平安桂林建设深入推进,扫黑除恶专项斗争取得显著成效,连续五届荣获全国社会治安综合治理优秀市、连续3次捧得“长安杯”。科技体育、新闻出版、安全生产、食品药品监管等社会事业全面进步,人民群众的获得感成色更足、幸福感更可持续、安全感更有保障。

改革开放成果丰硕。深入推进重点领域改革,园区体制、国资监管改革成效明显,“放管服”改革、公立医院改革走在全区前列,“最多跑一次”“无差别全科受理”“双容双承诺”等改革经验全区推广;导游管理体制改革全国领先,获评全国农村承包地确权登记颁证工作典型地区。深入推进开放合作,主动融入粤港澳大湾区、中国-东盟自由贸易区、全区全方位开放格局,积极承接产业转移,名城名企合作成效明显,获批4个国家级外贸转型升级基地,“两会一节”成为对外交流重要平台,中国-东盟可持续发展创新合作国际论坛永久落户桂林,城市影响力显著增强。

生态文明建设成绩显著。市区空气质量优良天数比例增加15%,PM10和PM2.5平均浓度连续6年“双下降”,城市黑臭水体消除比例达100%,地表水环境质量保持全国前列,森林覆盖率达71.87%,获批国家可持续发展议程创新示范区、国家生态文明先行示范区、国家级水生态文明城市,龙胜获评全国“绿水青山就是金山银山”实践创新基地,“桂林山水甲天下”的金字招牌越擦越亮。

文化建设成效明显。大力弘扬社会主义核心价值观,深入开展群众性精神文明创建活动。加强历史文化保护利用,甑皮岩国家考古遗址公园建成开放,灵渠入选世界灌溉工程遗产名录,龙脊梯田系统被列入全球重要农业文化遗产,长征国家文化公园广西段“一廊一园”一期项目顺利竣工。国家级非遗代表性项目、中国历史文化名镇名村、中国传统古村落数量全区第一。文化惠民工程成果丰硕，基本实现村村有公共服务中心，各级公共文化服务设施全部免费开放，推出《桂林有戏》《刘三姐》《破阵曲》等精品剧目，桂林演员再获国家戏剧“梅花奖”，“央视春晚桂林最美”享誉海内外，城市文化软实力显著提升。

民主法治建设扎实推进。市委充分发挥党总揽全局、协调各方作用，召开全市人大工作会议、市委政协工作会议，市委常委会定期听取市人大常委会、市政府、市政协、市中级法院、市检察院党组工作汇报，党的领导核心作用充分发挥。支持人大依法履职，出台漓江风景名胜区管理条例等10部地方性法规，立法数量居全区前列，人大依法履行监督职能、发挥代表主体作用取得新进步。中国共产党领导的多党合作和政治协商制度不断完善，参政议政平台更加完备，人民政协协商民主重要渠道进一步畅通。坚持和完善大统战工作格局，统一战线共同思想基础进一步夯实，民族宗教、民营经济、港澳台侨等工作取得新成绩，爱国统一战线持续巩固壮大。工会、共青团、妇联等群团组织作用进一步发挥。党管武装工作不断加强，实现全国“双拥模范城”九连冠、自治区“双拥模范城”十连冠。

党的建设全面加强。坚持把党的政治建设摆在首位，强化政治监督，深化政治巡察，市县两级完成所管理党组织和村(社区)巡察全覆盖。加强党的思想建设，扎实推进“两学一做”学习教育常态化制度化，深入开展“不忘初心、牢记使命”主题教育和党史学习教育，党员干部理想信念更加坚定。严格落实意识形态工作责任制，舆论引导和网络阵地管理水平不断提高。加强党的组织建设，创新实施市委常委联系指导党建品牌制度，高标准推进市、区、街道、社区四级党群服务中心体系建设，村级党组织活动场所建设和贫困村集体经济收入全部达标，推动基层党组织全区域建强、全领域提升、全方面过硬。坚持好干部标准，出台激励担当作为系列文件，圆满完成县级党委、乡镇领导班子和村“两委”换届，干部队伍结构不断优化。坚定不移推进党风廉政建设和反腐败斗争，持之以恒落实中央八项规定及其实施细则精神，毫不松懈纠治“四风”，深入开展领导干部利用名贵特产类特殊资源谋取私利、违规吃喝、违规发放津补贴等问题专项整治，坚决整治形式主义、官僚主义，不断提升作风建设治理效能。聚焦扶贫领域、民生领域及扫黑除恶，深入整治群众身边腐败和不正之风。持续保持惩治腐败高压态势，严肃查处一批违纪违法案件，扎实做好查办案件“后半篇文章”，不敢腐、不能腐、不想腐的综合功效不断提高，反腐败斗争取得压倒性胜利并全面巩固。

五年来的发展波澜壮阔，五年来的成就振奋人心。这些成就来之不易，是党中央亲切关怀和自治区党委正确领导的结果，是历届市委班子扎实工作、接续奋斗的结果，是全市各级党组织、广大党员和干部群众顽强拼搏、开拓奋进的结果，是各方各界关心支持、积极参与的结果。在此，我谨代表中共桂林市第五届委员会，向全市广大党员和干部群众，向各民主党派、工商联、各人民团体和各界爱国人士，向离退休老领导、老同志，向中央、自治区驻桂林各单位，向驻桂林人民解放军、武警部队官兵、人民警察和消防救援队伍指战员，向所有关心支持桂林发展的海内外各界朋友，表示崇高的敬意和衷心的感谢！

回顾走过的历程，我们深切体会到，做好桂林各项工作，必须始终坚持以习近平新时代中国特色社会主义思想为指导，深入贯彻落实习近平总书记视察广西及桂林时的重要讲话和重要指示精神，增强“四个意识”、坚定“四个自信”、做到“两个维护”。必须始终坚持以发展为第一要务，完整、准确、全面贯彻新发展理念，推动质量变革、效率变革、动力变革，努力实现经济高质量发展。必须始终坚持求真务实，把握市情，突出重点，突破难点，走一条具有桂林特色的发展之路。必须始终坚持以人民为中心的发展思想，努力提高人民生活品质，让人民群众有更多获得感、幸福感、安全感。必须始终坚持党要管党、全面从严治党，不断增强各级党组织的组织力凝聚力战斗力，为桂林改革发展提供坚强组织保证。

在肯定成绩和总结经验的同时，我们也清醒地认识到，对照坚持高质量发展和打造世界级旅游城市要求，仍存在不少困难和问题。主要是：经济总量偏小，发展速度偏慢，经济结构不够优，创新能力不够强，工业化、城镇化、信息化、农业现代化进程相对滞后；生态环境保护任务艰巨，民生保障和社会治理有不少短板弱项，发展不平衡不充分问题尚未得到很好解决；营商环境还有待改善，干事创业氛围需要进一步增强，基层党组织建设还存在薄弱环节。这些问题，需要在今后的工作中着力加以解决。

二、今后五年全市工作的奋斗目标

“十四五”时期是我国“两个一百年”奋斗目标承前启后的历史交汇期，也是桂林可以大有作为、必须奋发有为的重要战略机遇期。全市上下要胸怀“两个大局”，深刻领会、系统把握、一体贯彻习近平总书记视察广西及桂林时的重要讲话和重要指示精神，解放思想、改革创新、扩大开放、担当实干，全力推动桂林经济社会高质量发展，为与全国同步基本实现社会主义现代化奠定坚实基础。

今后五年工作的指导思想：坚持以习近平新时代中国特色社会主义思想为指导，深入贯彻党的十九大和十九届二中、三中、四中、五中全会精神，贯彻落实习近平总书记视察广西及桂林时的重要讲话和重要指示精神，统筹推进“五位一体”总体布局，协调推进“四个全面”战略布局，全面落实“四个新”总要求、四个方面重要工作要求，以及“三大定位”新使命、“五个扎实”新要求，准确把握新发展阶段，全面贯彻新发展理念，服务构建新发展格局，坚持稳中求进工作总基调，以推动高质量发展为主题，以改革创新为动力，以满足人民日益增长的美好生活需要为根本目的，以打造世界级旅游城市为统揽，推进“两大振兴”、营造“六大环境”，奋力谱写建设新时代中国特色社会主义壮美广西的桂林新篇章。

打造世界级旅游城市的总体目标：努力创造宜业、宜居、宜乐、宜游的良好环境，培育国际一流服务品牌，按照国际一流标准，把桂林建设成为经济发达、城乡繁荣、社会文明、生态良好、城市宜居、人民幸福的世界级旅游城市。

具体分三步走：

——到2025年，世界级旅游城市建设取得突破性进展，综合实力大幅提升，初步形成具有全球吸引力的旅游产品体系，旅游国际影响力显著增强，成为国际山水人文旅游首选目的地之一。

——到2030年，世界级旅游城市基本建成，城市国际化特征更加彰显，形成具有全球竞争力的旅游产业体系，旅游核心竞争力进入国际同类旅游城市第一方阵，成为国际高端休闲旅游首选目的地之一。

——到2035年，世界级旅游城市全面建成，与全国同步基本实现社会主义现代化，形成旅游发展的新理念、新模式和新业态，旅游核心竞争力走在国际同类旅游城市第一方阵前列，发挥引领作用。

今后五年工作的主要目标：

——经济发展实现新跨越。经济增长高于全国、全区平均水平，综合实力明显提升，经济结构更加优化，形成高质量发展新格局。

——改革开放迈出新步伐。重点领域和关键环节改革实现重大突破，高质量发展体制机制更加完善，深度融入中国－东盟自由贸易区，全面对接粤港澳大湾区和长江经济带。

——社会文明建设得到新提高。社会主义核心价值观更加深入人心，文明城市创建成果巩固拓展，社会文明程度全面提升。

——生态文明建设取得新进步。桂林山水原真性和完整性得到有效保护，生态环境质量持续改善，生态经济加快发展，生态产品价值实现路径探索、国家可持续发展议程创新示范区建设取得重要成果。

——民生福祉达到新水平。社会事业全面进步，就业、教育、医疗卫生、社保、养老等公共服务体系更加健全，脱贫攻坚成果巩固拓展，居民收入增长高于经济增长，人民生活品质明显提高。

——社会治理效能实现新提升。法治桂林建设深入推进，社会公平正义更加彰显，行政效率和公信力显著提升，基层社会治理水平明显提高，突发公共事件应急能力显著增强，发展安全保障更加有力。

——党的建设得到新加强。伟大建党精神得到弘扬传承，干事创业激励机制更加完善，基层党组织全面进步全面过硬，不敢腐、不能腐、不想腐一体化推进有更多的制度性成果和更大的治理成效，形成正气充盈、政治清明的良好政治生态，沿着习近平总书记指引的方向奋勇前进！

三、今后五年的主要工作

（一）推进经济高质量发展，为打造世界级旅游城市提供强力支撑

聚焦产业振兴和乡村振兴，强化创新驱动，推动旅游、城市、基础设施全面升级，加快构建现代化经济体系，为打造世界级旅游城市提供强力支撑。

1. 突出实体经济，推进产业振兴。工业是实体经济的主体，要以工业振兴为引领，推进产业全面振兴，到2025年，力争工业发展进入广西第一梯队。

加快发展先进制造业。强龙头、补链条、聚集群，全力扩总量。培育引进一批龙头企业，实现培育一个龙头、带动一个产业；坚持全产业链发展思路，开展补链强链延链专项行动，培植“工业树”、繁茂“产业林”，提升冶金、水泥等传统产业，做强电子信息、先进装备制造、生物医药及医疗器械、生态食品等优势主导产业；优化“345”工业发展格局，不断提升产业园区能级，打造一批百亿元企业、千亿元园区、千亿元产业。提升产业链现代化水平，全力优质量。实施产业基础再造和产业链提升工程，引进和培育一批链主企业，形成上下游协同、大中小企业协作的发展格局，全面推进产业链高端化、智能化、绿色化，推动产业链迈上中高端。大力发展新兴产业，全力赶超跨越。重点发展新一代信息技术、新材料、新能源等新兴产业，前瞻布局生物工程、第三代半导体、智能制造、航空航天等产业，积极培育“蛙跳”产业，加快新兴产业集聚发展。

加快发展现代服务业。实施服务业品质提升工程，推动生产性服务业向专业化和价值链高端延伸，大力发展研发设计、现代物流、金融服务、会展服务等生产性服务业，加快建设国家电子商务示范基地，打造面向东盟的金融开放门户，推动现代服务业同先进制造业、现代特色农业深度融合。加强公益性、基础性服务业供给，加快发展健康养生、居民与家庭等服务业，推动生活性服务业向高品质和多样化升级。大力发展服务业新业态、新产业、新模式，积极发展夜间经济、在线办公、网络教育、平台经济、网络医疗等新兴服务业，加快现代服务业集聚区提档升级。

全面推进数字赋能。实施大数据战略，建成高水平全光网络，建设全域感知智能终端，前瞻布局工业互联网、物联网、区块链等新型基础设施。推进产业数字化，实施产业“上云用数赋智”工程，加快自动化生产线、数字化车间、智能化工厂建设，全面推进农业、工业、建筑业、服务业数字化。推进数字产业化，拓展人工智能、大数据、5G应用等新一代信息技术应用场景，推动数据存储、开发、使用形成大产业，重点打造一批地理信息、北斗、人工智能、大数据等数字产业集群。加快数字社会、数字政府、智慧交通等建设，全面提升桂林数字化水平，建成高水平广西数字经济示范区，争创国家级数字经济创新发展试验区。

2. 突出创新能力建设，打造区域创新中心。实施科技强市行动，整合创新资源，优化创新生态，激发创新活力，加快建设区域创新中心。

加速科技力量升级。实施研发投入专项提升行动，力争全社会研究与试验发展经费投入强度达到全国平均水平。实施关键核心技术攻坚战，围绕电子信息、生物医药、智能制造、“桂酒”等产业，集中力量精准实施一批重大科技工程，到2025年，力争破解100项以上产业关键技术瓶颈，实现400项以上重大科技成果转化应用。实施创新功能区提升工程，重点推动高新区高质量发展，力争综合排名进入全国前50名。实施创新平台跃升行动，创建一批国家、自治区级重点实验室等高水平科创平台。支持荔浦、全州、平乐建设创新型县（市），打造“一县一业”科技推广应用先行先试示范区。

提升企业创新能力。强化企业创新主体地位，落实激励机制，促进各类创新要素向企业集聚。实施瞪羚企业培育计划、高新技术企业再倍增计划、科技型中小企业成长计划，力争2025年高新技术企业达到750家以上。实施"百企创新"工程，支持企业加大研发投入，建设科技创新平台，组建创新联合体。提升科技企业孵化器、众创空间、大学科技园等双创平台载体，培育一批科技含量高、场景创新强、赛道领域新的优秀企业。

激发人才创新活力。坚持人才是第一资源理念，出台更加有力的激励政策，打造区域人才高地。继续实施"漓江学者"培养工程，发挥"海创基地""人才飞地"平台作用，加大国内外人才培育与引进。发挥驻桂林高校、科研院所人才资源优势，持续推进"百名博士进百企"行动。聚焦重大战略和重点产业，加快领军人才、紧缺人才、高层次人才、技师型人才引进和培养，努力实现引进一个人才，带活一家企业，形成一个产业。

完善科技创新体制机制。进一步健全"前端聚焦、中间协同、后端转化"体制机制，围绕产业链部署创新链，大力推行技术攻关和成果转化"揭榜挂帅"制度，探索"定向研发、定向转化、定向服务"成果转化机制。完善科技治理体系，整合创新资源，推动重点项目、基地、人才、资金一体化配置，建立健全高校、科研机构、企业间创新资源自由有序流动机制，提升科技创新整体效能。

3. 突出"形、实、魂"，全面推进乡村振兴。坚持以工补农、以城带乡，推动乡村"形、实、魂"协同发展，促进农业高质高效、乡村宜居宜业、农民富裕富足，构建城乡一体化发展格局。

全力巩固拓展脱贫攻坚成果同乡村振兴有效衔接。严格落实"四个不摘"要求，保持主要帮扶政策总体稳定，健全防止返贫监测和帮扶机制，坚决守住不发生规模性返贫的底线。加大乡村振兴重点帮扶县支持力度，优先布局脱贫地区道路、水利、电力、通讯等基础设施建设，因地制宜发展特色产业，增强造血功能，逐步实现共同富裕。

加快构建现代乡村产业体系。严格落实粮食生产安全党政同责，全面推行田长制，确保粮食安全。提升乡村产业链供应链现代化水平，实施粮食与重要农产品产能提升、农业科技创新支持提升、乡村产业融合升级、农业安全生产保障、农业绿色发展引领示范、数字农业农村建设"六大工程"，重点培育一批超百亿元产业集群、特色优势区、农产品加工集聚区，打造一批"桂林系列"区域公用品牌、企业品牌、农产品品牌，扩大农产品在全国的影响力，建设一批农业强镇强村。大力发展乡村旅游、休闲农业，积极培育精品星级农家乐、特色民宿，提升乡村旅游品质，推动一二三产业融合发展。

大力推进乡村建设行动。持续开展乡村风貌提升和农村人居环境改善行动，建立村庄规划建设、农房风貌管控、环境综合整治长效机制。加强传统古村落保护利用，坚持不挖山、不填湖、不毁林，保持乡村风貌基本元素，彰显"一村一景一文化"传统村落韵味。加快补齐农村基础设施短板，推进水电路气房讯等公共基础设施向村覆盖、向户延伸，重点改善通自然村道路、冷链物流等基础设施，推进农村厕所垃圾污水治理，提升乡村宜居水平。高标准建设"大美漓江""红色湘江"等一批各县特色的精品田园综合体，打造现代农业、乡村旅游、田园社区融合发展的乡村振兴新引擎。

全面提升乡村治理水平。发挥农村党组织作用，加快构建自治、法治、德治相结合的乡村治理体系。加强平安乡村建设，推进法治乡村、数字乡村建设，健全村规民约，争创一批全国乡村治理示范县、示范镇村。大力倡导移风易俗，保护和传承农村优秀传统文化，深入开展农村精神文明建设，培育文明乡风、良好家风、淳朴民风，提升乡村文明水平。

大力发展县域经济。实施县域经济发展分类培育工程，按照主体功能区定位，重点推进"特色立县、工业强县、农业稳县、服务业兴县、城乡融合惠县、生态美县"六大行动，每个县（市、区）重点打造1—2个特色产业集群，实施一批重大支撑项目，培育一批骨干企业，形成"一县一业"差异化发展格局。到2025年，县（市、区）经济综合实力明显增强，财政保障能力稳步提升，地区生产总值超200亿元县（市、区）达7个以上，力争1—2个县（市、区）进入广西十强县、西部百强县（市）行列。

4. 突出格调品位，全面提升旅游全球竞争力。习近平总书记指出，桂林山水甲天下，这里天生丽质，格调很高、品位很高。要贯彻落实习近平总书记重要指示精神，锻长板、补短板，进一步提升格调品位，提升旅游全球竞争力。

发展高品质旅游新业态。适应消费升级变化，针对年轻群体消费需求，大力发展医美、时尚、电竞、休闲度假等新产业、新业态。与国内外知名医美机构合作，加快发展医美产业，打造世界医美中心。引进一批国内外时尚品牌，组建设计学院，打造时尚设计之都。积极争取国家政策支持，大力发展电竞产业，打造国际电竞城。适应度假时代、旅居时代新趋势，大力发展休闲、度假、养生产业，做旅居时代的引领者。着力引进一批国内外知名会展和跨国公司年会，大力发展会议展览、会奖旅游，打造国际会奖旅游城市。加快旅游数字化转型，全方位打造旅游数字新场景，全链条培育旅游数字新业态，全数据赋能旅游治理和服务新模式。积极培育"旅游+"系列产品，加速推动旅游业与相关产业融合发展，打造一批十亿元企业、百亿元产业。

建设高标准旅游景区和度假区。加大旅游资源整合力度，加快现有景区、度假区升级改造，丰富文化内涵，提升管理服务水平，推动传统景区焕发新活力，推进5A级景区创建。突出大休闲、小康养、微度假，打造一批"望山见绿透水，看不够，玩不透，住不够"的度假区，推动漓江流域精华区建成世界一流的旅游休闲度假区、桂林城市核心区建成世界一流的宜游宜居城市景区。实施一批百亿元级重大项目、一批引领性重大工程，建设一批主题乐园、大型特色演艺项目，加快打造一批千万流量级景区。

培育高效益国际消费中心城市。用活用好境外旅客购物离境退税政策，引进建设一批商贸消费综合体，引进更多国际国内品牌旗舰店、体验店、免税店，吸引城市人流、物流、商流、货币流、资本流，形成世界知名品牌的汇集地。完善消费设施网络，加快培育高品位旅游休闲街区和大型消费商圈，打造“桂林美食”“桂林有戏”“桂林有礼”“旅居桂林”“医养桂林”“休闲桂林”等品牌，丰富消费供给，拓展高端消费市场，培育与世界级旅游城市相匹配的消费中心。加快建成国家文化和旅游消费示范城市，环绕两江四湖·象山景区、新环城水系，打造一批特色酒店、文化消费、互动体验、夜间消费聚集区，构建独具桂林特色的城市旅游休闲体系。

营造高质量世界级旅游环境。坚持以游客为中心，对标国际一流，营造良好旅游环境。推动桂林两江国际机场口岸53国72小时过境免签外国人停留期限延长至144小时、东盟十国旅游团144小时入境免签停留期限延长至30天。升级“一键游桂林”旅游服务平台，完善旅游服务体系，提升智慧化水平。优化旅游景点景区交通服务保障，构建便捷的城市旅游交通网络体系；健全“综合服务中心—服务点”两级旅游咨询服务网络。建立健全与国际通行规则相衔接的旅游服务标准体系，打造语言无障碍国际化城市。搭建志愿型“微平台”参与体系，鼓励市民参与旅游服务。推进旅游综合监管、智慧监管和信用监管，营造更加安全规范有序的旅游市场，确保游客满意度位居全国前列。

提升旅游影响力辐射力。加强与专业营销机构合作，充分利用中外主流媒体、网络媒体等载体，积极依托“两会一节”等国际展会、节事、论坛平台，全方位、立体化宣传展示桂林旅游形象。全面策划和导入国际化IP，引进国际性主题特色活动，提升桂林旅游综合影响力。深化对外交流与区域合作，巩固日韩、东南亚，拓展欧美、“一带一路”沿线国家市场，深耕粤港澳大湾区、湘贵川云，开拓长三角、京津冀、东北等区域市场，不断扩大桂林旅游“朋友圈”。

5. 突出营造宜业宜居宜乐宜游良好环境，打造最宜居城市。坚持城乡区域协调发展，构建城景一体、城乡共荣、主客共享的现代化旅游城市新空间，打造最宜居城市。

优化城市空间布局。坚守生态保护、永久基本农田、城镇开发边界“三条红线”，高水平编制实施国土空间总体规划，不断优化城市化地区、农产品主产区、生态功能区三大空间布局。科学划定城市功能区，构建功能完善、城景和谐的城市空间，实现生产空间集约高效、生活空间宜居适度、生态空间山清水秀。统筹新老城区之间、中心城区与县域之间规划布局，优化城区行政区划，推动形成城乡一体、功能互补、区域联动、产业协同的发展格局。中心城区坚持组团布局，严格限高、退距、增绿，塑造显山露水、城景交融的山水城市风貌。新区突出完善配套、集聚人气、产城融合，打造全国一流的现代产城融合示范样板。老城重点疏解人口、丰富内涵、提升品质，打造历史文化与时尚潮流先导之城。

打造宜业宜居宜乐宜游的良好环境。打造宜业环境，构筑45分钟通勤圈。加快发展产业，创造更多就业创业机会，落实各类就业创业优惠政策，搭建高水平就业创业服务平台，创造有利于青年居住生活、工作学习、就业创业的环境，吸引更多人才，尤其是青年人才来桂留桂，打造体制机制灵活、创新活力涌动、人才精英荟萃的青年友好型城市。打造宜居环境，构筑15分钟生活圈。持续推进国家“城市双修”试点、自治区级海绵城市试点建设，建设韧性城市、公园城市，到2025年城市建成区绿化覆盖率达42%，人均公园绿地面积达15平方米，实现公园绿地10分钟服务圈全覆盖。发展旅居型地产，推动教育、医疗、公交等公共服务产品普惠化供给，不断提升城市精细化、智慧化管理水平，建设出行便捷、功能完善、生态良好、办事高效、服务优质、文明友好的城市。打造宜乐环境，构筑15分钟休闲圈。建设完善全民健身中心、体育公园、健身步道等设施，丰富健康消费品和服务供给；建设一批休闲主题街区、主题公园，做大做强现有休闲项目，建设优雅时尚、浪漫动感、康泰乐祥的个性化城市。打造宜游环境，构筑15分钟旅游圈。突出“微旅游、慢生活”主题，优化城旅一体的景观体系、美好生活的体验空间，规划和设计“建筑可阅读”旅游线路，赋能城市系统更新，嵌入城市休闲、街区休憩等旅游功能，形成“街区+”“楼宇+”等城市微旅行产品体系，建设可阅读、可漫步、有温度的城市，努力创造让世人刮目相看的崭新桂林！

建设魅力桂林城镇群。加快荔浦、全州副中心城市建设，推动全州、阳朔撤县设市，加快把灵川建成桂林北新城，推进灌阳、龙胜、资源、恭城等民族生态文化特色县建设，打造荔浦、全州、兴安、永福、平乐等重点工业物流特色县(市)。深入实施大县城战略，推进县城新区建设。深入推进新型城镇化示范乡镇建设，实现全市示范乡镇全覆盖，建设功能完备、宜居宜业、环境友好、文化繁荣、治理现代的高质量桂北城镇群。

6. 突出枢纽功能，构建以交通为重点的现代基础设施体系。按照适当超前的原则，重点推进“两新一重”“五网”建设项目，构建现代化基础设施体系，助力打造世界级旅游城市。

加快全国性综合交通枢纽建设。加快形成沟通世界的交通网络，加强桂林两江国际机场枢纽功能，加密国际和港澳台地区的直飞航线航班，积极发展航空物流、通用航空，打造世界一流的旅游航空港，实现3小时左右飞抵亚洲重要客源城市。织密通达国内主要城市的快速交通网络，完成衡柳铁路提速扩能改造等项目，加快启动南衡、怀桂高铁等项目，谋划桂林—郴州—赣州红色高铁和桂林—贺州—肇庆货运铁路等项目，打造“米字型”高铁枢纽；加密至粤港澳大湾区、长三角、京津冀和西南地区等主要客源地的始发列车，成为高效畅通的全国性综合交通城市，实现3—5小时通达国内主要旅游客源地城市。构建联结周边城市的立体化交通体系，推进城际铁路、市域铁路建设，打造集航空、高铁、云轨、公交于一体的零换乘中心，吸引周边城市更多居民游客到桂林乘机、旅游，实现1—2小时通达周边城市。打造内部有机衔接的多层次综合交通，完善高速路网，建成灌阳至平乐等高速公路项目，全面实现县县通高速；持续推进国省干线提质保畅、“四好农村路”建设，打通旅游景区、乡村旅游区交通基础设施“最后一公里”，实现1小时左右从市区通达各县(市、区)。加快平乐港及桂江高等级航道、洛清江复航工程建设，全力推动湘桂运河建设。创建交通强区试点城市。

加强水利基础设施建设。完成桂林市第二水源、桂林

新区湖塘水系中期补水等重点工程，加快推进长塘水库等一批新建大中型水库工程建设，加快推进漓江补水提升工程，构建水安全保障新格局。加强中小河流治理、病险水库除险加固、大中型灌区续建配套与节水改造、农村供水保障、山洪灾害防治、水土流失综合治理等水利基础设施建设，全面完成防汛抗旱水利提升工程。健全水库运行管护长效机制，加强农村饮水安全工程管理，建成一批全国水系连通及水美乡村建设样板县。

强化能源基础设施建设。坚持压煤、增气、优电、纳新，不断提高清洁能源消费比重。推进全市城乡用电“一张网”，加快绿色智能电网建设，提高新能源汽车充电桩覆盖率。落实“气化广西”工程，加快天然气管网建设，力争实现县县通天然气。大力发展清洁能源，稳步打造桂北“风光储”一体化基地，推进太阳能开发利用，适度发展水电、清洁煤电，提高清洁能源保障水平。

(二)全力保护好漓江、保护好桂林山水，为打造世界级旅游城市营造良好生态环境

始终牢记习近平总书记“一定要保护好漓江、保护好桂林山水”的殷切嘱托，把生态保护放在第一位，保持山水生态的原真性和完整性，建设人与自然和谐共生的美丽桂林。

全力保护漓江、保护桂林山水。巩固拓展漓江“三统”改革成果，持续打好“四治”组合拳，全流域保护漓江、全覆盖治理漓江、全方位提升漓江，全力将漓江打造成为国内江河综合治理典范和世界级生态环境保护样板。全面构建史上最严的管控体系，持续完善“行政执法、司法联动、纪检监察、法规管控”法治保护体系，对违规采石、“四乱一脏”等行为“零容忍”，牢牢守住漓江生态保护红线。全面实施全流域水体治理，加强漓江水生态工程建设，让漓江永葆清澈、碧水长流。全面实施山林保护修复，深入开展桂林喀斯特世界自然遗产地及山体、岸线、洲岛生态修复，打造漓江百里生态长廊。全面实施品牌提升利用，加快建造高端特色游船，实施旅游资源整合及票制票价改革，打造沿岸生态文化旅游示范带。全面建立完善直接惠及群众的生态补偿机制，推动跨省上下游横向补偿，解决沿岸群众后顾之忧，激发保护生态内生动力。全面深化管理体制改革，加强漓江管理机构及队伍建设，提高漓江治理体系和治理能力现代化水平。加快国家可持续发展议程创新示范区建设，推动可持续发展创新国际合作。

持续提升环境质量。完善河长制、湖长制、林长制，加强生物多样性保护，建设一批湿地公园和自然保护区，建设国家森林城市。持续打好蓝天碧水净土保卫战，深入推进大气污染防治行动，加强重点领域污染综合治理；推进集中式饮用水水源地保护和规范化建设，推进城镇污水管网全覆盖，积极推广工业园区、乡镇、村庄污水处理公司化运行模式；全面开展土壤生态环境保护与重金属污染防治，提高生活垃圾处理率。抓好中央和自治区生态环境保护督察整改，提升环境治理体系和治理能力现代化水平。

推动绿色低碳发展。把碳达峰、碳中和纳入经济社会发展和生态文明建设整体布局，建立健全绿色低碳循环发展经济体系，推动经济社会发展全面绿色转型。坚持生态产业化和产业生态化，发展壮大绿色产业，创建一批绿色工厂、绿色园区，加快花卉苗木、林下经济、森林生态旅游发展，培育生态经济新的增长点。探索建立生态产品价值实现机制试点，推动“绿水青山”变成“金山银山”。大力倡导绿色生活方式，完善绿色生产和消费政策，推进低碳城市建设，营造绿色低碳生产生活新时尚。

(三)全力用好用活红色资源，为打造世界级旅游城市营造良好人文环境

深入贯彻习近平总书记关于“用好用活红色资源”重要指示精神，大力弘扬湘江战役精神，让红色基因在美丽山水间永续传承。

加强红色文化保护传承。坚持保护利用、研究发掘、价值提升、传承弘扬一体推进，打造具有区域影响力的红色文化品牌。高标准推进长征国家文化公园广西段规划建设，加快“三园三馆”整合提升，推动创建国家5A级旅游景区。加强长征湘江战役文物和纪念设施保护修缮，持续开展史料收集、整理和研究工作，深化与长征沿线城市的交流合作，打造全国党员干部党性教育基地。大力弘扬湘江战役精神，深入开展“勇于胜利、勇于突破、勇于牺牲”理想信念教育，凝聚强大精神力量。加强历史文化、非物质文化遗产保护利用与传承，推进抗战文化等遗存遗址保护，积极创建国家文物保护利用示范区。

全面提升社会文明程度。大力培育和弘扬社会主义核心价值观，深入开展新时代爱国主义、集体主义、社会主义、民族团结进步教育。扎实开展群众性精神文明创建活动，开展文明城市、文明村镇、文明单位、文明家庭、文明校园创建，推进全国文明城市创建常态化，深入实施公民道德工程，弘扬时代新风。加强诚信建设，推进志愿服务制度化常态化，营造和谐友善的社会氛围。

推动文化事业和文化产业繁荣发展。提升公共文化服务水平，完善市县乡村四级公共文化设施网络，加快公共文化数字化发展，深入实施文化惠民工程，积极创建国家公共文化服务体系示范区。加快完善文化产业规划，加强政策支持和市场体系建设，培育一批国家级文化产业示范园区(基地)。加强文化业态创新，提升特色文创产品供给水平，加快桂林山水画产业化，发展壮大动漫游戏、出版发行、影视拍摄、文博非遗、数字创意等产业，繁荣文化演艺产业，构建现代文化产业体系，提升文化竞争力。

(四)坚持共建共享，为打造世界级旅游城市营造和谐社会环境

始终铭记让人民生活幸福就是“国之大者”，全面抓好普惠性、基础性、兜底性民生建设，加快补齐民生领域短板，促进全体人民共同富裕。

推动全体人民共同富裕。提高发展质量效益，夯实共同富裕的物质基础。深化收入分配制度改革，多渠道增加城乡居民收入。健全工资稳定增长机制，合理调整最低工资标准和工资支付保障制度，合理提高劳动报酬及其在初次分配中的比重。鼓励中小微企业发展，拓宽城乡居民财产性收入渠道，扩大中等收入群体。加大公共财政支出保障和改善民生力度，健全改善城乡低收入群体生活的政策体系和长效机制，保障不同群体发展机会公平。推动城乡

居民收入与经济增长同步，不断缩小收入差距。

实现更加充分更高质量就业。实施更加积极的就业政策，健全就业公共服务体系，千方百计稳定和扩大就业。统筹做好高校毕业生、退役军人、农民工等重点群体就业工作，坚持创业带动就业，支持灵活就业和新就业形态。鼓励开发公益性岗位，托底安置残疾人、零就业家庭成员等人员就业。

办好人民满意的教育。落实立德树人根本任务，深化新时代教育评价改革，坚持“五育并举”，培养德智体美劳全面发展的社会主义建设者和接班人。提高学前教育普及普惠水平，推动义务教育优质均衡发展，推进普通高中多样特色发展，构建高质量的现代化教育发展体系。扎实做好“双减”工作，实现有需要的学生校内课后教育服务全覆盖，全面规范校外培训行为。加快桂林高校聚集区建设，推动桂林师专升本、桂林医学院和桂林旅游学院升级为大学，支持驻桂林高校建设一流学科。深化普职融通、产教融合、校企合作，促进职业院校上规模提质量。

全面推进健康桂林建设。持续抓好常态化疫情防控，健全联防联控机制和疫情救治机制，强化定点救治医院等基础建设，筑牢疫情防控坚固防线。推动优质医疗资源均衡发展，建设国家医疗区域中心，完善公共卫生服务体系，推进公立医院改革，加强医疗、医保、医药“三医联动”。推动中医药传承创新，推进全民健身和全民健康深度融合发展。

健全多层次社会保障体系。深入实施全民参保计划，拓宽社会保险覆盖面，完善全面医疗保障制度。积极应对人口老龄化和生育政策形势变化，大力发展普惠托育、现代养老、健康支撑等服务体系。完善多元化的社会救助、社会福利、优抚安置体系，健全妇女儿童权益保障机制。有效增加保障性住房供给。

（五）持续深化改革开放，为打造世界级旅游城市营造一流营商环境

坚持把改革开放作为打造世界级旅游城市的关键一招，着眼高质量发展需求，不断激发改革发展内生动力活力。

加快打造一流政务服务环境。推动电子证照扩大应用，创新政务服务“一码通办”，实现更多政务服务网上办、掌上办、一次办。大力推行“不见面”办事，进一步拓展“互联网＋政务服务”，提供“24小时不打烊”在线政务服务，打造桂林政务服务品牌。围绕保障改善民生，推动更多服务事项“跨省通办”“全程网办”“异地代收代办”，推出一批便民利民“微改革”，打造简易快捷、便民公开的政务服务新模式。继续推进“一业一证”改革试点，加快行业准营进程。整合非紧急类政务服务热线，力争做到“一号响应”，确保群众诉求事事有回音、件件有落实。

加快推进重点领域改革。坚持系统集成、协同高效，推动改革与发展深度高效联动。健全完善打造世界级旅游城市工作推进机制，积极推动国家和自治区层面建立相应推进机制，强化规划、项目、政策统筹实施。健全完善产业振兴工作机制，深入实施国企改革三年行动，推进国资监管体制改革；深化投融资体制改革，完善政银企合作机制，加快推进绿色金融和直接融资改革创新。推进乡村振兴改革集成，落实第二轮土地承包经营权到期后再延长三十年政策，稳妥有序推进农村集体经营性建设用地入市，探索宅基地所有权、资格权、使用权分置实现形式，持续推进农村集体产权制度改革，持续深化林业、供销、水利改革，健全城乡融合发展体制机制。

加快打造双循环区域节点城市。积极参与国内大循环，深度融入国内国际双循环，主动对接长江经济带、粤港澳大湾区、西部陆海新通道等国家重大战略，全面融入“南向、北联、东融、西合”全方位开放格局，重点打造北联主阵地，高水平建设湘桂经济走廊，全力打造东融新高地、湾区“后花园”，形成更高水平的开放经济体系。加快建设商贸服务型国家物流枢纽承载城市，打造区域性生产、物流、服务、消费、分配、卫生健康、科教中心，提升城市集聚力、辐射力、影响力。

（六）全力推进民主法治建设，为打造世界级旅游城市营造良好法治环境

深入学习贯彻习近平法治思想，加快建设法治桂林，让人民群众安全感更加充实、更有保障、更可持续。

大力发展社会主义民主政治。坚持党的领导、人民当家作主、依法治国有机统一，发展更加广泛、更加充分、更加健全的人民民主。坚持和完善人民代表大会制度，积极支持人大及其常委会依法行使职权，加强城乡建设与管理、环境保护、历史文化保护等领域地方立法，创新完善监督方式方法，不断增强监督实效，强化代表建议督办，充分发挥代表作用。坚持和完善中国共产党领导的多党合作和政治协商制度，大力支持人民政协事业发展，充分发挥社会主义协商民主独特优势，统筹推进政党协商、人大协商、政府协商、人民团体协商、基层协商，以及社会主义组织协商，发挥好人民政协专门协商机构作用，推动协商民主广泛多层制度化发展。巩固和发展最广泛的爱国统一战线，进一步完善大统战工作格局，牢牢把握大团结大联合主题，广泛凝聚共识，广聚天下英才，努力寻求最大公约数、画出最大同心圆。筑牢中华民族共同体意识，推动民族工作创新发展。加强同各民主党派、工商联和无党派人士的团结协作，强化党外代表人士队伍建设，做好宗教、民营经济、党外知识分子、新的社会阶层人士、港澳台海外统战等工作。坚持党管武装原则，推进军民深度融合发展，巩固军政军民团结，争创全国“双拥模范城”十连冠。

全面推进法治桂林建设。贯彻落实法治中国、法治社会、法治政府建设的部署要求，健全党领导全面依法治市的制度机制，统筹推进科学立法、严格执法、公正司法、全民守法。全面建设法治政府，加快构建职责明确、依法行政的政府治理体系。深化法治领域改革，扎实推进政法队伍教育整顿，全面提升执法司法公信力。加大全民普法力度，深入开展“八五”普法，推动法治观念深入人心，营造公平公正的法治环境。

创新和完善社会治理。健全党组织领导的自治、法治、德治相结合的城乡基层治理体系，完善基层民主协商制度，实现政府治理同社会调节、居民自治良性互动。深化市域社会治理现代化试点，推动社会治理重心向基层下

移，向基层放权赋能，强化各级综治中心实体化建设，创建“网格化＋智能化”社会治理新模式。发挥群团组织、社会组织作用，畅通和规范市场主体、新社会阶层、社会工作者和志愿者参与社会治理的途径。

（七）建设高水平平安桂林，为打造世界级旅游城市营造良好安全环境

坚持以人民为中心的发展思想，更好统筹发展和安全，建设高水平平安桂林，不断巩固发展团结、稳定、安宁的大好局面。

提高防范化解重大风险能力。深入践行总体国家安全观，全面贯彻《中国共产党领导国家安全工作条例》，严格落实党委（党组）国家安全责任制。加强国家安全体系和治理能力建设，深入开展国家安全宣传教育，筑牢维护国家安全人民防线。建立健全风险研判、决策风险评估、风险防控协同机制，不断提高防范化解重大风险能力水平。

切实保障人民生命安全。坚持人民至上、生命至上，全面提高公共安全保障能力。完善和落实安全生产责任制，加强食品药品安全治理和食品监管能力建设，打造广西食品安全示范城市。推进应急管理体系和能力现代化，提高突发事件应对能力和应急物资保障能力，有效遏制重特大安全事故发生，不断提高人民群众安全感和满意度。

维护社会稳定安全。坚持和发展新时代“枫桥经验”，完善社会矛盾纠纷化解机制，推进信访积案专项治理，打造矛盾风险预测、防范、处置、引导的全周期链条。深入开展平安创建活动，加强社会治安防控体系建设，推进“一村一辅警”工作，进一步夯实基层基础。开展重大涉稳问题化解攻坚，持续推进“雪亮工程”“天网工程”建设，严厉打击各类违法犯罪活动，常态化开展扫黑除恶斗争，全力维护社会安全稳定。

四、全面加强党的建设，推动全面从严治党向纵深发展

全面贯彻落实新时代党的建设总要求和新时代党的组织路线，深入开展党史学习教育，以永远在路上的韧劲，全面加强党的建设，持续营造正气充盈、政治清明的良好政治生态。

（一）坚持把党的政治建设摆在首位

坚持把学习贯彻习近平总书记对广西及桂林工作系列重要指示精神，作为当前首要政治任务和长期战略任务，增强“四个意识”、坚定“四个自信”、做到“两个维护”。坚持用习近平新时代中国特色社会主义思想武装头脑、指导实践、推动工作，不断提高政治判断力、政治领悟力、政治执行力。深入开展党史学习教育，做到学史明理、学史增信、学史崇德、学史力行。严明政治纪律和政治规矩，持续深化政治巡察，高质量完成六届市委巡察全覆盖任务，加强巡视巡察整改和成果运用，确保中央和自治区党委各项决策部署贯彻落实到位。

（二）旗帜鲜明做好意识形态工作

健全意识形态工作责任体系，抓好意识形态专项巡察、专项督查和述职评议等工作，形成各级党组织齐抓共管的工作格局。持续强化理论武装，引导广大干部群众坚定不移听党话、感党恩、跟党走。加强意识形态阵地管理，健全完善舆情引导处置机制。加强互联网舆情管控，营造健康的网络环境。做大做强新型主流媒体，推进媒体深度融合，牢牢把握意识形态工作领导权。

（三）加强干部队伍建设

坚持党管干部原则，落实新时代好干部标准，突出实干实绩导向，大力选拔重用实干担当的猛将、闯将、干将，建设信念过硬、政治过硬、责任过硬、能力过硬、作风过硬的领导班子和干部队伍。坚持严管和厚爱结合、激励和约束并重，加强干部监督管理，健全干部担当作为的激励和保护机制。加强人才队伍建设，创新人才培养、评价、管理、激励机制，为各项事业发展提供人才智力支撑。

（四）推动基层党组织全面进步全面过硬

全面加强各级党组织建设，持续推进党支部标准化规范化建设，深入开展党委（党组）书记抓基层党建工作述职评议考核，完善上下贯通、执行有力的组织体系。深入实施“整乡推进、整县提升”示范县乡创建工程，实现县乡村基层党建达标率100%、自然村屯党组织达标率100%，以组织振兴引领服务乡村振兴。强化市、区、街道、社区党组织四级联动，构建区域统筹、条块协作、上下联动的城市党建新格局。加强机关、国企、学校、公立医院等行业党的建设，推动非公有制经济组织、社会组织和新兴领域党建工作有效覆盖。严格发展党员标准，提高发展党员质量，加强党员教育培训，永葆党员队伍生机活力。

（五）推动全面从严治党向纵深发展

坚持不懈落实中央八项规定及其实施细则精神，驰而不息纠“四风”树新风，构建作风建设长效机制。深化整治群众身边腐败和不正之风，督促推动巩固拓展脱贫攻坚成果同乡村振兴有效衔接，持续加强对各项惠民富民、促进共同富裕政策落实情况的监督检查，坚决惩处放纵包庇黑恶势力甚至充当“保护伞”的党员干部。深化纪检监察体制改革，推动纪律监督、监察监督、派驻监督、巡察监督贯通协同，不断拓展党内监督和国家监察全覆盖有效性。深化运用监督执纪“四种形态”，加强对“一把手”和领导班子监督，抓好领导干部家庭家教家风建设。具体落实“三个区分开来”，积极开展容错纠错和澄清正名，严查诬告陷害行为，充分调动广大党员干部干事创业的积极性主动性创造性。坚定不移深化反腐败斗争，把严的主基调长期坚持下去，坚持不敢腐、不能腐、不想腐一体推进，坚持系统施治、标本兼治，做深做细查办案件“后半篇文章”，筑牢拒腐防变思想堤坝，不断取得更多制度性成果和更大治理成效。

同志们，“十三五”成就鼓舞人心，“十四五”蓝图催人奋进。让我们更加紧密地团结在以习近平同志为核心的党中央周围，解放思想、深化改革、凝心聚力、担当实干，以更加坚定的理想信念、更加昂扬的斗争精神、更加饱满的奋斗激情，牢记重托，感恩奋进，全力打造世界级旅游城市，为奋力谱写建设新时代中国特色社会主义壮美广西的桂林新篇章作出新的更大贡献！

桂林市人民代表大会常务委员会工作报告

——2021年10月20日在桂林市第六届人民代表大会第一次会议上

桂林市五届人大常委会主任 张晓武

各位代表：

我受市五届人大常委会委托，向大会报告过去五年的工作，请予审议。

过去五年工作回顾

市五届人大一次会议以来的五年，是我市抢抓发展机遇、实现历史性跨越、具有里程碑意义的五年；是我市改革开放和现代化建设取得重大成就的五年；也是我市民主法治建设和人大工作取得显著进展的五年。五年来，在市委的正确领导下，市五届人大常委会坚持以习近平新时代中国特色社会主义思想为指导，深入学习贯彻党的十九大和十九届二中、三中、四中、五中全会精神以及习近平总书记关于坚持和完善人民代表大会制度的重要思想，深入贯彻落实习近平总书记视察广西及桂林时的重要讲话和重要指示精神，坚持党的领导、人民当家作主、依法治国有机统一，围绕中心，服务大局，充分发挥地方国家权力机关作用，圆满完成了市五届人大各项工作任务，为决胜桂林“两个建成”作出积极贡献。

五年来，市五届人大常委会共审议法规案12件，表决通过11件，颁布实施8件。备案审查规范性文件113件、规章3件。听取和审议“一府一委两院”专项工作报告52个，听取和审议计划、预算、决算、审计等报告26个。开展法律法规实施情况检查22次、专题询问3次、述职评议1次、专题视察5次、专题调研60项。作出决议决定58项，任免国家机关工作人员568人次。

一、以习近平新时代中国特色社会主义思想为根本遵循，贯彻落实党中央和自治区党委、市委决策部署，人大工作不断开创新局面

常委会高举习近平新时代中国特色社会主义思想伟大旗帜，增强“四个意识”、坚定“四个自信”、做到“两个维护”，牢牢把握人大工作正确的政治方向。始终与市委保持思路同心、目标同向、工作同步、落实同力，自觉在市委领导下开展人大工作。

——认真贯彻落实党中央和自治区党委、市委决策部署，严格执行重大问题和重要事项向市委请示报告制度，五年来请示报告160次。

——认真贯彻落实自治区党委和市委关于加强新时代人大工作的意见，落实好全区、全市人大工作会议精神，坚持加强党对人大工作的领导，全面加强立法、监督、代表等各项工作，推进常委会履职能力建设和干部队伍建设，加强对县乡人大工作的指导。在市委的高度重视和大力支持下，率先在全区成立城区街道人大工作机构，并落实人员编制。

——认真贯彻落实党中央和自治区党委关于加强党领导立法工作的意见，进一步完善党委领导、人大主导、政府依托、各方参与的科学立法工作格局。深入学习领会习近平总书记视察广西及桂林时的重要讲话和重要指示精神，紧紧围绕习近平总书记赋予我们打造世界级旅游城市、保护好桂林山水、建设最宜居城市、用好用活红色资源等新使命新要求，积极加快桂林市漓江风景名胜区管理条例、桂林市喀斯特景观资源可持续利用条例、湘江战役遗址保护条例等立法工作进程。

——认真贯彻落实党中央和自治区党委关于贯彻实施民法典的要求，2020年7月，在全区率先举办全市民法典知识讲座，特邀全国人大常委会民法典起草组专家授课，助推全市上下全面学习宣传和贯彻实施民法典。

——认真贯彻落实党中央和自治区党委关于加强对本级监察机关进行监督的要求，按照宪法和监察法规定，2021年首次听取和审议市监察委员会关于开展脱贫攻坚监察监督工作情况的报告，提出审议意见，推动全市监察工作不断改进。

——认真贯彻落实党中央关于做好人大外事工作的要求以及自治区党委关于人大服务高水平对外开放、加强与广西周边国家和地方议会友好交往的要求，与日本熊本

市议会沟通联络，提出希望签订友好交流协议书、建立定期交流机制，得到积极回应，开拓了两地人大、议会友好交流与合作的新空间。在2021年新春佳节来临之际，会同市外办向越南多乐省邦美蜀市、越南庆和省芽庄市人民议会发出慰问信，加强与越南人民议会之间的交流。积极推动市人大与台湾花莲县议会建立友好关系。

——认真贯彻落实党中央和自治区党委、市委关于疫情防控的决策部署，市人大常委会第一时间向全市各级人大代表发出倡议书，号召人大代表以实际行动带头展现责任担当。及时开展对我市野生动物保护法贯彻实施情况以及全国人大常委会关于全面禁止非法野生动物交易、革除滥食野生动物陋习、切实保障人民群众生命健康安全的决定执行情况的专题调研，听取和审议“一法一决定”执行情况的报告。根据疫情防控需要，常委会及时调整工作思路，开展传染病防治法、突发公共卫生事件应急条例、动物防疫法等执法检查，进一步防范重大公共卫生风险。

——认真贯彻落实市委关于创建全国文明城市的决策部署，常委会领导经常深入联系城区、学校等地督促指导创城工作。组织人大机关干部到包联点位巡查街道、入户宣传等，开展“进社区、访民情”一对一宣传、电影进社区、整治公共区域和背街小巷环境卫生、劝导电动车驾乘人员佩戴头盔等专项活动，切实提高群众满意度。发挥桂林市城市市容和环境卫生管理条例的法规引领和保障作用，为桂林荣获“第六届全国文明城市”贡献人大力量。

二、发挥立法引领和推动作用，助力桂林“两个建成”和各项事业发展实现新突破

常委会坚持认真学习贯彻习近平法治思想，用足用好地方立法权，以良法引领改革、推动发展、保障善治。

深入推进科学民主立法。严格依照法定权限开展立法工作。围绕全市工作大局，广泛征求意见建议，科学制定立法规划和年度立法工作计划。成立常委会立法工作领导小组，制定地方性立法工作办法(试行)、地方立法工作“双组长”制度实施办法、地方立法工作规程，建立健全人大立法起草、论证、协调、审议机制。与广西师范大学、桂林电子科技大学签订合作协议，建立地方立法研究评估与咨询服务基地，聘请51位资深专家学者作为立法专家顾问，打造立法工作“智囊团”。稳步推进代表联络站与基层立法联系点融合建设试点工作，搭建立法社情民意“直通车”，在全市设立叠彩区九华社区等30个基层立法联系点。

实现立法数量和质量双丰收。抓住提高立法质量这个关键，适应改革发展需要，加强重点领域立法，立法工作走在全区前列。在城乡建设与管理方面，颁布实施桂林市城市市容和环境卫生管理条例、桂林市城乡规划管理条例、桂林市违法建设防控和查处条例、桂林市城市绿化条例，表决通过桂林市养犬管理条例，为我市创建全国文明城市、打造最宜居城市提供有力法制保障。在环境保护方面，颁布实施桂林市销售燃放烟花爆竹管理条例、桂林市漓江风景名胜区管理条例、桂林市机动车船和非道路移动机械排气污染防治条例，表决通过桂林市喀斯特景观资源可持续利用条例，为全力保护好漓江、保护好桂林山水发挥了积极作用。在历史文化保护方面，贯彻落实市委关于“寻找桂林文化的力量，挖掘桂林文化的价值”的决策部署，颁布实施桂林市石刻保护条例，表决通过桂林市灵渠保护条例，把历史文化传承、保护同旅游开发有机融合，为打造世界级旅游城市注入活力。

加强地方性法规宣传和贯彻实施工作。常委会把立法工作和普法、执法等工作有机结合起来，组织开展地方性法规专题宣传活动。召开地方性法规实施新闻发布会4场，编印并免费发放地方性法规单行本、公报等法规宣传资料共3万余册，促进广大市民知法、懂法、守法、护法。2020年，首次开展立法后评估工作，对桂林市城市市容和环境卫生管理条例实施效果、存在问题、修改必要性等进行总结和评估，为修改完善法规案、进一步提高立法质量提供依据。对桂林市漓江风景名胜区管理条例、桂林市违法建设防控和查处条例贯彻实施情况开展专题调研和执法检查，持续对桂林市石刻保护条例、桂林市市容和环境卫生管理条例的贯彻实施情况进行跟踪检查，推动我市地方性法规有效实施。

三、紧扣新时代人大工作要求，围绕中心服务大局持续监督取得新成效

常委会坚持正确监督、有效监督、依法监督，把监督与支持有机结合起来，创新监督方式方法，着力增强监督工作的针对性和实效性。

推动经济社会健康发展。认真贯彻落实市领导“一联三”工作要求，跟踪服务和推进全市重大项目建设、重点工业企业发展。聚焦产业振兴，开展重大项目建设等专项调研，听取和审议市属三大园区建设情况的报告，组织常委会组成人员集中专题视察我市民营经济发展情况，开展自治区促进科技成果转化条例执法检查。聚焦优化营商

2021年12月13日—15日，驻桂林全国人大代表和自治区人大代表聚焦乡村振兴主题开展2021年集中视察汇报会。（李源摄）

环境，2019、2020 年连续两年开展优化营商环境专题询问。2020 年创新开展“3+3”专题询问模式，通过“专题调研专门找、新闻媒体广泛找、调查问卷针对找”三个渠道收集存在问题 170 个，以“函询、现场询问和会议集中询问”三种层层递进的询问方式，对我市 6 个县区、38 个部门开展提升营商环境专题询问，2021 年持续对问题整改落实情况进行跟踪监督，经验做法得到自治区人大常委会领导批示肯定。聚焦促进民族团结进步，对我市少数民族优秀传统文化、少数民族特色村寨保护与发展、少数民族中医药传承与发展、宗教工作、宗教文化保护利用工作、宗教活动场所管理、侨资企业发展、归侨侨眷创新创业就业、贯彻实施中华人民共和国台湾同胞投资保护法等情况进行专题调研，开展归侨侨眷权益保护法执法检查，助推全市进一步铸牢中华民族共同体意识。

推动财经监督不断深化。听取和审议计划执行情况、“十三五”规划纲要实施中期情况评估、“十四五”规划纲要编制情况报告，强调要准确把握新发展阶段，深入贯彻新发展理念，加快构建新发展格局，推动经济社会高质量发展。听取和审议市本级决算、预算执行情况、审计工作、全面实施预算绩效管理改革情况报告，审查批准市本级决算，审查和批准市本级预算调整方案，着力提高财政资金使用效益和效率。改进和完善审计查出突出问题整改情况向市人大常委会报告机制，2018 年首次以专题询问的方式开展审计查出突出问题整改情况专项监督。加强国有资产监督职能，从 2018 年起连续四年听取和审议国有资产管理情况报告，助推提升国有资产管理能力。围绕打好防范化解重大风险攻坚战，主任会议每年听取政府性债务及管理情况报告，提出意见建议，强调防范和化解地方政府债务风险，确保财政平稳运行。关注重大项目、产业发展、脱贫攻坚、民生保障等资金安排和使用情况，助推做好“六稳”工作，落实“六保”任务。稳步推进市本级预算联网监督平台建设。

推动解决社会民生热点难点问题。常委会坚持把保障和改善民生作为监督工作的出发点和落脚点，围绕人民群众普遍关心的热点难点问题扎实开展监督。关注民生，开展义务教育法、民办教育促进法、高等教育法、食品安全法、安全生产法等执法检查，持续开展“回头看”跟踪检查。听取和审议养老服务保障、残疾人保障、住房公积金缴存使用和管理、社会保障发展状况及保障制度等工作情况报告，开展学前教育、医疗保障、公共卫生等重大民生问题专题调研。关注热点，围绕打好污染防治攻坚战和生态文明建设，每年持续听取和审议环境状况和环境保护目标完成情况报告，听取和审议自然保护区建设与管理工作情况报告，对全市公共环境卫生治理、漓江流域保护和生态补偿保障机制、漓江风景名胜区、会仙喀斯特国家湿地公园和灵渠、青狮潭水库水质保护等情况进行调研，对固体废物污染环境防治法、水污染防治法、土壤污染防治法、大气污染防治法、自治区乡村清洁条例开展执法检查。紧盯国际旅游胜地建设和群众关心的热点问题，听取和审议公共文化服务保障、城市园林绿化建设和管理、城市道路建设和管理情况等工作报告，开展旅游法、道路交通安全法、禁毒法、消防法、物业管理条例、娱乐场所管理条例、自治区人大常委会关于大力宣传普及应急安全常识提高公众应急防护意识和能力的决定等执法检查。关注难点，对我市城区建设工程“烂尾楼”项目相关情况开展专题调研，听取和审议我市城区建设工程“烂尾楼”项目处置工作情况、城区“烂尾楼”项目诉讼案件审理和执行情况的专项报告，持续推动涉城区 17 个“烂尾楼”工程处置工作取得新进展，助力优化法治化营商环境。

推动脱贫攻坚同乡村振兴有效衔接。常委会把脱贫攻坚作为最大的政治任务和最大的民生工程，围绕打赢精准脱贫攻坚战，专题调研民族地区扶贫开发工作情况，听取和审议我市农村饮水安全工作情况的报告，开展自治区扶贫开发条例执法检查，跟踪检查自治区扶贫开发工作条例执法检查审议意见落实情况，组织驻桂林全国和自治区人大代表专题视察我市脱贫攻坚工作情况，推动政府压实脱贫攻坚责任，补齐短板弱项。围绕推进乡村振兴，听取和审议农村土地承包经营权确权登记颁证等专项工作报告，开展农业机械化促进法、农民专业合作社法、渔业法、城乡规划法、自治区乡村规划建设管理条例执法检查，对我市现代特色农业发展、农业产业兴旺、农产品质量安全、柑橘黄龙病防治、非洲猪瘟防控、水果产业发展和长塘水库建设等情况开展专题调研。组织常委会组成人员专题视察全市新型城镇化建设和传统村落保护、实施乡村振兴战略、田园综合体建设等情况。在全市选聘 11 位农业方面专家学者担任常委会“三农”智库顾问并建言献策。组织各级人大代表充分发挥自身优势，争取政策、项目和资金 4000 多万元，动员企业捐资投资 700 多万元，帮助联系的松江村、乐育村推动产业发展，改善基础设施，建成冷库、农产品交易中心，拓宽稳定村集体收入来源，如期完成脱贫攻坚任务。

推动保障司法公正。常委会着眼于维护社会公平正义，听取和审议市中级人民法院关于基本解决执行难工作报告、市人民检察院关于开展公益诉讼工作报告。聚焦环漓江流域生态环境和资源保护等公益保护方面的重点、难点，对民事诉讼法和行政诉讼法中有关公益诉讼法律规定执行情况开展执法检查，在提出审议意见时，变“打包整改”为“清单督办”，首次提出跟踪督办的具体事项，使审议意见更具针对性，推动问题有效解决。强化跟踪问效，对“扫黑除恶”专项斗争审议意见落实情况进行跟踪督办，力推我市“扫黑除恶”专项斗争向纵深发展。听取和审议“七五”普法工作情况报告，进一步推动普法责任制落实。开展公共法律体系建设、检察机关落实认罪认罚制度专题调研，对预防未成年人犯罪法实施情况进行执法检查，积极组织市人大代表走进法庭旁听评议庭审。

推动加强干部任后监督。常委会探索开展对人大任命的政府组成人员任后履职监督，2020 年首次组织对市发展改革委、市工信局、市农业农村局、市扶贫办 4 个政府组成部门进行述职评议，并进行现场提问和满意度测评。通过开展述职评议，进一步提高市政府组成部门的宪法和法律意识、公仆意识，促进依法履职，切实转变作风，不断改进工作。

四、依法行使重大事项决定权和人事任免权，在助推高质量发展中彰显新担当

常委会坚持谋大事、议大事、抓大事，以全局视野依法行使重大事项决定权，及时把党的主张转化为全市人民的共同意志和自觉行动。紧紧围绕市委重大决策部署行使重大事项决定权。每次人代会上，全体人大代表认真审议市人大常委会、市人民政府、市中级人民法院、市人民检察院工作报告，对“一府一委两院”工作中的大事要事、重大举措认真负责地进行研究并作出决定决议。

坚持党管干部与人大依法任免有机统一的原则，严格按照地方组织法和人事任免办法的规定，依法任免地方国家机关工作人员，确保市委人事安排意图通过法定程序得以全面实现。依法落实宪法宣誓制度，组织宪法宣誓233人次，激励和教育国家工作人员忠于宪法、遵守宪法、维护宪法。

按照自治区人大和市委部署要求，做好2021年市县乡三级人大代表换届选举工作，及时完善选举实施意见，召开换届选举培训会议进行动员部署，成立换届选举工作协调小组和办公室，组织五个指导组分赴各县（市、区）开展督查指导，把换届选举纪律和规矩挺在前面，抓住代表提名、酝酿、选举和召开新一届人大一次会议等关键节点，解决好职务人大代表人选未到位的选区予以推迟选举日期、乡镇设立人大兼职副主席等重要问题。依法主持开展全市第六届人大代表选举工作，协同有关部门做好代表名额分配、代表结构比例合法性审查、换届选举风气督察、代表资格审查等工作，顺利完成任务。

五、加强和创新代表工作，代表依法履职为民展现新作为

常委会坚持和尊重代表主体地位，创新工作机制、拓展履职平台、强化服务保障，更好发挥代表在参与管理地方国家事务中的重要作用。

全面提高服务水平，切实保障代表依法履职。先后组织市人大代表、各县区人大常委会分管领导和选联工委负责人共980多人次先后参加3期市人大代表履职学习班和1期履职平台管理队伍培训班。围绕推进脱贫攻坚、乡村振兴、全域旅游、公共环境卫生治理、“十四五”规划编制、打造世界级旅游城市等主题，先后组织保障驻桂林全国、自治区人大代表开展专题调研活动5次、集中视察活动5次，服务保障解放军和武警部队在京全国人大代表和军队全国人大代表第五组及其他全国人大代表到桂林开展调研视察活动，得到上级充分肯定。邀请市人大代表165人次列席常委会会议，安排人大代表1500多人次出席市人大常委会和“一府一委两院”组织的执法检查、专项调研、座谈会、听证会等活动。制定出台代表活动经费使用管理办法，强化代表履职服务保障。

创新履职平台品牌，推动代表常态化履职走深走实。以密切代表与人民群众的联系为核心，健全完善市人大常委会联系市人大代表、市人大专门委员会和常委会工作委员会联系市人大代表、市人大代表联系原选举单位和人民群众的相关制度。2019年以来，深入开展“混合编组、多级联动、履职为民”工作，推进履职平台改建和全面提升，将全市11000多名五级人大代表，全部混合编入148个代表履职活动中心和980个代表联络站（点），代表联络站（点）实现布局网格化，代表混合编组实现科学化；紧贴桂林实际，创建工业企业、农业农村、旅游、教育文化、医疗卫生、法治建设等特色行业代表联络站（点）29个，形成可复制可推广的经验做法。全市各代表联络站加强五级代表联动，代表常态化履职走深走实，“两个主题”履职活动取得显著成效。2020年10月，12家中央、自治区新闻媒体对我市人大代表助力污水治理成效进行重点报道。认真做好承办2021年全区“混合编组、多级联动、履职为民”经验交流会筹备工作。五年来，驻桂林全国人大代表提出“给予桂林漓江流域山水林田湖草生态保护与修复工程支持”等高质量建议（议案）94条、驻桂林自治区人大代表提出“将桂林市定位为全区战略性新兴产业集群发展重点地区”等高质量建议（议案）241条，助力我市争取更多国家和自治区层面支持。

精准抓好代表建议办理，有效提升落实率满意率。改进代表建议督办机制，由选联工委单一牵头督办转变为市人大各专委对口牵头督办，充分发挥各专委作用，形成建议督办合力。坚持领导领衔督办、全面督办、跟踪督办相结合，抓好承办单位与代表办前、办中、办后“三见面”协商沟通、跟踪确认建议答复、专题督办不满意建议等重要环节，多措并举，精准发力，有力增强建议办理实效。为充分发挥优秀典型的示范引领作用，激励代表提高履职积极性，增强代表建议承办部门工作主动性，开展评选“代表优秀建议”“承办建议先进单位”“代表履职之星”活动，在桂林电视台、桂林日报社密集宣传市五届人大代表在新时代展现的新作为。五年来，市人大代表共提出建议407条，

2021年12月30日，市人大常委会党组书记、主任赵仲华上党课。

（李源摄）

代表建议办复率、满意率均达到100%。经过历年持续督办，A类件即已经解决或基本解决的334件，占82.06%；B类件即正在解决或列入计划逐步解决的44件，占10.81%；C类件即因政策或法律原因暂时无法解决29件，占7.13%，建议办理落实率多年稳居较高水平，代表建议办理工作成效显著。

六、加强自身建设，强化使命担当树立新形象

五年来，常委会积极适应新时代新要求，始终保持工作热情不降温、工作力度不减弱、工作标准不降低，进一步加强自身建设，不断推动全市人大工作和建设迈上新台阶。

突出强化政治建设。常委会坚持把政治建设摆在首位，扎实抓好党风廉政建设和意识形态工作，全力支持派驻纪检监察组履行监督执纪执法职责。严格落实中央八项规定精神，推动全面从严治党向纵深发展。认真做好市委巡察反馈意见整改工作，确保整改落到实处。深入开展“两学一做”学习教育、“不忘初心、牢记使命”主题教育、党史学习教育，持续开展“大学习”活动，创新党员集体过政治生日的内容和形式，组织对党忠诚教育情景党课，不断提高政治素养和政治能力。

突出履职能力建设。强化理论武装，注重理论研究，大力宣传人民代表大会制度和人大代表履职风采，2017年至2020年，常委会连续荣获自治区人大宣传工作先进单位一等奖。扎实做好信访工作，五年来，共接待群众来访286批647人次，处理群众来信330件。召开创建桂林人大品牌工作推进会、市人大委室工作经验交流会。按照自治区人大常委会打造人大工作“广西品牌”的工作部署，紧贴桂林实际，有效推进12个桂林人大品牌的创建工作。我市“履职平台建设”“外事侨务工作”等“桂林品牌”创建工作分别在自治区作经验交流发言。

突出建立健全制度机制。制定出台关于改进常委会会议审议工作的若干规定，强化常委会会议审议实效。健全完善常委会及机关办文办会办事工作制度，规范机关运转。推广运用信息化智能化办公方式，提高常委会依法履职质量和效率。健全人大与“一府一委两院”的沟通协调机制，提高常委会履职行权系统化、制度化、规范化水平。

突出强化干部队伍建设。落实中央关于深化党和国家机构改革方案、我市机构改革方案要求，结合工作实际，依法撤销市人大旅游委，增设市人大社会建设委员会、监察和司法委员会，在全区率先成立市人大常委会预算工委，推动优化常委会组成人员结构，提高常委会整体工作效能。加强与自治区人大及兄弟市人大常委会的工作交流，学习借鉴外地人大先进工作经验。每年定期召开全市县（市、区）人大工作座谈会，加强对基层人大工作的指导。加强全市人大系统干部业务培训，着力打造忠诚干净担当的高素质干部队伍。

五年工作的体会

回顾和总结过去五年的工作，我们深切体会到，有效履行宪法和法律赋予的职责，做好新形势下的地方人大工作，必须牢牢把握以下五个方面：

必须全面贯彻习近平新时代中国特色社会主义思想。习近平新时代中国特色社会主义思想是引领党和国家事业不断从胜利走向新的胜利的强大思想武器和行动指南。习近平法治思想是马克思主义法治理论中国化的最新成果，习近平总书记关于坚持和完善人民代表大会制度的重要思想，是习近平新时代中国特色社会主义思想的重要组成部分。学习贯彻习近平新时代中国特色社会主义思想、习近平法治思想、习近平总书记关于坚持和完善人民代表大会制度的重要思想，是人大同志的首要任务和看家本领。用党的创新理论武装头脑、指导实践、推动工作，是做好新时代人大工作的思想理论基础。

必须坚持党的领导。中国共产党的领导是中国特色社会主义的本质特征。人民代表大会制度是坚持党的领导、人民当家作主、依法治国有机统一的根本政治制度安排。实践证明，旗帜鲜明讲政治是做好人大工作的重要前提，坚持党的领导是坚持和完善人民代表大会制度、确保人大工作沿着正确方向前进的根本保证。我们必须不断提高政治站位，坚定维护习近平总书记在党中央和全党的核心地位，坚定维护党中央权威和集中统一领导，毫不动摇坚持党对人大工作的全面领导。

必须坚持以人民为中心。人民代表大会制度之所以具有强大生命力和显著优越性，关键在于它深深植根于人民之中。实践证明，人大工作只有时刻关注民生，始终维护人民群众的根本利益，才能得到人民的拥护和支持，保持旺盛的生命力。我们必须坚持国家一切权力属于人民，坚持人民主体地位，支持和保证人民通过人民代表大会行使国家权力，发展更加广泛、更加充分、更加健全的人民民主，牢记让人民生活幸福就是“国之大者”，不断解决好人民最关心最直接最现实的利益问题。

2021年11月25日，桂林市人大常委会召开专题视察桂林世界级旅游城市建设工作情况汇报会。 （阳文杰摄）

必须依法履行职权。人大及其常委会处于社会主义民主法治建设的第一线，是地方国家权力机关、立法机关、监督机关，带头遵守宪法法律、严格依法履职，是开展人大工作的必然要求。实践证明，只有始终严格依法按程序办事，才能保证人大通过的法规、作出的决议更好体现人民意志，更加具有权威性。我们必须严格遵守和执行宪法法律关于人民代表大会制度和人大工作的各项规定，落实民主集中制原则，按照法定权限，遵循法定程序，通过会议形式，集体行使职权，集体决定问题，确保在法治轨道上推进人大各项工作。

必须推动改革创新。人民代表大会制度具有面向未来、面向实践、与时俱进的属性和品格。实践证明，只有在坚持根本政治制度的基础上，不断创新工作思路和内容，完善工作机制和方法，才能赋予人大工作新的内涵和使命，保持人民代表大会制度的生机与活力。我们必须按照总结、继承、完善、提高的原则，扎实推进人大制度和人大工作改革创新，推动人大各项工作取得新突破。

各位代表，市五届人大常委会取得的成绩，是在习近平新时代中国特色社会主义思想指引下，在市委坚强领导下，市人大代表、常委会组成人员共同努力的结果，是各专门委员会组成人员和常委会工作机构、办事机构以及机关全体同志辛勤工作的结果，是市人民政府、市监察委员会、市中级人民法院、市人民检察院和县乡人大密切配合的结果，是市政协、各民主党派、各人民团体、社会各界以及全市各族人民大力支持的结果。在此，我代表市五届人大常委会表示崇高的敬意和衷心的感谢！

回顾过去五年的工作，我们也清醒地认识到，常委会的工作同新时代新任务的要求和人民群众的期盼还有差距，立法质量有待进一步提高，监督实效有待进一步增强，行使重大事项讨论决定权的工作机制有待进一步完善，人大代表的作用有待进一步发挥，对基层人大工作的联系指导有待进一步加强。这些问题需要在今后工作中认真研究解决。

今后工作的建议

站在“两个一百年”奋斗目标历史交汇期和中国共产党成立100周年的历史新起点上，做好桂林市新一届人大及其常委会工作，责任重大，使命光荣。我们必须以习近平新时代中国特色社会主义思想为指导，坚持党的领导、人民当家作主、依法治国有机统一，深入贯彻落实习近平总书记视察广西及桂林时的重要讲话和重要指示精神，认真贯彻落实中央人大工作会议精神，全面贯彻落实桂林市第六次党代会的决策部署，紧紧围绕“坚持稳中求进工作总基调，以推动高质量发展为主题，以改革创新为动力，以满足人民日益增长的美好生活需要为根本目的，以打造世界级旅游城市为统揽，推进‘两大振兴’、营造‘六大环境’”，以永不懈怠的精神状态，依法行使立法权、监督权、决定权、任免权，充分发挥人大代表作用，加强和改进新时代人大工作，保证人民依法行使选举权利，完善人大的民主民意表达平台和载体，不断发展全过程人民民主。

一是进一步加强党的建设。坚持把党的建设摆在首位，坚持党的领导，提高政治站位，把牢政治方向，严格落实全面从严治党主体责任，全面推进常委会及其机关的政治建设、思想建设、组织建设、作风建设、纪律建设，把制度建设贯穿始终。

二是进一步加强立法工作。深入贯彻落实习近平法治思想，抓住提高立法质量这个关键，不断完善立法工作体制机制，把立法重点和立法资源集中到有利于深化改革、激发社会活力、促进民生改善的事项上来，提高科学立法、民主立法、依法立法水平，更好发挥立法引领和推动经济社会发展作用。

三是进一步加强监督工作。聚焦市委第六次党代会确定的目标任务，围绕市委决策部署、政府工作需要、群众关心的热点难点、社会关切的焦点痛点，用好宪法法律赋予的监督权，坚持监督和支持相结合，确保法律法规得到有效实施，助推“一府一委两院”改进工作。

四是进一步加强代表工作。充分发挥人大代表的主体作用，提高代表建议办理实效。密切常委会与代表、代表与人民群众的联系。加强代表培训、履职监督管理、评优评先，提高代表政治素质和履职能力。进一步丰富闭会期间代表履职活动，为代表履职提供服务和保障。

五是进一步加强自身建设。强化政治机关意识，健全人大组织制度和工作制度，加强专门委员会、工作委员会和办事机构建设。下功夫抓好作风建设，大兴学习之风，大兴调查研究之风，大兴干事创业之风，大兴密切联系群众之风，展现新气象、新作为，着力打造高素质人大干部队伍。加强人大工作宣传。密切与县（市、区）人大工作联系。

各位代表！宏伟蓝图已绘就，砥砺奋进正当时。让我们更加紧密地团结在以习近平同志为核心的党中央周围，在市委的坚强领导下，解放思想、深化改革、凝心聚力、担当实干，全面担负起宪法法律赋予的各项职责，为全力打造世界级旅游城市、奋力谱写建设新时代中国特色社会主义壮美广西的桂林新篇章作出新的更大贡献！

政府工作报告

——2021年10月20日在桂林市第六届人民代表大会第一次会议上

桂林市市长　李楚

各位代表：

现在，我代表市第五届人民政府，向大会报告工作，请予审议，并请政协委员和其他列席人员提出意见。

一、过去五年的工作回顾

过去的五年，是桂林发展史上极不平凡、具有里程碑意义的五年。面对复杂多变的国际形势和艰巨繁重的改革发展稳定任务，在市委的坚强领导下，我们坚持以习近平新时代中国特色社会主义思想为指导，全面贯彻党中央、国务院决策部署，认真落实自治区党委、政府工作要求，坚持稳中求进工作总基调，坚持新发展理念，坚持高质量发展，凝心聚力，务实笃行，本届政府工作实现圆满收官。

——这五年，最令人振奋的是，习近平总书记对桂林情深似海、厚望如山，多次对桂林工作作出重要指示和批示。特别是今年4月，习近平总书记亲临桂林视察，对我市全力以赴保护漓江、保护桂林山水，推进乡村振兴，圆满完成红军长征湘江战役烈士遗骸收殓保护和纪念设施建设任务，给予高度肯定。强调这次是慕名而来、乘兴而归，了却了半个世纪的心愿。嘱咐我们要当好保护桂林山水的“二郎神”，赋予我们打造世界级旅游城市、保护好桂林山水、建设最宜居城市、全面推进乡村振兴、用好用活红色资源等新使命新要求，为桂林发展把脉定向，为我们做好工作提供了总定位、总航标、总遵循。

——这五年，最令人自豪的是，全市上下把对美好生活的向往，化作砥砺奋进的动力，咬定青山不放松，脚踏实地加油干，小康社会全面建成，地区生产总值、居民收入提前一年实现翻番，桂林人民迈上了全面小康、共同富裕的康庄大道；创城取得历史性成果，成功入选“全国文明城市”。

——这五年，最令人鼓舞的是，全市上下坚持把脱贫攻坚作为最大政治责任、首要民生工程，勠力同心践行初心使命，尽锐出战答好时代答卷，29.7万建档立卡贫困人口全部脱贫，510个贫困村全部出列，3个贫困县全部摘帽，历史性消除绝对贫困，夺取了脱贫攻坚战的全面胜利，桂林人民站上了新生活、新奋斗的起点。

——这五年，最令人骄傲的是，全市上下始终牢记习近平总书记保护好桂林山水的殷切嘱托，坚定不移推进科学保护漓江，坚决打赢蓝天碧水净土保卫战，漓江“三统”改革全面完成、“四治”工程全面推进、“四乱一脏”全面整治，PM2.5、PM10平均浓度连续六年双降，城市黑臭水体消除比例达100%，地表水环境质量保持全国前列，森林覆盖率达71.87%，今日桂林“天更蓝、山更绿、水更清、环境更优美”。

——这五年，最令人感动的是，面对突如其来的新冠肺炎疫情和历史罕见的洪涝灾害，我们坚持人民至上、生命至上，科学决策、精准调度，医务工作者、公安干警、消防救援指战员等广大干部职工，勇敢逆行、舍生忘死，共产党员不畏艰险、冲锋在前，540万桂林人民风雨同舟、众志成城，打赢了抗疫保卫战、防汛阻击战，夺取了疫情防控和经济社会发展“双胜利”。

各位代表！平凡铸就伟大，英雄来自人民，每个人都了不起！向你们致敬！为你们点赞！

五年来，全市经济社会发展取得以下几个方面成绩。

我们始终坚持高质量发展，综合竞争力迈上新台阶。地区生产总值累计突破9500亿元，组织财政收入总量累计突破1000亿元；固定资产投资累计突破7500亿元，社会消费品零售总额累计超4200亿元，金融机构本外币存贷款余额突破7000亿元；城镇居民、农村居民人均可支配收入分别达38145元、17345元，增速均高于全国、全区平均水平。工业振兴迈出坚实步伐，组建经开区、高铁园，拓展高新区，构建“345”工业发展新格局，园区工业总产值占全市比重提升10.2个百分点，四大优势产业规模以上工业总产值占全市比重达50.4%，战略性新兴产业规模以上工业总产值占全市比重达35.7%，培育龙头企业28家、“专精特新”企业36家，成为广西首批数字经济示范区。现代服务业活力持续增强，电子商务、文化创意、金融服务、商贸会展等加快发展,第三产业占 GDP 比重达 54.4%,成为全市经济增长主引擎。现代农业加速发展,农林牧渔业总产值年均增长 5.3%,粮食总产量稳定在 175 万吨,特色水果等六大百亿元产业集群加速形成,自治区级以上特色农产品优势区、自治区级现代特色农业核心示范区、全国一村一品示范村镇数量均居全区第一。创新驱动能力持续提升,获国家科技奖励 3 项,新增国家级创新平台 31 个、自治区级 120 个,高新技术企业保有量增加 266 家,新增瞪羚企业 20 家,均居全区前列。成功获批国家可持续发展议程创新示范区、国家健康旅游示范基地、国家生态文明先行示范区、国家文化和旅游消费中心试点城市、商贸服务型国家物流枢纽城市,中俄双边重要会晤在桂林举行,桂林在全区战略地位日益增强、全国影响力不断扩大、全球美誉度持续提升。

我们始终坚持规划引领项目带动,国际旅游胜地基本建成。规划纲要四大战略定位逐步实现,旅游综合改革、旅游用地改革、旅游业态创新等走在全国前列,"厕所革命"、导游自由执业等"桂林经验""桂林模式"全国推广。实施重大项目 1475 个,融创国际旅游度假区等一批重大项目建成开放。特色旅游名县、全域旅游示范区总数达 12 家,居全区首位;阳朔遇龙河成为广西首个国家级旅游度假区,新增 5A 级景区 1 家、4A 级 19 家,A 级景区达 91 家、居全区第一。"两会一节"内涵不断丰富,"六大旅游品牌"影响力持续扩大,桂林旅游实现"七个升级",年接待游客突破 1 亿人次、旅游总消费超 1800 亿元,走出了一条生态文化旅游融合发展之路,为打造世界级旅游城市奠定了坚实基础。

我们始终坚持统筹协调融合发展,城乡面貌日新月异。基础设施明显改善。两江国际机场 T2 航站楼、桂林动车所等重大基础设施建成使用,高铁营运里程占全区通车里程近 1/4,公路总里程 1.49 万公里、居全区第二,新增高速公路通车里程 266 公里,总里程 715 公里、居全区第三,基本实现县县通高速,全国性综合交通枢纽地位日益凸显。实现 5G 网络市区全覆盖、光纤网络和 4G 网络行政村全覆盖,"新基建"走在全区前列。城市扩容打开新空间,主城区面积扩展至 147.6 平方公里,全市常住人口城镇化率提升 5.96 个百分点。老城疏解提升成效显著,完成桂阳公路、龙门大桥、东西巷、汽车南站等重大项目 106 个,建成人行天桥 17 座,完成城市道路"白改黑"65 条,改造提升城中村 111 个,存量拆违超 1000 万平方米,一批长期困扰发展的"城市病"得到有效治理,老城焕发新活力。新区功能日益完善,建成区面积达 40 平方公里、人口达 40 万,新建主次干道 59 条(段),建成学校(幼儿园)16 所,万达广场、吾悦广场等城市综合体投入使用,环城水系全面通航,市直机关全部入驻,桂林新区成为城市新中心。县域发展活力持续增强,荔浦撤县设市,9 个县(市、区)累计 15 次获广西科学发展(高质量发展)先进(进步)县(市、区),龙胜获评全国"绿水青山就是金山银山"实践创新基地。乡村振兴成果丰硕。获评国家级新型城镇化示范县 2 个、全国乡村治理示范村镇 5 个,建成新型城镇化示范乡镇 74 个、田园综合体 22 个。"美丽桂林·乡村建设"目标全面实现,乡村风貌提升和农村人居环境整治行动持续推进,全市一半以上村屯开展"三清三拆";农村公路里程达 1.21 万公里、居全区第二,全市乡镇、建制村道路通畅率 100%,建制村通客车率 100%;农村自来水普及率 84.2%,卫生厕所普及率 92%,农村生活垃圾处理率 95% 以上,县级以上文明村镇覆盖率 79.4%,一幅环境优美、村容整洁、文明和谐的乡村画卷在桂北大地徐徐铺开。

我们始终坚持深化改革扩大开放,发展动力更加强劲。"放管服"改革向纵深推进,"无差别全科受理""双容双承诺""最多跑一次"等改革经验全区推广,企业开办、一般类型不动产登记办结时限由 20 个工作日压缩至 1 个工作日;园区工业项目审批时间压缩至 12 个工作日,下放 198 项市级行政权力,实现"园区事园区办";累计减税降费超 150 亿元,市场主体由 14.34 万户增至 35.9 万户。重点领域改革走在全国前列,服务业综合改革成为全国典范,医疗卫生体制改革成效获国务院激励通报,农村承包地确权登记颁证工作获全国表彰,国资国企改革发展取得新进步。防范化解重大风险,严控政府债务增量,金融风险防控扎实有效。主动融入中国－东盟自由贸易区、粤港澳大湾区和自治区全方位开放发展新格局,深入实施"三企入桂"行动,积极承接产业转移,累计新签项目 1132 个,完成区外境内到位资金 3755 亿元,成功引进华为、格力、比亚迪、融创、深科技等一批知名企业,实现单个产业项目投资超 100 亿元,招大引强取得历史性突破,桂林高质量发展的底板更加厚实。

我们始终坚持把为人民谋幸福作为根本使命,民生福祉持续改善。民生领域财政累计投入 1700 多亿元,每年滚动实施一批民生实事项目,样样关乎民生,件件深入民心。社会保障体系不断完善,累计实现城镇新增就业 27.41 万人,登记失业率控制在 4.5% 以内;城、乡低保标准分别提高 78.6%、92%;建立起多层次医疗保障体系;完成棚户区改造 6.2 万套、老旧小区改造 126 个。文化软实力持续增强,红军长征湘江战役纪念设施参观人次累计突破千万,甑皮岩国家考古遗址公园建成开放,国家级非物质文化遗产代表性项目达 6 个,国家级重点文物保护单位达 20 处,智慧广电建设加快推进,基本实现村村有公共服务中心。教育卫生体育事业加快发展,新建成学校 87 所,新增学位 6.8 万个,教育资源短缺矛盾有效缓解,实现国家义务教育发展基本均衡县全覆盖,教育综合改革不断深化,教育乱收费等突出问题得到有效整治,高校集聚区建设加快推进;城区社区卫生服务机构实现全覆盖,医联体、医共体建设走在广西前列,人均预期寿命提高到 78.8 岁;全民健身和竞技体育互促互进,行政村体育设施实现全覆盖。平安桂林建设卓有成效,扫黑除恶斗争进入常态化,治安防控体系建设取得重大进展,信访维稳、安全生产、食品药品监管等工作成绩显著,连续 5 届获全国社会治安综合治理优秀市,连续 3 次捧得"长安杯",实现全国"双拥模范城"九连冠、自治区"双拥模范城"十连冠。

五年来,我们坚决落实全面从严治党要求,扎实开展"两学一做"学习教育、"不忘初心、牢记使命"主题教育、党史学习教育,不断增强"四个意识"、坚定"四个自信"、做到“两个维护”。坚持依法行政，忠诚履行宪法和法律赋予的职责，自觉接受人大法律监督、政协民主监督和社会舆论监督，人大代表建议、政协提案全部办结，“七五”普法顺利完成。严格执行国务院“约法三章”，持续纠治“四风”，强化精文简会，大力压减和严控一般性支出，“三公”经费年均下降 12.9%。

五年来，应急、外事、侨务、口岸、审计、统计、司法行政、机关事务、民族宗教、档案、保密、供销、气象、水文、测绘、地方志、残疾人、接待、决策咨询、社会科学、公共机构节能等工作取得新进步，中直、区直驻桂林单位取得新成绩，工会、共青团、妇联等群团组织在经济社会发展中发挥了重要作用。

各位代表，这些成绩的取得，是习近平新时代中国特色社会主义思想科学指引的结果，是自治区党委、政府和市委坚强领导的结果，是市人大、市政协及社会各界监督支持的结果，是广大干部职工忠诚履职、担当作为的结果，是全市人民和衷共济、团结奋斗的结果。在此，我代表市人民政府，向全市各族人民，向人大代表、政协委员，向各民主党派、工商联、无党派人士、各人民团体和各界人士，向驻桂林解放军、武警官兵，向所有关心支持桂林发展的海内外朋友，致以崇高的敬意和衷心的感谢！

总结成绩的同时，我们也清醒地认识到，我市经济社会发展还面临许多问题和挑战：经济总量偏小，发展速度偏慢，经济结构不够优，创新能力不够强，工业化、城镇化、信息化、农业现代化进程相对滞后；生态环境保护任务艰巨，民生保障和社会治理有不少短板弱项，发展不平衡不充分问题尚未得到很好解决；营商环境还有待改善，干事创业氛围还需要进一步增强，等等。对此，我们要不断改进政府工作，提升服务水平，解决好发展中的各种矛盾和问题。

二、今后五年的奋斗目标

各位代表！我们已踏上了全面建设社会主义现代化国家、向第二个百年奋斗目标进军的新征程。前不久召开的市第六次党代会，深入学习贯彻习近平总书记视察广西及桂林时的重要讲话和重要指示精神，科学擘画了桂林未来五年乃至更长时期的发展蓝图，吹响了全力打造世界级旅游城市的战斗号角，必将对桂林经济社会发展产生重大而深远的影响。新一届政府要坚决贯彻落实党代会精神，加强全局性谋划、战略性布局、整体性推进，全力以赴把党代会确定的“规划图”“路线图”变成“施工图”“实景图”，在千帆竞发、百舸争流的新时代，努力创造出无愧历史、不负人民的新业绩！

按照市第六次党代会总体部署，今后五年我市经济社会发展的指导思想是：坚持以习近平新时代中国特色社会主义思想为指导，深入贯彻党的十九大和十九届二中、三中、四中、五中全会精神，贯彻落实习近平总书记视察广西及桂林时的重要讲话和重要指示精神，统筹推进“五位一体”总体布局，协调推进“四个全面”战略布局，全面落实“四个新”总要求、四个方面重要工作要求，以及“三大定位”新使命、“五个扎实”新要求，准确把握新发展阶段，全面贯彻新发展理念，服务构建新发展格局，坚持稳中求进工作总基调，以推动高质量发展为主题，以改革创新为动力，以满足人民日益增长的美好生活需要为根本目的，以打造世界级旅游城市为统揽，推进“两大振兴”、营造“六大环境”，奋力谱写建设新时代中国特色社会主义壮美广西的桂林新篇章。

按照上述要求，综合分析研判形势，到 2025 年，经济社会发展的主要预期指标是：地区生产总值年均增长 7.5% 以上，组织财政收入年均增长 5%；固定资产投资年均增长 15%，社会消费品零售总额年均增长 8% 以上；完成自治区下达的节能减排降碳目标；居民收入增长速度高于经济增长速度；城镇登记失业率控制在 4.5% 以内。

市第六次党代会围绕打造世界级旅游城市，已经确定了总体目标：努力创造宜业、宜居、宜乐、宜游的良好环境，培育国际一流服务品牌，按照国际一流标准，把桂林建设成为经济发达、城乡繁荣、社会文明、生态良好、城市宜居、人民幸福的世界级旅游城市。

具体分三步走：

第一步，到 2025 年，世界级旅游城市建设取得突破性进展，综合实力大幅提升，初步形成具有全球吸引力的旅游产品体系，旅游国际影响力显著增强，成为国际山水人文旅游首选目的地之一。

第二步，到 2030 年，世界级旅游城市基本建成，城市国际化特征更加彰显，形成具有全球竞争力的旅游产业体系，旅游核心竞争力进入国际同类旅游城市第一方阵，成为国际高端休闲旅游首选目的地之一。

第三步，到 2035 年，世界级旅游城市全面建成，与全国同步基本实现社会主义现代化，形成旅游发展的新理念、新模式和新业态，旅游核心竞争力走在国际同类旅游城市第一方阵前列，发挥引领作用。

各位代表！世界级旅游城市要有世界级的旅游资源吸引力，有沟通世界的交通网络，有特色而包容的城市文化，有较高的游客满意度，有高位稳定的旅游产业景气。今后五年，我们将围绕打造世界级旅游城市第一阶段目标，举全市之力，集全球之智，开足马力，真抓实干。围绕“综合实力大幅提升”，突出发展实体经济，加快打造以创新为引领的现代产业体系，建设世界一流的旅游航空港，构建国际化的交通运输体系，着力增强“硬实力”；围绕“初步形成具有全球吸引力的旅游产品体系”，建设漓江流域精华区，建成世界一流的旅游休闲度假区，提升桂林城市核心区，建成世界一流的宜居宜游城市景区，加快发展高品质旅游新业态，着力提升“吸引力”；围绕“旅游国际影响力显著增强”，加快培育国际一流服务品牌和城市品牌，引进举办一批国际性展会、赛事，着力扩大“影响力”；围绕“成为国际山水人文旅游首选目的地之一”，打造一批具有全球魅力的必游、必看、必购旅游消费场景和山水人文景观，进入国内最好的旅游城市行列，争创亚洲最佳旅游城市，着力提高“竞争力”，实现“世界级旅游城市建设取得突破性进展”目标，为 2030 年基本建成、2035 年全面建成世界级旅游城市打下坚实基础。

三、今后五年的工作任务

全力打造世界级旅游城市，是我们必须自觉扛起的历史使命、必须主动把握的时代要求、必须接续努力的奋斗目标。我们要在市委的坚强领导下，以打造世界级旅游城市为统揽，推进“两大振兴”，营造“六大环境”，切实把习近平总书记视察广西及桂林时的重要讲话和重要指示精神变为生动实践，确保落地生根、开花结果。当前，我们要高水平编制世界级旅游城市建设规划及专项规划，明确建设重点，形成标准体系；高规格推动建立打造世界级旅游城市国家、自治区和市三级协同推进工作机制，加强与国家、自治区各有关部门沟通衔接，统筹做好重大政策、重大项目梳理汇总，逐项抓好落实；高质量争取国家和自治区生态环境保护、综合交通枢纽打造、会议会展赛事承办、城市更新、旅游产品创新等方面政策支持，加大人才、资金、土地等保障要素集聚力度，围绕建设世界级的城市配套、构建世界级的公共服务体系、培育世界级的产业体系，统筹实施“双百工程”，建设一批具有国际一流水准的标志性、引领性项目。

今后五年，重点做好以下几方面工作。

（一）突出把生态保护放在第一位，全力呵护好桂林山水

当好保护桂林山水的“二郎神”，为打造世界级旅游城市营造良好生态环境。

坚持以更大力度科学保护漓江。落实最严格的生态环境保护制度，巩固拓展“三统”改革成果，持续打好“四治”组合拳，大力推进漓江流域山水林田湖草沙一体化保护和修复工程，将漓江打造成为国内江河综合治理典范和世界级生态环境保护样板。实施高压严管整治工程，“零容忍”持续整治滥采乱挖及“四乱一脏”等破坏生态环境行为，牢牢守住漓江生态环境保护红线。实施流域水体治理工程，加强漓江干支流全面综合治理、沿岸乡镇村屯污水垃圾集中治理，加快漓江补水工程建设，加强科学调度。实施山林保护修复工程，加强漓江源头保护，深入开展桂林喀斯特世界自然遗产地及山体、岸线、洲岛生态修复，保持山水生态的原真性和完整性。实施品牌提升工程，加快旅游集散中心建设，提升游船高端化低碳化水平，深化旅游资源整合及票制票价改革，打造沿岸生态文化旅游示范带。建立生态补偿机制，推动漓江风景名胜区生态补偿试点工作。完善管理体制，构建数字漓江5G融合生态环境保护利用体系。加快建设国家可持续发展议程创新示范区，加强国际合作，健全自然资源资产产权制度，加快景观资源可持续利用地方立法。

坚持以更高标准加强生态建设和环境保护。加大生态建设力度，完善河长制、湖长制、林长制和田长制，构建“一廊两屏五区”生态保护格局，推动全国生态文明建设示范区及“两山”实践创新基地建设；推进石山综合治理、生物多样性保护等工程，加快会仙、荔江等5个湿地公园建设，加大植树造林力度，实现森林覆盖率达71.9%。深入打好污染防治攻坚战，实施大气污染防治攻坚行动计划，确保完成自治区下达的市区空气质量优良天数比率任务；推进集中式饮用水水源地保护和规范化建设，确保地表水环境质量保持全国前列；全面开展土壤生态环境保护与重金属污染防治，加强垃圾分类标准化建设，加快推进生活垃圾焚烧发电等一批节能环保项目，提高生活垃圾资源化处理率。提升生态环境治理体系和治理能力现代化水平，严格落实生态环境保护责任制，扎实做好中央和自治区生态环境保护督察反馈问题整改。

坚持以更高层次推进生态产品价值实现。落实“碳达峰”“碳中和”工作部署，完善能源“双控”制度，开展碳中和关键技术研究与示范，不断拓展绿色发展新空间。争取列入国家或自治区级生态产品价值实现试点城市，探索建立生态产品调查监测、价值核算、保护补偿、考核评价等机制，在全区率先构建生态产品价值实现政策和制度体系，形成“桂林方案”，把“绿水青山”的“颜值”有效转化为“金山银山”的“价值”。

各位代表！习近平总书记曾动情地回忆：“我对漓江的印象非常深刻、非常美好。”“记得当时的江面是湛蓝色的，泛光见底。江边渔民鱼篓里的鱼都是金鲤鱼，感觉就像在神话故事里一样。”习近平总书记的话语中饱含深情、寄予厚望。殷殷嘱托，责任如山，我们要像保护眼睛一样保护好桂林山水，像守护生命一样守护好世界最美的漓江，全力呵护好这个全中国、全世界的“宝贝”，永续神话的故事！

（二）突出创新驱动，全力推进产业振兴

按照“加快发展是首要，转型发展是关键，全面提质是根本”的要求，坚持创新引领，大力发展实体经济，为打造世界级旅游城市提供核心支撑。

加快建设区域创新中心。坚持前端聚焦、中间协同、后端转化，力争全社会研究与试验发展经费投入强度达到全国平均水平。强化协同创新攻关，大力推进电子信息、生物医药、康养机器人、动力电池、“桂酒”等重点领域核心技术攻关，力争破解100项以上关键技术瓶颈，实现400项以上重大科技成果转化应用；推动组建桂林产业技术研究院，筹备创建新一代电子信息自治区实验室，建成各类国家级科技创新创业平台75个以上，研发平台数量和质量保持全区前列。强化创新主体培育，建设提升一批科技企业孵化器、大学科技园等“双创”平台载体，大力推进花江智慧谷产业园等项目建设，力争高新技术企业保有量达750家以上、瞪羚企业35家以上，规模以上高技术制造业企业总产值占规模工业总产值比重达25%。强化人才智力支撑，持续实施“漓江学者”、人才小高地、拔尖人才等重大人才工程，提升“海创基地”“桂林人才飞地（深圳）”等双招双引平台，推进“百名博士进百企”行动，汇聚一批产业领军人才、行业专业人才。强化体制机制创新，完善“企业出题、高校院所解题、政府助题”的新型产学研合作模式，推动企业牵头组建创新联合体，推行技术攻关和成果转化“揭榜挂帅”制度，加快创新资源自由有序流动，支持荔浦、全州、平乐建设创新型县（市）。

打造区域先进制造业高地。坚持强龙头补链条聚集群，全力扩总量，打造一批百亿企业、千亿园区、千亿产业，工业发展进入广西第一梯队。做强做精四大优势产业，以

移动智能终端、通信设备等为重点，推进电子信息产业扩能提级；以新能源汽车及零部件、机械制造等为重点，提升先进装备制造业协同配套能力；以中西药、民族药、医疗器械等为重点，推动生物医药产业创新发展；以旅游休闲食品、果蔬加工等为重点，提升生态食品产业附加值。培育壮大战略性新兴产业，加快华为科技城“一基地三中心”、航空轮胎产业基地等一批重大项目建设，重点发展新一代信息技术、新材料、新能源，前瞻布局生物工程等新兴产业，大力培育“蛙跳”产业，构建一批具有区域影响力的新兴产业集群。提升发展传统产业，积极推进“二次创业”，支持冶金、建材等产业高端化、绿色化、智能化、融合化升级发展。实施补链强链延链行动，加快推进产业基础再造和产业链提升，引进和培育一批“链主”企业，重点推进格力电器(桂林)智能制造生产基地等项目建设，形成上下游协同、大中小企业协作的发展格局，打造一批超百亿元产业集群。实施龙头企业培育行动，建立梯度培育机制，发展壮大一批主导型龙头企业，打造一批“专精特新”中小企业、隐形冠军企业，力争规模工业企业数量翻番。实施产业园区能级提升行动，完善“345”工业发展格局，推进三大园区规模质量“双提升”，工业投资年均增长22%以上，力争高新区综合排名进入全国前50、经开区升级为国家级开发区、高铁园打造成为粤桂黔协作发展创新区；推动县域特色产业园做大做强，力争打造产值超百亿园区4个，全市园区工业总产值占工业总产值比重达80%以上。

打造区域现代服务业高地。壮大生活性服务业，加快发展居民与家庭服务业，构建以家庭为基础、社区为依托、企业为主体的居民生活服务体系，推动生活性服务业向高品质和多样化升级。主攻生产性服务业，建设面向东盟的金融开放门户，争创国家绿色金融改革创新试验区，探索生态产品资产证券化路径，推动桂林银行高质量发展；加快建设商贸服务型国家物流枢纽承载城市，推动建设桂林荔浦保税物流中心(B型)等项目，建成桂林市医药及应急物资储备中心等一批重大物流基础设施，打造高铁经济商圈、临空经济产业集群；大力发展会展经济，加快桂林新区、七星区两大会展核心区建设，建成新国际会展中心，推进会展产业园建设，引进国内外知名展会和跨国公司年会，打造国际会奖旅游城市。突破发展大数据服务等先导型服务业，推进国家电子商务示范基地建设，力争电子商务网络零售额突破150亿元。实施现代服务业龙头企业培育计划，培育龙头企业10家以上。实施现代服务业集聚区提档升级计划，推进桂林创意产业园等37个现代服务业集聚区提升发展。

加快提升旅游国际竞争力。构建“四区一带一中心”全域旅游大格局，争创国家全域旅游示范区。形成具有全球竞争力的旅游产品体系。提升优化8条旅游精品线路，推动遇龙河等提质升级为世界级旅游景区和度假区，推进红军长征湘江战役红色文化旅游景区、龙脊梯田、资源八角寨、秀峰桃花湾等创建5A级景区和国家级旅游度假区，打造千万级流量景区。引进世界级文旅产品及品牌，培育世界级市场主体，提升旅游品牌运营能力，谋划实施一批引领性重大项目，推出更多“现象级”的首创首秀产品。打造具有全球竞争力的旅游产业体系。争做旅居时代引领者，做精做优山水度假、文化体验、精品演艺、红色研学、乡村旅游等世界级旅游产业。规划建设世界医美中心，引进国内外高端医美机构，支持本地医美机构做大做强，建设桂林国际医疗美容产业园，打造医美产业集群，推动医美服务与休闲旅游联动发展。打造时尚设计之都，组建设计学院，培育一批设计驱动型制造企业、设计服务型企业、设计大师。打造国际电竞城，支持本地企业开发原创电竞产品、电竞IP，策划国际性电竞活动赛事。建设文旅大数据资源中心，扩容升级“一键游桂林”云平台，开发智慧景区、数字博物馆、线上演艺等产品，培育智慧旅游新动能。增强国际化门户功能，实施境外航线倍增工程，加密国际和港澳台地区的直飞航线航班，推动机场口岸53国过境免签外国人停留期限延长至144小时、东盟十国旅游团入境免签停留期限延长至30天，加强机场和火车站的国际化建设，方便游客“进得来”。推进旅游公共服务国际化，提升改造旅游集散中心、标识标牌，建设语言无障碍国际化城市，搭建志愿型市民参与“微平台”；引进国际旅游组织、管理集团，完善导游星级评定制度，健全与国际接轨的旅游服务标准体系，让游客“留得住”。培育国际消费中心城市，创建国家文化和旅游消费示范城市，加快东西巷、阳朔西街等步行街提质升级，推进核心区域商业文旅融合发展，建设国家级夜间文化旅游消费集聚区；加强与中免集团合作，积极推动桂林设立市内免税店，鼓励发展跨境电商等外贸新业态，打造跨境电商综合服务平台，积极争取跨境电商零售进口试点；开发文创产品、旅游伴手礼，做大“桂林有礼”等品牌，让游客“带得走”。持续扩大桂林旅游“朋友圈”，优化国际旅游营销平台与渠道，加强与国内国际文化机构和名人合作，加大“两会一节”等重大节庆、展会活动宣传推广；巩固粤港澳大湾区、日韩等主要客源地市场，拓展长三角、京津冀、欧美等潜力客源地市场，推进桂林旅游跨越式发展。

加快发展数字经济。建设“数字桂林”，建成高水平广西数字经济示范区，争创国家数字经济创新发展试验区。实施企业上云用云计划，力争全市30%以上规模工业企业实现整体或部分关键环节智能化改造，打造20家以上数字化标杆企业。实施数字产业集群培育计划，加快物联网等新型基础设施建设，推进华为信息生态产业合作区广西大数据副中心等重点项目，打造新一代信息技术应用创新产业基地和数字产业集群。

(三)突出提升农业农村现代化水平，全力推进乡村振兴

塑造乡村“形、实、魂”，促进农业高质高效、乡村宜居宜业、农民富裕富足，为打造世界级旅游城市提供坚实基础。

巩固拓展脱贫攻坚成果同乡村振兴有效衔接。健全动态监测和帮扶机制，落实“四个不摘”要求，保持主要帮扶政策总体稳定，优先布局建设脱贫地区基础设施，强化易地搬迁后续扶持，加强农村房屋隐患排查整治。坚持产业、就业并重，因地制宜发展特色产业，实现可持续增收，确保不发生规模性返贫。

推进现代农业高质量发展。实施粮食与重要农产品产能提升工程。落实最严格耕地保护制度，坚决遏制农村乱占耕地建房行为，确保永久基本农田面积不减、质量提

升、布局稳定，新建高标准农田6.67万公顷以上，粮食综合生产能力稳定在175万吨以上。培育一批"育繁推"一体化种子企业，选育一批"桂系"新品种。主要农作物耕种收综合机械化率达72.5%。实施农业科技创新支持提升工程。加强农业技术人才培养，强化与科研机构交流合作，重点开展超级稻、农产品精深加工等关键技术攻关与应用。完善科技特派员创新创业服务基地建设，打造一批农业科技创新型乡镇、园区、示范基地。实施乡村产业融合升级工程。推动一二三产融合发展，培育壮大粮食、特色水果、蔬菜、优质畜禽、中草药、南方高山特色种养等六大产业集群；发挥力源粮油等龙头企业带动作用，加快发展农产品加工业；持续创建一批现代特色农业示范区、农业产业园，集中连线连片打造大美漓江、红色湘江等一批精品田园综合体。完善农产品物流骨干网络和冷链物流体系，建成1个冷链物流基地，升级建设20个产地市场、300个田间地头仓储保鲜设施。加快发展农村电商等业态，大力发展农田艺术景观、阳台农艺等创意农业。实施农业安全生产保障工程。加强非洲猪瘟、柑橘黄龙病、松材线虫病等防治，建立完善数字化动物疫病追溯监管平台，建设一批动物疫病净化示范场。实施农业绿色发展引领示范工程。推广节约型农业技术、减量化生产模式，打造一批标准化绿色农业生产示范基地，新认证一批"三品一标"农产品，全市食用农产品检测平均合格率达98%以上。实施数字农业农村建设工程。实现4G网络和光纤网络覆盖全部自然村，5G网络覆盖80%以上行政村；加快智慧广电建设，农村广电网络入网率超过70%。建设农业农村数据中心，争创5个国家级、自治区级数字农业、数字乡村示范点。

实施乡村建设行动。补齐农村基础设施短板，确保"十四五"末50%以上土地出让收益用于农业农村。实施中小河流治理和病险水库(闸)除险加固等工程，推进中小型水源工程建设和江河湖库水系连通，加快全国水系连通及水美乡村试点县建设，打造2—3个水美乡村全国示范样板。加快新一轮农村电网改造升级，提高农村燃气普及率。扩大快递服务覆盖面，推动县级仓储配送中心、乡镇物流服务站、村级物流服务点等建设，打通农产品进城和工业品下乡"最后一公里"。持续改善农村人居环境，改造提升乡村风貌。合理布局农村公厕，农户无害化卫生厕所覆盖率99%以上。编制县域乡村建设规划和实用性村庄规划，突出"一村一景一文化一特色"传统村落韵味，建设20个国家、自治区级特色精品村屯。实施国土绿化行动，广泛开展村屯植树活动，加大封山育林力度，巩固退耕还林成果。提升乡村治理现代化水平，开展乡村治理积分制试点，统筹推进乡村自治、德治、法治、智治建设，争创一批全国乡村治理示范县、示范村镇。持续开展乡风文明行动，加强乡村文化建设。

加快提升县域经济整体水平。坚持县域发展做"乘法"，充分发挥财政资金杠杆作用，积极引导金融、社会资本支持县域发展；深入开展"万企兴万村"行动，构建民企投身乡村振兴平台。实施县域综合服务能力提升工程，加快县城主城区提升改造，打造灵川桂林北新城，推动全州、阳朔撤县设市，加快荔浦、全州副中心城市建设，推进灌阳、龙胜、资源、恭城等民族生态文化特色县建设，做强荔浦、全州、兴安、永福、平乐等重点工业、物流特色县；加快特色小镇培育和建设，实现新型城镇化示范乡镇建设全覆盖。推进县域经济高质量发展"六大行动"，实施县域经济发展分类培育工程，每个县(市、区)重点打造1—2个特色产业集群，形成"一县一业"差异化发展格局，争取地区生产总值超200亿元的县(市、区)达7个以上，力争1—2个县(市、区)进入广西十强县、西部百强县(市)行列。

（四）突出提升格调品位，全力打造最宜居城市

创造宜业、宜居、宜乐、宜游的良好环境，构建城景一体、城乡共荣、主客共享的城市空间，为打造世界级旅游城市提供重要载体。

优化城市空间格局。高质量编制实施国土空间规划，严格划定"三区三线"，科学有序布局生产、生活和生态空间，构建功能明晰、优势互补、高效利用的国土空间开发保护新格局。坚持中心城区组团发展，严格限高、退距、增绿，塑造显山露水、城景交融的山水城市风貌。

实施城市更新行动。老城疏解提升做"减法"，加快推进"畅通缓堵"工程，完成净瓶山桥拆除重建等项目，规划建设国道321雁山至临桂改建、东三环路、八中路口立交等一批道路桥梁，打通一批"断头路"，新增一批停车场，改善老城交通条件；推进老旧小区、棚户区、城中村、老工业厂房改造，盘活原行政办公区域，进一步疏解人口和低端低效产业，腾出发展空间，大力发展现代服务业和楼宇型绿色工业，加快提升老城功能品质。新区产城互动做"加法"，创新城市开发建设模式，完善基础设施和文化教育、医疗卫生等配套设施，规划建设综合性和专业性体育场馆，建成新区湖塘水系中期补水工程等一批重点项目；完善园区配套设施，推进企业总部入驻，打造全国一流的现代产城融合示范样板，推动新区建成现代化政务、信息服务和金融商务集聚区。加强老城新区结合部基础设施衔接，推进遇龙路、西城大道与机场路口立交等项目建设；优化规划布局，推进产业融合，推动琴潭"千亩荷塘湿地"等项目建设成世界级生态创新发展示范区，加快老城新区一体化发展。

提升城市品质生活水平。营造宜业环境。加快打造创业园区、众创空间等服务平台。建设青年发展友好型城市，实施"青年人才留桂就业创业计划"，围绕青年群体特点和创新创业、老人赡养、婚恋交友、子女教育等需求，加大人才奖补等各类政策落实力度，以更优的供给、更好的资源、更多的机遇成就青年，让城市与青年同频共振，打造青年向往之城。完善劳动人口密集区域路网建设，创建公交都市，加密公交频次，提高通勤效率，打造45分钟通勤圈。营造宜居环境。强化城市精细化管理，推进国家"城市双修"试点，加快海绵城市建设，加强内涝治理。加快城市智慧化步伐，升级改造城市管理信息平台，完成城市大脑等一批重点工程，持续优化社区资源配置和公共服务设施布局，提高教育、医疗、农贸市场、快递服务等配套设施供给品质，打造15分钟生活圈。营造宜乐环境。完善社区休闲、体育健身、阅读学习等设施，建设一批休闲主题街区、公园，促进餐饮、娱乐业态多样化，推动大型公共体育场馆低收费或免费开放，打造15分钟休闲圈。营造宜游

环境。持续优化城旅一体的景观体系，提升一批历史文化街区，留住城市记忆，规划设计“建筑可阅读”旅游线路，形成“街区＋”“楼宇＋”等城市微旅游、慢生活产品体系，加强城市绿道建设，为市民提供更多高品质“家门口的好去处”，构筑15分钟旅游圈，建设与甲天下山水齐美的最宜居城市。

加快构建国际化交通运输体系。提升两江国际机场枢纽功能；完成衡柳铁路提速扩能改造等项目，加快推动南衡、怀桂高铁建设，争取桂林—郴州—赣州红色高铁列入国家中长期铁路规划网；建成桂林至柳州改扩建、灌阳至平乐等高速公路项目；持续推进国省干线提质保畅，加快普通干线公路提级改造；推进“四好农村路”高质量发展；加快推进平乐港及桂江高等级航道、湘桂运河等项目建设，加强航空铁路公路水运换乘衔接，构建立体化交通网络，实现1小时左右市区通达各县（市）、1—2小时通达周边城市、3—5小时通达国内主要旅游客源地城市、3小时左右飞抵亚洲重要客源城市，打造面向国际的全国性综合交通枢纽城市。

加强现代基础设施建设。大力推进新型基础设施建设，实现5G基站城市全覆盖，加快绿色智能电网建设，提高新能源汽车充电桩覆盖率。持续完善水利、能源等基础设施，着力推进长塘水库、桂北“风光储”一体化基地等重点项目建设，加快实施“气化广西”（桂林）工程，力争实现县县通天然气。

（五）突出用好用活红色资源，全力提升文化软实力

赓续红色血脉，传承历史文化，展现秀甲天下、包容大气、文明时尚、勇于突破的城市气质，为打造世界级旅游城市营造良好人文环境。

着力传承红色基因。全面建成长征国家文化公园（国家规划）广西段，加强八路军桂林办事处纪念馆等抗战文化遗存遗址保护，建设全国红色文化与旅游融合创新示范地。深挖红色文化时代内涵，大力弘扬“勇于胜利、勇于突破、勇于牺牲”的湘江战役精神，创作一批红色题材文艺作品。推进成立湘江战役干部学院，打造全国党员干部党性教育重要基地。

厚植城市人文底蕴。持续加强精神文明建设，常态化推进文明城市创建工作，加强公民道德和诚信体系建设，广泛开展志愿服务，弘扬时代新风。繁荣发展文化事业，创建国家文物保护利用示范区，实施文物和文化遗产保护维修工程，推进兴安灵渠申报世界文化遗产，加强雁山园保护利用，加快靖江王府及王陵国家考古遗址公园、广西旅游博物馆、桂林考古博物馆等项目建设，打造博物馆联盟；推进非物质文化遗产保护与传承，建成桂林非遗馆和桂林渔鼓传承基地。完善城乡公共文化设施，健全市县乡村四级公共文化设施网络，推进科技文化惠民工程，实施“十百千”计划，打造惠民艺术精品，创建国家公共文化服务体系示范区。

大力发展现代文化产业。培育壮大文化创意产业，提升动漫游戏、出版发行、桂林山水画、文化演艺、工艺美术等产业发展水平，创建一批国家级文化产业示范园区（基地）。培育壮大文化企业，加快引进一批实力雄厚的国际文化旅游投资集团，促进文化企业规模化、品牌化、市场化运营，激发各类文化主体活力。

（六）突出以人民为中心，全力推进共同富裕

始终牢记让人民生活幸福是“国之大者”，设身处地解决人民群众最关心、最直接、最现实的利益问题，让发展成果更多更公平惠及全市人民，为打造世界级旅游城市营造和谐社会环境。

促进更加充分更高质量就业。扩大就业容量，加强对灵活就业、新就业形态的政策支持，推进公共就业服务常住人口全覆盖；实施就业困难群体就业援助行动，支持企业稳定岗位，促进高校毕业生、退役军人、农民工等重点群体多渠道就业，累计城镇新增就业22万人以上。多途径增加城乡居民工资性和财产性收入，健全最低工资和工资支付保障制度，实现农村居民人均可支配收入年均增速高于全国全区水平，让群众的钱袋子鼓起来。

持续提高社会保障水平。扩大社会保险覆盖面，基本养老保险参保率达96%，基本医疗保险参保率稳定在97%以上，实现工伤保险政策法定职业人群全覆盖。落实“三孩”生育政策，积极应对人口老龄化，大力发展普惠性养老托育等服务，保障好妇女、未成年人和残疾人基本权益。提高城乡低保、特困人员供养标准，强化特困群体兜底保障。持续扩大保障性租赁住房供给，依法加强“烂尾楼”处置，保持房地产市场健康平稳发展。

办好人民满意的教育。加大教育投入，新建学校、幼儿园238所，新增学位30万个，有效缓解教育资源供给不足问题。推动学前教育普及普惠发展、义务教育优质均衡发展、普通高中教育多样特色发展，深化普职融通、产教融合、校企合作，促进职业院校上规模提质量。加强民办义务教育学校规范管理。扎实推进“双减”工作，全面规范校外培训行为，加强校内课后服务，提高课堂教育教学质量。加快桂林高校集聚区建设，支持广西师范大学、桂林电子科技大学、桂林理工大学、桂林航天工业学院创新能力建设，协助国家文旅部、自治区政府共建桂林旅游学院，推动桂林师范高等专科学校升本、桂林医学院和桂林旅游学院更名为大学，支持桂林学院和桂林信息科技学院转设过渡期发展。

全力打造“健康桂林”。人均预期寿命提高至79.3岁。推动优质医疗资源均衡发展，持续推进公立医院、医联体改革，完善分级诊疗制度，加强基层公共卫生体系建设，推动中医药传承创新发展，建设国家区域医疗中心。健全重大疾病防治应急体系，建设区域性防疫救治中心。深入开展爱国卫生运动，巩固国家卫生城市创建成果，全面推进国家卫生县城创建。广泛开展全民健身运动，持续办好桂林马拉松等赛事，提升竞技体育水平。

（七）突出深化改革开放，全力激发市场主体活力

充分发挥市场在资源配置中的决定性作用，以改革破壁垒，以开放添活力，为打造世界级旅游城市营造一流营商环境。

持之以恒优化营商环境。营造高效便捷的政务环境，在打破行政壁垒上做“除法”，深化“一枚印章管审批”，探索电子证照应用试点，创新政务服务“一码通办”，实现50%

以上依申请政务服务事项“跨省通办”、95%以上事项“最多跑一次”,推动高频政务服务事项“零跑腿”。营造优质有序的市场环境,实施公平竞争审查制度,加快“一业一证”改革试点,完善“双随机、一公开”机制,对新产业新业态实行包容审慎监管。营造宽松便利的投资环境,开展各级党政主要领导服务企业接待日活动,完善企业家直通车制度,落实减税降费等惠企纾困政策,切实降低企业经营成本。

深入推进重点领域改革。实施国企改革三年行动,稳妥推进国企混改、重组整合、国资监管体制改革。深化财税和投融资体制改革,构建金融有效支持实体经济的体制机制,推进税收征管改革。优化民营经济发展环境,依法平等保护民营企业产权和企业家权益,健全民营企业参与重大战略实施机制。进一步理顺园区体制,深化建设、管理、运营机制改革,加快园区放权赋能。深化农业农村改革,有序推进农村集体经营性建设用地入市,探索宅基地“三权分置”实现形式。深化社会领域改革,推进紧密型县域医共体试点扩面,实施新时代教育评价改革和高考综合改革,实现“县管校聘”改革全覆盖。

扩大高水平对外开放。积极参与国内大循环,深度融入国内国际双循环,加快打造双循环区域节点城市。全面融入自治区全方位开放发展新格局,主动对接长江经济带,加快推进湘桂经济走廊建设,打造桂北湘南物流中心;深入对接粤港澳大湾区,积极承接全产业链转移,高品质打造“粤桂画廊”;积极参与西部陆海新通道建设,打造中国－东盟旅游合作“桥头堡”,规划建设西南特色产品交易平台。加强与“一带一路”沿线城市合作,加快国家外贸转型升级基地建设。加强与国际友好城市合作交流。加大招商引资力度,聚焦“三大三新”等重点领域,精准实施平台招商、驻点招商、以商招商、产业链招商,引进落地一批投资强度大、科技含量高、税收贡献多的大项目好项目。

(八)突出统筹发展和安全,全力建设平安桂林

树牢安全发展理念,强化底线思维,全面提高公共安全保障能力,为打造世界级旅游城市营造良好安全环境。

常态化抓好疫情防控。全面落实“外防输入、内防反弹”防控措施,健全常态化防控机制,加强定点救治医院建设管理,提升防疫物资储备水平,高质量完成疫苗接种任务。加强疫情防控信息服务平台建设,精准做好重点景区、重点场所、重点人群疫情防控。

坚决防范化解重大风险。优化财政支出结构,兜牢基层“三保”底线。加强经济安全风险预警与防控,持续化解政府债务。加强国有企业资产负债约束和风险管控,依法合规开展债务融资和风险处置。深化信用体系建设,发挥信用在金融风险识别、处置等环节的基础作用,化解历史遗留问题,确保经济金融大局稳定。

全力推进城市安全发展。健全完善应急管理体制机制,提升应急管理“七大能力”,全面推进自然灾害防治九项重点工程,重点推进市社会治理和应急指挥中心、应急保障中心建设,抓好安全生产等工作,坚决遏制重特大安全事故。强化公共安全保障,提高粮食仓储、物流和应急供应能力,建设广西食品安全示范城市。

有效维护社会安全稳定。加强新形势下社会治安防控体系建设,常态化开展扫黑除恶工作,强力推进“雪亮工程”“天网工程”,积极落实“一村一辅警”工作。加快数字平安桂林建设,推动“枫桥经验”桂林化。完善社会矛盾纠纷多元预防调处化解综合机制,推进重复信访集中治理和信访积案专项治理,有效管控各类涉稳风险。

提升市域社会治理效能。推动社会治理重心下移、资源下沉,切实提高基层治理能力。深化司法体制综合配套改革,健全社会公平正义法治保障制度。加强法律援助工作。做好“八五”普法工作。推进军民融合深度发展,统筹做好国防动员、国防教育、双拥共建、人民防空、民兵预备役工作,持续争创全国“双拥模范城”。铸牢中华民族共同体意识,推动我市民族团结工作高质量发展,创建全国民族团结进步示范市。

(九)突出加强自身建设,全力提升政府治理能力现代化水平

坚持以习近平法治思想为指引,全面推进政府工作法治化、规范化、科学化,为打造世界级旅游城市营造良好法治环境。

坚定政治立场。始终把政治建设放在首位,深学笃用习近平新时代中国特色社会主义思想,不断提高政治判断力、政治领悟力、政治执行力,确保中央、自治区决策部署和市委的工作要求一贯到底、高效落实,以实际行动和成效诠释检验忠诚,彰显浩然正气,建设忠诚型政府。

深化法治建设。坚持依法行政,规范重大行政决策程序,建立政府部门领导析法用策制度,推进科学民主决策;认真执行人大及其常委会的决定决议,高质量办理人大代表建议和政协委员提案,依法接受人大监督,自觉接受政协民主监督,主动接受法律、监察和人民监督,积极接受社会和舆论监督,强化审计监督;严格规范公正文明执法,厚植法治底气,建设法治型政府。

强化责任担当。牢固树立事事马上办、人人敢担当、个个争一流的意识,以“闯”的精神、“创”的劲头、“干”的作风,全力推动各项工作落实见效;完善干部担当作为激励机制,激发干事创业精气神;落实容错纠错机制,为担当者担当,为负责者负责,展现昂扬锐气,建设担当型政府。

尽心为民履职。坚持以百姓心为心、以人民福为福,深入开展基层走访调研,倾听群众心声,用心用情解决好群众的操心事、烦心事、揪心事;把企业家当自己人、把企业事当自己事,服务周到、说到做到;完善学习长效机制,提升高效履职能力,营造“比学赶超”氛围,焕发蓬勃朝气,建设服务型政府。

加强廉政建设。压实主体责任,严格执行中央八项规定及其实施细则精神,驰而不息纠治“四风”,更大力度整治群众身边腐败和作风问题;持续为基层松绑减负,厉行勤俭节约,以政府的“紧日子”,换取群众的“好日子”、企业的“宽日子”,营造清正风气,建设廉洁型政府。

各位代表!使命呼唤担当,奋斗铸就辉煌。让我们更加紧密地团结在以习近平同志为核心的党中央周围,在自治区党委、政府和市委的坚强领导下,牢记重托、感恩奋进,全力打造世界级旅游城市,奋力谱写建设新时代中国特色社会主义壮美广西的桂林新篇章!

《政府工作报告》名词解释

▲漓江“三统”改革：指漓江风景名胜区实行统一管理、统一经营、统筹利益分配等方面的改革。

▲“四治”工程：指治乱、治水、治山、治本工程。

▲“345”工业发展新格局：“3”指高新区、经开区、高铁园3个市属工业园区；“4”指荔浦、全州、兴安、平乐4个工业重点县（市）；“5”指阳朔、灌阳、龙胜、资源、恭城5个生态功能区县。

▲六大旅游品牌：指以独秀峰·王城景区为代表的一流文化旅游品牌、以愚自乐园地中海度假村为代表的一流休闲度假品牌、以龙脊梯田为代表的一流民族风情旅游品牌、以印象·刘三姐为代表的一流演艺旅游品牌、以夕阳红为代表的一流康养品牌、以融创国际旅游度假区为代表的一流主题公园品牌。

▲七个升级：指桂林旅游业从传统产业发展模式向全域旅游升级、从观光游览地向休闲度假地升级、从旅游产业基本要素发展向“旅游+”深度融合升级、从开发一般旅游项目向创造未来遗产升级、从基本服务规范向国际化服务品质升级、从旅游企业相互竞争向产业集聚发展升级、从一般国际旅游城市向国际旅游胜地升级。

▲三清三拆：“三清”指清理村庄垃圾、清理乱堆乱放、清理池塘沟渠；“三拆”指拆除乱搭乱盖、拆除违法违规广告招牌、拆除废弃建筑。

▲双容双承诺：指项目审批容缺后补、容错纠错，企业向政府承诺、政府向企业承诺，强化政府靠前服务，推动企业投资项目“先建后检”直接落地。

▲三企入桂：指“央企入桂”“民企入桂”“湾企入桂”。

▲双百工程：指100项重点工作任务、100个重大项目。

▲一廊两屏五区：“一廊”指漓江百里绿色画廊；“两屏”指都庞岭、越城岭两个生态屏障；“五区”指阳朔、灌阳、龙胜、资源、恭城五个国家级重点生态功能区。

▲碳达峰：指我国承诺2030年前，二氧化碳的排放不再增长，达到峰值之后逐步降低。

▲碳中和：指我国承诺2060年前，通过植树造林、节能减排等途径，抵消自身所产生的二氧化碳排放量，实现二氧化碳“零排放”。

▲能源“双控”：指能源消费强度和总量双控制度。

▲一基地三中心：“一基地”指智能终端基地；“三中心”指人工智能创新中心、软件服务中心、鲲鹏联合创新中心。

▲四区一带一中心：“四区”指南部、北部、东部、西部旅游片区；“一带”指漓江黄金旅游带；“一中心”指城市中心区。

▲8条旅游精品线路：指百里漓东、峰林遗产、茶江生态、桂柳运河、龙脊风情、资江丹霞、湘江红色、灵渠古道8条精品线路。

▲六大行动：指《广西加快县域经济高质量发展三年攻坚行动方案》提出的“特色立县、工业强县、农业稳县、服务业兴县、城乡融合惠县、生态美县”六大行动。

▲三区三线：指根据城镇空间、农业空间、生态空间三种类型的空间，分别对应划定的城镇开发边界、永久基本农田保护红线、生态保护红线三条控制线。

▲“十百千”计划：指创排《突破湘江》等10部大型舞台演艺作品，推出100部桂剧、彩调、文场、渔鼓等民族戏曲剧目，创作1000部（件）音乐、书画、诗歌、工艺美术等作品。

▲双减：指有效减轻义务教育阶段学生作业负担和校外培训负担。

▲粤桂画廊：指桂林、贺州、肇庆三市以二广高速、汕昆高速、包茂高速、贵广高铁为主线，携手共建集文化旅游、康养旅居、产业融合于一体的粤桂旅游美丽廊道。

▲三大三新：“三大”指大健康、大数据、大物流；“三新”新制造、新材料、新能源。

▲应急管理“七大能力”：指应急管理组织协调能力、防范化解重大安全风险能力、综合应急能力、强基固本能力、“智慧应急”能力、创新发展能力、应急系统队伍战斗力。

▲自然灾害防治九项重点工程：指灾害综合风险调查和重点隐患排查工程、重点生态功能区生态修复工程、海岸带保护修复工程、地震易发区房屋设施加固工程、防汛抗旱水利提升工程、地质灾害综合治理和避险移民搬迁工程、应急救援中心建设工程、自然灾害监测预警信息化工程、自然灾害防治技术装备现代化工程。

中国人民政治协商会议第五届桂林市委员会常务委员会工作报告

——2021年10月19日在政协第六届桂林市委员会第一次会议上

桂林市政协主席　陈丽华

各位委员：

我受政协第五届桂林市委员会常务委员会的委托，向大会报告五届市政协工作，对未来五年工作提出建议，请予审议。

一、过去五年：围绕桂林“两个建成”履职尽责

五年来，市政协及其常委会在中共桂林市委的坚强领导下，在市人大常委会、市政府以及社会各方面的大力支持下，把握团结和民主两大主题，切实履行政治协商、民主监督和参政议政职能，致力于“强党建、促履职，提质效、出精品”，充分发挥了协调关系、汇聚力量、建言献策、服务大局的作用，为推动桂林经济发展、民生改善、社会和谐、建成国际旅游胜地作出了积极贡献。

（一）强化理论武装，共同思想政治基础更巩固

深入学习党的创新理论。充分运用主席会议、常委会议、集中培训和专题讲座等载体，深入学习习近平新时代中国特色社会主义思想和习近平总书记关于加强和改进人民政协工作的重要思想，认真组织学习党的十九大和十九届二中、三中、四中、五中全会精神，全面落实习近平总书记视察广西及桂林时的重要讲话和重要指示精神，深入贯彻落实中央政协工作会议、自治区党委政协工作会议和桂林市委政协工作会议精神。市、县(市、区)政协领导班子带头讲党课，在全区政协系统创新组建“委员宣讲团”“宣传小分队”开展送理论到基层活动，宣讲200多场，听众达3万多人次。今年5月8日《人民政协报》在头版头条以《做新思想的忠实传播者》为题作了宣传报道。

扎实开展主题教育。持续开展党史学习教育、“不忘初心、牢记使命”主题教育、“两学一做”学习教育，把思想政治引领同经常性思想政治工作结合起来，同委员日常履职工作结合起来，使人民政协成为用党的创新理论团结教育引导各族各界代表人士的重要平台。

（二）聚焦中心任务，服务大局委员行动显担当

五年来，政协系统的履职活动紧紧围绕全市发展大局进行，做到党委想什么，政协就议什么；政府做什么，政协就帮什么。

一是全力开展“战疫情　委员行”活动，投入疫情防控。第一时间响应市委、市政府抗疫号召，向全市广大政协委员发出《凝心聚力　坚决打赢疫情防控阻击战》倡议书，各级政协组织、政协各参加单位、广大政协委员和海内外特邀嘉宾、商会协会情牵桂林，第一时间从波兰、美国、新西兰、越南、柬埔寨等地紧急采购防疫物资，克服重重困难运回桂林。集中捐款捐物39场，全市政协系统共捐赠款物4600多万元。召开全市政协系统助力新冠肺炎疫情防控表扬大会，对一批先进个人和先进集体进行表扬。市委、市政府授予市政协集体二等功。

二是深化拓展“引企入桂　委员行动”，助推工业振兴。五年来，市政协创新招商思路，助力引进高科技、数字化、绿色化产业项目。2020年以来，全市政协系统协助党委、政府直接参与招商或投资项目224个。2020年7月，全区政协“引企入桂　委员行动”工作推进会在桂林召开。

三是持续开展“乡村振兴委员行”活动，助力脱贫攻坚。组织“抓好乡村产业发展，巩固脱贫攻坚成果”“提升我市康养产业发展质量，全面推进乡村振兴”等重点课题开展建言议政和调研。召开各类协商会12次，提出意见建议160多条。五年来，全市各级政协、政协参加单位和广大委员积极投身脱贫攻坚，动员和组织社会力量捐资助学，推动所联系帮扶的贫困村、贫困户全部实现高质量脱贫。市政协机关被评为市“脱贫攻坚先进集体”。2020年9月，全区政协系统“巩固脱贫攻坚成果　助推乡村振兴”活动经验交流会在桂林召开。

四是深入开展“创城政协委员行”活动，助力创建全国文明城。多年来，组织全市政协委员积极投身创城工作。市政协班子成员联系各城区，市政协机关牵头包联七星区，为桂林荣获全国文明城市贡献了政协力量，荣立集体二等功。

五是创新开展"双联双创"活动，坚持履职为民。主动搭建好党委、政府与百姓的连心桥，通过主席会议成员联系常委、常委联系委员、委员联系群众和专委会联系界别、界别联系委员、委员联系群众。紧紧围绕市委、市政府中心工作，立足岗位创新创业，带动群众创新创业。2020年度设区市绩效考评中市政协委员对桂林市满意度评价，排名全区第一。

（三）发挥专门协商机构作用，助力桂林高质量发展有作为

——会议协商成果丰硕。围绕全市中心工作建言献策。一是全会协商。在五届市政协历次全会上组织大会发言，提交大会发言材料117篇，口头发言52篇，书面发言65篇。二是常委会议协商。就"强化精准招商，助推工业振兴"、"整合桂林优势旅游资源，打造旅游旗舰品牌"等10个事关经济社会发展的问题，召开常委会议开展协商。三是专题协商。先后就"加快推进我市工业振兴，实现产业高质量发展"、"提升我市康养产业发展质量，全面推进乡村振兴"等5个专题召开了5次专题协商会。四是界别（对口）协商。分别围绕群众关注的教育、医疗、养老、环境等民生问题召开46次界别（对口）协商会，300多名委员在会上发言，共提出意见和建议1900多条。体现了"建言建在关键处，议政议到点子上"。

今年4月，自治区政协孙大伟主席对桂林政协工作给予批示："桂林市政协在围绕中心、服务大局、履职尽责上亮点突出，取得了显著成绩"。

——专题调研成效明显。组织委员围绕桂林经济社会发展的重大战略问题开展重点专题调研，形成了一批高质量调研报告。如"加快桂林生态经济建设，全力打造世界级旅游城市"的调研报告得到全国政协领导的肯定；"引进央企入桂，加快我市发展"的调研报告，获市委周家斌书记批示："符合桂林实际，可操作性强，能解决我市当前面临的问题"。五年来共形成调研报告80多篇，提出的很多意见和建议，得到市政府及有关部门的重视和采纳。

——专题视察效果突出。选择市委、市政府重视、委员关注、群众希望解决的问题，组织委员开展视察，五年来，组织市政协委员视察活动260多次，提出建议意见1300多条。有效发挥了咨政建言、民主监督的作用。

——提案办理质量提高。积极开展多层次提案协商和督办活动，实行党政领导领衔督办重点提案机制，接受社会和舆论监督，促进提案建议落地见效。

——项目服务扎实推进。市政协班子成员牵头组成重点企业"直通车"服务组和重大项目推进工作组，对桂林客车发展有限责任公司、广西桂康新材料公司等50多家重点企业和中国电信桂北云计算产业园、袭汇·千年桂林等60多个重点项目全程跟踪服务。

（四）坚持履职为民，促进社会发展和民生改善有实效

在履职过程中，常委会始终把满足人民对美好生活的需要作为出发点和落脚点，引导广大委员主动参与社会实践。

一是文化文史工作资政育人。征集、编辑和出版桂林文史资料共100余万字；高质量完成了桂林政协文史资料收集、编纂工作；2020年建成桂林市政协文史馆，编辑、出版《风雨同舟共谋发展——桂林政协奋斗历程》一书。举办庆祝新中国和人民政协成立70周年"颂祖国、爱政协"、庆祝中国共产党成立100周年"永远跟党走"大型书画展。

二是社情民意真实畅达。充分发挥政协委员与社会各界联系密切的优势，收集、反映社情民意和舆情动态，切实为党委、政府体察民情、科学决策提供支持，共收集社情民意信息959篇、上报195篇，编报《社情民意》42期。在2020年全区政协反映社情民意信息工作座谈会上桂林市作了先进典型发言。

三是慈善救助扎实开展。充分发挥市仁济慈善基金会的作用，积极开展善款募集和社会救助活动，五年来，用于慈善公益活动1068.28万元，重点对一批贫困村、贫困户、乡村小学和贫困学生给予资助，彰显了委员和各界人士的爱心善举。

（五）扩大联谊增进团结，交流与合作不断拓展

发挥政协独特优势，整合丰富资源，搭建合作平台，画出最大同心圆。

——扩大对外友好交流。深入走访委员企业，组织开展港澳委员、异地商会调研联谊活动，热情为他们在桂林投资创业牵线搭桥。密切与海外桂林同乡会、华人华侨商会的联系，组织港澳委员回内地考察、赴红色教育基地参观学习。

——增进与各界人士联谊。发挥政协团结统战功能，慰问在桂林的"两航起义"人员遗孀，鼓励他们为祖国和平统一多做工作。组织召开民族宗教人士座谈会，深入民族地区和宗教场所调查研究，促进民族团结、宗教和睦、社会和谐。

——促进各地政协合作交流。积极配合并热情接待全国政协、自治区、外省（区）、市政协来桂林的调研考察团。组织委员赴北京、上海、广东、浙江、福建、海南、贵州等地政协进行交流和招商，让桂林的履职成果走向全国，让外地的经验在桂林得到借鉴。

（六）加强党的建设，引领政协工作提质增效

一是机关党建全面加强。完善组织设置，扩大组织覆盖，增强党组织的政治功能，形成"政协党组——机关党组——机关党委——专委会党支部——委员小组党小组"的党组织体系，确保了党的工作无盲区。以市政协党组中心组理论学习为龙头，以各专委会党支部为阵地，组织全体党员干部认真学习党的创新理论，提高政治素养。教育党员干部知敬畏、存戒惧、明底线，提高清正廉洁的自觉性。在2019和2021年全区政协党建工作经验交流会上桂林市政协分别作典型发言。

二是政协工作制度化规范化程序化不断完善。积极协助市委出台《关于加强和改进人民政协工作的实施意见》、《关于加强和改进人民政协民主监督工作的实施意见》和市委市政府《关于进一步加强人民政协提案办理工作的实施意见》。

三是重视意识形态工作，理论研究和宣传工作成绩显著。组织委员撰写理论文章521篇，16篇入选自治区政协理论文集。管好用好桂林政协网站、公众号等新媒体平台。

分别在广西电视台和桂林电视台举办《桂在协商》和《委员论坛》。积极组织政协各参加单位和县(市、区)政协做好宣传工作,近年来,每年各级媒体报道全市政协系统履职的新闻报道达600多篇(次),2020年,政协系统中央媒体上稿量名列全区各地市政协第一。连续多年荣获自治区政协报刊宣传工作先进单位一等奖,荣获2020年度《人民政协报》宣传工作先进单位(广西地级市唯一)。

四是委员履职能力进一步提升。出台《桂林市政协委员履职工作规则》、《政协桂林市委员会常委、委员述职办法》,创新对委员履职情况的评价机制。组织政协常委和部分委员到高校和干部学院进行培训。遴选部分委员担任特邀监督员,对纪检、政法、组织、城建、环保等工作进行民主监督。

各位委员,五年来的成就振奋人心、来之不易,是中共桂林市委坚强领导的结果,是市人大常委会、市政府以及社会各方面大力支持的结果,是历届市政协班子扎实工作、接续奋斗的结果,凝聚着全市各政协组织、政协各参加单位和广大政协委员的智慧、心血和汗水。今年是换届年,我们有一些委员因为年龄或工作变动等原因,将不再担任政协委员,他们把最美好的年华献给了政协事业,他们把智慧和汗水献给了桂林这片热土,他们为自己的委员生涯抒写了浓墨重彩的华章。在此,我提议,让我们以最热烈的掌声,向他们致以崇高的敬意!同时,向所有支持和关心政协工作的各级领导、同志们、朋友们表示衷心的感谢!

在肯定成绩和总结经验的同时,我们也清醒地认识到,工作还存在一些差距和不足。主要是:对政协工作创新探索不够,政治协商、民主监督、参政议政的形式与渠道还需要进一步拓展;界别作用、委员主体作用有待进一步发挥,履职的质量和效能需要进一步提高;调查研究成果转化还有待进一步推动;委员的管理还需要进一步加强。这些问题,需要在今后的工作中着力加以解决。

二、未来五年:紧扣打造世界级旅游城市凝心聚力

“十四五”时期是我国“两个一百年”奋斗目标的历史交汇期,也是桂林可以大有作为、必须奋发有为的重要战略机遇期。未来五年,人民政协要坚持以习近平新时代中国特色社会主义思想为指导,全面贯彻党的十九大和十九届二中、三中、四中、五中全会精神,深入贯彻落实习近平总书记视察广西及桂林时的重要讲话和重要指示精神,按照桂林市第六次党代会提出的目标任务,紧扣打造世界级旅游城市这个总目标,围绕推进“两大振兴”、营造“六大环境”做好建言资政和凝聚共识工作,以高水平履职服务高质量发展,为谱写全面建设社会主义现代化国家桂林新篇章贡献政协力量。

(一)把加强思想政治引领、广泛凝聚共识摆在突出位置

坚持习近平新时代中国特色社会主义思想学习座谈会制度,引导参加人民政协的各党派团体和各族各界人士,深入学习党的创新理论,学习时事政策,学习中共党史、新中国史和统一战线历史、人民政协史,通过学习和教育,切实增进政治认同、思想认同、理论认同、情感认同,不断增强“四个意识”、坚定“四个自信”,提高做到“两个维护”的坚定性和自觉性。

(二)紧紧围绕市委、市政府的中心工作协商议政

周家斌书记在市第六次党代会上所作的工作报告,描绘了桂林未来五年发展的宏伟蓝图,发出了牢记重托、感恩奋进,全力打造世界级旅游城市的动员令。要按照市第六次代表大会提出的决策部署和目标任务,以打造世界级旅游城市为统揽,围绕经济社会发展的重大问题开展调研协商活动。要积极参与落实区域全面经济伙伴关系协定的调研,在拓展合作渠道、加强旅游推介等方面提出“真知灼见”。

(三)坚持以人民为中心,关注民生改善,促进社会和谐

在履职实践中,我们要始终牢记“让人民生活幸福”这一国之大者,聚焦民生热点难点和群众所思所盼,紧扣就业、教育、医疗、养老、环境等事关群众生产生活的实际问题加强调查研究,提出对策建议,促进民生改善。畅通社情民意渠道,及时反映社会各界的意见和诉求,在界别群众中多做雪中送炭、春风化雨、解疑释惑的工作,动员和组织社会各界爱心人士为困难群众办实事、做好事,协助市委、市政府做好理顺情绪、化解矛盾工作,促进社会和谐稳定。

(四)努力做好大团结、大联合工作

要不断探索和创新沟通联络机制,为民主党派、各政协参加单位、无党派人士在人民政协更好发挥作用创造条件。认真贯彻落实市委《关于新时代加强和改进人民政协工作的实施意见》,深化拓展“双联双创”活动。委员要加强同界别群众联系,加强同党外知识分子、非公有制经济人士、新的社会阶层人士的沟通联络,不断扩大“朋友圈”。

(五)大力加强党的建设和意识形态工作,提高政协机关干部和政协委员“两支队伍”履职能力

提高履职能力是专门协商机构更好服务治理体系和治理能力现代化的关键所在。要通过有效工作,推动政协更好成为坚持和加强党对各项工作领导的重要阵地、用党的创新理论团结教育引导各族各界代表人士的重要平台、在共同思想政治基础上化解矛盾和凝聚共识的重要渠道。不断加强政协机关党建工作,深入开展“星级党支部”创建活动。

政协委员是界别群众的代表、政协工作的主体,既是荣誉,更是责任。加强学习是所有委员的重要任务,要通过理论学习、业务学习和实践锻炼,全面提升政治把握能力、调查研究能力、联系群众能力、合作共事能力,真正做到“懂政协、会协商、善议政,守纪律、讲规矩、重品行”,主动服务大局,积极履职尽责,善于建言献策,努力干出新时代人民政协新样子!

各位委员!“雄关漫道真如铁,而今迈步从头越”。让我们更加紧密地团结在以习近平同志为核心的中共中央周围,高举中国特色社会主义伟大旗帜,在中共桂林市委坚强领导下,为打造世界级旅游城市贡献政协力量!

大事记

1月

1日 桂林市举办第四届超级杯足球赛。

5日 市委、市人民政府召开全市乡村风貌提升暨农村人居环境改善工作动员大会，总结乡村风貌提升工作成效，动员部署全市乡村风貌提升和农村人居环境改善工作。

8日—9日 自治区代主席蓝天立到桂林市调研，强调要深入贯彻落实党的十九届五中全会和中央经济工作会议精神，按照自治区党委十一届九次全会和全区经济工作会议部署要求，周密筹划，强化措施，进一步补强工业短板，呵护好良好的生态环境，在推进产业振兴、乡村振兴中不断擦亮山清水秀的金字招牌。

9日 2021年广西就业援助月专项活动暨现场招聘会在桂林市开幕。

10日—11日 国务院联防联控机制第十二督查组到桂林市督查。

11日 自治区人大常委会副主任、桂林市委书记赵乐秦，市委副书记、市长秦春成在市会议中心会见广西电网有限责任公司党委书记、董事长揣小勇，党委副书记、总经理马辉一行，双方就“十四五”桂林市电网发展进行交流。签署《桂林市“十四五”电网发展战略合作框架协议》。

14日 中央广播电视总台中文国际频道《记住乡愁》第七季古城系列栏目摄制组到桂林进行为期10天的纪录片拍摄，用镜头记录桂林厚重的人文历史。

15日 桂林市社区矫正工作领导小组更名为桂林市社区矫正委员会。

20日—21日 中宣部“奋斗百年路 启航新征程”大型主题采访活动到桂林采访。

26日 桂林站升级改造工程全面竣工。

27日 桂林市“奋斗百年路 启航新征程”大型主题采访暨2021年“新春走基层”活动启动。

29日 桂林市人民医院在桂林率先上线“数字云影像”系统，患者放射检查的影像报告可以通过手机扫一扫实现“云存储”“云查询”。

29日 《光明日报》“奋斗百年路 启航新征程”专栏推出湘江战役专版，刊发《湘江畔，敬仰向死而生的精神伟力》《突破绝境 迎来希望曙光》《铭记湘江，走好新时代的长征路》等报道。

2月

2日 全市领导干部会议召开，经请示中央组织部同意，自治区党委常委会研究决定，赵乐秦同志不再担任中共桂林市委书记、常委、委员职务，周家斌同志任中共桂林市委委员、常委、书记。

4日 桂林苏桥无水港项目一期竣工仪式举行。苏桥无水港项目是自治区层面统筹推进重大项目，是国家实施西部陆海新通道建设和北部湾港综合物流网络在桂北布局的重要节点项目，也是桂林和广西北部湾国际港务集团贯彻落实自治区“南向、北联、东融、西合”发展战略的重要举措。

5日 中央电视台新闻频道《新闻直播间》栏目以《鲁家村：百年古村落的传统年味》为题，现场直播介绍桂林市秀峰区鲁家村百年古村落的传统年味。

7日 桂林市表彰奖励16名见义勇为先进人员。

17日 桂林市启动节后农民工返乡返岗“点对点”输送服务，输送市内外重点企业员工返岗复工。

18日 第二届春风行动网络招聘大会开幕。

20日 市委、市人民政府召开全市农村工作会议，塑造美丽乡村之形，充盈农村发展之实，铸牢乡村文明之魂，全面推进乡村振兴加快农业农村现代化。

23日 全市推进工业振兴大会召开。持续打好工业振兴攻坚硬仗，奋力开创工业发展新局面。

23日 市委书记周家斌、市长秦春成在市会议中心会见广西北部湾投资集团有限公司党委书记、董事长朱坚和，总经理、党委副书记、副董事长高新一行，双方就深化务实合作进行交流。

24日 市委书记周家斌、市长秦春成在桂林会见深圳长城开发科技股份有限公司董事长、党委书记周剑，广东领益智造股份有限公司董事长曾芳勤一行，并见证桂林高新集团与深科技、领益智造签署合作协议。

25 日　全国脱贫攻坚总结表彰大会在北京举行，桂林市共有 4 个集体和 7 名个人分别获全国脱贫攻坚先进集体和先进个人表彰。

3 月

1 日　桂林罗汉果被纳入选《中欧地理标志协定》互认清单，是广西入选的 12 个互认产品之一。

2 日　市委书记周家斌在市会议中心会见广西海外联谊会副会长、美国纽约华人侨团联合会主席、美国广西总商会主席乔立华，双方就产业合作进行深入交流。

2 日—3 日　《记住乡愁》第七季之《山水甲天下　风雨独秀峰》（上、下集）在中央电视台中文国际频道播出。

2 日—7 日　桂林市人民对外友好协会与桂林博物馆共同举办的“桂林市与黑斯廷斯市结好四十周年图片展”在桂林博物馆礼仪大厅对公众开放。

4 日　广西师范大学漓江学院转设签约仪式在市会议中心举行。根据协议，广西师范大学、广西益勤商贸有限公司、桂林新城投资开发集团有限公司共同将漓江学院转设为独立设置的非营利性民办普通本科高校。

5 日　桂林市开展学雷锋志愿服务月集中示范活动，全市志愿者注册总数和活跃度居广西前列。

9 日　中央电视台央视《新闻联播》播出了全国人大代表、桂林市市长秦春成的发言。

9 日—10 日　广西壮族自治区副主席费志荣和湖南省副省长陈飞带队组成湘桂运河联合调研组到桂林市，对湘桂运河项目的东线、西线方案开展实地调研考察。

10 日　市委书记周家斌在榕湖饭店会见了东旭集团有限公司董事长李兆廷，双方就深化产业合作进行交流。

11 日　市委书记周家斌在市会议中心会见中国二十冶集团有限公司党委书记兼董事长樊金田，双方就深化产业合作进行交流。

11 日　市委书记周家斌在市会议中心会见了广西建工集团有限责任公司董事长、党委书记金宁运，双方就产业项目合作进行交流。

12 日　市委召开全市党史学习教育动员大会。市委书记周家斌出席会议并作动员部署讲话。

13 日—15 日　市委书记周家斌率队到广东省深圳、东莞学习考察，先后来到深科技、领益智造、华为、比亚迪、阳天电子科技、安科讯等企业实地参观学习，并分别与企业进行洽谈沟通，进一步深化产业合作，加快推动桂林工业振兴。

15 日　自治区政法队伍教育整顿第三驻点指导组进驻桂林市。

18 日　市中西医结合医院举行挂牌仪式，成为国家三级甲等中西医结合医院。是广西第一家挂牌三甲的地市级中西医结合医院，是桂林市第 8 家三甲医院。

21 日　自治区主席蓝天立就深入学习贯彻党的十九届五中全会和全国两会精神，到桂林市重大项目建设现场、科技创新产业园区开展调研。

22 日—23 日　应国务委员兼外交部部长王毅邀请，俄罗斯外长拉夫罗夫到广西桂林开启访华行程。国务委员兼外长王毅在广西桂林同俄罗斯外长拉夫罗夫举行了会谈。

26 日　市委书记周家斌、市长秦春成在市会议中心会见广西旅游发展集团有限公司党委书记、董事长容贤标，总经理、党委副书记、副董事长潘鸣一行，双方就深化产业合作进行深入交流。

26 日　《桂林市城市绿化条例》获广西壮族自治区第十三届人民代表大会常务委员会第二十二次会议批准。

30 日　自治区党委第七巡视组向桂林市委反馈巡视情况。

30 日　阳朔至荔浦高速公路（阳鹿路与贺巴路荔浦连线）建设工程和平乐至昭平高速公路建设工程，分别在荔浦市和平乐县开工建设。

31 日　福建龙岩市三明市党政代表团到桂林市学习考察。

31 日　桂林开放大学举行成立暨揭牌仪式，创立于 1979 年的桂林市广播电视大学更名为桂林开放大学。

4 月

8 日　桂林市第八届公益花坛葬活动在官帽山永久墓园举行。

9 日　市委、市人民政府召开迎接中央第七生态环境保护督察组进驻广西开展生态环境保护督察工作动员会。

12 日　2021 年度桂林市全民国家安全宣传教育活动在桂林博物馆启动。

12 日　八路军桂林办事处纪念馆“全国国家安全教育基地”揭牌。是广西首个对外开放的全国国家安全教育基地。

14 日　桂林市“壮族三月三·八桂嘉年华”演出活动在市中心广场举行，桂林市创建全国民族团结进步示范市工作启动。

17 日　第二届《教育研究》论坛在桂林市举行。全国 60 余所高校和单位的近 80 名乡村教育研究领域的专家参会。

18 日　由桂林市委网信办和广西新闻网联合主办的“建党百年·2021 全国重点网络媒体‘文旅桂林行’”主题采访活动启动。全国重点新闻网站的 30 余名媒体代表参加启动仪式。

21 日　2021 年全国青少年体育工作会议在桂林市召开。

23 日　2021 年广西（桂林）茶产业展销博览会开幕式在桂林国际会展中心举行，展示广西茶叶形象，宣传和推介桂茶特色品牌，弘扬茶文化，引导茶消费，搭建茶产业合作交流平台，充分发挥茶叶产业助推脱贫攻坚作用，巩固脱贫攻坚成果。

23 日　桂林市入选中国“十大心仪之城”。

25 日　由河南省荥阳市委宣传部和桂林市委宣传部等共同举办的《胡杨魂·丝绸之路风光》国画展在桂林美术馆揭幕。

25 日—27 日　中共中央总书记、国家主席、中央军委主席习近平在广西考察。第一站到桂林，分别走进全州红军长征湘江战役纪念园、毛竹山村、象山景区、漓江阳朔段，他深切缅怀革命先烈，对推进乡村振兴、基层治理、漓江流域生态保护等情况进行考察。

29 日　市委召开全市领导干部大会，传达学习习近平总书记视察广西时的重要讲话和重要指示精神，传达学习自治区领导干部大会精神。

29 日　市委书记周家斌会见了全国政协常委、凤凰卫视董事局主席刘长乐一行，双方就进一步加深产业合作进行了深入交流。

5 月

1 日　訾洲公园、象山景区等景区“五一”小长假免费向全国游客开放。

1 日　2021 年全国消费促进月暨桂林消费促进月活动启动仪式在桂林国际会展中心举行。

8 日　防城港市代表团到桂林市学习考察。

8 日—9 日　全国人大常委会副委员长白玛赤林率调研组到桂林调研。

10 日—12 日　全国第一批政法队伍教育整顿中央第十二督导组副组长敬大力率督导组到桂林市开展督导工作。

12 日　市委书记周家斌在市会议中心会见中国交通建设集团有限公司广西总部党工委书记、总经理梁卓仁，双方就深化产业合作进行交流。

15 日　热烈庆祝中国共产党成立 100 周年——“郁钧剑从艺五十周年回乡演唱会”在桂林体育馆举行。

17 日　2021 年桂林市社会科学普及活动周启动仪式在临桂金山广场举行。

17 日　桂林市遗体（器官）捐献宣传共建基地在桂林市殡仪馆正式揭牌成立。是广西首个在殡葬行业成立的遗体（器官）捐献宣传共建基地。

19 日　市委书记周家斌在市会议中心会见中国化学工程集团生态环境有限公司总经理卢召义，双方就深化产业合作进行交流。

19 日　市委书记周家斌在市会议中心会见中国移动广西公司党委书记、董事长、总经理楼向平，双方就产业合作进行交流。

19 日　市委书记周家斌在市会议中心会见京东集团副总裁、大区总经理熊伟，双方就深化产业合作进行交流。

20 日　国际数字文化科技（桂林）产业城先行区在高铁（桂林）广西园揭牌成立。

21 日　桂林桂剧演员伍思亭获戏剧表演艺术最高奖“梅花奖”。

20 日—21 日　百色市代表团到桂林市学习考察。

24 日　第五批国家级非物质文化遗产代表性项目名录、扩展项目名录公布，桂林市申报的“米粉制作技艺（桂林米粉制作技艺）”和“茶俗（瑶族油茶习俗）”入选。

27 日　市委、市人民政府召开全市脱贫攻坚乡村振兴总结表扬暨巩固拓展脱贫攻坚成果同乡村振兴有效衔接部署大会。

29 日　“红色热土　壮美广西”2021 广西全域旅游大集市在桂林市中心广场开市。

6 月

3 日　桂林市乡村振兴局挂牌成立。

3 日—4 日　九三学社第十四届中央常务委员会第十四次会议在桂林召开。自治区党委书记、自治区人大常委会主任鹿心社，自治区党委副书记、自治区主席蓝天立分别拜会了出席会议的全国人大常委会副委员长、九三学社中央主席武维华，全国政协副主席、九三学社中央常务副主席邵鸿一行。

4 日　自治区党委书记、自治区人大常委会主任鹿心社到桂林市，就经济运行、产业发展、乡村振兴、文旅融合等工作进行调研。

9 日—11 日　桂林建设世界级旅游城市专家研讨会召开。8 位专家获聘为桂林建设世界级旅游城市首批特聘专家。

10 日　“粤赣湘桂黔”5 省区 13 市（州）联合开展政务服务“跨省通办”云签约仪式。桂林市与广东省中山市，江西省九江市，湖南省邵阳市、怀化市，贵州省贵阳市、六盘水市、铜仁市、黔东南州，广西壮族自治区南宁市、柳州市、北海市、河池市等 5 省区 12 个市（州）签订了“跨省通办”合作协议。

11 日　市委书记周家斌在宏谋大酒店会见中国中药控股有限公司总裁王晓春，双方就进一步深化产业合作进行交流。

15 日　以“尚俭崇信，守护阳光下的盘中餐”为主题的 2021 年全国食品安全宣传周桂林活动启动。

17日 桂林市举行“向党旗宣誓”大型红色教育活动,全体党员干部面向党旗,举起右手,由市委书记周家斌领誓,集体重温入党誓词。

22日 庆祝中国共产党成立100周年精品剧目展演在桂林大剧院举行。

23日 市政协五届六次会议完成了全部议程,在桂林市会议中心胜利闭幕。

24日 桂林市第五届人民代表大会第六次会议在市会议中心大礼堂胜利闭幕。李楚被补选为桂林市市长,古国章被补选为桂林市监察委员会主任。

25日 市委书记周家斌与融创中国控股有限公司董事会主席孙宏斌座谈,双方就进一步深化务实合作进行交流。

26日 作为广西文旅融合发展的龙头项目、桂林市打造世界级旅游城市的地标式项目,桂林融创国际旅游度假区开业。

28日 桂林市学习贯彻党的十九届五中全会精神暨习近平总书记视察广西时的重要讲话精神教育培训班开班。市委书记周家斌出席并讲授专题党课。

29日 桂林市在南宁市广西新闻发布厅召开“文旅大融合,产业大发展,打造世界级旅游城市新闻发布会”。

29日 “桂林市党群共庆建党百年主题晚会”在桂林大剧院举行。

30日 桂林市“两优一先”表彰大会在市会议中心举行。

30日 由市委举办的“百年光荣——庆祝中国共产党成立100周年桂林党史图片巡回展览”在市会议中心开展。

7月

1日 市四家班子领导,与全市各族各界代表齐聚市会议中心大礼堂,集中收看庆祝中国共产党成立100周年大会直播。

5日 桂林市庆祝中国共产党成立100周年座谈会在市会议中心举行。

5日 广西师范大学桂学博物馆建成开放。

6日 漓江流域生态环境受损联动举报平台启用。

8日 桂林星辰科技股份有限公司精选层挂牌敲钟仪式在北京举行。该公司也成为广西第一家新三板精选层挂牌企业。

8日 由桂林市人力资源和社会保障局、桂林市退役军人事务局联合组织,桂林市退役军人服务中心具体实施的“为退役军人送技能培训主题月活动”启动仪式在桂林技术交流站举行。

12日 市委书记周家斌带队到珠海格力电器股份有限公司考察。

14日 桂林市获第三批“广西全域旅游示范市”称号。同时全州县、临桂区获第四批“广西全域旅游示范区”称号。

15日—16日 全国人大常委会副委员长张春贤率调研组到桂林市调研。

16日 李娜烈士安葬仪式在尧山苏蔓罗文坤张海萍烈士纪念碑园举行。

17日 市委书记周家斌会见数字广西集团有限公司领导,双方就加强产业合作进行深入交流。

20日 两岸企业家峰会综合合作交流推进小组大陆方面副召集人毕美家率考察团到桂林市进行考察。

23日 全国台联第十八届台胞青年夏令营广西特色营在桂林开营。

23日—24日 老挝驻华大使坎葆·恩塔万、越南驻华大使范星梅率两国驻华使节团访问桂林,开展党史学习交流。

24日 桂林派出首支救援队——桂林蓝天救援队驰援河南新乡市。

27日 市委书记周家斌会见浦发银行南宁分行党委书记、行长潘岭,双方就深化合作进行交流。

27日 市委书记周家斌会见中国水环境集团董事长侯锋,双方就加强产业合作进行交流。

28日 桂林籍选手石智勇赢得第32届东京奥运会男子举重73kg级金牌。

28日 《桂林市药品和医疗器械安全突发事件应急预案》发布。

29日 桂林市打造世界级旅游城市工作领导小组办公室揭牌,标志着桂林市推动打造世界级旅游城市工作迈出关键步伐。

29日 市委书记周家斌会见中建路桥集团有限公司党委书记、董事长刘吉诚,双方就加强产业合作进行深入交流。

30日 广西庆祝中国共产党成立100周年文艺演出剧目——大型原创杂技剧《英雄虎胆》在桂林大剧院上演。

30日 桂林独秀红色文化传承中心揭牌。

8月

3日 市委书记周家斌会见中国－东盟信息港股份有限公司董事长兼总裁鲁东亮,双方就进一步深化合作进行交流。

3日 广西三八红旗手工作室、广西巾帼志愿阳光站在谢玉华桂林市女企业家协会“周末爱心妈妈”三八红旗手工作室揭牌成立。该巾帼志愿阳光站也是桂林市首个揭牌成立的自治区级巾帼志愿阳光站。

6 日　广西北部湾银行桂林分行下辖兴安、永福、恭城 3 个县域支行揭牌。至此，北行在桂林开立支行 10 家(其中县域支行 8 家)。

12 日　市人民政府新闻办召开新闻发布会，发布《桂林中药资源典》新书。该书是全国第一部以市级为单位出版的中药资源典，也是桂林市首部全域范围的中药资源典。

13 日　在 2021 中国·重庆(武隆)绿色发展实践论坛上，芦笛岩入选“中国五佳研学旅游洞穴”。

14 日　桂林市第七届创新创业大赛决赛落幕，59 家企业入围第十届中国创新创业大赛广西赛区角逐。

16 日　由中央文明办主办、中国文明网承办的“我推荐我评议身边好人”活动中，桂林市张毅荣登 6 月中国好人榜，赵良英荣登 8 月中国好人榜。

22 日—23 日　崇左市四家班子领导成员到桂林市学习调研。

23 日　桂林市节能宣传周暨低碳日活动启动。

25 日　市委教育工作领导小组第二次全体会议审议通过了《桂林市校外培训机构专项治理工作方案》，明确从 8 月下旬起至年底，多部门联合开展校外培训机构专项治理。

26 日　桂林市印发《桂林市关于进一步减轻义务教育阶段学生作业负担的实施方案》，就作业设计、作业布置、作业批改、督促作业完成等出台了详细的规定，以切实减轻义务教育阶段学生作业负担，实现“减负不减质，减量要增效”的工作目标。

30 日—31 日　中国共产党桂林市第六次代表大会召开。

31 日　歌舞《壮美漓江》亮相第六届全国少数民族文艺会演，再度将桂林山水自然之美、人文之美展现在全国人民面前。

9 月

1 日　中国共产党桂林市第六届委员会举行第一次全体会议。周家斌受桂林市第六次党代会主席团委托主持会议。周家斌当选为市委书记，李楚、彭东光当选为市委副书记，周家斌、李楚、彭东光、张汉川、钟洪、杨雁雁、徐波、赵卫东、周卉、蒋育亮、丁东弟当选为市委常委。全会批准了中国共产党桂林市第六届纪律检查委员会第一次全体会议选举产生的中国共产党桂林市第六届纪律检查委员会书记、副书记、常务委员会委员。通过了中国共产党桂林市第六届委员会第一次全体会议公报。

2 日　自治区督查组对桂林市贯彻落实《中国共产党政法工作条例》及自治区实施办法开展实地督查。

2 日　市长李楚在市会议中心会见中国农业银行广西壮族自治区分行党委书记、行长梁毅一行，双方就进一步拓宽合作进行友好交流，并现场签订携手推动桂林建设世界级旅游城市战略合作协议。

3 日　中国选手、桂林残疾人运动员吴国山在东京残奥会男子铅球 F57 级决赛中，刷新亚洲纪录和残奥会纪录，并最终夺金卫冕。

8 日　应中共中央对外联络部邀请，老挝、马来西亚、泰国、越南、东帝汶、孟加拉国、马尔代夫、菲律宾、柬埔寨、巴基斯坦等 10 个国家驻华大使和总领事到桂林市考察。

11 日—13 日　“凝聚女性力量　共建一带一路”2021 中国 – 东盟妇女论坛在桂林市举行。

14 日　桂林市文联“广西文场进校园”启动暨开班仪式在桂林市二塘中心校举行。

15 日　2021 年全国科普日暨八桂科普大行动桂林活动在桂花公社启动。活动以“百年再出发，迈向高水平科技自立自强”为主题，持续至 11 月 11 日。

17 日　2021 广西公交出行宣传周活动在桂林市高新万达广场启动，活动以“倡导绿色出行　促进生态文明”为主题，由自治区交通运输厅、自治区公安厅、自治区机关事务管理局、自治区总工会和桂林市人民政府联合举办。

17 日　市委书记周家斌会见国家开发银行广西分行党委书记、行长王琳。共同签署了《“十四五”全面深化合作开发性金融合作备忘录》，进一步深化双方全方位合作。

18 日　桂林市 2021 年“秋冬惠民季　欢畅游桂林”活动启动。从即日起到年底，桂林市各大文旅企业针对桂林市民推出了门票最多低至 3.3 折的重磅旅游优惠政策。

22 日　桂林市首批 5 个“揭榜挂帅”科技项目成功签约，标志着桂林成为广西首个“揭榜挂帅”项目签约城市，并在探索“企业出题，高校院所解题，政府助题”的新型产学研协同创新模式上迈出实质性步伐。

23 日　桂林市全州县才湾镇南一村、灵川县潭下镇老街村、荔浦市马岭镇地狮村、恭城瑶族自治县平安镇桥头村等 4 村获第二批全国乡村治理示范村镇。

24 日　桂林市体育局与自治区体育局共建的广西女子体操队运动员韦筱圆在第十四届全运会获女子个人全能金牌。

25 日—26 日　全国政协副主席、党组副书记，中国经济社会理事会主席张庆黎率调研组到桂林市调研。

28 日　桂林市在红军长征湘江战役纪念馆开启“中国移动 5G+ 智慧旅游——发现大美桂林”国庆首场直播活动。

30 日　桂林市在七星公园举行烈士纪念日向人民英雄敬献花篮仪式。

10 月

1 日 2021 桂林·平乐击剑公开赛开幕式在桂林市平乐县漓江码头举行。该次击剑公开赛是首个落户广西举办的全国性击剑赛事。

1 日—3 日 2021 桂林“双百促消费”活动暨 2021 桂林房·车节在桂林国际会展中心举行。

9 日 桂林市“百课话百年·党史照未来”大宣讲启动仪式暨“十佳党史好课程进机关”专题党课在市会议中心大礼堂举行，大宣讲活动在全市范围内广泛开展。

9 日 市委书记周家斌率队到北京，拜访中国旅游集团中国免税品（集团）有限责任公司董事长、党委书记彭辉，并举行工作座谈，就有关工作进行深入交流并达成广泛共识。

11 日 市委书记周家斌带队到珠海格力电器总部考察，并与董明珠就桂林与格力合作事宜进行座谈。

13 日 受市委书记周家斌委托，市长李楚在市会议中心会见了东京奥运会冠军、桂林籍举重名将石智勇，转达了市委、市人民政府和全市 540 万家乡人民的问候与祝贺。

14 日—15 日 梧州市代表团到桂林市就乡村振兴、文旅融合发展等工作进行考察交流，并赴湘江战役发生地全州县开展党史学习教育，聆听红军故事，重温红色记忆，传承红色基因。

14 日—17 日 第十一届桂林国际山水文化旅游节举行。

15 日 第十五届联合国世界旅游组织/亚太旅游协会旅游趋势与展望国际论坛在桂林开幕。

15 日—17 日 2021 中国－东盟博览会旅游展在桂林举行。

18 日 桂林甑皮岩遗址作为新石器时代遗址入选中国“百年百大考古发现”。

18 日—21 日 政协桂林市第六届委员会第一次会议召开。

20 日—22 日 桂林市第六届人民代表大会第一次会议召开。

22 日 荔浦市修仁镇和阳朔县白沙镇入围全国乡村特色产业 10 亿元镇；灵川县潭下镇合群村、永福县龙江乡龙山村、全州县才湾镇南一村和全州县绍水镇柳甲村 4 村入围全国乡村特色产业亿元村。

2021 年 10 月 13 日，市长李楚（右五）在市会议中心会见东京奥运会冠军、桂林籍举重名将石智勇（左五）。（桂林市体育局供图）

23 日 第二届广西花卉苗木交易会在桂林开幕。

23 日 第七届桂林漓泉啤酒音乐节暨国际美食文化展在桂林国际会展中心甲天下广场开幕。

25 日 由中国森林生态系统定位观测研究网络发起的 2021 年林草生态监测研讨会在桂林市举行。

27 日—29 日 桂林市组队到粤港澳大湾区和长江经济带开展系列招商活动，扩展驻点招商行动成效，强化与三大重点区域的产业对接交流，探索新经济招商模式，助力桂林产业转型升级和经济高质量发展。

28 日—29 日 由广西壮族自治区社会科学界联合会、广西民族大学及桂林市人民政府主办的第六届中国（广西）－东盟民族文化论坛在桂林举行。中国和东盟国家的专家学者，围绕“中国－东盟民族文化与当代发展”主题展开讨论。

31 日 广西旅游博物馆在桂林旅游学院建成开馆。

11 月

4 日 桂林市参加在深圳市举行的“共享新机遇 共谋新发展——2021 广西携手粤港澳大湾区共同打造国内国际双循环重要节点枢纽恳谈会”，桂林市共签约项目 12 个，投资总额 299.47 亿元，投资 100 亿元的格力电器（桂林）智能制造生产基地项目顺利签约。

5 日 第八届全国道德模范座谈会和颁奖仪式在北京举行。桂林市崔译文获第八届全国见义勇为道德模范，李莎获第八届全国助人为乐道德模范提名奖。

9 日—11 日 在桂港人港商港生代表团一行到桂林考察走访。

11 日 桂林市文物保护与考古研究中心、桂林考古博物馆在桂林市秀峰区文采路广西人民革命大学旧址揭牌。

2021 年 11 月 19 日，龙胜各族自治县成立七十周年庆祝大会在龙胜龙脊大道新区举行。 （何平江摄）

15 日　桂林星辰科技股份有限公司在北京证券交易所上市，成为北京证券交易所第一批上市企业，是广西唯一一家北京证券交易所上市企业。

15 日　桂林市首届漓峰杯创业大赛暨第七届广西创业大赛桂林赛区选拔赛总决赛在桂林宾馆举行。

16 日　桂林漓江流域山水林田湖草沙一体化保护和修复工程子项目——蚂蟥洲、大小洲生态修复一期工程开工。

17 日　中国共产党桂林市代表会议在市会议中心召开，选举产生了桂林市出席自治区第十二次党代表大会代表共 73 名。

17 日　桂林市“百名博士进百企”行动启动仪式在桂林经开区举行，首批 80 名博士与 68 家企业签订协议，开展产学研合作服务。

17 日—18 日　自治区新时代文明实践工作暨乡风文明建设现场推进会在桂林市召开。

18 日　花坪自然博物馆在花坪自然保护区安江坪举行揭牌仪式。

19 日　龙胜各族自治县成立七十周年庆祝大会在龙胜龙脊大道新区举行。

23 日—24 日　中央宣讲团成员、中央党史和文献研究院院长曲青山到桂林调研期间，在全州县红军长征湘江战役纪念馆内向基层干部群众宣讲党的十九届六中全会精神。

25 日　“永远跟党走”庆祝中国共产党成立 100 周年暨桂林市第 42 届“漓江之声”决赛·第十届全区基层群众文艺会演桂林市会演在永福县剧院举行。

12 月

1 日　自治区党委书记刘宁率十二届自治区党委常委班子和部分十一届自治区党委常委参观湘江战役纪念馆。

3 日　市委书记周家斌、市长李楚在市会议中心会见广西交通投资集团有限公司党委书记、董事长周文，双方就进一步深化合作进行了交流。

3 日—5 日　2021 漓江高峰论坛及广西桂林第十一届节能减排新产品新技术（新能源汽车）展示会暨第六届绿色低碳产业博览会在桂林国际会展中心举行。

6 日　桂林领益制造智能制造项目一期正式投产，为桂林市电子信息产业链增加新的重要一环，助力桂林产业振兴。

7 日—9 日　自治区政法队伍教育整顿专题督导检查组到桂林市开展专题督导检查工作。

13 日—15 日　市人大常委会组织驻桂林的全国人大代表和自治区人大代表，就乡村振兴工作开展 2021 年集中视察。

15 日　学习贯彻中共十九届六中全会精神自治区宣讲团报告会在桂林市会议中心大礼堂举行。

17 日　市委书记周家斌在市会议中心会见桂林市第八届全国道德模范、第六届自治区道德模范及提名奖获得者代表。

22 日　桂林外环高速公路项目在桂林市永福县苏桥镇举行开工建设。

22 日—24 日　2021 年全自治区人大外事侨务工作干部培训班暨人大外事侨务工作现场经验交流会在桂林市恭城瑶族自治县举行。

22 日—24 日　“党旗高高飘扬 – 广西人游广西·走读湘江战役之旅”活动在桂林市举办，至此，2021 年“党旗高高飘扬·走读广西”庆祝中国共产党成立 100 周年系列活动在桂林圆满收官。

28 日　2020 年自治区重点统筹推进项目、桂林 2021 年重中之重项目桂林福达农产品冷链物流园开园。

30 日　第 21 届广西名特优农产品（桂林）交易会在桂林国际会展中心开幕。 （李靖）

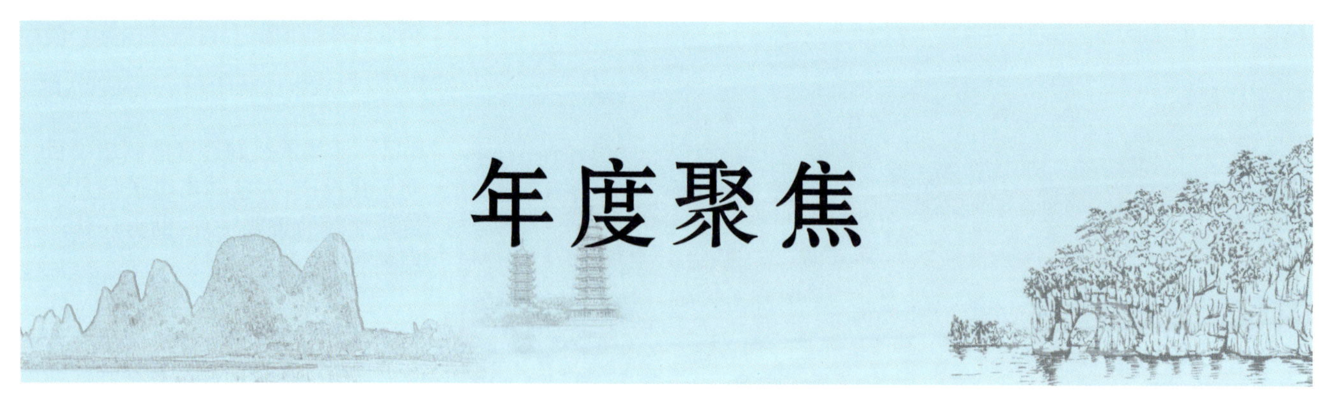

中共中央总书记、国家主席、中央军委主席习近平视察桂林

【概况】 2021年4月25日—27日，中共中央总书记、国家主席、中央军委主席习近平到广西壮族自治区，第一站到桂林，就贯彻落实中共十九届五中全会精神、开展党史学习教育、推动“十四五”开好局起好步等进行考察调研。在桂林考察期间，分别走进全州红军长征湘江战役纪念园、毛竹山村、象山景区、漓江阳朔段，他深切缅怀革命先烈，对推进乡村振兴、基层治理、漓江流域生态保护等情况进行考察。

【习近平在桂林市全州县红军长征湘江战役纪念园向湘江战役红军烈士敬献花篮】 2021年4月25日上午，中共中央总书记、国家主席、中央军委主席习近平到红军长征湘江战役纪念园，向湘江战役红军烈士敬献花篮并三鞠躬，瞻仰“红军魂”雕塑，参观纪念馆。1934年底，为确保中共中央和中央红军主力渡过湘江，粉碎敌人围歼红军于湘江以东的企图，几万名红军将士血染湘江两岸，这一战成为事关中国革命生死存亡的重要历史事件。中共中央总书记、国家主席、中央军委主席习近平表示，到广西考察的第一站就来到这里，目的是在全党开展党史学习教育之际，缅怀革命先烈，赓续共产党人精神血脉，坚定理想信念，砥砺革命意志。革命理想高于天，理想信念之火一经点燃就会产生巨大的精神力量。红军将士视死如归、向死而生、一往无前、敢于压倒一切困难而不被任何困难所压倒的崇高精神，永远值得铭记和发扬。在实现第二个百年奋斗目标的新长征路上，要抱着必胜信念，勇于战胜来自国内外的各种重大风险挑战，朝着实现中华民族伟大复兴的目标奋勇前进。

【习近平在桂林市全州县才湾镇毛竹山村考察】 2021年4月25日上午，中共中央总书记、国家主席、中央军委主席习近平到才湾镇毛竹山村，他走进葡萄种植园，察看葡萄长势，农技人员指导村民为葡萄绑蔓、定梢，看到总书记，乡亲们纷纷围拢过来，他详细询问葡萄产量、品质、销路、价格等情况。他强调，全面推进乡村振兴，要立足特色资源，坚持科技兴农，因地制宜发展乡村旅游、休闲农业等新产业新业态，贯通产加销，融合农文旅，推动乡村产业发展壮大，让农民更多分享产业增值收益。中共中央总书记、国家主席、中央军委主席习近平步行察看村容村貌，并到村民王德利家中看望，同一家人围坐在一起聊家常。王德利告诉总书记，他们家种了0.8公顷葡萄，农闲时外出务工，2020年家庭收入超过14万元，中共中央总书记、国家主席、中央军委主席习近平听了十分高兴。他指出，经过全党全国各族人民共同努力，在迎来中国共产党成立一百周年的重要时刻，中国脱贫攻坚战取得全面胜利。好日子都是奋斗出来的。希望大家依靠勤劳智慧把日子过得更有甜头、更有奔头。要注重学习科学技术，用知识托起乡村振兴。离开村子时，他深情地说，让人民生活幸福是“国之大者”，全面推进乡村振兴的深度、广度、难度都不亚于脱贫攻坚，决不能有任何喘口气、歇歇脚的想法，要在新起点上接续奋斗，推动全体人民共同富裕取得更为明显的实质性进展。

【习近平在桂林市阳朔县考察漓江阳朔段】 2021年4月25日下午，中共中央总书记、国家主席、中央军委主席习近平到桂林市阳朔县漓江杨堤码头，听取漓江流域综合治理、生态保护等情况汇报，并乘船考察漓江阳朔段。他强调，要坚持山水林田湖草沙系统治理，坚持正确的生态观、发展观，敬畏自然、顺应自然、保护自然，上下同心、齐抓共管，把保持山水生态的原真性和完整性作为一项重要工作，深入推进生态修复和环境污染治理，杜绝滥采乱挖，推动流域生态环境持续改善、生态系统持续优化、整体功能持续提升。

【习近平在桂林市象鼻山公园考察】 2021年4月26日，中共中央总书记、国家主席、中央军委主席习近平到桂林市象鼻山公园，远眺山水风貌，沿步道察看商业、邮政等服务设施。游客们高声欢呼：“总书记好！”，他同大家亲切交流。他指出，桂林是一座山水甲天下的旅游名城，是大自然赐予中华民族的一块宝地，一定要呵护好，要坚持以人民为中心，以文塑旅、以旅彰文，提升格调品位，努力创造宜业、宜居、宜乐、宜游的良好环境，打造世界级旅游城市。 （市委办）

乡村振兴

【概况】 2021年6月3日，桂林市将原桂林市扶贫开发办公室整建制重组为桂林市乡村振兴局，办公地址在桂林市临桂区青莲路建设大厦北楼，内设机构和编制数不变，设综合科、项目管理科、社会帮扶科、督查考核科4个科室，下设市扶贫开发综合服务中心1个事业单位。年内，全市共安排各级财政衔接推进乡村振兴补助资金15.45亿元，其中中央财政资金6.07亿元、自治区财政资金4.78亿元、市级财政资金1.63亿元、县(市、区)预算安排资金2.97亿元。至年末，全市已支出财政衔接资金15.14亿元，支出率97.92%。10月12日—13日，自治区乡村振兴暨乡村风貌提升工作现场推进会在桂林召开。年内，桂林市脱贫攻坚工作突出的7名个人和4个集体获全国脱贫攻坚表彰。

【机构调整】 2021年，桂林市调整充实中共桂林市委员会农村工作(乡村振兴)领导小组，将原市扶贫开发领导小组的职能并入中共桂林市委员会农村工作(乡村振兴)领导小组。在领导小组下组建市实施乡村振兴战略指挥部，负责指挥全市巩固拓展脱贫攻坚成果和推进乡村振兴工作。指挥部下设办公室和产业发展、教育保障、医疗保障、住保风貌、供水保障、就业社保、易安后扶、乡村建设、乡村治理、生态保护、资金保障、组织人才、宣传文化13个专责小组。6月4日前，市级和17个县(市、区)乡村振兴局挂牌成立，原市扶贫办和原13个县(市、区)扶贫办整建制改组为同级乡村振兴局，原没有扶贫开发工作任务的秀峰区、象山区、叠彩区、七星区4个城区在农业农村局加挂了乡村振兴局牌子。

【防贫监测】 2021年，桂林市加强监测帮扶工作的组织，集中开展3次防贫监测排查，组织2次全市性防贫监测调研指导，督促指导各县(市、区)常态化开展监测评估、风险排查工作，及时落实帮扶措施，建立信息比对核查办理机制、工作调度机制，及时做好防止返贫动态监测帮扶工作。至年末，历年累计排查出监测对象11545户37928人，通过帮扶消除风险4115户14031人，未消除风险的监测对象7430户23897人，累计落实各类帮扶政策24209项。

【产业振兴】 2021年，桂林市投入项目建设资金1.34亿元开发为民办实事产业，新种6299.13公顷、低产改造1580.33公顷、家禽养殖90.85万羽、家畜养殖14878头(只)、水产养殖340千克、油茶种植122.2公顷等，项目受益脱贫户46418户161642人。年内，建成4个国家特色农产品优势区，加快打造6个超百亿元产业集群，粮食种植面积和产量保持稳定，水果种植面积和产量排名自治区第一，罗汉果，月柿等特色农产品产量，干米粉加工量，木衣架出口量排名全国第一。打造超百亿元、上市农业产业化龙头企业及一批农产品加工集聚区、电商物流园、冷链物流园。2镇4村入选全国乡村特色产业“十亿元镇”“亿元村”，数量居自治区第一。

【粤桂协作】 2021年，桂林市全面落实《“十四五”时期粤桂协作框架协议》，及时制定粤桂协作和区域合作工作清单。年内，桂林市接受深圳市、肇庆市财政协作帮扶资金1.07亿元(深圳市9659万元、肇庆市1000万元)，实施项目58个(市级6个、龙胜各族自治县30个、资源县22个)，惠及龙胜各族自治县、资源县脱贫人口4.38万人。肇庆市、深圳市南山区安排12所学校、9家医院、8个街道办事处、11个社区、17个企业、7个社会组织，结对帮扶龙胜各族自治县、资源县的12家学校、9家医院、17个乡镇、37个村(屯)。引导13家企业到龙胜各族自治县、资源县投资1.78亿元。肇庆市、深圳市派出13名党政干部、58名医生和教师支援桂林市。桂林市派出8名干部、29名专业技术人员赴肇庆市、深圳市南山区挂职锻炼学习，选送109名脱贫户“两后生”免费就读深圳市职业技术学校。

【基础设施项目】 2021年，桂林市加快推进农村道路交通、电网通讯等基础设施建设。完成国家政策支持的2074户危房改造和农房加固改造任务。完成2013年—2020年扶贫资产登记项目21842个，涉及资金96.37亿元，除到户类项目外，已100%完成资产移交工作，共确权移交19495个项目。年内，自治区下达桂林市为民办实事基础设施项目建设资金2.44亿元，修建屯级道路246条308.18千米，新建独立桥梁50座876.56延米，小型人饮水利工程130处，小型水利设施138处，其他项目91处(个)，共计655个项目，使579个村、29.8万名农村群众受益。

【饮水保障】 2021年，桂林市落实农村饮水安全工程维修养护经费1101万元，实施项目301处，惠及供水服务人口59万人。筹资132万元实施2个农村饮水水源地保护项目，受益人口8万多人。完成6360处农村集中供水工程定价，已收费工程6281处，收费工程占比98.76%；应收水费759.92万元，实收水费749.92万元，水费收缴率98.68%；全市落实县级维修养护配套资金441.6万元。

【教育帮扶】 2021年，桂林市投入资金1.7亿元实施扩大学前教育资源项目；投入资金4.4亿元实施农村义务教育校舍安全保障及义务教育薄弱环节改善项目；投入资金1.9亿元，实施普通高中基础能力建设项目，改善办学条件，补齐硬件设施短板；继续压实控辍保学“双线四包”工作责任，建立健全控辍保学工作机制；加强对学生失学辍学情况监测，做好劝返工作，除身体原因不具备学习条件外，脱贫家庭义务教育阶段适龄儿童少年无失学辍学现象。精准落实学生资助政策，全年各学段受助家庭经济困难学生共计45.59万人次，发放资助资金5.45亿元。落实雨露计划应补尽补政策，全年共发放学历教育补助金3139.3万元，受益脱贫学子(含监测对象)2.25万人次；拨付资金160.43万元补助脱贫劳动力2029人次参加短期技能培训；拨付13.16万元组织2973名脱贫劳动力开展农村实用技术培训。

【健康帮扶】 2021年，桂林市落实县域内脱贫人口、监测对象和农村低收入人口“先诊疗、后付费”、大病集中救治及家庭医生签约服务等政策措施，累计救治脱贫大病患者10753人，救治率99.52%；全市共组建1115个家庭医生团队，家庭医生4436人，符合签约条件脱贫人口、监测对象和农村低收入人口签约数40.54万人；建立县域医共体21个，其中医疗集团4个，范围覆盖13个县（市、区），乡镇卫生院参与率99.27%。年内，沿用脱贫攻坚期的参保资助政策，全市脱贫人口、监测对象实际参保率均达到100%。

2021年，桂林市加大对农村人居环境改造提升。图为临桂区下岚岩村新风貌。（唐艳兰摄）

【就业帮扶】 2021年，桂林市组织17.33万名脱贫劳动力外出务工，超过2020年的16.85万人；向7129名申请了跨省务工交通补贴的脱贫劳动力发放225.11万元跨省务工交通补贴；年内，指导各县（市、区）开发护林员、护路员、保洁员、村务管理员、水域巡查员等乡村公益性岗位20余类，安置脱贫人口（含监测对象）14144人，其中安置脱贫人口11864人，安置监测对象2278人。财政衔接资金发放监测对象公益岗位补贴774.12万元。全市建成就业帮扶车间497家，带动就业16902人，吸纳脱贫劳动力4243人就业。年内，发放就业帮扶车间申领奖补资金448万元。

【社会帮扶】 2021年，桂林市调动社会组织、民营企业、社会爱心人士深度融入巩固拓展脱贫攻坚成果同乡村振兴有效衔接的积极性和主动性，鼓励民营企业加大对脱贫地区帮扶力度，定期组织企业、协会成员走访脱贫地区，对脱贫地区的重难点问题进行有效对接。年内，共筹集社会企业捐赠资金176.99万元，组织开展“点亮乡村·光彩惠民”捐赠活动、“喜迎建党百年 共建美丽家园”公益捐赠（爱心摄影）活动和99公益“1元爱心情暖万家”网络募捐活动。积极推进“互联网+”社会帮扶模式，全市注册用户量54万多人，资金和物品对接成功率68.64%，资金捐助总额130.40万元。

【小额贴息信贷】 2021年，桂林市采取“123”（成立“1个专班”，严把诚信关、回收关，强化全面调查摸排、服务通道建设和政策宣传引导）工作方法推进小额信贷工作落地见效，为全市脱贫人口发展产业实现稳定增收提供有力保障。年内，为7869户脱贫户及易致贫边缘户发放小额信贷3.55亿元，超额完成年度任务。脱贫人口小额信贷余额累计13.88亿元，涉及33742户脱贫户。桂林市乡村振兴局在自治区脱贫人口小额信贷工作现场会上作经验介绍。

【易地搬迁后续扶持】 2021年，桂林市43个集中安置点的水、电、路、污水垃圾处理等配套基础设施建设齐全。依托项目龙头带动，推行“公司（合作社）+搬迁户”等经营模式，引导扶持搬迁户发展特色产业，全市有劳动能力且有就业意愿的6871户15413人，实现一户至少一人就业。43个安置点均成立社区或就近纳入社区（村民）委员会管理，健全了工会、共青团、妇联等组织。各安置点依托“九个中心”的运行管理，有效提升了服务搬迁群众的能力。制定《加快办理不动产证的意见》，全市集中安置搬迁户不动产证于10月底前全部完成办理。灌阳县江东移民新区获评全国美丽搬迁安置区。

【消费帮扶】 2021年，桂林市积极拓展农产品销售渠道，将消费帮扶纳入“万企兴万村”精准帮扶行动。至年末，全市通过消费帮扶系统供应商资质管理符合条件的企业309家，认定帮扶产品1026个，产品价值总量50.3亿元，销售金额14.54亿元。

【村级集体经济】 2021年，桂林市用好用活涉集体经济的税收优惠、政策性农业保险补贴、“桂惠贷”“三农贷”等政策，全市共为集体经济纳税人减免9908户，减免税费4206.54万元；涉农贷款余额1237.37亿元，比上年同期新增67.93亿元，增长5.6%。聚焦集体经济产权制度改革等重点任务，提质村级集体经济发展成效，全市完成换证赋码的1706个行政村（含农村社区）集体经济年收入全部达5万元以上，10万元以上的580个，20万元以上的225个，50万元以上的59个，集体经济总收入2.25亿元。首批50个自治区级示范性农村集体经济组织桂林入选8个，发展壮大村级集体经济工作连续两年在自治区实绩考核中被评为优秀，全市14家单位、24人分获自治区发展壮大村级集体经济工作先进集体和先进个人。

【农村人居环境整治】 2021年，桂林市统筹抓好农村改厕、污水垃圾处理和村容村貌提升，生活垃圾处理率100%，建制村通畅率、通客车率100%，卫生厕所、自来水普及率分别达94%、85%；全市1镇8村入选全国乡村治理示范村（镇）。

（市乡村振兴局）

世界级旅游城市建设

综　　述

2021年4月25日—27日，中共中央总书记习近平视察广西，第一站就到桂林，对桂林市全力以赴保护漓江、保护桂林山水，城市规划建设，经济社会发展，推进乡村振兴，圆满完成红军长征湘江战役烈士遗骸收殓保护和纪念设施建设给予高度评价，强调这次是慕名而来，乘兴而归，了却了半个世纪的心愿。嘱咐要当好保护桂林山水的"二郎神"，赋予打造世界级旅游城市、保护好桂林山水、建设最宜居城市、全面推进乡村振兴、用好用活红色资源等新使命、新要求。

自治区党委、自治区人民政府把打造桂林世界级旅游城市作为重大政治任务，明确提出"世界眼光、国际标准、中国风范、广西特色、桂林经典"总体要求和建设世界级山水旅游名城、文化旅游之都、康养休闲胜地、旅游消费中心"四大定位"，要求桂林在广西建设世界级旅游目的地中打头阵、当先锋，发挥好龙头带动作用。自治区第十二次党代会、广西文化旅游发展大会等重要会议对打造桂林世界级旅游城市作出部署安排，自治区成立党委书记刘宁、主席蓝天立任组长的工作领导小组，党委书记刘宁主持召开专题会议研究推进工作，深入桂林调研指导。自治区领导国家有关部委汇报对接，争取国家支持，形成全自治区合力打造桂林世界级旅游城市的工作格局。国家12个部委给予大力支持，研究提出支持打造桂林世界级旅游城市的意见，形成报告上报国务院，并在规划编制、项目建设等方面予以大力支持。自治区有关厅局积极与国家部委汇报对接，争取支持，研究出台支持桂林打造世界级旅游城市一揽子政策，桂林国际消费中心培育建设、国家海绵城市示范城市申报等得到自治区政策支持。

桂林市委、市人民政府坚持以打造世界级旅游城市为统揽，全力推进"三大振兴"，全面落实"四大定位"，着力营造"六大环境"，统筹疫情防控和经济社会发展成效显著。力争到2025年，初步形成具有全球吸引力的旅游产品体系，成为国际山水人文旅游首选目的地之一；到2030年，形成具有全球竞争力的旅游产业体系，旅游核心竞争力进入国际同类旅游城市第一方阵，成为国际高端休闲旅游首选目的地之一；到2035年，世界级旅游城市全面建成，旅游核心竞争力走在国际同类旅游城市第一方阵前列，发挥引领作用。把桂林全面建设成为经济发达、城乡繁荣、社会文明、生态良好、城市宜居、人民幸福的世界级旅游城市，与全国、全自治区同步基本实现社会主义现代化。市委、市人民政府坚决扛起打造世界级旅游城市这一重大政治任务，精心组织、周密部署，成立市四家班子主要领导任组长的打造世界级旅游城市工作领导小组，组建市打造世界级旅游城市推进服务中心，构建领导小组统筹下的"一办十组"专班专抓工作机制。编制《打造桂林世界级旅游城市规划纲要》及系列专项规划。举办打造世界级旅游城市专家研讨会，聘请首批8位国内特聘专家。大力推进100项重大项目和重大事项。关于支持桂林打造世界级旅游城市的提案获全国政协主席汪洋批示，已列入全国政协重点提案。七星区少数民族服务中心一站式服务平台建设经验获中央领导批示肯定。漓江保护经验做法获国务院通报表扬。打造桂林世界级旅游城市列入国家"十四五"旅游业发展规划。自治区把出台支持打造桂林世界级旅游城市的若干政策，列入自治区党委常委会工作要点。桂

2021年12月28日，自治区党委书记刘宁（中）主持召开工作会议，专题研究推进打造桂林世界级旅游城市工作。（市委宣传部供图）

林市获全自治区乡村振兴实绩考核第一名。2021 广西大湾区恳谈会签约项目数、签约总金额均排全自治区第一。完成市、县、乡、村四级换届工作，选人用人"好"评率居全自治区前列。总投资 160 亿元的融创国际旅游度假区建成开业，靖江王陵国家考古遗址公园建成开园，灵渠博物院组建挂牌。象鼻山景区全面免费开放，社会反响强烈，得到文化和旅游部高度肯定。桂林融媒体指挥中心和桂林国际融媒体中心在桂林文广大厦和美国纽约同步揭牌，标志着桂林初步构建了与世界旅游城市相匹配的传播架构。经济社会发展保持良好势头。2021 年，全市生产总值（比上年，下同）增长 6.6%，一般公共预算收入增长 5.4%，社会消费品零售总额增长 6%，城镇、农村居民人均可支配收入分别增长 6.8%、9.5%，接待游客总人数 1.22 亿人次，实现旅游总消费 1502.88 亿元，实现"十四五"良好开局。 （石薇）

2021 年 6 月 18 日，自治区领导率队到国家发展改革委就桂林打造世界级旅游城市工作进行专题汇报。 （市发展改革委供图）

规划工作

【编制《打造桂林世界级旅游城市规划纲要》】 2021 年，桂林市高起点推进规划设计，编制打造世界级旅游城市总体规划及一批专项规划，聘请首批 8 位国内特聘专家，提供智力支撑。自治区党委、人民政府，自治区发展改革委全力支持桂林市打造世界级旅游城市有关工作，5 月 12 日—13 日，对接国家发展改革委，就规划编制、组织专家到桂林调研和召开论证会等工作进行交流。6 月 18 日，自治区副主席李彬带领桂林市委书记周家斌、一级巡视员黄汝焜到国家发展改革委就桂林打造世界级旅游城市工作进行专题汇报。8 月 26 日，自治区人民政府《关于从国家层面统筹打造桂林世界级旅游城市的请示》报送至国务院办公厅，由国家发展改革委牵头商请中宣部、财政部、自然资源部、生态环境部、住房和城乡建设部、交通运输部、文化和旅游部、卫生健康委、国家税务总局、民航局、国铁集团等 11 个单位提供相关情况和具体工作考虑，各有关部委研究提出将立足部门职能，加强沟通协作，加大对桂林市在政策资金、用地等方面的支持力度，共同助力桂林市建设世界级旅游城市。10 月，桂林市邀请国家发展改革委宏观经济研究课题研究团队，全面启动《打造桂林世界级旅游城市规划纲要》编制工作。10 月 9 日，国家发展改革委宏观经济研究课题研究团队到桂林围绕规划纲要前期研究课题与市直相关单位进行交流座谈。初步确定"桂林打造世界级旅游城市的总体思路研究""桂林打造世界级旅游城市的产业和基础设施支撑的基本思路研究""桂林打造世界级旅游城市政策研究""桂林打造世界级旅游城市的生态保护和配套服务体系发展思路研究""桂林市打造世界级旅游城市标准体系的基本思路研究"5 个专项前期研究课题，为规划纲要编制提供理论支撑。11 月中旬，桂林市市长李楚、常务副市长钟洪率队赴自治区发展改革委，专题汇报桂林打造世界级旅游城市有关事宜，自治区发展改革委主要领导表示进一步全力支持桂林打造世界级旅游城市，将协调有关部门建立省级推进机制，重点支持重大项目、重大改革和支持政策等落地实施。12 月，市人大常委会主任赵仲华、副市长龙杏华率队赴国务院办公厅、国家发展改革委、国家卫健委、中国宏观经济研究院汇报桂林打造世界级旅游城市相关工作。国家发展改革委宏观经济研究课题研究团队于 12 月中旬通过线上方式开展调研，调研分成产业发展组、文化旅游组、基础设施和城市更新组、社会民生组、生态环境组、要素保障 6 个小组，根据市直单位不同职能开展线上调研。为争取国家层面支持，桂林形成打造世界级旅游城市需国家支持的 8 项 28 条政策措施，并将其纳入组织编制的规划纲要当中。12 月 10 日，桂林形成《自治区党委　自治区人民政府关于全力打造桂林世界级旅游城市的意见（代拟稿）》报自治区党委、人民政

2021 年 7 月 29 日，市委书记周家斌（正中）主持召开桂林市打造世界级旅游城市工作领导小组第一次全体会议。 （何平江摄）

府。12 月 29 日，桂林市向规划纲要课题组提供了桂林市乡村振兴、农业、交通、环保、市政基础设施等“十四五”规划或思路性材料，市辖区和所辖县（市）的“十四五”规划等 15 个方面的补充材料。桂林市在市直机关单位中遴选 26 人组建桂林打造世界级旅游城市规划编制智囊团队，作为桂林本地专家支撑规划纲要的编制工作。

【编制《桂林市生态基础设施规划》】2021 年，桂林市开展《桂林市生态基础设施规划》编制工作。《桂林市生态基础设施规划》是打造桂林世界级旅游城市“三规一标”（打造世界级旅游城市规划纲要、生态基础设施规划、生态环保发展规划、打造世界级旅游城市目标体系）中的重要规划，对保护生态、提升城市品位意义重大。桂林市开展《桂林市生态基础设施规划》编制调研工作，夯实规划编制基础。8 月—10 月，市自然资源局、市规划设计研究院人员分 3 个调研组，覆盖全市 6 个区、11 个县（市），共计调研点 223 个，对水系、地质、自然保护区、文化遗产、游憩资源、风貌等内容进行了深入调研，并向相关部门收集规划资料。9 月 4 日—7 日，邀请桂林建设世界级旅游城市特聘专家俞孔坚到桂林市调研座谈交流。组建高水平设计团队，保障规划高质量完成。11 月 26 日，通过公开招标开标，由北京土人城市规划设计股份有限公司中标。项目组核心团队由公司经验丰富的高级工程师、注册规划师等骨干力量 20 余人组成，分为地理信息、用地规划、视觉研究、遗产保护利用、理论研究等研究小组，采用总体统筹、平行推进的模式开展规划编制工作。加强规划对接沟通，加快规划方案编制设计。12 月 1 日—3 日，副市长龙杏华带队赴北京与中标单位北京土人城市规划设计股份有限公司开展对接工作。（于湘）

重大项目建设

【概况】2021 年，桂林市深入贯彻中共中央总书记习近平视察广西及桂林时的重要指示精神，积极落实中央、自治区的决策部署，以打造世界级游城市统揽全局，通过全面实施扩大有效投资三年攻坚行动方案和重大项目建设三年行动计划，加大重大项目建设力度，助力全市经济社会实现平稳发展。全年，桂林市统筹推进打造世界级旅游城市重大项目 963 个，年度计划投资 1083.63 亿元，全年实际完成投资 1145.08 亿元，占年度计划投资额的 105.7%。

【城市基础设施建设】2021 年，桂林市实施城市基础设施重大项目建设 115 个，其中前期项目 30 个，新开工项目 26 个，续建项目 45 个，竣工项目 14 个。全年桂林市实施城市更新行动，推进“畅通缓堵”工程，加快城市路网建设，推进老旧小区提升改造，城市基础设施更加完善。开展漓东片区基础设施建设项目、高铁秀峰园基础设施建设、桂林市城市轨道交通 1 号线等 30 个项目前期工作。开工建设桂林市旅游交通换乘中心、桂林经开区（临桂段）宝山园基础设施（一期）项目、兴安县湘江战役实景演出配套基础设施建设项目、兴安县老旧小区配套基础设施项目等 18 个项目。续建桂林阳朔县新城区建设项目一期工程、桂林市第二水源工程—引水工程子项、桂林市第二水源工程—西城水厂工程子项、秀峰区城市绿道系列建设项目、雁“南、北、飞、翔”道路建设工程、临桂易地搬迁农民创新创业园项目、桂林市兴安至阳朔公路延长线工程（含阳朔县福利镇漓江大桥）、桂林高铁园道路建设工程、临桂新区机场路以北片区湖塘水系连通周边景观绿化工程等 45 个项目。竣工万福路维修改造工程、城北水厂一期扩建工程、临桂新区西城大道南延长线（秧一路至临苏路口）改造提升工程、永福县洛清江东岸道路基础建设项目、兴安县县城道路改建项目等 14 个项目。

【旅游景点景区建设】2021 年，桂林市实施旅游景点景区重大项目建设 53 个，其中前期项目 11 个、新开工项目 6 个、续建项目 34 个、竣工项目 2 个。全年桂林市围绕世界级旅游城市打造，不断整合旅游项目资源、集聚品牌效应，推动旅游产业项目品质提档升级，桂林旅游业逐渐向多元化转型，形成百花竞放新局面。开展桂林·两江四湖全域文化旅游、迷山·阳朔国际运动休闲度假区等 11 个项目前期工作。开工建设桂林磨盘山旅游度假区、桂林市桂海国际旅游度假区、桂林秀峰区荷韵生态体育公园、桂林平乐佳瑶民俗生态旅游度假区等 7 个项目。续建桂林市文化旅游中心、融创文化旅游城、悦桂情歌田园项目、禄坊生态城（雪松文旅小镇）项目、益田·雁山民国风情小镇项目（一期）、桂林罗山湖体育旅游开发利用建设项目（二期）、中国健康好乡村项目、桂林八角寨景区提升改造、荔浦银子岩境 SHOW·生动莲花等 34 个项目，竣工阳朔·兴坪休闲养生度假区（一期）、全州县湘江战役红色旅游遗址群建设项目、原味漓江创国家 4A 级旅游景区等 3 个项目。

2021 年，阳朔·兴坪休闲养生度假区（一期）竣工。（市发展改革委供图）

【交通项目建设】 2021年,桂林市实施交通重大项目建设38个,其中前期项目11个、新开工项目4个、续建项目17个、竣工项目6个。全年桂林市聚焦公路水路交通基础设施建设,交通布局进一步完善,成功入选全国性综合交通枢纽城市、首批广西交通强区建设试点单位。开展桂林北站站房及东广场改造一期工程、桂林港平乐港区珠子洲作业区码头一期工程、桂江运力提升工程等11个项目前期工作。开工建设省道S202阳朔(福利)至平乐公路(阳朔段)、平乐县平乐至昭平公路建设项目(长滩至黄龙段)、恭城瑶族自治县县城三桥两路、全州石塘经蕉江至高尚公路(兴安段)、兴安县华江瑶族乡旅游公路1期(省道S202线-华江)工程等5个项目。续建灌阳至平乐高速公路、龙胜各族自治县生态旅游扶贫大环线瓢里至平等(野牛坳)公路改建项目、G72泉州至南宁高速公路广西桂林至柳州段改扩建工程(临桂段)、桂林至柳城高速公路(临桂段)等17个项目。竣工青狮潭至公平公路改造工程、桂三高速公路龙胜县城段出口连接公路工程、阳朔至平乐二级公路改建项目(平乐段)、栗木镇大石桥至观音乡水滨道路4个项目。

【产业和服务业项目建设】 2021年,桂林市实施产业和服务业重大项目建设541个,其中前期项目116个、新开工项目72个、续建项目295个、竣工项目58个。全年桂林市继续实施项目带动战略,坚定不移抓产业、强支撑、调结构、育动能,全市工业发展提质增效、农业持续高速增长、现代服务产业增势向好。开展格力桂林产业园项目、航空轮胎产业基地项目、桂林中电科信息产业园、桂林石墨烯复合材料产业园、中国长城(桂林)数字经济生态创新示范园项目、荔浦市衣架家居特色产业园建设等116个项目前期工作。开工建设电科云(桂林)国际大数据发展中心、桂林领益智造智能制造项目、驰普·桂北国际高新科技产业城开发项目、桂林隆典赐佳鞋业项目、桂林荔浦保税物流中心(B型)建设项目、荔浦市高新技术产业园综合建设(二期)工程等72个项目。续建桂林国际会展中心、深科技智能制造产业园项目、华为科技城、桂林市叠彩区漓江茂源奇果大世界、桂林航空航天产业园(一期)、研祥计算机研发交流中心、白云电气集团公司桂林电气节能及电力电子产业项目、增材制造产业园、中国长城(广西)PKS信创产业生态基地项目、桂林福达农产品冷链物流园、广西医疗器械(桂林)产业示范园、桂林希宇文化创意产业园项目、兴安县玉环汽车部件产业园、灌阳县双百双新科技产业园、广西桂林市灌阳县岭南黑白根石材文化产业园、桂林微腾电子科技有限公司电子产品生产项目、广西东维丰电子科技有限公司高新电子生产项目、桂林市西德电梯有限公司年产5000台(套)电梯生产项目、桂林鹏威新能源科技有限公司年产20亿瓦时锂离子电池建设项目、荔浦市美亚迪光电有限公司LED显示模组及印制线路板等295个项目。竣工桂林吉福思罗汉果有限公司扩建提升工程、桂林临桂新区物流配送中心建设项目、年产120万吨炼钢及轧钢生产线技改项目、桂林智熠感光材料科技有限公司感光油墨建设项目、桂林环氧防腐钢管生产基地项目等68个项目。其中,安科讯数字能源智能制造等一批发展前景好、带动能力强的重大项目成功落地,为桂林市经济高质量发展注入新活力;领益智造苏桥一期项目从签约立项到项目一期竣工投产前后仅32天时间,创造新的"桂林速度";总投资160亿元的融创国际旅游度假区开业,成为广西高品质一站式旅游目的地和文旅新地标;福达农产品冷链物流园开园营业。

2021年,桂林领益智造智能制造项目开工建设。 (市发展改革委供图)

【民生和社会事业项目建设】 2021年,桂林市实施民生和社会事业重大项目建设146个,其中前期项目26个、新开工项目33个、续建项目64个、竣工项目23个。全年桂林市以促进共同富裕为着力点,切实保障改善民生,全市民生保障水平稳步提升。开展铁西片区旧改项目、桂林市桃花源·信科智慧小镇一期、中国兴安湘江红色文化旅游暨城乡一体化综合改革示范区项目、桂林市急救中心综合楼建设等26个项目前期工作。开工建设朝阳片区安置房建设工程、桂林市秀峰区老旧小区改造项目、荔浦市荔城镇棚户区改建工程(二期)项目、兴安县界首镇湘江战役中央纵队界首渡江遗址公园、三江乡新型城镇化示范乡镇建设(田园综合体)、桂林市广演艺术中等职业学校建设等25个项目。续建桂林医学院附属医院整体搬迁项目、桂林经济技术开发区教育产业园、桂林市中医医院城北院区建设项目、七星区塔山片区城中村·棚户区改造暨环境整治工程、桂林市秀峰区琴潭片区及文化广场建设二期项目、桂林市临桂区尚贤学校、桂林医学院第二附属医院综合改造提升项目、兴安县红军长征国家文化公园项目、平乐县昭州中学建设工程等64个项目。竣工龙船坪特色街区提升改造工程(码头服务设施建设项目)、兴安县城乡建设用地增减挂钩项目、龙脊大道教育园区建设项目、平乐县中医医院综合业务用房(一期)建设项目、荔浦市茶城乡新型城镇化示范乡镇建设等20个项目。

【生态文明项目建设】 2021年,桂林市实施生态文明重大项目建设25个,其中前期项目5个、新开工项目11个、续建项目5个、竣工项目4个。全年桂林市始终把生态保护放在第一位,坚持依法严格管理、系统修复治理,持续推进漓江“三统”改革、“四治”工程,生态环境质量持续提升。开展桂林市龙门污水处理厂新建工程、桂林市生活垃圾循环利用资源化产业中心项目等5个项目前期工作。开工建设洲岛生态修复工程(蚂蝗洲、大小洲和伏龙洲)、桂林市餐厨废弃物资源化利用和无害化处理BOT项目(二期)、恭城瑶族自治县耕地提质改造项目四期工程、荔浦市美新污水处理厂扩建工程等8个项目。续建漓江生态修复工程桂林市琴潭“千亩荷塘湿地”项目、临桂新区黑臭水体综合整治修复工程等5个项目。竣工阳朔县生态环保科技园项目、世行贷款项目桂林市环境综合治理工程(排水项目)、桂林喀斯特世界自然遗产地(风景名胜区)生态景观修复4个项目。 (黄琳琳)

漓江生态保护

【概况】 中共桂林漓江风景名胜区工作委员会(简称漓江风景名胜区党工委)、桂林漓江风景名胜区管理委员会(简称漓江风景名胜区管委会),为市委、市人民政府的派出机构,实行一个机构、两块牌子,负责漓江风景名胜区统一管理、统一经营、统筹各方利益工作。办公地点位于桂林市七星区骖鸾路23号。内设机构6个。下设参照公务员法管理事业单位1个,为桂林漓江风景名胜区综合执法支队;全额拨款事业单位2个,分别为桂林漓江风景名胜区战略发展处(桂林漓江风景名胜区港航管理处)、桂林漓江风景名胜区市场拓展处。年内,漓江风景名胜区党工委、管委会深入学习贯彻中共十九大和十九届历次全会精神,贯彻落实中共中央总书记习近平视察广西桂林漓江重要讲话和重要指示精神,全面落实市委、市人民政府工作部署,突出把生态保护放在第一位,呵护好最美漓江。4月,中共中央总书记习近平视察漓江并给予高度肯定,指出:这些年来,你们在生态环境保护方面做了很多工作,做得很好。6月,中央改革办刊发宣传推广漓江生态保护改革创新经验,为2018年以来广西唯一被中央改革办刊发。11月,国务院在全国范围通报表扬漓江生态保护典型经验,是全国唯一入选江河治理典型。

【中共中央总书记习近平视察漓江】 2021年4月25日下午,中共中央总书记习近平到桂林市阳朔县漓江杨堤码头,听取漓江流域综合治理、生态保护等情况汇报,并乘船考察漓江阳朔段。习近平强调,全中国、全世界就这么个宝贝,千万不要破坏。要坚持山水林田湖草沙系统治理,坚持正确的生态观、发展观,敬畏自然、顺应自然、保护自然,上下同心、齐抓共管,把保持山水生态的原真性和完整性作为一项重要工作,深入推进生态修复和环境污染治理,杜绝滥采乱挖,推动流域生态环境持续改善、生态系统持续优化、整体功能持续提升。26日下午,中共中央总书记习近平到桂林市漓江之畔象鼻山公园,远眺山水风貌,沿步道察看商业、邮政等服务设施。中共中央总书记习近平指出:桂林是一座山水甲天下的旅游名城。这是大自然赐予中华民族的一块宝地,一定要呵护好。要坚持以人民为中心,以文塑旅、以旅彰文,提升格调品位,努力创造宜业、宜居、宜乐、宜游的良好环境,打造世界级旅游城市。

【国务院通报表扬漓江保护经验做法】 2021年11月8日,经国务院同意,国务院办公厅发文对国务院第八次大督查发现的“广西壮族自治区桂林市全力促进漓江流域生态环境持续向好”等涉及16个省(自治区、直辖市)的48项典型经验做法予以全国通报表扬,漓江是唯一入选江河治理典型。

【中央改革办宣传推广漓江保护改革经验】 2021年6月,自治区向中央专报桂林漓江流域生态保护改革创新经验——《牢记总书记殷殷嘱托 创新漓江“三统”管理体制 擦亮“桂林山水甲天下”金字招牌》,被中央深改委办公室第49期《改革情况交流》刊发宣传推广,为2018年以来广西唯一被中央改革办刊发。

【漓江保护治理加强】 2021年,漓江风景名胜区党工委、管委会落实漓江管控措施,保持好漓江山水生态的原真性和完整性。漓江入选国家生态环境部2021年度美丽河湖提名案例,为广西唯一入选。加快开展漓江支流综合整治。市委、市人民政府出台《漓

2021年,漓江风景名胜区党工委、管委会加快推动生态岸线修复,完成蚂蟥洲、大小洲生态修复截污。
(漓江风景名胜区党工委管委会供图)

2021 年 7 月，桂林漓江风景名胜区综合执法支队依法查扣非法载客“黑筏”。
（漓江风景名胜区党工委管委会供图）

江城区段支流综合整治工作方案》，市委书记、市长任指挥长，基本完成漓江城区段 10 条支流“四乱一脏”集中整治，漓江水质常年达到国家地表水Ⅱ类标准，切断污染漓江水质源头，同时启动“治水”“治岸”项目建设，稳居全国前列。筑牢构建法治保护体系。对接促成桂林市与自治区法院、检察院、生态环境厅共同签署《建立漓江流域生态环境司法保障服务联动机制框架协议》，自治区检察院出台 16 条漓江生态环境保护措施，风景名胜区案件统一集中到 1 家公检法部门办理。推动建立纪检监察执纪协同问责机制，市纪委出台《关于在漓江风景名胜区保护监督执纪问责工作中加强协作配合的指导意见》。推动启动修订《广西壮族自治区漓江流域生态环境保护条例》，列入自治区人民政府立法工作计划。深入开展“四乱一脏”整治。漓江管理、农业农村、海事、公安部门建立常态化联合执法机制，重点联合七星区开展乌桕滩等破坏生态环境问题规范整治提升工作，全年开展整治 900 余次，清理拆除“乱建”3 万平方米，整治复绿“乱挖”7 万平方米，查处整治“乱养”800 处，查获规范“乱经营”200 处，督促清理“环境卫生脏”4000余吨。加快实施生态修复提升工程。桂林喀斯特生态修复项目三期全面完工，生态修复点位 8 个、面积 5.7 万平方米；蚂蟥洲、大小洲生态修复一期工程开工，完成截污工程。渔村渔业队岸线生态修复工程、伏龙洲生态修复工程获自治区自然资源厅通报表扬，列入 2021 年广西国土空间生态修复 10 个典型案例；漓江风景名胜区核心景区（世界自然遗产地）生态景观修复工程被列为广西壮族自治区 14 个设区市生态环境保护与治理工程典范。

【漓江管理体制机制改革创新深化】 2021 年，漓江风景名胜区党工委、管委会创新漓江管理体制机制改革，推进漓江治理体系和治理能力现代化建设进程。漓江改革获自治区党委改革办评为广西 2021 年度改革创新十佳成果。市委书记、市长分别兼任党工委、管委会主要领导，推动市编委调整提升领导班子职数，推动市委组织部、市委督查绩效办出台《关于进一步强化桂林漓江风景名胜区管理机构职能和双重管理的意见》，进一步强化机构职能、双重管理及绩效考评。推动落实上收涉及漓江项目审批权限。根据统一部署，上收漓江风景名胜区前置审核至市委、市人民政府层面，起草《桂林市加强漓江风景名胜区建设活动管理的通知》《桂林漓江风景名胜区建设活动和生态景观类报审事项审核和监督管理工作规程》。推动建立生态补偿机制。起草《建立桂林漓江风景名胜区生态补偿机制实施方案》通过市委常委会议审议，列入向自治区申请支持桂林打造世界级旅游城市的若干措施之一。《漓江流域生态保护与治理绩效考评指标评分细则》纳入全市绩效考核内容，制定印发 2021 年度县（市、区）漓江流域生态保护与治理指标考核方案，将相关县（市、区）和单位“四乱一脏”整治、支流综合整治等工作纳入考核指标。加快建设数字漓江 5G 融合综合平台。广西唯一获国家发展改革委批准的 2021 年新基建专项资金规划项目，争取到中央预算内资金支持，编制完成可研报告及初步设计方案。探索核心景区原住民调控疏解搬迁路径。组织开展漓江精华段可视范围实地调查摸底，科学提出拆除、遮挡、改造、搬迁共 4 类有效措施，形成专题报告报市委决策参考，同时协助指导县（市、区）做好漓江沿岸民居风貌提升。

【漓江景区格调品位提升】 2021 年，漓江风景名胜区党工委、管委会坚持突出生态优势转化，不断释放绿水青山的生态价值。创新漓江“三统”管理体制入选 2021 年广西文化旅游改

2021 年 11 月，漓江风景名胜区党工委、管委会构建“天空地水”一体保护体系，启动建设数字漓江 5G 大数据监管平台。（漓江风景名胜区党工委管委会供图）

2021年，首艘漓江五星级高端游船“骏达之梦”建成运营。
（漓江风景名胜区党工委管委会供图）

革创新十佳案例。加快打造国际一流漓江水上游览项目服务品质。印发《漓江5A级景区常态长效管理方案》，进一步优化游船星级评定和服务质量评审工作程序，完成磨盘山、竹江等客运港品质提升改造，首艘漓江五星级高端游船“骏达之梦”建成运营，广西首艘五星级新能源豪华游船“桂林旅游号”启航，采用电力推进系统，漓江星级游船达156艘。推动水上游览强势复苏。开通试运营“阳朔至福利（往返）”水上游览航线，创新开展“献礼建党百年　致敬老党员”等活动，实施“广西人游漓江”等优惠促销政策，惠及6.8万人次，粤桂三市（桂林、贺州和肇庆）及云南文山州、湖北十堰市居民同等享受。克服疫情严重影响，漓江星级游船游客达82万人次，总收入1.6亿元，满意度99%以上。不断深化准入退出管理及票制票价改革。依法依规完成与漓江精华段、城市段、乡村段全部游船企业签订经营权合同，漓江水上游览线路票制票价改革完成景区门票、交通服务费的成本监审、成本测算工作和新设置的27条漓江水上游览项目票价试运行审批，推动自治区发展改革委将漓江景区水上游览价格审批权下放桂林市。强化信息化管理构建票务管理体系。漓江精华段、城市段、乡村段游船游览项目已全部纳入“一键游漓江”票务平台，完成游览排筏售票管理业务纳入“一键游漓江”平台的功能开发，推动灵川、阳朔、雁山游览排筏及兴坪至渔村、分时分段游统一纳入，积极构建“统一定价、统一售票、统一票证、统一调度、统一结算”的票务管理体系。

（王旭）

旅游品质提升

【“桂林经典”文旅品牌提升】 2021年，桂林市全力推动打造一批世界级和国家级文旅品牌，推动雁山、龙胜创建国家全域旅游示范区，积极创建国家全域旅游示范市。加快推进长征国家文化公园（广西段）项目建设，重点打造国家红色旅游新坐标。推进红军长征湘江战役红色文化旅游景区、龙脊梯田景区创建国家5A级旅游景区，推动桃花湾等创建国家级旅游度假区。继续推动秀峰东西巷创建国家级夜间文化和旅游消费集聚区、阳朔西街创建国家旅游休闲街区。高标准改造提升漓江黄金旅游带旅游配套设施，投入运营一批五星级高端特色化游船。加大象山景区免费开放之后的品牌营销策划，打造提升象山景区品质。打造灵渠世界级文旅品牌，深挖灵渠在世界、中国的历史、文化、水利等方面的重要意义和价值，加强灵渠保护利用，申报世界文化遗产，加快编制《灵渠保护利用规划》，推动打造灵渠世界级文旅品牌。发展高端住宿业品牌，推进阳朔蔚景温德姆、丽诗阿卡迪亚、隐庐三大国际品牌酒店群开业运营。

【旅游消费品质提升】 2021年，桂林市打造世界级旅游消费中心，加快国家文化和旅游消费示范城市建设，争取国际消费中心特色城市试点，培育高品位旅游休闲街区和大型消费商圈以及夜间消费聚集区。发挥桂林对外开放和区位优势，多在桂林举办区域间合作和国际外交活动，提高中国对东亚、东盟、南亚等周边国家的辐射力和国际影响力。将更多的全国性、国际性的文化交流活动、旅游宣传推介活动，以及相关的高端论坛、会议放在桂林举办。建设完善全民健身中心、体育公园、健身步道等设施，丰富健康消费品和服务供给。重点推进“桂林有礼”大型名优产品展示中心等项目，重塑“桂林老字号”，提升桂林米粉等品牌，建设一批特色美食街区，打造世界级美食中心。加快培育100家文旅消费示范企业。推动临桂区《远去的恐龙》演出剧场项目建设，推进漓江歌剧院项目全面竣工验收。争取靖江王陵考古遗址公园通过国家文物局验收并挂牌，加快推进甑皮岩国家考古遗址公园保护展示提升工程。启动轻歌剧《桂林山水歌》创编工作。提升《桂林之夜》沉浸式情境演出，推动桂林非遗馆沉浸式体验项目对外开放。

【旅游交通基础设施建设提升】 2021年，桂林市争取国家、自治区支持桂林打造世界级航空枢纽，积极培育往返欧美等国际航线，增飞省会城市航班，加密往返广州、上海、北京等入境口岸城市航班，开通桂林至澳门的往返航班，适时恢复中国香港、台北地区以及东南亚国家和地区的航线，给予桂林国际机场口岸53国72小时过境免签期限延长至144小时的政策。建设完善公共服务设施，加快高铁旅游集散中心建设，强化桂林北站旅游集散枢纽中心作用，优化临桂新区旅游集散功能，加强市域内高铁站至重要景区景点旅游专线车并常态化运营。加快建设桂林南、北两条旅游环线，建设完善环桂林旅游风景道，打造文旅综合体型高速公路服务区，构筑“快进慢游”的旅游公路网络。围绕8条大桂林生态休闲旅游精品线路，推动旅游基础设施和公共服务设施中英文标识系统建设全覆盖，打造语言无障碍国际化城市。

【旅游服务质量提升】 2021年，桂林市加强旅游智慧化监管，继续推进智慧旅游项目建设，完善旅游团队电子行程监管体系，推进“一键游桂林”智慧监管平台升级。加快全国旅游投诉调解与仲裁衔接试点建设，建立旅游纠纷快速调解仲裁规则，推进文化和旅游市场信用经济发展试点建设。推进旅行社转型发展及诚信等级评定，规范发展散客旅游市场。持续抓好旅游市场秩序整治，营造游客舒心、放心、安心的市场环境。

【节庆活动内容提升】 2021年，桂林市开展“习近平总书记‘4·26’在象山公园讲话一周年”献礼活动，一批代表性项目开(竣)工，评选发布“十大网红打卡地”“十大夜间消费集聚区”“十大旅游休闲街区”等网红产品，筹备中国邮政总局象鼻山邮票首发仪式，策划实施系列事件营销。组织实施广西壮族“三月三”主题促销活动、“中国旅游日”活动、冬游广西等主题宣传营销活动。办好“两会一节”等国际展会，探索引进“草莓音乐节”等国际有影响力的品牌节庆活动。

（唐飞鸿）

宜居城市建设

【概况】 2021年，桂林市住房和城乡建设局以打造世界级旅游城市为统揽，践行以人为本、人与自然和谐共生的生态理念和以绿色宜居为导向的生态发展观。完善政策举措，强化责任落实，破解城乡二元结构，推动城乡一体化发展。聚焦山水和文化旅游城市特点，坚持显山露水、视廊通透原则，高起点规划、高标准建设、高水平管理，构建设施完备、功能完善、“城在景中，景在城中，人在画中”城景和谐交融、人文相得益彰的城市空间。在城乡建设中加强历史文化保护传承，加快城市风貌特色研究设计，推进模块建造、绿色建筑、海绵城市和城市更新，优化山、水、城、文、绿一体的景观体系，力争做到“一砖一瓦都入景、一街一道均成文”。实施乡村振兴战略和推进城乡融合发展，实施城市重大基础设施、公共服务设施及民生设施配套建设，进一步完善城市功能，提升城市公共服务设施现代化、综合化、立体化、智能化水平，全面提升城乡人居环境，加快推动桂林建设高水平宜居城市。

【控制性详细规划调整】 2021年，桂林市住房和城乡建设局对标打造世界级旅游城市，加大国土空间总体规划和城乡规划编制工作力度，逐步构建起以总体规划为指导、以控制性详细规划为基础、修建性详细规划为承接以及近期建设规划、专项规划等为辅助的规划体系，发挥城乡规划对推动改善城乡人居环境，促进经济社会发展和提升人民群众生活品质的基础性、制度性保障作用。

按照《城市居住区规划设计标准》居住区生活圈的要求，不断构建完善便捷的城市公共服务基础设施体系。从2018年至2021年8月，调整完善了市人民政府审批通过的控制性详细规划：一是教育用地。按照15分钟、10分钟、5分钟生活圈居住区配置初中、小学与幼儿园，新增10所小学、扩建5所小学，共计增加438班；新增3所初中，扩建3所初中，共计增加105班；新增2所高中，共计增加108班。此外，2000人规模的城镇小区均规划配套幼儿园，规划新增幼儿园47所，共计增加354班，并在用地出让时明确幼儿园与项目同步规划、同步设计、同步建设、同步验收、同步交付使用并无偿移交各城区教育部门。二是医疗用地。为健全重大疫情救治体系，完善桂林市公共卫生系统，规划保留、新增、扩建6处医疗卫生用地。三是道路与交通设施用地。优化新建路、春江路、南洲路等多条城市干道、支路及巷道的线形、宽度、道路等级以及交叉口形式等内容，并继续深化遇龙路、阳江路等城市快速交通通道的方案研究。四是市政公用设施用地。为加强基础设施建设，新增1处变电站、3处垃圾站、1处给水泵站等。

【交通设施建设推进】 2021年，桂林市“畅通缓堵”建设工程工作领导小组成立，加快推进“断头路”项目和新建立交桥项目前期工作，编制仙人桥专项维修加固及拆除重建工程方案，加大投资维护道路桥梁，大力建设完善地下管网等。实施新建人行天桥项目，结合城市车流人流分布，科学规划、合理安排建设的点位和数量。阳江路、遇龙路、西城大道立交等项目已开展前期工作；桂雁路、临雁路、人行天桥等项目前期工作逐步推进；万福路维修改造全部完工；净瓶山桥拆除重建工程概算总投资约4.63亿元，便桥已搭设完成；国道321雁山至临桂段公路改线工程项目，明确项目由市交通投资控股集团作为业主，推进项目前期工作，同时启动项目起终点的研究、道路选线方案的研究工作。同

2021年，桂林市城市建设践行“城在景中，景在城中，城景交融”宜居理念。图为宜居的临桂新区。

（市住房和城乡建设局供图）

2021 年，万福路提升改造后道路更加通畅。（市住房和城乡建设局供图）

时，加快城市公共交通发展，进行公交成本规制，实施有效财政补贴政策，推动公交行业持续发展；由单一常规线路经营模式，拓展为集常规公交线路、定制公交、特色专线等多元化经营模式，逐步推进城市公交个性化、定制化、智能化、信息化建设。

【市政基础设施建设完善】 2021 年，桂林市住房和城乡建设局大力实施绿色发展战略，全面推进市政建设绿色发展。加快补齐城乡基础设施和公共服务短板，优化城乡路网结构，加快构建快速路、主次干路和支路合理配置的路网系统，有效改善城市交通拥堵现状，打通新老城区交通大动脉，抓好新老城区连接区域城乡风貌改造提升，消除连通空白区域，推动新老城区加速深度融合。全年桂林市 6 城区城市道路长度合计 1094.10 千米，建成区面积 134.67 平方千米，路网密度为每平方千米 8.12 千米。市政基础设施建设项目全年累计完成投资 21672.92 万元（其中道路、桥梁日常维护产值 1972.92 万元），实现利税 9.14 万元，工程质量合格率 100%，道路完好率 96% 以上。超额完成自治区下达桂林市建设“地下管网”任务。“地下管网”建设项目实际开工 166 个，完成投资 20.62 亿元，完成投资任务的 126.27%；续建新建管道 640.89 千米，完成管道任务的 215.88%。提高市政设施养护管理能力，确保道路完好通畅。万福路、黄桐路维修改造完工，修复开挖路面 101 处 71683 平方米，抢修路面塌陷 18 件。对城市道路实行数字化管理，全年数字化热线平台派发城市道路处置案卷 6057 件，平均每月处置 505 件。加强市政设施维护管理，确保桥梁牢固通畅美观。沙河立交桥、丽泽桥、南洲大桥完成维修改造工程。专项检测桥梁 46 座，工程质量合格率 100%。

【城市更新体制机制建立】 2021 年，桂林市住房和城乡建设局坚持生态优先、结构合理、功能完善原则，注重城市有机更新，注重绿量、绿地结构和质量有机结合，突出生态、景观、文化、休憩和应急减灾功能，以生态为核心，以景观为载体，以空间优化为基础，以改善城乡人居环境为目标，建立城市更新政策体系和工作机制，有效推进城市更新。编制出台《桂林市建设世界级宜居城市建设工作实施方案》《桂林市生态基础设施规划》《桂林市城市重要道路两侧规划及风貌管理若干措施》等重点规划方案，编制完成《桂林市城市更新实施办法》初稿；申报国家系统化全域推进海绵城市建设示范城市；收集全市城市更新项目 488 个，建设金额约 1614 亿元，形成城市更新项目库，推进一批成熟的城市更新项目立项、开工。实施老旧小区改造和住宅加装电梯。

【安居惠民工程成效】 2021 年，桂林市保障性住房安居工程成效突出。全年，棚户区改造基本建成 4265 套，新开工 1888 套；公租房基本建成 1950 套，新开工 2700 套；发放城镇住房保障家庭租赁补贴任务 2016 户。保障性安居工程完成投资 9.79 亿元。广西公租房智慧云监管平台推广顺利。按照统一的规范和标准，积极配合自治区构建“阳光社区 · 美丽家园”广西公租房智慧云监管平台。桂林市参与公租房云监管平台建设的小区有 13 个，安装人脸识别系统 58 套、智能门锁 2245 套。15 个公租房小区创建“阳光社区 · 美丽家园”活动，经自治区住房和城乡建设厅专家组验收全部达标。桂林市被住房和城乡建设部列为全自治区唯一一个公租房 APP 使用试点城市，开展“为民办实事”实践活动和“阳光社区 · 美丽家园”创建活动。老旧小区改造成果显著。根据

2021 年，迎宾安居小区达到自治区“阳光社区 · 美丽家园”示范小区创建标准。

（市住房和城乡建设局供图）

居民改造意愿，按照“成熟一批、改造一批”的原则，居民改造意愿强烈的小区优先纳入改造计划。在改造过程中坚持党建引领、社区党组织、居委会指导居民成立业主委员会或居民自管小组，发动小区居民共同参与老旧小区改造的全过程，实现“共建、共治、共享”。全年城镇老旧小区改造项目涉及412个小区，涉及建筑面积366.29万平方米、居民46444户。已改造完成95个老旧小区，建筑面积44.48万平方米，惠及居民5021户，完成投资额3.54亿元。全年打造一批示范项目，树立改造标杆。选择桂林理工大学宿舍区、七星区鸾东小区等老旧小区作为2021年桂林市老旧小区改造示范项目，重点完善停车充电、养老托幼、医疗卫生、文化体育、菜市场、社区食堂等社区服务，着力打造“完整社区”“绿色社区”，为全市老旧小区改造提供可复制的经验和做法。

【农村人居环境改善】 2021年，桂林市住房和城乡建设局深入推进新型城镇化示范乡镇建设。第六批11个示范乡镇累计完成投资4.78亿元，年度投资完成率106.22%；出台《桂林市新型城镇化示范乡镇落实长效管理指导意见》。稳步推进名镇名村建设工作。积极筹备组织开展第八批名镇名村申报工作。加快推进特色小镇培育。第一批5个特色小镇特色产业完成投资额53.94亿元，项目累计完成投资约158.07亿元；第二批4个特色小镇产业策划和核心区建设规划成果已通过自治区专家审核。加强古民居保护和古建筑群修缮维护。各级政府相继下拨专款对灵川县江头村和长岗岭村古建筑群、恭城瑶族自治县古建筑群、恭城瑶族自治县朗山民居、全州县燕窝楼、阳朔县古戏台、龙胜各族自治县平等鼓楼群等古建筑进行维修和保护。（秦艺）

医美电竞时尚设计产业发展

【概况】 2021年，为助力打造世界级旅游城市，适应旅游发展新趋势，桂林市积极引进医疗美容（简称医美）、电子竞技（简称电竞）和时尚设计新业态新模式，进一步加快山水观光等传统业态提升，实现传统业态与新兴业态相映生辉。年内，医美电竞时尚设计产业发展工作组协同市卫生健康委员会、市体育局和市工业和信息化局编制了《桂林市打造世界级旅游城市医美电竞时尚设计产业发展2022年工作方案》。

【医美产业发展】 桂林市医美产业主要包括医美服务、医美制造和相关配套服务三大板块。2021年，桂林市整形美容机构有18家，其中公立机构5家（解放军九二四医院、桂林医学院附属医院、市人民医院、南溪山医院、市中医院），民营机构13家。全年服务量约15万人次，收入1.56亿元。整形消费类型以旅游整形消费为主。桂林市医美制造业主要代表企业有桂林市啄木鸟医疗器械有限公司、桂林市锐锋医疗器械有限公司、桂林维润医疗科技有限公司、桂林华诺威基因药业有限公司、桂林清研皓隆新材料有限公司、桂林优利特医疗电子有限公司等。桂林市啄木鸟医疗器械有限公司、桂林市锐锋医疗器械有限公司、桂林维润医疗科技有限公司主要生产超声洁牙机、超声骨刀机、牙科种植等10余种口腔医疗器械产品，年产值约7亿元，桂林市啄木鸟医疗器械有限公司超声洁治设备市场占有率达80%以上。桂林华诺威基因药业有限公司主要产品有重组人表皮生长因子凝胶、华雅护肤系列等几十种，年产值约3亿元。桂林清研皓隆新材料有限公司主要产品有石墨烯创新医疗器械，石墨烯美容、修复医疗器械在医美领域的应用。全年石墨烯材料产品、大健康美容用品产值约0.75亿元。桂林医美产业发展政策优势明显，文旅产业支撑有力，关联产业基础扎实，生态环境良好，创新优势突出。全年桂林市接待游客人数超过1.2亿人次，为医美产业提供了丰富的消费群体。桂林市在中药民族药、化学原料药、生物技术药、医疗器械等方面具有产业基础。桂林市宜业宜居、环境优美，康养资源丰富，2021年地表水考核质量排名全国第三。全市有高校15所，中央直属、自治区直属科研院所9家，国家和省部级重点实验室40多个，在医疗美容、生物医药等领域集聚了众多的创新资源。桂林市医疗美容产业发展总体思路是按“强保障、招龙头、补链条、聚集群、育品牌”的思路，借鉴国内先进地区医美产业发展经验，同时结合桂林特色，推动桂林市医美产业实现跨越式发展。强化保障。加强组织领导，进一步强化医美产业发展工作专班，明确各成员单位工作职责，加强对全市医美产业的组织领导；制定产业发展规划，明确桂林市医美产业发展的方向和规划布局；出台扶持政策，并向上争取政策支持，优化医美产业发展的营商环境。招大引强。聚焦医美服务企业和医美制造企业，组织专业招商团队重点赴北京、上海、成都、深圳等城市，瞄准行业龙头企业和定级医疗美容机构精准招商，加快引进一批医疗美容、药械、药品及关联的经销贸易、信息服务、金融服务等领域知名龙头企业（机构）。补齐链条。以医美服务和相关制造业为依托，延伸发展旅游、康养、信息服务、文创、生

2021年6月10日，桂林市人民政府首次召开医疗美容研讨会，会议就打造世界级旅游城市——“美丽桂林”展开积极讨论。（市发展改革委供图）

活美容、贸易、会展等关联产业，推动“医美＋文旅”“医美＋医药”“医美＋会展”“医美＋数字经济”“医美＋康养”“医美＋生活美容”等融合发展；建设临床研究平台和基础研究平台，推动“产、学、研、资、政”发展，在皮肤健康管理研究、化妆品功效检测评价、化妆品研发和大数据方面达到国内先进水平；创新性设立医疗美容专业，推动医美产业学院建立，培养高端医美专业人才。聚集群。规划建设医美产业园，依托桂林市啄木鸟医疗器械有限公司、桂林华诺威基因药业有限公司等相关企业，规划建设桂林医美产业园，布局医疗器械、医药、光电等相关产业，打造医美产业集群；打造医美时尚街区。规划打造桂林市医美时尚街区，主要规划布局医美医院、特色医美专科、健康管理美体馆、生活美容工作区、轻医美创新空间等业态，吸引一批医疗美容机构入驻，加快桂林市优质医美产业集聚发展。立足品牌质量。加快引进医美产业龙头企业和培育医美机构知名品牌，通过“两会一节”、医美产业发展大会、医美产业高峰论坛、医美供应链大会等，加强医美品牌宣传推广，打造桂林“世界医美中心”品牌。

2021 年 11 月 8 日，桂林医学院附属医院国际医美中心揭牌启用。

（市发展改革委供图）

【电竞产业发展】 2021 年，桂林市电竞产业相关企业主要为力港网络科技股份有限公司，该公司是一家集互联网开发应用、网络动漫游戏研发、运营和服务为一体的企业，主要游戏包括捕鱼达人网络版——深海狩猎、斗地主、酒吧骰、麻将、字牌、五子棋等。力港游戏多次成功举办过旗下网络游戏的竞技大赛。此外，桂林还有华为、深科技、智神等一些较有实力的电子设备制造企业。桂林风景优美，文化旅游资源丰富，对大型会展赛事具有较好的接待能力和旅游效益，是桂林发展电竞产业的重要优势。年内，市体育局开展规划编制前期工作，会同市文化体育产业投资发展集团有限公司，积极对接清华大学海峡研究院电竞研究中心就《编制桂林市电竞文旅项目实施及发展规划》相关工作进行讨论。开展项目选址工作，市体育局与市文化体育产业投资发展集团有限公司、兴进投资开发有限公司、清华大学海峡研究院电竞研究中心，在桂林选址建设电竞小镇。探索培养电竞产业人才的方法路子，积极探索与高校合作培养电竞产业所需的各类型人才，打造桂林培养电竞产业人才高地。委托桂林领域文化传媒有限公司与桂林理工大学南宁分校就培养电竞产业人才联合办学进行洽谈。

【时尚设计产业发展】 2021 年，桂林市时尚制造业主要集中在纺织、制鞋、皮革、工艺美术等行业。纺织业主要代表企业有桂林溢达纺织有限公司、桂林市金铃服装有限责任公司等 6 家企业，2021 年规模工业总产值 5.67 亿元，桂林溢达纺织有限公司的产值占桂林市纺织业的比重达 82% 以上。制鞋代表企业有桂林赐佳鞋业有限公司，是全球前 3 强的制鞋代工企业，2021 年规模工业总产值 1.49 亿元。皮革企业有巴斯波（桂林）皮件有限公司，生产和出口皮革制品及其饰品挂件，2021 年规模工业总产值 1.06 亿元。桂林工艺美术主要涉及陶瓷、竹器、雕刻（木雕、石雕）、纸扇、刺绣、宝石、金银首饰制作等行业。桂林根雕、鸡血玉等工艺美术产品在国内外有较高的知名度。规模以上企业为荔浦市生产团伞出口日本的桂林广恒工艺品公司，2021 年规模工业总产值 1600 万元。桂林溢达纺织有限公司主要为世界知名服装品牌及零售商制造成衣；桂林赐佳鞋业有限公司主要生产加工运动鞋和凉鞋；桂林市金铃服装有限责任公司是桂林本土的服装生产、加工、销售公司；桂林喀斯特服饰有限公司是桂林本土原创民族品牌服饰设计、生产和销售公司，在全国各旅游城市设立 50 多家品牌专卖店，并且获得国家旅游局、自治区等多项大奖。同时，桂林市拥有优势的旅游业资源和文化历史资源，能够为时尚产业发展提供市场基础和灵感来源。年内，建立市领导联系跟踪服务企业工作机制，着力解决企业生产经营和项目建设中遇到的困难问题。组织召开桂林市溢达纺织自有品牌“十如仕”等服装产品产销对接会，在全市部分重点工业企业、银行、通信等行业进行推广，搭建内销平台。引导纺织企业参与自治区“33 消费节”·助推工业振兴系列活动，培育新的增长点。加大企业扶持力度。争取自治区专项资金和桂林市本级工业和信息化专项资金支持溢达、赐佳鞋业等重点时尚制造业近 200 万元。通过建立领导包抓推进项目制度，统筹推进临桂溢达年产 6.5 万吨绽棉纱新建特纺厂、桂林赐佳鞋业厂区等重大项目建设，确保项目按期投产。组织召开全市经济运行分析调度会，加强对纺织、制鞋、皮革等重点时尚制造业的监测分析预警，对重点企业进行一对一走访调研和帮扶指导，助力企业加快生产。

（申妮）

中国共产党桂林市委员会

综　　述

【概况】 2021年,中国共产党桂林市委团结带领全市各级党组织、广大党员和干部群众凝心聚力沿着习近平总书记指引的方向奋勇前进,统筹疫情防控和经济社会发展,扎实做好改革发展稳定各项工作,实现“十四五”良好开局。中国共产党桂林市委员会办公室(简称市委办)办公地址在桂林市临桂区西城中路69号,内设21个科室。

【政治建设】 2021年,桂林市委始终把学懂弄通做实习近平新时代中国特色社会主义思想作为首要政治任务,把深入学习贯彻党的十九届六中全会精神,中共中央总书记、国家主席、中央军委主席习近平视察广西“4·27”重要讲话精神和对桂林的重要指示精神,自治区第十二次党代会精神,与开展党史学习教育结合起来,深刻领会“两个确立”的决定性意义,增强“四个意识”、坚定“四个自信”、做到“两个维护”。突出政治监督,推动中央和自治区党委重大决策部署落实。坚定不移推进党风廉政建设和反腐败斗争,持续整治群众身边的腐败和不正之风,不敢腐、不能腐、不想腐的综合功效不断提高。中央和自治区党委巡视反馈意见整改取得阶段性成果,市委巡察实现全覆盖。

【桂林市委推动经济高质量发展】 2021年,桂林市全力推动经济高质量发展取得新成效。经济运行稳中向好,全市地区生产总值2311.06亿元,(比上年,下同)增长6.6%,一般公共预算收入增长5.4%,社会消费品零售总额增长6%,城镇和农村居民人均可支配收入分别增长6.8%、9.5%。

招大引强,强力推进工业振兴。在2021广西携手粤港澳大湾区共同打造国内国际双循环重要节点枢纽恳谈会上,签约项目数、签约总金额均排全区第一,引进华为、格力、深科技、领益、阳天、安科讯、引领科技等一批产值超百亿元项目落户桂林。全年全市规模以上工业总产值增长14.1%,规模以上工业增加值增长8.1%;21家企业获评广西工业龙头企业,57家企业新认定为广西战略性新兴产业企业,数量均排名全区第一;桂林市获评自治区第一批数字经济示范区。

全面推进乡村振兴。桂林市着力推动政策机制衔接、城乡规划衔接、基础设施衔接、产业发展衔接等做法得到自治区领导充分肯定。6个超百亿元产业集群加快打造,水果种植面积和产量排名全区第一。大力推进田园综合体和美丽乡村建设,“新型城镇+美丽乡村+三产融合”发展模式展现新魅力。县域经济实力增强,阳朔县获评广西高质量发展先进县,临桂区获评广西高质量发展进步县。

打造世界级旅游城市实现良好开局。2021年,桂林市成立由市四家班子主要领导担任组长的领导小组,构建“一办十组”专班专抓工作机制。举办专家研讨会,规划纲要及相关规划编制进展顺利,100项重大项目和重大事项全面推进。打造世界级旅游城市得到自治区和国家12个部委大力支持。

推动文旅产业升级发展。2021年,桂林市出台文旅复苏系列政策和旅游惠民政策,遇龙河旅游度假区获评“国家体育旅游示范基地”,首艘漓江五星级游船建成运营,国家文化和旅游消费试点城市建设顺利推进,融创桂林国际旅游度假区建成开业,阳朔益田西街获批国家级夜间文化和旅游消费集聚区,康养休闲等新业态蓬勃发展,桂林市入选广西全域旅游示范市。

加快推进基础设施建设。2021年,桂林市实施城市更新行动,启动建设总投资195亿元的“畅通缓堵”工程,桂林至柳城高速公路建成通车,桂林市入选全国性综合交通枢纽城市、首批交通强区建设试点单位。

【桂林山水保护取得新突破】 2021年,桂林市坚持依法严格管理、系统修复治理,《桂林市喀斯特景观资源可持续利用条例》获批,桂林喀斯特生态修复项目三期全面完工。漓江干流水质保持国家地表水Ⅱ类标准,漓江保护经验做法获国务院通报表扬。城市建成区黑臭水体消除比例保持100%,全市森林覆盖率71.97%,地表水环境质量保持全国前列,污染地块安全利用率100%,漓江生态原真性、完整性得到系统保护。

【改革开放取得新成果】 2021年,桂林市62项重点改革任务顺利推进,劳动人事争议调解改革经验获国家领导人肯定,“放管服”改革走在自治区前列,生态文明积分制等改革经验在全区推广。健全国有资产统一监管机制,资源、资产、资本“三资”改革取得初步成效。成功举办“两会一节”,名城名企合作成效明显。

【人民生活品质实现新提升】 2021年,桂林市民生领域财政投入370亿元,累计为企业减税降费18亿元。坚持“外防输入、内防反弹”,常态化疫情防控取得积极成效;医联体、医共体建设走在全区前列，通过国家卫生城市复审暗访检查。法治桂林、平安桂林建设深入推进，获“2019—2020年度建设平安广西活动先进市”称号，社会大局和谐稳定。

【文化建设取得新进展】 2021年，桂林市全面压实意识形态工作主体责任，舆论引导和网络意识形态工作水平不断提高。深入开展群众性精神文明创建，乡风文明建设成为全区典型，常态长效创建全国文明城市工作成效显著。全面启动灵渠保护利用提升工作，《桂林市灵渠保护条例》获批，甑皮岩遗址入选全国“百年百大考古发现”，靖江王陵考古遗址公园正式开园，桂林演员再获中国戏剧最高奖“梅花奖”。

【民主法治建设取得新进步】 2021年，桂林市全面加强新时代人大工作，出台加强和改进人民政协工作实施意见，全过程人民民主不断发展完善。在全自治区率先创建铸牢中华民族共同体意识示范县(单位)，成功举办龙胜各族自治县成立70周年庆祝活动，得到全国人大民委、国家民委肯定。积极创建全国民族团结进步示范市，七星区少数民族服务中心一站式服务平台建设经验获中央领导批示肯定。

【党的建设加强】 2021年，桂林市基层党组织实现全域建强，全市党支部标准化规范化建设全部达标，所有行政村集体收入达到5万元以上，市委常委联系指导党建品牌建设深入开展。圆满完成市、县、乡、村四级换届工作，全市领导班子结构更优、动力更足、优势更显、功能更强。创新出台推动高质量发展干部专项考核暂行办法，坚持在重大斗争一线选拔任用干部，全年共提拔重用293名干部到处级领导岗位。深入推进容错纠错，探索构建“昏庸懒散拖”整治体系，有关经验做法获中组部肯定，在《组工信息》推广。扎实推进“一报告两评议”反映问题以及中央、自治区党委选人用人巡视反馈意见整改，制定出台选人用人制度规定10项。2021年全市选人用人工作“好”评率居全区前列。

(袁娟)

重要会议

【全市领导干部会议】 2021年2月2日，桂林市召开全市领导干部会议。自治区党委常委、组织部部长曾万明出席会议宣布自治区党委关于桂林市委主要领导职务调整的决定并作讲话。赵乐秦主持会议并讲话。周家斌、秦春成分别讲话。会议宣布，经请示中央组织部同意，自治区党委常委会研究决定：赵乐秦同志不再担任中共桂林市委书记、常委、委员职务；周家斌同志任中共桂林市委委员、常委、书记。

2021年4月29日，桂林市召开全市领导干部会议。市委书记周家斌主持会议并讲话。市长秦春成、市人大常委会主任张晓武、市政协主席陈丽华出席会议。会议传达学习中共中央总书记、国家主席、中央军委主席习近平视察广西时的重要讲话和重要指示精神和全自治区领导干部大会精神。会议强调，要充分认识重要讲话和重要指示精神的重大意义，全力以赴抓好贯彻落实，始终把生态保护放在第一位，全力打造世界级旅游城市，全面推进工业振兴、乡村振兴，用好用活红色资源，深入开展党史学习教育，把重要讲话和重要指示精神贯穿到桂林高质量发展的各领域、全过程，以优异成绩庆祝中国共产党成立100周年。

【全市农村工作会议】 2021年2月20日召开。市委书记周家斌出席会议并讲话，市长秦春成主持会议，市人大常委会主任张晓武、市政协主席陈丽华出席会议。会议总结“十三五”以来桂林市“三农”工作取得的成绩，分析存在的问题和短板，部署2021年及“十四五”“三农”工作。会议强调，要重点推进农村基础设施完善提升、巩固提升示范乡镇建设成果、田园综合体建设、现代特色农业示范区(园、点)创建，加快发展壮大乡村产业，推动巩固拓展脱贫攻坚成果同乡村振兴有效衔接，推进农村精神文明建设和社会治理，确保“十四五”开好局、起好步，当好全自治区乡村振兴排头兵。

【全市推进工业振兴大会】 2021年2月23日召开。市委书记周家斌、市长秦春成在会上讲话。市人大常委会主任张晓武、市政协主席陈丽华出席会议。会议充分肯定2019年实施工业振兴三年行动计划以来的工作成绩，宣读了表彰名单，分析了存在的问题和困难，提出了2021年和“十四五”时期工业发展目标。会议强调，要重点抓好四方面工作：全力以赴抓园区，坚持工业向园区集中，加快完善“345”工业布局，做大做强园区产业，形成产业集聚发展新优势；全力以赴抓项目，推动资源要素跟着工业项目走，实实在在地抓出一批大项目、好项目；全力以赴抓服务，持续优化政务环境、政策环境、市场环境，抓好政策兑现工作，保护和激发企业家精神；全力以赴抓保障，强化资金保障、土地保障、创新保障和人才保障。

【全市党史学习教育动员大会】 2021年3月12日召开。市委书记周家斌出席会议并作动员部署讲话。市人大常委会主任张晓武、市政协主席陈丽华出席会议。会议阐述开展党史学习教育的重大意义、重点内容和工作要求，系统部署党史学习教育各项任务。会议强调，全市各级党组织要把规定动作和自选动作结合起来，扎实修好党史这门必修课，着力强化理论武装，切实为群众办实事解难题，在开新局中勇于担当作为，把学习成效转化为工作动力和具体成效，高标准开展党史学习教育，真正做到学史明理、学史增信、学史崇德、学史力行。

【桂林市“两优一先”表彰大会】 2021年6月30日召开。市委书记周家斌出席会议并讲话。市委副书记、市长李楚主持会议，市人大常委会主任张晓武、市政协主席陈丽华出席会议。会议表彰了150名全市优秀共产党员、120名优秀党务工作者和150个先进基层党组织。会议为老党员代表颁发“光荣在党50年”纪念章，为2021年度桂林勤廉榜样先进个人代表颁发荣誉证书。会议强调，全市各级党组织要进一步提高政治站位，切实增强责任感和使命感，充分发挥先进典型的示范引领作用，教育引导广大党员振奋精神、真抓实干，团结带领全市各族人民建功新时代、奋进新征程，奋力谱写建设新时代中国特色社会主义壮美广西的桂林新篇章。

【桂林市庆祝中国共产党成立100周年座谈会】 2021年7月5日召开。市委书记周家斌出席会议并讲话。市委副书记、市长李楚主持座谈会，市人大常委会主任张晓武出席座谈会。会议阐述了中共中央总书记、国家主席、中央军委主席习近平“七一”重要讲话的重大意义、深刻内涵和精神实质。座谈会上，9位代表同志围绕学习贯彻“七一”重要讲话精神作生动感人的发言，表达“感党恩、听党话、跟党走”的强烈心声。会议强调，全市各级党组织要把学习贯彻“七一”重要讲话精神作为当前和今后一个时期一项重大政治任务，引导广大党员干部群众深刻学习领会和把握各项要求，切实把思想和行动统一到讲话精神上来，努力把学习成效转化为推动桂林高质量发展的强大力量。

【中国共产党桂林市第六次代表大会】 2021年8月30日—31日召开。市第六次党代表大会代表497人出席会议。市委书记周家斌代表中国共产党桂林市第五届委员会向大会作报告。大会总结市第五次党代会以来的主要工作和基本经验，分析桂林发展面临的形势与挑战，确立之后五年桂林经济发展的指导思想和目标任务。会议明确打造世界级旅游城市的总体目标：努力创造宜业、宜居、宜乐、宜游的良好环境，培育国际一流服务品牌，按照国际一流标准，把桂林建设成为经济发达、城乡繁荣、社会文明、生态良好、城市宜居、人民幸福的世界级旅游城市。会议提出打造世界级旅游城市的三步走目标：到2025年，成为国际山水人文旅游首选目的地之一；到2030年，成为国际高端休闲旅游首选目的地之一；到2035年，旅游核心竞争力走在国际同类旅游城市第一方阵前列。大会表决通过《中国共产党桂林市第六次代表大会关于中共桂林市第五届委员会报告的决议》和《中国共产党桂林市第六次代表大会关于中共桂林市第五届纪律检查委员会工作报告的决议》，选举产生新一届中共桂林市委员会和中共桂林市纪律检查委员会。会议充分肯定市第五次党代会以来的工作成绩，强调“十四五”时期是中国“两个一百年”奋斗目标承前启后的历史交汇期，也是桂林可以大有作为、必须奋发有为的重要战略机遇期，要聚焦产业振兴和乡村振兴，强化创新支撑，推动旅游、城市、基础设施全面升级，加快构建现代化经济体系，为打造世界级旅游城市提供强力支撑；全力保护好漓江、保护好桂林山水，为打造世界级旅游城市营造良好生态环境；全力用好用活红色资源，为打造世界级旅游城市营造良好人文环境；坚持共建共享，为打造世界级旅游城市营造和谐社会环境；持续深化改革开放，为打造世界级旅游城市营造一流营商环境；全力推进民主法治建设，为打造世界级旅游城市营造良好法治环境；建设高水平平安桂林，为打造世界级旅游城市营造良好安全环境；全面加强党的建设，推动全面从严治党向纵深发展。

【2021年桂林市高质量创建全国文明城市工作推进会】 2021年9月13日召开。市委书记周家斌出席会议并讲话，市人大常委会主任张晓武、市政协主席陈丽华出席会议。会议充分肯定创建全国文明城市工作取得的成绩，分析巩固提升创建成果中存在的问题和差距，部署下一步工作安排。会议强调，要严格对标对表，正视问题差距，切实增强创城复查的责任感和紧迫感；要高度重视迅速行动，市四家班子领导到包联城区督促、检查、指导；要加强人力、物力、财力保障；要加速完成攻坚指标，对突出问题、易反弹问题，认真研究解决措施；要彻底攻克电动自行车驾乘人员安全头盔佩戴率、线缆整治、飞线充电等新增难点；要定期进社区开展惠民服务活动，提升全市居民的满意度，以更高标准和更强举措不断巩固提升创建成果，确保顺利通过创城复查。

【自治区乡村振兴现场会】 2021年10月13日召开。自治区党委书记、自治区人大常委会主任鹿心社，自治区党委副书记、自治区主席蓝天立作出批示。自治区党委副书记刘小明，自治区副主席黄世勇出席会议并讲话，自治区副主席方春明主持会议。桂林市委书记周家斌作经验交流发言，市长李楚参加现场考察活动。会议总结2021年以来全区乡村振兴工作推进情况，交流各地经验做法，部署下一阶段工作。会议强调，全自治区各地各有关部门要认真贯彻落实中央一号文件和自治区党委工作部署，巩固拓展脱贫攻坚成果，加快推进乡村振兴，促进农业高质高效、乡村宜居宜业、农民富裕富足，走出一条具有广西特色的乡村振兴之路。

【中国共产党桂林市第六届委员会第三次全体会议暨经济工作会议】 2021年12月31日召开。市委委员61人、候补委员8人出席会议。全会由市委常委会主持。市委书记周家斌受市委常委会委托向全会报告工作，并对做好2022年工作作全面部署。市委副书记、市长李楚总结2021年经济工作，部署2022年经济工作。全会充分肯定了2021年以来市委常委会的工作，指出2022年是中共二十大召开之年，是全面贯彻落实自治区第十二次党代会精神的第一年，做好2022年工作意义重大。会议强调，要深刻领会“打造世界级旅游城市”的本质要义和丰富内涵，高水平、高标准、高质量打造世界级旅游城市；突出工业振兴、乡村振兴、科教振兴，保持经济平稳健康发展；突出大湾区和东盟，全面融入向海图强战略；突出国企高质量发展，推进全面深化改革；突出严格管理，保护好漓江、保护好桂林山水；突出用好用活红色资源，全面加强文化建设；突出补短板惠民生，扎实推动共同富裕；突出推进治理现代化，巩固和谐安宁社会环境；始终坚持党的全面领导，弘扬伟大建党精神。

（袁娟）

重要决策

【打造世界级旅游城市】 2021年4月，中共中央总书记、国家主席、中央军委主席习近平视察广西，第一站就到桂林，强调桂林是一座山水甲天下的旅游名城。是大自然赐予中华民族的一块宝地，一定要呵护好。要坚持以人民为中心，以文塑旅、以旅彰文，提升格调品位，努力创造宜业、宜居、宜乐、宜游的良好环境，打造世界级旅游城市。自治区高度重视。自治区党委、自治区政府把打造桂林世界级旅游城市作为重大政治任务，自治区第十二次党代会、广西文化旅游发展大会等重要会议对打造桂林世界级旅游城市作出部署安排，自治区党委书记刘宁主持召开专题会议研究推进工作，提出“世界眼光、国际标准、中国风范、广西特色、桂林经典”总体要求，以及建设世界级山水旅游名城、文化旅游之都、康养休闲胜地、旅游消费中心“一城一都一地一中心”四大定位。自治区领导亲自协调，主动与国家有关部委汇报对接，争取国家支持，形成全自治区合力打造桂林世界级旅游城市的工作格局。社会各界积极响应。联合国世界旅游组织 / 亚太旅游协会旅游趋势与展望国际论坛、中国 – 东盟博览会旅游展等给予高度关注。国内重点客源城市、中国旅游海外推广网等给予积极协作。温德姆、丽诗阿卡迪亚等国际知名品牌纷纷入驻桂林。中央和自治区主流新闻媒体高度关注。桂林市委、市人民政府把打造世界级旅游城市作为重大政治任务，按照“世界眼光、国际标准、中国风范、广西特色、桂林经典”的总体要求，全面落实“四大定位”，推动打造世界级旅游城市实现良好开局。建立高效推进机制。高规格设立组织机构，成立由市四家班子主要领导担任组长的领导小组，组建正处级事业单位——桂林市打造世界级旅游城市推进服务中心，落实事业编制 50 名，构建领导小组统筹下的“一办十组”专班专抓工作机制。全力争取国家部委支持。在自治区党委、自治区政府的高度重视和大力支持下，市委、市人民政府主要领导亲自协调、亲自部署推进，向上争取支持工作取得重大进展。国家 12 个部委全力支持桂林打造世界级旅游城市，国家发展改革委已形成支持工作意见报国务院。高起点推进规划设计。聘请国内一流专家团队，全面启动桂林世界级旅游城市规划纲要及一批专项规划研究编制工作。组建医美电竞时尚设计产业发展工作机制，统筹谋划打造世界医美中心、时尚设计之都、国际电竞城。举办打造世界级旅游城市专家研讨会、专场推介会、新闻发布会，聘请首批 8 位国内特聘专家，提供高层次智力支撑。高标准推进项目建设。统筹启动 100 项重大项目和 100 项重点工作“双百工程”，全面推进重大项目实施、旅游品质提升、生态环境保护、宜居城市建设四大专项工作。总投资 160 亿元的融创国际旅游度假区建成开业，桂林医学院国际医美中心揭牌成立，国际艺术小镇、国际语言无障碍系统、城市更新等重大项目加快推进，桂林入选首批交通强区建设试点单位。着力推动文旅复苏。突出红绿结合，强化政策引导，持续实施文旅复苏专项扶持政策，推出系列文旅惠民政策，繁荣假日经济、夜间经济，阳朔西街获批国家夜间文化和旅游消费集聚区，国家文化和旅游消费试点城市建设顺利推进，桂林入选广西全域旅游示范市。

【工业振兴】 2021 年，桂林市委、市人民政府坚持完整、准确、全面贯彻新发展理念，持续实施工业振兴战略，推进工业振兴三年行动。坚持抓龙头企业、抓园区建设、抓产业集聚、抓数字赋能、抓要素保障、抓企业服务，推动工业发展提质增效。服务机制不断优化，创新开展党政主要领导服务工业企业接待日活动。工业发展呈现良好态势，全年全市规模工业总产值增长 14.1%，规模工业增加值增长 8.1%。企业竞争力加快提升，获评广西工业龙头企业 21 家，新认定广西战略性新兴产业企业 57 家，入选广西首批制造业单项冠军示范企业 15 家，数量均排名全自治区第一。桂林赴大湾区招商签约项目数、签约总金额均排名全自治区第一。引进华为、格力、深科技、领益、阳天、安科讯、引领科技等一批产值超 100 亿元项目落户桂林。竣工标准厂房 134.1 万平方米，为产业发展提供了良好条件。

【乡村振兴】 2021 年，桂林市委、市人民政府坚持把乡村振兴作为“三农”工作的总抓手，推动城乡规划、政策机制、基础设施、产业发展“四个衔接”，贯通产加销，融合农文旅，建设桂林大景区，形成旅游全域发展、乡村全面振兴格局。全自治区乡村振兴现场会、自治区党委农村工作（乡村振兴）领导小组会议在桂林市召开，“四大衔接”等做法得到自治区领导充分肯定。做特做优现代农业，建成 4 个国家特色农产品优势区，加快打造 6 个超百亿元产业集群。构建乡村发展新模式，形成“城镇 + 美丽乡村 + 三产融合”发展模式，县域经济实力增强。全力巩固拓展脱贫攻坚成果，严格落实“四个不摘”要求，重点发展壮大产业。持续推进农村人居环境整治，加快推进普惠性、基础性、兜底性基础设施建设，全市 1 镇 8 村入选全国乡村治理示范村（镇）。

【保护漓江、保护桂林山水】 2021 年，桂林市委、市人民政府始终把生态保护放在第一位，坚持生态立市，绿色发展，切实当好保护桂林山水的“二郎神”。落实最严的保护制度，严格实施《桂林市喀斯特景观资源可持续利用条例》，推动漓江风景名胜区核心区建设全线退距 300 米。持续推进漓江城区段支流“四乱一脏”治理，推进桂林漓江流域山水林田湖草沙一体化保护和修复工程，漓江干流水质保持国家地表水Ⅱ类标准，漓江保护经验做法获国务院通报表扬。深化漓江管理体制改革，市委、市人民政府主要领导分别兼任漓江风景名胜区党工委书记、管委会主任，漓江项目审批权限上收市级层面。率先在全国建立健全市县乡村公安机关生态环境保护机制，在市里面成立市公安局生态环境保护分局，在县里面成立生态环境保护大队，在乡镇成立生态环境保护中队，每个村配备一名辅警，专职负责生态环境保护工作，构建横向到边、纵向到底的生态环境保护格局。

【党史学习教育】 2021 年，桂林市委严格落实党中央、自治区党委的部署要求，坚持高起点谋划、高标准要求、高质量推进，达到学党史、悟思想、办实事、开新局的目的。桂林市连续 2 次在全区党史学习教育座谈会上作经验交流发言。突出抓好专题学习和专题培训，举办专题学习会8万多场次，开展党史学习专题培训6800多期、36万多人次。集中开展讲党课专题活动，举办党史专题党课7万多场次。持续强化政治引领，组织专题宣讲1.8万场次。扎实开展"我为群众办实事"实践活动，实施各类办实事项目1.2万多个，为群众解决问题26.1万多件，排查化解矛盾纠纷1.2万多件。全市8600多个党组织认真召开专题组织生活会。创新开展"万本党史书籍大家送、学习心得体会大家写、二万五千里长征路大家走、百堂党史课大家讲、先进工作大家创"五大特色活动，向基层赠送党史书籍51万余本，打造151门"百年辉煌·党史百课"精品课程，创排大型桂剧《江姐》等一批精品剧目，文学精品力作《湘江，为你守候》被中宣部列为2021年主题出版重点出版物。桂林市18篇经验性文章被中宣部有关杂志等重要刊物采用，9条经验材料被中央简报采用，1600多篇稿件在中央级媒体发表。

【用好用活红色资源】2021年，桂林市委、市政府发挥桂林红色资源优势，举办庆祝中国共产党成立100周年系列活动，开展党史学习教育，凝聚起奋进新征程的强大合力。加快国家长征文化公园广西段建设，红军长征文化遗产廊道和界首渡江遗址公园一期项目竣工；推出9条红色游学精品线路，"血战湘江·突破包围"精品线路入选全国"建党百年红色旅游百条旅游精品线路"；深化与长征沿线城市交流合作，着力打造全国具有影响力的党员干部党性教育基地，红色旅游成为新亮点。全年湘江战役纪念设施"三园三馆"累计接待参观者770多万人次。（袁娟）

组织工作

【概况】中共桂林市委组织部办公地址在桂林市临桂区西城中路69号，其内设机构23个，有党委1个，党支部6个。2021年，桂林市组织工作坚持以习近平新时代中国特色社会主义思想为引领，坚决贯彻落实新时代党的建设总要求和新时代党的组织路线，以庆祝党的百年华诞为主线，以组织体系建设为重点，以各级领导班子集中换届为关键，以全方位培养、引进、用好人才为支撑，以高质量组织工作服务高质量发展，为打造世界级旅游城市和实现"十四五"良好开局提供坚强组织保证。

【中国共产党成立100周年庆祝活动和党史学习教育】2021年，桂林市坚持把学习贯彻习近平新时代中国特色社会主义思想作为首要政治任务，采取"集中脱产培训+电视电话会议+行动学习研讨交流"的方式实现全覆盖轮训，"两个维护"深深植根领导干部思想深处。用好用活红色资源深化党史学习教育，持续开发打造以湘江战役为主要内容的党性教育课程等精品课程20门，其中5门课程获广西干部教育培训好课程，党史学习教育2次在全自治区作典型发言。提档升级"两链一带"党员教育培训示范基地，精心打造"湘江战役红色之路"，试点建设市级"红湾"主题阅读体验区22个，推动全市党员干部初心如磐、信念如山。认真做好"七一勋章"评选颁授、"两优一先"评选表彰人选推荐，永福县永福镇党委获评"全国先进基层党组织"称号；秦兴国、谢本合等19人获评"自治区优秀共产党员"、李才安、蒋致富等14人获评"自治区优秀党务工作者"称号，兴安县才湾镇南一村党支部等25个党组织获评"自治区先进基层党组织"称号。向2.3万名老党员发放"光荣在党50年"纪念章。做好庆祝中国共产党成立100周年评选表彰系列活动，组织开展"百年辉煌·党史百课"课程开发评审，主办、承办"桂林市党群共庆建党百年主题晚会"、桂林地方百年党史展等红色系列主题活动，营造了"永远跟党走"的浓厚氛围。《血色湘江》获评"红色故事会"全国大赛特等奖，《入党》系列微视频荣获自治区庆祝中国共产党成立100周年主题电视短片大赛优秀作品奖。

【市、县、乡、村四级换届】2021年，桂林市贯彻落实中共中央总书记、国家主席、中央军委主席习近平关于"配备让党放心、让群众有信心的班子"重要指示要求，全面落实《2019—2023年全国党政领导班子建设规划纲要》，把加强党的领导贯穿换届工作始终，聚焦"五个好"目标，系统化、差异化、功能化配备领导班子，推动市县双向交流干部106名，县(市、区)党政班子不满42岁的年轻干部配备达26.1%，女干部、少数民族干部配备分别比上届增加10%、21.4%；乡镇领导班子成员平均年龄37岁，35岁以下的占比45%，大学本科以上学历占比90%；村(社区)"两委"换届全部实现"一肩挑"。抓换届风气监督，细化"五个责任主体"67项责任清单，派出9个分片区督导组和50个现场督导组，对换届风气和会风会纪进行全覆盖监督，从严从快查处违反换届纪律问题举报，换届工作受理举报件数量比上一届减少36.5%，选人用人好评率居全

2021年6月29日，"桂林市党群共庆建党百年主题晚会"在桂林大剧院隆重举行。（杨志宇摄）

2021年3月10日，全市县乡换届动员会在桂林市人民政府会议中心小礼堂召开。（唐博摄）

自治区前列。年内，市本级、17个县（市、区）、134个乡镇、1905个村（社区）党组织换届工作全部完成。

【干部育选管用链条优化】 2021年，桂林市坚持把重点领域一线作为选拔任用干部的“主阵地”，县级换届从三大攻坚战、疫情防控、项目建设等急难险重任务中选拔重用猛将闯将干将占比85%。探索创新国有企业领导人员管理新途径，联合市国资委制定《关于进一步加强国有企业管理的规定》等3个文件，对国有企业领导人员的任职条件、交流年限、考核评价等进行明确，进一步规范对国有企业领导人员的管理。注重干部队伍建设源头储备，招录高层次选调生107名，录用公务员345名，选派70名处科级干部担任工业振兴特派员、343名年轻选调生到村任职，形成“供应链”深度融合、“培育链”环环相扣的良好格局。创新出台推动高质量发展干部专项考核暂行办法，探索构建“昏庸懒散拖”整治体系，全年提拔重用293名忠诚干净担当的优秀干部，为102名实绩优秀的处级干部晋升职级，树牢“崇尚实干、带动担当”的鲜明导向。深入推进政治监督，建立“考察+测试+档案+研判”系统化识别工作机制，细化30条政治表现负面清单，考准考实领导干部政治表现。做好领导干部个人有关事项报告工作。加大干部选拔任用预审和干部任期经济责任审计力度，制定出台使用受处理处分干部请示备案办法。做好巡视“后半篇文章”，牵头负责的128项中央、自治区巡视反馈意见整改措施全部完成。

【公务员队伍建设】 2021年，桂林市开展公务员法律法规监督检查，加强公务员管理法治化保障。出台《桂林市直属机关科级领导干部选拔任用工作实施细则》，制定非市委管理干部职级晋升原则，严格规范科级干部的选拔和晋升工作。畅通公务员交流渠道，规范转任管理，拓宽基层公务员向上流动渠道。择优选拔25名事业单位领导进入机关担任科级领导，为机关补充急需紧缺人才，多渠道确保公务员队伍增量提质。探索优化公务员考核方式，采取建立平时考核联系点、召开研讨会和现场推进会等方式，形成点面齐抓良好局面，在自治区公务员工作推进会上作经验交流发言，其中兴安县被中组部列为广西唯一一个平时考核联系点。在全自治区区率先建成并推行使用公务员管理业务一体化平台，实现业务线上审核办理、人员信息实时可查，提高公务员管理效率和水平。承办全自治区“人民满意的公务员”先进事迹报告会，2名优秀公务员获评自治区“最美公务员”。

【组织体系建设】 2021年，桂林市坚持固本强基，深化全域党建。推开排查整顿农村发展党员违规违纪问题，实施“七大工程”一体推进党的组织体系建设，开展党支部星级化管理，党支部100%达到自治区标准，星级村数量和比例均居全自治区前列。开展农村基层党建“整乡推进、整县提升”示范（达标）县乡创建工作，11个县、67个乡镇通过自治区初审。推进“一村一项目”和“连锁复制”工程，村级集体经济收入超额完成自治区下达的指标任务，连续两年在自治区专项实绩考核中获得优秀等次，市集体经济办等14个集体和24名个人获自治区表彰。制定落实新时代城市基层党建提质聚力等系列文件，扎实推进街道管理体制机制改革，开展城市党建契约化共建，打造一批小区星级党组织、党建微公园、红色物业，发挥2070个四级党群服务中心功能，有效提升城市基层治理能力，经验做法在全区推进会上作典型发言，获《人民日报》，中组部《党建研究》《组工信息》刊发。深化市委常委联系指导党建品牌创建，带动各领域各行业系统创建党建品牌400多个。承办全自治区“党旗领航·乡村振兴我为家乡代言活动”，创新实施的“家政诚信卡”项目入选2021年全国首届劳动领域社会组织服务职工优秀项目，释放两新组织党建服务发展“强磁场”效应。桂林市连续四年在全自治区基层党建述职评议考核中获“好”等次。

【全方位培养、引进、用好人才】 2021年，桂林市人才引领高质量发展效应持续显现。聚焦重大战略出政策，编制“十四五”人才发展规划纲要，出台《桂林市打造世界级旅游城市特聘专家管理办法》《乡村振兴人才评价认定和管理办法》，首批聘请8名顶级专家为桂林把脉问诊。实施“产业人才地图”精准引才，成功举办重点企业急需紧缺人才云聘会、产业急需紧缺人才空中双选会，全年累计认定高层次人才102人。持续实施“漓江学者”“拔尖人才”等重大人才工程，激活飞地、基地“双引擎”，年内开展对接活动68场，桂林人才飞地作为广西唯一代表获2021年（第五届）全国人才工作创新案例最佳案例奖。着眼协同创新攻关，创新开展“百名博士进百企”活动，首批促成电子信息、文化旅游等11个领域的80名博士与68家企业签订协议，以企业为主体、产学研协同创新的科技创新体系有效构建。深入推进“人才贴心服务系统工程”，整合打通医疗优诊、旅游景点、高铁机场、子女入学等多个人才服务端口，探索推出“人才贷”金融服务，全面实现人才服务“一卡通”。桂林市连续四年以高分在自治区人才工作综合评价考核中获“好”等次。

（秦秉凯）

宣传工作

【概况】 2021年，中国共产党桂林市委员会宣传部（简称市委宣传部）办公地址在桂林市临桂区西城中路69号。内设18个科室，下设二层单位2个。挂靠单位有中共桂林市委精神文明建设委员会办公室、桂林市政府新闻办公室、桂林市新闻出版局，代管单位有桂林红军长征湘江战役文化保护传承中心。年内，桂林市宣传思想文化战线坚持以习近平新时代中国特色社会主义思想为指导，深入学习贯彻中共中央总书记、国家主席、中央军委主席习近平视察广西“4·27”重要讲话精神和对桂林的重要指示精神，牢牢把握庆祝中国共产党成立100周年主线，围绕打造桂林世界级旅游城市新使命，推动全市宣传思想文化工作取得一系列新成效。《新闻联播》关注报道桂林19次，桂林市戏剧创作研究中心桂剧演员伍思亭凭借桂剧《马前泼水》摘获第30届中国戏剧梅花奖。年内，桂林市各项宣传思想工作在全自治区会议上作经验交流发言9次，承办自治区党委宣传部的现场会3次，为打造桂林世界级旅游城市凝聚强大精神力量。（蒋政 刘志红）

【理论武装】 2021年，桂林市以学习贯彻习近平新时代中国特色社会主义思想为首要政治任务，不断强化理论武装，为桂林市经济社会高质量发展提供理论支撑。市委宣传部围绕党史学习教育、中共十九届六中全会精神等重要内容，组织市委理论学习中心组开展学习8次，编印《中心组学习信息参考》8期；对23个党委（党组）理论学习中心组进行列席旁听，提升理论学习实效性。市委宣传部协调自治区宣讲团在桂林开展宣讲报告会5场，引导全市各级党委（党组）开展各类宣讲1.8万场次，受众320多万人次。市委宣传部协调桂林日报理论版持续开设“深入学习贯彻习近平新时代中国特色社会主义思想”专栏，在桂林广播电视台开设“习语金句”理论大众化品牌栏目，全方位多层次宣传阐释习近平新时代中国特色社会主义思想。录制《习语金句》节目22期，推动理论宣传普及化、大众化。市委宣传部持续加强理论研究阐释，组织各级党政领导干部发表理论文章159篇，开展6项课题研究。加强和改进部校共建工作，市委书记周家斌到广西师范大学，以“牢记习近平总书记嘱托 全力打造世界级旅游城市”为主题，为师生作形势政策报告。桂林高校专家学者为桂林各级党组织开展理论宣讲100多场，部校共建工作在全区共建马克思主义学院、马克思主义理论研究和建设工程基地经验交流会上作经验交流发言。市委讲师团探索深化“学习强国”学习平台推广使用，桂林市注册党员人数22.8万人，覆盖率83.1%，稿件被“学习强国”广西学习平台采用1805篇，用户总数、活跃用户数均居全自治区第一。

（李伟聪 李巧云）

【党史学习教育】 2021年，桂林市党史学习教育工作得到中央指导组、自治区党委党史学习教育领导小组的高度肯定，桂林市连续2次在自治区党史学习教育座谈会上作经验交流发言。成立市委党史学习教育领导小组，建立市领导落实主体责任清单、联系督导清单、为民办实事清单，带动各级党委（党组）深化党史学习教育。开展专题学习7万多场次，组织全市征订4本指定书籍超过109万册。指导各级各单位开展专题培训300多场，培训党员干部5万多人次，组织宣讲队伍面向基层开展专题宣讲1.5万场次次。组织全市8639个基层党组织高质量开好专题组织生活会。牵头组织市委常委班子开好党史学习教育民主生活会，指导各级党委（党组）开好专题民主生活会。深入开展“我为群众办实事”实践活动，市领导牵头领办72个民生实事项目。推出为民惠民便民的政策措施13类46项；实施直接造福于民的项目工程7大类24项。组织开展桂林红色故事大赛，《血色湘江》获“追寻－庆祝建党百年红色故事会”全国比赛特等奖。举办全市党史知识大赛，桂林市代表队参加“全国党史知识竞赛”广西选拔赛获第一名。桂林师专代表队获广西高校大学生“党史知识大家答”暨“四史”学习教育知识竞赛冠军。用好红歌快闪，全市拍摄快闪视频作品908个，向自治区择优推送38个。桂林2个作品在自治区红色歌曲大家唱网络投票活动中排名前十名。组织好“重温入党誓词”活动，举行“向党旗宣誓”大型红色教育活动，17个县（市、区）3000余名党员在分会场通过直播参加活动，18.2万党员通过桂林党建网、桂视网等平台收看学习。运用好推广平台，制作的29个快闪在广西云展播，《入党》系列微视频获自治区优秀作品奖。（李伟聪）

【社会宣传】 2021年，桂林市高标准完成社会宣传任务，在重要节庆、重大活动期间，累计制作主题公益广告3351处，其中高炮广告牌160处、大型户外广告394处、主题造型和景观小品378处，实现了“点、线、面”全覆盖。桂林市结合“四史”学习活动，开展以“永远跟党走”为主题的“10个100”群众性主题宣教活动2300场次，近200万人次参加。（廖小玲）

【新闻外宣】 2021年，市委宣传部定期组织召开重要选题策划会议，协调各级媒体宣传报道第十五届联合国世界旅游组织/亚太旅游协会旅游趋势与展望国际论坛、2021中国－东盟博览会旅游展、第十一届桂林国际山水文化旅游节、桂林建设世界级旅游城市专家研讨会等重大活动，全年累计在国家、自治区级主流新闻媒体刊播稿件5600多条（篇）。高标准完成重大主题宣传。主动设置议题，加强新闻发布制度建设，全年共组织召开86场新闻发布会。配合中央、自治区媒体做好“沿着高速看中国”、《今日中国·广西篇》、中央电视台中秋直播特别节目、《小康奋进新征程》、《综艺盛典—欢乐城市派》、《航拍中国》等系列采访拍摄活动；配合自治区党委宣传部开展“境外媒体广西行”重要外宣活动；推荐选送桂林市优秀地方外宣作品20余件。

（胡桂萍　肖毅　秦世宇）

【调研舆情】 2021年，桂林市报送反映社情民意和宣传思想文化工作特色亮点的信息2400余条，被上级采用269条，累计得分1507分，居自治区第一，获2021年度全区舆情信息工作优秀单位一等奖。其中，《全国“两会”前夕风险点研判》等6条信息被评为2021年度全区舆情信息工作“优秀舆情分析报告”，《桂林市依托湘江战役烈士纪念设施上好社会“大思政课”》等5条信息获2021年度全区舆情信息工作“好信息”，《发挥“红色基因库”优势打造长征路上重要文化符号——以红军长征湘江战役纪念园为例》获评2021年度全区宣传工作优秀创新工作案例，《〈习语金句〉电视节目体现媒体的政治担当》获评2021年度全自治区宣传工作创新工作案例。

（邓雪萍　刘志红）

【文艺创作】 2021年，桂林市文艺精品创作再上新台阶。桂林市戏剧创作研究中心桂剧演员伍思亭，凭借桂剧《马前泼水》，摘获第30届中国戏剧梅花奖；长篇小说《失散》、民间文学《天歌地唱—广西当代山歌笔记》、书法隶书《非草书》和行书《清徐乾学跋颜真卿祭姪文稿》、摄影《漓水出岫有林泉》获第十届广西文艺创作铜鼓奖。文化惠民工作扎实开展。全市各县（市、区）共举办各级各类主题文化文艺活动2300多场次，惠及群众397多万人次。开展“我们的中国梦”文化进万家线上线下活动193场，“周末大家乐”广场文艺演出25场。举办“永远跟党走”庆祝中国共产党成立100周年暨第九届全区基层群众文艺会演桂林市线上会演活动两场，参演人数约1200多人次，网络点击观看量达20多万人次；举办“永远跟党走”庆祝中国共产党成立100周年暨桂林市第42届“漓江之声”活动，769个节目、300支队伍、10035名群众演员参赛。参加自治区第九届全区基层群众文艺会演，获7个三等奖，9个优秀奖。《小别离》等9个小戏小品入选“永远跟党走”庆祝中国共产党成立100周年广西优秀舞台艺术作品展演暨第十一届广西剧展。

（伍繁）

【文化体制改革】 2021年，市委宣传部全力推进文化体制改革、国有文化企业管理、文化产业高质量发展等各项工作，各项工作成果丰硕。市委宣传部分别在2021年2月召开的全区文化产业高质量发展工作推进会、2021年6月召开的贯彻落实《关于支持广西文化产业高质量发展的若干措施》电视电话会上作交流发言。广西师大出版集团有限责任公司、桂林飞宇科技有限公司获得广西文化产业龙头企业称号并获得资金奖励。桂林智神信息技术股份有限公司、桂林创景建筑设计有限公司、广西联星卫视设备有限责任公司、桂林棕榈文化旅游管理有限公司、阳朔瑞盛如意峰骏景索道有限公司5家新入规文化企业获得自治区奖励。全州湘江战役纪念馆红色基因库工作通过中宣部验收。广西临界数字科技有限公司被评为2021年度广西文化“双创”示范企业，桂林举人苑文化创意有限公司被评为广西文化“双创”示范孵化示范基地。桂林千古情演艺发展有限公司、桂林广恒工艺品有限公司被命名自治区级文化产业示范基地。桂林智神信息技术服务有限公司被命名国家科技与文化融合示范基地（单体类）、桂林市秀峰区东西巷历史文化街区被命名为国家级旅游休闲街区。

（廖玲）

精神文明建设

【概况】 2021年，中国共产党桂林市委员会精神文明建设委员会办公室（简称市文明办）办公地址在桂林市临桂区西城中路69号。内设科室4个。年内，桂林市精神文明建设工作以培育和践行社会主义核心价值观为根本，以庆祝中国共产党成立100周年为主线，持续深化新时代文明实践和群众性精神文明创建活动，创建全国文明城市、选树道德模范、新时代文明实践工作、乡风文明建设、未成年人思想道德建设等，为桂林市打造世界级旅游城市汇聚强大精神力量。

【社会主义核心价值观宣传教育】 2021年，市文明办围绕庆祝中国共产党成立100周年主线，发挥桂林红色资源优势，持续推出“10个100”群众性主题宣传教育活动，先后启动思想政治课进基层、国防科普知识进校园、爱国诗词诵读大赛、文化科技卫生“三下乡”、青少年爱国主义读书教育和“向党旗宣誓”网络直播等主题活动100余场（次），覆盖7.3万人（次），征集到《峥嵘百年　砥砺前行》等微视频、微电影和征文作品上百部，社会主义核心价值观深入人心。

【群众性精神文明创建】 2021年，市文明办坚持创建为民利民惠民导向，深入开展群众性精神文明创建活动。常态化创建全国文明城市工作成效明显。制定完善创城包联工作机制，推进创城工作常态化，桂林市顺利通过中央测评组对全国文明城市的首年复查。推进文明创建全域化，兴安县入选第七届全国文明城市提名城市。成功承办全自治区精神文明创建业务培训班。文明村镇创建有序推进。评选桂林市第十一批文明村镇52个，市级“十星级文明户”100户，选树“好婆婆”“好媳妇”“好邻居”493人。《开展“好婆婆”“好媳妇”评选筑牢乡风文明之“魂”》入选自治区乡风文明建设十大先进典型案例并在全区推广学习。全自治区乡风文明现场会在桂林成功召开。文明单位管理不断加强。开展新一届市级文明单位评选和往届文明单位复核工作，评选出第十一批市级文明单位38个。家庭家教家风建设扎实到位。组织开展家庭文明建设“传家训、立家规、扬家风”红色家风传承活动，发挥各级文明家庭的示范带动作用，践行文明健康、绿色环保的生活方式。文明校园创建持续深入开展。评选出2021年市级文明校园40所。开展“文明校园”风采网络宣

传活动,对自治区级以上文明校园进行宣传。（张承贵　杨梅芳）

【未成年人思想道德建设】 2021年,桂林市未成年人思想道德建设成效显著。投入12万元,探索建设4所乡村“复兴少年宫”试点项目。评选出10名市级新时代好少年,并在市复兴小学举行先进事迹发布会,推荐兴安县学生文子航获评2021年广西“新时代好少年”。全市90余万未成年人深入开展“童心向党·我向党旗敬个礼”“童心向党·唱支红歌给党听”“童心向党·党的光辉照我心”“童心向党·党的故事我来讲”等主题实践活动。组织全市未成年人开展“童心向党”清明祭英烈活动,号召广大未成年人通过献花、敬礼、鞠躬和留言寄语等形式,礼敬先烈先辈,感恩幸福生活。全市87.8万未成年人参与网上“清明祭英烈”活动。国庆节前后,开展向“国旗敬礼”网上签名寄语活动,全市参与人数140余万人次。（谢明艳）

2021年12月17日,桂林市委书记周家斌(前排右二)会见新一届全国和自治区道德模范代表。（何平江摄）

【公民道德建设不断加强】 2021年,桂林市各类先进典型选树宣传呈现新气象。桂林市推荐的崔译文获第八届全国见义勇为道德模范,李莎荣获第八届全国助人为乐道德模范提名奖,李清鸾等5人获评自治区道德模范和自治区道德模范提名奖。桂林市召开桂林市新一届全国和自治区道德模范座谈会,市委书记周家斌会见新一届全国和自治区道德模范代表,有效推动桂林市先进典型选树工作发展。市文明办收集“好人”素材142例,向自治区推荐“好人”30人,8人入选,4人荣登“中国好人榜”。推荐桂林市秀峰区街道办事处解东社区党委书记车志龙、桂林市法律援助中心分别作为第六批全国学雷锋活动示范点和岗位学雷锋标兵候选人。推选桂林市“最美公务员”5人、桂林市“最美科技工作者”10人,推选2名桂林“最美消防员”候选人参评自治区“最美消防员”,推选桂林市“最美退役军人”10名。推选市政府发展研究中心离退休干部郭其中为“八桂楷模”候选人、桂林漓江风景名胜区党工委管委会为“八桂楷模”候选集体。加强诚信建设,用好用活新媒体平台开展网上精神文明创建活动,不断提升公民思想道德素质和社会文明程度。推动文明行为专项立法,将不文明行为管理纳入法律范畴。与广西师范大学法学院教授团队合作开展《桂林市公共场所文明行为条例》立法调研及文本草拟工作,以立法形式规范约束公民不文明行为。（谢明艳　杨梅芳）

2021年7月2日,桂林市文明办在桂林市复兴小学举办市级“新时代好少年”先进事迹发布仪式。（谢明艳摄）

【新时代文明实践建设】 2021年,桂林市新时代文明实践工作深化扩展。各县(市、区)、市直各单位全覆盖建设新时代文明实践所(站)2400余个,组织文化人才、科技能人和当地群众等成立各类文明实践志愿服务队伍5000余支;市文明办组织市直(中区直驻桂林)单位、国有企业和县(市、区)新时代文明实践站结对共建,为文明实践志愿服务提供优质资源,不断强化物质保障;桂林市依托新时代文明实践中心开展“社区邻里守望”、学雷锋活动月等主题志愿活动,开展各类志愿服务活动4万余场,服务群众近400万人次。

【志愿服务制度化常态化推进】 2021年,市文明办、桂林志愿服务联合会组织推广使用“桂志愿”志愿服务信息系统,在网实名注册总人数109.9万人,占常住人口比例达到22.28%,志愿者活跃率60.17%。市文明办组织开展志愿服务先进典型推选活动,评选出事迹突出、群众认可度高的最美志愿者、最佳志愿服务组织、最佳志愿服务项目、最美志愿服务社区各10个。志愿者莫日华、全州青少年活动中心志愿服务队、桂林市"五彩先锋课堂"志愿服务项目、七星区漓东街道空明社区被评为2021年广西学雷锋志愿服务先进典型。志愿者莫日华被河南省文明委、中国志愿服务联合会推选为河南省防汛救灾优秀志愿者。 （唐小茜）

【乡村振兴宣传】 2021年，市乡村振兴宣传文化专业小组在市属媒体及其网站、"两微一端"等新媒体继续办好"乡村振兴(脱贫攻坚)"专栏，开辟"巩固拓展脱贫攻坚成果同乡村振兴有效衔接""桂林市两振兴一升级"等专栏专题，做好全区乡村风貌提升现场会宣传报道，全市在人民日报海外版、《经济日报》《新华每日电讯》《广西日报》等10余家中央和自治区级主流媒体刊登乡村振兴主题报道1200余篇。在《桂林日报》《桂林晚报》、桂林广播电视台共刊登乡村振兴报道3000多条，桂林生活网、桂视网以及新媒体桂林头条、桂小播等积极转载推送，累计阅读(点击)量达1000多万人次。 （蒋鹏）

统一战线

【概况】 中共桂林市委员会统一战线工作部(简称市委统战部)办公地址在桂林市临桂区西城中路69号。统一领导市民族宗教事务委员会，挂市侨务办公室牌子、市委台湾工作办公室牌子。市委统一战线工作领导小组办公室设在市委统战部。年内，桂林市统一战线坚持以习近平新时代中国特色社会主义思想为指导，深入贯彻落中共十九大和十九届历次全会精神，中共中央总书记、国家主席、中央军委主席习近平关于加强和改进统一战线工作的重要思想以及习近平总书记视察广西"4·27"重要讲话精神和对广西工作的系列重要指示要求，认真贯彻《中国共产党统一战线工作条例》，坚持守正创新，推动统一战线围绕中心、服务大局，为打造桂林世界级旅游城市凝心聚力。

【大统战工作格局作用发挥】 2021年，市委常委会研究统战工作4次，市委主要领导多次专题听取统战工作汇报，并对统战工作作出批示，提出具体要求。组织召开市委统一战线工作领导小组会议2次，制定出台加强市委统一战线工作领导小组工作、贯彻落实《中国共产党统一战线工作条例》等方面的规范性文件，切实发挥领导小组统筹协调各方作用。市委坚持将党的领导贯穿全市统战工作各领域各环节，"大统战"工作格局作用进一步发挥，经验做法得到自治区党委统战部肯定。

【共同思想政治基础夯实】 2021年，市委统一战线工作领导小组以庆祝中国共产党成立100周年为契机，组织全市统一战线成员深入开展党史学习教育，深入学习贯彻中共十九届六中全会精神，中共中央总书记、国家主席、中央军委主席习近平"七一"重要讲话精神和习近平总书记视察广西"4·27"重要讲话精神，引导广大统一战线成员不断强化思想共识，提高政治判断力、政治领悟力、政治执行力，夯实共同思想政治基础。各民主党派桂林市委通过集中学习、座谈会、实地考察等形式开展党史学习教育，发扬光荣传统，坚守合作初心的思想自觉、政治自觉和行动自觉。市委统战部牵头，市工商联、各商协会承办的献礼中国共产党成立100周年系列活动，让广大民营企业家更加深刻了解中国共产党的百年辉煌历程，更加坚定听党话、跟党走的信心和决心。

【统一战线影响力不断增强】 2021年，市委常委会专题学习《中国共产党统一战线工作条例》，并列入市委常委会工作要点和市委理论学习中心组重点学习内容。通过"寄一封信"的形式，给县(市、区)党委书记、市委统一战线工作领导小组成员单位主要领导赠送1本条例，推动各级领导干部强化统战意识。在《桂林日报》开设"同心·桂林"专栏，对全市学习贯彻条例的重要活动、工作成效进行专题宣传。通过邀请专家授课、市委领导带头宣讲、条例"六进"等多种形式开展宣传普及工作，市县两级组织专题培训班47次，宣讲94场，受众8600余人。组织开展条例颁布1周年集中宣传月活动，通过知识竞赛、征文评比、文艺会演、同心服务下基层等形式，在全市形成学统战、知统战、用统战的浓厚氛围。

【统一战线法宝作用彰显】 2021年，各县(市、区)统一战线助力的项目(园区、企业)，实现新增规模以上工业总产值近100亿元。整合统一战线资源力量，扎实开展乡村振兴"六大行动"。筹措资金3962万元，助力乡村卫生室提质升级、乡村风貌提升和农

2021年12月24日，桂林市纪念《中国共产党统一战线工作条例》实施一周年知识竞赛在市委党校举行。 （范小波供图）

村人居环境整治；以产业发展项目等形式投入资金超5.3亿元，打造统一战线助力乡村振兴示范村21个，经验做法得到全国人大常委会副委员长武维华批示肯定。组织开展深度调研，为桂林打造世界级旅游城市积极建言献策，提出优化营商环境、丰富旅游内涵和外延、整合优势旅游资源等意见建议50余条。

2021年12月20日，桂林市"万企兴万村"行动推进会村企共建签约仪式举行。（范小波摄）

【多党合作效能持续提升】 2021年，桂林市委贯彻落实中央关于加强中国特色社会主义参政党建设系列文件精神，发挥民主党派参政议政和建言履职的主观能动性。市委主要领导亲自走访各民主党派市委会机关，对多党合作和政治协商工作提出部署要求。市委制定出台《2021年度政党会议协商计划》，先后组织召开桂林打造世界级旅游城市专题协商座谈会、桂林市工业振兴和乡村振兴工作专题协商座谈会等会议4次。严格按照换届文件要求，协助各民主党派桂林市委圆满完成换届任务，顺利实现了新老交替、政治交接。桂林市在全区民主党派工作会议上作经验交流发言。

【民族宗教关系更加和睦】 2021年，桂林市贯彻中央和自治区民族工作会议精神，邀请中央社会主义学院党组成员、副院长袁莎到桂林作中央民族工作会议精神专题辅导报告。桂林市召开全市民族工作会议暨创建全国民族团结进步示范市推进会，市四家班子领导出席，市委主要领导亲自安排部署工作，创建步伐进一步加快。象山区、秀峰区获第九批全国民族团结进步示范区。创新打造"七星区少数民族服务中心"，经验做法得到中央领导批示肯定。全市开展"县（市、区）党委书记谈民族团结进步创建工作"活动，扎实推动同心文化广场、同心文化长廊、同心文化艺术团建设。率先在全区开展铸牢中华民族共同体意识示范县（单位）建设，着力打造一县、一乡、一村、一社区、两学校示范单位。指导龙胜各族自治县和全州东山瑶族乡70周年庆典，龙胜各族自治县庆工作得到国家民委祝贺团和自治区代表团的高度赞扬。推动永福县、龙胜各族自治县与中央民族大学签订战略合作协议，为桂林民族地区经济社会发展提供智囊服务。强化部门信息和情报交流分析研判机制，扎实开展宗教专项整治工作，不断加强打击和查处非法宗教活动力度；制定出台加强宗教团体和宗教活动场所管理各项规章制度11个，有效防范化解宗教领域重大风险隐患。10月，桂林代表广西接受中央宗教工作检查组专项检查，检查组对桂林工作给予充分肯定。

【民营经济统战工作持续深化】 2021年，桂林市委建立完善民营经济统战工作协调机制，着力开展解决民营经济突出问题。市委领导带队深入企业解决实际问题，解决民营企业反映问题449个。做好"民企入桂"重大项目跟踪、落地和服务，引进永福"智能玻璃"生产、医学影像数据中心数据储存等项目12个。市中级人民法院开展"一商（协）会一法官"法律服务实践活动，检察机关主动到民营企业挂牌成立"检察服务站"，优化法治营商环境。引导非公经济人士通过"万企兴万村"、光彩事业活动等积极履行社会责任，"桂林推动民营企业促进民族地区繁荣发展"工作经验获中央统战部副部长、全国工商联党组书记徐乐江批示肯定。

【港澳台侨"朋友圈"不断扩大】 2021年，桂林市在自治区香港专项工作汇报会上作经验发言，并得到中央统战部副部长许又声高度肯定。对台工作暨台胞之家联谊站建设经验得到全国台联副会长杨毅周批示肯定。桂台交流合作、生态环境保护等经验做法得到在桂林参访的中国国民党前主席洪秀柱肯定。率先组织桂林台商台胞免费接种新冠疫苗，得到国台办肯定并在中央电视台《朝闻天下》播出。举办桂台"壮族三月三　青春嘉年华""2021桂台中秋云端交流"等两岸线上交流活动，并挂牌成立桂林市海峡两岸交流协会。抓好各级惠台措施落实，庙王街两岸青年创业孵化基地数字化连锁产业基金成功签约并融资1.6亿元，《桂林就是我的家》两岸交流原创歌曲在孵化基地首发。市台联会会长企业桂林星辰科技有限公司率先在北京证券交易所上市，成为北京证券交易所第一批上市企业，也是广西唯一一家。成功承办"桂有亲情·两岸一家"在台广西籍陆配及子女回娘家活动暨百名陆配回娘家活动，社会反响热烈。组织和承办海外侨商侨领到桂林考察活动7场次，促成项目签约3个，计划投资额超80亿元。桂林市在自治区统战工作经验会议上就侨务工作作典型发言。

【各领域统一战线工作开创新局面】 2021年，桂林市统一战线发挥党外人才优势，推进产学研深度融合，经验做法得到自治区党委统战部肯定。坚持以打造“同心·仁心”工作品牌为主题，推进卫生健康系统统战工作并召开现场交流会，经验做法得到中央统战部《每日汇报》信息采用，并在自治区卫生健康系统统战工作推进会上作经验交流发言。以市县换届为契机，扎实推进党外代表人士队伍建设，新提拔党外处级干部28人，17个县(市、区)人大、政府、政协领导班子配备处级党外领导干部68人，提名推荐255名市级党外政协委员。开展统战宣传工作，全市统战系统在国家级各类媒体上稿90余篇，在自治区级各类媒体上稿230余篇，在市级各类媒体上稿390余篇，多渠道、多形式、多角度展示统战工作新成效。　　(毛雯晴)

巡察工作

【概况】 2021年，中国共产党桂林市委员会巡察工作办公室(简称市委巡察办)办公地址在桂林市临桂新区西城中路69号。内设科室2个，市委共设置巡察组6个。年内，市委巡察机构认真学习贯彻中共十九大和十九届历次全会精神，持续贯彻巡视工作方针，严格落实政治巡察要求，不断推动新时代巡察监督高质量发展，为打造世界级旅游城市提供坚强保障。市委巡察机构党支部荣获“市直机关五星级党组织”，“廉洁清风　桂林巡察”获市直机关优秀党建品牌。

【政治巡察深化】 2021年，桂林市委高度重视巡察工作，形成《五届桂林市委巡察工作情况汇报》，总结5年间市委全面贯彻巡视工作方针的坚定决心，有效发挥全面从严治党利剑作用。结合桂林实际，谋划未来五年巡察工作。把中共中央总书记、国家主席、中央军委主席习近平视察广西“4·27”重要讲话精神和对桂林的重要指示精神列入指导思想和重点监督内容，力求在推进巡察监督与其他监督贯通融合，构建上下联动工作格局，精准把握政治巡察定位，提升全覆盖质量。加强机构建设，完善体制机制，实现正气充盈、政治清明提供有力支撑。

【六届市委巡察】 2021年10月—11月，自治区第六巡察指导督导组对桂林市县两级巡察工作开展指导督导。市委同步启动六届市委第一轮巡察，安排1个巡察组开展涉粮问题专项巡察，4个巡察组对市总工会、团市委、市妇联等8个群团组织开展常规巡察。巡察期间市委各巡察组根据自治区指导督导组提出的工作建议，不断加强巡察规范化建设。至年末，市县涉粮问题专项巡察组在自治区指导下共发现问题276个，移交问题线索91条，转立案54人，给予党纪政务处分12人，主动投案1人，对2人采取留置措施，移送司法1人；4个巡察组常规巡察发现发现问题158个，移交问题线索9条，发挥了巡察“利剑”作用。

【市县巡察联动】 2021年，市委巡察办持续完善市县巡察上下联动、上下贯通的监督格局，扎牢织密上下联动监督网。建立指导督导机制，先后派出由市委巡察组组长带队的指导督导组，赴17个县(市、区)指导工作，推动问题解决，共反馈问题150多条，进一步规范县级巡察工作。联合市纪委监委、市委组织部，结合巡视整改工作要求，对县级巡察机构人员配备不齐、兼职过多、党委书记听取汇报不及时等情况形成综合分析报告提交市委书记专题会审议，并及时将有关情况反馈给各县(市、区)委巡察工作领导小组，明确工作要求，传导责任压力，推动问题整改。市县党委换届后，按照中央和自治区党委巡视办要求，17个县(市、区)委巡察办主任均由同级纪委常委担任。加强对各县(市、区)制定新一届党委巡察工作五年规划的统筹指导，对各县(市、区)存在的巡察对象遗漏、轮次安排不科学等问题及时反馈，督促进一步修改完善。

【巡察整改落实和成果运用强化】 2021年，市委加强市委巡察机构与市纪委监委、市委组织部的协作配合，严格落实市委巡察机构与市纪委监委有关部门协作配合机制，制定市委巡察机构与市委组织部协作配合实施意见，强化贯通融合，共同加强巡察整改日常监督。依托巡察反馈问题整改评估系统，搭建信息化巡察整改平台，建立被巡察党组织“具体抓”，纪委监委、组织部、宣传部“督促抓”，巡察办“再监督”的工作机制，推动各部门协同联动抓整改。至年末，五届市委巡察共反馈问题3056个，已完成或基本完成整改3043个，整改完成率达99.5%，挽回经济损失3.1亿元，被巡察党组织建立健全各项制度机制912项。在市委第十一轮巡察整改日常监督中，市委巡察办协调市纪委监委和市委组织部派员列席反馈会和被巡察单位整改专题民主生活会，会同巡察机构一起对6个被巡察单位整改方案提出修改意见建议53条，进一步压实被巡察党组织整改主体责任。同时，根据书记专题会和巡察工作领导小组

2021年4月2日，自治区党委第七巡视组巡视桂林市反馈意见整改工作动员部署会在桂林市召开。　　(阳建斌摄)

会精神，向市委编办、市直属机关工委、市财政局、市纪委监委驻市交通运输局纪检监察组4个相关部门发出工作建议函，形成多部门联动抓整改的监督合力，推动整改出成效。

【巡察规范化建设】 2021年，市委巡察办加强制度机制和信息化建设，提升市委巡察整体水平。对2017年以来制定的《巡察发现问题线索分类处理的意见》等5个试行制度进行修订完善，会同市委组织部出台《关于进一步加强市委巡察机构与市委组织部协作配合的实施办法》，以制度建设推动巡察工作提质上台阶。推进巡视巡察信息系统在全市的部署，组建工作专班，明确责任分工，细化推广部署的时间表、路线图，市委巡察机构先学先用，先行先试，通过集中培训、短视频教学、实地调研指导等方式，加速推进巡视巡察信息系统在市县巡察机构的全面应用、会用善用、创新应用，市本级和17个县(市、区)均已接通纪检监察内网，明确巡察组、巡察办信息员共77名，将组织机构、人员信息、信息化建设等基础数据录入系统，工作进展得到自治区党委巡视办表扬。

2021年9月13日，市委第一巡察组到资源县梅溪镇调研督导自治区党委第七巡视组巡视桂林市反馈意见整改落实情况。（罗娟摄）

【巡视整改和换届监督】 2021年，市委巡察办配合市委做好中央第二巡视组巡视广西、第八巡视指导督导组开展指导督导、自治区党委第七巡视组巡视桂林市以及对桂林巡察工作专项检查反馈意见整改工作。组织召开巡察机构巡视整改专题民主生活会，推动桂林巡察工作高质量发展。年内，桂林市针对中央第二巡视组巡视广西反馈意见制定的98项整改措施，均取得阶段性成果，整改完成率100%。针对第八巡视指导督导组和自治区党委巡视办对桂林市巡察工作专项检查反馈意见，全部完成整改。针对自治区党委第七巡视组巡视桂林反馈意见制定的142项整改措施，140项已经取得阶段性成果，2项继续推进，整改完成率98.6%。巡察工作专项检查反馈意见整改期间，市委巡察办派出6个常设巡察组分别到17个县(市、区)对整改落实情况进行专项督查，对整改措施针对性不强、整改进度较缓慢等30个问题，提出改进工作意见建议33条，形成督导报告17份。会同市委组织部组成市换届风气巡回督查组，对村(社区)“两委”、乡镇和县(市、区)党委落实换届工作要求、严肃换届纪律等开展监督，发现部分县(市、区)未研究下发换届工作实施方案、未开展谈心谈话等22个问题，进一步严明换届纪律，净化换届风气。

（唐从莉）

2021年4月30日，市委书记周家斌(主席台中)主持召开五届市委第十一轮巡察书记专题会，市长秦春成(主席台右二)、市委副书记赵仲华(主席台左二)，市委组织部部长彭东光(主席台右一)、市纪委书记古国章(主席台左一)等出席，并听取巡察情况汇报。（阳建斌摄）

政策研究

【概况】 中国共产党桂林市委政策研究室(中国共产党桂林市委全面深化改革委员会办公室)办公地址在桂林市临桂区西城中路69号。内设机构6个。2021年，市委政策研究室(改革办)认真履行政策研究、服务市委重大文稿、推进全面深化改革三大职能，政研和改革工作再上新台阶。桂林市重点领域改革取得重大突破，特色改革亮点纷呈，《今日桂林》继续保有“全国十佳党刊”“双十佳城市党刊”和“全国城市十佳党刊”等称号。

【调研和文稿服务】 2021年，市委政策研究室聚焦全市中心工作、重点改革事项和全市工作推进中的难点问题，围绕工业振兴、区域经济合作、服务业发展、全域旅游发展等方面，完成调研报告15篇。围绕“打造世界级旅游城市”主题,形成6篇专题研究报告,为桂林市第六次党代会报告、市委全会报告、市委主要领导发表署名文章等提供参考依据。围绕桂林文旅产业高质量发展,撰写调研专报。围绕工业振兴,撰写《梧州市六堡茶产业链高质量发展对桂林的启示》调研专报呈报市委领导,对建设全产业链提出政策建议。开展乡村振兴和田园综合体建设调研,提出推进巩固拓展脱贫攻坚成果同乡村振兴有效衔接的政策建议。围绕铸牢中华民族共同体意识,提出加快民族团结进步示范市创建的对策建议。配合做好自治区第十二次党代会报告写作调研,为报告起草组及自治区决策咨询专家开展调研提供服务保障。组织开展全市党委政研(改革)系统“大学习大调研”活动,全市政研(改革)系统完成调研课题46篇,择优上报15篇,获得各等次奖励10篇,其中《全力打造桂林世界级旅游城市研究》获一等奖。开展全市政研(改革)系统“大学习大调研”调研课题评比,评出一等奖6篇、二等奖9篇、三等奖11篇、优秀奖9篇。全年共参与或牵头完成市委交办的重要文稿10多篇起草工作。在打造世界级旅游城市、推动桂林高质量发展的战略谋划和顶层设计中,发挥“智囊”作用,获得市委主要领导的肯定。按照市委工作安排,组织写作团队参与起草桂林市第六次党代会报告、市委全会报告等重大综合文稿写作,为市委高水平谋划桂林发展提供参考。为市委主要领导在《人民日报》《广西日报》等主流媒体发表署名文章提供服务,展现市委勇于创新和担当作为的精神。参与完成对自治区第十二次党代会报告的修改建议、市委主要领导在自治区党代会的讨论发言材料等文稿写作。牵头起草“自治区关于打造桂林世界级旅游城市若干政策”代拟稿,获自治区党委和市委主要领导肯定。

2021年11月9日,市委政策研究室到龙胜调研乡村振兴工作。(周小力摄)

【桂林市全面深化改革】 2021年,市委政策研究室围绕全市发展体制机制创新、贯彻落实中央自治区决策部署,全力推动全市全面深化改革。系统谋划,服务决策。围绕9大专项领域,统筹谋划推出62项重点改革任务,组织筹备召开3次市委深改委会议,审议改革方案文件16项、专题审议重点改革进展汇报2项。统筹全市“三大”振兴等重点领域改革取得重大突破,漓江改革树立全国江河综合治理典范,医疗改革获得世界卫生组织充分肯定,社会治理创新经验在全国复制推广,获第三批“广西全域旅游示范市”称号,乡村振兴田园综合体创建形成全区示范样板,红色文化资源保护利用树立全自治区标杆,在全自治区率先推行政务服务“跨省通办”。推介桂林特色改革经验,推出一批标志性改革成果。漓江保护改革创新经验获国务院通报表扬,入选全区2021年文旅改革创新十佳案例,获评自治区2021年全区改革创新优秀成果、改革创新十佳成果;农房管控改革创新经验入选中国改革2021年地方全面深化改革典型案例;桂林市计生协会国家级改革试点经验被中国计生协会《改革通报》单篇刊发、全国推介。桂林特色改革品牌影响力、辐射力不断提升。聚焦重点领域改革落地见效,全年分工落实17位市领导领衔推进34项重大专项、47个牵头责任单位具体落实62项重点任务。组织开展联合专项督察2次、督察重大改革事项18项。组织实施“改革创新”专项绩效考评,将自治区和市级层面重点改革任务纳入考核体系,健全完善以绩效考评推动改革工作落实有效机制。聚焦讲好桂林改革故事、传播桂林改革声音,组织上报漓江改革经验获中央改革办《改革情况交流》刊发,总结推介改革集成试点等特色改革亮点获《人民日报》《经济日报》《中国改革报》《改革内参》《广西改革简报》《广西改革信息专报》等媒体刊物刊发宣传。

【新型决策咨询智库建设加快】 2021年,市委政策研究室按照市委部署,推进桂林市新型智库建设。在广泛调研的基础上,参照自治区决策咨询委员会架构,市委出台成立桂林市决策咨询委员会的决定。专家聘请、智库体系建设和运行的相关制度有序推进,为汇聚服务桂林经济社会发展的智慧力量,推进决策科学化,民主化奠定基础。

【宣传阵地建设】 2021年,市委政策研究室加强宣传阵地建设,《今日桂林》创新办刊内容,充实专栏设置,及时反映理论学习和工作落实情况。提升稿件质量,及时组织文章,反映全市经济社会发展新情况和新经验,服务领导决策,服务全市经济社会发展。加强对外交流,参加中国城市党刊省际宣传合作。(刘泽兴 周小力)

党校工作

【概况】 2021年,中共桂林市委党校(简称市委党校)办公地址在桂林市

2021 年 5 月 8 日，市委党校举行行动学习研究中心和案例教学研究中心揭牌仪式。（廖浪辉摄）

象山区万福路 25 号。为“两校两院”体制格局（市委党校、市行政学院、市社会主义学院、桂林市团校），内设机构 19 个（含机关党组织、离退休人员工作科）。在职教职工 105 人。其中，参照公务员法管理人员 35 人、专业技术人员 62 人（专职教师 39 人）、工勤人员 8 人；副高级职称以上人员 19 人，中级职称 32 人。年内，市委党校围绕“打造三大基地、培育六大品牌、抓好一个智库”的发展思路，持续开展“深入学习年、作风建设年、制度完善年、品牌培育年”活动，在红色教育、廉政教育、生态文明、文旅融合、历史文化、乡村振兴方面深入开展课题研究和系列精品课程开发，发挥干部教育培训主阵地、主渠道作用。

【干部教育培训】 2021 年，市委党校共完成各类班次 212 期，培训轮训学员共 1.97 万人次。其中主体班次 25 期 2504 人次（本级主体班 9 个班次 736 人次，与自治区统战部、广西区委党校、百色干部学院，桂林市委组织部、团市委、临桂区、灵川县、平乐县等单位联合举办短期培训班共 16 个班次 1678 人次），社会培训班次 187 期 1.72 万人次。先后邀请市委书记周家斌，市委领导赵仲华、王建毅、张汉川、韦凤云、徐波、周卉、蒋育亮等为主体班学员授课。邀请中央党校党史教研部毛泽东思想教研室主任祝彦、自治区委党校马克思主义学院院长许进品、自治区委党校陶建平、深圳市委党校陈和香等专家授课。

【精品课程开发】 2021 年，市委党校坚持改革创新，与市委组织部联合组织开展“百年辉煌·党史百课”课程开发活动，重点打造的精品课程，其中“湘江为英雄歌唱”“常青之道——中国共产党的百年自我革命史”“保护大美漓江　实证生态文明——漓江生态文明建设现场案例教学”“英勇善战建功勋　新年坚定守忠贞——从小山村走出来的开国上将李天佑”4 门课程入选“十佳好课程”，莫桂烈、田雪、孙敏、彭忆红、王珏 5 位老师获评“十佳好讲师”。参加自治区党委组织部好课程评选、全自治区党校（行政院校）系统精品课评选、广西行动学习精品课程评选等大赛中取得优异成绩，“铁血湘江凤凰涅槃”“湘江战役——关系红军生死存亡的关键一战”“弘扬江头爱莲文化　做新时代清廉公仆”“勇于胜利勇于突破勇于牺牲红军长征突破湘江战役的精神解读”“保卫界首突破湘江”“燃情湘江浩气存　重整行装再长征”6 门课入选自治区党委组织部《广西干部教育培训好课程推荐目录》，“铁血湘江凤凰涅槃”课程被自治区党委组织部选送参评中组部的好课程。

【行动学习法推广】 2021 年 5 月 8 日，行动学习研究中心和案例教学研究中心在市委党校揭牌。年内，在主体班各班次中开设“行动学习理论导入与方法演练”课程，在一个半月以上的班次，除行动学习理论教学外，把行动学习理念和方法融入主体班的咨政报告选题和调研写作过程中，设置咨政（调研报告）的调研写作课程，将行动学习的方法贯穿其全过程。全年组织主体班学员 263 人到桂林市（县）区各产业集聚区进行调研，确定 26 个选题，安排 21 位指导老师对其调研的选题和内容给予专门指导。经过调研，完成 15 篇咨政报告，11 篇调研报告。

【开放办学】 2021 年 12 月 18 日，由广西师范大学、市委党校主办的第四届“漓江·廉政论坛”在市委党校举办，论坛采取线上线下相结合的方式举行，论坛主题为“中国共产党成立 100 周年及纪检监察体制改革”，完成论坛的各项工作。11 月 19 日，市委党校参与组织由贺州市委党校主办的肇桂梧贺四市党校系统庆祝中国共产党成立 100 周年理论研讨会。理论研讨会采用线上线下相结合的方式举行，主会场设在贺州市，肇庆、桂林、梧州市委党校设置分会场。12 月 23 日，召开由桂林市委组织部、市委党校主办的“弘扬长征精神　赓续红色血脉”理论研讨会，研讨会共收到论文 105 篇，评选出获奖论文 43 篇。此次研讨会采用线上线下相结合的方式举行，邀请近 30 家区内外党校专家和教研人员参加，扩大理论研讨会的影响和覆盖面。

【党校科研咨政】 2021 年，市委党校教研人员公开发表论文 26 篇，其中省级刊物 11 篇，国家级刊物 2 篇。投稿国内各级各类理论研讨会 14 个，报送论文 85 篇，27 篇获不同等次奖项。教研人员共结项各级各类课题 45 项。其中 2020—2021 年度校级课题 39 项，32 项良好，7 项合格；自治区组织部广西干部教育课题 3 项，3 项合格。校（院）2021—2022 年度校级课题共立项 39 项。其中党史党建类 13 项，工业振兴类 6 项，乡村振兴类 11 项，建设世界级旅游城市类 5 项。校（院）教研人员共提交校外各级各类课题立项申请18份，获2021—2022年度广西社会主义学院系统招标课题立项4项；获2021年度全市党的建设和组织工作重点调研课题立项2项。

【党校机关党的建设】 2021年，市委党校积极开展党史学习教育，共组织校委理论学习中心组学习9次，领导班子带头上党课16次，“送党课下基层”170次。11月，开始了7个党支部和机关党委的换届工作。全年共开发40多个专题党史课，精心打造6门精品课，实现所有班次党史学习教育全覆盖，做到“长班有模块、短班有专题”，并统筹用好红色资源开展现场教学，开展了“经验分享”“党性讲堂”“学员论坛”“红诗红歌会”“党史百课进基层”等教学活动。“党史百课进基层”依托以校(院)教师为主要成员的理论宣讲志愿服务队，开展“党史百课进村屯”“党史百课进社区”“党史百课进企业”“党史百课进校园”等系列志愿宣讲活动。校(院)老师参与桂林电视台《习语金句》栏目录制14次；与市委组织部联合排演《向党旗宣誓》情景党课；联合市委组织部、桂林市老干部艺术团共同打造《湘江为英雄歌唱》舞台情景课。

【党校业务指导】 2021年，县级党校、分校分别开办各类班次207期(74个主体次)，市委党校先后组织7个工作组57人次到分校对基础设施标准化建设、教学、科研、师资队伍建设、精品课验收工作等进行督查和指导。11月，市委党校与市委组织部联合下发关于落实全市党校(行政学院)工作会议情况和各县级党校基础设施标准化建设督查通报。全年调配教师到县级党校、分校主体班授课86人次，调配各县级党校教师38人次参加各级、各地组织的综合能力提升班，提高基层党校教师教学整体水平。

(蒋春艳)

党史工作

【概况】 2021年，中国共产党桂林市委员会党史研究室(简称市委党史研究室)办公地点在桂林市临桂区西城中路69号。2021年11月，自治区党委组织部批复市委党史研究室为参照公务员法管理单位，内设4个科室。年内，市委党史研究室围绕庆祝中国共产党成立100周年活动和党史学习教育，发挥职能作用，在党史研究、宣传教育、资政服务等方面取得较好的成绩。年内，市委党史研究室获国家人力资源和社会保障部、中央党史和文献研究院授予的“全国党史和文献部门先进集体”称号，编撰出版的著作《中国共产党桂林历史第二卷》、撰写的论文《摒弃历史虚无主义对党史研究的影响——以中央红军突破四道封锁线的史实为界定》分别获中央党史和文献研究院授予的“全国党史和文献部门优秀科研成果”二、三等奖。

【党史资政】 2021年，市委党史研究室组织编撰《习总书记的关怀八桂儿女的守护》《为了不能忘却的纪念》2本图册，并高质量完成湘江战役纪念馆解说资料史实核实工作。编撰出版《奋进新时代——党的十八大以来桂林改革发展纪实》，参与长征国家文化公园(广西段)建设保护、桂林市党建文化主题公园建设等工作，为公园建设提供史料15万多字、图片420多张。为中央电视台等主流媒体和市有关部门做好桂林红色文化宣传把好史实关，审核党史材料60余份，为20多部党史题材著作和影视作品审核把关。

【党史部门推动全市党史学习教育走深走实】 2021年，市委党史研究室参与全市党史学习教育组织工作，主要负责全市党史学习教育简报组、材料组工作。编辑出版市级简报117期，上报信息被中央简报采用9条、被自治区简报采用99条，居全自治区第一位。联合市委党校、市两新组织党工委举办“百年光荣——庆祝中国共产党成立100周年桂林党史图片巡回展”，在县(区)、街道、社区、企业、部队、高校展出21场，参观人数超过20万人次。协助广西卫视录制《我们的父辈先烈》党史人物系列宣传片8期和“党史故事大家讲”5期，在全国卫视同步播出。《我们的父辈先烈》被国家广播电视总局 评为中国共产党成立100周年重点节目和“2021年第二季度广播电视创新创优节目”。联合桂林生活网推出“打卡红色地标·重温红色记忆”党史宣传专栏，近17万人次关注。推进“四史”“六进”活动，组织党史专家到机关、社区、农村等开展党史宣讲近1000场次，受众10多万人次。精心打造党史精品课程，配合市委组织部等在全市范围内广泛开展“百年辉煌·党史百课”课程开发和评审活动，打造一批党史精品课程，评选出一批优秀党史宣讲专家。与桂林日报社共同策划，在《桂林日报》用12.5个版刊登《中国共产党一百年大事记》，在《桂林晚报》用12个整版、以图文并茂的形式，推出《致敬桂林红——桂林党史百年大事记》，受到读者广泛好评。

2021年5月21日，全市党史工作负责人会议召开。 (曹正仁摄)

【党史编研】 2021年，市委党史研究室扎实抓好《中国共产党桂林历史》（第三卷）初稿编撰，已完成80%初稿撰写任务。编撰并公开出版《桂林党史百年大事记》等3本专著，约125万字。编纂内部资料《湘江战役文献资料》等3本文集，约96万字。完成桂林改革开放“口述史”采访征集工作。

（曹正仁）

保密工作

【概况】 2021年，中共桂林市委保密委员会办公室（简称市委保密办）和桂林市国家保密局一个机构两块牌子，办公地址在桂林市临桂区西城中路69号内。内设科室2个，管理桂林市保密技术服务中心。年内，市委保密办（市国家保密局）编制《桂林市保密事业发展“十四五”规划》，为全市保密事业发展确定工作目标和主要任务；开展党史学习教育，广大领导干部保密工作凝聚力、战斗力提高；提升保密科技监管能力，压实保密主体责任，推进定密、网络保密、涉密人员“三大管理”；注重保密宣传教育，扎实组织开展庆祝中国共产党成立100周年保密宣传教育系列活动；抓好保密信息报送和保密刊物学刊用刊工作；全力做好保密技术服务保障。

【保密管理】 2021年，市委保密办（市国家保密局）结合专项检查、违法案件查处、绩效考评、报备统计等工作，加强对机关单位保密工作指导。在定密管理上，组织开展定密事项报备工作，解决个别单位定密不精准、定密制度不健全等问题。在网络保密管理上，加强对非涉密网络的监管，完善信息发布保密审查制度，确保在非涉密网络存储、处理、传输、发布的信息不涉及国家秘密。在涉密人员管理上，坚持精准确定、严格审查、分类管理原则，调整更新涉密岗位和涉密人员，强化上岗、在岗、出国（境）、离岗离职全过程保密监管，实现涉密人员规范化常态化动态化管理。

【保密宣传教育】 2021年，桂林市各级保密部门拓展宣传教育渠道，开展庆祝中国共产党成立100周年保密宣传教育系列活动。市委保密办（市国家保密局）征集评选保密宣传教育作品233件，灵川县、荔浦市、八路军桂林办事处等选送的10件作品获桂林市一等奖。组织参加自治区“学党史·开新局”演讲比赛，灌阳县、阳朔县2人分别获一等奖和二等奖。开展“4·15”全民国家安全教育日保密宣传教育活动，通过展示保密警示教育展板，发放保密宣传手册，在电视台、机场、汽车站、公交车、网络平台等播放保密宣传片持续1个月，提升全民保密意识。开展保密警示教育，组织各级党政机关领导干部和涉密人员约1万人次学习泄密案例通报、观看警示教育片。强化党政机关教育培训，全年培训人员2000余人次。组织做好保密信息编写报送工作，桂林市被自治区国家保密局《保密工作简报》采用信息108条，被国家保密局《保密工作》杂志刊用信息5条。全市征订《保密工作》《保密科学技术》等宣传教育资料2.72万份。

【保密技术服务保障】 2021年，市委保密办（市国家保密局）完成涉密会议活动25场次，保障高考、中考、高中学业水平、研究生入学统一考试、教师资格考试、医师资格考试等各类考试37场次，确保涉密信息安全。指导全市完善涉密载体销毁工作，年内，为52个单位提供涉密载体销毁服务。（黄璐）

信访工作

【概况】 2021年，桂林市信访局办公地址在桂林市临桂区西城中路69号。内设6个科室。年内，全市信访系统完成重要节点期间的信访安全保障任务，解决民生难题，维护群众合法权益，确保全市社会和谐稳定。年内，市、县（市、区）两级信访部门共受理群众来信、来访、网上投诉6619件7137人次。其中，网上信访4341件次，来信1819件次，来访459批次971人次。年内，中央交办桂林市第一批、第二批重复信访、化解信访积案共873件。

【重复信访治理和积案化解】 2021年，中央交办桂林市第一批、第二批重复信访、化解信访积案分别为645件和228件，市委、市人民政府主要领导多次作出批示指示，推进重复信访治理、化解信访积案工作。通过建立工作专班，严格落实“巡回督查、挂牌督办、重点督办、定期通报”等工作措施，压实工作责任，确保重复信访治理化解信访积案专项工作取得实效。中央交办桂林市的第一批重复信访、化解信访积案已提前全部提交办结，其中实体性化解169件，实体性化解率26.40%；第二批重复信访、化解信访积案按自治区要求在12月底前完成40%以上。自治区信访工

2021年11月23日，桂林市信访局召开绩效考评工作暨中央第二批交办治理重复信访专项工作推进视频会。

（龙祥摄）

作联席办充分肯定了桂林市的做法和经验。

【民族特色信访工作探索】 2021年，桂林市信访系统坚持为民服务初心，依托区域优势，突出民族特色，探索打造信访工作精品项目，各县(市、区)积极探索新时期信访工作模式。年内，“全国模范退役军人”、秀峰区信访局局长彭永康被评为广西“最美信访干部”；市群众信访服务中心工作人员陈芳被授予“广西五一劳动奖章”。灵川县建成群众信访服务中心、社会矛盾纠纷调处化解的综合大楼。龙胜、恭城等少数民族县发挥民族良俗化解信访矛盾的作用，形成具有民族特色的信访工作经验。12月7日，自治区民族地区信访工作经验交流会在龙胜各族自治县召开。龙胜各族自治县被评为2021年度全国信访工作示范县。

(侯海洋)

档案工作

【概况】 2021年，桂林市档案局在市委办公室挂牌，内设档案事业发展和管理科，办公地址在桂林市临桂区西城中路69号。桂林市档案馆为市委直属事业单位，由市委办公室代管，机构规格为正处级公益一类财政全额拨款事业单位，办公地址在桂林市临桂区西城中路69号。年内，桂林市各级档案部门推进全市档案工作重点任务落地见效，推进档案治理体系和档案资源体系、档案利用体系、档案安全体系建设，实现“十四五”良好开局。

【档案事业发展规划编制】 2021年，桂林市档案局争取市党委、市人民政府支持，将档案工作纳入桂林市经济社会发展规划、年度工作计划和绩效考核内容。7月，“加强档案保护和利用，推动档案管理信息化建设”等内容，纳入《桂林市国民经济和社会发展第十四个五年规划和2035年远景目标纲要》；9月，《桂林市档案事业发展“十四五”规划》实施。灵川等14个县(市、区)将档案工作纳入本地区国民经济和社会发展规划；永福等3个县(区)制定档案事业中长期发展规划；全州等5个县(市、区)将档案工作纳入绩效考核内容。

【档案监督指导】 2021年，桂林市档案局组建档案行政执法队伍，对10个市直机关、10个国有企业、17个县(市、区)和26个乡镇开展档案综合行政执法检查，督促指导脱贫攻坚档案和疫情防控档案归集、村(社区)“两委换届”档案、乡镇档案室管理；指导市中级法院、桂林两江国际机场公司、资兴高速中铁建档案室等开展档案管理规范化建设；组织对98家单位集中开展2021年度档案工作检查。年内，全市各级档案部门共组织开展档案行政执法检查57次，检查单位638个。

【“两类档案”归集】 2021年，桂林市档案局推动市级和各县(市、区)“两类档案”归集工作。至年末，市级“两类档案”已收集整理和数字化，并移交进馆。各县(市、区)“两类档案”目录及目录数据已接收核验并已形成专题目录数据库，脱贫攻坚、疫情防控纸质和特殊载体档案已移交进馆。

【档案宣传】 2021年，桂林市档案局围绕“档案话百年”主题，结合党史学习教育活动，利用线上线下宣传载体，开展庆祝中国共产党成立100周年系列活动。“6·9”国际档案日活动期间，全市共发放宣传资料、主题购物袋5500余份，市档案局网站收到投稿近30篇。市档案局组织参加国家档案局“追寻先烈足迹”短视频征集展示活动，并获得“优秀组织者”奖，同时获得《中国档案》杂志2021年度中国档案宣传工作“先进单位”称号。

【档案业务建设】 2021年，市、县级档案馆及时做好各类档案的接收进馆工作，为查档利用提供优质服务。全年共接收档案2.11万卷43.71万件，开放档案9.46万卷11.52万件，提供查询调阅档案2.52万卷(件)，接待查档1.66万人次；编辑出版档案成果4种61.29万字、内部档案资料8种14.2万字；征集领导视察桂林相关图片和资料，以及庆祝中国共产党成立100周年桂林党史故事60集视频资料、《毛主席刘少奇等党和国家领导人检阅北京部队军事训练时和受阅官兵合影》老照片、《漓江两岸的流年碎影》丛书、史料书籍《桂林龙船》、沈光厚回忆录等一批珍贵档案资料。

【档案信息化建设】 2021年，桂林市档案局推进传统载体档案数字化工作。年内，市档案馆、17个县(市、区)完成馆藏传统载体档案数字化132.2万件1763.5万页，馆藏档案数字化任务完成率100%。推动已列入自治区数字档案馆(室)建设试点单位按要求加快数字档案馆(室)建设进度，督促县级综合档案馆适时启动数字档案馆建设项目。市档案馆依法依规完成1991—1995年馆藏到期档案开放审

2021年6月9日，市档案局、档案馆组织全市17个县(市、区)档案局、档案馆制作宣传展板，在市会议中心集中展出。

(桂林市档案局供图)

核工作，规范编制1991—1995年度开放、划控档案目录和台账。

【档案安全体系建设】 2021年，市、县级档案馆制定安全应急预案，组织开展安全应急演练，做好馆库和馆藏档案的安全管理。市档案馆组织消防知识讲座，开展紧急疏散和灭火演练；全州、兴安等11个县（市、区）均开展1次以上安全隐患排查工作。兴安县、恭城瑶族自治县开展安全应急演练和消防知识培训。全力推动县级综合档案馆新馆建设，截至年底，阳朔、灌阳等9个县综合档案馆新馆正加快建设进度，恭城县新馆建设采取自筹自建的方式推进，并列入县"十四五"规划重点项目建设清单。

【档案队伍建设】 2021年，市、县级档案局贯彻落实《档案专业人员继续教育规定》，结合实际制定培训计划并组织实施。市档案局举办企事业单位档案工作业务培训班，共200多人参加培训学习。各县（市、区）通过举办脱贫攻坚、疫情防控、土地确权、机关文书、重大建设项目等档案业务培训班，提升档案人员能力水平。全年举办各类培训班26期，培训1821人次。组织开展2021年度全市档案系列职称评审工作，完成副高职称申报材料审核6人，对申报中级、初级职称的52人进行评审，其中13人通过中级职称评审，26人通过初级职称评审。

（秦智鹏 全裕胜）

老干部工作

【概况】 2021年，中国共产党桂林市委员会老干部局（简称市委老干部局）办公地址在桂林市临桂区西城中路69号。内设科室5个，下设参照公务员法管理事业单位4个，市关心下一代工作委员会办公室设在市委老干部局。至年末，全市共有离休干部423人，平均年龄92.4岁。其中，市直单位271人、县（市、区）152人；行政机关离休干部156人，事业单位离休干部101人，企业单位离休干部166人；抗战时期参加革命工作的21人，解放战争时间参加革命工作402人；享受厅级待遇的24人，享受县处级待遇的294人，享受科级待遇及其他105人。年内，市委老干部局围绕中心、服务大局，用心用情、精准服务，推动将离退休干部党组织建设纳入党建工作责任制和绩效考核，桂林市精准服务老干部的经验做法在2022年自治区老干部局长会议上作交流发言。选树推荐七星区委老干部局被评为全国老干部工作先进集体。

【离退休干部思想政治建设和党组织建设】 2021年，市委老干部局坚持思想引领、政治引导，组织离退休干部广泛开展党史学习教育。举办"光荣在党50年"纪念章发放仪式等活动2800余场次，组织3.5万名老干部收听收看庆祝中国共产党成立100周年大会。推进离退休干部党支部标准化规范化建设，全市离退休干部组织活动场地设施得到提档升级。在市老干部活动中心打造1200平方米的"共享家园"活动阵地，满足无固定场地离退休党支部开展学习活动需要。督导推动离退休干部党组织工作经费、党费返还、工作补贴等全面落实，离退休干部党支部班子建设得到进一步加强，支部作用发挥较好。《强化党建引领 孤岛变"灯塔"》工作案例被评为自治区离退休干部党建工作创新案例。

【离退休干部服务管理】 2021年，市委老干部局落实离退休干部各项政治生活待遇。春节期间，走访慰问企业离休干部124人，发放春节慰问金37.2万元、健康疗养费6.26万元，发放享受生活完全不能自理的离休干部春节慰问金7.56万元，发放去世离休干部家属慰问金1.47万元。及时落实党中央在中国共产党成立100周年之际对离休干部的各项政策待遇，提高了抗战时期参加革命工作的部分离休干部医疗待遇和离休干部的生活补贴标准。完善特殊困难离退休干部帮扶机制，对25名有特殊困难的离退休干部及遗偶给予16.6万元资金帮扶。开展离休干部全覆盖大走访活动，登门慰问全市400多名离休干部，及时帮助解决困难问题13件。推进利用社区资源就近关心照顾离退休干部工作，建成翠西社区等一批就近关心照顾离退休干部服务点，"一刻钟"居家养老服务圈得到完善，翠西社区在全区利用社区资源就近关心照顾离退休干部服务点建设推进会上作经验交流发言。

【引导老干部发挥作用】 2021年，市委老干部局深化"建设壮美广西 共圆复兴梦想"正能量活动，组织"我看建党百年新成就"专题调研，广大老干部围绕打造世界级旅游城市踊跃向各级党委政府建言献策。开展"乡村振兴 老有所为"活动，组织老书记、老农技专家、老教授到乡村开展"老书记讲精品党课进村屯"活动120次，开展种养技术培训和指导380次。"乐为桂林"老干部志愿者服务队持续开展政策宣讲、文明城市常态化管理等活动，取得良好的社会反响。组织引导"五老"（老干部、老战士、老专家、老教师、老劳模）开展关心下一代工作，新建成"关工小站"63个，接纳43万人次青少年开展学习教育。持续实施"3元计划·爱心工程"。（汤素华）

机构编制

【概况】 2021年，中国共产党桂林市委员会机构编制委员会办公室（简称市委编办）办公地址在桂林市临桂区西城中路69号。内设6个科；下辖1个二层参公事业单位市事业单位登记管理中心。年内，在市委编办在市委组织部的归口管理下，认真履职尽责，强化服务保障，统筹推进改革，全面完成各项工作任务。至年末，全市有县以上行政机构1039个，其中市级85个、县级954个。完成全市机构编制核查，通过自治区的检查验收。扎实做好机构编制年度统计、党政机关和事业单位网上名称管理、事业单位年度报告制度改革试点、事业单位法人年度报告公示、换发统一社会信用代码证等工作。全年完成事业单位法人设立登记36家、变更登记198家、注销登记43家，进一步规范事业单位业务活动和内部管理。

【党政机构职能体系建设】 2021年，市委编办开展桂林市打造世界级旅游城市工作领导小组办公室组建、相关事业单位调整设置等工作，助推桂林市打造世界级旅游城市。推动市扶贫办重组为乡村振兴局，将市大数据发展局调整到市政府办挂牌，在市文广旅局增挂市文物局牌子，厘清市应急管理局内设机构工作职责、调整应急服务机构设置，助推提高党政机构效能。加快推进公安机关管理体制改革，调整市公安局部门内设机构，撤销临桂县公安局，设立市公安局临桂分局，推动提升新时代公安机关打击犯罪和治安管理水平，助力平安桂林建设。

【教育医疗等民生领域编制保障】 2021年，市委编办通过调剂增加事业编制327名，用于补充急需教师；科学指导县区及时将自治区下达的2056名周转编制全部分配到学校，市本级调剂事业编制保障中小学教职工基本编制比例达100%；推进中小学教师"县管校聘"管理改革，加强市直属中小学教师统筹管理，推进桂林市教育优质均衡发展。深化推进公立医院改革，将市皮肤病医院整建制并入市中医院；成立市医药招采中心，调整市中西医结合医院等医院内设机构设置；开展公益二类事业单位编制备案制试点评估工作，总结市人民医院等试点单位经验，保障和落实公立医院等单位选人用人自主权。成立市养老服务促进中心，助力桂林康养事业发展。

【公益类事业单位机构设置调整】 2021年，市委编办通过调研掌握情况，优化事业单位结构布局。重新组建桂林美术馆和桂林画院，将市展览馆（花桥美术馆）整建制并入桂林美术馆；整合农村能源相关职责，将市林业综合发展中心负责的农村生态能源技术、沼气利用技术应用与推广职责以及人员编制划转至市农业农村综合发展中心，理顺和强化事业单位公益属性。

【基层机构改革推进】 2021年，市委编办推进乡镇（街道）机构改革。全市乡镇按"党政机构控制在5个以内、事业单位控制在8个以内"、街道按"党政机构控制在5个以内、事业单位控制在3个以内"的模式统筹设置党政机构及事业单位。推进审批服务和综合执法"两个平台"、政务服务和基层治理"两张网"建设，便民化程度提升。推进编制资源向基层一线倾斜。在街道管理体制改革中，从市本级调剂新增城区街道事业编制87名，增强基层力量。创新推动乡镇更大范围的机构编制整合和综合执法，将乡镇原"四所合一"机构更名并加挂农房管控工作站牌子，提供农村宅基地和农房建设"一站式"服务，并调剂增加事业编制192名，为全自治区农房管控工作提供了"桂林经验"。

【经济发达镇行政管理体制改革试点推行】 2021年，桂林市在扩大经济社会管理权限等方面探索。根据溶江镇（为广西经济发达镇行政管理体制改革试点镇）经济社会发展情况，下放县级管理权限26项（涵盖国土资源、环境污染、集镇建设等），扩大镇经济社会管理权限，提升镇政府履职能力。成立溶江镇财政局，在县一级层面建立代管金库，推动财政事权相独立财政新模式。把民政、残联、国土规建交通环保安监、社保、医保等窗口部门集中到党群和政务服务中心办公，推进集中审批和综合执法。在综合行政执法办公室的统筹协调下，整合乡镇管理的执法机构、县级派驻乡镇的执法机构等，以综合执法队名义开展综合执法。成立兴安县溶江镇金石办事处，构建适应溶江镇金石片区工作特点及便民服务需要的体制机制，用足用活发达镇改革政策。（李伟富）

机关党建

【概况】 2021年，中国共产党桂林市委员会直属机关工作委员会（简称市委直属机关工委）办公地址在桂林市临桂区西城大道69号，内设部室6个。年内，市委直属机关工委全面推进机关基层党组织达标创优，统筹推进机关党建提质聚力增效，机关基层党组织的战斗堡垒作用和党员的先锋模范作用得到充分彰显。市委直属机关工委在职党支部被桂林市委评为"先进基层党组织"。年末，市委直属机关工委直属党组织77个，其中党委47个、党总支部14个、党支部16个。管理党员2.19万名，其中在职党员1.44万名、离退休党员7501名。

【机关党建提质】 2021年，市委直属机关工委制定年度市直机关党的工作要点，明确年度市直机关党建工作重点工作任务。召开2020年度桂林市直机关党组织书记落实全面从严治党主体责任述职暨2021年机关党的工作（党风廉政建设）会议，传导政治责任、激励担当作为。开展两批次党组织星级评定和优秀机关党建品牌评选命名工作，梯次推进党组织达标创优。所属986个党支部，达标100%；

2021年10月9日，市委直属机关工委举办"百课话百年·党史照未来"大宣讲启动仪式暨"十佳党史好课程进机关"专题党课。（汪毅摄）

所属1096个党组织中,星级党组织占比82%,其中"五星级"党组织245个,占比22.4%。机关各级党组织自主创建党建品牌845个,评出优秀党建品牌110多个。召开市直机关党建品牌建设暨基层党组织达标创优工作现场推进会,分组现场考察了7个党组织党建品牌建设情况,为"廉洁清风 先锋领航"等46个党建品牌授牌。

【直属机关开展庆祝中国共产党成立100周年活动】 2021年,市委直属机关工委举办"百舸争流千帆竞 旅游胜地党旗红"桂林市直机关党组织庆祝"建党百年"趣味运动会。75个市直机关党组织、108支代表队、1300名党员干部职工参加运动会,其中副处级党员领导干部83名、正处级党员领导干部26名。开幕式现场组织党旗快闪活动,参赛选手齐唱《没有共产党就没有新中国》。运动会通过"桂视网"直播,在线观看量突破25万人次。组织颁发"光荣在党50年"纪念章,为桂林市直机关党龄达到50年的1816名老党员颁发"光荣在党50年"纪念章。春节期间和"七一"前夕,对老党员和困难党员进行走访慰问。

【直属机关党史学习教育】 2021年,市委直属机关工委强化组织领导带头学。建立"四学机制"(做实集中学、做细跟进学、做深自主学,做精交流学),通过中心组理论学习、党支部"三会一课"等形式,学习贯彻习近平新时代中国特色社会主义思想,在《桂林日报》、桂林电视台等市级主流媒体发表理论文章3篇、新闻报道25篇。围绕学懂弄通做实习近平新时代中国特色社会主义思想,以市直机关"党课大讲堂"为重要载体,以点带面推动机关党史学习教育。全年共举办7期9讲专题党课,引领带动基层党组织建立自己的"小讲堂""微课堂",实现机关党员接受党课教育全覆盖,教育引导党员干部切实做到"两个维护"。

【直属机关"两优一先"评选】 2021年,市委直属机关工委完成全国、自治区、桂林市优秀共产党员、优秀党务工作者、先进基层党组织的推荐和工委本级"两优一先"的评选表彰工作。1人获全国优秀党务工作者,5人、2个党组织获自治区"两优一先"表彰,36人、22个党组织获桂林市"两优一先"表彰。对140名机关党员、125名机关党务工作者和105个机关基层党组织进行表彰。

【市直机关干部培训】 2021年,市委直属机关工委举办两期党员发展对象培训班,897名党员发展对象参加培训,全年共发展党员464名。9月12日—28日,在江西瑞金干部学院分两批次举办市直机关党务干部"牢记使命·砥砺前行"党性教育培训班,市直机关和各县(市、区)工委的110余名党务干部参加学习培训。11月10日,举办市直机关新任党支部书记培训班,来自机关各部门及其二层单位140名新任党支部书记参加培训。

2021年5月26日,市委直属机关工委举办"百舸争流千帆竞 旅游胜地党旗红"桂林市直机关党组织庆祝"建党百年"趣味运动会。 (汪毅摄)

【市直机关群团建设】 2021年,市直机关92个群团组织、81个工会组织、53个妇女组织完成换届工作。组织机关工会干部、妇女干部和共青团干部到广西贺州市、湖南省怀化市通道侗族自治县等地开展"感党恩·奋进新起点"党史学习教育主题活动。举办"树清廉家风 创最美家庭'学党史 话家风 庆七一'"主题活动。以"学雷锋月"、五四青年节等重要节日为契机,开展"学雷锋志愿服务活动月""学党史 强信念 跟党走"等活动。推动"职工书屋""电子阅览室"和文化长廊等学习园地建设,发挥文化阵地"建、管、用"作用。加强典型引领,认真开展做好"五一劳动奖""工人先锋号""巾帼文明岗""三八红旗集体""三八红旗手""最美家庭"等评选推优工作。组织开展广播体操比赛、职工气排球比赛、庆祝"建党百年"趣味运动会、春秋两季运动会等系列机关文化活动。

(马树超)

督查和绩效考评

【概况】 2021年,中国共产党桂林市委员会督查和绩效考评办公室(简称市委督查绩效办)办公地址在桂林市临桂区西城中路69号。内设科室6个,下设1个公益一类事业单位。年内,市委督查绩效办充分发挥督查"利剑"和绩效"指挥棒"作用,为市委、市人民政府决策当好参谋助手,推动中央、自治区和市委、市人民政府决策部署落地落实,全市党的督促检查工作和绩效管理工作取得显著成效。2021年桂林市综合绩效考评结果评为一等等次,市委督查绩效办获自治区党委办公厅评为"2020—2021年度全自治区党委督查工作先进单位"称号。

【决策督查】 2021年,市委督查绩效办聚焦市委重大决策部署的落地见效,严格统筹规范督查检查考核。年内,市本级共开展督查检查考核23项,均严格执行审核备案制度。落实重点工作的任务分解。围绕中心工作、重点工作加强督查。先后对贯彻落实中共中央总书记、国家主席、中央军委主席习近平总关于广西工作重要指示批示精神，乡村风貌提升和农村人居环境改善，绩效考评，严肃换届纪律，党史学习教育，政法队伍教育整顿，常态化创建全国文明城市等重点工作组织开展重大督查活动，推动市委重大决策部署的贯彻落实。对82项市委常委会议定事项进行跟踪督办，形成督查报告4期，推动市委常委会议定事项事事有人抓，件件有着落。

2021年3月31日，市委督查绩效办开展城区环境综合整治及创城常态化工作情况督查。（韩徐波摄）

【专项查办】 2021年，市委督查绩效办坚持“批必查、查必清、清必办、办必果”的原则，抓住关系经济社会发展和群众切身利益的热点难点问题，创新办法、敢督敢查，不断提高专项查办的效率和质量。对常态化疫情防控、防汛救灾、安全生产等贯彻落实情况开展督查督办，确保贯彻落实扎实到位。组织对自治区党委、政府领导同志多次批示的中央环保督察回头看、重大项目建设、防范中小学生溺水、安全隐患整改、道路交通安全等事关经济发展、群众生命安全和生态环境保护的工作开展实地督查，查找工作漏洞和短板，通过现场反馈、书面通报、限期整改进一步推动问题整改、责任落实。突出“实效”，强化真督实查。围绕市党政主要领导服务工业企业接待日反映困难诉求推进情况、全市工业园区获政府专项债券支持项目建设等重点工作开展督查督办，23项事关企业发展的问题诉求得到推进，社会反响良好。紧盯为民办实事工作，实行月度检查、月度通报、不定期督查、专项协调等工作制度，确保自治区级层面30个为民办实事项目和市级层面34项为民办实事项目完成年度工作任务。

【自治区绩效考评迎检】 2021年，市委督查绩效办围绕市委、市政府提出的“保持全自治区一等等次”的目标，抓精准、抓落实。分解指标任务，组织制定《桂林市2021年度自治区综合绩效考评指标管理目标表》，层层传导责任和压力。建立负面清单通报制度，先后4次在全市范围内通报自治区指标进展情况，对进展缓慢或存在扣分隐患的指标作出预警，为市委、市政府科学决策、协调解决有关问题提供重要参考。全面开展自治区指标督导检查，对存在的困难和需要协调解决的问题摸准摸实，对指标分值大、任务完成难度大的单位进行面对面督导，加强跟踪问效。围绕创优争先得高分，抓培育、抓突破。将创新争优加分作为自治区考评桂林市绩效工作的重要抓手，开展业务培训，召开专题推进会，突出抓加分项目挖掘、抓优势项目提升、抓高分值项目培育，深入分析桂林市在创优争先方面的优劣势，指导相关单位在日常工作注意挖掘、总结工作上的亮点特色，多角度向上争取对桂林的有利条件，有效激发各级各部门创优争先动力，重点工作获中央、省部级领导批示方面获得重大突破，2021年桂林市重大表彰奖励加分位列全自治区第一。围绕“一票肯定”申报事项，抓谋划、抓衔接。针对2021年桂林市整体经济指标靠后情况，主动谋划“一票肯定”申报事项。积极回应诉求，持续提升社会评价工作成效。抓实群众意见建议整改，建立健全民意调查和“12345”热线联动机制，开展“民有所需、接诉即办”群众满意度提升专项行动，进行“强绩效　惠民生　促发展”主题宣传，推动各级各部门把涉及民生的项目建好、资金用好、实事办好，持续提升群众获得感、幸福感、满意度。

【市级绩效考评】 2021年，市委督查绩效办改革考评机制，树立聚焦发展的鲜明导向。研究出台推进绩效管理改革创新的7项措施，改变原有的考评分类，把所有市直单位放在同一类别进行考评；优化评分标准，分值权重向重大战略、重点项目、重要工作倾斜，计分方式向在自治区对桂林市绩效考评中作出贡献的单位倾斜。紧盯关键考点，构造简明精准务实的指标体系。坚持以高质量发展为主题主线，强化对重大决策部署、重大改革和重点工作考评，把事关发展的大事要事全部纳入绩效考评范围，设置“世界级旅游城市建设专项考核”，对“经济高质量发展”“工业振兴”“重大项目建设”等重大工作设置指标。按照“控总量、减指标、优流程、提质量”的原则，优化指标体系，减少指标数量，做到考精考实，持续推动指标体系瘦身健体。2021年度设置县（市、区）综合绩效考评具体指标共计47项，比2020年度的114项减少67项。

（韩徐波）

桂林市人民代表大会

综　　述

2021 年末，桂林市有市、县（市、区）、乡（镇）三级人大代表 13214 人，其中市人大代表 433 人、县（市、区）人大代表 3525 人、乡（镇）人大代表 9256 人。2021 年 10 月 20 日，桂林市第六届人民代表大会第一次会议召开。10 月 22 日，选举产生桂林市第六届人民代表大会常务委员会。桂林市第六届人大常务委员会组成人员 37 人，其中主任 1 人、副主任 6 人、秘书长 1 人、委员 29 人。

桂林市人民代表大会（简称市人大）常设机构为桂林市人民代表大会常务委员会（简称市人大常委会），办公地址在桂林市临桂区西城中路 69 号。市人大设有法制委员会、监察和司法委员会、财政经济委员会、教育科学文化卫生旅游委员会、民族华侨外事委员会、城乡建设环境与资源保护委员会、农业与农村委员会、社会建设委员会 8 个专门委员会。市人大常委会设 6 个工作机构（含机关党委）。

全年，市人大常委会依法履职，举行常委会会议 9 次，审议法规案 5 件，表决通过 3 件，颁布实施 1 件。备案审查规范性文件 18 件。听取和审议市人民政府、市监察委员会、市中级人民法院、市人民检察院工作报告 15 项，检查 6 件法律法规实施情况，作出决议决定 8 项，任免国家机关工作人员 153 人次。

重要会议

【桂林市第五届人民代表大会第六次会议】 2021 年 6 月 23 日—24 日在桂林市会议中心大礼堂举行。应到代表 432 人，出席大会开幕式代表 402 人，符合法定人数。会议分别听取和审议《政府工作报告》《桂林市人大常委会工作报告》《桂林市中级人民法院工作报告》《桂林市人民检察院工作报告》《桂林市国民经济和社会发展第十四个五年规划和二〇三五年远景目标纲要草案》《关于桂林市 2020 年国民经济和社会发展计划执行情况与 2021 年国民经济和社会发展计划（草案）的报告》《关于桂林市全市与市本级 2020 年预算执行情况和 2021 年预算草案的报告》，并分别表决通过相关报告的决议。会议依法补选李楚为桂林市市长、古国章为桂林市监察委员会主任。

2021 年 11 月 12 日，桂林市第六届人大常委会第一次会议召开。　（李源摄）

【桂林市第六届人民代表大会第一次会议】 2021 年 10 月 20 日—22 日在桂林市会议中心大礼堂举行。应到代表 433 名，出席大会开幕式代表 415 名，符合法定人数。会议分别听取和审议《政府工作报告》《桂林市人大常委会工作报告》《桂林市中级人民法院工作报告》《桂林市人民检察院工作报告》，并分别表决通过相关报告的决议。会议依法选举产生桂林市第六届人大常委会组成人员，赵仲华为主任，徐锋、谢灵忠、区捷、唐修璇、李滨、林武民为副主任，石凤羽为秘书长，文昕等 29 人为委员。依法选举李楚为市长，钟洪、罗贤瑞、赵奇玲、龙杏华、蒋春华、王昕为副市长。依法选举徐波为桂林市监察委员会主任，杨晓春为桂林市中级人民法院院长，梁贻勇为桂林市人民检察院检察长。依法表决通过桂林市第六届人民代表大会各专门委员会主任委员、副主任委员、委员共 50 人。

【桂林市第五届人大常委会会议】 2021 年，桂林市第五届人大常委会共召开会议 7 次。

第 34 次会议　2021 年 1 月 27

日举行。会议听取和审议市人民政府关于《桂林市国民经济和社会发展第十四个五年规划和二〇三五年远景目标纲要(草案)编制情况的报告》;审议《市人大常委会工作报告(送审稿)》。会议表决通过有关人事任免事项,决定接受彭代元、朱永辉、兰燕辞去桂林市副市长职务的请求,决定任命罗贤瑞、龙杏华为桂林市副市长。会议还对市中级人民法院和市检察院的人事事项进行表决。市人大常委会主任张晓武向被任命的国家机关工作人员颁发任命书。会议举行了新任命国家机关工作人员向宪法宣誓仪式。

第35次会议 2021年4月26日举行。会议听取和审议市人民政府关于2020年环境状况和生态环境目标完成情况的报告、关于贯彻落实市人大常委会开展《中华人民共和国传染病防治法》执法检查审议意见情况的报告;听取和审议市人大常委会执法检查组关于开展《中华人民共和国农民专业合作社法》执法检查情况的报告、关于开展《桂林市销售燃放烟花爆竹管理条例》执法检查情况的报告;审议《桂林市灵渠保护条例(草案)》;审议并表决通过《桂林市人大常委会2021年工作要点》。会议表决通过有关人事任免事项,决定免去朱永辉的桂林市公安局局长职务,决定任命罗贤瑞为桂林市公安局局长。

第36次会议 2021年6月16日举行。会议听取和审议市人民政府关于桂林市自然保护区建设与管理情况的报告、关于桂林市残疾人保障工作情况的报告;听取和审议市人大常委会执法检查组关于开展中华人民共和国旅游法执法检查情况的报告;审议《桂林市喀斯特景观资源可持续利用条例(草案)》《桂林市养犬管理条例(草案)》。会议审议并表决通过关于召开市五届人大六次会议的决定、市五届人大六次会议列席人员的决定、需提交市五届人大六次会议审议的有关材料等。会议决定桂林市第五届人民代表大会第六次会议于2021年6月23日召开。会议表决通过有关人事任免事项,会议决定任命李楚为桂林市副市长并决定其代理市长职务;决定接受秦春成辞去桂林市市长职务,接受韦凤云辞去桂林市副市长职务的请求。市人大常委会主任张晓武向被任命的国家机关工作人员颁发任命书。会议举行新任命国家机关工作人员向宪法宣誓仪式。

第37次会议 2021年6月22日举行。会议审议并表决通过市人大常委会代表资格审查委员会关于若干代表的代表资格审查情况的报告(草案);审议并表决通过需提交市五届人大六次会议审议的有关材料;审议《桂林市人大常委会贯彻习近平总书记“四个新”总要求新增和强化2021年工作安排(送审稿)》。

第38次会议 2021年8月10日举行。会议听取和审议市人民政府关于2020年桂林市本级财政决算的报告、桂林市2020年度市本级行政事业性国有资产管理情况专项报告、2020年度桂林市本级预算执行和其他财政收支的审计工作报告、桂林市2021年上半年国民经济和社会发展计划与预算执行情况的报告、桂林市“十三五”期间基层卫生健康事业发展情况的报告;听取和审议市人大常委会执法检查组关于《桂林市城市市容和环境卫生管理条例》执法检查情况的报告;审议市人民政府关于提请审议《桂林市青狮潭水库水质保护条例(草案)》的议案。会议表决通过《桂林市人大常委会关于批准2020年市本级决算的决议》;审议并表决通过《关于桂林市第六届人民代表大会代表名额分配和选举时间的决定》《桂林市灵渠保护条例》《桂林市喀斯特景观资源可持续利用条例》。会议表决通过有关人事任免事项。市人大常委会主任张晓武向部分被任命的国家机关工作人员颁发任命书。

第39次会议 2021年8月25日举行。会议听取和审议市监察委员会关于开展脱贫攻坚监察监督专项工作的报告。会议表决通过有关人事任免事项。市人大常委会主任张晓武向被任命的国家机关工作人员颁发任命书。

第40次会议 2021年10月12日举行。会议听取和审议桂林市第五届人民代表大会常务委员会代表资格审查委员会关于桂林市第六届人民代表大会代表资格审查情况的报告(草案);听取和审议桂林市人大常委会换届选举工作办公室关于县乡两级人大换届选举工作情况的报告;听取和审议桂林市人大常委会选举联络工作委员会关于市五届人大六次会议及闭会期间代表建议、批评和意见办理工作情况的报告;听取和审议桂林市人民政府关于市五届人大六次会议及闭会期间代表建议、批评和意见办理工作情况的报告;听取和审议桂林市中级人民法院关于市五届人大六次会议及闭会期间代表建议、批评和意见办理工作情况的报告;听取和审议桂林市人大常委会选举联络工作委员会关于市五届人大五年代表建议、批评和意见办理工作情况的报告;听取和审议桂林市人民政府关于市五届人大五年代表建议、批评和意见办理工作情况的报告;听取和审议桂林市中级人民法院关于市五届人大五年代表建议、批评和意见办理工作情况的报告;听取和审议桂林市人大常委会执法检查组关于《广西壮族自治区人民代表大会常务委员会关于大力宣传普及应急安全常识提高公众应急防护意识和能力的决定》执法检查情况的报告;审议《桂林市养犬管理条例(草案)》;审议关于提请审议《桂林市人民代表大会常务委员会关于开展第八个五年法治宣传教育的决议(草案)》的议案。会议审议并表决通过《桂林市第五届人民代表大会常务委员会代表资格审查委员会关于桂林市第六届人民代表大会代表资格审查情况的报告》《桂林市养犬管理条例》《桂林市人民代表大会常务委员会关于开展第八个五年法治宣传教育的决议》《桂林市人民代表大会常务委员会关于召开桂林市第六届人民代表大会第一次会议的决定》、关于桂林市第六届人民代表大会第一次会议列席人员的决定。会议表决通过有关人事任免事项,决定接受陈敏辞去桂林市中级人民法院院长职务的请求,接受林鼎立辞去桂林市人民检察院检察长职务的请求;任命杨晓春为桂林市中级人民法院副院长并决定其代理桂林市中级人民法院院长职务,任命梁贻勇为桂林市人民检察院副检察长并决定其代理桂林市人民检察院检察长职务。会议审议需提交市六届人大一次会议审议的常委会工作报告(送审稿)等有关材料。会

2021 年 11 月 12 日，桂林市第六届人大常委会第一次会议举行向宪法宣誓仪式。（李源摄）

议决定桂林市第六届人民代表大会第一次会议于 2021 年 10 月 20 日召开。市人大常委会主任张晓武向被任命的国家工作人员颁发任命书，并举行向宪法宣誓仪式。

【桂林市第六届人大常委会会议】2021 年，桂林市第六届人大常委会共召开会议 2 次。

第 1 次会议　2021 年 11 月 12 日举行。会议集体学习了中共中央总书记习近平在中央人大工作会议上的重要讲话和中央人大工作会议精神、《中华人民共和国地方各级人民代表大会和地方各级人民政府组织法》《广西壮族自治区人民代表大会常务委员会议事规则》和《桂林市人大常委会关于改进常委会会议审议质量的若干规定》。会议补选赵仲华为自治区第十三届人民代表大会代表；表决通过《桂林市第六届人民代表大会常务委员会关于设立代表资格审查委员会的决定》和有关人事任免事项，决定任命周强为桂林市副市长。市人大常委会主任赵仲华向被任命的国家机关工作人员颁发任命书。会议举行新任命国家机关工作人员向宪法宣誓仪式。

第 2 次会议　2021 年 12 月 22 日举行。会议听取和审议《关于 2020 年度桂林市本级预算执行和其他财政收支审计查出问题整改情况的报告》《2021 年桂林市本级预算调整方案（草案）》《桂林市人民代表大会常务委员会法制工作委员会关于 2016—2021 年备案审查工作情况的报告（草案）》，审议《桂林会仙喀斯特国家湿地公园保护条例（草案）》，表决通过《桂林市人民代表大会常务委员会关于批准 2021 年桂林市本级预算调整方案的决定》。会议表决任命了新一届市人民政府组成部门负责人和市监察委员会 2 名委员。市人大常委会主任赵仲华向被任命的国家机关工作人员颁发任命书。会议举行向宪法宣誓仪式，市人民检察院检察长、新一届市人民政府组成部门负责人参加了向宪法宣誓仪式。

重要工作

【地方立法工作取得成效】2021 年，市人大常委会充分发挥地方立法在推进桂林法治建设中的重要作用，以良法促发展、保善治，不断推动制度优势转化为治理效能。全年审议地方性法规案 5 件，表决通过 3 件，颁布实施 1 件；报请自治区人大常委会批准法规 4 件，获批 3 件，公布法规 3 件；备案审查规范性文件 18 件。围绕创城精细立法，审议、表决通过《桂林市养犬管理条例（草案）》，并报请自治区人大常委会待审议批准。围绕保护千年桂林历史文化专门立法，审议、表决通过并实施《桂林市灵渠保护条例（草案）》。围绕打造世界级旅游城市重点立法，初次审议《桂林市会仙喀斯特国家湿地公园保护条例（草案）》《桂林市青狮潭水库水质保护条例（草案）》，审议、表决通过并实施《桂林市喀斯特景观资源可持续利用条例》。地方性法规宣传和贯彻实施力度不断加大。召开新闻发布会，对获得自治区人大常委会批准实施的相关条例开展集中宣传。检查《桂林市城市市容和环境卫生管理条例》《桂林市销售燃放烟花爆竹管理条例》实施情况。在法治的有力保障下，2021 年桂林市 1—11 月国家地表水考核断面全国地级以上城市水环境质量状况排名中位居第四，空气质量优良率位居全自治区前列。扎实做好规范性文件备案审查工作。通过加强沟通对发现的问题进行纠错，强化了审查实效。12 月，市人大常委会首次听取审议 2016—2021 年备案审查情况专项报告，备案审查工作取得新成效。

【人大监督实效增强】2021 年，市人大常委会牢牢把握正确监督、有效监督的方向，持续加强和改进监督工作。围绕财经监督，首次听取审议行政事业性国有资产管理情况的专项报告。听取审议《桂林市国民经济和社会发展第十四个五年规划和二〇三五年远景目标纲要（草案）》编制情况的报告、2021 年上半年计划与预算执行情况报告、2020 年市本级决算报告、审计工作报告、2021 年市本级预算调整方案、2020 年市本级预算执行和其他财政收支审计查出突出问题整改情况的报告。围绕乡村振兴战略，对水果产业发展、田园综合体建设等情况开展专题调研。对动物防疫法执法检查审议意见落实情况进行跟踪检查，检查农民专业合作社法实施情况。首次听取审议市监察委员会关于开展脱贫攻坚监察监督工作情况报告，提升脱贫攻坚成果同乡村振兴有效衔接专项监督的成效。围绕民生关切纾困解难，针对“上学难”、基层医疗卫生机构综合服务能力不足、全民健身设施不全、残疾人保障滞后等问题，开展专题调研，听取审议政府专项工作报告。明确常委会领导领衔督办责任，对“烂尾楼”处置滞后问题进行督办。开展传染病防治法实施情况检查“回头看”，推动120疫情防控应急指挥中心项目建设资金的落实。推动相关部门开展A级景区提升与旅游市场专项整治工作，进一步提升桂林市旅游服务质量与水平。围绕公正司法依法履职，跟踪督办法院审理破产案件中涉嫌刑事犯罪线索立案难的问题，督促此类案件立案实现“零”突破。以强化跟踪问效为着力点，推动解决强制隔离戒毒所建设和吸毒人员收戒难问题。常态化组织人大代表旁听评议庭审、参与人民监督员选任等工作。依法维护人民群众的合法权益，全年共办理涉法涉诉信访50件，依法转办30件。创新跟踪监督方式，调整营商环境整改问题督办工作，营商环境突出问题逐项解决。

【人大依法决定重大事项和人事任免】2021年，市人大常委会作出决定决议8项，依法任命新一届市政府组成部门负责人36人次，依法任免市人大及其常委会和“一府一委两院”工作人员153人次，确保组织意图通过法定程序实现。依法严格落实宪法宣誓制度，组织宪法宣誓146人次。

2021年11月26日，市人大常委会召开全市人大代表“混合编组、多级联动、履职为民”经验交谈会。（阳文杰摄）

【人大代表履职能力提高】2021年，市人大在创新打造工业、农业、教育文化等行业特色代表联络站“桂林品牌”的基础上，聚焦打造世界级旅游城市，推动代表履职平台提档升级，持续擦亮行业履职平台“桂林品牌”。全市148个代表履职活动中心和917个代表联络站实现布局网络化、科学化、合理化，全市五级人大代表加强“多级联动”，激发代表“履职为民”新动能。协助全国、自治区人大代表提出高质量议案建议，加强与市人民政府办公室和各县（市、区）人大常委会的联系，认真收集各方面意见和资料，驻桂林全国、自治区人大代表分别提出高质量建议（议案）23条、66条，助力桂林市争取更多国家和自治区层面的支持。“混合编组、多级联动、履职为民”工作走在全自治区前列，连续两年在全自治区人大经验交流会上作发言。组织召开全市人大代表“混合编组、多级联动、履职为民”经验交流会暨代表建议办理工作推进会，首次安排“一府一委两院”分管领导、市政府组成部门主要负责人参加会议，进一步推动代表履职服务保障和建议办理工作。举办市六届人大代表第一期履职学习班，组织市六届人大代表全员学习，使代表进一步提高政治站位、切实提高履职能力。精心组织“改善城乡人居环境，提高人民生活品质”年度主题履职活动，共收集代表和群众提出意见建议1971条，已办结1681条（现场解决或已基本解决466条），正在逐步加以解决的290条，为改善城乡人居环境、提高人民生活品质贡献人大智慧和力量。

【人大代表建议办理落实】2021年，市人大常委会通过市领导领衔督办、专委对口督办、跟踪问效督办，进一步加强和改进代表建议办理工作。市五届人大六次会议及闭会期间提出的71件代表建议，全部按时答复，建议办复率、满意率100%；市六届人大一次会议期间提出的4件代表建议，已全部办复，已经解决或基本解决的3件，占75%，在解决或列入计划逐步解决的1件，占25%，建议办理落实率多年稳居较高水平。（徐丹）

桂林市人民政府

综　　述

2021年，桂林市人民政府（简称市人民政府）设置工作部门36个，工作部门加挂牌子8个。桂林市人民政府办公室（简称市政府办公室）办公地址在桂林市临桂区西城中路69号，内设科室19个。

2021年，市人民政府坚持以习近平新时代中国特色社会主义思想为指导，认真贯彻落实中共中央总书记习近平视察广西“4·27”重要讲话精神和对桂林的重要指示精神，牢记嘱托、感恩奋进，坚持政策为大、项目为王、环境为本、创新为要，坚持以打造世界级旅游城市为统揽，统筹疫情防控和经济社会发展，实现了“十四五”良好开局。全市地区生产总值2311.06亿元，一般公共预算收入117.50亿元，社会消费品零售总额942.55亿元，城镇、农村居民人均可支配收入分别为40739元、18993元，居民消费价格上涨0.7%。

年内，市人民政府统筹抓好疫情防控和经济社会发展，坚持高点谋划高位推进，推动打造世界级旅游城市实现良好开局，桂林市在自治区战略地位大幅提升。加快推进产业振兴，实施工业振兴六大行动，创新开展党政主要领导服务工业企业接待日活动，工业发展提速增效；推动文旅产业升级发展，优化产业结构，促进“文旅+”深度融合，启动实施现代服务业提升发展三年行动，文化旅游高质量发展迈出坚实步伐。全面推进乡村振兴，深化农业供给侧结构性改革，持续优化农业产业结构，大力发展现代特色农业，加快推进田园综合体和美丽乡村建设，持续壮大县域经济，稳步推进农业农村现代化。坚持创新驱动发展战略，深化科技体制机制改革，一体化推进科技攻关和成果转化，高质量发展动能持续增强。坚持生态优先绿色发展，全力保护漓江，深入打好三大污染防治攻坚战，持续加强生态文明建设，筑牢桂北重要生态屏障。加快推进最宜居城市建设，深入实施城市更新行动，新型城镇化建设加快推进，全面加强城市精细化管理。持续扩大有效投资，深入实施扩大有效投资三年攻坚行动，加快推进交通、能源、水利等基础设施建设，加强新型基础设施建设，发展支撑能力持续增强。持续深化改革开放，统筹推进经济体制、文化旅游综合体制、农业农村等重点领域改革，进一步深化“放管服”改革；着力推进开放合作，主动对接粤港澳大湾区，推动“粤桂画廊”联动共建；加力打造市场化、法治化、国际化营商环境，落实减税降费政策，有效激发市场主体活力。持续保障和改善民生，扎实推进为民办实事，全面加强社会保障，强化就业优先导向，加快发展教育、文化、卫生、体育事业，持续深化平安桂林建设，有效防范化解各类风险，社会大局和谐稳定。　（周晋）

重要会议

【全市性重要会议】 2021年，市人民政府召开的全市性重要会议57次。

1月8日，市人民政府召开全市乡村风貌提升和农村人居环境改善工作推进会。

1月27日，市人民政府召开2021年烟草市场清理整顿工作电视电话会议。

1月28日，市人民政府召开2021年第一季度全市道路交通安全工作联席会议暨春运安全工作部署会议。

1月29日，市人民政府召开全市重大项目及重点工业企业工作推进会。

2月7日，市人民政府召开全市安全生产和消防工作会议暨2021年第一季度防范重特大安全事故会议。

2月8日，市人民政府召开2021年全市生态环境保护工作会议。

2月24日，市人民政府召开桂林农合机构改革化险专题工作会议。

2月25日，市人民政府召开2021年一季度经济运行分析调度暨“四上”企业培育会。

2月26日，市人民政府召开2021年全市教育工作暨春季学期开学工作会议。

3月3日，市人民政府召开全市农业农村工作推进会。

3月5日，市人民政府召开2021年全市商务工作会议。

3月11日，市人民政府召开2021年全市体育工作电视电话会议。

3月15日，市人民政府召开2021年全市城市管理工作会议。

3月18日，市人民政府召开桂林漓江风景名胜区保护管理利用联席会议暨漓江流域水环境治理工作推进会。

3月18日，市人民政府召开2021年全市退役军人事务工作电视电话会议。

3月19日，市人民政府召开2021年全市交通运输工作会议。

3月25日，市人民政府召开2021年全市卫生健康工作电视电话会议。

4月1日，市人民政府召开桂林市中医药工作视频会议。

4月2日，市人民政府召开全市国有资产监督管理工作会议。

4月13日，市人民政府召开桂林市打击传销工作电视电话会议。

4月20日，市人民政府召开2021年全市应急管理和消防工作电视电话会议。

4月28日，市人民政府召开全市二季度经济运行分析调度及优化营商环境电视电话会议。

4月30日，市人民政府召开2021年推动文旅振兴暨“十四五”文旅开新局工作会议。

5月14日，市人民政府召开城市轨道交通工作推进会。

5月18日，市人民政府召开全市扩大有效投资三年攻坚行动暨加快重大项目建设工作会议。

5月20日，市人民政府召开2021年全市质量强市工作暨第六届市长质量奖表彰电视电话会议。

5月23日，市人民政府召开全市1—5月经济运行分析调度会。

5月25日，市人民政府召开2020年度履行教育职责评价迎检工作布置会暨市人民政府教育督导委员会全体（扩大）会议。

5月28日，市人民政府召开桂林市新型基础设施建设动员大会暨2021年5月重大项目集中开竣工活动筹备工作对接会。

5月28日，市人民政府召开2021年全市外事工作会议。

6月1日，市人民政府召开全市中小学幼儿园安全工作电视电话会议。

6月2日，市人民政府召开建设世界级旅游城市工作会议。

6月7日，市人民政府召开全市经济运行分析调度会议。

6月17日，市人民政府召开全市安全生产电视电话会议。

6月18日，市人民政府召开桂林市2021年铁路安全联席会议暨普速铁路环境安全隐患综合治理工作会议。

6月21日，市人民政府召开经济运行分析调度会。

6月21日，市人民政府召开桂林市金融重点工作推进会暨2021年政金企融资对接会。

6月22日，市人民政府召开桂林市第一次全国自然灾害综合风险普查工作电视电话会议。

7月23日，市人民政府召开民族团结工作座谈会。

7月30日，市人民政府召开错峰用电工作会。

8月25日，市人民政府召开2021年全市投资促进工作暨桂林市参加第18届中国－东盟博览会工作部署会。

9月1日，市人民政府召开全市经济运行会商会。

9月18日，市人民政府召开政务服务便民利民“微改革”工作推进会议。

9月22日，市人民政府召开1—9月经济运行分析会。

9月28日，市人民政府召开桂林市培育建设国际消费中心城市年度建设内容工作推进会。

10月8日，市人民政府召开经济运行分析调度电视电话会议。

10月9日，市人民政府召开2021年县（市）及临桂区自然资源专项工作推进会。

10月26日，市人民政府召开全市巩固拓展脱贫攻坚成果同乡村振兴有效衔接工作推进会。

11月5日，市人民政府召开经济运行调度暨“四上”企业培育工作会。

11月6日，市人民政府召开县（市、区）“一对一”经济运行会商会。

11月24日，市人民政府召开桂林市军用饮食供应工作会议。

11月25日，市人民政府召开全市“壮美广西·智慧广电”村村通户户用工程工作推进会。

12月2日，市人民政府召开全市城镇燃气安全排查整治动员部署会议。

12月10日，市人民政府召开经济运行分析调度会议。

12月23日，市人民政府召开第六批新型城镇化示范乡镇建设暨农村人居环境改善工作现场推进会。

12月28日，市人民政府召开桂林漓江流域山水林田湖草沙一体化保护和修复工程申报工作会议。

12月29日，市人民政府召开漓江流域生态保护修复项目推进会议。

12月31日，市人民政府召开全市新冠肺炎疫情联防联控工作调度会议。（陈园）

【桂林市第五届人民政府常务会议】 2021年，桂林市第五届人民政府常务会议召开13次。

第73次常务会议　2021年1月6日召开。学习中共中央总书记习近平重要讲话精神、自治区党委十一届九次全体（扩大）会议精神；听取全市扫黑除恶专项斗争工作、全市电煤油气等能源供需情况汇报；审议并原则通过桂林漓江旅游投资运营有限责任公司在国家开发银行贷款1.43亿元、桂林市经济建设投资总公司实施公司制改制、2021年市人民政府行政规范性文件立项计划、《关于委托或授权桂林高新技术产业开发区实施第一批市级行政权力的决定》《关于委托或授权桂林经济技术开发区实施第一批市级行政权力的决定》《桂林市县（市、区）争取中央预算内资金工作奖励办法（试行）》《桂林市企业职工基本养老保险自治区级统收统支政府责任分担办法》《桂林市深化全国文明城市建设常态化激励工作方案》《桂林市国有企业改革三年行动实施方案》《桂林市农村不动产确权登记工作实施方案》《桂林市乡村规划师挂点服务办法实施细则》《桂林市推动乡村规划师挂点服务工作方案》《关于建立健全城市管理长效机制的意见》《关于加强桂林市农房建设管控的实施意见》《桂林市—文山州缔结旅游友好城市框架协议书》等事宜。

第74次常务会议　2021年1月12日召开。学习中共中央总书记习近平近期重要讲话精神、《政府督查工作条例》；审议并原则通过《政府工作报告（送审稿）》《桂林市国民经济和社会发展第十四个五年规划和2035年远景目标纲要（草案）》《桂林市2020年国民经济和社会发展计划执行情况及2021年国民经济和社会发展计划草案的报告》《桂林市全市和市本级2020年预算执行情况及2021年预算草案的报告》等事宜。

第75次常务会议　2021年2月1日召开。听取2020年桂林市营商环境法治化评估、《桂林市漓江流域山水林田湖草生态保护修复规划(2020—2035年)》编制情况汇报;审议并原则通过《猫儿山景区项目投资框架协议书》《桂林市人民政府 正邦集团有限公司循环农业生态园战略合作框架协议书》《桂林市人民政府 东方希望集团有限公司现代化生猪养殖循环产业链项目合作框架协议书》《桂林市人民政府 新希望六和股份有限公司桂林市新希望生猪养殖聚落全产业链生态循环农业投资项目合作框架协议书》《桂林市春节期间稳产保岗若干措施》《桂林市新型基础设施建设三年行动方案》《桂林市交通运输领域市以下财政事权和支出责任划分改革实施方案》《支持桂林文化产业高质量发展的若干措施》《桂林红色文化旅游概念性规划》《桂林城市体育设施专项规划(2020—2035)》、第六届桂林市市长质量奖获奖单位、将《广西壮族自治区漓江流域生态环境保护条例(修订)》列入2021年自治区人民政府立法工作计划项目、政府驻地管理问题排查整改、兴安县界首镇“豆腐渣岭”“峰凰岭”山场山林权属确权等事宜。

第76次常务会议 2021年3月16日召开。听取2020年全市公安工作和近期社会稳定形势、一季度经济运行情况汇报;学习《国务院安委会2021年工作要点》《中华人民共和国长江保护法》;审议并原则通过《桂林市工业振兴2021年实施方案》《桂林市全面推广新能源汽车工作方案》《桂林市人民政府关于支持广西桂林漓江农村合作银行改革化险的攻坚方案》《广西桂林漓江农村合作银行不良贷款处置意见》《桂林市城市车位(库)不动产登记办法(试行)》《桂林市违法用地上建筑物处置办法》《关于加强工业用地用途管制推进工业振兴若干政策措施》、2020年桂林市“两大振兴”(工业振兴领域)先进集体和先进个人表彰名单、修订《桂林市人民政府 中国人民解放军桂林警备区关于进一步做好士兵优待工作的意见》、承接举办广西师范大学漓江学院等事宜。

第77次常务会议 2021年4月28日召开。学习中共中央总书记习近平等中央领导重要讲话和重要指示精神、自治区领导讲话精神和有关文件精神;听取桂林市农合机构改革改制工作推进情况汇报;审议并原则通过桂林银行补充资本金方式、推荐第一届广西财税金融改革创新奖先进集体和先进个人、《〈新发展理念的桂林实践〉课题研究工作方案》《桂林市加油站行业发展规划(2021—2025年)》《桂林市在建房地产项目调整商住比例实施细则(试行)》等事宜。

第78次常务会议 2021年6月16日召开。学习中共中央总书记习近平重要讲话精神及有关文件精神;听取全市安全生产工作情况汇报;审议并原则通过《政府工作报告(送审稿)》《桂林市国民经济和社会发展第十四个五年规划和2035年远景目标纲要(草案)》等事宜。

第79次常务会议 2021年6月27日召开。听取中央环保督察反馈问题整改和靖江王陵遗址散葬民坟整治工作情况汇报;审议并原则通过《2018年中央环境保护督察“回头看”反馈问题二十五涉桂林市自然保护区水电站退出及处置方案》《桂林市自然保护区内矿业权退出及处置方案》等事宜。

第80次常务会议 2021年6月30日召开。审议并原则通过《关于进一步加强国有企业管理的规定》等事宜。

第81次常务会议 2021年7月8日召开。听取法治政府建设专题讲座、2020年桂林市环境质量状况汇报、全市近期社会稳定形势分析汇报、桂林市发展壮大村级集体经济工作情况汇报;审议并原则通过《桂林市支持“四上”企业培育若干措施》《全市2020年度争取中央预算内资金工作奖励方案》《桂林市绿色项目评估管理办法》《桂林市人民政府 国家开发银行广西分行“十四五”开发性金融合作备忘录》《桂林市人民政府 中国银行股份有限公司广西区分行全面战略业务合作协议》《关于进一步用好金融政策支持乡村风貌提升和农村人居环境改善工作的指导意见》《桂林市县级“三保”风险应急处置预案(送审稿)》《桂林市郊区村庄规划与农房管控实施办法》《桂林市村庄规划编制技术导则》《2020年桂林市中心城区历史建筑名录》《桂林市盘活产业园区闲置和低效利用工业用地实施方案》《桂林市餐厨废弃物管理暂行办法》《桂林市药品和医疗器械安全突发事件应急预案》《桂林市大面积停电事件应急预案》《桂林市职工基本医疗保险大额医疗救助管理办法》《桂林市人民政府 中南大学湘雅二医院共建国家区域医疗中心框架协议》《桂林市人民政府 南方电网调峰调频发电有限公司桂林抽水蓄能电站战略合作框架协议》《桂林市地方性法规和政府规章起草工作指引》《桂林市创建国家生态文明先行示范区三年行动计划(2021—2023年)》《桂林市落实广西大众创业万众创新三年行动计划(2021—2023年)主要目标及重点任务分工》《桂林市扩大有效投资三年攻坚行动方案(2021—2023年)》《桂林市重大项目建设三年行动计划(2021—2023年)》《桂林市疫苗安全事件应急预案》《桂林市改革完善医疗卫生行业综合监管制度实施方案》《桂林市有关部门生态环境保护责任清单》《桂林市人民政府 深圳市创新投资集团有限公司战略合作框架协议》《桂林市消防救援队伍职业优待保障若干措施》;延续实施《桂林市鼓励企业上市挂牌融资的若干意见》、桂林新城投资开发集团有限公司注册发行非公开发行公司债券、恭城瑶族自治县新增建制镇城镇土地使用税、2020年度桂林市生态环境保护目标责任状考评结果,研究部署全市绩效工作等事宜。

第82次常务会议 2021年7月30日召开。学习中共中央总书记习近平重要讲话和重要指示精神;听取桂林经济技术开发区申报国家级经济技术开发区工作情况汇报、靖江王陵遗址散葬民坟整治工作情况汇报、全市中小学生防溺水工作情况汇报、全市新冠肺炎疫情防控工作情况汇报;审议并原则通过《桂林市人民政府 京东云计算有限公司“互联网+”数字经济合作项目合同》《桂林市青狮潭水库水质保护条例(草案)》《桂林市“三线一单”生态环境分区管控的实施意见》《桂林市耕地保护“田长制”实施方案》《2020年度桂林市重点专项工作先进集体和先进个人评选表彰工作方案》《桂林市人民政府中国农业银行股份有限公司广西壮族自治区分行携手推动桂林建设世界级旅游城市战略合作协议》《桂林市人民政府　广西壮族自治区农村信用社联合社全面推进乡村振兴战略合作协议》《桂林市人民政府　国海证券股份有限公司战略合作协议》以及市公安局招聘辅警、公布2021年桂林市市区城市和农村低收入家庭收入标准、永福县补充申报革命老区县、市生态环境局中山南路102号办公区房屋和土地资产处置等事宜。

第83次常务会议　2021年8月27日召开。学习中共中央总书记习近平重要讲话精神；审议并原则通过《桂林市人民政府　珠海格力电器股份有限公司关于格力电器(桂林)智能制造生产基地项目投资协议书》《桂林市人民政府　珠海格力电器股份有限公司关于格力电器(桂林)智能制造生产基地项目补充协议》《桂林市农村公路"路长制"实施方案》《桂林市净瓶山桥梁拆除重建工程规划及风貌方案》以及正式设立桂林信息工程职业学院、广西新华书店集团股份有限公司进行"子改分"等事宜。

第84次常务会议　2021年9月30日召开。听取第三季度全市社会安全稳定形势分析研判汇报、全市疫情防控工作情况汇报、2021年前三季度全市安全生产事故情况汇报；审议并原则通过《政府工作报告(送审稿)》《桂林市共享单车运营企业市场准入遴选实施方案》《广西壮族自治区人民政府　桂林市人民政府　中南大学湘雅二医院共建国家区域医疗中心框架协议》、桂林市第二人民医院为桂林旅游综合医院运营主体；研究当前重点工作等事宜。

第85次常务会议　2021年10月12日召开。学习国务院总理李克强在广西考察时的重要讲话精神，学习自治区党委书记、自治区人大常委会主任鹿心社在《桂林市委　市政府关于贯彻落实习近平总书记视察广西时的重要讲话和重要指示精神的报告》上的批示精神；听取全市推动巩固拓展脱贫攻坚成果同乡村振兴有效衔接工作情况汇报、2021年度综合绩效考评工作情况汇报；审议并原则通过《桂林市鼓励发展新经济项目优惠政策》《关于进一步深化科技体制机制改革推动科技创新促进桂林高质量发展的若干措施》《桂林市进一步规范医疗行为促进合理医疗检查的实施方案》《桂林市乡村医生"乡聘村用"实施方案》《桂林市粮食应急预案》以及公布实施桂林市城区2021年标定地价成果、2021桂林马拉松赛事授权委托书、桂林市老城区配套电力管沟建设工程(一期)采用政府和社会资本合作(PPP)模式实施、2021年市直机关事业单位编外聘用人员申报计划初审结果等事宜。

【桂林市第六届人民政府常务会议】2021年，桂林市第六届人民政府常务会议召开2次。

第1次常务会议　2021年11月22日召开。学习中共中央总书记习近平重要讲话精神、2021年广西文化旅游发展大会精神；听取2021年全市食品安全工作情况汇报、桂林市粤桂协作工作情况汇报；审议并原则通过《桂林银行配股方案》《推动桂林市本级财政工作高质量发展实施方案》《桂林市人民政府　中国二十冶集团有限公司桂林市城市基础设施建设项目战略合作框架协议》《桂林市人民政府　中国建筑股份有限公司(广西)总部战略合作框架协议》《桂林市人民政府　中国免税品(集团)有限责任公司战略合作框架协议》《桂林市人民政府　北京林业大学战略合作协议》《桂林市进一步优化营商环境十条措施》《桂林市高质量发展综合绩效评价指标体系(试行)》《桂林市第三次国土调查成果》《桂林市工业项目"标准地"和"拿地即开工"改革试点实施方案》《桂林市标准厂房分割登记细则(试行)》《桂林市建设项目"多测合一"管理暂行办法》《桂林市城市供水专项应急预案(2021年修订)》《桂林市城市供气专项应急预案(2021年修订)》《全市推进"一村一辅警"工作方案》以及桂林旅游发展总公司实施公司制改制等事宜。

第2次常务会议　2021年12月21日召开。学习中央经济工作会议精神；传达学习自治区领导对全州县非法盗采山砂批示精神；传达《住房和城乡建设部关于广州市大规模迁移砍伐城市树木有关问题的通报》；听取法治政府建设专题讲座、全市禁毒工作情况汇报、全市信访工作情况汇报、全国民族团结进步示范市创建工作情况汇报；审议并原则通过《桂林市交通投资控股集团有限公司重组整合桂林榕湖酒店管理集团有限公司实施方案》《桂林经济技术开发区管委会　深圳长城开发科技股份有限公司桂林深科技智能制造项目补充协议》《桂林市人民政府　广东领益智造股份有限公司桂林领益智造智能制造项目(二期)合作协议》《桂林会仙喀斯特国家湿地公园保护条例(送审稿)》《桂林市"十四五"规划建议及纲要主要目标和重点任务分工方案》《桂林市教育事业发展"十四五"规划》《桂林市科技创新发展"十四五"规划》《桂林市人力资源和社会保障事业发展"十四五"规划》《桂林市应急体系建设"十四五"规划》《桂林市消防救援事业发展"十四五"规划》《桂林市火灾事故调查处理暂行规定》《深化体教融合促进桂林青少年健康发展实施方案》《桂林市关于巩固提升村级集体经济的实施意见》《桂林市关于完善提升村庄规划的实施意见》以及表彰桂林市"两大振兴"先进集体和先进个人、表彰2020年桂林市重点专项工作先进集体和先进个人、增加专职看护辅警指标、《漓江流域生态环境保护条例》(修订)申报自治区2022年立法项目等事宜。　(何铁宝)

重要政务

【加快打造世界级旅游城市】2021年，市人民政府坚持高点谋划高效推进，推动打造世界级旅游城市实现良好开局。成立由市四家班子主要领导担任组长的领导小组，构建"一办十组"专班专抓工作机制。聘请国内一流专家团队，启动《世界级旅游城市建设规划纲要》等系列规划编制；举办打造世界级旅游城市专家研讨会，聘请首批8位国内知名专家。统筹推进100项重大项目和重大事项，融创国际旅游度假区开业运营，成为广西文旅融合新典范。推动文旅产业升级发展，长征国家文化公园广西段“一廊一园”（一期）竣工，湘江战役纪念设施“三园三馆”［红军长征湘江战役纪念园（含红军长征湘江战役纪念馆）、红军长征突破湘江烈士纪念碑园（含红军长征突破湘江纪念馆）、湘江战役新圩阻击战酒海井红军纪念园（含新圩阻击战史实陈列馆）］接待参观者770多万人次；强化政策引导，繁荣假日和夜间经济，益田西街获评首批国家级夜间文化和旅游消费集聚区，桂林市成为广西全域旅游示范市。全市接待游客总人数1.2亿人次，旅游总消费超1500亿元，分别增长19.5%、21.8%。实施现代服务业提升发展三年行动，37个服务业集聚区加快发展，灵川、阳朔、平乐获批国家电子商务进农村综合示范县，占自治区新增总量37.5%。

【推动绿色发展】 2021年，市人民政府坚持生态优先绿色发展，当好保护桂林山水的“二郎神”，生态环境质量持续提升。全力保护漓江，持续推进漓江“三统”改革（漓江风景名胜区实行统一管理、统一经营、统筹利益分配等方面的改革）、“四治”工程（治乱、治水、治山、治本工程），喀斯特生态修复（三期）等工程全面完成，市区段10条支流“四乱一脏”整治成效明显，漓江干流水质保持国家地表水Ⅱ类标准，漓江保护经验做法获国务院通报表扬。打好污染防治攻坚战，市区空气质量优良天数比率连续7年完成自治区下达的约束性目标任务，城市建成区黑臭水体消除比例100%，国家地表水考核断面水环境质量保持全国前列。中央生态环境保护督察反馈问题整改成效明显，群众投诉件办结率居自治区第一。加强生态文明建设，国家可持续发展议程创新示范区建设取得积极进展，《桂林市喀斯特景观资源可持续利用条例》获批实施，全市森林覆盖率达71.87%，生态系统碳汇能力巩固提升。

【推进“三大振兴”】 2021年，市人民政府坚定不移抓产业、育动能，全面推进产业振兴、乡村振兴、科教振兴“三大振兴”。加快推进工业振兴，创新开展党政主要领导服务工业企业接待日活动，选派特派员一对一帮扶，及时解决企业发展困难问题，推动工业振兴六大行动深入实施，工业发展提速增效，规模以上工业总产值、增加值分别增长14.1%、8.1%。成功签约格力电器智能制造生产基地等一批重大项目，新增广西工业龙头企业21家、广西首批制造业单项冠军企业15家，数量均居自治区第一，桂林市成为广西首批数字经济示范区，星辰科技成为全国首批、广西唯一在北交所上市企业。全面推进乡村振兴，巩固拓展脱贫攻坚成果同乡村振兴有效衔接，健全防贫动态监测和帮扶机制，4115户消除返贫致贫风险。大力发展现代特色农业，六大百亿元产业集群加快打造，粮食总产量179.16万吨，水果种植面积、产量居自治区第一，农林牧渔业总产值增长11%，增速创近20年新高。入选全国乡村特色产业“十亿元镇”2个、“亿元村”4个，获认定广西特色农业现代化示范区13个，均居自治区首位，自治区乡村振兴现场会在桂林召开。加快推进田园综合体和美丽乡村建设，完成村庄环境整治401个、村屯全域基本整治8975个，获评全国文明村镇12个，“新型城镇+美丽乡村+三产融合”发展模式展现新魅力。县域经济持续壮大。大力推进科教振兴，全社会研发投入增长16.5%，新增国家技术创新示范企业3家、自治区级以上创新平台32家，入围广西百强高新技术企业18家，高质量发展动能持续增强。

【城乡建设加快升级】 2021年，市人民政府落实宜业、宜居、宜乐、宜游要求，坚持格调品位兼顾，优化城市空间布局，初步完成国土空间总体规划及5个专项规划编制。实施城市更新行动，推进“畅通缓堵”工程，万福路维修改造等155个项目竣工，净瓶山大桥拆除重建等项目加快实施；改造提升老旧小区286个、棚户区3965套。桂林新区北区水系工程等加快推进，桂林国际会展中心主体封顶。加强城市精细化管理，推进城管执法力量下沉，实现共享单车企业入市规范管理，常态长效创建全国文明城市工作成效显著。新型城镇化高质量发展，7个特色小镇、第六批11个新型城镇化示范乡镇建设加快推进。

【项目投资持续发力】 2021年，市人民政府坚持重大项目带动，深入实施扩大有效投资三年攻坚行动，市级层面统筹推进重大项目963个，获评自治区扩大有效投资工作先进市。提速重大项目建设，桂林至柳城高速建成通车，桂林市入选全国性综合交通枢纽城市、首批广西交通强区建设试点单位；长塘水库等项目加快推进，建成资源十万古田风电场等工程，全市陆上风电总装机容量达210万千瓦、居自治区首位；5G网络实现市区和重要节点全覆盖，获评全国首批“千兆城市”。落实财政贴息资金3.73亿元，撬动“桂惠贷”投放资金202.2亿元、居自治区第3位，被认定为全国财政支持深化民营和小微企业金融服务综合改革试点城市。

【深化改革扩大开放】 2021年，市人民政府持续深化重点领域和关键环节改革，62项重点改革任务顺利推进，劳动人事争议调解改革经验获国家领导肯定，“放管服”改革居自治区前列，生态文明积分制等改革经验全自治区推广。持续加强开放合作，主动对接粤港澳大湾区，粤桂画廊建设取得积极进展，“两会一节”办出新特色，名城名企合作成效明显，全年自治区外境内到位资金增长8.3%。出台进一步优化营商环境十条措施，累计为企业新增减税降费超18亿元，新增市场主体近6万户；园区107个“双容双承诺”改革项目实现“拿地即开工”，营商环境持续优化。

【加强和改善民生】 2021年，市人民政府坚持共建共享共治，民生领域财政累计投入资金超370亿元，占一般公共预算支出近八成。全面加强社会保障，城镇新增就业4.64万人，登记失业率2.8%；提高保障标准，累计发放低保资金7.03亿元、特困资金2.52亿元，社会保险扩面增容。加快发展社会事业，新建中小学（幼儿园）22所，新增学位1.4万个，桂林成为广西产教融合型试点城市；常态化疫情防控取得积极成效，医联体、医共体建设走在全自治区前列，桂林再次获评国家卫生城市，恭城医改被列为全国“推进医改服务百姓健康十大新举措”。平安桂林建设持续深化，获2019—2020年度建设平安广西活动先进市；持续强化食品药品、特种设备等安全监管，应急管理体系和能力现代化建设进一步加强。（周晋）

【驻京联络】 2021年，桂林市人民政府驻北京联络处（简称桂林驻京联络处）办公地址位于北京市西城区西便门西里小区15号楼，设2个科。年内，桂林驻京联络处深入贯彻市委、市人民政府决策部署，紧盯桂林打造世界级旅游城市，加强与国家相关部委的沟通联络，助力市委、市人民政府争取国家层面的政策支持，协调和保障四家班子以及相关部门在京开展对接活动共500余人次。充分发挥联络处在京对外开放“窗口”和招商引智“桥梁”作用，与全国各驻京机构、企业商会，特别是央企、民企广泛开展交流考察活动，加大招商引资宣传，推介桂林市品牌产品，介绍营商环境和地域政策。协助临桂区成立桂林市临桂区驻京津冀人才产业引进联络处。对接北京广西企业商会和北京桂林企业商会，并通过商会获取了丰富的招商资讯，走访知名企业36家，达成意向到桂林考察企业15家，成功引进北京博电新力电气股份有限公司等企业3家。收集桂林市打造世界级旅游城市相关行业领军人才信息26条，从北京引进优秀人才24人。配合驻京信访工作组工作取得积极成效。

（桂林驻京联络处）

【驻邕联络】 桂林市人民政府驻南宁办事处（简称桂林驻邕办）于2006年搬迁至南宁市青秀区文信路桂景巷1号桂林大厦七楼。2021年，桂林驻邕办强化理论武装，筑牢思想根基，围绕桂林市委、市人民政府工作目标，充分发挥协调服务和内引外联作用，为打造桂林世界级旅游城市做贡献。为桂林市四家班子领导、市直部门、各县（市、区）、企事业单位在南宁参加第18届中国－东盟博览会、自治区“两会”、自治区第十二次党代会、经济工作会等重大会议做会议报到、打印资料、传递文件、车辆使用等服务保障。协助信访维稳工作组维护社会稳定。主动与自治区政府办公厅及相关部门做好联络工作，为桂林打造世界级旅游城市、招商引资牵线搭桥。

（桂林驻邕办）

政务督查

【概况】 2021年，桂林市人民政府督查办公室（简称市政府督查室）为市政府办公室内设机构，设有决策督查科和专项督查科。年内，市政府督查室按照市委、市人民政府重要决策部署，严格贯彻执行《政府督查工作条例》，精准实施督查抓落实工作，充分发挥督查“利剑”作用，扎实推动中央、自治区重大决策部署落地生效，确保全市经济社会高质量发展。

【重大决策部署贯彻落实督查】 2021年，市政府督查室抓好对中央和自治区有关稳增长等一系列重大决策部署等落实情况督查。出台《刘宁同志在2021年全区文化旅游发展大会上的讲话涉及桂林工作任务分解表》《周家斌同志在中国共产党桂林市第六次代表大会上的报告涉及重点工作任务分解表》《桂林市人民政府关于印发桂林市第六届人民代表大会第一次会议上的〈政府工作报告〉主要目标任务分解表的通知》等文件，明确联系市领导、牵头单位、责任单位，及时推动各项工作任务的贯彻落实。印发了《桂林市人民政府关于印发2021年市〈政府工作报告〉主要目标任务分解表的通知》，将208项主要目标任务分解到各责任单位和各县（市、区）人民政府落实，抓好季度进展情况的跟踪督查。全年完成目标任务199项，完成率95.67%；抓好市政府常务会、市长例会等会议贯彻落实情况督查，做到了全程跟踪督办、动态管理。全年共办理市政府常务会议决定事项82项，落实率100%。

【领导批示和重点交办事项督查】 2021年，市政府督查室根据市政府领导指示、批示和有关重点工作部署开展督查，对经济稳增长、脱贫攻坚、新冠疫情防控等工作开展专项督查，年内办理市政府主要领导批示158件，办结158件，办结率100%。编制领导批示办理情况月报6期。

【社会民生热点问题督查】 2021年，市政府督查室找准政府领导关注的重点问题、人民群众关心的热点问题、决策执行中的难点问题开展督查。完成2021年为民办实事项目的筛选、督办、协调、服务等工作。确定全市为民办实事十项工程34个。实行月度检查、月度通报、不定期督查、专项协调等工作制度，深入一线对17个县（市、区）为民办实事项目，进行阶段性全面督查，发现问题、分析原因、研究对策、协助解决，促进为民办实事项目的落地生根。年内，自治区级层面十大类30个为民办实事项目累计完成投资98.21亿元；市级层面十大类34项为民办实事项目累计完成投资约3.81亿元，均完成年度工作任务。完善创新人大代表建议、政协委员提案办理机制，注重座谈面商、实地走访，强化开门办案、统筹办理，提高办理质量。全年共承办人大代表建议、政协委员提案共273件，其中全国人大代表建议1件，自治区人大代表建议8件，自治区政协委员提案6件。督办市人大代表建议70件，其中五届六次会议66件、六届一次会议4件；督办市政协委员提案188件。（李俊杰）

行政审批

【概况】 2021年，桂林市行政审批局（简称市行政审批局）办公地址在桂林市临桂区西城路69号创业大厦。内设科室19个，直属事业单位有桂林市政务服务中心和桂林市12345政府热线服务中心，代管桂林市公共资源交易中心。年内，市行政审批局以更简更快更优服务企业和群众办事创业为导向，以推进行政审批改革和政务服务创新为抓手，以顺应企业和群众期盼、着力提升群众获得感幸福感为落脚点，创新行政审批和政务服务模式，全面提升政务服务效能，推动营商环境提档升级，进一步激发市场主体活力，为桂林建设世界级旅游城市贡献审批智慧和改革新动能。

【园区放权赋能】 2021年，市行政审批局坚持“依法合规便利”与“能放则放”原则相结合，逐步将市本级和县（市、区）企业开办、投资项目审批、建设项目用地、建设项目选址、采矿权新立、环境影响评价、水土保持方案审批和施工许可证等设区市最核心的198项经济管理权限全链条赋予园区，激发园区经济活力。桂林国家高新区管理委员会、桂林经济技术开发区管理委员会、粤桂黔高铁经济带合作试验区（桂林）广西园管理委员会已与各单位完成授权委托书签订工作，完成全面授权放权任务。5月31日，桂林国家高新区以桂林国家高新区管理委员会名义发放了承接市级权力后的第一张施工许可证，实现“园区事园区办”。

【“证照分离”改革】 2021年，桂林市印发《桂林市行政审批制度改革工作领导小组办公室关于做好深化“证照分离”改革有关工作的通知》，通过业务培训、工作检查和指导，深入推进“证照分离”改革全覆盖工作。7月，市级115项改革事项通过广西数字政务一体化平台发布实施。11月，市县两级133项广西全覆盖改革事项通过广西数字政务一体化平台发布实施。

【“双容双承诺”改革】 2021年，桂林市继续实行园区企业投资项目“双容双承诺”直接落地改革，以“容缺后补、容错纠错，企业向政府承诺、政府向企业承诺”为主要内容，促进园区企业投资项目快落地、快建成、快投产。至12月31日，全市已有107个园区项目开展了“双容双承诺”改革，实现“拿地即开工”，平均压缩报批时间。

【“跨省通办”试点改革】 2021年，桂林市被自治区列为“跨省通办＋套餐服务”“跨省通办＋承诺审批”首个试点城市，已与11省（直辖市）24个市（区）开展“跨省通办”合作，同时推出42个套餐事项和12个承诺审批事项跨省通办。7月，市行政审批局通过“跨省通办＋承诺审批”方式，审核了申请人在贵州省黔南州政务服务大厅提交的《医师执业证书》变更登记申请，许可其办理变更登记，并免费将证件邮寄给申请人，是广西第一份“跨省通办＋承诺审批”许可证照。至年末，外省人员在桂林市共办理政务服务事项4.7万件。

【“无差别全科受理”改革】 2021年，桂林市在“无差别全科受理”改革列入广西2020年第一批改革典型推广清单并取得较大成效的基础上，在各县（市、区）推行“一窗受理、集成服务”，实行“前台综合受理、后台分类审批、综合窗口出件”服务模式，继续深化“全科无差别窗口”改革。17个县（市、区）均制定了“全科无差别窗口”运行方案或制度文件，规范服务标准，统一受理条件和办理流程。至年末，桂林市“无差别全科受理”窗口共收件8.5万件，当场办结3.6万件。

2021年5月31日，市行政审批局、桂林经济技术开发区管理委员会第一批行使市级行政权力事项授权实施备忘录签约仪式在桂林经济技术开发区管理委员会举行。 （市行政审批局供图）

【政务服务便民利企“微改革”】 2021年，市行政审批局创新推出新设企业“开办即开户”、试点开展工业项目“标准地”出让和“拿地即开工”改革等14项“微改革”措施。桂林市14家试点医院新生儿享受“出生即入户”政策，漓江郡府、华润小区635户业主享受“交房即交证”，107个园区项目实现“拿地即开工”。

【“一件事一次办”改革】 2021年，市行政审批局以企业群众办好“一件事”为标准，精准服务重大项目、新基建、就业创业等领域，精细服务老年人、农民工等重点人群，多层次梳理整合分散在不同部门的关联事项，大力推行“一件事一次办”，编制公布市级套餐225个，县级套餐3743个，配置套餐数量居自治区第一。

【“一网通办”改革】 2021年，桂林市推广应用广西数字政务一体化平台，除涉密事项外，市、县两级积极推动政务服务事项网上办理，应上尽上。桂林市政务服务门户已公布行政权力事项清单4107项，其中可查询的依申请政务服务事项和公共服务事项1336项，可网办事项1330项，网上可办率99.55%；桂林市网上办理率89.55%，市本级网上办理率96.23%。

【电子证照推广应用】 2021年，桂林市被自治区列为电子证照创新应用试点城市，积极探索推进“零材料”“免证办”，通过数据共享应用少交免交相关材料。10月底，自治区电子证照系统上线后，市行政审批局加快推进证照结构化数据录入、电子证照生成、电子印章应用等工作。至年末，桂林市共汇聚电子证照数据165类450万条结构化数据。

【政务服务专用章电子印章推广应用】 2021年，桂林市制定政务服务电子印章应用管理工作规范，加快推进政务服务电子印章申报及应用工作，协调桂林市住房和城乡建设局、桂林市自然资源局、桂林市不动产登记和房产交易中心等6个业务系统申请跨系统应用政务服务电子印章。

【政务公开】 2021年，桂林市紧扣“十四五”规划深化政务公开，不断提升政务公开整体质量。优化法定主动公开内容，做好政策文件、重点领域信息公开、政策解读等专栏建设。优化政府信息分类整合，稳步推进政府规章和规范性文件的集中公开。印发桂林市政府信息主动发布机制、政府信息公开协调机制、政府信息公开审查机制和责任追究制度等，以制度规范保障政务公开工作高效有序进行。坚持以群众需求为导向开展基层政务公开，灵川、兴安等县借助“大喇叭”工程的实施，让“大喇叭”广播成为基层政务公开的重要平台，灵川县代表桂林市在自治区基层政务公开标准化规范化工作推进会上作经验介绍。11月，由市人民政府主办、市行政审批局承办的“桂林市2021年政务公开日暨第一届公共资源交易公开日”活动在桂林市公共资源交易中心举行，结合“优化营商环境、打造阳光交易”主题，让公众有效参与、聚焦社会各界意见建议，精准回应群众关切。

【公共资源交易】 2021年，桂林市以优化公共资源交易领域营商环境为抓手，完善电子化招标投标，扩大“一网交易”覆盖范围，全流程电子化招投标占比52.9%。与柳州市联合开展远程异地评标，实现跨市级层面的远程异地评标。压缩投标保证金退还时限至2个工作日以内，减轻市场主体投标压力。优化招标投标监管工作，强化市场主体信用监管，全面推行“互联网+数字见证”服务、在线监督和社会监督，畅通提出异议和答复渠道，着力打造阳光透明、高效廉洁的公共资源交易平台。年内，桂林市县两级公共资源交易中心完成交易项目2400项，交易额313.88亿元，节约额9.89亿元，节约率3.5%，溢价0.82亿元，溢价率1.9%。

【桂林市12345政务服务便民热线建设】 2021年，桂林市被自治区列为政务服务便民热线整合试点城市，全面完成热线归并工作，实现“12345”一个号码全天候人工服务。9月28日，桂林市联合南宁市、玉林市、百色市、崇左市在全国首次推出12345政务服务便民热线跨市联动服务。年内，市12345政务服务便民热线受理群众诉求30.7万件，直接解答、办理群众诉求23.35万件，20秒接通率98.13%，工单办结率99.71%，处理满意率为99.55%，获“2021年全国政务热线服务质量评估——服务群众满意热线优秀单位”和“2021年度政务热线优秀成果案例遴选——优秀管理创新成果案例”称号。 （张妮）

2021年9月28日，桂林市联合南宁市、玉林市、百色市、崇左市在全国首次推出12345政务服务便民热线跨市联动服务。 （市行政审批局供图）

人民防空

【概况】 桂林市人民防空办公室（简称市人防办）办公地址在桂林市临桂区人民南路56号。内设5个科室和机关党委。年内，市人防办坚持以习近平新时代中国特色社会主义思想为指导，深入贯彻总体国家安全观和新时代军事斗争人防应急准备工作方针，开展防空袭核心能力建设。开展党史学习教育主题活动72场次，相关经验做法和成果亮点被《人民日报》《广西日报》等主流媒体刊登报道60多篇次，并在全自治区人防系统推广。“行惠民之举　筑护民之盾”党建品牌获评2021年度第二批“市直机关优秀党建品牌”，市人防办机关党支部、信保中心党支部、执法支队党支部获评五星级党组织，“五星级”党组织占比达57%。

【战备建设】 2021年，市人防办战备建设实现新提升，完成桂林全域防空袭预案制定；探索在地下空间安装防空警报的方法，并在“九一八”警报试鸣中得以应用。率先在全国探索“防空警报通用标识”改革，运用自主研发的“可视型防空警报信号”在桂林市聋哑学校试点，更好地为聋哑人、老人和儿童提供防空预警服务，有效填补弱势群体防空袭避险空白，相关经验在《广西日报》《桂林日报》上进行刊载。承办广西人防北片区低温雨雪冰冻灾害通信保障协同演练，相关活动被中新网、广西新闻网、广西电视台等多家媒体报道。组织人防志愿者参与河南新乡特大暴雨灾害抗洪抢险，转移受困人员278人，运送救灾物资22吨，得到自治区人防办充分肯定和当地居民的高度赞扬。

【人防工程建设】 2021年，市人防工程建设实现新进步。市人防办对防空地下室工程办理质量监督手续，对人防地下室进行竣工验收。全市人均防护面积远超国家标准。采购人防工程建设质量管理系统，实现人防工程建设质量监督全流程电子化。对在建人

2021 年 9 月 18 日，市人防办运用自主研发的“可视型防空警报标识”在桂林市聋哑学校试用。（雷庆寿摄）

防工程项目、2013—2018 年以来通过验收的人防工程项目进行现场监督检查，对人防工事进行排险。

【人防宣传】 2021 年，市人防办人防宣传有成效。开展人防宣传“五进”活动，结合“五一二全国防灾减灾日”“全民国防教育日”等开展人防宣传教育 10 次，解答市民咨询 300 余人次，全年处理市民诉求工单 24 件，市民满意度 100%。人防宣传报道在国家级、自治区级和市级主流媒体刊登 120 余篇，获《中国人民防空杂志》宣传报道先进单位。

【人防坑道工事平战结合】 2021 年，市人防坑道工事平战结合取得新成效。依法依规对全市人防坑道工事进行招租，通过分类执行、公开招标的方式，保证人防国有资产在公开透明环境下实现效益最大化。市本级全年人防工事收入增长 6%。人防工事服务有限公司成功改制，企业经营管理水平不断提高，人防工事出租率达 100%，收取租金增长 12%，创历年最好成绩。

【优化人防行政审批程序】 2021 年，市人防办深化“放管服”改革，继续对人防部门依申请权力事项进行全面清理，调整人防行政审批环节，实行“容缺受理”“承诺审批”，开展来件“即办”，人防审批达到当日办结。同时，实行网上受理审批，开展“联合审批、联合审图、联合验收”，实现办事人员“零跑腿”。经多次修改和完善，人防行政审批提速率 70%。

【人防法制建设】 2021 年，市人防办依法开展人防行政审批，依法修建防空地下室，完善人防行政执法程序。严格按照行政处罚法规定，强化对执法人员的培训，完善人防执法程序，并按照“双随机一公开”要求，编制“一单两库一细则”。对于“双随机一公开”和县（市、区）人防工程建设专项执法检查等重要执法工作，按照事先制定方案计划，检查前通知，事中 2 名以上执法人员赶赴现场进行检查，事后形成报告，并将检查结果公开的流程，规范执行落实。进一步规范决策程序，严格落实重大行政决策程序，强化重大行政决策公众参与、专家论证、风险评估、合法性审核、集体讨论决定等法定程序的刚性约束，推动重大行政决策科学化、民主化、法治化。

（刘海科）

发展研究

【概况】 桂林市人民政府发展研究中心（简称市政府发展研究中心）办公地址在桂林市临桂区西城路 69 号创业大厦。内设科（部）7 个和党组织 1 个。年内，市政府发展研究中心立足决策咨询服务工作，围绕市委、市人民政府重大决策部署以及经济社会发展重点、热点、难点问题开展针对性调查研究。围绕全力打造世界级旅游城市目标，深入实施“咨政精品工程”，着力增强研究能力，全面提升文稿质量。全年完成《政府工作报告》以及领导讲话、会议材料等重要文稿 36 个约 20 万字，在 2021 年自治区政府系统决策咨询工作会议上做典型发言。

【参与重要会议材料起草】 2021 年，市政府发展研究中心深度参与市委党代会报告，提出打造世界级旅游城市的相关建议，被市第六次党代会报告采纳；参与市委“十四五”规划建议、市政府“十四五”规划纲要、全市经济工作会等市委、市人民政府市综合性文件和重要会议材料起草工作；完成市长在学习贯彻中共十九届五中全会精神暨习近平总书记视察广西的重要讲话精神教育培训班、自治区党代会分组讨论会等大会上的讲话材料。

【重大课题研究】 2021 年，市政府发展研究中心是桂林市委组织部确定的行动学习试点单位，突出围绕桂林打造世界级旅游城市主题，深入开展团队学习、研讨、行动，组织开展“新发展理念的桂林实践”重大课题研究，为市委、市人民政府提供决策咨询服务。围绕全面贯彻落实中共中央总书记习近平视察广西及桂林时重要讲话和重要指示精神，紧贴打造世界级旅游城市、狠抓产业振兴等重点工作，形成《杭州建设世界一流的现代化国际大都市经验及对桂林的启示》《壮大单项冠军企业，助推桂林工业振兴》《桂林发展罗汉果产业集群的难点与建议》等咨政报告 8 个，获自治区领导批示 1 次，获市四家班子领导批示 14 人次，其中市委、市人民市政府主要领导批示 9 人次。关注国家宏观政策变化和自治区、市重大决策部署，形成咨政报告《抢抓机遇　加快推动我市生态产品价值实现》，为桂林开展生态产品价值实现机制工作提供了参考建议；聚焦高品质旅游新业态，形成咨政报告《招龙头　聚集群　补链条　努力打造桂林“世界医美中心”》,转相关部门推进,并由市委督效办发文督促落实;先后形成《借鉴柳州螺蛳粉经验加快桂林米粉产业发展的建议》《大力开展“十个一”行动　走桂林特色米粉产业升级发展道路》咨政报告,获市领导高度肯定。《实施“十个一”行动培育壮大桂林米粉产业——学习贯彻习近平总书记视察广西时的重要讲话和重要指示精神的思考》《以中华文化启智润心　以民族英雄培根铸魂　奋力构建铸牢中华民族共同体意识青少年教育体系——桂林市从教育入手共建筑牢中华民族共同体意识示范区》等多篇文章被自治区发展研究中心《调研与咨询成果交流》刊用转发交流。　（杨光忠）

地　方　志

【概况】 2021年,桂林市地方志编纂委员会办公室(简称市地方志办)办公地址在桂林市临桂区西城中路69号。内设科室6个和党组织1个。11月,被自治区党委组织部批准为参照公务员法管理机关单位。年内,市地方志办坚持质量与进度并举,扎实推进年鉴编纂工作。以乡村史志编修和镇村史馆修建为切入点,大力弘扬中华民族传统文化,发挥地方志“存史、教化、育人”的作用,融入乡村振兴、民族团结、平安建设、文明城创建、疫情防控等专项工作中去。做好地方志开发利用工作,为领导干部决策、部门史料查询、社会公众阅读提供服务。年内,市地方志办获人力资源和社会保障部、中国地方志指导小组联合授予的“全国地方志系统先进集体”称号。

【地方综合年鉴编纂】 2021年,桂林市巩固“两全目标”成果,地方综合年鉴编纂扎实推进。全市地方综合年鉴编纂实现“一年一鉴,当年启动,当年公开出版”工作目标。为突出反映年度特色,《桂林年鉴(2021)》将历年年鉴传统分目“农村扶贫”和“精神文明建设”进行升格,特设“年度聚焦”类目,下设“全国文明城市创建”“脱贫攻坚”“新冠肺炎疫情防控”分目3个,将相关内容进行资料扩充、位置前移,让读者快速了解到桂林市2020年度发生的重大特色事件。坚持年鉴编纂进度挂图作战,依次完成组稿、编辑、三审三校;10月份,年鉴稿通过线装书局审核,获得出版书号,年底正式出版发行。同时,加大对县(市、区)地方综合年鉴编纂的督促指导力度。通过季度汇总县(市、区)年鉴编纂进度,及时掌握整体进展情况;召开县(市、区)年鉴编纂工作推进会,帮助进展缓慢的单位提高认识、压实责任、加快进度。至年末,17个县(市、区)全面完成年鉴编纂出版。12月,《桂林年鉴(2020)》获第八届全国地方志优秀成果(年鉴类)一等年鉴。

【乡村史志文化建设】 2021年,全市地方志系统在完成“两全目标”攻坚任务后,探索乡村史志文化建设,为乡村全面振兴“寻根铸魂”。将历史文化名城名镇名村、传统村落、历史文化街区、少数民族特色村寨的保护利用,乡村文明的传承发展与推进桂林打造世界级旅游城市和实施乡村全面振兴有机结合,以乡村史志编修和镇村史馆建设为切入点,组织推进乡村史志文化工程建设,为实现桂林市提出的塑造美丽乡村之“形”、充盈农村发展之“实”、铸牢乡村文明之“魂”的奋斗目标发挥“志力”支撑。年内,市地方志办全面开展对各县(市、区)乡村史志编修和镇村史馆建设情况的摸底调查。积极指导自治区乡村史志文化建设工程试点单位临桂区开展试点建设,探索建设经验。经过一年多的项目实施,临桂区已建成镇村史馆5座(中庸镇泗淋村村史馆、穴田村村史馆,四塘镇史志馆、下舍里村村史馆,五通镇新寨村村史馆);陆续启动《五通镇志》《四塘镇志》《两江镇志》《泗林村志》等10部乡镇村志的编修工作。10月15日—16日,自治区乡村史志文化建设现场会在桂林市临桂区召开,自治区地方志系统、住建系统、村镇代表等近200人参加会议,并取得不错反响,桂林市各县(市、区)掀起乡村史志编修和镇村史馆建设热潮。至年末,全市正在编纂和计划编纂的乡村史志11部,正在建设和计划建设的镇村史馆12个。

【地方志开发利用】 2021年,市地方志办加大地方志开发利用,更好地服务经济社会发展。有序组织地情资料年报报送工作,全年共收到70多个单位报送的2020年行业部门特色资料,并进行整理、归档。向自治区地方志办报送2013—2017年以及2020年的桂林市地情资料,为第三轮修志工作储备原始史实资料。继续开展地情书籍交流、赠阅活动,共发放《桂林年鉴(2020)》800多本。持续依托桂林地情网和“志说桂林”微信公众号2个新媒体平台,加大地方志宣传,普及网络用志新途径。两平台共发布方志动态信息、时政新闻、通知公告、本地风土人情和地貌风俗方面小短文65

2021年10月15日—16日,自治区乡村史志文化建设现场交流暨乡村史志编修专题培训会在桂林市临桂区召开。　（临桂区志办供图）

条。开放网络地情资料库，累计可通过网络阅读《桂林市志》《桂林年鉴》等电子书30余部。 （伍己忠）

机关事务管理

【概况】 2021年，桂林市机关事务管理局（简称市机关事务管理局）办公地址在桂林市临桂区西城中路69号。内设科室8个，下辖事业单位5个（自收自支事业单位2个）、企业2家。年内，市机关事务管理局认真履行机关事务管理、保障、服务工作职能，有效保障市直机关正常运转。以节约型机关建设为主线，以“两化融合”为目标，圆满完成年度任务，通过“全国机关事务工作先进集体”初选，实现“十四五”机关事务工作良好开局。

【机关后勤服务】 2021年，市机关事务管理局根据全市疫情防控工作领导小组责任分工，全力做好后勤服务保障工作。全年累计为桂林市疫情防控指挥部印制餐券9400张，采购办公用品近30批次，安排车辆160余架次，2.8万千米。加强日常监督检查和管理，严把卫生防疫关、大院管理关、分散用餐关、会议保障关，并在各集中办公区机关食堂、电梯间等场所粘贴疫情防控宣传海报，扎实筑牢重点区域疫情防线。主动与自治区南溪山医院对接，在创业大厦集中为1.2万多名干部职工和周边1000多名群众完成全程新冠肺炎疫苗接种。在服务重大任务方面，市机关事务管理局扎实做好中共中央总书记习近平视察桂林、俄罗斯外长拉夫罗夫访问桂林、十二届自治区党委常委班子调研等重大活动车辆保障以及桂林市“两会”、党代会和市委全会等重大会议后勤保障。全年保障各类会议2500余场次。

【机关办公资产和财务管理】 2021年，市机关事务管理局根据《中共桂林市委办公室关于印发〈中央第二巡视组巡视广西反馈意见桂林市整改方案〉的通知》要求，做好市本级和各县（市、区）单位新技术大楼建设严重超标和豪华装修问题的清查和整改工作，与市发展改革委、市财政局、市住房城乡建设局联合出台《关于贯彻落实〈自治区本级党政机关办公场所建设和装修资金管理办法〉有关资金管理补充规定的通知》，进一步规范全市党政机关办公场所建设和装修资金管理。推进解放东路19号（原市教育局）老年大学维修改造工程和榕荫路危旧房改造项目。全年调剂办公用房64间约2300平方米；录入党政机关办公用房单位信息65个，涵盖2199个房间和1827个用房人员信息。全年有管理门面及办公用房租赁房屋94处，收取门面租金187.37万元、公租房屋租金32万元、水电费313.30万元。严格落实各项财务规定，做好60多个经费归口管理单位的日常财务报账核算、部门决算报表的编制和报送工作；不定期组织对负责管理单位的固定资产进行抽查盘点，妥善做好固定资产的报废及核销工作，全年共报废固定资产总额1190.49万元；市机关事务管理局经口单位及直属单位财务管理服务通过ISO9001：2015质量管理体系认证复审。

【机关事务标准化信息化建设】 2021年10月，市机关事务管理局在全自治区率先打造机关食堂、机关幼儿园、机关会议服务、机关物业服务4个自治区级机关事务管理和公共服务综合标准化试点，有效破解机关事务领域服务保障不规范、不统一、不高效难题，大幅提升干部职工满意度，以优异成绩通过自治区机关事务管理局、市场监管局验收。其中《机关幼儿园服务管理规范》《机关食堂服务规范》被列为广西地方标准，《党政机关会议服务规范》被列入2021年第二批广西地方标准制定项目计划。11月，市机关事务管理局被自治区机关事务管理局确定为自治区级机关事务标准化实训基地建设试点单位（广西唯一）。与市交通技工学校就打造集水电工、厨师、红培、幼教等后勤服务培训项目为一体的全方位、多领域实训基地展开合作。年内，桂林市机关事务管理局与国家机关事务管理局、中国电信桂林分公司、安徽中科美络公司加强合作，利用人工智能、物联网、大数据等高新技术手段，对桂林市党政机关公车平台、能耗监控、办公用房、安全保卫、机关餐饮平台等系统实施信息化改造，机关事务标准化信息化软硬件水平显著提高，被国家机关事务管理局、市场监管总局联合确定为机关事务标准化信息化“两化融合”试点单位（全国仅4家）。

【公共机构节能管理】 2021年，桂林市公共机构办公建筑用能总面积1375.81万平方米，用能人数109.86万人，实际拥有公务用车5206辆。全年全市公共机构用电总量31571.14万度，用水总量1966.07万吨，用油总量874.41万升（汽油739.72万升、柴油134.69万升），其他能源66.51吨，天然气8.05万立方米，液化石油气59.36吨。公共机构人均综合能耗下降2.6%，单位建筑面积综合能耗下降

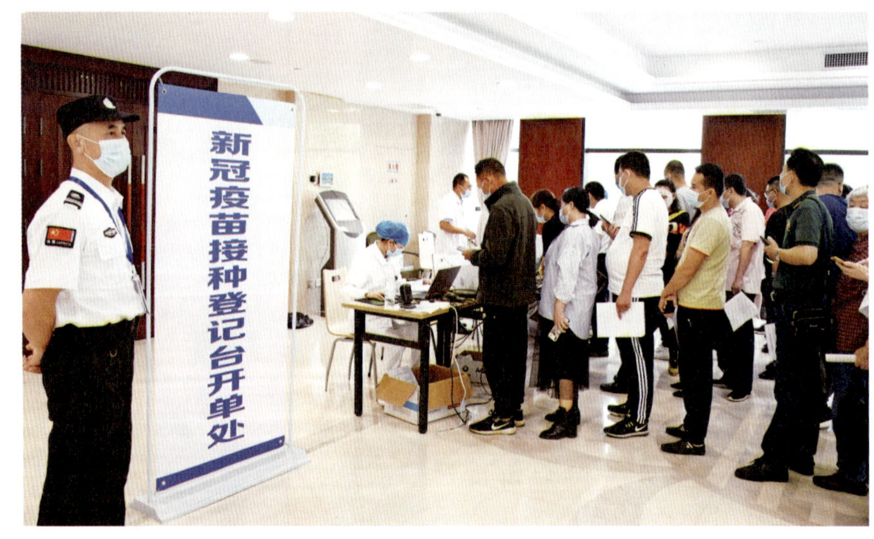

2021年6月3日—4日，市机关事务管理局联系自治区南溪山医院到创业大厦集中为干部职工接种新冠肺炎疫苗。 （蒙健摄）

2.4%，人均用水量下降0.9%。全年实施既有建筑节能改造16.9万平方米，推广新能源汽车511辆，新建新能源汽车充电桩150个，完成382家自治区级节约型机关创建工作，建成自治区级公共机构生活垃圾示范点6个，机关食堂粮食总消费量减少约10%，厨余垃圾量减少约15%。

【节能宣传周与漓江论坛】 2021年8月23日，市机关事务管理局在市行政中心以线上直播方式举办以“节能降碳　绿色发展”为主题的2021年桂林市节能宣传周暨低碳日活动启动仪式，市机关事务管理局、发展改革委、生态环境局、工业和信息化局等相关单位人员参加活动。12月3日—5日，2021漓江高峰论坛及广西·桂林第十一届节能减排新产品新技术(新能源汽车)展示会暨第六届绿色低碳产业博览会在桂林国际会展中心举办，受邀专家学者分别围绕“青山变金山·绿色金融点绘绿水青山”主题作主旨演讲，为广西及桂林走绿色低碳高质量发展道路建言献策。人民网广西频道对此次开幕式及漓江高峰论坛活动进行全程网上直播，活动直播访问达52万人次。

2021年12月3日，2021漓江高峰论坛及广西·桂林第十一届节能减排新产品新技术(新能源汽车)展示会暨第六届绿色低碳产业博览会在桂林国际会展中心开幕。(蒙健摄)

【机关后勤经济】 2021年，市机关事务管理局发展后勤经济，反哺机关事务日常保障，助力桂林复工复产。10月23日—11月2日，在市甲天下广场举办第七届桂林漓泉啤酒音乐节暨国际美食文化展，丰富到桂游客和广大市民的物质文化生活，助力疫后拉动消费、搞活经济、带动旅游、活跃市场。展会使用场地1万平方米，展位200多个，设有漓泉啤酒音乐区、特色美食展示区和特色商品展示区。12月3日—5日，在桂林国际会展中心举办2021漓江高峰论坛及广西·桂林第十一届节能减排新产品新技术(新能源汽车)展示会暨第六届绿色低碳产业博览会。展示会设置新能源汽车、节能环保新产品新技术绿色生态康养两大展区，展厅面积约8000平方米，参展企业40余家，参展商品150余种(类)。活动期间还同时举办漓江高峰论坛成果发布报告会、全自治区高校节能技术和管理机制交流推介会、节能减排新产品新技术推介会、漓江高峰论坛闭门会议、漓江高峰论坛文化之夜、新能源汽车推广应用交流会、漓江高峰论坛项目考察等系列活动。此外，市机关事务管理局局属国有企业桂林市迎宾车辆租赁服务有限公司还参股成立桂林市赢宾新能源有限公司、机关康养公司、迎宾红培文化服务中心等。

2021年3月7日，广西机关事务标准化实训基地、桂林市交通技工学校高技能人才实习基地在桂林市创业大厦接待中心挂牌成立。(蒙健摄)

【拓展机关幼教品牌】 2021年，市机关事务管理局有公办幼儿园4所，加盟园11所，机关幼教资源覆盖桂林6城区及部分县。为解决干部职工子女入园难问题，市机关事务管理局充分发挥机关幼教集团品牌效应，与各加盟园达成按机关幼儿园的收费标准收费协议，将机关干部子女分流至各加盟园，为桂林市增加普惠性学前教育学位300多个。此外，桂林市机关幼教集团还引入中央财政资金100万元，积极筹办0—3岁托育实验园。

(蒙健)

中国人民政治协商会议桂林市委员会

综　　述

2021年，中国人民政治协商会议桂林市委员会（简称市政协）办公地址在桂林市临桂新区西城中路69号。内设办公室、提案委员会、经济委员会、农业和农村委员会、教科卫体委员会、社会法制与民族宗教委员会、文化文史和学习委员会、港澳台侨外事委员会、研究室、委员联络工作办公室。

年内，市政协围绕桂林打造世界级旅游城市开展专题调研，撰写的《关于打造世界级旅游城市的建议》获批自治区政协重点提案、全国政协重点提案，相关成果获国家领导人肯定性批示。组织开展“工业振兴　委员行动”活动，组织到北京等地招商，跟踪服务联系项目企业30多次，市政协主席陈丽华在自治区政协系统“引企入桂”委员行动交流推进会上作典型发言。组织开展“乡村振兴　委员行动”活动，市政协副主席蒋昌桂在自治区政协“推动农村三产融合，助推巩固拓展脱贫攻坚成果”工作现场会作交流发言。开展党史知识竞赛、百堂党课下基层、红色歌曲大家唱等党史学习教育，取得良好效果。重视宣传工作，分别在国家、自治区和桂林市媒体刊登稿件600多篇，5月8日，《人民政协报》头版头条以《做新思想的忠实传播者——记广西桂林市政协委员叶雪刚》为题对桂林市政协作了宣传报道。

重要会议

【政协桂林市第五届委员会第六次会议】 2021年6月21日—23日召开。会议应到委员425名，实到委员359名。会议期间，与会委员听取和审议了《中国人民政治协商会议桂林市委员会常务委员会工作报告》《中国人民政治协商会议桂林市委员会常务委员会关于政协五届五次会议以来提案工作情况的报告》，列席桂林市第五届人民代表大会第六次会议，听取市人民政府工作报告，协商讨论市人民政府工作报告及其他有关报告。会议通过了《中国人民政治协商会议第五届桂林市委员会第六次会议政治决议》《中国人民政治协商会议第五届桂林市委员会第六次会议关于常务委员会工作报告的决议》《中国人民政治协商会议第五届桂林市委员会第六次会议关于政协五届五次会议以来提案工作情况报告的决议》。

【政协桂林市第六届委员会第一次会议】 2021年10月18日—21日召开。会议应到委员426名，实到委员385名。10月18日，召开预备会议，与会委员观看严肃换届纪律教育警示专题片；举办第六届市政协委员第一期履职培训班。10月19日，政协第六届桂林市委员会第一次会议开幕，10月21日闭幕。会议期间，与会委员听取和审议了《中国人民政治协商会议第五届桂林市委员会常务委员会工作报告》《中国人民政治协商会议第五届桂林市委员会常务委员会提案工作情况的报告》；列席了第六届桂林市人民代表大会第一次会议，听取和协商讨论了政府工作报告及其他报告；选举了政协第六届桂林市委员会常务委员76名，陈丽华任主席，钟麟、文建中、汤桂荔、肖立华、郑毅、蒋昌桂、陆智成、谭建国任副主席，徐熔任秘书长；会议通过了《中国人民政治协商会议第六届桂林市委员会第一次会议政治决议》《中国人民政治协商会议第六届桂林市委员会

2021年12月21日，市政协召开“加快桂林生态经济建设，全力打造世界级旅游城市”专题协商会。（市政协供图）

第一次会议关于政协第五届桂林市委员会常务委员会工作报告的决议》《中国人民政治协商会议第六届桂林市委员会第一次会议关于政协第五届桂林市委员会常务委员会提案工作情况报告的决议》。

【政协桂林市第五届委员会常委会会议】 2021年,共召开常委会会议4次。

第22次会议 1月14日召开。会议听取市政协常委会工作报告(草案)起草情况说明、市政协提案工作情况的报告(草案)起草情况的说明。会议审议通过《关于召开政协桂林市第五届委员会第六次会议的决定》《政协桂林市第五届委员会第六次会议议程、日程(草案)》《政协桂林市第五届委员会常务委员会工作报告》和报告人的建议,《政协桂林市第五届委员会常务委员会关于政协五届五次会议以来提案工作情况的报告》和报告人的建议,《政协桂林市第五届委员会第六次会议秘书长、副秘书长名单》;审议通过有关人事事项;审议通过《桂林市政协提案工作条例》。

第23次会议 6月18日召开。会议审议通过《关于召开政协桂林市第五届委员会第六次会议的决定》《政协桂林市第五届委员会第六次会议议程、日程(草案)》;审议通过有关人事事项。会议决定政协桂林市第五届委员会第六次会议于2021年6月21日—23日举行。会议专题学习中共中央总书记习近平视察广西及桂林时的重要讲话和重要指示精神,要求市政协常委会组成人员担负起政治责任,开展党史学习教育、“引企入桂 委员行动”“乡村振兴 委员行动”和“双联双创”活动,为建设桂林世界级旅游城市积极贡献政协力量。

第24次会议 6月23日召开。会议审议通过《政协第五届桂林市委员会第六次会议政治决议(草案)》《政协第五届桂林市委员会第六次会议关于常务委员会工作报告的决议(草案)》《政协第五届桂林市委员会第六次会议关于政协五届五次会议以来提案工作情况报告的决议(草案)》。

第25次会议 10月8日召开。会议听取市政协常委会工作报告(草案)起草情况的说明、市政协提案工作情况的报告(草案)起草情况的说明。市委组织部相关负责人在会上作政协第六届桂林市委员会委员、常务委员及政协第六届桂林市委员会第一次会议主席团成员建议名单的说明。会议审议通过《关于召开政协第六届桂林市委员会第一次会议的决定》《政协第六届桂林市委员会第一次会议议程、日程(草案)》《政协第六届桂林市委员会委员建议名单》《政协第六届桂林市委员会第一次会议主席团成员建议名单(草案)》《政协第五届桂林市委员会常务委员会工作报告(草案)》和报告人的建议,《政协第五届桂林市委员会常务委员会提案工作情况报告(草案)》和报告人的建议,《政协第六届桂林市委员会第一次会议大会秘书长、副秘书长名单(草案)》《政协第六届桂林市委员会第一次会议提案审查委员会主任、副主任和委员建议名单(草案)》。会议决定,政协第六届桂林市委员会第一次会议于2021年10月18日—21日举行。

【政协桂林市第六届委员会常委会第一次会议】 2021年11月3日召开。会议组织学习桂林市“两会”精神,集中学习《政协广西壮族自治区委员会关于强化政协委员责任担当的意见》《中国人民政治协商会议桂林市委员会常务委员会工作规则》《中国人民政治协商会议桂林市委员会委员履职工作规则(试行)》。为政协第六届桂林市委员会常务委员履职进行培训。审议通过有关人事事项和调研报告。

重要工作

【政协开展党史学习教育和庆祝中国共产党成立100周年系列活动】 2021年,市政协结合“三会一课”、主题党日活动等,组织中共党员回顾入党以来的心路历程17次,邀请名家讲党史12次,单位负责人带头上党课26次。用好用活驻地红色教育资源,开展体验式教学、群众性实践活动,讲好党的故事、革命故事、英烈故事。落实党史学习教育“我为群众办实事”活动,围绕党员群众反映的各类问题,开展漓江环境改善、“六一”慰问贫困学生、帮扶贫困村发展产业系列活动。召开市政协庆祝中国共产党成立100周年座谈会、书画展等活动。

【政协对外宣传与理论研究】 2021年,市政协发挥“委员宣讲团”“宣传小分队”作用,各级政协领导班子和党组织领导带头上党课,全年开展理论宣讲72场,受众超1万人次。全市政协系统在《人民政协报》《中国政协》、人民网、《广西日报》《广西政协

2021年3月17日,市政协在田间地头召开党史学习教育知识抢答赛。

(市政协供图)

报》和《桂林日报》等市级以上主流媒体上稿600多篇，其中中央级媒体80多篇，自治区级媒体300多篇，在中央、自治区级主流媒体的上稿数量位居自治区市级政协前列。以“中国共产党领导的多党合作和政治协商制度”为主题开展理论研讨活动，共收集文章139篇，上报自治区政协13篇，有5篇入选自治区政协理论文集，有1篇在自治区理论研讨经验交流会上发言。《深刻感悟习近平总书记真挚博大的人民情怀》入选中共中央宣传部优秀宣讲稿文集。

2021年12月7日，市政协主席陈丽华（正排左二）带领工作组召开“桂北云计算产业园”项目推进会并现场办公。（市政协供图）

【引企入桂委员行动】 2021年，市政协重点推进中国电信桂北云计算信息产业园项目建设，项目前期运作良好，被列为桂林市2021年打造世界级旅游城市市领导联系重点推进的示范项目。建立全市政协系统“入桂企业基本信息数据库”初型，定期录入引进企业基本情况、分类造册建电子档案，持续关注企业落地后的生长发展情况，维护完善数据库信息。年内，市政协主席陈丽华、副主席汤桂荔组织“引企入桂”小分队先后赴北京、福州、厦门、西安等地拜访当地桂林商会、中科院创业投资管理公司等企业20余家，宣传推介桂林，鼓励外地桂林企业家回乡创业。协助北京、上海桂林企业商会会员企业回桂林考察调研，陪同协调解决项目落地等问题。市政协主席陈丽华在自治区政协系统“引企入桂委员行动”工作交流推进会上作典型经验交流。

【政协“双联双创”促就业】 2021年，市政协紧紧围绕市委、市人民政府中心工作，通过主席会议成员联系常委、常委联系委员、委员联系群众和专委会联系界别、界别联系委员、委员联系群众，立足岗位创新创业，带动群众创新创业。4月19日—20日，市政协在荔浦市召开桂林市政协系统推动政协协商与基层协商有效衔接工作会议，并到永福县、荔浦市考察学习基层政协先进工作站、室，推动解决县（市、区）政协“两个薄弱”问题，延伸政协工作触角，密切政协组织和政协委员与人民群众的联系。

【提案协商和督办】 2021年，市政协共收到政协桂林市第五届委员会第六次会议提案219件，经审查立案173件，立案提案全部办复，完成政协桂林市第六届委员会第一次会议提案的审查、交办、督办工作。遴选《关于推动特色小镇转型升级，助力桂林乡村振兴融合发展的建议》等18件提案作为2021年重点提案，共开展重点提案督办活动20多次，带动提案工作整体提质增效。

【重点课题调研和专题（界别）协商】 2021年，市政协围绕打造世界级旅游城市目标任务，调整调研方向，组织专家学者成立调研组，开展重点课题调研，完成“加快桂林生态经济建设，全力打造世界级旅游城市的调研报告”，并召开专题协商会，向市委、市人民政府和有关职能部门建言献策。围绕乡村振兴，开展“提升我市康养产业发展质量，全面推进乡村振兴”的重点课题调研，形成调研成果，送市委、市人民政府作决策参考。开展专题调研，“关于推进我市民族医药的传承与创新”调研报告获自治区政协副主席严朝君肯定性批示。依托界别（对口）协商平台，在自治区政协“发挥生态优势，加快森林旅游发展”对口协商会上，市政协作《发挥品牌优势 促进桂林市森林旅游发展》的交流发言。各专委会围绕加快推进老旧小区改造提升；推进科普工作的创新发展，提升市民科学文化素养；推进桂林市民族团结进步工作；加强乡村文化建设，推进农村文明建设；打造夜经济、壮大桂林市夜间消费市场等课题召开5次界别（对口）协商会，组织40多名委员在会上发言，提出有针对性和建设性意见建议近300条。

【反映社情民意】 2021年，市政协发挥政协委员联系广泛的优势，及时收集、反映社情民意和舆情动态，共整理上报信息168篇，报送自治区政协82篇，编辑《社情民意》10期，助力市委、市政府做好协调关系，理顺情绪，化解矛盾，增进团结的工作。

【文史资料征编】 2021年，市政协与兴安县政协合作完成红军长征湘江战役纪念设施建设（兴安卷）及政协文史资料第63辑，20余万字文稿的征集、编辑、校对和出版工作，发挥文史资料存史、资政、团结、育人的作用，促进桂林市红色文化的传承和弘扬。

（蔺帅）

纪检监察

综　述

【概况】 2021年，中国共产党桂林市纪律检查委员会与桂林市监察委员会（简称市纪委监委）合署办公，办公地址在桂林市临桂区西城中路69号。内设机构（含机关党委）23个，下设桂林廉政教育中心、桂林市纪检监察综合业务基地管理中心。市纪委监委共设派驻市直部门（直属企业）纪检监察组（纪检监察工作委员会）31个，履行党的纪律检查和国家监察职责。中国共产党桂林市委员会巡察工作办公室（中国共产党桂林市委员会巡察工作领导小组办公室）是市委工作机关，人员编制由市纪委监委代管。

【市纪委获"全国扫黑除恶专项斗争先进集体"称号】 2021年3月29日，全国扫黑除恶专项斗争总结表彰大会在北京举行，桂林市纪委获"全国扫黑除恶专项斗争先进集体"称号。扫黑除恶专项斗争监督执纪工作开展以来，桂林市纪委深入贯彻落实中共中央总书记习近平关于扫黑除恶重要批示指示精神，坚持人民立场，严格落实"两个一律""一案三查"，以开展"六清"行动为抓手，深化逐案过筛、签字背书、领导包案、提级办理，精准"打伞破网"，立案175件，给予党纪政务处分142人，移送司法机关23人。

【市监委首次向市人大常委会报告专项工作】 2021年8月25日，市监委副主任、代理主任徐波就全市开展脱贫攻坚监察监督工作情况，向市第五届人民代表大会常务委员会第三十九次会议作专项报告。这是党中央作出地方监委向本级人大常委会报告专项工作的决策部署以来，市监委首次向本级人大常委会报告专项工作。市监委的专项工作报告，就桂林市脱贫攻坚监察监督工作做法成效、工作体会、存在问题及工作打算，展示市监委忠诚履行宪法和监察法赋予的职责，推动监察监督向扶贫领域覆盖。

2021年8月25日，市监委向市第五届人民代表大会常务委员会第三十九次会议作全市开展脱贫攻坚监察监督工作专项报告。（市纪委监委宣传部供图）

重要会议

【中国共产党桂林市第五届纪律检查委员会第六次全体会议】 2021年2月7日，中国共产党桂林市第五届纪律检查委员会第六次全体会议召开。中共桂林市委书记周家斌出席全会并讲话。全会回顾2020年全市纪检监察工作，部署2021年工作任务；审议通过古国章代表市纪委常委会所作的《推动新时代纪检监察工作高质量发展为开启桂林全面建设社会主义现代化新征程提供坚强保障》工作报告。会议审议并通过中国共产党桂林市第五届纪律检查委员会第六次全体会议公报。

【中国共产党桂林市第五届纪律检查委员会第七次全体会议】 2021年8月25日，中国共产党桂林市第五届纪律检查委员会第七次全体会议召开。全会审议并通过中国共产党桂林市第五届纪律检查委员会向中国共产党桂林市第六次代表大会所作的工作报告，同意将报告提请中国共产党桂林市第五届委员会第九次全体会议审议。

【中国共产党桂林市第六届纪律检查委员会第一次全体会议】 2021年9月1日，中国共产党桂林市第六届纪律检查委员会第一次全体会议召开。全会选举出中国共产党桂林市第六届纪律检查委员会常务委员会委员9名，徐波为书记，刘初刚、韩觅、杨勇为副书记。

2021 年 9 月 1 日，中国共产党桂林市第六届纪律检查委员会第一次全体会议召开。

（市纪委监委宣传部供图）

【桂林市巩固拓展脱贫攻坚成果同乡村振兴有效衔接专项监督工作例会】 2021 年 9 月 10 日，市纪委监委召开桂林市巩固拓展脱贫攻坚成果同乡村振兴有效衔接专项监督工作例会，落实中央和自治区关于巩固拓展脱贫攻坚成果同乡村振兴有效衔接专项监督决策部署，传达学习自治区专项监督工作例会精神，推动桂林市专项监督工作扎实深入有效开展。

【全市粮食购销领域腐败问题专项整治工作动员部署会议】 2021 年 9 月 23 日，市纪委监委召开全市粮食购销领域腐败问题专项整治工作动员部署会议。会议传达中共中央总书记习近平对粮食安全工作的重要指示批示精神，要求全市各相关部门强化政治担当，形成开展专项整治工作强大合力，不折不扣做好专项整治工作，确保全市粮食从种到收"颗粒归仓"，为打造世界级旅游城市、保障国家粮食安全提供坚强保障。

【桂林市加强对"一把手"和领导班子监督工作座谈会】 2021 年 10 月 26 日，市纪委监委召开桂林市加强对"一把手"和领导班子监督工作座谈会。会议深入贯彻《中共中央关于加强对"一把手"和领导班子监督的意见》《中共广西壮族自治区委员会关于加强对"一把手"和领导班子监督的实施意见》，要求统一思想，提高认识，增强责任感、紧迫感，推进加强对"一把手"和领导班子监督工作。

主要工作

【强化政治监督】 2021 年，市纪委监委重点围绕贯彻落实中共中央总书记习近平视察广西"4·27"重要讲话精神和对桂林的重要指示精神强化监督检查，对漓江生态保护和修复提升工程项目开展"室组地"全覆盖监督，发现问题 32 个，提醒约谈 42 人。协助市委制定《关于对贯彻落实市委决策部署情况开展督查约谈问责的工作方案》，列出政治监督清单，把打造世界级旅游城市、常态化疫情防控、严肃换届风气等纳入监督重点内容，解决推进落实中的责任问题、作风问题。创新运用信息化技术手段开展政治监督，获自治区纪委主要领导肯定性批示。精准落实政治巡察要求，深化市、县（市、区）巡察上下联动和贯通融合，实现五届市委巡察全覆盖，开展六届市委第一轮巡察和涉粮问题专项巡察，巡察综合监督作用和系统优势彰显。以问责倒逼"两个责任"落实，查处"两个责任"落实不力问题 37 个，问责党员干部 44 人，持续释放问责必严的强烈信号。

【纠"四风"树新风】 2021 年，市纪委监委坚持全面从严、一严到底，坚持反腐一体纠治、纠"四风"树新风并举，对形式主义、官僚主义靶向纠治，对享乐主义、奢靡之风露头就打，持续培土加固中央八项规定堤坝，推动党风政风、社风民风持续向善向好。深入治理对贯彻党中央决策部署做选择、搞变通、打折扣等突出问题，共查处形式主义、官僚主义问题 65 个、处分 75 人。以小切口为抓手，专项整治公务接待中"吃公函"、违规使用公务加油卡、酒驾醉驾等问题，共查处享乐主义、奢靡之风问题 138 个，处分 188 人，以作风建设新成效赢得人民群众支持信赖。坚持纠建并举，深挖"四风"问题背后的制度短板、监管漏洞，督促各地各单位完善相关

2021 年 10 月 26 日，桂林市加强对"一把手"和领导班子监督工作座谈会召开。

（市纪委监委宣传部供图）

制度452项，推进作风建设常态化、长效化。

【履行监督首责】 2021年，市纪委监委坚持惩前毖后、治病救人，精准运用“四种形态”批评教育帮助和处理5531人次，第一、二、三、四种形态分别占70.2%、25.2%、2.5%、2.1%，做到严在平时、管在日常。严把党风廉政意见回复关，回复党风廉政意见16.5万人次，其中提出暂缓或否定性意见759人次。将“一把手”和领导班子作为日常监督的重中之重，研究出台《关于加强对“一把手”和领导班子监督的实施方案》及其配套制度，与自治区纪委建立“三委托两抄告双签字”机制，“室地”联动打通监督县级党政“一把手”的堵点，增强监督的针对性实效性。市纪委书记对17个县（市、区）党委书记进行“一对一”谈心谈话，带动各级纪委书记主动约谈“一把手”和领导班子成员693人次，查处“一把手”65人，桂林市在自治区加强对“一把手”和领导班子监督工作座谈会上作经验交流发言。坚持严管厚爱相结合，落实“三个区分开来”，对896名受处分干部进行回访教育，为44名受到诬告错告的干部澄清正名。

【深化标本兼治】 2021年，市纪委监委坚持系统观念，惩治震慑、制度约束、提高觉悟一体发力，推动办案、整改、治理贯通融合，使不敢腐、不能腐、不想腐一体化推进有更多的制度性成果和更大的治理成效。保持压倒性力量常在，有腐必反、有贪必肃，处置问题线索5901件，立案1813件，处分1606人，移送司法机关34人，挽回经济损失3.5亿元。市本级立案201件，其中查处市管干部53人，严肃查处资源县原县委书记韦某某、市财政局原副局长卫某等一批严重违纪违法案件。紧盯重点，系统施治，配合开展政法队伍教育整顿，严肃查处政法系统干部违纪违法案件，深化国企反腐败工作，一体推进惩治金融腐败和防控金融风险，开展工程建设、粮食购销、供销等领域腐败专项整治。做实查办案件“整篇文章”，发出纪检监察建议书123份，推动健全完善制度93项，开展警示教育大会365场次、召开专题民主（组织）生活会150场次。全市有297人向纪检监察机关主动投案，522人主动交代问题。持续打造桂林廉政教育基地主阵地，基地共接待960批、4.8万人次，数字“云展厅”点击量34.1万人次，稳步推进智慧展馆建设。

【坚持人民至上】 2021年，市纪委监委把民心所向作为努力方向，坚持人民群众反对什么、痛恨什么，就坚决防范和纠正什么。开展“我为群众办实事”实践活动，查处群众身边腐败和不正之风问题378个，处分353人，让群众在全面从严治党中感受到公平正义。常态化开展惩治涉黑涉恶腐败和“保护伞”工作，扫黑除恶专项斗争开展以来，全市查处涉黑涉恶腐败和“保护伞”问题184件，处分159人，移送司法机关21人。强化过渡期专项监督，查处巩固拓展脱贫攻坚成果同乡村振兴有效衔接方面腐败和作风问题177个，处分141人，市纪委监委获“2019—2020年度自治区脱贫攻坚先进集体”“自治区纪检监察系统扶贫领域专项治理工作表现突出集体”称号。

【纪检监察队伍建设】 2021年，市纪委监委以党的政治建设为统领，抓好党史学习教育活动。持续深化纪检监察体制改革，围绕监督检查、审查调查等关键环节完善制度25项，持续推进监察工作向乡镇（街道）延伸。按照政治过硬、本领高强要求，强化思想淬炼、政治历练、实践锻炼、专业训练，依托“风宪学院”学习平台开展全员培训，采取跟班轮训实战练兵，培训8956人次，其中市本级培训1453人次。以规范化、法治化、正规化建设管权治权，制定出台《桂林市纪委常委会会议制度》等内部管理制度28项。自觉接受约束和监督，持续整治“灯下黑”，对纪检监察干部立案14件、处分13人。（刘贺丽）

名词解释

▲室组地：上级纪委监委监督检查室、审查调查室，派驻（出）机构，地方纪委监委联合开展监督检查、审查调查工作。

▲两个责任：落实党风廉政建设责任制党委负主体责任，纪委负监督责任。

▲四风：形式主义、官僚主义、享乐主义和奢靡之风。

▲四种形态：党内要经常开展批评和自我批评、约谈函询，让“红红脸、出出汗”成为常态；党纪轻处分、组织调整成为违纪处理的大多数；党纪重处分、重大职务调整的成为少数；严重违纪涉嫌违法立案审查的成为极少数。

▲三委托两抄告双签字：委托核查、委托谈话、委托回访，抄告个人党风廉政建设情况、抄告立案情况，函询回复“双签字”。

▲室地：上级纪委监委监督检查室、审查调查室联合地方纪委监委开展监督检查、审查调查工作。

▲三个区分开来：把干部在推进改革中因缺乏经验、先行先试出现的失误和错误，同明知故犯的违纪违法行为区分开来；把上级尚无明确限制的探索性试验中的失误和错误，同上级明令禁止后依然我行我素的违纪违法行为区分开来；把为推动发展的无意过失，同为谋取私利的违纪违法行为区分开来。

▲整篇文章：对查办案件全过程进行分解，从初步核实、审查调查、案件审理、整改教育四个阶段对开展“整篇文章”工作责任部门、配合部门、具体措施进行明确，用“向前一步走”的思维和“全过程联动”方式，把不敢腐的强大震慑效能、不能腐的刚性制度约束、不想腐的思想教育优势融于一体，推动惩治震慑、制度约束、提高觉悟一体发力。

民主党派·工商联

中国国民党革命委员会桂林市委员会

【概况】 2021年,中国国民党革命委员会桂林市委员会(简称民革桂林市委)办公地址在桂林市临桂区西城中路69号。内设机构4个。全年发展新党员23人。至年末,民革桂林市委下设基层委员会6个,基层支部23个。共有党员619人,其中大学以上学历429人,中高级职称287人。年内,民革桂林市委以习近平新时代中国特色社会主义思想为指导,以作风建设为抓手,积极建言献策,为桂林市经济、社会和文化发展贡献力量。

【民革桂林市第十四次代表大会召开】 2021年2月24日,中国国民党革命委员会桂林市第十四次代表大会召开,出席会议代表101人。会议听取并审议通过民革桂林市第十三届委员会工作报告,选举产生由26人组成的民革桂林市十四届委员会,其中常务委员10人,委员平均年龄为43.4岁,常委平均年龄为42.5岁。选举区捷为民革桂林市第十四届委员会主任委员,选举王文彬、蒋东兵、向惠玲、龙飞为民革桂林市第十四届委员会副主任委员,任命龙芸婷为民革桂林市第十四届委员会秘书长。会议还成立了民革桂林市第十四届委员会监督委员会。

【民革桂林市委阵地建设】 2021年11月13日,"桂林民革党员之家"揭牌并投入使用。位于桂林市秀峰区三多路,是集会议活动、交流学习、成果展示、休闲书屋等功能为一体,突出多党合作史和民革党史教育特色的民革党员之家。年内,民革桂林市委以"桂林民革党员之家"作为形象宣传阵地、提升组织活力阵地、优良传统教育阵地,开展专题学习、参政议政、联谊交流、后备人才培养等活动16次,接待民革党员及统一战线成员近300人次。12月,"桂林民革党员之家"被评为全国优秀民革党员之家。

【民革桂林市委政治建设】 2021年,民革桂林市委开展以学中共党史为重点、结合民革发展史的主题教育系列活动,实施调研策划、组织引导、鼓励支持,推动理想信念教育常态化、制度化。挖掘、利用党员专长、特质,组织基层支部和党员参观全州红军长征湘江战役纪念馆、召开《血战湘江》创作分享会和民革历史讲座、以"我邀明月颂中华"诗歌朗诵短视频庆祝中国共产党成立100周年。共同学习回顾中国共产党100年来的丰功伟绩和光辉历程,重温民革与中国共产党风雨同舟、肝胆相照的历史。在夯实思想政治的基础上,注重提升活动的时效性、参与性及收获性。

【民革桂林市委作风建设】 2021年,民革桂林市委成立民革桂林市委监督委员会,设立作风建设意见箱、机关干部廉政信息档案。制定《2021年民革桂林市委会作风建设年工作方案》《民革桂林市委会机关积分制管理实施方案》《民革桂林市委会联系基层组织和专委会工作制度》,形成领导班子成员联系基层的"四联四促"工作机制。年内,民革桂林市委获全国民革机关工作先进集体,2名机关干部分别获全国民革机关工作先进个人、全国民革组织工作先进个人。

【民革桂林市委参政议政】 2021年,民革桂林市委履行参政议政职能,向中共桂林市委提交《提高桂林市开放开发水平,加快融入新发展格局》调

2021年11月13日,"桂林民革党员之家"揭牌并投入使用。

(民革桂林市委供图)

研报告，建议得到中共桂林市委重视和采纳。向市级（含）以上“两会”提交提案63件，其中向十三届全国人大四次会议提交议案3件，向全国政协十三届四次会议提交提案11件，向自治区政协十二届四次会议提交提案1件，向市五届人大五次会议提交提案2件，向市政协五届六次会议提交提案（建议）46件（包括集体提案11件）。民革桂林市委集体提案《积极打造夜经济2.0版壮大我市夜间消费市场》被列为2021年度桂林市政协重点督办提案，《关于将规划桂林轨道交通1号线延伸至七星区的建议》《加强行业监管提升机动车年检服务的建议》被评为桂林市政协五届五次会议优秀提案。年内，民革桂林市委反映的社情民意信息被采用39件次，其中被民革中央信息专报采用1件，被自治区政协办公厅采用1件。

【民革桂林市委服务社会】 2021年，民革桂林市委助力乡村振兴，组织农科专家对口帮扶荔浦市修仁镇进行产业振兴调研，设立灵川县潭下镇山口村乡村振兴示范点并开展活动。组织党员参与自治区统一战线助力村卫生室提质升级行动，200多名民革党员参与捐助，7名医生党员报名参加村卫生室医务志愿者，党员企业家认捐10万元，对口帮扶临桂2个乡村卫生室提质升级。联合桂林法律志愿者协会、蓝丝带志愿者协会等组织开展文化、医疗卫生、法律服务入社区、入学校公益活动。组织党员参与关爱抗战老兵桂林志愿者团队、广西壹方慈善基金会活动，为关爱抗战老兵晚年生活募集资金。（民革桂林市委）

中国民主同盟桂林市委员会

【概况】 2021年，中国民主同盟桂林市委员会（简称民盟桂林市委）办公地址在桂林市临桂区西城中路69号。内设机构4个。全年发展新盟员29人。至年末，民盟桂林市委设有基层组织14个（其中总支部9个、直属支部5个），共有盟员927人，平均年龄56.4岁。中高级专业技术职称盟员748人，占盟员数的80.69%。年内，民盟桂林市委不断加强自身建设，认真履行参政党职能，为桂林打造世界级旅游城市、谱写建设新时代中国特色社会主义壮美广西的桂林新篇章作出积极贡献。

【民盟桂林市第十六次代表大会召开】 2021年1月30日，中国民主同盟桂林市第十六次代表大会召开，出席会议代表112人。会议学习中共十九届五中全会精神、民盟十二届四中全会精神和自治区党委十一届九次全会精神，听取并审议通过了民盟桂林市第十五届委员会工作报告，选举产生由26人组成的民盟桂林市十六届委员会，其中常务委员10人，常务委员平均年龄45.5岁，中级职称以上占80%。选举谭建国为民盟桂林市十六届委员会主任委员，以体杰、孙小军、戴雪梅、张富文为民盟桂林市十六届委员会副主任委员，任命林玉洁为民盟桂林市十六届委员会秘书长。

【民盟桂林市委思想政治建设】 2021年，民盟桂林市委以庆祝中国共产党成立100周年和纪念中国民主同盟成立80周年为主线，以开展中共党史、盟史学习教育为抓手，推进思想政治建设。组织机关专丁传达学习全国两会精神。3月19日，组织基层盟员、盟员书画家举办纪念中国民主同盟成立80周年座谈会、书画笔会。3月30日，组织盟员开展中共党史、盟史学习专题现场教学。5月6日，在民盟桂林市委机关学习中共中央总书记习近平视察广西、桂林时的重要讲话和重要指示精神。5月30日，组织举办民盟桂林市委2021年新盟员培训班。10月28日—29日，组织举办“践行社会主义核心价值观——民盟中央美术院桂林分院采风写生活动”。11月19日—20日，组织近100名盟员参加民盟桂林市委2021年基层骨干培训班。年内，民盟桂林市委组织基层盟员参加民盟自治区委、桂林市政协“中国共产党领导的多党合作和政治协商制度”理论研讨论文征集活动，报送理论文章7篇，其中2篇入选《中国共产党领导的多党合作和政治协商制度理论研讨会成果汇编》论文集；组织盟员参加桂林市第十三届“我邀明月颂中华”爱国诗词诵读大赛获三等奖。民盟桂林市委获民盟中央“纪念中国民主同盟成立八十周年先进集体”称号。

【民盟桂林市委参政议政】 2021年，民盟桂林市委在秀峰区乐群社区挂牌成立“民盟参政议政调研基地”，为民盟各级组织打造重要的参政履职平台。民盟桂林市委在自治区两会上，提交提案（建议）4件；在桂林市两会上，提交集体提案12件、个人提案15件，人大建议5件，作大会口头发言《打造科技创新高地，构筑桂林发展新引擎》和提交书面发言《关于

2021年11月19日—20日，民盟桂林市委举办2021年民盟桂林市委基层骨干培训班。（民盟桂林市委供图）

推进桂林大健康与旅游产业融合发展的建议》;提案《关于建设人才强市支撑桂林高质量发展的建议》被列为2021年市政府领导督办的重点提案。年内,民盟桂林市委承担民盟中央科技论坛课题"建立国家基础科学高等研究院,打造涌现原创性基础理论研究成果的新范式初探"和民盟中央民生论坛课题"基于产业链及其价值逆向重构的人口平衡模式研究";承担民盟自治区委合作课题"广西废旧物资循环利用调研报告";承担市委重大调研课题"桂林市地方特色产业链发展问题研究";承担市政协大会发言调研课题"以湘桂古道文化资源保护利用为抓手,促进文旅融合发展,打造世界级旅游城市""关于挖掘广西古村落家风家训资源助推乡村振兴的建议";编印《中国民主同盟桂林市第十五届委员会参政议政成果选编》;向民盟自治区委、市委、市政协反映各种社情民意信息80件。民盟桂林市委获民盟自治区委参政议政工作先进单位、民盟自治区委反映社情民意信息工作二等奖。

【民盟桂林市委服务社会】 2021年,民盟桂林市委推动民盟"守护天使工程"医疗帮扶项目在桂林走深走实,先后为恭城瑶族自治县人民医院等8家医院争取7000多万元医疗设备采购资金支持,完成核磁、CT等16台设备的装机运行。6月26日,民盟桂林市委联合民盟师大总支到桂林市第一强制隔离戒毒所慰问奋战在禁毒一线的干警。8月3日,民盟桂林市委组织盟员医务工作者到乐群社区开展社区服务活动。9月30日,民盟桂林市委参加桂林市第一强制隔离戒毒所新所揭牌仪式,向新所捐赠5000元。11月23日,民盟桂林市委联合民盟师大总支到桂林市回民小学开展"科普进校园"暨民族团结教育进校园活动。12月3日,民盟桂林市委联合龙胜各族自治县龙脊镇人民政府有关部门到龙脊镇大寨村瑶寨开展宪法日暨民族团结进步宣传活动。年内,民盟桂林市委向创城包联点位临桂区六塘镇捐赠创城物资6000元,为全州等地乡村捐赠价值1万元的科技图书,为龙胜各族自治县翁江小学等民族地区教学点累计捐款捐物1.4万元,在临桂实验小学等地开展平安桂林建设活动,累计发放各类宣传资料1500余份。民盟桂林市委获民盟中央"民盟脱贫攻坚先进集体"称号。

【民盟盟员获奖情况】 2021年,盟员丁勇入选"2020年广西高等学校卓越学者"计划、2021年度"区块链60人"人物榜单;陈斌艳获中国技术市场协会2021年度第三届三农科技服务金桥奖、中国农药工业协会2021年度安全科学使用农药培训先进工作者;尹梅获全国中小学教师教育教学成果评比论文比赛三等奖;秦立公撰写的论文《基于产业链及其价值逆向重构的人口平衡模式研究》获民盟中央民生论坛优秀论文奖;林玉洁获民盟中央思想政治建设和宣传工作先进个人;董佩芳、秦立公、罗宁、张建强指导学生获全国性大赛多个奖项;戴雪梅获自治区脱贫攻坚先进个人贡献奖;张师超获广西自然科学一等奖;李郴良、周治德获广西自然科学进步三等奖;孙小军获广西师范大学教学名师,任首届自治区普通高中物理课程改革教学指导专业委员会主任委员;聂瑾芳获广西高等教育自治区级教学成果奖特等奖;谭显卓获广西第六届青少年科技运动会指导一等奖;罗晓曙获广西党委代表人士建言献策大赛优秀成果奖、民盟自治区委反映社情民意信息工作先进个人;方小凤任首届自治区基础教育教学指导委员会义务教育语文教学指导专委会委员,获自治区师范生技能大赛二等奖;陈慧华获自治区高等学校外语课程思政优秀教学案例征集与交流活动广西优秀教学案例一等奖;欧云兰任首届自治区基础教育教学指导委员会家庭教育指导专委会委员,获"优师计划"优师新秀、南方周末阅读新火种"名师育名师"和优秀教师指导奖;梁永庄获民盟自治区委反映社情民意信息工作先进个人;李文军获自治区民政政策理论研究论文二等奖;周丽萍文场《小别离》参加广西第十届小戏小品比赛获铜奖;龚璇负责的1个项目获第九届广西护理质量改善成果展示奖。

(民盟桂林市委)

中国民主建国会桂林市委员会

【概况】 2021年,中国民主建国会桂林市委员会(简称民建桂林市委)办公地点设在桂林市临桂区西城中路69号。内设机构3个。全年发展新会员32人。至年末,民建桂林市委下设总支7个,支部36个,专委会5个,共有会员777人。年内,民建桂林市委以习近平新时代中国特色社会主义思想为指导,充分发挥紧密联系经济界的特点和优势,自觉加强思想建设,稳步推进组织建设,充分履行参政议政、民主监督的政党职能,主动做好社会服务工作。

【民建桂林市第十二次代表大会召开】 2021年3月27日,中国民主建国桂林市第十二次代表大会召开,出席会议代表91人。会议学习了中共十九届五中精神,听取并审议通过《中国民主建国会桂林市委员会第十一届委员会工作报告和代表大会决议》,选举产生由27人组成的民建桂林市委第十二届委员会委员,其中常务委员6人。选举郑毅为民建桂林市第十二届委员会主任委员,选举陈沛如、蒋雪娇、康长忆、刘建明为民建桂林市第十二届委员会副主任委员,任命秦曦璠为民建桂林市第十二届委员会秘书长。

【民建桂林市委开展主题教育活动】 2021年,民建桂林市委以庆祝中国共产党成立100周年为契机,开展中国共产党党史学习教育。通过成立领导小组、开展线上线下学习培训、举办各类文艺活动等多种方式,引领会员学习"四史"、多党合作史和民建会史。先后筹备"学党史,悟初心"专题宣讲、开展党史会史和中共中央总书记习近平视察广西时的重要讲话和重要指示学习等活动。与民建自治区委联合筹办中共党史教育学习全州行活动。7月—9月,先后组织、筹办会员合唱队参加民建自治区委"百年伟业同心唱"比赛,"百年辉

2021年9月24日,民建中央画院、民建自治区委、民建桂林市委共同举办“百年辉煌——庆祝中国共产党成立100周年书画艺术优秀作品展”。 (郑雯娟摄)

煌——庆祝中国共产党成立100周年书画艺术优秀作品展”等多种形式的主题文艺活动,完成2021年基层骨干暨新会员培训班等系列活动。

【民建桂林市委建言献策】 2021年,民建桂林市委《加快广西“新基建”布局推动“两业”深度融合》等2篇参政议政成果被民建自治区委采纳为书面发言和提案提交到自治区政协;上报的《关于推广定点药店处方共享的建议》等4篇提案中,《关于以普惠金融推动我区乡村振兴的建议》被选为重点督办提案。向市政协五届五次会议提交《“互联网+”背景下创新发展我市生鲜农产品供应链的建议》等3篇大会发言。提交的11件集体提案中,《关于推动特色小镇转型升级,助力桂林乡村振兴融合发展的建议》等3篇被列为年度重点督办提案。此外,民建桂林市委通过招投标向全会征集课题11个,在年末对各课题进行整理和修改,为2022年市、自治区和全国“两会”提供大会发言材料和提案素材。

【重点调研课题与社情民意工作成效】 2021年,围绕自治区、桂林市的发展重点,结合本地资源优势,先后开展“发挥桂林产学研优势,锻造全自治区自主可控电子信息产业链”“广西应对碳达峰碳中和要求的产业布局研究”“探索招商引资‘桂林模式’助力世界级旅游城市建设”等课题研究。年内,上报《全方位提升监管能力莫让“外卖骑手”游离于劳动权益保护伞之外》《关于消除汽车销售中拔掉码表进行“人肉运车”的公共安全隐患的建议》等18条社情民意信息。其中,中央统战部《零讯》采用1条,民建中央单篇采用5条,自治区统战部采用10条;整理报送全国两会信息10条。 (民建桂林市委)

中国民主促进会桂林市委员会

【概况】 2021年,中国民主促进会桂林市委员会(简称民进桂林市委)办公地址在桂林市临桂区西城中路69号。内设机构4个。全年发展新会员12人。至年末,共有会员734人,平均年龄56.6岁,其中有大专以上学历的639人(含大专,并内有硕士37人、博士11人),有中级技术职称者410人,有高级技术职称者206人。会员中有各级人大代表7人、各级政协委员62人。有基层组织45个,其中总支部5个,基层支部40个。年内,民进桂林市委深入学习贯彻中共中央总书记习近平视察广西时的重要讲话和重要指示精神,组织各项活动庆祝中国共产党成立100周年,积极参政议政。获“民进全国社会服务暨脱贫攻坚工作先进集体”“民进全国反映社情民意信息工作先进集体”称号,1人获“民进全国社会服务暨脱贫攻坚工作先进个人”称号,1人获“民进全国反映社情民意信息工作先进个人”称号。

【民进桂林市第十三次代表大会召开】 2021年3月4日—5日,中国民主促进会桂林市第十三次代表大会召开,出席会议代表106名。会议学习了中共十九届五中全会精神、《中国共产党统一战线工作条例》、民进十四届四中全会精神、民进广西区十一届五次全会精神,听取并审议通过民进桂林市十二届委员会所作的题为《心之所向牢记使命 行之所往砥砺前行 为建设新时代高素质参政党地方组织不懈奋斗》的工作报告,选举产生由27人组成的民进桂林市第十三届委员会,其中常务委员11人。选举白云为民进桂林市第十三届委员会主任委员,选举李慧君、葛浩波、覃文、符煜莹为民进桂林市第十三届委员会副主任委员,任命马文涛为民进桂林市第十三届委员会秘书长。

【民进桂林市委开展学习和培训活动】 2021年5月20日,民进桂林市委召开中共党史学习教育推进会专题会议,深入学习贯彻中共中央总书记习近平视察广西时的重要讲话和重要指示精神。7月6日,联合民进防城港市委,组织会员20余人到全州红军长征湘江战役纪念馆开展中共党史学习教育主题活动。11月5日,组织57人参加在桂林市党校召开的“2021年人大代表、政协委员、基层骨干培训班”;11月6日,组织会员进行《重走长征路——湘桂古道》现场教学活动。11月23日,组织常委、会员6人赴广西社会主义学院参加为期4天的“民进新任市级组织领导班子成员培训班”。年内,向会员发放《中国共产党简史》《论中国共产党历史》等党史学习书籍300余册。组织支部累计开展党史教育主题活动40余次。

【民进桂林市委参政议政】 2021年,民进桂林市委参加政府工作报告、“十四五”规划纲要征求意见座谈会,提出《推动教育高质量发展》《提高文化软实力》等建议。在桂林市政协五届六次会议上，民进桂林市委作题为《统筹规划　多元融合　推动桂林红色旅游创新发展》大会发言，提交集体提案10件，其中《关于创建我市红色教育培训品牌的建议》被市政协定为2021年重点提案进行督办。在市政协六届一次会议上，提交集体提案2件。参加中共桂林市委2021年度各民主党派市委、市工商联和无党派人士调研协商座谈会，作题为《加强乡村文化和旅游融合发展 助力桂林乡村振兴》发言。年内，会员中的各级人大代表、政协委员共提交个人议案、提案53件。向中共桂林市委提交社情民意信息50篇，采用5篇；向桂林市政协提交社情民意信息25篇，采用13篇；向民进自治区委提交社情民意信息47篇，采用8篇，其中全国政协采用1篇，民进中央采用1篇，自治区党委采用1篇，自治区政协采用1篇。年内，民进桂林市委完成中共桂林市委和市政协调研课题"加强乡村文化和旅游融合发展助力桂林乡村振兴""优化桂林八大旅游精品线路，提升世界级旅游城市的内涵品质"2个。完成民进自治区委2021年参政党理论研究课题"推进多党合作史学习教育研究""增强民进会员思想政治引导针对性实效性研究"2个。

【民进桂林市委开展庆祝中国共产党成立100周年活动】 2021年，民进桂林市委组织各项活动庆祝中国共产党成立100周年。组织会员200余人观看红色影片《1921》《1950他们正年轻》等。4月24日，组织30余名会员开展庆祝中国共产党百年华诞"品读经典·守正初心"读书学习活动。6月29日，民进桂林市委和民进桂林开明书画院在"我在漓江"艺术馆联合举办庆祝中国共产党成立100周年书画摄影作品展。7月5日，参加中共桂林市委召开的桂林市庆祝中国共产党成立100周年座谈会，代表各民主党派作题为《以党为师，继往开来，携手奋进新时代》的发言。年内，民进桂林市委组织会员参加民进中央办公厅和市宣传部庆祝中国共产党成立100周年主题征文活动，共提交4篇理论文章；参加广西民进庆祝中国共产党百年华诞短视频征集活动，创作视频1个。

2021年2月2日，民进桂林市委开展民进全国"春联万家·奋进新征程"迎新春、送春联活动。（民进桂林市委供图）

【民进桂林市临桂区支部委员会成立】 2021年6月25日，民进桂林市临桂区支部委员会成立会议在临桂区创业大厦召开，机关部分专职干部及来自临桂区支部的会员共14人出席会议。会议听取《民进桂林市临桂区支部委员会成立筹备情况的报告》，审议并通过《关于成立中国民主促进会桂林市临桂区支部委员会的决定》等文件。会议产生民进桂林市临桂区支部委员会，主任委员1人，副主任委员2人，支部共有会员12人。

【民进桂林市委服务社会】 2021年2月2日，民进桂林市委开展"春联万家·奋进新征程"迎新春、送春联活动，共为群众书写春联近300副，"福"字近300张，全部赠送给秀峰街道办及百梓、榕湖等社区群众和困难职工家庭。5月17日，民进阳朔总支到白沙镇开展"永远跟党走·奋进新征程"助力乡村振兴暨提质村级卫生室医疗服务活动。5月28日，民进桂林市委到秀峰区桥头小学的开展"六一"儿童节慰问捐赠活动，送去价值1.2万元的教学设备和爱心早餐。9月9日，民进桂林市委到灵川县潮田乡南圩小学开展教师节慰问活动，为学校全体教师送去价值3000元的牛奶、粮油一批。9月14日，民进桂林市经济支部联合会员企业华康诊所开展"健康守护，助力创城"送医进社区义诊活动。11月18日，民进桂林市委组织灵川县潮田乡中心校及乡村小学的校长、骨干教师等10余人到桂林市榕湖小学开展"乡村教师访名校"教研观摩活动。

（马依妮）

中国农工民主党桂林市委员会

【概况】 2021年，中国农工民主党桂林市委员会（简称农工党桂林市委）办公地址在桂林市临桂区西城中路69号。内设机构4个。全年发展党员32人。至年末，农工党桂林市委下设基层组织20个，其中总支部7个、支部13个。共有党员683名，其中有高级专业技术称职者277名，有中级专业技术称职者294名。年内，农工党桂林市委开展中共党史"知与行'个十百千'"学习教育系列活动，开展理论研究和宣传工作，积极参政议政，服务社会。

【农工党桂林市第十三次代表大会召开】 2021年2月28日，中国农工民主党桂林市第十三次代表大会召开，出席会议代表84人。会议听取并审议通过农工党桂林市第十二届委员会工作报告，选举产生由26人组成的农工党桂林市委第十二届委员会委员，其中常务委员10人。选举农军为农工党桂林市第十三届委员会主任委员，选举谢标、石朝晖、唐灵、伍思亭为农工党桂林市第十三届委员会副主任委员，任命谢标兼任农工党桂林市第十三届委员会秘书长。

【农工党桂林市委开展中共党史学习教育系列活动】 2021年，农工党桂林市委贯彻落实中共中央总书记习近平在党史学习教育动员大会上的讲话精神，开展中共党史“知与行‘个十百千’”学习教育系列活动。深入基层，以“走基层访党委，学党史促合作”为主线活动，与党员共学党史巩固多党合作事业成果。农工党桂林市委机关全年持续开展“机关每周一句话·党史党章专题学习”活动。赴百色开展“参观红色教育基地·致敬先烈”活动，到广西植物研究所缅怀钟济新、李树刚两位农工党先贤，多次召开党史学习主题分享会和中共党史学习主题论坛，举办庆祝中国共产党成立100周年暨新党员及青年骨干党员学习培训会，开展“老党员讲党史”活动，组织党员干部观看《大决战》《1921》《革命者》《长津湖》等爱国主义影片，剪辑制作为《千言万语送祝福》活动视频庆祝中国共产党成立100周年，开展“学史带行·助力民族团结”“学史促行·助力乡村振兴”“学史励行·躬身志愿服务”三大主题活动。年内，农工党中央“中共党史学习教育交流推进会”在桂林市召开，农工党桂林市委在会上作经验交流。

【农工党桂林市委理论研究和宣传工作】 2021年，农工党桂林市委收集并报送5篇理论文章、17篇主题征文至农工党中央、农工党自治区委，获农工党自治区委“2021年度理论研究工作优秀组织奖”；农工党桂林市委机关干部莫德昊撰写的《论多党合作党史观情感认同的实践选择》、戴静撰写的《运用新兴媒体开展民主党派工作问题研究》、刘玙撰写的《新型政党制度的孕育、发展和实践》理论文章获农工党中央2021年理论研究优秀论文三等奖、农工党自治区委理论研究优秀成果二等奖；党员黄丽霞撰写的《肝胆相照、荣辱与共》论文获得农工党自治区委理论研究优秀成果三等奖。进一步发挥桂林农工网站、微信公众号两个新媒体平台的作用，更新新闻报道、理论学习知识104余篇次，增强趣味性、互动性，吸引更多的党员、读者关注桂林农工新媒体；线下设立宣传台、宣传栏、宣传海报，以彩色印刷的方式出版《桂林农工》刊物1期。

【农工党桂林市委参政议政】 2021年，农工党桂林市委积极参加界别协商会、情况通报会、座谈会、征求意见会及调研视察活动50余人次，紧紧围绕疫情防控和经济社会发展各项中心工作建言资政。市人大五届六次会议和市政协五届六次会议期间，共提交了集体提案11件，其中《关于建设好长征国家文化公园（广西段）提升桂林旅游知名度和影响力的建议》被列为市政协重点督办提案，《关于在我市乡村风貌提升工作中加强传统村落保护的建议》获市政府领导督办。全年承接完成中共桂林市委课题“打造世界级旅游城市视角下提升我市突发公共卫生事件应急能力的调查研究”、市政协调研课题“红色文化旅游视角下桂北少数民族乡村振兴的模式研究”“积极推进产学研深度融合　助力桂林大健康产业发展”以及农工党自治区委中标课题“桂北长寿地区康养特征及在健康养老产业发展中的应用调查”。积极参加农工党自治区委2021年度课题成果汇报暨调研报告评审会，《打造世界级旅游城市视角下提升我市突发公共卫生事件应急能力的调查研究》调研报告荣获一等奖。全年共报送社情民意信息145篇，获农工党中央采用5篇，自治区党政领导批示1篇，自治区党委办公厅采用3篇，自治区政协采用1篇，自治区统战部采用12篇，农工党自治区委采用67篇，中共桂林市委采用10篇。

【农工党桂林市委社会服务】 2021年，农工党桂林市委印发《关于助力村卫生室提质升级行动倡议书》，全市农工党员为村卫生室建设捐款3.68万元。发挥界别优势开展民族团结进步创建活动，到平乐县大发瑶族乡开展中国环境与健康宣传周义诊进瑶乡活动；与桂林市场监督管理局联合在平乐县举办《药械化不良反应监测知识》培训，培训县、乡医务人员40余人。联合桂林呀哈口腔开展“桂林市科普教育基地”授牌仪式暨口腔健康科普大讲坛，联合民革桂林市委、桂林蓝丝带青年志愿者协会等部门提供免费医疗服务。参与助力乡村振兴活动，前往全州县开展“巩固脱贫成果、助力乡村振兴”社会服务活动，慰问贫困群众55户。

（农工党桂林市委）

2021年12月30日，农工党桂林市委到全州县开展“学党史办实事·送温暖防返贫”活动。

（农工党桂林市委供图）

中国致公党桂林市委员会

【概况】 2021年，中国致公党桂林市委员会（简称致公党桂林市委）办公地址在桂林市临桂区西城中路69号。内设机构3个。全年新发展党员21人，至年末，全市有致公党党员437人，平均年龄59岁，具有中级、高级专业技术职称290人。下设专门委员会5个，支部12个。年内，致公党桂林市委获致公党自治区委抗击新冠肺炎疫情先进集体、桂林市创建全国文明城市先进集体，机关绩效考评工作获一等奖，"社情民意信息工作会议轮值制度""助力乡振兴，促进民族团结"等工作获致公党中央领导批示表扬。

【致公党桂林市委第九次代表大会】 2021年2月23日—24日，中国致公党桂林市第九次代表大会在桂林市桂山华星大酒店召开，出席会议代表72人。会议学习了中共十九届五中全会、自治区党委十一届九次全体（扩大）会议、致公党中央十五届四中全会精神。审议通过致公党桂林市第八届委员会所作的题为《致力为公　侨海报国　建设中国特色社会主义参政党　为推动桂林经济社会高质量发展不懈奋斗》的工作报告，选举产生由23人组成的致公党桂林市第九届委员会，其中常务委员7人。选举谢永功为致公党桂林市第九届委员会主任委员，选举刘丽、曾明华、张翔为致公党桂林市第九届委员会副主任委员，任命刘丽兼任致公党桂林市第九届委员会秘书长。

【致公党桂林市委主题教育活动】 2021年，致公党桂林市委举办庆祝中国共产党成立100周年系列活动，通过专题培训班、知识竞赛、座谈会、红歌快闪、理论征文、"风雨百年路　携手铸辉煌""我为群众办实事""书香支部"主题实践教育活动等，组织引导广大党员进一步增强"四个意识"、坚定"四个自信"、做到"两个维护"，着力提升党员的政治素质和履职能力。

【致公党桂林市委参政议政】 2021年，致公党桂林市委各级人大代表、政协委员提交十三届全国人大四次会议建议6件；提交十三届广西人大四次会议建议5件；提交广西政协十二届四次会议提案5篇；提交桂林市人大五届六次会议建议7件，《关于利用河长制采取分段禁渔的建议》获市人大优秀建议；提交桂林市政协五届六次会议大会发言2件，集体提案10件，《关于促进我市学前教育健康发展满足人民群众对"幼有所育"期盼的建议》获2021市政府重点督办。《关于推进桂林市无物业小区物业化管理进程的建议》获2021市政协重点督办。完成"关于加快提升桂林科技支撑能力对策建议""关于挖掘桂北红色文化资源，讲好桂北红色大故事""关于加强桂林中医药地理标志产品的保护和发展的建议""关于挖掘桂北红色文化资源，讲好湘江战役故事"等4个重点调研课题的工作，并形成调研报告。在各民主党派市委、市工商联和无党派人士调研协商座谈会上，就"关于加快提升桂林科技支撑能力的对策建议"课题情况进行发言。年内，共收集党员社情民意信息150余篇，上报并被采纳信息28条，其中，《传承底色保持本色发扬特色》被中共中央统战部《零讯》采用；《新形势下更好运用和发挥党的统战法宝的思考与建议》等2条信息被致公党中央采用；《牢记使命开新局壮美广西启新程》被自治区党委办公厅采用；《保护入境游稀缺人才助力广西旅游提质升级》等4条信息被自治区党委统战部采用；《关注民间非法集资新趋势，保障经济社会有序发展》等11条信息被致公党广西区委采用；《关于抢抓人才下沉机遇推出"个税购房"政策的建议》等7条信息被中共桂林市委采用；《致公党桂林市委会率先成立监督委员会》等2条信息被中共桂林市委统战部采用。

【致公党桂林市委社会服务】 2021年，致公党桂林市委根据桂林市统一战线"同心·汇"助力乡村振兴行动安排，结对联系龙胜各族自治县泗水乡"花语泗水"田园综合体建设，并将"村卫生室提质升级行动"落地泗水乡周家村，拨付3万元用于卫生室搬迁改造，筹集党员捐款5.94万元，联系党员企业捐赠价值10余万元设备提升卫生室服务水平。继续打造"同心·致福"品牌，到龙胜各族自治县乐江乡西腰小学开展捐资助学慰问活动，给老师和同学们送去月饼、图书、学具和运动器材等节日礼物。走进恭城瑶族自治县观音乡中心小学，为在校师生送上"红心向党　筑梦前行——桂林暖欣牵手观音学子共庆建党100周年暨庆六一文艺演出"活动。走进兴安县白石乡鳌头小学，联合政协兴安县委员会、党员企业桂林安普

2021年11月10日，致公党桂林市委助力龙胜各族自治县泗水乡周家村卫生室提质升级。

（韦婉芹摄）

瑞泰生物科技有限公司开展“学党史办实事·爱心助学过暖冬”公益捐赠活动，将价值10万元的捐助物资发放到师生手中。到兴安县华江瑶族乡、龙胜各族自治县泗水乡周家村开展普法宣传暨统一战线助力乡村振兴主题实践活动。

【致公党桂林市委海外联谊】 2021年，致公党桂林市委通过加强党员中归侨、侨眷及归国留学人员的联系，召开座谈会、开展慰问活动，组织具有侨海特色的文艺活动，鼓励广大党员通过海外走亲访友、工作交流、学术访问等方式，积极宣传中国的基本政治制度，介绍改革开放和经济建设中的成就，最大范围内的争取人心、增进认同；加强与其他“五侨”单位联系，在课题调研、海外交流等工作中形成合力成效显著；加强与越南归侨党员的沟通、联系，市委会推动桂林市人大与越南多乐省邦美蜀市人民议会建立友好关系的调研工作，促进两地的友好交流；依托“桂林致公画院”，充分发挥市委会党员书画家作用，加强市委会与国内外的文化交流，弘扬宣传社会主义核心价值观，弘扬时代主旋律。

（致公党桂林市委）

九三学社桂林市委员会

【概况】 2021年，九三学社桂林市委员会（简称九三学社桂林市委）办公地址在桂林市临桂区西城中路69号。机关内设机构3个。至年末，有基层组织27个，其中基层委员会5个、支社21个、直属小组1个。共有社员567名，其中有高级职称者343人，博士67人，硕士82人，平均年龄57岁。全年发展新社员15人，其中博士3人、硕士6人。年内，九三学社桂林市委获九三学社全国机关建设先进集体。

【九三学社桂林市第九次代表大会召开】 2021年3月7日，九三学社桂林市第九次代表大会在桂山华星大酒店召开，出席会议代表104人。会议听取并审议通过了九三学社桂林市第八届委员会工作报告，选举产生九三学社第九届桂林市委员会委员27名，其中常委11人。选举卢全喜为九三学社桂林市第九届委员会主任委员，选举胡天峰（专职）、梁士楚、张伟林、潘玲为九三学社桂林市第九届委员会副主任委员，任命韦征为九三学社桂林市第九届委员会秘书长。九三学社桂林市第九届委员会设参政议政委员会，经济科技与教文卫体委员会，离退妇、联谊委员会，企业家工作委员会，青年工作委员会及监督委员会。

【九三学社桂林市委加强思想政治建设】 2021年，九三学社桂林市委多次组织基层组织和社员学习习近平新时代中国特色社会主义思想、中共十九届五中、六中全会精神等。积极组织开展主题活动，组织有艺术特长的社员提交30余幅书画、摄影作品参加“永远跟党走——九三学社广西区委庆祝中国共产党成立100周年书画摄影作品展”；组织130余名社员学习中共中央总书记习近平视察广西重要讲话和重要指示精神，开展庆祝中国共产党成立100周年党史知识抢答活动；组织开展“感党恩 跟党走”主题系列活动，80多名社员共同参与红色歌曲大家唱、党史故事大家讲、社员心声大家谈、党史知识大家答和红歌快闪活动，九三学社桂林市委常委分别为骨干社员、新社员上中共党课，讲中共党史；组织160余名社员观看爱国主义教育电影《长津湖》，致敬伟大的抗美援朝精神和人民英雄。出版月度工作展示画册10期，社讯3期，制作宣传片1部，展出展板7版。收集32篇理论文章参加九三学社中央、九三学社自治区委、桂林市政协及中共桂林市委统战部征文活动，获九三学社自治区委2021年度理论征文优秀组织奖。

【九三学社桂林市委参与创建文明城市工作】 2021年，九三学社桂林市委积极响应中共桂林市委、市政府号召，全力投身创城常态化工作。自年初列为东江街道办的包联单位以来，从基础设施的增设、环境卫生维护治理到治理车辆乱停乱放等，积极与东江街道办沟通协商，各尽其职、各负其责，确保包联点位合格率达到100%。

【九三学社桂林市委组织建设】 2021年6月3日—4日，九三学社桂林市委第十四届中央常务委员会第十四次会议在桂林市召开，中共桂林市书记周家斌出席会议并致辞。年内，九三学社桂林市委召开主委会8次，常委会议10次，全委会2次。积极开展各种学习培训活动，召开社务工作会议2次。继续开展基层组织目标管理考评工作，修订完善《2021年度基层组织目标管理项目表》。主动与各级统战部门和社员集中单位党委沟通，走访相关单位近20次。召开九三学社桂林市委与基层组织所在城区、单位中共党委工作座谈暨2020

2021年10月9日—11日，九三学社桂林市委员会在中共桂林市委党校举办2021年骨干社员、新社员培训班。（黎冰摄）

2021 年 7 月 7 日，九三学社桂林市委到雁山区草坪乡潜经村开展“学党史 跟党走 促进民族乡乡村振兴”捐赠爱国主义书籍活动，并组织社员中的法律、农业、气象、医卫专家为群众提供咨询和帮助。（黎冰摄）

年基层组织工作总结会。举办 2021 年骨干社员、新社员培训班，80 余人参加培训，进一步增强基层组织的活力和凝聚力。

【九三学社桂林市委参政议政】 2021 年，九三学社桂林市委积极向市、县区人大、政协推荐 13 名社员担任市、县区人大代表，57 名社员担任市、县区政协委员。社员中共有人大代表、政协委员 72 人次（其中 2 人为自治区政协委员）提出人大建议、政协提案共 54 件。获桂林市政协优秀提案表彰提案 2 件，被桂林市政协列为重点督办提案 1 件。在市政协大会上作题为《加快乡村风貌提升，助力乡村振兴发展》的口头发言，提交书面发言《优先发展农业龙头企业 加快推进乡村振兴》《关于推进田园综合体建设 助力乡村振兴的建议》《持续推进全国文明城市建设 提升桂林城市综合治理水平》。承担中共桂林市委课题“加快建设‘粤桂画廊’，助力打造世界级旅游城市”。承接九三学社自治区会联合调研课题“关于加快广西特色壮瑶药种植与加工产业发展的对策研究”、中标课题“推进‘粤桂画廊’建设，加快对接粤港澳大湾区”。年内，九三学社桂林市委积极向九三学社中央委员会、九三学社自治区委、中共桂林市委报送信息 10 篇，采用 7 篇。12 月，召开提案宣讲会，21 件提案在会上宣讲。参加中共桂林市委、政府、政协召开的协商会、征求意见会、座谈会、情况通报会。

【九三学社桂林市委服务社会】 2021 年 3 月，九三学社桂林市委筹措资金为灌阳县文市镇马莲村实践基地购买肥料并为种植的作物施肥，组织专家社员到该村开展科技助农、送农资助春耕、健康知识宣传等学雷锋活动。7 月，九三学社桂林市委组织社员到雁山区草坪回族乡潜经村开展“学党史 跟党走 促进民族乡乡村振兴”捐赠爱国主义书籍活动。社员为少数民族群众捐赠党史政治、科普教育、儿童图书、农业科技、文学艺术、社会哲学、法律法规等多门类共 600 余本图书。组织社员中的法律、农业、气象、医卫专家到潜经村为群众提供咨询和帮助。年内，社员赴街道办、社区及农村开展各类科普、科技扶贫、清洁卫生、反邪教宣传等活动 60 余次，受益群众近 1000 人。（黎冰）

桂林市工商业联合会

【概况】 2021 年，桂林市工商业联合会（简称市工商联）与桂林市总商会（简称市总商会）合署办公（一套工作人员），办公地址在桂林市临桂区青莲路投资发展大厦南楼。内设机构 5 个，下辖 17 个县（市、区）工商联、132 个乡（镇）商会、55 个行业商（协）会，17 个异地商会。全年发展会员 1016 个（家），指导全市 26 家异地商会办理业务主管单位完成变更工作。至年末，全市有会员 6520 个（家），其中企业会员 2780 家、团体会员 221 家、个人会员 3519 个。年内，市工商联紧紧围绕桂林市中心工作，牢牢把握“两个健康”（促进非公有制经济健康发展和非公有制经济人士健康成长）主题，不断提升全市非公有制经济发展水平。10 个县（市、区）获全国“五好”县级工商联，获评数位列自治区第一；14 县（市、区）获自治区“五好”县级工商联；8 名企业家获“广西百名表

2021 年 6 月 11 日，市工商联组织 18 个商（协）会和企业与市统战部联合举办“桂林市商（协）会献礼建党 100 周年活动”。（市工商联供图）

现突出中共党员民营企业家”称号，76名企业家获2020年度桂林市优秀民营企业家称号，10名企业家获2021年桂林市非公有制经济人士服务“两大振兴”先进个人称号。

【市工商联参政议政】 2021年，市工商联提案《关于我市医疗防护物质产业健康发展的建议》获市政协评为优秀提案，提案《关于做大做强我市米香型酒等特色酿酒产业的建议》《关于尽快制定并颁布桂林米粉地理标志证明商标使用管理办法的建议》被列为重点提案；《紧抓国内大循环为主体机遇，以食品工业集群发展助力“工业振兴”》《强化科技创新引领支撑，培育壮大桂林工业发展新动能》等调研报告，先后在市委重点课题调研成果汇报会和市政协大会上进行发言。市工商联、灵川县工商联被全国工商联评为2021年调查点工作先进基层单位。

2021年12月20日，桂林市“万企兴万村”行动推进会在临桂区金融大厦召开。（市工商联供图）

【市工商联促进经济建设】 2021年4月22日—24日，中央统战部副部长、全国工商联党组书记、常务副主席徐乐江率队到桂林市调研民企参与乡村振兴及民企科技创新工作，走访7个县（市、区）16个村寨、田园综合体及企业。落实民企入桂跟踪服务，助推民企转型升级。做好“民企入桂”重大项目跟踪、落地和服务，建立工商联系统重点跟进项目库，分类分级协调解决问题。其中，荔浦华越项目资金到位2亿多元；桂林市驰普桂北国际高新科技产业城项目资金到位5600多万元；协调解决兴安（玉环）汽车部件产业园项目二期B地块电杆迁移问题；承办中国汽车产业链及汽车后市场高峰论坛，来自全国各地的全国工商联汽摩配商会87家会员企业、桂林市10多家相关企业参会。打造法治营商环境，助力法治民企建设。联合七星区人民检察院走进广西兴进实业集团有限责任公司，举办“检察服务站”授牌暨签约仪式；与市中级法院开展旅游业高质量发展服务企业，组织9家旅游行业领军企业进行座谈。开展形式多样的的法律服务活动。联合市中级人民法院分别到市房地产协会、桂林湖北商会等6家商（协）会开展“我为群众办实事”暨“一商（协）会一法官”法律服务实践活动；在灵川、兴安等县举办广西法律服务团2021年“小微企业服务直通车”活动，邀请法律服务团专家以“企业合同管理及法律风险防范”为主题进行专题辅导；与市税务局联合开展“学史力行、春雨润苗”专项行动。

【市工商联开展学习教育活动】 2021年，全市各级工商联认真学习贯彻习近平新时代中国特色社会主义思想、中共中央总书记习近平视察广西4·27重要讲话精神和对广西工作系列重要指示要求、对桂林的重要指示精神。市工商联主办“学习百年党史，践行初心使命”民营企业家党史学习教育专题活动，邀请中央党校（国家行政学院）教授刘春作主题讲解，全市工商联系统专干、企业家兼职副主席（副会长）、商（协）会负责人、民企高管近200人参加；与市委统战部联合举办桂林市商（协）会献礼中国共产党成立100周年活动暨党史知识大赛，共有18个商（协）会和企业组队参加，活动内容包括党史知识教育公开课、党史主题视频大赛、重走长征（广西段）红色路线等；协助自治区工商联到桂林电子科技大学、桂林理工大学开展主题为“厚植家国情怀、传承企业家精神”宣讲活动，4名中共党员民营企业家结合党史教育与自身经历作主题演讲。

【市工商联服务社会】 2021年，市工商联牵头推进“万企兴万村”行动，积极引导民营企业履行社会责任。至年末，共有1323家非公有制企业参与933个行政村的脱贫攻坚和乡村振兴项目，受惠人数达11.16万人次，参与帮扶民营企业数量居自治区前列。

（市工商联）

群众团体

桂林市总工会

【概况】 2021年，桂林市总工会（简称市总工会）办公地址在桂林市临桂区万福路鼎晟大厦15楼。内设部室12个（含驻会产业工会2个），有直属单位6个。下辖县（市、区）总工会17个。全市工会组织遍布144个乡（镇）和街道，工会组织数2.38万个，工会会员总数74.97万人。年内，市总工会深入开展党史学习教育，加强基层工会规范化建设，打造“职工之家”工作品牌，推动新业态从业人员入会工作深化发展。精准帮扶困难职工，不断完善长效帮扶机制，组织开展“桂有技能，产业振兴”劳动和技能竞赛，弘扬新时代劳模精神，培育工匠精神，突出维权主责主业，依法科学维护职工合法权益，深化和谐劳动关系建设。2021年，市总工会在自治区总工会重大专项工作绩效考评中，获一等奖第二名。

【市总工会党史学习教育】 2021年，市总工会开展党史学习教育，组织各类活动68次，完成必选动作78个，自选动作16个。围绕学党史、悟思想、办实事、开新局，把握精神要义，创新方式方法，以为民办实事好事为重点，筹集资金1000万元，推进“我为职工办实事”实践活动，解决职工“急难愁盼”的问题，让职工感受到党和政府的关怀以及工会组织的温暖，该经验做法被中国新闻社宣传报道。

【弘扬劳模品质培育工匠精神】 2021年，市总工会突出先进集体和个人的推荐、选树和服务工作。年内，桂林市获“全国五一劳动奖”“广西五一劳动奖”和“工人先锋号”等称号23人，获“广西工匠”称号4人，选树命名“桂林工匠”15人。获广西职工疗休养基地（点）9个。组织开展“桂有技能、产业振兴”劳动、技能竞赛和“安康杯”竞赛，7个集体及个人获广西“安康杯”竞赛优胜奖。组织开展旅游服务行业、电力行业、制造业等10余项技能“群英赛”40场。开展自治区、桂林市两级劳模和工匠人才创新工作室申报创建及复检，发挥示范带动辐射作用。慰问各级劳模和先进工作者646人共131.5万元。学习宣传劳模工匠，营造劳动创造幸福氛围。

【帮扶关爱活动】 2021年，桂林市各级工会坚持精准帮扶困难职工，不断完善长效帮扶机制，推进困难职工信息精准化、救助流程标准化、管理规范化建设。投入资金441万余元开展“春送岗位、夏送清凉、金秋助学、冬送温暖”品牌帮扶；组织“工会进万家”调研走访慰问和新就业形态从业人员专项慰问和“关爱健康”活动，为桂林市在档困难职工提供免费医疗服务，为参加了广西城镇职工基本医疗保险的桂林市在档困难职工每人赠送一份职工医疗互助保障服务；开展以线上服务为主的2021年“抗击疫情、促进复工”工会线上“春风行动”，共提供岗位8.7万个，接受公共就业创业服务人数5.4万人。

【维护职工权益】 2021年，市总工会进一步健全桂林市“工会+人社+法院+司法+高校”劳动争议多元化解机制，推动构建劳动争议“大调解”工作格局。3月，联合桂林市人力资源和社会保障局等6个单位成立桂林市劳动人事争议调解中心，扩大“五位一体”劳动人事争议调处机制。为确保劳动领域政治安全和劳动关系和谐稳定，建立工会监测点19个，其中自治区级监测点6个，对全市劳动领域政治安全的有关情报进行及时搜集，做好维权维稳工作。加强工会法律服务网络建设，深化“一小时法律服务

2021年1月8日，市总工会2021年春节“送温暖”启动仪式在叠彩区九华山路爱心驿站举行。
（韩林摄）

圈”品牌创建。全市共建有工会法律服务律师团(站、点)30个,工会律师63人。全年共办理劳动争议法律援助17件,接访案件320件,为207名劳动者挽回劳动报酬和工伤补偿费204万元。推进工会联系引导劳动领域社会组织,指导行业性社会组织工会开展文体活动和建家活动,桂林市家政行业工会联合会的“家政服务诚信卡”成为首批全国工会联系引导社会组织服务职工优秀项目。

【丰富职工文化生活】 2021年,市总工会开展“四史”(党史、新中国史、改革开放史、社会主义发展史)宣传教育和劳动创造幸福、“中国梦·劳动美——永远跟党走、奋进新征程”主题宣传教育,开展职工演讲朗诵比赛、知识讲座、职工乒乓球赛、职工书法美术摄影比赛等活动,发挥工人文化宫、职工之家、职工书屋等职工文化阵地作用,打造“职工文化服务快车走基层”“职工文化大讲堂”等工会文化服务品牌。拓展线上职工文化宣传活动,发动广大职工积极参与“网聚职工正能量,争做中国好网民”主题活动。《新时代的劳动者》在全国总工会微视频征集活动中获三等奖。桂林市“南药智+”微信小程序在全国工会微信小程序应用优秀案例评选中被评为全国工字号小程序30强。

【推进工会经费“一改三策”】 2021年,市总工会继续推进工会经费“一改三策”(工会经费管理体制改革和委托税务代收、财政统一拨划、收取建会筹备金三项政策措施)工作向纵深发展,经费代收完成1.94亿元。市总工会本级共完成经费收入9702.26万元,完成收入预算的125.5%;上解自治区总工会经费2739.55万元。各级工会共全额返还145家小微企业工会经费839万元。(龚雅清)

共青团桂林市委员会

【概况】 2021年,共青团桂林市委员会(简称团市委)办公地址在桂林市临桂区西城中路69号。内设部室10个,下辖二层机构2个,挂牌组织3个。全市有基层共青团组织8316个,其中基层团(工)委374个、团总支162个、团支部6439个,共青团员11.55万人。全年新建1179个非公企业团组织和529个社会组织团组织,全市13个工业园区完成团组织全覆盖,成立3个系统行业团组织,提升了团组织的覆盖范围。推进党史学习教育,引领青少年健康成长,开展青年人才引进和服务。指导龙胜各族自治县、恭城瑶族自治县两个全国县域共青团基层组织改革试点县改革。

【青年政治宣传引领】 2021年,团市委将中共中央总书记习近平视察广西及桂林的重要讲话和重要指示精神作为各级共青团干部、少年队培训班的重要内容,依托“青年讲师团”,开展基层宣讲300余场次,覆盖团员青年、少先队员5万余人。在“青春桂林”微信公众号开辟了“学党史 强信念 跟党走”专栏等。开展“青年大学习”行动,发动团员青年参与“青年大学习”。推进党史学习教育,在青少年成长发展和权益维护、青春建功行动、“聚爱·桂林”青年婚恋交友、青少年关爱帮扶、青年就业创业服务5个方面为青年群众办实事48件次。

【激发青年担当作为】 2021年,团市委围绕中国–东盟博览会旅游展、广西名特优农产品(桂林)交易会等一系列重大赛会,招募、组织、培训青年志愿者参与活动,完成护航“旅游胜地”志愿服务,全年累计开展志愿服务时长超过9万小时,参与人数3000余人次。选树青少年典型,1人获全国级优秀共青团干部;获自治区级表彰的五四红旗团组织12个,优秀团员、团干部29人,“广西青年五四奖章”2人;获自治区级表彰优秀少先队集体8个,优秀少先队辅导员、少先队员16人。评选市级五四红旗团组织100个,优秀团员、团干部184人。评选市级优秀少先队集体99个,优秀少先队辅导员、少先队员628人,为各战线青少年选树典型、模范。

【青年人才引进和服务】 2021年,团市委以人才驿站为载体,进一步加大对桂林创业就业环境和人才政策的宣传力度,开展青年人才引进和服务,共打造青年人才驿站7个,其中新建站点3个,为34名外地青年人才办理了入住,累计提供住宿服务114天,帮助青年人才解决“住宿难”“融入难”等问题。发挥“青年之家”线上线下阵地作用,共发布各类活动2471场次,12355服务台共接到青少年相关诉求163件,解决163件,个案转介43件。加强青年国际交流与合作,承接“2021中国–东盟青年营”桂林市交流活动,面向东盟各国青年讲好中国故事,传播好中国声音。

【基层团组织创建】 2021年,团市委指导龙胜各族自治县、恭城瑶族自治

2021年11月26日,团市委到龙胜各族自治县开展县域共青团基层组织改革试点工作调研。(团市委供图)

2021 年 5 月 7 日，团市委在红军长征湘江战役纪念馆开展党史学习教育主题党日活动。（团市委供图）

县两个全国县域共青团基层组织改革试点县改革工作，其中，恭城瑶族自治县成立青少年发展服务中心，争取到事业编制 2 个。全年新建 1179 个非公企业团组织和 529 个社会组织团组织，全市 13 个工业园区完成团组织全覆盖，成立 3 个系统行业团组织，有效提升了团组织的覆盖。依托桂林市团校资源，严格落实团干部培训相关要求，针对基层团委书记、村（社区）团组织书记、预青专干、青年马克思主义者等举办市级培训班 4 场，县级各类团干部培训班 33 场，共培训各类基层团干部 3500 余人次。制定团员发展分配方案和发展计划，严格团员发展程序，开展入团积分制试点工作，同时，与市委组织部联合下发《关于做好桂林市共青团推优入党工作的通知》，进一步规范桂林市共青团推优入党的工作程序和推优标准，全市社会领域经团组织推优比例 95.9%，学校领域经团组织推优比例 100%。

【培养少先队员光荣感和组织归属感】 2021 年，团市委以重大活动、纪念日、建队日为契机开展入队仪式。全年开展入队仪式 570 场，参与人员达 11.8 万余人。承办青年团广西壮族自治区委员会、广西少工委主办的“红领巾心向党”庆祝中国少年先锋队建队 72 周年主题队日活动，从源头培养少先队员的光荣感和组织归属感。

（周游）

桂林市妇女联合会

【概况】 桂林市妇女联合会（简称市妇联）办公地址在桂林市临桂区青莲路投资发展大厦南楼，内设部室 7 个。下设桂林市妇女儿童活动中心，为公益二类事业单位，办公地址在桂林市文明路 21 号。年内，市妇联高质量承办“凝聚女性力量共建‘一带一路’”2021 中国－东盟妇女论坛，获全国妇联副主席夏杰肯定性批示。市妇联家儿部获“全国妇联系统先进集体”称号，市妇联获 2018—2020 年度自治区关爱女性健康保险工作先进单位、广西妇女新闻宣传工作先进集体。市妇联在自治区妇联系统思想宣传工作视频会议、自治区关爱女性健康保险工作总结推进会等会议上作典型发言，入选 2021 年度全国妇联宣传舆论阵地建设优秀榜。

【思想政治引领】 2021 年，市妇联开展“四史”宣传教育，以“志愿服务＋宣讲”“民俗活动＋宣讲”“群众文化＋宣讲”等形式推动宣讲活动，开展宣讲活动 1400 多场次。开展巾帼典型培育与宣传，9 个集体获“广西三八红旗集体”称号，19 人获“广西三八红旗手”称号。表彰“桂林市三八红旗集体”30 个、“桂林市三八红旗手”59 人。“巾帼桂林”微信公众号阅读人数 20 余万人次。向全国妇联“女性之声”官微报送的湘江战役题材的视频在“百名女大学生”专栏等推主流融媒体广泛传播，党史学习经验在《中国妇运》刊发。

【推动巾帼建功立业】 2021 年，市妇联团结带领妇女发挥“半边天”作用。组织实施“乡村振兴　巾帼行动”，发动女性人才“四支队伍”和巾帼典型开展农村妇女励志教育主题活动 100 多场次，受益群众 1 万余人次。开办家政培训“大篷车”进村（社区）活动 35 场，受益群众 1.1 万余人次。支持农村女能人发展产业，命名市级乡村振兴巾帼示范基地 14 个，永福县小英

2021 年 9 月 12 日，“凝聚女性力量　共建‘一带一路’”2021 中国－东盟妇女论坛在桂林市举行。（雷新荣摄）

2021 年 4 月 20 日，市妇联在古南门开展庆祝中国共产党成立 100 周年党史学习教育唱红歌“快闪”活动。（唐艳兰摄）

种养家庭农场等 5 个单位被认定为广西巾帼科技示范基地；桂林市中程保洁服务有限公司被认定广西巾帼家政示范基地。向“四新”领域拓展延伸巾帼建功活动触角，桂林市中级人民法院未成年人案件审判庭等 4 个单位获“全国巾帼文明岗”称号，桂林广恒工艺品有限公司、轩辕嘉雪社会工作服务中心 2 个单位获“全国巾帼建功先进集体”称号，临桂区委副书记王凤玲、广西三正国际拍卖有限公司董事长，桂林市妇联兼职副主席谢玉华 2 人获“全国巾帼建功标兵”称号，命名“桂林市巾帼文明岗”34 个。

【家庭家教家风培树】 2021 年，市妇联以创建“最美家庭”为载体，挖掘优秀家庭典型。阳朔县周娟秀、象山区熊金梅、龙胜各族自治县石崇香 3 个家庭获“全国最美家庭”称号，象山区蒙庆、临桂区于善英、永福县李秀等 9 个家庭获“自治区最美家庭”称号，评选“桂林市最美家庭”60 个。联合开展好媳妇好婆婆好邻居先进榜样的宣传选树，兴安县“好婆婆”赵良英因传播红色家风得到社会广泛关注和影响。家庭工作成果突显，广西亲子阅读现场会在恭城瑶族自治县举办，连续两年获自治区“书香八桂　父母同行”亲子阅读活动最佳组织奖。

【妇女维权关爱和民生】 2021 年，桂林市出台《桂林市未成年被害人“一站式”关爱中心工作实施细则》，强化未成年人合法权益源头保障。市妇联与市中级人民法院等 11 个单位联合下发《关于联动推进实施〈中华人民共和国反家庭暴力法〉工作的通知》，组织召开反家暴联席会议，参与调处案件 20 件，12338 热线和窗口接待来电来访 1156 件，调处率 100%。广西君健律师事务所主任、市妇联兼职副主席、市婚调委主任黄丽娟获全国维护妇女儿童权益先进个人，荣登中国“平安卫士”季度评选。中共桂林市委员会政法委员会、市公安局秀峰分局白龙派出所获“全国维护妇女儿童权益先进集体”称号。推进妇女儿童民生工作，投入资金 120 万元创建“儿童之家”60 个。开展关爱困境儿童活动 1533 场次，帮扶困境儿童 3793 名。稳步实施“关爱女性健康巾帼行动”，落实关爱女性健康“五位一体”体系，“两癌”免费筛查 14.5 万人，争取“两癌”救助专项基金 386 万元，21.18 万名妇女参保关爱女性健康保险，理赔 294 例，总赔付金额 1329.2 万元。

【妇联组织建设】 2021 年，桂林市妇联拓展两新领域妇联组织覆盖面，新建两新领域妇联组织 8 个，打造新领域妇联示范点 17 个。完成全市妇联换届工作，选举产生妇联执委 2.11 万名，其中妇联主席 1905 名，专兼挂副主席 7619 人，实现 100% 建制村（社区）“两委”中至少有一名女性成员、妇联主席 100% 进“两委”的目标。8 名基层妇联干部被评为广西最美基层妇联干部。举办农村妇女“领头雁”培训班 42 班次，培训农村妇女 3300 余人次。开展党史学习教育，教育引导妇联干部加强党性修养，市妇联党支部获“桂林市先进基层党组织”“五星级党组织”称号，“党旗引领　巾帼建功”党建品牌获评市直机关优秀党建品牌。（廖凌丽）

桂林市科学技术协会

【概况】 2021 年，桂林市科学技术协会（简称市科协）办公地址在桂林市

2021 年 11 月 3 日，市科协联合广州途道信息科技有限公司、广州小火把教育科技有限责任公司，向桂林市幼儿园、中小学校捐赠青少年人工智能活动器材。（市科协供图）

临桂区青莲路投资发展商务大厦南楼，内设部室5个，下设直属事业单位3个。全市共有市级自然科学学会(协会、研究会)27个、研究院3个、企业(园区)科协(含工作站)91家、高校科协8个、县(市、区)科协17个、乡镇(街道)科协148个、农村专业技术协会219个。年内，市科协面向基层、农村和社区广泛开展科学技术普及工作，组织大型科普活动、学术交流活动和青少年科技教育活动，提高全民科学素质和青少年的科技创新能力。

2021年5月24日，市科协对2021年桂林市“最美科技工作者”进行表彰。

（市科协供图）

【科协助推全民科学素质】 2021年，市科协依据《中华人民共和国科学技术普及法》《广西壮族自治区科学技术普及条例》《中华人民共和国科学技术进步法》《全民科学素质行动规划纲要(2021—2035年)》精神，制订《桂林市全民科学素质行动规划实施方案(2021—2025年)》，全市科协系统开展了《全民科学素质行动规划纲要(2021—2035年)》《广西全民科学素质行动规划纲要(2021—2035年)》专题学习培训。举办公民科学素质网络知识竞赛2期，全市参与有奖答题12万人次，活动页面总浏览量52万人次；市委党校、市远程办、市气象局、市邮政局等单位在各自信息平台植入科普教育资源，面向基层群众推送农村适用技术科学知识。全市各级科协组织30多个科技志愿服务团队4000多名科技志愿者，深入学校、社区和农村，开展科普讲座、科技培训、应急科普宣传等科普惠民志愿服务活动近800场次，受益群众达40万人次。灵川县科协被中国科协评为全民科学素质工作先进集体。

【科协开展“学党史 办实事”活动】 2021年，市科协围绕庆祝中国共产党成立100周年主线开展党史学习教育，邀请党史专家和科技工作者走进学校、社区、企业举办“弘扬爱国奋斗精神·建功立业新时代”“不负韶华·求实创新”主题报告会、“我为党旗添光彩——广西优秀科技工作者宣讲报告会”等10场党史宣讲活动；邀请中国科学院武向平院士等科学家深入灌阳县、兴安县4所学校开展“沿着奋斗百年路·激发科学好奇心——科技活动乡村行”行动，受众1000余人；联合广州途道信息科技有限责任公司、广州小火把教育科技有限责任公司，为桂林市17所幼儿园和21所中小学校捐赠500多套总价值40多万元的人工智能活动器材。

【服务企业创新发展】 2021年，市科协服务企业创新发展，指导4个创业创新示范基地向自治区科协申报“提质增效”项目，共获项目资金7万元。举办“党旗领航——学会专家下基层”活动之创新方法培训班，深入桂林福达股份有限公司，对80多名一线科技工作者进行创新思维、创新活力培训；组织9个团队参加2021年中国创新方法大赛广西区域赛，其中5个团队入围决赛，并取得一等奖1项、二等奖2项、三等奖1项，优秀奖1项。市科协获得中国创新方法大赛广西区域赛优秀组织奖。年内，桂林市区域省级科技工作者状况调查站4个站点完成站点信息报送、科技工作者状况问卷调查和科届回响信息报送等工作任务，4个站点被自治区科协评为优秀站点，4人获评优秀调查员。同时，桂林市图书馆学会接替已到期的桂林航天工业学院站点进行站点轮换。市科协被评为广西科技工作者状况调查站点优秀区域责任部门。

【科技助力乡村振兴】 2021年，市科协举办农技协领办人培训班，参加培训人员150人，为全市农技协征订《南方科技报》，为全市村(社区)征订《提升广西公民科学素质列科普读物·乡村振兴篇》。各县(市、区)科协针对农村、农业、农民新需求，联合农业、教育、卫生、人社等部门举办“科技助力乡村振兴培训班”120期，培训农户6400人次；推送130名现代青年农场主、农民职业经理人参加农产品网络营销师、广西乡村企业家人才素质提升等专题培训班，为实施乡村振兴战略贡献科协力量。

【人才举荐推选】 2021年，市科协联合市委组织部、市委宣传部、市科技局等6部门开展“广西青年科技奖”“最美科技工作者”推荐评选工作，全市企业、事业单位40多名科技工作者参与。广西师范大学成军等8人获广西青年科技奖，广西植物研究所李先琨获“广西最美科技工作者”称号，桂林长海发展有限公司唐龙等10人获“桂林市最美科技工作者”称号。10名桂林市企业优秀科技工作者参加2021年“科创中国·广西”企业创新达人评选，桂林三金药业股份有限公司邹准等8人获“科创中国·广西”企业创新达人。

（石峰）

桂林市归国华侨联合会

【概况】 2021年，桂林市归国华侨联合会(简称市侨联)办公地址在桂林市临桂区西城中路69号创业大厦，内设科室2个。年内，市侨联坚持“为侨服务”宗旨，认真履职尽责，推动侨联事业取得新进展。开展“学党史 践宗旨 为民办实事”系列活动、加强侨联机关自身建设等工作。到侨界群众中宣讲党史，走访慰问困难侨胞、妇女儿童、劳动模范、困难党员；到乡镇开展义诊和送医送药送知识活动；组织侨界群众到龙胜各族自治县开展重走红军长征路、唱红歌快闪等活动，激发了侨胞爱国爱党热情。

【侨联意识形态宣传】 2021年，市侨联利用互联网新媒体等各类宣传媒介，依托门户网站、微信公众号等平台载体，向海内外侨胞和侨社团讲好中国故事，传递好中国声音。开展“感党恩 跟党走 党史知识大家答”活动，激发了侨胞爱国爱党热情。宣传侨联工作，打造侨胞的“网上家园”。协助英国广西联谊会举办“广西三月三·乡音播全球”主题文化宣传活动，通过网络介绍桂林美丽山水、“刘三姐”文化、少数民族风情，增进国际交往。广西师范大学被中国侨联确认为中国华侨国际文化交流基地，满足海内外华侨华人传承、传播中华文化需求，促进中外文化交流，弘扬中华优秀文化。

【汇侨智促发展活动】 2021年，市侨联走访慰问30名重点侨领及眷属，鼓励海外优秀人才和投资者回国发展创业。深入桂林数聚未来科技公司、桂林中检数据科技服务有限公司、桂林赐佳鞋业公司和全州天龙湾璞悦酒店等侨资企业走访调研，了解侨胞在创新创业中遇到的现实困难和发展瓶颈，征求对侨联工作的意见建议，更好地服务企业和桂林创新驱动发展战略。组织侨商参加中国－东盟博览会旅游展，协助侨资企业承办“漓江高端论坛”和“环球夫人大赛（桂林赛区）”，为桂林打造世界级旅游城市贡献侨界力量。

【“侨胞之家”建设】 2021年，市侨联践行“以人为本，为侨服务”宗旨，主动向旅游服务第一线推进，把核心景区作为为侨服务前台，打造侨联服务新阵地。在龙胜各族自治县“金竹壮寨”旅游示范点和“两江四湖”游船上挂牌设立“侨胞之家”，为到桂林旅游的侨胞提供服务。在象山区党群服务中心挂牌设立“侨胞之家”，为广大侨胞搭建了一个话友情、叙乡情、谈亲情的交流联谊平台，延伸了侨联工作手臂。 （钱朋华）

桂林市台湾同胞联谊会

【概况】 桂林市台湾同胞联谊会（简称市台联）办公地址在桂林市临桂区西城中路69号，市台联第五届理事会共有理事15名。年内，市台联以做好台胞台属工作为主线，以服务台胞工作为重点，组织开展理想信念教育，为台胞台属送温暖办实事，完成年度各项目标任务。

【台湾同胞过年活动】 2021年，市台联会和市台办联合开展“我在桂林我开心，台湾同胞过大年”活动，为留在桂林就地过年的台胞过一个温馨祥和的春节，加强与留桂过年的台商台胞及在岛内家人朋友的亲情联系，发挥台联亲情乡情的桥梁纽带作用，充分彰显“两岸一家亲，桂台亲上亲”的同胞情谊。

【全国台联第十八届台胞青年千人夏令营广西特色营开营】 2021年7月23日，全国台联第十八届台胞青年千人夏令营广西特色营在桂林开营，清华大学、北大大学、复旦大学等高校30多名在校台湾籍学生、台湾籍青年相约山水甲天下的桂林，开启夏令营之旅。桂林市委常委、统战部部长王建毅，全国台联、自治区党委统战部相关负责人出席开营仪式，该届夏令营由全国台联主办，自治区台联承办，桂林市台联协办。组织参观全州红军长征湘江战役纪念馆和桂林抗战文化旧址八路军桂林办事处，游览“两江四湖”、漓江，参观在桂台资企业项目“世外桃源”，通过参访活动，使台胞青年感受大陆的快速发展，加深对中华文化的认同，进一步加深桂台两地青年的交流与沟通。

【桂台中秋云端交流活动】 2021年9月18日，桂林市和台北市通过云端在两地同步举办2021桂台中秋云端交流活动。市委常委、统战部部长蒋育亮出席活动。此次活动以桂花为媒开展两岸交流，使台胞对博大精深的中华文化有了更深了解，进一步增强了台胞对中华文化的认同。桂花是桂林的市花，是中国传统十大名花之一，集绿化、美化、香化于一体的观赏与实用兼备的优良园林树种，桂花文化是中华传统文化的瑰宝，桂花酒、桂花茶、桂花食品受两地同胞喜爱。

【台胞台属服务保障】 2021年，市台联组织开展为台胞台属送温暖办实事活动，支持桂林星辰科技股份有限公司等企业做大做强。11月15日，桂林台胞企业桂林星辰科技股份有限公司成功在北京证券交易所上市，成为

2021年7月23日，全国台联第十八届台胞青年千人夏令营广西特色营在桂林开营。 （张伍华摄）

北京证券交易所第一批上市企业。针对部分台胞台属反映小孩上学转学难题，协调有关部门，为2名台胞小孩办好上学及转学手续。召开桂林台籍教师座谈会2次，了解台籍教师在桂林工作、生活情况协调高校帮助他们解决实际问题，并向全国台联反映台籍教师看病医保、购买动车票等方面的碰到的实际问题和困难。对个别在桂林生活困难的台胞及时进行了看望慰问，并给予生活困难补助。春节、中秋节等节日期间，市台联会对台胞台属开展慰问活动。（张伍华）

2021年2月9日，桂林市学习贯彻党的十九届五中全会精神暨2021年文化科技卫生“三下乡”活动启动仪式在全州县红军长征湘江战役纪念园举行。（黄丹阳摄）

桂林市文学艺术界联合会

【概况】 2021年，桂林市文学艺术界联合会（简称市文联）办公地址在桂林市临桂区西城中路69号，内设部室3个。下属事业单位3个。年内，市文联把思想政治建设放在突出位置，紧扣文联实际工作，创新党建和文艺工作方式方法，以创建“文艺惠民作贡献”党建品牌为抓手，以每月丰富的主题党日活动为载体，用“党建+文艺”“党员+文艺志愿者”的形式，引领全市广大文艺工作者繁荣文艺创作，确保干部群众在思想上政治上行动上始终同党中央保持高度一致，自觉维护党中央权威，坚决贯彻党的文艺路线方针政策。

【文艺界庆祝中国共产党成立100周年文艺活动】 2021年，市文联与有关部门围绕中国共产党成立100周年，精心策划丰富多彩的文艺活动。与市音乐家协会等部门联合主办“艺心向党共庆百年华诞系列文艺活动”——著名词作家曾宪瑞作品研讨会、桂林市“感觉恩跟党走——唱支山歌给党听”歌手大赛；开展“学党史促争先”主题文学创作活动，遴选出100篇小说、散文、报告文学、诗词等文学精品，择优推荐给全国公开发行的核心文学期刊、省（市）级文学期刊发表；在《南方文学》开设专栏专号，刊登优秀文学作品。组织作家参加庆祝中国共产党成立100周年暨龙胜各族自治县成立70周年全国散文大赛；组织漓江青年画会25位画家，精心创作100幅美术作品，开展“红心向党、逐梦前行”庆祝中国共产党成立100周年漓江青年画会美术作品网络展；举行第二届文明礼仪小天使大赛暨中国共产党成立100周年百影风尚盛典献礼活动；完成“艺心向党，共庆百年华诞”庆祝中国共产党成立100周年主题征文作品展，收到70多位作家300多份投稿，通过择优刊登的方式，共有41位作家48个优秀作品分40期在文联网、桂林文艺、南方文学杂志社微信公众号上刊登发表。

2021年4月24日，市文联开展“品读红色文学 传承百年基因”系列活动之“历史的重新发现”——刘玉湘江战役文学阅读分享会。（黄丹阳摄）

【文艺志愿者文艺惠民活动】 2021年，市文联组织文艺志愿者及会员深入基层，面向驻桂部队、学校、社区、农村，有针对性地开展文艺培训、讲座、辅导、排练等文艺惠民活动200多次（节），服务基层群众3万多人次。联合广西师范大学漓江学院教育与音乐学院到兴安县溶江镇富江村开展“文化进万家”文艺演出活动；组织文艺志愿者到龙胜各族自治县开展以党史学习教育为主线，以文艺助力乡村振兴为目标的文学采风活动；举办的“品读红色文学传承百年基因”系列活动被人民网、中国网、中国作家网、《桂林日报》等20多家媒体进行报道；特邀广西师范大学美术学院教授到临桂区五通镇为当地书画家举办“中国画基础学习与写生创作”美术讲座，并向五通农民画艺术家协会赠送一批课题书籍和画册;组织文艺志愿者深入兴安县漠川乡保林村开展新时代文明实践系列活动。推进文化、科技、卫生"三下乡",组织市、县书法家们开展新时代文明实践送"福"下乡书赠春联志愿服务活动。

【文艺界开展党史学习教育】 2021年,市文联将"党史+"元素有机融合,推动为民办实事深入开展。围绕桂林抗战文化史主题,以"桂林抗战文化城:中国共产党领导下的'文化奇迹'"为题上专题党课。举行"历史的重新发现"——刘玉湘江战役文学阅读分享会,品读湘江战役红色文学,重温红军长征过桂北的悲壮历史,从中汲取奋进力量。与市剪纸文化学会、书法家协会共同到结对共建社区开展"学党史 传精神 跟党走——剪纸、书法进社区"文艺惠民活动;联合广西师范大学漓江学院教育与音乐学院到兴安县开展"文化进万家"文艺演出活动并给党员群众和文艺志愿者上党史学习教育讲座;与市摄影家协会到七星区葛家村用镜头记录乡村振兴建设的成果,并开设摄影专题讲座;与市舞蹈家协会在恭城瑶族自治县举办文艺骨干培训班,300多名基层文艺骨干及文艺爱好者参加了培训;与广西师范大学美术学院到临桂区五通镇为当地书画家举办"中国画基础学习与写生创作"讲座;组织文艺志愿者到龙胜各族自治县开展以党史学习教育为主线,以文艺助力乡村振兴为目标的文学采风活动。在中央级、自治区、市级等媒体及官方网站刊登45篇。

(黄正鹏)

桂林市残疾人联合会

【概况】 2021年,桂林市残疾人联合会(简称市残联)办公地址在桂林市临桂区西城中路69号,内设科室6个,下设桂林市残疾人事业管理中心。全市有县级残联17个、乡(镇、街道)残联148个、村(社区)残疾人协会1891个;乡(镇、街道)以上残联机构工作人员414人。年底,全市持证残疾人13.18万人。年内,市残联按照中央、自治区、市委、市政府决策部署,统筹推进常态化疫情防控和残疾人事业发展,全力提升残疾人服务能力和社会保障及公共服务水平。残疾人证办理实行"全自治区通办"和"跨省通办"。资源县残联胡彬获国务院残工委"全国残疾人先进工作者"称号,灵川县等5个县(市、区)残联获"自治区残疾人工作先进集体"称号、阳东升等6人获"自治区残疾人工作先进个人"称号。

【康复服务】 2021年,桂林市实施残疾儿童康复救助制度,开展残疾人精准康复服务行动,为1.82万名残疾人提供基本康复服务,为4949名残疾人提供基本辅具适配服务。33家残疾儿童康复救助定点机构为1126名残疾儿童提供覆盖视力、肢体、智力、孤独症、听力言语等类别的康复救助服务。推进康复人才建设,组织48名康复专业技术人员参加自治区康复专业人才实名制培训。

【残疾人教育】 2021年,桂林市各级残联为全市9所特殊教育学校1016名在校生和158名中等以上教育残疾新生发放助学金,为1748人次残疾学生和贫困残疾人子女发放助学补助。督促教育部门落实残疾儿童"一人一案",保障适龄残疾儿童接收义务教育权利,残疾儿童义务教育入学率达99.88%。

【残疾人就业】 2021年,全市城乡新增残疾人就业1301人,新增残疾人培训1409人。实行按比例安排残疾人就业网上申报、网上审核,网上办理率达99.36%,市本级307个单位按比例安置744名残疾人就业。市残联通过就业创业帮扶服务,帮助71名残疾人达成就业意向,34名高校残疾人毕业生实现就业(就业率为87%)。助力广西首家盲人就业创业研究中心成功落户桂林。定向培训就业23人,盲人按摩店雇主培训30人。

【残疾人基本民生保障】 2021年,桂林市共扶持20个"阳光助残基地"建设,帮扶2514名残疾人增加收入;实施"阳光家园"项目,为3907名智力、精神和重度肢体残疾人提供居家托养或日间照料服务;举办农村残疾人实用技术培训班,开展沃柑标准化栽培、河灯制作等实用技术培训160人。资源县建成粤桂协作残疾人就业车间。通过筛选就业信息,帮助38名残疾人实现转移就业。协助民政部门为56.43万人次困难残疾人发放生活补贴,为68.35万人次重度残疾人发放护理补贴。

【残疾人文化体育】 2021年,市残联录制舞蹈节目《一叶甜长》、独唱《复兴的力量》获第十届自治区残疾人艺术会演三等奖。残疾人运动员吴国山在东京残奥会上获男子铅球F57级金牌并刷新亚洲纪录和残奥会纪

2021年6月16日,市残联到兴安县兴安镇卫生院调研督导残疾儿童康复救助情况。

(陆翔玲摄)

2021 年 10 月 27 日，广西首家盲人就业创业研究中心落户桂林。 （胡海军摄）

录。在全国第十一届残运会暨第八届特奥会上，桂林市籍 28 名运动员（含提前项目比赛）夺得残运会 7 金 6 银 3 铜，特奥会 2 金 1 银 3 铜，由市残联组队的轮椅篮球女队获得第四名。在全国第十一届残运会正赛期田，东京残奥会冠军、亚洲纪录保持者吴国山成功卫冕 F57 级铁饼、铅球两个项目金牌；潘福顺获 F11 级标枪、铁饼两个项目银牌，铅球铜牌；李暑林获 F60 级标枪银牌；申莹参加女子 S15 级 400 米混合泳、200 米混合泳、200 米自由泳、100 米自由泳和 400 米自由泳 5 个单项均获金牌，在女子 S15 级 100 米自由泳决赛上以 58.46 秒的成绩打破 58.59 秒全国纪录；申莹等参加的 4×200 米女子自由泳接力、4×100 米女子自由泳接力、4×100 米女子混合泳接力 3 个团体接力项目获银牌；文衍杰参加男子 S15 级游泳 5 个单项和 1 个团体接力，在 100 米蝶泳和 4×100 米混合泳接力赛中获铜牌。在第八届特奥会赛场上，首次参赛的游泳运动员董相材获得 50 米蛙泳和 50 米自由泳金牌，100 米蛙泳铜牌；夏青青参加田径项目 800 米获银牌，参加 200 米和 4×400 米接力获铜牌。

【残疾人实事项目】 2021 年，桂林市各级残联为 448 名残疾人发放残疾人机动轮椅车燃油补贴，为 41 名残疾人发放汽车驾驶培训补贴，为 863 户残疾人家庭实施无障碍改造。市残联以解决残疾人实际困难为切入点，举办公益活动为残疾人办实事办好事，实施“健康饮水及乡村亮化工程公益项目”，募捐 300 余万元为 1200 户残疾人安装超滤能量净水机和 LED 庭院照明灯。实施“爱眼光明行·白内障复明计划”项目，筹资 100 万元，资助 1000 名白内障、翼状胬肉患者手术，不断提高残疾人生活质量，改善残疾人生活环境，进一步增强残疾人的获得感、幸福感。 （王倩）

桂林市红十字会

【概况】 2021 年，桂林市红十字会（简称市红十字会）办公地址在桂林市临桂区西城中路 69 号。市本级有基层红十字组织 26 个，红十字会理事单位 43 个，团体注册会员 15 个，个人注册会员 3605 人，志愿服务队伍 5 支，注册志愿者 139 人。全市有县级红十字会机构 17 个。年内，市红十字会完成造血干细胞捐献 10 例，创单年度捐献新高。广泛发动“99 公益日”募捐。全州县建立自治区第一支县级红十字救援队，并受上级红十字会指派两次入豫参加抗洪救灾和卫生消杀工作。市红十字会造血干细胞志愿服务队获“全国红十字模范单位”称号，红十字志愿者孙红岩、周帆获全国红十字“优秀红十字志愿者”称号，刘俊秋获全国红十字“会员之星”称号。

【造血干细胞捐献】 2021 年，市红十字会开展入库志愿者挽留项目，捐献反悔率由 50% 下降至 20%。年内完成采样入库 547 人份，超额完成自治区任务指标，累计完成入库 1.08 万人份。开展“千里髓缘·救在身边”关爱捐献者系列活动，在广西师范大学承办全区纪念第七个“世界骨髓捐献者日”暨广西造血干细胞成功捐献 400 例宣传现场推进会大型活动。年底，受邀在自治区“三献”工作会议作经验交流。

【遗体和人体器官捐献】 2021 年，市红十字会依法依规协调见证人体器官捐献 43 例，遗体捐献 14 例，动员志愿登记人数 3979 人。在“感动中国十大人物”阳朔县何玥故居建立“何玥纪念馆”，在市殡仪馆建立遗体（器官）捐献宣传共建基地，宣传新时代生命文化和殡葬文化，普及器官捐献理念，建立器官捐献者殡葬服务绿色通道。加强人文关怀，启动“托付接力”关爱器官捐献者困难家庭行动，设立专项爱心助学基金，资助 6 名捐献者困难子女圆梦大学助学金 3 万元，为 7 名器官捐献者未成年子女开展亲情陪伴、心理疏导、助学帮教等活动。

【困难群体帮扶】 2021 年，市红十字会多渠道筹措物资及资金总价值 32 万元开展“红十字博爱送万家”活动，为 1500 户 4500 余名困难群众送去党和政府的关怀。依托“小天使”“天使阳光”等救助基金，为 43 名人体器官捐献者家属和 44 名患白血病、先天性心脏病的儿童申请专项救助金 218.8 万元，配合自治区红十字会在永福等 6 个县开展先天性心脏病免费筛查活动；为全州县红十字会、龙胜各族自治县红十字会争取上级补助社区备灾和惠民工程项目各 1 个共 53 万元，1800 余名群众直接受益。

【急救知识技能普及】 2021 年，市红十字会建立桂林市红十字会应急救护培训基地，以周五党日＋活动为载体，为市直 37 个机关单位 2379 名干部职工送去应急救护知识和技能。成立桂林市红十字工作服务中心，开展救护员持证培训、提升服务群众的能力。组织开办应急救护进校园、社区、企业送健康活动96场,受益群众1.6万人次。为桂林两江国际机场、桂林市创业大厦、全州高中等配置8台自动体外除颤仪(AED),提升公共场所医疗紧急救助能力。

【社会筹资】 2021年,市红十字会社会筹资能力大幅提升。精心打造"1元爱心 情暖万家"99公益网络募捐等公益项目,组织动员广大爱心人士9.5万多人次参与募捐,筹集善款75.6万元。广泛动员社会资源,筹集善款75万元,支持红十字事业发展,缓解财政资金投入不足问题。

【完善治理结构】 2021年,市红十字会进一步完善治理结构,精简优化理事单位,从市财政局、律师、会计事务所、社区等机构聘请多位专业人士和基层代表担任监事,补齐监督环节的短板。6月3日,桂林市红十字会第三次会员代表大会召开,依法选举产生第三届理事会和第一届监事会,审议通过《桂林市红十字会2021—2025年工作规划》。指导县级红十字会依法成立监事会9个,成立监事会数量列自治区第一。

【基层红十字会建设】 2021年,市红十字会加强基层组织建设,发展红十字团体会员和个人会员;成立桂林市第一个社区红十字会(东安社区红十字会)和第一个非公经济红十字文化传播教育基地(恭城瑶族自治县平安镇牛路头红十字文化传播基地)。对全市11个县(市)"管理体制理顺"情况进行专题调研,摸清县级红十字会组织建设现状、存在的问题和困难,为全市下一步推进理顺管理体制工作提供了依据。

【践行新时代文明实践】 2021年,市红十字会以"三救三献"核心业务为平台,以造血干细胞捐献志愿服务队等5支专业队伍为骨干,持续开展"红十字送关爱"活动,深入机关、社区、高校、村(屯)开展文明宣传、卫生健康知识传播、技能培训、慰问救援等一系列志愿服务活动。

【红十字宣传】 2021年,桂林市红十字会围绕"宣传提升年",绘好"群英谱",树好"新标杆",建好"宣传站",讲好红十字故事,弘扬红十字精神。组织实施"千里髓缘·救在身边"大型宣传活动,走访慰问历年捐献者及家属,拍摄造血干细胞捐献宣传片。对红十字的主要工作和捐献者的感人事迹进行全程跟踪报道,在《中国红十字报》、中国新闻网(广西)、新华网(广西)、广西电视台、《桂林日报》等各类媒体发表文字、视频报道75篇。建立微信公众号,实时更新工作动态,发表文章191篇,提升社会影响力。

(李辉)

2021年6月3日,桂林市红十字会第三次会员代表大会召开,依法选举产生第三届理事会和第一届监事会。 (李辉摄)

中国国际贸易促进委员会桂林市委员会

【概况】 中国国际贸易促进委员会桂林市委员会(简称市贸促会)办公地址在桂林市临桂区西城中路69号,内设部室2个。2021年,市贸促会大力坚持党建引领,服务中心大局,不断开拓创新,"推动桂林产业融入西部陆海新通道建设"工作入选广西贸促系统"十大创新奖",市贸促会获"广西贸促系统先进集体"称号。

【优化商事证明职能】 2021年,市贸促会商事证明职能再突破。出证认证服务业务流程优化,办理事项平均提速率超过80%。其中,一般原产地证与优惠原产地证业务实现"全程无纸化"办公,国际商事证明书与代办领事认证实现办证"一次不用跑"。全年共办理一般原产地证840份,优惠原产地证114份,出具国际商事证明书360份,代办涉外商贸文件领事认证189份。新增中国–东盟优惠原产地证(FORM–E)、中国–巴基斯坦优惠原产地证等区域优惠原产地证书签发权。至此,市贸促会具备签发所有种类的优惠原产地证资质。

【丰富商事法律功能】 2021年,市贸促会商事法律功能再放大。成立中国国际贸易促进委员会广西调解中心桂林办事处,依托总会"贸法通"和桂林市中级人民法院法律仲裁服务等优质资源平台,拓展、丰富商事法律服务手段和内容,免费为企业提供法律查明、合同审查、纠纷解决、敦促履约、知识产权维权、专利申请等法律服务,为企业稳步"走出去"提供高质量商事法律保障。设立桂林市中级人民法院涉外商事服务中心,依托桂林市中级人民法院、桂林海关等相关部门机构建立机制化合作,共同为企业提供知识产权保护、商事纠纷多元化解决、劳动仲裁纠纷解决、经贸摩擦应对、政策法规培训、涉外法律咨询等服务,助力桂林市法治化、便利化、国际化营商环境建设。切实做好经贸摩擦法律培训。

组织超过 100 家企业参加由中国国际贸易促进委员会举办的海外经贸形势分析、经贸摩擦应对、企业合规经营等主题线上专题培训共 16 场。

【发挥桥梁纽带作用】 2021 年,市贸促会桥梁纽带效能再提高。强化平台建设,成立县(市、区)级国际商会,并召开桂林贸促系统第一次县(市、区)级国际商会会长经验交流会,共同探讨如何促进县域经济发展、推动乡村振兴。强化助企纾困,广西新桂轮橡胶有限公司给予钦州港优惠政策;帮助会员企业中津科创环保公司、广西融冠投资有限公司、桂林市云盾信息技术有限公司达成入桂合作意向。成立桂林国际商会驻广西自贸区办事处,助力属地企业融入新格局、抢抓新机遇,便利享受自贸区各优惠政策。与桂林银行、中国银行属地分行深度合作,在会员企业中开展"桂惠贷""贸促优惠"贷活动,推荐优质企业 30 余家,达成意向支持额度近 3 亿元,发放贷款近 2 亿元。其中,桂林市国际商会副会长企业桂林系留航空科技有限公司通过低息贷款,企业发展迈上新台阶,获第十届中国创新创业大赛高端装备制造全国赛优秀企业奖。

【开展智库服务】 2021 年,市贸促会强化智库服务,组织企业参加中国贸促会法律风险防范培训班、中国贸促会企业国际化经营合规(纺织品)线上培训班、区域自贸协定实务培训班等系列培训活动。组织"一带一路"国际大讲坛与出口防疫物资政策宣传贯彻专题培训班,大力宣传介绍国家最新信贷、税收、出口通关优惠信息,推动政策落地。邀请中国人民解放军国防大学教授许森,召开"一带一路"倡议及安全发展前景讲座,帮助企业更好地了解"一带一路"倡议带来的机遇与挑战;组织近 30 家桂林市民营企业管理人员到深圳腾讯总部参加"探访新数字化时代的互联网"学习考察,帮助其学习世界一流企业在发展战略、发展理念、文化建设、企业价值观、科技创新等方面的先进经验;组织召开"广西货走钦州——港航物流座谈会",宣传介绍钦州港港航物流发展现状、相关政策及自贸区招商政策。

2021 年 5 月 19 日,市贸促会邀请钦州贸促会和中国广西自贸区试验区钦州港片区管理委员会到桂林市开展"广西货走钦州——港航物流座谈会"。(市贸促会供图)

【招商引资】 2021 年,市贸促会招商引资机能再扩大。引进中国化学工程三建公司在灵川县投资建设桂林市生活垃圾循环利用资源化产业中心(投资额 2 亿多元);引进外资在阳朔县建设缅甸中国城旅游购物项目(投资额 2 亿元);协助灵川县畜禽屠宰与冷链物流园项目(投资额 2.5 亿元)、资源县健康养老项目(投资额 2800 万元)、桂林经开区乐思光电项目园(投资额 13 亿元)、灌阳县石材工艺产业园项目(投资额 6000 多万元);成功推进恭城瑶族自治县栗木镇中药材产业联动项目、华夏古耕科技公司增资项目,国际商会和资源县博盛优农产品有限公司签订帮扶战略合作协议,助力乡村振兴;协助广西在北部湾经济圈引进三一重工集团和树根互联集团,投资建设近 300 亿元,初步达成投资意向;参与"三企入桂项目落实、行企助力转型升级"行动,组织桂林市近 30 名企业家代表,参加在桂林溢达"十如"项目园区举办的桂港两地企业商务投资推介交流会,进一步深化桂港两地各领域务实合作;成立轻工纺织产业招商工作专班领导小组,开展专项招商工作,与深圳时装设计师协会达成初步合作意向,搭建桂粤服装企业交流平台,开展互助互动活动,促进桂粤服装企业合作共赢。

【促进产业发展】 2021 年,市贸促会产业促进有新突破。组织成立桂林国际商会促进油茶美食产业发展委员会,开展产业调研和座谈会 10 余次,指导制定产业发展规划,发掘产业特色文化,沟通协调有关政府部门,积聚产业发展合力,油茶产业全年产值可达 35 亿元;推进非物质文化遗产品牌的申请及产业化发展,组织观志窑工作室的"桂陶"系列陶瓷精品、圆竹剖丝团扇参展阿联酋迪拜世博会。

(刘泽敏)

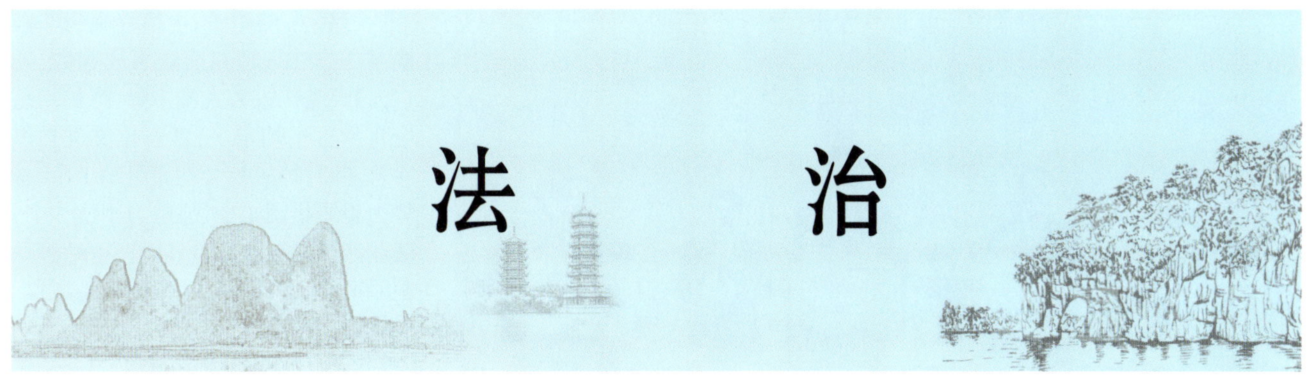

法　治

人大立法

【概况】 2021年，市人大常委会扎实推进新一届人大及其常委会五年立法规划编制工作，根据五年立法规划，该届人大常委会任期内需要完成调研起草、提请审议的立法项目34件，条件比较成熟，任期内提请审议的一类项目13件；任期内需要开展调研起草、条件成熟时适时提请审议的二类项目14件。年内，《桂林市城市绿化条例》经自治区批准后颁布施行。审议并表决通过《桂林市灵渠保护条例》《桂林市喀斯特景观资源可持续利用条例》《桂林市养犬管理条例》，初次审议《桂林市青狮潭饮用水水源保护条例》《桂林市会仙喀斯特湿地公园保护条例》。立法调研取得新成果，计划开展的5个立法调研项目全面完成，为下一年度立法项目做好储备。备案审查和规章清理工作取得实质进展，全年共对市人民政府提交的19件规章和规范性文件进行了备案审查，对出租车驾驶员管理办法等规章中涉及的与上位法抵触，妨碍统一市场和公平竞争以及机构改革职能调整的地方性法规进行专项清理，清理工作已经基本完成。法规报批工作进展顺利，《桂林市灵渠保护条例》《桂林市喀斯特景观资源可持续利用条例》得到自治区人大常委会批准。

【法规质量提升】 2021年，市人大常委会认真抓好立法规划计划的组织实施，精心部署每一件法规的起草审议工作，对立法工作的重大问题加强统筹协调；加强对法规起草工作的督促指导，加强对法规草案审议的质量把关，加强法规重点问题的论证评估，广泛凝聚立法共识。市人民政府高度重视立法工作，对市人大常委会的立法工作部署及时组织有关部门抓紧实施，确保各审议项目及时提请市人大常委会审议；各牵头起草单位切实增强责任感使命感，明确时间表和责任人，按计划完成起草工作，法规草案质量稳步提升。

【法规征求意见途径拓展】 2021年，市人大常委会坚持立法协商，每件法规草案在三审前都征求市政协委员、各民主党派、工商联和广大人民群众的意见建议。坚持每件法规草案都在新闻媒体公布，广泛征求社会各界和市民群众意见。《桂林市养犬管理条例（草案）》在《桂林日报》《桂林晚报》及其微信公众号、桂林人大网站等平台向社会公开征求意见，引起高度关注，累计阅读量超过10万人次，收到反馈意见500多条。此外，还利用通过基层立法联系点、代表联络站等向社区和市民群众征求意见。

【立法工作创新推进】 2021年，市人大常委会深入推进科学立法、民主立法、依法立法，不断提高立法质量和效率。加强工作协调，在青狮潭水库饮用水水源保护条例立法工作中，首次探索实施了法规起草“双组长”工作机制，由市人大常委会和市人民政府分管领导共同担任领导小组组长，加强对草案起草、审议工作的统筹协调。加大专家参与立法工作力度，委托广西师范大学等法律服务机构开展规范性文件备案审查工作和立法后评估工作。推进人大代表联络站与基层立法联系点深度融合标准化建设，不断强化基层立法联系点的立法参与。2021年，共推动建立了8个站点融合建设单位。充分调动县（市、区）人大参与立法积极性，灵川县、全州县、兴安县、灌阳县、临桂区人大和政府主动作为，积极承担灵渠保护保护条例、青狮潭水库饮用水水源保护条例、会仙喀斯特湿地公园保护条例、红军长征湘江战役遗址遗存保护条例立法任务，对立法工作抓得早抓得紧，敢于担当，促进各项工作顺利推进。　（廖冰）

政法委与综治

【概况】 2021年，中国共产党桂林市委员会政法委员会（简称市委政法委）办公地址在临桂区西城大道69号。年内，市委政法委聚焦主责主业，以维护中国共产党成立100周年大庆、中共十九届六中全会安全稳定为主线，以市域社会治理现代化建设为引领，以开展政法队伍教育整顿为契机，全力防风险、保安全、护稳定、促发展，平安桂林、法治桂林建设各项工作取得新成效。

【政法思想政治建设】 2021年，桂林市委常委会专题研究《中国共产党政法工作条例》和自治区实施办法的贯彻落实，纳入党校培训课程，组织制定桂林市深入贯彻落实若干措施，进一步完善政治督察、执法监督、纪律作风督查巡查等制度机制。结合党史学习教育、政法队伍教育整顿，举办习近平法治思想专题研讨班和基层政法干部培训班，持续深入学习习近平法治思想、“七一”重要讲话精神和视察广西及桂林时的重要讲话

2021年12月28日，建设平安广西活动表彰大会在南宁召开。桂林市获“2019—2020年度建设平安广西活动先进市”称号。（市委政法委供图）

精神，全市政法队伍忠诚于党的政治信念进一步筑牢。

【社会稳定维护】 2021年，桂林市政法系统以中国共产党成立100周年大庆等重大敏感节点营造安全稳定的政治社会环境为主线，坚守政治安全工作底线，多措并举，持续推动敏感人员、敏感群体、敏感案（事）件“三敏感”问题排查化解，全市共排查涉稳“三敏感”问题982件，化解470件，其中自治区级、市级重大涉稳问题42件。同时加大信访治理化解攻坚，中央交办桂林市的第一批645件信访积案全部提交办结，化解数量排名自治区第一，信访形势稳中向好。扎实推进个人极端案事件风险隐患排查防范专项行动，创新建立《桂林市排查防范个人极端案事件风险隐患红、橙、黄、蓝四级动态排查预警管控机制》《四级管控处置细则》《重点人流动管控工作细则》“一机制两细则”工作机制，全市共排查出各类风险隐患965个，化解903个，化解率93.58%。以七星区少数民族服务中心为载体的“石榴籽”工程开创民族“三交”（交流、交往、交融）新路子特色做法在全国推广。有效防控化解各类风险，完成26次重大安保维稳任务，确保了庆祝中国共产党成立100周年、十九届六中全会、中共中央总书记习近平视察广西及桂林等重大敏感节点期间桂林市的和谐稳定。

【打击违法犯罪】 2021年，桂林市重拳打击电信网络诈骗、涉毒、传销、涉黑涉恶等群众深恶痛绝的违法犯罪，全市群众安全感98.39%；平安建设专项绩效考评排名自治区第二，提档进位明显。全市审结故意杀人、抢劫、强奸等严重暴力犯罪案件1117件1440人，审结刑事案件4971件6720人。批准逮捕3973件5422人，提起公诉4959件6822人。八类暴力案件实现全破；命案连续3年实现全破、“两抢”案件首次实现年度全破；破命案积案绝对数排名自治区第一；禁毒工作绩效排名自治区第一，打传工作在自治区打击和防控传销电视电话会议上作经验发言，临桂区成功摘掉毒品、传销“重点整治”的帽子；电信诈骗犯罪破案率38.27%；道路交通事故起数、死亡人数、受伤人数大幅下降，降幅均超全自治区平均水平；常态化推进扫黑除恶，共打掉黑社会性质组织1个、恶势力犯罪集团1个、恶势力团伙5个，破获涉黑恶刑事案件74件，审结黑恶犯罪案件12件99人。

【基层治理基础建设】 2021年，桂林市健全基层社会治理体系，市、县、乡、村四级综治中心全部组建完毕，“三官一律”（法官、检察官、警官、律师）“一村一辅警”有序推进；“雪亮工程”“百姓天网”高效建设，视联网平台建设初显成效，网格事项及时处理率99.62%。铁路护路联防基础、机制不断完善，全市铁路持续保持安全运行，自治区在桂林召开现场会推广经验。市强制隔离戒毒所、专门学校、青少年法治教育基地等一批重大基础设施建成使用。完善矛盾纠纷防范化解机制，全市调解案件30929件，调解成功30256件，调解成功率97.82%。

【服务经济社会发展】 2021年，桂林市出台法治桂林、法治社会建设实施方案，政法系统分别制定服务保障桂林打造世界级旅游城市具体方案，充分发挥法治固根本、稳预期、利长远的重要职能。全面优化法治化营商环境，建立政法系统领导企业接待日、案件督办等系列机制，实施“一商（协）会一法官”“一企业一法学会员”等

2021年11月2日，市委常委、政法委书记周卉（右三）到秀峰区调研政法工作。（市委政法委供图）

2021 年 11 月 30 日，全市召开打击治理电信网络诈骗犯罪暨重点人员管控工作会议。

（市委政法委供图）

政法联系企业制度，深化“放管服”改革，严格落实“少捕慎诉慎押”刑事司法政策，维护企业合法权益，涉民营企业诉前羁押率 52.94%，一审服判息诉率、小额程序适用率等核心指标排名自治区第一。“财富名城”案件获评全国检察机关十大优秀立案监督案例，且排第一位。全面守护绿水青山，建立漓江生态环境司法保障服务联动中心、受损联动举报平台和漓江流域生态环境保护人民法庭、检察官办公室，成立全自治区第一个食品药品和生态环境犯罪侦查支队，全面加强漓江保护。全市破获破坏生态环境案件 183 件，逮捕（直诉）275 人；审结破坏环境资源犯罪案件 277 件，处理 370 人；督促清理违法堆放垃圾 2253.5 吨，督促治理被污染土地 1.53 公顷，督促挽回非法占有土地 24.97 公顷，督促关停整治违法养殖场、采石场 14 个，增殖放流鱼苗 150.7 万尾，漓江流域生态环境治理经验获国务院通报表扬。

【政法领域改革】 2021 年，桂林市深化执法司法制约监督体系改革，全面加强刑事、民事、行政诉讼和刑事执行法律监督。落实员额法官检察官递补机制，完善法官、检察官动态调整、逐级遴选等制度，深化司法责任制综合配套改革，进一步深化一站式多元解纷和诉讼服务体系建设。公安机关推进“交所合一”警务机制改革，有力破解农村地区交管工作难点；创建“警税联合作战中心”，工作做法获自治区副主席周成方批示肯定；全面深化“放管服”改革，出入境“管家式”助老服务新模式得到国务委员、公安部部长赵克志高度赞扬。行政复议体制改革取得阶段性成效，桂林试点经验在全自治区推广。

【政法队伍教育整顿】 2021 年，桂林市坚持把政法队伍教育整顿作为“一把手”工程，强力推进教育整顿各项工作，整改“六大顽瘴痼疾”（违反防止干预司法“三个规定”，违规经商办企业和配偶、子女及其配偶违规从事经营活动，违规参股借贷，违规违法减刑、假释、暂予监外执行，有案不立、压案不查、有罪不究，法官检察官离任后违规从事律师职业、充当司法掮客）问题 928 条，制定“我为群众办实事”项目 620 项，出台便民措施 835 项，出台规章制度 916 项，队伍纪律作风更加过硬，全市政法队伍执法满意度达 91.03%，同比提升 1.62 个百分点。涌现出全国“最美基层民警”于伍生、全国“岗位学习雷锋标兵”曹艳群等一批政法英模，及“平凡岗位上不平凡的人”灌阳县村辅警郝宝兰、兴安县禁毒社工杨小慧等先进人物。

（苏晟 文艳琴）

法治政府建设

【概况】 2021 年，桂林市贯彻落实《广西壮族自治区 2021 年法治政府建设工作要点》，扎实推进法治政府建设工作，制定了《桂林法治社会建设实施方案（2021—2025 年）》《法治桂林建设实施方案（2021—2025 年）》，为全市经济社会发展营造了良好的法治环境。

【法治政府建设推进】 2021 年，桂林市推动法治政府建设责任落实。严抓“关键少数”，分 11 批次对 312 名拟提拔的处级领导干部开展任职前政治理论和法律法规知识测试。开展法治政府建设示范创建活动，“加强漓江生态环境保护执法，助推桂林打造世界

2021 年 3 月 26 日，桂林市召开全市政法队伍教育整顿专题党课报告会。

（市委政法委供图）

级旅游城市”项目被自治区党委依法治区办推荐申报中央全面依法治国办第二批全国法治政府建设示范项目。加大法治政府建设督察力度，市委全面依法治市办会同市委组织部、市委督查绩效办等部门，深入桂林市17个县（市、区）和14个部门开展法治政府建设督察，进一步压实法治政府建设责任。

2021年7月27日，自治区行政复议体制改革总结会在桂林召开。　（李润供图）

【法治保障能力提高】 2021年，桂林市依法巩固拓展疫情防控和经济社会发展成果，开展疫情防控专项执法行动，累计检查基层医疗机构及民营医院17581家次，检查疫情定点隔离场所88家次，下达监督意见书2968份。桂林市3岁以上人群全程免疫覆盖率排名全自治区前三。完善突发事件应对制度，对《桂林市突发事件总体应急预案》以及安全生产类和自然灾害类等14个预案进行修订。健全应急预案体系，市应急局、市公安局、市生态环境局、市卫生健康委制定出台各类突发事件专项应急处置预案，强化综合应急演练，提升应急处理能力。年内，桂林市派出卫生应急队伍参加2021年粤桂卫生应急演练，取得第四名的好成绩。

【依法行政效能提高】 2021年，桂林市在自治区地级市率先推行全程电子化改革、承诺审批改革试点，成为自治区首个“跨省通办＋套餐服务”“跨省通办＋承诺审批”试点城市，在2021年自治区政务服务承诺审批现场推进会上作经验交流发言，自治区事中事后监管工作经验交流现场会在桂林市召开。创新开展“一业一证”改革，试点行业数量排名自治区第一，获2021年国家发展改革委营商环境“开办企业”指标考评优秀城市称号。

【立法质量和效率提高】 2021年，桂林市加强重点领域立法，自治区人大常委会表决通过《桂林市喀斯特景观资源可持续利用条例》《桂林市灵渠保护条例》，市人大常委会表决通过《桂林市养犬管理条例》。严格行政规范性文件制定和监督管理，共出具合法性审查意见288件，向自治区司法厅、市人大常委会报送备案市本级发布的行政规范性文件19件，审查各县（市、区）政府、市直有关部门向市政府备案的行政规范性文件38件。

【行政决策水平提升】 2021年，桂林市强化依法决策意识，实现市县两级党委、政府法律顾问全覆盖，法律顾问团队为全市提供法律意见2206条；参与法律法规、党内法规、规范性文件起草和论证759次；审查和修改重要法律文书或重大合同3008份；参与处置涉法涉诉案件、重大突发事件等499次；代理诉讼（复议、仲裁）1906件。严格落实重大行政决策程序，依法依规开展政府法律事务合法性审查，共出具重大行政决策法律意见13件，一般性行政决策法律意见296件。

【行政执法水平提高】 2021年，桂林市深化行政执法体制改革，在文化、农业农村、交通运输、生态环境保护等4个领域实行市级执法，在市场监管领域实行以城区为主的执法体制，上述5个领域通过改革共减少执法队伍24支。加大重点领域执法力度，共查处食品安全违法案件1354件，药品类违法案件196件，传染病防治类违法案件9件，环境违法案件75件，交通运输违法案件662件。创新行政执法方式，梳理编制全市地方性法规、政府规章设定的对市场主体可以免予行政处罚的违法行为，形成涵盖5个领域共16项“轻微违法行为免罚清单”。

【矛盾纠纷化解】 2021年，桂林市加强人民调解工作，调解案件30929件，调解成功30256件，调解成功率97.82%，其中排查发现矛盾纠纷6068件，预防纠纷2349件。加强行政复议和应诉工作，全市新收行政复议申请495件，立案受理372件，上年结转48件，共审理结案358件；共收到出庭应诉通知262件，已出庭应诉230件。年内，全自治区行政复议体制改革总结会在桂林市召开。

【行政权力规范透明】 2021年，桂林市加强行政执法制约和监督，在兴安县、平乐县、临桂区试点推行行政执法义务监督员制度，编制第一批6个行政执法指导案例在全市推广。全面主动落实政务公开，编制完成17个县（市、区）26个试点领域3.64万项公开事项，并在市县两级政府门户网站设置“基层政务公开标准化规范化”专栏。（叶晓琳）

公　安

【概况】 2021年，桂林市公安局（简称市公安局）办公地址在桂林市临桂区义宁路6号临桂业务技术大楼。年内，全市公安机关全力以赴防风险、保安全、护稳定、促发展，多项工作破题起势，总成绩列全自治区第一。道路交通安全形势彻底扭转，道路交通事故数、死亡人员数、受伤人员数(比上年,下同)分别下降13.11%、4%、9.59%,降幅高于全自治区平均水平;死亡3人以上较大事故下降62.5%。禁毒形势彻底扭转,破获毒品刑事案件数、逮捕涉毒嫌疑人数、破获3人以上团伙案件数、移诉涉毒嫌疑人数、缴获毒品数、查处吸毒人员数、强制隔离戒毒人员数7项指标分别增长26.36%、39.50%、76.23%、38.75%、75.01%、2.20%、6.35%。社会治安持续向好,刑事总警情、打架斗殴、赌博、盗窃电动车及电瓶、两抢、入室盗窃6项警情分别下降16.03%、58.5%、44.1%、33.9%、30.4%、15.4%。刑事案件、现行案件、盗窃类案件、电诈案件、两抢案件、八类暴力案件破案率分别为67.36%、64.41%、62.89%、38.27%、100%、100%;命案连续三年实现全破,两抢案件首次实现年度全破,侦破国督案件1件、部督案件8件、厅督案件19件,为打造世界级旅游城市贡献了公安力量。

【重大警卫和安保】 2021年,市公安局精心打造"水陆空"全覆盖体系,全方位织牢立体交叉护卫网,确保每一次警卫安保"无盲区、零死角",实现绝对安全与社会效果的有机统一,确保26次警卫任务万无一失。特别在中共中央总书记习近平视察桂林重大警卫任务中,全市警务人员以最高政治站位、最实工作措施、最强精神风貌、最严纪律要求,确保"万无一失,绝对安全"。圆满完成了中国共产党成立100周年庆典、全国"两会"、中国－东盟博览会等重要会议、重大活动,春节、五一、国庆等重大节日以及各敏感节点共计23项安保任务。

【打击违法犯罪】 2021年,市公安局全面深化现行案件侦破"一把手"工程打击犯罪新机制。相继开展了涉黑涉恶案件侦破、涉黑涉恶案件(线索)"回头看"、四大行业领域整治、追捕漏网之鱼等专项行动。全年共办理涉黑恶专案17件,查封、冻结、扣押涉案资产1.27亿元,包括2名厅督涉恶逃犯在内的17名涉黑恶逃犯归案。案件快侦快破成绩全自治区领先,全年9616件现发案件中,24小时内破案的1712件,占比17.8%;48小时内破案的2403件,占比25.27%;72小时内破案的3204件,占比33.32%,不断向"朝发夕破、夕发朝破"的优质效果迈进。强力推进命案积案攻坚,共侦破了11件命案积案,其中最长的达29年,破积案绝对数全自治区排名第一。禁毒严打整治成效突出,坚持打团伙与破零包、查吸毒,持续开展"立春""清毒""净边2021"等一系列专项行动,累计破获包括部督"2020—187"毒品目标案在内的毒品刑事案件686件,逮捕涉毒犯罪嫌疑人840人,移诉983人,禁毒工作全自治区排名第一。护卫绿水青山与历史文化,坚决贯彻落实中共中央总书记习近平关于保护桂林漓江重要指示精神,成立了食药环犯罪侦查支队,年内共破获破坏生态环境案件183件,逮捕、直诉275人;打击漓江领域生态环境犯罪工作获国务院通报表扬;发起"森林会战"破获案件26件,缴获大批野生动物制品;打造岭南地区"护陵第一所"——尧山派出所,探索文物保护"枫桥经验";全局年内共破获涉及偷盗文物案件58件,打掉7个犯罪团伙,抓获嫌疑人52人,缴获文物127件,其中国家二级文物4件,三级文物18件,侦破部督"5·26"文物专案,打击文物犯罪成绩在全自治区排名第一。打击治理电信诈骗扎紧了百姓"钱袋子",成立新型网络犯罪侦查支队,以专业打职业、以团队打团伙。全年共立电信网络诈骗案件5640件,下降8.87%;破案2091件,增长172.19%,破案率38.27%;逮捕1362人,直诉176人,劝返在缅北滞留人员315名,追赃挽损1628.63万元,侦破部督案件3起。"黄赌"铲除治安"顽疾",坚持以打促管,持续开展"城市风暴"行动,侦破"黄赌"刑事案件185件,增长27%,逮捕、直诉712人,增长128.9%,侦破4件部督黄赌类案件。充分发挥122机制作用,破获跨境赌博违法犯罪案件156起,逮捕、直诉478人,治安处罚589人,列入限制出境黑名单738人;侦破的国督"3·09"利用区块链技术从事开设赌场案,为全国打击区块链新型网络犯罪提供了成功经验。

【市域社会治理踏上新征程】 2021年,市公安局以"主动""智慧""合成""汗水""民本"五大勤务为引领,创新工作机制,夯实基层基础,推进市域社会治理现代化。推行"一村一辅警"机制,面向全市行政村实施配备一名专职辅警的"一村一辅警"工程,防控触角延伸至"最后一公里",破解广大农村地区治安"软肋"。创新校园安保工作机制,夯实平安校园基础,联合教育部门定期对校园周边开展清查行动,强化巡逻护校,加强安保力量,建立常态化视频巡查机制,实现了全市涉校安全案件零发生。深化"城中村"治安乱点综合整治,扫除名城负面标签,坚持以打开

2021年2月18日,市委书记周家斌(前排左)到桂林市公安局调研指导工作。

(吴敏供图)

路，持续深化“城市风暴”夜查行动，会同多部门实施网格化综合治理，瓦窑西路（野狗山）片区、汇丰村、阳江社区等23个城中村治安形势好转，警情下降19.17%。狠抓基础设施建设，补齐社会治理短板，新强制戒毒所建成投入使用，公安监管医院全面启动，有力破解了桂林市吸毒人员、重症住院在押人员“收押难”的短板；牵头打造未成年学生矫正教育专业学校（桂林第二十中学），有效治理违法犯罪未成年人“抓了放、放了抓”的顽疾；发起基础设施建设“三年攻坚战”，改善基层所队办公环境，漓江分局“无房”历史得以终结、全市8个派出所争取到了新建用地、30个派出所完成升级改造。

【公共安全监管】 2021年，市公安局围绕道路交通事故预防“减量控大”目标，出台《全市公安机关道路交通事故防控工作机制》，实施“转观念、强基础、除隐患、严执法、重宣传”五大举措。共增设120个农村派出所交警中队，试行“交所合一”警务机制改革，查处农村地区交通违法1.8万件，农村交通事故降幅达30%；排查整改易发事故隐患路段，加强农村面包车、“营转非”大客车、两轮摩托车等重点车辆检验工作，从源头上筑牢道路交通安全风险防线；打击严重交通违法行为，行政拘留严重交通违法行为人3631人次；通过“桂林警讯”“桂林交警”等微信公众号集中曝光7980名酒醉驾违法人员和437辆违法车辆，利用大型LED屏、微信交流群、手机短信等及时发布道路交通提示信息、交通安全常识和本地交通事故案例等40万条。严守涉危涉爆物品监管红线，共收缴各类非法枪支151支、子弹3133发、雷管及手榴弹33枚，管制刀具374把；立案查处涉枪案件35件，提起刑事诉讼41人；查处违法违规烟花爆竹案件439件，收缴非法烟花爆竹近2000箱，连续三年实现危爆物品案事件零发生。按照防疫指挥部要求，对接卫健部门，在特殊时期全市主要路口设置检查站，实现了主要区域全覆盖，增派警力，全力保障隔离点安全；建立疫情快速反应机制，对突发疫情事件均能在2个小时内完成锁定、控制等处置工作，做到了疫情防控“发现早、反应快、处置好”。

【公安服务营商环境优化】 2021年，市公安局把优化营商环境与政法队伍教育整顿、“我为群众办实事”实践活动相结合，主动作为，服务企业。严打经济犯罪，营造公平公正市场环境，在全自治区率先创建“警税联合作战中心”，联合税务局打击涉税、涉企违法犯罪活动。全年共立经济犯罪案件640件，增长30%；破案323件，增长14%；移送起诉237人，增长24%；冻结资金2.6个亿。侦破涉案价值数百万元的徐某等24人假冒注册商标案，查扣涉案假冒“穿山”牌电线2000多卷，为企业挽回直接和间接损失超亿元。筑牢企业反诈“防火墙”，走访走进企事业单位，全年共为8418名财务人员进行反诈培训，服务企业1627家；完善快速止付机制，建立港澳冻结止付合作机制，为多家受害公司止付、冻结并返还受骗资金，使企业免受经济损失。走访企业纾难解困，贴心助力经营发展，深入华能、华润、平钢等市骨干企业倾听心声，邀请各大企业到市公安局座谈，对接企业需求，构建强化公共安全监管、排查化解涉企矛盾纠纷及预防涉企违法犯罪等工作机制，帮助企业发现问题、清除隐患。

【公安服务群众水平提升】 2021年，市公安局聚焦群众“急难愁盼”的具体问题，梳理出涉及14个警种部门166项“我为群众办实事”重点项目清单，作为“一把手”工程统筹推进，深化公安“放管服”改革，完善提升群众安全感满意度的长效机制。全市已推出“出生即落户”“户籍材料审核小助手”等户政、交管、出入境方面便民利民举措400余项，服务群众63万人次。开展“团圆行动”，血样“比中”并找回失踪儿童51名，举办认亲活动24次，为失散家庭实现团圆夙愿。打造“环市20分钟车管服务圈”，在城区设立5个车管服务站和6个车管服务窗口，为群众提供了“全方位”“就近办”便捷服务。推进摩托车驾驶人考试下乡服务，解决了农村地区考试难、领证难的问题；出入境管理支队“管家式”助老服务新模式得到国务委员、公安部部长赵克志充分肯定。

【公安队伍展现新形象】 2021年，市公安局开展“打造最具安全感世界级旅游城市——主流媒体桂林行”宣传活动，发好公安声音，讲好警察故事，弘扬英模精神。年内，全市公安系统有27名个人、12个集体获省部级以上表彰，出入境管理支队证件受理大队、桂林市第一看守所获公安部集体一等功，白龙派出所获全国妇女儿童维权先进集体，涌现出全国“最美基层民警”于伍生、全国公安二级英模陶群标等一批先进人物。在“亮剑·靖边”专项行动中，市公安局派出数百名民警、辅警援边，守护祖国的“南大门”。

（李佳）

2021年12月1日，桂林市公安局亮剑·靖边援边工作队在边境线734-1界碑举行宣誓仪式。

（尹本舜供图）

检　　察

【概况】 2021年,桂林市人民检察院(简称市检察院)办公地址在象山区信义路9号。年内,市检察院积极履行检察工作职能,为世界级旅游城市建设营造良好的生态环境和和谐稳定的发展环境,加强立案、侦查活动和审判监督,加强检察队伍教育整顿,促进社会治理,全年批准逮捕3973件5422人,提起公诉4959件6822人。有124个单位(集体)、271名个人获市级以上表彰,其中62个单位(集体)、67名个人获自治区以上表彰,3件案例获评全国“指导性案例”“典型案例”,8件案例获评自治区“典型案例”。

【检察机关助力世界最美漓江守护】 2021年,市检察院积极履行检察工作职能,为世界级旅游城市建设营造良好的生态环境。与广西环境资源法学研究会联合举办“漓江流域司法保护”论坛,研究贯彻落实中共中央总书记习近平关于漓江流域生态保护的重要指示精神。与漓江风景名胜区管理委员会、市公安局漓江分局举行漓江流域生态保护座谈会,建立漓江流域执法监督与司法协作配合机制,对涉漓江流域刑事案件实行集中管辖,专业化办案。设立漓江流域生态环境保护检察官办公室,七星区检察院设立漓江生态环境保护检察室,建立漓江生态环境保护志愿观察员队伍、联动举报平台,开展“保护母亲河公益诉讼专项行动”,办理漓江流域刑事案件52件79人,公益诉讼案件167件。该做法被最高人民检察院在工作简报中转发推广。联合桂林市河长办及有关部门召开漓江生态环境保护“河长+检察长”联席会议暨秋季联合巡河协同执法活动,进一步推动漓江流域生态环境司法保障联动工作。督促清理被污染和非法占用河道42.51千米,督促治理被污染水域34.73公顷,督促关停和整治违法养殖场采石场等14个。

2021年7月6日,自治区人民检察院检察长茅仲华(右)和桂林市委书记周家斌(左)为“漓江流域生态环境保护检察官办公室”揭牌。（于超伦摄）

【检察机关助力平安桂林建设推进】 2021年,市检察院出台《关于为全力打造世界级旅游城市提供优质检察服务和检察产品的意见》,全年批准逮捕3973件5422人,提起公诉4959件6822人。积极参与“源头净网”“依法治网”“断卡”专项行动,提起公诉1124件1410人,坚决维护网络公共安全。起诉涉黑涉恶案件18件95人,其中“保护伞”2件2人。对2件涉疫情案件提前介入。张某等人走私珍贵动物制品一案入选最高人民法院、最高人民检察院、海关总署联合选编的“水客”走私犯罪典型案例,为世界级旅游城市建设营造和谐稳定的发展环境。

【检察机关助力法治化营商环境打造】 2021年,市检察院严厉打击侵害民营企业和民营企业负责人合法权益犯罪,起诉71人。办理了“财富名城案”“桂林银行不起诉案”等一批影响较大的案件。民营企业负责人犯罪诉前羁押率为52.94%,2019年来逐年降低。市检察院出台《关于充分发挥检察职能持续优化营商环境的实施意见》,开辟“涉企检察服务通道”,在12309检察服务中心设立窗口,7个检察院与当地工商联共同设立8个服务民营企业工作站或检察官联络站。1件案件获评全自治区检察机关侵权假冒违法犯罪典型案例,3件案件入选桂林市优化法治化营商环境典型案例。

【检察机关助力执法公正司法】 2021年,市检察院加强立案、侦查活动和审判监督,监督立案120人、监督撤案210人;纠正漏捕漏诉662人,对认为确有错误的刑事裁判提出抗诉并获改判16件。书面监督纠正刑事执行监管活动违法案件559件,书面监督纠正监外执行和社区矫正违法案件420件,办理财产性判项执行监督案件367件,发出书面检察建议144件,均被采纳,市检察院在自治区检察机关工作推进会上作经验介绍。审查民事行政案件914件,提请抗诉49件,提出抗诉18件;办理执行监督案件628件,提出执行监督检察建议247件,采纳246件,督促收缴执行款2312万元。开展打击虚假诉讼专项监督行动,审查虚假诉讼线索84件,提出抗诉5件,对涉嫌犯罪的移送起诉26人;1件案件入选全国典型案例,被《中国行政检察白皮书》收录。

【公益诉讼检察】 2021年,市检察院启动公益诉讼诉前检察建议656件,刑事附带民事公益诉讼立案206件。督促清理违法堆放垃圾2253.5吨,督促治理被污染土地1.53公顷、督促挽回非法占用土地24.97公顷。注重综合运用认罪认罚从宽制度和生态损害赔偿制度,推行“补植复绿”“增殖放流”“以劳代偿”进行生态修复,42人缴纳生态修复金76.89万元,增殖放流鱼苗150万尾。推动湘桂两地检察机关建立长江流域资江、湘江生态环境和资源保护跨区划协作机制的框架协议。

【检察机关做好涉未成年人犯罪】 2021年，市检察院严惩成年人侵害未成年人犯罪，提起公诉145人。最大限度教育挽救涉罪未成年人，不批准逮捕140人、不起诉68人，附条件不起诉90人。发放督促监护令180份，唤醒“缺位”的家庭监护。119名检察官担任法治副校长，开展法治进校园活动272次，受教育人数达8.62万人。出台《未成年被害人“一站式”关爱中心工作实施细则（试行）》，与市青少年社会服务中心合作成立未成年人观护基地，对96人开展观护帮教活动510次。7个检察院获评“自治区妇女儿童维权岗”，10件案件在广西妇女儿童维权项目成果评比中获奖。

【检察机关社会治理促进】 2021年，市检察院全面落实认罪认罚从宽制度，适用率87.9%。坚持少捕慎诉慎押，不批准逮捕1823人、不起诉638人，诉前羁押率降至65.67%。加大国家司法救助力度，救助未成年人、残疾人、军人军属、退役军人等因案致贫返贫群众238人，发放司法救助金363.6万元。建立检察听证员人才库，以公开听证方式审查案件520件，化解信访矛盾纠纷1875件，努力让群众感受到贴心、舒心、暖心。临桂检察院获评全国检察机关“文明接待室”称号。

【检察机关队伍教育整顿】 2021年，市检察院聚焦人民群众反映强烈、影响执法司法公信力的“六大顽瘴痼疾”，细化整治措施，将“检察业务数据错填、漏填”“涉酒违规”作为自选动作，形成“6+2”的整顿内容，对134人次提醒谈话，8人被纪律处分。成立18个侦查监督与协作配合办公室，提出引导侦查意见700余条。制定和完善相关制度252项，提升管理质效。依法发布案件程序性信息1.01万件，公开法律文书4522份，重要案件信息854条。

【检察机关基层建设加强】 2021年，市检察院健全分级分类培训体系，开展各类培训734期，参加培训2.3万人，深化法官、检察官、警察、律师同堂培训，提高业务素能。院领导带头办案5198件，其中检察长带头办案500件。深化智慧检务应用，推进检察机关远程提讯、远程庭审、检察听证系统建设，办理检察技术类案件1103件，市检察院、临桂检察院办理的6件案件获评全自治区检察技术精品或优质案件。组织“业务大竞赛、岗位大练兵”，市检察院获评全国检察机关信息工作表现突出集体和宣传先进单位。秀峰检察院等5个基层院获评全国检察机关宣传先进单位。资源检察院获评国家公共机构节约型示范单位。灵川检察院、平乐检察院获评自治区区先进基层检察院，7个部门获评自治区先进集体。11人次获自治区“十佳检察官”和业务标兵等称号。（蒋义红）

2021年11月23日，市人民检察院检察长梁贻勇（右）受聘为桂林中学法治副校长并为该校师生讲授法治课。（于超伦摄）

法　　院

【概况】 2021年，桂林市中级人民法院办公地址在七星区毅峰路19号。年内，市中级法院出台《关于为全力打造世界级旅游城市提供司法服务和保障的意见》，提供优质高效司法服务保障。开展党史学习教育，推出便民利民措施36项，为群众办实事项目24个，解决群众反映强烈的见法官难、执行工作信息反馈不及时等“急难愁盼”的问题。抓好政法队伍教育整顿，通过学习教育、查纠整改、总结提升，干警知敬畏、存戒惧、守底线的思想更加牢靠，为民司法、公正司法的思想根基进一步筑牢。全年全市人民法院共受理各类案件12.22万件、审结11.24万件，分别增长33.57%、26.78%。全市员额法官人均结案250.7件，增长44.64%。扫黑除恶、行政审判、环境资源审判、审判管理等工作分别在全自治区法院会议上介绍经验。一审服判息诉率、小额诉讼适用率等多项指标位居全自治区第一。24个集体和58名个人获自治区级以上表彰。

【扫黑除恶斗争常态化】 2021年，市中级人民法院出台《关于建立扫黑除恶长效机制的实施意见》，审结涉黑恶犯罪案件12件99人。依法审理自治区扫黑办挂牌督办的邓某某、汤某某为首的2件黑社会性质组织案，首犯均判处有期徒刑25年，对黑恶势力持续形成强大威慑。加大涉黑财产清理执行力度，依法查扣“广西一号黑案”陈某某等涉黑案财产2.5亿元。市中级人民法院刑一庭获评全国法院先进集体和全自治区法院扫黑除恶专项斗争先进集体，并记集体二等功。市中级法院原院长陈敏获全国扫黑除恶专项斗争领导小组、中共中央组织部嘉奖。

【惩治犯罪高压态势】 2021年，全市人民法院依法惩治各类刑事犯罪，审结刑事案件4971件6720人。坚定不移惩治贪腐，依法审理中央交办的海

2021 年 6 月 8 日，雁山区人民法院举行千万执行款发放仪式。（刘庆萍摄）

南省政协原副主席王某受贿、贵港市原副市长徐某某受贿等职务犯罪案 59 件 82 人，为反腐败斗争持续贡献司法力量。保持打击严重危害群众人身和财产安全犯罪的高压态势，审理故意杀人、抢劫、强奸等严重暴力犯罪案 1117 件 1440 人，审理毒品犯罪案 648 件 902 人，审理非法吸收公众存款、组织领导传销、电信诈骗等涉众型犯罪案 1044 件 1317 人。妥善审理未成年人犯罪案 241 件 238 人。深化家事少年审判机制改革，全市 18 个法院统一建立专门家事少年法庭，形成上下统一、共同推进的少审和未成年人保护格局。

【审判机关服务保障经济发展】 2021 年，全市人民法院审结各类商事案件 4.09 万件，标的额 26 亿元。营造法治化营商环境，市中级人民法院深入福建商会、房地产协会等商协会完成制度上墙和实地服务工作，解决 62 个企业 375 个法律问题；在广西率先试行“三方四家（人社、工会、工商联、企业与企业家联合会）+ 法院 + 司法”的劳资争议多元联合调处工作模式，成立桂林市新就业形态劳动争议联合调处中心，为互联网时代新就业形态的发展提供司法支持，全国人大常委会副委员长张春贤在广西调研时对此给予了高度评价。发挥府院联动机制作用，组建专门破产审判团队，办结破产审查案件 35 件、强制清算案件 3 件、破产案件 24 件。其中，“东网公司”破产案是广西第一例上市公司预重整转重整成功案件，创下了全国重整用时最短的纪录；“枫丹丽苑”破产案件是全市 24 个烂尾楼首个处置成功的案例。坚持服务保障创新驱动发展，审结商标权、著作权等知识产权司法保护案 14 件，其中黄某某与西安某公司著作权纠纷案入选 2020 年广西法院知识产权保护十大典型案例和 2021 年全国百篇优秀裁判文书。

【审判机关参与社会治理】 2021 年，市中级法院印发《深化“一村一法官”工作机制的实施方案》，为群众打造“家门口”的诉讼服务，选派 786 名干警进驻村屯，化解矛盾纠纷 3204 件。参与“法治乡村”“平安乡村”建设，支持提升乡村治理水平。灵川县人民法院扎实开展“法润乡风·多元共治·新时代人民法庭在身边”法治进村委活动，恭城瑶族自治县人民法院深度参与“三心三治一守”社会治理模式。全市人民法院深入开展“群众安全感和政法队伍执法满意度提升大走访大宣讲”活动，扎实抓好“双提升”工作。市中级人民法院按照“全国一流、广西第一”标准建设“桂林市青少年法治教育实践基地”。七星区人民法院开出《中华人民共和国民法典》施行后全市首份“人身安全保护令”，为未成年人筑起应对家庭暴力的“防护盾”。市中级人民法院、全州县、平乐县、阳朔县、恭城瑶族自治县等 5 个人民法院被授予“自治区妇女儿童维权岗”称号。

【审判机关多元司法需求】 2021 年，全市人民法院深入开展执行领域突出问题集中整治，加强执行案款规范化管理。完善网络司法拍卖、失信被执行人信用惩戒机制，持续加大涉民生、涉农民工工资、涉金融、涉黑恶财产处置、涉党政机关等案件的执行力度，推动执行工作由“基本解决执行难”向“切实解决执行难”迈进。全年受理各类执行案件 2.96 万件，执结 2.75 万件，执结率 92.85%，执行到位标的 23.43 亿元。加强民生权益司法保障，完善涉民生案件立审执“绿色通道”，妥善审执劳动、社保、医疗等民生案件 1.07 万件，依法保护弱势群体合法权益。严惩涉民生领域犯罪，依法审理危害食品药品安全、制假售假案件，保障人民群众“舌尖上的安全”。审结婚姻家庭案 5467 件，物业纠纷案 1.01 万件，促进家庭和睦、社会和谐。实施司法救助，依法为经济困难当事人

2021 年 9 月 29 日，灵川县人民法院漓江流域环境保护巡回法庭在漓江边开庭审理案件。（罗开元摄）

减缓免交诉讼费502.08万元，发放司法救助金862万余元，体现司法人文关怀。提升诉讼服务水平，全面上线移动微法院、跨域立案、互联网远程庭审、电子送达等多种网络诉讼模式，为人民群众参与司法诉讼提供多种选择和全方位便利。全市人民法院网上立案1.95万件，跨域立案435件，电子送达5.38万次，在线调解案件3.97万件（诉前调解案件2.65万件），在线审理案件2799件，司法网络拍卖成交额8.14亿元，溢价率307.08%。推行委托调解、特邀调解、律师驻院调解，常态化开展上门立案、巡回办案、法官驻村办案、设立假日法庭、物业巡回法庭、旅游巡回法庭等便民举措，就地化解矛盾，方便群众诉讼。

【审判机关主动接受监督】 2021年，市中级法院向市人大报告优化营商环境、“烂尾楼”处置等工作进展情况，配合开展专题调研和执法检查。邀请人大代表、政协委员视察法院、旁听王某等重大职务犯罪案件审理、见证“广西一号黑案”陈某某涉黑财产案清理执行。全年办理代表建议7件、委员提案4件和关注案件16件。主动接受监察机关和派驻监督，邀请检察机关负责人列席审委会51次，办理抗诉案件20件，共同维护司法公正。广泛接受社会监督，完善公开平台，庭审直播案件1.78万件，上网裁判文书6.48万份。接受律师、当事人、社会公众和新闻媒体的监督，邀请社会各界人士及学生参加公众开放日等活动615场次，通过法院网站和“两微一端”等新媒体发布司法信息3600余条，宣传法院工作，回应社会关切。

（黄晓裕）

司法行政

【概况】 2021年，桂林市司法局（简称市司法局）办公地址在临桂区公园北路新城投资集团大厦。桂林市委全面依法治市委员会办公室设在桂林市司法局，直属单位有桂林市法治事务和法律援助中心、桂林仲裁委员会秘书处。年内，全市司法行政系统共有10个集体和9名个人获全国表彰奖励或通报表扬，19个集体和64名个人获全自治区表彰奖励或通报表扬，37个集体和40名个人获全市表彰奖励或通报表扬。

【法律服务和保障】 2021年，市司法局推进市、县区、乡镇（街道）、村（社区）四级司法行政工作网络服务平台体系，整合法治宣传、法律咨询、法律援助、公证服务、司法鉴定、人民调解、安置帮教、社区矫正等“一站式”窗口服务，配备自助服务终端等智能服务设备，共有1898个村（社区）聘请了法律顾问，占村（社区）总数100%，实现了“一村（社区）一法律顾问”全覆盖。在全自治区公共法律服务体系建设现场推进会上，桂林市司法局作经验发言。桂林市加快公共法律服务体系与广西法律服务网互融互通，“让信息多跑路，让群众少跑腿”的服务模式基本形成。全年全市共办理法律援助案件2509件，法律援助咨询1.26万人次，为群众挽回经济损失3420.15万元；办理司法鉴定案件6921件；办理公证业务37097件；受理仲裁案件808件，标的总额3.12亿元。年内，市司法局制定印发桂林市司法行政系统“我为群众办实事”法律援助公证、开展“减免收费”、便民利民服务活动方案。全市司法鉴定机构开展上门服务96件，办理司法鉴定业务3364件，减免费用1.48万元；公证机构开展上门服务175件，延时服务378件，减免服务155件，减免费用13.04万元。

【特殊群体管理】 2021年，市司法局规范执法建设，全市社区矫正对象未发生脱管、漏管现象，未发生影响社会安全稳定的案件等，社区矫正工作总体呈安全稳定态势。健全完善社区矫正工作机制，打造兴安县和七星区2个司法部“智慧矫正中心”示范单位，通过建设示范带动作用，完善各级可视化指挥调度管理平台和移动执法终端建设，推动社区矫正工作从人工管理到智能管控的信息化升级。至年末，全市在册社区矫正对象1668人，其中管制9人、缓刑1574人、假释52人、暂予监狱外执行33人；全年共接收社区矫正对象909人，解矫860人。全市现有安置帮教对象6871人，落实安置帮教相关政策6798人，重点安置帮教对象做到了100%必接必送并落实了帮教政策。

【社会矛盾化解】 2021年，桂林市建有各级人民调解组织2106个，其中乡镇（街道）调委会146个、村（社区）调委会1905个、企事业单位调委会2个、专业性调委会53个，专业性调委会中家庭婚姻调委会18个、医疗纠纷调委会13个、道路交通调委会10个、其他类别12个。全市共有人民调解员1.08万人，实现了人民调解工作网络全覆盖。全年调解矛盾纠纷2.72万件，调解成功2.67万件，成功率98.1%；排

2021年6月20日，桂林市司法局在荔浦市马岭镇开展“我为群众办实事”公共法律服务乡村活动。

（法治桂林新媒体供图）

查发现各类矛盾纠纷5684件，预防矛盾纠纷升级2155件，为社会和谐稳定作出了应有贡献。平乐县司法局桥亭司法所、全州县司法局才湾司法所获司法部“全国模范司法所”称号，桂林市有3人获司法部“全国司法所模范个人”称号。

【法治宣传教育】 2021年，桂林市司法部门开展“法律七进”系列活动，推进“乡村振兴·法治同行”宣传活动，宣传与群众生产生活密切相关的法律法规，用法治思维引领乡村治理，为群众搭建有效学法平台，推动广大群众学法、懂法、用法，宣传主要涉及宪法、民法典、社区矫正法、法律援助条例、公证法、禁毒法等法律法规。年内，全市开展各类法律宣传活动3000场次，累计发放各类法治宣传资料60万份，解答群众法律咨询6200人次，举办法治文艺进社区（街道、乡村）演出1000余场次。市司法局运用法治桂林新媒体优势，推进“智慧普法”，使市民群众“掌上学法”成为了“新常态”。2021年，共发布“以案释法”“法律明白人”“微漫普法”3个常态化板块800余条图文信息，发布原创视频、动漫30余部。打造“法治桂林号”游轮作为漓江上流动的永久性涉外法治宣传示范点，在游船内设置法治宣传小橱窗，陈列涉外法治宣传“百问百答”、民法典、漓江保护条例等资料，重点突出漓江保护条例、旅游、维权等与游客息息相关的法律法规。

【地方政府立法】 2021年，市司法局完成《桂林市青狮潭水库水质保护条例》《桂林市会仙喀斯特国家湿地公园保护条例》两部地方性法规的政府审查工作并提交市人大常委会审议，协助市人大对《桂林市喀斯特景观资源可持续利用条例》《桂林市灵渠保护条例》《桂林市养犬管理条例》三部地方性法规开展后续审议。持续审查推进《桂林市国有土地上房屋征收与补偿实施办法》《桂林市燃气管道设施保护管理办法》等地方政府规章。推动落实《桂林市公共场所文明行为条例》《桂林市城市二次供水管理条例》《桂林市旅游市场监管条例》《桂林市中小旅馆、民宿（农家乐）消防安全管理条例》《桂林市阳朔西街保护管理条例》5部地方性法规调研工作。联合市漓管委深入开展《广西壮族自治区漓江流域生态环境保护条例》修订的实地调研工作。起草并提请市人民政府审议通过了《桂林市地方性法规和政府规章起草工作指引》，有效推动了全市立法起草工作的法制化、规范化。积极配合完成国家、自治区和市级层面的32个法规立法征求意见及基础性调研工作，参加立法调研座谈会27次，提出书面意见和建议33份，完成涉及野生动物保护、长江流域保护等有关法规规章清理工作6次，牵头完成5部市人民政府规章校对文本信息核对工作1次。年内，共出具合法性审核意见260件，向自治区司法厅、市人大常委会报送备案市本级发布的行政规范性文件共19件。共承办市人民政府一般性政府法律事务317件，重大行政决策21件。从党政机关、高等院校、律师事务所中遴选专家学者和法律工作者44人入选市第一届法治专家库。充实市法治专家力量，为各级各部门选择法治专家作参考，为组建法律顾问提供智库保证。

2021年12月4日，市司法局开展“宪法宣传周”宪法进乡村进社区宣传活动。

（法治桂林新媒体供图）

【行政复议和应诉】 2021年，市司法局收到行政复议申请376件。其中立案受理293件，不属于受案范围不予受理或告知类83件。立案受理案件中，山林纠纷61件，土地纠纷67件，行政处罚101件，工伤认定7件，信息公开10件，行政不作为13件，行政征收13件，投诉举报2件，其他19件。共审理结案227件，其中维持141件，撤销41件，驳回复议申请27件，责令限期履行3件，确认违法4件，终止11件。未审结117件。纠错率为18%，发挥了行政复议的监督、纠错功能。市司法局代理市人民政府出庭行政诉讼应诉236件，法院作出的生效判决、裁定均得到执行。

【司法制度和规范化建设】 2021年，市司法局配合推动自治区、桂林市贯彻落实法治广西、法治桂林建设实施纲要、法治政府建设实施方案、法治社会建设实施方案和“八五”普法规划等重大方案，制定并下发《中共桂林市委员会全面依法治市委员会2021年工作要点》，明确2021年创新工作和重点工作。发挥依法治市办协调、抓总的平台统筹职能，统筹推进《法治桂林建设实施方案（2021—2025年）》《桂林法治社会建设实施方案（2021—2025年）》《桂林市法治政府建设实施方案（2022—2025年）》落实，推进法治桂林、法治政府、法治社会一体建设，实现法治建设各项任务协调均衡发展，增强全面依法治市的系统性、整体性、协同性。将法治建设纳入全市发展总体规划和年度工作计划，定期听取法治政府工作情况汇报。强化法治督察工作，开展全面督查，推动行政复议体制改革、行政复议办案场所规范化建设试点工作等重大任务落实落地。在全自治区率先出台党政主要负责人履行推进法治建设第一责任人职责制度和工作清单,将法治建设情况纳入领导班子和领导干部年度考核内容。在全自治区率先推行现场述法,对全市60多个单位进行年度述法考核。2021年1月,全自治区依法治区工作会议召开,桂林市作为地级市典型代表进行经验发言。深入推进中央依法治国委部署的行政复议改革工作取得阶段性成果,自治区行政复议体制改革总结会在桂林召开,自治区党委组织部主办的"推动全面依法治区"专题研修班到市司法局参观交流。成功推荐"加强漓江生态环境保护执法助推桂林打造世界级旅游城市"项目申报全国法治政府建设示范项目。　　（黄剑）

2021年7月23日,桂林仲裁委员会与桂林电子科技大学法学院、知识产权学院联合举办模拟仲裁庭活动。（桂林仲裁委员会供图）

仲　裁

【概况】 2021年,桂林仲裁委员会办公地址在桂林市象山区临桂路25号。下设仲裁员资格审查委员、仲裁员纪律委员会、专家咨询委员会3个专业委员会,常设办事机构是桂林仲裁委员会秘书处。全年受理民商事仲裁案件808件,涉案标的额3.12亿元,分别增长160.65%和71.89%,其中受理涉外仲裁案件3件。受理仲裁案件的主要类型有物业合同纠纷、商品房买卖合同纠纷、金融类型合同纠纷、建筑工程合同纠纷、买卖合同纠纷、租赁合同纠纷、借款合同纠纷等。

【仲裁服务保障水平提高】 2021年,桂林仲裁委员会加强立案大厅便民物品及防疫用品的配备,印制仲裁宣传资料供来访人员取阅,加强机构人员业务能力和职业操守教育,强化服务意识的引导,规范接待文明用语,提升服务当事人及仲裁员的能力和水平。

【仲裁员队伍建设】 2021年,完成了第五届桂林仲裁委员会第二次仲裁员增补,共增聘19名来自全国各地的行业优秀人才。年内,桂林仲裁委员会共有仲裁员238名,专业特长涵盖合同、建设工程、金融、房地产、知识产权等多个领域,涉及法律实务、经贸实务、教学研究各个行业。为表彰对桂林仲裁事业有突出贡献的仲裁员,发挥优秀仲裁员的先锋模范带头作用,激励广大仲裁员更加自觉履职、勤勉敬业,进一步提升桂林仲裁委员会仲裁员队伍的职业道德素养及业务能力水平,组织评选并表彰了"2019—2020年度优秀仲裁员"15名,用榜样的力量宣传鼓励仲裁员共同进步。

【仲裁制度宣传推广】 2021年,加强重点领域重点行业的仲裁制度宣传,针对商事仲裁主体开展"仲裁服务进企业"系列活动,通过走访桂林市房地产企业、金融机构及律师事务所,征求对仲裁的需求和建议。年内,桂林仲裁委员会案件受理量、案件标的额均有较大幅度的增长,受理案件类型分布有较大的改善。

【仲裁人才培养】 2021年,加强与高等院校合作,共建法学教育教学实践基地。依托桂林优质教育资源,探索仲裁实践与法学教育的有效结合,培养未来仲裁行业领域的专业人才。2021年,桂林仲裁委员会与广西师范大学法学院、桂林电子科技大学法学院联合开展法学教育教学实践活动,接收法学本科、研究生共3批次。与广西师范大学法学院合作共建法学教育教学实习实训基地,是广西师范大学法学院合作共建实习实训基地的第一家仲裁机构。与桂林电子科技大学法学院合作举办模拟仲裁庭活动,增进了法学专业学生对仲裁制度的了解。　　（桂林仲裁委员会）

军 事

桂林警备区

【概况】 2021年,桂林警备区按照突出党建铸忠诚、聚焦主业抓备战、深化改革谋创新、夯实根基保稳定的思路,完成年度工作任务,部队全面建设取得长足进步。年内,全市党管武装工作绩效考评、征兵量化考评在广西军区排名第二。临桂区民兵应急连、全州县绍水镇人武部获"自治区民兵工作先进单位"称号,灵川县人武部、兴安县人武部被广西军区表彰为全面建设先进人民武装部,兴安县人武部党委、七星区人武部党委被广西军区党委表彰为先进人民武装部党委,荔浦市人武部、七星区人武部被广西军区表彰为备战打仗先进单位,桂林第二离职干部休养所被广西军区评为"四铁"先进单位,桂林第四离职干部休养所被广西军区表彰为先进干休所、其党委被军委国防动员部党委表彰为先进基层党组织。5名官兵立三等功,63人次受到通令嘉奖,1人受到中央军委机关表彰、17人获"自治区民兵工作先进个人"称号,23人次受到广西军区表彰。

【桂林警备区党的建设】 2021年,桂林警备区开展党建法规的学习宣贯,组织基层党支部书记暨党务工作者集中培训,提升岗位履职能力。组织召开党委班子民主生活会,综合战场勘察、民兵整组、安全工作、"四个秩序"等方面检查情况,对基层党委班子进行全面考核评价,运用考核结果对评价为"一般"的党委班子进行重点帮建,帮建做法在广西军区推广。首次协调将驻军反映的矛盾问题一并纳入市委常委议军会研究解决。首次筹划召开县(市、区)人武部党委第一书记集中宣布命令大会,市委书记周家斌参加宣布命令大会并颁发任命状,相关新闻在《中国民兵》《中国双拥》等媒体报道。推进军官政策制度改革,完成军官等级转换、待遇级别调升等工作。实施党委委员参加实名推荐干部、研究经费开支、干部调整、表彰奖励等重大事项,充分听取党委常委意见。围绕军委纪委领导谈话反馈问题深入开展自查自纠,推进问题整改落地见效。

【桂林警备区思想政治建设】 2021年,桂林警备区抓好理论武装,完成党史学习教育四个专题学习,组织开展"光荣在党50年"纪念章颁发仪式和文艺会演。落实党委常委给全体官兵、文职人员和职工上党课规定动作;组织党委中心组成员和团级单位主官到全州、兴安湘江战役纪念场馆,开展现地观摩教学活动;邀请一等功臣阳孙富、二等功臣黄火有、第二干休所退休干部黄绪江讲述战斗故事。参加广西军区党史学习教育知识竞赛获三等奖。深化"传承红色基因、担当强军重任"主题教育成果,开展"学强军思想、当打赢先锋"教育实践活动,制定加强新闻宣传措施,开展"强军风采"群众性文体活动,创新国防教育、民兵教育工作运行方式。政治工作处被广西军区表彰为宣传报道工作先进单位,1人被国防动员部表彰为新闻宣传先进个人。

【桂林警备区实战实训】 2021年,桂林警备区围绕使命任务、军事训练转型、新时代人民战争和应对强敌"反动员"措施等课题展开研究,组织"漓江大讲堂"活动,研讨练兵备战具体举措,开展国防动员领域群众性战法研讨活动,完成军地联合战场勘察任务,战法创新成果获南部战区优秀奖、广西军区二等奖。组织国防动员

2021年6月25日,桂林警备区组织官兵到全州县红军长征湘江战役纪念馆开展党史学习教育。
(桂林警备区供图)

2021 年 1 月 4 日，桂林警备区组织召开开训动员会议。（桂林警备区供图）

方案计划修订。组织警备区首长机关、人武部两级同步开展基本技能训练，开展射击、刺杀、体能和游泳训练，落实早操制度。完成 4 所高校、78 所高中阶段学校共 7 万余人次军训任务。建强民兵力量，民兵整组被广西军区通报表扬。采取“全年度、部队式、基地化”方式，开展民兵基地化轮训，民兵训练实现质的转变。完成冲锋舟、民兵教练员骨干和无人机专业民兵干部骨干集训，探索建、训、管、用新路子。参加广西军区基干民兵群众性实战化练兵比武竞赛，取得团体第一名 1 个、团体第二名 2 个、单组第三名 1 个和个人第四名 1 个，36 名民兵骨干被广西军区表彰为民兵训练先进个人。

【桂林警备区国防动员】 2021 年，桂林警备区高起点部署年度国防动员任务，提高全市领导干部服务备战打仗的思想认识。更新核实国防动员潜力数据，完成桂林市国防动员潜力资源概述多媒体片制作，实现战争动员潜力由数据化向可视化升级。新建桂林无人机动员中心，填补了自治区国防动员领域的空白。完成新兵征集任务，征兵量化考评排名广西军区第二。结合“一年两征”新特点，摸索为部队输送高学历“工匠型”兵员经验。对接部队战斗力建设发展需求，首次定向征集备战打仗紧缺和急需的专业技术新兵。完成市县两级专武干部业务集训考核和资格认证，向基层拨付经费，改善基础设施条件，配齐应急应战装备器材，提升正规化建设水平。

【桂林警备区基层建设】 2021 年，桂林警备区及时调整常委挂钩帮建下级党委班子计划，区分季度梳理常委具体抓建任务；梳理下发抓建基层主要工作，为年内抓基层、打基础提供条件。协调市政府成立人武部基础设施建设领导小组，组织召开桂林市人民武装部基础设施建设推进会暨 2017 年以来议军会议定事项落实督办会，推进人武部基础设施建设，专项督导 2017 年以来市县两级议军会议定事项落实情况整改。树立“基层至上、士兵第一”理念，逐一对基层反映具体问题给出书面答复意见，年内为基层办实事 18 件。注重制度建设，首次联合有关部门出台《桂林市基层人民武装部建设实施细则》《关于加强新时代基层专职人民武装干部队伍建设的措施》《桂林市民兵政治工作细则》。协调桂林市人民政府修订《关于进一步做好士兵优待工作的意见》，为基层征好兵提供政策制度保障。制定《警备区机关办文办会办事规范》，规范办文、办会、办事程序步骤，提高机关指导服务基层的质量效益和正规化建设水平。

【桂林警备区综合保障】 2021 年，桂林警备区推进人武部营院建设。组织 12 个县（市、区）人武部民兵武器装备集中统管，完成 10 个人武部留存武器的倒库任务和兵器（弹药）室新建改建。完成 3 个干休所的营院综合整治任务。组织资产大清查、行业系统自查和武器弹药清查，做好采购管理监督检查工作。完成停偿委托 7 个项目新的不动产权证办理，追缴停偿租金拖欠问题，推进经济适用房项目产权证办理。不断创新改进老干部服务方式和保障模式，拨付 30 万元为第一干休所服务站建设户外活动中心。

【桂林警备区双拥共建】 2021 年，桂林警备区做好 13 个挂钩村的乡村振兴工作，投入 150 万元对永福县渔洞村、荔浦市永镇村、阳朔县屏山村等进行帮扶，帮助全州“张鸿基”小学向上

2021 年 3 月 12 日，桂林警备区组织官兵参加植树造林、兴修水利工作。（桂林警备区供图）

级申报“八一爱民小学”。政治工作处被桂林市评为扶贫工作先进单位。协调中共桂林市委投入200万元经费，在龙珠路段正式启动建设桂林市国防教育文化长廊，展现厚重历史、桂林红色文化、国防教育和官兵精神风貌。军地联合协调解决67名退役军官、42名家属随军安置和定向招考、330余名军人子女入学入托问题，解决军人家庭后顾之忧。　（黄如意）

桂林联勤保障中心

【桂林联勤保障中心思想政治建设】2021年，桂林联勤保障中心坚持用习近平新时代中国特色社会主义思想特别是习近平强军思想武装官兵，推动理论灌输深化普及。全面贯彻军委主席负责制，开展“牢记主席训词要求、建强联勤保障部队”主题实践活动。统筹推进党史学习教育、主题教育和经常性思想教育，组织“湘江战役悟军魂、长征路上砺初心”行军践学活动，创办“南部联勤尖兵”微信公众号，运行强军网“政治工作政策法规在线”平台，开展系列军营文化活动，展现联勤新风采，传播联勤正能量。深化政治整训，抓好古田全军政治工作会议精神贯彻落实，开展网络安全清理、网赌网贷排查和心理预防筛查，确保部队高度集中统一和纯洁巩固。

【桂林联勤保障中心练兵备战打仗】2021年，桂林联勤保障中心紧盯南部战区当面斗争形势，修订完善联勤支援保障方案体系，制定战备工作指南，落实联合战备值班制度，战备秩序不断正规。组织任务分队备勤轮换，抽调医疗分队遂行赴黎巴嫩维和、国内疫情防控任务。参加各类战役集训和联演联训，组织任务分队野外驻训；嵌入任务开展实战练兵，实战实保能力有提升。开展群众性岗位练兵活动，参加“汽车能手”“军事拉力”“军医接力”国际军事比赛获得第一名1个、第二名5个，打破3项赛会纪录；“精武联勤-2021”战斗体能比武共摘取金牌7枚、奖牌21枚，9人立二等功。出境开展中越卫勤联合演习，配合国家和军队外交工作。

【桂林联勤保障中心服务保障】2021年，桂林联勤保障中心提高服务保障效能，建立同类物资合并采购、同类工程批量发包机制，被装随时申领、驻琼部队副食品区域集中筹措、低值耗材集中采购试点，保障手段不断拓展。制定业务规范化建设实施细则，开展财经、医疗、运输投送、工程管理、军械等业务管理规范化建设，开展资产大清查和清仓盘库问题整改，业务建设不断规范。制定联勤优质服务保障措施，落实看病就医、交通出行、区域统建、惠军采购、地产调配和医疗器械巡检巡修等服务举措。加强疫情常态化防控，处置突发紧急疫情，组织接种新冠疫苗。完成部队演习演训、军援维和、兵员补退等投送任务。

2021年8月29日，桂林联勤保障中心官兵在俄罗斯参加国际军事比赛。

（林铎摄）

【桂林联勤保障中心基础建设】2021年，桂林联勤保障中心转型建设稳步推进，论证制订“十四五”规划贯彻落实方案体系和项目库，推动年度建设计划落实。探索构建现代军事物流体系和军队现代资产管理体系。制定机关职责清单，健全落实联系帮带机制，编印《基层经常性工作法规要点》，组织开展依法治军、按纲抓建探索先行，贯彻“我为群众办实事”要求，推进党委机关为基层办暖心事，统筹解决基层现实问题。强化官兵岗位履职能力培训，组织业务骨干培训，推行医疗人员“双向代职”和师团单位干部到机关轮训，抓好军事职业教育在线学习。开展教育管理倾向性问题专项整治、酒驾醉驾警示教育、军车交通安全月、法治军营创建等活动，1人被评为全国“七五”普法工作先进个人。

【桂林联勤保障中心双拥共建】2021年，桂林联勤保障中心持续巩固脱贫攻坚成果，支援地方经济建设，机关和部队援建12个帮扶村和4所“八一爱民学校”，援建基础设施、扶持特色品牌、建强一线指挥部，1人被评为全军参与脱贫攻坚先进个人。制定2021年帮扶烟竹村计划，开展慰问、实地调研，重点办好新建党建宣传文化小广场、完善生活垃圾设施设备、改造民俗文化广场舞台、优化饮水工程、共建支部、捐资助学等实事。发挥医疗资源优势，所属医院与10所脱贫县人民医院、10所优抚医院结对帮扶，援建驻地乡镇卫生院（所）和村卫生室，赠送医疗器材，组织技术帮带，培训医务人员。组织义务巡诊，开展“送医送药送健康”，为困难群众免费发放药品，举办知识讲座，增强群众卫生防病能力。开展精神文明共建活动，与11所小学建立共建关系，选派官兵担任校外辅导员，定期开展国防和民族团结教育，投入助学金为困难家庭学生完成学业，为共建学校援建图书馆、网络室，改善教学条件。建立军人子女教育优待协作区，定期梳理官兵子女入学、随军家属就业等困难需求。

（邢浩）

陆军特种作战学院

【陆军特种作战学院思想政治建设】 2021年，陆军特种作战学院加强思想政治建设，不断固牢政治建院、为战育人根本指导。抓好党委中心组带基层党委书记、副书记理论学习制度落实。聚焦新发展理念、党建法规学习等专题，开展理论轮训。开展党史学习教育，深化"传承红色基因、担当强军重任"主题教育，推进"红色基因代代传"工程，组织"重走长征路、重温战斗历程"沉浸式现地教学，红色精品线路和精品课程进入教学融入课堂。开展教员"特战之狮"、学员"战狼之星"系列评选表彰活动，以庆祝中国共产党成立100周年为统领、以建设特院"革命大家庭"为主题，组织文艺创演，开展"制胜杯"歌咏、演讲、运动会等系列文体活动，举办毕业典礼、庆祝教师节主题活动、军官晋升军衔仪式、退役官兵向军旗告别仪式、最美奋斗者评选表彰活动，构建特战文化内涵体系。

【陆军特种作战学院教学训练】 2021年，陆军特种作战学院着眼实战化教学质效提升，立起为战靶标，推动教研改革，促进教战耦合，人才供给对接战场更加紧密。推进课程改造，推进课堂革命，教学设计更加注重目标导向、方式创新、过程评价，课堂教学从知识灌输向能力培养逐步升级，教学内容更加对接部队需求。教学运行规范有序，成体系优设计、全过程抓规范，引进吸收再创新、试点论证汇成果，探索形成一系列可供借鉴的实践样板。教学能力持续提升，注重平台历练，区分课程、课堂开展教学创新竞赛，辐射带动教学能力整体提升，参加"教坛之星"比武竞赛平均分居陆军院校第二名。练兵比武氛围浓厚，坚持课内、课外一体布局，教学、管理单位协作培养，对照"课程过硬+专业特长+创新思维"要求，开设攀登攀岩、军事建模、兵棋推演等等俱乐部，个性化塑造学员专长。按照"全员覆盖、分级分类，大队主抓、学院评比"的思路，掀起群众性岗位练兵比武热潮，学员参加全军军事建模竞赛、全国大学生物理实验竞赛、全国大学生英语大赛均获一等奖，参加全国全军和省部级比赛并获奖多项。教员祝林芳代表解放军完成东京奥运会执裁任务，被评为全国群众体育先进个人，被陆军表彰为第四届"四有"新时代革命军人标兵、推荐为全国三八红旗手。人才培养成效明显，组织特种作战、侦察情报、狙击作战、军事体育等高级培训、精尖技能、联合训练得到上级机关认可，为部队输送大批紧缺人才。

【陆军特种作战学院科研学术】 2021年，陆军特种作战学院坚持研为战、研为教，聚焦部队建设、教学实践重难点问题开展课题研究攻关，多项成果获奖励。针对科研基础薄弱单位开展"帮扶工程"，启动面向初、中职教员的"春蕾"课题计划，锻炼新生科研力量；组织200余名学员赴地方大学听讲座，开展"周四学术活动日"，召开"第四届特战论坛"，活跃学术交流氛围；组织"送成果到部队"活动等。科研对战斗力、教学力的贡献率不断提升。

【陆军特种作战学院后勤建设】 2021年，陆军特种作战学院坚持集约集优调资源、围绕中心强保障，后勤服务质效不断增强。启动"十四五"规划新上项目，攻坚"十三五"规划结转项目，学院主责的规划项目，立项率、正常推进率均达100%。推进军费管理体制改革，转隶移交财务结算机构，全年预算执行率达到90%以上。开展学院基础设施整修改造，推进学院广州安置住房项目建设，组织桂林、广州营区公寓住房滚动分房，为新建学员学兵队宿舍楼采购空调，改善官兵居住条件。组织师以上干部住房清查，开展违规住房和经济适用住房专项清理整治，正规住房管理秩序。做好干部家属随军随调、官兵子女入学及高考优待工作，慰问救济困难党员和官兵，官兵员工满意度显著增强。坚持防疫、工作"两手抓、两不误"，应对驻地突发疫情，完成全员新冠疫苗接种，及时组织核酸检测，做到疫情零输入、人员零感染，为教学中心工作筑牢"隔离墙"。

【陆军特种作战学院军民共建】 2021年，陆军特种作战学院稳步推进帮扶工作，投入90余万元帮助永福县大罗村和雁山区李家村建设发展，协调桂林市戏剧研究院送文化下乡，开展"礼赞建党百年伟大成就"主题文艺演出。创新双拥共建，与桂林电子科技大学签订军民融合战略合作，先后组织800余名官兵赴湘江战役纪念馆现地开展革命传统教育，选派200余名官兵帮助驻地大学开展学生军训。建立健全安全维稳工作机制，与驻地公安局、国安局制订安全维稳工作预案，明确维稳工作内容、职责、要求和处置程序方法。开展解难帮

2021年1月13日，陆军特种作战学院举行"最美奋斗者"颁奖仪式。

（陆军特种作战学院供图）

2021 年 12 月 3 日，陆军特种作战学院在永福县大罗村开展“牢记初心使命，赓续优良传统，助力乡村振兴，共谱鱼水深情”主题活动。（陆军特种作战学院供图）

困工作，走访慰问贫困家庭和高龄老人，为 15 名贫困学生发放“特院春蕾”助学金，进一步深化军民关系。（李保权）

武警桂林支队

【武警桂林支队思想政治建设】 2021 年，中国人民武装警察桂林市支队（简称武警桂林支队）按照指标牵引、计划推动、分层宣贯思路融合推进“两项重大教育”，加强政治整训，突出用微课、业务调研评比、理论服务走基层深化理论学习，创新“线上＋线下”思想政治教育，深挖驻地红色场馆资源，厚植红色基因，推动 12 个单位书香军营建设，强化文化育人，官兵忠心向党的忠诚底色更加鲜亮。武警桂林支队被广西总队表彰为新闻舆论工作先进单位，1 人被表彰为武警广西总队“十佳”政治教员。

【武警桂林支队聚焦练兵备战】 2021 年，武警桂林支队围绕为中国共产党成立 100 周年营造安全稳定环境任务主线，推动 116 处执勤隐患整治，紧盯 AB 门管控、武装巡逻、押解勤务等重难点问题，抓制度落实和能力提升，被武警部队表彰为执勤先进支队。推动军事训练转型，开展军事训练督察和检验性抽考，弱两短板整改成效明显，获武警广西总队“运筹”比武团体第二、“武教头”比武团体第三。围绕 7 类行动样式、7 种处置对象，筹划力量编成，构建“多点三区一卡一面”维稳布势，完成习主席来桂视察、中俄外长会晤等专项勤务 442 件，参谋部被武警广西总队表彰为服务基层先进参谋部。

【武警桂林支队后勤装备建设】 2021 年，武警桂林支队投入 2600 多万元用于新机关搬迁和基层营院环境建设，部队面貌焕然一新。以建设“打仗型后勤”为指向，抓服务与抓练兵一体统筹，探索建立在岗自训、换岗轮训模式，组织专业兵培训复训和全要素演练，保战能力不断增强。野战化场地设置做法在武警广西总队借鉴推广，参加武警广西总队优秀后勤教练员考评总评第一。投入 400 余万元完成部分烘干房、污水管网和车库等大项建设改造，为基层购置生活设施 300 余件，10 余次下基层巡诊，抓实疫情防控集中隔离、核酸检测、食品配送等刚性措施落实，服务基层质效凸显。按照立专班、抓培训、强督导思路推进后勤卸包袱，公寓房建设、永福中队搬迁、机动大队选址均有新进展，历史遗留问题清理整治取得实效。保障处被武警广西总队表彰为服务基层先进保障处。

【武警桂林支队双拥共建】 2021 年，武警桂林支队进一步巩固拓展脱贫攻坚成果，接续推动乡村全面振兴，弘扬拥政爱民的优良传统，结对帮扶临桂区两江镇高妙村、永福县罗锦镇上笑村及阳朔县杨堤乡浪石小学，累计投入资金 20 余万元，在助学兴教、基础设施援建、产业帮扶、解难救助、医疗巡诊等方面取得实效，完成阶段脱贫攻坚目标，进一步密切军政军民关系，服务驻地社会稳定和经济发展。（胡庆前）

外事·接待

外　事

【概况】 2021年，桂林市外事办公室(简称市外事办)办公地址在桂林市临桂区西城中路69号。内设科室5个。中共桂林市委外事工作委员会(简称市委外事委)是市委议事协调机构，办公室设在市外事办。年内，市外事办接待外交部、中共中央对外联络部、自治区外事办公室交办的境内外团组13批次214人次。受理审核因公出访团组4批次7人次(涉及3个国家和地区)；审核办理外国人来华邀请确认函42批次64人次(涉及15家企业和学校，20个国家)；协助处理桂林市居民海外领事保护工作6件。

【外宾到访】 2021年，访问桂林的重要外宾团组有：3月22日—23日，应国务委员兼外交部部长王毅邀请，俄罗斯外长拉夫罗夫访问桂林，两国外长举行正式会谈，就双边关系和重大国际地区问题广泛交换意见，达成一系列新共识，双方共同签署《中华人民共和国和俄罗斯联邦外交部部长关于当前全球治理若干问题的联合声明》及有关双边合作文件，并共同会见记者。7月23日—24日，老挝驻华大使坎葆·恩塔万、越南驻华大使范星梅率两国驻华使节团访问桂林市。使节团此行由外交部组织，在广西开展为期4天的党史学习交流，桂林市是第一站，使节团参观越南学校纪念馆、八路军桂林办事处纪念馆和南溪山医院，考察了象山公园、两江四湖等旅游设施。9月7日—9日，中共中央对外联络部在桂林举办“从摆脱贫困迈向共同富裕的征程中铸牢中华民族共同体——广西民族地区的生动实践”主题交流活动，邀请老挝、马来西亚、泰国、越南、东帝汶、孟加拉国、马尔代夫、菲律宾、柬埔寨、巴基斯坦等10个国家驻华大使和总领事，考察桂林市少数民族脱贫示范村——阳朔县高田镇喜龙村，并在融创国际会议中心参加民族团结进步主题交流座谈会。

【出国(境)管理】 2021年，市外事办共受理审核因公出访团组4批次7人次，涉及3个国家和地区。1月，国家卫健委增派医疗人员赴尼日尔执行援外医疗任务，桂林市人民医院和桂林市妇女儿童医院各有1名医生参团。7月，桂林市文化广电和旅游局组团(2人)赴中国澳门特别行政区参加第九届澳门国际旅游(产业)博览会。8月，桂林市委统战部派遣2人赴中国香港特别行政区进行工作考察。

【外国人来华入境邀请确认函办理】 2021年，市外事办创设外籍人员来华“绿色通道”，审核办理外国人来华邀请确认函42批次64人次，涉及桂林平钢钢铁有限公司、桂林福达股份有限公司、阳朔欧美达英文书院等企业和学校15家。《桂林日报》、桂林电视台和《广西日报》进行报道，新华网等进行转发。

【涉外应急领事保护】 2021年，市外事办协助处理桂林市居民海外领事保护工作6起，主要涉及在海外死亡、失联、涉嫌从事电信诈骗、非法采金等情况。2月，协助处理全州县居民谢某某在老挝波乔省身亡善后事宜。5月，协助处理全州县、灌阳县4名居民滞留缅北事宜。6月，协助处理临桂区居民石某在菲律宾死亡善后事宜。7月，协助处理灵川县居民熊某某滞留柬埔寨事宜。8月，协助处理平乐县居民黄某某滞留俄罗斯事宜。11月，协助处理全州县居民邓某某在老

2021年9月8日，东南亚、南亚国家驻华使节到桂林参加民族团结进步主题交流活动。
(夏雪摄)

挝琅勃拉邦省死亡善后事宜。10月，协助处理乌克兰籍公民 KARPENKO OLEKSANDR 在桂林阳朔因交通事故受伤事宜。

【协办国际会议】 2021年，市外事办共协助重要国际会议活动4场次:9月11日—14日,2021中国-东盟妇女论坛在桂林举办,缅甸驻华使馆副馆长、公参辛玛推一行10人出席论坛活动。10月14日—17日，第十一届桂林国际山水文化旅游节在桂林举办,冰岛驻华大使易卜雷一行32人出席活动。10月15日—17日，2021中国-东盟博览会旅游展在桂林举办,冰岛驻华大使易卜雷一行32人出席活动。10月28日，第六届中国-东盟民族文化论坛在桂林举办。缅甸驻南宁总领事觉梭登一行5人出席活动。

【国际交流与合作】 2021年3月4日,是桂林市和新西兰黑斯廷斯市结好40周年纪念日。桂林市与黑斯廷斯市沟通协商,在无法派团互访的情况下,各自举办活动,宣传和推介中国和新西兰两国关系。桂林市市长秦春成向黑斯廷斯市民发出视频祝词,并与黑斯廷斯市市长黑兹尔赫斯特分别签署《庆祝缔结友好城市四十周年备忘录》,同意增进两市乃至中国和新西兰两国人民之间的了解和友谊。3月2日—7日,桂林市人民对外友好协会在桂林博物馆举办“桂林市与黑斯廷斯市结好四十周年图片展”。3月4日,新西兰驻广州总领事沈立到桂林博物馆参观展览,并接受桂林市主流媒体采访,展览以图片为主、视频为辅的方式,介绍了黑斯廷斯市概况以及桂林与黑斯廷斯的友好交往历史。做好对外宣传,在桂林市主流媒体和新西兰驻华大使馆、驻广州总领事馆的官方网站和微信公众号上,发布和推送新西兰驻广州总领事沈立对桂林市与黑斯廷斯市40年来友好交流成果。推进疫情新常态下国际交流与合作。密切对外信函往来,在桂林市与美国奥兰多市结好35周年之际,桂林市市长秦春成向奥兰多市市长戴尔发贺信,加强与对方的沟通和交流;指导灵川县与日本西桂町以结好15周年为契机,互致贺信,激活双方友城关系。接待外国驻华人员来访。5月,日本熊本县上海事务所所长藤本修宏,到桂林皮尔金顿安全玻璃有限公司、桂林优利特电子集团有限公司、阳朔七仙峰茶园、金橘种植示范基地以及经典民宿参观考察,向其介绍桂林市工业和乡村振兴情况,促进双方交流合作。10月,邀请日本熊本市上海事务所所长中村正昭参加桂林市“两会一节”系列活动。开展青少年友好交流,举办“我向国际友城送祝福”活动,征集桂林市青少年优秀书画作品200余幅,安排在桂林博物馆展出并寄送日方,表达对友城早日战胜疫情的美好祝福;桂林市与韩国济州市举办儿童书画交流展,并形成年度交流惯例;组派桂林市高中生代表团,以视频方式参加第十二届济州国际青少年论坛活动。参与线上国际交流活动,8月4日,应中国人民对外友好协会邀请,桂林市外事办公室主任、桂林市人民对外友好协会会长陈强华以视频方式参加“中国-土耳其民间友好合作对话会”并作发言,友好城市土耳其穆拉特帕夏市代表应邀参会;11月16日,应中国人民对外友好协会邀请,桂林市外事办公室主任、桂林市人民对外友好协会会长陈强华参加线上举办的“纪念美国飞虎队来华抗战80周年”活动。

（周绍剑）

接待

【概况】 2021年,桂林市接待办公室(简称市接待办)办公地址在桂林市临桂区西城中路69号。内设处室6个。年内,市接待办接待各类团组1097批次10638人次,批次(比上年,下同)增长42%,人次增长65%。其中,国家级团组13批次,党和国家领导人18人次;省部级团组137批次,省部级领导363人次;厅局级及其他团组947批次,厅局级领导1789人次。保障安全行车9.07万千米。

【党和国家领导人视察桂林】 2021年3月20日—23日,国务委员兼外交部长王毅视察桂林。其间,考察了雁山区草坪码头,阳朔县桂花古道、遇龙河,并同俄罗斯外长拉夫罗夫举行会谈。4月12日—14日,中央政治局委员、广东省委书记李希率广东省党政代表团考察对接东西部协作工作。其间,考察了资源县中峰镇资水丹霞田园综合体项目,并出席2021年粤桂协作联席会议。4月24日—26日,中共中央总书记、国家主席、中央军委主席习近平视察桂林。其间,考察了全州县红军长征湘江战役纪念园、全州县才湾镇毛竹山村、漓江、象鼻山公园。5月8日—12日,全国人大常委会副委员长白玛赤林视察桂林。其间,考察了溢达纺织有限公司、华侨旅游经济区、两江四湖、兴安县红军长征中央纵队渡江指挥所、红军长征突破湘江烈士纪念碑园、桂林大中华养生谷。5月22日—23日,国务委员、公安部党委书记、部长赵克志视察桂林。其间,考察了七星区少数民族服务中心、秀峰区白龙派出所、全州县红军长征湘江战役纪念园、全州县公安局。5月28日—29日,中央军委原委员、解放军原参谋长陈炳德视察桂林。其间,考察了全州县红军长征湘江战役纪念园、兴安县光华铺阻击战旧址、红军长征突破湘江纪念园、两江四湖、芦笛岩、象鼻山公园。6月2日—4日,全国人大常委会副委员长、九三学社中央主席武维华,全国政协副主席、九三学社中央常务副主席邵鸿,在桂林出席九三学社第十四届中央常务委员会第十四次会议。其间,邵鸿考察了王城景区。6月10日—11日,全国政协原副主席、中国宋庆龄基金会主席王家瑞视察桂林。其间,考察了全州县未成年人保护中心、全州县红军长征湘江战役纪念园、全州县人民医院,出席“健康中国行·重走长征路”智能基层医疗公益项目广西站活动启动仪式。7月15日—16日,全国人大常委会副委员长张春贤视察桂林。其间,考察了全州县红军长征湘江战役纪念园、兴安县界首红军堂、逍遥楼码头、福达控股有限公司、市劳动人事争议调解中心、市导游协会,就“新零工经济从业人员社会保障和劳动权益保护问题”进行调研。7月25日—29日,全国政协原副主席王钦敏视察桂林。其间,考察了两江四湖、王城历史文化街区、靖江王府、象鼻山公园、桂海碑林博物馆、漓江、西街、印象·刘三姐、遇龙河、鸡窝渡村、融创桂林文旅城、雁山园。9月11日—12日，国家副主席王岐山视察桂林。其间，考察了象鼻山公园、漓江、广西师范大学（王城校区）、桂海碑林博物馆、广西师范大学出版社。9月25日—26日，全国政协副主席、党组副书记张庆黎视察桂林。其间，考察了中国中药（桂林）产业园、全州县红军长征湘江战役纪念园。12月8日—12日，第十八届中央政治局常委、中央书记处书记刘云山视察桂林。其间，考察了两江四湖、象鼻山公园、王城历史文化街区、靖江王府、桃花湾旅游度假区、漓江、鸡窝渡村、融创桂林文旅城、灵渠、桂林城市规划展示馆、桂林博物馆。

【接待国家各部委团组】 2021年，桂林市接待国家各部委团组主要有：1月，中央军委政法委原书记、中将宋丹到桂林调研；国务院联防联控机制第十二督查组组长、外交副部长罗照辉到桂林调研。4月，全国妇联书记处书记、党组成员赵雯到桂林调研；中央第七生态环境保护督察组组长李家祥到桂林开展督察工作。5月，全国政法队伍教育整顿中央第十二督导组副组长敬大力到桂林督导政法队伍教育整顿工作；全国人大社会建设委员会副主任委员刘粤军到桂林开展消防法执法检查前期调研和体育法立法调研；中央军民融合办常务副主任金壮龙到桂林调研；中国爱国拥军促进会调研组由陆军原中将董万才带队到桂林调研；自然资源部党组书记、部长、国家自然资源总督察陆昊到桂林市就加强漓江流域生态保护，杜绝滥采乱挖、石漠化治理、推进生态修复等工作进行调研。6月，中国科学院院士武向平到桂林调研；人力资源和社会保障部部长张纪南到桂林调研；中国地震局副局长陈小军到桂林调研；交通运输部副部长王志清到桂林调研。7月，党史学习教育中央第七巡回指导组组长程振山到桂林考察；全国政协港澳台侨委副主任耿惠昌到桂林调研；最高人民法院咨询委员会委员张立勇到桂林调研；全国人大社会建设委员会副主任委员王国生到桂林调研。9月，全国妇联副主席夏杰到桂林出席中国－东盟妇女论坛；中央对外联络部部长宋涛到桂林调研；中央第六生态环境保护督察组组长宋秀岩到桂林调研；全国人大代表、中国人民警察大学党委书记牟玉昌到桂林调研；原国土资源部副部长胡存智到桂林进行考察。10月，农工党中央专职副主席龚建明到桂林出席农工党开展中国共产党党史学习教育交流推进会；外交部原部长李肇星到桂林出席“建党百年辉煌历程到乡村振兴中国梦”将军书法红壶展；文化和旅游部副部长张旭到桂林参加“两会一节”；国家邮政局党组书记、局长马军胜到桂林调研；全国人大常委会委员、全国人大民族委员会副主任委员肖怀远到桂林调研。11月，全国人大民委、国家民委祝贺团团长赵至敏到桂林出席龙胜各族自治县成立70周年庆祝大会；中央宣讲团团长曲青山到桂林考察。

【接待自治区领导团组】 2021年，桂林市接待自治区团组主要有：2月，自治区政协副主席、民建广西区委主委钱学明到桂林调研。3月，自治区副主席周成方到桂林调研；自治区政协副主席黄洲到桂林调研；自治区政协副主席刘正东到桂林调研；自治区政协副主席、自治区工商联主席磨长英到桂林调研。4月，自治区副主席费志荣到桂林调研指导落实推进工业振兴大会精神和科技创新及重大交通项目建设工作；自治区人大常委会副主任张秀隆到桂林调研。5月，自治区党委常委、副主席秦如培到桂林调研；自治区人大常委会副主任张秀隆到桂林调研；自治区政协副主席、民盟广西区委主委刘慕仁到桂林调研；自治区党委常委、纪委书记房灵敏率班子成员到桂林市全州县开展党史学习教育；自治区人大常委会党组书记、副主任王跃飞率党组班子成员到桂林市全州县开展党史学习教育；自治区政协主席孙大伟率党组班子成员到桂林市全州县开展党史学习教育；自治区副主席李彬到桂林出席2021广西全域旅游大集市开幕式并开展调研。6月，自治区党委书记、人大常委会主任鹿心社到桂林调研；自治区政协副主席、自治区工商联主席磨长英到桂林调研；自治区党委常委、统战部部长徐绍川到桂林调研；自治区党委副书记刘小明到桂林调研；自治区副主席黄俊华到桂林调研。7月，自治区主席蓝天立带队到桂林开展自治区人民政府党组党史学习教育活动；自治区人民检察院检察长茅仲华到桂林调研；自治区政协副主席严朝君到桂林调研；自治区党委常委、宣传部部长范晓莉与自治区副主席李斌到桂林出席桂林建设世界级旅游城市推介会并开展调研；自治区人大常委会党组书记、副主任王跃飞到桂林开展调研。8月，自治区政协副主席、民建广西区委主委钱学明到桂林调研；自治区副主席李彬到桂林开展调研；自治区党委常委、副主席秦如培到桂林开展县域经济和特色产业发展调研；自治区副主席蔡丽新到桂林开展经济社会发展调研；自治区副主席黄俊华到桂林调研疫情防控工作；自治区人大常委会副主任张秀隆到桂林开展《广西壮族自治区柑橘黄龙病防控规定》执法检查。9月，自治区人大常委会副主任赵乐秦到桂林开展重大项目督导；自治区政协副主席黄道伟到桂林调研；自治区党委常委、统战部部长徐绍川到桂林调研；自治区政协副主席、民盟广西区委主委刘慕仁到桂林调研。10月，自治区副主席费志荣到桂林调研生产经营和煤炭储备情况；自治区政协副主席黄日波到桂林出席第二届广西花卉苗木交易会开幕式；自治区党委原书记曹伯纯率自治区省级离退休干部到桂林休养；自治区副主席李彬到桂林参加省部共建签约仪式、第十一届桂林国际山水文化旅游节开幕式、第十五届国际论坛开幕式；自治区党委副书记刘小明到桂林调研，并出席自治区乡村振兴暨乡村风貌提升现场推进会；自治区副主席方春明到桂林开展乡村振兴调研，并出席自治区乡村振兴暨乡村风貌提升现场推进会；自治区副主席黄世勇到桂林调研。11月：自治区党委常委徐海荣到桂林调研；自治区党委常委、组织部部长王维平到桂林调研；自治区党委副书记刘小明到桂林调研；自治区党委书记刘宁到桂林调研；自治区政协副主席陈刚到桂林调研；自治区政协副主席、民盟广西区委主委刘慕仁到桂林调研;自治区党委书记刘宁率新一届自治区党委常委班子到兴安县、全州县调研;自治区政法委书记何文浩到桂林开展漓江流域生态环境保护调研;自治区副主席方春明到桂林开展生态环境保护调研。12月,自治区副主席黄世勇到桂林调研房地产风险化解工作;自治区副主席方春明出席第21届广西名特优农产品交易活动;自治区人大常委会副主任张秀隆到桂林开展漓江流域生态环境保护实地调研;自治区人大常委会副主任赵乐秦到桂林开展调研;自治区党委常委、副主席秦如培到桂林开展疫情防控督导工作;自治区副主席李彬到桂林开展事中事后监管工作调研。

【接待外省(自治区、直辖市)团组】 2021年,桂林市接待外省(自治区、直辖市)团组有:3月,福建省龙岩市委书记李建成率党政代表团到桂林考察;福建省三明市委书记林兴禄率党政代表团到桂林考察;湖南省副省长陈飞到桂林调研湘桂运河规划建设工作。4月,广东省肇庆市党政代表团到桂林考察;安徽省政协副主席李修松到桂林考察;四川省人大常委会副主任叶壮到桂林开展加强人民法院执行工作调研。5月,山东省政协副主席唐洲雁到桂林考察。6月,福建省政协副主席王光远到桂林考察;甘肃省人大常委会副主任陈克恭到桂林调研未成年人保护工作。10月,广东省韶关市委书记王瑞军率党政代表团到桂林考察;哈尔滨工业大学党委书记熊四皓到桂林调研。11月,四川省政协副主席钟勉到桂林考察;武汉大学副校长唐其柱到桂林调研。

【接待其他团组】 2021年,桂林市接待的知名人士、企业团组有:1月,领益智造公司董事长周剑到桂林投资考察;京东集团副总裁谢海波到桂林投资考察;领益智造公司董事长曾芳勤到桂林投资考察。2月,深科技、领益智造公司董事长周剑到桂林投资考察;华为公司总经理沈秀松到桂林投资考察;北部湾投资集团董事长朱坚和到桂林投资考察。3月,北京中科链享医疗科技有限公司总裁张虎平到桂林考察;格力电器副总裁邓晓博到桂林投资考察;中国二十冶集团董事长樊金田到桂林投资考察;广西建工集团董事长、党委书记金宁运到桂林投资考察;广西旅游发展集团有限公司董事长容贤标到桂林投资考察;东旭集团董事长李兆廷到桂林投资考察。5月,中国移动公司董事长楼向平到桂林投资考察;京东集团公司总裁熊伟到桂林投资考察;广西银保监局长任庆华到桂林投资考察;中信保广西分公司书记林晨到桂林投资考察;南方电网、中国电建总经理李建设到桂林投资考察;太平洋建设集团董事长严昊到桂林投资考察;深创投公司总裁左丁到桂林投资考察;中国进出口银行广西分行行长王国杰到桂林投资考察;中国化学工程集团生态环境有限公司总经理卢召义到桂林投资考察;中国农业发展银行行长陈梦蒙到桂林投资考察。7月,中国长城工业总公司原总裁张新侠到桂林考察;中国国民党前主席洪秀柱到桂林考察;农业发展银行广西分行副行长蒋志强到桂林投资考察;腾讯公司副总裁张纾翔到桂林投资考察;中铁一局董事长马海民到桂林投资考察;中药控股公司总裁王晓春到桂林投资考察;太平洋集团董事局主席严昊到桂林投资考察;华为公司广西政企经理陈进文到桂林投资洽谈;交通银行副行长黄天国到桂林投资洽谈;中铁七局集团董事长王珂平到桂林投资商谈;建设银行广西分行行长丁卫杰到桂林投资商谈;信德集团首席执行官谷庆到桂林投资商谈;北京集思互联公司总裁沈聪到桂林投资商谈;三一集团和树根互联集团战略专家刘鸣臣到桂林投资商谈;清华大学经管学院EMBA管理中心副主任李谦到桂林投资商谈。8月,华迅智能科技有限公司董事长张显到桂林考察;太平洋建设集团董事长严昊到桂林投资商谈;中建八局南方公司董事长王华平到桂林投资商谈;中军天信投资公司董事长钟俊杰到桂林投资商谈;东盟信息港公司董事长鲁东亮到桂林会见。9月,国海证券董事长何春梅到桂林投资商谈。10月,深科技公司董事长周剑到桂林考察;中国南水北调集团董事长蒋旭光到桂林开展水库工程调研。11月,至成投资公司总经理毕舒到桂林投资商谈。12月,广西华控投资集团董事长丁文博到桂林投资商谈;保利长大工程有限公司董事长刘刚亮到桂林投资商谈;成都巴莫科技公司董事长吴孟涛到桂林投资商谈;广西交通投资集团董事长周文到桂林投资调研;吉林修正药业董事长修涞贵到桂林商务洽谈。

(谢名伟)

旅 游 业

综 述

【概况】2021 年，桂林市认真贯彻落实中共中央总书记习近平视察广西、视察桂林的重要讲话和重要指示精神，统筹疫情防控和文旅复苏，开启全力打造世界级旅游城市新征程。文化旅游高质量发展迈出坚实步伐。年内，全年全市接待游客总人数 1.22 亿人次，(比上年，下同）增长 19.51%。其中，接待国内游客 1.22 亿人次，增长 19.58%；接待入境过夜游客 4.26 万人次，下降 56.64%。实现旅游总消费 1502.88 亿元，增长 21.84%。其中，国内旅游消费 1501.79 亿元，增长 21.99%；国际外汇消费 1570.90 万美元，下降 55.74%。桂林获“广西全域旅游示范市”称号。

【旅游市场分析】2021 年，受新冠肺炎疫情影响，入境旅游市场基本停滞。在疫情防控常态化的大背景下，更多的游客选择短途游、周边游，有更多用户选择在离家不远处“宅酒店度假”，周边游、短途游成为 2021 年旅游“主旋律”，带动桂林市一日游的发展。乡村游在乡村振兴的政策带领下，逐渐进入老百姓的生活。从行走距离来看，一半以上的游客选择探索家乡本地的乡村，去乡村遛娃成为亲子家庭的一种新风尚。旅游消费结构方面，前三依次为餐饮、购物、旅游景区游览，分别占比 19.19%、19.07%、14.54%。游客年龄构成方面，出游桂林的游客中，20 岁以上游客占到全部游客的 98.39%。游客住宿喜好方面，按住宿方式分，星级住宿设施、非星级住宿设施、住亲友家过夜人数分别占比为 5∶79∶16。

【两会一节品牌效应和影响力进一步提升】2021 年 10 月 14 日—17 日，第十五届联合国世界旅游组织 / 亚太旅游协会旅游趋势与展望国际论坛、2021 中国 – 东盟博览会旅游展、第十一届桂林国际山水文化旅游节在桂林举办。第十五届联合国世界旅游组织 / 亚太旅游协会旅游趋势与展望国际论坛以“旅游与乡村发展”为主题，分享旅游复苏实践与策略的先进经验和经典案例，为美丽乡村建设、乡村旅游发展，提供更多新理念新路径。邀请参会嘉宾的级别高、影响力大。国际方面有亚太旅游协会(PATA)、世界旅游旅行理事会(WTTC)、世界旅游联盟(WTA)等世界级的国际旅游组织代表，日本国家旅游局等 6 个驻中国办事处的首席代表；国内方面有北京、广州等 18 个省市的文旅部门领导，携程、同程、爱彼迎、中旅旅行、中免集团、中银汇润、重庆大足石刻等国内外大型旅投集团公司负责人，复旦大学、中山大学等大学旅游研究中心的教授和研究员。持续设置桂林板块，着眼打造世界级旅游城市，研究疫后开拓与深挖桂林入境近程客源市场课题，论坛吸引线上观众的广泛参与，论坛开幕当天有超过 300 多万人在线上参会，充分显示该论坛的品牌效应和影响力。2021 中国 – 东盟博览会旅游展以“深化‘一带一路’建设，推动旅游高质量发展”为主题，设置展馆 7 个，共有 50 个境外国家和地区驻华机构、国内 15 个省（自治区、直辖市）及广西 14 个市组团参展，东盟十国全部特装参展。该旅游展已逐步成为国内外旅游互联互通与交流合作的盛会。第十一届桂林国际山水文化旅游节主题为“以文塑旅、以旅彰文”，举办“桂林之夜”沉浸式文化旅游推介会暨第十一届桂林国际山水文化旅游节开幕式、桂林打造世界级旅游城市文化旅游资源推介会、桂林漓泉啤酒音乐节

2021 年，桂林市推进旅游基础设施提档升级，图为梦幻遇龙水车游客服务中心。（唐飞鸿摄）

暨国际美食文化展、"桂林有礼"品牌(旅游商品)发布活动、"丝绸之路——从写实到写意"杨晓阳小幅作品及创作文献展等五大活动。其中,"桂林之夜"沉浸式文化旅游推介会暨第十一届桂林国际山水文化旅游节开幕式依托桂林历史人文,融合音、诗、画、茶、花、香、戏曲、曲艺、舞蹈等元素及艺术表现形式,通过沉浸式城市艺术展和沉浸式情境晚宴营造"视、听、闻、触、味"五感体验,让与会嘉宾体验沉浸式山水人文之旅。

【2021 广西全域旅游大集市】 2021 年 5 月 29 日—31 日,广西全域旅游大集市活动首次走出南宁市,在桂林市举办。该活动以"红色热土 壮美广西"为主题,整合自治区各地的红色旅游精品线路、人文风物、美食等文化和旅游产品,为消费者提供一场视觉、味觉、听觉等多感官沉浸式的文化和旅游消费体验。共集合 100 个县(市、区)共 383 家文旅企业参展,是历届大集市活动参展县区和企业最多的一次。该活动共布置 9 个特装展区,174 个标准展位,推出优惠信息 619 条,首日访客数超 2.5 万人,累计访客超过 5 万人。"一键游广西"平台上的 2021 广西全域旅游线上大集市,自 5 月 19 日上线至大集市活动结束,累计入驻商家 432 家,上线文化和旅游产品达 1208 项,总访问量近 90 万次。桂林市按照"红色 + 古色""红色 + 绿色""红色 + 乡村""红色 + 工业"等融合发展理念,在广西全域旅游大集市开幕式上对外发布"跟随总书记步伐 · 心怀国之大者"之旅、"血战湘江 · 桂林长征"之旅、"抗战文化城 · 桂林保卫战"之旅、"溯源桂林党史 · 不忘初心使命"之旅、"山水甲天下 · 工业创辉煌"之旅、"携手新时代 · 共筑乡村梦"之旅、"致敬光辉革命 · 赓续中山精神"之旅、"中越情谊深 · 寻迹胡志明"之旅、"职工疗休养 · 红色精气神"之旅等 9 条红色游学精品线路。

【大健康和文旅产业多业态发展】 2021 年,市文化广电和旅游局根据桂林不同的康养优势资源优势,指导大健康和文旅项目多业态差异化建设发展。龙光桂林国际养生谷项目重点建设康养中心、疗养中心、养生酒店、运动公园、体检中心、养生社区、旅游住宅、配套教育设施相结合的养生康养综合体;桂林优利特医疗健康诊断项目专注旅游康养、老年康养产品开发,整合医学检验和健康管理服务;恭城瑶族自治县瑶汉养寿城引入知名康养品牌,推进养生多元化服务;全州大碧头健康旅游示范园区侧重于开展中医药健康养生体验游、温泉养生、农耕体验、中小学生中医药文化体验研学活动;中国健康好乡村旅游康养项目则加大康养、养生类经营项目投入,重点推出食疗养生、瑶族瑶浴特色养生等服务项目;市中医医院城北院区建设项目开设中医特色的高端康养或检测项目,针对几大慢性病开设有特色有疗效的康养项目,把中医治未病服务作为卖点。桂林市统筹推进 72 项大健康和文旅产业重大项目,全年实际完成投资额 112.51 亿元,增长 67.04%。9 月 14 日—17 日,桂林市分别到杭州、北京开展大健康和文旅产业招商推介活动,现场签约 3 个项目共 14.85 亿元。

旅游资源

【概况】 2021 年,按照《中国旅游资源普查规范(试行稿)》对旅游资源进行分类,桂林具有地文景观类、水域风光类、生物景观类、古迹及建筑类、消闲求知类、购物类 6 大类,67 个基本类型,占全部 74 个基本类型中的 90.5%。

桂林有世界自然遗产 1 处:桂林喀斯特(漓江)。全球重要农业文化遗产 1 处:龙脊梯田(龙胜各族自治县)。世界灌溉工程遗产 1 处:兴安灵渠(兴安县)。

桂林有国家 5A 级旅游(区)点 4 处:漓江景区(市区—阳朔县)、乐满地度假世界(兴安县)、独秀峰 · 王城景区(市区)、两江四湖 · 象山景区(秀峰区、象山区)。

桂林有国家 4A 级旅游(区)点 46 处:七星景区(七星区)、穿山景区(七星区)、尧山景区(七星区)、南溪山景区(象山区)、芦笛景区(秀峰区)、经典刘三姐大观园景区(秀峰区)、西山景区(秀峰区)、桂林桂花公社景区(秀峰区)、冠岩景区(雁山区)、愚自乐园艺术园景区(雁山区)、桂林旅苑景区(雁山区)、在水一汸景区(临桂区)、新区环城水系景区(临桂区)、罗山湖玛雅水上乐园景区(临桂区)、红溪景区(临桂区)、世外桃源旅游区(阳朔县)、图腾古道—聚龙潭景区(阳朔县)、蝴蝶泉景区(阳朔县)、西街景区(阳朔县)、阳朔三千漓中国山水人文度假区(阳朔县)、诗画遇龙景区(阳朔县)、红军长征突破湘江烈士纪念碑园景区(兴安县)、灵渠景区(兴安县)、猫儿山景区(兴安县)、老山界龙潭江景区(兴安县)、龙胜温泉旅游度假区(龙胜各族自治县)、龙脊梯田景区(龙胜各族自治县)、银子岩旅游度假区(荔浦市)、丰鱼岩旅游度假区(荔浦市)、荔江湾景区(荔浦市)、荔水青山 · 荔江国家湿地公园(荔浦市)、三庙两馆景区(恭城瑶族自治县)、红岩村景区(恭城瑶族自治县)、红军长征湘江战役新圩阻击战纪念园(灌阳县)、灌阳千家洞文旅度假区(灌阳县)、大圩古镇景区(灵川县)、漓水人家景区(灵川县)、古东瀑布景区(灵川县)、逍遥湖景区(灵川县)、大碧头国际旅游度假区(全州县)、红军长征湘江战役纪念园(全州县)、桂林全州县湘山 · 湘源历史文化旅游区(全州县)、永福金钟山旅游度假区(永福县)、资江天门山景区(资源县)、八角寨景区(资源县)、资江灯谷景区(资源县)。

桂林有国家 3A 级旅游(区)点 48 处:万福广场 · 休闲旅游城(象山区)、瓦窑小镇景区(象山区)、侗情水庄景区(象山区)、海之鑫洞藏就文化馆(叠彩区)、芦笛岩鸡血石文化艺术中心(秀峰区)、神龙水世界度假区(雁山区)、多耶古寨 · 蛇王李景区(雁山区)、黄沙秘境大峡谷景区(临桂区)、美国飞虎队桂林遗址公园(临桂区)、李宗仁故居(临桂区)、会仙喀斯特国家湿地公园景区(临桂区)、十二滩漂流景区(临桂区)、抱璞文化展示中心(临桂区)、崇华中医街景区(临桂区)、一院两馆景区(临桂区)、佑子湾景区(临桂区)、桂林之花景区(临桂区)、枫和里文化旅游区(临桂区)、白面瑶寨(龙胜各族自治县)、艺江南中国红玉文化园(龙胜各族自治县)、马岭鼓寨民族风情园(荔浦市)、天河瀑布(荔浦市)、柘村景区(荔浦市)、黄岭景区(恭城瑶族自治县)、杨溪景区(恭城瑶族自治县)、瑶族文化村景区(恭城瑶族自治县)、北洞源景区(恭城瑶族自治县)、龙虎关景区(恭城瑶族自治县)、矮寨景区(恭城瑶族自治县)、社山景区(恭城瑶族自治县)、唐景崧故里景区(灌阳县)、灌阳茶博园(灌阳县)、灌阳神农稻博园(灌阳县)、灌阳洞井古民居景区(灌阳县)、灌阳都庞岭大峡谷景区(灌阳县)、灌阳文市石林景区(灌阳县)、希宇·欢乐城景区(灵川县)、八路军桂林办事处路莫村物资转运站景区(灵川县)、龙门瀑布景区(灵川县)、江头景区(灵川县)、仙家温泉景区(平乐县)、桂林国际茶花谷旅游休闲度假区(全州县)、桂林湘山酿酒生态园景区(全州县)、炎井温泉景区(全州县)、凤山景区(永福县)、罗汉果小镇(永福县)、宝鼎景区(资源县)、塘洞景区(资源县)。

桂林有全国红色旅游经典景区4处:八路军驻桂林办事处旧址(叠彩区)、红军长征突破湘江烈士纪念碑园景区(兴安县)、红军长征湘江战役新圩阻击战纪念园(灌阳县)、红军长征湘江战役纪念园(全州县)。

桂林有国家级风景名胜区1处:漓江。自治区级风景名胜区3处:龙脊(龙胜各族自治县)、青狮潭(灵川县)、八角寨—资江(资源县)。

桂林有国家级自然保护区4处:花坪、猫儿山、千家洞、银竹老山。自治区级的自然保护区7处。县级的自然保护区9处。国家森林公园1处(桂林国家森林公园)。国家地质公园1处(桂林资源丹霞国家地质公园)。国家湿地公园1处(桂林会仙喀斯特国家湿地公园)。国家考古遗址公园1处(桂林甑皮岩国家考古遗址公园)。

桂林有国家级历史文物保护单位20处:甑皮岩新石器时期洞穴遗址、桂林石刻、灵渠、靖江王府和王陵、李宗仁官邸和故居、八路军办事处旧址、父子岩遗址、大岩遗址、桂林静江府城墙、广西省立艺术馆旧址、乐湾村古建筑群、秦城遗址、湘江战役旧址、江头村和长岗岭村古建筑群、燕窝楼、恭城古建筑群、湘山寺塔群与石刻、永宁州城城墙、百寿岩石刻、晓锦遗址。自治区级的历史文物保护单位113处。桂林市(县)级文物保护单位329处。

桂林有国家全域旅游示范区2个(阳朔县、兴安县)。广西全域旅游示范市1个(桂林市)。广西全域旅游示范区4个(秀峰区、灌阳县、全州县、临桂区)。国家级旅游度假区1处(阳朔遇龙河旅游度假区)。自治区级旅游度假区5处(桃花湾旅游度假区、猫儿山旅游度假区、大碧头国际旅游度假区、相思江旅游度假区、大圩漓水文化旅游度假区)。国家级夜间文化和旅游消费集聚区1处(益田西街)。国家级旅游休闲街区1处(东西巷历史文化街区)。广西特色旅游名县8个(阳朔县、兴安县、龙胜各族自治县、荔浦市、雁山区、资源县、灵川县、恭城瑶族自治县)。

桂林有中国长寿之乡3个(永福县、阳朔县、恭城瑶族自治县)。国家历史文化名镇名村8个。全国特色景观旅游名镇名村7个。全国休闲农业与乡村旅游示范县12个。全国休闲农业与乡村旅游示范点25个。国家工农业旅游示范点12个。中国传统村落85个。国家级非遗保护名录8项、7人,自治区级非遗保护名录105项、90人,市级非遗保护名录183项。

【中心区域景点】

漓江景区 全国首批国家5A级旅游景区。漓江发源于兴安县猫儿山,是桂林风光的精华,中国山水风光的典型代表。漓江是喀斯特地形发育最典型的地段,酷似一条青罗带,蜿蜒于万点奇峰之间。从桂林至阳朔约83千米的水程,沿江风光旖旎碧水萦回,奇峰倒影、深潭、喷泉、飞瀑参差,美不胜收。兼有“山青、水秀、洞奇、石美”四绝,还有“洲绿、滩险、潭深、瀑飞”之胜。乘船游览漓江,可见绿岛芳洲、渔舟红帆、鹰击长空、鱼翔浅底。江水赋予凝重的青山以动态、灵性、生命,把人带进神话世界,舟行之际,进入“分明看见青山顶,船在青山顶上行”意境。春天,岚雾缭绕,烟雨缥缈,江山空漾;夏日,上下天光,碧绿万顷,万山刚毅;秋时,江峰如洗,满山飘香,累累硕果;冬季,两岸白雪,山水清灵,纯净高雅。构成一幅绚丽多彩的画卷,人称“百里漓江、百里画廊”。

两江四湖·象山景区 国家5A级旅游景区。由两江四湖景区、象山景区、滨江景区(伏波山公园和叠彩山公园)构成,位于桂林中心城区,是以象鼻山、伏波山、叠彩山为中心,两江四湖为纽带的大型景区,集山清水秀、洞奇石美及丰富的历史文化景观为一体。整个景区沟通连接漓江、桃花江2条河流和榕湖、杉湖、桂湖、木龙湖4个湖泊,构成可通航的环绕桂林城区的水上游览体系。两江四湖景区主要包括以木龙古渡、古城墙为主景,宝积山、叠彩山等为背景的体现城市文化特色的木龙古水道主景区,以山林自然野趣为特色的桂湖景区,以体现“城在景中、景在城中”山水城市空间特征为特色的榕湖、杉湖主景区。象鼻山景区主要有象鼻山、水月洞、象眼岩、普贤塔、三花酒窖、爱情岛、太平天国革命遗址陈列馆等,以其独特的山形和悠久的历史成为桂林城徽标志,位于水月洞内有摩崖石刻50余件,是广西重点文物保护单位,唐代著名诗人韩愈的名句“江作青罗带,山如碧玉簪”镌刻于洞中。水月洞与水中倒影宛如一轮明月,自古有象山水月的美誉。叠彩山上历代名人的摩崖石刻尤多,为文物的精华。伏波山因唐代曾在山上修建汉朝伏波将军马援祠而得名。伏波山公园由多级山地庭园组成,有还珠洞、千佛岩、珊瑚岩、试剑石、听涛阁、半山亭、千人锅及大铁钟等景点和文物,集山、水、洞、石、亭、园、文物于不足1万平方米的范围内,成为独特的桂林山水的缩影。

独秀峰·王城景区 国家5A级旅游景区,全国重点文物保护单位。靖江王城始建于明洪武五年(1372年),史上为明朝藩王府,清时广西贡院,民国时的广西省政府所在地。靖江王城坐东北朝西南,南北长556米,东西宽355米,整个王府占地面积18.7公顷,历经11代14位藩王的历史。按照藩王府定制构筑,保持了中国古代建筑中轴对称的布局,前为承运门,中为承运殿,后为寝宫,最后是御苑。围绕主体建筑还有4堂、4亭和台、阁、轩、室、所等40多处。王城著名的景点有承运殿、太平岩、贡院、独秀峰。独秀峰有“南天一柱”的赞誉，史称桂林第一峰，山峰突兀而起，形如刀削斧砍，周围众山环绕，孤峰傲立，有如帝王之尊，峰壁摩崖石刻星罗棋布，“桂林山水甲天下”千古名句真迹题刻于此。

逍遥楼·东西巷　国家级旅游休闲街区。位于桂林市中心解放东路和正阳路交汇处，包含正阳街东巷、江南巷、兰井巷等桂林传统街巷，空间尺度宜人，是桂林明清时代遗留下历史街巷，是桂林古历史风貌的观景区，总占地面积2.92万平方米，建筑总面积6万多平方米。逍遥楼最早建于唐代武德四年（621年），由当时的桂州大总管李靖以独秀峰为中心修建桂州城，称为“子城”，逍遥楼坐落在子城的城墙上，成为桂林东边的一个制高点。唐宋以来，逍遥楼是文人雅士登楼赏景、题诗作画、宴饮留别的绝佳场所。逍遥楼重建地点在离逍遥楼原址不远的解放桥西北角，并依照唐代建筑风格，由著名设计师精心设计，历1年时间，千古名楼建成。东西巷历史文化街区以传统居住、传统商业、文化体验、休闲旅游等主要功能为基础，融合景区游赏，以“市井街巷、名人府邸”特色，同时体现时代发展的多元文化复合型历史风貌区，整体建筑风格还原了老东西巷明、清古风貌建筑群。

芦笛景区　国家4A级旅游景区。位于桂林市西北郊，因洞口长有一种可做笛子的芦荻草而得名，是一个以游览岩洞为主、观赏山水田园风光为辅的风景名胜区。芦笛岩洞深240米，游程500米。洞内有大量奇丽多姿、玲珑剔透的石笋、石乳、石柱、石幔、石花，琳琅满目，主要景点有狮岭朝霞、红罗宝帐、盘龙宝塔、原始森林、水晶宫、花果山等景观，令游客目不暇接，如同仙境，被誉为“大自然的艺术之宫”。从唐代起，历代都有游人踪迹，现洞内存历代壁画77则。1959年发现并开发，建有餐厅、茶室、水榭、湖池、曲桥，并设游船，广植花木等。

七星景区　国家4A级旅游景区。位于漓江东岸，面积134.7公顷，因有七星山、七星岩而得名。七星山七峰并峙，宛如北斗星座，北四峰象斗魁，称普陀山，南三峰象斗柄，称月牙山。

2021年，秀峰区“东西巷历史文化街区”获评为广西旅游休闲街区。（唐飞鸿摄）

著名的七星岩就在普陀山山腹。岩洞雄厅深邃，洞中石钟乳、石笋、石柱、石幔等千姿百态，蔚为奇观。桂林山水的精品“三山两洞一条江”，其中“两洞”指七星岩、芦笛岩。七星景区具有典型的岩溶地貌景观，集山、水、洞、石、庭院、林木、文物等精华，其主要景观有花桥、普陀山、七星岩、驼峰、月牙山、桂林海碑林、栖霞禅寺以及华夏之光广场等，是旅游者的必游之地。

穿山公园　国家4A级旅游景区，国家级重点风景名胜区。位于桂林市区漓江东岸，是自然风景与人文景观相映衬的著名风景区，因园内山峰穿山而得名。主要有穿山、塔山、月岩、穿山岩、寿佛塔等胜景。穿山岩被誉为“世界罕见神奇的水晶宝洞”，位于穿山山腹，岩洞常年温度保持在22摄氏度，冬暖夏凉。洞内精美的石钟乳、石笋、石幔，琳琅满目、美不胜收。主要景观有天鹅湖、一线天、水帘洞、芭蕾脚、龙戏龟、卷曲石等，特别是晶莹剔透的鹅管石，雪白如玉的白玉石，新奇的石头开花和独特的石头长毛，形成了穿山岩独有的四大特色。穿山是桂林的名山之一，自古负有盛名，主峰有一穿洞，空明正圆，好似一轮明月高挂，因此得名月岩。登上月岩，不仅可欣赏到摩崖石刻，还可眺望漓江和桂林城景。小东江自北而南，曲贯穿山与塔山之间。塔山顶上，一座明代七层实心寿佛塔巍然耸立，江中倒映，雅致清丽，有“塔山清影”之誉，是桂林“老八景”之一。

靖江王陵　全国重点文物保护单位，国家级大遗址保护重点园区。位于桂林市东北郊的尧山西南麓，是明王朝分封在靖江（桂林）历代诸王的陵园，规模宏大，素有“岭南第一陵”之称。靖江王陵是保存最完整、墓葬数量最多的明代藩王墓群。王陵的墓园布局大体相同，皆采用两院落式长方形布局，沿神道中轴线左右对称，呈“回”字形结构，中轴线上依次筑有陵门、祾恩门、祾恩殿、宝城。神道两旁为对列整齐的石作仪仗队。王陵墓群现存地表石刻334件，数量上居全国明代藩王陵首位，体现了不同时期的风格，反映了古代艺术家的追求与成就，同时也为研究明代藩王陵的墓仪规制提供一套较为完整的实物资料。

甑皮岩新石器时期洞穴遗址　全国重点文物保护单位。甑皮岩新石器时期洞穴遗址于1965年发现，1978年对外开放，占地5万平方米。遗址包括主洞、矮洞、水洞，洞穴面积约1000平方米，出土了石器、骨器、蚌器、角器、牙器和陶器残片。发现了中国最原始的陶器和新石器洞穴遗址最早的石器加工场。发掘了古人类骨架32具，其中大部分为屈肢蹲葬。出土了古人类食后遗弃的113种水、陆生动物遗骸，其中哺乳类的“秀丽漓江鹿”，鸟类的“桂林广西鸟”是首次发现的绝灭种属。鉴定出植物孢粉和碳化物近200种，其中发现了中国最早、距今约1万年的桂花种子。遗址的遗

迹遗物记载和展示了距今 12000 年—7000 年的桂林史前文化发展轨迹，被考古界称为“华南及东南亚史前考古最重要的标尺和资料库之一”，有“史前明珠”之誉。

美国飞虎队遗址公园　位于临桂区临苏路秧塘机场遗址，是在抗日战争时期美国第十四志愿航空队秧塘机场指挥所旧址上建设的一个纪念公园，保存有山洞指挥所、陈纳德将军观战石、飞机掩体等文物。有抗战纪念馆、抗战英雄纪念碑、抗战英雄浮雕墙、空军将士情景雕塑以及营房、指挥所等项目。纪念馆内陈列着与“飞虎队”相关的军服、勋章以及老照片等历史文物近 300 件，均由美国飞虎队历史委员会捐赠。纪念馆综合利用现代声光电展览陈设技术，结合图片、文物、模型复制品等，还原飞虎队在桂林的抗日史实。遗址公园建成后，成为美国飞虎队老战士及家属和朋友重温历史、瞻仰前辈先烈的重要基地，成为进一步增进中美两国友好交流的重要平台。2017 年 3 月 25 日，在美国飞虎队桂林遗址公园开园两周年之际，美国飞虎队历史委员会正式向桂林捐赠了一架 C-47 飞机，永久陈列在美国飞虎队桂林遗址公园。

临桂环城水系公园　临桂环城水系于 2018 年 5 月 1 日开放通航。是继两江四湖之后桂林的“新名片”“新地标”大工程。于 2011 年 4 月开工建设，是一个依托本地自然资源，体现桂林“山—水—城—林”生态城区特色，集改善新城水环境、实现湖塘水域与河流连通、形成新的旅游景观以及防洪排涝于一体的综合性项目。临桂环城水系河道的总长度约有 20 多千米，由机场路立交进入新区后，呈环抱式将整个核心区包围起来，通航河段长约 8 千米，穿行 16 座桥梁，设有中央公园和大皇山两个游船码头，可通行 30 人至 40 人的游船。乘船游览，一路不仅能够看到创业大厦、一院两馆、建设大厦和金融大厦等地标性建筑，还能欣赏到中心公园内的怡人生态，以及沿岸造型各异的亭台楼阁，真正实现城景交融。

【东部区域景点】

尧山景区　国家 4A 级旅游景区。尧山景区位于桂林市东郊，距市中心 8 千米，主峰 909.3 米，是桂林市内最高的山峰尧山冈峦起伏，气势磅礴，植被丰茂，杜鹃遍野，是一处自然风光和古代陵墓集中的风景名胜区。山上建有索道和滑道，为游人提供方便。主要景观有：茅坪庵、寿佛庵、天赐田、白鹿禅寺遗址、天赐泉、尧山杜鹃、尧山冬雪等。乘观光索道可直达尧山之顶，极目四望，风海山涛，云水烟雨的桂林山水就如同盆景一一展现。因此，尧山被誉为“欣赏桂林山水的最佳去处”。在山顶向东南方望去，可以看到巨大的天然卧佛。下山时可以选择乘坐滑道，穿梭于花海丛林之中，享受贴地飞行的快感。

冠岩景区　国家 4A 级旅游景区，国家名胜风景区。位于桂林市东南郊草坪回族乡，因山形似一古老的紫金冠而得名。从桂磨旅游专线转大草公路即可抵达，距桂林市区 29 千米。公元 1637 年，地理学家、探险家、旅行家徐霞客曾到冠岩探险游览，并在《徐霞客游记》中有详细记载。越南国父胡志明、泰国公主诗琳通、朱拉蓬多次游览冠岩。抗日名将李宗仁为冠岩题刻“光岩”，立意光复中华。1992 年开始综合性开发，1995 年向社会开放。冠岩处在漓江中段，是百里漓江精华段“零距离景区”。景区所在的草坪回族乡，民族风情浓郁。占地面积 400 余公顷，属典型的喀斯特岩溶地貌，溶洞多，山峰奇，地下河发育完整，地上江流清澈，周边山峰挺拔环绕、小岛散落俊秀。冠岩神奇幽深，分三层五洞，上面两层为旱洞，下层为水洞，洞洞相连、透迤曲折，洞内悬挂着各形各态的石钟乳，长约 3 千米，洞内有轨电车、游艇、观光电梯，堪称奇绝，获两项世界吉尼斯纪录。以冠岩地下河游览区为中心，拥有乡吧岛、电动滑道车、重力滑道车、云雾山庄，冠岩饭店等旅游项目和齐备的配套设施，集旅游观光、会议疗养、食宿娱乐为一体。

古东瀑布景区　国家 4A 级旅游景区。广西首家绿色环保教育基地，广西青少年科普教育基地。位于桂林市灵川县，距桂林市区 26 千米，桂大公路可达。是桂林东线旅游黄金线上的一颗璀璨明珠，属原始森林与瀑布结合的森林氧吧游览胜地。2000 年建成开放，占地 200 公顷，有瀑幽、潭碧、枫红，融原始生态、地质奇观、民风民俗于一体。景区游览全程 2.6 千米，分为 5 个部分，即前景区、三姐湖、生态广场、多级瀑布区、原始森林区。多级瀑布、走瀑戏浪和“千亩原始香枫林”是景区特色。每年 11 月下旬，景区都要举办一次红枫节，此时 200 公顷香枫林满山红遍，层林尽染，吸引大批中外游客。

逍遥湖景区　国家 4A 级旅游景区。位于灵川县大圩镇，距市区 20 千米，占地 200 公顷，游览线路长约 3 千米，属于以山林、山溪、山间之湖组成的自然生态景区，是观光游览和休闲度假的好去处。景区重建了以逍遥楼为代表的桂林历史名楼名亭，通过仿古园林建筑、石刻诗词文章、历史名人趣事、坊间古风民俗、桂林八大状元，

临桂环城水系。　　（唐飞鸿 2021 年摄）

再现了底蕴深厚的桂林历史文化。景区设有350米高空滑索，让游客体验空中飞人的强烈刺激；西瓯丛林有探险小项目36个，可以激发游客挑战自我、跨越丛林的冒险精神。景区还设置小溪趟水、榕溪泛舟、桂林傩舞、罚酒吟诗、蒙眼点状元、娱乐高尔夫、乘坐观光车等游乐互动项目，游程之中乐趣横生。

漓水人家　国家4A级旅游景区。漓水人家位于灵川县大圩镇潮田河畔，距桂林市区19千米，是集文化、旅游、农业、生态于一身的旅游综合体。是以桂北风情、古民居建筑艺术、民间传统工艺为主题的村落。村落将漓江流域的传统文化、生产生活方式、建筑及环境真实生动的复制进来，并配以丰富多彩参与性活动及趣味性解说，让游客能直观地看到过去又能真切的体验传统。

【南部区域景点】

阳朔西街　国家4A级旅游景区。位于阳朔县城中心，是阳朔县古老街区，有1400多年历史。全长1180米，宽8米。西街的房屋建筑古朴典雅，呈桂北明清时期风格，处处可见小青瓦、坡屋面、白粉墙、吊阳台。环境古尚，民风淳朴，商业繁荣，文化交汇，游人如织。西街各式商行铺面比邻连接，洋溢民族气息。被称誉为“中国第一条洋人街”“最大的外语角”“名副其实的地球村”，不同爱好的各国游客在这里自由地游览、活动、交友，形成了中西文化的交汇点。

遇龙河国家级旅游度假区　国家级旅游度假区。位于阳朔县中西部，总面积86平方千米(其中核心区面积30平方千米)，遇龙河蜿蜒贯穿度假区全境。遇龙河是漓江在阳朔境内最长的一条支流，素有“小漓江”之称，两岸青峰起伏，翠竹葱郁，荷塘连片，稻田金黄，果园飘香，白鹭蹁飞，是天人合一的诗意境界、返璞归真的自由天地、如诗如画的田园风光。度假区依托遇龙河经过多年的发展，逐步实现从“旅游目的地”向“旅居目的地”转型，度假区内有秀丽的山水田园风光和独特的人文景观，形成了以遇龙河、桂林千古情、大榕树、月亮山等为主的景区集群，打造了墨兰山舍、秘密花园、山畔度假酒店、香樟华苹等一批高端精品民宿酒店集群，铁人三项、国际攀岩节等一批国际赛事纷纷落户，让度假区成为世界旅游组织推荐的最佳休闲旅游目的地。

印象·刘三姐　全国文化产业示范基地、广西文化产业示范基地、广西民族风情旅游示范点。获中国乡土文化艺术特别贡献奖、首届文化部创新奖和第三届中国十大演出盛事奖、最佳导演奖。印象·刘三姐集漓江山水、广西少数民族文化及中国精英艺术家创作之大成，是一部全新概念的大型山水实景演出。演出地点为漓江山水剧场，位于阳朔县书童山。张艺谋、王潮歌、樊跃任总导演，67位中外著名艺术家参与创作，整场演出全长70分钟，演出人员600余人。演出以“印象·刘三姐”为主题，大写意地将刘三姐的经典山歌、广西少数民族风情、漓江渔火等元素创新结合起来，融入山水，还于自然，成功诠释了人与自然的和谐关系。

桂林千古情　位于阳朔县千古情大道，距离阳朔县城3千米。由宋城演艺和桂林旅股联合打造。景区拥有上万平米全室内空调开放的3号秘境旅游综合体、风雨廊、五星级标准洗手间。巨型歌仙造像是八桂大地真善美儿女的化身。景区内鬼屋、清明上河图电影馆、奇妙街等高科技和儿童体验项目妙趣横生。阳朔古村营造独特的农耕市井生活风貌，市井街、风情街内爷爷的酒缸、奶奶的糕点、爸爸的玩具等手工作坊留住乡愁、寻找父辈的记忆。情人港、4号海湾是年轻人休闲的好去处。还有实景体验剧《大地震》，以及《锅庄狂欢》《民族快闪秀》等演艺秀和科技秀。大型歌舞《桂林千古情》，用独特的导演手法、全新的表现形式，彰显宋城品质、国际水平。全剧分为《远古的呼唤》《大地飞歌》《米粉传情》《靖江王府》《刘三姐》等场，金戈铁马，美女如云，再现一段三生三世的桂林绝恋。演出运用先进的声、光、电等高科技手段和舞台机械，在水陆空三维立体空间，唱响八桂大地穿越时空的真善美传奇，将八桂文化带入大家的视野。

三千漓山水人文度假区　国家4A级旅游景区。位于阳朔兴坪，漓江旅游精华段，毗邻兴坪古镇，背靠九马画山、黄布倒影、20元人民币佳境等漓江资源，距离桂林市中心仅46千米，距离阳朔县城26千米，距离阳朔高铁站6千米。项目投资近30个亿，以“渔樵耕读自在闲”为文化主题，融入渔舟唱晚、躬耕乐道、清歌樵苏、读窗疏影等四大休闲生活方式。以“渔樵耕读”为文化主题，分为时光兴坪

三千漓山水人文度假区。　（唐飞鸿2021年摄）

(文化旅游街区)、田园牧歌(生态田园旅游区)、梦梓村舍(田园度假居住区)、清歌樵苏(山居休闲旅游区)、闲云空谷(会议度假区)五大功能分区,以度假为核心,融合酒店、餐饮、娱乐、文创、亲子、教育、演艺、体育、康养以及商务会议等业态的休闲养生度假小镇。街区内规划有文创艺术、亲子营地、自然课堂、主题住宿、特色餐饮、缤纷游玩等产品形态。

兴坪古镇　兴坪古镇是一座有1000多年历史的古镇。距离阳朔县城28千米。周围群峰竞秀,有"三岩、五井、十二山"等名胜。兴坪古镇现尚有众多的文物古迹,主要集中在兴坪古街及离镇约2000米远的渔村。这里的古桥、古渡、古亭、古戏台、古庙、古寨、古树和古村落建筑群,比较完事地保持原有的历史环境风貌,身临其境,仍可领略"老街长长,古巷深深"的意趣。兴坪古街是一条长1000多米的石板街。从兴坪古镇东南至漓江榕树潭、古渡码头,便于居民、客商来往,各省的会馆建筑于古街的两旁,现各类砖瓦结构的古建筑大部分保存完好。现城墙轮廓尚清,随处可见古砖瓦陶瓷残片,只是原来"车马来往人看人"的繁华县城,现呈现出一派青山幽幽、村舍几座的肃静氛围。

世外桃源景区　国家4A级旅游景区,全国首批农业旅游示范点。位于阳朔县白沙镇,是根据陶渊明《桃花源记》中描绘的桃源美景并结合当地田园风光所设计开发的大型旅游景区。集山水、田园、民俗于一体,展示了一幅古桥、流水、田园、老村与水上民族村寨融为一体的画图。青山秀水环绕,生态环境优美,全程可乘船游览。景区展示了少数民族的特色建筑,有侗族鼓楼、风雨桥、壮族小姐楼、苗族刀山(架)、土家族图腾柱等。

银子岩景区　国家4A级旅游景区,桂林市文明旅游风景区示范点。位于荔浦市马岭镇。1999年初对外开放,岩洞为典型的喀斯特地貌,贯穿12座山峰,属层楼式溶洞,汇集了不同地质年代发育生长的钟乳石,晶莹剔透,宛如夜空中的银河倾斜而下,闪烁出像银子、似钻石的光芒,所以称银子岩。洞内特色景点数十处,最为著名的景观有"雪山飞瀑""音乐石屏""瑶池仙境"。被誉为"世界溶洞奇观"。

丰鱼岩景区　国家4A级旅游景区,自治区级田园旅游度假区。位于荔浦市龙怀乡,属洞穴与地下河景观构成的溶洞观光景区。丰鱼岩洞穴长5.3千米,其中暗河水洞长3.7千米,旱洞长1.8千米。洞内最高处有36米,洞穴面积12万平方米,最大的一处洞厅面积2.55万平方米。洞中大厅连小厅,石笋、石柱、石幔林立,其中定海神针、不夜城、宝塔王国、八方锦绣等景点辉煌壮丽,灿烂缤纷。洞内暗河漂流观赏区全长3.3千米,河道曲折,空谷幽邃,岸危穹高,忽仰忽倾,恍若回到混沌初开的远古时代。

恭城瑶族自治县"三庙两馆"景区　国家4A级旅游景区。包括文庙、武庙、周渭祠、湖南会馆和恭城瑶族博物馆。文庙又称孔庙,全国重点文物保护单位,位于恭城瑶族自治县县城西山南麓,是纪念古代杰出教育家、思想家孔子的庙殿,始建于明朝永乐八年(1410年),总面积3600平方米,是国内保存较完整的孔庙之一,有"华南小曲阜"之称。建筑布局依次为照壁官墙、礼门、义路门、棂星门、泮池和状元桥、左右碑亭和东西厢房、大成门、名宦祠、乡贤祠、东西庑殿、露台、大成殿,最后是崇圣祠。门、院、殿宇贯穿在一条中轴线上,左右对称排列,层次分明,布局严谨。武庙为全国重点文物保护单位,该庙是纪念祭祀三国时期的名将关羽的祠庙,又称关帝庙。始建于明朝万历三十一年(1603年),庙宇面积2100平方米,武庙规模较大、气势宏伟,保存完整。周渭祠又称周王庙或嘉应庙,建于明朝成化十四年(1478年),清朝雍正元年(1723年)重修,是祭祀北宋监察御史周渭的祠庙。占地面积1600多平方米,建筑面积1040平方米,由戏台、门楼、大殿、后殿及左右厢房组成。周渭祠门楼面阔五间,重檐歇山,颇有明清古建筑特色。正殿塑有周渭像,两边的墙壁上用壁画的形式展示周渭生平故事,并配有诗赋。湖南会馆建于清朝同治十一年(1872年),为三湘同乡会集资所建,占地面积1847平方米,建筑面积1420平方米。由门楼、戏台、正殿信两边厢房组成。因其结构独特,造型奇巧,雕饰丰富,花草人物繁杂,故有"湖南会馆一枝花"之美称,其丰富的彩饰古戏台具有明显的岭南古建筑特色,有较高的艺术价值和研究价值。恭城瑶族博物馆位于恭城瑶族盘王阁内,2014年布展,2017年开放。馆内陈列了反映瑶族的起源、分布、迁徙、分支、服饰、习俗及民风民族等。

【西部区域景点】

龙胜温泉旅游度假区　国家4A级景区。位于龙胜各族自治县江底乡,是以山间温泉为特色,集康体、休闲、度假、商务、旅游于一体的综合性旅游度假区。温泉由地下1200米深处岩层涌出,分上下两大泉群,有16眼泉口,水温为54摄氏度—58摄氏度。温泉水质为天然饮用矿泉水,含有锂、锶、铁、锌、铜等10余种于人体有益的微量元素。。度假区周边旅游项目丰富,有惊险刺激的岩门峡漂流、"横空出世"的龙舌岩、森林茂密、植被丰富的龙胜温泉国家级森林公园以及具有浓郁民族风情的农家乐等休闲观光旅游项目。

龙脊梯田　国家4A级旅游景区,自治区级风景名胜区。位于龙胜各族自治县龙脊镇。以农艺梯田景观为主体,集自然景观、人文景观、民族风情于一体的综合型旅游景区。龙脊梯田始建于元朝末期,成形于明朝,完工于清朝初期。主要以平安壮族梯田和金坑红瑶梯田为主体,并向周边村寨辐射的梯田群体。景区占地面积71.6平方千米,梯田分布在海拔300米—1100米之间。龙脊梯田规模宏伟、气势磅礴,线条行云流水,堪称"天下一绝",是中国南方农耕文明的集中体现。一年四季各有神韵,春如层层银带,夏滚道道绿波,秋叠座座金塔,冬似群龙戏水,被艺术家们赞叹为"神奇的韵律、优美的线条"。

资江景区　国家4A级旅游景区,国家森林公园,国家地质公园,自治区级风景名胜区。国家3A级旅游景区、国家森林公园、国家地质公园、自治区级风景名胜区。位于资源县北部。属丹霞地貌、生态型自然风景区。景区系3000万年前强烈的造山运动构成南北走向的山脉,由白垩系红色砾岩、

资江景区。（唐飞鸿 2021 年摄）

砂岩、泥岩构成软硬相间的岩层，在漫长的地质年代里由于风化、剥蚀、侵蚀和溶蚀的综合作用，逐渐发育形成的丹霞地貌。资江历史上是湘桂两地重要通道，漂流旅游的黄金水道，开辟了机动木船、橡皮艇、竹筏等游览项目，漂流中途可参观浪田瑶寨，观看浪田瑶族歌舞表演。漂流河段是资江景观最为集中的地带，全长 22.5 千米，河谷深割，似玉带穿梭于奇山峻岭之中。两岸丹峰耸立，植被丰富多样，原生态植物保护完好，有国家重点保护的资源冷杉、福建柏、鹅掌楸、马蹄参、香果木、银杏、观光木等。沿途有风帆石、火炬山、神象饮水、浪田瑶寨、将军骑马镇天门等景点 60 多处。

八角寨　国家 4A 级景区，国家森林公园，国家地质公园，自治区级风景名胜区。国家森林公园，国家地质公园，自治区级风景名胜区。位于资源县北部。景区面积 40 平方千米，丹霞地貌发育最为典型，其丰度和品位高，具有大、多、长、密、厚等特质，被专家誉为“丹霞之魂”。景区以峰林为主，涵盖了丹霞地貌中的石寨、石墙、石崖、石柱、石峰、嶂谷、峰林、水蚀溶洞、造型地貌、天然壁画等类型，奇景变幻多姿。主峰八角寨又名云台山，因主峰斜生八个翘角而得名

花坪　国家级自然保护区。位于桂林市临桂区与龙胜各族自治县县西南部交界处，从 321 国道桂林到临桂区宛田乡或到龙胜县转三门乡可进入，是集森林探险、珍稀物种观光、科普教育于一体的综合性自然生态旅游区。保护区创建于 1961 年，总面积为 1.51 万公顷，森林覆盖率为 97.48%，是中国保存较好的亚热带常绿原始阔叶林区，动植物资源十分丰富。有“花的世界”“瀑布之乡”“动物王国”之美称。保护区内分为红毛河、粗江、红滩、广福四大景区，主要有观赏银杉、红滩峡谷寻幽探险、广福顶登高望远、广福湖泊荡舟垂钓等旅游项目，以徒步为主要旅游方式。

李宗仁故居　全国重点文物保护单位。位于临桂区两江镇。故居西北倚靠天马山，西南边有古定山和肖家山。占地面积 5060 平方米，建筑面积 4039 平方米。始建于清宣统三年（1911 年），经 3 期扩建而成，为木结构二层楼房，四周围以院墙，用青砖包泥砖砌筑，院内由安乐第、将军第、学馆和三进客厅组成，分布有 7 个院落，13 个天井，共有大小厅房 113 间，既具有雄踞一方的庄园气派，又富桂北民居建筑特色。整个院落楼轩相连，廊庑回环，点缀有泉池、百年古杨、山茶、苏铁等珍稀花木。李宗仁在此度过他的童年和少年时代，从政后亦数度居此。

【北部区域景点】

红军长征湘江战役纪念设施（三园三馆）　包括红军长征湘江战役纪念园（馆）、红军长征突破湘江烈士纪念碑园、红军长征突破湘江纪念馆、湘江战役新圩阻击战酒海井红军纪念园、新圩阻击战史陈列馆。1934 年 11 月 25 日至 12 月 1 日，连续突破三道封锁线的中央红军经过湘江流域的广西桂林灌阳、全州和兴安境内时，遭到国民党军队重兵围追堵截，为确保中共中央和中央红军主力渡过湘江，粉碎敌人围歼红军于湘江以东的企图，中央红军在湘江上游广西境内的兴安县、全州县、灌阳县，与国民党军苦战数昼夜，最终从全州、兴安之间强渡湘江，突破了国民党军的第四道封锁线，粉碎了蒋介石围歼中央红军湘江以东的企图，成为中央红军长征以来最壮烈的一战。2018 年—2019 年，桂林推进湘江战役纪念设施建设保护和红军遗骸收殓保护工作，完成 68 个湘江战役纪念设施建设保护项目和红军遗骸收殓、集中安放工作。

乐满地度假世界　国家首批 5A 级旅游景区，中国十佳主题乐园，中国先进游乐园，被喻为中国欢乐之都，位于兴安县，是集狂欢主题乐园、五星级度假酒店、木屋别墅、高尔夫球场于一体的综合性度假胜地。主题乐园分为欢乐中国城、美国西部区、梦幻世界区、大峡谷漂流等 30 余项惊险刺激的游乐设施，有好莱坞影视特技秀、魅力狂欢大巡游、街头秀等演艺项目。

猫儿山景区　国家 4A 级旅游景区。猫猫儿山主峰海拔 2141.5 米，号称“华南第一峰”，是漓江、寻江、资江发源地。景区内风景秀丽，气候宜人。景点包括华南绝顶、穿仙洞、通天道、华南虎、猫岳佛光、睡美人、铁杉荟萃、漓江源、杜鹃花廊、龙潭、十里大峡谷、剑崖大瀑布以及 1996 年发现的美国二战援华飞机（飞虎队）失事之地等，整个景区是集科教、探险、猎奇、度假、避暑、竹木经济开发、缅怀革命先烈与纪念国际友人为一体的综合性国际旅游景区。

灵渠　国家 4A 级景区，国家级历史文物保护单位，世界灌溉工程遗产。又名秦凿渠，或称陡河，位于兴安县。建成于秦始皇三十三年（前 214 年），与四川都江堰、陕西郑国渠并称为秦代三大水利工程。2004 年重新修复秦城水街，2005 年 4 月向社会开放，秦城水街沿灵渠而建，长约 1 千米，地处秦代著名水利工程灵渠的城

灵渠。（唐飞鸿 2021 年摄）

区一段，沿街建筑古老而富有岭南特色，楼台亭阁、小桥连廊精巧典雅。秦城水街整体分为古建设文化、古桥文化、古石雕木雕文化、古灵渠文化、岭南市井风俗文化 5 个主题，主要景观有秦文流觞、娘娘桥、万里桥、七层佛塔、北街里、马嘶桥、湖广会馆、漓江书院、照壁砖雕、百米浮雕、三将军墓等。

江头村和岗岭村古建筑群　全国重点文物保护单位。江头村和长岗岭村都位于灵川县，两个村在明、清时期已形成具有历史、艺术、科学价值的民居祠堂、牌坊、巷道、墓葬等建筑群。江头村历史悠久，古民居建筑种类齐全，规模宏大，分布着明中晚期、清朝时期、民国时期民居的古建筑群。江头村周氏是北宋理学家周敦颐后裔，明代迁居至江头村。该村保留有江头周氏居住的明清古建筑 100 余座，建筑的着色、雕花、布局均按周敦颐的理学文化构建，具有明显的文化特色。长岗岭村位于兴安灵渠至桂林、大圩古商道的中央，有“小南京”之称。该村先民依托地理优势经商发迹，清代及民国时期成为桂林一带的富豪村，该村古民居的跨度、高度、宽度堪称桂林民居之首，古墓石雕豪华气派、古商道幽深完整。

全州大碧头国际旅游度假区　国家 4A 级旅游景区，自治区级旅游度假区。位于全州县庙头镇大碧头村，距离全州县城 30 千米，但离高速公路出口仅 6 千米。已建成营业云田养生温泉、阡陌居度假酒店、大地景观、半山居度假别墅、丛林奇境等五大核心业态。景区内有养生温泉、野奢酒店、稻田餐厅、大型户外丛林探索项目、灯光秀场、大碧头古村落等数百个子项目，成为“全品类”“全龄化”“全季度”的国际旅游度假全境。景区结合山水、田园元素打造情景式体验区，稻田艺术、萌宠乐园里留住纯真童趣，星空露营、房车营地中藏着山野别趣，更延续着中国传统农耕文化，为游客们提供最原始的农耕体验，在山水中享受采菊东篱下的悠然与惬意。景区还拥有国内最长空轨速降滑道、500 米长

表 5　**桂林市主要旅游景区（点）一览表**

区域	主要旅游景区（点）
桂林市区	两江四湖·象山景区、独秀峰·王城景区、逍遥楼·东西巷、芦笛岩、西山景区、七星景区、桂海碑林博物馆、愚自乐园（法国地中海俱乐部桂林度假村）、八路军桂林办事处旧址、靖江王陵、冠岩、穿山公园、南溪公园、西山公园、尧山景区、刘三姐景观园、虞山景区、甑皮岩、李宗仁官邸、园林植物园、訾洲公园、芦笛岩鸡血石文化艺术中心、桂林旅苑景区、九滩瀑布、花坪、十二滩漂流、古桂柳运河、李宗仁故居、刘三姐茶园、义江缘景区、红溪、五通浮州塔、东宅江瑶寨蝴蝶谷、岚岩生态长寿村、会仙湿地、罗山湖·玛雅水上乐园景区、崇华中医街景区、临桂环城水系公园等
阳朔县	大榕树景区、兴坪景区、杨堤景区、福利景区、印象·刘三姐、阳朔西街、遇龙河、世外桃源、碧莲峰、历村、月亮山景区、蝴蝶泉、聚龙潭、鉴山寺、莲花岩、龙颈河漂流、图腾古道—聚龙潭景区、桂林千古情、三千漓等
灵川县	漓江·古东景区、漓水人家、青狮潭、大圩千年古镇、东江生态旅游区、世纪探古乐园、海洋银杏林、江头景区、毛洲三岛农家乐、逍遥湖景区等
全州县	湘山寺景区、炎井温泉、天湖、三江口、龙岩洞、燕窝楼、溪竹山、童母岩、千年古樟、虹饮桥、觉山铺、关岳庙、凤凰嘴、大坪渡、语录山、全州红军长征湘江战役纪念园、大碧头国际旅游度假区等
兴安县	乐满地度假世界、灵渠、秦城水街、红军长征突破湘江烈士纪念公园、超然派度假山庄、秦家大院、世纪冰川大溶洞、古严关、猫儿山、五里峡水库等
永福县	永宁州城城墙、百寿岩石刻、板峡湖景区、金钟山旅游度假区、孔雀山庄、龙江社边农家乐、白马山庄等
灌阳县	九龙岩、赤壁山、灌江山峡、太子山风景旅游区、月岭古民居、文市石林、黑岩、千家洞、九如堂、新圩阻击战遗址、灌阳烈士陵园、唐景崧故居、米珠山农家乐等
龙胜各族自治县	龙脊梯田、龙胜温泉旅游度假区、龙胜温泉国家森林公园、龙脊古壮寨、岩门峡漂流、平安壮寨、银水侗寨、玉龙滩、白面红瑶寨、三门红瑶寨、红军岩、黄洛红瑶寨、金竹壮寨、细门红瑶寨、玉牙谷等
资源县	资江、八角寨、天门山、宝鼎瀑布、五排河漂流、福满园温泉、晓锦遗址等
平乐县	桂江生态游、榕津古镇、仙家温泉、冷水石景苑等
荔浦市	银子岩景区、丰鱼岩景区、龙怀文化景区、长滩河漂流、鹅翎禅寺、荔江湾景区、龙皇山、天河瀑布、银龙古寨等
恭城瑶族自治县	三庙一馆景区、红岩生态旅游村、朗山古民居、大岭山桃花源景区、茶江水上乐园、横山瑶寨、社山生态旅游景区、豸游周氏祠堂等

的溜索、全长300米景区轨道三角翼、CS基地等，让游客感受自然的同时也能体验速度与激情。

天湖景区　位于全州县才湾镇，在华南第二高峰真宝顶东侧。海拔1600多米，是由高山草地、原始森林13座水库组成的湖泊群，典型的高山湖泊景观。景区面积43平方千米，高山顶上的座座水库相互贯通，互成补充，点缀在崇山峻岭间。满山生长着高山植物，随山体高低不同形成层次变化，绿茵茵的草甸，像厚厚的绿毯覆盖在山坡上，成为天湖奇观。天湖水电站水头落差高达1074米，为亚洲第一高水头电站。炎井温泉国家3A级旅游景区。位于全州县大西江镇炎井村，地处越城岭山脉北端，海拔高度700米—1000米。温泉属低钠低矿化度含氟偏硅酸及高温氡医疗矿泉。景区周围山峰林立，原始森林苍翠葱茏，蔚为壮观。景区内高山幽谷，环境优雅，冬暖夏凉，气候宜人，宛若一幅清新秀丽的山水画。沿途还有虹饮桥、千年古樟、精忠祠、童母岩等众多景点。

月岭古民居　位于桂林市灌阳县城北面文市镇月岭村。该村为灌阳县古老文明的第一村，居住着约400户人家，已有700多年的历史。祖居为唐氏家族，至今一脉相传28代无一旁姓。月岭古民居是广西区内保存较为完整的古民宅群落。月岭村方圆4平方公里，古民居、文物古迹与周围的自然环境、人文景观融为一体。古民居始建于明末清初，属典型的湘南式民居建筑，全村各院围墙、道路均用青石围砌，建筑基本保存完好。有六个大院最为完整和典型，相传是唐氏祖上为其六房儿子修建的庭院，其庭院各立门楼，每院由六幢组成，每幢均为上下两层结构，前设中门、天井和大堂，后有小堂和天井，配有住房、厨房、客房、仓库和私家戏楼，还有水井花园。有建于清道光十四年至十九年(1834年—1839年)的“孝义可风”石牌坊，被专家誉为石雕博物馆，属自治区文物保护单位。有建于清乾隆年间的步月亭和文昌阁，有县级文物保护单位催官塔，有反映民风民俗、建于清宣统二年(1909年)的百岁亭，有将军庙、古石寨、唐孔林墓等古建筑。　　(唐飞鸿)

旅游行业管理

【旅游市场综合监管体系改革】 2021年，桂林市构建以信用为基础的旅游市场，在旅游行业引入消费信用码，首批在象山景区启用，消费者“扫一扫”便可查看企业资质、信用承诺、消费者评价、消费投诉举报等信用信息，促使企业守法经营、诚信自律。10家旅游购物企业主动推行线下无理由退货。对照《旅游景区质量等级的划分与评定》标准，对全市所有的A级景区开展整改提升，让每个A级景区特别是国家5A级旅游景区保持软硬件达标，对属于景区经营管理、服务质量、设施设备管理维护、秩序维护等方面的问题，要求景区经营企业立即开展自查自纠，改造陈旧设施设备，完善配套设施，加强安保巡逻、卫生清洁的管理，完善标识导览系统，健全游客服务中心功能，全面提升景区旅游环境，开展员工培训，提升服务质量水平。下发《桂林市A级景区提升与旅游市场专项整治工作方案》，全市各县(市、区)参照自身实际也制定专门的工作方案，在全市范围内开展A级景区提升。建立常态化A级景区质量监测机制，出台《漓江景区星级游船服务规范》等8项桂林市地方标准和定《桂林红军长征湘江战役红色文化纪念园区服务规范》等4项桂林市地方标准。全州红军长征湘江战役纪念园、灌阳红军长征湘江战役阻击战陈列馆和兴安红军长征突破湘江烈士纪念碑园被评为2021年红色旅游服务标准化试点。突出监管重点，坚持日常监管与专项整治相结合、常态化巡查与集中突击检查相结合、教育引导与严厉查处相结合，全年共检查旅行社及服务网点1809家次、A级景区644家次、购物店441家次、宾馆酒店166家次。加强涉旅舆情的监测，依法处置各类投诉，及时回应社会关切和游客诉求，旅游投诉明显下降。

【旅游公共服务设施建设】 2021年，桂林市升级“一键游桂林”平台，实现旅游管理、服务、营销智慧化。依托“壮美广西·智慧广电”工程网络基础资源，搭建集旅游宣传、智慧管理、宾馆服务、游客服务、电视电商于一体的“桂林微游客服务中心”平台，已在荔浦市、全州县、阳朔县开展试点工作，已签订“智慧酒店”202家，开通智慧酒店页面终端8861个。布局安装国际语言无障碍服务终端(互动翻译机)130台。恭城瑶族自治县客运枢纽站旅游集散中心被评定为二级旅游集散中心，全州县旅游集散中心被评定为三级旅游集散中心。开通资源八角寨等热门景点的旅游直通车。新增三星级汽车旅游营地2个，国家标准旅游厕所32座。

【旅游品牌创建】 2021年5月，“追寻红色足迹，唱响理想之歌—红色研学旅行课程”“桂林龙脊梯田国家湿地公园生态系统考查研学旅行课程”“血战湘江、突破包围精品线路”入选文化和旅游部、中央宣传部、中央党史和文献研究院、国家发展改革委联合发布的“建党百年红色旅游百条精品线路”。7月，临桂区，全州县获“广西全域旅游示范区”称号，至此，全市辖区内超70%共12个县(市、区)获得“广西特色旅游名县”或“广西全域旅游示范区”称号，达到“广西全域旅游示范市”的标准和验收要求，桂林市获得“广西全域旅游示范市”称号。10月，桂林被文化和旅游部、司法部确定为全国旅游投诉调解与仲裁衔接试点城市。11月，阳朔益田西街获评第一批国家级夜间文化和旅游消费集聚区，桂林墨兰山舍被评为首批国家甲级旅游民宿。12月，桂林市被文化和旅游部确定为全国文化和旅游市场信用经济发展试点地区。灵川县大圩漓水文化旅游度假区、雁山相思江旅游度假区被评为自治区级旅游度假区。东西巷历史文化街区、阳朔益田西街获评首批广西旅游休闲街区。桂林东西巷入选首批国家级旅游休闲街区。年内，新增国家4A级旅游景区4家，广西5星级乡村旅游区1家，2个乡村入选2021年全国乡村旅游重点村名录，2人入选2021年全国“金牌导游”，推出18家职工(劳模)疗休养基地。

旅游开发建设

【文旅复苏支持】 2021年，市文化广电和旅游局优化消费环境，多元供给，文旅消费试点城市活力大增。推动市委、市人民政府出台《关于支持桂林文化产业高质量发展的若干措施》，开展第五批市级文化产业示范基地评选命名工作。2家文化企业获评为自治区级文化产业示范基地，3家动漫企业参加国家动漫企业认定。阳朔益田西街获评为第一批国家级夜间文化和旅游消费集聚区，秀峰区东西巷历史文化街区、阳朔县阳朔西街获评为广西旅游休闲街区，墨兰山舍获评为首批国家甲级民宿。

【文旅复苏活动】 2021年，市文化广电和旅游局承办“壮族三月三·夜游广西”2021年广西文旅夜游促消费桂林分会场活动，设计发布8条夜游精品线路。承办“红色热土 壮美广西”2021广西全域旅游大集市活动，参展单位、企业和旅游产品数量、品质均创历届新高。带动文化旅游产品销售额超100万元。举办“留在桂林过大年，新春文旅惠民季”“2021中国旅游日桂林分会场暨福州—嘉兴—桂林文化旅游城市联盟启动仪式”“百万老广游桂林”等系列主题宣传推广活动。推出9条红色游学精品线路，湘江战役“三园三馆”全年接待游客人数超710万人次。启动全市职工疗休养、中小学生研学旅行，推出“冬游桂林”等多种优惠促销活动，全面激活本地旅游市场。赴武汉、深圳等地开展宣传推介，深化粤桂黔滇高铁经济带等城市间合作，有序开展跨省旅游活动。先后赴北京、广州、上海、南宁等地推介桂林会展业发展政策和环境，建立桂林市引展办会数据库。继续开展境外宣传推广活动，与中国驻首尔旅游办事处推出“世界桂林·漓江出发”主题活动、与人民网驻澳大利亚办事处合作开展“云游中国”线上直播等活动；开展境外社交媒体脸书(Facebook)线上推广活动，脸书平台Go Guilin账号粉丝由26.3万人增长至32.7万人，获得曝光量达1240多万人次，互动量达200多万人次。组织文旅企业参加文化和旅游部“2021中国·最美四季”营销策划专题，市文化广电和旅游局获优秀组织奖；组织参加澳门国际旅游博览会，加强与澳门旅游业界的交流与合作。

2021年6月26日，桂林融创国际旅游度假区开业运营。 （唐飞鸿摄）

【红色旅游成为旅游新热点】 2021年，市文化广电和旅游局用好用活红色资源，传承红色基因展现新气象。充分发挥桂林红色资源优势，举办庆祝中国共产党成立100周年系列活动，扎实开展党史学习教育，凝聚起奋进新征程的强大合力。加快国家长征文化公园广西段建设，红军长征文化遗产廊道和界首渡江遗址公园一期项目顺利竣工；推出9条红色游学精品线路，“血战湘江·突破包围”精品线路入选全国“建党百年红色旅游百条旅游精品线路”；深化与长征沿线城市交流合作，着力打造全国具有影响力的党员干部党性教育基地，红色旅游成为新亮点。

【旅游重大项目招商建设】 2021年，市文化广电和旅游局坚持项目带动，品牌引领，着力打造高品质旅游业态。桂林创成广西全域旅游示范市，临桂、全州创建成为广西全域旅游示范区，桂林市全域旅游示范区、特色旅游名县总数达12家。推进桂林红军长征湘江战役红色文化旅游景区和龙脊景区创建国家5A级旅游景区景评工作。新增全国乡村旅游重点镇、村各1家，新增广西乡村旅游重点镇和重点村、旅游度假区、星级乡村旅游区、星级农家乐、休闲农业与乡村旅游示范点等旅游品牌30多个。评定推出第二批职工(劳模)疗休养基地18家。总投资160亿元的桂林融创国际旅游度假区开业运营，成为广西文旅融合新典范。桂林文化旅游中心漓江歌剧院等一批标志性、引领性、关键性的文旅融合项目加快建设。全市72个列入自治区考核的大健康和文旅产业重大项目共完成投资107亿元。

旅游企业

【星级饭店(宾馆)】 2021年，桂林市积极开展星旅游饭店复核，对桂湖饭店等7家四星旅游饭店、漓江大瀑布饭店等3家五星级饭店开展星级复核。至年末，桂林市有旅游4星级以上饭店19家。其中，五星级饭店5家、四星级饭店14家；辖县星级饭店中有五星级饭店1家、四星级10家。

【旅行社】 2021年，桂林新增旅行社51家，注销旅行社16家。至年末，桂林市共有旅行社407家，其中经营出境旅游业务的旅行社24家，入境业务社380家。

表 6

2021 年桂林市部分旅游景点门票价格表

单位:元 / 人

景点名称	票价	景点名称	票价
芦笛岩	120	大野神境景区	门票 80 元、漂流 198
独秀峰·王城景区	120	古东瀑布景区	70
西山景区	70	冠岩景区	75（市民 40）
芦笛景区	110	神龙水世界度假区	55
象山景区	70	逍遥湖	60
七星岩	55	龙门瀑布	40
七星景区	70	乐满地度假世界	150
伏波山	28	猫儿山原生态旅游景区	75、180（含来回车费）
翰苑碑林	18	超然派景区	80
叠彩山	32	漓江源大峡谷	65
訾洲公园	37	世纪冰川灵佛岩	45
尧山索道	单程 60，双程 110	灵渠	B 票 55（灵渠） C 票 140（灵渠、水街游）
刘三姐大观园	白天 90、晚上 120	龙胜温泉	125
甑皮岩遗址博物馆	13	龙脊梯田	95
李宗仁官邸	13	金坑索道	单程 70，双程 120
宋城主题公园	70	大唐景苑	88（含门票、表演）
日月双塔	42	义江缘景区	80
桂林园林园艺博览园	80	十二滩漂流	128
雁山园景区	90	罗山湖水上乐园	150
地中海俱乐部桂林度假村	600（含自助午餐、运动项目）	蝴蝶谷	50
凯旋王国主题乐园	180	银子岩	80
世外桃源	75	丰鱼岩	65
三千漓山水人文度假区	日场 60、夜场 120	桂林全州大碧头国际旅游度假区温泉	158
聚龙潭	55	荔江湾	58
鉴山寺景区	20	天河瀑布景区	38
碧莲峰景区	30	八角寨	38
古榕公园	20	资江漂流	86
月亮山	15	五排河漂流	168
龙颈河山溪漂流	128	丹霞温泉	138
九马画山漂流	128（市民 100）	天门山	38
白沙湾峡谷漂流	128	天门山索道	58（单程）
阳朔图腾古道	45	宝鼎瀑布	29
蝴蝶泉	55	灌阳腾龙洞	75
文庙	15	金钟山景区	温泉 128、永福岩 60、天坑 45
武庙	10	仙家温泉景区	98

表 7

2021 年桂林市旅游文艺演出场所票价表

单位:元 / 人

演出单位	票价	演出单位	票价
印象刘三姐	普通席 198 贵宾席 320、238 总统席 680、480	梦幻漓江	150（普通座） 180（VIP）
桂林千古情	普通席 280 贵宾席 290 带桌豪华席 380	山水间	B 票 198 A 票 26 贵宾票 388
三生三世三千漓	120	新漓水·古越山水实景演出	80
象山传奇	260		

表 8　**2021 年桂林水上游览项目价格表**

航线	类别		散客		团队		说明
			淡季	平旺季	淡季	平旺季	
漓江精华游	桂林至阳朔	超豪华空调船(含自助餐)	380	450	350	400	平(旺)季为每年的 4 月—11 月
		超豪华空调船(不含餐,可另加中餐标准餐费,围桌 35 元,自助餐 45 元)	240	270	210	240	
		普通空调船(含经济餐)	190	210	180	200	
两江四湖环城水系游		230					
环城水系桃花江自然生态山水画廊游		白天 120,晚上 170					
市区水上游			65				
阳朔水上游	阳朔至福利		160				
	杨堤至兴坪		90				
遇龙河漂流	金龙桥至工农桥		280				
	朝阳至工农桥		180				

（唐飞鸿）

会展活动

【概况】 2021 年中国 - 东盟博览会旅游展共设置“一带一路”主题馆、境外旅游精品馆、国内文旅精品馆、旅游消费馆、国际旅游商品馆、旅游装备馆 6 类展区,继续采取“实体展 + 云上旅展”的办展形式,实体展展览总面积 2.5 万平方米。其中,共有 50 个境外国家和地区驻华机构、国内 15 个省(自治区、直辖市)、广西 14 个市组团参展,东盟十国全部特装参展。参展企业 1079 家,特邀买家超过 300 名,其中国内买家来自 23 个省(自治区、直辖市),线上境外买家来自 20 个国家和地区,注册买家 500 名,专业观众近 1200 名。近 400 家企业代表参加一对一洽谈会,实现贸易洽谈超过 4000 场。

【展览内容创新】 2021 年中国 - 东盟博览会旅游展首次邀请故宫博物院、国家图书馆等重要文化类展商参展,首次设置旅游装备展区,在旅游展期间专设打造桂林世界级旅游城市展示展览墙,集中展示桂林城市建设和桂林各县(市、区)文化旅游发展成果;举办线下 3D 游戏互动抽奖、朋友圈集赞送礼、汉文化展示及互动、打卡展馆赢礼品、旅游展摄影展等系列配套活动,增强公众互动体验。

【“云上旅展”打造】 2021 年中国 - 东盟博览会旅游展继续推出线上“云展览”,采用同步直播、云照片及 360° VR 云漫游等形式,并在抖音、快手、新浪微博等平台进行旅游展直播推流,打造“云上旅展”。依托桂林历史人文,融合音、诗、画、茶、花、香、戏曲、曲艺、舞蹈等艺术表现形式,首次通过沉浸式城市艺术展和沉浸式情境晚宴形式营造“视、听、闻、触、味”五感体验,让与会嘉宾深入体验桂林民俗风情,开启一场沉浸式的山水人文之旅。

【旅游展引中外媒体关注】 2021 年中国 - 东盟博览会旅游展吸引文化和旅游部、各国驻华大使馆及总领馆、中国 - 东盟博览会秘书处、中国 - 东盟中心等官方媒体以及新华社、央视网、广西日报社、桂林日报社、腾讯、新浪、网易、今日头条等 100 余家主流媒体及其他网络媒体、自媒体对展会进行深度报道。（王善库）

2021 年 10 月 15 日,中国 - 东盟博览会旅游展现场各路媒体聚焦盛会。(李凯摄)

城乡建设与管理

城乡规划

【概况】 2021年，桂林市城乡规划工作以建设世界级旅游城市为统领，推动桂林市国土空间总体规划完成专家审查工作，完成桂林市历史文化名城保护规划和历史文化街区保护规划编制报批。出台相关措施，依法依规管控好城市重要区域、重要道路、重要节点的规划建设。制定有关村庄规划制度，选派乡村规划师驻村挂点。加强规划管理和规划调整工作，新增规划工业用地66.85公顷。

【国土空间规划和历史名城保护】 2021年，桂林市自然资源局组织完成桂林市国土空间总体规划专家审查会，初步完成《桂林市中心城区公共服务设施布局研究》《桂林市产业发展及产业空间布局研究》《桂林市中心城区总体设计和城市风貌专项规划》《桂林市综合交通体系（含轨道交通）专项规划》等14个专题研究和5个专项规划成果。完成桂林市历史文化名城保护规划和历史文化街区保护规划编制报批，累计公布中心城区历史建筑41处，保持和延续桂林作为首批历史文化名城的传统格局、历史风貌以及山环水抱、城景交融的城市特色。

【城市规划建设管控和加装电梯审批】 2021年，桂林市自然资源局出台《桂林市城市重要道路两侧规划及风貌管理若干措施》《桂林市自然资源局关于桂林市底层建筑项目规划建筑方案管理工作报告》《桂林市机场路建成环境再造规划研究—僚田立交至香江饭店路段机场路沿线建筑高度控制》等政策文件，依法依规管控好城市重要区域、重要道路、重要节点的规划建设。出台《桂林市既有住宅加装电梯规划审批操作规程》，首次全面明确该项工作相关审批流程问题，下放规划审批权至城区，以提高既有住宅加装电梯审批效率。

2021年，临桂新区一角。（李腾钊摄）

【村庄规划】 2021年，桂林市自然资源局出台《桂林市村庄规划编制技术导则（试行）》《桂林市郊区村庄规划与农房管控实施办法》《乡村振兴之自然资源政策指引》等制度规范，建立适合桂林地方特色的村庄规划编制体系。选派60名乡村规划师驻村挂点，半数乡镇落实乡村规划师，完成91个实用型村庄规划编制工作。融合农村一、二、三产业发展，开展特色乡村编制试点，建成田园综合体22个和全国“一村一品”示范村镇21个。

【规划编制管理】 2021年，桂林市自然资源局共组织编制（审查）规划业务19件，其中，新编控制性详细规划9个，规划调整10个。桂林航天工业学院地块、城北滨江区GT14-4地块等10个控制性详细规划已按程序上报市人民政府审批，长海路南地块，琴潭组团A14-2、E2-2地块等6个控制性详细规划正处在前期专家论证和公示阶段，大风山片区、桂雁路周边片区、白虎山以北地块3个控制性详细规划正在组织编制中。工业用地规划，完成桂林国家高新区英才科技园（三期）地块、漓江东岸控制性详细规划、桃花江北片区规划等规划调整工作，新增规划工业用地66.85公顷。

（罗宇韬）

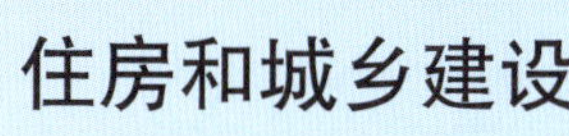

住房和城乡建设

【概况】 2021年，桂林市住房和城乡建设局（简称市住建局）办公地址在临桂区青莲路建设大厦。内设科室22个，下设事业单位（含参公单位）16个、企业4家。年内，市住建局对标打

2021 年 7 月 13 日，桂林市乡村风貌提升改造后的农村新面貌。（唐艳兰摄）

造世界级旅游城市，全面完成保障性住房及棚户区改造建设、农村危房改造、广西特色小镇建设、传统村落保护发展、新型城镇化示范乡镇建设、乡村风貌提升和农村人居环境改善等重点工作任务。加强重大项目建设、城乡风貌改造提升、建筑节能和绿色建筑应用推广、建筑市场和房地产市场监管、公共租赁住房管理。加快新型城镇化进程，服务临桂新区建设，疏解提升老城，统筹城乡协调发展，改善城乡人居环境，促进建筑业和房地产业转型升级。全年完成建筑业总产值 559.18 亿元，(比上年）增长 12.1%；完成房地产开发投资 351.4 亿元，商品房销售面积 639.61 万平方米，成交金额 94.26 亿元，审核拨付购房契税补贴 1.28 亿元。

【宜居城市建设】 2021 年，桂林市出台《桂林市建设世界级宜居城市建设工作实施方案》。成立桂林市“畅通缓堵”建设工程工作领导小组，编制并实施桂林市“畅通缓堵”建设工程实施方案。推进“断头路”项目和新建立交桥项目前期工作，编制仙人桥专项维修加固及拆除重建工程方案，开展桂林市四城区治涝工程项目初设等前期工作。编制《桂林市挖掘占用城市道路管理办法》和《桂林市城市道路施工围挡围墙标准图集》，推进建筑工程安全文明绿色施工。将市内主要街区、旅游景点附近的工地围挡统一升级更换成“绿色植被”围挡，在围挡顶部增设水雾喷淋降尘系统，在围挡表面设置传递主旋律、传播正能量的标语、图案和景观画等，使公益广告占围挡面积达到 50% 以上，让建筑工地围挡变身为“一城文化满城绿”的宜居城市展示窗口。年内，市区建筑工地围挡公益广告累计新增及更换面积 1.3 万平方米。桂林市创文明城和卫生城工作形成长效机制，全年空气优良天数达到自治区要求。

【市政基础设施建设】 2021 年，桂林市六城区城市道路长度合计 1094.10 千米，建成区面积 134.67 平方千米，路网密度为每平方千米 8.12 千米。全年超额完成自治区下达桂林市建设“地下管网”任务，“地下管网”建设完成投资 20.62 亿元，完成投资任务的 126.27%；续建新建管道 640.89 千米，完成管道任务的 215.88%。提高市政设施养护管理能力，确保道路完好通畅，万福路、黄桐路维修改造完工，修复开挖路面 101 处，抢修路面塌陷 18 处；对城市道路实行数字化管理，全年数字化热线平台派发城市道路处置案卷 6057 件。加强市政设施维护管理，确保桥梁牢固通畅美观，净瓶山桥拆除重建工程开工建设、便桥搭设完成；沙河立交桥维修加固完工；丽泽桥、南洲大桥完成维修改造工程；专项检测桥梁 46 座，工程质量合格率 100%。

【新型城镇化建设】 2021 年，桂林市坚持高起点规划，高标准建设，高水平管理，把握“显山露水”“彰显历史文化”两大总体原则，分区域分条块实施村镇建设，新型城镇化示范建设扎实推进。出台《桂林市新型城镇化示范乡镇落实长效管理指导意见》，持续推进新型城镇化示范乡镇建设，投入约 100 亿元，分 6 批共建设 85 个新型城镇化示范乡镇，第六批 11 个示范乡镇累计完成投资 4.78 亿元，完成年度投资率 106.22%。培育打造 7 个自治区级特色小镇，计划总投资 115.1 亿元，核心区规划面积约 10.55 平方千米，共计建设项目 73 个，至年末，特色产业累计完成投资额 39.3 亿元，建设项目累计完成投资额约 62.2 亿元。

【农村人居环境改善】 2021 年，桂林市助力乡村振兴，加快补齐农村基础设施和城乡公共服务体系短板，开展乡村风貌提升和农村人居环境改善，宜居乡村基础设施和公共服务设施不断完善。共完成第一、二批乡村风貌提升 401 个村庄环境整治、改造农房 3.48 万栋，整治村庄 8975 个。10 月 13 日，自治区乡村振兴暨乡村风貌提升工作现场推进会在桂林市召开。加强农村住房安全保障，完成农房安全隐患排查 2074 户，整治 6067 栋，农

2021 年，桂林市建设的第六批新型城镇化示范乡镇建设点——临桂区宛田瑶族乡瓮洲村。（市住建局供图）

村群众居住环境得到明显改善和提升。加强传统村落保护修缮，全市87个传统村落保护修缮全部完成，完成投资2.13亿元；第四批9个传统村落完成投资2913万元，完成计划投资额107.9%。

【房地产市场发展】 2021年，市住建局按照《桂林市城市商品房预售资金监管办法》，加强预售资金监管工作，确保专款专存专用，全年共签订《商品房预售款监管协议》76宗。房地产开发完成投资351.4亿元，商品房销售面积639.61万平方米，办理商品房预售许可1.55万套、商品房合同网签备案1万余套，成交金额94.26亿元，审核购房契税补贴7260户1.28亿元。开展打击房地产经营行为乱象专项行动，维护房地产市场秩序；推进全市房地产市场监测“一张网”平台建设，搭建预售资金监管系统平台及全市商品房网签系统。推进住房改革工作，全年完成房改房上市交易审批3152户，公有住房出售办结16个单位74户。

【公共租赁住房管理】 2021年，市住建局进一步规范直管公房管理，促进国有资产保值增值。在管房屋1.93万套(户)，建筑面积100.28万平方米，全年收缴租金5477.64万元，完成年度租金收缴计划107.28%；推进非住宅房屋市场化运营，签订调租合同并备案456户，年净增租金176.4万元。组织市本级公共租赁住房实物配租集中摇号分房，全年分配保障性住房356套，办理新分配入住684户；完成续签租赁合同1750余户，完成6122户保障家庭1.33万名家庭成员保障资格动态审核工作。完善桂林市公租房租金收缴电子信息系统，加快搭建智慧云平台，引进智能人脸识别系统、智能门锁等生物特征认证系统。开展公租房APP宣传推广，桂林市各项指标考核在全国19个试点城市中名列第五，并被选为2022年全国公租房APP推广示范城市。制定重大安全事故应急预案和防汛应急预案，建立节假日、汛期、重大会议期间24小时值班制度。开展公共租赁房屋违法建设专项清查工作和直管公房安全隐患排查，进行房屋安全普查、巡查和应急抢险，做好危旧房租户腾迁，全年完成各类维修940余项(单)，维修建筑面积4.69万平方米，投入维修经费167.2万元，确保房屋住用安全。创建“阳光社区·美丽家园”示范小区。通过不断健全配套设施、完善公共服务，增设文化长廊、图书阅览室、健身活动室等文化休闲设施，提高公租房小区居住品质，不断提升居住群众的安全感、获得感和幸福感。桂林市首批推荐申报的公租房小区经自治区住建厅复核基本符合创建标准，其中市本级直管的北和安居小区、迎宾路安居小区总体符合率100%。

【保障性住房】 2021年，市住建局推进全市住房保障工作，公租房分配入住进展、建成交付规模、租赁补贴发放进度。保障性安居工程建设共获得财政补助1.21亿元，完成年度投资12.76亿元，棚户区改造工作居全自治区前列。聚焦住房困难群众“急难愁盼”问题，推广公租房APP，实现网上查询、申请、缴费等功能，提升公租房管理服务水平。新开工棚户区改造1888套，完成率100%；基本建成棚户区改造住房4265套，完成率128.5%；新开工公租房2700套，完成率100%；列入国家计划的公租房累计开工建设4.22万套，已分配3.12万套，新增分配681套；公租房基本建成1950套，完成率121.88%；发放公共租赁住房租赁补贴2016户，完成率112.31%。

【房屋安全管理】 2021年，市住建局加强房屋安全管理工作。完成商品房等各类房屋测绘781栋、424.73万平方米；完成查勘、鉴定房屋296栋，鉴定面积19.84万平方米。加强新建房屋白蚁预防工作。共签订新建房屋白蚁预防公共服务协议62份，签订面积262.24万平方米；实际完成新建房屋白蚁预防施工面积209.01万平方米，超额完成年度计划达105%，为企业减轻负担共计576.93万元。

【住房改革】 2021年，市住建局推进住房改革工作，完成自治区下达的危旧房改住房改造任务，危旧房改住房改造项目开工480套，基本建成126套，完成投资2.23亿，完成年度计划投资178.56%。落实“一事通办”“一网通办”等重大便民举措，将登报公示改为网上公示，让数据多跑路，群众少跑腿，既为群众省了公示费又避免了来回跑，“最多跑一次”实现率达100%。严格规范房改房上市办理流程，完善审批程序，优化政务服务。全年办理房改房上市交易公示3191户、审批3152户，收缴公摊款、超面积差价款1219.58万元；公有住房出售审批办结16个单位74户，售房面积5632.99平方米；受理住房调查2101户；受理退房审核6户。

【物业服务管理】 2021年，桂林市登记物业服务企业428家，从业人员4万人，管理小区813个、面积5400万平方米。年内，市住建局加强物业服务行业规范管理，贯彻落实《广西壮族自治区物业管理条例》，制定出台《桂林市住宅小区首次业主大会会议筹备经费管理办法》《桂林市物业管理投诉受理及处理指导意见》，公布“桂林市住房和城乡建设局第一批应急物业服务人备选库”。开展党建引领诚信建设和行业评比活动，通过开展“双随机、一公开”暨物业服务行业专项检查，加大对物业服务人的诚信管理，指导市物业服务行业协会建立以“党旗领航，服务万家”为主题的党群服务中心，打造红色物业示范点14个，8个住宅小区被评为自治区“美好家园”，24人被评为自治区“最美物业人”。开展便民服务、消防安全培训、健康义诊服务、电梯救援培训、影片展播进小区等活动。处置涉物业信访投诉处置涉物业信访投诉，全年处理各类与物业相关的纠纷及信访投诉78件次。全年归集物业维修资金1.76亿元，增长23.68%，累计归集金额15.65亿元。实现增值收益6389.75万元，增长7%，累计实现增值收益4.74亿元。全年拨付维修资金775.58万元，历年累计拨付维修资金8316.81万元。

【建筑企业】 2021年，桂林市有资质建筑业企业528家，其中施工总承包企业210家(特级资质1家，一级资质11家，二级资质34家，三级资质164家)，专业承包企业168家，劳务企业

150家。对2020年度获得国家级奖项的广西建工集团第四建筑工程有限责任公司等2家企业给予资金奖励共90万元;协调解决4家企业的高层次人才子女入学问题。向市政府申请兑现2020年13家重点建筑企业四季度冲刺奖900万元;给予符合条件的11家建筑业企业给予一季度经营贡献奖277.8624万元。利用自治区劳保结余资金,给予建筑施工企业复工复产补助资金(第二批)合计607万元。全面开展工程建设领域农民工工资保证金结存情况清理工作,共核退历年缴存的农民工工资保证金9.11亿元。桂林建昌建设有限公司、桂林基础设施建设有限公司和桂林市国立达建筑安装工程有限公司3家企业晋升为建筑工程施工总承包一级资质。

【建筑市场管理】 2021年,桂林市加大打击"三包一靠"造成拖欠农民工工资的违法行为力度,共立案查处施工总承包(专业分包)单位因违法分包等违法行为造成拖欠农民工工资的案件4件,替农民工追回工资300多万元,罚款131万元。规范建筑市场,杜绝无证施工,对无证施工建设单位、施工单位立案查处24件,行政处罚金额304.65万元。完成农民工工资支付专项检查5次,检查五城区所有在建项目,随机抽查全市十一县(市)及七星区、临桂区在建项目,共检查72个项目,下发整改意见书70份。开展建筑业企业资质动态核查,核查施工总承包和专业承包企业59家,下发资质整改通知书54份;核查预拌混凝土生产企业44家,下发资质整改通知书12份。

【工程质量安全监管】 2021年,市本级在建工程项目186个,工程质量安全监督面积约644.14万平方米,在建工地重点管控点52个。对在建的186个项目进行抽查940次,下发《建设工程质量安全隐患限期整改通知书》1006份、《建设工程质量安全隐患停工整改通知书》39份,建议立案处罚2件。对77个新报监项目(房建项目63个、市政项目14个)在开工前进行监督告知。对548个单位工程通过政务一体化平台网上提交的竣工验收申请资料进行审核,对223个项目通过政务一体化平台出具质量监督报告,缩减建设单位办理验收时间。严格执行《桂林市施工图审查机构有关规定》,不设置针对外地勘察设计企业准入门槛,全面放开勘察设计行业市场及审图市场,有多家施工图审查机构入驻桂林市。开展建筑工程勘察设计质量及施工图审查质量综合检查,覆盖桂林市及11县(市)的房屋建筑工程。年内,全州红军长征湘江战役纪念园获"中国建设工程鲁班奖",临桂新区新城商务酒店获"中国安装之星"奖、"国家优质工程奖",临桂万达广场01号楼获"国家优质工程奖"等。23个建设工程项目获自治区级优质工程奖、25个建设工程获自治区级安全文明工地。桂林市建设工程施工安全文明标准化工地91个,桂林市优质工程奖"桂花杯"74个。

【工程招投标和造价管理】 2021年,市住建局加大对建设工程招投标和造价监管,开展招投标市场行为及造价成果文件检查和调研,规范市场秩序。推进招投标监管改革,加强评标专家、从业人员动态管理,对评标专家实行一标一评。全市进入公共资源交易中心的房屋建筑和市政工程项目全部实现电子化全流程招投标方式进行交易。全年办理工程施工发包的建设工程项目113个,工程造价62.57亿元。其中,办理公开招标的工程项目53个(含EPC项目7个),工程造价22.38亿元(含EPC项目7.09亿元);邀请招标项目2个,工程造价0.19亿元;办理直接发包的建设工程项目58个,工程造价40亿元。勘察、设计、监理均按规定完成招标监督任务。发布12期《桂林市建设工程造价信息》,共计29类3765条材料价格信息,县(市、区)地方材料578条。建设工程造价成果文件报送备案511份,涉及工程总造价1757.57亿元。做好工程造价纠纷的协调处理工作,接受电话咨询660余次、函件咨询27件,召开协调会86次。

【建设工程消防管理】 2021年,市住建局共办理建设工程消防设计审查106项、消防验收527项、消防验收备案336项、处理消防相关投诉事件72项、行政处罚案件2件;组织消防审验业务培训2次,参训人数600人次;配合自治区开展消防查验技术机构诚信评价2次,检查16家技术服务机构16个项目;采用技术服务采购方式对"桂林站站房改造"等市重大项目进行消防验收现场评定;组织开展全市住建系统消防安全隐患整治专项行动。组建桂林市建设工程消防管理中心。

【建筑节能与绿色建筑】 2021年,市住建局推进海绵城市专项规划编制工作,贯彻执行《广西民用建筑节能条例》,加快建筑节能、绿色建筑和新型墙体材料应用推广。市区新增绿色建筑面积153.86万平方米,绿色建筑比例达74.78%,完成建筑节能专项备案215项(次)。全市建成新型墙板企业2家,蒸压加气混凝土砌块企业6家,清水墙砖示范企业7家,利用工业废弃物的生产企业达80余家。新型墙材产量占墙材总量的86%,城镇新型墙材应用比例达到94.5%,全市新型墙材产量折合标砖26亿块。通过政策引导、墙改专项基金扶持、企业技术升级改造、实施新型墙材企业节能减排限额达标、余汽余压余热回收利用等有效措施,完成新型墙材行业节能减排目标。实现节约土地330余公顷,节约能源18.18万吨标煤,减少二氧化碳排放36.18万吨,减少二氧化硫排放0.43万吨,利用工业废渣123万吨。

【建筑农民工实名制管理】 2021年,全面推进建筑用工实名制管理,将农民工实名制信息录入"广西建筑农民工实名制管理公共服务平台",使用与平台联网的考勤设备,并由银行通过"桂建通"卡代发工资,实现"干活有数据,用工有实据,讨薪有依据"的目标。市在建项目共计326个,实名采集326个,实名采集率100%;录入农民工4.4万人,"桂建通"绑卡4.1万人,绑卡率95.4%;农民工工资专户绑定326个,绑定率100%。

【工程审批管理】 2021年,市住建局持续深化行政审批制度改革,优化营商环境，提升审批效率。规范审批事项和办理流程，规范项目前期策划和评估成果运用，规范“清单制＋告知承诺”内容，规范技术审查和中介服务事项，规范市政公用服务接入程序。提升审批效率，实行施工图联合审查制度，包括消防设计审查、人防设计审查（不含人防指挥工程）等同步进行。落实工程建设项目审批制度改革，全面推行工程建设项目分级分类管理，健全风险等级监管机制，细化工程建设项目分类，优化村庄建设项目审批流程等。加快推动工程建设项目全流程在线审批，提升全流程“网上办”水平，提升审批全过程信息共享率，提升网上审批服务便利度，提升优化营商环境相关指标。

【城建和房产档案管理】 2021年，市住建局规范开展城建、房产档案管理。共收集268个市本级在建工程项目的档案，建立纸质档案1867盒，扫描电子文档1.21万份，资料容量达96.79GB，初步实现了工程建设新开工项目资料的网上查阅。移交入库262个工程建设项目档案7749卷宗，接收58个工程建设项目电子档案6385卷、各类房产档案9397份（盒）。

（秦艺）

城市管理

【概况】 2021年，桂林市城市管理委员会（简称市城管委）办公地址在桂林市临桂区万福路鼎晟大厦。内设科室16个，下设机构12个。年内，全市城管系统以打造世界级旅游城市为统领，按照建设“四宜”（宜居、宜业、宜游、宜养）城市新要求，围绕“生态优先、更新优化、保障供应、强化标准、探索长效”的工作目标，守生态底线、抓常态创城、谋项目建设、塑宜居品质、严执法标准、强队伍作风。全年市城管系统为民办实事1.16万件，办结人大代表建议11件、政协委员提案27件。常态化创建全国文明城市获国评组好评，连续五次获得国家卫生城市荣誉称号；市供水综合运营管理平台建设项目获得“2021年中国地理信息产业优秀工程”铜奖；市城管委被推荐评选全自治区2018—2021年人大代表工作先进集体。

【市容综合整治】 2021年，市城管系统发挥“双城”（全国文明城市、国家卫生城市）创建主力军作用，多措并举，强化市容秩序管控力度，不断增强综合执法能力，“双城”创建成果巩固。加强城市管理执法力度，全年查处城市管理行政执法类案件2.51万件，罚款317.25万元。完成存量拆违128.36万平方米，年度任务完成率160.24%。规划新增一批非机动车停车区域和便民信息广告栏，减少车辆乱停放和广告信息乱张贴行为。规划建设一批临时疏导市场，整治市场乱象600余件，违章占道经营行为大幅减少，农贸市场及周边市容环境不断向好；市区新增便民充电桩位约1.5万个，缓解群众充电难的问题，飞线充电乱象逐步解决；加强“门前三包”责任制落实，清理整治违规占道经营点2470个；联合市审批局规范广告牌设置的审批工作，户外广告设置进一步规范。依法开展专项整治，共拆除违规设置广告牌4566块。开展市容环境综合整治，为重大活动提供高品质市容保障。

【环境卫生管理】 2021年，市城管委开展日常保洁提升、陈年垃圾清理、道路深度清洗、爱心驿站优化、保洁工具规范收纳等提质增效行动，着力提升环卫质量，城市洁净程度大幅提高。全市治理卫生死角1000余处，清理陈年垃圾500多吨，转运垃圾33.15万吨，深度清洗主次干道40多万平方米，城市整体环境更加洁净。临桂区西城大道、雁山区雁中路、象山区铁西小区、叠彩区水泵厂宿舍、七星区星火小区等主次干道和老旧小区环境卫生质量明显提升。

【建筑垃圾管理】 2021年，市城管委推动源头治理，建筑垃圾和渣土扬尘治理不断加强。联合公安部门开展联合执法行动228次，巡查建筑施工工地400多次，处罚违规运输建筑垃圾的运输公司54家，查处违规处置建筑垃圾行为293件。整治沿途洒漏和带泥运输污染路面行为，处罚沿途撒漏运输车650台，洒水降尘84.13万千米，违规处置建筑垃圾和渣土扬尘污染得到有效遏制。

【生活垃圾分类】 2021年，桂林市推进生活垃圾分类工作，取得实效。市区新建生活垃圾分类示范小区10个，累计建成164个，市区公共机构生活垃圾分类覆盖率100%，示范点建设初见成效。垃圾分类宣传教育活动深入社区、学校、单位、企业、家庭，群众参与垃圾分类意识不断增强。示范点内居民垃圾分类知晓率90%，参与度76%。改造提升分类投放点300个，新增生活垃圾运输车25辆、厨余垃圾专用运输车4辆，市区生活垃圾分类收运能力进一步提升。

【污水收集治理】 2021年，桂林市开展控源截污、清污清淤工程。新建排水管网80.88千米，城市建成区生活污水直排口、污水管网空白区基本消除，完成污水处理提质增效三年行动目标任务。治理南溪河、灵剑溪、南湾河、清风沟、道光河等黑臭水体，自治区生态环境保护督查反馈问题全部整改到位，中央环保督察的10件群众投诉全部办结，全市污水处理水质合格率100%，市本级污水集中收集率80.1%，高出全国平均水平15个百分点，位居全自治区首位，各县（市）污水处理率均超过自治区下达指标；城市建成区黑臭水体消除比例达100%，是全国第二批次黑臭水体治理示范市。

【生活垃圾无害化处置】 2021年，桂林市生活垃圾无害化资源化处置能力不断增强，推动垃圾填埋场提标改造和渗滤液存量削减，临桂区山口村、阳朔县、荔浦市、全州县垃圾填埋场新增处理设备，完成渗滤液提标改造，全市垃圾渗滤液处理能力大幅提升。阳朔县生态环保科技园（垃圾焚烧发电）项目建成运营，解决三县一市（阳朔县、平乐县、恭城瑶族自治县和荔浦市）生活垃圾无害化资源化处理难的问题。全市的生活垃圾焚烧发电厂日处理能力达2800吨，生活垃圾无害化处理率持续保持100%，各县（市）保持在95%以上，全年垃圾焚烧处理量

61 万吨，发电量 2.92 亿千瓦时，无害化处理生活垃圾 88.47 万吨。

【供气供水】 2021 年，市区用水、用气营商环境不断提升，第二水源工程项目建设加快推进，城北水厂一期扩建工程通水运行，市区新建供水管网 15.73 千米，日供水能力提升至 74 万立方米。全年供水 1.78 亿立方米，完成年度计划的 107.68%，增长 9.34%；售水 1.5 亿立方米，完成年度计划 105.97%，增长 7.02%；管网水压力合格率 99.99%，市区供水水质综合合格率 99.99%。市自来水公司获“桂林市服务业企业 10 强”称号。加速新建燃气管网，改造老旧管网，提升燃气安全输配能力，市区新建燃气管网 446 千米，全年安全供气 1.19 亿立方米。推进新奥燃气与港华燃气互联互通，提升气源供给能力和城区气化覆盖率，满足居民和企业用气需要。

【市政设施建设维护】 2021 年，市城管委以项目建设为重心，加快城市基础设施建设，推进第二水源工程——引水工程子项和西城水厂工程子项、桂林市生活垃圾循环利用资源化产业中心项目、老旧小区改造等 24 个市级重点项目建设。建安（桂青）路铁路框架桥接线工程建成通车，中山南路与联达广场、桂林植物园实现贯通，老城区交通状况不断改善；市区路灯和景观照明质量实现同步提升，靖江王府夜景灯光配套亮化工程顺利完工，大幅提升靖江王府景区夜景品质，展现桂林历史、文化、旅游价值；修复破损路面 1.4 万平方米，市政道路、桥梁完好率 95% 以上，常态化管理维护市区 16 座人行天桥，提升市民出行满意度；加强市政公厕管理维护力度，全市 500 余座公厕环境卫生和设施设备保障良好。

2021 年 6 月 29 日，桂林市餐厨废弃物资源化利用和无害化处理 BOT 项目一期工程建成。
（市城管委供图）

【城市照明管理】 2021 年，市城管委打造高品质城市景观照明体系，持续推进路灯设施专项整改、五城区重要部位楼宇节点亮化等城市照明基础设施项目建设，启动老城区城市照明提升工程前期工作，市区重要点位、重点街区等亮化美化程度明显提升，靖江王府夜景灯光配套亮化工程，用灯光艺术手段，突出了靖江王府的历史文化特征，彰显桂林历史、文化、旅游价值。保持城市主干道装灯率达 100%，路灯亮灯率超过 98%，保障市民的出行安全。

【非机动车共享单车管理】 2021 年，市城管委在全自治区率先实现共享单车遴选入市规范管理，出台《桂林市共享单车运营企业市场准入遴选实施方案》，年底完成遴选入市工作，桂林城区共享单车运营进入规范管理阶段。推进共享单车专项整治，全年共纠治乱停放共享单车 9360 余辆，新增一批非机动车停车区域，清理各类“僵尸车”及无牌无盔车 7.5 万余辆。

【城镇老旧小区改造】 2021 年，市城管委广泛征集居民改造意见，发动小区居民共同参与老旧小区改造全过程，探索、引入、完善物业管理长效机制，形成了“共建、共治、共享”新模式，年内，共完成老旧小区改造 286 个，惠及居民 2.92 万户，开工改造 46981 套，超出自治区下达任务指标 824 套，累计完成投资额 3.46 亿元。改造任务户数、开工户数、获得上级补助资金均居为自治区第一。2020 年列入改造计划的老旧小区 380 个，已完成改造的小区 168 个，累计完成投资额 3.52 亿元，投资完成率 47.6%。2021 年列入改造计划的 412 个老旧

2021 年，南溪河南溪排涝泵站段综合治理前后对比照。
（市城管委供图）

小区已全部开工，累计完成投资额1.85亿元，投资完成率27.98%。

【城市管理立法工作】 2021年，出台《桂林市餐厨废弃物管理暂行办法》，加快编制《桂林市燃气管道设施保护管理办法》《桂林市城市二次供水管理条例(草案)》，推动城市管理法制化、规范化进程。修订完善《桂林市城市供水专项应急预案》和《桂林市城市供气专项应急预案》，城市管理应急处置能力进一步增强。

【燃气行业管理】 2021年，市城管委全面排查整治燃气行业重点突出问题，防范化解重大燃气安全隐患，逐步建立完善燃气用户电子信息档案，开展预防非职业性一氧化碳中毒工作，防范重大安全事故；抓燃气执法，燃气行业实现安全平稳运行。通过打击“非法经营、非法储藏、非法充装、非法运输”的燃气违法违规行为，督促燃气经营点规范到位，依法查处燃气违法案件75件，检查工商户7288家，暂扣过期钢瓶、报废钢瓶1266个，排除隐患317处，打击非法经营站点233家；开展预防非职业性一氧化碳中毒工作，安全用气宣传80余万户，进一步筑牢燃气行业安全防线。

【智慧化城市管理】 2021年，市城管委数字化城市管理系统平台全年采集各类城市管理案卷36.35万件，办结36.31万件，办结率达到99.91%，城市管理的热点、难点问题得到及时解决。落实“12319”城管热线、12345政务便民工作24小时岗位责任，及时受理、妥善处置市民咨询和投诉。全年共受理市民来电1.64万余件，完成12345政务便民工单1932件，处理市民投诉案卷4509件，确保市民合理诉求“事事有回音、件件有落实”。

（曹腾元）

住房公积金管理

【概况】 2021年，桂林市住房公积金管理中心办公地址在临桂区公园北路8号金融大厦。内设科室22个，派出机构11个。全年归集额、提取额、增值收益稳步增长，贷款业务量有所下降，四项业务指标均在全自治区排名第三，支持桂林市的财政收入。桂林市全年商品住宅销售金额225亿元，投放商业贷款104.3亿元，投放公积金贷款25.9亿元，住房公积金贷款投放占比约为20%，支持桂林市居民的购房需求。获全自治区住房公积金管理工作业务考核优秀等次、数字广西建设和政务服务工作突出贡献奖集体、住房城乡建设系统先进职工之家等。

【住房公积金业务】 2021年，市住房公积金管理中心归集57.19亿元，增长9.28%。全市住房公积金缴存单位7946个；缴存职工41.98万人。至年末，累计归集478.38亿元，归集余额163.57亿元。全年提取住房公积金41.77亿元，增长1.46%，占归集额的73.04%。发放个人住房贷款7927户、25.9亿元，分别下降26.14%、26.79%；回收个人住房贷款16.84亿元，增长6.52%。个人住房贷款余额154.42亿元，增长6.23%，占归集余额(个贷率)的94.41%。住房公积金业务收入5.06亿元，增长10.32%；业务支出2.59亿元，增长8.88%。住房公积金个贷逾期额244.71万元，逾期率为0.158‰。年度结息单位8198个，结息人数40.81万人，结息金额2.17亿元。

【政策法规汇编】 2021年6月23日，市住房公积金管理中心发布《关于调整2021年度桂林市住房公积金缴存基数及月缴存额上下限的通知》，住房公积金缴存基数不得高于本市上一年度职工月平均工资的3倍，确定2021年度住房公积金月缴存基数上限为19567元。住房公积金缴存基数下限按桂林市现行最低工资标准执行，城区住房公积金缴存基数下限为1810元，市辖各县、县级市、自治县住房公积金缴存基数下限为1430元。住房公积金缴存比例上限为12%，住房公积金缴存比例下限为5%。3月23日，桂林市住房公积金管理中心发布《关于调整第二次使用住房公积金个人住房贷款利率的通知》，自2021年5月1日起，职工家庭第二次使用住房公积金贷款的利率调整为同期首次使用住房公积金贷款利率的1.1倍。3月12日，桂林市住房公积金管理中心与桂林市退役军人事务局联合发布《关于退役军人住房公积金接续有关工作的通知》，保障退役军人的合法权益，发挥住房公积金的服务民生、保障安居的作用。

【信息化建设】 2021年，桂林市住房公积金管理中心响应“深入大数据战略，加快数字广西建设”的倡导，提前完成非涉密信息系统迁移上云、非涉密业务专网迁移打通、政务服务专业业务办理系统对接，成为桂林市第一家实现全系统整体迁移上云的单位，第一家与数字广西完成电子签章的市直单位。获2020年度“全区数字广西建设突出贡奖”，并在广西“护网2021”网络安全攻防实战演练中取得优秀成绩，完成与房产部门数据共享的对接工作，实现“零跑路、零材料”线上购房提取业务，受理办结1363笔，在便民服务示范性网点全州县管理部和龙胜各族自治县管理部开通线上租房提取业务，累计受理办结970笔。实现与银行数据互联共享，提升网办率，完成交通银行、农业银行、建设银行、桂林银行等商业贷款的自动查询、核对数据，减少人工干预系统可能出现的错误；完成交通银行、农业银行、工商银行的B2B、B2C功能的互联测试有关工作，逐步上线B2B、B2C缴费业务、公积金查询、提取、提前还款等功能，将业务服务网点延伸至银行，推动线上业务发展；完成工商银行、农业银行、建设银行等6家银行的财务凭证电子档案上线工作。上线全国住房公积金小程序异地转移接续申请有关功能，在各业务网点摆放全国住房公积金小程序易拉宝进行宣传推广。

【便民服务】 2021年，桂林市住房公积金管理中心推行“一事通办”服务，深化“放管服”改革。为解决异地办事“多地跑”“折返跑”等堵点难点问题，开设公积金“跨省通办”专窗，通过采取全程网办、代收代办、两地联办等方式，实现个人住房公积金缴存贷款等信息查询、出具贷款职工住房公积金缴存使用证明等8项跨省通办业务，全年通过两地联办、代收代办的方式共受理办结了22笔跨省通办业务。开展网厅业务宣传培训会议10余次1000余人参加，让更多的缴存单位、缴存人体验到网上业务办理的高效便捷，提高业务网上办理率，确保网办单位全覆盖。提高12345政府服务热线办理效率和质量，按时办结工单1979件，办结率为100%，满意工单1978件，满意率99.95%。（刘艳萍）

2021年，桂林市中山路象牙红盛开。（李腾钊摄）

园林绿化

【概况】 2021年，桂林市林业和园林局办公地址在桂林市临桂区青莲路建设大厦北楼。内设科室17个，下辖直属二层机构26个。年内，桂林城市园林绿化工作按照建设世界级旅游城市要求，以创建国家生态园林城市、国家森林城市为抓手，全面加强城市园林绿化建设和管理，优化提升城市园林绿化品质，夯实城市绿色发展基底。至年末，城市绿地率35.71%，绿化覆盖率40.91%，人均公园绿地面积达13.9平方米，彰显桂林“宜业、宜居、宜乐、宜游”的城市风韵。

【市区全民义务植树】 2021年，桂林市结合全民义务植树活动开展40周年，开展全民义务植树活动。3月12日，市四家班子领导，桂林高等院校领导、桂林驻军领导、市直各单位主要领导、驻桂林部队官兵代表、消防救援队伍指战员代表、永福县干部群众等共700余人在桂林经济开发区凤鸣湖植树点种下桂花、银杏、碧桃等共1500多株。同时，在市区设有秀峰区巫山桥至鲁家村绿道植树点、叠彩区大河乡四联村委会丫头岭植树点、象山区同心新村东北门植树点、七星区灵剑溪芳香桥河堤植树点、雁山区大埠乡大埠村委大山背村和陶家村委西头村以及愚自乐园植树点开展植树活动。当天，全市共1万余人参加义务植树，种植桂花、碧桃、乌桕等10多个品种树木共3.5万株。市林业和园林局不断拓展义务植树尽责形式，提高义务植树尽责率。开展义务植树进工厂、进学校、进小区等活动。组织自愿报名参加植树的市民陆续在桂林园博园、漓西绿道以及市区有关公园组织市民开展了植树和护绿活动。在樱花、梅花、荷花、桂花等花事活动中向市民免费赠送月季、三角梅、茉莉、四季桂和其他品种的小盆栽等一批适宜于居民种养的花木。

2021年春节期间在桂林市中心广场布置“春之声”主题花坛。（李腾钊摄）

【城市绿化管护】 2021年，市林业和园林局加强城市重要节点、重点路段景观管护，完成迎接上级领导到桂林考察等重要专项任务。年内，累计修剪地被面积280万平方米，修剪草皮面积32万平方米，补植乔木318株，补植地被4.5万平方米，修剪乔木6.6万株，拆除绿地中杂乱宣传牌1039块。与供电、交警、公交、照明、天网等管理部门建立完善联系机制，及时修剪存在安全隐患、遮挡标识标牌、影响城市照明和车辆通行的树枝，既保证城市道路景观，又保障城市安全。

【市区节假日及重大活动摆花】 2021年，市林业和园林局做好重大活动和节假日的摆花环境布置。春节期间，在逍遥楼、中心广场、阳桥、南门桥等节点和重点路段，摆花共计38万盆。“三月三”、五一国际劳动节期间，组织绿化单位和公园在市区重要道路和节点布置花境，摆花120万盆。国庆期间，组织各城区政府、各公园景区、绿化单位和相关企业，在市区主要旅游通道、重要节点、广场和各公园景区摆放鲜花50万盆。全年市区共换花、摆花约350万盆。

【城市花化彩化】 2021年，市林业和园林局管辖的绿化单位选用藤本月季、紫薇、象牙红、美花红千层、三角梅、宫粉紫荆等多种适宜桂林生态环境，养护成本低，花期长，花色艳，抗污能力强的园林植物品种，打造“一路一品”“一路一景”的花化彩化城市景观。年内，在道路中央隔离带绿化护栏上增种多品种藤本月季，营造滨北路路边油菜花、硫华菊花海和芳香植物微花园等，给道路增添更多靓丽色彩。市花木研究所在发掘本地传统菊花品种的基础上，从北京、河南、江苏、广东等地引进菊花新品种，举办“菊韵金秋魅力桂林”为主题的菊花展，采取传统种植和现代园艺技术相结合的方法，进行适应性栽培，控制花期，并选取适应本地的菊花品种进行布展，共展出150个菊花品种2万盆精品菊花。

【古树名木保护】 2021年，市林业和园林局组织绿化单位完成市区特级、一级等重点古树的保护工作，指导各公园景区等单位对园区内的古树名木进行了专项管护，对古南门大榕树、乳胶厂古樟树、西山公园友谊树、訾洲公园古樟树、王城古榕树群进行修枝、施肥、病虫害防治等技术处理，使古树得到有效的抢救和复壮。配合自治区林业科学研究院对全州县才湾镇毛竹山村的古酸枣树进行复壮调研。对市区古树名木开展过度硬化专项整治工作，完成秀峰区庙门前古樟树、乳胶厂古樟树、巫山脚村古樟树、虞山桥旁古樟树、穿山菜市两株古樟树的过度硬化专项整治工作。危害古树名木自然生长的“过度硬化”现象得到有效整治。

【公园花事活动】 2021年，各公园按照“公园活动特色化”要求，根据自身实际，引进和培育新品种花卉，开展特色花事活动。在各节假日和不同的开花季节，先后举办訾洲公园郁金香花展、穿山公园梅花节、南溪山公园樱花季、虞山公园月季花展、西山公园荷花展、桂林园林植物园桃花节和桂花节等花事活动。让市民游客充分感受桂林“繁花似锦”的城市风貌，享受桂林的“花样生活”。

2021年，南溪山公园樱花盛开。 （李腾钊摄）

【参加自治区园林绿化业技能大赛】 2021年11月，市林业和园林局代表队参加在梧州市举行的全自治区园林绿化业职业技能大赛，获得草坪修剪项目第一名、全冠乔木种植项目第二名、园艺花境布置项目第三名。通过竞赛活动，进一步夯实园林绿化干部职工的理论知识，提升园林绿化施工养护技能和园林绿化建设管理水平。

【城市绿化行政审批和行政执法】 2021年，市林业和园林局依法依规做好城市园林绿化行政许可事项的事中事后监管工作。全市共受理砍伐城市树木审批295件，临时占用城市绿地审批15件，改变绿化规划绿化用地的使用性质审批12件。委托桂林市城市管理监察支队依法处理违章占绿、毁绿73件，结案31件，有力打击和遏制破坏城市绿化的行为。

【《桂林市城市绿化条例》颁布实施】 2021年3月26日，自治区十三届人大常委会第二十二次会议批准《桂林市城市绿化条例》，于2021年7月1日起施行。《桂林市城市绿化条例》共分总则、规划和建设、保护和管理、法律责任、附则五章三十九条。确定适用范围、城市绿化规划的编制程序和要求、绿化规划建设指标、城市绿化工程设计施工及验收管理规定；明确市、县级城市绿化行政主管部门以及其他相关部门的职责分工，各类城市绿地建设责任单位和各类城市绿地管理养护责任单位。严格执行城市绿线管理、严格管理城市绿地、严格保护城市树木、加强石山绿化保护、加强古树名木及后续资源保护。在城市绿化规划、建设和管理各方面鼓励社会参与，明确社会公众参与机制和途径。对违法行为作了处罚规定。为更好地保护、规划、建设、管理好桂林城市园林绿化提供有力的法治保障。 （李腾钊）

生态环境保护

综　　述

2021年，桂林市生态环境局办公地址在桂林市临桂区万福路鼎晟大厦。内设科室13个，直属单位4个，派出机构18个。年内，桂林市生态环境局以环境质量改善为核心，以落实大气、水、土壤污染防治行动计划为重点，以整改落实中央环境保护督察反馈意见为契机，以环境安全为底线，稳步落实各项生态环保领域改革，生态环境保护工作取得较大成绩。全年桂林市环境质量总体维持高水平。环境空气质量各监测项目浓度年均值（臭氧和一氧化碳为百分位数）均达到国家一级或二级标准，城区全年环境空气质量优良天数344天，优良率94.2%；地表水、地下水水质总体良好；市区声环境质量昼间保持较好等级；辐射环境质量保持正常；土壤环境安全总体良好。

环境质量

【空气环境质量】

市区　2021年，桂林市环境空气质量优良率94.2%，空气质量指数(AQI)范围为21—176，空气质量一级天数206天，二级天数138天，三级天数20天，四级天数1天。（比上年，下同）优良率下降2.2个百分点。市区二氧化硫(SO_2)日均值浓度范围为4—71微克每立方米，年均值为11微克每立方米，增长10.0%。二氧化氮(NO2)日均值浓度范围为7—71微克每立方米，年均值为20微克每立方米，增长11.1%。一氧化碳(CO)日均值浓度范围为0.4—1.6毫克每立方米，年评价浓度（第95百分位数）为1.2毫克每立方米，与上年持平。臭氧(O_3)日最大8小时平均值浓度范围为7—167微克每立方米，年评价浓度（第90百分位数）为121微克每立方米，下降2.4%。可吸入颗粒物(PM10)日均值浓度范围为6—158微克每立方米，年均值为45微克每立方米，增长4.7%。细颗粒物(PM2.5)日均值浓度范围为4—133微克每立方米，年均值为29微克每立方米，与上年持平。二氧化硫、二氧化氮、一氧化碳达到一级标准；臭氧、可吸入颗粒物、细颗粒物达到二级标准。

县（市）　桂林市10县和荔浦市按照《环境空气质量标准》(GB 3095-2012)对自动监测数据进行评价，二氧化硫、二氧化氮、一氧化碳：所有县城均达到一级标准；可吸入颗粒物：龙胜各族自治县、恭城瑶族自治县、平乐县、兴安县、资源县达到一级标准，其余县城均达到二级标准；臭氧（8小时）、细颗粒物所有县城均达到二级标准。

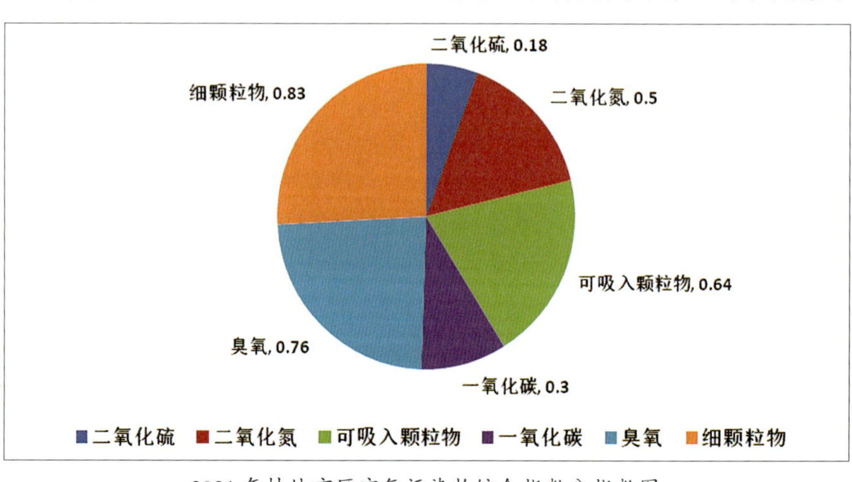

2021年桂林市区空气污染物综合指数分指数图

【水环境质量】　2021年，桂林市地表水依据《桂林市地表水环境功能区划》和国控断面水质等考核目标要求，按《地表水环境质量标准》(GB 3838-2002)相应的标准进行评价。集中式饮用水水源地水质按《地表水环境质量标准》(GB 3838-2002)Ⅲ类标准评价；地下水按《地下水质量标准》(GB/T 14848-2017)Ⅲ类标准评价。桂林市区降水pH值范围为3.72—7.66，均值为4.80，下降0.33%；酸雨频率为72.6%，增长6.6%。

地表水国控断面水质　2021年，桂林市地表水漓江、甘棠江、桂江、湘江、夫夷水、灌江、洛清江、寻江、灵渠、恭城河以及荔浦河为Ⅰ类—Ⅱ类水质，地表水国控考核断面水质评级均为优，符合国家考核目标要求。

县域主要河流水质　2021年，桂林市县域主要河流漓江兴安县段、灵川县段、阳朔县段；湘江全州县段、兴安县段、洛清江永福县段、资江支流夫夷水资源县段、恭城河恭城段年均水质均达到Ⅱ类，水质评价均为优，各断面水质符合水环境功能区保护目标要求。

饮用水水源地水质　2021年，桂林市区和各县（市）有17个在用集中式生活饮用水源地，其中河流型水源地16个、水库型水源地1个。市区4个集中式生活饮用水水源地水质监测项目均符合国家地表水Ⅲ类水质标准。桂林市各县(市)13个在用集中式生活饮用水源地水质均符合国家地表水Ⅲ类水标准。

地下水水质　桂林市辖区内自治区控地下水监测点位2个，按照《地下水质量标准》(GB/T 14848-2017)评价，水质类别均为Ⅲ类。

【声环境质量】2021年，桂林市监测区域声环境质量点位1280个，道路交通声环境质量点位310个，功能区声环境质量点位104个。区域声环境和道路交通声环境监测时段为昼间，功能区声环境连续24小时监测。

市区声环境　2021年，市区区域环境噪声昼间平均等效声级为54.7分贝，下降0.3分贝，按《环境噪声监测技术规范　城市声环境常规监测》(HJ 640-2012)等级划分属于二级，对应评价为较好。各监测点昼间等效声级为40.8—69.1分贝，暴露在60分贝以上的面积占总网格面积的20.4%。噪声声源构成比中生活噪声居首位，占58.3%，其次为交通噪声，占24.3%，工业和施工噪声分别占11.6%和5.8%，生活噪声和交通噪声是桂林市区的主要噪声源。市区道路交通噪声昼间平均等效声级为67.5分贝，下降1.6分贝，按《环境噪声监测技术规范　城市声环境常规监测》(HJ 640-2012)等级划分属于一级，对应评价为好。超标路段长度46.73千米，占监测路段总长度的19.5%，市区昼间大部分监测路段的等效声级达到国家标准限值(70分贝)。市区各类功能区昼间共有60个监测点次达标，总点次达标率93.8%，下降3.7%；夜间共有49个监测点次达标，总点次达标率76.6%，下降5.9%。1类区监测点次昼间达标率83.3%，夜间达标率66.7%；2类区监测点次昼间达标率92.9%，夜间达标率82.1%；3类区监测点次昼间、夜间达标率均100%；4类区监测点次昼间达标率100%，夜间达标率50.0%。各功能区监测点次达标率与上年相比，1类区、2类区昼间和夜间均下降，

表9　2021年桂林市地表水国控断面水质类别评价结果

河流名称	断面名称	责任地区	国家考核目标	2021年水质类别	超标因子(断面均值超标倍数、超标率)
漓江	磨盘山*	市本级	Ⅱ	Ⅱ	无
	阳朔	阳朔县	Ⅱ	Ⅱ	无
甘棠江	水库出水口	灵川县	Ⅱ	Ⅱ	无
荔浦河	扒齿*	荔浦市	Ⅲ	Ⅱ	无
恭城河	大田(湖南境内)*	恭城瑶族自治县县	Ⅱ	Ⅰ	无
	恭城河口*	平乐县	Ⅱ	Ⅱ	无
湘江	崔家*	兴安县	Ⅱ	Ⅱ	无
	绿埠头(湖南境内)	全州县	Ⅱ	Ⅱ	无
灵渠	灵渠364乡道桥*	兴安县	Ⅱ	Ⅱ	无
夫夷水	窑市(湖南境内)	资源县	Ⅱ	Ⅱ	无
寻江	交州	龙胜各族自治县	Ⅱ	Ⅰ	无
灌江	文市	灌阳县	Ⅱ	Ⅱ	无
桂江	桂花(贺州境内)	平乐县	Ⅱ	Ⅱ	无
洛清江	龙溪(柳州境内)	永福县	Ⅱ	Ⅱ	无

注：打"*"断面为"十四五"新增国控考核断面；非桂林境内断面为跨市界/省界断面，考核桂林市。

表10　2021年桂林市县域主要河流水水质类别评价结果

河流名称	断面名称	所属地区	水功能区目标	2021年水质类别	超标因子(断面均值超标倍数、超标率)
漓江	大埠头	兴安县	Ⅲ	Ⅱ	无
	大面	灵川县	Ⅲ	Ⅱ	无
	金龙桥	阳朔县	Ⅲ	Ⅱ	无
恭城河	乐湾	恭城瑶族自治县	Ⅲ	Ⅱ	无
湘江	界首	兴安县	Ⅲ	Ⅱ	无
	庙头	全州县	Ⅲ	Ⅱ	无
夫夷水	随滩	资源县	Ⅲ	Ⅱ	无
洛清江	潦潭	永福县	Ⅲ	Ⅱ	无

表11　2021年桂林市区集中式生活饮用水源地水质状况统计表

水源地名称	取水总量(万吨)	达标率
城北水厂	8054.85	100%
东镇路水厂	2254.14	100%
东江水厂	3301.16	100%
瓦窑水厂	4527.59	100%
合计	18137.74	100%

表12　2021年桂林市各县(市)集中式生活饮用水源地水质类别和达标情况

各县(市)	评价标准	水质类别				达标率
		一季度	二季度	三季度	四季度	100%
平乐县	Ⅲ	Ⅰ	Ⅱ	Ⅱ	Ⅱ	100%
永福县	Ⅲ	Ⅰ	Ⅱ	Ⅰ	Ⅰ	100%
全州县	Ⅲ	Ⅰ	Ⅱ	Ⅱ	Ⅱ	100%
资源县	Ⅲ	Ⅰ	Ⅰ	Ⅰ	Ⅰ	100%
龙胜各族自治县	Ⅲ	Ⅰ	Ⅱ	Ⅰ	Ⅰ	100%
灵川县	Ⅲ	Ⅰ	Ⅰ	Ⅰ	Ⅰ	100%
兴安县	Ⅲ	Ⅰ	Ⅱ	Ⅱ	Ⅱ	100%
灌阳县	Ⅲ	Ⅱ	Ⅱ	Ⅱ	Ⅰ	100%
荔浦市	Ⅲ	Ⅰ	Ⅱ	Ⅱ	Ⅱ	100%
恭城瑶族自治县	Ⅲ	Ⅰ	Ⅱ	Ⅱ	Ⅱ	100%
阳朔县	Ⅲ	Ⅰ	Ⅱ	Ⅱ	Ⅱ	100%

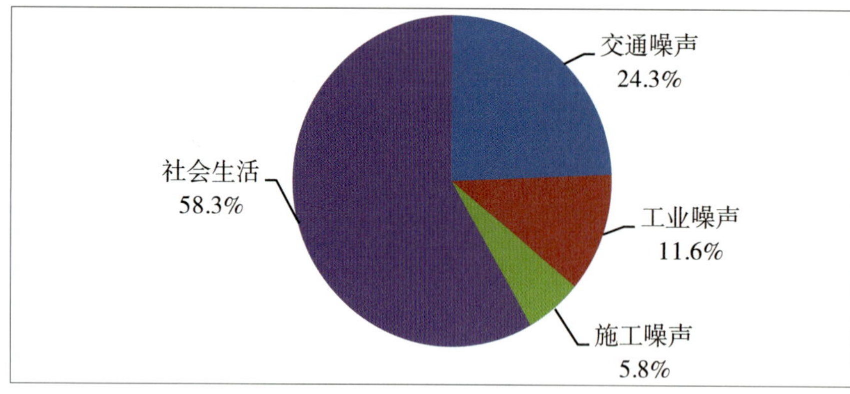

2021 年桂林市区域环境昼间噪声声源构成比例图

3 类区昼间和夜间均持平，4 类区昼间持平、夜间上升。从声源强度来看，则是交通噪声占首位。

各县（市）区域声环境　2021 年，各县（市）区域环境噪声昼间平均等效声级为 54.8—62.7 分贝，按《环境噪声监测技术规范　城市声环境常规监测》（HJ 640-2012）等级划分，资源县评价为较好（二级），占 9.1%；阳朔、灵川、全州、兴安、永福、灌阳、平乐、恭城 8 个县（自治县）和荔浦市评价为一般（三级），占 81.8%；龙胜各族自治县评价为较差（四级），占 9.1%。各县（市）道路交通噪声昼间平均等效声级为 65.7—69.2 分贝，按《环境噪声监测技术规范　城市声环境常规监测》（HJ 640-2012）等级划分，灵川、兴安、永福、灌阳、资源、平乐、恭城 7 个县（自治县）评价为好（一级），占 63.6%；阳朔、全州、龙胜 3 个县（自治县）和荔浦市评价为较好（二级），占 36.4%。各县（市）功能区昼间共有 291 个监测点次达标，总点次达标率 70.0%；夜间共有 231 个监测点次达标，总点次达标率 55.5%。

环境管理

【环保目标责任制考评】 2021 年，桂林市人民政府与县（市、区）人民政府和 13 个市直单位签订《2021 年度桂林市生态环境保护目标责任状》。市生态环境保护委员会办公室组织市人大、市政协、市政府、市直部门成立 6 个考核组，对 2021 年签状单位进行现场考评，评出优秀单位、合格单位、不合格单位。11 县（市）和临桂区人民政府评奖结果为兴安县人民政府一等奖，荔浦市、平乐县人民政府二等奖，灵川县人民政府、全州县人民政府、阳朔县人民政府三等奖。5 城区人民政府评奖结果为雁山区人民政府一等奖，七星区人民政府为二等奖；市直单位评奖结果为漓江风景名胜区管委会一等奖，市自然资源局、市城管委二等奖，市公安局、市应急局、市工业和信息化局、市农业农村局、高新区管委、高铁（桂林）广西园管委会、市发展改革委三等奖。恭城瑶族自治县、灌阳县、永福县、龙胜各族自治县、资源县、象山区、秀峰区、叠彩区人民政府和市住房城乡建设局、交通运输局、经济技术开发区管委会为合格单位，临桂区人民政府为不合格单位。

【环保专项资金】 2021 年，全市获得各级财政性环保专项资金 1.26 亿元，其中中央资金 7158 万元（大气污染防治专项资金 3154 万元、水污染防治专项资金 1300 万元、土壤污染防治专项资金 1150 万元、农村环境整治专项资金 1554 万元），自治区资金 5025 万元（农村环境整治资金 2000 万元、大气专项资金 145 万元、水专项资金 1400 万元、医疗废物处置中心建设资金 500 万元、市级生态环境区域监测中心能力建设资金 500 万元、广西各地贯彻落实环境保护有关政策措施成效激励资金 220 万元、重点河流环境应急“一河一策一图”资金 100 万元、龙胜各族自治县国家级生态文明示范创建奖励 100 万元、广西重点污染源自动监控设施社会化运行补助项目 40 万元、推广环境标志认证补助 20 万元），市本级资金 446.48 万元（桂林市生态环境局预算

表 13　**2021 年各县（市）功能区监测点次达标率情况**

单位：%

名称	功能区类别									
	1 类		2 类		3 类		4a 类		4b 类	
	昼间	夜间	昼间	夜间	昼间	夜间	昼间	夜间	昼间	夜间
阳朔县	100	100	75.0	90.0	–	–	100	66.7	–	–
灵川县	–	–	100	91.7	100	87.5	75.0	0.0	100	100
全州县	25.0	50.0	79.2	66.7	100	87.5	–	–	–	–
兴安县	100	75.0	100	91.7	87.5	50.0	87.5	0.0	–	–
永福县	–	–	100	95.0	–	–	75.0	0.0	–	–
灌阳县	–	–	87.5	93.8	100	62.5	100	25.0	–	–
龙胜各族自治县	–	–	70.8	83.3	100	25.0	100	0.0	–	–
资源县	100	50.0	75.0	70.0	–	–	75.0	0.0		
平乐县	37.5	25.0	62.5	81.3	75.0	100	100	25.0	–	–
荔浦市	62.5	75.0	62.5	75.0	100	100	100	0.0	–	–
恭城瑶族自治县	58.3	66.7	75.0	37.5	100	100	100	0.0	–	–

安排的市本级生态环境保护专项资金446.48万元)。

【环境信息化建设】 2021年,桂林市生态环境局加强应用系统、办公终端、会议系统、网站及新媒体运维工作,保障桂林市生态环境局网络平台及硬件设备正常运转,年内,58次对视频会议系统进行联调联试,12次对市政府办公专网、4次对全局内网络设备进行了故障抢修。保障桂林市生态环境局门户网站、OA系统、投诉受理系统、行政处罚系统、微博微信公众号、党政内外网办公平台等各种在用信息系统正常运行。推动环境应急系统、水环境监测、环保一张图等系统在各部门深入应用,推进信息系统协同整合与数据资源共享共用,推动桂林市生态环境局各部门已建的4个信息系统向华为云中心迁移上云。加强网络信息安全管理,推进全局非涉密信息系统和非涉密业务专网自查,强化元旦、春节重要时段的值班读网,加强网络监控和技术防护。完成新办公大楼信息设备接入间的信息化装修,并对旧办公大楼的信息站房进行整体搬迁,对现有信息网络进行加固,实现现有网络及信息化系统平稳有序切换。对全系统600余台国产电脑的分发及操作应用培训,实现国产电脑全员上桌使用。

【环境法治建设】 2021年,桂林市生态环境局按照法治政府建设及行政执法"三项制度"要求,重新印发《桂林市生态环境局重大执法决定法制审核制度》,明确行政处罚、行政强制等重大执法决定范围,并规定重大执法决定法制审核及集体讨论相关事宜。参与推动《广西壮族自治区漓江流域生态环境保护条例》(修订)列入自治区人民政府2022年立法工作计划;参与《桂林市青狮潭水库饮用水水源保护条例》《桂林会仙喀斯特国家湿地公园保护条例》等地方性法规立法工作。共发布《桂林市生态环境局 桂林市公安局关于启用第一批机动车排气污染遥感监测设备的通告》《关于启用第二批机动车排气污染遥感监测设备的通告》《关于进一步落实"放管服"便民政策的通告》《桂林市生态环境局关于印发桂林市生态环境违法行为举报奖励办法的通知》《桂林市生态环境局关于印发〈桂林市机动车排放检验机构记分制管理办法(试行)〉的通知》5个规范性文件,其中发布的《桂林市生态环境局关于印发〈桂林市机动车排放检验机构记分制管理办法(试行)〉的通知》,为广西首个对机动车排放检验机构施行记分制管理城市。桂林市生态环境局依法作出行政处罚决定共75件,罚款金额达840万元;依法作出免予行政处罚决定2件。对当事人拒不履行行政处罚决定的,依法申请法院强制执行9件(罚款及加处罚款),法院均裁定准予执行,并追缴罚款6万余元。

【环境信用评价】 2021年,企业生态环境信用评价管理由自治区生态环境主管部门负责,各设区市生态环境主管部门配合开展相关工作。自治区生态环境厅对桂林市纳入2020年度广西生态环境信用评价的358家企业进行生态环境信用评价,其中298家企业被评为"守信"企业,无企业被评为"严重失信"企业。企业生态环境信用评价管理实行企业生态环境行为信息加分和扣分相结合的动态累积记分制,根据企业生态环境信用分值,评定其信用等级,从优等到劣等依次为"守信""普通""一般失信""严重失信"。"守信"和"严重失信"向社会公示、公开和向有关部门推送,采取守信联合激励或者失信联合惩戒措施;"普通"、"一般失信"可查阅,但不予公示、公开和推送,而是点对点告知,让轻微失信或者一般失信的企业有一定的纠错空间。

【环境保护行政许可管理】 2021年,桂林市环境保护技术中心共接受委托进行技术评估的环评项目20个,延续2020年承接任务4项,办结评估项目20个,2020年项目全部办结,召开技术审查会21次,出具修改意见函与评估结论函共40份,配合桂林市生态环境局承担现状监测飞行检查等环评机构日常管理工作。桂林市生态环境局按照生态环境部《建设项目环境影响报告书(表)编制监督管理办法》,依法对存在环评文件编制质量问题的广西虹桂环保科技有限公司作出行政处罚,对相关机构及从业人员给予失信记分的处罚决定,并将相关管理情况记入环境影响评价信用平台中有关单位和人员的诚信档案中。桂林市生态环境局组织专家组开展对《荔浦市工业集中区长水岭工业园区规划(2019—2035)》规划环评技术审查。桂林市排污许可应提交执行报告663家,全部实现应交尽交、应审尽审。

【生态保护和建设】 2021年,桂林市生态环境局指导荔浦市开展国家生态文明建设示范区创建工作并获得第5批国家生态文明建设示范区创建命名。开展2018年—2019年省级自然保护区、2019年—2020省级自然保护区、2020年国家级自然保护区、桂林漓江流域采矿采砂活动等遥感监测线索实地核查和处理工作,制定《进一步加强全市自然保护地监督管理工作方案》,联合林业、农业、交通、水利、自然资源等部门对自然保护地违规建设项目持续开展自查,并完善广西"绿盾"自然保护地监督检查问题点位台账及新增自然保护地违法违规建设项目台账。做好"国际生物多样性"专题宣传活动,5月22日,桂林市生态环境局组织机关一支部、二支部及城区支部会同雁山社区,结合"周五党日+"、党员社区"双报到"、新时代文明实践志愿等活动,在雁山社区开展"5·22"国际生物多样性日专题宣传活动,宣传活动以布置展板、分发宣传资料、现场咨询等方式,向公众宣传生物多样性保护理念及自治区生态环境厅对外合作交流中心开展"ABS"项目(即实施全球环境基金建立和实施遗传资源及其相关传统知识获取与惠益分享的国家框架项目)在桂林市的推进情况,利用微博、微信公众号,全方位、多角度向公众宣传生物多样性保护知识。10月29日,桂林市生态环境局组织机关一支部、二支部在雁山区雁山社区开展生物多样性专题宣传活动,宣传生物多样性理念,增强群众保护生物多样性的自觉性,呼吁大家加入到环境保护的行动中。推进"ABS"项目建设,2配合自治区生态环境厅对外合作交流中心开展"ABS"项目相关指导工作;协助中国环境科学研究院在桂林组织召开生物遗传资源获取与惠益分享管理者能力建设与意识提升培训会；配合自治区对外交流中心开展ABS项目终期评估工作，并参加ABS广西项目办和广西项目办合作及执行方的代表开展项目终期评估线上访谈。桂林市统筹推进农村生活污水治理与黑臭水体整治工作，根据《广西农村生活污水治理规划（2021—2035年）》《广西农村黑臭水体治理实施方案》，桂林市获得中央和自治区农村环境整治项目等资金支持约3554万元，开展七星区、雁山区、灌阳县、灵川县、资源县的农村生活污水整治工作及平乐县的农村黑臭水体整治工作，共计在19个行政村建设30套农村生活污水处理设施及2个管网项目。

【固体废物管理】 2021年桂林市生态环境局加大日常监管工作，通过开展双随机一公开工作，对全市涉及固体废物企业进行抽查，累计共出动800余人次，检查企业300余家。6月—9月，桂林市生态环境局根据第二轮中央生态环境保护督察反馈问题整改工作要求，组织全州县桂林翔云锰业有限公司对企业锰渣堆场围墙及雨水沟进一步加固并强化防渗覆盖措施，按时完成环境隐患问题整改。11月，桂林市生态环境局会同桂林市应急管理局、自然资源局印发《桂林市尾矿库、废弃矿山、历史遗留废渣堆存场所环境安全隐患排查整治工作方案》，组织各县（市、区）生态环境、自然资源、应急管理等部门对全市范围尾矿库、废弃矿山、历史遗留工业废渣堆场开展排查。

【危险废物（危险化学品）管理】 2021年，桂林市生态环境局印发《桂林市生态环境局办公室关于开展2021年度危险废物规范化环境管理评估工作的通知》，组织对全市54家危险废物产生单位和经营单位危险废物规范化管理进行抽查考核，全市企业危险废物规范化管理考核抽查合格率为100%。11月下旬，桂林市通过自治区危险废物规范化环境管理评估考核，综合评分居广西第四位。桂林市生态环境局根据违法案件线索，组织桂林市兴安生态环境局依法对兴安县严关镇塘堡村秦松小造纸厂内违法堆放倾倒酸性油泥、兴安县高尚镇灯盏窝无名洗矿厂内违法堆放处置倾倒电镀污泥2件涉危险废物环境违法案件进行查处，并依法将案件线索和相关证据材料移送公安机关办理。桂林海中环保科技有限公司水泥窑协同处置工业危险废物项目建设竣工，经自治区生态环境厅批准取得危险废物经营许可证，可对《国家危险废物名录》中14大类133小类危险废物进行收集、贮存、处置，许可经营规模每年6万吨，补齐桂林市危险废物处置短板，实现桂林市工业危险废物集中处置项目零的突破。12月，桂林尚田环境技术有限公司取得医疗废物经营许可证，全市医疗废物处置能力提升至每日24吨。桂林市成为广西首个建成3座医疗废物处置项目的地级市。桂林市各工业企业、大专院校等单位共转移处置废弃化学品类危险废物248吨，涉及废弃化学品包括废有机溶剂、过期化学试剂、实验室废液等。桂林市获得土壤污染防治专项资金450万元实施灌阳金鑫有色金属综合回收有限公司铅锌选矿厂污染地块治理修复项目，对场地内遗留的废弃化学品进行清理，消除土壤污染隐患。

【核与辐射安全监管】 2021年，桂林市核技术利用单位195家。桂林市登记在册射线装置621套，Ⅱ类射线装置77套，Ⅲ类射线装置544套。桂林市有17家放射源使用单位，由市生态环境局发放辐射安全许可证的单位6家，拥有放射源120枚，其中Ⅴ类源47枚、Ⅳ类源5枚、Ⅲ类源4枚、Ⅱ类源25枚、Ⅰ类源39枚。

【环境监察】 2021年，桂林市继续推进第一轮中央生态环境保护督察未完成整改的反馈意见3个问题和督察组交办的群众举报案件3件，开展第二轮中央生态环境保护督察反馈意见14个问题43条措施和督察组交办的375件群众举报案件的整改，从第二轮中央生态环境保护督察组交办的群众举报案件中筛选出10个案件作为“我为群众办实事”的重点工作推进。严格按照“整改一项、验收一项、公示一项、核查一项、研究一项、销号备案一项、公开一项”的程序组织每个问题验收销号备案，防止表面整改、敷衍整改、虚假整改，确保整改成效经得起检验。5月3日—6日，中央第七生态环境保护督察组对桂林市资源县、全州县、兴安县、灌阳县和恭城瑶族自治县进行督察。至年末，完成“灌阳县千家洞自然保护区违规建设水电站问题”整改并向自治区水利厅申请现场核查；完成“兴安县猫儿山自然保护区正丰电站整治问题”整改；完成5个问题的台账整理和备案工作；补充完善“工业废渣库（场）历史遗留问题”整改工作材料；完成第一轮中央生态环境保护督察组交办的信访案件的整改；完成第二轮中央生

2021年9月6日，自治区生态环境厅党组书记、厅长陈亮（左一）到兴安县五架车村调研。（市生态环境局供图）

态环境保护督察反馈意见2个问题、整改措施10条、群众信访案件354件的整改；完成“我为群众办实事”的10个群众举报案件的整改。2021年，桂林市继续推进未完成整改的自治区生态环境保护督察反馈意见、群众信访举报件、督察组现场检查发现问题的整改。完成督察反馈意见“黑臭水体整治不彻底的问题”的整改，完成督察组交办群众信访案件5件的整改，完成督察组现场检查发现的8个问题的整改。3月3日，中央环境保护督察“回头看”反馈意见桂林市整改工作领导小组审议并原则同意2020年已完成整改的10个问题销号备案。

【环境执法】 2021年，桂林市持续强化生态环境执法，始终保环境监管执法高压态势，通过双随机抽查、昼夜巡查、节假日突击检查、专项执法检查等措施，严厉打击各类环境违法行为。全市累计出动环境执法人员1万余人次，检查企业3500余家次，共办理环境行政处罚案件75件，罚款金额840万元，配套措施案件7件（限产停产案件5件、移送拘留案件1件、环境污染犯罪案件1件）。实施监督执法正面清单管理制度，推行非现场监管执法方式，全市共有80家企业纳入正面清单管理，对清单内企业开展非现场监管执法628次，指导帮扶企业742家次。年内，桂林市整合原自然资源、农业、水利、林业等部门相关污染防治和生态保护执法职责，组建生态环境保护综合行政执法支队，市级生态环境执法队伍编制从30名增加到了60名，内设机构由4个增加为13个。多渠道提升业务素质，组织桂林市、县（市、区）生态环境执法人员参加上级部门组织的各类业务培训，提升生态环境执法人员的理论水平。组织对部分县（区）环境监察工作开展稽查，提升执法质量和执法水平。利用执法大练兵平台，提高生态环境执法人员的业务技能和执法技能，提升生态环境执法实战能力。完善环境执法装备和设备，采购生态环境移动执法终端、无人机等装备，更新陈旧、老化装备设备及办公设备，提升环境执法效能和信息化、规范化水平。

【环境专项执法检查】 2021年，桂林市生态环境局组织辖区执法人员通过无人机巡查、区域检查等方式，排查出桂林市公路铁路可视范围内共存在11家采石或采矿场（采石场10家、采矿场1家），均不在禁采区，除1家还未开工建设，其余均落实相应环保措施。排查共发现4个问题，至年末，督促完成整改问题3个。开展危险废物和自动监控设施监督管理及检查，制定《桂林市进一步严厉打击危险废物环境违法犯罪和重点排污单位自动监测数据弄虚作假违法犯罪工作实施方案》，严厉打击非法收集、利用、处置废矿物油以及跨行政区域非法排放、倾倒、处置危险废物等环境违法犯罪行为，查处兴安县严关镇原秦松小纸厂违法堆存、处置废油案，涉案费油61吨；查处兴安县高尚镇灯盏窝无名洗矿厂电镀污泥案，涉案电镀污泥共重170吨。严厉打击以篡改、伪造监测数据为主要手段逃避生态环境监管的环境违法犯罪行为，对自动监控检查的企业开展现场检查和非现场检查111家次，针对发现的问题，及时下达责令整改通知书，督促完成整改。

【污染源自动监控建设】 2021年，桂林市生态环境局加强对重点污染源自动监控系统运行管理和砖厂行业在线监控系统现场监管等工作。完成污染源自动监控数据有效传输率考核目标任务、完成新增联网、备案验收工作。污染源自动监控数据有效传输率平均为99.43%，共完成27家企业验收备案，完成31家企业在线设备联网。配合自治区完成自动监测数据标记和电子督办试点工作，印发《桂林市典型行业主要污染物排放自动监测数据标记和电子督办试点工作方案》，完成《重点排污单位名录》和排污许可证重点管理名单企业的排查工作，筛查后的178家符合安装条件企业全部录入自治区平台并关联至国家平台，排查完成率100%；完成33家重点污染源自动监控设施飞行抽检工作，对14家企业自动监控设施运行不正常问题下达整改通知。

【环境应急预案体系建设】 动态更新桂林市重点环境风险源目录清单，督促清单中企业更新环境应急预案并完成备案 2021年，桂林市生态环境局对重点环境风险源目录清单进行动态更新，桂林市纳入重点环境风险源目录清单企业共133家（含5家尾矿库），已全部完成应急预案编制并备案，其中15家企业按要求完成环境应急预案修订工作并备案，桂林市将持续督促指导辖区内2021年重点风险源目录清单中备案已满3年但未更新完善环境应急预案的企业开展突发环境事件应急预案修订备案工作。年内，桂林市生态环境局加快修订完善《桂林市突发环境事件应急预案》；已编制完成《桂林市市区集中式地表水饮用水水源地突发环境事件应急预案》；对漓江及其流域编制环境应急“一河一图一策”响应方案，通过科学确定工作范围、收集重点风险源基础资料、实地勘察河流沿途风险点位、设计突发环境事件情景、构建环境应急预案体系等措施，制定实施重点河流环境应急“一河一策一图”，做好桂林市环境应急准备工作，全面提升对饮用水水源等环境风险敏感受体的科学防控水平。

【开展突发环境事件处置演练】 2021年9月23日，“同饮一江水，共护母亲河”桂江流域突发环境事件应急监测联合演练活动在贺州市昭平县举行。探索建立上下游联动及两小时应急圈联合应急监测协同机制，提高桂林市应急监测队伍应对突发性环境事件实战能力。演练模拟一辆槽罐车在桂林市平乐县平乐大桥发生交通事故侧翻，大量油状黏稠物流入桂江，导致下游水质多项指标超标，贺州、桂林、梧州三市监测中心通过多次会商，联合开展应急监测，合力完成监测任务的全过程。演练共出动无人机3架，机动船10艘，环境应急监测车3辆，搭建现场实验室4处，185人参加演练。

环境治理

【水污染治理】 2021年，桂林市践行“绿水青山就是金山银山”的新发展理念，统筹谋划、精准施策，印发实施《桂林市水污染防治行动2021年度工作计划》，强化水污染源头治理，推进水污染防治。将水污染防治行动重点任务分解到年度环保目标责任状进行考核，通过细化环保目标责任状考核条款，建立水污染防治长效管理机制，统筹规划，因河施策，分段落实河长制，把环境保护、治水任务和各自分工有机结合起来，利用社会资金、技术和运营管理经验优势，实现河湖长治久清。在自治区水污染防治工作年度考核中，桂林市2021年成绩保持优秀，并在全自治区排名第二。2021年，桂林市被自治区人民政府表彰为“2020年度水环境污染防治工作成效显著、环境质量明显改善的设区市”，并获得220万元的奖励。在生态环境部公布的2021年全国地级以上城市地表水环境质量状况排名中，桂林市排名第三。2021年“桂林市全力促进漓江流域生态环境持续向好”被国务院作为典型经验做法给予通报表扬。

【饮用水水源地保护】 2021年，桂林市生态环境局完成2020年度桂林市、县集中式饮用水水源环境状况评估工作，桂林市市级集中式饮用水水源地的环境状况综合得分为97.47分，评估结果为优秀；开展集中式饮用水水源环境保护规范化建设，确保城市集中式饮用水源地水质达标率达到100%；完成全市15个千吨万人饮用水水源保护区和划定工作，完成保护区问题排查整治；完成116个农村千人以上饮用水水源保护区划分；加快推进桂林市备用水源地建设，确保饮用水源安全。

【大气污染治理】 2021年，桂林市强力推进大气污染防治，着力抓好“三控三治一应对”。严控工地扬尘污染。消除工地监管盲区，实现扬尘管理全覆盖，严格督促工地落实扬尘管理“九个100%”，未发生以PM10为首要污染物的污染天气。开展烟花爆竹专项执法行动，查处各类环境违法行为为274件，罚款11.4万元，行政拘留16人，春节和清明期间市区空气质量达标率100%，正月初一市区PM2.5浓度降幅均全自治区第一。建立露天焚烧常态化巡查机制，出动巡查人员约3415人次，制止露天焚烧263件，构建“智能化视频监控+网格化管理”联动平台，发现火点7063个，处理率达85%。推进重点企业VOCs治理，114家重点企业制定“一企一策”治理放案，除停产关闭12家外，其余102家完成污染治理设施安装。推进砖瓦行业废气治理，实施砖厂整合提升行动，综合运用法律、行政、技术等手段倒逼行业转型升级。加强污染天气应对，紧盯预报预警信息，紧盯空气质量数据变化，联防联控，露天焚烧、露天烧烤、重型柴油车超标排放、工地扬尘、工业企业等方面全面落实应急减排措施，最大限度减少污染物排放，完善机制和细化措施有效提升应对工作效能。2021年桂林市区空气质量优良天数344天，优良比例94.2%；PM10浓度每立方米45微克，排名全自治区第三；PM2.5浓度每立方米29微克，排名全自治区第八，上升3位。

【移动源污染防治】 2021年，桂林市生态环境局提前7个月完成桂林市机动车遥感监测（二期）为民办实事项目建设。3月和8月，桂林市生态环境局分两批启用桂林市机动车遥感监测设备。桂林市成为全广西唯一实现机动车遥感监测点位全市县（区、市）覆盖的城市，全年共监测车辆排放519.33万辆次，其中超标车辆4694辆次，100%推送公安交管部门，预处罚金额90余万元。桂林市是全国首个将路面黑烟抓拍技术移植到机动车环检机构的城市，于3月1日在机动车排放检测线启用林格曼黑度仪，实现车辆排放检验提质增效。全年共检测柴油车9.49万辆，其中林格曼超标车辆6527辆。同步对检测站黑匣子进行软、硬件升级，增加柴油车检测氮氧化物数值监控功能，对黑匣子设备加装电路稳压装置进一步提高设备运行稳定性。桂林市制定出台《桂林市机动车排放检验机构记分制管理办法（试行）》，成为广西首个对机动车排放检验机构施行记分制管理的城市，持续推行“双随机”日常巡查，本年度共出动261人次，检查87家次，对发现问题现场提出整改要求或对企业进行约谈，督促其整顿；桂林市全年共检测机动车43.1万辆（含复检），后台共抽查21.1万辆车检测视频，约占49%，发现问题及时指导检验机构进行整改。桂林市生态环境局联合公安部门发布《关于进一步落实“放管服”便民政策的通告》，对定期检验有效期内转入车辆实施免检政策。推动《桂林市机动车船和非道路移动机械排气污染防治条例》实施，桂林市生态环境局配合编制该条例的“轻微违法行为免罚清单”；通过开展联合行动，对使用排放不合格机械和在禁用区域内使用高排放机械的行为进行处罚；督促经营范围内企业建立机动车船和非道路移动机械排气污染防治责任制度。推进柴油车污染治理减少大气污染，桂林市生态环境局联合与公安交

2021年10月28日，桂林市开展漓江生态环境保护“河长+检察长”秋季联合巡河协同执法活动。

（桂林日报社供图）

管部门开展常态化路检路查和停放地抽查联合执法，严厉打击超标车辆上路行驶的违法行为，开展行动132次，出动840人次，抽检车辆1284辆，其中104辆排气超标，现场处罚2.08万元；对超标排放车辆均督促其限期整改，纳入管理“黑名单”，年检时严格审核；落实大气污染防治工作预警要求，实行节假日排班制度，年内，响应大气污染预警20次，排班47天，联合相关单位共出动540人次。推进老旧车辆淘汰及深度治理，桂林市生态环境局与公安交管部门共同完善柴油货车限行政策，对财政供养的限行车辆办理市区通行证并鼓励其提前淘汰，协助完成通行证办理108辆次；联合多部门协调危险货物运输车辆以淘汰一辆更新一辆的方式，解决车辆入户问题。巩固油气回收治理成果，桂林市生态环境局通过“双随机”现场抽查督导的方式，强化对油气排放监管力度，全年度共出动688人次，检查加油站220家次、油库2家次，指导兴安、阳朔、永福生态环境局检查21家次，检查油罐车86辆；对3家错峰卸油工作落实不到位的加油站进行约谈，对3家油气回收检测不合格的加油站进行立案查处，处罚金额6万元。加大对非道路移动机械污染排放监管力度，对全市非道机械开展信息采集及编码登记工作，累计完成2200台非道机械采集信息及编码登记，制定《桂林市非道路移动机械污染排放监督抽查专项工作方案》，联合市场监管、公安、住建等部门，并首次整合各县（市、区）生态环境执法人员对在用机械进行排放污染物抽检，共出动95人次，检测机械38台，其中超标5台，已进行立案查处。

【土壤污染防治】 2021年，桂林市生态环境局编制印发《桂林市污染防治攻坚战领导小组办公室关于印发2021年度桂林市土壤污染防治重点工作实施计划的通知》，保障农产品质量安全和坚决遏制土壤污染事故发生，推进土壤污染防治，加强污染地块管理，开展疑似污染地块排查工作，建立污染地块名录，制定暂不开发利用污染地块环境风险管控年度计划。严格建设用地准入管理，16个建设用地土壤污染状况初步调查报告通过市级评审；组织开展污染地块安全利用现场检查核实工作，未发现污染地块开发利用情况。更新并发布桂林市土壤环境重点监管企业名单（2021年修订），组织对全市土壤重点监管企业和自治区级工业园区周边开展土壤环境监测，完成重点监管企业土壤隐患排查工作。加强涉土壤生态环境执法，严格落实责任，对未按规定完成土壤污染风险评估就开工建设的桂林齿轮厂项目进行立案处罚，并处罚金额12.97万元。推动土壤污染治理项目实施，督促和指导灌阳金鑫有色金属综合回收有限责任公司铅锌有色金属选矿厂场地污染治理项目按实施方案开展项目实施，恭城瑶族自治县崩山矿区31#脉历史遗留废石堆场风险管控与环境治理工程项目通过市级验收。开展地下水污染防治，开展废弃井风险排查，联合市自然资源局和市水利局对77处报废矿井、钻井、取水井开展进一步核实，共排查出37处需回填的废弃井清单；完成地下水两个国控监测点位规范化建设。全年未发生因耕地土壤污染导致农产品质量超标且造成不良社会影响的事件，土壤环境安全总体良好。

2021年5月，漓江生态环境司法保障服务联动中心成立。

（桂林日报社供图）

【漓江流域生态保护】 2021年7月，桂林市生态环境局组织相关县（市）区及市直单位，对照生态环境部组织卫星中心在桂林漓江流域采石挖沙遥感调查监测中发现的55处疑似采矿采砂活动图斑开展现场核查，共发现违法违规项目6个，已全部落实整改，并通过生态环境部现场核查。委托桂林容发环保工程管理有限责任公司开展打捞工作，至年末，共打捞死亡动物217头，并进行无害化处理，减轻漓江流域市区段病死牲畜对漓江的污染。印发《漓江城区段支流综合整治工作方案》，重拳治理漓江沿岸“乱建、乱挖、乱养、乱经营、环境卫生脏”等“四乱一脏”现象。通过开展专项行动，排查核实河湖“四乱”问题90个，核对卫星遥感发现的疑似“四乱”线索174条，均完成处理整治；修复非法采砂点近90万平方米，关停漓江沿岸养殖场1120家，漓江游览排筏从5000多张压缩至1210张。结合漓江流域水环境治理主要任务，加强与自治区生态环境厅对接，共争取到1400万元自治区水专项资金用于漓江支流南溪河水质提升和生态修复；争取中央水生态环境专项资金3000万元，用于平乐县饮用水水源保护区环境保护治理。

环境监测与科研

【环境监测】 2021年，桂林生态环境监测中心首次开展漓江流域水生态试点监测以及水生生物多样性监测现场采样工作；在辖区内的全州县、兴安县、灵川县、永福县配置酸雨自动采样设备，并于12月完成设备的验收工作。桂林生态环境监测中心通过检验检测机构资质认定复查的现场评审工作；共参加国家总站组织的4轮能力考核和1次自愿考核项目，考核项次共7项，考核满意率100%；参加自治区级能力考核4次，考核项次37项，考核结果均合格。全年分三批次参加由自治区生态环监测中心组织的环境监测人员持证上岗考核工作，考核项目涉及水和废水、空气和废气、降水、生物等9大类174个项目188种方法，理论考核和现场操作考核全部通过。桂林生态环境监测中心新增52台（套）现场和实验室分析仪器设备，报废（停用）35台仪器，现有仪器设备共577台（套）。年内，桂林市23个环境空气自动监测站运转正常，对公众实时发布环境空气质量状况，包括空气质量指数级别、首要污染物、对健康影响情况和建议采取的措施等内容。全年共发布空气质量周报52期，日报365期。向桂林市、市生态环境局领导报送环境空气质量月报12期，发送环境空气污染天气预警信息240条，空气质量日报短信6930条。桂林生态环境监测中心对市区降水监测做到逢雨必测、按月上报，共采集降水121场，样品297个，获取监测数据3267个。桂林生态环境监测中心每月承担第三方监测公司送来的采测分离样品分析任务，对收到的1210瓶水样进行分析，共获取数据2940个，将分析数据报送国家考核断面样品采集保存与交接管理系统。桂林生态环境监测中心对桂林市、各县（市）17个在用集中式生活饮用水源地、3个规划水源地、2个备用水源地的水质进行监测，获取监测数据6655个。广西生态环境监测中心完成桂林市辖区内的自治区控地下水监测网络2个点位、“十四五”规划国家地下水环境质量考核点2个点位的相关监测工作。桂林生态环境监测中心完成区域声环境质量1280个点位和道路交通声环境质量310个点位昼间监测工作，完成功能区声环境质量104个点位每季度监测工作，共获取监测数据4.63万个。桂林生态环境监测中心完成桂林市国家土壤环境监测网风险监控点116个点位样品采样工作，全年分析金属项目的样品150个，获取监测数据1100余个，分析有机项目样品130个，获取监测数据3700余个。全年完成47家重点排污单位监督性监测工作。

【环境科研】 2021年，桂林生态环境监测中心按计划推进自治区科技厅重点研发项目《基于非点源污染负荷的智慧漓江流域建设及示范》，参与市科技局《桂林城市生活污水中非法药物残留及代谢物的分布特征研究》项目和国家自然科学基金《霾过程桂林城区微环境PM2.5颗粒中的微生物群落分布及演化规律》项目。“漓江流域（城区）污染源解析及管理对策”课题通过结题验收，该课题属《桂林市环境综合整治工程》项目二级子项，项目融合环境科学、水文学等交叉学科的相关原理和方法进行漓江流域（城区）污染源解析与管理对策的研究，对漓江流域（城区部分）的水质和污染源进行调查分析，提供漓江环境数据变化对比评价，分析主要污染源的相对贡献、空间分布以及治理难度，课题的完成解决了漓江流域（城区）长期以来点源和面源的污染构成不清，面源污染对水质影响缺乏系统研究的问题，为漓江城区河流的水环境保护、水污染防治和污染源治理等管理对策提供有力支持。桂林市环境保护科学研究所对《桂林市林业和园林事业“十四五”发展规划（征求意见稿）》等规划提出咨询意见。组织完成荔浦市金鸡坪工业园区污水处理厂入河排污口设置论证报告技术审查工作；配合市桂林市生态环境局完成《2020年度桂林市饮用水水源环境状况评估报告》，完成2021年度市级、县级集中式饮用水水源保护区管理情况和监测数据的审核上报。

环境宣传教育

【环境新闻宣传】 2021年，桂林市生态环境局利用主流报纸、电视台、电台、网络等新闻媒体开展宣传报道，及时回应群众关切。在全市各主要新闻媒体上发表环境新闻稿件542余篇。其中，《中国环境报》15篇，《广西日报》13篇，《桂林日报》244篇，《桂林晚报》152篇；桂林电视台桂林新闻播出环保新闻33条，《身边》栏目报道环保题材32条；桂林电台播出环保新闻22条；桂林生活网31篇。桂林市生态环境局微博、微信官方账号及时推送环保类相关新闻2073篇，其中微博推送1170篇，微信公众号发布1116篇。拓宽专题报道深度，全年召开新闻发布会3次，与桂林日报社共同组织策划环保宣传主题专版4期。

【环境宣传活动】 2021年6月3日，在桂林市生态环境局召开新闻发布会，向媒体通报《2020年桂林市生态环境状况公报》及2020年1月至2021年5月环境违法企业及相关处罚情况，并通过《桂林日报》《桂林晚报》、微信、微博、桂林市生态环境局官网公布《2020年桂林市生态环境状况公报》。各县（市、区）同时在各地开展环境保护宣传教育进学校、进乡村、进社区、进企业、进机关、进商场、进家庭等“七进”系列活动，各宣传点以展板、文艺演出、发放环保宣传资料、接受市民咨询和投诉等形式，开展生态环境宣传活动，提高公民环保意识。6月4日，在“一院两馆”开展歌舞表演《让中国更美丽》，拉开2021年广西“生态环境宣传月”暨桂林市“六五环境日”主题宣传活动序幕，活动以“人与自然和谐共生”为主题，由自治区生态环境厅、桂林市人民政府主办，桂林市人民政府、自治区生态环境厅、桂林市生态环境局等单位和相关人员约200余人参加活动。6月5日晚，在桂林市中心广场举行由桂林市生态环境局主办，桂林市临桂区临桂中学协办的“六五环境日”宣传文艺晚会，晚会通过喜闻乐见的歌舞、小品、诗朗诵等文艺表演，向市民普及生态环境保护知识，营造全社会共建共治共享美丽新桂林的浓厚氛围。桂林市生态环境局联合相关单位举办六期“环保公众开放日”宣传活动，组织拍摄制作《唱支山歌给党听》歌曲、拍摄扶贫视频作品《扶贫人物记》等，促进环境宣传深入人心。 （陈马丽）

交通运输·邮政管理

交通运输综述

【概况】 2021年,桂林市交通运输局(简称市交通运输局)办公地址在桂林市临桂区鼎晟大厦。内设科室14个,下设二层机构5个。增挂桂林市国防动员委员会交通战备办公室、桂林市高速公路建设领导小组办公室、桂林市西江(漓江、桂江)黄金水道建设领导小组办公室牌子。全年全市新增公路里程1962千米,公路总里程1.69万千米(农村公路总里程1.41万千米),公路密度61千米/百平方千米。新续建农村公路项目37个326千米、桥梁784延米。全市共有客运站84个,其中一级站3个、二级站13个、三级站8个、四级站23个、五级站17个、等外站20个,总建筑面积41.1万平方米,乡(镇)场站覆盖率57.14%。全市共有营运汽车1.9万辆,其中营运客车4857辆15.77万个座位,营运货车1.42万辆18.56万吨位。全市建制村通客车率100%。全市高铁营运里程420千米,占广西高铁通车里程近25%,在广西地级市排名第一。市区共有公交线路74条1220.6千米,公交车725辆,公交站点1351个,其中港湾式停靠站312个。全市共有港口码头132个,其中旅游码头15个、货运码头3个、便民码头114个;共有营运船舶261艘,其中客船242艘、货船19艘。年内,桂林被列为全国性综合交通枢纽城市,入选广西首批交通强区建设试点单位名单。

【交通基础设施投资】 2021年,桂林市公路、水路交通基础设施完成投资155.12亿元,(比上年,下同)增长19%。其中,高速公路完成投资130.80亿元,增长27.4%;路网项目分别完成投资15.15亿元,增长26.2%。基础设施投资实现"十四五"时期起步提速、开局争先的良好局面。

【交通基础设施建设】 2021年,桂林市交通基础设施建设新续建项目299个1608千米,其中新开工项目20个396千米、续建项目28个681千米、建成项目251个531千米。高速公路方面,建成桂林至柳城高速公路,开工建设阳鹿路(阳朔至鹿寨)与贺巴路(贺州至巴马)荔浦连接线、平乐至昭平、东安经全州至灌阳(广西段)、桂林外环、江永至桂林、融安经永福至阳朔、永福三皇至柳州7个高速公路项目约391千米,继续加快建设龙胜至峒中口岸公路龙胜芙蓉至县城段、灌阳至平乐、桂林至柳州高速改扩建工程、贺州至巴马高速蒙山至象州段、桂林至钟山等高速公路项目,有序推进全州至桂林改扩建等高速公路项目前期工作。路网项目方面,完工国道321桂三高速公路龙胜出口连接公路、国道357灌阳洞井至潮田公路;推进国道241梅溪至资源、国道322灵川经五通至苏桥、省道501全州石塘经蕉江至高尚(全州段)、龙胜龙脊梯田景区大循环旅游公路、灵川县城至八里街1号工业区(西站)公路等项目。农村公路方面,建成灵川境内的九屋至兰田、恭城境内的大石桥至水滨公路,实现灵川县兰田瑶族乡、恭城瑶族自治县观音乡通三级以上公路,全市乡乡通二(三)级公路率达98.5%,位列自治区第二;新建成景观路29条139千米;通自然村(屯)道路纳入管养里程1900千米;实施一批路面提升、危桥改造、渡改桥及公路安全生命防护工程。场站水运方面,交通运输部、湖南省人民政府和自治区人民政府联合印发《湘桂运河重点问题专项研究推进工作方案》,标志着湘桂运河规划建设上升至国家层面;桂江巴江口船闸改扩能工程项目有序推进,桂林港平乐港区珠子洲作业区码头一期工程前期工作完成设计初稿,《洛清江河道复航工程战略规划研究》编制完成。

2021年,龙胜龙脊梯田景区大循环旅游公路建设有序推进。 (吴明霞摄)

【路长制推行】 2021年，市交通运输局加快建立农村公路工作长效机制，“路长制”系统建设有序进行。10月12日，恭城瑶族自治县人民政府印发《全面推行路长制工作方案》，建立由县政府主要领导担任总路长、乡(镇)主要领导担任乡级路长、村委主任担任村级路长的“路长制”组织框架，形成“政府主导、属地管理、责任明确、监管有力、保护有效”公路保护机制，桂林市率先在自治区推行普通国省干线公路“路长制”，实现普通国省干线公路“路长制”零突破。10月14日，市人民政府出台《桂林市农村公路“路长制”实施方案》。市交通运输局依规推进农村公路治理体系和治理能力现代化，促进全市“四好农村路”向纵深发展，要求各县(市、区)按照“县道县管、乡村道乡村管”以及“分级管理、属地负责”的原则，完成路长组织体系建设，细化各级路长具体职责和责任清单，完善考核奖惩措施。至年末，桂林公路发展中心所辖12个县级公路养护中心，除阳朔县外，已全面推行“路长制”；农村公路方面，各县(市、区)按管养里程及实际需求，配足农村公路专管员，完成上岗培训，全面履职上岗，“路长制”组织管理体系覆盖率100%。

【农村公路项目建设】 2021年，市交通运输局在争取国家和自治区项目计划和补助资金的基础上，市本级财政额外兑现2019年度“四建一通”工程市级补助资金3327万元，较大缓解县级财政建设配套资金的压力，为项目建成通车、发挥社会经济效益奠定基础。强化工程质量监督，组织开展年度信用评价工作，营造良好的项目建设秩序，对2021年度桂林市农村公路建设质量、安全问题突出的4家施工、监理企业初步降为C级。开创全市农村公路质量督导“抽检+整改”全新模式，采用政府购买服务的方式公开招标第三方机构开展一般农村公路检测工作，查找建设项目质量缺陷191项，督促返工路面缺陷3120平方米、波形护栏1250米、桥梁6座，全市农村公路建设项目一次性验收合格率100%，质量抽检总体合格率90%以上。全市有118个乡(镇)、986个建制村通公交，乡(镇)、建制村通公交率达89%、60%，荔浦市被交通运输部命名为城乡交通运输一体化示范县。

【农村公路养护】 2021年，市交通运输局落实“有路必养”要求，通过调查、采集、审核，对全市基本符合农村公路标准的1905千米乡村道路纳入农村公路路网体系及养护计划，全市交通部门在养农村公路总里程达到1.4万千米，农村公路列养里程大幅增长。全年完成路面提升工程60个302千米，差、次等路得到全面处治，中等以上路占比88.9%，路况得到大幅改善。至年末，除部分新纳入列养的村制联网路及新接养的村(屯)道路外，原有的县、乡、村道全面完成生命防护工程建设；列入2018年以前项目库的所有危桥项目完成重建或维修加固，危桥率降至5%以下。

【法治交通建设】 2021年，市交通运输局严格依法对行政规范性文件及政策性文件进行合法性和公平竞争审查，梳理77项“6+1”政务服务事项清单，全年受理“6+1”政务服务事项8.04万件，办结8.03万件。制定“双随机、一公开”抽查计划(在监管过程中随机抽取检查对象，随机选派执法检查人员，抽查情况及查处结果及时向社会公开)，检查完成率100%。制定《桂林市交通运输首次轻微违法行为免于行政处罚清单》，对首次发现、能够当场改正或者承诺限期改正、违法行为危害后果轻微的违法行为不予行政处罚。开展交通运输各类违法活动专项整治行动，非法营运、拒载、议价违法经营行为得到遏制，火车南站等客流集散地拒载、议价现象基本消除。交通工程质量监督执法领域行政处罚案件实现“零突破”，依法对3件施工单位涉嫌未对建筑材料进行检验的案件开展立案调查，责令整改并处罚款共计15万元。12月9日，市交通运输局、市行政审批局联合召开桂林市道路运输电子证照暨高频服务事项“跨省通办”工作推进会议，加强对运输企业工作人员的培训，要求企业向驾驶员进行宣传，确保实现“任何时间、任何地点、任意一个司机不存在不知道、不会办、无法办、办不了”目标。

【运输市场监管】 2021年，市交通运输局开展交通运输执法领域突出问题专项整治行动，加强公路路政管理和“治超”工作，依法整治道路运输市场存在的各类交通运输违法行为，共出动执法人员2.79万人次，检查营运车辆4.63万辆次，查处各类违法行为984件。其中，运政违法行为938件，涉路违法行为13件，公路水运建设项目违法行为33件。坚持“属地管理、政府主导、部门联动”的原则，推进联合“治超”执法制度化、常态化。每月逢“5”(5日、15日、25日)，为全市区域联合整治统一行动日，并在统一行动日基础上，各县(市、区)与相邻县(市、区)组织每月不少于2次联合整治行动，形成区域整治合力。全市累

2021年2月2日，市交通运输局与叠彩交警大队联合开展夜间非法运营整治行动。
(韦绍益摄)

计开展区域联合执法735次，检查货车6.16万辆次，查处车辆1604辆次，其中查处“百吨王”31辆次，卸载货物3.23万吨，查处货车非法改装417起。

【绿色交通建设】 2021年，市交通运输局推进节能减排，积极在道路运输行业推广运用新能源和清洁能源车辆，推进交通运输行业各类运输车辆电动化。全市共有新能源客运车辆2233辆，占全市客运车辆19.3%，其中公交车1508辆、出租车（含网约车）440辆、旅游客车285辆。

【智慧交通建设】 2021年，市交通运输局组织完成云网资源统筹利用现场认定和“12328”交通运输服务监督热线系统升级改造工作，全年“12328”热线电话共受理业务1.16万件，办结率99.8%。受理市政府“12345”热线派送工单1037件，按时办结率100%。回访群众满意率99.74%。

【交通运输安全生产】 2021年，市交通运输局坚持严管重罚，对发生道路运输行车事故企业开展安全生产责任调查和执法检查，先后对7个县（市、区）交通运输主管部门、行业管理机构和14家运输企业进行警示约谈，对存在重大安全隐患的18家道路运输企业进行安全专项督查，保持对安全生产的高压态势。组织开展全市农村公路违规设置妨碍货车通行的公路限高限宽设施和检查卡点的排查整治工作，排查里程1.2万千米，提升全市公路运输安全环境。推进第一次全国自然灾害综合风险普查工作，加强对各县（市、区）风险普查工作的服务指导，聘请第三方技术支撑机构协助完成普查实施数据质检核查等工作。全市农村公路完成普查里程1.22万千米，完成率100%，系统上报风险点2356个。开展交通运输行业安全应急演练、防船舶碰撞桥梁等应急演练，锻炼应急救援队伍，提升行业应急处置水平。首次对辖区国省干线公路工程“平安工地”建设进行监督检查，对项目“平安工地”考核评价进行确认。创建“一灯一带”减速带示范性项目201个，创建数量居自治区第一。

（蒋仁兴）

铁路运输

【桂林车站】 2021年，中国铁路南宁局集团有限公司桂林车站（简称桂林车站）位于桂林市叠彩区站前路6号。桂林车站管辖9个车站和1个线路所，其中客运一等站2个（桂林站、桂林北站），客运二等站1个（桂林西站），客运三等站3个（三江南站、阳朔站、恭城站），客运四等站1个（五通站），货运站场2个（桂林西站普速场、桂林南站），以及定江线路所。

年内，桂林车站狠抓疫情防控工作，执行24小时疫情防控值班制度，加强与集团公司、桂林市防疫部门沟通和联系，科学规范、迅速高效地完成应急处置工作。争取地方政府支持，协调解决管内桂林、桂林北等6个客运站由地方派驻人员落实测温、扫码及核酸检测工作。协调地方政府出资，在桂林市区3个客运站的进出站区域安装35台测温验码一体机，累计处置发热旅客188人、健康码异常旅客53人。8月5日，桂林西站妥善处置红码旅客的疫情风险，得到集团公司通报嘉奖。

年内，桂林车站加强安全治理体系建设，开展安全生产专项整治三年行动，推进高铁运营安全对规对标检查，发现整改问题3600余件，修订高铁规章制度530余项。坚持每周开展综合平推检查，每月覆盖全站所有生产岗点，整治各类问题5100余件，设备质量得到极大提升，专业管控水平显著增强。持续加强指挥中心建设，先后投入10万元，完成指挥中心基建扩容改造和办公设备增配，中心功能配套日趋完善，指挥中心全年指导现场处置行车设备故障13起、动车组故障4起、站内换乘组织4起。构建人防、物防、技防“三位一体”安全保障体系，投入150万元完成桂林北站天桥门禁系统建设，投入86万元完成桂林北站封闭式实体围墙建设，投入61万元完成桂林北站消防隐患整治，投入44万元完成客运安检智能值机辅助系统建设，投入32万元建设桂林北站站台端部防入侵报警系统，车站“三位一体”安全保障水平得到进一步增强。筑牢安检查危管控防线，持续高标准抓好安检查危管控，全年查获汽油7700余毫升、管制刀具42把、鞭炮5700余响。全年完成旅客发送1168.4万人次、客运收入14.04亿元，分别增长15%和23.5%。（李军）

【桂林车务段】 2021年，桂林车务段位于桂林市叠彩区水塔路南巷2号。管辖湘桂铁路蓝家村—洛埠、衡柳铁路东安东—鹿寨北（不含桂林站、桂林北站）46个车站，其中高铁站11个。按等级分，三等站8个，四等站38个；按业务性质分，货运站16个，客运站5个，非营业站25个。全年发送旅客240万人次，增长17%；运输收入1.9亿元，增长16%；停时24小时，比计划压缩1.5小时，减少0.8小时。

年内，桂林车务段加强开行红色旅游专列和临客组织，全州南站、兴安北站共开行红色旅游专列10列，全州南站始发临客283趟次。抓好假日旅客运输组织，清明小长假期间，车务段单日发送旅客2.43万人次，创历史新纪录，其中全州南站、永福南站、鹿寨北站均创新高。开展客运营销宣传，共计走访地方单位150余个，办理团购票306批8552张。拓展解决安全隐患渠道，结合近10年发生的安全事故及典型案例，分析查找问题122个，制定整改推进计划，抓好整改落实，消除安全隐患，安全优质完成“4·25”核心运输保障等25批次重点任务，实现安全生产5404天。（徐振玉）

【铁路建设】 2021年，市交通运输局推动南宁经桂林至衡阳、怀化经桂林至湛江、桂林经郴州至赣州、桂林经贺州至肇庆等铁路列入国家层面相关规划。完成桂林站改造工程后续工作；加快推进桂林北站站房和东广场改造工程前期工作，研究桂林站出站通道增加自动扶梯工程；开展南衡高铁新桂林南站选址研究和桂海铁路改造工作。（蒋仁兴）

公路运输

【概况】 2021年，桂林公路发展中心办公地点在桂林市象山区环城南二路7号。内设科室14个。年内,桂林公路发展中心管养国省干线公路12条,共2047.6千米。其中,国道5条共1118.5千米,分别是G241、G321、G322、G323、G357;省道7条共929.1千米,分别是S202、S206、S208、S301、S302、S501、S502。按等级分,一级公路264.9千米,二级公路1262.5千米,三级公路303.2千米,四级及以下公路217千米。管养桥梁433座共2.25万延米、隧道5座共4743延米。管理在建路网工程项目1个,建设里程82.02千米,项目工程总投资6.62亿元。全市公路运输客运量1978万人次,客运周转量14.88亿人公里,分别下降61.9%、52.4%;公路运输货运量1.13亿吨,货运周转量150.21亿吨公里,分别增长16.0%、28.7%。

(周红　蒋仁兴)

2021年10月25日,灌阳县"护路队"和有关部门联合开展超限超载行动。

(支俨摄)

【公路管养综合服务】 2021年,桂林公路发展中心累计完成路面病害修复约115万平方米,平均每千米公路修复约600平方米,路面质量状况得到有效整治修复,管养公路路况总体水平基本稳定,优良路率73.3%,完成2021年度国家公路网技术状况监测评价工作。

【桂林公路综合服务水平提升】 2021年,桂林公路发展中心公路养护小修保养费1527.2万元。为解决养护资金不足,桂林公路发展中心积极争取地方资金3900余万元,开展过境公路改建、公路沿线安全设施提升、绿化美化等建设。探索公路水毁先养后补修复模式,建立以"先养后补"模式建设的养护工程项目质量安全监督管理机制。创新开展公路"管线下地,路地联动"约110千米,在普通国省干线公路危险及急弯陡坡路段增设突起路标约80千米。开展公路路树修剪清理专项整治提升、公路防水治水专项行动、公路标志标线质量整治提升工作。在自治区建立首个市级国省干线公路应急指挥中心和桂林公路应急指挥平台,打造"固定翼无人机+公路养护"新模式,开展预警监测等智慧公路工作。组织开展"美丽公路"创建工作,省界市界县界约70千米得到美化、亮化,公路沿线设施得到有效整治。

2021年7月23日,全州县公路养护人员在省道301线K83+250段清理塌方路段。

(文运来摄)

【公路养护及路网结构改造工程】 2021年,桂林公路发展中心组织完成"十四五"规划专项整治工程项目前期工作75个,总投资3.49亿元。组织完成龙胜和平大桥拆除重建,协调实施G322一级公路3处中央分隔墙隐患整改,完成7座危旧桥梁加固改造整治、3处连续长陡下坡整治、13处公路地质灾害整治、2个标线整治等项目。履行辖区路网工程行业监督管理,完成路网工程建设投资10.8亿元。

【路产路权管理养护】 2021年,桂林公路发展中心与市交通运输局等相关部门就交通运输综合执法改革后,处在改革磨合期的普通国省干线公路,面临着涉路问题权责不清晰、涉路问题处理缺乏协调机制等问题,共同研究解决方案。3月10日,在恭城瑶族自治县成立广西首个普通国省干线"护路队",之后在其余11个县级公路养护中心推广成立"护路队"。与地方部门联勤联动开展日常巡路、护路工作,维护好转型期的普通国省干线路产路权和正常养护生产秩序。年内,12个"护路队"共出动人员4177人次,执法巡路车辆934台次,大型机械122台次,依法清理公路堆积物581处2089立方米,处理车辆沿途抛洒污染路面违法案件281件,处理人为堵

2021 年 11 月 18 日,桂林交通控股公交集团开展驾驶员职业技能大赛。（毛韦珠摄）

塞水沟 199 处,整治道口 77 处 1623 平方米,拆除非交通标志 664 处,制止涉路违法施工行为 139 起。协助交通综合执法机构处理车辆损坏公路路产案件 170 件,索赔路产赔偿金 30.59 万元;协助自治区交通运输厅办理涉路施工许可 121 件,收取涉路施工补偿金 57.84 万元。

【路网工程建设与监管】 2021 年,桂林公路发展中心加快普通公路项目建设。桂林辖区在建普通国省道及一般路网项目 17 个,总投资 73.5 亿元。年内,推进全州(才湾)至资源(梅溪)公路工程资源段遗留工程建设。3 月,全州(才湾)至资源(梅溪)公路工程项目一期工程竣工验收;11 月 5 日,实现全资公路"最后一公里"遗留工程开工建设,该遗留工程 K77+867.5—K79+250 段重新开工建设,全长 1.74 千米,争取资源县人民政府投资近 1000 万元,路基、路面、涵洞、交通安全设施等工程全面开工建设。（周红）

【出租汽车行业管理】 2021 年,市交通运输局印发《桂林市出租汽车企业 2020 年度质量信誉考核工作方案》,完成 38 家出租汽车企业(含网络预约出租汽车)2020 年度质量信誉考核工作。落实出租汽车疫情防控督导工作,督促检查各出租汽车、网约车企业在疫情期间严格执行所有司乘人员佩戴口罩,前后排隔离。提醒乘客后面乘坐、不接受拼车,上车扫码、下车消毒等防控措施。开展出租汽车违法违章驾驶员学习培训,对有违法违规驾驶和不文明经营行为的驾驶员实行带车停班学习教育培训及考试,全年参加培训的 22 名违规驾驶员全部通过考试。

【道路客货运输行业管理】 2021 年,市交通运输局组织道路客运企业开通定制客运车 41 辆,资源县来往桂林部分公务用车业务率先采用定制班线完成,龙胜、资源和荔浦等县(市、区)开通假期学生专线。印发《桂林市道路客运企业 2020 年度质量信誉考核工作方案》《桂林市道路货物运输企业 2020 年度质量信誉考核工作方案》,完成 42 家道路客运企业及 19 家道路货运企业 2020 年度质量信誉考核工作。

【运输相关服务业发展】 2021 年,市交通运输局加强驾驶培训机构及机动车维修行业监管工作。对学员计时培训等情况进行核查,确保学员培训质量,开展驾驶员从业资格考试工作,推进继续教育制度落实,严把驾驶员从业资格关,全市使用继续教育平台完成继续教育的驾驶员 1.21 万人次。开展机动车驾驶员培训行业质量信誉考核工作,完成 28 家机动车企业的备案工作及 115 家机动车维修企业 2020 年度质量信誉考核工作。

【道路运输安全生产】 2021 年,市交通运输局压实企业安全生产主体责任,督促企业加强客运站源头管控,严格落实"三不进站、六不出站"规定,把各项安全生产责任落实到岗位和个人,强化安全工作责任考核,完善奖惩制度。加强与公安、市场监管、应急、文化旅游等管理部门的沟通联系,加大"打非治违"工作力度,强化运输市场监管,加大对"两客一危"、重型载货汽车、农村客运、城市出租车等重点车辆非法改装、非法营运、超限超载、超许可范围经营等行为的查处。（蒋仁兴）

城市公共交通

【概况】 2021 年,桂林市公交公司新开通 69 路、建材家居市场专线、融创夜间专线线路 3 条,优化调整公交线

2021 年,桂林交通控股公交集团做好疫情防控各项工作,图为工作人员对驾驶员进行上岗前体温检测。（毛韦珠摄）

路 20 条，编制完成临桂区公交线网调整方案，市区公交线路总数达到 74 条 1220.6 千米。

【绿色智能公交推广】 2021 年，桂林市推广绿色公交车辆，全市新能源公交车辆达 523 台，占运营车辆的 72%。加快公交智能化建设及互联网 + 便捷出行工程，公交智能调度系统建设完成投资的 60%，完成新建 18 座电子站牌验收，累计建设投放电子站牌 48 个，为市民提供实时、精准的公交运行信息。

【公交基础设施建设】 2021 年，市交通运输局加快推进苏桥工业园等 3 个公交场站建设前期工作，建设阳江北路等 3个公交首末站。全年新增公交站点 52 个，改善了乘客的候车环境。（蒋仁兴）

水路运输

【概况】 2021 年，桂林海事局办公地址在桂林市上海路 4 号。内设机构 6 个，设政务中心、海巡执法支队 2 个处室办事机构，下设阳朔海事处、漓江海事处、平乐海事处 3 个派出机构。年内，辖区共有水运企业 23 家，排筏公司 4 家。登记在册船舶 1149 艘，总吨 7.93 万吨，净吨 4.39 万吨，客位 3.62 万个，主机功率 6.03 万千瓦，注册船员 6839 人；漓江排筏 1210 张，持证排筏操作员 2175 人。全年桂林市水路运输累计完成客运量 147 万人次，增长 75.4%，客运周转量 4927 万人次公里，增长 52.5%；完成水路货运量 35 万吨，增长 47.6%，货运周转量 1.06 亿吨公里，增长 40.5%。

【水路运输事务】 2021 年，市交通运输局开展辖区内 7 家水运企业的年度核查工作及国内水路运输经营企业新增普通货船运力备案、水运工程施工招标文件备案等 23 项其他行政权力的审核管理工作。对广西数字政务一体化平台事项库进行动态更新、数据匹配、不定期核查。开展广西水路运政管理信息系统的管理维护工作，根据年度核查等工作安排，动态更新调整系统中企业、船舶信息内容。指导水运企业办理船舶运输经营资质等事宜。

【水路运输安全生产】 2021 年，市交通运输局开展“渡运安全月”“安全生产月”等活动，加强节假日管理，强化红线意识，多渠道宣传水运行业法律法规、水运安全知识。开展安全生产应急演练，健全安全管理责任体系，加强船舶安全管理，提高水运企业应急处置能力，确保桂林市水域水上交通安全形势持续稳定。年内水路运输未发生重大安全生产事故，水路运输安全生产责任事故多年持续为零。（蒋仁兴）

【通航秩序管理】 2021 年，桂林海事局以漓江旅游船舶为重点，结合水上交通安全专项整治三年行动、水上无线电秩序管理专项整治、船舶碰撞桥梁隐患治理三年行动专项整治等活动，联合地方政府及相关部门形成监管合力，加强对码头、浅滩、通航密集区现场监管，形成全天候电子巡航、重点航段驻点巡航、通航高峰现场巡航、工作时间弹性巡航互为补充的“四位一体”巡航模式，保障了辖区水上交通安全畅通，连续 6 年无一般级以上事故。桂林漓江全年共开航船筏 26.51 万艘（张）次，安全发送旅客 320.05 万人次。桂林海事局共开展巡航 1816 次，巡航里程 7.92 万千米，巡航时间 5595.9 小时，出动执法人员 4998 人次、巡航车船 1816 车（艘）次；电子巡航 1.08 万次，巡航时间 4549.1 小时；实施行政处罚 59 件，罚款 9.85 万元；发布航行通告 56 份，水文信息 646 条，发送预警信息 137 条；船舶封航管制 3 次，排筏封航管制 33 次。

【船舶监督管理】 2021 年，桂林海事局开展船舶安全检查、船舶检验质量监督和航运公司管理。编制完成《桂林辖区船舶载运大重件货物操作指南》，为企业解决大重件货物装载经验不足、流程不清等难题。全年共开展船舶现场监督 1516 艘次，船舶安全检查初查 529 艘次，发现缺陷 1889 项，平均缺陷率 3.5 项每艘，滞留船舶 7 艘次。对辖区航运公司安全与防污染监督检查 29 家次，查出缺陷 138 项；共开展安全约谈企业 4 家。

【漓江船舶防污染管理】 2021 年，桂林海事局强化船舶防污染监管力度，开展辖区水上加油船专项检查、防治船舶水污染专项整治等活动，全面落实河长制相关工作。严格监控船舶污染物“零排放”，推动船舶污染物排放作业网上申报，加强船舶生活污水、生活垃圾、油污水等的排放接收监督检查，全面实行漓江旅游客船铅封管理，规范漓江旅游客船生活污水回收站管理。持续推动新能源船舶研发建造，开展油电混合、直翼推动等新型船舶监管研究，推动辖区企业研发、建造、使用新能源船舶。全年

2021 年 2 月 3 日，桂林海事局与梧州海事局开展 2021 年春运桂江联合巡航活动。（桂林海事局供图）

2021 年 5 月 4 日，桂林海事局成功营救 6 名突遭洪水围困旅客。

（桂林海事局供图）

辖区船舶污染物接收处理作业 4.01 万艘次，其中含油污水接收 1530 次、船舶垃圾接收 3.49 万艘次、船舶生活污水接收 3761 艘次；防污染登轮检查 295 艘次。

【漓江排筏规范管理】 2021 年，桂林海事局持续推动排筏检验登记工作，推动排筏新能源动力研究；持续开展漓江旅游排筏水上突发事件应急演练，通过演练提高排筏船员及公司安全管理人员的安全意识和应对水上突发事件应急反应能力。联合地方政府、漓管委开展漓江载客排筏综合整治行动，严厉打击无证排筏非法载客行为，将水域整治、陆域机动、空域侦查相结合，充分利用 CCTV 监管系统和无人机监控方式，对非法排筏精准定位并进行围堵。全年共查处排筏涉嫌违法违规行为 15 件，行政处罚 5 件，罚款金额 2500 元，销毁涉嫌非法载客排筏 12 艘。

【船员管理】 2021 年，桂林海事局加强船员管理，组织开展典型事故案例进航运公司进船员培训机构活动，全面开展船员违法记分管理，全年共开展船员履职检查 149 人次、船员违法记分 26 人次。共签发船员管理类证件 1091 本，其中内河船舶船员适任证书 550 本，船员服务簿 193 本，内河船舶船员特殊培训合格证 299 本，内河排筏船员适任证书 49 本。全年组织开展合格证内河基本安全培训、客船再有效培训、排筏船员适任培训、小型船舶驾驶适任培训等。

【渡口渡船监管】 2021 年，桂林海事局加强渡运安全管理，促进渡运安全共管共治，联合市交通运输局、市船检局、市漓管委及相关乡（镇）政府开展渡运安全月活动。推动地方政府将渡工工资纳入财政预算，稳定渡工队伍，提高持证率和适航率，确保渡运安全。对渡运“老大难”问题和检查组探讨解决方案或思路，组织船检业务交流座谈，对发现的船检质量监督问题整改方案达成共识。科学制订渡船演练方案，组织渡船水上综合应急演练，熟练掌握对发生水上突发事件的应急处置方法。加快落实培训考试计划，为考生协调减免培训费用的相关问题，解决渡船船员持证问题。年内共出动执法人员 484 人次，出动巡察车船 216 次，巡察时间 682 小时。检查船舶 239 艘次，检查渡口 233 道。纠正渡船各类安全缺陷 98 项，排查并推动重大以上渡运安全隐患治理 2 项。

【水上应急搜救】 2021 年，桂林海事局组织开展应急演练 10 次，参演船筏 128 艘次，参演船员和管理人员 832 人次。组织协调或参与搜救行动 28 次，出动搜救船筏 88 艘次，出动搜救人员 435 人次，救助转移遇险人员 145 人，125 人成功获救。其中，旅游船舶（排筏）险情 4 次，救助遇险人员 94 人并获救；涉渔船舶险情 1 次，救助遇险人员 1 人并获救；其他未涉及交通工具的险情（意外落水、游泳溺水、自杀、洪水围困等）23 次，救助遇险人员 50 人，30 人获救。1 月 14 日，成功处置“源泰 2 号”旅游客船舵机故障 86 名游客滞留漓江社公滩的险情；5 月 4 日，在漓江乌桕滩水域成功营救露营突遇洪水遭围困的 6 名遇险游客。7 月 21 日—8 月 31 日，组织协调漓管委、公安、消防、海事等政府力量和社会力量开展 2021 年漓江防溺水巡逻、驻守 65 次，出动人员（含公务人员和志愿者）286 人次，现场向群众宣传防溺水知识，安全劝导游泳群

2021 年 12 月 2 日，桂江沿线船闸维修协调工作会在平乐县召开。

（桂林航道养护中心供图）

众975人次，成功救助游泳溺水人员1名，巡逻、驻守区域发生游泳溺亡件数较往年大幅下降。

（桂林海事局）

【航道航标养护】 2021年，桂林航道养护中心管辖的190.50千米航道共设置各类助航标志213座，其中侧面浮标128座，示位标63座，桥涵标22座。共完成维护测量滩险63条滩次，测量面积14.6平方千米，维护挖沙工程量2.08万立方米，更新滩险航道图数据28条；检测整治建筑物53座，检测测量面积3.9平方千米；维护水尺5把；全年航道维护水深年保证率100%。共完成标志维护8.67万座天，标灯维护3.83万盏天，标志维护正常率100%，标灯维护正常率100%。全年无航道航标维护责任事故发生。

【船闸运行协调】 2021年，桂林航道养护中心统筹推进船闸运行和通航的协调工作，与船闸运营主管单位沟通，指导做好船舶过闸通过能力建设。全年船闸开闸次数合计2024闸，过闸船舶数量1535艘，双向过闸船舶实际载货运量7.87万吨，船闸运行通畅，未发生停航、滞航事件。 （唐国丽）

民用航空

【概况】 2021年，桂林两江国际机场（简称桂林机场）运输航班起降3.89万架次，增长3.5%；运输旅客453万人次，增长4.1%；运输货邮1.7万吨，增长11.5%；航班放行正常率86.98%，下降3.59个百分点。全年飞行航线104条，通航城市76个，新增广州、成都天府、长沙、巴中、玉林等通航点；飞行航空公司28家，新增江西航空、乌鲁木齐航空。年内，桂林机场固定资产投资7185.28万元，增长25.23%，建设完成消防管网及配套设施改造、迁建VOR全向信标台、新建机坪塔台等重大项目，获2021年民航系统全国“安全生产月”活动先进单位。

【航空领域疫情防控】 2021年，桂林机场推动各项防控措施。强化组织保障，主要领导靠前指挥，根据疫情防控要求和形势及时调整领导小组架构、召开疫情防控工作布置会，对疫情防控工作进行动员、部署。强化协同联动，保持与桂林市疫情防控指挥部的紧密联系，加强与驻场单位的协调联动，建立驻场单位疫情防控日协调会机制，搭建驻场单位疫情防控微信群，实现信息同步、工作标准一致。强化个人防护，各岗位个人防护用品足额配置，实行外包方人员与机场员工防护同等标准，符合条件的机场从业人员全部实现加强免疫“应接尽接”，完成新冠疫苗加强免疫接种共2899人，机场从业人员落实每周定期核酸检测，全年共实施核酸检测8.43万人次。强化培训检查，加强疫情防控知识专项培训及第三方监督管理，运用现场督查、查阅监控等方式对驻场单位、候机楼各区域等工作现场进行检查，确保岗位人员对当前防控工作措施和要求掌握到位、执行到位。年内，桂林机场共处置发热旅客64人，发热员工77人，健康码异常旅客274人。

【航空运输】 2021年，桂林机场通过提升航班时刻总量、合理分配时刻增量、发挥航培资金效能、优化数据应用效果等举措，促进运输生产恢复。优化航线网络，打造桂林至上海的空中快线，加密石家庄、北京大兴航班，新增及恢复长沙、成都、武汉、广州等航点，航线网络布局基本实现“省会通”，航线网络通达性进一步增强。持续融合“航空+旅游”，打造精品航空产品，桂林至安庆航线被民航局遴选为红色旅游精品航线，增开桂林至柳州三江直达班线，提高地面运输的衔接度，与携程联合举办“五一大促”及“山水桂冠　真情相伴”线上直播，扩大机场航班航线的知晓面。加速恢复货邮运输，东兴海鲜类货品恢复运输，柳州、湖南、广州等周边货源实现增量。年内，桂林机场普通货物发运3887.3吨，增长62.5%；中转货运输4051.4吨，增长36.4%；海鲜类产品运输643.5吨，增长34.4%；锂电池运输381.5吨，增长37.8%。

【安全管理】 2021年，桂林机场完善安全管理体系。通过修订《桂林机场使用手册》《桂林机场安全管理手册》，推动各单位完善二级运行管理手册、三级科室作业指导手册等规范文件，完成SMS年度内审和安保年度自审，提高安全管理的规范性、系统性、有效性。组织开展危险品运输合格证复训、管理人员安全管理初训、复训，以及安全生产责任、隐患排查治理、法定自查等各类培训及考核，确保人员资质符合要求、能力素质得到提升。坚持安全隐患零容忍，落实风险防控和隐患治理双重预防机制，动态维护“两张清单”，动态清零问题隐患。分别开展机坪运行、鸟害防治、供电设备、飞行区管理等15项专项治理活动，集中整治机场关键领域重点、难点问题。年内，桂林机场安全保障航班起降

2021年7月27日，民航中南管理局局长马兵（右三）一行到桂林机场实地调研指导工作。

（桂林机场供图）

2021 年 10 月 8 日，桂林机场保障参加全国第十一届残疾人运动会的广西残疾人运动员出征。 （桂林机场供图）

3.89 万架次，地面运输安全行车 173.5 万千米，排除飞机故障 112 起，查获违禁物品 6.3 万件，开展应急演练 101 次。完成中共中央总书记习近平专机、外交部部长王毅、俄罗斯外交部部长拉夫罗夫等三级（含）以上警卫级别重要保障 14 次，全年未发生机场保障原因造成的飞行事故、重特大航空地面事故、炸劫机事件和空防事故，连续实现第 38 个安全年。2021 年，桂林机场鸟害防治工作取得成效，发生责任鸟击航空器事件 1 件，下降 88.9%。

【民航服务保障】 2021 年，桂林机场提升服务品质，其中“从校门到舱门”“箱伴你我，畅心飞行”“环广西公路自行车世界巡回赛保障”等 3 个服务案例，分别入选中国民用机场优秀服务案例和典型服务案例集。年内，桂林机场提高航班正常精细化管控水平，加强会商和协同决策，制订《航班正常管理联席工作方案（试行）》，增强各驻场单位的协调配合。上线航班正常目标监测系统，将全年目标进行分解，制订每月、每日运行指标，挖掘和分析数据资源，为科学决策提供支撑。推进航班计划动态调整工作，利用“以干带支”多机场协调运行模式，提高放行正常率。强化标准建设，完善服务质量规范性文件 5 份；开展 3 轮多视角、多维度的综合大检查，促进整体服务品质提升。深化品牌建设，重点提升中转服务，针对中转旅客推出免费中转贵宾厅、餐饮八折等惠民服务；推出“劳模优先”“飞驰少年”“无忧行”特殊旅客预约等精品服务。改善乘机环境，投放 90 辆行李手推车，增设 7 处充电吧台，推出“第三卫生间”。

（莫亚兰）

邮政管理

【概况】 2021 年，桂林市邮政管理局（简称市邮政管理局）办公地址在桂林市凤北路 1 号。内设科室 3 个。年内，桂林市邮政业平稳有序发展，全市邮政行业业务总量完成 10.91 亿元。邮政行业业务收入累计完成 12.36 亿元，增长 18.52%。全市快递服务企业业务量累计完成 5152 万件，增长 26.30%；快递业务收入累计完成 7.71 亿元，增长 24.20%。邮政快递从业人员约 7000 人，品牌 20 个，法人企业 108 个，分支机构 151 个，末端网点 1820 个。4 月 28 日，市邮政管理局联合市快递协会在自治区首次组织召开全市邮政快递业安全与绿色发展现场会。10 月 29 日，国家邮政局党组书记、局长马军胜到广西桂林调研，了解快递共仓共配、快递服务乡村振兴战略、邮政业安全中心建设等情况。

【快递员群体优先参加工伤保险政策落实】 2021 年，市邮政管理局全面贯彻落实国家《关于做好快递员群体合法权益保障工作的意见》及自治区《做好快递员群体合法权益保障工作实施方案的通知》文件精神，率先启动快递员工伤保险优先参保工作，积极与市人社部门沟通对接，认真梳理快递员群体优先参加工伤保险政策，摸清理顺参保流程，并选取韵达等企业先行先试，至年末，完成 200 多名快递员优先参加工伤保险。

【桂林邮政业安全中心正式挂牌成立】 2021 年 7 月，桂林市邮政业安全中心挂牌并实现正常运转。自治区邮政管理局党组书记、局长韦慧，桂林市副市长赵奇玲，自治区邮政管理局市场监管处、市交通运输局、市邮政管理

2021 年 10 月 29 日，国家邮政局党组书记、局长马军胜（右二）在桂林开展邮政业改革发展情况调研。 （冯珂摄）

局及快递协会等相关负责及邮政快递企业代表参加揭牌仪式。邮政业安全中心主要负责行业申诉、“绿盾”工程建设及安全检查、信息系统类等辅助性工作。

【“快递进村”工程】 2021年，市邮政管理局与桂林银行开展推进“快递进村”战略合作洽谈，扎实推进“快递进村”工程，形成“企业对接、试点先行”合作意向；与市交通运输部门开展农村客货邮融合发展调研，协调各方力量合力打通快递进村“最后一公里”。积极引导企业在灵川、全州、阳朔等县试点发展共仓共配模式，推动灵川、龙胜、灌阳等县（自治县）实现邮快合作，降低运营成本，实现资源有效整合。至年末，桂林建制村快递服务覆盖率达到83.6%。

【邮政快递业发展成效】 2021年，市邮政管理局加强对广西地理标志产品寄递情况的掌握，挖掘培育“一地一品”优质项目。恭城月柿及柿子干制品获评自治区邮政快递业服务现代农业银牌项目，罗汉果、砂糖橘、荔浦芋头获评自治区邮政快递业服务现代农业铜牌项目；荔浦衣架获评自治区邮政快递业服务制造业银牌项目。年内，市邮政管理局获得地方补助资金总额93.46万元，极大地支撑了邮政管理部门履职需要。至年末，全市共建成快递企业基层工作站92家，位居自治区行业前列。其中，中山中路邮政所、恭城韵达快递服务有限公司被评为市级“扫黄打非”工作示范点。

2021年7月28日，桂林市总工会2021年送清凉启动仪式在桂林邮政行业举行。（杨联杰摄）

【快递从业人员服务保障】 2021年，市邮政管理局进一步加大对快递从业人员的关爱力度。争取市总工会2021年“夏季送清凉”“冬季送温暖”活动启动仪式在邮政行业举行，快递从业人员获赠送绿豆、红糖、清凉饮品及油米面等物资一批；推动快递员纳入总工会福利范畴，免费体检快递从业人员470名；对201名优秀快递员及家庭困难快递员进行补助，直接补助到基层快递员6.03万元；行业累计获得桂林市总工会各类经费支持12.1万元，全年落实到快递员群体实际福利补助95万余元。完成行业从业人员职业技能培训50人次，获地方补助4.57万元。持续开展“快递青年从业服务月”活动，组织开展迎新年长跑比赛、气排球比赛等各类文体活动，行业凝聚力得到有效提升。

【邮政快递业安全生产】 2021年，市邮政管理局高度重视邮政快递业安全生产。6月29日，结合2021年安全生产活动，开展快递品牌直营机构、加盟企业和营业网点三级安全员互评互查现场会。与会安全员针对三项制度执行情况、安全设施设备配备情况及其他安全隐患和问题开展自主检查。现场会选取营业网点和分拨中心两个场所进行，安全员在营业网点发现收寄验视、面单信息填写和视频监控等方面存在问题；在分拨中心发现过机安检、视频监控及机械设备等方面存在安全隐患。检查结束后，市邮政管理局根据各小组汇报的结果对检查过程、方式和发现的问题当场进行点评，并对相关企业存在的问题下达责令改正通知书，要求立即改正。

（杨联杰）

信 息 业

综　　述

【概况】 2021年，桂林市35家规模以上电子信息制造业企业实现产值84.9亿元，（比上年，下同）增长10.5%，占工业总产值8.9%。新基建中信息化基建投资48.42亿元，完成年度投资进度的120.65%，信息化基建完成的投资额和投资进度在桂林市新基建中排名第一。全市全年有24个项目获得自治区工信厅信息化资金扶持，扶持资金共970万元。全年桂林市完成互联网出口带宽4780GB，增加300GB。全市光纤总长13.04万千米，增加7841千米。全市移动电话用户582.28万户，增加21.27万户，其中3G和4G用户减少95.57万户，5G用户增加72.16万户。全市基站数量6.19万个（4G基站2.92万个，增加0.23万个）。全市光纤宽带用户184.41万户，增加15.19万户，其中“千兆”光纤宽带用户增加6.89万户。全市建制村以上4G网络覆盖率100%，建成5G基站7435个。　（蒋洁丽）

【2021讯石桂林光通信产学研论坛举行】 2021年5月28日，2021讯石桂林光通信产学研论坛在桂林会展国际酒店举行。桂林不仅是国际知名的旅游城市，也是广西电子信息产业聚集地，具有国家高新区的政策优势及技术、人才、资源优势。该次论坛由深圳市讯石信息咨询有限公司和桂林光隆科技集团股份有限公司联合举办。论坛邀请光通信行业优秀专家学者、技术骨干相聚桂林作主题演讲，共同探讨光通信市场发展契机，寻求产学研融合，助力光通信产业升级。桂林抓住政策优势叠加的发展机遇，推动工业高质量发展，相应出台工业振兴三年行动方案、支持工业企业发展十八条政策措施、加快桂林新型工业发展的若干政策等一系列优惠政策，工业增速逐年提高，工业布局全面重塑，发展后劲明显增强，发展环境逐步优化。桂林各级党委、政府持续优化营商环境，为企业投资发展提供更高效、更优质的服务，搭建更广阔、更精彩的舞台。　（覃帆）

【“无线电点亮革命征程”全州短波通联活动举行】 2021年6月，“无线电点亮革命征程”广西全州短波通联活动暨自治区工信厅参加全国无线电管理系统联合党日活动在全州县举行。该活动由自治区工信厅主办，广西桂林市无线电监测中心承办。自治区无线电管理系统、市工信局、全州县政府、桂林市设无线电台相关单位130多人参加活动。工信部组织全国无线电管理系统“无线电点亮革命征程”短波通联活动中的全州站活动。该活动以红色电波为“主线”，回顾中国共产党百年征程，通过选取党的一大、长征、抗日战争、解放战争、抗美援朝、“两弹一星”、改革开放等重大决策或历史事件所涉及的18个地点，依次实现无线电短波通联。全州是湘江战役主战场之一，也是短波通联活动第二篇章“工农革命举旗旗，万里长征壮豪情”重要通联点。监测中心采取措施把各项筹备工作落实落细，确保活动时短波信号稳定、通联喊话清晰、直播画面流畅。　（钟显文）

【“中国移动5G+智慧旅游——发现大美桂林”国庆直播活动】 2021年9月28日，桂林市在红军长征湘江战役纪念馆开启“中国移动5G+智慧旅游——发现大美桂林”国庆首场直播活动。奥运冠军王丽萍受邀到直播间，以红色故事为主题，走进湘江战役纪念馆、全州县才湾镇毛竹山村，带领网友“云游”红色土地全州，“穿越”到湘江战役中，感悟中央红军长征途中革命斗争的峥嵘岁月，见证湘江两岸旧貌换新颜。直播全程运用中国移动5G网络回传直播信号，采取“5G+4K+无人机直播”的新模式，2个小时的活动，共吸引160万人次围观。其中，咪咕视频APP观看人数达到150.4万人次；中国移动广西公司新浪微博直播间在线观看人数达到1.3万人次，博文阅读量77.8万人次；咪咕微信视频公众号观看人数达到2927人次，互动人数达到7914人次；桂林生活网、桂小播等桂林本地推流用户观看人数达到7.9万人次。国庆期间，中国移动桂林分公司将携手桂林各方深入实施“旅游+”战略，助力打造“红色桂林”“文明桂林”和“养生桂林”文旅融合新品牌，让五湖四海的游客足不出户，便能身临其境感受阳朔、桂林的秀美风景，为桂林文旅产业的发展插上“智慧”的翅膀。　（覃帆）

信息化建设

【概况】 2021年，桂林市获批广西数字经济示范区，定位为广西一体化数据中心副中心、区块链副中心，已建成桂林华为云计算数据中心，依托华云数据中心，数字桂林试点区县，数字临桂2021年启动。正建设电科云（桂林）国际大数据发展中心，桂林电子科技

2021 年 3 月 3 日，2021 年第一季度全自治区重大项目集中开竣工暨电科云(桂林)国际大数据发展中心开工活动举行。（蒋洁丽供图）

大学发起成立中国 - 东盟卫星导航国际合作联盟，在多个东盟成员国建立示范基地。计划总投资 3 亿元的数字漓江 5G 融合生态保护利用综合平台项目，成为全自治区唯一一个获得 2021 年度新基建中央专项资金的项目。恭城瑶族自治县成为国家级数字乡村试点，飞图鲲鹏影像云、华云 - 商汤西南区域视觉分析 AI 超算中心、甲天下 APP、国投智慧社区项目、领视雪亮补盲工程等一大批数字经济领域的新产品、新业态、新模式不断涌现，桂林海威科技的人工智能硬件品牌打造取得进展。桂林信息产业具体业态包括电子信息制造业、信息通信业、软件与信息技术服务业。

【发展电子信息制造业】 2021 年，桂林电子信息制造业产业产值持续保持正增长，新入规企业增多。规模以上电子信息企业达到 35 家，数量较上年年末多 7 家；桂林立德智兴电子科技有限公司、桂林东衡光通讯技术有限公司、桂林方振电子有限公司、荔浦华越电子科技有限公司、桂林诗宇电子科技有限公司、桂林艾晟科技有限公司、桂林恒鑫隆电子科技有限公司等一批企业成功入库。其中，35 家规模以上电子信息制造业企业实现产值 84.9 亿元，增长 10.5%，占工业总产值的 8.9%。35 家企业中有 23 家保持增长，约占总数的 66%；产值超过 1 亿元的企业 14 家，占规模以上电子企业总数 40%。

【“信息网”建设】 2021 年，桂林市“信息网”基础设施建设项目库 13 个(2020 年在库项目续建 9 个，2021 年新增项目 4 个)，总投资为 299.88 亿元，2021 年计划投资额任务目标为 16.52 亿元。年内，13 个基础建设项目全部开工，开工率为 100%。全年完成投资 25.85 亿元。开通 4G 基站 991 个，投资完成 0.89 亿元，年度投资完成率为 104.39%；5G 基站已经完成 2252 个，投资完成 5.34 亿元，年度投资完成率为 106.72%；光纤宽带新建及扩容完成 5080 个自然村和小区建设，投资完成约 1 亿元，年度投资完成率为 195.52%。新增项目有 4 个，分别为电科云(桂林)国际大数据发展中心项目、“深科技智能制造产业园”项目、桂林安科讯数字能源智能制造项目和桂林市高端装备制造产业园项目。电科云(桂林)国际大数据发展中心项目 2021 年计划投资 1 亿元，已于 3 月开工建设，全年完成投资 1.45 亿元，2021 年度计划投资完成率为 145%；“深科技智能制造产业园”项目全年完成投资 4.73 亿元，年度投资完成率为 157.58%；桂林安科讯数字能源智能制造项目 2021 年计划投资为 2.5 亿元，全年完成投资为 3.68 亿元，年度投资完成率为 147.34%；桂林市高端装备制造产业园项目 2021 年计划投资为 3.5 亿元，全年完成投资为 5.5 亿元，年度投资完成率为 157.48%。

【智慧社区能落地的桂林模式探索】 2021 年，桂林国投大数据的“爱达家智慧社区”一期项目主要是在各小区和城中村安装智慧门禁系统、车辆道闸门控制系统、视频监控系统、充电桩系统等。至年末，爱达家项目已覆盖小区及社区 280 个，服务用户超过 15 万，成为桂林市场占有率最高的智慧社区品牌。通过给小区业主(特别是无物业小区和城中村业主)提供门禁、车辆管理等安全服务，以非常低的价格按月收取服务费，解决部分群众的安全方面的刚需。通过智慧社区平台的导流，开发众多商业模式。通过已有小区汽车道闸门建设，获得桂林 102 个社区与酒店的道闸门控制系统的数据和广告运营业务，形成桂林社区车辆大数据，与部分汽车销售企业达成战略合作。基于智慧社区平台开展本土电商平台(“桂林人人电商网”)建设，整个电商生态的营收、税收、就业都留在本地，形成一个熟人社交电商的商圈，发掘并推广袁隆平大米、长江壹号生态鱼、全州天湖生态牧业等一大批本土优质商家和产品。

【数字化支持社银一体化】 2021 年，桂林市全州县人社局深化“社银合作”，将“数字化”“智能化”的社保服务送到群众家门口。联合县内金融机构，加强社保服务进银行服务网点协作，启动“社银一体化”，推进社银一体化服务和智能技术适老化提升工作，将养老账户信息查询、养老待遇支付信息查询、社会保险待遇领取资格确认等 15 项高频社保事项，植入合作银行服务终端设备、手机银行、微信公众号等。依托桂林银行设立在村委及自然村的农村普惠金融综合服务点，充分发挥其与农村群众“零距离”、人员稳定、素质较高的优势，将社保数据和业务接口嵌入农村金融服务网点信息系统，为农村群众在家门口提供更便捷的社保服务。

【远程门诊破解基层医院获取专家资源难题】 2021 年，恭城瑶族自治县人民医院集团总院开通 5G 远程门诊，开启疑难病例三、二级医院远程会诊新模式，减少患者不必要的县外就医，快速提升医院急危重症综合救治实力和快速反应能力，实现“小病不出乡，大病不出县”的医改目标，助力县域内医疗卫生服务管理一体化建设。先后建成影像、心电、超声、病理、会诊等远程网络业务中心，实现市、县、乡三级互联互通、检查结果实时查阅、互认共享，开启患者在乡镇分院检查及县级医院诊断、疑难病例在县级医院检查和市级医院诊断的服务，探索出“基层检查＋上级诊断＋区域共认”的高效服务新模式。

【桂林智慧教育云平台】 2021年，桂林市教学所学科教研员组织桂林市优秀学科骨干教师组建教育资源开发团队，开发包括教学设计、微课、教学课件、课库等类型资源，微课视频资源完全是从学生角度开发，连配音均采用童声，教师与学生喜闻乐见。通过3—5年的时间，桂林市自主开发具有本地特色的数字教育资源将覆盖桂林市所有学段、所有学科及所有教材版本，普惠性优质资源在“两减”（减少义务教育阶段学生作业负担和校外培训负担）及国家整顿校外培训机构方面发挥作用。（蒋洁丽）

网络安全管理

【概况】 中国共产党桂林市委员会网络安全和信息化委员会办公室（简称市委网信办）办公地址在桂林市临桂区西城中路69号，内设科室4个。下设二层事业单位桂林市互联网舆情中心（加挂桂林市网络安全应急中心、桂林市互联网违法和不良信息举报中心）。2021年，市委网信办各项网信业务稳步推进，为桂林加快建成世界级旅游城市，提供强大的网上舆论支持、可靠的网络安全保障、有力的信息化支撑。

【网上正面宣传】 2021年，市委网信办统筹各县（市、区）党委网信办和融媒体中心、市属网络新闻媒体持续做好习近平新时代中国特色社会主义思想、学习贯彻中共中央总书记习近平视察广西“4·27”重要讲话精神和对广西及桂林工作的系列重要指示精神、中国共产党成立100周年、党史学习教育工作、产业振兴、乡村振兴、新冠疫情防控、创建文明城市等网上专题宣传，发布相关报道3.4万余篇。联合广西新闻网邀请全国30余家省级以上重点网络新媒体开展“建党百年·2021全国重点网络媒体‘文旅桂林行’活动”，发布转发报道320余篇；配合中央电视台“沿着高速看中国”节目组采访包茂高速桂林段，开展同步直播，观看100多万人次，点赞量7万多人次；联合桂林生活网开展“文明桂林城，网媒共君行”2021桂林市网络文明建设短视频有奖征集活动，共征集到作品1200余份，抖音、腾讯视频号、今日头条、桂林生活网网页累积播放量1500多万人次。11月，举办2021年全市网络宣传通讯员培训班，进一步推动网络宣传队伍建设。协调国家、自治区、市、县四级主流新闻网站和重点商业网站，通过网络直播、全媒体报道“桂林建设世界旅游城市专家研讨会”“2021年全区数字乡村经验交流会”“两会一节”等桂林市重大会议、活动和重要节庆，共发布相关信息报道2000余篇，向海内外传播桂林好声音。

【网上舆论引导】 2021年，市委网信办制订并实行网络评论考核工作机制，调整充实行业和基层的网评员队伍。统筹协调各县（市、区）和市属网络新闻媒体，围绕“庆祝中国共产党成立100周年”“乡村振兴”“产业振兴”“网络文明”等主题开展正面舆论引导。7月，组织互联网行业党员代表集中开展党史学习教育暨“网络公益·网络文明”展播活动，共同发出《网络文明倡议书》，邀请10家重点互联网企业签署《网络诚信建设承诺书》。9月，在全自治区互联网企业党建工作现场推进会上作经验交流发言。12月，组织开展市互联网行业党委党史学习教育暨红色教育实践活动。年内，桂林市委网信办获2021年自治区网评工作先进集体。

【网络生态治理】 2021年，市委网信办贯彻落实《网络信息内容生态治理规定》，以“零容忍”态度，加大网络生态综合整治力度。严格按照中央网信办统一部署，开展“清朗”“剑网”等20余项重点领域专项整治行动，开展网络辟谣250余条，从严整治网络信息领域乱象，重点查处饭圈乱象、网络暴力、恶意炒作、流量造假、赌博诈骗、诱导未成年人等违法违规行为，清理各类有害信息，处置相关账号和网络平台，构建清朗网络空间。

【网络安全防护】 2021年，市委网信办组织开展覆盖各县（市、区）、市直各单位的网络安全检查，共检查单位800多个（次）；针对各单位商用电子邮箱时有发生钓鱼邮件攻击问题，督促各单位完成从商用电子邮箱迁移到电子政务安全邮箱。对全市20家

2021年11月16日，2021年全自治区数字乡村建设现场经验交流会在恭城瑶族县举办，桂林市委网信办在会上做经验交流发言。（黎晓为摄）

重点领域单位和企业开展关键信息基础设施和重要信息系统网络安全抽查。10月，在全市开展2021年国家网络安全宣传周桂林市宣传活动，进增强各职能部门的网络主体责任意识和广大人民群众的网络自我保护意识。

【信息化发展】 2021年，市委网信办会同市直有关单位赴恭城瑶族自治县开展了10余次国家数字乡村试点建设调研评估指导工作。恭城瑶族自治县数字乡村社会治理入选中央网信办数字乡村典型案例。11月，协调组织恭城瑶族自治县成功承办2021年全自治区数字乡村建设现场经验交流会，桂林市委网信办在会上作经验交流发言，数字乡村整体工作获得自治区党委网信办高度肯定，有力推动了桂林市数字乡村建设工作。

（黄海桥　刘炎兰　黎晓为）

【国家网络安全宣传周活动】 2021年10月13日，2021年国家网络安全宣传周桂林市宣传活动暨2021年桂林市秀峰区网络文明实践活动在市中心广场举行。年内，桂林市不断加强网络安全管控能力，开展网络安全知识宣传，全面提升网络内容建设、网络安全和信息化发展水平，为打造世界级旅游城市，“奋斗百年路 启航新征程”提供强大网上舆论支持、可靠网络安全保障、有力信息化支撑。网络安全宣传活动的开展是维护广大群众网络安全利益、保障国家网络安全的重要举措，是构建安全、健康网络空间的必然要求。活动呼吁广大市民自觉抵制不良信息，辨别网络陷阱，不参与有害和无用信息的制作和传播，拒绝传播违反国家法律、影响国家安全、破坏社会稳定的谣言和信息，同时要加强学习，掌握必要的网络安全知识，提升网络安全意识和技能，增强明辨是非、判别对错的能力，努力维护国家网络安全，为国家安全和互联网发展作贡献。网络安全宣传周活动期间，秀峰区开展网络安全集中宣传、推进网络安全进基层活动，发动学校、企业、社会组织、群众广泛参与，在宣传网络安全知识等方面持续发力。

（覃帆）

无线电管理

【概况】 2021年，广西壮族自治区桂林市无线电监测中心办公地址在桂林国家高新技术产业开发区信息产业园创新道2号同兴大楼。内设科室3个。年内，桂林市无线电监测中心着力抓台站管理、干扰查处和安全保障，维护空中电波秩序和确保频率使用安全，顺利完成年度目标任务。

【频率台站管理】 2021年，桂林市无线电监测中心执行“一事通办”“八统一”规范程序受理设台申请、指配回收频率、报废台站等审核审批工作，全年新增新指配频率和识别码15个，新增设台单位6个、台站155个，撤销各类台站9个，收回频率2个；实地核验备案登记新设5G基站222个。继续推进无线电发射设备销售备案工作，组织对桂林龙科电子科技有限公司等销售单位进行监督检查，新增无线电发射设备经营主体备案13家、备案型号181个，累计完成辖区260家经营主体9886个型号无线电设备登记备案。

【频段监测保护】 2021年，桂林市无线电监测中心利用固定站重点对382MHz—386MHz、2615MHz—2675MHz等20多个频段进行专项监测，监测时长达1.4万小时；积极保障民航、铁路、漓江航道等行业部门用频需求，组织开展专用频率、重点区域保护性监测，形成专项评估报告；到重点工业企业开展频谱资源需求调研和电磁兼容测试分析，帮助兴安海螺水泥数字矿山建设项目提供频率指配意见，为平乐钢铁220伏特高压供电线路提供协调解决方案。落实《广西水上无线电频率保护工作协同机制》，联合桂林海事局开展漓江水上无线电频率保护测试，重点对业务频率、船舶信号等进行监测分析。

【监督执法能力建设】 2021年，桂林市无线电监测中心组织人员对桂林空中交通管理站等20多家设台单位进行监督检查，掌握频率使用和电台运行情况。全年受理排查无线电干扰投诉15起，按照规定责令违规设台用频单位和个人采取技术措施消除有害干扰。保持打击整治“伪基站”“黑广播”GOIP设备违法犯罪活动高压态势，累计出动监测人员298人次、监测车辆96车次，动用监测定位设备210台次，监测时长3082小时。全年依法对6起违规设台行为作出书面责令改正，依法对3起违规设台案件作出没收设备行政处罚决定，累计没收非法电台8套。积极落实桂林市5G干扰协调机制，组织召开5G干扰协调会，组织开展5G频段电磁环境监测和技术措施测试，持续更新需要受保护台站目录。

2021年11月8日，桂林市无线电监测中心到重点工业企业开展电磁环境测试服务。

（钟显文摄）

【无线电安全保障】 2021 年，桂林市无线电监测中心落实重大活动和重要时间节点 24 小时监测值班制度，确保无线电频率使用安全，重点组织做好中国共产党成立 100 周年庆祝活动、中国－东盟博览会旅游展、党的十九届六中全会以及自治区第十二次党代会期间等重大活动无线电安全保障，累计动用监测人员 27 人次、监测车 27 辆次、监测定位设备 39 套次，监测时长 2400 小时。全年累计实施全国高考、全自治区公务员录用考试、建造师资格考试等 24 次重大考试无线电安全保障，累计派出监测人员 253 人次、出动监测车辆 94 辆次、启用监测设备 133 套次，保障相关考试考场 101 个，配合公安机关抓获涉案人员 2 名，没收考试作弊器材 3 套，有效维护考试的公平公正。持续加强军地沟通协调和配合监测管控，组织开展电磁环境监测服务、排查处置无线电干扰。

2021 年 7 月 8 日，桂林市无线电监测中心开展电磁辐射检测服务社区群众。（钟显文摄）

【承办重大活动】 2021 年，“无线电点亮革命征程”短波通联活动是工业和信息化部庆祝中国共产党成立 100 周年系列重大活动之一，活动以红色电波为“主线”，回顾中国共产党百年征程，通过选取党的一大、红军长征、抗美援朝、改革开放等重大决策或历史事件所涉及的 18 个地点，依次实现无线电短波通联。桂林全州县是湘江战役主战场之一，是短波通联活动第二篇章“工农革命举旌旗，万里长征壮豪情”重要通联点。桂林市无线电监测中心承担通联活动筹备，采取措施把工作落实落细，确保正式通联活动短波信号稳定、通联喊话清晰、直播画面流畅。自治区工信厅以及来自全自治区无线电管理系统、市工信局、全州县人民政府、桂林市设台单位 130 多人参加活动。

【综合服务能力建设】 2021 年，桂林市无线电监测中心紧跟新时期网络宣传形式，组织力量设计开通“桂林无线电”微信公众号，重点宣传红色电波辉煌历史、无线电法律法规、无线电科普知识以及辖区无线电管理工作动态信息。继续采取多种方式宣传《中华人民共和国无线电管理条例》，通过移动短信平台发送 20 多万条无线电管理宣传短信，通过桂林百货大楼、益华城等户外大型 LED 屏循环播放“珍惜频谱资源、保护电磁环境”“依法设置电台、维护电波秩序”主题宣传内容；通过利用社区公告栏制作无线电科普知识宣传海报进行相关宣传。落实工作信息报送制度，向国家、自治区工信及无线电管理部门网站、刊物投稿 43 篇，被采用 27 篇。积极开展新时代文明实践、民族团结进步创建主题活动，组织人员到永福县苏桥镇太平村、雁山区草坪回族乡潜经村开展走访慰问。（钟显文）

2021 年 6 月 3 日，桂林市无线电监测中心承担“无线电点亮革命征程”短波通联全州通联点活动。（钟显文摄）

电 信 业

【中国电信股份有限公司桂林分公司】 2021 年，中国电信股份有限公司桂林分公司（简称中国电信桂林分公司）办公地址桂林叠彩区中山路 53 号。下辖高新七星区分公司、叠彩区分公司、象山区分公司、临桂区分公司和 11 个县（市）分公司。年末，该公司在职人员 878 人。年内，中国电信桂林分公司坚持“聚焦规模新发展、强化转型新格局”，党建统领，聚焦规模发展，全面深化改革；着力推进党史学习教育、云改数转和三年发展规划举措落实；坚守建设网络强国、维护网信安全的初心使命，加快云改数转，推动该公司实现高质量发展。

2021 年，该公司推进全面从严治党，全年共召开党委会 52 次，集体审议议题 366 个，其中“三重一大”决策事项 212 项；集中整治形式主义、官僚主义，夯实管理基础，破除“部门墙”，通过巡视巡察整改倒逼改革创新、能力提升；健全基层组织，规范党费、组织、党员发展管理；开展庆祝中国共产党成立 100 周年系列活动，做好“我为群众办实事”主题实践活动，表彰“两优一先”；中国电信桂林分公司党委被授予“自治区先进基层党组织”称号。强化央企担当，巩固拓展脱贫攻坚成果同乡村振兴有效衔接；加强团建及统战工作，开展系列青年团建活动，进一步凝聚和服务青年。制定三年发展规划。通过环境形势分析、全面诊断评估，科学制定《中国电信桂林分公司 2021 年—2023 年三年发展规划》，聚焦主要发展目标和重点发展举措，加强规划成果应用，为指引企业健康、持续、规模发展提供重要支撑。持续加强纪检工作。加强党风廉政建设，层层压实责任夯实根基；强化政治监督，聚焦中央重大决策部署和企业改革发展落实情况监督；强化日常监督，围绕“十四五”规划和桂林分公司三年滚动规划开展监督、督促落实，做好乡村振兴专项监督、网信安全专项和反诈防诈监督、员工满意和客户满意专项工作监督、选人用人监督等，发现并督促整改问题 12 个；深化推进“护航行动”，完成“护航行动”检查验收单位 36 个；开展违反中央八项规定精神问题专项整治，发现并整改问题 17 个。

2021 年 11 月 16 日，2021 年自治区数字乡村建设现场经验交流会在恭城瑶族自治县召开，并举行战略合作协议签约仪式。（余润德摄）

2021 年，该公司紧抓 5G SA 规模发展，快速突破 5G 客户规模。开展 5G SA 发布会 107 场，推广 5G 服务；坚持终端引领，分期触点拓规模。宽带业务坚持极致融合发展，开展“双千兆”普及，开展低渗小区摘帽行动，拉动宽带新增。推进双千兆网络建设，完成 1500 个 5G 基站建设开通。5G 网络在市区、县城基本覆盖的同时，加快推进向乡镇、农村重点区域覆盖，加快推进农村区域 10G PON 建设，实现农村区域千兆提供能力。实施 4G 网络“3+1+1”精准化建设，完成 800 个 4G 新建基站建设开通和扩容、行政村 4G 覆盖率提升到 100%；自然村覆盖率提升到 91%；光网实施“3+1+1”精细化投资建设，共新增 6 万多端口，行政村、自然村光网通达率分别提升至 100% 和 85%；应急保障树立电信品牌，全年共完成应急通信保障 72 次，出动保障 1532 人次、保障车辆 482 车次，确保重大节日、重大活动通信保障万无一失。客户经营数字化转型各项指标综合得分全自治区第一。发力快电运营，快电合作目标（城市 + 乡镇）区域达成合作；建立核心厅连锁化运营机制，聚焦门店，深化连锁运营能力。完善关键线上渠道建设。“桂林电信”微信公众号累积推送文章 615 篇，累计服务人数 31.5 万人，微博阅读数 90 万次；通过企业微信线上宣传、群发短信、企业微信内推送等方式提升用户绑定率，截至 12 月底，用户绑定率 53.69%。

2021 年 11 月 8 日，中国电信 5G SA 网络在阳朔白沙镇扶龙村开通商用。（莫毅宏摄）

2021 年，该公司打造数字乡村和智慧社区，完成全市数字乡村示范县（区）4 个（兴安、恭城、全州、灵川）及示范村 266 个的建设和交付；协办自治区数字乡村建设现场经验交流会，充分展示数字赋能农业、医疗、政务、综合治理等情况。中小学市场以数字校园信息化应用切入，共签约 76 所、建设 53 所智慧校园学校，打造龙胜、恭城、灌阳标杆学校并各区县复制推广；中标4个县（区）灾普项目，成功签约灌阳电子政务外网项目，在电信混合云上部署安防联动平台（人脸识别预警业务），成为全自治区首个上线该类平台的运营商；成功签约桂林市新强制隔离戒毒所信息化项目，助力智慧警务建设；协助各区县分公司完成73所学校的项目签约，覆盖学生8万余名；推进兴安海螺水泥5G+智慧矿山项目；夯实医疗云网专业服务能力，为5G+医疗健康创新发展树标杆。全力推进云改数转。组建云网作战室及客户IT上云“青年突击队”，聚焦客户IT上云行动，快速做大云业务规模；打造标准化云产品助力规模推广，多种形式带练强化赋能，确保一线人员了解云，会用云。

2021年，该公司强化网络安全责任管理，加强网信安全合规管理，持续开展全网风险隐患排查整治，加强防护体系和手段建设，扎实做好信息安全工作和防诈反诈专项行动，遏制网诈高发态势。聚焦感知提升质量，围绕移动、光网、光纤电视等重点业务，开展“强网络提感知”“我为客户解难题”等专项工作，强化渠道服务和服务督查，从客户视角全方位审视和督查公司内外部服务工作，推动流程、服务优化提升；制定云产品交付服务评价体系8项关键指标，提升上门交付标准，各项指标达标且较年初提升明显，2天交付及时率92%，当日修及时率98.50%。做实倒三角支撑，常态化开展“两深入两服务”（深入市场、服务客户，深入基层、服务员工）工作，聚焦生产经营工作痛点，服务支撑单位跟班一线91场，收集问题278项，解决237项，并形成常态化工作机制。加强一线工单处理效率，提升一点办结和精准派单能力，提升一线问题解决效率。

2021年，该公司实施体制改革，以“总部机关化”问题专项整改工作和对标世界一流管理提升行动为抓手；优化政企条线、云网发展、全渠道运营、采购供应链运营等组织体系；持续推进政企改革，提升产业数字化业务发展能力；成立综合服务支撑中心，深化逆向考评，促进员工、客户满意度双提升；优化县（区域）分公司组织架构，优化支局划小经营承包，打造以一乡镇一支局为基础的农村一线作战体系。推进干部队伍年轻化建设。选派优秀人才到基层单位锻炼，采取竞争性选拔方式新聘任多名总监，持续输送大学生到基层锻炼。强化赋能优化结构。加大专业人才激励力度，搭建创新工作平台，20多人获聘区级专家人才，并拟选拔聘任30名市级技术专家、15名市级营销专家；与桂林电子科技大学开展校企合作，转型人才引进加速并提质；打造本地星级员工评定体系，加强员工基础能力提升；打造“云改数转”云培训平台，建立“普培＋精培＋定培”体系，全面开展转型赋能行动。服务支撑部门人员轮岗至基层。（李楚）

2021年5月20日，广西公众信息产业有限公司桂林分公司在中国电信桂林分公司举行揭牌仪式。（刘桂英摄）

【中国移动通信集团广西有限公司桂林分公司】 2021年，中国移动通信集团广西有限公司桂林分公司（简称中国移动广西公司桂林分公司）办公地址桂林市七星区毅峰南路18号。下辖分公司13个，年末共有员工1283人。年内，中国移动广西公司桂林分公司坚持央企姓党的党建引领，牢记红色通信初心使命，在数智化转型中彰显党建生产力，将党史学习教育融入“我为群众办实事”“两和”升级等具体工作中，网络质量、客户服务满意度持续保持领先。

2021年，该公司强化全程网元的补强，持续锻造网络运营发展新动能。加强5G和4G基站规模建设，实现城区、县城、乡镇及部分农村高价值区域5G信号连续覆盖。加强农村家宽新建端口建设，农村家宽住户覆盖率达95%，50户以上村屯覆盖率达99%。在建设过程中，以优化绿色节能网络为抓手，实现能源精细管控。自主研发“硬关断”基站智能远程关断节能新技术；在自治区首次提出建立OLT室外站规划思路，开展无线BBU室外柜四项改造，打造OLT室外柜建设模式及应用场景，解决偏远农村家宽覆盖及稳定性问题，实现快速部署、稳定运行、低成本和安全性的目标；推进老旧、高耗能设备淘汰退网，打造绿色、安全、环保的通信网络，助力碳达峰碳中和行动。

2021年，该公司强化政府协同，充分运用数智乡村产品满足政府治理需求，推进“网络＋”扶贫与数字乡村战略，结合“助力数智乡村、我为移动点赞”活动，自上而下推动数智化业务发展。融合家乡风采直播、热点新闻播报、党建大屏、智能喇叭、视频会议等服务，推动村委管理数智化。推进农村区域有线网络摸底和建设，加大村委宽带覆盖。结合“天网”治安监控、“雪亮工程”等重点安全监控项目，打造平安乡村示范村，构筑全方位、立体化的公共安全网，提升村委综治管理水平。全年共打造示范村26个，实现建制村宽带全覆盖。

2021年，该公司在自营、加盟厅设置老年人爱心专席，优先服务银发老年客户，在休息区及休息座椅增加爱心专席椅背贴，加强显性化宣传及

2021 年 1 月 23 日，中国移动广西公司桂林分公司在阳朔福利镇建设开通 5G 网络基站。（周云剑摄）

告知。开展老年人“微讲堂”，制作老年人智能手机使用指导单页，辅导老年人使用常见手机应用，结合户外营销服务，开展老年人关怀服务。在装维服务中，对有老年人的家庭主动开展魔百和老年版使用介绍、操作演示、优点解析，满足老年人视听需求。同时，在城区及县城营业厅开辟出一块专属区域，打造“青空间”爱心服务站，上线“二十项”便民服务(爱心服务：饮水、休憩、便民工具、应急办公、手机清洁、报刊阅读、防疫口罩、应急药箱、无障碍通道、应急防疫、便捷雨具、取暖纳凉；业务服务：手机扩容、手机故障诊断、话费诊断、通讯需求诊断、WIFI 检测服务、手机充电、手机使用辅导、无线 WIFI) 及“六项”特色服务(流量包领取、手机消费券领取、手机扩容、品牌儿童手表领取、宽带 WIFI 检测服务、高频骚扰电话防护)。

2021 年，该公司坚决落实工信部“断卡行动 2.0”以及“打猫行动”相关工作要求，严格落实党委网络安全责任制，党委书记亲自部署、亲自过问、亲自协调、亲自督办，出台《经理人员打击治理电信网络诈骗犯罪工作考核方案》，与属地公安警企合作丰富宣传阵地，采用集中、阵地、全媒体、上门入户等面对面、点对点的宣传方式，着力构筑全覆盖、无死角的全民反诈宣传体系。在营业厅设立反诈服务台席，协助广大群众下载“国家反诈中心 APP”，帮助老年人关注“桂林警讯”公众号，持续提升用户防范意识。结合技术平台优势，将防诈宣传视频加载到“和彩云”平台，义务发送防诈骗短信，并在自媒体“桂林移动在线”及各营业厅微信公众号开辟反诈宣传专题，以案说法揭露电信诈骗的种类、惯用手段以及防范措施。联合开展 40 余场次警企合作警示教育向老百姓普及各类反诈知识，累计 20 次协助公安封堵受害人电话，年累计封停高危号码 1.6 万个，有效遏制电信网络诈骗上升苗头。

2021 年春节、五一、国庆期间，中国移动广西公司桂林分公司和多家媒体联袂合作，融合公司 5G 网络优势、千里眼行业视频能力和咪咕公司的直播活动运营能力，采取“5G+VR 展览馆”“5G+ 云导播”“5G 千里眼行业视频”和“5G+ 网联无人机”以及利用 5G 和背包、5G 消息等新技术，通过慢直播、“中国移动 5G+ 智慧旅游 – 发现大美桂林”国庆系列直播活动，拓展在线“云游”体验，为观众展示大美桂林。春节期间聚焦阳朔兴坪古镇、桂林象山和漓江 · 相公山等三大桂林地标景点，打造 24 小时实时高清直播，超过 164 万人次通过“云端”感受广西桂林春天的气息。五一直播总点击量总计达 102.3 万次。9 月 28 日—30 日，全程运用中国移动 5G 网络回传直播信号，依托咪咕视频实现电视端、手机端、PC 端三屏直播及全媒体渠道开展传播，三天三场合计视频直播平台直播观看人次累计到达 577.28 万人次，博文阅读量累计达 265.8 万；成功打造“5G 行业视频”品牌。

2021 年，该公司按照“强覆盖、优 5G、提感知、促发展、保活动”的总要求，先后完成中共中央总书记习近平赴广西考察、澎湃新闻网“建党百年　初心之路”全国巡展(桂林站)大篷车活动、国家级击剑赛事“2021 桂林 · 平乐击剑公开赛”、全国性赛艇大师赛“相约漓江　艇进平乐”2021 中国桂林平乐赛艇大师赛、龙胜各族自治县 70 周年县庆活动等现场通信保障。

（徐先丽）

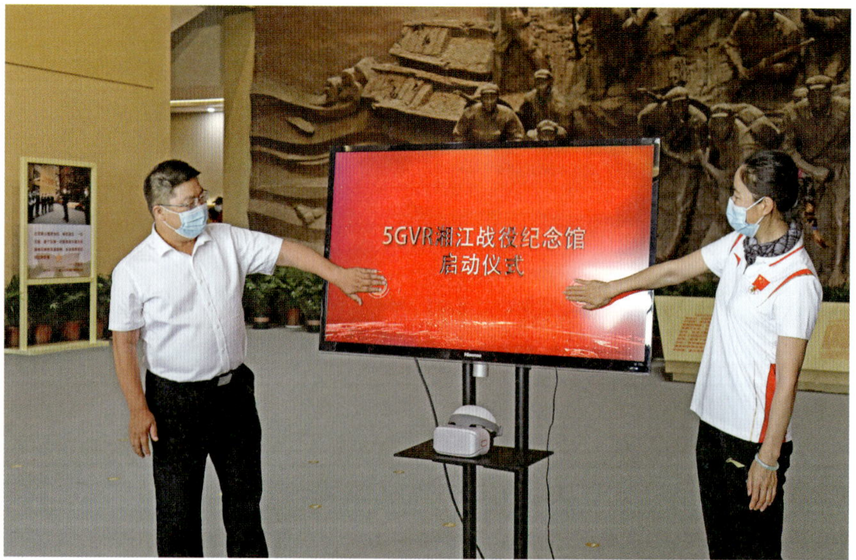

2021 年 9 月 28 日，2000 年悉尼奥运会 20 千米竞走冠军王丽萍(右)受邀到全州县红军长征湘江战役纪念馆开启“中国移动 5G 智慧旅游—发现大美桂林”国庆首场直播活动现场。（文俨惠摄）

【中国联合网络通信集团有限公司桂林市分公司】 2021年，中国联合网络通信集团有限公司桂林市分公司（简称中国联通桂林市分公司）办公地址在桂林市中山中路47号。年内，该公司贯彻新发展理念，加快转变经营模式，持续提升企业治理能力，全年完成主营收入2.74亿元。

2021年，中国联通桂林市分公司坚持以政治建设为统领，统筹推进网络强国、提速降费、安全生产、电信防诈骗、疫情防控、乡村振兴等重点工作要求。网络质量得到明显提升、电信防诈社会宣传成效显著，实现疫情防控与经营生产两不误、全年安全生产无事故，脱贫攻坚任务全面完成、乡村振兴工作有序推进。中国联通桂林市分公司服务品牌“联通小象”，共策划参与14场社会公益品牌活动，团队充分结合自身优势，创新服务理念，紧抓时事热点，以网络诈骗防范、智慧助老助残、乡村振兴、5G知识科普等为宣传主题，在政企事业单位、学校、社区、养老院等开展新时代文明实践志愿服务活动，打造差异化服务优势，助力社会健康发展。

2021年4月25日至26日，中央领导人到桂林调研期间，中国联通桂林市分公司勇担重任，全力开展通信网络保障。期间累计出动保障人员388人次，检查线路5062皮长千米，新增设备6套。12月25日，广西遭遇强大冷空气袭击，桂林桂北海拔较高的地区部分山区基站因停电而宕站，影响群众通信畅通，通信抢修累计出动抢修人员146人次，出动抢修车辆51辆次，出动应急发电机组82台次，故障基站小区抢修恢复233个。

2021年，加快“5G网络和千兆光网建设力度”，持续加强与中国电信公司深度合作，共同规划建设5G网络，制订2020—2022三年滚动建设规划，2020—2021年总共开通2542个5G站点；建设完成桂林市及县城连片覆盖的5G网络，实现政府办公区、高校、重点商业区、漓江景区（磨盘山－阳朔县）等高价值高流量的热点区域5G网络全覆盖。全面启动千兆网络覆盖攻坚，支撑智慧家庭、智慧社区等信息服务的需求，提升宽带布控点位“千兆到户”能力。12月，桂林市评为全国首批“千兆城市”。

（常玲）

2021年12月28日，中国联通桂林市分公司到资源县开展通信网络保障活动。 （中国联通桂林市分公司供图）

【中移铁通有限公司桂林分公司】 2021年，中移铁通有限公司桂林分公司（简称中移铁通桂林分公司）办公地址在桂林市七星区朝阳产业园。年内，该公司立足新发展阶段，贯彻新发展理念，全年实现营业收入2亿多元。

2021年，中移铁通桂林分公司积极参加中国移动广西公司组织开展的“红色传承映初心、党旗飘扬在一线”活动，参加集团示范单位宣教活动9次，参加广西移动现场活动1次；开展“质量达标和格行动”升级主题实践活动，以家宽装维服务质量竞赛为主线，努力提升网络维护质量，全年通信网络质检通过率97.51%，维修优良率97.56%，重复投诉率7.70%；开展“党建和创”升级主题实践活动，聚集与移动融合，全年与属地移动开展“党建和创”活动5次；完成“我为群众办实事”第一批、第二批21项主题活动内容。年内，中移铁通桂林分公司加强党风廉政建设，落实全面从严治党、中央八项规定执行、廉洁自律等各方面的日常监督，开展“靠企吃企”“基层违规违法行为专项行动”、信访“减存遏增”等专项整治活动，开展“担责任、树清风、办实事”为主题的反腐倡廉教育月活动，筑牢反腐倡廉思想防线。

2021年，该公司举办各类培训及职工教育851场次，培训员工1.89万人次；特种作业培训20场次，培训人员593人次；企业负责人和安全管理人员安全管理培训3场次，培训人员63人次；中移网大学习总人数103人，学习总人数1081人次，总学习时长9843.21学时，人均学习时长95.56学时；318人通过“智慧家庭工程师随销能力提升”认证，通过率100%。

2021年，该公司推进“安全生产月”“安全生产专项整治三年行动”“大起底、大排查、大整改”活动，安全生产大检查共发现安全隐患问题453个，整改453个；加强员工安全培训，推进装维员工“实景实操”，开展覆盖全员的“每日一题”安全答题，强化“九条红线”“事故案例”宣传教育，夯实安全生产基础工作建设。

（蒋秀诚）

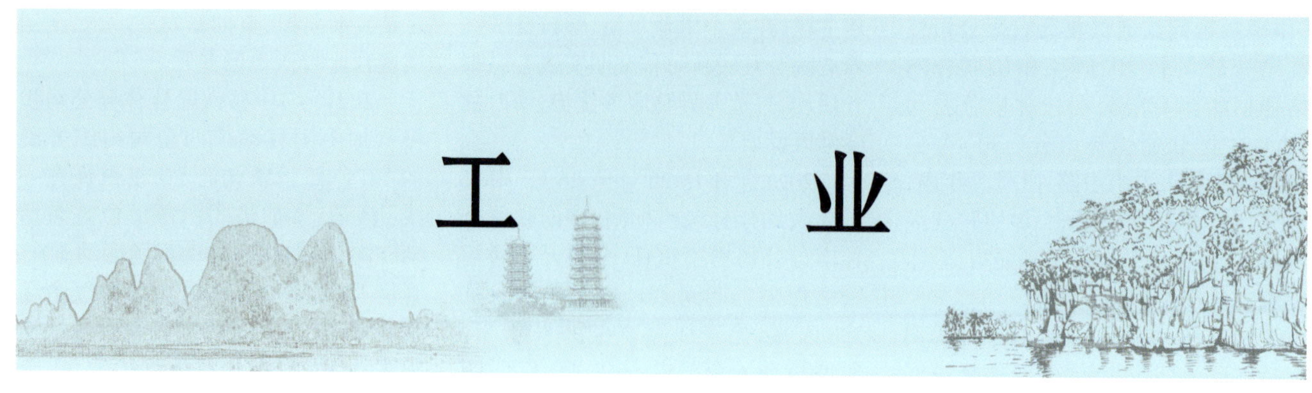

工　业

综　述

【概况】 2021年，桂林市工业和信息化局（简称市工信局）办公地址在桂林市临桂区西城中路69号。内设机构21个和机关党组织。年内，全市全部工业增加值（比上年，下同）增长7.6%，规模以上工业增加值增长8.1%。在规模以上工业中，分经济类型看，国有企业增加值增长8.2%，集体企业增长31.1%，股份制企业增长7.7%，外商及港澳台投资企业增长11.3%。分三大门类看，采矿业增加值下降2.7%；制造业增加值增长10%，其中，高技术行业增加值增长5.9%，高耗能行业增长2.8%；电力热力燃气及水生产和供应业增加值增长9.5%。全年规模以上工业企业营业收入增长16.7%。规模以上工业销售产值增长14.3%；产品销售率为95.49%。全年规模以上工业企业利润增长1.8%。

【工业发展】 2021年，桂林市出台多项措施，推进工业发展。2月23日，召开全市工业振兴大会，提出新的工业发展目标，力争到“十四五”时期末，桂林工业发展重回广西第一梯队。年内，制定《桂林市工业振兴2021年实施方案》，编制完善《桂林市工业和信息化发展“十四五”规划》，持续落实支持工业企业发展“18+10”政策，出台《市党政主要领导服务工业企业接待日活动方案》《2021年市领导联系服务重点工业企业工作方案》《桂林市领导领衔推进重点产业链工作专班方案》等系列措施。市领导定期召开经济运行分析会，并带队深入工业企业、项目、园区现场办公，形成上下联动大抓工业的工作合力。

【党政领导创新服务工业企业机制】 2021年，桂林市创新开展市党政主要领导服务工业企业接待日活动，畅通工业企业反映情况和诉求渠道，主动解决工业企业发展中遇到的困难，工业企业的获得感和满意度不断提升，该举措在2021年自治区工作督查通报中获得表扬。组织实施市领导联系服务重点工业企业工作制度，成立市级层面融资、用地、审批、要素等4个保障工作专班，市工信局工业稳增长及安全生产与疫情防控工作专班，开展“我为企业解难题”活动；组建工业振兴特派员桂林工作队，派驻到重点企业、重点项目、重点园区开展驻点服务；打通“惠企通”APP平台和“966011”24小时无限时服务热线的问题诉求收集渠道，建立工业企业问题诉求限时解决模式。全年全市共收集工业企业反映涉及用工招工、融资需求、子女入学等方面问题271个，解决问题238个，解决率87.8%。市党政主要领导工业企业接待日协调处理14家企业反映的重大困难问题34个；72家重点工业企业合计反映问题诉求186个，办结166个，办结率89.2%；工业振兴特派员桂林工作队为17家工业企业累计反映自治区层级问题25个，解决25个，办结率100%。

【工业项目高效推进】 2021年，桂林市成立项目推进及项目落地攻坚小组，强化项目要素保障，工业项目建设有效推动。年内，推进桂林华为信息生态产业合作区项目等“双百双新”（“双百”指投资超过100亿元或者产值超过100亿元的重大产业项目，“双新”指新产业、新技术项目）产业项目41个，数量居自治区第二。其中新开工桂林安科讯数字能源智能制造项目等“双百双新”产业项目16个，竣工荔浦智煜感光油墨建设项目等“双百双新”产业项目9个。三金西瓜霜车间及技术中心改造工程等121个项目列入自治区“千企技改”工程项目库。君泰福金盘科技桂林基地数字化转型项目等68个项目开工建设，桂林领益智能制造项目（一期）等38个项目实现竣工投产。

【工业招商引资】 2021年，桂林市围绕资源优势和产业布局，实施多项举措精准开展工业招商。年内，出台《桂林市2021年“行企助力转型升级”行动装备制造产业招商工作方案》，对六大重点产业链全景图进行动态管理，梳理编制行业企业目录，补充完善产业链招商参考企业一览表等重要信息。加强“双百双新”产业项目谋划及签约，对县（市、区）进行专题培训指导，完成“双百双新”谋划项目66个，其中“双百”谋划项目13个、“双新”谋划项目53个，数量在自治区排名第一；签约“双百双新”项目36个，其中“双百”签约项目6个、“双新”签约项目30个，数量在自治区排名第二。推进产业链精准招商，赴北京、四川、海南等地开展专题招商活动11次。全年全市新引进计划投资亿元以上工业项目110个，包括投资100亿元的格力电器（桂林）智能制造生产基地项目、产业上下游配套项目——桂林安科讯数字能源智能制造项目等。年内新签约的博涛新能源锂电正极材料设备、德群双面多层线路板生产线等重大项目实现开工建设，桂林领益智造智能制造项目实现一期正式投产。

【工业园区建设】 2021年，桂林市以工业园区土地收储、标准厂房和基础设施建设为重点，持续加强园区建设发展。全年全市标准厂房累计竣工面积134.1万平方米，完成土地收储740.07公顷，完成基础设施投资16亿元。年内，开展园区提升培育工作，桂林国家高新技术产业开发区、桂林经济技术开发区入选自治区500亿元园区培育名单；粤桂黔高铁经济带合作试验区（桂林）广西园、荔浦市工业集中区入选自治区百亿元园区培育名单；桂林经济技术开发区新一代信息技术产业园入选自治区特色园区；京东（桂林）数字经济产业园建设取得阶段性进展。全年全市工信系统争取到自治区各类扶持资金及计划1.42亿元；19个标准厂房和基础设施项目获31.1亿元自治区政府产业专项债券支持，额度占全自治区的10.4%；获自治区"桂惠贷"支持工业企业347家，企业数量居自治区第一；新增参与广西电力市场化交易企业112家，降低用电成本约2.95亿元。

【工业企业竞争力提升】 2021年，桂林市加强工业企业培育工作，企业核心竞争力不断提升。年内，中国化学工业桂林工程有限公司获国家第六批制造业单项冠军产品认定，桂林南药股份有限公司荣获第四届中国质量奖提名奖，桂林电器科学研究院有限公司获评为第三批国家服务型制造示范平台。桂林市啄木鸟医疗器械有限公司、桂林电器科学研究院有限公司、中国化学工业桂林工程有限公司等3家企业获评为国家级创新示范企业。桂林优利特医疗电子有限公司、桂林市啄木鸟医疗器械有限公司、桂林海威科技股份有限公司3家企业获国家级专精特新"小巨人"企业认定。桂林福达股份有限公司、桂林深科技有限公司等21家企业获广西工业龙头企业认定，桂林智神信息技术股份有限公司等15家企业获广西首批制造业单项冠军示范企业认定。桂林金山新材料有限公司、桂林紫竹乳胶制品有限公司等27家企业获自治区级"专精特新"中小企业认定。桂林星辰科技股份有限公司等14家企业（车间）获广西智能工厂示范企业和数字化车间认定。桂林莱茵生物科技股份有限公司的"实施精细化生产管理模式的经验"等11项典型经验获广西工业企业质量管理标杆认定。

【"数字桂林"建设】 2021年，桂林市推进大数据发展规划和数字基础建设，打造"数字桂林"建设。年内，出台《桂林市"城市大脑"建设规划》，将建设"城市大脑"列入打造世界级旅游城市的重要内容；落实自治区"信息网"基础设施建设三年大会战行动，统筹推进信息网项目、工业互联网新型基础设施建设项目，持续推进数据共享与数据治理、两化深度融合等工作。市本级电子政务外网实现市、县、乡、村四级电子政务网络纵向覆盖率100%，建成桂林市政务数据共享交换平台，汇聚数据总量约2亿条。经开区智慧园区等项目入选自治区工业互联网示范园区建设项目，工业互联网和两化融合等类型共24个项目获自治区信息化扶持资金970万元。全市累计建成5G基站4593个，5G用户数172万户。全年全市电信业务总量52.96亿元，增长32.8%。（*赵晨彦*）

电力生产

【概况】 2021年，桂林市电力生产主要包括火力发电、水力发电、风力发电、燃气发电和光伏发电。火力发电企业以国能永福发电有限公司为主。水力发电以各县（市）中、小型水电站为主。风力发电以桂北山区的风力发电场为主，由国家电投集团、大唐电力等投资建设。燃气发电有华能桂林燃气分布式能源有限责任公司1家。此外，有部分光伏发电。全年发电量131.05亿千瓦时，增长12.02%，总发电量呈上升趋势，其中火力发电35.49亿千瓦时、水力发电49.02亿千瓦时、风力发电41.86亿千瓦时、燃气发电4.53亿千瓦时、光伏发电0.15亿千瓦时。发电量上升的原因主要是火力发电、新能源发电增加，新能源中的风力发电逐渐成为桂林市电力供应的重要保障。

【火力发电】 2021年3月，原国电永福发电有限公司更名为国能永福发电有限公司，由国家能源集团广西电力有限公司直管。年内，国能永福发电有限公司总装机容量64万千瓦，全年完成发电量32.57亿千瓦时，增长23.65%，供热量196.9万吉焦，利用时间5089.3小时，全年发电量增长23.65%。桂林市生物质发电2.92亿千瓦时，深能环保桂林能源生态园（桂林市山口生活垃圾焚烧工程项目）完成发电2.87亿千瓦时，阳朔县生态环保科技园（生活垃圾焚烧工程项目）于年内建成投产发电，总投资6.43亿元，完成发电523.14万千瓦时。

【水力发电】 2021年，桂林市拥有水能资源理论蕴藏量约270万千瓦，可开

2021年5月27日，自治区工业和信息化厅调研组到国能永福发电有限公司调研。
（邓云供图）

发量160万千瓦。年内，按中央环境保护督察规定，自然保护区水电站整改退出32座(共3.86万千瓦)。全年无新增水电装机，全市水电总装机为134.1万千瓦，中小型水电站总处数767座。桂林市水电站大都偏小，总装机5万千瓦以上的中型电站3座，即平乐县的巴江口水电站(装机9万千瓦)，龙胜各族自治县的南山梯级水电站(装机7.2万千瓦)，全州县的天湖水电站(装机6万千瓦)。5万千瓦以下的水电站有龙胜各族自治县的银河水电站(装机2.4万千瓦)、灵川县的青狮潭水电厂(装机1.94万千瓦)等。全年全市水电发电量49.02亿千瓦时(电网数据，包含发往湖南省等外地的电量)，增长3.61%。

【风力发电】 2021年，风力发电是桂林市新能源产业发展的一个重要组成部分。年内，国家电投集团广西兴安风电有限公司被认定为广西工业龙头企业。至年末，桂林市累计完成核准(含投产项目)风电场50个，装机容量341.8万千瓦，其中已投产的风电项目35个，总装机210.2万千瓦，分布于灵川县、资源县、龙胜各族自治县、灌阳县、全州县、兴安县、永福县、恭城瑶族自治县、平乐县。已核准未投产的风电项目15个。全年全市累计风力发电41.86亿千瓦时，增长13.97%。

【燃气发电及光伏发电】 2021年，华能桂林燃气分布式能源有限公司公司发电量4.53亿千瓦时。年内，该公司推进产业延伸，3月12日，投资1.5亿的供热北线工程正式投入运行，建成南线、北线两条供热管道，供热服务半径15千米，解决多家大型工业企业供热、供冷需求，提高企业使用清洁能源比例。2021年，桂林供电局区域光伏用户共526家，总装机容量2.77万千瓦，发电0.15亿千瓦时，主要分布在七星区、临桂区、雁山区、兴安县、灵川县、永福县，阳朔县。 (邓云)

供电与电网建设

【概况】 2021年，广西电网有限责任公司桂林供电局(简称桂林供电局)办公地址在桂林市象山区上海路15号。内设部室13个。直属机构13个。2021年，桂林供电局直供客户134万户，客户装见容量1734.47万千伏安。完成售电量152.54亿千瓦时(含新电力区域)，售电结构以大工业用电为主，大工业电量63.89亿千瓦时，占比41.88%；其次是居民生活用电，电量48.62亿千瓦时，占比31.87%；第三是一般工商业用电，售电量35.04亿千瓦时，占比22.97%；其余是农业生产用电，售电量2.63亿千瓦时，占比1.72%。辖区全年全社会用电量164.4亿千瓦时。其中，第一产业1.94亿千瓦时，占比1.18%；第二产业81.57亿千瓦时，占比49.62%；第三产业34.53亿千瓦时，占比21%；城乡居民生活用电46.36亿千瓦时，占比28.2%。在第二产业中，工业用电79.43亿千瓦时。辖区最高负荷298.6万千瓦，最大日电量5438.3万千瓦时。2021年，桂林供电局完成固定资产投资12.13亿元，完成投资计划的104.97%。新投产35千伏及以上变电站4座，总容量25万千伏安，其中220千伏变电站1座(容量18万千伏安)、110千伏变电站1座(容量4万千伏安)、35千伏变电站2座(容量3万千伏安)。110千伏及以上线路212千米，35千伏及10千伏公用线路595千米。年末，桂林电网(含新电力区域，下同)有500千伏变电站2座，总容量300万千伏安；220千伏变电站19座，总容量504万千伏安；110千伏变电站77座，总容量554.68万千伏安；35千伏变电站144座，总容量161.455万千伏安。110千伏及以上线路5294.55千米，35千伏线路3555.42千米，10千伏公用线路25915.62千米。220千伏电网基本形成双环网，110千伏变电站基本实现双电源、双主变供电，初步建成安全可靠、智能高效的网架结构。

【电网建设推进】 2021年，桂林供电局推进绿色智能电网建设，完善电网架构，增强农村、边远地区供电能力和供电质量，供电能力及可靠性不断增强。年内，主网投产田岭至茶江220千伏线路工程、110千伏古镇站、110千伏甘棠送变电工程、110千伏春天送变电工程、220千伏和平变电站扩建工程、110千伏碧莲(龙城)送变电工程、220千伏资源(朝阳)变配套110千伏送出工程、110千伏南道线等重点项目10项。农配网项目累计完成1180项，投产率100%。其中，10千伏架空线路配电自动化开关全覆盖提前3个月完成。完成500千伏漓江输变电工程选址选线、可研评审，推进解决桂林南部供电能力缺口问题。加强农村电网升级改造，加大对新电力区域荔浦市等7个县(市)电网投资，累计安排投资4.3亿元，农网项目总数2965个，低电压、频繁停电等问题得到解决，城乡供电服务均等化水平不断提升。实施绿色低碳发展战略，开展新型电力系统建设，推动阳朔县生物质垃圾电厂等新能源并网，全额消纳清洁能源70.46亿千瓦时；完成充电枪头建设488个；布局漓江码头沿岸充电设施，21个泊位均实现岸电全覆盖。

【供电可靠性管理】 2021年，桂林供电局强化高故障线路整治，供电可靠性有效提升。年内，加强树障清理、高故障线路整治，完成160条高故障线路治理，中压线路故障率(母公司)全年每100千米6.22次，降低14.21%，中压线路故障率(合并)全年每100千米11.27次。做好“控故障、控计划停电”，严格执行计划停电“非零审批”制，减少重复停电和频繁停电。加大不停电作业化率，累计开展带电作业2892次，减少停电时户数24.5万，多供电量3567万千瓦时。

【电网安全管控】 2021年，桂林供电局做好电网安全风险管控，保障电网安全可靠运行。建成投产220千伏田茶线，220千伏平钢站大用户供电能力受限问题得到有效解决。完成220千伏大和Ⅱ线、和平站2号主变扩建工程投产，解决龙胜网区清洁能源送出受限风险。推进110千伏湘仓梁线等5条110千伏线路项目实施，正常运行方式下五个单一线路故障造成的二级事件电网风险全部化解。完成110千伏甘棠等主变增容工程投产，解决局部片区供电能力不足、不满足N-1的风险问题。按照“保民生、保公用、保重点”的要求，对《超计划限电序位表》《事故限电序位表》

2021 年 11 月 10 日，桂林供电局对 31 座保供电变电站开展特巡特维。

（莫晓姣摄）

进行全面排查梳理，杜绝超指标用电和危及电网安全的事件发生。科学应对、高效处置 10 轮强降雨袭击。完成 11 台直流融冰装置试验和 36 套覆冰预警系统消缺，开展 6 条线路 20 次融冰工作，有效应对低温雨雪冰冻灾害，未发生因覆冰导致的倒杆断线情况。全年累计化解 VI 级及以上电网风险 158 项，成功管控 110 千伏田马龙青线、田马Ⅱ线同停可能导致的一般电力安全事件及荔浦市大面积停电风险。

【供电客户服务提升】 2021 年，桂林供电局推广智能用电服务，提升客户服务质量。年内，推广“南网在线 APP”等远程服务渠道及增值服务产品，发挥线上宣传及线下精准推广作用，引导客户在线查缴电费、办理用电业务，向客户推广临电共享、商业保供电、配电运维等增值服务产品。桂林网区远程渠道绑定用户 37 万户，全年桂林网区远程业务比例 99.94%。做好电力有序供应。通过能耗双控、削峰填谷以及企业轮停等有效举措，成功做到减供不减量，保障了全市电力有序供应。在大规模、长时间的电力电量双缺期间，没有发生社会公共影响的停电事件以及限电投诉事件。客服工单处理及时率 98.8%，工单处理首次评价满意率 97.3%，后续跟踪单首次完成率 88%，停电信息传递及时率 77.4%，百万客户投诉率 789 件，综合电压合格率 99.7%；客户年平均停电时间 6.5 小时。 （赵洳 罗锋）

电子信息产业

【概况】 2021 年，电子信息产业持续保持稳定发展。其中，电子信息制造业在新冠肺炎疫情、原材料价格大幅上涨、能耗双控等不利环境下，重点围绕智能终端制造产业链，依托华为公司、桂林深科技有限公司技术及市场优势，拓展“1+8+N”（1 指手机，8 包括 PC、平板、TV、音响、眼镜、手表、车机、耳机八大业务，N 则包括移动办公、智能家居、运动健康、影音娱乐及智能出行四大板块）合作，加快导入生产手机、智能可穿戴设备等系列产品，引进手机结构件、触摸屏玻璃盖板等项目，提升本地配套率，以智能终端为主的电子信息制造业集群加速形成。年末，纳入统计的规模以上电子信息制造业企业共 35 家，增加 7 家。工业产值增长 10.5%，占全市工业总产值的 8.9%；年产值超过亿元的企业 14 家。涵盖了智能终端（含手机、手持稳定器、电脑）、光通信、电子元器件、线路板等等十几个细分行业，在产业布局上初步形成了“2+2+N”（高新区、经开区 2 个发展核心区域，荔浦市、平乐县 2 个重点发展区域，N 个产业发展节点指秀峰区、灵川县、兴安县、全州县、灌阳县等县区）产业布局。规模以上软件和信息技术服务业企业 20 家，主要有广西小草信息产业有限责任公司、广西华云大数据有限公司等。

【行业企业获多项奖项】 2021 年，电子信息产业企业加快产业调整，加大科研力度，多个企业获多项奖项。年内，桂林深科技有限公司被认定为广西工业龙头企业（第一批）；桂林飞宇科技股份有限公司、桂林方振电子科技有限公司、桂林创研科技有限公司入库自治区“专精特新”中小企业培育名单；桂林智神信息技术股份有限公司获广西首批制造业单项冠军示范企业，主营产品为云台稳定器。广西华云大数据有限公司自主研发的《基

2021 年，桂林诗宇电子科技有限公司线路板生产建设项目建成投产。

（桂林诗宇电子有限公司供图）

2021 年 11 月 26 日，长城电源技术（广西）有限公司生产车间。（吴国荣摄）

于城市智能视觉分析—新型智慧城市综合安防平台》获 2021 年自治区鲲鹏创新大赛优胜奖并被评为第三批数字广西建设标杆引领重点示范企业。

【电子信息产业重点项目数量增加】2021 年，桂林市投资超 1000 万元、新建及续建的电子信息项目共 20 多个。桂林安科讯数字能源智能制造项目、桂林领益智造智能制造项目等一批重点电子信息项目顺利落户。被确认为 2021 年"4 个 10"（十大重点工业项目、十大技术改造项目、十大智能制造项目、十大创新成果转化项目）重大工业项目 10 个。其中，桂林领益智造智能制造、桂林市中电科电子信息制造业园、桂林华为信息生态产业合作区项目等 3 个项目被确认为"十大重点工业项目"；深科技智能制造产业园项目（三期）被确认为"十大技术改造项目"；安科讯数字能源智能制造、雁南飞科创小镇（一期）、桂林诗宇电子科技有限公司线路板生产项目、深圳华谊智测整体搬迁等 4 个项目被确认为"十大智能制造项目"；花江智慧谷产业园、长城电源生产加工基地等 2 个项目被确认为"十大创新成果转化项目"。年内，平乐县长城公司电源项目、桂林诗宇电子科技有限公司线路板生产建设项目、桂林恒鑫隆电子科技有限公司线路板生产建设项目、桂林领益智造智能制造项目等 5 个项目陆续投产。

【领益制造智能制造项目快速落地】2021 年，桂林市与广东领益智造股份有限公司达成一致合作意向，由领益智造在桂林经济技术开发区设立全资法人公司，投资建设领益智造智能制造项目，打造"领益智造智能制造产业园"。11 月 4 日，双方成功签署合作协议，并就二期项目整体搬迁开展洽谈。该项目计划总投资 90 亿元，主要生产手机机构件、精密零组件、充电器等。其中一期项目一期规划用地 19.6 公顷，计划投资 30 亿元。12 月 6 日，桂林领益制造智能制造项目一期投产仪式在经开区苏桥工业园举行，宣布正式投产。从正式签约到正式投产，仅用了 32 天。

【电子信息制造业链构建】2021 年，桂林市围绕重点企业招商引资，不断延伸优势产业链，提升产业竞争力，初步构建智能终端产业、荔浦光电产业、平乐长城电源产业等产业链。智能终端制造产业链以桂林深科技有限公司为核心企业，围绕桂林市与华为打造的"一基地三中心"及华为"1+8+N"产业布局，引入桂林市永捷智能科技公司工装、测试夹具和非标设备项目，为深科技配套生产线使用；新引入的桂林领益智造智能制造项目为深科技配套生产手机结构件等产品。年末，桂林市智能终端制造产业链拥有企业 19 家。荔浦光电产业链以荔浦美亚迪光电科技有限公司为核心企业，累计引入培育配套企业 6 家，其中恒泰电子、诗宇电子、恒鑫隆电子、华越电子、德群快捷电子等 5 家企业为其配套生产电路板、线路板、印制高密度线路板等产品；坤泰塑业配套生产 LED 屏幕支架、框架等产品。平乐长城电源产业链以生产 PC 电源、服务器电源的长城电源技术（广西）有限公司为核心企业，围绕该企业累计引入培育东维丰电子、艾晟科技、平乐仲泰电子、微腾电子、迪佳路电子、信辉达电子、南博万科技、创锐科技等配套企业 8 家，为长城电源公司提供电源散热器、电源电路板、漏电保护开关、精密机械以及电源产品质量测试等产品和服务。（蒋海清）

生物医药及医疗器械业

【概况】2021 年，桂林市加快推进生物医药及医疗器械业转型升级，优化产业发展环境，延伸企业产业链，拓展产业规模，提升自动化和智能化生产水平，产业发展持续向好。至年末，桂林市生物医药及医疗器械业规模以上企业 36 家，占全自治区生物医药及医疗器械业规上企业的 22.64%。行业从业人员近 0.8 万人。规模以上企业工业总产值及主营业务收入均有增长。规模以上生物医药企业有桂林三金药业股份有限公司（简称桂林三金）、桂林南药股份有限公司（简称桂林南药）、广西科伦制药有限公司、桂林华润天和药业有限公司、桂林华诺威基因药业有限公司等。规模以上医疗器械企业 10 家，分别为桂林优利特电子集团有限公司、桂林市啄木鸟医疗器械有限公司、桂林市威诺敦医疗器械有限公司、桂林紫竹乳胶制品有限公司、桂林恒保健康防护有限公司、广西珂深威医疗科技有限公司、桂林登普乐医疗器械有限公司、桂林漓峰医药用品有限责任公司、桂林清研皓隆新材料有限公司、桂林恒保卫生防护用品有限公司。医疗器械配套企业有桂林光隆光电科技有限公司、桂林信通科技有限公司、桂林斯壮微电子有限责任公司、桂林科创精密模具制品有限公司等。桂林市生物医药和医药器械业主要分布在 4 个工业园区，桂林高新技术开发区（七星园）主要发展口腔医疗器械、诊疗器械、中成药、原料药、化学药；桂林经济技术开发区（秧塘园、苏桥园）主要发展化学药品制剂、中成药、生物药和医疗诊断、监护、治疗设备、康复辅助设备；粤桂黔高铁经济带合作试验区（桂林）广西园（灵川园）主要发展康复医疗设备、原料药、化学药；荔浦市（长水岭工业园）重点发展化学药品制剂、化学药品原料药、中药饮片、中成药等产业。

【市场竞争力持续增强】 2021年，桂林市生物医药及医疗器械企业不断提升产品质量，市场竞争力持续增强并获多项奖项。年内，桂林南药凭借良好的企业信誉以及优质的产品品质，上榜“2021中国化学制药行业优秀企业和优秀产品品牌”系列榜单，获6项奖项，分别为原料药出口型优秀企业品牌，制剂出口型优秀企业品牌，注射用青蒿琥酯获原研药、专利药优秀产品品牌，盐酸阿莫地喹片+磺胺多辛乙胺嘧啶片获儿童用药优秀产品品牌，盐酸阿莫地喹片+磺胺多辛乙胺嘧啶片获原研药、专利药优秀产品品牌，盐酸左旋咪唑获原料药优秀产品品牌。桂林市啄木鸟医疗器械有限公司获评为国家技术创新示范企业。桂林三金、桂林南药、桂林华信制药有限公司、桂林华诺威基因药业有限公司、桂林优利特电子集团有限公司、桂林市啄木鸟医疗器械有限公司获评为2021年广西工业龙头企业。桂林华诺威基因药业有限公司获评为2021年自治区“专精特新”中小企业。桂林南药（主营产品注射用青蒿琥酯）、桂林三金（主营产品三金片、桂林西瓜霜）、桂林市啄木鸟医疗器械有限公司（主营产品超声洁牙机）获广西第一批制造业单项冠军示范企业。

【桂林南药发展稳健】 2021年，桂林南药培育自主创新能力，优化发展思路，强化企业品牌，核心竞争力不断提高。年内，坚持以“仿创结合”为导向，继续推动仿制药一致性评价工作，丰富公司产品线。甲硝唑片、罗红霉素片（规格：0.15克）先后通过仿制药一致性评价。盐酸莫西沙星原料及制剂（规格：0.4克）获准上市，视同通过一致性评价。年内，蒿甲醚本芴醇分散片3个规格均通过WHO-PQ认证。至年末，桂林南药累计通过WHO-PQ认证的产品总数28个，其中制剂产品24个、原料药产品4个。利奈唑胺原料药及片剂通过国家药品监督管理局的上市批准，成为国产第四家获得上市的企业。7月，广西发改委公布桂林南药与桂林医学院共建工程中心被认定为“2021年度广西化药口服固体制剂质量和疗效一致性评价工程研究中心”。12月，桂林南药牵头组织的“广西壮族自治区青蒿素及小分子化药创新联合体”成功评选为首批自治区创新联合体，为桂林市首个获批组建的自治区级创新联合体，与广西药检所、广西大学、广西植物研究所等11家单位联合组建。年内，桂林南药凭借“基于‘双循环+双驱动’的产品生命周期质量管理模式”获第四届中国质量奖提名奖。

【桂林三金高质量发展】 2021年，桂林三金克服国内经济环境困难和国家深化医改政策带来的压力，创新营销模式，推进精益管理，提高设备产能和生产效率，加快研发与技术创新，各项经营指标实现增长。年内，推进西瓜霜、三金片两大主导系列产品的价值营销模式改革，优化资源配置；深化品牌年轻化战略，推进“医药+互联网”“IP”跨界融合等运营模式，强化中医药文化和品牌年轻化的融合。强化科研创新，依托国家级企业技术中心和广西中药产业化工程院平台，加大研发投入；与国内知名科研院所合作，加快现代中药新药研发以及经典名方研究。玉叶解毒颗粒成功入选《广西2021年新型冠状病毒肺炎中医药预防方案（试行）》。新获发明专利授权6件，眩晕宁处方专利荣获第一届广西专利奖二等奖。提升传统管理，优化组织架构，加速企业数字化管理平台建设，构建三金商务智能系统平台，从采购端、生产端、流通端和运营端，进行提质、降本、增效，持续推进三金数字化、智能化工厂升级。年内，“桂林三金实施精益六西格玛管理的实践经验”被自治区工信厅确定为广西工业企业质量管理标杆。 （倪勇）

机械工业

【概况】 2021年，桂林机械工业主要包括通用设备制造、专用设备制造、文化和办公用机械制造、金属制品等门类。产品主要有磨床工具、矿山机械、农业机械、橡胶机械、轻工机械、日用金属品等。规模以上企业69家。重点企业有桂林国际电线电缆集团有限责任公司（简称国际线缆公司）、桂林君泰福电气有限公司（简称君泰福公司）、桂林电力电容器有限责任公司、桂林电器科学研究院有限公司、桂林鸿程矿山设备制造有限责任公司（简称鸿程矿山公司）、桂林橡胶机械有限公司等。年内，桂林机械工业克服疫情影响，开拓国内外市场，加大智能化、数字化转型升级，工业产值取得一定增长，其中电力机械产业和金属制品产业发展较稳健。从整体看，桂林市机械工业整体实力不强，产业链不够完善，龙头骨干企业规模不大，带动作用不强；产业集聚协同性不强，企业间彼此较为独立，协作能力较弱；资金短缺制约明显，重大机械工业项目数量偏少，特别是列入自治区“双百双新”的项目不足，工业招商力度有待加强。

【机械工业重大项目建设】 2021年，桂林市重点推动鸿程高端装备产业园（一期）、国营长虹机械厂高端装备制造产业园项目、中航大飞机起落架轮胎项目、君泰福金盘科技智能化升级改造等项目开工建设，加快推进桂林市西德电梯有限公司电梯生产项目等重点项目建设进度。4月30日，桂林鸿程高端装备智能制造产业园开工仪式在临桂区宝山工业园区举行。该项目总投资约40亿元，建设期限从2021年到2025年，项目落成后，可实现年产磨粉机、砂粉一体机、大型破碎机、移动破碎站等共2465台成套设备生产能力。5月26日，桂林国家高新区第一批重大项目集中开工仪式在桂林国家高新区举行，其中中航大飞机起落架轮胎项目总投资15亿元，用地11.2公顷，按照工业4.0标准建设航空子午轮胎先进生产线。7月18日，国际线缆

2021 年 4 月 30 日，桂林市 2021 年 4 月重大项目集中开竣工暨桂林鸿程高端装备智能制造产业园集中开工仪式举行。（王立华摄）

公司一期新兴领域特种电线电缆智能化车间改造项目正式完工投入运营。

【机械装备企业服务】 2021 年，市工信局开展龙头企业培育工作，筛选行业中生产经营规模大、带动能力强的国际线缆公司、桂林桂北机器有限责任公司、鸿程矿山公司等企业，实施“一企一策”精准培育，协调解决企业遇到的困难和问题，推动企业加快生产和发展壮大。召开桂林市电力装备企业与公共机构产销对接会。组织国际线缆公司、君泰福公司等骨干企业与政府工程、项目等对接，推动本地企业优质产品本地应用，取得一定成效。落实特派员联系企业服务制度。对前 10 家重点机械装备企业实施一对一、面对面专项服务，了解企业排产、生产进度和市场开拓等情况，协调解决企业面临的问题。

【机械装备企业智能化发展】 2021 年，市工信局组织企业加大智能化改造力度，推进智能制造城建设。年内，指导企业申报自治区智能工厂和数字化车间认定，经自治区组织的专家认定，桂林市有桂林福达重工锻造有限公司、桂林星辰科技股份有限公司等 11 家企业获自治区智能工厂认定，桂林电器科学研究院有限公司等 3 家企业获自治区数字化车间认定。市工信局、七星区政府联合举办“数字转型、智创未来”专题研讨会，参会企业 30 多家。12 月 8 日—10 日，智能制造系统解决方案供应商联盟与自治区工信厅联合开展“智能制造进园区”广西站活动，桂林为两个会场之一。专家对桂林光隆光学科技有限公司等 6 家重点企业进行现场诊断，帮助企业提高智能化水平。（李少铸）

汽车及零部件工业

【概况】 2021 年，桂林汽车及零部件工业主要包括大、中、轻、微型各类公路客车、城市客车、旅游客车、新能源客车等整车生产，及客车底盘和曲轴、变速箱、膜片弹簧离合器、汽车安全玻璃等汽车零部件生产。年内，桂林汽车及零部件工业企业克服疫情影响，加大转型升级，加快推出适合市场的新产品，产业取得一定的发展。但受疫情影响不利影响，企业库存增加，销售困难。年末，规模以上汽车及零部件生产企业 16 家，有桂林比亚迪实业有限公司、桂林客车工业集团有限公司、福达控股集团有限公司（简称福达股份）、广西鸣新汽车底盘部件有限公司、桂林皮尔金顿安全玻璃有限公司和巴斯夫催化剂（桂林）有限公司等。从产品产量看，汽车增长 49.4%，橡胶轮胎外胎下降 2.1%。

【汽车行业困难及应对措施】 2021 年，桂林市对汽车及零部件工行业存在的问题和困难，采取多项措施推进产业发展。桂林客车发展有限责任公司（简称桂客发展）建有五菱牌新能源公交车及校车生产线，针对产品推广难问题，市工信局向自治区工信厅申请支持，协调全区范围内推广广西汽车集团（五菱牌）和比亚迪新能源公交车，在梧州、柳州、南宁等地市建立样板市场，以便形成示范效应并带动周边省市推广销售；协调相关部门落地国家有关校车安全管理规定，依法要求全区范围内用于接送学生（含学前教育）车辆必须为专用校车，拉动校车市场需求。桂客发展开展新款熊猫校车上市推广，完成 19 个省的巡展推广工作，完成销售 134 台。桂客发展及桂林大宇客车有限公司的客车生产线均没有满负荷生产，市工信局

2021 年，桂林福达曲轴有限公司自动化生产线。（朱甜甜摄）

向自治区工信厅请求，协调在柳州、桂林、河池、崇左、百色等地市试点推行交通乡村振兴，构建客运与快递物流相结合的新型通村客运，引导采购广西产客车产品。

【汽车行业发展服务】 2021年，桂林市工信局通过建立完善企业“特派员”制度，帮助企业解决生产经营及项目建设遇到的困难问题，全力做好企业服务，促进汽车工业企业较快增长。4月，中国汽车产业链及汽车后市场高峰论坛在兴安县举行，通过大平台效应，吸引更多汽车摩托车配件企业落户桂林市。年内，重点加快福达股份、广西鸣新底盘部件有限公司、广西新桂轮橡胶有限公司等实施关键工序机器换人项目，通过扩大加工、焊接机器人的使用，提升生产线智能化、数字化水平。依托桂客发展公司的特种车底盘，加强与行业内车辆改装厂合作，提升自主改装能力，通过招商引进房车、救护车等车辆改装车生产线，扩大产品种类与规模，推进形成规模效应。

【汽车及零部件工业重点项目建设】 2021年，桂林市加强项目协调服务，推进汽车及零部件工业重点项目建设。1月，兴安(玉环)汽车部件产业园(二期)入园企业集中开工仪式举行，共有一期4家、二期6家企业集中开工。至年末，该产业园共签约汽车部件企业26家，其中一期10家、二期16家。年内，推进桂林福达曲轴有限公司B48曲轴生产线建设项目，产线设备全部就位并完成调试。推进桂林鹏威新能源科技有限公司年产20亿Wh锂离子电池建设项目，完成改建部分厂房装修。推进广西新桂轮橡胶有限公司新桂轮橡胶二期150万套全钢子午胎生产线项目建设，项目二期总平方案、建筑设计方案已审批通过并开始施工。广西鸣新底盘部件有限公司汽车控制臂冲压多机器人柔性生产线完成项目建设。推进玉环汽配产业园项目建设，产业园企业广西兆王机械制造集团有限公司4月完成投产，广西通森金属科技有限公司汽车部件铸造项目完成厂房、办公楼、智能车间、展示区等建设。 (李少铸)

冶金(钢铁·铁合金)工业

【概况】 2021年，桂林市冶金产业企业41家，其中规模以上企业35家。从细分行业来看，钢压延加工企业2家，金属废料和碎屑加工企业1家，铁合金冶炼企业38家。骨干企业有广西桂康新材料有限公司(简称桂康新材料公司)、桂林平钢钢铁有限公司(简称平钢公司)、桂林鑫奥再生资源有限公司。年末，黑色金属冶炼和压延加工业增加值增长69.6%。

【产业分布】 2021年，从产业分布情况看，全州县、灌阳县、资源县等县具有丰富的水电、风电资源和完善的电力设施，适合发展铁合金产业，是桂林市铁合金生产的主要分布地。桂林市铁合金生产企业总数38家(全州县9家，灌阳县9家，资源县6家，龙胜各族自治县5家，灵川县4家，兴安县2家，阳朔县、荔浦市、恭城瑶族自治县各1家)，占全区铁合金企业的47.5%；总装机容量85.68万千伏安，占全区铁合金总装机容量的49%，产品主要是硅锰合金，少量的中低碳锰铁和工业硅，年生产能力约134.77万吨。全市铁合金企业仅配备6台精炼炉，装机功率占比仅为3.1%，产品以普通硅锰合金为主，少量生产中低碳锰铁以及工业硅。

【冶金产业转型升级】 2021年，市工信局推动铁合金行业优化升级。年内，结合工业稳增长及安全生产与疫情防控工作专班、工业企业“特派员”服务制度、产值前100家规模以上工业企业帮扶工作方案等文件精神，从经济运行、工业投资、安全生产、疫情防控、上规入统等方面进行精准帮扶，对照企业反映问题诉求协调处理制度，依托“惠企通”问题直报平台，做好企业问题诉求的收集处理解决等工作。按照“强龙头、补链条、聚集群”的产业发展思路，推动铁合金行业落后产能退出，发展壮大桂康新材料公司、平钢公司等链主企业，布局建设全州县、灌阳县金属新材料产业集中区。委托第三方组织开展了《桂林市促进铁合金产业转型升级与可持续发展的咨政报告》《桂林市铁合金产业转型升级专项规划(2021年—2035年)》《桂林市铁合金产业转型升级实施方案》三项指导性文件编制工作，争取自治区工信厅印发实施，对桂林市铁合金产业进行资源优化整合，提高产业集中度和装备大型化水平，普及余热余气综合利用等节能技术改造，开发炉外精炼产品、氮化产品、多元合金剂等科技含量和附加值高的产品，提高铁合金炉渣的多维度综合利用，构建高效、低碳、循环的铁合金绿色制造体系。

【冶金骨干企业壮大发展】 2021年，桂林市支持桂康新材料公司新建钒氮合金生产线项目(投资1亿元)、物

2021年4月9日，平钢公司生产的建筑用热轧带肋钢筋。 (张强供图)

流园改扩建项目(投资8500万元)等综合项目建设,打造先进铁合金和新材料生产研发基地。支持平钢公司新建2台3.6万千伏安全封闭式矿热炉、12.5兆瓦余热回收发电综合利用项目以及物流园建设项目(投资4.6亿元),配套产业协同发展,打造短流程钢铁生产和节能环保企业新标。年内,桂林平钢钢铁有限公司通过钢筋混凝土用热轧钢筋(热轧带肋钢筋、热轧钢筋用钢坯)生产许可实地核查,取得《全国工业产品生产许可证》。(张强)

食品(饮料)工业

2021年11月11日,桂林吉福思罗汉果生物技术股份有限公司开工暨生产线投产仪式举行。(倪勇供图)

【概况】 2021年,桂林市食品(饮料)工业主要有大米加工、饲料加工、旅游休闲食品加工、酒类加工、果蔬产品加工等。主要产品有大米、饲料、白酒、啤酒、米面制品(糕点及干湿米粉等)、罐头、包装饮用水、冷冻蔬菜及其他特色食品等。桂林市食品(饮料)工业围绕饮料、酒类生产加工,稻谷、果蔬、肉类、旅游休闲食品等农产品生产基地建设和食品消费市场开拓,形成一批生产企业密集区和多个优势农产品加工产业带,呈现出集群式发展和较为合理的区域布局。其中,酿酒产业带主要分布在象山区、全州县、兴安县、灵川县;大米加工产业带主要分布在临桂区、灌阳县、全州县、灵川县、永福县;饮料产业带主要分布临桂区、象山区、高新区;特色旅游休闲食品产业带主要分布在荔浦市、恭城瑶族自治县、永福县、平乐县、秀峰区。年内,桂林市食品(饮料)工业优化产品结构,提升制造工艺,全行业实现平稳增长。年末,桂林市食品(饮料)工业规模以上企业74家,占全自治区食品(饮料)工业规上企业的8.56%。行业从业人员近2.2万人。行业完成规模工业总产值(含饲料工业)及主营业务收入有所增长;利税与上年基本持平,利润略有增长。主要工业产品中,白酒产量下降12.7%,啤酒增长5.9%,饮料增长14.2%。

【桂花公社景区建成开放】 2021年,桂林市探索"工业+文化+旅游"发展模式,推动工业旅游、工业振兴。4月14日,由桂林市顺昌食品有限公司投资建设的桂花公社景区建成并对外开放。该景区位于桂林市秀峰区"诗意桃花湾"田园综合体核心地段,以桂花系列产品为核心,将桂花文化展览、工业观光展览和体验式趣味式购物相结合,以"小食品、大产业"推进文旅项目建设。景区由桂花文化体验馆、百年桂花主题公园、桂花树下度假酒店组成,形成了桂花种植产业、桂花加工产业、桂花文化旅游产业等完整的产业链。

【食品工业项目建设】 2021年,桂林市食品(饮料)工业推进各项项目建设,推动企业扩建提升。桂林莱茵生物科技股份有限公司坚持大健康产业可持续发展,强化天然甜味剂、茶叶提取物、工业大麻、终端消费品四大板块业务,10月1日,该公司美国工业大麻提取及应用工程建设项目在美国印第安纳州工厂顺利竣工投产。推动精益生产、建设研产销一体化,通过应用精细化生产管理模式提高质量管控能力。年内,获自治区工信厅"广西工业企业质量管理标杆"称号。10月15日,桂林力源集团36万吨饲料加工项目签约落户湖北云梦县,该项目计划占地3.33公顷,总建筑面积约2.6万平方米,主要建设饲料加工生产线3条及配套用房。项目总投资3亿元,一期投资1.5亿元。桂林吉福思罗汉果生物科技有限公司系桂林吉福思罗汉果生物技术股份有限公司的第5家全资子公司,位于龙胜各族自治县瓢里镇上塘村工业园区,是园区首家入驻、专业从事罗汉果深加工的企业,实现罗汉果原料产地加工,推进罗汉果全产业链生产经营。11月11日,举于开业和生产线投产仪式。(倪勇)

建材工业

【概况】 2021年,桂林市建材工业有规模以上企业129家,水泥熟料年产能540万吨。从细分行业来看,非金属矿采选企业21家,石材加工企业24家,滑石加工企业7家,碳酸钙企业4家,水泥企业12家,水泥制品企业41家,墙材企业15家,玻璃钢等其他企业5家。从产业分布来看,129家规上企业在14个县(市、区)内均有分布,其中灵川县25家,平乐县19家,临桂区14家,永福县、灌阳县各10家,龙胜各族自治县、资源县、荔浦市各8家,兴安县、全州县各7家,恭城瑶族自治县5家,雁山区4家,阳朔县、象山区各2家。龙头企业有兴安海螺水泥有限责任公司、桂林南方水泥有限公司、桂林桂广滑石开发有限公司。桂林市建材工业存在产业结构发展不够均衡,龙头企业不强、带动产业能力不足的问题。多数细分产业

2021年6月27日，广西建工集团桂林装配式建筑现代化产业园揭牌、商混站投产仪式举行。（张强供图）

集中在加工、制造环节，以传统建材为主，多数产品依然处于中低端水平。占比最多的水泥及水泥制品制造细分行业，主要生产普通标号的硅酸盐水泥以及预拌混凝土、预拌砂浆，缺少特种水泥产品以及特种砂浆等新兴建材产品。产值超3亿元的企业只有6家，中小企业居多，企业管理粗放、信息技术应用水平低的局面普遍存在。年末，桂林市在产水泥企业12家，预拌混凝土、砂浆企业59家。全年供应散装水泥419万吨，下降7%；预拌混凝土720万立方米，下降19%；预拌砂浆约142万吨，下降8.5%。

【建筑产业链协调发展】 2021年，桂林市建材工业以产业项目为支撑，带动产业链协同发展。年内，推动桂林市惠昌盛实业有限公司新型装配式建材生产基地、广西惠昌创展装配式建筑有限公司年产10万吨钢结构生产基地、广西建工集团桂林装配产业基地等一批装配式建筑产业项目建设。推进桂林经开制管有限公司环氧防腐钢管生产基地、广西中炀新材料科技有限公司年产60万平方米无孔纳米微晶板材项目、广西今大玻璃科技有限公司年产500万平方米高新节能玻璃生产项目等一批新型建材项目。今大玻璃项目属自治区统筹推进的重大项目，因有三组高压线穿过项目场地，给项目地块的使用和施工带来不便。工业振兴特派员高铁园分队积极协调指导，推进实施高压线一期迁改工作。推进桂林桂广粉体材料有限公司年产12万吨滑石深加工项目、北京华汇生态科技建材项目、灌阳地德新材料科技有限公司深度开发高品位石英系列产品项目、广西正通钙业有限公司年产16万吨轻质碳酸钙精加工项目等一批环保科技复合建材项目加快建设。指导龙胜各族自治县编制《龙胜各族自治县滑石产业规划（2021年—2025年）》并通过自治区评审。

【水泥市场秩序规范】 2021年，桂林市工信局推动落实水泥扩产，持续规范下游市场秩序。年内，向自治区工信厅争取日产5000吨水泥熟料生产线落地桂林，推动兴安海螺公司区外引入产能指标，向自治区工信厅报送了兴安海螺三期项目产能置换确认的请示，依托兴安海螺扩能增效强龙头工程，带动全产业发展。按照产业发展规划，对符合规划的预拌混凝土、预拌砂浆生产企业补充完善手续，累计出具行政确认函5项；持续整治非法生产、扰乱市场秩序行为，联合市场监管部门、市绿色建材发展和应用中心，赴兴安县、恭城瑶族自治县等县开展督查工作，委托自治区建筑工程质量检测中心组织开展了两批次共抽检30家企业的产品质量工作；召开全市预拌混凝土预拌砂浆行业企业工作会议，开展绿色生产及示范性企业培训。（张强）

二轻城镇集体工业

【概况】 2021年，桂林市工业合作联社（简称市工业合作联社）办公地址为桂林市临桂区青莲路桂林投资发展大厦南楼7楼。内设科室6个。年内，桂林市有市属二轻城镇集体工业生产企业3家，荔浦市和临桂区二轻城镇集体工业企业25家。主要产品有油漆、塑料制品、木衣架、金属衣架、塑料衣架、金属配件、食品饮料、钢化玻璃等。全年全市二轻城镇集体工业完成工业总产值4.66亿元。荔浦特色经济区域（衣架产业）完成工业总产值40.26亿元；完成出口交货值26.8亿元。桂林市工艺美术行业全年实现产值20.1亿元。

【城镇集体企业改革改制】 2021年，桂林市工业合作联社、市城镇集体企业改革领导小组办公室稳步推进企业改革改制，促进企业摆脱困境，寻求新的发展机遇。继续推进桂林家具工贸实业公司、桂林市工艺美术广告公司、桂林市水电建筑公司等改制企业的筹备工作，企业的改革改制工作严格按程序进行。组织专人妥善处理桂林市家具工贸实业公司部分退休人员反映的公司筹备改制问题，认真做好政策解答工作，深入企业开展调查，督促公司完善各项民主程序，公司改制进程平稳推进。

【传统工艺美术产业】 2021年，桂林市工业合作联社推动桂林工艺美术产业升级和结构优化，组织参加第56届全国工艺品交易会及金凤凰创新大赛，获得金奖4项、银奖5项、铜奖7项。完成组织2021广西工艺美术作品“八桂天工奖”的评选工作，共选送129件作品参选参评，获金奖16项、银奖12项、铜奖10项。完成“永远跟党走”庆祝作品中国共产党成立100周年·2021广西艺术作品展览的作品征集、评选、推荐工作，入选作品26件，获2021广西艺术作品展览工艺美术优秀作品奖3件。完成3个省级以上工艺美术大师传统技艺传承、传授专项项目的验收工作。（文小毛）

农业·水利

农业综述

【概况】 2021年，桂林市农业农村局办公地址在桂林市临桂区万福路鼎晟大厦。内设机构20个，下辖直属二层机构15个。全年全市农林牧渔业总产值913.95亿元，(比上年，下同)增长10.2%。其中，种植业产值增长7.7%，林业产值增长3.5%，畜牧业产值增长21.0%，渔业产值增长3.6%，农林牧渔专业及辅助性活动产值增长6.2%。实现第一产业增加值549.47亿元，增长8.9%。全市农村居民人均可支配收入18993元，增长9.5%。

【重要农产品供给保障】 2021年，桂林市压实粮食生产责任，推动撂荒耕地复耕复种，落实粮食补贴和奖补政策，提高农民和各类农业生产经营主体种粮积极性。全年全市粮食播种面积34万公顷，增长0.81%；粮食总产量179.16万吨，增长1.26%；粮食平均每公顷产量5269.35千克，增长0.44%。粮食播种面积、总产量、单产继续保持增长态势。加快推进设施蔬菜栽培、蔬菜示范基地建设和"三品一标"(无公害农产品、绿色食品、有机农产品和农产品地理标志)蔬菜产品培育，蔬菜产业布局和品种结构进一步优化，市场竞争力不断提升。全年全市蔬菜(含食用菌)产量562.22万吨，增长5.35%，其中蔬菜产量546.59万吨，增长5.3%。水果生产坚持"以优质柑橘种植为主，特色水果发展为辅"的发展思路，鼓励农户改种优良柑橘品种，开展标准果园创建，提升果品质量安全，确保优势水果在全自治区的领先地位。全年全市水果产量914.35万吨，增长15.4%。其中，柑橘产量643.29万吨，增长16.5%；柿子122.54万吨，增长12.7%；葡萄产量47.93万吨，增长13.3%；李子产量23.47万吨，增长20.4%。水果种植面积保持稳定，大部分果树处于挂果丰产期，全市水果产量呈现大幅增长。随着非洲猪瘟的有效控制和新、改(扩)建养殖场陆续投产，生猪生产呈现快速恢复性增长，牛羊禽保持稳定增产。全市肉类总产量56.73万吨，增长18.3%。生猪出栏426.49万头，增长37%；羊出栏19.6万头，增长4.2%;家禽出栏1.36亿羽，下降4.3%。禽蛋产量3.8万吨，增长0.3%。

【"三农"工作机制完善】 2021年，桂林市加强党对"三农"(农业、农村、农民)工作的全面领导，建立完善农村工作管理机构，将原市、县级扶贫开发办公室分别整建制转为市、县级乡村振兴局，6月初全部完成机构挂牌。9月，原市农村工作领导小组和市乡村振兴战略领导小组合并成立市委农村工作(乡村振兴)领导小组，下设领导小组办公室与市农业农村局合署办公。设市实施乡村振兴战略指挥部，指挥部办公室与市乡村振兴局合署办公。12月，组建市实施乡村振兴战略指挥部办公室和产业发展、教育保障、医疗保障、住房保障、供水保障、就业社保、易安后扶、乡村建设、乡村治理、生态保护、资金保障、组织人才、文化宣传、粤桂协作14个专责小组，形成"1(办)+14(专责小组)"的乡村振兴工作推进机制。年内，桂林市在2020年度广西壮族自治区设区市乡村振兴实绩考核中获优秀等次第一名。

【农业特色产业提质增效】 2021年，桂林市32个农业品牌入选第四批广西农业品牌目录，占全自治区126个农业品牌的25.4%；荔浦市修仁镇、阳朔县白沙镇2个镇获全国乡村特色产

2021年，全州县才湾镇南一村委获全国乡村特色产业"亿元村"。图为南一村委毛竹山村远眺全景。 (市农业农村局供图)

业“十亿元镇”称号，占全自治区 4 个“十亿元镇”的半数名额；灵川县潭下镇合群村，全州县才湾镇南一村、绍水镇柳甲村，永福县龙江乡龙山村 4 个村获全国乡村特色产业“亿元村”，占全自治区 12 个“亿元村”的三分之一；全州县大碧头森林生态文化旅游现代化示范区等 13 个示范区被认定为广西四星级以上特色农业现代化示范区，占全自治区 104 个四星级以上示范区的 12.5%；各项指标排名均位列自治区首位。新增桂林吉福思罗汉果股份有限公司为国家级农业产业化重点龙头企业；新增自治区农业产业化重点龙头企业 12 家、自治区级示范社 43 家、自治区级示范家庭农场 56 家，示范社、示范家庭农场新增数量位居广西各地市第一。

2021 年，桂林市临桂区实行“生态文明银行”积分制，破解乡村环境综合治理提升难题。（市农业农村局供图）

【乡村发展新模式构建】 2021 年，桂林市立足城乡协调融合发展，以城市、县城、乡（镇）为点，旅游景区和交通要道为线，田园综合体和美丽乡村建设为面，点、线、面一体推进，形成“新型城镇 + 美丽乡村 + 三产融合”发展模式。年内，桂林市 11 个乡（镇）申报第六批广西新型城镇化示范乡（镇）建设，全市已建成示范乡（镇）85 个。桂林“大美漓江”田园综合体、全州县“红色湘江”田园综合体入选自治区田园综合体试点；全州县“禾美稻香”田园综合体、兴安县“金玉粮园”田园综合体等第三批 19 个田园综合体通过验收，全市市级田园综合体增加至 41 个。新增全国乡村旅游重点镇和全国乡村旅游重点村各 1 家；自治区休闲农业与乡村旅游示范点 9 个，全市已建成示范点 45 个。

【脱贫攻坚成果巩固拓展】 2021 年，桂林市印发《桂林市委、桂林市人民政府关于实施巩固拓展脱贫攻坚成果与乡村振兴有效衔接实施方案》，继续做好从脱贫攻坚到乡村振兴过渡期内的帮扶工作。年内，桂林市落实过渡期内“四个不摘”（摘帽不摘责任、摘帽不摘政策、摘帽不摘帮扶、摘帽不摘监管）要求，开展常态化防贫监测和帮扶工作，紧盯重点群体，防止因病、因学、因灾等原因出现返贫，帮助 1.4 万名防贫监测对象解除返贫致贫风险。深化粤桂协作，发展壮大脱贫地区特色产业，实施积极的就业帮扶政策，帮扶脱贫人口提升内生动力和造血功能，进一步巩固脱贫攻坚成果。全市脱贫人口人均纯收入超过 1.25 万元，增加 1748 元，增长 16%。桂林市代表广西接受巩固拓展脱贫攻坚成果同乡村振兴有效衔接国家考核评估组的检查。

【农村人居环境整治推进】 2021 年，桂林市统筹抓好农村“厕所革命”、污水垃圾处理和村容村貌提升，加快实施农村道路交通、电网通讯等基础设施建设，在开展“三清三拆”（清理村庄内陈年垃圾、清理疏浚村内塘沟、清理畜禽养殖粪污等农业生产废弃物，拆除乱搭乱盖、拆除广告招牌、拆除废弃建筑）专项整治的基础上，做好“三微”（微花园、菜园、果园）、“四化”（绿化、美化、亮化、文化）、“五网”（路网、排水排污管网、电网、广电网络、宽带网络）、“六改”（改房、改水、改厨、改厕、改圈、改沟渠）等具体项目建设，农村人居环境和乡村风貌得到优化提升。至年末，全市农村公路总里程 1.4 万千米，新增 17%；乡乡通二级或三级公路率 98.5%；建制村通畅率、通客车率均达 100%。作为全国第一批水系连通及水美乡村建设试点县的阳朔县和兴安县共完成投资 4.28 亿元，47 个村庄、8.73 万人口受益；全州县获批为第三批全国水系连通及水美乡村建设试点县。农村卫生厕所普及率和自来水普及率分别为 92% 和 84.7%，均超出 68% 和 83% 的全国平均水平。2020 年度农村环境综合整治项目顺利完成，建成污水处理设施 46 套和管网项目 4 个，全部投入运行。年内，荔浦市获全国村庄清洁行动先进县；全州县才湾镇南一村委等 4 个村入选全国乡村治理示范村，临桂区创新“生态文明银行”乡村治理模式、恭城瑶族自治县打造“三心三治一守”（忠孝心、敬畏心、互助心，自治、德治、法治，守规矩）乡村治理模式成为自治区推广典型案例。（申伟正）

粮油生产

【概况】 2021 年，桂林市全面落实粮食安全党政同责要求，增加粮食生产扶持力度，实施各项惠农政策，开展“退果还粮”、撂荒地治理等工程，继续推进双季稻恢复种植和高标准农田建设，加大农业科技推广应用，粮食综合生产能力稳中有升。全年全市完成粮食播种面积 34 万公顷，增长 0.81%；粮食总产量 179.16 万吨，增长 1.26%。其中，稻谷总产量 139.07 万吨，增长 1.32%；玉米总产量 22.64 万吨，增长 1.43%；豆类总产量 7.2 万吨，增长 1.27%；薯类总产量（折粮）9.2 万吨；其他旱杂粮 1.05 万吨。粮食平均每公顷产量 5269.35 千克，增长 0.44%。油料生产稳定增长，油料作物总产量 8.45 万吨，增长 0.84%。其中，花生总产量 7.27 万吨，增长 0.55%；油菜、芝麻等油料作物总产量 1.18 万吨，增长 2.61%。年内，桂林市完成 2020 年高标准农田项目建设任务，共建成高标准农田面积 1.81 万公顷，其中具有高效节水设施农田面积 0.17 万公顷，覆盖全市 15 个县(市、区)。9 月 8 日，第十八届广西“看禾选种，助农增收”活动在全州县举行。

【粮食生产扶持】 2021 年，桂林市筹措整合财政资金 4.07 亿元投入粮食生产。其中，耕地地力保护补贴政策资金 2.41 亿元，稻谷生产补贴 7089 万元，双季稻休耕轮作试点项目资金 1894.5 万元，种粮农户一次性补贴 5407 万元，双季稻奖励补贴 1541 万元，国家粮食和园艺作物高质高效创建项目资金 700 万元。至年末，完成所有财政投入资金拨付，支持全市粮食生产。

【“退果还粮”、撂荒地治理工程】 2021 年，桂林市结合柑橘黄龙病综合防控工作，对基本农田或粮食功能区内的失管果园、“三低”(低产、低质、低效)果园开展“退果还粮”综合治理，让治理后的农田恢复种植水稻、玉米等粮食作物。改造撂荒地种植水稻，推广良种良法，提升耕地地力，实现粮食增产增收。至年末，全市实施“退果还粮”、撂荒地治理种植粮食面积 0.36 万公顷。

【农业新技术推广应用】 2021 年，桂林市推广测土配方施肥技术面积 53.75 万公顷，节水农业技术面积 12.43 万公顷，水稻集中育秧栽插大田技术面积 8.06 万公顷，水稻旱育秧栽插大田技术面积 3.65 万公顷，塑料软盘育秧抛栽种植技术面积 14.71 万公顷，实施水稻“三控”(控肥、控苗、控病虫)技术面积 9.02 万公顷。全市实施秸秆还田面积 35.3 万公顷。开展病虫综合防治测报准确率在 90% 以上。

【超级稻、优质稻种植】 2021 年，桂林市完成超级稻种植面积 14 万公顷，增加 1.13 万公顷，增长 8.78%。其中，早稻面积 6.12 万公顷，中稻面积 2.5 万公顷，晚稻面积 5.38 万公顷。种植的主要品种有“中浙优 8 号”“天优华占”“H 两优 991”“五优 308”“五丰优 286”“株两优 819”“深两优 5814”等。种植优质稻面积 20.04 万公顷，增加 0.64 万公顷，增长 3.3%。其中，早稻优质稻面积 8.99 万公顷，中稻优质稻面积 2.22 万公顷，晚稻优质稻面积 7.83 万公顷。种植的优质稻品种有“五优华占”“N 两优 1 号”“五丰优 823”“五山丝苗”“百优 429”“软华优 128”“荃优丝苗”等。

【土豆生产与销售】 2021 年，桂林市土豆种植面积 0.43 万公顷，总产量(折粮)0.85 万吨。全市种植产区主要分布在临桂、兴安、灵川等县(区)，主要品种有“中薯 5 号”“兴佳 2 号”“桂农薯 1 号”“希森 3 号”等。年内，全市土豆产量呈现上涨趋势，土豆市场销售价格维持在每千克 1.2—2 元之间。

(唐茂军)

2021 年 5 月 14 日，灵川县撂荒田治理示范现场会在潭下镇郭田村举行。

(唐茂军供图)

其他经济作物生产

【概况】 2021 年，桂林市经济作物(不含蔬菜、水果、食用菌)面积 14.8 万公顷，其中中药材面积 2.91 万公顷，茶叶面积 0.36 万公顷，其他经济作物面积 11.5 万公顷；产值 95.85 亿元，其中中药材产值 83.86 亿元，茶叶产值 2.06 亿元，其他经济作物产值 9.9 亿元。

【中药材产业发展】 2021 年，桂林市中药材种植面积 2.91 万公顷，增长 1.28%。厚朴种植面积 0.28 万公顷，增长 1.15%；杜仲种植面积 0.09 万公顷，下降 2.66%；罗汉果种植面积 1.10 万公顷，增长 2.28%；金银花种植面积 0.12 万公顷，下降 3.31%。当年种当年收的药材主要有葛根、罗汉果、灵芝、白芨等。年内，桂林市继续加强“桂林罗汉果”地理标志品牌建设，3 月 1 日，《中华人民共和国政府与欧洲联盟地理标志保护与合作协定》(以下简称《中欧地理标志协定》)正式生效，桂林罗汉果被纳入该协定互认清单，成为广西入选的 12 个互认产品之一。推进罗汉果优势特色产业集群建设，推动罗汉果产业与二、三产业深度融合。相继完成广西永福罗汉果农业文化系统(中国重要农业文化遗产项目)、永福县罗汉果及罗汉果加工现代农业产业园、永福县创建中药材基地示范县、广西供粤港澳大湾区和出口农产品创建示范基地等项目建设，以项目为依托，逐步完善“育苗—规范化种植—专业化深加工”特色产业链，基本形成罗汉果种植、研发、加工、贸易融合发展的全产业链发展格局。

【甘蔗产业】 2021 年，桂林市坚持加强传统甘蔗优势种植区示范建设战略，放缓甘蔗产业下滑趋势，探索新的产业发展方向。全年全市甘蔗种植面积3135.62公顷，下降3.43%；产量26.98万吨，下降2.86%；产值1.93亿元，下降2.04%。其中，糖蔗产量9.36万吨，产值0.48亿元；果蔗产量17.62万吨，产值1.44亿元。年内，继续推进阳朔县蔗香甜园产业（核心）示范区建设，全面实施果蔗标准化栽培，推广黑皮果蔗组培苗播种技术。采取网络电商、直播带货等销售方式，通过参加农产品交易会等多种渠道，积极拓展果蔗销售市场。

【精品茶叶产业】 2021年，桂林市茶叶产量5555.93吨，下降19.7%；产值2.06亿元，下降10.75%。其中，红茶产量713吨，增长12.1%；绿茶产量2377吨，下降19.4%；其他品种茶叶产量为2446吨，下降40%。年内，桂林市加大特色茶叶生产基地建设，"刘三姐"生态示范茶园、桂林市临桂区茗仁谷有机茶核心示范区等一批有机、绿色、生态健康养生茶园基地已形成规模。其中，桂林市临桂区茗仁谷有机茶核心示范区获有机茶产品认证，黄沙安江坪野生茶树示范园申报绿色产品认证。广西壮族茶叶科学研究所建设的广西茶树良种苗木繁育场，成为国家重要的战略茶树良种贮苗基地。该场选育出5个国家级良种（桂红3号、桂红4号、桂绿1号、桂香18号、尧山秀绿），1个自治区级良种（桂香22号），以及国家优质资源7个、优良品系28个，主要产品有桂林毛尖、桂林红叶、桂花茶、茉莉花茶、菊花茶、银针茶、尧山冰鲜乌龙茶、六堡茶等。（于琴芝）

【食用菌产业】 2021年，桂林市食用菌产业受新冠肺炎疫情防控需要的影响，市场消费需求下降，物流冷链运输受限，种植户为控制成本而减少生产投入。9月，桂林市出现异常高温天气，平均气温29.9摄氏度，比历年高4.1摄氏度；日最高气温比历年平均高4.7摄氏度；创下近10年来桂林市9月份日最高气温和平均气温之最的记录，直接影响食用菌菌丝生长发育和成熟后的产量。全年全市食用菌栽培面积3768.77公顷，下降10.9%；食用菌鲜品总产量38.35万吨，下降12.0%；总产值33.75亿元，下降5.0%。主要产区分布在临桂区、兴安县、灵川县、灌阳县、全州县、平乐县，主要栽培品种有香菇、木耳、秀珍菇、双孢蘑菇、凤尾菇、灵芝等。栽培面积达100公顷以上的品种有6个。其中，香菇面积1281.90公顷，产量16.37万吨；蘑菇面积896.79公顷，产量7.89万吨；黑木耳面积488.61公顷，产量4.79万吨；毛木耳面积212.90公顷，产量2.48万吨；灵芝面积184.36公顷，产量0.31万吨；秀珍菇面积208.23公顷，产量2.48万吨。全市种菇农户10403人，食用菌产业从业人员8984人，生产及加工企业19家，食用菌专业合作社（家庭农场）75家。年内，桂林市广泛推广秀珍菇高效栽培技术、灵芝林下仿野生短段木栽培技术等种植新技术，开展食用菌优质菌种、菌包基地建设，推行"企业集中制包+农户分散出菇"产业发展模式，全市食用菌产业发展态势保持稳定。

（徐春荣）

水果生产

【概况】 2021年，桂林市水果栽培面积26.68万公顷（不含白果、板栗，下同），增长7.66%。其中，柑橘面积17.78万公顷，增加9.34%；葡萄面积1.54万公顷，增长4.09%；柿面积2.65万公顷，增长4.51%。水果总产量914.35万吨，增长15.40%。水果栽培面积、产量、产值居全自治区第一；砂糖橘、金橘、柿产量居全国第一；柑橘、葡萄、桃、梨产量居广西第一。至年末，桂林市已建成市级以上龙头企业33家，农民专业合作经济组织1612个。建成水果产地冷库357个，容积34万立方米，生产处理线321条，年处理鲜果324万吨。

【水果品种结构调整】 2021年，桂林市持续开展柑橘、葡萄等水果新品种引进试验示范。全市建立水果新品种试验示范点4个，引入新品种6个，分别为柑橘类（阳光1号橘柚、华美1号），葡萄类（黄金蜜、黑峰、申华），荔枝类（仙进奉）。年内，桂林市开展"退果还粮"行动，按照因地制宜、特色发展的原则，对在基本农田或粮食功能区的柑橘种植户，鼓励农户"退柑还田"，种植粮食作物，禁止在基本农田重新种植柑橘；对立地条件坡度高的果园，鼓励农户"退柑还林"或者改种桃、李、甜柿等落叶果树；对立地条件适合种植柑橘的"三低"（低产、低质、低效）果园，鼓励农户改种或高接优良柑橘品种，特别是4月—8月成熟的柑橘品种。坚持以市场需求为发展导向，以经济效益为优先原则，稳定柑橘总面积，逐步淘汰南丰蜜橘、马水橘等传统柑橘品种，推广脆蜜金柑等柑橘优质新品种。

【果品质量安全提升】 2021年，桂林市推进水果"三品一标"（无公害食品、绿色食品、有机食品和农产品地理标志）认证工作，提升果品质量安全和市场竞争力水平。年内，全市有果品类无公害食品生产企业76家，面积1.38万公顷；绿色食品生产企业42家，面积1.06万公顷；农产品地理标志产品9个，分别为"桂林砂糖橘""荔浦砂糖橘""阳朔金橘""兴安蜜橘""桂林葡萄""兴安葡萄""资源红提""恭城月柿""灌阳雪梨"。有国家绿色食品原料标准化生产基地2个，分别为恭城瑶族自治县的柑橘生产基地（0.73万公顷）和月柿生产基地（0.67万公顷）。创建出口基地4个，供深基地7个。授权2家生产企业使用"桂林砂糖橘"农产品地理标志，发放农产品地理标志标识2.9万枚。制定"桂林砂糖橘"和"桂林葡萄"2个农产品地理标志团体标准。创建柑橘、葡萄等主栽品种富硒试验示范点6个，所产富硒水果品质提升，更耐贮运，价格较普通产品提高20%。

【水果品牌建设与推广】 2021年，桂林市相继举办"灌阳县'六月六'尝新节暨雪梨黑李节""2021年毛竹山葡萄节云上推介会""恭城月柿节""平乐县'好山好水好柿饼'产销推介会""荔浦砂糖橘产业推介会"等水果节庆活动，吸引各地采购商到产地果园实地考察，与当地水果种植企业（合作社）现场洽谈对接。加强与央广网、抖音、本地融媒体平台等大众主流媒体的合作，推送出“阳朔沐天农业”“老果夫柑橘”“川珠王葡萄”等一批水果品牌。阳朔沐天农业发展有限公司引进国内首条金橘、砂糖橘光选分级设备，对果品大小、果面颜色、果面瑕疵、果品糖度实施精准分级，实现优果优价，打开海外销售市场。11月20日，外交部发言人华春莹在社交平台上发文——“在华南平乐，瑶乡的姑娘们，穿着传统的服装，快乐地制作着柿饼”，向世界展示平乐县瑶族姑娘制作柿饼的场景。平乐县抓住这个宣传机会，通过举办柿饼产销推介会和网络发布会等形式，线上线下齐发力，柿饼销售市场持续火爆。鲜果销售价格每千克2.4—4元，增长20%；柿饼销售价格每千克8—12元，增长25%。

【晚熟柑橘遭遇霜冻灾害】 2021年“元旦”前后，桂林市出现10余天低温天气过程，白天最高温度23摄氏度，夜间最低气温低至零下6摄氏度，昼夜温差大，出现多次霜冻天气，导致晚熟柑橘品种不同程度受灾。全市晚熟柑橘受灾面积1.86万公顷，造成经济损失19.12亿元。年内，全市柑橘市场销售价格出现波段起伏。砂糖橘初上市时价格偏低，选果严苛，果农多处于观望待售状态，前期以低价处理霜冻果为主，春节期间好果价格小幅上涨，砂糖橘收购均价每千克3—5.6元，比上年同期上涨54%，全年共销售砂糖橘257.43万吨，销售金额110.68亿元。沃柑销售受霜冻灾害及“武鸣沃柑保鲜剂”事件影响，销售缓慢，收购均价每千克3.2—5.4元，下跌16%，全年共销售沃柑53.78万吨，销售金额23.13亿元。

【水果生产技术培训与推广】 2021年，桂林市各级水果技术指导部门围绕柑橘、葡萄、柿等主栽品种，利用网络、会议等渠道开展水果生产技术培训。全年全市共举办柑橘黄龙病综合防控及水果品种结构调整现场培训会等培训班1502期，培训人员10.6万人次。年内，邀请华中农业大学教授胡承孝、刘永忠等知名专家先后到桂林授课，深入果园进行现场技术指导。推进绿色优质果品生产发展，推广简化修剪，增施有机肥，套种绿肥，释放捕食螨、悬挂实蝇粘胶板和蓟马蓝板等措施，减少农药化肥使用量。

2021年，受外交部发言人华春莹发送关于“平乐柿饼”推文的影响，平乐县柿饼销售市场持续火爆。 （罗继丰摄）

【柑橘黄龙病集中防控】 2021年，桂林市受砂糖橘市场行情持续走低影响，桂林市失管、半失管果园面积增多，木虱虫口密度每百梢1537头，为历年最高，柑橘黄龙病呈大爆发态势。年内，全市落实柑橘黄龙病防控经费2811.29万元，继续抓好柑橘无病健康苗木繁育体系建设，出圃柑橘无病毒苗木1000万株；加强柑橘苗木市场整治，检疫处置带病苗木9.3万株。强化柑橘木虱统防统治，在柑橘嫩梢期，在同一片区实施统一时间、统一用药扑杀木虱作业2次以上，减少木虱虫口数量，切断柑橘黄龙病传播途径，提高防治效果。开展柑橘黄龙病树和失管果园治理，砍伐黄龙病树369.5万株，清除失管果园0.35万公顷。

（罗继丰）

蔬菜生产

【概况】 2021年，桂林市蔬菜复种面积22.9万公顷，增长2.73%；蔬菜（含食用菌）总产量562.22万吨，增长5.35%。蔬菜复种面积和总产量均居全自治区第二。全年全市蔬菜市场供应稳定，冬种春收蔬菜价格较上年有小幅提高。年初，全市蔬菜生产平稳度过低温寡照天气，春种育苗延后，总产量少于上年同期；3—4月，气温逐渐回升，春种蔬菜生长速度加快，生产形势良好；冬季出现多雨、冰雪、霜冻、冰雹等异常恶劣气候，对冬季设施蔬菜造成一定程度影响，导致下一年春茬蔬菜延后种植。年内，桂林市加大大中棚设施蔬菜栽培力度，蔬菜设施化栽培水平进一步提高，实现番茄、辣椒、茄子、黄瓜、芦笋等蔬菜品种提早上市，获得良好经济效益，蔬菜产业化经营模式进一步提升。

【蔬菜市场供应保障】 2021年，桂林市抓好新冠肺炎疫情常态化防控工作，畅通蔬菜产品绿色通道，促进蔬菜生产，保障市场供应。年内，桂林市农业农村部门根据市场需求和气候特点，科学指导，合理安排蔬菜生产结构和布局。加强蔬菜生产管理，通过提高生产能力、完善市场流通设施、严格质量监管、创新保障机制等措施，持续推进“菜篮子”工程建设，稳定和优化常年蔬菜基地发展，逐步增加规模化蔬菜示范基地数量，蔬菜产业结构进一步优化。引进芦笋、番茄、豇豆、辣椒等蔬菜新优品种150多个，全市蔬菜品种趋向多样化和安全化方向发展。

【蔬菜生产标准化建设】 2021年，桂林市继续开展“减肥少药、提质增效”

2021年,灵川县蔬菜绿色防控基地利用塑料拱棚栽种生姜,提高产量,提早采摘,获得良好经济效益。（于琴芝供图）

等生产示范活动。完成《桂林柳叶菜心生产技术规程》《龙脊辣椒生产技术规程》等多项蔬菜生产本地地方标准的制定和发布。持续开展经济作物避寒、避雨、避晒、间套种、病虫害综合防治等农业技术的推广应用,推进简易设施农业的普及。加大大中棚设施蔬菜栽培力度,临桂、灵川、资源等县(市、区)结合本地特点,分别在番茄避雨棚栽培示范基地、蔬菜绿色防控基地、高山有机蔬菜基地等示范基地内新建一批特色蔬菜大棚,实现番茄、辣椒、茄子、黄瓜、芦笋等蔬菜品种节本增效、提早上市。（于琴芝）

农业科技

【概况】 2021年,桂林市农业科技教育部门围绕农业增效、农民增收的目标,组织实施各类农业科技推广项目,巩固脱贫攻坚成果,推进乡村科技特派员制度服务方式,助力乡村振兴战略深入实施。全年全市组织实施农业科技项目102个,项目资金2697.18万元,有6项农业科技研究成果获奖。加大农业科技培训力度,共培训农民和农业技术干部17.3万人次。

【农业科技项目实施】 2021年,桂林市实施基层农技推广体系改革与建设补助项目和高素质农民培育项目,项目总资金1844万元,项目实施覆盖全市17个县(市、区)。依托项目实施,各县(市、区)建成一批集示范展示、培训指导、科普教育等多功能于一体的农业科技试验示范基地80个,推广一批符合质量安全、节本增效、绿色生态等要求的农业先进适用技术(模式)70项,培育一批辐射带动能力强的农业科技示范主体1334人,特聘农业科技人员30名。年内,桂林市农业科学研究中心获农业科技项目97个,项目资金823.18万元,依托各科技项目开展,获得丰富研究成果。该中心的粮食与油料作物研究所自主选育的2个主要农作物品种,通过广西农作物品种审定委员会审定,其中玉米新品种1个,审定品种名为雁山香糯,审定编号为桂审玉2021047号;水稻新品种1个,审定品种名为欣荣优829,审定编号为桂审稻2021001号。该中心研制的"一种利用植物腐殖酸有机肥种植富硒水稻的方法""一种油菜授粉装置"等31项专利获得授权;制定并申报《羊肚菌设施栽培技术规程》《龙脊辣椒生产技术规程》《黄瓜嫁接苗生产技术规程》《冬闲田油菜—鹅综合种养技术规程》等10项技术规程。

【农村实用人才队伍建设】 2021年,桂林市实施基层农技推广体系改革与建设补助项目和高素质农民培育工程项目。组织600名基层农技人员开展连续5天脱产业务培训,挑选出51名知识全面、技能过硬、服务优良的基层农技推广骨干人才,增强基层农技推广服务人才队伍力量。培育高素质农民3284人,遴选出17人参加2021年度广西现代青年农场主(现代创业创新青年)培养培训班,35人参加2021年度广西农业经理人培养培训班,33人参加2021年农产品网络营销师培训班,30人参加广西乡村企业家人才素质提升专题培训班,50人参加自治区农产品电商达人培训班。年内,兴安县崔家乡高泽村唐新全入选2021年度全国农民教育培训"百优保供先锋"资助项目人选名单;广西正鸿生态农业投资有限公司

2021年11月11日,临桂区2021年度高素质农民培训提升行动班开班典礼在广西桂林农业学校举行。（黄迪供图）

创办人周燕锋入选第五批全国农村创业创新优秀带头人典型案例名单；临桂区四塘镇陈付息、荔浦市马岭镇邱广初和龙胜各族自治县龙脊镇蒙焕春3名乡村工匠入选2021年全国乡村特色产品和乡村工匠自治区级推荐公示名单；龙胜各族自治县梁翠鸾、永福县莫云秋入选农民教育培训教师名单。

【农业领域科技研究获奖成果】 2021年，桂林市农业领域科技研究获奖成果7项，分别为桂林市农业科学研究中心蔬菜研究所完成的《冬瓜提质增效关键技术研究应用与推广》，获广西农业科学院科学技术进步奖二等奖；桂林市农业科学研究中心粮食与油料作物研究所完成的《油菜多功能综合利用技术创新与推广应用》，获广西农业科学院科学技术进步奖二等奖；恭城瑶族自治县农业农村综合发展中心、桂林恭城丰华园食品有限公司、平乐县农业技术中心推广站联合参与完成的《广西柿种质评价利用及创新发展关键技术研究与应用》，获广西农业科学院科学技术进步奖二等奖；桂林市农业科学研究中心蔬菜研究所、桂林市经济作物技术推广站联合完成的《番茄优异种质材料创制与多抗番茄品种选育及产业化》，获广西农业科学院科学技术进步奖三等奖；桂林市农业科学研究中心蚕业技术研究所完成的《果桑栽培及综合利用技术研究与应用》，获广西农业科学院科学技术进步奖三等奖；桂林市农业科学研究中心、全州县科学技术局、全州县腾龙养殖专业合作社联合完成的《稻田空间生态种养技术模式创新与科技扶贫应用》，获广西农业科学院科学技术进步奖三等奖；桂林市农业科学研究中心完成的《桂北果蔗脱毒种苗生产、商品苗扩繁与示范应用》，获广西农业科学院科学技术进步奖三等奖。

（黄迪）

农业执法

【概况】 2021年，桂林市农业综合行政执法部门持续开展农作物种子市场监管、农药监督抽查、肥料市场和农资打假专项治理行动、打击非法捕捞专项行动、动物卫生监督检查、农机安全生产检查和农产品质量安全执法检查等执法行动。全年共立案查处违法违规案件82件，行政处罚137.92万元。查获涉渔案移送司法机关39件，追究当事人刑事责任44人。

【农机安全检查】 2021年，桂林市农业综合行政执法部门组织开展农机安全专项检查360次，共检查农业机械（含拖拉机）1.2万台，纠正违章农用车辆1010台次，查扣收缴假牌假证112套。完成拖拉机年检6832台，清理注销超过使用年限达到禁用与报废标准的拖拉机2.05万台，通过驾驶员培训考试894人。全年全市农机安全生产态势保持平稳，桂林市连续19年无道路外重大农机事故发生。

【农资市场监管】 2021年，桂林市农业综合行政执法部门坚持开展农资质量监督抽查、农资打假专项行动等农资市场监管行动。全年全市共立案查处假冒的农作物种子、农药、肥料等各类农资产品案件25件，结案25件，信息公开25件，罚没款61.35万元；没收违法农药1327.13千克，查处假冒伪劣肥料44.67吨。全市完成农药市场抽检样品89个，合格样品86个，合格率96.6%；其中市内各城区抽检样品27个，合格样品27个，合格率100%。抽检肥料样品63个，合格样品46个，合格率73%。其中，市内各城区抽检样品19个，合格样品11个，合格率58%。抽检种子样品43个，合格样品43个，合格率100%。其中，市本级21个，合格样品21个，合格率100%。

【动物卫生监管】 2021年，桂林市继续做好非洲猪瘟防控防疫工作，严格落实生猪定点屠宰场“两项制度”（生猪屠宰环节非洲猪瘟自检制度和官方兽医派驻制度），严防病死猪流入市场、流入餐桌。全年全市共完成兽药监督抽样30批，饲料和饲料添加剂监督抽样80批，兽药批准文号核查抽样48批，兽药残留监控抽样3批；协助自治区农业农村厅开展兽用生物制品企业经营许可现场评审9家，协助桂林市行政审批局开展兽药企业经营许可现场评审9家，动物诊疗企业经营许可现场审核7家。开展产地和屠宰检疫工作。全市产地检疫生猪245.96万头、牛0.72万头、羊0.29万头、禽0.97亿羽；屠宰检疫生猪165.66万头（市本级屠宰检疫生猪64.71万头）。屠宰检疫病害动物278头，病害动物产品51.60吨，全部进行无害化处理。加大对兽药、饲料和饲料添加剂、动物诊疗机构的执法检查力度。共查处动物卫生监督案件16件，结案16件。其中，动物防疫案件9件，罚没款49.85万元；兽药案件5件，罚没款9.06万元；动物诊疗案件2件，罚没款1.1万元。

2021年，桂林市农业综合行政执法部门联合多部门对农资经营店开展“双随机”检查。

（桂林市农业综合行政执法支队供图）

【农产品质量安全监管】 2021年，桂林市农业综合行政执法部门组织开展日常性农产品质量安全监督抽查。全年共出动执法监管人员120人次。抽查蔬菜水果样品375批次；水产品质量安全监督检查127批次，快速检测水产品260批次，合格率达100%；畜牧产品质量安全监测195批次，“瘦肉精”专项监测550批次，县级肉类快速检测1300批次。协助农业部完成畜禽产品风险监测40个，协助第三方检测机构完成禽蛋专项抽检31个，协助农业部柑橘及苗木质量监督检查测试中心抽检样品18份；协助农业农村部蔬菜质量监督检验测试中心抽检样品26份。检查生产经营主体550家，农产品监督抽样合格率达到99%。开展农产品质量安全宣传，发放农产品质量安全宣传资料3000余份。

【渔政执法监管】 2021年，桂林市农业综合行政执法部门加大漓江水域渔政执法力度，继续与桂林市公安局、桂林漓江风景名胜区管理委员会和桂林海事局等部门建立联动执法监管机制，开展“中国渔政亮剑”专项执法行动；与桂林法院和桂林检察院对接，建立涉渔案件“两法衔接”机制。全年全市开展联合执法行动170余次，出动巡查船艇380多艘次，出动执法人员1360人次，检查各类渔具店50家。查获非法捕捞案43件。其中，移送司法机关刑事案件39件，涉及44人；行政处罚案件4件，罚没款1.43万元。收缴电鱼工具40余套，清理销毁地笼网具6800条，向漓江及其他水域放流鱼苗385.4万尾。检查水生野生动物驯养繁殖场所36家、经营利用场所66家，未发现违法经营行为。

（唐联锟）

林　　业

【概况】 2021年，桂林市林业和园林局办公地址在桂林市临桂区青莲路建设大厦北楼。内设机构17个，下辖直属二层机构26个。年内，桂林市完成植树造林面积9760公顷；全市林地面积209.29万公顷，森林面积189.09万公顷，森林覆盖率71.97%。完成政策性森林保险投保169万公顷。实现林业第一产业产值（按现行价格计算，下同）38亿元，林产工业总产值210亿元。全市有国家级自然保护区4个、自治区级自然保护区8个，国家级森林公园5个、自治区级森林公园2个，国家湿地公园5个，国家级风景名胜区1个、自治区级风景名胜区3个，国家级地质公园1个、自治区级地质公园3个。新增四星级林业产业现代核心示范区2个（含改造升级），五星级林业产业现代核心示范区2个。

【林业产业】 2021年，桂林市继续实施油茶“双千”计划（即到2022年，全区域油茶种植面积突破67万公顷；到2025年，油茶产业年综合产值增加至1000亿元），着力在保障苗木供应、扩大造林面积、加强示范引领、加快品牌建设、提高产出水平5个方面发力，加快推进集中连片油茶林基地建设。至年末，全市完成油茶新造林面积1000公顷，实现油茶年产值8.6亿元。全年全市林业第一产业产值38亿元，增长3.5%。林产工业总产值210亿元，生产人造板160万立方米。全市林业产业重点在经济林培育、花卉苗木、野生动植物繁殖利用、竹木加工、林产化学工业、木浆造纸、森林休闲等产业方向上发展。

【第二届广西花卉苗木交易会在桂林市举行】 2021年10月23日—25日，以“花开八桂，壮美广西”为主题的第二届广西花卉苗木交易会在桂林市举行，这是广西花卉苗木交易会连续两届在桂林市举办，主会场和分会场依旧分别设在叠彩区“大美漓江·缤纷叠彩”田园综合体（尧山花卉基地）和临桂区桂林之花现代特色林业核心示范区。整个交易会分为三大展区，其中市级展区共有标准展位270个，广西14个设区市参展；专题展区设兰花、奇石根雕、盆景、三角梅和插花花艺（盆栽组合）5个专题；企业展区设标准展位近百个，区内外500家优质企业参加布展。本届交易会参展花卉苗木超1200多个品种40多万盆，现场成交或签订采购协议金额近4亿元，达成项目投资意向金额10亿元。

【资源冷杉首次实现野外回归种植】 2021年3月31日，在桂林市资源县的广西银竹老山资源冷杉国家级自然保护区横江保护站，80株由中国科学院广西植物研究所培育的6年生和3年生资源冷杉苗木首次实现野外回归种植。资源冷杉（学名：Abiesziyuanensis），松科，冷杉属，系中国南岭山地新发现的冷杉树种，1977年首先发现于广西资源县而得此命名，因分布范围狭窄，种群数量少，生境脆弱，被列为国家I级重点保护野生植物，1998年被世界自然保护联盟

2021年3月31日，在广西银竹老山资源冷杉国家级自然保护区，80株资源冷杉苗木首次实现野外回归种植。（黄伟彬摄）

(IUCN)列为全球重点保护旗舰树种,是世界濒危物种保护的标志性树种。10年前,广西启动资源冷杉保护拯救工程。在广西植物研究所建设资源冷杉繁殖体离体保存库,在银竹老山资源冷杉国家级自然保护区和千家洞国家级自然保护区分别建设资源冷杉种苗繁育基地。陆续攻克了资源冷杉有性繁殖障碍、幼苗抚育技术两大难题,发明了资源冷杉授粉育种技术,在银竹老山国家级自然保护区培育出资源冷杉种苗。2015年首批培育出的资源冷杉幼苗,经过6年精心培育,达到用于野外回归的标准,具备实现野外种植的条件。加快建设野外实验观测站,对资源冷杉回归引种、生长发育、种群动态、群落演替和造林利用等开展长期观测和科学实验,建立资源冷杉野外植株大数据库,对种植的植株定期开展巡护和观测,保障植株健康生长。

【造林绿化】 2021年,桂林市完成植树造林面积9760公顷,义务植树700万株。年内,全市重点营林项目有序推进。龙胜各族自治县实施珠江流域防护林工程项目,造林面积333公顷;兴安县、全州县、灌阳县、恭城瑶族自治县、龙胜各族自治县、资源县实施中央财政造林补贴项目,造林面积846公顷;全州县、阳朔县、荔浦市、灵川县、永福县、平乐县实施广西岩溶地区石漠化综合治理工程林业植被建设项目,完成人工造林面积100公顷,封山育林面积4880公顷;市区段及雁山区窑头村、柘木村段的漓江两岸实施自治区森林景观改造项目,种植景观乔(灌)木1063株;全州、灌阳、龙胜、资源4个县(自治县)实施自治区林草重点任务项目,种草面积400公顷,草地改良面积1333公顷。

【"国家森林城市"创建】 2021年,桂林市创建"国家森林城市"宣传工作全面启动,开展了以创建"国家森林城市"为主题的无人机航拍大赛,"绿色课堂进学校、进社区、进工厂"等活动。持续推进森林乡村建设。龙胜各族自治县获"广西森林县城"称号;灵川、资源、兴安、灌阳4个县已启动广西森林县城创建工作;临桂区茶洞镇温良村、灵川县三街镇普贤村等5个村(屯)获"广西森林村庄"称号。12月,《桂林市国家森林城市建设总体规划(2020年—2029年)》获得国家林业和草原局第四次预审通过。

【森林资源保护管理】 2021年,桂林市林业行政主管部门加强林木采伐源头管理,规范采伐作业设计,严禁无证采伐、超范围采伐,落实森林采伐限额管理和凭证采伐运输制度,森林资源消耗量始终控制在生长量以下。优先保障自治区统筹推进重大项目和民生工程的林地定额使用,加大项目建设林地征占用的监管力度,严禁项目建设未批先用、批少用多、批东用西等违法行为发生。督促项目业主做好项目使用林地报批工作,为重大项目使用林地报批提供指导服务,争取国家备用林地定额指标。全年全市共完成392个建设项目使用林地的审核(审批)工作,涉及林地面积1423公顷,征收森林植被恢复费1.58亿元。

【森林督查】 2021年,桂林市开展森林督查暨森林资源管理"一张图"年度更新工作。全年共对565个疑似破坏森林资源的违法图斑进行核查,排查出非违法图斑209个,立案356件。其中,行政立案198件,结案196件,结案率98.9%;刑事案件147件,移交147件,移交率100%。年内,桂林市森林督查工作成效在自治区综合排名第二,连续三年进入自治区综合排名前三位。

【林业生态环境保护】 2021年,桂林市林业行政主管部门落实中央环保督察涉林问题及森林资源督查问题整改,结合"绿盾2021"自然保护地强化监督工作暨广西自然保护地大检查专项行动,组织各县(市、区)全面排查自然保护地内存在的各类违法违规建设问题,共排查出问题21个,依法依规进行整改。开展重点自然保护地人类活动遥感监测变化图斑实地核查处理工作,对16个重点自然保护地的363个人类活动遥感监测变化图斑开展核查,对其中54个违法图斑进行依法依规查处。稳步推进自然保护地整合优化工作。《桂林市自然保护地整合优化预案》编制完成。

【野生动植物保护管理】 2021年,桂林市加强打击破坏鸟类等野生动物资源违法犯罪行为力度,全年共出动日常执法人员1620人次,检查经营场所2936个次,其中农(集)贸市场1231个次,商场超市1705个次;开展野生动物疫源疫病监测;接收执法部门收缴或市民送交的野生动物1300余只,对受伤动物进行救治后进行妥善处置。落实禁食野生动物有关规定,指导7家蛇类养殖场进行转产转型,完成3家不合规的蛇类养殖场处置补偿工作。资源冷杉保护拯救工程取得重大进展,实现资源冷杉首次野外回归种植。加快推进资源冷杉的人工培育,资源冷杉授粉育种与种苗繁育核心基地培育出资源冷杉幼苗800株,其中2年生幼苗600株、5年生幼苗200株,为解决资源冷杉极度濒危风险迈出坚实的一步。开展野生动植物保护社会宣传,利用"爱鸟周""野生动植物保护宣传月"等时机,全市共开展宣传活动220余次,张贴各类海报、横幅1500张(条),发放各类宣传资料7万余份。

【森林防火】 2021年,桂林市共发生森林火灾11起,过火面积86公顷,森林受害面积28公顷有,森林受害率0.014‰;查明起火原因11起;火灾立案查处6起,刑事处罚4人。相比较上年,全市发生森林火灾次数下降15%,过火面积下降82%,受害面积下降70%。年内,桂林市森林防火综合治理三期工程项目总投资6868万元,完成项目总体预验收。

【林业病虫害防治】 2021年,桂林市加强林业有害生物监测预警、检疫预灾、防治减灾体系建设,做好松材线虫病、马尾松毛虫、黄脊竹蝗等林业有害生物防控工作。全年全市发生林业有害生物面积45900公顷,防治面积8200公顷,无公害防治率100%;成灾面积4700公顷,成灾率2.6‰;测报准确率98%;种苗产地和木材调运检疫率均为100%。全面完成林业有害生物防控目标管理工作"四率"指标任务。 (罗培涛)

畜牧业

【概况】2021年，桂林市畜牧业稳定畜禽生产形势，保障市场生活供应。深化畜牧业供给侧结构性改革，加快畜牧业发展方式转变，强化畜禽养殖废弃物污染防治，引导畜牧业高质量发展，全市畜牧业发展保持健康良好态势。全年全市共出栏猪426.49万头、牛15.57万头、羊19.60万头、家禽1.36亿羽，肉类总产量56.73万吨。

【畜禽生产】2021年，桂林市共出栏生猪426.49万头，增长37.0%；牛15.57万头，增长1.5%；羊19.60万头，增长4.2%；家禽1.36亿羽，下降4.3%。至年末，全市存栏生猪285.31万头，增长16.1%；家禽0.37亿羽，下降4.4%。全市肉类总产量56.73万吨，增长18.3%；禽蛋产量3.80万吨，增长0.3%；奶类产量504.86吨，下降9.4%。年内，桂林市投入改（扩、新）建生猪规模养殖场93家，总投资达11.42亿元。猪存栏量大幅上升，生猪生产呈快速恢复态势。

【饲料生产】2021年，桂林市共有饲料和饲料添加剂生产企业25家，其中半停产2家。全年全市共生产饲料产品180.83万吨，增长17.06%。其中，配合饲料177.07万吨，增长18.18%；浓缩饲料0.03万吨；饲料添加剂预混合饲料0.43万吨，下降67.75%；饲料添加剂0.31万吨，减少2.83%；单一饲料3.00万吨，增长0.21%。饲料产品总产值58.88亿元，增长27.13%。年内，桂林市组织对全市25家饲料生产企业进行安全生产执法检查，开展饲料和饲料添加剂产品质量安全监测，完成饲料和饲料添加剂产品抽样102批次，监测合格率100%。

【畜禽生态养殖场认证】2021年，桂林市继续推广以“设施改造+微生物+粪污资源化利用”为核心的畜禽现代生态养殖模式，持续推进畜禽现代生态养殖场认证工作。全年共认证畜禽生态养殖场235家，其中五星级养殖场4家、四星级养殖场25家、三星级养殖场206家。至年末，全市累计有符合生态养殖认证要求的规模养殖场1462家，获得认证的养殖场1395家，认证率95.42%，完成自治区下达的90%的目标任务。

【畜禽养殖废弃物资源化利用推广】2021年，桂林市全面落实畜禽养殖业主污染防治主体责任政策，指导各畜禽规模养殖场执行“粪肥还田”计划、建立畜禽粪污处理利用台账，推进规模养殖畜禽粪污全量化处理综合利用；向小散养殖场（户）宣传推广畜禽养殖粪污处理干清粪模式。年内，全市畜禽规模养殖场粪污处理台账建档率96.46%，大型规模养殖场执行“粪肥还田”计划和粪污处理利用台账建立完成率100%。规模畜禽养殖场（小区）畜禽粪污综合利用率93.21%，粪污处理设施装备配套率100%。至年末，全市有畜牧业无公害认证获证且在有效期内的无公害养殖产地25个，认证无公害农产品26个，地理标志登记保护农产品7个。

【牲畜品种改良】2021年，桂林市共发放液氮2.54万升，完成肉牛人工授精配种母牛3.76万头（黄牛3.50万头、水牛0.26万头），牛本交改良配种3.17万头。年内，阳朔、全州、兴安、灌阳、平乐、恭城6个县（自治县）获批实施畜禽良种繁育基地建设项目，创建肉牛品种杂交改良示范村（屯）6个，项目区良种肉牛覆盖率达90%以上。全市有一级种羊场1家、二级种羊场2家，其中承担实施自治区山羊良种补贴项目的种羊场2家。开展山羊良种引进，26户肉羊养殖户参与项目实施，共引进良种山羊138头，其中公羊39头、母羊99头。（程亭亭）

【动物防疫与检疫】2021年，桂林市开展畜禽强制和集中免疫。强制免疫方面。口蹄疫，猪应免405.59万头，实免405.26万头，免疫密度99.92%；牛应免52.64万头，实免52.59万头，免疫密度99.90%；羊应免45.02万头，实免44.98万头，免疫密度99.93%。禽流感，免疫家禽10419.74万羽，免疫密度为99.99%。其中，鸡应免

表14　2021年桂林市畜牧业生产情况表

项目	猪（万头）	牛（万头）	羊（万头）	家禽（万羽）
2021年出栏	426.49	15.57	19.60	13646.21
2020年出栏	311.19	15.35	18.81	14264.07
增减	37.0%	1.5%	4.2%	-4.3%
2021年年末存栏	285.31	45.39	19.93	3657.21
2020年年末存栏	245.80	44.83	21.71	3824.13
增减	16.1%	1.2%	-8.2%	-4.4%

表15　2021年桂林市畜牧业产品产量表

单位：吨

项目	肉类总产量	禽蛋产量	奶类产量
2021年产量	567313.91	38006.40	504.86
2020年产量	479525.30	37885.73	557.15
增减	18.3%	0.3%	-9.4%

8160.31 万羽，实免 8159.53 万羽，免疫密度 99.99%；鸭应免 2189.87 万羽，实免 2189.53 万羽，免疫密度 99.98%；鹅应免 64.13 万羽，实免 64.08 万羽，免疫密度 99.92%；其他禽类应免 5.43 万羽，实免 5.43 万羽，免疫密度 100%。羊小反刍兽疫，应免羊 25.30 万头，实免 25.28 万头，免疫密度 99.91%，免疫抗体水平均达 70% 以上。集中免疫方面。新城疫应免鸡 5745.42 万羽，实免 5742.67 万羽，免疫密度 99.28%。高致病性蓝耳病应免猪 198.52 万头，实免 198.45 万头，免疫密度 99.96%。猪瘟应免猪 310.40 万头，实免 307.56 万头，免疫密度 99.95%。全年全市产地检疫申报生猪 246.19 万头，牛 0.7 万头，羊 0.29 万头，禽 9738.20 万羽。生猪屠宰检疫 166.22 万头，牛羊屠宰检疫 0.14 万头，无害化处理病死猪 4.19 万头、病害肉品 105.51 吨。年内，桂林市加强对过境运输的动物及动物产品的检疫查验，继续在全州县、资源县、龙胜各族自治县、灌阳县与湖南省交界的高速公路服务区，全州县与湖南省省际国道路口，设立指定通道检查站 5 个。（李林海）

水 产 业

【概况】 2021 年，桂林市水产业扩大设施生态渔业、稻渔综合种养、大水面生态渔业的发展面积，继续加大冷水鱼特色养殖力度，通过加大实施养殖证制度、强化水产品质量安全监管、引进养殖尾水治理新技术等措施，推动全市水产业高质量发展。至年末，全市水产养殖面积 11041 公顷，增长 0.12%；水产品产量 10.64 万吨，增长 3.60%。

【生态渔业设施建设】 至 2021 年年末，桂林市共建成并投入生产的养殖集装箱 55 个，是广西最大的集装箱养殖基地，桂林鱼伯伯生态农业科技园被列为全国科普示范基地。全市已建成陆基圆形池循环水养殖基地 14 个，建有养殖池 216 个（新增养殖池 62 个），养殖容积 1.48 万立方米（新增养殖水体 4120 立方米）。全市建有池塘流水养殖槽 21 条、面积 2130 平方米，有鲟鱼、鳗鱼等其他工厂化养殖池 289 个，面积 75048 平方米。

【稻渔综合种养推广】 2021 年，桂林市提出“高标准农田建在哪里，稻田养鱼就推进到哪里”的发展理念，出台《桂林市 2021 年加快推进稻渔综合种养产业发展实施方案》，推进稻渔综合种养产业加速发展。全市实施稻田养鱼面积 2.96 万公顷，鱼产量 1.35 万吨，分别增长 1.16% 和 5.67%。年内，桂林市全州县和柳州市三江侗族自治县、柳州市融水苗族自治县、百色市靖西市、百色市那坡县联合申报的广西桂西北山地稻渔复合系统被农业农村部认定为第六批中国重要农业文化遗产。

【水产品质量安全监管】 2021 年，桂林市水产管理部门加强对开展水产品质量安全日常监管，结合桂林市创建 2021 年广西食用农产品达标合格证示范市活动，重点打击水产品违规使用氯霉素、孔雀石绿、硝基呋喃类、己烯雌酚等违禁药物的行为和其他违规养殖行为。年内，桂林市水产管理部门对全市水产品进行质量安全抽样，完成水产品质量安全监测 117 批次（成鱼 100 批次，鱼苗 17 批次），监督检查水产养殖场 64 个；开展水产品风险监测 10 批次；完成县级水产品快速监测 260 批次，合格率 100%。

【现代渔业示范区创建】 2021 年，桂林市全州县龙水万穗稻渔生态综合种养示范区、桂林市雁山区鱼伯伯生态渔业示范区通过自治区考核验收，分别获得“广西现代特色农业示范区（五星级）”和“广西现代特色农业示范区（四星级）”的称号，成为桂林市首批获得“广西现代特色农业示范区”称号的渔业单位。

【出口水产品示范基地创建】 2021 年，桂林市的临桂义江冷水鱼养殖专业合作社被认定为广西出口农产品示范基地，成为全自治区 5 个水产品出口示范基地之一。桂林市辖区内已认定的广西水产品出口示范基地达 3 个，分别为广西南宁嘉善渔业有限公司（灌阳）、广西聚源渔业有限公司（临桂）和临桂义江冷水鱼养殖专业合作社，占全广西总数（7 家）的 42.86%。（侯德恩）

农业机械化

【概况】 2021 年，桂林市农业机械化服务中心办公地址在桂林市七星区横塘路 8 号。内设机构 8 个。全年全市农业机械总动力 566.86 万千瓦，增加 7.26 万千瓦，增长 1.25%。拥有各类拖拉机 37.45 万台，增加 0.56 万台，增长 1.52%。其中，大中型拖拉机 1150 台，增长 9.42%；联合收割机 3995 台，增长 2.44%；水稻插秧机 1913 台，增长 3.41%。落实使用农机购置补贴资金 1.05 亿元，结算 0.91 亿元，分别完成自治区目标任务的 123.07% 和 118.57%。至年末，全市有农机专业合作社 111 个，从业人员 1687 人，全年农机专业合作社作业服务面积 5.88 万公顷。年内，全州县获批成为全国主要农作物生产全程机械化示范县，兴安县获批成为全国农业社会化服务创新试点县，兴安县全新农机合作社理事长唐新全获 2021 年“最美农机合作理事长”称号。

【农业机械化水平提升】 2021 年，桂林市主要农作物耕、种、收综合机械化水平达 71.39%，提高 0.78 个百分点；水稻耕、种、收综合机械化水平 82.26%，提高 1.06 个百分点；全市农业机械化总动力达 566.86 万千瓦，增加 7.26 万千瓦，增长 1.30%。年内，桂林市共组织各类农业机械开展作业服务 75 万台次。完成农作物机耕面积 27.20 万公顷，占全年目标任务的 93.08%，其中水稻机耕面积 21.66 万公顷，占全年目标任务的 98.18%；完成机收面积 22.58 万公顷，其中水稻机收面积 20.93 万公顷；完成水稻机插面积 10.69 万公顷。

【农机新技术新机具推广】 2021 年，桂林市围绕确保粮食稳产保供，推进水稻生产全程机械化。年内，桂林市大力推广水稻机械化直播技术，共组

2021年11月4日，广西农机综合保险补贴试点项目工作座谈会在阳朔县举行。
（桂林市农业机械化服务中心供图）

织水稻机械化育插秧技术现场演示会及培训班16次，培训技术人员687人。继续开展水稻机械化直播技术和水稻大钵体毯状苗机械化育插秧技术示范推广，共建成示范面积573.33公顷，通过测产验收，采用水稻大钵体毯状苗机械化育插秧技术比传统水稻平盘机械化育插秧技术，每公顷可增产405千克。争取农业生产社会化服务项目，实施水稻机械化育插秧、植保和机械化烘干等环节，推进水稻生产全程机械化进程，共完成育秧2032.1公顷，插秧2032.1公顷，高效植保2334.3公顷，烘干稻谷5273.6吨。

【基层农机体系服务能力提升】2021年，桂林市争取到广西基层农业技术（农机类）推广体系改革与建设项目3个，项目资金170万元。通过项目实施，扶持农机合作社、种植大户建成农作物生产机械化示范基地，遴选技术能力强、帮扶意愿高的新型经营主体带头人、种养大户作为科技示范主体开展技术指导帮扶，对基层农技人员开展连续的脱产业务异地培训，培养一批技术推广骨干人才和项目管理人员。指导基层农机部门开展引进试验、示范推广、"田间日"活动、演示培训等方式，增强基层农机部门服务意识。

【粮食机收减损推进】2021年，桂林市组织实施《桂林市水稻机收减损工作方案》，围绕水稻机收减损广泛开展大宣传、大培训、大比武活动，落实机手培训、机具调度、服务保障和应急处置等各项措施，保障水稻收获推进速度快、机收质量高，降低稻谷收获及产后损失，实现粮食增产增收。10月19日，桂林市水稻机收减损技能大比武现场会在全州县才湾镇爱粮水稻专业种植合作社示范基地举行。通过现场评议，水稻机收损失率2.25%，达到农业农村部规定的机收损失率小于2.8%的指标要求。10月22日，桂林市组队参加全自治区农机职业技能大赛，获广西农机驾驶员职业技能竞赛1个优秀团队奖和1个个人成绩第二名。11月10日，在广西2021年水稻机收减损技能大比武活动中，桂林市获集体三等奖。

【农机安全与质量保障】2021年，桂林市各县（市、区）农机服务中心广泛开展以"提质增效　减损护农"为主题的消费者权益宣传活动。引导农户选购先进适用、质优价廉、故障率低的农业机械。对乡（镇）农机经销商和农机维修网点进行调查，规范企业的经营行为，营造诚实守信、合法经营的良好氛围。建立健全农机安全使用风险保障体系，探索农机综合保险推广经验。争取自治区农业机械综合保险补贴试点项目，成为广西唯一的试点市，全州县、灌阳县、阳朔县3个项目试点县分别获得项目资金60万元、43万元、22万元。及时应对农机消费维权投诉，指导临桂区调解办结农机质量投诉案件2件，涉案总价值1.41万元，为农户挽回经济损失0.63万元。全年全市农机安全生产和质量监管形势保持平稳。（李芳）

农垦企业

【广西农垦良丰农场有限公司】2021年，广西农垦良丰农场有限公司（简称良丰农场公司）位于桂林市雁山区良丰路18号。该公司本部设置部门8个，农业生产单位设置工区3个、资产经营服务中心1个，管理广西农垦集团有限责任公司（简称广西农垦集团公司）三级子公司4家，参股2家企业的运营。管理国有土地1330.51公顷。至年末，良丰农场公司实现经营收入2745.38万元，水果总产量1.5万吨。年内，良丰农场公司围绕广西农垦集团公司提出的打造现代一流食品企业战略目标，依托广西农垦桂林相思江休闲农业（核心）示范区柑橘示范园的科技基础，通过水肥一体化、无人机农药喷洒等手段，实现柑橘种植的科技化、高效化和规模化。加强柑橘技术服务工作，投入13.8万元对辖区内柑橘果园实施拉网式无人机喷药扑杀柑橘木虱，防止柑橘黄龙病的蔓延。邀请广西壮族自治区柑橘研究所的教授和农技专家现场授课8次，分别进行柑橘病虫害防治、柑橘冻害生产恢复和春季管理、各种柑橘品种的市场前景等内容讲解和技术指导，帮助果场职工解决柑橘种植生产技术难题和果品发展前景选择难题。投入专项资金16万元用于果园基础设施建设，改善果园生产和产品销售的硬件条件。调整产业结构布局，参与畜牧养殖业发展。融资3740万元入股广西桂垦源头牧业有限公司，扩大源头养猪场及配套设施建设。项目实施地位于平乐县源头镇广西农垦源头农场有限公司四队，规划用地面积39.07公顷，总投资5.5亿元，项目建成后将提高周边养猪业的整体管理水平，成为该地区养猪业集约化、规模化、产业化发展的示范场。至年末，良丰农场公司完成资金投入200万元。（莫娟平）

【广西农垦源头农场有限公司】 2021年,广西农垦源头农场有限公司(简称源头农场公司)办公地址在平乐县源头镇车田村。设部室3个、工区3个。管理国有土地面积716.62公顷,其中柑橘种植核心区面积666.67公顷,辐射带动面积2000公顷。全年全公司实现地区生产总值5726万元,柑橘总产量18944吨。年内,源头农场公司围绕国企改革三年行动目标、企业职工家属区"三供一业"(供水、供电、供气,物业管理)移交工作等重点工作目标任务,推进国有农场企业化改革进程。巩固提升传统柑橘产业,针对柑橘品种单一、柑橘果树老龄化等问题,顺应市场需求,种植改良的新品种,增强果品竞争力,获得良好的市场销售前景。主动融入广西农垦集团有限责任公司提出的打造千亿元级现代一流食品企业,迈入全国500强企业行列的发展战略,建设绿色、健康的中高端食品供应平台,强化食品品牌培育,该公司生产的"源头"牌柑橘通过绿色食品A级认证。重点项目推进顺利,广西农垦源头牧业有限公司源头大型养猪场项目完成项目用地征收,相关单位陆续入场开工建设。

(李申梅)

水　　利

【概况】 2021年,桂林市水利局(简称市水利局)办公地址在桂林市临桂区公园北路新城商务酒店。内设科室9个,所属事业单位13个。全年全市共争取水利计划投资14.37亿元,其中争取中央水利建设项目投资6.55亿元,总体完成率99.97%,超出全自治区平均完成率9.47个百分点,排名广西第一。全市共建有水库工程397座,其中大型5座、中型24座、小(1)型107座、小(2)型261座。水库总库容24.76亿立方米,总灌溉面积14.83万公顷,总调节库容17.71亿立方米。辖区内共有大小河流1516条。其中,流域面积50平方千米以上的河流178条,流域面积50平方千米以下的河流1338条;流域面积100平方千米以上的河流94条;流域面积1000平方千米以上的河流12条。有湖泊4个,即木龙湖、桂湖、榕湖和杉湖。全市水力发电量49.02亿千瓦时,增长3.61%。年内,在广西壮族自治区各设区市2020年度和"十三五"期末实行最严格水资源管理制度考核中,桂林市排名第一。"桂林市全力促进漓江流域生态环境持续向好"的典型经验做法获国务院通报表扬。

【水旱灾害防御】 2021年,桂林市平均降雨量1466.7毫米,总体雨量较上年偏少27.6%,较历年偏少12.4%。降雨过程时空分布不均衡,全年共出现5次强降雨过程,集中在5—6月,共造成15条河流(河段)、23个水文站(水位站)出现超警洪水42站次。年内,桂林市通过对漓江上游大中型水库群进行科学调度、错峰排洪,有效降低漓江洪峰水位。防汛期间,全市各类水库共拦蓄洪水7.01亿立方米,减淹城镇2个,减淹耕地3043公顷,减少受灾人口1.64万人,减免直接经济损失5.67亿元。汛期过后,全市天气持续高温少雨,阳朔、灵川、全州、平乐和荔浦5个县(市)出现农作物受旱灾情。全市农作物受旱面积7492.79公顷,其中轻旱面积2190公顷,绝收面积171公顷。全市各级水利部门全力开展抗旱减灾工作,共投入抗旱资金489.1万元,解决562人因旱饮水短缺问题,避免作物损失7755万元(折合)。

【重大水利工程建设推进】 2021年,桂林市水利局编制的《广西桂林市长塘水库工程可行性研究报告》通过水利部审查,并向国家发展改革委报送审查意见。除资金筹措方案外,该工程的用地预审与规划选址意见书、社会稳定风险评估报告、建设征地移民安置规划大纲和规划报告、航道通航条件影响评价等可行性研究报告所需的前置专题报告均完成审批,施工准备工程同步实施,稳步推进。漓江活动壅水科学试验项目于2020年建成并投入使用,2021年,该项目工程保持蓄水保水位运行超过300天,年蓄水保水位运行率达86%,保障了7次国家级、12次省部级领导接待活动以及春节、国庆节等重大节假日期间的漓江游览活动。11月12日,国家水土保持监测站优化布局工程——广西壮族自治区灵川县九屋水力侵蚀观测重点站建设项目获批立项,按照水利部水土保持监测中心整体部署,该重点站建设陆续展开项目节能审查、环境影响评价、社会稳定风险评估、建设用地预审等项目审批前置要件准备工作。

【水利基础设施建设】 2021年,桂林市实施主要支流治理项目14个,均为续建项目,累计完成投资2.13亿元,修建堤防护岸27.4千米。实施中小河流治理项目35个,投资资金(含上年结转)2.73亿元,完成投资2.50亿元,投资完成率91.5%,建成堤岸83千米。开展145座病险水库安全鉴定,60座水库初步设计审查审批,12座病险水库除险加固工程,278座小型水

2021年,漓江活动壅水科学试验项目保持蓄水保水位运行超过300天。

(桂林市水利局供图)

库和2座中型水库(水闸)的除险加固工程的竣工验收。实施水土保持工程4个,投入资金1852.27万元,治理水土流失面积57.12平方千米,完成2020年度广西水土保持目标责任考核任务,得分排名全自治区第二。加强农村饮水安全保障力度。筹措资金1.42亿元,年内完成投资1.25亿元,完成工程项目建设343处,33万名群众的饮水条件得到改善,农村自来水普及率上升至84.7%;争取到中央和自治区级财政资金1101万元,对301处农村饮水工程开展维修养护工作,受益群众达59万人;组织对全市的农村集中供水工程开展全面排查和跟踪监测,保持农村饮水安全问题动态清零。

【水资源管理落实】 2021年,桂林市完成年度水资源管理制度目标任务。全市用水总量32.45亿立方米,远低于年度控制在43.71亿立方米的目标任务。河流交界断面水量达标率100%。万元地区生产总值用水量138.39立方米,下降11.4%;万元工业增加值用水量33.3立方米,下降19.1%。主要江河水库水功能区水质达标率100%,河流交界断面水质达标率100%。继续加强取、用水监管。市本级取水户共有81户,其中自备水源工业企业、服务业与公共供水企业有55户,均按规定办理取水许可证,按照审批规定进行取水、用水,并安装取水计量设施,按时上报用水统计数据。依法征收水资源费,全年共征收水资源费1886.6万元。执行用水定额政策,组织各县(市、区)开展用水定额调查工作,对取水户和管网内计划用水大户开展用水定额符合性考核并进行评价。年内,在自治区2020年度和"十三五"期末水资源管理制度考核中,桂林市排名广西第一。

【水生态环境治理】 2021年,桂林市以履行好河(湖)长职责为推动,着力解决水生态环境问题。年内,各级河(湖)长共完成巡河(湖)12.34万次,全市受理投诉案件12件,其中自治区转办案件5件,市、县两级投诉举报案件7件,均全部处理完毕。开展"清四乱"(清理乱占、乱采、乱堆、乱建等涉河湖违法违规问题)专项行动。发现"四乱"问题113个,均已落实整改,整改销号率100%;清除非法占用河道岸线4689平方米;打击非法采砂船只3艘,清理非法开采砂石量40立方米;清理建筑和生活垃圾3114吨,清理堆积沙土5940立方米;拆除违法建筑面积7457平方米,清除非法网箱养殖面积10632平方米,清理水葫芦面积50000平方米,清理漂浮捕鱼框架面积325平方米,清理地笼网100米。年末,在生态环境部通报的2021年1月—12月全国地级及以上城市国家地表水考核断面水环境质量状况排名中,桂林市位列全国第三。

【全国水系连通及水美乡村试点建设】 2021年,桂林市围绕乡村振兴战略总要求,以河流水系为脉络,以村庄为节点,集中连片统筹规划,实施水域岸线同步治理,着力恢复农村河湖功能、修复河道空间形态、改善河湖水生态环境,全力推进全国水系连通及水美乡村建设试点工作。年内,被确定为全国第一批项目试点县的阳朔县和兴安县共完成投资4.28亿元。阳朔县坚持生态优先,以遇龙河为核心,以水系为脉络,以沿岸村庄为节点,推进水生态系统保护与修复,打造出水美乡村的"阳朔经验"。全州县通过2021年全国水系连通及水美乡村建设试点遴选答辩,成为第二批全国水系连通及水美乡村建设试点县。桂林市项目试点县的数量占全自治区总数(6个试点县)的二分之一。

【节水宣传和推广】 2021年,桂林市水利部门围绕"深入贯彻新发展理念,推进水资源集约安全利用"的宣传主题,开展第29届"世界水日"和第34届"中国水周"纪念宣传活动。结合"全国城市节水宣传周"及"我为群众办实事"党史学习教育实践活动,组织水利系统干部、职工和志愿者走进学校、社区、乡村向师生、居民、农户宣讲国家节水政策、水资源保护、水土保持法等涉水法律法规及相关知识,展示全市水利工作成效。共组织宣传活动15场次,发放宣传资料和宣传品10万多份,现场接受群众咨询10万多人次。加强城市节水管理。科学编制并下达了市区800多户公共供水非居民用水户的年度用水计划;开展节水载体创建工作,指导1家用水单位水平衡测试和1个居民小区创建自治区级节水型居民小区的申报工作;指导桂林市机关办公区内48家单位创建为公共机构节水型单位;指导市农田灌溉试验中心站、市育才小学、广西恒晟生态环境科普基地3家单位建设成为桂林市节水教育基地;指导资源县、恭城瑶族自治县、荔浦市开展县域节水型社会达标建设,共获中央奖补资金250万元。强化水利科技支撑,加快水利科技创新与应用。市农田灌溉试验中心站创新提出"源头减量、过程拦截、中间净化、达标排放"的农业面源污染治理思路,以"快速渗滤+人工复合湿地系统"治理农村分散式生活污水,形成适合南方地区治理农业面源污染的成套新技术,研究成果"节水防污型农田水利系统关键技术创新与应用"获2020年度广西科学技术进步三等奖;与袁隆平院士工作站灌阳基地合作,开展"超级稻+再生稻"节水减排增汇试验研究,在节水、增产、减排、增汇方面取得阶段性成果。

【水利行业监管】 2021年,桂林市水利部门依法加强行政执法和扫黑除恶力度,维护正常水事秩序。组织开展"行业清源"行动,共出动执法人员1703人次,巡查监管对象84个,巡查河道长度7959.51千米,巡查水域面积949.1平方千米,查处水资源、人为造成水土流失、破坏水工程设施等水事违法案件43件,罚款127.62万元,没收违法所得及非法财物3.36万元。创新建立"公安局+水利局"协作机制,共享案件线索举报信息,实现信息互通、资源共享,两部门联合办理案件3件。统筹推进水利行业监管及安全生产工作有机结合。紧盯水利脱贫攻坚、水利工程建设、水利工程运行等领域的监管,依托河(湖)长制、水资源管理、节约用水管理、水土保持、水旱灾害防御、水行政执法等专项工作任务的落实,制定实施年度监督指导计划,建立监督工作台账制度,实现水利监督工作清单化管理。年内,市水利部门通过不定期检查、抽检等方式,对全市31个在建水利工程项目施工质量进行监督，下达质量监督整改通知书 20 份，下发全市问题通报 1 份；抽查 13 个县（市、区）水利项目，均未发现在建水利工程项目施工单位存在拖欠农民工工资情况。强化红线意识，全面落实安全生产责任，全年未发生水利系统生产安全事故，全市水利安全生产形势保持稳定态势。

（毛雪莹）

水库移民

【概况】 2021 年，桂林市水库和扶贫易地安置中心（简称市水库和扶贫易地安置中心）办公地址在桂林市临桂区青莲路建设大厦北楼。内设科室 3 个。年内，桂林市完成大中型、小型水库移民扶持"十四五"规划编制，推进新建、在建水库移民安置的督促和指导，开展前期调研。创新易地搬迁群众后期扶持工作思路，工作成效获国家和自治区的肯定。全年全市共投入水库移民后期扶持资金 2.99 亿元，共完成移民搬迁安置 8584 人。

【水库移民安置】 2021 年，桂林市防洪及漓江补水枢纽工程移民安置项目累计完成资金投入 32.02 亿元，建设移民安置户（点）1258 户（个），完成移民搬迁安置 8584 人。年内，市水库和扶贫易地安置中心督促和指导项目县开展桂林市防洪及漓江补水枢纽工程竣工后移民安置项目的验收工作，完成川江水库移民资金审计、移民项目监督检查报告编写和移民资金收支不平衡清理等工作。深入永福县、临桂区开展桂林市长塘水库建设移民安置规划前期调研，为《广西桂林市长塘水库工程可研阶段建设征地移民安置规划报告》的编制提供科学指导意见。

【大中型、小型水库移民扶持"十四五"规划编制】 2021 年，桂林市组织开展《桂林市大中型水库移民后期扶持"十四五"规划》《桂林市小型水库库区和移民安置区基础设施建设暨经济发展"十四五"规划》的编制。《桂林市大中型水库移民后期扶持"十四五"规划》的规划地域范围为桂林市除秀峰区、叠彩区、象山区、七星区、雁山区以外的 12 个县（市、区），涉及有移民的大中型水库 48 座，涵盖 82 个乡（镇）370 个行政村 1787 个村民小组，移民人口 3.5 万户 14.92 万人，核定后期扶持人口 8.86 万人。后期扶持预算资金总额 9.1 亿元。《桂林市小型水库库区和移民安置区基础设施建设暨经济发展"十四五"规划》的规划地域范围为桂林市除秀峰区、叠彩区、象山区、七星区以外的 13 个县（市、区），涉及有移民的小型水库（水电站）326 座，涵盖 102 个乡（镇）348 个行政村 1019 个村民小组移民人口 26.79 万人，规划扶持资金总额 6181 万元。至年末，《桂林市大中型水库移民后期扶持"十四五"规划》由自治区水库和扶贫易地安置中心印发实施，《桂林市小型水库库区和移民安置区基础设施建设暨经济发展"十四五"规划》由桂林市发展和改革委员会印发实施。

【水库移民和易地搬迁后期扶持】 2021 年，桂林市实施水库移民项目 403 个，项目总投资 3.07 亿元，受益群众 17.23 万人次；共发放水库移民后期扶持补助资金 5313.84 万元。实施大中型水库移民后期扶持人口动态减员管理，核定登记动态管理自然减员人数 420 人（死亡人口 418 人，转为非农业户口 2 人）。抓好易地搬迁群众的创业和就业。开展移民职业技能培训，完成有劳动能力且有就业意愿的搬迁户每一户至少有一人就业目标，共有 6871 户 1.57 万人实现就业，就业率 100%。创新后续扶持工作思路，争取政策红利，为易地搬迁群众在"家门口"创业提供引导和扶持。完成搬迁群众不动产证登记办理 6986 户，提前完成办证任务；办理 3653 户搬迁群众税费免征手续，免征税费金额 3000 多万元。桂林市创新建立的"二抓二建"工作机制（即抓责任分解、抓沟通配合，建立专班服务机制、建立容缺承诺机制）列入全国易地扶贫搬迁后续扶持工作指引。推进搬迁户旧房拆除及复垦复绿工作，完成复垦面积 22.66 万平方米，复绿面积 3.69 万平方米。

【移民生活和谐安定保障】 2021 年，桂林市共办理移民来信来访案件 79 件次，其中市级重大涉稳案件 1 件、自治区级转办案件 3 件。年内，桂林市认真对待兴安县川江水库、斧子口水库移民代表在国务院"互联网 + 督查"平台发布的关于解决移民补偿款的诉求留言，联合兴安县人民政府和有关职能部门共同研究，妥善解决该信访问题，经核定，川江水库新增移民 43 人，发放补偿款 172 万元；小溶江水库新增移民 50 人，发放补偿款 200 万元；斧子口水库新增移民 308 人，发放补偿款 1232 万元。

（莫志稳）

2021 年，资源县利用水库移民后期扶持资金重点打造移民村整村提升工程，提升移民生活环境质量。

（莫志稳供图）

商　业

商业服务业

【概况】 2021年，桂林市商务局（简称市商务局）办公地址在桂林市临桂区青莲路投资商务发展大厦南楼，内设机构12个。年内，桂林市消费品市场实现平稳增长，全市社会消费品零售总额942.5亿元，（比上年，下同）增长6%。按经营地统计，城镇777.5亿元，乡村165亿元；按消费类型统计，商品零售819.7亿元，餐饮收入122.8亿元。批发业实现销售额598.3亿元，增长10.4%；零售业实现销售额665.3亿元，增长12.9%；餐饮业实现营业额88.1亿元，增长23.6%；住宿业实现营业额28.4亿元，增长23.8%。

【市场运行和消费促进】 2021年，市商务局提振全社会消费能力，组织开展桂林“三月三”消费节、2021桂林消费促进月、漓江购物节、吃货节等系列促消费活动，承接自治区商务厅“全国消费促进月·广西站”等活动。组织网上年货节、“三月三”直播电商节、数字商圈等线上促销活动；开展“五一”汽车博览会、房车节、“汽车下乡”惠民巡展、家电以旧换新等重点商品促消费活动。出台支持商贸服务业发展若干措施，兑现拨付各类奖励资金超2300万元，受益企业超270家，新增批发零售餐饮限上企业92家。年内，全市限额以上单位商品零售额中，通信器材类、文化办公用品类、机电产品及设备类、家具类、粮油食品类等13类实现增长，占比64.3%。其中，通信器材类实现增长88.5%，文化办公用品类实现增长63.9%，机电产品及设备类实现增长55.1%，家具类实现增长18.7%，粮油食品类实现增长16.3%。

【市场体系建设】 2021年，桂林市已建成的大型商业项目25个，在建项目4个，在建和建成项目商业面积约299万平方米，交易额1亿元以上商品交易市场13个。建成运营的冷链物流项目共36个，配备冷藏车120辆，冷库库容45.47万立方米，可存储农产品约19万吨。全市经自治区商务厅备案的二手车交易市场13个。市商务局成功承办第21届广西名特优农产品（桂林）交易会产销对接会、全国农产品产销对接荔浦砂糖橘专场对接活动，举办“桂林月柿网上行”等活动，组织企业参加全国农商互联产销对接大会、粤桂协作消费对接等活动，畅通农产品供应链。

【“物流网”流通业发展】 2021年，市商务局推进“物流网”三年大会战工作，在库62个项目完成投资47.47亿元，全年竣工“物流网”项目31个。桂林东万禾农产品冷链物流园、福达农产品冷链物流园一期、全州桂北粮食仓储物流中心、苏桥无水港等一批重大项目建成运营。出台《支持桂林—北部湾港海铁联运班列常态化开行若干政策措施》，桂林—北部湾港海铁联运班列顺利开通。

【商业品牌培育】 2021年，市商务局加强餐饮行业管理，开展“吃货节”等特色餐饮活动，组织开展“年夜饭到家”、广西文旅消费券发放等活动，培育餐饮消费品牌。推进桂林米粉产业发展，组织重点米粉企业参加中国西部国际博览会、“桂品出乡——展销活动”等展会活动，联合建设银行桂林分行召开米粉行业银商对接会，加强桂林米粉系列地方标准宣传贯彻，指导米粉行业协会规范桂林米粉地理标

2021年5月9日，2021年“全国消费促进月·广西站”暨“商务为民办实事·全州行”活动在全州县启动。（张朝友摄）

志证明商标使用管理；桂林市2家餐饮企业参评宴席获得“桂味美食嘉年华活动”2020广西桂菜名宴认定。开展绿色商场创建工作，宣传《绿色商场》国家标准、绿色商场创建评价指标，指导桂林临桂万达广场申报商务部2021年绿色商场。

【市场秩序建设】 2021年，市商务局深化“大协同、多锁链”打击走私综合治理体系建设，开展“国门利剑”和打击烟草走私专项行动，全市打击走私综合治理各执法部门共整治冻库118家次，查获涉嫌走私案件24起，现货案值947.09万元，抓获涉案人员19名。开展商贸领域诚信兴商宣传活动，将其嵌入“吃货节”等各类消费促进节庆活动之中，共20多家餐饮企业获评“诚信兴商”网络人气商家。开展食品安全大检查和宣传活动，做好商务领域创建广西食品安全示范城市工作，促进各大商超和餐饮企业的食品安全工作再上台阶。 （陈艺欣）

【烟草专卖】 2021年，桂林市烟草专卖局（公司）统筹疫情防控和经营管理，加强卷烟品牌培育和零售终端建设，助力恢复提振消费市场，帮扶小微企业和个体工商户，为120多户承租户减免租金220多万元。协调相关部门共同推动文明吸烟环境建设，新建吸烟室（区/点）1927个，年底累计有吸烟室（区/点）约7000个。实现卷烟销量18.77万箱。卷烟销售额62.92亿元，增加3.12亿元，增长5.2%，其中重点品牌“真龙”卷烟销售额32.6亿元，增加2.66亿元，增长8.9%。实现利税15.64亿元，增加8517万元，增长5.76%。缴纳税金11.39亿元，增加9012万元，增长8.59%。年内，桂林市烟草专卖局（公司）坚持完善政府主导，公安、市场监管、海关、交通、邮政等多部门联合的工作机制，保持打假打私破网高压态势，全年查获各类涉烟违法案件898起，查获违法卷烟4405万支，涉案金额2609万元。其中，破获百万元以上案件10起（含国标网络案件8起），移送追刑案件29起，刑拘26人，逮捕20人，判刑48人。 （李秋荣）

电子商务

【概况】 2021年，桂林市推进国家电子商务示范基地、国家电子商务进农村综合示范县建设，桂林市电子商务发展成效明显，电商已成为助推产业振兴和乡村振兴的新动能。全年桂林市电子商务网络零售额70.2亿元。其中，实物商品网络零售额37.9亿元，增长2.6%；非实物商品网络零售额32.3亿元。按区域交易统计，七星区、象山区、荔浦市位居桂林市网络零售额前三。按行业交易统计，在线餐饮在桂林市网络零售市场中占据首位，食品酒水、家居家装行业紧随其后。从实物行业交易规模来看，食品酒水、家居家装、手机数码排名前三；从非实物行业交易规模来看，在线餐饮、在线旅游、拍卖排名前三。年内，直播在电商领域迅速崛起，参与直播的商品实现网络零售量889.5万件，零售额3.1亿元。2021年，国家电子商务示范基地“桂林电商谷”总孵化面积10万平方米。

【农村电子商务】 2021年，灵川县、阳朔县、平乐县获批国家电子商务进农村综合示范县项目，全市累计共有10个县（市）获批国家电子商务进农村综合示范项目，历年累计获中央资金1.75亿元，示范地区农村电子商务服务体系初步建成、成效初显。示范县累计建成县级电商服务中心7个、乡（镇）级服务站点83个、村级服务点815个，县级物流配送中心8个、乡（镇）快递网点111个、物流配送网点709个。快递覆盖建制村787个，农村电商业务累计培训4.13万人次，培育农产品网销单品448个，电商带动就业1.1万人。全市农村网络零售额26.5亿元，增长17.2%，在全市整体网络零售额占比37.8%，其中农产品实现网络零售额6.98亿元。直播成为农产品上行的重要途径，参与直播的农产品实现网络零售额3402.5万元，实现网络零售量271.5万件。农产品直播的商品数2469个，投放率4.3%。

【电商新业态发展】 2021年，市商务局精心组织网上年货节、“三月三”直播电商节、数字商圈等线上促销系列活动，直播带货、网订店送等电商新业态快速发展。全市参与直播的商品实现网络零售额3.1亿元，实现网络零售量889.5万件，参与直播的商品数2.26万个，投放率7.1%。联合京东、拼多多、橙心优选等电商平台组织供应链企业采购砂糖橘，助力砂糖橘销售。开展“电商助农·恭城月柿网上行”活动，借助电子商务拓宽恭城月柿的销售渠道。开设桂林市乡村振兴惠农产品展示馆，利用线下展厅和线上“桂邮电商旗舰店”，带动全市优势农产品“出村进城”。举办2021年桂林市“千企万店”上网对接暨为民办实事活动，推动桂林优质产品企业、传

2021年3月15日，桂林市烟草专卖局联合公安、市场监管、质监等部门开展“3.15”违法烟草制品集中销毁行动。 （麻安志摄）

2021 年 10 月 9 日，市商务局组织开展企业跨境贸易管理分析系统应用培训。

（杨锡华）

统商贸企业、工业产品企业、农产品生产流通企业等触线上网。联合桂林学院名淘电商学院开展“专业助力乡村振兴　文化服务地方经济”系列实践活动，助力乡村振兴。大力培育电商企业上限入统，全市新增网络零售额500万元以上电商企业3家。

（陈艺欣）

物资流通

【概况】 2021年，桂林市社会消费品零售总额较快增长，全市社会消费品零售总额942.5亿元，增长6%。外贸进出口持续稳定增长，全市外贸进出口总额91.6亿元，增长27.3%。电子商务网络零售额略有下降，全市网络零售额实现70.19亿元，下降2.6%。邮政业务发展较快，邮政行业业务总量累计完成10.91亿元，增长6.76%。邮政行业业务收入（不包括邮政储蓄银行直接营业收入）累计完成12.36亿元，增长18.52%。快递企业发展态势良好，业务总量以及业务收入的规模在自治区排名第四。社会物流总量平稳增长，全市完成货物运输总量1.13亿吨。其中，公路运输货运量1.13亿吨，货运周转量150.21亿吨公里；水路运输货运量35万吨，货运周转量1.06亿吨公里；机场完成货邮吞吐量1.72万吨。

【重要商品市场供求平衡】 2021年，桂林市加强储备力度，增强市场宏观调控能力，全市粮食、食盐、农资等重要商品市场供求平衡、价格稳定。完成自治区下达的稻谷补贴与储备粮订单收购计划的78.62%。广西盐业集团有限公司桂林分公司盐品销售1.84万吨，减少835.01吨，储备盐库存3433吨。

【消费市场发展】 2021年，桂林市开展“2021年全国消费促进月暨桂林消费促进月”“2021桂林漓江购物节”、桂林“三月三”等系列促消费活动，促进汽车、家电等重点消费品销售增长。举办桂林网上年货节、“三月三”直播电商节（桂林分会场）、“千企万店”上网对接活动、“数字商圈促消费活动”，承接毛竹山葡萄节“云上推介”活动，线上线下融合促销、直播带货、网订店送等电商新业态快速发展。组织餐饮行业企业开展“年夜饭到家”、参与广西文旅消费券发放等活动，餐饮业消费拉动明显，桂林2家餐饮企业获得“桂味美食嘉年华活动”2020广西桂菜名宴认定；谋划“油茶节”“吃货节”等特色餐饮活动，培育打造餐饮消费品牌。

【商贸服务业升级发展】 2021年，桂林市推进城市商业体系建设。阳朔戏楼和全州全街夜间经济项目获自治区服务业发展专项资金支持；桂林融创漓江后海商业小镇、桂林客世界广场京东电器桂林旗舰店相继开业，桂花公社、盐街市集、漆器非遗馆、逸飞祥·桂林城市礼品展示厅4个桂林城市礼品展销中心建设完成。积极引导行业发展。推动社会资本到北京建设桂林米粉中央厨房（展销中心），联合建行桂林分行召开米粉行业银商对接会，持续推进米粉产业发展。做好报废机动车回收拆解企业资质认定及行业管理，印发《桂林市加油站行业发展规划（2021—2025年）》。强化商业品牌培育。指导桂林紫竹乳胶制品有限公司等5家企业申报“广西老字号”。清泉酒业、三养胶麦被评为第二届桂林市品牌故事“最具影响力品牌”，完成桂林城市礼品Logo设计，桂林城市礼品和展销中心标准编制。

（王志军）

集市贸易

【概况】 2021年，桂林市市场开发服务中心（简称市场中心）办公地址在桂林市七星区自由路花桥街4号，内设科室5个，下设物业管理处4个，下辖东环、旅游商品批发城、雁山、北门、保惠、芦笛、乐群、信义等8个集贸市场物业管理所。市场中心负责各集贸市场的物业服务、日常管理、划行归市和摊位招投标安排以及所管辖市场的维护、维修和改造、重建，并提供相应的配套服务设施。

【市场日常管理】 2021年，市场中心强化宣传引导，向市场经营户和购物居民发放《农贸市场新冠肺炎疫情防控告知书》，促进经营户和购物居民自觉遵守有关规定。配合开展监测，配合相关部门对部分市场抽样监测，同时督促经营户不加工经营野生动物，加强从业人员健康管理，熟食窗口规范加工操作，落实食品安全管理责任。加强日常巡查，成立常态化检查小组和督察组，实行定期交叉检查及不定期暗访督察，持续落实市场常态化疫情防控措施，要求经营户严把进货关，严防来源不明食品（食用农产品）流

2021 年 9 月，升级改造后的芦笛市场。（白般华摄）

入市场。落实防控措施，每日按防控标准对市场进行全面清扫、消杀，保持市场通风，及时清运垃圾，并做好管理人员和经营户的体温监测。

【市场改造升级】 2021 年，市场中心对所辖市场破损墙地砖、消防箱等公共设施进行全面排查并进行修缮；对所辖部分市场的公共厕所、无障碍卫生间、规整摊台，以及市场下水道疏通等进行维修改造。将乐群、信义农贸市场内原活禽区域商户引导转行出售光禽，摊位调整至光禽区域，对原活禽区域进行改造规划，改善市场硬件，使市场布局更加合理。

【自产自销区试点】 2021 年，市场中心加快新市场建设步伐，完善菜篮子布局，丰富菜市场功能体验，在芦笛市场试点开办自产自销区，开展促销活动、主题活动，吸引周边农户进驻，丰富“菜篮子”种类，吸引人流带动其他消费。

【市场环境整治及食品安全监督】 2021 年，市场中心加大市场环境整治。各市场配齐专职保洁人员，纠正部分市民环境卫生意识差，乱扔、乱放等不文明现象，减轻保洁难度，尽量做到人在地净、人走地洁。规范商户经营，对市场内占道经营、乱摆乱放、乱搭乱贴乱挂等影响市场环境的行为进行持续高压整治，要求所有商户严禁占道经营，统一高度摆放物品，配合相关部门依法严查无证照、假冒伪劣、过期变质等违法违规行为，对违法行为“零容忍”，确保广大人民群众衣食住行安全。坚持做好食品安全工作，联合相关部门工作人员，对市场辖区内的商品按准入制度标准进行抽查，杜绝“三无”“过期”“变质”商品流入市场。同时加强对农产品各项指标等问题的监控工作，保障食品安全。

【市场安全生产管理】 2021 年，市场中心开展安全生产大检查 12 次，发现安全隐患 86 起。加强安全宣传教育，相继开展“安全生产月”“119 消防日”“安全生产法”等专项宣传活动。加强对消防设施器材维护保养、电源线路的更换和改造、安全宣传教育及其他存在不安全因素的维修，消除市场安全隐患。（白般华）

供销合作商业

【概况】 2021 年，桂林市供销合作社（简称市供销社）办公地址在桂林市临桂区青莲路桂林投资发展大厦南楼，内设科室 7 个。年内全市供销社系统持续深化综合改革和高质量发展，销售总额、购进总额、农业生产资料销售等主要经济指标保持两位数增长。新建为农服务综合体 6 家，改造基层薄弱社 12 家，新建村供销社 97 家，开展农资经销、日用品经销、农机租赁、代办保险、代缴话费等 10 余项便民服务和技术培训。

【供销合作综合改革】 2021 年，市供销社在灵川、灌阳县和恭城瑶族自治县开展生产、供销、信用“三位一体”综合试点，探索新形势下服务“三农”新路子。依托基层社、专业合作社，集中连片开展土地托管、统防统治等农业全程机械化服务。土地托管面积 1.1 万公顷，给农村、农业发展提供新思路、新方法。利用组织指导、共同出资、相互参股等方式，发展农民专业合作社和联合社，开展专业化种植、规模化生产和品牌化经营，带动农民增收致富。累计领办、协办农民专业合作社 85 家，助农增收 1 亿多元。

2021 年 11 月 5 日，2021 年粤桂协作消费对接活动暨第 20 届广西名特优农产品（广州）交易会桂林专场推介会项目签约。（刘坚摄）

【农产品销售】 2021年年初，桂林市砂糖橘出现严重滞销，市供销社及时研究对策、建立长效机制、确定长期促销措施，分赴上海、广州等地开展产销对接，拓展柑橘销售渠道，推介销售柑橘40多万吨，销售金额10多亿元。组织开展“供销大集”促销活动20多场，扩大农产品销售规模。11月5日，组织、谋划2021年粤桂协作消费对接活动暨第20届广西名特优农产品（广州）交易会，共签约农产品购销和农业投资项目40个，总金额55.6亿元。全市供销系统有48家供应商入驻“扶贫832平台”，上线农产品463款，销售金额累计1.02亿元。全年全市供销系统累计投入资金300多万元，推动建设15个扶贫项目落地实施。组织贫困地区参加各类产销对接会，设立商贸连锁经营企业消费扶贫专区，帮助销售贫困地区农产品1亿多元。年内，市供销系统依托地头冷库，加快推进建设农产品现代冷链物流体系，提高了农产品商品化处理和错峰销售能力，补齐农产品流通“最先一公里”短板。

【社有企业改革】 2021年，市供销社加大改革力度，对1家市场（269市场）及4家直属企业实施人员、资产整合，进行经营管理重组，规范收支管理和薪酬体系，降低运营成本，实现扭亏为盈，成效显著。其中振鸿公司实现收入452万元，实现利润25万元；桂林市土产总公司与恭城瑶族自治县供销社投资75万元联合建设农产品流通服务平台，打造原产地优质农产品集散地，实现资源整合、信息互通、利益共享、协同发展，成为全市农业发展成果和优质农产品集中展示、展销的形象窗口。

【全面从严治社】 2021年，市供销社完善供销社系统理事会、监事会组织架构。探索联合社机关治理机制创新，采取小社并入大社、强社兼并弱社或强社托管小社等方式，优化基层社布局结构。通过按经济区域组建中心社、成立县社资产管理公司等途径，加强基层人、财、物管理，构建上下联动、集约高效的管理体制。深入开展扶贫领域腐败和作风问题专项治理、供销合作社系统腐败问题专项治理工作，建立健全相关规章制度12项，清退资金26.7万元，避免和挽回直接或间接经济损失466万余元。　　（谭祥树）

粮油商业

【概况】 2021年，桂林市粮食企业粮食总购进180.67万吨（原粮，下同），总销售70.52万吨。全市国有粮食企业实现主营业务销售收入7.7亿元，增加1.22亿元，增长18.9%；利润总额987万元，增加566万元。市直国有粮食企业实现销售收入7010万元，增加1655万元，实现利润716.8万元，增加143.8万元。全市粮油饲料产品主营业务收入64.7亿元，增长27.6%；实现利税3.57亿元，下降4.29%。其中，大米加工业销售收入13.07亿元，增长7.06%；饲料加工业销售收入45.43亿元，增长25.78%；小麦粉加工销售收入1.43亿元，下降19.2%。

【粮食和物资宏观调控】 2021年，桂林市粮食和物资储备局围绕确保全市粮食和物资安全主题，抓好节日期间粮油市场和物资供应，确保“两节”“两会”等节日期间的粮油市场供应和价格基本稳定。市、县（市、区）粮食行政管理部门探索储备粮吞吐调节机制，把好地方储备粮轮换时机，灵活运用销售轮换方式，确保储备粮管理有序有效进行。面对“非洲猪瘟”“新冠肺炎”疫情的严峻形势，抓好猪肉储备工作，市级猪肉储备工作机制不断完善，全年完成市级储备冻猪肉616吨，生猪活体储备2.24万头。建立桂林市地方储备粮规模动态调整机制，完善地方储备体系，提升市粮食安全保障水平。建立地方储备粮与中央储备粮协同运作机制，健全政府储备运行机制，形成吞吐联动、运转高效、优势互补、资源共享的储备管理格局。开展粮食流通统计和专项调查，加强粮油市场和价格基础数据统计，及时、准确、科学地搜集不同类型的粮食企业粮食流通统计数据和有关情况。

【粮油和物资应急供应保障】 2021年，市粮食和物资储备局重新调整粮食应急加工企业和应急供应网点，对市本级7家粮食应急加工企业、34家粮食应急供应网点进行调整和充实，与相关企业和网点签订应急加工、应急供应协议，颁发粮食应急加工企业、粮食应急供应网点牌匾，确保非常时期粮食有效供给。抓好政策性粮食供应，完成军粮供应任务，实现零投诉，做到“部队满意、政府放心”。全年共接收自治区粮食和物资储备局向桂林市紧急调拨的帐篷、折叠床等物资9956件（套），至年底储备有15个品种3.44万件（套）应急救灾物资。年内，编制和修订《桂林市粮食应急预案》。

【稻谷目标价格补贴】 2021年，自治区下达桂林市稻谷补贴与储备粮订单收购计划11.28万吨，其中普通籼稻6.17万吨、优质稻（含专用稻、晚籼稻）5.11万吨。补贴资金3526万元。全州、兴安、灌阳、永福、临桂等5个县（区）纳入到粮食直补范围。

【粮食仓储设施建设】 2021年，桂林市、县（市、区）粮食行政主管部门推进粮食仓储设施建设和改造提升，优化粮食仓储设施布局，在仓库建设中同步配套先进设施设备和科技储粮技术、粮情检测系统，仓储企业实现作业机械化、储粮科技化、管理现代化。全市全年共安排仓储设施建设项目4个，建设维修资金590万元。抓好全市粮库智能化升级改造项目，13个库点全部完成并通过验收。上传平台1万余条数据，数据合格率98.09%，上传13个粮库共31路视频，视频接通率100%。

【粮食产业化发展】 2021年，市粮食和物资储备局引导粮食企业发展订单农业，走优质稻产业化经营之路，提升社会效益和经济效益。全市有1家国家级粮食产业化龙头企业、6家自治区级粮食产业化龙头企业。全市粮食行业企业工业总产值70.64亿元，主营业务收入68.37亿元，利税总额3.93亿元，利润总额3.05亿元，其中全市国有粮食购销企业主营业务收入7.43亿元，利润总额1209.66万元，净利润958.18万元。桂林全州鑫计米业有限公司生产的“七彩人生”咸水马大姐、桂林力源粮油食品集团有限公司生产的“力源”牌宫廷银丝米进入2021年度“广西好粮油”产品名录。力源粮油食品集团有限公司、永福福寿米业有限公司等9家粮食企业生产的17个系列粮食品牌进入2021年度“广西好粮油”产品名录。（张咸忠）

对外贸易和对外经济合作

【概况】2021年，桂林市外贸与中国港澳台地区贸易总额91.6亿元，增长27.3%。其中，出口贸易82.1亿元，增长27.3%；进口贸易9.5亿元，增长27.4%。贸易顺差72.6亿元。进出口增幅高于自治区5.1个百分点，高于全国5.9个百分点。加工贸易进出口总额12.89亿元，增长14%。对“一带一路”国家进出口总额21.04亿元，增长37.1%。其中，出口17.65亿元、增长41.5%；进口3.39亿元，增长18.1%。对东盟国家进出口总额9.62亿元，增长41.6%。其中，出口8.63亿元，增长44.8%；进口0.99亿元，增长19%。

【进出口产品结构】2021年，桂林市进口产品中，数控机床、计算机集成电路、计量检测自动分析仪器等机电产品约占44%，增长54.4%；生命科学技术、计算机集成制造技术、材料技术等高新技术产品约占37%，增长58.1%。其他进口货值过1000万元的有金属矿和矿砂、有机化学品、塑料制品、天然橡胶等大宗商品，分别增长46.4%、9.2%、45.3%、53.1%。出口产品中，电线电缆出口12.8亿元，增长50.2%；植物代糖提取物出口8.24亿元，增长31.4%；青蒿琥酯出口7.1亿元，下降12.9%；口腔科器具和防疫用品等生物医药出口6.14亿元，增长39.5%；橡胶出口1.74亿元，增长31.6%。

【进出口产品市场】2021年，桂林市的出口市场主要是亚洲、欧洲、北美洲和大洋洲，出口商品销往186个国家和地区。对亚洲出口占出口总量25%，增长30.9%，其中对印度、泰国、越南、菲律宾、马来西亚、老挝均有两至四位数增长。从亚洲其他国家（地区）来看，对日本、韩国出口增长分别为13.6%和13.1%。对欧洲出口占出口总量20%，增长17.4%，其中对德国、法国、意大利、荷兰、西班牙、波兰、俄罗斯出口实现正增长，对英国、比利时、瑞典出口呈现小幅负增长。对北美洲出口占出口总量的20%，增长28.6%，其中对加拿大增长63.6%、对美国增长27.2%。对大洋洲出口占出口总量20%，增长46.2%，主要是对澳大利亚、新西兰出口。出口商品中，对“一带一路”国家出口的主要商品为机电产品和高新技术产品。进口商品来自98个国家和地区，从“一带一路”国家进口的主要商品为农产品、天然橡胶。年内，桂林市技术进出口总额1595.68万美元，增长1240.56%。

【外贸转型升级基地建设】2021年，桂林市扶持基地建设，4个国家级外贸转型升级基地发展势头良好。桂林市国家外贸转型升级基地（生物医药），进出口总额21.27亿元，增长1.9%；荔浦市国家外贸转型升级基地（木衣架），进出口总额7.55亿元，增长6.59%；桂林国家高新技术开发区国家外贸转型升级基地（电子产品），进出口总额6.62亿元，增长4.46%；桂林经济技术开发区国家外贸转型升级基地（橡胶产业），进出口总额8.54亿元，增长77%。

【利用外资】2021年，桂林市累计合同外资额10.94亿美元，增长79.8%；实际利用外资额7095万美元，增长26.6%。萨摩亚和投资性公司是2021年桂林市外商直接投资主要来源。实际利用外资中，制造业项目7个，实际外资金额6470万美元；批发和零售业项目1个，实际外资金额100万美元；租赁和商务服务业项目2个，实际外资金额481万美元；信息传输、软件和信息技术服务业项目1个，实际外资金额22万美元；农、林、牧、渔业项目1个，实际外资金额12万美元；科学研究和技术服务业项目1个，实际外资金额10万美元。年内，桂林市新增外资项目48个，实际进资的有3个，进资金额为315万美元，其余均处于筹建阶段。（陈艺欣）

财政·税务

财　　政

【概况】 2021年,桂林市财政局办公地址在临桂区公园北路8号金融大厦。内设科室20个,下设参照公务员法管理事业单位6个,全额拨款事业单位3个。全年全市一般公共预算收入117.50亿元,(比上年,下同)增加6.01亿元,增幅5.4%。其中,税收收入完成73.66亿元,增加4.25亿元,增幅6.1%;非税收入完成43.84亿元,增加1.76亿元,增幅4.2%。全市一般公共预算支出461.33亿元,减支10.78亿元,下降2.3%。其中,民生支出362.12亿元,占财政支出的78.5%。社会保障和就业支出、教育支出分别增长9.8%、4.2%。

【财政高质量发展】 2021年,桂林市财政局按照加快发展、转型升级、全面提质的目标要求,结合桂林市“十四五”规划部署安排,加快市本级财政高质量发展。聚焦民生,围绕“三保”,提高市本级财政统筹调度水平;强化税收征管,提高财政收入质量;盘活存量资产,优化资产配置,通过合规处置,释放国有资产及资本价值,增加财政收入;支持桂林银行高质量发展,做强做大国有金融资产;多措并举,持续降低政府债务率。

【疫情防控支出】 2021年,全市筹措资金2.45亿元用于桂林市突发公共卫生事件新冠疫情防控医疗救治费用、疫情防控人员临时性工作、设备和防控物资、重症病区、发热门诊改造、核酸检测、疫苗及接种、公共卫生体系建设和重大疫情防控救治体系等补助。

2021年3月18日,桂林市财政局召开党史学习教育动员大会。（杨弘民供图）

表16　　2021年桂林市财政收支情况表

单位:万元

预算科目	全市	(一)市级		(二)县级
		1. 市本级	2. 城区	
一般公共预算收入	1174964	755099	385072	370027	419865
一、税收收入	736612	469313	185510	283803	267299
增值税	222409	130578	45424	85154	91831
企业所得税	107539	81169	37093	44076	26370
个人所得税	36166	27365	11516	15849	8801
资源税	10593	527	0	527	10066
城市维护建设税	51845	36290	18038	18252	15555
房产税	59801	43421	15366	28055	16380
印花税	17969	11734	1114	10620	6235
城镇土地使用税	19668	10158	2904	7254	9510
土地增值税	66536	43051	12743	30308	23485
车船税	23912	14007	5	14002	9905
耕地占用税	15153	2601	127	2474	12552
契税	103712	68251	41115	27136	35461
环境保护税	915	154	66	88	761
其他税收收入	394	7	-1	8	387
二、非税收入	438352	285786	199562	86224	152566
专项收入	60346	40144	31494	8650	20202

续表

预算科目	全市	(一)市级			(二)县级
			1. 市本级	2. 城区	
行政事业性收费收入	69558	39253	24347	14906	30305
罚没收入	97998	57244	42424	14820	40754
国有资本经营收入	5763	1863	1860	3	3900
国有资源(资产)有偿使用收入	142191	94495	48368	46127	47696
其他收入	62496	52787	51069	1718	9709
一般公共预算支出	4613283	1690400	837252	853148	2922883
一般公共服务支出	513631	209363	63838	145525	304268
国防支出	7768	3573	1299	2274	4195
公共安全支出	244836	119941	77754	42187	124895
教育支出	797936	307261	150937	156324	490675
科学技术支出	24985	17859	14516	3343	7126
文化旅游体育与传媒支出	79658	35269	23776	11493	44389
社会保障和就业支出	815779	289517	176221	113296	526262
卫生健康支出	605494	170976	75530	95446	434518
节能环保支出	57865	27184	19718	7466	30681
城乡社区支出	252638	111277	33399	77878	141361
农林水支出	625946	144042	56814	87228	481904
交通运输支出	118316	37426	31136	6290	80890
资源勘探工业信息等支出	55964	28518	14408	14110	27446
商业服务业等支出	27544	6148	5005	1143	21396
金融支出	25699	10441	866	9575	15258
自然资源海洋气象等支出	38965	15403	7635	7768	23562
住房保障支出	171464	75358	27484	47874	96106
粮油物资储备支出	4621	786	304	482	3835
灾害防治及应急管理支出	39826	12083	4249	7834	27743
其他支出	4121	146	146	0	3975
债务付息支出	99922	67628	52045	15583	32294
债务发行费用支出	305	201	172	29	104

【减税降费】 2021年,全市新增减税降费超18亿元(含社保费)。积落实各项减税降费政策,将小规模纳税人增值税起征点从月销售额10万元提高到15万元,对小型微利企业和个体工商户年应纳税所得额不到100万元的部分再减半征收企业所得税,对制造业中小微企业实施阶段性税收缓缴措施,对先进制造业企业按月全额退还增值税增量留抵税额,对煤电和供热企业实行"减、退、缓"税收措施,对地方水利建设基金实行减免政策。

【教科文支出】 2021年,全市筹措教育资金80.02亿元,促进教育事业均衡发展。筹措科技资金2.5亿元,加大对应用基础研究、科技攻关、科技成果转化、科技基础条件与平台建设等支持力度,支持科技创新发展。筹措文化旅游体育与传媒资金7.93亿元,促进文化事业繁荣发展。桂林市各级财政筹措资金约1亿元启动长征国家文化公园(广西段)项目规划设计等前期工作,如期完成"一廊一园"项目建设。

【社会保障支出】 2021年,全市筹措资金21.87亿元,确保全市机关事业单位退休人员基本养老金按时足额发放。筹措资金11.63亿元,落实全市城乡居民基本养老保险参保人员缴费补贴和基础养老金发放。筹措资金10.77亿元,保障城乡低保对象和特困人员基本生活、临时救助、流浪乞讨救助、孤儿基本生活及残疾人"两项"补贴等。筹措资金2.97亿元,支持落实就业创业扶持政策,扎实做好"稳就业"工作。筹措资金0.32亿元,提高环卫工人待遇水平。筹措资金24.72亿元,确保全市城乡居民基本医疗参保人员的医疗待遇。筹措资金10.38亿元,支持推进全市重点疾病预防控制、卫生监督、妇幼保健、基本和重大公共卫生服务等公共卫生项目。

【行政事业支出】 2021年,全市投入政法机关项目支出3.25亿元,重点支持检察院、法院案件审判、执行,法庭建设,青少年法制教育基地建设;支持司法局普法、公共法律服务、依法治市、政府法律事务;支持"天网工程"、警务数据中心平台、看守所及戒毒所配套项目等重点项目建设。加快涉案财物和资金的处置进度。持续推动扫黑除恶斗争常态化,巩固扫黑除恶三年专项斗争成果。安排政法机关扫黑除恶工作经费0.11亿元,监督市本级执法部门上缴非税收入5.35亿元。继续支持少数民族地区发展。全年投入资金0.63亿元用于保护少数民族地区文化,加强少数民族地区教育、医疗卫生、基础设施建设,支持桂林市创建全国民族团结进步示范市工作以及龙胜各族自治县县庆、全州县东山瑶族乡乡庆等少数民族地区节庆活动的开展。

【农业支出】 2021年,全市筹措财政衔接推进乡村振兴补助资金15.46亿元,统筹整合各项财政涉农资金3.61亿元,支持巩固脱贫攻坚成果同乡村振兴有效衔接。筹措农田建设资金4.98亿元支持高标准农田建设。筹措耕地地力保护补贴2.35亿元支持耕地质量保护和地力提升。重点打造田园综合体,加快推进农村产业深度融合发展,支持农业高质量发展,推动农业现代化建设。筹措林业生态建设资金6.34亿元,推进"绿满八桂"造林绿化工程建设。加快推进国家重大水利项目建设,推动重大水利项目投融资体系创新,推进支持水库工程建设。

2021年6月10日，桂林市财政局组织慰问支持龙胜各族自治县成立70周年活动。（覃家德摄）

【经济建设支出】 2021年，全市筹措15.13亿元用于保障桂林市中医院城北医院、中医药传承创新工程建设项目、自来水西城水厂、桂林国际会展中心等市本级重大基建项目。安排1亿元前期工作经费支持启动桂林建设世界级旅游城市规划纲要和标准体系编制、市政建设项目编制、生态基础设施规划编制、漓江流域山水林田湖草生态保护和修复工程实施方案等世界级旅游城市相关项目前期工作。统筹20.7亿元用于漓江生态环境保护及治理，推进桂林漓江流域山水林田湖草沙一体化保护和修复工程。11月，漓江流域生态环境持续向好作为典型经验得到国务院第八次大督查通报表扬。

【财政扶持企业发展】 2021年，全市筹措5.48亿元支持工业企业发展，工业发展提速增效，规模以上工业总产值、增加值分别增长14.2%、8%。21家企业获评广西工业龙头企业，57家企业新认定为广西战略新兴企业；全市争取产业园区专项债31.10亿元支持桂林市重大产业项目建设。市人民政府投资引导基金累计投入财政资金1.69亿元，撬动社会资本4.71亿元，助力企业在一、二级资本市场融资合计超过3亿元。

【政府债务管理】 2021年，全市政府债务余额603.62亿元，控制在政府债务限额以内。全年全市获得新增政府债券70.36亿元，主要用于高校集聚区、工业园区及其他市政和社会领域。加强法定限额内债务管理，确保法定限额内政府债券不出任何风险。全年桂林市积极筹集资金偿还到期政府债券本息60.23亿元，其中争取再融资债券偿还到期政府债券40.07亿元，预算安排资金20.16亿元。防范化解政府隐性债务风险。桂林市隐性债务都已按时还本付息，顺利完成化解任务。

【国有资产管理】 2021年，桂林市出台《桂林市本级行政事业单位国有资产配置管理办法》《桂林市本级行政事业单位国有资产处置管理办法》，保障了资金的使用效率，规范桂林市本级行政事业单位资产处置管理，全年市本级行政事业单位资产处置收入合计2.08亿元。盘活老城区闲置房屋和土地资产，开展市直行政事业单位和国有企业房屋及土地资产清查、复核工作。市本级共419家行政事业单位，房屋土地共3846宗，总房屋建筑面积321.13万平方米，总土地使用面积1785.61公顷。分批组织公开拍卖会23场，上拍资产69宗次（评估价值为3.7亿元）。处置老城区资产13宗，处置价共计2.09亿元。

【投资评审】 2021年，市本级共完成项目评审998个，送审金额73.29亿元，审定金额64.91亿元，审减资金8.38亿元，综合审减率11.43%。为做好疫情防控常态化期间项目评审，在评审工作中坚持“靠前站位、靠近服务”原则，对重点民生项目、疫情防控项目开辟财政评审“绿色通道”，最大程度缩短评审时间。

【政府采购】 2021年，全市共完成政府采购预算64.44亿元，实际采购资金61.14亿元，节约资金3.3亿元，资金节约率5.12%。推广运用全流程电子化政府采购，全市共完成全流程电子化政府采购项目330个，采购预算6.18亿元，实际采购资金5.77亿元，节约资金0.41亿元。

【财政金融联动】 2021年，全市筹措“桂惠贷”财政贴息资金3.73亿元，撬动全市金融机构累计投放“桂惠贷”202.20亿元，惠及9172户市场主体，直接降低相关市场主体融资成本4.08亿元；筹措普惠金融发展专项资金0.56亿元。加大中小微企业融资支持。用好工业企业专项转贷资金。为中小企业提供应急转贷资金0.61亿元，增加0.37亿元，增长154.6%。发挥融资担保机构作用。为市小微企业和“三农”新增发放融资担保贷款24.21亿元，增加9.13亿元，增长60.5%，在保余额24.28亿元，增加6.81亿元，增长39.0%，有效解决企业融资难题。加大资本市场奖补力度。筹措直接融资奖补资金0.14亿元，增加0.03亿元，增长27.2%。健全市本级国有金融资本授权管理体制和激励约束机制，研究市级国有金融资本相应的薪酬、绩效考核、重大事项监督等行之有效的管理制度。

【财政监督】 2021年，全市开展财政资金安全、预决算公开等检查及信访件核实工作，共检查单位1244户，发现违法违规户数14户，查出财政违法、违规、违纪金额54.56亿元，已处理户数12户，追缴（扣拨）财政违规资金5.23万元，查补财政收入0.91亿元。

【会计管理】 2021年，全市组织完成全国会计专业技术初中高级资格考试，共有1.96万人报名，实际参加考试1.3万人次；组织会计人员参加网络继续教育1.8万人次；累计完成会计人员信息采集、审核3.5万人；落实推行“证照分离”改革，明确了中介机构从事代理记账业务的行政许可实行告知承诺方式。

【预算绩效管理】 2021年，桂林市绩效评价实现一级预算部门全覆盖、重大民生领域全覆盖、四本预算全覆盖。市本级绩效评价除涉密部门外，完成绩效评价项目116个，绩效评价总额增加到81亿元，其中，委托第三方重点评价项目66个，重点评价总额增加到26亿元，部门整体支出评价试点扩大到26个一级预算部门。预算绩效评价结果列入市绩效办对各预算单位的综合绩效考核指标体系。

【非税收入管理】 2021年，全市持续推进非税收入管理。全年非税收入43.84亿元，增加1.76亿元，增长4.2%。加强土地出让收支管理。做好国有土地使用权出让收入、矿产资源专项收入、海域使用金、无居民海岛使用金4项政府非税收入划转税务部门征收工作。全市实现国有土地使用权出让收入106.97亿元。

【财政事务改革与创新】 2021年，全市推进财政事权和支出责任划分改革，出台《桂林市公共文化领域市以下财政事权和支出责任划分改革实施方案》。推进零基预算理念落地见效，改变“基数+增长”编制预算模式，统筹整合项目资金集中财力办大事，聚焦落实市委、市人民政府重大决策部署、中心工作和重点领域，打破支出预算固化格局。桂林市本级和所辖十七个县(市、区)预算管理一体化系统全部上线工作，实现财政预算编制、指标管理、预算执行、动态监控、会计核算全流程一体化管理。 (杨弘民)

税　　务

【概况】 2021年，国家税务总局桂林市税务局(简称市税务局)办公地址在七星区穿山东路40号。内设机构和事业单位21个，派出机构7个。年内，桂林市税务系统完成了市委、市人民政府和自治区税务局下达的年度收入预算目标任务，推动多项创新工作走在全自治区乃至全国前列，以实际行动献礼中国共产党成立100周年华诞，助力桂林打造世界级旅游城市贡献了税务力量。全年累计获自治区级以上单位荣誉11项、个人荣誉13人次。

【税收收入】 2021年，桂林市税务系统共组织桂林市政府口径收入178.34亿元，增收8.06亿元，增长4.7%。全年收入特点。税收增幅前高后低。全年，桂林市税收增长4.3%。上半年，在2020年同期低基数的基础上，税收实现增长14.5%。但下半年受同比低基数效应减弱，高耗能企业限制产能，房地产市场销售下滑以及制造业中小微企业专项缓税等因素综合影响，税收增幅逐步收窄。分税种看，主体税种增量占比较大，地方税种增速平稳。增值税、企业所得税和个人所得税分别完成77.27亿元、36.87亿元和14.64亿元，分别增长2.1%、4%和15.7%，3个税种合计增收4.99亿元，占增收总量的66.5%。城市维护建设税、城镇土地使用税、房产税、印花税、土地增值税、车船税、契税、资源税和耕地占用税9个地方税种合计完成36.92亿元，增收2.57亿元，增长7.5%。房地产业税收呈下滑态势，制造业税收保持稳定增长，批零业税收增幅较高，金融业税收降幅较大。第二产业中，制造业税收完成37.85亿元，占总体税收的20.9%，增长6.4%，增收2.27亿元。11月、12月制造业中小微企业缓税分别为0.84亿元和0.85亿元，全年制造业税收增长11.1%，增收3.96亿元。非金属矿物制品业、酒制造业和医药制造业分别完成税收6.54

表17　　2021年桂林市税收收入情况表

项目	累计			
	2021年金额（万元）	2020年金额（万元）	增减额（万元）	增减（%）
一、税收收入合计	1812626	1736542	76084	4.4
（一）国内增值税	772715	756763	15952	2.1
（二）国内消费税	86070	81621	4449	5.5
（三）企业所得税	368723	354680	14043	4.0
（四）个人所得税	146365	126502	19863	15.7
（五）资源税	10592	8885	1707	19.2
（六）城镇土地使用税	19668	16927	2741	16.2
（七）城市维护建设税	51849	52152	-303	-0.6
（八）印花税	17968	16849	1119	6.6
（九）土地增值税	66534	69188	-2654	-3.8
（十）房产税	59795	44032	15763	35.8
（十一）车船税	23915	22534	1381	6.1
（十二）车辆购置税	64897	70500	-5603	-7.9
（十三）烟叶税	0	0	0	0.0
（十四）耕地占用税	15156	8964	6192	69.1
（十五）契税	103713	103997	-284	-0.3
（十六）环境保护税	1307	1724	-417	-24.2
二、非税收入合计	117322	65815	51507	78.3
（一）教育费附加	26083	25996	87	0.3
（二）地方教育费附加	16831	16454	377	2.3
（三）文化事业建设费	18	38	-20	-52.6
（四）税务部门罚没收入	230	142	88	62.0
（五）残疾人就业保障金收入	11438	9136	2302	25.2
（六）其他非税收入	62722	14049	48673	346.5

亿元、5.54亿元和5.47亿元，分别增长-10.9%、4.2%和13.7%。第三产业中，房地产业税收完成41.97亿元，占总体税收的23.2%，下降1.5%，减收0.64亿元。房地产业税收从一季度增幅21.9%到上半年增幅10.8%，再到全年下降1.5%，下滑态势较为明显。批零业税收完成25.26亿元，占总体税收的14%，增长23.1%，增收4.74亿元。金融业税收完成21.45亿元，占总体税收的11.8%，下降8.5%，减收1.99亿元。桂林市与税收联系紧密的各项经济指标保持增长。其中，规模以上工业增加值增长8.3%，固定资产投资额增长1.5%，限额以上批发零售业销售额分别增长10.4%。反映在税收上，全年工业税收增长5.5%（剔除缓税因素增长9.4%），批发零售业税收增长23.1%，经济发展为税收增长打下了坚实基础。电子信息产业加快发展带动税收增长。2021年，全市电气机械和器材制造业、计算机通信等电子设备制造业税收合计增收1.03亿元，合计拉动总体税收增长0.6个百分点。加强征管、稽查及风险应对堵漏增收。2021年，稽查查补入库税收共2.91亿元，增加1.88亿元，增长182.5%，拉动总体税收增长1.1个百分点。风险应对成效入库税收7.5亿元，占全市总局口径收入的4.1%，保障了组织收入增长。统筹加快土地增值税项目清算，2021年入库清算税款1.1亿元，增加0.4亿元，拉动税收增长0.2个百分点。房地产市场低迷。2021年，桂林市商品房销售面积下降8.3%，其中住宅销售面积下降27.6%。全市房地产业税收连续5个月单月降幅在15%左右，下滑趋势明显，全年减收0.64亿元，拉低税收增幅0.4个百分点。车辆销售下滑。2020年年底车辆补贴政策促进了车辆销售使得车辆购置税增收，2021年车辆销售有所下滑，车辆购置税减收0.56亿元，拉低税收增幅0.3个百分点。重大不可比因素。桂林银行（总部）因调整资产减值损失等项目以及在南宁成立资金运营中心，全年减收2.89亿元。国海证券因抵扣购买办公楼产生的进项税额减收1.15亿元。兴安海螺水泥因限制产能和享受西部大开发优惠政策减收0.75亿元。

【非税收入】 2021年，桂林市税务系统共组织社保基金145.09亿元，增长74.7%；组织非税收入11.73亿元，增长78.3%。另组织工会经费收入2.19亿元，增长12.3%。创新税务、人社、医保、银行四部门“联学联建、惠民优服”机制，建立健全协作商讨机制，提升人民群众的获得感和社会满意度。与人社部门联合开展数据清洗，累计清洗、分析、比对数据194.7万条，排查统计出全市16岁及以上户籍436万人，参加职工养老保险153万人，临近到龄领取待遇人群6.34万人，实现扩面征缴人数达17万人，促进社保费应缴尽缴。拓展线上线下缴费渠道，与财政等部门配合，在城乡推广“社保卡、惠农补贴资金一卡通”业务，发挥社保卡身份凭证、信息记录、自助查询、缴费和待遇领用功能。

【税收法治】 2021年，市税务局将“公众参与、专家论证、风险评估、合法性审查、集体讨论决定”作为重大行政决策法定程序，共召开党委会议、局长办公会议46次，涉及的议题200个，均按照“集体讨论、少数服从多数”的原则作出决定。坚持严格规范公正文明执法。2021年，公示执法人员1173人，公示准予行政许可结果14714个，公示行政处罚结果538个，公示双随机抽查结果2个。健全权利制约和监督体系。大力发挥内控平台监督问效工作职能，2021年，经过内控平台税收执法责任管理与过错追究子系统扫描过错预警数据共146条，针对基层单位执法过错提出了工作建议并下发风险提示。切实加强执法督察，对4个县（区）税务局开展领导干部离任经济责任审计和督查审计审计共检查出税收执法方面问题75项，提出整改建议16条。“公开为原则、不公开为例外”的理念，全年按时按规录入全市“双公示”13984条，及时更新税务各类网站政策类公开项目195条。

【税收政策落实】 2021年，市税务局落实减税降费及延期缴纳税款政策，是全国首批试点开发税费优惠政策标签体系城市，精准执行税费优惠政策207项，累计减免各项税费70.01亿元，占税收总量的38.7%，由税务部门征收的税收和非税收入新增减税降费16.9亿元。其中，小规模纳税人提高起征点减免8.8亿元，权益性投资收益减免企业所得税10.3亿元，西部大开发优惠政策减免4.6亿元，研发费用加计扣除减免3.9亿元。全市个人所得税综合税制减税人数32.14万人，减免1.62亿元，实际享受专项附加扣除人数13.48万人，减税1.18亿元。调整延期缴纳税款审批流程，采取“市级受理审核—区局审批发放”二级流转模式，加速审核审批纳税人延期缴纳税款申请，2021年11月—12月，共为制造业中小微企业办理缓税（税务总局口径）1.69亿元。

【纳税服务】 2021年，市税务局紧密结合“我为群众办实事”主题实践活

2021年6月16日，市税务局召开“学史力行　春雨润苗”暨全面推行“税务－商会”党员联络机制座谈会。

（唐李理供图）

动，倾力解决纳税人缴费人痛点、难点、堵点问题，不断提升纳税人缴费人的获得感和满意度。在全国率先实现新生儿医保“落地即保”，将原本耗时3个月的办理时长缩短至2天以内，免垫付率达100%。推行“十一税合一”综合申报，企业年度申报报表数由30张整合至8张，企业年度纳税时间由70.3小时压缩至31.2小时。率先实现不动产交易登记“一窗受理、并行办理”，线下业务办理平均耗时由1天缩短至25分钟，办理人员减少10%以上。创新推行二手房“周末预约办”服务，获得了纳税人高度好评。实施“四个一”提满意工程，开展大走访活动、制定《不满意度调查问卷》、建立书面回复机制等一系列真情服务，赢得纳税人“非常满意”。全年累计走访纳税人6.66万户，开展纳税人满意度专项调查。开展“百名局长联千户”活动，全系统党委班子走访纳税人9965户，解决涉税问题397项，帮助企业纾困解难。建立“春雨润苗”税务党员定向帮扶联络机制，选派55名业务骨干担任全市142家协会“育苗师”，为企业提供精细服务；加强与桂林银行合作，将以往的“桂银乐税贷”项目创新升级为全线上产品，实现授信放贷全线上、自动化、秒批放。2021年共有16家银行为6581户诚信纳税企业发放贷款89.85亿元，替企业解决融资难题。

2021年5月30日，广西首个“警税联合作战中心”在桂林挂牌成立。

（唐李理供图）

【税务征收管理】 2021年，市税务局认真贯彻落实中办、国办《关于进一步深化税收征管改革的意见》，结合桂林实际制定《桂林市意见落实任务分工》，统筹推进税收征管改革落到实处。荔浦、灌阳、兴安、叠彩4个单位开展分类分级管理试点工作。建立健全跨部门、跨地区的常态化、制度化数据共享协调机制，迎战广西百县行业税收“四精”擂台赛，在第一阶段的评比中，桂林有4个单位被评为“行业擂主”，分别是象山区局投资和资产管理、荔浦市局木材加工、灌阳县局黏土砖瓦及建筑砌块制造、阳朔县局住宿业，擂主总数位居全自治区第二。在广西率先创建“征管质量5C监理中心”，创新落实“未申报一表集成”、征管数据“系统+人工”双重质检等48项精准监管举措，累计下发疑点数据清册36批次，涉及疑点数据2.4万条，全年下发有效疑点数据比例提升至90%以上，获得2021年征管质量5C指标A级评价，连续两年保持全自治区前二的领先地位。市税务局与市公安局、自治区税务局第三稽查局协作，在自治区率先成立“警税联合作战中心”，打造“职务互挂、支部共建，身份互授、手段共用，信息互通、证据共享”的“三互三共”联合作战新模式。自治区税务局、自治区公安厅在桂林联合召开广西警税协作经验交流现场会，桂林市税务局作了经验发言。桂林市警税联合办案35件，打掉虚开团伙6个，查处非法发票1.27万份，涉及金额16.65亿元、税额2.59亿元。查处的“7·31”案被税务总局列为5起虚开典型案例，被中央电视台“新闻直播间”栏目报道。（唐李理）

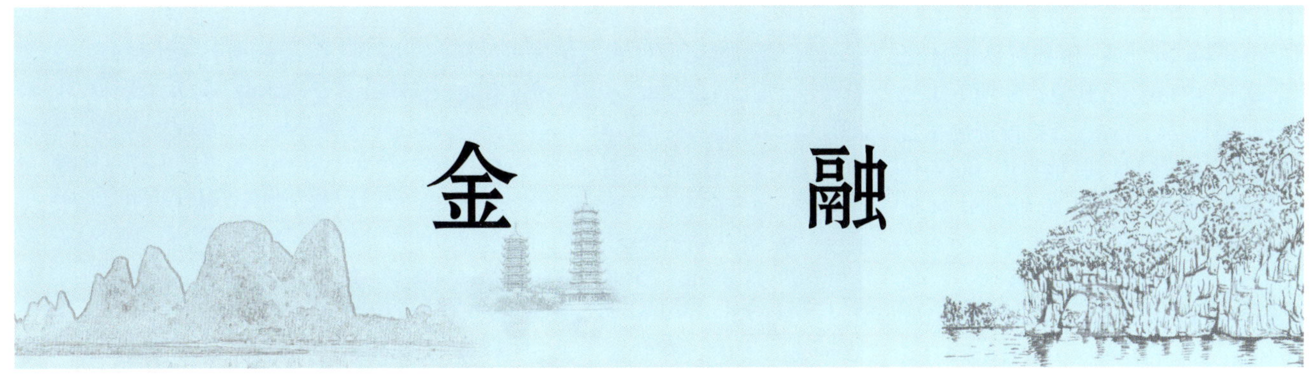

金　融

综　述

【概况】 2021年,桂林市金融业坚持稳中求进工作总基调,贯彻落实稳健货币政策,把握金融服务实体经济的本质要求,防范和化解金融风险,深化金融改革开放,促进桂林市经济社会高质量发展。年末,桂林市金融管理机构有桂林市金融工作办公室(简称金融办)、中国人民银行桂林市中心支行(简称人行桂林市中支)、中国银行保险监督管理委员会桂林监管分局(简称桂林银保监分局);行业管理组织有广西区农村信用社联合社桂林办事处(简称农信社桂林办事处);行业自律组织有桂林市银行业协会、桂林保险行业协会。

【银行业】 2021年,桂林银行业金融机构34家,其中政策性银行1家、国有银行4家、股份制银行7家、城市商业银行3家、农村商业银行10家、农村合作银行4家、村镇银行3家、农村资金互助社1家、邮政储蓄银行1家。辖区共有金融机构网点863个,从业人员1.3万人。年末,桂林本外币存款余额4484.50亿元,(比年初,下同)增加460.94亿元,增长11.46%。其中,人民币存款余额4450.32亿元,增加454.79亿元,增长11.38%;外汇存款余额5.36亿美元,增加1.07亿美元,增长24.79%。本外币贷款余额3542.01亿元,增加285.60亿元,增长8.77%。其中,人民币贷款余额3539.44亿元,增加284.86亿元,增长8.75%;外汇贷款余额4039.64万美元,增加1230.31万美元,增长43.79%。桂林辖区银行业金融机构在经营效益方面,累计实现税后本外币净利润32.24亿元。在资产质量方面,辖区金融机构年末不良贷款余额75.87亿元,减少52.45亿元;不良贷款率2.14%,下降1.8个百分点。

表18　2021年桂林金融机构本外币存贷款情况表

项目	余额(亿元)
各项存款	4484.50
境内存款	4476.86
住户存款	2779.29
非金融企业存款	709.10
广义政府存款	549.56
非银行业金融机构存款	438.91
境外存款	7.64
金融债券	147.96
各项贷款	3542.01
境内贷款	3541.69
住户贷款	1571.98
非金融企业及机关团体贷款	1969.71
非银行业金融机构贷款	0
境外贷款	0.32

2021年,桂林辖区外汇市场运行平稳,涉外收支及结售汇增幅明显。跨境资金收支总额21.48亿美元,增长26.06%。其中,跨境资金收入15.48亿美元,增长42.94%;跨境资金支出6亿美元,下降4%。跨境资金顺差9.48亿美元。银行结售汇规模增长,由逆差转为顺差。银行结售汇总额18.70亿美元,增长36.50%。其中,结汇10.36亿美元,增长67.64%;售汇8.34亿美元,增长10.90%。结售汇差额由上年逆差1.34亿美元转为顺差2.02亿美元。

进出口恢复性增长,出口占主导地位。进出口总额16.85亿美元,增长36.25%。其中,出口14.39亿美元,增长35.27%;进口2.45亿美元,增长42.33%;顺差11.94亿美元,增长33.9%。货物贸易跨境收支总规模为15.45亿美元,增长34.1%;收付汇顺差11.49亿美元,增长31.86%。

个人结售汇总额1.43亿美元,下降14.75%。其中:个人结汇0.52万美元,下降3.56%;个人购汇0.92亿美元,下降19.95%。个人结售汇逆差0.4亿美元,逆差下降34.2%。服务贸易跨境收支及逆差规模持续下降。服务贸易收支规模为2.85亿美元,增长7.55%。其中,服务贸易涉外收入0.18亿美元,下降28%;服务贸易涉外支出2.67亿美元,增长11.25%;逆差2.49亿美元,下降8.12%。

外债还本付息、利润汇出拉动资本项下跨境收支大幅增长,但仍保持逆差格局。资本项下跨境收支7.72亿美元,增长2.36倍。其中,流入3.06亿美元,增长185.48%;流出4.66亿美元,增长278.34%。逆差1.6亿美元,逆差规模扩大10倍。

跨境人民币结算总额56.39亿元,

增长44.63%。其中,货物贸易10.62亿元,下降24.73%;服务贸易1.04亿元,增长173.68%;其他经常项下1.52亿元,增长245.45%;直接投资额4.21亿元,下降1.63%;其他投资38.06亿元,增长100.21%;小额批量0.94亿元,增长22.08%。

【保险业】 2021年,桂林市共有保险机构61家,其中产险公司20家、人身险公司16家、专业保险中介机构25家。累计实现保费收入79.08亿元,增长4.15%。其中,人身险实现保费收入55.32亿元,增长0.71%;累计赔付支出16.88亿元,增长34.04%;财产险实现保费收入23.76亿元,增长13.12%;累计赔付支出15.82亿元,增长11.09%。保险密度每人1603.73元,每人增加197.88元;保险深度3.42%,减少0.15个百分点。

【证券期货业】 2021年,桂林市共有证券营业部17家,期货营业部2家。证券资产总额24.16亿元,增长17.1%;负债总额22.70亿元,增长17.7%;从业人员367人。期货业资产总额3210.18万元,增长5.96%;负债总额3774.30万元,增长6.1%;从业人员12人,期货业规模保持稳定。年末,桂林市各证券营业部代理证券交易总额6467.17亿元,增长8.3%,各营业部实现利润总额9142.04万元,下降10.93%。营业收入2.38亿元,增长11.04%;经纪业务手续费收入2.03亿元,增长9.6%;利息收入3404万元,增长21%;营业支出1.46亿元,增长33.91%。期货业规模扩大,利润下滑。年末,桂林市期货营业部共完成期货交易量185.1万元,增长49.15%;交易总额1102.7亿元,增长67.8%;实现营业收入232.77万元,增长34.3%;净利润持续亏损,亏损额为68.90万元,亏损额减少8万元。(谢宇鹏)

【地方金融机构】 2021年,桂林市地方金融机构业务发展平稳。

融资担保公司 2021年,桂林市有融资担保公司6家,其中独立法人机构4家(国有政策性担保机构2家,平均注册资本1.84亿元),分支机构2家。注册资本7.39亿元,担保业务在保余额34.24亿元,担保业务发生额33.8亿元。

2021年9月16日,2021年桂林市"贷动小生意,服务大民生"为民办实事暨个体工商户政金企融资对接活动举行。(黄卫东摄)

小额贷款公司 2021年,桂林市有小额贷款公司36家。注册资本14.67亿元,贷款余额16.65亿元,资产总额14.67亿元,负债总额6.78亿元。

典当行 2021年,桂林市有典当行4家(含分支机构1家),典当资产总额8335.74万元,负债总额1833.85万元。全年累计完成典当总额860万元。全年实现营业收入251.69万元。全年全行业未发现虚假出资、抽逃资金、违规对外投资、挪作他用情况,无非法集资、吸收或变相吸收存款、从商业银行以外的单位或个人借款等违规行为。

融资租赁公司 2021年,桂林融资租赁行业发展处于初级阶段,有融资租赁独立法人机构和分支机构共29家。其中,法人机构5家,分支机构24家。正常开展融资租赁业务的企业有2家,均从事大额分期购车业务。(吴昊)

地方金融监管

【概况】 2021年,桂林市金融工作办公室(简称市金融办)办公地址在桂林市临桂区鼎晟大厦,内设机构4个和机关党组织。年内,市金融办围绕"服务实体经济、深化金融改革、防范化解重大金融风险"三项任务,健全配套政策措施,加强对重点领域实体经济的保障,优化金融营商环境,为桂林经济高质量发展、建设世界级旅游城市提供强有力的金融支撑。全年全市金融业增加值188.56亿元,两年复合增速4.2%,高于第三产业两年复合增速2.8个百分点,占全市地区生产总值的8.2%;贡献税收收入21.45亿元,占全市税收收入的11.8%。

【"桂惠贷"优惠政策】 2021年,市金融办健全配套政策措施,贯彻落实"桂惠贷"政策,帮助市场主体恢复元气、增强活力。年内,全辖区、各类型市场主体实现"桂惠贷"全覆盖,融资覆盖面显著提升;投放价格比上年全国企业贷款加权平均利率下浮116个基点,利率水平明显降低;中小微企业投放金额占比超九成,信贷支持投向精准。全年全市银行机构投放"桂惠贷"202.2亿元,投放金额排名自治区第三,共惠及市场主体9155户(放款10796笔),降低相关市场主体融资成本4.08亿元,拉动各行业产值600亿元,带动增加值60亿元,贡献全市地区生产总值2.5个百分点。

【线上线下融资】 2021年,市金融办组织线下"政金企"融资对接活动共8次,服务企业近百家,现场对接金额30亿元。线上完成广西综合金融服务平台市级子平台建设,注册企业超

1万家，放款金额270亿元。市民营小微企业首贷续贷中心累计受理业务544笔，金额18.82亿元，平均受理时限为3个工作日，压缩时限60%以上。在2021年自治区优化营商环境绩效考评中，桂林市“获得信贷”指标排名自治区第二，其中单笔1000万元以上2000万元及以下融资项目的政府性融资担保机构担保费率0.65%，比控制在1.5%以下的要求低0.85个百分点，排名自治区区第一。

【金融精准支持实体经济】 2021年，市金融办引导各金融机构重点保障实体经济重点领域和薄弱环节，精准支持制造业和小微企业发展。年末，制造业贷款余额246.60亿元，增长25.56%，高于人民币贷款余额增速16.81个百分点，超出年度增长计划10.56个百分点；小微企业贷款余额890.85亿元，增长12.13%，高于人民币贷款增速1.93个百分点。持续开发“见贷即保”等担保创新产品，推进“总对总”批量担保业务。年末，政府性融资担保业务在保余额25.13亿元，增长43.42%。经政府性融资担保扶持的企业，企业融资利率由7%降低至5%，节约融资成本4000万元，销售额增加80亿元，利润增加8.5亿元。完成7个县（区）农村信用信息系统升级建设，临桂区成为广西首个农村信用信息系统升级建设工作签约试点县（区），农户信息入库率、“四级联创”各项指标、农村金融机构覆盖面等进一步提升。

【绿色金融发展】 2021年，桂林市推动成立桂林市推进漓江生态保护绿色金融创新工作专班，从发展规划、组织体系和服务创新等8个方面进行统筹规划，编制《绿色项目评估管理办法》和《绿色金融重点支持产业指导目录》，桂林银行成为广西首家披露环境信息的城商行，辖内设立绿色金融专营机构36家。兴业银行桂林分行推出以碳资产、排污权、合同能源未来收益权为抵押的融资产品；农业银行桂林分行创新运用电费收费权质押支持风电产业发展；桂林银行创新推出碳排放权质押贷款，并落地广西城商行单笔额度最高碳排放权质押贷款；国海证券助力区内企业完成深交所首批、广西首单碳中和绿色公司债券，支持区内企业完成广西首单农垦系统农村产业融合专项债券，落地集通铁路客户收费权绿色资产支持计划。年末，全市绿色贷款余额239.43亿元，增长35.09%。

【直接融资改革创新】 2021年，桂林市出台《桂林市开展直接融资改革创新试点方案》《桂林市资本市场改革发展三年行动方案》，推动延续桂林市鼓励企业上市挂牌融资政策。11月，桂林市入选广西直接融资改革创新试点城市。11月15日，桂林星辰科技股份有限公司在北京证券交易所正式上市，成为全国首批、自治区首家在北京证券交易所上市企业。12月15日，桂林光隆科技集团股份有限公司申请科创板上市获受理。年末，全市上市企业数量、新三板挂牌企业数量均排名全自治区第二。上市后备企业40余家，其中在自治区上市（挂牌）后备企业资源库库企业13家，重点企业4家，企业获得上市融资奖励资金840余万元。设立桂林科技金融路演中心，引导企业用好用足资本市场。年内，五洲旅游、桂林旅游和福达股份完成定增计划，上市（挂牌）公司“示范效应”有效放大。推行三农专项金融债、二级资本债、项目收益专项债、公司债和融资工具(PPN)等多种债务融资工具，有效满足桂林银行、国海证券、桂林经开投资、桂林新城投和桂林交投等公司融资需求。全州县盘活“三资”（资源、资产、资金）的经验做法，得到自治区肯定并在自治区推广。全年全市直接融资规模154.5亿元，增长16.6%。

2021年6月21日，市金融办组织召开桂林市金融重点工作推进会暨2021年政金企融资对接会。（吴昊摄）

【金融风险防范】 2021年，桂林市有序推进农村中小金融机构改制化险，开展上市公司退市风险处置，有效防范金融风险。年内，桂林国民村镇银行成功化解上市公司东方网络退市风险，创造国内上市公司重整用时最短纪录，成为自治区内首个成功运用预重整衔接司法重整方式化解上市公司退市风险的经典案例，并获2021年度“全国破产经典案例”10个提名奖之一。阳朔县和永福县农商行化险改制经验做得到自治区的肯定。开展《防范和处置非法集资条例》宣传教育，突出民间投融资中介等重点领域。协调相关部门，进行综合治理非法集资，涉案金额1.6亿元。强化监管规范经营，对辖区融资担保公司、小额贷款公司等7+4类金融机构开展调研和清理规范工作。组织桂林小微担保公司申报并获2021年财政支持深化民营和小微企业金融服务综合改革试点城市资格，取得专项资金5000万元。

（吴昊）

中国人民银行桂林市中心支行

【概况】 2021年，中国人民银行桂林市中心支行（人行桂林市中支）办公地址在桂林市七星区七星路28号。

内设机构 17 个,辖支行 12 个。年内,人行桂林市中支落实稳健的货币政策,疏通货币政策传导机制,坚持稳中求进工作总基调,切实服务实体经济,防范和化解金融风险,为推动地方经济发展提供高效优质的金融支持。

【信贷投放和货币政策落实】 2021 年,人行桂林市中支增强金融机构信贷投放能力,为地方经济发展创造良好金融环境。年末,桂林金融机构对非金融企业及机关团体贷款余额(不含票和垫款)共 1733.67 亿元,增加 232.03 亿元,增速高于各项贷款增速 6.67 个百分点;占增加贷款的 81.24%,提高 36.74 个百分点。小微企业贷款余额 890.85 亿元,增加 96.65 亿元;普惠小微贷款余额 378.95 亿元,增加 33.30 亿元。加大乡村振兴相关领域信贷支持力度,巩固脱贫攻坚成果、扎实推进乡村振兴。全市金融机构累计向已脱贫人口发放贷款 30.82 亿元,已脱贫人口贷款余额 43.36 亿元。涉农贷款余额 1275.68 亿元,增加 77.51 亿元,增长 4.74%。从贷款行业结构来看,新增贷款主要集中在租赁和商务服务业、制造业、水利环境和公共设施管理业,金额分别为 89.87 亿元、50.20 亿元、27.36 亿元。

2021 年,人行桂林市中支用好货币政策工具支持地方经济发展。年内,用好再贷款、再贴现等货币政策工具支持企业发展。全年累计发放(含展期)支农再贷款 24.89 亿元(含扶贫再贷款 2.78 亿元),支小再贷款 146.63 亿元,累计为 7 家机构办理再贴现 5494 笔,金额 197.65 亿元。发放普惠小微企业信用贷款 2.45 万户,共 45.77 亿元,提供零利率金 18.31 亿元;办理普惠小微企业贷款延期 1.41 万户,共 128.59 亿元,提供激励金 1.28 亿元。做好存款准备金管理,落实优惠法定存款准备金率,对法人金融机构释放流动性 29.13 亿元,对达标的"三农金融事业部"释放流动性 2.96 亿元。金融市场业务有所突破,桂林银行在全国银行间债券市场成功发行 28 亿元二级资本债、80 亿元三农专项金融债券,是自治区发行的首单该类债券。利率市场化改革工作有序推进,辖区各金融机构特别是地方法人金融机构持续运用 LPR(贷款市场报价利率)定价机制。辖区 17 家法人金融机构的新增贷款 LPR 运用率 99.34%。

【发行基金调拨和现金投放回笼】 2021 年,人行桂林市中支做好发行基金调拨和现金投放回笼工作。辖区发行基金调拨 38 笔,金额 211.08 亿元。现金投放 129.83 亿元,其中 20 元以下小面额现金投放 7.13 亿元。回笼 146.98 亿元,净回笼 17.14 亿元。其中,残损回笼券 102.22 亿元,20 元以下小面额残损现金回笼 5.64 亿元。收缴假人民币 1.33 万张,面额 91.18 万元;假外币 33 张,均为美元,面额 3300 美元。

【金融改革创新】 2021 年,人行桂林市中支引导桂林市金融业推进金融改革创新。年内,建设绿色金融改革创新示范区。指导桂林银行成为自治区首家发布环境信息披露报告的城商行。指导金融机构推出"漓江生态保护贷""污水处理收益权质押贷款""绿色 PPP 贷款"等信贷产品,发行自治区首款绿色乡村振兴理财产品。加大跨境金融创新,助推广西面向东盟金融门户建设。指导桂林银行与建行马来西亚分行合作,实现福费廷资产首次跨境转让,交易金额 5.78 亿元;指导工行桂林分行与桂林银行合作,助力企业与东盟国家客户的贸易往来,至年末,工行累计为桂林银行开立以东盟国家银行为"通知行"的进口信用证业务 23 笔,金额共 1.46 亿美元;指导工行桂林分行与工行新加坡分行、香港分行等海外机构联动,通过国际贸易"单一窗口"为辖内 7 家企业办理"跨境贷"线上融资业务,累计发放贷款 1356 万元。推动跨境金融区块链服务平台新场景应用,指导桂林银行办理首笔 4 万美元出口信保保单融资。至年末,共有 9 家银行通过跨境区块链平台为 16 家企业办理出口融资业务 111 笔,金额 7215.29 万美元,办理中信保保单融资 61 笔,金额 312 万美元。推动落实外汇便利化政策,指导中行桂林分行办理首笔 1600 美元外国人才薪酬购汇汇出业务,外国人才薪酬购付汇便利化试点政策成功落地。至年末,辖区通过电子单证办理货物贸易外汇收支的银行共 2 家,涉及企业 10 家;放宽业务审核签注手续的银行共 4 家,涉及企业 370 家,金额 5.47 亿美元;开立出口待核查账户 3 户。金融市场业务不断扩容增量,辖区共有全国银行间债券市场成员 11 家,全国同业拆借市场成员 4 家,增加 2 家银行业金融机构为金融市场成员。利用债券市场融资品种日趋丰富,桂林法人金融机构发行各类金融债券余额 180 亿元,其中二级资本债券 68 亿元,三农债券 80 亿元,永续债券 32 亿元。指导桂林银行通过上海票交所落地桂林首笔供应链票据业务,共计 500 万元。

【农村信用体系及支付环境建设】 2021 年,人行桂林市中支推动"信用

2021 年 9 月 6 日,人行桂林市中支与桂林市公安局举行防范电信网络新型违法犯罪进乡村工作签约仪式。 (黄卫东摄)

户、信用村、信用乡镇、信用县”四级联创工作，加强农村支付环境建设。至年末，辖区采集录入农户信用信息102万户，入库率93%；创建信用乡（镇）85个，占全辖乡镇总数的59%；信用村1002个，占全辖行政村总数的66%；信用户72万户，占全辖农户总数的63%。有助农取款服务点2968个，加载了电商功能的服务点789个。有农村金融服务进村示范点134家，获专项活动补贴406.06万元。联合公安下发防电信诈骗进乡村工作方案、签订合作协议，建立三方联络员机制，共设立村级“防范电信诈骗联合宣传点”数量2616个。推进移动支付便民工程，全市云闪付存量用户213.57万户。打造移动支付示范村、示范乡、示范县，全市46个国家4A级以上旅游景区支持云闪付购票，桂林市中心及县域部分景区实现吃、住、行移动支付一体化建设。

【应收账款融资服务平台发挥效用】 2021年，人行桂林市中支向各金融机构与小微、民营企业宣传推介应收账款融资业务，鼓励企业通过应收账款融资来缓解融资难、融资慢、融资贵问题。8月，召开中征应收账款融资业务推进会，推动供应链核心企业接入应收账款融资服务平台。至年末，有2家核心企业接入应收账款融资服务平台，为上下游供应商实现累计融资额1.51亿元。在中征应收账款融资服务平台注册用户136家，企业通过中征平台上传应收账款融资需求，达成融资成交181笔，融资金额79.48亿元，增长78.05%。

【金融风险防范】 2021年，人行桂林市中支做好桂林辖区金融风险防范化解工作。年内，建立监管员风险督导工作机制，强化风险化解对策研究。对每家问题投保机构指定1名专管员，建立风险处置化解台账，有针对性制定“一户一策”清收措施。引入合格法人股东承接方式，处置问题股东的不良贷款；采取措施清收公职人员不良贷款；与法院沟通对接协调，督促法院加快审办有抵押物的不良贷款诉讼案件。加强与桂林银保监分局的监管联动，就辖区农合机构改制化险、村镇银行风险处置、资产质量现场摸排等工作多次开展监管联动。

（谢宇鹏）

银行保险业监管

【概况】 2021年，桂林银行保险业监管分局（桂林银保监分局）办公地址在桂林市七星区育才路10号。内设部门10个，辖区内设县（市）监管组12个。2021年，桂林银保监分局履行属地银行业保险业监管职责，引导银行业保险业为桂林市经济高质量发展持续提供金融支持。年末，桂林银行业资产6492.68亿元，增长12.05%；负债总额6107.83亿元，增长12.78%；各项存款余额4484.50亿元，增长11.46%；贷款余额3542.01亿元，增长8.77%；桂林保险业实现原保费收入79.08亿元，增长4.15%。

【银保行业助推地方经济发展】 2021年，桂林银保监分局引导机构家对文化旅游产业、工业、重大项目的金融支持，推动地方经济发展。年内，加强与文化旅游部门的联动，引导银行业保险业助推文化旅游产业复苏。年末，银行机构文化旅游产业贷款余额246.24亿元，增长29%。配合推进申报桂林市创建国家级绿色金融改革创新试验区。支持科技创新，联合市科技局等部门举办桂林金融服务科技创新发展推进会，引导银行业金融机构设立服务科技型企业的科技支行9家。全面对接桂林市“工业振兴”战略，出台加大涉农信贷投放力度、支持生猪专项贷款投放、落实差别化信贷政策等工作举措，引导银行机构支持制造业发展。年末，银行机构制造业贷款余额299.8亿元，增长19.91%。

【普惠金融服务质效提升】 2021年，桂林银保监分局持续巩固脱贫攻坚成果，结合阳朔县域实际，制定乡村振兴金融服务县域样板实施方案，先行先试打造乡村振兴金融服务阳朔县域发展样板，助推阳朔县发展旅游业、种养业。5月31日，桂林银保监分局、阳朔县人民政府联合多家银行、保险机构，在阳朔县白沙镇举行“银保助力阳朔乡村振兴”启动仪式，推动银行机构现场签约授信5.05亿元，保险机构承诺提供保险保障210亿元。召开金融服务民营小微高质量发展会议，督促银行机构延续实施贷款延期还本付息政策，并将政策适用范围扩大至货车司机、出租车司机、网店店主等个体经营者。加强对受疫情影响较大个体工商户的金融支持，组织开展个体工商户政金企融资对接活动。年末，银行机构普惠型小微企业贷款余额408.58亿元，增长17.49%；受惠小微企业户数18.04万户，增加1.81万户，实现贷款额和贷款户数双增。

【金融风险化解处置稳妥推进】 2021年，桂林银保监分局加强信用风险防控，督促银行机构制定应对不良反弹

2021年7月9日，桂林银保监分局联合市科技局、市市场监管局等部门召开桂林金融服务科技创新发展推进会，并举行签约仪式。（毛祖亮供图）

2021 年 5 月 31 日，桂林银保监分局联合阳朔县人民政府在阳朔县白沙镇举行“银保助力阳朔乡村振兴”启动仪式。（毛祖亮供图）

综合方案和风险处置方案，加大存量不良贷款处置力度，不良贷款和不良贷款率实现双降。年末，桂林银行业不良贷款余额 75.87 亿元，减少 52.45 亿元；不良贷款率 2.14%，降低 1.8 个百分点。加快推进中小机构风险处置，摸清拟改制银行机构风险底数，加强对高风险银行机构贴身监管，3 家高风险机构指标显著优化。规范整治重点领域和重点业务风险，防范和处置地方政府隐性存量债务风险，严格落实房地产贷款集中度监管新规，持续拆解影子银行风险。打击违法违规金融活动，开展“案件治理年”专项行动、打击车险领域保险欺诈专项行动；推进打击电信网络诈骗，组织银行机构开展账户风险摸排倒查和集中整治行动。

【银行业保险业改革】 2021 年，桂林银保监分局引导城商行设立县级分支机构 9 家，小微支行 17 家。稳步推进农合机构改革转型，督导 6 家拟改制农合机构制定可行性改制方案，永福农商行、阳朔农商行成功挂牌开业。加强对桂林国民村镇银行窗口指导，推动机构的主发起行回归履职。加强法人机构公司治理和内控管理，推动法人银行机构将党建工作纳入公司章程，开展公司治理监管评估与后续整改跟进。持续深化车险综合改革，实现“降价增保提质”阶段性目标。推进农业保险保单质押融资试点，地方性蛋鸡养殖保险、商业性生猪期货价格指数保险、水稻完全成本保险等险种成功落地。推进大病医疗保险承接，实现大病保险跨省异地即时结算。

【银保行业监管履职能力提升】 2021 年，桂林银保监分局强化内部管理，探索运用“一信两书”、家访等方式加强干部“八小时”外监督管理。开展内部管理专项行动和员工异常行为排查。开展“诵勤廉经典　传廉韵清风”主题诵读等活动，推进清廉金融文化建设。强化监管能力建设，召开公司治理工作交流会，对桂林银行和 8 家农商行开展公司治理监管评估；成立 EAST（银监会自主开发的检查分析系统）研究小组 6 个，在 3 个现场检查项目中运用 EAST 锁定问题贷款；严格落实“双罚”，对 9 家次银行保险机构及相关人员实施行政处罚 865 万元，取消一定年限高级管理人员任职资格 3 人，禁止从事银行业工作终身 6 人。打造“非现场 + 现场检查 + 市场准入”全流程监管闭环，建立非现场监管联席会议分析机制和定期风险分析研判机制，提升非现场预警、监测、分析能力；对 11 家机构实施现场检查，查实问题 392 个、金额 73.28 亿元。

（毛祖亮）

主要银行业金融机构

【概况】 2021 年，桂林市主要银行业金融机构有中国农业发展银行桂林分行（简称农发行桂林分行）、中国工商银行股份有限公司桂林分行（简称工行桂林分行）、中国农业银行股份有限公司（简称农行桂林分行）、中国银行股份有限公司桂林分行（简称中行桂林分行）、中国建设银行股份有限公司桂林分行（简称建行桂林分行）、交通银行股份有限公司桂林分行（简称交行桂林分行）、中国邮政储蓄银行股份有限公司桂林市分行（简称邮储银行桂林市分行）、桂林银行股份有限公司（简称桂林银行）、农信社桂林办事处 9 家。为桂林市提供支付结算服务、融通资金、金融资产管理等金融服务。

【中国农业发展银行桂林分行】 2021 年，农发行桂林分行办公地点位于桂林市中山北路 149-1 号。内设机构 10 个，在荔浦市、全州县、灵川县、永

2021 年 9 月 6 日，桂林金融支持巩固拓展脱贫攻坚成果 全面推进乡村振兴工作会议召开。（黄卫东摄）

福县、兴安县、临桂区设有分支营业机构。年内，农发行桂林分行发挥政策性金融“当先导、补短板、逆周期”的职能作用，支持疫情防控、粮食收储、乡村振兴和农业农村基础设施建设等，助力桂林世界级旅游城市建设。全年累计发放贷款44亿元，投放的贷款均未新增地方政府隐性债务。年末，全行贷款余额156亿元，增加28亿元，增长22%，对公贷款增量在桂林市银行机构中排名第一。存贷比745%，是桂林市银行机构平均存贷比的9倍。贷款平均利率低于同业均值70个BP（基点），直接降低企业融资成本0.6亿元。

维护粮食市场稳定　2021年，农发行桂林分行把支持粮食收储作为全行业务工作的重点，保证资金供应，确保国家粮食安全。在粮食收购旺季，提前发放粮食收购铺底资金，避免出现资金准备不充分等被动情况，切实保护农民利益。年内，投放订单粮收购贷款1.1亿元，支持收购订单粮0.44亿千克；累计投放政策性粮食收储贷款4亿元，支持收储粮食1.35亿千克，粮食收储资金供应充足，管理有序，稳定本地粮食市场。

支持重点领域建设　2021年，农发行桂林分行统筹全行政策资源，服务地方战略，推动桂林打造世界级旅游城市。年内，组建专业化服务团队，以“重点县、重点区、重点项目”为营销重点，支持农业现代化产业园区、农业产业强镇、优势特色产业集群等新型综合体建设，投放新型城镇化、产业园区等基础设施类贷款36亿元，支持桂林国际会展中心、七星区铁山片区产业园等重大项目建设。获批并投放广西首批城市（镇）更新项目9.5亿元，获批并投放广西农发行系统首笔“重大项目前期贷”8.5亿元。落实“桂惠贷”政策，并叠加政策性银行贷款利率低、期限长、额度足的优势，为企业有效节约融资成本，全年累计投放“桂惠贷”6.6亿元。

巩固脱贫攻坚成果　2021年，农发行桂林分行充分利用信贷差异化支持政策，推动扶贫贷款项目精准落地，重点支持项目运营收益、耕地提质改造、土地增减挂钩、企业综合现金流、母公司注资等多种类型的信贷支持模式。全年共投放精准扶贫贷款1.18亿元。年末，扶贫贷款余额（含精准扶贫贷款）63.70亿元，占全行贷款总量的41%。其中精准扶贫贷款余额42.31亿元，占全行贷款总量的27.21%，涉及农村人居环境改善、路网、土地流转、水利等领域。

助力乡村振兴　2021年，农发行桂林分行服务乡村振兴，支持土地类项目；创新业务模式，推动产业振兴、人才振兴、文化振兴、生态振兴、组织振兴的全面实施。年内，支持辖区各级政府关注的土地类项目、农村交通和新型城镇化等重点领域中长期项目，加大对力源集团粮油购销、生猪养殖领域的信贷支持力度，强化农业产业信贷投入，支持当地涉农产业全面振兴。全年共审批支持地方乡村振兴贷款32笔，贷款金额100.85亿元，投放39.31亿元，助推全州县、永福县、灵川县、临桂区等县（区）乡村振兴项目开工建设及农业产业发展。

支持绿色发展　2021年，农发行桂林分行支持绿色发展，加大绿色信贷的投放力度。年内，成立绿色信贷工作专班，统筹对接当地政府绿色重点项目，建立绿色信贷重点项目库，引导信贷资源向绿色信贷领域倾斜。全年累计审批绿色信贷项目38个，年末绿色信贷余额51亿元，占比33%，涵盖基础设施、绿色交通、生态环境、水资源处理等绿色产业领域，重点支持桂林市人居环境基础设施、鼎晟充电桩等绿色项目建设。　（蒋云洁）

【中国工商银行桂林分行】 2021年，工行桂林分行办公地址在桂林市中山中路16号。内设机构15个，直属机构4个，划分为营销管理、风险管理、综合管理、支持保障四大板块。辖一级支行12个，其中城区支行5个、县域支行7个；营业网点50个，在行式自助银行50个，离行式自助银行39个，ATM机166台。年末，各项存款余额327.77亿元，各项贷款余额259.52亿元，全年累计发放项目贷款31.2亿元。

服务实体经济　2021年，工行桂林分行重点支持桂林世界级旅游城市建设、桂林市国家可持续发展创新示范区建设等发展战略，服务地方经济发展。全年累计投放文旅产业贷款8.04亿元，其中为阳朔县遇龙河景区以及漓江景区综合治理、生态保护提供项目贷款6.54亿元。贯彻“绿水青山就是金山银山”的理念，以金融信贷产品和服务创新支持绿色发展，引导资金有序流向清洁能源行业、生态保护、绿色交通等绿色低碳领域，年末绿色贷款余额55.27亿元。投放“桂惠贷”111笔，累计金额5.95亿元。为桂林进出口企业提供优质便捷的金融服务，国际结算量14.02亿美元，跨境人民币结算量3.17亿元。

支持小微企业　2021年，工行桂林分行扩大金融覆盖广度和深度，利用“线上+线下”方式，满足小微企业多元化金融需求，做到“普”与“惠”结合。为企业开展小微企业金融服务能力提

2021年7月9日，桂林金融服务科技创新发展推进会召开，工行桂林分行行长汪春作为银行机构代表做交流发言。　（史晶供图）

升工程，用活用好“经营快贷”“网贷通”和“数字供应链融资”三大线上融资产品线，有效提升融资可得性，提高资金使用效率。开展“工银普惠行”“千名专家进小微”“万家小微成长计划”等行动，为小微企业量身定制综合金融服务方案，年末普惠贷款余额12.82亿元，惠及小微企业超1000家。

服务民生　2021年，工行桂林分行聚焦社保、养老等民生重点领域，打造“工行驿站”，为市民提供“歇歇脚、充充电、挡挡雨”的便民服务；加大网点服务供给，推进“社银一体化网点”“银发网点”等特色网点建设。推动巩固脱贫攻坚成果同乡村振兴有效衔接，推出线上服务平台工银“兴农通”APP，为县域乡村客户提供民生、村务等服务，推出“数字乡村”综合服务平台，助力乡村治理，年末平台覆盖县（区）13个，村集体经济组织累计拓展251户。加大涉农贷款投入，重点支持农村公共设施建设、居住环境和生态环境治理，年末涉农贷款余额57.32亿元。（史晶）

【中国农业银行股份有限公司桂林分行】 2021年，农行桂林分行办公地址在桂林市中山中路56号。内设机构16个，一级支行16个，营业网点96个。年内，农行桂林分行强化业务发展，提升内部管理水平，支持地方经济社会发展，全行实现平稳运营。年末，人民币各项存款余额449.50亿元，增加13.50亿元；人民币各项贷款余额347.53亿元，增加18.76亿元。

服务脱贫攻坚和乡村振兴　2021年，农行桂林分行服务脱贫攻坚和乡村振兴，粮食安全领域贷款余额8914万元，增加3329万元，计划完成率166.43%；乡村产业贷款余额16.08亿元，增加2.21亿元，增长15.93%。帮助销售脱贫地区农产品86.86万元，完成年度计划的193%。累计7个县签订农村“三资”（资金、资产、资源）管理平台合作协议，累计3个县上线运行。年末，全行精准扶贫贷款余额32.19亿元，增加6.01亿元，增长22.99%，计划完成率109.42%。

支持实体经济　2021年，农行桂林分行围绕新发展格局，服务“六稳”“六保”。全年累计投放各项贷款117.85亿元（不含信用卡、表外业务，含贴现）支持实体经济。普惠型小企业货款净增6.19亿元，增长34.8%，普惠金融业务实现“双达标”。累计发放“桂惠贷”17.48亿元，居全市各金融机构前列。成功发放广西农行第一笔“普惠政采贷”，开启小微企业批量营销服务新模式。“保理e融”授信额度7.2亿元，居广西农行系统首位。围绕重点客户项目，支持桂林世界级旅游城市建设。年内，农行桂林分行与桂林医学院第二附属医院签订银医合作协议，与广西中科院植物研究所签订全面战略合作协议。获批灌阳至平乐高速公路项目等重点项目7个，审批金额39.07亿元。取得灌平高速银团贷款牵头行资格，获得23.42亿元贷款份额，投放5亿元项目周转贷。

2021年12月3日，农行恭城瑶族自治县支行支持乡村产业，了解月柿生产情况。（伍文悄摄）

提升资产质量　2021年，农行桂林分行不断提升资产质量管控。年内，做好“控新、降旧”（控制增加不良贷款，降低旧存不良资产），重点加强个贷业务、线上信贷产品、信用卡业务、地方政府信用业务、到期纾困贷款风险管控，强化个人逾期贷款风险处置，开展线上信贷产品容忍度管理试点。分类施策推进地方政府隐性债务风险化解，做好延期贷款集中到期风险管理。按照“三多一准”（多清收、多核销、多重组、精准批转）策略推进快速处置机制，巩固不良资产处置工作成果。年末，账面不良贷款余额下降11.42%，不良贷款率降低0.06个百分点；拨备支出控制在0.9亿元，贷款拨备覆盖率649.31%。

转型发展　2021年，农行桂林分行持续推进转型发展。年内，深化与政府“智慧政务”平台对接，加快数字化推进。加快网点与零售、对公业务转型推进工作，做好网点建设规划，加大低效网点撤并、迁址力度，优化网点布局和劳动组合。增加智慧场景174个，计划完成率177.55%；增加互联网场景高频客户11708户，计划完成率154.06%。DCRM（动态客户关系管理系统）数字化销售（手机版）点均销量和销售总量均排自治区前列，销售额69.94亿元。（伍文悄）

【中国银行股份有限公司桂林分行】 2021年，中行桂林分行办公地址在桂林市中山中路2号。内设机构9个，下设市区营业机构23个，荔浦市、全州县、兴安县、阳朔县、灵川县共设置营业网点7个。共设离行式自助银行31个。中行桂林分行以“加快建设广西一流银行”为目标，不断加大普惠金融力度，创新产品服务，业务发展稳中有进。年末，中行桂林分行各项本外币存款余额180.50亿元，增长4.26%；本外币各项贷款余额130.53亿元，增长11.58%；实现营业收入5.5亿元，增长2.96%。

加大普惠金融力度　2021年，中行桂林分行贯彻落实自治区“桂惠贷”政策，加大“桂惠贷”投放进度。7月，首笔个人消费类贷款“青春E贷　起航贷”成功落地，该产品以取得本科学历且初入职场的青年群体为主。至年末，中行桂林分行发放“桂惠贷”376 笔，金额 13.15 亿元。支持小微企业和个体工商户复工复产、复商复市，共发放个人普惠金融 553 笔，金额合计 3.39 亿元，有效缓解客户融资难题。助力乡村振兴，全年共投放“生猪贷”12 笔，金额 2266 万元。

打造县域金融生态圈　2021 年，中行桂林分行提升县域支行竞争力，推进县域金融高质量发展。年内，依托县域环境特色、产品特色、生态特色，出台《中国银行桂林分行支持县域支行高质量发展的若干措施》《中国银行桂林分行“一县一策”发展方案》。加大对县域机构的信贷支持力度，支持其发展以个人住房按揭贷款为基础，涉农特色经营贷款为辅的个人授信业务，做好对新型农业经营主体的金融服务。中行荔浦支行根据本地特色支行行业，创新推出“荔浦衣架贷”授信产品。12 月 14 日，首笔“荔浦衣架贷”产品获批并成功投放，从贷前调查到贷款审批仅为 10 个工作日，做到中小企业贷款审批周期 7 到 10 个工作日的承诺，满足中小企业“短、频、快”的融资需求。兴安支行主动对接风电产业，了解企业信贷需求，投放贷款用于风电场项目建设。

外汇业务及金融防范　2021 年，中行桂林分行国际结算业务量市场份额 48.22%，跨境人民币业务量市场份额 58.84%。加强同业合作，对公结售汇业务量 9.26 亿美元，市场份额 66.82%。年内，强化防范化解风险，加强不良清收化解工作力度。开展公司授信管理体制改革，提高风险识别能力，促进业务健康发展。反洗钱工作获评 A 级金融机构，全年无重大安全事故发生，无声誉风险发生。

（何怡）

【中国建设银行股份有限公司桂林分行】　2021 年，建行桂林分行位于桂林市中山中路 24–1 号。内设机构 13 个，上级派驻机构有区分行纪委驻桂林分行纪检组、建行广西区分行信用卡桂林中心。辖营业网点 44 个，其中城区营业网点 33 个，7 个县支行设有 11 个营业网点。年内，建行桂林分行不断提升服务地方经济和防范金融风险能力，助力桂林世界级旅游城市建设及工业振兴。年末，各项存款余额 359.43 亿元，增加 26.43 亿元；各项贷款余额 326.34 亿元，增加 37.39 亿元。全年实现中间业务净收入 2.3 亿元。

支持地方经济发展　2021 年，建行桂林分行运用多种金融服务手段，支持地方经济发展。年内，推进 PPP（政府与社会资本合作的融资模式）项目、西部陆海新通道项目、自治区重点建设项目和桂林市重点建设项目落地，支持灌平高速等多个高速建设项目，共批复贷款 160 余亿元；支持桂林市深科技智能制造园等多个重大项目，共批复贷款 40 亿元。年末，制造业贷款余额 18.24 亿元，其中支持大中型制造业企业 24 家，信贷余额 15.11 亿元。小微企业贷款客户 3600 户，增加 750 户，贷款余额增加 3.9 亿元。通过“政业融通”新业务，盘活政府资产，加强对桂林市、城区以及县域公租房业务的支持，年末，批复相关项目 12 个，投放 15.81 亿元；投放创新性金融产品乡村土地综合整治贷款 1.2 亿。探索绿色金融与生态保护协同发展新模式，围绕“生态保护、文旅融合、乡村振兴”等全链条产业链，创新推出“漓江生态保护贷”，年末累计投放漓江生态保护贷款 13.7 亿元。年内，会同桂林市住建部门等，推进“公租房”APP 顺利上线，实现公租房资格申请、进度查询、自助缴费一网通办。

推动普惠金融战略落地　2021 年，建行桂林分行推进普惠金融战略，做好小微企业综合金融服务。年内，加大对中小企业的普惠金融贷款投放力度，年末，普惠金融贷款余额 16.43 亿元，增加 3.58 亿元。依托金融科技优势，创新推出“商户云贷”“减税云贷”“个体工商户抵押快贷”等系列普惠融资产品；针对受疫情影响的小微企业，联合桂林市中小企业信用融资担保有限责任公司，推出全线上、纯信用的“善担贷”产品，为 27 家小微企业投放贷款 1250 万元；针对国家重点扶持的“专精特新”企业新推出“善新贷”，助力制造业及科创类企业；针对涉农产业抵押物少，信用体系不完善的特点，推出“裕农快贷”。参与政银企对接活动，加深银税互动合作，全年发放线上银税互动产品“云税贷”7500 万元，年末各项银税互动产品贷款余额 3.1 亿元。

服务乡村振兴　2021 年，建行桂林分行下沉金融服务重心，精准推进乡村振兴各项工作。年内，与市农业农村局签署战略合作协议，共同推动乡村振兴战略深入实施。运用数字化经营手段，通过该行“云上广 C”微信公众号和“善融商务”APP，帮助县域扶贫企业多渠道打开销路。联合政府构建“裕农通 + 社保服务”为一体的乡村振兴综合服务平台，通过联通智慧政务、社保服务、乡村治理等多方面的大数据和功能，实现“三农”服务场景全覆盖。年末，设立裕农通

2021 年 7 月 8 日，建行桂林分行组织各支行开展普惠金融知识宣教活动。

（文香兰摄）

服务点1135个，解决乡村地区金融产品服务供给不充分、不全面等问题。为荔浦市国家电子商务进农村综合示范项目、临桂区高标准农田建设项目等投放网络供应链贷款6000万元。

强化合规经营及风险防控 2021年，建行桂林分行做好合规经营，强化风险防控。年内，履行党委风险管控主体责任，在2021年度全面风险管理考评中排名自治区建行系统第二。持续完善信贷风险管控体系，执行贷前诊断会议、贷后跟踪会议、风险预警监测及押品集中管理等要求。年末，不良贷款余额8078.33万元，不良率0.25%，降低0.01个百分点。小微企业贷款不良率0.65%，降低1.35个百分点。通过"合规文化大讲堂"、专家授课专题解读等方式积极开展案件警示教育活动。通过建立"3113"网格化管理机制，构建以网格为单元的员工行为管理共同体和责任共同体，压实员工行为管理责任。（文香兰）

【交通银行股份有限公司桂林分行】2021年，交行桂林分行办公地址在桂林市南环路8号。内设部门9个，下辖营业网点8家。年内，交行桂林分行加大融资支持，强化金融服务，各项业务稳健发展。年末，交行桂林分行本外币资产总额160.26亿元，本外币各项存款余额127.44亿元，本外币各项贷款余额104.88亿元。

服务实体经济发展 2021年，交行桂林分行整合资金、科技和服务资源，服务地方经济发展。年内，在重点支持项目上给予资源倾斜，强化信贷支持，包括桂林市区漓江段"一江四岛"保护性旅游开发项目、漓江流域码头升级改造项目、城市基础设施建设、棚改项目、城乡风貌改造工程、桂林污水处理及其再生利用工程等。聚焦先进装备制造、新型基础设施建设、战略新兴产业、数字经济等产业领域，针对重大项目、重点客户群清单制定专项政策，提供高效金融支持。加大对绿色产业信贷的金融供给，持续关注减污降碳、新能源、新材料、基础设施绿色升级等领域，梳理绿色信贷支持项目清单，提供"一户一策"综合化服务，支持传统产业转型升级，推动绿色低碳产业发展。

打造普惠金融特色 2021年，交行桂林分行打造普惠金融特色。年内，对接工业、民营企业，做好"复工贷""稳企贷""桂惠贷"推广工作，将减费让利落到实处；加大对小微企业信贷支持力度，拓展普惠线上业务，推广优化"线上抵押贷""普惠e贷"等标准化普惠线上产品，推进普惠金融"量增、价降、扩面、结构优化"。

延展贸易金融、消费金融 2021年，交行桂林分行发挥牌照齐全优势，利用离岸、在岸两个市场，创新金融业务，实现企业类客户跨境直贷业务零的突破。做大消费金融资产规模，通过线上微信群等方式，推广个人信用贷款产品——"惠民贷"，满足市民的消费用款需求。年末，签约"最红星期五"特惠商户340家。

加强风险防控 2021年，交行桂林分行持续强化风险管理专业能力建设，对潜在风险做到"早识别、早预警、早发现、早处置"。加强员工典型案例警示教育，保持案防高压态势，强化内控合规管理，落实案防主体责任，严格考核和追责制度，守牢各类风险底线。

普及金融知识宣教 2021年，交行桂林分行通过搭建多维传播平台，多层次、多渠道开展金融知识宣教。依托营业网点宣传主阵地，组织人员走进社区、学校、商圈，开展消费者权益保护宣传。运用微信、视频号等新媒体渠道，发布宣传视频、长图文和海报，防范非法集资、防骗反诈等金融知识，提升消费者风险责任意识。

（李先益）

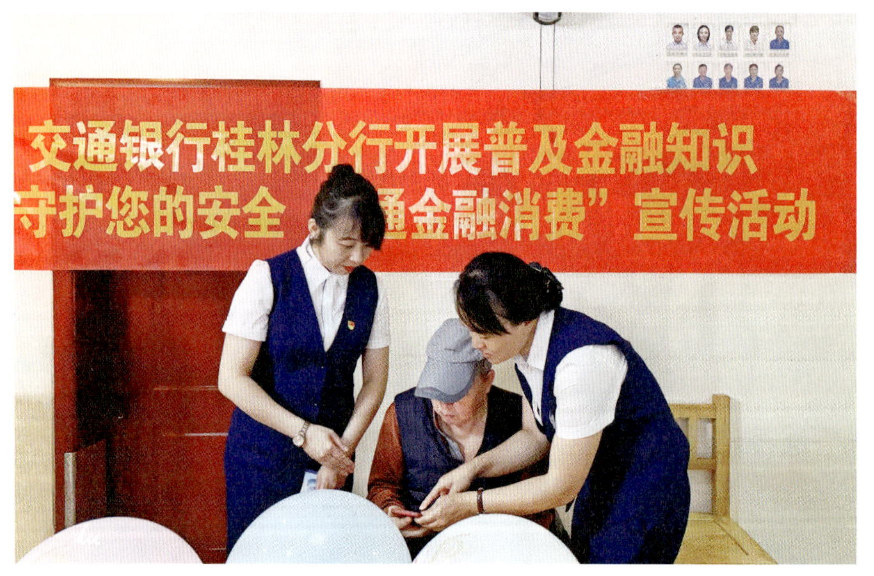

2021年6月10日，交行桂林分行开展普及金融知识"守护您的安全畅通金融消费"宣传活动。（李先益摄）

【中国邮政储蓄银行股份有限公司桂林市分行】2021年，邮储银行桂林市分行办公地址在市中山中路57号。内设机构12个。辖一级支行6个、"二改一"支行6个。网点100个，其中自营网点26个，代理网点74个。年内，邮储银行桂林市分行做好金融服务乡村振兴，加大对小微企业的金融支持，为实体经济发展提供金融力量。年末，全行资产规模191亿元，各项存款余额167亿元，各项贷款余额94亿元，不良贷款率1.67%。

服务乡村振兴 2021年，邮储银行桂林市分行建立完善金融服务乡村振兴体制机制，加大对乡村振兴重点领域资源倾斜力度。年末，涉农贷款余额33亿元，增加4亿元；普惠型涉农贷款余额12亿元，增加1亿元，超额完成监管新增目标。

支持小微企业 2021年，邮储银行桂林市分行通过开展"大走访""大宣讲"等行动，快速落实"复工贷""稳企贷"等贴息贷款政策，并通过"一户一策"，精准帮助中小微企业克服疫情影响。利用广西综合金融服务平台线上融资对接机制，为符合条件的小微企业客户提供优惠贷款，落实国家降低小微企业融资成本政策。通过科学设计产品、推动产品创新、商业模式升级、"融资"和"融智"相结合等多项措施，改进小微企业金融服务。年末，普惠型小微企业贷款余额 17 亿元，增加 2.5 亿元，完成“两增”及首贷户监管考核目标。（王蜜蜜）

【桂林银行股份有限公司】 2021 年，桂林银行在桂林的办公地址在桂林市临桂区公园北路 8 号桂林金融大厦，部分业务部室设在南宁市的桂林银行大厦。共设立分支机构 138 家，社区支行及小微支行 486 家，农村普惠金融服务站 6248 家，控股村镇银行 7 家。年末，集团总资产规模 4428.10 亿元，增长 17.46%，其中桂林银行本行资产规模 4105.68 亿元，成为广西首家资产规模突破 4000 亿元的城商行。各项存款余额 3400.78 亿元，增长 13.80%；各项贷款余额 2472.10 亿元，增长 18.43%。桂林银行位列 2021 年“全球银行 1000 强”第 346 位，“中国服务业企业 500 强”第 279 位，“广西企业 100 强”第 24 位。

服务地方经济 2021 年，桂林银行持续加强服务实体经济信贷资金投放，为桂林打造世界级旅游城市提供金融支持。为重点文旅项目“三千漓·中国山水人文度假区”提供 3.5 亿元授信支持。全年累计支持桂林市文旅类产业项目建设企业 36 家，授信总额 47.61 亿元，贷款余额 30.69 亿元，项目覆盖全市 11 个（城区）县域。作为唯一的授信银行为桂林平钢钢铁有限公司提供授信资金 4.2 亿元。在桂林高新区、经济技术开发区、高铁经济产业园三大工业园区设立 3 家科技支行，为园区企业提供专业化金融服务。年末，向桂林市投放工业贷款余额 115.21 亿元，增长 24.78%；制造业贷款余额 95.35 亿元，增长 14.26%；累计授信三大工业园区重点企业 97 家，授信金额合计 121.4 亿元。累计对接跟进桂林市 2021 年自治区层面重大项目和本市重大项目 107 个，重大项目表内外贷款余额 159.75 亿元。

支持乡村振兴 2021 年，桂林银行推动渠道、产品、服务和资金下沉，不断拓宽服务路径，丰富服务内涵，构建独具特色的“服务乡村振兴六大体系”（新型服务渠道体系、现代乡村产业体系、金融科技体系、农村信用体系、乡村治理支撑体系、新农人成长体系）。年内，“市－县－乡－村”四级服务网络覆盖面进一步提升，年末，桂林辖区农村服务点共 1050 家。搭建现代乡村产业发展服务体系，桂林辖区累计建成服务乡村振兴示范点（区）31 家，给予示范点（区）企业授信合计 40 亿元；涉农贷款余额 147.51 亿元，增长 21.97%。年内，桂林银行服务乡村振兴案例荣获 2021 年中国金融“十佳普惠金融服务创新奖”，入选广西金融改革发展十大创新案例。

2021 年 5 月 8 日，桂林银行绿色金融机构揭牌仪式举行。（桂林银行供图）

深化普惠金融 2021 年，桂林银行将民营小微企业视为重要合作伙伴。年内，开发推广“桂银乐税贷”“经营流水贷”等线上纯信用贷款产品。运用“桂惠贷”、支小再贷款等财政金融优惠政策，提升民营小微企业金融的可得性、便利性和覆盖面。全年累计在桂林辖区投放“桂惠贷”961 笔，金额 26.03 亿元，贷款加权平均利率为 3.72%，为桂林市企业降低融资成本 5342.25 万元。

发展绿色金融 2021 年，桂林银行推动绿色金融发展，在广西城商行中率先制定《桂林银行绿色金融发展规划（2021—2023 年）》。支持绿色低碳、循环产业，推动工业、制造业产业绿色升级，先后推出广西首单绿色乡村振兴理财、桂林市首笔绿色票据再贴现和碳排放权质押贷款；成功发放广西城商行单笔额度最高碳排放权质押贷款 2000 万元，推动企业绿色低碳转型。年末，向桂林辖区投放绿色贷款余额 26.47 亿元，增加 18.46 亿元，增长 230.46%，绿色贷款余额位居广西城商行第一。

助力金融开放 2021 年，桂林银行融入面向东盟金融开放门户建设，支持优质外资“引进来”和广西企业“走出去”。全年累计向超 300 家外资外贸企业发放贸易融资 21.14 亿美元。落地出口信保保单融资应用场景、中马钦州产业园区跨境人民币双向流动便利化、资本项下跨境人民币创新、资本项目外汇收入支付便利化等业务；推出保函汇总征税业务，助力海关实现“先放行后征税，汇总集中缴税”；助推西部陆海新通道战略实施，支持桂林至柳城高速公路等区内重点项目建设，累计提供授信 40 亿元。

（赖旭芬）

【广西壮族自治区农村信用社联合社桂林办事处】 2021 年，农信社桂林办事处办公地址在桂林市漓江路 49 号。内设机构 6 个。辖区有农村商业银行 9 家，农村合作银行 4 家，机构网点 279 个。年内，桂林市、县级农村合作金融机构（简称桂林农合机构）服务世界级旅游城市建设，创新金融产品和服务模式，金融服务实体经济能力不断提升。7 月 30 日，广西永福农村商业银行挂牌开业。11 月 26 日，广西阳朔农村商业银行挂牌开业。年末，桂林农合机构各项存款余额 1182.47 亿元，增加 104 亿元，增长 9.64%；各项贷款余额 957.99 亿元，增加 99.03 亿元，增长 11.53%；存款、

2021年7月30日，广西永福农村商业银行开业仪式暨"福泽文化"发布会举行。（覃国敏摄）

贷款占当地市场份额分别为26.57%、27.07%；实现财务总收入64.49亿元，实现经营利润23.59亿元，缴纳各类税金4.82亿元。年内，临桂农商行被评为"中国服务县域经济领军银行""2021年度十佳农商银行"；恭城农商行被评为"2021年度中国服务乡村振兴十佳县域银行"；兴安农合行"坚持不忘初心，为中小企业融资创新提供有力支撑"获"2021年金融服务中小微企业优秀案例"。

支持地方重点项目 2021年，桂林农合机构围绕市、县（市、区）人民政府的重点发展项目，提供金融服务。新增信贷投放项目38个，贷款金额36.83亿元，投放项目有桂林市第二水源工程西城水厂、高端轮胎产值基地、鲁山新型建材、桂林花江智慧谷电子信息创业产业园PPP建设项目、全州三大渡口遗址保护传承工程、红军长征湘江战役纪念园游客服务中心、恭城瑶族自治县多彩瑶乡文化旅游特色小镇配套基础设施建设、资源山里山农产品有限公司、龙江"东方神果"养生文化产业园等。支持自治区重点项目及"四个一百"等项目17个，贷款余额12.22亿元。

支持小微企业 2021年，桂林农合机构对接已被政府列入重点支持名单（涉及疫情防控物资、生活必需品生产、流通销售且征信无不良记录）的民营、小微企业、个体工商户，加大对符合条件企业的信贷服务，做到不惜贷、不抽贷、不压贷、不断贷。对受疫情影响严重的小微客户，实行信贷额度优先安排、贷款申请优先审批、贷款资金优先发放"三个优先"，简化审批流程，开辟限时办结绿色通道，材料齐全2个工作日内放款，办贷效率大幅提升。重点向复工复产、春耕备耕、脱贫巩固以及受疫情影响较大的行业倾斜。年末，桂林农合机构发放普惠小微信用贷款5969笔，金额11.27亿元；支农支小再贷款余额48.16亿元；发放"桂惠贷"7125笔，金额78.33亿元。

科技金融助力乡村振兴 2021年，桂林农合机构推出"甜蜜贷""致富带头人贷""家庭农场（专业大户）贷""农民专业合作社贷""农村电商贷""脱贫人口小额信贷"等乡村振兴系列产品。上线互联网贷款产品"工薪贷""烟商贷""商税贷""拥军贷""企税贷"。针对特定客户群体，推出"人才贷""劳模贷""工匠贷""专家贷"等贷款产品。建设涉农信息系统，专为农户开发上线"易农经营贷""易农消费贷""金猪贷""智慧贷"等互联网贷款产品。以易农宝、易商宝等APP为载体，将小额信用贷款"线上化"，提升农户贷款线上办理效率。加强"电商助力乡村振兴"，全年通过"利农商城"销售农产品1459.46万元。支持全州县红军大道沿线路乡村风貌提升和农村人居环境改善项目、恭城瑶族自治县"四区一带"生态与文化乡村建设项目等乡村振兴项目44个，贷款余额14.15亿元。农户授信68.44万户，授信金额599.46亿元，授信覆盖率66.74%。已发放贷款368.63亿元，受惠农户26.79万户。累计发放脱贫人口小额信用贷款金额34.32亿元，受惠农户5.02万户。

践行绿色低碳金融 2021年，桂林农合机构支持绿色、低碳、环保发展模式。印发《加快推动绿色金融发展工作方案》《绿色信贷管理办法》等文件，推动设立绿色信贷专营机构。支持建设永福县镇级污水管网完善工程、桂林市第二水源工程西城水厂、苏桥工业园区给水系统改扩建工程和广西资源阳光三环生态环境有限公司等项目绿色贷款35个，贷款金额4.70亿元，增加1.75亿元。

提升普惠金融服务 2021年，桂林农合机构实现县－乡（镇）－村（街道）三级普惠金融服务体系全覆盖，金融便民服务点1539个，各类自助设备737台。年内，桂林农合机构以"党旗引领＋金融先锋"党建模式，加强普惠金融建设，实施"万名农信先锋进万村"工程，提升金融服务便利性。派驻金融专员到各乡（镇）、村（屯）宣传，向种养大户专业户、青年农民普及金融、金融安全防范等知识。共派驻金融专员895名，覆盖村屯数2716个，覆盖率100%；开展金融宣讲3759次，举行共建活动2954次，发放报刊份数47932份；开展"我为群众办实事"实践活动，解决群众"急难愁盼"等问题212个，惠及群众34907人。拓宽小微企业贷款供给渠道，推动移动支付便民示范工程建设。年末，桂盛卡存量689.52万张，增加13.71万张；电子银行业务替代率95.49%；信用卡存量36.55万张，增加4.14万张，授信总额179.79亿元，卡均授信4.92万元，用信78.95亿元，用信增加3.88亿元；手机银行新增有效用户20.34万户；手机银行月活数33.47万户。新增手机号支付注册用户3.04万户。新增第三方支付及网络支付客户数24.52万户。有效收单商户5.50万户。新增云闪付APP拓展有效用户7.84万户，新增云闪付绑卡量12.47万张。

（王雪令）

证券机构选介

【国海证券股份有限公司桂林分公司】 2021年，国海证券股份有限公司桂林分公司办公地址在桂林市中山中路46号。内设结构5个，下辖桂林辅星路证券营业部、临桂区人民路证券营业部、兴安县三台路证券营业部、全州县中心北路证券营业部、荔浦市荔柳路证券营业部、阳朔县蟠桃路证券营业部。年内，该公司加快向财富管理和综合金融转型，不断提升协同效率和竞争力。加快员工队伍引进，调整和优化队伍。协同辖区分支机构加大客户拓展力度，推动实现辖区新增资产130亿元以上。年末，辖区分支机构客户资产277亿元，创历史新高。加快向财富管理转型，加强投顾产品的推广服务和金融产品的配置，全年共签订经纪服务协议5个。与地方金融机构合作，跟进机构经纪服务、产品代销、券商结算等业务合作。加强与市金融办的合作，推进资本市场业务培训、基金设立等工作。加强投资者教育工作，增强股东权利意识及自我保护意识，引导投资者合理投资。开展投资者教育活动进社区、进企业、进学校。加强投资风险提示，帮助投资者树立理性投资意识。利用短信、公众号、微博、朋友圈等多种现代传播工具，开展风险防范宣传。加强风险管理，提升员工合规意识，组织开展全体员工合规培训12次。反洗钱工作被评为A级。（李清）

2021年11月28日，国海证券股份有限公司桂林分公司举办2021年度大型投资者交流会。（李清供图）

【东方证券股份有限公司桂林中山中路证券营业部】 2021年，东方证券股份有限公司桂林中山中路营业部办公地址在桂林市中山中路16号。年末，该营业部客户5.9万户，托管资产规模40亿元，股基交易量546亿元。年内，利用线上线下渠道，通过专业化、个性化投资顾问服务，帮助客户实现资产保值增值。产品保有量6.47亿，产品客户数9000多户。严格挑选产品管理人及优质产品，全方面服务投资者的财富管理。推出“金牌投顾说”特色投资者沙龙、线上线下的投资者交流等系列活动，引领投资者科学理性参与投资。开展“社区服务”“惠民便民”等社会公益活动，走进社区、单位，开展系列金融安全知识讲座，增强居民金融风险防范意识。（黄荔林）

2021年，东方证券股份有限公司桂林中山中路证券营业部走进大学校园开展防范洗钱宣传。（东方证券股份有限公司桂林中山中路证券营业部供图）

【申万宏源证券有限公司桂林漓江路证券营业部】 2021年，申万宏源证券有限公司桂林漓江路证券营业部办公地址在桂林市漓江路28号中软现代城。年末，该营业部实现业务净收入增长10.64%，考核利润增长13.47%，财富管理业务转型重点产品销售增长47.72%。年内，在北交所成立的背景下，对桂林46家“高精专新”和“瞪羚企业”进行走访，推介融资发债、并购、定增、转融通、雪球型产品及保险+生猪期货等业务；组织部分企业到北京参加专精特新专项会议，学习听取新时代背景下中小企业发展之路的探讨交流。年内，落地桂林本地企业“公司收益凭证业务”1单，签约新三板挂牌财务顾问项目1单，切实为地方经济发展服务。年内，组织开展合规反洗钱培训33次，全体干部员工均签署《干部员工合规自律承诺书》《诚信承诺书》《反洗钱信息保密承诺书》，确保廉洁合规执业。开展反洗钱教育和投资者教育活动，

利用电子屏播放“金融知识普及月”视频，在营业部微信公众号上推出“金融知识普及月”专题文章，宣传金融理财知识。（申捷）

保险机构选介

【中国人民财产保险股份有限公司桂林市分公司】 2021年，中国人民财产保险股份有限公司桂林市分公司（简称人保财险桂林市分公司）办公地址在桂林市中山中路59号。内设机构3个，下设支公司20个，营销服务部19个，其中三农营销服务部17个，均分布在县域重点乡镇。2021年，该公司全险种保费收入9.12亿元，其中车险起保保费4.75亿元、商非保费1.45亿元、农险保费1.42亿元、社保保费1.5亿元，市场份额38.24%。全年该公司为36万客户提供保险保障，承担保险责任金额9874.93亿元，直接赔款支出5.96亿元，缴纳税金1亿元（代收车船税8402万元）。年内，该公司主动把保险工作与巩固脱贫攻坚成果工作融合，不断扩大医疗救助保险覆盖面，做到“应兜尽兜”和“应救尽救”。至年末，累计管理桂林市医疗救助（兜底）资金1.5亿元，为41.93万困难群众及脱贫人员提供医疗救助及兜底保障服务，全年累计赔付案件40.1万件，赔付金额1.45亿元。服务乡村振兴，共有三农营销服务部17个，三农保险服务站90个，三农保险服务点173个，农村保险基层服务人员289人，三农保险服务车19辆，遍及所有县区。承保能繁母猪、生猪、牛、家禽、水稻、森林等，为6.31万农户提供农业保险保障金额103.56亿元，全年农险直接赔款1.17亿元。优化保险产品及服务供给，为产业全流程相关企业提供切合其专业需求的风险管理方案，全年提供财产、责任、货运、人身等风险保障1213.36亿元。重点支持优质旅游项目、旅游基础设施优化、旅游小微企业等酒店民宿和农家乐经营户保险服务，将旅游企业保险产品的保险责任范围扩展至新冠肺炎，全年总共为旅游业产业链企业提供100亿元的风险保障。（李增娣）

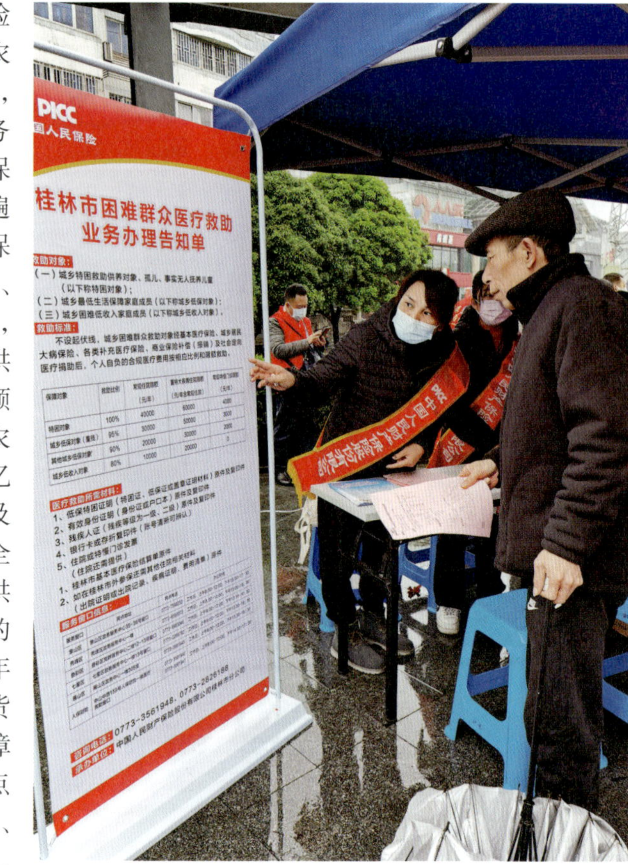

2021年3月5日，人保财险桂林市分公司开展困难群众医疗救助业务宣传。（人保财险桂林市分公司供图）

【中国人寿保险股份有限公司桂林分公司】 2021年，中国人寿保险股份有限公司桂林分公司（简称人寿保险桂林分公司）办公地址在桂林市七星区栖霞路24号。内设职能管理部门13个，下设支公司12个，城区专业化支公司6个，营销服务部59个。年内，该公司兼顾规模与结构，业务大盘保持稳定。实现总保费收入19.5亿元，市场份额为39.4%。续期保费提升5.9个百分点，保持较好的持续经营能力；10年期交保费收入8275.26万元，占首年期交保费的30%；短期险保费实现1.37亿元。年内，发展普惠业务，构建民生保障体系。与桂林市妇联签订《2021—2025年关爱女性健康战略合作框架协议》，年度关爱女性健康保险业务完成承保21.1万人次，承保份数42.36万份，增长9.4%；保险赔付266件，赔付金额1236万元。联合市妇联开展关爱低保困难妇女健康“两癌”保险捐赠活动，全市总发放人数3146人，总保险金额1.57亿元。完成计生关爱保险17.93万份，年度赔付9400件，赔款金额875.05万元。强化科技应用，理赔智能替代率88.9%，重疾一日赔结案率99.47%，实现线上自助办理保

2021年5月21日，人寿保险桂林分公司联合市委组织部在全州县举行桂林市“党旗引领＋国寿护航”助力乡村振兴工作启动仪式。（人寿保险桂林分公司供图）

全业务 29 万件。年内，该公司全州支公司与全州县委组织部合作，打造“党旗引领 + 国寿护航”助力乡村振兴党建品牌，以关心关爱基层干部为重点，承保全州县 1680 余人，提供 40 亿元保险金额的风险保障，有效提高村委（居委会）干部抵御风险能力及福利保障水平。以此项目为蓝本，该公司为桂林市 6000 名村（社区）干部提供保险保障。（熊小群）

【中国太平洋财产保险股份有限公司桂林中心支公司】 2021 年，中国太平洋财产保险股份有限公司桂林中心支公司（简称太平洋产险桂林中支公司）办公地址在桂林市安新北路 10 号。内设机构 14 个，辖县支公司 12 个，城区支公司 2 个。年末，累计实现保费收入 3.85 亿元，市场份额占比 16.15%，为社会提供各种风险保障 5244 亿元。年内，该公司推进组织架构改革，实现客户经营体系组织重构。通过“走出去”“请进来”等多种形式拜访客户，征求客户意见，及时解决客户合理诉求。针对消费者权益保护服务工作中的难点问题，优化服务流程，利用科技手段提升服务水平。助力乡村振兴，推动政银企联合，打造阳朔乡村振兴示范县样板模式。依托科技力量，36 个“三农服务站”升级为“乡村振兴服务站”，提升农险服务效率。通过“以购代扶”采购农产品，以消费扶贫助农增收。创新“保险 + 金融”服务模式，推进保单质押保险、“牛保姆”项目、蛋鸡养殖保险等业务，解决农户融资难的问题，提高农业农村金融服务的便利性。（唐霏）

2021 年 9 月 17 日，太平洋产险桂林中支公司到恭城瑶族自治县恭城镇门楼村采购脱贫农副产品签约仪式举行。（谢源霖摄）

【中国太平洋人寿保险股份有限公司桂林中心支公司】 2021 年，中国太平洋人寿保险股份有限公司桂林中心支公司办公地址在桂林市象山区安新北路 10 号。内设机构 7 个，辖县（市）支公司 7 个，城区支公司 2 个。年内，该公司重塑营销团队，丰富“产品 + 服务”体系。受新冠肺炎疫情影响，营销人员流失减少至 991 人，下降 54.52%；部分投保企业因经济不景气退保，主营业务呈下滑态势。全年实现保费收入 4.86 亿元，下降 11.05%，市场份额居桂林寿险市场第二位。其中，个人业务保费收入 4.54 亿元，下降 10.92%；银保业务保费收入 1836.11 万元，增长 45.11%；团险业务保费收入 1318.67 万元，增长 3.47%。新保保费收入 7634.22 万元，下降 13.08%。其中个人业务新保保费收入 3928.76 万元，下降 8.22%；银保业务新保保费收入 1661.1 万元，增长 50.95%；团体业务新保保费收入 1248.65 元，增长 3.35%；续期保费 4.09 亿元，下降 11.55%。全年理赔款金额 3243.96 万元，增长 9.6%；总件数为 5701 件，增长 31.88%。年内，该公司完善客户服务体系，推进基础服务标准化、增值服务差异化。推进投保、核保、理赔、客服等运营服务全流程的数字化、智能化，提升客户服务体验和运营效能。构建全方位、全场景、全覆盖的“健康态”保险服务生态圈。年内，全面升级“太保蓝本”保险产品。该产品的专业版及尊享版以国内顶尖三甲医院专家资源为支撑，打造“小病不出门、大病选三甲、呵护更长久、福利惠全家”的全生命周期“健康服务 + 保险产品”模式，涵盖三甲专家病房、三甲专家手术、二次诊疗、多学科会诊等服务 10 项。（陈媛）

新区·开发区

临桂新区

【概况】 2021年，桂林市临桂新区管理委员会（简称临桂新区管委会）办公地址在桂林市临桂区世纪东路48号8楼。下辖桂林市临桂新区管理委员会信息中心。年内，临桂新区完善配套、集聚人气、促进产城融合。申报列入自治区层面重大项目6项，申报列入市级层面统筹推进重大项目40项（不含自治区层面重大项目）；完成投资95.46亿元。桂林国际会展中心等一批重大项目建设取得新进展，城市管理、社会民生和保障建设总体不断向好。

【临桂新区项目建设】 2021年，桂林国际会展中心完成展览中心标准展E1、E2、E3展厅主体结构封顶，多功能展厅完成基础、二层交层主体结构；桂林市民兵训练基地建成并交付使用；北区水系污水泵站完成建设；兴桂园完成1号楼、2号楼主体结构；临桂新区湖塘水系中期补水工程完成招投标。西城大道南延长线提升改造工程基本完成，实现全线通车；临江东路、山水南路、政府北路东段、三元东路、洋田北路、沙塘大道一期、学府路、大律路、万中路等一批道路实现通车；三元里东延长线、万平路、秧一路二期等道路完成前期工作。

【临桂新区规划】 2021年，临桂新区完成华为万亩科技城概念规划方案编制，桂林市临桂区工业集中区申报自治区A类工业园区和《临桂区产业发展规划》编制工作，促进产城融合，协调发展。开展试点建设城市立体园林绿化建筑的实施方案（试行）编制工作，为临桂区发展城市立体园林绿化建筑提供技术支持。完成机场路以北片区控规A组团调整、兰塘河以南片区控规调整及局部地块控规调整工作。

2021年7月13日，桂林国际会展中心展览中心结构封顶。

（临桂新区管委会供图）

【临桂新区招商引资】 2021年，临桂新区围绕产业发展优势，突出重点、精准招商。深入对接粤港澳大湾区，开展驻点招商，共联系拜访企业、商协会42家，联系接洽企业家、行业代表、科技人才100余人。全年招商引资到位资金10.3亿元。

【临桂新区土地要素保障】 2021年，临桂新区以服务重大项目建设为重点，开展征地拆迁安置等工作。全年土地征收69.93公顷，清表交地41.18公顷，农房拆迁8103.27平方米，坟墓迁移1270座，依法拆除各类违章建筑20万平方米。招拍挂土地15.30公顷，总收入2.56亿元；清理和消化批而未供土地292.27公顷，完成用地预审总面积68.4公顷，划拨和置换土地49.65公顷。

【临桂新区综合管理服务】 2021年，临桂新区完成西城大道南延长线（一期）、山水南路等6条市政道路的验收移交工作。实施创城工作常态化管理，开展城市环境综合整治行动。持续提升生态环保，完成山水大道、致远路等路段的市政雨污水管提升修复改造9千米。推进公共服务设施建设，完成上蔡塘村、下蔡塘村、陆家村、秧塘坪村及大雄村的自来水管道建设。

【桂林新城投资开发集团有限公司】 2021年，临桂新区下属国有企业桂林新城投资开发集团有限公司总资产规模262.54亿元，实现主营业务收入6.71亿元，利润总额1.03亿元。全年取得融资额度85亿元，实际到位资金69.09亿元。年内，桂林新城投资开发集团有限公司、广西师范大学、广西益勤商贸有限公司共同签署《广西

2021 年 3 月 4 日，桂林新城投资开发集团有限公司、广西师范大学、广西益勤商贸有限公司共同签署《广西师范大学漓江学院转设合作协议书》。

（临桂新区管委会供图）

师范大学漓江学院转设合作协议书》，将广西师范大学漓江学院转设为独立设置的非营利性民办普通本科高校，更名为桂林学院。9 月，桂林学院录取 3300 人，实际报到 3035 人，报到率 91.97%，与上年相比基本持平。

（谢琨）

桂林国家高新技术开发区

【概况】 2021 年，桂林国家高新技术产业开发区管理委员会（简称高新区管委会）办公地址在桂林市七星区桂磨路创意产业园创意大厦，内设机构 9 个。年内，高新区深化体制机制改革，融入桂林世界级旅游城市建设，抓好机构改革、招商引资、要素保障、营商环境、科技创新、人才引进等重点工作，产业发展水平进一步提升。年内，桂林高新区在全国国家高新区排名第 65 名，较上年前进 6 名，其中综合质效和持续创新力指标排名升至第 48 名。

【高新区体制机制改革】 2021 年，高新区聚焦产业，改革创新，优化服务，提质增效。高新区形成由党工委、党工委管委会联席会、“三重一大”等议事决策规则。土地规划、项目推进、招商引资、投融资平台、优化营商环境 5 个重点工作专班实行扁平化管理模式，工作效率得到实质性提升。拟制“一区三园”概念性规划和空间规划，以构建“一轴、两带、六个百亿基地”为总目标，印发高新区“十四五”产业发展规划，从空间保障、体制改革、金融支持、人才支撑、科技创新、产业发展等方面支持高新区高质量发展。

【高新区招商引资】 2021 年，高新区招大引强成效显著。全年共引入投资 1000 万元以上项目 33 个，超 1 亿元产业项目 16 个，超 10 亿元重点产业项目 3 个，其中总投资 100 亿元的格力电器（桂林）智能制造生产基地于 11 月初签约、总投资 20 亿元的航空轮胎产业基地签约、总投资 50 亿元的中铁十六局园区整体开发项目铺开。年内，聚焦“双百双新”重点领域开展精准招商、产业链招商，依托辖区龙头企业，引入狮达电子数字化机械制造项目、锐锋医疗器械研发生产基地项目、环境监测智能仪器仪表生产基地等项目落户，形成产业集聚发展合力。成立 4 个驻点招商小分队，由高新区管委会领导带队，研究探索与粤港澳资源共享、优势互补、政策互惠、合作双赢的合作新模式，高新区被评为自治区驻点招商工作先进单位。

【高新区要素保障】 2021 年，高新区做好发展要素保障和服务，提升园区品质，服务企业发展，推动项目建设。推进园区基础设施建设大会战，引进中铁十六局，推行园区基础设施 EPC 合作，形成“漓东片区、漓西片区基础设施建设大会战三年行动计划”，分别成立项目指挥部，园区基础设施建设全面铺开。多渠道、多方式开展融资工作。全年“一区三园”新增贷款授信 19.44 亿元，贷款融资到位 17.44 亿元；获批专项债资金 8.37 亿元。畅通政企沟通渠道。建立主要领导企业服务接待日工作制、领导包联分园服务制，搭建线上企业服务平台，形成线上线下企业服务与企业互联互通机制。5 月，企业服务平台上线，全年访问人数 7 万多人次，企业注册 150 多家，发布各类政策、信息 1000 余条，线上诉求办结率 94%。

2021 年 5 月 26 日，桂林国家高新区举行 2021 年第一批重大项目集中开工仪式。

（高新区管委会供图）

【高新区营商环境】 2021年，高新区推进“放管服”改革，打造方便快捷、优质高效的行政审批服务。围绕“园区事务园区办结”，做好市级行政权力事项承接。2月，桂林市人民政府向高新区下放76项市级行政权力事项。创新“双容双承诺”工作，优化行政审批流程。制订“双容双承诺”“简化供地”“代办服务”“工业项目审批”工作流程，设置重大工业建设项目并联审批专区，通过“容缺审批、并联审批”等方式，实现“流水线”式的审批流程。全年与7家企业签订“双容双承诺”书，开工率100%。实施服务企业降本增效行动，提升营商环境。对高新区企业实行分级服务制度，发挥区领导包点和工业振兴特派员作用，聚焦企业、问题、任务“三张清单”推进服务，为企业解决问题48个。提供“工业建设项目代办”服务，为辖区企业项目提供代办服务7个，代办行政审批事项12件次。

2021年7月8日，桂林星辰科技股份有限公司在新三板精选层敲钟挂牌。
（高新区管委会供图）

【高新区科技创新】 2021年，高新区实施“创新驱动、转型升级”发展战略，培育发展新动力，激活发展新优势，推动经济发展。加强创新企业培育，打造自主创新新高地。实施高新技术企业倍增计划，全年组织企业申报2021年高新技术企业认定158家次，完成科技型中小企业评价入库200家，占桂林市总数的51.5%；有自治区瞪羚企业13家，占桂林市总数的65%；有高新技术企业219家，占桂林市总数的56.88%。园区17家企业获2021年自治区本级财政科技计划、创新驱动发展专项、中央引导地方科技发展资金专项等资金资助4900万元。年内，搭建科技创新平台，激发各类创新主体活力。围绕产业链、创新链、资金链，强技术抓成果促转化，发挥园区15家国家级、101家省部级（自治区级）科研机构和企业技术研发中心作用，开展“人才回归”活动，园区有11家企业入选广西第一批制造业单项冠军示范企业，占桂林市上榜企业的70%。推进国家级双创示范基地建设。桂林电器科学研究院有限公司、桂林市啄木鸟医疗器械有限公司、中国化学工业桂林工程有限公司获2021年国家技术创新示范企业；中国化工集团曙光橡胶工业研究设计院有限公司、桂林优利特电子集团有限公司通过国家企业技术中心认定；桂林星辰科技股份有限公司与桂林南药股份有限公司分别在北京证券交易所上市，获第四届中国质量奖提名奖。推动产业数字化，7家企业新认定为广西智能工厂示范企业和数字化车间。

2021年5月31日，高新区向企业发放首张市级委托授权许可证。
（高新区管委会供图）

【高新区人才引进】 2021年，高新区坚持“人才强区”战略，整合辖区人才工作资源，建立人才工作横向联动、纵向推进的工作机制，推动人才工作向人才创新一线发展、生活保障一线延伸。实施“人才回桂”计划。打造“桂林校友基地”的品牌引才名片，借助桂林电子科技大学、桂林理工大学等学校的人才培养优势，与北京、上海、广州、深圳等地的校友会合作，引进桂林籍和有桂林情结的人才。至年末，桂林校友创业基地共引进企业41家，在园企业39家，引进回归人才近80人。精准对焦培养高端人才。采取“名校研学＋名企游学”“走出去＋请进来”的方式，每年组织重点企业的管理和技术人才到高校开办专题研修班，赴北京、上海、广州、深圳等城市优质企业“游学”。共自主培养国家级万人计划专家3人，自治区级高层次人才30人，市级人才100余人。发挥高校科研院所育才优势，与高校和科研院所在产业联盟、校友资源开发、人才培养及引进等方面进行深层次、多维度互动洽谈，借助清华大学深圳研究生院、北大创业训练营等名校名企品牌效应，引进智能制造、3D打印、新材料等领域博士人才10余人。

（张秀芬）

桂林经济技术开发区

【概况】 2021年，桂林经济技术开发区管理委员会（简称桂林经开区管委会）办公地址在桂林经开区土榕大道1号，内设机构7个。桂林经开区克服市场成本上升、企业用电受限及新冠肺炎疫情因素影响，推动园区经济建设快速发展。年内，桂林经开区被认定为国家外贸转型升级基地（橡胶产业），被自治区列为重点建设的产教融合示范基地（园区）、自治区光伏发电试点园区、自治区“园企振兴担”试点园区，获评区域类融通创新方向的自治区大众创业万众创新示范基地。桂林经开区新一代信息技术特色产业园被认定为自治区级特色园区，桂林市华为信息生态产业入选自治区第二批改革集成试点名单，桂林华为云计算数据中心通过数据中心场地基础设施国家A级认证，成为广西首个通过该认证的数据中心。

【桂林经开区工业发展】 2021年，桂林经开区完成规模以上工业总产值227.88亿元，（比上年，下同）增长12.06%，占全市规模以上工业总产值的23.85%，增长率位居全市三大园区第一。规模以上工业企业111家，高新技术企业58家。园区64家规模以上工业企业产值实现正增长，其中43家企业产值增长15%以上。实现产值1亿元以上企业32家，其中产值20亿元企业2家，产值10亿元企业3家，产值3亿元—5亿元的企业5家。国家级“专精特新”小巨人企业4家，占全市总数的26.7%；自治区级“专精特新”中小企业13家，占全市总数的21.7%；广西工业龙头企业6家，占全市总数的26.1%。全年获批“双新”项目2个（桂林领益智造智能制造项目、恒保健康防护项目），组织深科技5G智能手机制造项目、三养胶麦年产1.50万吨保鲜米粉研发及生产技术服务升级改造项目、新桂轮一期增值升级扩产项目、科伦制药年产60吨头孢他啶技术改造项目等50余个项目申报自治区“千企技改”工程，共获批42个，占全市总数的36.5%。桂林福达曲轴有限公司、桂林奇峰纸业有限公司、广西科伦制药有限公司、桂林福达重工锻造有限公司被认定为2021年广西智能工厂示范企业；桂林莱茵生物科技股份有限公司、桂林三金药业股份有限公司、桂林福达股份有限公司、桂林华越环保科技有限公司4家企业列入2021年广西工业企业质量管理标杆名单；桂林奇峰纸业有限公司、桂林恒保健康防护有限公司2家企业列入2021年自治区新认定企业技术中心名单；华能桂林燃气分布式能源有限责任公司列入2021年度自治区节水标杆企业公示名单。园区拥有自治区级以上研发机构47个（国家级研发机构4个）。年内，推动深科技实现荣耀手机在桂林生产，一期、二期产值突破40亿元，生产智能手机超1700万台；恒保健康防护项目获得深圳创新投资集团有限公司投资，项目二期实现试运行，医用外科手套年生产能力扩大至5亿副；桂林鸿程矿山设备制造有限责任公司自主研发的全球市场上超大型号的雷蒙磨——桂林鸿程HC3000雷蒙磨正式出厂。

【桂林经开区项目建设】 2021年，桂林经开区实施重中之重及重大项目131个，完成投资71.69亿元，其中实施自治区层面统筹推进重大项目12个，完成投资39.20亿元。市领导跟踪服务重中之重及重大项目9个，完成投资44.54亿元。市级层面统筹推进重大项目48个，完成投资65.73亿元。全年实施“双百双新”项目8个，占全市总数的19.51%。全年标准厂房施工面积54.99万平方米，建成面积32.85万平方米，连续4年建成标准厂房面积位列全市第一。

【桂林经开区招商引资】 2021年，桂林经开区聚焦电子信息、装备制造、生物医药、生态食品四大产业及橡胶乳胶、新材料两大辅助产业，坚持走出去招商、以商招商、产业链招商，开展“粤港澳大湾区驻点招商”工作，克服疫情影响，先后赴深圳、东莞、上海、徐州、南京、重庆等地，与比亚迪、深科技、领益智造、中国电子长城科技等企业进行对接洽谈，同时聘请深圳电子行业协会、深圳智能制造协会、深圳广西商会、深圳高新企业转移促进会、东方龙深圳分公司、益田新兴投资集团等大湾区知名行业协会作为招商平台，为桂林经开区提供符合产业规划的企业项目50多个。全年引进领益智造智能制造项目、青网（桂林）数字经济产业园、5G智慧物流园项目、智能玻璃生产项目等40个项目，投资1000万元以上工业项目36个（1亿元以上项目19个），引进的项目总投资158.72亿元，全年完成内资到位资金80.45亿元。

2021年6月6日，桂林经开区深科技智能制造产业园航拍。（罗文清摄）

【桂林经开区优化营商环境】 2021年，桂林经开区完成基础设施投资4.67亿元。建设、修复园区道路4.2千米，新建供热管道4.5千米，新建污水管道8.2千米，建设供电线缆及电缆管沟12千米。开展园区人行道铺装、道路树木补种、路灯修复等工作，实现园区路平、道顺、树绿、灯亮，园区水、电、路、气、通信、排污等市政基础设施配套完善。园区全面推行“容缺审批、双容双承诺”制度，建立“一站式”服务平台，实现项目全链条服务，全年为深科技智能制造产业园宿舍（公租房）项目、橡胶手套及设备制造安装项目等9个项目办理“双容双承诺”直接落地开工。强化一网通办服务，巩固“最多跑一次”“一次不用跑”改革成果，部门事项网办率100%；利用区域评估成果，对苏桥片区项目实施节能审查、抗震设防、水土保持承诺制审批，为13家企业节约编制和评估咨询费342.1万元。制订出台《桂林经济技术开发区工业振兴特派员服务企业工作方案》，按照服务企业“有需必应，无事不扰”的要求，一对一、点对点的开展企业服务工作。全年帮助企业争取扶持资金超过6900万元，其中广西新桂轮橡胶有限公司、桂林美盈科技有限公司、桂林三金药业股份有限公司、桂林精诚生物科技有限公司、桂林福达重工锻造有限公司、桂林福达齿轮有限公司、桂林市华谊智测科技有限责任公司7家企业获批2021年自治区“千企技改”工程扶持资金累计超2000万元。全年共为企业协调解决融资、用工、劳务纠纷、用水电气等事项230余件。通过联合高等职业院校打造产业学院培养和储备人才，助力园区企业破解招工和人才培养难题，帮助企业招工超过8000人。

2021年3月2日，市委书记周家斌（中）深入桂林深科技有限公司调研。
（桂林经开区管委会供图）

【桂林经开区要素保障】 2021年，桂林经开区通过策划包装100余个项目，争取国家、自治区等各类资金超14.4亿元，其中专项债资金13.3亿元，经开区范围内专项债项目获批数量占全市总数的40%，获批金额占全市总金额的42.8%。以桂林经开投资控股有限责任公司AA主体信用评级为基础，通过发行公司债及运用其他资本工具，多途径开展融资工作，全年融资资金到位40.57亿元。推进桂林经开区国土空间规划纳入市级国土空间总体规划产业专项规划编制清单，保障工业用地规模长远发展需求。全年收储土地139.35公顷，划拨土地15.40公顷，出让土地50.36公顷。 （杨昌福）

2021年5月14日，桂林经开区苏桥片区一角。 （桂林经开区管委会供图）

粤桂黔高铁经济带合作试验区（桂林）广西园

【概况】 2021年，粤桂黔高铁经济带合作试验区（桂林）广西园管理委员会［简称高铁（桂林）广西园管委会］办公地址在桂林市福利北路3号，内设机构5个。年内，高铁（桂林）广西园完成27个项目用地共计128.33公顷土地收储工作，工业保持增长态势，加大招商力度，推进园区发展。

【高铁（桂林）广西园企业运行】 2021年，高铁（桂林）广西园完成工业总产值121.32亿元，增长5.45%；规模以上工业产值109.89亿元，增长4.85%；完成规模以上工业增加值23.3亿元，增长1.21%。高铁（桂林）广西园新增规模以上工业企业12家，规模以上工业企业总数97家（其中灵川园73家、秀峰园12家、叠彩园12家）。全年，实现正增长规模以上工业企业62家，占规模以上工业企业总数的64%（增长20%以上的有31家，占规模以上工业企业总数的32%）。完成产值1亿元以上的企业25家。其中，产值超10亿元企业1家，为广西桂康新材料有限公司，实现产值14亿元；产值超5亿元的企业3家，分别是桂林市漓源粮油饲料有限责任公司，完成产值

9.41亿元，灵川县力源物流有限公司，完成产值9.04亿元，桂林新希望饲料有限公司，完成产值7.16亿元。

【高铁(桂林)广西园规划编制】 2021年，高铁(桂林)广西园启动《桂林高铁经济产业园空间规划》编制。完成桂林高铁经济产业园范围内压覆矿产评估、地质灾害危险性评估、区域节能评估、地震安全性评价、区域性防洪评价、区域性水土保持方案、水资源论证、区域性气候可行性论证7项区域评估事项。

【高铁(桂林)广西园项目建设】 2021年，高铁(桂林)广西园实施产业及产业配套项目64个，完成工业固定资产投资16.72亿元；实施标准厂房建设项目15个，完成标准厂房(含政府投资项目、企业投资项目)建设23.7万平方米。实施福利北路延长线、八里九路自来水加压泵站、今大玻璃高压线迁改项目等道路工程及配套管网工程27个，完成投资4.02亿元。

【高铁(桂林)广西园招商引资】 2021年10月25日，高铁(桂林)广西园管委会、灵川县人民政府驻粤港澳大湾区招商联络处在广东省东莞市揭牌。全年，新签约计划投资1000万元以上工业项目34个，计划总投资21.48亿元，其中1亿元以上项目12个，包括坤泽华科技电子产品项目、保定阳光电力设备有限公司桂林项目、珂深威医疗器械生产项目、桂林通云海科技项目等。桂林宝鸿投资有限公司投资建设的智能装备制造园累计入驻企业22家。

【高铁(桂林)广西园融资工作】 2021年，高铁(桂林)广西园完成融资9.73亿元。其中，以广西灵川八里街工业园区开发总公司为业主，通过桂林高铁经济产业园标准厂房(二期)项目，获自治区地方政府专项债2亿元；以广西粤桂黔高铁园投资开发有限责任公司为业主，通过桂林高铁智慧产业园及配套基础设施项目，获中国农业发展银行灵川分行融资授信7亿元；通过抵押贷款，获灵川农商银行信贷资金7300万元。

2021年6月19日，市长李楚(前排右三)到高铁(桂林)广西园调研，听取园区规划建设情况。 (钟罗周供图)

【高铁(桂林)广西园机制体制改革】 2021年，高铁(桂林)广西园管委会与桂林市行政审批局、桂林市交通运输局、桂林市财政局、桂林市发展和改革委员会签订授权备忘录或委托协议，完成94项市级行政权力下放承接工作，并交由灵川县、秀峰区、叠彩区相关职能部门行使。广西粤桂黔高铁园投资开发有限责任公司注册成立子公司桂林高铁园建筑工程有限公司。

【高铁(桂林)广西园创新要素】 2021年，高铁(桂林)广西园新增高新技术企业12家，高新技术企业保有量总数67家。桂林力源粮油食品集团有限公司居2021年中国制造业企业500强第362位；桂林广陆数字测控有限公司、桂林桂北机器有限责任公司获国家级“专精特新”小巨人企业；桂林市红星化工有限责任公司、桂林广陆数字测控有限公司、桂林矿山机械有限公司入选广西首批制造业单项冠军示范企业；桂林金山新材料有限公司、广西桂康新材料有限公司、桂林力源粮油食品集团有限公司、桂林华信制药有限公司入选第一批广西工业龙头企业；桂林智慧产业园孵化中心通过自治区特色小微企业示范园认定。全年，新增广西智能工厂示范企业(数字化车间)3家，完成重大科技成果转化19项。桂林金山新材料有限公司建设的广西壮族自治区无机纳米粉体及应用工程研究中心，桂林广陆数字测控有限公司与桂林电子科技大学、中稀(广西)金源稀土新材料有限公司共同建设的广西矿粉加工过程控制及装备工程技术研究中心，桂林市淦隆环保科技有限公司与桂林理工大学共同建设的广西醇基燃料高效燃控技术工程技术研究中心分别通过自治区科技厅认定。 (钟罗周)

经济行政管理与监督

经济发展管理

【概况】 2021年,桂林市发展和改革委员会(简称市发展改革委)办公地址在桂林市临桂区青莲路投资发展大厦。内设机构32个及机关党组织、离退休人员工作科,下属机构6个,直属二层国有企业3个。年内,桂林市以打造世界级旅游城市为统领,抓好新冠肺炎疫情防控和经济社会发展,加快推进"两大振兴",着力营造"六大环境",稳住经济基本面,积蓄发展新动能,民生持续改善,社会和谐稳定,实现"十四五"规划良好开局。全年全市地区生产总值2311.06亿元(第一产业增加值549.47亿元,第二产业增加值506.40亿元,第三产业增加值1255.19亿元),按可比价格计算,(比上年,下同)增长6.6%,低于全国平均水平1.5个百分点,低于全自治区平均水平0.9个百分点。组织一般公共预算收入117.50亿元,增长5.4%。社会消费品零售总额942.55亿元,增长6%。城镇居民人均可支配收入40739元,增长6.8%;农村居民人均可支配收入18993元,增长9.5%。

【产业振兴发展】 2021年,桂林市推进产业振兴步伐,做大产业规模,调整产业结构,提升产业发展竞争力。年内,桂林市实施工业振兴"六大行动"(壮大提升六大产业链、优化"345"工业发展新格局、推动项目建设攻坚突破、加强企业培育发展、推动园区提质升级、推动产业优化升级),全市全部工业增加值和规模以上工业增加值分别增长7.6%和8.1%。工业投资稳定增长。桂林平钢钢铁有限公司120万吨炼钢技术改造项目、桂林领益智能制造产业园结构件厂房及配套基础设施项目(一期)等38个重点项目竣工投产;电科云(桂林)国际大数据发展中心项目等68个项目开工建设;格力电器(桂林)智能制造生产基地项目、中航大飞机起落架轮胎项目等一批重大项目完成签约。桂林星辰科技股份有限公司成为全国首批在北京证券交易所上市企业。新增广西工业龙头企业21家、广西战略性新兴企业57家、广西首批制造业单项冠军企业15家、全国制造业单项冠军产品1个。新增"专精特新"(专业化、精细化、特色化、新颖化)国家级企业8家、自治区级企业24家,桂林南药股份有限公司获第四届中国质量奖提名奖。桂林国家高新技术产业开发区实施"创业带动就业"(简称"双创")专项行动,围绕"苗圃—孵化器—加速器"孵化链条,加强"双创"空间载体建设,优化"双创"服务模式,直接创造就业机会7031个,带动就业机会1.22万个。桂林高铁经济产业园引进粤港澳大湾区1亿元以上产业项目11个。桂林国家高新技术产业开发区、桂林经济技术开发区入选自治区500亿元园区培育名单;桂林高铁经济产业园、荔浦市工业集中区入选自治区百亿元园区培育名单;桂林经济技术开发区新一代信息技术产业园获评自治区级特色产业园。桂林市在全广西率先出台科技项目"揭榜挂帅"实施方案,"双创"工作连续两年获自治区督查激励,成功入选广西第一批数字经济示范区。全年全市共获广西科学技术奖40项,转化重大科技成果149项。新增国家技术创新示范企业3家、自治区级以上创新平台32家,认定高新技术企业142家,入围广西百强高新技术企业18家,产业高质量发展动能持续增强。

【现代服务业提质】 2021年,桂林市实施现代服务业提升发展三年行动,加快文旅产业复苏,促进消费业扩容提质。年内,桂林融创国际旅游度假区开业运营,开业首周末度假区客流量破23万人次。"血战湘江·突破包围"旅游路线入选文化和旅游部等4部委联合发布的"建党百年红色旅游百条旅游精品线路"。长征国家文化公园广西段红军长征文化遗产廊道和湘江战役中央纵队界首渡江遗址公园(简称长征国家文化公园广西段"一廊一园")工程(一期)建成竣工。以红军长征湘江战役纪念园(含红军长征湘江战役纪念馆)、红军长征突破湘江烈士纪念碑园(含红军长征突破湘江纪念馆)、湘江战役新圩阻击战酒海井红军纪念园(含新圩阻击战史实陈列馆)组成的湘江战役纪念设施"三园三馆"成为红色爱国主义教育新的"网红点""打卡地",全年接待参观者770多万人次。培育特色"旅游+"品牌。桂林阳朔遇龙河休闲体育旅游度假区获评国家体育旅游示范基地;灌阳县、平乐县获评广西体育旅游示范试点县;全州县、临桂区成为广西全域旅游示范区,桂林市成为广西全域旅游示范市。消费市场实现快速复苏。举办网上年货节、"数字商圈促消费"等线上活动,承办"全国消费促进月·广西站"活动,快递业务量、消费品批发和零售销售额等反映消费市场状况的重要指标呈现大幅增长态势。消费市场展现新活力。桂林商贸服务型国家物流枢纽建设、37个服务业集

2021 年 6 月 26 日，桂林融创国际旅游度假区开业运营，成为桂林打造世界级旅游城市的文旅新地标。（李凯摄）

聚区建设、5 个商圈数字化改造提升项目、12 个夜间经济主题活动项目等有序推进，桂林融创国际旅游度假区漓江后海商业小镇、桂林客世界商业文化广场、京东电器城市旗舰店桂林店等大型消费广（商）场相继开业，“桂花公社”等 4 个桂林城市礼品展销中心建成营业。灵川县、阳朔县、平乐县获批为 2021 年国家电子商务进农村综合示范县，阳朔益田西街文化体验区获批为首批国家级夜间文化和旅游消费集聚区。12 月，桂林国际消费中心城市培育建设项目在广西区域消费中心城市申报评审中，评分位列全自治区第一。

【乡村振兴推进】 2021 年，桂林市抓好巩固拓展脱贫攻坚成果与乡村振兴战略在政策机制、城乡规划、基础设施、产业发展四个方面的有效衔接（简称“四大衔接”），统筹推动乡村协调发展，形成以工促农、以城带乡，城市支持农村、工业反哺农业的城乡一体化发展格局。年内，桂林市加快现代化特色农业发展，打造以粮食、特优水果、蔬菜、优质畜禽、中草药、南方高山特色种植等六大产业为重点的百亿产业集群（简称“六大百亿产业集群”），推动农村产业发展壮大。全年全市粮食产量 179.16 万吨，增长 1.3%，全州县“看禾选种”基地入选首批国家农作物品种展示评价基地，成功创建全州县、兴安县 2 个粮食绿色高产高质高效示范区。水果产量 914.35 万吨，增长 15.4%，“资江百里葡萄长廊”“灌江黑李”“海洋山脉桃”等一批特色水果产业聚集区加快成型。211 个规模化养殖场建成投产，生猪出栏 426.49 万头，增长 37.0%。桂林吉福思罗汉果股份有限公司成为农业产业化国家重点龙头企业。入选全国乡村特色产业“十亿元镇”2 个、“亿元村”4 个，获认定广西四星级以上特色农业现代化示范区 13 个，均居全自治区首位。新增全国乡村旅游重点镇、村各 1 家；新增广西乡村旅游重点镇和重点村、旅游度假区、星级乡村旅游区、星级农家乐、休闲农业与乡村旅游示范点等旅游品牌 30 多个。加快推进田园综合体和美丽乡村建设。完成村庄环境整治 401 个、村屯全域基本整治 8975 个，获评全国文明村镇 12 个，完成中国传统村落项目 85 个，探索出“新型城镇 + 美丽乡村 + 三产融合”的乡村环境风貌提升发展模式。县域经济持续壮大。全州县、资源县获评全国农村创业创新典型县，阳朔县、临桂区获评广西高质量发展先进县（区）、进步县（区）。健全完善防贫动态监测和帮扶机制。全市有 4115 户农户消除返贫致贫风险，全市脱贫人口人均纯收入比 2020 年增加 1748 元，脱贫成果进一步巩固。10 月 13 日，2021 年自治区乡村振兴暨乡村风貌提升工作现场推进会在桂林市召开。

【经济发展支撑能力增强】 2021 年，桂林市抓住招商引资和重大项目建设，坚持稳基础、扩投资、增后劲，社会经济发展持稳定恢复。全年争取中央预算内投资 10.72 亿元，支持 87 个项目建设。获批新增发行地方政府专项债券额度 61.04 亿元，新增债券额度排名自治区第一位。获批为广西直接融资改革创新试点市，落实财政贴息资金 3.73 亿元，撬动“桂惠贷”投放资金 202.2 亿元、排名自治区第三位，直接降低市场主体融资成本 4.08 亿元。被认定为中央财政支持深化民营和小微企业金融服务综合改革试点城市，获中央财政奖励资金 5000 万元。桂林经济技术开发区被列入自治区“园区担”担保合作试

2021 年 12 月 28 日，桂林国家物流枢纽承载城市建设重要项目、桂林市民生重点工程——桂林福达农产品冷链物流园开园。（市发展改革委供图）

点园区名单。投融资支撑不断强化，桂林市被评为自治区扩大有效投资工作先进市，获奖励资金1500万元。深入实施重大项目建设。市级层面统筹推进重大项目963个，其中开工建设138个，竣工投产115个。加快推进交通基础设施建设，桂林至柳城高速建成通车，江永至桂林、平乐至昭平、桂林外环等高速公路开工建设，灌阳至平乐、桂林至柳州改扩建等高速公路项目稳步推进，荔浦市成为全国城乡交通运输一体化示范县，桂林市入选全国性综合交通枢纽城市、首批广西交通强区建设试点单位。加快能源、水利等基础设施建设，建成资源县十万古田风电场等工程，全市陆上风电总装机容量达210万千瓦、居自治区首位；桂林市第二水源工程、桂林市长塘水库等项目有序推进；完成阳朔县、兴安县全国首批水系连通及水美乡村建设试点县创建。加强信息基础设施建设，广西大数据中心桂林副中心建设等项目向前推进，实现市区和重要节点5G网络全覆盖，获评全国首批“千兆城市”。

【市场主体活力加速】 2021年，桂林市聚焦重点领域和关键环节改革创新，强化要素保障、深化开放合作，为经济社会发展注入新动力。年内，全市62项重点改革任务顺利推进。多元联合调处劳动人事争议调解改革经验获国家领导肯定。生态文明积分制等改革经验在全自治区推广。30家全民所有制企业公司制改制全面完成，资源、资产、资本“三资”改革取得初步成效。永福罗汉果产业、华为信息生态产业入选广西第二批改革集成试点名单。村级经营性资产股份合作改革基本完成。营商环境进一步优化。出台进一步优化营商环境十条措施，累计为企业新增减税降费超18亿元，新增市场主体近6万户、增长12.4%。推行“无差别全科受理”模式，打造的“一件事一次办”精品套餐数量居全自治区第一。设区市最核心的198项经济管理权限全链条赋予园区，基本实现“园区事园区办，园区办事不出园区”。成为广西电子证照创新应用及首个“跨省通办+”试点城市。开放合作水平进一步提升。主动对接粤港澳大湾区，“粤桂画廊”建设取得积极进展，“两会一节”办出新特色。加大招商引资力度，新签项目201个、投资总额1394亿元，自治区外境内到位资金650亿元、增长8.3%。桂林—北部湾专列全年发运218标箱，五大外贸基地全面完成挂牌，公示基地企业35家。 （孙毅）

国有资产管理

【概况】 2021年，桂林市人民政府国有资产监督管理委员会（简称市国资委）办公地址在桂林市临桂区青莲路投资发展大厦北楼。内设科室11个。年内，市国资委重点监控的国有及国有控股企业25家，市属国有企业经济效益呈恢复性快速增长。年内，25家企业资产总额5167.45亿元，增长16.52%；所有者权益总额732.88亿元，增长8.75%；营业收入242.28亿元，增长29.69%；利润总额22.32亿元，增长27.35%；缴纳税费17.42亿元，增长8.52%。

【国资国企改革深化】 2021年，桂林市国资委组织拟定《桂林市打造世界级旅游城市市属国有景区实行免费开放实施方案》《桂林市培育世界级旅游市场主体实施方案》，推进象山景区免费对中外游客开放等旅游政策尽快落地。出台《桂林市国有企业改革三年行动实施方案（2020—2022年）》，组织编制三年行动改革任务分解表，成立国企改革三年行动工作专班，推动各项改革任务的实施。开展改革三年行动方案解读培训，定期更新任务台账、通报进展情况、专题研究工作、及时解决问题。推进所属企业加快实施公司制改革。制定桂林市公司制改革工作方案及具体操作流程，指导各直属企业完成下属50家全资（控股）子企业经理层实行任期制和契约化管理的工作。督促纳入国务院国资委公司制改革月调度监测的30家全民所有制企业全部完成公司制改革任务。至年末，全市公司制改革工作完成自治区下达的43项改革任务中的34项，完成率79%；完成桂林市确定的45项改革任务中的36项，完成率80%；两项完成率均超过要求完成70%的目标任务。年内，桂林市交通投资控股集团有限公司（简称交控集团）重组桂林榕湖酒店管理集团有限公司（简称榕湖酒店集团）。桂林国投产业发展集团有限公司（简称国投产业集团）对10家以资产租赁为主业的子企业实施专业整合，通过重建组织架构、全面整合资产、优化人员配置、加强运营管理等途径，提升专业化水平，促进企业提质增效。交控集团完成桂林市公共交通集团有限公司等12家子公司战略合并重组，成立新的桂林市轨道交通集团有限公司（简称轨道集团），轨道集团旗下轨道交通、城市公交、路桥建设、酒店开发、康养服务等多个产业重新归集，初步构建成交通－旅游－康养－园区上下游联动的产业链格局。强化党对国有企业的全面领导。市国资委党委监管的18家企业党组织，国有独资企业和国有控股企业全部完成党建工作进企业管理章程、党组织决策事项清单和前置研究重大经营管理决策事项清单等规章制度的修改和建立。完成制度建设，采取“书记谈书记”、提醒谈话等方式督促各监管企业压实从严管党治企责任，持续加强国资国企作风建设。坚持“人才引领发展”战略地位和党管人才原则，加快推进人才强企战略。指导交投集团创新人才引进方式，从深圳比亚迪公司引入高端人才作为轨道集团总经理；通过公开竞争上岗等方式，从外部引进中层管理人员13名；进一步盘活企业人才队伍建设，健全市场化选人用人机制。借助桂林人才飞地（深圳）平台，对接粤港澳大湾区优质资源，为全市国有企业搭建人才、项目、投（融）资交流环境。建立在外广西籍国有企业人才库，发动各方力量寻访在外桂林籍国有企业人才，做好人才推荐和引入工作。组织监管企业完成高层次人才基本信息采集。

【国资国企监管效能提升】 2021年，桂林市相继印发《关于进一步加强国有企业管理的规定》《桂林市直属企业外部董事管理暂行办法》《桂林市直属企业总会计师委派管理暂行办法》《关于推进县(市、区)构建国有资产监管大格局的指导意见》等国资监管政策文件,制作2004—2021年桂林市国有资产监管文件汇编,完善国资监管制度台账。出台《林市国资委履行出资人职责企业负责人经营业绩考核实施细则(商业一类)》等相关配套文件,明确获得国家级、省(部)级科学技术一等奖及以上奖项的、获得国家知识产权示范企业称号的、科技创新成果实现产业化并取得明显成效的等8个方面创新驱动工作取得良好成绩的企业,在年度经营业绩考核中给予加分奖励,激励企业加大创新研发力度,提升市场竞争力。全年全市累计投入国资系统研发经费1480万元,是上年经费投入的7.6倍;实现工业总产值8.62亿元,增长9.59%。年内,市国资委加强对监管企业的走访调研。采取报告与交流、调研与指导、检查与整改相结合的形式,重点对交控集团等7家国有企业在完善监管制度体系建设、抓好国有资本风险防控、形成长效管控机制等方面开展调研,督促企业完善内控体系建设,提升风险防范水平。开展全市国有资产资源摸底调研,调查内容涉及国有企业32家,国有资产约41亿元,资产负债约28亿元,国有土地77宗(面积184公顷),为经营性国有资产统一监管以及国有企业战略性重组积累基础性数据。

【国资系统项目建设】 2021年,桂林市国资委出台《桂林市国资委监管企业2021年投(融)资重大项目建设实施方案》《监管企业2021年投融资项目建设专项调研方案》,整理筛选11个重大项目由市领导跟踪服务,协调解决项目推进存在的困难和问题。年内,监管企业重大项目建设共21个,完成投资额11亿元。国投产业集团的"国投·桂林院子"项目短期内销售额突破4.6亿元,实现首期销售开门红。桂林市文化体育产业投资发展集团有限公司(简称文体集团)的"一院两馆"文化旅游景区实施升级改造,改造后的"一院两馆"被评定为国家级3A级文化旅游景区;主导夜经济生活特色的王城街区科第巷被评为广西夜间文化旅游品牌"广西十佳夜游文化街区"称号。榕湖饭店改造提升、漓江东岸国家级旅游度假区建设、电动汽车充电基础设施建设等项目有序推进。出台《桂林市2021年"央企入桂"项目落实实施方案》,压实项目所在县(市、区)党委、政府的主体责任,推动项目建设实施进程,提升签约项目的协议履约率、资金到位率、项目开工率、竣工投产率。至年末,桂林市通过2020年"央企入桂"活动签约的21个项目(总投资682.5亿元),国电优能全州青山口风电场项目、中国长城电子平乐生产基地项目、中国长城(广西)PKS信创产业生态基地项目(秀峰区)、国电永福发电有限公司#3、#4机组超低排放改造项目实现竣工,其余项目稳步推进。

【国企民生服务保障】 2021年,桂林市续建国有企业棚户区改造建设项目2个,完成项目投资额1.42亿元,修建住房1291套,建筑面积共计15.44万平方米。推进国有企业职工家属区"三供一业"(供水、供电、供热和物业管理)维修改造、分离移交工作。至年末,已完成供水分离移交工作的企业56家,涉及户数39732户;已完成供电分离移交工作的企业45家,涉及户数3.57万户;已完成物业分离移交工作的企业50家,涉及户数4.01万户。及时处理群众来信来访,做好信访答复工作,全年共办理群众来信92件,接待来访群众106批,保证企业正常生产,维护社会和谐稳定。 (潘思潭)

价格管理

【概况】 2021年,桂林市统筹推进新冠肺炎疫情防控及居民生活物资保供稳价工作。全年全市居民消费价格指数(CPI)增长0.7%,提高收窄1.9个百分点,距离自治区下达的年度价格调控3%的目标任务还有2.3%的调控空间。从结构上看,构成CPI的八大类商品和服务价格呈"七升一降"态势。其中,交通通信、生活用品及服务、衣着、教育文化娱乐、医疗保健、居住、其他用品及服务价格分别上涨2.6%、1.9%、1.2%、1.2%、1.2%、0.8%、0.4%,食品烟酒价格下降0.7%。

【居民生活物资保供稳价】 2021年,桂林市出台《桂林市2021年全国"两会"期间重要民生商品保供稳价工作方案》《桂林市进一步完善全市政府猪肉储备调节机制做好猪肉市场保供稳价工作实施方案》等民生保障文件,健全完善重要民生商品价格调控机制。加强价格巡查和监测,在春节、"两会"、国庆节等期间,坚持每日对大型超市、批发市场、重点农贸市场开展价格巡查,关注重要民生商品供求情况,全年及时发布价格监测信息2.2万条,引导生产经营者合理定价,保障商品市场价格稳定。抓好重点时段以及节假日期间肉类市场供给保障,组织南城百货、微笑堂等65家重点商贸商超流通企业保持节假日正常营业,引导企业科学安排,提前扩大备货量。加大市场价格检查力度,全年共出动价格执法人员7185人次,检查农贸市场2249家次、商场超市2086家次、药店2472家次、核酸检测服务机构239家次、疫苗接种机构278家次,维护全市重要民生商品市场价格秩序,保障广大市民切身利益。

【降本减负政策落实】 2021年,桂林市落实系列企业降本减负措施,支持企业复工复产。年内,全市直接减免企业负担23.3亿元;实施阶段性降低税费为企业减负13.94亿元;免除承租国有房屋的服务业小微企业和个体工商户门面租金3000万元;免费为新办企业刻制印章5.1万枚,为企业减负51.02万元;降低失业保险费率为企业减负2.48亿元,惠及单位2.44万家,职工46.8万人;阶段性降低工伤保险费率为企业减负7282.56万元,惠及单位2.61万家,职工58.7万人;实施失业保险稳岗返还政策,共发放稳岗返还资金3918.05万元,惠及企业11182家,惠及职工24.31万人;继续落实失业保险扩围政策,共为8.02万名失业人员发放失业补助金4654.76万元。降低企业融资成本。全市金融机构累计投放"桂惠贷"资金202.2亿元,共惠及市场主体9172户,直接降低相关市场主体融资成本4.08亿元。经市小微企业融资担保有限公司担保贷款扶持的企业,销售额增加81.15亿元,利润增加6.5亿元,就业岗位增加2.1万个，企业融资利率由原来的年平均7%下降至约5%，为企业节约融资成本约4000万元。连续两次降低核酸检测收费标准，为群众减负150万元。降低小微企业和个体工商户支付手续费，减免各项支付手续费138.62万元，惠及市场主体1.91万家。开展行业协会商会乱收费专项清理整治工作，为会员企业减免会费100余万元。阶段性降低新开工、竣工投产的重大项目以及住宿餐饮、批发零售、物流运输等行业的非居民用天然气销售价格和自来水价格。清理规范城镇供水供电供气收费，停止收取庭院管网维护费、管网整改费、燃气表具更换费、新增用户管道安装费等不合理收费项目。全市共计减免水电气报装环节收费5070.6万元。

【能源价格改革】 2021年，桂林市价格行政主管部门推进能源价格市场化改革，按照“准许成本+合理收益”的原则，制定兴安县旭升燃气公司配气价格，居民用户配气价格每立方米0.95元，销售价格每立方米3.76元；非居民用户配气价格实行政府指导价管理，最高不超过每立方米1.90元。制定确定管道燃气上下游价格联动调整启动条件、设置低收入群体免费气量等价格措施。居民用气平均上游价格波动达到或超过5%，且距离上次调价时间不少于6个月（含）；非居民用气平均上游价格波动达到或超过5%，且距离上次调价时间不少于3个月；符合上述情形达到启动条件的实行管道燃气上下游价格联动调整。对经民政部门认定的城乡低保对象、特困人员等困难群众给予每户每月3立方米的免费气量。年内，桂林市先后3次联动调整居民和非居民用气销售价格。继续做好电力体制改革、峰谷分时电价和燃煤发电上网电价市场化改革等电力价格改革工作。

【景区门票价格调节】 2021年，桂林市漓江风景名胜区新设立的27个游览项目门票价格经自治区同意，批复由相关运营单位按照运营成本、市场供求状况，遵循公平、合法和诚信的原则自主制定，实行市场调节价。抓好景区门票价格分级管理目录的调整和补充，借鉴自治区内其他城市景区景点管理经验，将丹霞温泉、龙胜温泉旅游度假区、仙家温泉、炎井温泉及市区水上游、“两江四湖”水上游览等13个景区、游览项目移出自治区景区门票价格分级管理目录，实行市场调节价；将蝴蝶谷、赏月路景区、七仙峰景区等9个已不再经营或升级改造后更名的景区景点移出自治区景区门票价格分级管理目录；将万福广场休闲旅游城、美国飞虎队桂林遗址公园、阳朔西街景区等29个国家3A级以上（含）景区纳入自治区景区门票分级管理目录，实行免费开放。

【民生价费管理】 2021年，桂林市价格行政主管部门规范教育收费管理。公布全市公办学校教育项目收费清单，提高教育收费政策社会知晓度。通过建立全市治理教育乱收费联席会议制度、公布收费清单、召开提醒会、督促做好收费公示等措施，强化教育收费事中、事后监管，营造公开、透明的教育收费环境，近90万名中小学生受益。开展城市生活垃圾分类差别化收费试点。对在已建成或在建的生活垃圾分类示范片区（示范点）范围内的居民生活小区，已按照《广西城市生活垃圾分类示范小区建设导则（试行）》实行垃圾分类的居民，生活垃圾处理费由原先的每户每月7元降低至每户每月5元；未开展垃圾分类的居民，生活垃圾处理费仍按原来的每户每月7元的标准收取；城市低保对象、城市特困人员、享受优抚对象、领取失业保障金人员、领取失业补助金人员、孤儿和事实无人抚养儿童，经身份核实确认后免缴生活垃圾处理费。年内，市价格行政主管部门持续推进全市物业服务收费标准制定工作。组织开展殡葬业价格秩序、公益性安葬设施建设经营专项整治行动。做好中央环境保护督察反馈问题整改“回头看”和特定行业阶梯电价、差别电价政策执行情况督导工作。

【价格公共服务】 2021年，桂林市价格认证中心推动价格争议纠纷调解工作的开展，探索涉行政价格争议纠纷调解工作经验。推进价格认定综合业务平台的应用，除涉密案件外，基本实现业务网办、数据入库，价格认定综合业务平台推广覆盖率100%。做好涉纪检监察、涉刑事案件价格认定及复核工作。至年末，共完成各类价格认定业务7611件，认定金额34.23亿元。其中，涉纪检监察案件价格认定案件4件，认定金额811.35万元；涉刑事案件价格认定案件600件，认定金额2969.54万元；涉税财物价格认定案件15件，认定金额1056.88万元；通过税务局存量房评估系统处理涉税财物价格认定案件6896件，认定金额31.66亿元；涉行政事项价格认定案件4件，认定金额63.52万元；价格争议纠纷调解业务91件，涉及金额2.08亿元；复核价格认定业务1件，认定金额0.13万元。完成以涉税财物价格

2021年7月29日，桂林市在自治区清理规范城镇水电气行业收费暨价格工作部署会上作经验交流。
（黄爱华供图）

认定为重点的涉行政事项价格认定工作，对部分因学区设立导致价格异常波动的房屋基准价格进行调整，涉及房屋1326栋；对存量房交易计税系统部分价格波动幅度较大的房屋价格进行调整，涉税房屋3008栋，为财政收入增收2500万元。年内，组织对漓江游船、民办学校、公办小学、校外学科类培训机构等52家企（事）业单位开展成本调查监审，送审成本6.29亿元，核定成本5.34亿元，核减成本0.95亿元，核减率15.10%。（黄爱华）

市场监督管理

【概况】 2021年，桂林市市场监督管理局（简称市市场监管局）办公地址在桂林市临桂区青莲路建设大厦。内设机构35个及机关党组织、离退休人员工作科，下设直属分局3个，二层机构5个，代管机构1个。年内，桂林市市场监管部门继续深化商事制度改革，持续优化市场营商环境。加强事中事后监管，维护市场正规秩序，强化食品、药品、特种设备和产品质量安全监管，遏制重特大安全事故和系统性风险事件的发生。

【市场营商环境优化】 2021年7月1日，桂林市与全国同步启动“证照分离”全覆盖改革。10月1日始，对532项涉企经营许可事项实施全覆盖清单管理，按照直接取消审批、审批改为备案、实行告知承诺、优化审批服务等四种方式分类推进审批制度改革，提高市场主体办事的便利度和可预期性。市场监管、税务、公安等涉及部门加强联通协作，依托广西一体化政务服务平台开设“企业开办一窗通”系统，通过对营业执照、刻制公章、开立银行账户、办理涉税、社保登记、医保登记、公积金开户等企业开办事项整合和流程再造，实现1个工作日办结。继续推行以政府补贴形式免费赠送新设企业实体印章，向纳税人免费发放税务UKEY，保持企业开办“零”成本，全年免收新设立企业印章刻制费用515.16万元。6月21日始，桂林市在市本级和各城区开展住所和经营场所分离登记试点改革，探索实施跨行政区域“一照多址”互通互认经验，解决连锁企业变更需逐个办理的繁琐操作难题。获批成为广西首个“跨省通办＋套餐服务”“跨省通办＋承诺审批”试点城市，与11省（直辖市）的24个市（区）开展“跨省通办”合作，实现“一地认证、全网通办”。至年末，全市新增市场主体59997户，增长12.44%；累计实有市场主体359135户，增长20.06%。年内，桂林市获2020年中国营商环境评价开办企业指标表现优秀城市。先后2次获广西壮族自治区人民政府“深化商事制度改革成效显著、落实事中事后监管等相关政策措施社会反映好的地方”称号。

【公平竞争审查】 2021年，桂林市完善市公平竞争审查工作联席会议工作机制，新增市应急管理局、市医疗保障局、市城市管理委员会、市行政审批局、市林业和园林局、市投资促进局6部门为市级联席会议成员单位，出台《关于进一步贯彻落实公平竞争审查制度工作的通知》《关于积极推进在采购、招标等一切涉及市场主体经济活动的环节进行公平竞争审查的通知》文件，共组织审查涉及市场经济活动相关文件515份，废止3份，清退相关款项48余万元。年内，桂林市公平竞争审查工作联席会议办公室及时纠正某县交通运输部门涉嫌排除竞争事项滥用行政权力行为，督导某县只招标1家共享单车企业影响充分竞争案件，将全市公立医院招标投标项目纳入公平竞争审查管理，将公平竞争审查纳入政府采购内部流程，进一步优化公平竞争的市场营商环境。

【市场主体信用监管】 2021年，桂林市加强“双随机、一公开”（在监管过程中随机抽取检查对象、随机选派执法检查人员，抽查情况及查处结果及时向社会公开）市场监管常态化，印发《桂林市事中事后监管联席办关于调整桂林市政府部门随机抽查事项清单（第三版）的通知》。全市389个各级政府部门开展“双随机、一公开”抽查，部门覆盖率100%；共完成抽查任务2389项，抽取检查对象19265户，其中跨部门联合抽查任务393项，抽取检查对象2588户。推进国家级和自治区级失信联合惩戒试点工作，打造多元化、立体化的联合惩戒格局。至年末，全市经营异常名录实有市场主体7.41万户，严重违法失信企业实有1967户。多举措提高市场主体年报率。全市2020年度企业年报率92.06%，个体工商户年报率84.31%，农民专业合作社年报率97.58%，其中农民专业合作社年报率排名全自治区第一。加强政府部门涉企信息全量归集。至年末，全市各级政府部门共归集涉企信息223.14万条，其中行政许可信息209.32万条，行政处罚信息6.51万条，抽查检查信息7.31万条。畅通企业信用修复渠道。12月，广西壮族自治区事中事后监管经验交流现场会在桂林市召开。

【“放心消费”品牌创建】 2021年，桂林市成立全市消费者权益保护局际联席会议，启动提升消费者满意度专项行动。年内，桂林市将12315热线以“双号并行”形式归并至12345政务服务便民热线工作，提升消费投诉便民性。继续深化“放心消费”创建活动。坚持全域推动，在秀峰区东西巷步行街开展“阳光厨房·放心消费”活动，打造象山景区成为“诚信经营·放心消费”景区，在龙胜各族自治县民族农贸市场开展“公平交易·放心市场”等系列活动，发挥正向引导作用促进行业自律、提升商区管理水平。从源头处理好消费投诉，强化经营者消费维权主体责任，实行经营者首问、赔偿先付等制度和线下无理由退货承诺，促进经营者诚信自律。持续推进在线解决纠纷（ODR）企业机制，新发展ODR企业14家，全市ODR企业达到48家。桂林市12315投诉举报指挥中心和桂林市消费者协会全年共受理消费诉求15250件，为消费者挽回经济损失1582万元。全市累计创建放心消费街区（景区、市场等）42个、商户1918户、协会2个。9月，桂林市市场监督管理局12315投诉举报中心获“第二十届全国青年文明号”称号。11月10日，自治区市场监管系统网络交易监管和消费环境建设工作会议暨放心消费创建现场会在桂林市召开。

【市场监管执法】 2021年，桂林市市场监管系统围绕民生重点领域开展监管执法，组织开展“三品一械”（食品、药品、化妆品，医疗器械）、虚假宣传、无照经营、价格违法、取缔黑网吧、整治商铺封建迷信活动等专项整治行动。全年全市共查处各类违法案件7589件，案值1166.64万元，罚没款2811.31万元。其中办理重大案件10件；通过行政执法与刑事司法衔接（简称“行刑衔接”）方式移交公安机关25件，公安机关立案8件。5月13日，广西市场监管系统执法典型案例现场会在桂林市兴安县召开。

【广告监管】 2021年，桂林市市场监管部门开展违法违规商业营销宣传集中整治行动、广告领域“护苗助老”整治行动、非法应用人类辅助生殖技术等虚假违法医疗广告专项整治行动、文娱领域综合治理、儿童青少年近视防控产品违法违规商业营销宣传专项整治行动等专项行动。全市共查处违法广告案件64件，罚没款34.37万元，其中互联网广告违法案件30件、印刷品广告违法案件14件、户外广告违法案件8件、其他广告违法案件12件。

【打击传销】 2021年，桂林市共开展打击传销专项行动2191次，出动人员14432人次；检查涉嫌传销活动场所15646处（次），捣毁窝点135个；查获涉嫌传销人员622人，解救受骗群众356人，教育遣散1499人，劝返60人。公安机关刑事立案80件、破案55件；刑事拘留7人，逮捕7人，移送审查起诉39人；行政处罚案件486件，罚没款90.92万元。法院受理传销案件23件，审理办结22件，判刑37人。检察机关受理案件27件40人，批准逮捕22件35人，审查起诉24件37人，起诉至法院21件37人。至年末，全市有1904个社区（村）开展了“无传销社区（村）”创建活动。

【“质量强市”战略实施】 2021年，桂林市“质量强市”战略以质量奖评选为契机，推动企业不断提升管理水平，引领企业发展提质增效。年内，广西彰泰物业服务集团有限公司获第六届市长质量奖；桂林海威科技股份有限公司、桂林智神信息技术股份有限公司2家企业获第六届市长质量奖提名奖。桂林电器科学研究院有限公司、广西师范大学等9家企业（组织）获2020年桂林市重要标准研制奖励项目。桂林南药股份有限公司提炼出的“基于‘双循环+双驱动’的产品生命周期”质量管理模式获第四届中国质量奖提名奖。加快质量服务平台建设，出台《桂林市质量服务“一站式”平台建设三年实施方案（2021—2023年）》，建设以市级平台为区域枢纽、县级平台（站点）为补充的“1+N”质量服务“一站式”平台体系，推动各类质量技术服务事项实现“一窗受理、一网通办”。至年末，全市已建成市级平台1个、县级站点2个。

【标准化建设】 2021年，桂林市参与制（修）订（含立项和发布）的国际标准2项、国家标准39项、行业标准35项、广西地方标准22项、桂林市地方标准27项、团体标准17项。桂林独秀峰·王城景区国家级服务业标准化试点等2个国家级、桂林市机关幼儿园综合标准化试点等5个自治区级、全州红军长征湘江战役文化保护传承中心红色旅游服务标准化试点等25个市级标准化试点通过考核验收，新获批6个自治区级创建试点。2项企业标准入选2021年度广西企业标准“领跑者”排行榜。对2020年评选出的9个单位10项重要技术标准给予奖励，奖励金额106万元。

【产品认证认可和检验检测】 2021年，桂林市新增认证证书327张，增长14%，证书数位列名列广西各设区市前列。资源县获批为桂林市首个国家有机产品认证示范县。桂林市生源家禽有限责任公司兴安分公司取得蛋鸡和鲜鸡蛋2张不含有抗生素残留畜产品（简称无抗产品）认证证书，成为广西首家通过无抗产品认证的企业。指导检验检测机构扩大检测项目，满足企业对产品检验检测需求。桂林市产品质量检验所新增扩项目68个，桂林市食品药品检验所新增项目16个、参数12个。督促和指导全市176家检验检测机构完成2020年机构年度报告和统计数据直报，审核上报率100%。

【计量监督】 2021年，桂林市计量测试研究所完成企（事）业单业各类计量器具检测检定4.95万台（件），其中强制检定计量器具3.53万台（件），出具检定、校准等各类证书1.78万份，累计为企业减免检定费用417.3万元。创新出租车监管手段，桂林市计量测试研究所研发的出租汽车互联网动态监管平台投入使用，通过平台数据分析，有效解决出租汽车行业最突出的“计程和计价不准确”的投诉问题。组织开展集贸市场电子秤“四统一”（计量器具统一配置、统一检定、统一监管、统一轮换）试点工作，引导经营者诚信经营。

【发明专利和知识产权保护】 2021年，桂林市拥有有效发明专利5383

2021年9月15日，2021年桂林市质量月启动仪式在桂林宾馆举行。（韦朝舜摄）

件，增长17.23%。全市高价值发明专利拥有量1867件，每万人口高价值发明专利拥有量3.78件，增长17.95%。全市发明专利、实用新型专利和外观设计专利共获授权5729件，其中发明专利获授权1034件；全市PCT（专利合同条约）专利申请167件，新增37件，增长15.63%。获第二十二届中国专利奖优秀奖3项，获第一届广西专利奖一等奖2项、二等奖4项。桂林智神信息技术股份有限公司、桂林电器科学研究院有限公司2家企业获广西高价值发明专利培育示范中心筹建资格；全市11家企业获得广西壮族自治区知识产权优势企业培育单位称号。年内，桂林市组织38家企（事）业单位、52个知识产权项目参加第十一届广西发明创造成果展览交易会，涉及发明专利21件、实用新型专利13件、外观专利1件、地理标志产品4件、专利产品与民族特色创新产品13件。出台《桂林市知识产权质押融资入园惠企行动实施方案》，以园区为试点，探索“政园银企”联动的工作模式，创新知识产权质押标的，破解企业融资难题。资源县某新材料公司利用“核心技术知识产权质押+股东担保”代替“第三方担保”的新质押担保模式，获500万元知识产权与固定资产组合贷款，成为桂林市首例县域知识产权质押贷款成功案例。全年全市开展知识产权质押融资服务，为企业实现融资4000多万元。

【商标品牌培育】 2021年，桂林市商标注册申请1.09万件，增长3.4%；核准注册8106件，增长24.7%；商标有效注册量4万件，增长23.1%。国家知识产权局商标业务桂林受理窗口全年共受理商标业务1487件，其中受理注册申请1156件，后续业务331件。加强农产品地理标志证明商标培育。“临桂马蹄”成为桂林市第11件地理标志证明商标，全市地理标志证明商标总量居自治区第一位，“桂林砂糖橘”“桂林罗汉果”“阳朔金橘”入围2021年中国品牌价值评价信息区域品牌（地理标志）百强名单。“漓泉啤酒”“福达”“三金”3个品牌入选世界品牌实验室发布的2021中国500最具价值品牌排行榜，品牌总价值达468.17亿元。

【食品安全监管】 2021年，桂林市开展农药兽药使用减量、校园食品安全守护、农村假冒伪劣食品治理、餐饮质量安全提升、保健食品行业清理等整治行动，实现从田头到餐桌全过程风险防控。对标广西食品安全示范城市创建标准，升级改造农贸市场45家，6家获评广西首批食品安全示范市场，桂林市打造食品安全智慧化“十规范”示范农贸市场的做法在全自治区推广。在桂林米粉行业推行“可视化全流程生产过程控制”和“生产监控信息共享”的智慧监管模式，在鲜湿米粉生产高峰时段开展“零点突击”整治行动。出台《桂林市学校食堂及校外集中配送单位食品安全监督管理办法》，推动校园食品安全主体责任由校内向校外拓展，2021年全市学校食堂“明厨亮灶”和校外供餐单位“互联网+明厨亮灶”覆盖率均达100%。组建市级进口冷链食品集中监管专仓，指导17个县（市、区）建立监管查验仓。推广“八桂冷链通”平台应用，处置涉疫进口食品事件7起。年内，自治区食品评价性抽检合格率98.34%，农产品质量安全监测总体合格率100%。阳朔、平乐、灵川、永福、恭城5县（自治县）创建为广西食品安全示范县。

【药品安全监管】 2021年，桂林市出台《桂林市疫苗安全事件应急预案（试行）》，建立疫苗安全事件应急组织体系，组织对全市226个疫苗接种点、13个疾控机构、1个疫苗委托配送企业进行全覆盖、多频次的监督检查，处置问题疫苗事件4件。开展含兴奋剂药品经营专项检查、药品流通环节专项检查、医疗美容专项检查、疫情防控用医疗器械监督检查、避孕套质量安全管理专项整治、儿童化妆品专项检查等药品监督检查活动。组织“全国安全用药月”宣传活动，免费为群众量血压6000余人次、接受群众用药咨询8000余人次。至年末，全市未发生重大及以上级别药品、医疗器械、化妆品安全突发事件。

【特种设备安全监督】 2021年，桂林市全面组织开展特种设备安全隐患排查与整治。全年共检查特种设备生产使用单位1743家，下达《安全监察指令书》177份，责令停产停业整顿1家，立案查处29件，罚没款85万余元。针对燃气公用管道运营企业存在未落实法定检验制度问题，警示约谈企业14家。完成市电梯应急指挥平台建设，实现电梯“智慧化”应急管理。6月，桂林市先后承办了自治区气瓶安全专项整治三年行动现场工作会和2021年广西客运索道应急救援演练活动。全市连续9年未发生特种设备特重大安全事故。

【产品质量安全监督】 2021年，桂林市对建筑装饰装修材料、非医用口罩、燃气器具、电线电缆、校服以及进口非冷链集装箱货物等重点工业产品开展质量安全抽检，其中食品相关产品、水泥、电线电缆、危险化学品和危险化学品包装物等5类74家获证企业实现全覆盖监管。共抽检产品33个品种1236批次；送达《撤销行政许可告知书》5份，发布工业产品抽检公告4期。年内，全市未发生重大产品质量安全事件。 （莫超超）

招商引资

【概况】 2021年，桂林市投资促进局（桂林市非公有制经济发展服务中心）办公地址在桂林市临桂区西城中路69号创业大厦西辅楼。内设机构8个。年内，桂林市投资促进局统筹推进“三企入桂”等重大投资促进活动与招商引资项目落地落实，全年全市区外境内招商引资到位资金678.05亿元，完成年度目标任务的104.3%。“三企入桂”项目协议履约率、项目开工率、项目竣工投产率增量分别为17.44%、113.09%、147.89%，超额完成自治区下达的增量目标任务。“行企助力转型升级”新签项目总投资额1008.69亿元，完成年度目标任务的100.9%。驻点招商百日攻坚行动成效突显，业绩领跑广西各设区市。年内，桂林市获2021年广西招商引资创新奖一等奖，位列全自治区第一；“格力布局桂林，打造世界级旅游城市的产业振兴新引擎”获评2021年广西招商引资十大新闻；桂林市投资促进局获2021年度自治区投资促进工作先进集体。

【招商引资工作机制健全】 2021年，桂林市统筹推进“三企入桂”等重大投资促进活动与招商引资项目落地落实。年内，成立“三企入桂项目落实、行企助力转型升级”和“驻点招商百日攻坚”行动指挥部，设立招商工作专班，组建市级驻点招商工作队和县（市、区）、园区驻点招商工作组，出台《“三企入桂项目落实”实施方案》《“行企助力转型升级”行动方案》和《驻点招商行动方案》。构建“一个项目、一名领导”工作推进机制，发挥考核指标导向作用，科学分解任务目标，完善“三企入桂”项目和驻点招商考评细则，调动起全市各级政府、各级经济部门招商引资工作积极性，先后在北京、深圳、杭州等地举办驻点招商投资合作恳谈会、推介会，拜访相关龙头企业和知名行业协会，洽谈投资合作，务实推动招商见成效。

【招商引资“桂林速度”打造】 2021年，桂林市主动对接粤港澳大湾区、长江经济带和京津冀等三大经济战略区域，锚定电子信息、先进装备制造、生物医药、文旅大健康等重点方向，精选重点目标行业企业，组织招商工作专班开展“行企助力转型升级”系列精准招商活动。市主要领导率队到华为技术有限公司、比亚迪股份有限公司、深圳长城开发科技股份有限公司、珠海格力电器股份有限公司、中国免税品（集团）有限责任公司、广东领益智造股份有限公司等企业考察洽谈，会见东旭集团、京东集团、中国中药控股有限公司、中国－东盟信息港股份有限公司、太平洋建设集团等企业高层和广西海外联谊会等商协会领导，对接中国科学院、中国自贸区联合会、中科纳米产业集团等机构。举办打造世界级旅游城市专题推介会、第18届中国－东盟博览会桂林打造世界级旅游城市投资环境推介会、2021桂林（深圳）驻点招商投资合作恳谈会、2021年中国－东盟博览会旅游展桂林打造世界级旅游城市投资商机和大健康文旅项目推介会等多场次专题招商推介活动。参加广西对接长江经济带（南京、无锡）项目洽谈会、广西大健康和文旅产业（北京、杭州）招商推介会、粤港澳大湾区电子信息产业合作洽谈会等自治区层面各类招商活动。推进产业项目合作落地，签约了格力电器（桂林）智能制造生产基地项目（投资额100亿元）等一大批具有较强示范带动和引领作用的重大项目，创造了桂林领益智造智能制造项目从签约立项到正式投产仅历时32天的“桂林速度”。

【招商引资项目服务保障】 2021年，桂林市实施“聚产业”“定区域”“盯目标”的精准招商。强化“项目为王”要求，树立“以结果论英雄”导向，把握“项目落地核心”本质，持续推动招商引资项目落地促发展、促转型。年内，建立市党政主要领导服务工业企业接待日制度，畅通工业企业反映情况和诉求渠道，推动各级领导干部进一步深化工业企业服务水平，解决企业发展中的困难和问题。坚持“一月一调度、季度一开工、半年一展示，一年一考评”制度，开展“四率”（项目协议履约率、资金到位率、项目开工率、竣工投产率）专项督导“三企入桂”项目服务月活动，协调推进128个项目、236个问题的解决，为68个项目开展代办业务。聚焦格力电器（桂林）智能制造生产基地项目、桂林领益智造智能制造项目、修正药业医药产业园建设项目等一批重大项目落地建设要素保障，成立项目服务工作专班，提供全过程、无缝隙服务，协调解决项目审批、要素保障和生产经营中的各类堵点难点问题。全年新签约项目202个，年内开工建设85个，开工率42.07%。出台《桂林市鼓励发展新经济项目优惠政策》，招引有实力的平台经济企业、金融企业、科创企业落户桂林。9月，桂林市与京东科技集团签订“互联网+”数字经济合作项目协议，打造数字经济发展新引擎。

【驻点招商成效显著】 2021年，桂林市组建20支驻点招商小分队，聚焦“粤港澳”“长三角”“京津冀”等战略区域，按照精心策划一批招商项目、有效对接一批目标企业、洽谈达成一批意向项目、组织签订一批产业项目、储备招引一批准签项目的“五个一批”总要求开展驻点招商，完成既定目标任务。全年全市驻点招商签订投资合作项目69个，投资总额548.8亿元；促成准签项目94个，总投资额848.8亿元；达成意向投资项目320个；策划包装推出招商项目179个；对接拜访各类目标企业1227家、企业协会和商协会24家。桂林市驻点招商经验在全自治区得到宣传推荐。

【招商模式创新】 2021年，桂林市开展以商招商，探索市场招商新途径。年内，桂林市在北京设立投资促进代表处，首次出台投资促进推广工作前

2021年10月28日，桂林市副市长蒋春华（前排右四）率队赴上海开展驻点招商活动，对接考察上海悠络客电子科技股份有限公司。（桂林市投资促进局供图）

期经费管理办法。通过聘请相关行业企业为招商服务机构、在相关区域设立人才引进联络办公室等模式，为招商队员安好“家”，布置好招商联络工作“桥头堡”。推进外商投资“一站式”服务平台建设运营，完善外商投资服务“直通车”协调机制，将外资服务专员覆盖到县（市、区）和各类开发区。结合产业基础和发展定位，提炼分析目标企业、产业布局、优惠政策等海量信息，对招商项目进行精准匹配；绘制桂林产业招商地图，让招商资源一图可识，一键可达，一网可通。开展企业为桂林营商环境代言活动，营造以商引商、以企引企良性环境。举办中国汽车产业链及汽车后市场高峰论坛，邀请全国工商联汽摩商会80余家企业参会交流，实现上下游产业企业有效对接。（邱景）

2021年6月15日，中共桂林市食品流通企业联盟委员会揭牌成立。

（莫超超供图）

个体私营经济

【概况】2021年，桂林市登记注册民营经济市场主体累计34.13万户，增长4.57%。其中，私营企业累计8.52万户，增长2.77%；个体工商户累计24.87万户，增长5.43%；农民合作社累计0.74万户，增长3.54%。

【民营经济发展助推】2021年，桂林市围绕“优环境、提质量、促发展”主题，组织开展服务非公有制经济发展主题宣传月活动，共发放宣传册5000余份，深入贫困村45次，在集贸市场现地宣传1456次，专业市场现地宣传54次，召开座谈会16次，引导个体工商户填报年报1000余户。做好个体户转型升级为企业（简称“个转企”）的注册登记工作，采取实地走访、摸底调研、政策宣传、开设“个转企”绿色通道等方式，引导帮助具有一定规模和条件的个体工商户转型升级为企业。全年全市新增“个转企”89户。

【民营经济活力激发】2021年，桂林市落实“六稳”“六保”任务，在全市市场监管系统开展激发民营经济发展活力保市场主体专项行动，着力破解新冠肺炎疫情常态化防控下制约民营经济发展的突出问题，提振各类市场主体信心，激发民营经济活力。年内，全市新增民营经济市场主体5.86万户，增长11.88%。其中新增个体工商户4.47万户，增长12.88%；新增私营企业1.34万户，增长13.56%。

【“小个专”党建创新】2021年，桂林市建立31条党政领导干部食品安全责任清单，推动党建工作覆盖“吃、住、游、购、行”五大领域。打造“党旗领航·守护安康”党建品牌，成立中国共产党桂林市食品流通企业联盟委员会，将全市在食品生产、流通、消费3个环节规模较大的生产企业、农贸市场、连锁商超和餐饮企业的党组织、党员凝聚起来，构建从田间地头到餐桌的食品安全生命线。选树培育党建示范点，灌阳日升生态特色农业开发有限公司党支部和桂华建材有限公司党支部被评为自治区市场监管局“小个专”党建工作示范点。至年末，全市共有“小个专”党组织126个、党建工作示范点40个、旅行行业企业高标准党建示范点19个，评选出“共产党员经营户”207家、“党组织推荐放心店”327家。年内，桂林市市场监管局先后获全国、广西市场监管系统“小个专”党建工作表现突出集体；桂林万禾农产品有限公司党总支等4个党组织获自治区级“小个专”党建工作表现突出党组织。（莫超超）

审计工作

【概况】2021年，中国共产党桂林市委员会审计委员会办公室与桂林市审计局合署办公，办公地址在桂林市临桂区青莲路投资发展大厦。内设科室16个，下设桂林市公共投资项目审计中心、桂林市审计干部培训中心。全年全市审计机关共完成审计项目176个，查出主要问题金额195.96亿元，上缴财政1.68亿元；移送纪检监察机关及有关部门处理的线索21条；提交审计专题、综合性报告、信息简报19篇。年内，桂林市审计局和平乐县审计局选送的计算机审计演示项目分别获第九届广西壮族自治区计算审计成果演示市级组二等奖和县级组一等奖。全市审计机关选送的审计项目获2021年全自治区优秀审计项目一等奖2个、二等奖1个、三等奖1个。

【财政审计】2021年，桂林市审计局开展2020年市本级预算执行审计，紧盯财政管理改革关键领域和重点环节，以预算支出和预算绩效的审计为主线，加大对财政收入质量、支出总量和结构、财政存量资金清理盘活、落实过“紧日子”要求、转移支付资金和政府债务资金管理使用、财政资金绩效等方面的审计力度，促进财政优化结构、盘活存量、用好增量。通过审计，发现部门预决算编制质量、项目效益、转移支付资金制度建设等方面的问题24个。全年全市审计机关共完成预算执行审计项目64个，查出主要问题金额56.82亿元；完成财政决算审计项目3个，查出主要问题金额409万元。其中，市审计局完成预算执行审计项目5个，查出主要问题金额9.62亿元；完成财政决算审计项目1个，查出主要问题金额322万元。

【政策落实跟踪审计】 2021年，桂林市审计局重点关注乱收费、减税降费、脱贫攻坚成果与乡村振兴有效衔接、优化营商环境、生态文明建设、基层“三保”（保基本民生、保工资、保运转）、政府专项债券管理使用、“双百双新”产业项目（即投资超过百亿元或产值超过百亿元的重大产业项目，新产业、新技术项目）实施、县财政收入规范化管理、财政直达资金绩效、保障中小企业款项支付保障等11个方面政策落实情况，发现在优化营商环境相关政策落实、生态文明建设决策部署落实、直达资金支出进度、财政收入缴库管理等方面存在的26个问题，涉及问题金额2.67亿元，向自治区审计厅、市人民政府提交审计结果报告4份，向市委、市人民政府报送审计专题调研信息3篇。全年共抽查部门及单位171个、项目249个，涉及财政资金90.44亿元。

【金融审计】 2021年，桂林市审计局聚焦防范化解重大金融风险，开展金融领域审计，通过审前分析研判，审中深入调查，审后落实整改，运用虚拟环境构建模型，Python编程和图数据库等技术手段，发现个别单位在金融方针政策执行、金融业务、内控制度建立执行等方面存在的问题，提出建立健全风险管控制度、强化内外部监督等金融审计建议。全年共完成金融审计项目2个，查出主要问题金额131.18亿元。

【行政事业审计】 2021年，桂林市审计机关共完成行政事业审计项目44个，查出主要问题金额30164万元。年内，桂林市审计局重点围绕市本级行政事业单位房屋和土地资产进行专项审计调查，对老城区国有房屋土地资产的现状梳理，为市委、市人民政府统一规划、分类处置，盘活老城区闲置资产，发挥国有资产效益提供决策依据。

【农业审计】 2021年，桂林市审计局组织对某县易地扶贫搬迁后续扶持政策措施落实和资金管理使用情况开展审计。审计发现问题35个，查出管理不规范资金9682.89万元，发出审计移送书2份、重要事项转送函1份、审计建议书1份，上报审计要情2篇。

【资源环保审计】 2021年，桂林市审计局对某县党政主要领导实施自然资源资产离任审计，创新审计方法，运用“3S”技术（全球定位系统、地理信息系统和遥感技术的统称）帮助审计取证。通过审计，发现该县在粮食安全战略未严格贯彻落实、未规范开展项目建设等方面的问题，查出主要问题金额1.87亿元。年内，桂林市审计局参与自治区审计厅组织的《县（市、区）党政领导干部自然资源资产离任（任中）审计操作指南（试行）》编写任务，总结出60多条审计操作实务，在全自治区审计系统推广施行。

【固定资产投资审计】 2021年，桂林市审计局加大对重大项目投资审计力度，重点关注项目建设管理、征地拆迁、工程造价、投资效益等方面的情况，揭示工程建设领域重大违纪违法问题。组织完成国道321线阳朔至桂林段扩建工程竣工决算项目审计，查出主要问题金额2364万元，提出审计建议5条。全年全市审计机关共完成固定资产投资审计项目8个，查出主要问题金额2775万元。

【社会保障审计】 2021年，桂林市审计局开展全市社会保险基金审计。通过利用大数据审计技术和区、市、县三级联动优势，发现部分医疗机构违规骗取套取医疗保险资金，疫情期间部分企业未享受社会保险减免政策，部分被征地农民、低保户等特殊群体参加社会养老保险未实现应报尽保等方面的问题。

【企业审计】 2021年，桂林市审计局深化国有企业审计，重点关注企业在国有资产保值增值、经营管理、内控制度建立执行等方面的情况，将突击盘点、翻阅账本、谈话询问等传统审计方法与数据比对的计算机审计方法相结合，发现部分企业盈利能力不强未实现国有资产保值增值、内控制度不够完善、未按协议约定期限收回本息等方面的问题。全年全市审计机关共完成企业审计项目5个，查出主要问题金额5976万元。

【经济责任审计】 2021年，桂林市审计局完善桂林市经济责任审计联席会议制度，组织召开全市经济责任审计

2021年12月22日，桂林市审计局审计人员开展社保审计工作，入户核查农民参保信息。
（桂林市审计局供图）

工作联席会议第一次全体会议，审议通过《桂林市经济责任审计工作联席会议议事规则》。加大对重点部门和单位及关键岗位领导干部的经济责任审计力度，围绕领导干部任职期间的财政资金、国有资产、国有资源、民生项目、生态环保等方面的情况，运用大数据分析、现场审阅资料、实地走访调查等多种手段，发现在贯彻执行上级经济政策、制定和执行重大经济决策、财政财务管理、经济风险防范等方面存在的问题。全年全市审计机关共完成经济责任审计项目69个，审计领导干部86人。

【专项资金审计（调查）】 2021年，桂林市审计局围绕存量资金和党费管理进行重点审计调查。组织对市本级395个预算单位存量资金管理使用情况进行专项审计调查，推动市财政收回存量资金1.25亿元；对全市31个党组织党费收缴使用管理情况进行专项审计调查，发现未按规定比例上缴党费、挪用党费用于个人支出、未按规定开设专户、党费与其他经费混用等方面的问题。全年全市审计机关共完成专项资金审计项目49个，审计专项资金总额27.17亿元，查出主要问题金额4.03亿元。

【审计学会建设】 2021年，桂林市审计学会围绕审计促进体制机制完善、大数据和数据挖掘等技术在审计实践中的应用、领导干部经济责任履行情况、自然资源资产审计理论实践等课题进行理论研究。组织开展自治区审计厅和自治区审计学会科研课题项目申报工作，有1个课题被自治区审计厅和自治区审计学会确定为年度重点课题。年内，组织全市审计理论研究骨干参加自治区审计学会主办的广西审计信息化专题征文活动，获一等奖1篇、优秀奖1篇。

【审计整改“回头看”行动】 2021年年末，桂林市审计局首次协同市委组织部开展审计整改“回头看”行动，选择审计资金规模大、违纪违规数额多、整改效果不好，具有一定代表性和典型性的6个被审计单位进行审计整改成效检查，重点检查被审计单位在审计发现问题整改“举一反三”效果、完善制度、建立长效机制、未整改或整改不到位问题原因等方面的落实情况。

（龙雨）

统计工作

【概况】 2021年，桂林市统计局（简称市统计局）办公地址在桂林市临桂区西城中路69号。内设机构14个，下辖桂林市统计信息自动化中心（桂林市统计局普查中心）。年内，市统计局围绕提升统计数据质量工作主线，坚持落实依法统计、依法治统，着力抓好统计服务和统计队伍建设，为领导机关决策辅政和社会各界统计数据查询提供优质统计服务。继续推进统计现代化改革，全面推行基层统计网格化管理新机制，启动广西企业电子统计台账试点工作。圆满完成桂林市第七次全国人口普查，桂林市获第七次全国人口普查“全国先进集体”称号，2人获“国家先进个人”称号。10个集体获“广西先进集体”称号，35人获“广西先进个人”称号。年内，在全自治区统计系统综合考核评比中，桂林市获二等奖；在22个专业考核评比中，桂林市获一等奖7项、二等奖4项、三等奖6项。

【统计服务】 2021年，市统计局持续巩固优化统计拳头产品，为社会各界提供优质统计服务。年内，市统计局联合国家统计局桂林调查队在主流媒体上发布《2020年桂林市国民经济和社会发展统计公报》。创刊《桂林市统计局简报》，方便党政领导及时了解统计工作动态，将“死数据”变成“活信息”，为科学决策提供数据依据。加强统计分析及预警预测能力，向市委、市人民政府报送统计信息279条，采用70条，有10篇统计分析、统计信息获市领导批示。做好统计刊物的编印和发行。全年共编印《桂林统计分析》25期、《桂林市统计局简报》8期，出版发行《桂林统计信息月报》6000册、《桂林要情手册》500本、《桂林经济社会统计年鉴》800本、《数说桂林市“十三五”发展成就》600本。增强领导干部依法统计、依法治统意识。由市统计局具体承办全市“四上”企业（规模以上工业、有资质的建筑业和全部房地产开发经营业、限额以上批发零售业和住宿餐饮业、规模以上服务业法人单位）业务培训班，对县（市、区）人民政府分管领导和市、县两级行业主管部门领导及业务骨干开展培训，推动将达到规模（限额）统计标准的法人单位和产业活动单位，及时纳入统计基本单位名录库，客观衡量地区主要经济发展水平，为市委、市人民政府科学决策提供准确统计依据，推进全市“四上”企业培育工作。

【统计数据质量提升】 2021年，市统计局坚持依法统计、依法治统理念，规范统计执法行为，在强化部门协作的基础上，开展联合执法及“双随机”检查（随机抽取检查对象、随机选派执法检查人员）。全年共检查企业15家，协助无执法证的县（区）统计局检查企业23家，实现“双随机”抽查县县全覆盖。坚持数据核实与统计法治宣传相结合，增强统计调查对象依法提供真实统计数据的法律意识，从源头上防范遏制统计数据造假和弄虚作假。完善数据评估制度，执行统计数据质量评估管理办法，全年组织召开全市统计数据质量评估会4次，增强统计数据的真实性、准确性、可靠性。

【统计现代化改革】 2021年，桂林市深化重点领域统计制度方法改革。持续推进地区生产总值（GDP）统一核算工作，完成桂林市及17个县（市、区）2018年、2019年文化及相关产业增加值的核算工作。全面实行统计协管员（协统员）制度。2021年全市共招聘协统员65人，全市在岗协统员增至203人。启动首席统计师（员）评聘工作，共聘任首席统计师13人，首席统计员63人。全面推行基层统计网格化管理新机制。各县（市、区）组建以村级统计协管员为主体的基层统计队伍，统计工作的触角由县、乡延伸至村、社区，形成市－县（市、区）－乡（镇、街道办）－村级网格的工作体系，有效解决基层统计力量薄弱问题。通过建立村级统计工作机制，完善村级统计工作

2021 年 11 月 6 日，2021 年广西壮族自治区统计协管员（协统员）招聘笔试（桂林市考点）开考，有 905 名考生报名参加考试。（市统计局供图）

制度，落实乡、村两级数据采集流程等措施，基层源头的统计数据质量得到提升。有效提升基层统计现代化水平。组织开展广西企业电子统计台账试点工作，象山区成为全市唯一的试点单位。年内，象山区组织辖区内 89 家“四上”企业参加试点，完成试点工作的各项任务。（蒋业全）

自然资源管理

【概况】 2021 年，桂林市自然资源局（简称市自然资源局）办公地址在桂林市临桂区青莲路投资发展大厦。内设机构 25 个及离退休干部科、机关党组织，下辖分局 8 个，直属机构 12 个，代管机构 1 个。年内，桂林市自然资源管理部门围绕打造桂林世界级旅游城市中心工作，发挥工作部门要素保障职能，完成市县过渡期城镇开发边界划定方案编制报批，获批新增城镇建设用地规模 2753.59 公顷；新增建设用地指标 706.71 公顷；盘活存量土地 1790.24 公顷，闲置土地控制在 220 公顷以内。当好守护桂林山水的“二郎神”，把生态保护放在第一位。至年末，全市共争取漓江流域生态修复自治区专项资金 3.4 亿元；建成绿色矿山 92 座，生态修复废弃矿山 42 家。2 个案例入选“2021 年广西国土空间生态修复 10 个典型案例”。

【矿山生态修复建设】 2021 年，桂林市组织开展露天可视矿山综合整治，强化道路两侧可视露天矿山管控，巡查高速公路、高速铁路、国道和省道（简称“两高两道”）及旅游公路等两侧可视范围内山体采石采矿情况，共排查出需要整改的矿山 21 座，按照“一矿一策”的要求制定整改清单，消除问题矿山开采面。至年末，全市已建成 2 个国家级、19 个自治区级、71 个市级共 92 个绿色矿山，应建矿山建成率 97.87%，建成数、建成率均位居广西第一。累计完成 42 家废弃矿山生态修复，修复面积 240 余万平方米，部分修复案例得到《人民日报》《光明日报》宣传推广。加快矿山生态修复进程。七星区基本完成整区推进历史遗留废弃矿山综合治理；灵川县探索引进社会资本参与，利用市场化机制推进灵川县自祥采石场等 4 个采石场历史废弃矿山生态修复工程。平乐县创新利用矿山生态修复土地建成工业园区入选“2021 年广西国土空间生态修复 10 个典型案例”。

【漓江流域生态修复】 2021 年，桂林市争取到漓江流域生态修复自治区专项资金 3.4 亿元，累计获漓江流域生态修复项目资金 4.4 亿元。至年末，完成桂林喀斯特世界自然遗产地（风景区）生态景观修复工程、漓江风景名胜区城市段及洲岛湿地生态修复、漓江流域破损山体生态修复等 5 大生态修复工程共 16 个子项目竣工验收，22 个子项目加快推进。年内，伏龙洲生态修复工程入选“2021 年广西国土空间生态修复 10 个典型案例”。

【耕地保护】 2021 年，桂林市组织各县（市、区）自然资源部门完成耕地后备资源潜力调查，经评估耕地提质改造潜力 5.71 万公顷、建设用地复垦潜力 0.27 万公顷。推进旱地改水田（简称“旱改水”）耕地提质改造、农村土地综合整治等项目实施。垦造水田项目 29 个，验收面积 652.43 公顷；实施全域土地综合整治项目 12 个，获自治区奖补资金 1.09 亿元。年内，桂林市出台《桂林市耕地保护“田长制”实施方案》，建立起市县考核、乡镇督导、村为主体、“田长”落实的“田长制”耕地保护责任体系，形成一级抓一级、层层抓落实的工作格局。

【地质灾害防治】 2021 年，桂林市对全市地质灾害隐患点进行排查、检查和核查，选取 140 处险情较大、成灾风险较高、威胁人数较多的点位，安装各类防灾监测设备 1053 台，首批 140 处地质灾害群专结合监测预警点建成并投入使用，初步建成地质灾害“人工防治 + 技术防治”群专结合的综合防治体系。年内，全市共发生地质灾害 14 起，及时转移避让地质灾害险情 2 起，避免 14 户 49 人因灾伤亡。

【土地资源要素保障】 2021 年，桂林市按照《过渡期桂林市辖区城镇开发边界划定方案》实施，明确桂林主城区、临桂片区、雁山片区等区域为过渡期城镇开发边界，划定桂林市辖区城镇开发边界总用地规模 21212 公顷，其中城镇集中建设区 15419 公顷、特别用途区 5793 公顷，为全市各项建设项目报批提供依据。年内，桂林市获批新增城镇建设用地规模 2753.59 公顷，其中市辖区 741 公顷。盘活存量土地 1790.24 公顷，闲置土地控制在 220 公顷以内。共保障 18 个批次（单选）新增建设用地指标 706.71 公顷，其中使用市级新增建设用地指标 292.72 公顷；保障工业用地 152.71 公顷，占比达到 55.3%。全市在列的 330 个重大项目已全部保障用地项目 159

个，部分保障用地项目48个，累计保障用地面积2725公顷；桂林市城市交通配套工程、桂林至柳州高速公路项目、桂林国际会展中心建设项目、兴安县玉环产业园建设项目等一批重大项目实现应保尽保。落实居住小区基础设施配套建设，经过审批规划建设幼儿园规模面积9710.84平方米、社区文化活动站面积2671平方米、养老服务设施面积2132平方米、婴幼儿照护设施面积2945平方米。

【工业项目“标准地”改革试点】2021年8月，桂林市被确定为广西第二批5个工业项目“标准地”改革试点城市之一。11月，桂林市出台《桂林市工业项目“标准地”和“拿地即开工”改革实施方案》，明确工业项目“标准地”出让全过程管理流程，并配套相关管理措施。将企业项目用地从“事后提要求”转向“事前定标准”，由“项目等地”变为“地等项目”。通过提高准入门槛和标准，倒逼企业在申请用地时严格对标，量体裁衣，减少资源消耗争取更大产出，实现土地节约集约利用。12月末，桂林市首宗工业项目“标准地”出让以总价1125万元被桂林市雁山城市建设投资有限公司竞得，桂林市成为广西第二批5个试点城市率先实现工业项目“标准地”出让模式的城市。

【不动产登记提质增效】2021年，桂林市聚焦不动产登记堵点、难点问题，持续提升群众满意度和幸福感。年内，率先在全自治区推行不动产登记“在线缴费+电子票据”服务，配合“线上受理、电子证照、免费邮寄”等便民举措，让群众足不出户即可全程办理不动产登记、缴费、收票，真正实现“零次跑”。提供不动产登记周六延时便民服务措施，通过提前预约方式，累计为市民办理“周六业务”4700余宗。深化“放管服”改革，实现抵押权首次登记和抵押权注销登记的全城通办和部分业务的跨省市通办。落实国家减税降费政策，为企业减负纾困。全年共办理减免小微企业不动产登记费业务245件，减免金额10.88万元；助力153家企业办理不动产抵押融资共61.1亿元。集中力量攻坚，推动象山区御林湾41号住宅楼、秀峰区龙光翠竹苑2-13-02号商住楼、桂林电器科学研究院有限公司名下政策性住房、漓江花园自建房等房屋项目不动产登记历史难题的解决，受惠群众达600余户。出台《桂林市城市车位(库)不动产登记办法(试行)》办法，为地下停车位“上户”问题的解决提供政策依据。

【桂林市第三次国土调查】2021年，桂林市第三次国土调查基本完成，调查成果按照程序完成报审。此次调查创新运用“互联网+调查”手段，全面采集优于1米的高分辨率遥感影像开展调查，查清了全市国土资源利用现状，形成了覆盖桂林市全域的172.1万个调查图斑，建成了集影像、地类、范围、面积、权属和相关自然资源信息为一体的国土调查数据库。数据成果客观反映了全市土地利用状况，也反映出耕地流向果园、林地的突出问题以及土地利用效率不高等突出问题。12月15日，全市及五城区(秀峰区、叠彩区、象山区、七星区、雁山区)第三次国土调查主要地类数据成果公报对外发布。全市耕地18.95万公顷，园地35.01万公顷，林地196.51万公顷，草地4.01万公顷，湿地3637.46公顷，城镇村及工矿用地10.29万公顷，交通运输用地2.96万公顷，水域及水利设施用地6.77万公顷。

【自然资源管理执法督察】2021年，桂林市持续开展“大棚房”问题专项清理整治行动“回头看”、违建别墅清查整治、常态化扫黑除恶斗争、农村乱占耕地建房问题整治、非法采石采砂综合整治等多项专项行动。依法查处市城区违法建设案件1069件，拆除违法建筑3666处60.63万平方米；整治农村乱占耕地建房新增问题198个；完成扫黑除恶线索核查99件；排查上报采砂场和堆砂场问题33个，打击违法开采案件87件，没收违法所得201.84万元，没收矿产品1.2万吨。年内，桂林市卫片执法督查检查工作实现连续5年“零约谈、零问责”目标。

【“实景三维桂林”建设】至2021年末，桂林市利用“实景三维桂林”项目已建成142平方千米，优于5厘米，部分区域优于2厘米精度的实景三维数据库，覆盖全市八成以上城区面积。搭建出适用于该市空、山、河、城一体地形地貌的四级场景，形成独具特色的空间基础信息底座体系，为空间规划、调查监测、综合执法、城市管理、旅游发展等提供技术数据支撑，为城市建设提供全覆盖、高频次、高精度、立体化的卫星遥感产品和服务。5月27日，自然资源广西壮族自治区卫星应用技术中心桂林分中心在市自然资源局揭牌成立。

（罗宇韬）

应急管理

【概况】2021年，桂林市应急管理局(简称市应急管理局)办公地址在桂林市临桂区西城中路69号。内设科室14个，管理桂林市地震监测中心、桂林市社会治理和应急指挥中心、桂林市安全生产监察支队。年内，市应急管理局坚持应急管理工作“稳”的总基调，加强应急管理行政执法，改进生产安全事故调查处理方式，强化风险隐患管控，完善应急管理体系建设，提升灾害防御能力。推行“红黑榜”通报、“启动会+现场执法检查+总结会”“企业负责人+安全管理人员+岗位操作员工代表全过程在场”“执法+专家”相结合的“三位一体”新型执法模式、防汛“211”工作机制(即每日两会商，每日一调度，每日一报告)等工作措施，全市安全生产形势持续稳定向好，自然灾害损失进一步下降。年内，在自治区对各设区市党委、政府2021年度安全生产和消防工作考核中，桂林市列全自治区第三位。加大安全知识宣讲和政策法规宣传，全年开展警示教育、主题宣讲132场，出动宣传人员2万余人次，关注和参与宣传教育群众达200余万人次。继续推进防震减灾示范社区建设，全市新增全国综合减灾示范社区6个、广西壮族自治区综合减灾示范社区20个，示范社区创建总数位列全自治区第一。

【应急管理体系改革】2021年，桂林市17个县(市、区)应急管理局党组改设党委工作顺利完成，市、县(市、区)两级应急管理体系党建统领新格局基本形成。年内，桂林市不断完善应急管理指挥平台功能，拓展接入部门(单位)信息系统8个，建成视频监控点1.6万处；已开通专网视频会商系统会商点742个，覆盖全市17个县(市、区)，147个乡(镇、街道)，582个建制村，实现市应急指挥中心对各会商点的直接视频指挥调度，全面提升全市社会治理现代化水平和突发事件应急指挥能力。持续推进救援力量的整合与建设。全市17个县(市、区)的1886个社区(村)都建有1支八桂应急先锋社区响应队伍，共有队员2.3万人，将应急管理体系末梢延伸至社区、村屯，实现灾害事故早发现、早报告、早处置。强化救援协作机制建立，市应急管理局与广西矿山救援大队桂林中队、桂林祥和水上应急救援队签订合作协议，指导成立桂林飞宇蓝天无人机救援队，全市应急救援体系完善和高科技装备救援队伍建设得到进一步加强。

2021年6月16日，桂林市2021年度"安全生产月"启动仪式暨桂林市安全宣传咨询活动在甲天下广场举行。 （市应急管理局供图）

【安全生产保持平稳】 2021年，桂林市发生各类生产安全事故157件，死亡人数118人，受伤人数125人。其中，一般事故155件，死亡人数112人，受伤人数122人；较大事故2件，死亡人数6人，受伤人数3人。事故件数、死亡人数、受伤人数、较大事故件数分别下降60.95%、38.86%、68.24%和60.00%，实现"四下降"和"减量控大"(压减事故总量，控制较大事故发生)目标。具体细分，道路交通事故120件，死亡人数79人，受伤人数119人；工矿商贸事故2件，死亡人数2人，受伤人数2人；建筑施工事故17件，死亡人数18人，受伤人数3人；金属非金属矿山事故3件，死亡人数4人；工贸事故9件，死亡人数8人，受伤人数1人；铁路运输事故2件，死亡2人，受伤2人；其他事故4件，死亡5人。化工、烟花爆竹、水上运输、航空运输、农业机械、渔业船舶全年无事故。全市连续18年未发生重特大生产安全事故。

【重点行业领域安全监管深化】 2021年，桂林市加强推进安全生产专项整治三年行动集中攻坚力度，逐一攻克安全生产领域的重点、难点、痛点、堵点问题。全市派出涉及安全生产行业监督检查组7173个，督导2.66万次，检查行政机关、企事业单位4.13万家；查出安全风险隐患6.86万个，落实整改6.39万个，整改完成率93.11%；执行行政处罚5398次，责令停产整顿不符合安全生产条件的企业292家，暂扣吊销证照企业181家，关闭取缔非法违法企业74家，罚款金额2633.6万元。持续开展危险化学品专项整治行动。责令停产整顿生产经营单位19家，立案查处126家，查封扣押成品油377.2吨，处罚318.2万元；保持对非法违法烟花爆竹生产企业高压打击态势，查获收缴非法产品1.53万件、价值184.1万元，立案29件，刑事(行政)拘留10人，经济处罚15.1万元。打击地下矿山私挖乱采行为，全市尾矿库总数从127座减少至18座，所有正常生产矿山企业和尾矿库全部实现标准化达标创建。开展工贸行业大整治行动，企业执法处罚率位列全自治区前列。全年全市各级应急部门共开展执法检查1766次，责令停产整顿企业18家，提请关闭企业2家，下达执法文书4446份，收缴处罚款1886.19万元，其中日常监管处罚1158.22万元(该项指标位列全自治区第一位)。7月23日，广西壮族自治区安全生产行政执法现场会在桂林市召开。会上，桂林市介绍了具有桂林品牌特色的"三位一体"新型执法模式和创新安全生产行政执法工作原则的经验。

【防汛抗旱救援】 2021年4月—9月，桂林市全域遭遇5次强降雨天气过程，部分江河出现超20年一遇的洪水。防汛期间，全市共有36.2万人受灾，造成2.5万公顷农作物受灾，397间房屋倒塌，25间房屋严重损坏，1227间房屋一般损坏，直接经济损失达7.35亿元。累计紧急转移安置和紧急救助受灾群众1.2万人，发放救灾资金5654.15万元，争取中央、自治区自然灾害救灾资金2373.32万元、重建资金3730万余元，各类物资5400件。实施冬春生活救助40.79万人，帮助1073户因灾倒房农户重建家园、1277户农户修缮房屋。入秋时节，全市各地出现不同程度旱情，阳朔县、灵川县、全州县、兴安县、永福县、平乐县、恭城瑶族自治县、叠彩区、雁山区等地先后4次出现阶段性旱情，累计受灾群众17.9万人，直接经济损失3.19亿元。除秀峰区、象山区、七星区外，全市14个县(市、区)均成立抗旱服务队，共开展人工增雨作业41次，发射火箭弹115枚。

【灾害防御能力提升】 2021年，桂林市加强全域灾害监测，及时发布预警信息，科学指挥调度，有效减少灾害损失。防汛期间，市应急管理局坚持防汛"211"工作制度，召开滚动会商会50余次、防汛调度会20余次，分析研判雨、水、灾情发展趋势，滚动播报预警信息，为群众赢得防灾避险时间。全年洪涝灾害实现人员“零伤亡”。由市应急管理局牵头实施全市自然灾害风险普查工作，协调、督促、指导全市8个主要行业部门有序开展风险普查工作。至年末，应急、气象、自然资源、水利、交通5个部门全部完成普查任务，全市整体风险普查进度排名广西各地市前列。年内，桂林市临桂区宛田瑶族乡“6·30”山洪防御案例获国家防汛抗旱总指挥部办公室通报表扬；龙胜各族自治县、恭城瑶族自治县、七星区、临桂区救援转移案例获自治区防汛抗旱指挥部办公室通报表扬。“战胜多次历史罕见的严重洪涝灾害”作为桂林市八个方面历史性成就之一，纳入中国共产党桂林市第六次代表大会工作报告。《桂林日报》推出《聚焦桂林“八大成就”》系列报道，详细报道了近年来全市防汛工作取得的成绩。

【森林防灭火】 2021年，桂林市共发生森林火灾11起，其中一般森林火灾5起，较大森林火灾6起。过火面积85.9公顷；森林受害面积27.65公顷、森林受害率0.014‰。年内，桂林市组织开展森林火灾扑救行动，共出动专业扑救队员、半专业扑救队员、群众扑火人员968人次，扑火车辆101辆次，直升机4架次。组织应急救援人员赴梧州市执行跨市增援扑救任务。全年全市未发生组织扑救人员伤亡事故和重特大森林火灾事故。

【消防救援】 2021年，桂林市消防救援支队深化消防安全整治三年行动，聚焦集贸市场、大型商业综合体、生命通道、少数民族村寨等10个重点领域开展专项整治。全面推行大型商业综合体消防安全包保交底工作，完成4600万元乡村消防规划和智慧消防改造，建成1000多个“守望乡村”消防宣传服务站，打造10余个消防安全标杆单位、40余个消防安全示范村。全年全市消防救援队伍共接处警4899起，出动车辆1.7万辆次，抢救被困人员462人，疏散被困人员2600余人，保护和抢救财产价值10.2亿元。桂林市消防救援支队对24家存在重大火灾隐患单位进行挂牌督办，依法查处占用、堵塞消防车通道等违法行为40余起，拆除防盗网6000多平方米，剪除私拉乱接电动车充电线1.6万处。年内，桂林市消防救援支队分别获广西壮族自治区应对突发事件突出贡献先进集体、广西壮族自治区消防救援先进支队；七星区东江消防救援站被应急管理部消防救援局评为执勤训练工作先进单位。15人立三等功，170人获嘉奖。

【应急预案管理和演练】 2021年，桂林市加强应急预案体系建设，实现应急预案编制体系化、应急预案管理智能化、应急预案文本简明化、应急预案执法规范化、应急预案演练实战化。至年末，市、县（区、市）两级总体预案编修完成；编修、发布专项预案、部门预案（含县级）1488个，生产经营企业备案539家；制定完善乡、村两级应急预案3000余个。全年共组织市级综合应急演练2次，督促指导政府部门、企事业单位开展应急演练900余场次。 （蒋幸）

2021年6月11日，2021年桂林市民兵应急营集合点验大会在秀峰区举行。
（市应急管理局供图）

口　　岸

【概况】 2021年，桂林航空口岸因受新冠肺炎疫情影响，处于关闭状态。桂林两江国际机场保障运输航班起降3.89万架次（国际及地区航班0架次），增长3.5%；完成旅客吞吐量453.1万人次（国际及地区出入境旅客0万人次），增长4.1%。机场口岸进口整体通关时间13.92小时，累计压缩50.59%；出口整体通关时间0.33小时，累计压缩31.25%。年内，桂林两江国际机场共执行飞行航线104条（均为国内航线），航线总数减少14条。全年共有28家航空公司执行飞行任务，通航城市75个（均为国内城市）；新增航点5个，分别为玉林市、湖南长沙、广州、成都天府、巴中。（李晖）

【海关】 2021年，桂林海关办公区地址分别在桂林市骖鸾路21号和漓江路25号。内设驻机场办事处（副处级机构，下设监管五科、监管六科）、办公室、人事政工科、综合业务科、物流监控科、监管一科、监管二科、监管三科、监管四科、企业管理与核查科、审核科、财务科；下辖桂林海关综合技术服务中心。桂林海关缉私分局内设科室4个。年内，桂林海关共监管进出口货物6109吨，增长71.1%；进出口货值6879.3万美元，增长120.3%；全年入库税款4136.89万元，增长55.06%；实现全市外贸进出口总值91.6亿元，增长27.3%。

服务地方经济发展　2021年，桂林海关在做好新冠肺炎疫情常态化防控的同时，通过分析全市各个行业特点，制订出台11条措施支持企业复工复产，召开海关稳外贸、稳增长政策专题宣讲会，培育桂林溢达纺织有限公司进行AEO（经认证的经营者）高级认证并通过南宁海关资质认证。引导医疗器械企业抓住疫情防控契机，扩大乳胶手套等疫情防控物资的生产产能，出口医疗仪器及器械3亿元，增长75.7%；指导辖区医药企业完成特殊物品卫生检疫审批，桂林南药股份有限公司成为广西首家医药领域通过海关AEO高级认证的医药企业。开展出境竹、木、草制品监管通关改革，大幅压缩审核期限和待检时间。拓展与“一带一路”沿线国家和地区的农产品出口贸易，新增广西出口农产品示范基地15家。至年末，全市出口农产品产值5.4亿元，增长27.0%；出口竹木及其制品产值6.3亿元，增长3.9%；出口银杏、马蹄等特色果蔬食品罐头产值7961.5万元；出口特色柑橘163.7吨，辖区柑橘出口贸易在暂停3年后迎来复苏。

强化海关监管效能　2021年，桂林海关推进属地纳税人管理，提高税收征管质量。推动辖区税源企业适用多元化担保模式，做好税收政策扶持，合理运用“减、免、退”等优惠政策，为企业减少税负成本5%以上。收集企业需求意见，向南宁海关报送税收政策调研建议2条、减免税收政策建议2条、海关风险参数建议5条。深化信用管理体系建设，推广“互联网+稽核查”监管模式，开展涉税、涉检等重点领域专项核查，强化海关后续监管。年内，桂林海关共办理各类企业备案审批25家；开展核查作业83家，发现问题51个，整改后通过38个；接受企业主动披露1家；上报稽查线索8条，查发企业4家；实施企业信用等级动态管理，组织1家企业进行AEO高级认证培育并通过南宁海关的认证。

深化通关改革　2021年，桂林海关全面执行国务院、海关总署确定的关检融合和通关改革各项措施。引导企业在“全国通关一体化”模式在线申报通关，实现在桂林海关申报，实际物流从全国各异地口岸离境通关的便捷服务，大幅压缩在桂林海关从申请报关到完成通关的整体时间；优化原产地签证工作，推行企业自助打印证书，自助打印率提高50%。帮助企业在进口国享受关税优惠近1000万美元；首次推广企业以关税保证保险模式办理汇总征税担保业务，实现企业进口货物即时验放，次月集中缴税，缓解企业资金压力，提高通关效率。

开展简政放权　2021年，桂林海关创新实施口岸卫生许可证（涉及公共场所）核发告知承诺改革，优化审批服务，提升审批效率，现场完成2件桂林两江国际机场口岸公共场所卫生许可证办理业务。助推保税监管惠企政策落地实施，帮助辖区大型曲轴生产加工企业制定加工贸易手册。完成辖区首家进境中药材指定存放、加工企业检疫备案，指导企业开展硬件设施的完善、生产流程和管理制度的规范等10个方面的工作内容。

筑牢卫生防疫和安全隐患屏障　2021年，桂林海关持续强化国门生物安全防控，阻截重大动植物疫情疫病传入传出和外来物种入侵3次。加强进出口危险货物和重点敏感商品监管，指导危险货物出口企业改进包装方式消除安全隐患，安全出口危险货物160票；查处不符合要求的货物29票；指导1票首次出口埃塞俄比亚的钻机改进不符合要求项目；销毁3票存在安全隐患的设备；指导和监督企业对19票有安全隐患的进口设备实施技术整改；协助企业对4票进口棉花出证索赔申请，价值约20万元。对辖区出口养殖场开展采样送检形成常态化，确保出境食用动物质量安全。加大对进口粮食检验检疫各环节的监督管控，确保全流程可追溯，全年共监管进口粮食37.33万吨，增长5.7%。增强桂林口岸新冠病毒核酸检测能力，累计为口岸一线人员检测466人次。定期开展航班复航实操演练，做好口岸全面复航准备工作。

打击走私　2021年，桂林海关先后开展“国门利剑2021”联合专项行动、“蓝天2021”专项行动，确保辖区反走私态势平稳可控。年内，桂林海关共刑事受案4件，涉案案值690.4万元、涉嫌偷逃税额112.7万元；立案3件，涉案案值590.4万元，涉嫌偷逃税额95.7万元；结案移诉1件1人，法院判决2件6人。行政受案18件，行政立案17件。在17件行政立案中，涉检案件5件，涉案案值426.3万元，涉嫌偷逃税额44.6万元，查扣疑似精神药品2141.12克。行政结案12件、罚款19.1万元，补缴税款35.57万元，缴纳滞纳金4.1万元，没收枪支1把。

（郜寒松）

2021年，桂林海关按照“一企一策”原则开展助企帮扶，培育桂林溢达纺织有限公司进行AEO高级认证并通过南宁海关资质认证。（陆军摄）

【边防检查】 2021年，因受新冠肺炎疫情影响，桂林口岸处于停航状态。全年，桂林出入境边防检查站共查验出入境人员107人次，验放临时航班2架次。3月22日—23日，该站圆满完成国务委员兼外交部部长王毅与俄罗斯联邦外交部部长谢尔盖·维克托罗维奇·拉夫罗夫在桂林进行双边重要会晤的出入境边防检查任务。

深化“桂林山水国门”品牌建设　2021年，桂林出入境边防检查站继续推进“放管服”改革。探索服务质量优化措施，邀请政府、高校、企业等单位人员就口岸通关需求开展调研座谈；按照“优化旅检勤务组织，提高口岸通关效率，提升一线用警效益”思路，持续推动勤务管理模式改革，做好口岸全面复航准备工作。跟进桂林市人民政府提出的“打造桂林世界级旅游城市”和“桂林国际消费中心城市”的发展思路，主动走访征求意见，从政策方针、简化流程和便利通关等方面，研究旅检配套服务方案，助推桂林营商环境的不断优化。

2021 年 4 月 29 日，桂林出入境边防检查站组织党员干警到红军长征湘江战役纪念园开展“学党史感悟初心使命，话传承赓续红色血脉”主题参观见学活动。

（张雷堃摄）

执勤训练　2021 年，桂林出入境边防检查站加大边防检查信息化建设力度。围绕“两个中心、一个平台、一个基地”（边防检查大数据中心、证件研究中心，边防检查数据核查平台，边防检查实训基地）的 211 工程建设目标，与桂林电子科技大学合作，全力推进广西边防检查大数据中心建设。年内，广西边防检查系统首个自主研发大数据平台——广西边防检查数据核查平台上线启用。不断完善“三非”（非法入境、非法拘留、非法就业）、涉恐、涉赌、涉诈等类型人员数据模型建立，集中骨干力量、落实专班运行，实现口岸形势动态研判、重点人员提前预警、可疑人员准确筛查的工作目标。自主搭建的涉赌、涉诈人员数据模型获第二届全国警务大数据创新大赛优秀奖。加强出入境数据分析研究，提升口岸管控打防能力。全年共分析从广西口岸出入境的内地籍人员和接收境外遣返人员 5 万人次，发现疑似跨境违法犯罪人员数据模型人数 7799 人，排查出疑似从事跨境违法犯罪的集中审批出境人员 115 人、涉事派遣公司 86 家，推动全自治区各口岸加强对集中审批出境人员管理的全面自查。对经广西各口岸遣返回国内的 1994 名内地居民进行分析，发现跨境违法犯罪团伙 5 个、犯罪嫌疑人 742 人；排查出涉嫌协助外国人非法来华企业 56 家，涉案人员 471 人；排查发现涉嫌各类违法犯罪活动外国人 271 人、疑似变换身份人员 46 人；251 条涉案线索被公安部采用，刑事立案 2 件，列入全国边防检查重点关注人员 341 人，其中 6 名确定为跨境违法犯罪人员被北京、上海和昆明等地边防检查机关阻拦。拓展区域警务协作融合，与崇左边境管理支队、北海机场出入境边防检查站、友谊关出入境边防检查站、梧州出入境边防检查站签订警务协作机制协议，完善联勤防控体制，推进广西口岸边境防控体系建设。依托广西边防检查大数据中心开展陆地口岸出境人员集中审批和遣返人员前置审查，部署大数据系统前台拓展录入模块。年内，广西出入境边防检查总站桂林边防检查实训基地建成启用并承担广西边防检查业务比武竞赛、广西边防检查机关重点人员查缉技能培训班、广西边防检查后台审查人员轮训班的训练保障任务。

基层建设　2021 年，桂林出入境边防检查站全面开展党史学习教育活动，建立起政治教育集体研学、领导领学、机关评学、个人自学、党员互学、典型带学的理论学习氛围，形成列席学、巡回学、交流学以及“党史每周半天学习”制度。利用桂林红色教育资源，围绕“学党史感悟初心使命，话传承赓续红色血脉”主题，组织党员赴红军长征湘江战役纪念馆、烈士碑林、革命遗址等红色教育基地开展参观见学。丰富“我为群众办实事”实践活动形式，推出“移民警察进乡村”“干部走一线、专班解难题”等为民服务措施，组织开展党建帮扶、消费扶贫、三江支教等服务基层主题活动。落实全国政法队伍教育整顿行动。召开年度党风廉政建设会议，定期分析研究队伍党风廉政建设形势和职务违法犯罪风险，全站干警队伍管理实现连续 17 年无事故案件。开通桂林出入境边防检查站“山水国门”微信公众号，全年发布信息 56 篇，其中“桂林边检封控民警风采”专题稿件获网友点击浏览超过上万次。拍摄《山水国门》《壹佰》主题宣传片，获“学习强国”等主流媒体采用播发。组织制作《站歌》和“民警形象表情包”，进一步激发全站干警的职业认同感。

防疫抗疫　2021 年，桂林出入境边防检查站加强桂林口岸疫情防控。与桂林市卫生健康委员会、桂林市公安局、桂林海关等部门沟通协调，完善疫情协作机制，共同做好口岸防疫部署、追踪核查、强制隔离等防控工作。建立重点疫区、重点人员、重点去向“三重三查”预警预判机制，及时向桂林市新冠肺炎疫情防控指挥部推送计划抵达桂林的人员名单 291 批 3344 人次，实现零延时和零差错。调整完善《疫情防控期间边防检查工作指引》，明确对临时航班的处置流程。加强所属人员疫情防控教育，克服麻痹思想、防止厌战情绪，做好常态化疫情防控工作。派出 9 批 111 名民警支援广西边境地区新冠肺炎疫情封控工作，查获非法入境人员 6 批 15 人及多批涉私违禁物品。　（张雷堃）

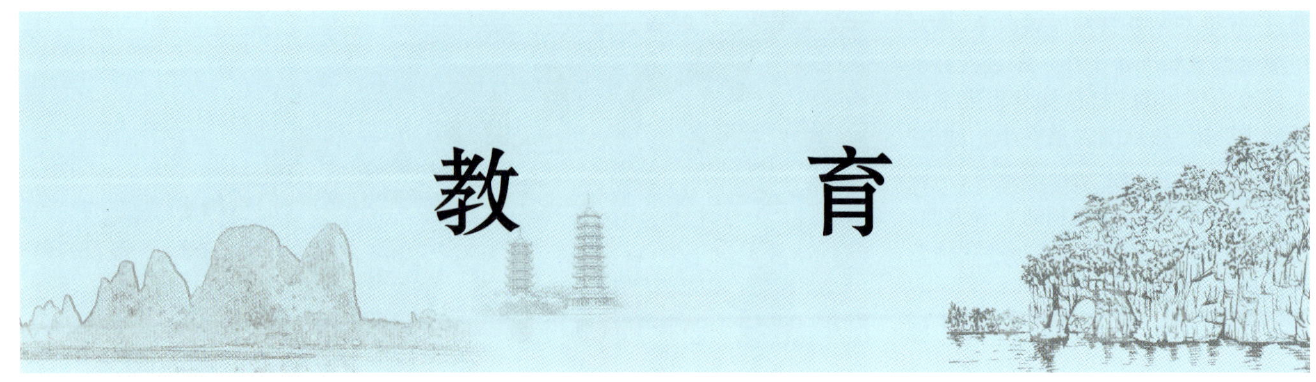

教　育

基础教育

【概况】 2021年，中共桂林市委员会教育工作委员会、桂林市教育局（简称市委教育工委、市教育局）办公地址在桂林市临桂区致远路2号。内设机构12个。二层机构有桂林市招生考试院、桂林市教育科学研究所、桂林市电教仪器站、桂林市中小学生示范性综合实践教育中心、桂林市学生资助管理中心、桂林市教师培训中心。直属学校28所，其中桂林开放大学1所、独立高中1所、完全中学10所、初中5所、九年一贯制学校1所，中等职业学校4所、小学1所、特殊教育学校2所、工读学校1所、幼儿园2所。直属企业2个（桂林市教育实业总公司、桂林市本源教育有限公司）。全市学前教育三年毛入园率、九年义务教育巩固率、高中阶段三年毛入学率分别为99.5%、101.7%、111.8%，三项教育发展重要指标均位居自治区前列。自治区对桂林市2020年度履行教育职责评价得分在自治区排名第五，12个县（市、区）获优秀等级。

2021年，全市普通中小学共有专任教师4.6万人（不含幼儿园、特教、专门学校），其中35岁以下青年专任教师1.72万人，占教师总数37.28%。专任教师中，小学教师2.55万人，专科以上学历占97.55%，学历合格率99.98%；初中教师1.37万人，本科以上学历占88.44%，学历合格率99.92%；高中教师6896人，研究生同等学历占8.34%。幼儿园有专任教师10509人（不含园长1574人）；特殊教育学校专任教师238人；工读学校专任教师10人。全市普通中小学幼儿园正高级专业技术职称专任教师29人，副高级专业技术职称专任教师6405人，中级专业技术职称专任教师2.06万人。

【学前教育】 2021年，全市有幼儿园1162所，在园幼儿19.34万人，学前三年毛入园率达99.5%；普惠性幼儿园940所，其中公办幼儿园332所，普惠性幼儿园占比达91.25%，公办幼儿园在园幼儿占比达51.49%，各项指标均超过自治区规定的目标值。年内，加强看护点管理，确保没有新增无证园。持续扩大普惠性资源，加强示范幼儿园建设，进一步深化学前教育保教改革。全市新增自治区普惠性民办幼儿园42所，市级示范幼儿园10所，七星区、秀峰区、临桂区、灵川县、平乐县等5个自治区集团化办园改革试点工作稳步推进，叠彩区、荔浦市成功申报为自治区幼小衔接实验区。

【义务教育】 2021年，桂林市有义务教育学校717所，其中初中163所，小学554所。义务教育学校在校学生60.4万人，其中初中学生19.1万人，小学生41.3万人。年内，桂林市进一步促进义务教育均衡发展水平，加强市、县两级中小学常规管理，并持续做好控辍保学工作，全市义务教育阶段适龄儿童少年失学辍学人数动态清零成果在2021年得到持续巩固，为2022年实现全市义务教育阶段适龄儿童少年失学辍学人数常态清零奠定基础；2021年全市九年义务教育巩固率为101.7%。

【特殊教育】 2021年，桂林市共有特殊教育学校10所，特殊教育班级130个，其中视力残疾班2个、听力残疾班13个、智力残疾班86个；在校学生4473人，其中特教学校就读796人，普通学校随班就读2731人，送教上门学生698人；全市适龄残疾儿童少年义务教育入学率100%。特教学校在职教职工275人，其中专任教师248人。残疾儿童少年义务教育普及水平明显提高，形成“以特殊教育学校为骨干，随班就读为主体，送教上门为辅助的残疾儿童少年义务教育体系”。全市17个县（区）均开展“送教上门”工作。年内，桂林市通过举办特殊教育教师技能大赛，开展业务培训、随班

表19　　2021年桂林市基础教育学校及学生情况

类别	数量（所、个）	在校生（人）	学前三年毛入学率 / 九年义务教育巩固率 / 高中阶段毛入学率
幼儿园	1162	193403	99.5%
小学	554	412920	101.7%
小学教学点	985		
九年一贯制学校	26	191047	
普通初中	137		
普通高中（含高完中）	65	101251	111.8%
特殊教育学校	10	1210	—
专门学校	1	41	—

注：数据中的学校包括民办学校。

就读巡回指导工作等途径进一步提高教师专业水平。

【义务教育优质均衡发展】 2021年，桂林市依照《教育部关于印发〈县域义务教育优质均衡发展督导评估办法〉的通知》《国务院教育督导委员会办公室关于做好县域义务教育优质均衡发展督导评估工作的通知》要求，督促各县（市、区）落实县域义务教育均衡发展国家督导评估反馈问题整改工作，制定全市县域义务教育优质均衡发展评估方案，指导雁山区做好义务教育优质均衡发展督导评估国家级达标验收和龙胜各族自治县、叠彩区自治区级达标验收工作。

【高中阶段教育普及】 2021年，桂林市及桂林中学等17所普通高中学校被自治区评为普通高中新课程新教材实施自治区级示范区和示范校，辐射带动其他县区和薄弱学校做好新课程新教材实施工作。实施《桂林市消除普通高中学校大班额专项规划（2020—2022年）》，全市普通高中大班额为6.2%，（比上年，下同）减少19.6个百分点。实施普通高中特色化发展计划，桂林市逸仙中学、桂林市第八中学、桂林市第十七中学、桂林市第十九中学获自治区星级特色高中，桂林市已有7所普通高中获自治区星级特色高中。组织并指导桂林市第一中学，桂林市第五中学，桂林市第十九中学，桂林市国龙外国语学校，桂林市桂电中学申报自治区示范性普通高中立项建设学校，已获得自治区批复通过。2021年，自治区下达桂林市普通高中招生任务数2.92万人，实际招生3.73万人，超自治区下达招生任务8104人，完成率127.75%。全市高中阶段毛入学率为111.82%。自治区下达桂林市中等职业学校招生任务1.36万人，实际招生1.45万人，完成率106.8%。下达桂林市向自治区中等职业学校送生1.92万人，实际送生2.24万人，完成率116.46%。

【中考招生】 2021年，桂林市初中学业水平考试（简称中考）是在新冠肺炎疫情防控常态化下组织的一场全市规模最大、涉及面最广的一场考试，在校八年级学生第一次报名参加地理、生物科目考试。全市九年级考生5.44万人，其中市区1.29万人；八年级考生6.25万人，其中市区1.36万人。全市各考点全部按照新冠肺炎防控要求安排一名防疫副主考，全权负责疫情防控组织工作。2021年继续实行被民办高中录取的考生到校确认政策，不报到空缺的名额进行补招报名。

【普通高考】 2021年，桂林市普通高考报名4.29万人，增加4085人，统考人数3.12万人，增加1173人。其中，报考文科综合1.14万人，增加182人；报考理科综合1.97万人，增加991人。市辖区报名1.69万人，增加3386人；统考人数8012人，增加524人。其中，报考文科综合2473人，增加187人；报考理科综合5539人，增加337人。全市艺术统考2774人，体育统考654人。

【教育经费保障机制】 2021年，桂林市落实中央、自治区城乡义务教育阶段学校补助公用经费基准定额（年生均小学650元、初中850元、特殊教育6000元）和分担比例［中央、自治区、市（县、市、区）分担比例为8∶1∶1］，其中市本级公办学校按年生均小学400元、初中600元的标准预算分担公用经费。市本级城市公办义务教育阶段学校公用经费由市财政局直接下拨到各学校。城市民办义务教育阶段学校补助公用经费，由市教育局上半年将中央和自治区下拨的90%部分拨付到各民办学校，再由学校对学生予以减免，下半年向市财政申请拨付市级应分担的10%部分。公办普通高中生均公用经费财政拨款基本标准为每生每年800元，其中市本级预算公办普通高中生均公用经费800元，其他县（市、区）按标准预算800元。公办学前教育生均公用经费财政拨款基本标准为城市公办幼儿园每生每年500元，县镇公办幼儿园每生每年300元。

【学生资助】 2021年，桂林市学生资助工作有序推进，全面落实。全市发放资助资金5.45亿元，各学段受助家庭经济困难学生45.59万人次。其中资助脱贫户学生14.65万人次，资助脱贫户金额5164.52万元。

【教育信息化建设】 2021年，桂林市坚持统筹推进，继续完善中小学信息化教学环境。年内，完成市直属多媒体、录播教室、数字广播系统、桂林市新高考综合教学、中等职业学校数据中台等42个项目建设工作，投入资金3450万元。

【教育教学科研】 2021年，桂林市先后编制《2021年桂林市“五项管理”暑假作业本》《桂林市12学科作业设计与实施指导意见》《桂林市12学科作业设计与实施案例》，推进高中“三新”（新课程、新教材、新高考）建设，2021年，桂林市入选自治区级普通高中新课程新教材实施示范区，17所普通高中入选自治区级“双新”（新课程、新教材）示范校。开展科研成果的培育推广辐射工作，组织桂林市基础教育教学成果奖评选，评出特等奖4项、一等奖28项、二等奖69项；获广西基础教育教学成果奖特等奖1项、一等奖4项、二等奖12项；组织桂林市教育科学“十四五”规划课题的申报、评审工作，立项教师个人课题180项、心理健康教育专项课题108项、“五项管理”专项课题114项；组织完成自治区、桂林市427项各类课题的结题鉴定工作；组织、评审和上报全国教育科学“十四五”规划2021年度课题1项。

【学生体育运动】 2021年，桂林市组织校园足球、篮球、排球等体育比赛项目共19个，参加学生达1.3万人次，高标准完成第十四届全国学生运动会田径、跳绳项目（中学组）广西代表队在桂林市的组建与训练任务，17名中学生代表自治区参加第十四届全国学生运动会（在青岛举办）比赛，其中田家炳中学的王雯萱、全州县庙头中学的王宝丽分别获全国中学组女子标枪比赛银牌和第4名，临桂区第一中学周才艺同学获女子400米栏第4名，阳朔中学诸葛义同学获男子五项全能比赛第七名。参加全国第十一届残疾人运动会暨第八届特奥会（在西安举办），桂林市聋哑学校申莹同学在游泳项目上获5金3银、文衍杰同学获2枚铜牌；参加广西第七届“千里杯”中学生足球赛（在贵港市举办），桂林市逸仙中学高中女子足球队获广西区第4名；2021年，全市有70名中小学生入选广西分营区青少年校园足球夏令营最佳阵容，32名同学入选全国分营名单。2021年，桂林市第一中学、七星区穿山小学被评为2021年自治区体育特色示范学校。全州县庙头镇中学、石塘镇中学、灵川县潭下中学、荔浦市荔城镇第二小学和新坪镇初级中学被评为全国青少年校园足球特色学校。对全市64.8万名中小学生体质健康监测、5.4万名初中学生体育中考、34所直属学校的学生群体测试任务。

【学生艺术活动】 2021年，桂林市以庆祝中国共产党成立100周年为契机，组织全市各中小学校开展“从小学党史、永远跟党走”“听妈妈讲那过去的事情”等为主题文艺会演，组织3000多人开展“学党史、感党恩、育新人”书画大赛，组织500人参加现场书画比赛。积极参加广西第七届中小学生艺术展演活动。灵川、兴安、永福、龙胜和临桂、象山、秀峰、叠彩、七星、雁山等10县（区）和市直属单位共35所学校，有41篇作品分别获一、二、三等奖。其中，桂林市第十九中学的声乐《湘江往事》、象山区翠竹小学的戏曲《走向延安》分别获优秀创作奖；象山、秀峰、七星3个教育局和市教育局分别获优秀组织奖；临桂中学的朗诵《少年中国说》、七星区七星中心校的《茶艺工作坊》、桂林第十九中学的声乐《湘江往事》和桂林市张艺谋漓江艺术学校的小合唱《晚辈要把长辈敬》等4部作品，到钦州市参加现场展演；在“园丁杯”广西教育系统第六届书法篆刻作品展评中，全市有15名老师、72名同学的作品入选、入展。兴安县第一小学的王柄开，第三小学的唐锐、王翊安等3名同学的《千字文节录》《韩俞师说》等作品获奖。2021年，龙胜各族自治县民族中学、象山区民主小学、南溪山小学、秀峰区桥头小学、叠彩区大河中心校、桂林市凤集小学和桂林市第十九中学、张艺谋漓江艺术学校8所学校被列入第三批全国中小学中华优秀传统文化传承学校名单。

【学生健康活动】 2021年，桂林市坚持“外防输入、内防反弹”和“人、物、环境同防”的指导思想抓好新冠肺炎疫情防控工作，采取多项防疫措施保障师生生命安全和健康安全，师生新冠肺炎“零感染”。注重推进水痘、乙型流感、麻风病、疟疾等常见传染病宣传教育工作，开展综合防控儿童青少年近视工作，组织全市中小学校开展“共同呵护好孩子的眼睛，给他们一个光明的未来”主题教育和“七个一”爱眼护眼活动。2021年，市本级投入200余万元安装护眼灯和可调节的课桌椅，安排450多万元经费用于学生健康检查、近视筛查等工作。全市有54所中小幼学校被评为市级“学生近视防控示范学校”，完成自治区对桂林市儿童青少年近视防控评议考核工作。全市1801个学校食堂全部实现“明厨亮灶”。新增无烟校园25所（总120所，其中市级101所、县级19所）、卫生优秀学校30所、健康促进学校23所，市教育局被自治区评为“健康广西行动”先进集体。

【营养改善试点和爱心工程】 2021年，桂林市春、秋学期分别组织对灌阳、龙胜、资源、恭城、雁山等“四县一区”教育部门落实义务教育学校学生营养餐计划落实情况开展专项督查检查，保证6400多万元的营养餐资金安全运行，惠及农村义务教育学校396所、在校学生7.36万人。桂林市公益品牌“3元计划·爱心工程”作为全国十大关心下一代帮扶工作品牌之一，自2012年实施后至2021年，从社会各界筹集善款达2000万元，捐助众多山区学校及困境学生，受益学生超12万人次。

【中小学生综合实践活动】 2021年，全市创建市级研学实践基（营）地67个，自治区级研学实践基（营）地30个，国家级研学实践基地6个；建成市级中小学劳动教育基地11个、示范校16个，自治区级中小学劳动教育基地4个、示范校6个，叠彩区被教育部认定为“国家劳动教育实验区”。2021年接待市内外参加综合实践和劳动教育学生17.5万人次；通过与合作基地构建的全域研学新模式，吸引市内外50万人次到桂林开展研学旅行活动。2021年桂林市实践教育中心被广西教育厅认定为自治区学校安全教育实践基地。

【学校德育】 2021年，桂林市开展“学党史缅怀先烈传承红色基因”主题教育、民主党派和党外人士教师代表赴全州县“红军长征湘江战役纪念馆”参观学习、“民族团结一家亲，共育新人跟党走”民族团结进步教育实践、青年师生“学党史、颂党恩、跟党走”主题演讲比赛、学党史征文、“红歌献给党”红歌大赛、中小学师生现场书画大赛、“青春向党，奋斗强国”

2020年12月，“脱贫感党恩，奋进新起点”——桂林市教育局外派驻村扶贫第一书记先进事迹报告会在桂林市第十九中学举行。 （永福县教育局供图）

青年教师座谈会、“红色文化润我心”中华经典诵读大赛、“从小学党史、永远跟党走”主题教育、“感党恩、跟党走”党史知识竞赛等系列丰富多彩的主题活动。抓好心理健康教育工作，制定下发《2021年桂林市中小学心理健康教育工作实施方案》，组织开展桂林市中学心理健康教育教师教学技能展示评比活动，共评选出2021年桂林市中学心理健康教育教师教学技能特等奖2名、一等奖8名、二等奖6名、三等奖5名，展示的21节精品课程放到指定网址供广大教师长期观学。

【语言文字普及】 2021年，桂林市制订印发《关于进一步加大推普工作力度提升少数民族群众普通话普及水平的通知》。4月至5月，到龙胜各族自治县泗水乡、伟江乡、资源县中峰镇等16少数民族乡开展“推普乡村行”普通话送培下乡活动，对国家通用语言文字普及知识进行宣传，共发放宣传资料3500份，发放普通话学习书籍2000册；开展“小手拉大手，共学普通话”活动，组织农民群众1500人次走进课堂，提升少数民族群众普通话水平，巩固推普助力脱贫攻坚成果，全面助力乡村振兴。7月，开展3批面向边远山区乡教师的普通话培训，共培训600人次。9月，组织开展第24届推普周宣传活动，启动桂林市语言文字示范乡村建设，到阳朔县桃竹山村开展“红色经典乡村行”经典诵读指导及“人人通”普通话+职业技能培训。稳步推进学校语言文字规范化达标创建，全市63%的中小学幼儿园已完成达标创建任务。组织开展全市中学生汉字听写比赛，全市共41个参赛队246名选手参加市级比赛。组织开展“红色文化润我心”桂林市中华经典诵读大赛，共61名个人选手及21个集体节目参加市级决赛，评出一等奖17名、二等奖39名、三等奖34名。组织开展普通话水平测试工作。加强普通话水平测试管理，每季度组织开展一次普通话水平测试，全年组织开展4次普通话水平测试，共测试9164人次。

【教师队伍建设】 2021年，桂林市实施名师名校长培养工程计划，建立引领教师专业成长的专家型队伍。开展两期名师、名校长为期3年的培养，市级名师、名校长培养人数位居自治区前列，分别达200人和194人，其中有7人获广西“八桂名师”称号、8人获“广西教学名师”称号、37人入选为广西基础教育名校长领航工程培养对象；与广西师范大学、桂林师范高等专科学校每年举办中小学、幼儿园校（园）长提高（任职资格）培训班。实施千名青年骨干教师领雁工程培养计划，构建涵盖中小学各学科的中坚师资队伍。通过面向全市优秀青年教师遴选，采取线上线下相结合、基地跟岗研修、岗位行动性学习等为期3年的培养培训，培养两批共2000名青年骨干教师，其中有326人获市级学科带头人和教学能手。按需施训，国区市县校五级培训有效衔接精准落实教师培训全覆盖。

【教师招聘与资格认定】 2021年，桂林市教育局通过高校双选会、公开招聘和特岗教师、公费师范生培养计划，公办中小学共招聘教师3259名，其中补充招聘农村义务教育教师1574名。17人获中小学正高级专业技术职称、1911人获高级专业技术职称、1676人获中级专业技术职称、71人获评职业教育“双师型”（具有职业教师资格，同时获得有关职业技能等级证书）教师；并通过多渠道招聘，新补允教师3259名、新培养地方公费师范生230名，有效优化改善教师队伍的学历、年龄、职称、学科等结构。

【中小学教师“县管校聘”管理改革】 2021年，桂林市教育局继续推进中小学教师“县管校聘”管理改革，启动第三批全州县、平乐县等7个县（区）实施“县管校聘”管理改革。联合市委编办、市财政局、市人社局印发《桂林市直属中小学教师“县管校聘”管理改革实施方案》和5个配套文件，并在秋季学期前完成校长教师竞聘上岗和交流轮岗工作，基本实现“县管校聘”全覆盖，有力促进师资队伍均衡配置，推进义务教育均衡发展。

【师德师风建设】 2021年，桂林市印发《桂林市教育局关于在全市教育系统开展师德专题教育的通知》，组织教师强化学习《新时代中小学教师职业行为十项准则》《新时代幼儿园教师职业行为十项准则》，以教育部网站公开曝光的违反教师职业行为十项准则典型案例为反面教材，引导教师以案为鉴、以案明纪。重拳出击，严查违反师德师风行为，向社会公开举报地址和举报电话。举行全市“赓续百年担当育人使命”师德师风演讲比赛，共评选一等奖4名、二等奖9名、三等奖24名。

【中小学安全管理】 2021年，桂林市开展“五大专项行动”。开展中小学幼儿园安全防范建设专项行动。投入中小学幼儿园安防经费2.79亿元开展校园安全防范建设，共配备4905名保安，一键式紧急报警视频监控系统

2021年7月9日，2021年桂林市举行直属中小学“县管校聘”校长、副校长竞聘演讲。
（石超摄）

2021 年秋季学期，龙胜各族自治县第二高中投入使用。（吴辉翰摄）

全部与属地公安机关联网。开展校园及周边重点人员排查管控专项行动。会同市政法委在全市校园周边共排查严重精神障碍患者 7796 人，并以造册管控。开展校园周边环境整治专项行动。排查出 200 条安全风险隐患，并对问题进行限期整改。开展校园消防安全整治专项行动。对中小学幼儿园进行全面排查，共检查中小学幼儿园 3017 家次，共整改消防安全隐患 10480 余处。五是开展校园安全教育培训专项行动。全市共筹措培训经费 201.57 万元，组织全市校（园）长、副校（园）长在桂林示范性安全教育综合实践基地培训，共培训校（园）长 8060 人，并聘请公安、保安公司到全市 2800 多所中小学幼儿园进行教职工全员安防技能培训，共培训 6.55 万多人。组织开展“4·15”国家安全教育日、“6·16”安全生产咨询日、“6·26”国际禁毒日、“11·9”消防安全日、“12·2”交通安全宣传日等活动，突出加强学生防溺水、交通、消防、禁毒、食品卫生、防欺凌、防诈骗等安全教育。

【教育重大项目建设推进】 2021 年，桂林市共有 22 所中小学（幼儿园）完工投入使用，新增学位 1.4 万个。秀峰区榕湖小学桃江校区、龙胜各族自治县第二高中、全州县桂北初中、荔浦市荔城滨江小学等一批教育惠民项目投入使用，有效缓解学位供需矛盾。桂林市卫生学校雁山校区二期建设项目总投资 3.5 亿元，建筑面积 11.17 万平方米，2021 年投入资金 1000 万元，完成建筑面积 9912.02 平方米。桂林市第十八中学改扩建工程项目总投资 6490.69 万元，建筑面积 2.19 万平方米，2021 年投入资金 1040 万元，完成建筑面积 3095.4 平方米。桂林市第十九中学校园改扩建项目二期工程总投资 9626.65 万元，建筑面积 2.53 万平方米，2021 年投入资金 3660 万元，完成建筑面积 2.19 万平方米。桂林市第十二中学改扩建项目总投资 6587 万元，建筑面积 1.91 万平方米，2021 年投入资金 2277.99 万元，完成建筑面积 8729.89 平方米。投入资金 2941.5 万元对各直属学校 36 个校舍和运动场进行维修和翻新。桂林信和信智慧健康旅游产业园第一幼儿园（一期）2021 年 6 月竣工使用，占地面积 2652 平方米，建筑总面积 1800 平方米，可容纳 6 个班 210 余人。

【公办初中质量提升】 2021 年，桂林市继续加快实施市区公办初中质量提升工作。坚持以县为主、免试入学和公办民办学校同步招生的原则，积极稳妥做好市区小升初工作。桂林中学初中部、桂林市第十三中学对应秀峰区榕湖小学（不含琴潭分校）、桂林中华小学、桂林乐群小学 3 所小学进行多校划片招生。桂林中学、桂林第十八中学、桂林中山中学、桂林长海实验学校等公办初中学校实施分流招生。推进义务教育学区制管理改革，按照属地管理原则，促进实现学区内资源配置、教学管理、教学研究等方面的统一，构建校际之间交流合作，优质学校和薄弱学校融合提升的义务教育发展格局，全市纳入学区制管理的公办初中学校占比达 100%，全市公办初中整体质量进一步提升。

【学区制管理改革】 2021 年，桂林市推进义务教育学区制管理改革，全市 17 个县（市、区）持续全面实施辖区内学区制管理改革工作。全市纳入学区制管理的义务教育公办学校占比达 100%，每个学区设立学区长学校，带动学区内其他成员学校共同发展。全州县持续推进自治区级义务教育学区制管理改革示范区建设，各地城乡义务教育整体水平进一步提升。

2021 年 6 月 11 日，广西首个“广西学校安全教育实践基地”在桂林揭牌。（唐乃元摄）

【校内课后服务】 2021年,桂林市持续推进课后服务。建立义务教育学校课后服务和校外培训机构联席会议制度。出台《桂林市关于做好义务教育学校课后服务工作的实施意见》。以市、县(市、区)为单位,制定引入第三方社会机构参与义务教育学校开展课后服务的方案。全市义务教育学校中,符合开设课后服务条件的城区、县城及乡镇义务非寄宿制中小学共有274所,已100%开设校内课后服务工作,参与课后服务学生22.61万人,占比74.73%。

【名师云课堂】 2021年,桂林市推进中小学"名师课堂""名校网络课堂"建设,促进市中小学教师信息技术应用能力提升工程2.0深化发展,桂林市组织开展基础教育精品课遴选活动,共收到作品1494件,有获自治区优质课67节,获部级精品课2节。桂林市在广西中小学云课堂平台遴选标记名师12人,名校4所,名师名校课例将作为云课堂优质课程资源,供广大师生教学和学习使用。2021年完成寒假班及高三专题班直播课程共528节,全市有300多名教师利用"桂林名师云课堂"平台为学生居家学习提供教学服务和指导,登录听课人数(学生实名)合计72797人;听课节次合计179万多节次,其中高三专题班参与听课学校共43所,听课班级335班,听课节次4810班(节次)。

【教育"双减"】 2021年,桂林市开展"双减"(减轻义务教育阶段学生作业负担和校外培训负担)工作再培训,培训结束当场测试,《中国教育督导》网络版和《瞭望》周刊网络版报道桂林市这一创新做法。出台《桂林市关于进一步减轻义务教育阶段学生作业负担的实施方案》等文件3个,将作业管理研究纳入教育科学"十四五"规划,确定课题166个。持续推进课后服务,全市718所义务教育学校中,符合开设课后服务条件的城区、县城及乡镇义务非寄宿制274所中小学开设率达100%,参与课后服务学生22.61万,占比74.73%。出台《桂林市进一步减轻义务教育阶段学生作业负担和校外培训负担工作指南》,出台《2021年桂林市"五项管理"作业本》,免费发放学生寒暑假使用,各初中学校不再统一布置其它书面作业。该公益项目共惠及全市202所初中19.06万名学生,为家长减轻经济负担150多万元。该经验做法被制成交流视频在广西推广,并被《中国教育报》第三版报道。出台《桂林市校外培训机构专项治理工作方案》,规范校外培训机构办学行为,建立校外培训机构专项治理维稳工作机制,落实校外培训机构培训预收费监管工作。成立桂林市校外教育培训课程审查及学科鉴定专家委员会,负责对全市校外机构培训课程内容进行审查和学科鉴定。全市183所学科类校外培训机构已压减150所,压减率达82%。

【教育评价改革】 2021年,桂林市《落实〈深化新时代教育评价改革总体方案〉工作方案》和《贯彻落实〈深化新时代教育评价改革总体方案〉工作任务清单》,采取抓好学习宣传、开展自查自纠、完善政策制度、加强考核督查、制定负面清单、推进五育并举和开展试点推进等措施,推进教育评价改革取得实质性突破。市教育局制作五期《总体方案》解读视频,在"桂林教育"微信公众号上刊登,邀请相关专家作专题解读,通过答记者问的形式就广大师生关心的焦点问题进行解答和说明。5—6月,在"桂林教育"微信公众号开设《"五项管理"大家谈》栏目并向各县(市、区)和各学校征稿,全年共发布专栏节目24期。

(何晖)

中等职业教育和成人教育

【概况】 2021年,全市共有各级各类中等职业学校25所,其中自治区直属中等专业学校3所、自治区直属技工学校2所、企业办学技工学校1所,市人力资源和社会保障部门办技工学校3所、教育部门办学校16所(民办5所)。拥有国家中等职业教育改革发展示范校2所、全国重点学校6所、自治区级重点学校12所、自治区示范性学校10所。市属中等职业学校招收学生1.25万人(含非全日制学历生),毕业学生7317人,中等职业学历教育在校学生2.91万人,毕业学生就业率96.51%。

【中等职业学校专业结构优化】 2021年,桂林市围绕市域经济发展需要,按照"强链、补链、建链、撤链"的发展思路,撤销"农业机械使用与维修""太阳能与沼气技术利用"等11个与桂林市域经济社会需求不相适应的专业和专业点;对接乡村振兴、工业振兴等国家战略需求,桂林市旅游职业中等专业学校等11所中等职业学校新增"电子信息技术""城镇建设"等12个专业。桂林市云联职业技术学校恢复办学,全市中等职业学校增至26所。

【职业教育内涵建设】 2021年,桂林市"文化+技能"并重加强职业学校内涵建设。继续实施中职学生文化基础课测试工作。开展全市中职学校师生技能竞赛,桂林旅职中专、张艺谋漓江艺术学校代表桂林市参加2021年中国-东盟职业教育文化创意展示和舞台展演,桂林旅职中专代表广西参加2021年全国职业院校技能大赛。"以评促建"加强中职学校管理。做好第二轮自治区中等职业学校星级申报和认定工作,全市建成自治区示范中职学校18所(五星级1所、四星级6所、三星级11所)、自治区示范特色专业及实训基地23个、职业教育民族文化传承基地3个,中职学校名师工作坊10个。开展中职学校诊改复核工作,推进职业教育质量监管评价体系建设。

【产教融合发展】 2021年,桂林市推进校企合作,推进6所中职学校与16家企业联合开展"现代(企业新型)学徒制"试点,扩大对口专业和订单班招生规模,形成"现代旅游服务业、现代工业、现代农业"为一体的职业教育体系,基本构成与桂林经济发展和产业转型升级匹配程度较高、结构合理、错位发展的职业教育发展格局。

【社区教育】 2021年,桂林市社区教育保持自治区领先。全州县获第四批自治区级社区教育实验区，七星区、龙胜各族自治县获首批自治区级社区教育示范区。桂林市共有自治区级社区教育实验区、示范区7个，其中七星区、龙胜各族自治县为全国社区教育实验区。恭城瑶族自治县成功举办广西职业教育与社区教育协同发展现场观摩会，荔浦市成功举办2021桂林市“全民终身学习活动周”开幕式。10月26日，教育部职业教育与成人教育司、中国成人教育协会在北京召开“新时代中国成人教育协会工作会议”，桂林作为全国唯一地市级代表作典型经验发言。

【桂林市职工大学】 2021年，桂林市职工大学位于桂林市环城西二路67号。有教学、办公占地面积0.75公顷，校舍建筑面积0.71万平方米，藏书3.12万册。该校有教职工28人，其中副高级（含副高级）以上职称7人。该校开设大专学历教育，致力于培养生产、服务、管理一线实用型人才，开设有文秘、计算机信息管理、建筑工程技术、经济信息管理、法律事务、机电一体化、工商企业管理、财务管理、市场营销、旅游管理10个专业。年内，该校录取大专新生56人，毕业学员90人，年末在校专科学生204人。年内，该校组织498余人次共104门课程的教学。该校连续6年评为“中华全国总工会办学先进单位”，获“全国工会系统示范性职工高等学校”“全国职工教育培训优秀示范点”“全国职工职业技能实训基地”“全国工会系统先进就业培训机构”等称号，并被自治区人社厅、自治区总工会授予全区工会系统集体二等功。

2021年，该校坚持工会学校服务于工运事业和工会教育培训事业的办学思想，构建网上网下深度融合、互联互动的工会干部教育培训工作格局，克服疫情带来的影响，推进职工在职学历提升、工会干部教育培训和职工岗位素质能力培训等各项工作。各县区和基层工会干部职工可通过学习账号登录工会网络学院，自行开展网络学习培训。全年开设并发放账号120个，共计开展培训2090门课程5302学时。

2021年，该校向全国总工会定点工会干校和外地各级工会推介桂林红色历史文化现场教学和工会干部专业课程，宣传优势培训项目。承办第一个外省干部培训班——内蒙古乌海市工会干部培训班，实现学校教育培训史上的新突破。桂林市职工心理援助项目落地学校，并于2021年8月4日启动。全年学校线下培训共计43期2522人，其中工会干部培训12期1060人；职工技能培训9期119人，心理健康讲座22期1343人。完成10个大专专业204名在校学生学历继续教育工作，90名学生学成毕业。实施“惠工助学”，为89名学生发放学历提升学费补贴4.5万元。

（桂林市职工大学）

2021年8月4日，桂林市职工心理援助活动启动仪式在桂林市职工大学举行。

（周旋摄）

【桂林开放大学】 2021年2月18日，桂林市人民政府批复同意桂林市广播电视大学更名为桂林开放大学。该校更名后，隶属关系及管理体制不变，仍由市人民政府举办、建设和管理，业务上接受广西开放大学和桂林市教育局指导；原有学历及非学历办学权等保持不变，主要职责是推进桂林市开放教育体系建设，探索高等教育、职业教育与继续教育融合发展，服务桂林市全民终身学习。该校有市象山区翠竹路北巷7号、市叠彩区环城北一路16号2个校区；占地总面积1.31公顷，建筑面积1.09万平方米，固定资产1503.56万元；有现代化多功能会议厅、多功能阅览室、云教室、智能教室及普通话测试中心，拥有200多台计算机及现代化多媒体教学设备；有学前教育基地、职业技术培训基地、社区教育培训基地和广西红十字会救护训练中心桂林开放大学应急救护培训基地4个。校内设党政办、教学处、教务处、现代教育技术中心、总务处、招生办、社区教育中心。有教职工42人，其中专任教师20人（含副高级以上专业技术职称10人）；聘请专家、学者45人，组成兼职教师队伍。

2021年，该校以成人专科和本科学历教育为主，兼顾村干部中专学历教育。该校采用非全日制教育形式，实行注册入学和完全学分制。开放教育开设有学前教育、汉语言文学、英语等本科专业12个；汉语言文学、小学教育、学前教育等专科专业23个；另特设林业技术、园艺技术、畜牧兽医等“一村一名大学生计划”专科专业7个。全年该校共招收学生537人，其中春季招收学生254人、秋季招收学生283人，本科招收学生72人、专科招收学生465人；有各类毕业学生220人；年末有各类在校学生1332人。此外，该校继续开展优秀村干部中专学历培训，其在校培训的优秀村干部取得中专学历共330人。

2021年，该校社区教育以“互联网+社区教育”为主，创建全市终身学习公共服务平台和教育体系，开展线上线下教学活动，建立“社区大学－社区学院－社区学校－社区学习中心”终身学习网络。该校指导

2021 年 3 月 31 日，桂林市广播电视大学更名为桂林开放大学揭牌仪式举行。
（桂林开放大学供图）

17 个县（市、区）社区学院开展各类社区教育活动，全州县评为 2021 年第四批自治区级社区教育实验区。10 月，在北京“新时代中国成人教育协会工作会议”上作经验交流发言。11 月，该校协助荔浦市举办“庆建党百年华诞、谱终身学习新篇”为主题的 2021 年“全民终身学习活动周”开幕式。

2021 年，该校非学历教育以服务重点人群为主，以短期、灵活教育为特色，开展各类社会公益和职业技能培训，其中包括教师师资培训、普通话培训测试、艺术教育培训等；积极践行智学扶贫、教育帮促就业。全年分 4 次，组织社会人员 8485 人次参加普通话测试。年内开设少儿播音主持与口才、钢琴、绘画、舞蹈、声乐等公益类专业课程兴趣班专业 11 个，班级 120 个，共 1200 余名学员在校参加培训。6 月，组织校内教职工 40 名参加面包烘焙公益培训。10 月，19 名教师赴昆山参加“2021 年骨干教师研修班”培训，培训内容围绕师德师风教育、开放教育办学及管理、线上教学、经验分享、党史教育等主题设置。

2021 年，该校创建“银龄智学、乐享生活”老年教育专项服务，开设“老年智能手机应用”“老年掌上学习资源推送”“老年计算机应用”课程，解决老年群体使用智能设备困难，以满足老龄化社会教育服务的多种需求。

（杨春红）

民办教育

【概况】 2021 年，桂林有经审批的全日制民办学校 865 所。其中，民办幼儿园 830 所，民办小学 45 所，民办初中 20 所（含独立初中、九年一贯制学校），民办普通高中 14 所（含独立高中、完全中学、十二年一贯制学校），民办中等职业学校 6 所。全市另有经教育行政部门审批的校外培训机构 235 所。2021 年，全市民办教育在校学生 15.62 万人，占全市比重的 16.37%，降低 0.48 个百分点。其中，民办幼儿园在园幼儿 9.38 万人，占 48.5%，下降 0.44 个百分点；民办小学在校学生 3.17 万人，占 7.67%，上升 0.03 个百分点；民办初中在校学生 2 万人，占 10.46%，上升 0.73 个百分点；民办高中在校学生 9418 人，占 9.30%，上升 1.25 个百分点；民办中等职业学校在校学生 1217 人，占 2.26%，降低 1.77 个百分点。

【民办学校规范管理】 2021 年，桂林市落实《桂林市民办教育发展规划（2020—2030 年）》，对民办幼儿园在园幼儿超过 50% 控制比例的县（市、区）、民办义务教育在校学生占比超 15% 的县（市、区）进行通报。指导市、县域内 23 所“公参民”学校制定“一校一策”治理工作方案。制定出台《桂林市规范民办义务教育发展工作方案》。开展民办学校年审工作，公布年审结果，接受社会监督。依据《桂林市事中事后监管暨“双随机、一公开”监管联席会议办公室关于印发 2021 年度桂林市政府部门“双随机、一公开”联合抽查计划的通知》要求开展“双随机，一公开”工作，做好事中事后监督管理工作。

【校外培训机构整治】 2021 年，召开校外培训机构专项治理工作联席会议，明确非学科类校外培训机构分类管理工作，落实校外培训机构培训预收费监管工作，规范校外培训机构合同文本，加大对校外培训机构的监管力度。成立桂林市校外教育培训课程审查及学科鉴定专家委员会，负责对全市校外机构培训课程内容进行审查和学科鉴定。对学科类校外培训机构开展“双随机、一公开”抽查，1 月、7 月两次动态更新公布黑白名单。全市 183 所学科类校外培训机构已压减 150 所，压减率 82%，完成自治区下达的压减任务目标。

（何晖）

普通高等教育

【概况】 2021 年，桂林是广西重点建设的高等教育集聚区，有各类高等院校 15 所。主要普通高校有广西师范大学、桂林电子科技大学、桂林理工大学、桂林医学院、桂林航天工业学院、桂林旅游学院、桂林师范高等专科学校 7 所，7 所高校共有专任教师 8716 人；年内，共毕业学生 8.11 万人，招收学生 10.57 万人，年末在校（籍）学生 27.41 万人。民办的全日制普通高等专科学校有桂林山水职业学院，位于临桂区，招收三年或五年一贯制大学专科学生。广西艺术学院在桂林市雁山区设有分院。此外，桂林市有军事院校 1 所，位于市崇信路的陆军特种作战学院，属高等教育院校。1 月 6 日，桂林电子科技大学蝉联“全国文明校园”称号。1 月 12 日，广西师范大学《共产党宣言》青年研习社在雁山校区揭牌。3 月 11 日，广西师范大学漓江学院转设为“桂林学院”。6月8日，全国高校马克思主义理论学科研究生学术交流会在广西师范大学举行。7月5日，广西师范大学桂学博物馆建成开放。8月，桂林旅游学院与桂林市鼎翔旅游运输有限责任公司签订《校企合作战略协议书》，在交流培训、实习就业、大数据产业等领域形成校企合作“共同体”。9月，中国－东盟信息港电子信息人才培养与科技创新联盟成立大会在桂林电子科技大学举行。10月14日，自治区人民政府与文化和旅游部共建桂林旅游学院签约仪式在桂林旅游学院国际酒店管理学院举行。10月25日，广西师范大学马克思主义理论学科跻身该学科全国前5%，是广西高校唯一进入排名前5%的学科。12月，桂林学院被评为“2021年度广西区高校毕业生就业创业工作突出单位”。（覃丰展）

【广西师范大学】 2021年，该校有王城、育才、雁山3个校区，其中王城校区是国家5A级旅游景区。校园占地面积307.29万平方米，总建筑面积115.59万平方米，教学科研及辅助用房和行政办公用房43.23万平方米，学生宿舍面积43.17万平方米。设有文学院/新闻与传播学院等21个教学学院(部)。设有党委办公室、校长办公室等党政群团部门，有图书馆等业务单位，有附属中学等附属单位，有出版社集团有限公司等企业。拥有本科专业82个、一级学科博士学位授权点9个、博士后科研流动站3个，一级学科硕士学位授权点30个、硕士专业学位授权点21个，学位授权点涵盖学科门类10个。有省部共建药用资源化学与药物分子工程国家重点实验室1个、省部共建教育部“广西民族药协同创新中心”1个、教育部重点实验室2个，广西工程技术研究中心1个、广西重点实验室7个，广西高校重点实验室5个，广西应用数学中心1个，广西科技成果转化中试研究基地1个，广西协同创新中心2个；全国科普教育基地1个，国家级实验教学示范中心3个，自治区级实验教学示范中心10个，自治区级虚拟仿真实验教学示范中心6个，自治区人才培养模式创新实验区3个，自治区级研究生联合培养基地5个，广西高校人文社会科学重点研究基地6个，校级实习实训基地608个。

2021年，该校有教职工2554人，其中专任教师2050人，专任教师中正高级专业技术417人、副高级专业技术604人；拥有博士学位823人、硕士学位939人，硕士研究生导师1195人，博士研究生导师183人；全日制在校生3.57万人，其中，全日制本科生2.8万人，全日制硕士研究生6365人，博士生428人，学历国际学生581人，其他类型学生350人。非全日制硕士研究生1278人，成人教育学生2.99万人。实现预算总收入16.65亿元，增加0.8亿元；总支出16.57亿元，比上年增加622.71万元。2021年度新增资产（含固定资产、无形资产）6.17亿

表20　2021年桂林市主要普通高等教育学校学生情况表

单位：人

类别		学校	广西师范大学	桂林电子科技大学	桂林理工大学	桂林医学院	桂林航天工业学院	桂林旅游学院	桂林师范高等专科学校
普通高等教育	博士生	毕业	44	14	21	0	0	0	0
		招生	123	64	47	0	0	0	0
		年末在校	428	237	177	0	0	0	0
	硕士生	毕业	2364	1127	918	307	0	0	0
		招生	3013	1989	1971	517	0	0	0
		年末在校	7643	4938	4605	1362	0	0	0
	本科生	毕业	6257	7344	6222	2338	3129	2015	0
		招生	6892	8977	6015	2766	4398	2249	0
		年末在校	28027	31972	23119	10938	15128	9240	0
	高职高专	毕业	0	2743	3060	492	532	1878	3311
		招生	0	0	4000	447	650	439	3955
		年末在校	0	4619	10072	1424	1505	2974	12813
留学生		毕业	84	44	18	100	35	50	0
		招生	256	55	255	20	12	50	0
		年末在校	496	609	401	325	417	144	0
成人高等学历教育		毕业	10935	11647	9268	4437	227	102	75
		招生	15119	12665	24136	3197	727	400	266
		年末在校	29974	26859	29156	12751	1259	163	317
合计		毕业	19684	22919	19507	7674	3923	4045	3386
		招生	25403	23750	36424	6947	5787	3183	4221
		年末在校	66568	69234	67530	26800	18309	12521	13130

备注：广西师范大学各类学生源自年度高基报表，统计时间为2021年10月。

（覃丰展）

元，报废处置资产（原值）0.54 亿元，年末资产原值为 37.29 亿元。

2021 年，该校被自治区党委政府列为国内一流大学建设高校。成功被列入教育部“对口支援西部地区高等学校计划”，由北京师范大学对口支援该校。编制学校“十三五”终期评估报告和综合改革（2018—2020）项目完成情况表。坚持“科学、开放、民主”编制原则，完成学校“十四五”总体规划、8 个专项规划和 20 个学院（部）规划编制和公布工作，总体规划在全区高校中率先印发。顺利召开学校 2021 年发展与改革研讨会。拟定学校深化教育评价改革实施方案，完成广西深化教育评价改革综合试点校申报工作。深化“放管服”改革，积极推进“强院兴校”行动试点工作，制订“强院兴校”改革工作指导意见。完成重大项目储备库管理办法的修订。积极申报“十四五”教育强国推进工程中央预算内投资项目并获自治区推荐上报，争取 90 周年校庆重点工程建设专项资金。

2021 年，该校网络思政成效突出，获教育部全国 100 所思政建设精品项目 1 项，被列为首批自治区高校“一站式”学生社区综合管理模式建设试点高校。持续推进思政课程和课程思政同向同行协同育人，推动党史教育和课程思政深入融合，立项建设 151 个课程思政示范课程建设项目，立项 16 门党史教育融合示范课程。获教育部全国高校思政课集体备课中心 1 项、全国高校思政课名师工作室 1 项，入选教育部课程思政示范课程 1 门、教育部思政课示范“金课”3 门、自治区级课程思政示范课程 5 门。承办“广西高校‘学史力行 +’课程思政建设研讨交流会”，举办学校首届课程思政示范课程讲课大赛。

2021 年，该校在广西一流学科终期评估中，2 个学科获得 A 档，3 个学科获得 B 档。化学、工程学两个学科稳居 ESI（基本科学指标数据库）前 1%。全面做好 2020—2025 年学位授权点周期性合格评估工作，积极推进学位授权点专项评估工作，提升学位授权点建设整体实力。聚焦基础学科领域，打造一批优势学科。博士点建设取得新突破，新增世界史和物理学 2 个一级学科博士学位授权点、1 个教育博士专业学位授权点，新增 3 个硕士专业学位授权点。新增博士学位点数量排名在全国及师范院校中进步显著。

2021 年，该校高质量推进本科教育行动计划“十大工程”，稳步实施研究生教育质量提升行动计划（2021—2025 年）。全年举办通识教育讲座 128 场，开展研究生学术活动超过 300 场。入选教育部第二批人工智能助推教师队伍建设试点高校。成立 5 个现代产业学院，入选广西普通本科高校示范性现代产业学院 2 个。2 个专业顺利通过师范专业第二级认证专家进校考查，9 个广西本科高校特色专业及实验实训教学基地（中心）建设项目通过验收。获 2021 年广西高等教育自治区级教学成果奖 19 项，在首届全国高校教师教学创新大赛获三等奖 1 项。获教育部首批新文科研究与改革实践项目 4 项，入选数量居全区高校前列。获自治区级一流本科课程 24 门，立项建设研究生全英文课程项目 11 项。获批教育部“全国高校毕业生就业能力培训基地”，再次获自治区“高校毕业生就业工作突出单位”。本科生共获得全国性竞赛奖励 142 项，省级奖励 711 项。研究生以第一作者在各类学术刊物发表学术论文 1369 篇，共获全国性奖项 106 人次，区域或省级奖项 338 人次。在第七届中国国际“互联网 +”大学生创新创业大赛全国总决赛中，获国赛银奖 2 项，铜奖 6 项，学校“互联网 +”七届国赛总成绩保持广西高校第一。

2021 年，该校累计完成五类岗位及以上人才引进第三方评估 18 人次，完成五类岗位及以上人才引进程序 15 人，完成第六、七类人才引进程序 111 人。自主培养国家重大人才工程项目人选 1 人，新签约或续聘柔性引进长江学者特聘教授等高端人才 5 人。共向上级推荐学校优秀教师 64 人，新增入选长江学者讲座教授 1 人。全年累计送培攻读定向博士 21 人，访问学者 22 人。完善职称评审体系，修订出台职称评审相关制度文件，完成 402 人的职称评审、认定和重新确认工作。召开第七次科研工作大会，举办第二届“科研活动月”系列活动，制定出台科研业绩分类分级评价认定办法等重要文件，国家基金立项总数 97 项，首次突破 40 项大关，其中年度项目立项数达 28 项，首次入围全国 30 强。教育部人文社科研究项目立项数达 11 项，首次入围全国 50 强；共获得各级各类科技项目 217 项，其中国家自然科学基金立项达到 57 项，取得历史最好成绩，获广西科技重大专项立项资助 500 万元，联合承担广西重点研发计划项目 4 项。全年人文社科类科研经费总额达 3058.19 万元，科技类科研经费 8149.35 万元。顺利完成珍稀濒危动植物生态与环境保护教育部重点实验室评估工作，3 个广西重点实验室顺利通过考核评估。新增广西应用数学中心等 3 个省部级科技平

2021 年 4 月 24 日，广西师范大学举行荣誉教授聘任仪式，聘请人民艺术家、著名作家王蒙（左一）担任荣誉教授。（广西师范大学供图）

台。获批广西首批铸牢中华民族共同体研究基地、广西高校创新创业教育研究中心，成立高等教育研究院等6个校级研究机构。全年在高水平期刊上共发表社科类学术论文142篇，自然科学类论文425篇；获全国教育科学研究优秀成果奖二等奖1项、三等奖1项，桂林市社科优秀成果奖46项，中国专利优秀奖1项，实现在国家专利奖上的历史性突破；获得广西科学技术奖5项、广西青年科技奖2项。

2021年，该校长短期国际学生总人数1020名，在籍国际学生总人数位列广西第一。获批中国华侨国际文化交流基地，与教育部中外人文交流中心签约，成为"一带一路"创新创业中外人文交流人才培养基地。在高层次人文交流上取得新突破，与越南社会科学翰林院、老挝最高人民检察院等机构签订合作协议。加强"在地国际化"建设，获批韩国龙仁大学体育教育中外合作办学项目，获批国家留学基金委"创新型人才国际合作培养项目"实施单位；创新孔子学院文化传播渠道，首个"独秀书房"海外店在越南河内大学孔子学院建成。获批教育部中外语言交流合作中心语言进修以及"汉语桥"线上团组交流项目资助350万元，成功申报"越南中文教育研究中心"。

2021年，该校签订技术转让、开发等横向项目54项，合同金额930万元。入驻广西高校科技成果转化平台，发布新材料、生物制药和电子信息等领域的专利技术200多项。"电化学能源材料与器件中试研究基地"获批成为首批广西科技成果转化中试研究基地。与桂林市人民政府共建桂林发展研究院，成功举办首届桂林发展论坛暨第五届珠江－西江经济带发展论坛，主持撰写《桂林经济社会发展报告》等2本蓝皮书。3项课题中标广西特色新型智库联盟重点课题研究项目并顺利通过结项验收。全年共报出智库成果53项，入选2021年中国智库参考案例1篇；获省部级采纳4篇、获市厅级采纳18篇。打造校园"习语金句"学习大道，扎实推进校史人物文化工程项目、《师大赋》、雁山校区楼名路名设计和校史馆建设，中华传统文化名人园正式落成。桂学博物馆建成并开馆，接待上级领导、校外专家及校友、校内师生50多场次。深挖红色校史，制作杨东莼、陈望道等专题片，播出当天全网阅读量超70万次。推出2021年版《瞰·师大》宣传片、献礼中国共产党成立100周年MV《唱支山歌给党听》等视频。

2021年，该校出版社集团第4次获"国家文化出口重点企业"称号，获中国出版政府奖·印刷复制奖，实现广西此类奖项的突破。投入200万元实施基层干部乡村振兴综合能力提升计划、乡村振兴校长发展工程计划。推动与自治区人民检察院、华为科技有限公司、灌阳县等单位签订战略合作协议。年内该校漓江学院平稳转设。争取政府债券等各类重大专项资金2.6亿元，全年捐赠收入共717万元，在国有资产保值增值的重点领域和关键环节实现突破。数字校园平台已集成28个主要业务系统，"一网通办"平台上线运行，实现第一批258项业务流程的60%线上办理。

（张乾一　车向清）

【桂林电子科技大学】 2021年，该校有金鸡岭、六合路、花江、北海4个校区，校园占地面积314.14公顷，校舍建筑面积155.11万平方米，教学科研仪器设施总值11.3亿。图书馆建筑面积4.5万余平方米。图书馆有纸质图书221万余册，电子图书144万余种，数据库90余个，电子期刊1.4万种。该校设有教学单位21个、教辅单位及职能部门27个、研究生院1个、附属单位2个；有博士后科研流动站3个，博士学位授权一级学科点5个；广西一流学科建设学科A类2个，广西一流学科建设学科B类4个；硕士学位授权一级学科点20个，硕士专业学位授权类别12个，涵盖经济学、法学、文学、理学、工学、管理学、艺术学等学科门类7个。工程学、材料科学学科保持在ESI（基本科学指标数据库）全球排名前1%，计算机科学学科首次进入ESI全球排名前1%。

2021年，该校有教职工3277人，其中专任教师1845人。专任教师中具有硕士及以上学位教师1549人；有博士生导师154人、硕士生导师765人；有省部级及以上人才称号205人次，其中国家杰出青年科学基金获得者6人、国家"百千万人才工程"入选6人、中科院"百人计划"5人、教育部"新世纪优秀人才支持计划"入选7人、全国杰出专业技术人才1人、全国优秀科技工作者2人、国务院政府特殊津贴专家31人、广西"八桂学者"11人、广西特聘专家8人、广西优秀专家9人、广西"十百千"第二层次人选19人、广西"八桂青年学者"3人、广西杰出青年基金获得者24人、广西教学名师10人、广西卓越学者6人、广西高校"百人计划"23人；有教育部"全国高校黄大年式教师团队"1个、广西人才小高地3个、广西高校创新团队6个。

2021年，该校有国家级人才培养模式创新实验区1个、国家级实验教学示范中心5个、国家级工程实践教育中心2个，有国家级大学生校外实践教育基地1个，有国家级精品课程、

2021年7月5日，广西师范大学在雁山校区举行桂学博物馆开馆仪式。

（广西师范大学供图）

国家级双语教学示范课程、国家级精品资源共享课、国家级精品在线开放课程等共7门;有国家级一流本科课程5门,自治区级一流本科课程41门;有国家级和自治区级一流本科专业建设点共25个,有广西本科高校特色专业及实验实训教学基地(中心)建设项目建设点8个、自治区级人才培养模式创新实验区3个、自治区级实验教学示范中心5个(含建设单位1个)、自治区级虚拟仿真实验教学示范中心6个,有自治区级精品课程、精品视频公开课、在线建设课程、一流本科课程共142门。

2021年,该校有普通高等教育本科专业71个,共12类41个专业参加大类招生。获批国家级一流本科专业建设点10个,获批自治区级一流本科专业建设点5个。光电信息科学与工程专业通过工程教育认证;建筑环境与能源应用工程专业通过住房和城乡建设部高等教育建筑环境与能源应用工程专业评估。获批教育部产学合作协同育人项目40项,自治区级教育教学改革项目41项,广西教育科学规划课题28项。获批自治区级一流本科课程23门。获自治区级大学生创新创业训练计划立项365项,其中108个项目为国家级创新创业训练计划项目;1项国家级创新训练项目和1篇学生论文获选参加第十四届全国大学生创新创业年会。该校参加2021年全国大学生电子设计竞赛,获全国一等奖7项、二等奖11项,一等奖个数、总获奖个数均位居全国第四名;时隔20年再次获得全国大学生电子设计竞赛唯一最高奖“TI”(德州仪器)杯。第七届中国国际“互联网+”大学生创新创业大赛广西选拔赛获金奖16项、银奖4项,并获高教主赛道、青年红色筑梦之旅赛道优秀组织奖。参加全国大学生第二十届机器人大赛RoboMaster2021机甲大师获全国一等奖,进入全国前八强。获“广西高校大学生创新创业典型示范基地”称号;2020年获批的“首批自治区双创示范基地”在2021年评估结果为“优秀”。2021年全国普通高校大学生竞赛榜单(本科,前100)中,该校位列全国第十七位、广西第一位。

2021年,该校把思想政治教育贯穿于人才培养体系,获自治区教育厅立项建设研究生课程思政示范课程1门、课程思政教学名师和团队1个;实施“121”工程,立项建设案例库9项、在线开放课程3门、全英文教学课程1门;围绕课程内容,拍摄教学视频41个、撰写案例162个,提升研究生课程建设质量;新增3个区级研究生联培基地、10个校级基地;新增区级研究生创新项目51项,校级项目206项;首次设立研究生分类的广西区教学成果奖申报,获二等奖1项;共设置助管岗位652个(固定岗144个、临时岗508个),研究生助教岗位1215个(涉及公共课、专业基础课、实验课等共659门),兼职辅导员岗位22个;研究生在中国研究生电子设计大赛总决赛中荣获全国二等奖1项、全国三等奖1项;在中国研究生电子设计大赛(华南赛区)中获一等奖3项、二等奖9项、三等奖14项;在中国研究生数学建模大赛获得全国一等奖1项、二等奖3项、三等奖4项。2021年,该校共授予博士学位17人,硕士学位1118人;硕士论文盲审通过率98.5%,博士论文盲审通过率100%。

2021年,该校有国家地方联合工程研究中心1个、国家级大学科技园1个(建有“国家级众创空间”),有教育部重点实验室1个、教育部工程研究中心1个,有国家软件与集成电路公共服务平台广西平台1个、广西信息科学实验中心1个、广西重大科技创新基地1个、广西重点实验室9个、广西工程技术研究中心10个、广西工程实验室(中心)3个、国际联合创新平台1个、广西协同创新中心4个、广西人文社会科学研究基地3个。

2021年,该校新增国家级项目95项,其中国家自然科学基金75项(含面上项目14项);新增省部级项目122项,新增广西科技计划项目86项,其中广西科技重大专项4项(牵头项目1项)、广西杰出青年科学基金项目2项;新增企事业单位委托项目231项;培育国家级科研平台3个,新增国家级科研服务平台1个。组织申报教育部协同创新1个,教育部工程研究中心2个。参与申报广西工程研究中心4个,获批1个(广西壮族自治区中国－东盟智慧口岸工程研究中心)。新增认定广西工程技术研究中心1个(广西矿粉加工过程控制及装备工程技术研究中心)。参与申报广西创新联合体10家,获批2家(广西壮族自治区新一代交通基础设施绿色智慧建管养技术及产业化创新联合体、广西壮族自治区数智转型与产业化应用创新联合体)。申报广西高校重点实验室6个。科技成果转化取得突破性进展,向科技厅推荐科技成果转化中试基地建设项目9项,组织申报3项,其中“广西电子信息材料与器件”评审中获广西第一,成功入选广西首批中试研究基地立项。完成科技成果转化合同80项,技术交易额4100万元。共申请知识产权1400件,其中发明专利604件、

2021年12月19日,桂林电子科技大学参加2021年全国大学生电子设计竞赛获最高奖“TI”杯。 (赵中华摄)

实用新型专利145件、外观专利13件、软件著作权638件。授权知识产权1395件,其中发明专利368件、实用新型专利455件、外观专利31件、软件著作权541件。获第一届广西专利奖一等奖1项、二等奖1项。

2021年,该校全职引培具有博士学位高层次人才104人,其中,全职引培内培教育部长江学者特岗教授1人,全职引进国家杰青1人,国家"万人计划"领军人才1人,教授3人,国(境)外高层次人才2人;通过公开招聘入职专任教师21人,专职辅导员8人,管理人员29人,科研助理44人。72人获得自治区博导津贴,新增国家"万人计划"领军人才等国家级人才称号6人次,中国科协青年人才托举工程1人;5人获得国家公派高级研究学者、访问学者、博士后等项目资助;全年资助26人攻读博士学位,办理博士后流动站进站人数22人。

2021年,该校来华留学生(包括短期生)609人,其中,获中国国家全额政府奖学金学生7人、广西政府东盟国家全额奖学金学生18人。牵头成立中国－东盟信息港电子信息人才培养与科技创新联盟。联盟成员包括四邮四电等19所国内高校,马来西亚国立大学、新加坡国立大学等31所东盟国家高水平大学及机构、92家国内企业与5家东盟国家企业。该校被授予联合国可持续发展目标与国际理解教育基地。全年共与海外高校签署国际交流与合作协议13份;举办国际会议2场次,开展国际学术讲座27场次。开展第三学期暑期国际文化周活动,合计邀请海外知名学者举办线上、线下系列讲座22场,覆盖6000人次学生,并向海外高水平大学引进国际专业课程6门。召开柬埔寨国立马德望大学孔子学院理事会,完成第二届理事会和执委会改选,孔院全年新增注册学员450余名。获批线上汉语桥团组交流项目1项。获国家留学基金管理委员会"感知中国"社会实践与文化体验活动冠名。

2021年,该校首批广西高校"三全育人"(全员育人、全程育人、全方位育人)综合改革示范校,获标杆院系2个、样板支部4个和"双带头人"教师党支部书记工作室培育创建单位1个,1名学生获评第八届"全国道德模范"。全年新增4篇决策咨询报告被中央领导批示、6篇被省部级主要领导批示,被中央和省部级单位采用150多篇。该校获评中宣部舆情信息工作优秀单位(全国仅12所高校入选)、教育部2021年度高校网络舆情工作机制优秀单位。2021年,该校乡村振兴帮扶点由贺州市八步区调整到桂林市全州县,选派6名第一书记和1名工作队员入驻全州县大坪村等6个定点帮扶村开展工作。全年该校共投入180万元专项资金用于乡村振兴工作,完成消费帮扶199余万元。结合定点帮扶村红色资源,开发红色教育实践路线1条,先后接待各类现场考察参观23批次578人次,带动乡村餐饮消费3万余元。

(黄可　康明　陈积)

2021年9月14日,"中国－东盟信息港电子信息人才培养与科技创新联盟"在桂林电子科技大学成立。(农必东摄)

【桂林理工大学】 2021年,该校有桂林屏风、雁山和南宁安吉、空港4个校区,占地总面积190.3万平方米,校舍建筑面积142.1万平方米。有固定资产29.3亿元,其中教学科研设备总价值9.1亿元;图书馆纸质藏书218.7万册,电子图书(期刊)189.1万册。设教学单位19个,二级学院(珠宝学院)1个,独立学院1个,附属小学1所,本科专业75个,高职高专专业50个;7个学科领域列入教育部研究生层次卓越工程师教育培养计划,5个专业列入本科专业卓越工程师教育培养计划。有博士后科研流动站3个,一级学科博士学位授权点3个,一级学科硕士学位授权点21个、专业硕士学位类别13个。该校有ESI(基本科学指标数据库)世界前1%学科2个,广西一流学科5个(含1个培育学科),省部级重点学科24个(广西优势特色重点学科5个)。该校拥有省部共建国家重点实验室培育基地1个,教育部重点实验室1个,教育部工程研究中心1个,广西政府院士工作站5个,广西重点实验室8个,广西工程技术研究中心1个,广西工程研究中心4个,广西人文社科重点研究基地1个,广西高校协同创新中心2个、广西国际科技合作基地1个。有国家级大学科技园和"众创空间",该校被认定为自治区技术转移示范机构。该校有国家级教学团队2个、实验教学示范中心2个、精品课程4门、双语教学示范课程1门、精品视频公开课程3门、人才培养模式创新实验区1个、特色专业5个、专业综合改革试点项目1个、精品资源共享课4门、虚拟仿真实验教学中心2个、大学生校外实践教育基地1个、全国中小学研学实践教育基地1个;获得省级本科教学质量工程项目130项。

2021年,该校有教职工2747人,其中专任教师1788人。专任教师中正高级专业技术职称309人、副高级专业技术职称534人,有国家"百千万人才工程人选"等国家级高层次专家、人才40余人(次);广西"八桂学者"

等省部级高层次人才 90 余人(次)。2021 年,该校共招收各类学生 2.84 万 1 人,各类毕业学生 1.95 万人;年末有各类在校学生 6.05 万人。

2021 年,该校党史学习教育做法受到自治区第十四巡回指导组充分肯定,获自治区党委《每日汇报》登载。2 个学院党委、4 个党支部、1 个教师党支部分别入选自治区高校党建工作标杆院系、样板党支部、"双带头人"工作室创建培育单位,5 个基层党组织获评创新典型案例,该校获评首批新时代广西高校党建工作示范校创建单位,基层党组织标准化、规范化建设经验获第 27 次全国高校党建工作会议书面经验交流,并在自治区组织部长会议、高校党建工作会议上作经验交流发言。保持执纪审查的高压态势,认真处理信访问题,全年收到信访问题 40 件,办结 39 件,问题线索 11 件,初核了结 9 件,立案 1 件,谈话提醒 200 余人,约谈干部 6 人,诫勉谈话 3 人,党纪处分 2 人,其中重处分 1 人。扎实推进共青团改革和党建带团建,校团委荣获广西五四红旗团委荣誉称号,2 个团支部获评"全国高校活力团支部"。首个广西高校新时代青年发展研究中心落户学校。

2021 年,该校统筹抓好各类教育事业发展。2 个专业通过世界旅游组织教育质量认证,1 门课程入选教育部课程思政示范课程,1 名教师获得国家级课程思政教学名师称号,1 个团队获批为国家级课程思政教学团队,22 门课程入选自治区级一流课程;16 项成果获得自治区教学成果奖,其中特等奖 1 项、一等奖 9 项;4 个现代产业学院被认定为广西普通本科高校示范性现代产业学院。区内一本招生实现全覆盖,区外一本招生省份增至 8 个,学校连续第 21 次获评为全区高校招生录取和毕业生就业创业工作突出单位。学生获第七届中国国际"互联网 +"大赛银奖 2 项、铜奖 6 项,大学生创新创业园被认定为"广西高校大学生创新创业典型示范基地"和"自治区大众创业万众创新示范基地"。年内,该校协调推进学科建设与科技创新。扎实推进一流学科建设,5 个一流学科通过首轮广西一流学科终期评估并优先进入下一轮建设,2 个 ESI 前 1% 学科排名稳中有升。新增国家级科研项目 75 项,省部级项目 102 项,到位科研经费 2.19 亿元,其中横向经费大幅增长 60%。新增省级科研平台 2 个,2 个实验室在自治区重点实验室绩效评估中获得优秀。

2021 年,全年该校引进博士 23 人、进站博士后 8 人,获得国家级、省部级人才各 4 人(次);入选桂林市第一类高层次人才、自治区博新计划等 3 人,入选欧洲科学院院士 1 人次,获得国际电气和电子工程师协会地球科学与遥感学会(IEEE GRSS)杰出成就奖 1 人次;获批国家外国专家项目、自然资源部高层次人才工程青年科技人才等国家级、省部级人才称号 6 人。该校获得自治区高校人才工作考核"优秀"等次。该校积极发挥高校职能,服务地方经济社会发展。加强政企行校产教融合,签订技术转让合同 24 项,合同金额 380 余万元。全年赴外洽谈合作 30 余次,与自治区大数据局、深圳市罗湖区政府、浙江华友钴业股份有限公司等 10 余家政企事业单位签署合作协议。全面对接落实脱贫攻坚和乡村振兴任务,新选派工作队员 8 人,增派 12 名干部参与脱贫监测协作;成立乡村振兴研究院,打造定点帮扶村"一村一产业、一村一特色"产业发展格局,该校被自治区党委、政府授予"全区脱贫攻坚先进集体"称号。

2021 年,该校打造安全教育品牌,该校被教育部列为首批全国急救教育试点学校。推进学府雁苑住宅不动产证办理、老旧小区改造、校园信息化建设等一批民生工程取得重要成果。重视和关心关注师生需求,与桂林市奎光学校合作,解决教职工子女就近获取优质教育资源问题。持续优化校园停车位管理,新增机动车停车位 230 多个,成立勤工助学菜鸟驿站,新增快递智能配送车 2 辆、智能洗衣房 9 个、新能源汽车充电设施 6 个,推出"青葱侠"线上订餐服务,社区管理服务延伸至雁山教工住宅区等,着力为师生提供优质高效便捷服务。

(冯劲桦)

【桂林医学院】 2021 年,该校有乐群、东城、临桂 3 个校区,占地总面积 100 多公顷,教学行政科研用房面积 29.11 万平方米,学生宿舍建筑面积 16.99 万平方米,教学科研仪器设备总值 3.17 亿元。图书馆馆藏纸质图书、期刊 163.65 万册,电子数据库 48 个、电子图书和电子期刊 375.71 万册。设有二级学院(系、部)23 个、直属附属医院 4 所、非直属附属医院 5 所、临床教学医院 28 所、实践教学基地 150 个。拥有一级学科硕士学位授权点 6 个、硕士专业学位授权点 7 个。全日制普通高等教育设有临床医学、药学、生物技术等 26 个本科专业和 4 个高等职业教育专业。学校面向全国 30 个省、市、自治区招生,拥有全日制本专科生、研究生、留学生等各级各类学生近 3 万人。有国家级特色专业建设点、国家级一流专业建设点、省

2021 年 4 月 21 日,桂林理工大学与深圳市罗湖区政府签署战略合作框架协议。

(桂林理工大学供图)

级一流专业建设点、自治区级重点专业、自治区级优质专业、自治区级特色本科专业、自治区级创新创业教育改革示范专业等项目35个(项)。有省部级及以上科研平台9个,有广西高校重点实验室、广西卫生健康委重点实验室等市厅级科研平台18个。有国家级一流本科课程2门,自治区级一流本科课程19门,自治区级课程思政示范课程4门。有广西重点学科7个,广西一流学科2个。有国家级临床重点专科2个(含建设项目),广西临床重点专科17个(含建设项目),临床医学学科进入ESI全球排名前1%行列。建有自治区级协同育人平台2个、自治区级大学生校外实践教育基地2个、广西高校"大学生创业示范基地"1个、自治区级示范性现代产业学院1个、医师人文医学执业技能培训基地1个。年内,该校获批博士学位授予单位,获批临床医学博士专业学位授权点。

2021年,该校有教职工及医务人员6800余人。其中专任教师991人,专任教师中具有博士学位的占50%,70%以上的教师具有高级专业技术职务。有硕士生导师670余人,博士生导师28人。拥有全职国家"海外高层次人才引进计划"人选、国家"百千万人才工程"人选、享受政府特殊津贴专家、全国优秀教师、全国优秀教育工作者、教育部高等学校教学指导委员会委员、"高层次留学人才回国资助项目"人才、广西"八桂学者""八桂名师"、广西优秀专家、广西教学名师、广西优秀教师等知名专家学者150余人次。聘请有国家杰出青年科学基金获得者等国内外著名学者作为客座教授等。年内,该校共录取新学生3803人,本科一批次(广西生源)投档分超一本线48分。3205名毕业生毕业去向落实率89.17%,该校连续16年获评"全自治区普通高校毕业生就业创业工作突出单位"。

2021年,该校加快推进"三全育人"综合改革和构建课程思政育人新体系,2个学院入选第一批全区高校"三全育人"综合改革示范院系,4门本科课程获评自治区普通本科高校课程思政示范课。临床医学、预防医学获批国家级一流专业建设点,口腔医学、医学检验技术入选自治区级一流本科专业建设点。获2021年广西高等教育自治区级教学成果一等等次3项、二等等次6项,获第二十届广西高校教育教学信息化大赛一等奖2项、二等奖4项、三等奖2项。学生在各类学科竞赛获自治区级及以上奖项424项,其中在第十届中国大学生医学技术技能大赛获分区赛一等奖、全国总决赛铜奖,在第七届全国大学生基础医学创新研究暨实验设计论坛获西部赛区一等奖1项、二等奖1项、三等奖3项,获全国总决赛铜奖1项,学校获优秀组织奖。生物医药产业学院入选广西普通本科高校示范性现代产业学院。2021届毕业研究生在全区学位论文抽检中全部合格,优良率87.5%,答辩通过率100%,学位授予率99.67%。获批广西高校大学生创新创业典型示范基地,学生在第七届"互联网+"大赛广西赛区选拔赛获金奖8项、银奖8项、铜奖5项,在广西第二届大学生科技创业大赛获银奖3项,在第五届中华职业教育创新创业大赛获1金1铜及优秀组织奖,在2021年全国移动互联网创新大赛获一、二、三等奖各1项,在2021年首届"漓峰杯"创业大赛暨第七届广西创业大赛桂林选拔赛创业创新行业赛获优秀奖。首次开展来华留学硕士研究生系统化招生,来华留学生招生规模稳中有升。积极打造桂台两地高校文化交流品牌,登记成立桂林市漓台教育文化交流中心并依托中心招收台湾籍学生。学历教育工作进一步规范,成人教育在册学生数突破1.4万人。获批职业技能等级认定试点单位,开展乡镇卫生院院长履职能力提升、全科医师转岗培训等各类培训班15期。

2021年5月15日—16日,桂林医学院代表队参加第十届中国大学生医学技术技能大赛护理学专业赛道总决赛。
(桂林医学院供图)

2021年,该校大力加强师资人才队伍建设,健全人才发展服务平台,全年引进博士41人,目前在外攻读博士共142人;组织6名高层次人才、外国专家参加区内外培训与研修项目,8名中青年骨干教师获广西高等学校"千骨计划"项目支持开展国内外访学,2名高层次人才获评享受国务院政府特殊津贴人员。

2021年,该校整合优势科研力量推动科技创新和平台建设,促进产学研融合。获国家自然科学基金项目55项、国家社科基金项目1项,获广西科学技术奖励4项,其中特等奖1项、自然科学三等奖1项,以及科学技术进步二、三等奖各1项,2名科技工作者获第十六届广西青年科技奖。"广西环境暴露组学与全生命周期健康重点实验室"获认定为自治区重点实验室,"广西壮族自治区化药口服固体制剂质量和疗效一致性评价工程研究中心"获认定为广西壮族自治区工程研究中心。举办第二届、第三届产学研研讨会暨企业论坛,与7家科创企业签订产学研框架合作协议。《华夏医学》期刊获评2020—2021年度广西高校精品期刊。

2021年,该校资源配置和校园服务功能持续优化。后勤楼、1#—2#学

2021 年 11 月 8 日，桂林医学院附属医院国际医美中心揭牌仪式举行。

（桂林医学院供图）

生宿舍投入使用，后勤中心社区卫生所完成改造，艺术中心和体育中心建设项目有序推进。启用“一站式”网上服务大厅，首批上线办事流程 36 项。应用校园网络报修平台，依托节能平台开展节约型校园建设。

2021 年，该校加强校园文化建设，获第六届广西大学生艺术展演活动一等奖 4 项、二等奖 4 项、三等奖 7 项及“优秀组织奖”。获评全国大中专学生志愿者暑期“三下乡”社会实践优秀团队 1 个、广西“三下乡”社会实践优秀团队 1 个，获评广西“三下乡”社会实践优秀单位。3 名师生志愿者成功捐献造血干细胞，1 个项目获 2021 年中国性病与艾滋病协会高校防艾基金立项支持，获评“全国红十字模范单位”。

2021 年，该校持续提升医疗服务能力，助力桂林打造特色鲜明的健康旅游产业链和旅居康养产业群。附属医院外科专业基地获得国家级重点专业基地，神经内科获批国家临床重点专科，广西数字医学临床转化工程研究中心获批自治区工程研究中心，国际医美中心投入使用，漓东新院区主体施工顺利；推进健康乡村建设，搭建乡村医疗服务网络，开设乡村视频门诊，鼓励村医参与乡村医疗建设，村医疗模式获国家卫健委、自治区卫健委和村民的高度认可。第二附属医院获批“三级甲等综合医院”，获批博士后创新实践基地，新增广西医疗卫生重点（培育）学科 4 个。附属口腔医院顺利完成第一批口腔医学硕士专业学位研究生招生，启用临桂门诊部，东城门诊部二、三楼装修改造及外科病房建设工程启动。

2021 年，该校战“疫”战“贫”两不误。选派 21 名直属附属医院医护人员组成边境疫情防护队伍，支援崇左市边境疫情防控工作；成立新冠疫苗接种点和流动接种队，健康管理中心疫苗接种点、秀峰区大型临时接种点（清华园）分别获得自治区和桂林市人民满意新冠病毒疫苗接种点称号。组建动态监测返贫工作专班，积极配合地方政府开展“三清三拆”大行动和乡村风貌提升工程，帮扶的 6 个脱贫村无返贫现象发生。

（梁芳）

【桂林航天工业学院】 2021 年，该校有南、北 2 个校区，占地面积 68.70 公顷，校舍总建筑面积 52.89 万平方米，教学科研行政用房面积 29.45 万平方米。年末拥有固定总资产 8.88 亿元，其中教学科研仪器设备总值 2.59 亿元；拥有纸质图书 187.36 万余册，电子图书 209.64 万册，电子期刊 87.28 万册。校园网络布设共 1.49 万个信息点，全面覆盖教学区、办公区和生活区；建设有超过 30 个网络应用子系统。设有管理学院、航空服务与旅游管理学院、机电工程学院等 16 个教学单位，以及党办、校办、组织部、宣传部、学工部（处）等 20 个党政职能部门和图书馆（档案馆、校史馆、航天博物馆）1 个教辅单位。该校拥有自治区级重点培育学科 2 个，院士工作站 1 个，自治区工程研究中心 2 个，广西高校重点实验室培育基地 2 个，广西高校人文社科重点研究培育基地 2 个，广西文化和旅游研究基地 1 个；有广西一流本科专业建设点 7 个，广西高等学校优势特色专业（群）建设点 7 个，广西本科高校特色专业 4 个；有省级一流课程 13 门；有各类实验室和实训场所 243 个，有校外实践教育基地 220 个，其中中央财政支持的职业教育实训基地 1 个、自治区示范性高等职业教育实训基地 7 个、中央财政支持地方高校发展专项资金实验室 61 个、中央与地方共建高校专项资金特色优势学科实验室 10 个、中央与地方共建高校专项资金基础实验室 12 个；有教育部“新工科”研究与实践项目 2 项、“产学合作协同育人”项目 44 项，是“中美产教融合 + 高水平应用型高校建设项目”第二批建设院校。设本科专业 33 个、专科（高职）专业 9 个；成人高等教育（函授）开设本科专业 15 个，专科专业 11 个。该校是广西唯一布局有航空航天类本科专业的院校，现为航天应用技术大学联盟副理事长单位、中国宇航协会理事单位、广西航空航天学会理事长单位，是教育部“承担数控技术及应用专业领域技能型紧缺人才培训任务院校”、民政部“国家减灾中心无人机生产基地遥感遥测人才培养中心”、中国航天科技集团公司和中国航天科工集团公司“人才培养基地”、广西高校“三全育人”示范校培育建设项目单位，是教育部国防教育特色学校、自治区级爱国主义教育基地、自治区级国防教育基地。

2021 年，该校有教职工 1185 人，其中专任教师 853 人。专任教师中，具有高级职称教师 357 人；具有硕士以上学位专任教师 758 人，其中具有博士学位 101 人；有双聘院士 1 人，国务院政府特殊津贴专家 2 人、全国优秀教师 1 人、自治区特聘专家 1 人；获广西优秀专家、广西高等学校卓越学者、广西教学名师、广西技术能手等各类称号人才 45 人次。有广西高等学校高水平创新团队 1 个，广西高等学校自治区级教学团队2个，广西创新人才培养教学团队1个。面向全国24个省（自治区、直辖市）招收全日制学生5048人，毕业学生3661人；年末有全日制在校学生1.66万人。毕业生初次就业率93.14%，获2021年度广西普通高校毕业生就业创业工作突出单位称号。

2021年，该校开展人才引进推动会、博士专题座谈会，修订完善学校博士人才引进和攻读博士学位的相关政策，出台《人才引进管理暂行办法》《关于选送教师攻读博士学位的暂行办法》，起草《高层次人才发展支持计划实施办法》，优化博士人才引育环境。全年新引聘教职员工73人，其中新增专任教师38人（不包括实践指导教师），博士学位教师32人，高级职称教师20人；新增在职教师攻读博士研究生43人，在读博士人数达到134人，2021年毕业回校工作博士8人。年内选派1名教师赴国（境）外访学和9名教师参加国内访问学者培训学习。持续推进实施“天计划”教师培养培训方案，全年组织教师参加校内各类培训达1510人次。教师共指导学生参加各类竞赛获得奖励619项；申报广西高等教育本科教学改革工程项目获立项21项，其中重点项目2项；广西职业教育教学改革研究项目获得立项2项，结题3项。

2021年，该校修制订《产学合作协同育人项目管理办法（试行）》《学生转专业管理细则（修订）》等制度，完善本科专业人才培养方案，培育特色品牌专业，完成4个新设本科专业评估。全年新签“五合一”（集教师的科研基地、教师的挂职基地、兼职教师来源基地、学生的实习实训基地、学生的就业基地为一体）基地22个，新建（或扩建）专业实验室26个，4个广西本科高校特色专业及实验实训教学基地（中心）通过验收。年内，该校组织参加“互联网+”大学生创新创业大赛、“挑战杯”广西大学生创业计划大赛、广西中华职业教育创新创业大赛、无人飞行器竞赛、大学生方程式汽车大赛、机械创新大赛等活动。该校参加第七届“互联网+”大学生创新创业大赛，获自治区级金奖4项、银奖11项、铜奖31项；参加第十届“挑战杯”广西大学生创业计划大赛，获自治区级金奖1项、银奖6项、铜奖12项。该校将“第二课堂成绩单”制度纳入人才培养体系，优化创新创业学分积累与认定制度，全年完成大学生创新创业项目立项108项，获批国家级创新创业项目39项，自治区级项目69项。大学生创新创业基地为“广西青年创业创新孵化基地”，入驻基地项目63项，21个创业项目完成工商注册；常态化开展创业沙龙活动，年内在基地开展各类讲座、沙龙活动26场。打造紧扣航空航天特色的校园文化，全年投入140万打造创新创业示范基地；重点打造和开展庆祝中国共产党成立100周年暨五四青年节表彰大会、五四青年座谈会等“五四”系列活动，举办“桂航杯”航天知识竞赛、“空乘之星”评选大赛等赛事。

2021年，该校依制修订学校《横向科研项目管理办法》《促进科技成果转化实施办法》《专利管理办法》等管理制度，完善科研管理体系，搭建科技成果转化管理体系框架，为教师开展科学研究、科技创新服务工作提供积极政策支持。全年各级各类项目总计立项353项，其中纵向科研项目获准立项237项，其中省部级及以上项目共42项（包括国家级项目2项，省部级项目40项）；获首批桂林市“揭榜挂帅”科技项目2项。签订横向项目（含成果转化）116项。全年教师以第一作者发表学术论文共512篇，其中被SCI、EI等权威检索机构检索收录90篇，中文核心期刊论文67篇。出版学术著作20部，其中专著13部。全年新增知识产权授权共计337项，其中发明专利37件、实用新型专利105件、外观专利设计23件、计算机软件著作权172件。与深圳赛桥生物创新技术有限公司、上海晟盟资产管理有限公司、广西风向标环保科技有限公司、桂林广陆数字测控有限公司等111家企事业单位合作，共签订横向项目合同金额1235.65万元。获中国电子学会科技进步二等奖1项，桂林市社会科学优秀成果奖三等奖1项。获批广西壮族自治区军民融合事业单位。9名教师入选桂林市“百名博士进百企”行动第一批人员名单。

2021年，该校开展国际交流与合作，全年新增国（境）外合作院校3所，共接待来自乌克兰、马来西亚和印度尼西亚3个国家和地区的访问团，聘任外籍教师5人。全年共有来自22个国家的各类留学生316名，1名留学生获得“东盟在桂留学生奖学金”。年内，学校2名教师获广西高校来华留学教育优秀个人。全年通过绿色通道顺利入学的新生1666人，缓交学费与住宿费共1083.92万元；评定家庭经济困难学生5050人，其中A类贫困生2306人；评选国家助学金3279人，发放毕业生奖励432人次；评选国家奖学金、国家励志奖学金和自治区人民政府奖学金556人；发放各类奖助学金共1628.26万元。

2021年，该校开展新校区建设，

2021年9月17日，桂林航天工业学院干部教育培训基地揭牌仪式在灌阳县党史学习教育现场教学基地举行。

（刘梓汐摄）

完工投入使用包括实训中心组团1#、2#楼，教学实验楼组团1#、2#楼，电力增容一期工程，学生公寓3#楼4个项目。续建图书馆及学术报告厅、实训中心1#—4#楼2个项目。开工建设综合体育馆。做好包括北校区及南教师宿舍区污水管改造工程、行政院系教师办公楼、科技活动中心、学生公寓1#楼、学生公寓7#楼、航空产业研究中心、南校区水泵房7个项目的前期工作；完成投入资金1亿元。

（刘新良　杨诠）

2021年10月31日，广西旅游博物馆揭牌仪式在桂林旅游学院举行。

（桂林旅游学院供图）

【桂林旅游学院】 2021年，该校有雁山、骖鸾2个校区，校园总面积125.72公顷。校舍建筑总面积37.43万平方米，其中教学行政用房面积18.97万平方米，学生宿舍面积16.49万平方米，教室8.76万平方米，实验实训用房4.09万平方米，运动场所面积9.15万平方米。教育经费总收入4.29亿元，资产总额19.34亿元，教学科研仪器设备总值1.37亿元，拥有馆藏纸质图书159.30万册，电子图书165.84万册，建设万兆主干、千兆到桌面的校园网络，无线网络基本覆盖教学和行政办公区域，出口总带宽1300兆。设有党政办公室等党政管理机构17个，工会、团委群团组织2个，教学、教辅、科研机构18个，有中国旅游研究院东盟旅游研究基地（中国旅游研究院外设科研机构）1个。有广西一流学科（培育）1个（旅游管理），广西重点学科（培育）2个（旅游管理、设计学），旅游管理等校级一流学科8个。年内新增“旅游管理与服务教育”“会计学”和“人工智能”本科专业3个，共有本科专业30个、专科（高职）专业23个。拥有国家级一流本科专业建设点2个，自治区级一流本科专业建设点5个，广西本科高校特色专业及实验实训教学基地（中心）建设点4个，国家级一流本科课程1门，自治区级一流本科课程16门。

2021年，该校教职工总数987人，其中专任教师601人。专任教师中有正高级专业技术职称61人，副高级专业技术职称181人，博士41人，硕士469人。获评全国先进工作者1人，全国旅游教育名师1人；入选“广西高等学校千名中青年骨干教师培育计划”1人第四期培养对象，2人成为广西高校思想政治教育杰出人才支持计划第二期培养对象。组织并选派420人次赴国（境）内外参加培训、访学，推荐11名教师参加中青教师教学能力提升项目。自治区教育厅下放自主评审权后，高校系列职称首次采用自主制定的评审条件进行评审，该校共73名晋升高一级职称，其中32名教师晋升高校系列副高及以上职称，2名教师晋升非高校系列副高级职称。

2021年，该校获自治区级教学成果奖4项，其中特等奖1项、一等奖2项、二等奖1项。获得“广西高等教育本科教学改革工程”项目13项，“广西职业教育教学改革研究项目”4项。完成广西高等教育教学改革工程项目结题16项。《创新创业基础》课程获2021年全国高校就业创业金课。打造《大美中国》大型系列特色思政课，充分利用校内红色教育资源，开展128场新生入学红色教育。该校3门课程被评为自治区级课程思政示范课，其负责人及教学团队被评为自治区级课程思政教学名师及团队。持续打造“第二课堂成绩单”精品课程，获广西高校共青团“第二课堂成绩单”精品课程立项1项。年内，该校共获国家社科基金项目2项，国家自然科学基金项目2项、广西自然科学基金项目1项、广西科技计划项目广西重点研发计划项目1项、青年科技创新人才培养项目1项，广西哲学社科规划项目17项，文化和旅游部科技教育司委托课题1项，广西教育科学规划2021年度课题资助经费重点课题1项；获市厅级项目65项，共获纵向合同经费达到409.5万元。获横向项目18项，累计社会服务合同经费达到563.88万元。获知识产权34项。教师出版著作46部，发表学术论文457篇，其中，北大中文核心期刊37篇，SSCI来源期刊5篇，人大复印资料全文转载1篇，被SCI、EI等权威检索机构检索收录39篇。8项成果获市厅级成果奖项。

2021年，该校“我为群众办实事”典型案例被《光明日报》等主流媒体报道。全校遴选8门精品党课，其中1门党课获桂林市“百年辉煌·党史百课”评审二等奖，2门党课获三等奖。组织召开庆祝中国共产党成立100周年表彰大会，选树榜样力量，3名党员分别荣获“全国先进工作者”“自治区优秀共产党员”“自治区脱贫攻坚先进个人”称号；全年培育创建广西高校党建标杆院系、样板支部3个，其中1个党总支入选广西高校党建工作标杆院系培育创建单位，2个党支部入选广西高校党建工作样板支部培育创建单位。酒店管理学院入选广西高校“三全育人”综合改革示范院系。该校积极推动巩固脱贫攻坚成果同乡村振兴有效衔接，新选派6名第一书记持续助力乡村振兴建设。组织赴资源县开展“红色教育＋绿色产业”乡村振兴专题调研，持续开展“绿柚助学”教育帮扶、“支教队＋红军小学＋家庭＋学生＋社会”五位一体的义务支教等活动，聚焦乡村振兴和旅游行业人才开展继续教育服务，培训学员8000余人次。被评为“自治区级中小学研学实践教育营地”“广西优秀旅游培训机构(院校)”，获“全国文化和旅游系统先进集体”称号。

2021年，该校组织师生参加各类专业技能大赛，1名教师获“第十届广西高校辅导员素质能力大赛”一等奖，1名教师获广西高校大学生心理健康教育课教师教学能力大赛三等奖，23名教师获省级教学比赛或专业技能竞赛奖项。学生共获省级竞赛奖励287项，其中，参加第十一届全国大学生红色旅游创意策划大赛(华南赛区)获一等奖4项、二等奖7项，该校女子垒球队获2021年第十七届中国大学生棒垒球联赛总决赛亚军。学生李凌志、何力鑫获全国第十六届“大学生年度人物”入围奖。学生李凌志成为全国10名2020年度“中国大学生自强之星标兵”之一。年内，学生共获国家级表彰3项、省级5项、市级7项。学生获广西教育科学“十四五”规划2021年度学生资助专项课题立项1项、广西教育科学规划2021年度广西大学生就业研究专项课题重点课题立项1项、获2021年广西高校大学生思想政治教育理论与实践研究课题立项1项。

2021年，该校共录取普通本专科学生2594人，毕业学生4045人，年末在校生1.25万人。成立广西高校首个“退役军人服务中心”，成功举办“2021年大中城市联合招聘高校毕业生(桂林)站巡回招聘会暨旅游专场招聘会”“2021年广西推动文旅产业高质量发展暨高校毕业生留桂就业专场招聘会”以及50余场校园宣讲会、33场空中宣讲会；赴广州、深圳开展政校企走访合作，拓展“粤港澳大湾区”就业市场。开展“一人一策”就业指导帮扶，定期开展就业推进会。2021年，该校毕业生就业率超全区平均值5个百分点，荣获“2021年广西高校毕业生就业创业工作突出单位”称号。学生对本科教学质量的满意度达到91.75%，武书连中国大学本科毕业生质量排行榜中，该校名列广西本科院校第3位。

2021年，该校与广西旅游发展集团有限公司、正大集团南宁分公司、北京容艺集团、广西国际博览集团有限公司等单位达成战略合作，与广西旅发科技有限公司共建“一键游广西”文旅大数据技术研发基地。该校校内培育建设6个产业学院，其中，“文化和旅游产业学院”被确定为广西首批普通本科高校示范性现代产业学院。该校与柬埔寨七星海城市发展集团签订战略合作协议，在文化交流、专业人才培养、数字旅游开发等方面全面合作，并依托七星海项目实体平台合作建设海外产教融合基地和柬埔寨校区；申报《走进文莱：旅游通汉语，康养识中国》获教育部中外语言交流合作中心立项为2021年度国际中文教育创新项目。《遇见中国，心动广西》获批立项为2021年“汉语桥”线上团组交流项目。

2021年1月16日，该校与新加坡东亚管理学院联合举办第四届中国－东盟旅游教育国际论坛。10月14日，自治区人民政府、文化和旅游部共建桂林旅游学院签约仪式在该校举行，文化和旅游部副部长张旭、自治区副主席李彬共同签署《广西壮族自治区人民政府文化和旅游部共建桂林旅游学院协议》。10月31日，自治区文化和旅游厅厅长甘霖、副厅长班华勤，桂林旅游学院党委书记林娜、校长程道品共同为广西旅游博物馆揭牌。当日，举行自治区文化和旅游厅、桂林旅游学院厅校合作签约仪式，自治区文化和旅游厅党组成员、副厅长班华勤，桂林旅游学院校长程道品共同签署《广西壮族自治区文化和旅游厅桂林旅游学院厅校合作框架协议》。

2021年，该校推进基础设施建设和校园环境改造，完成学生宿舍北1#楼、北3#楼建设，新增学生宿舍面积2.26万平方米。完成应用型旅游本科专业综合实训中心周边绿化美化工程，增加校园绿化面积5万平方米。完成北区学生宿舍东区运动场建设，新增室外运动场面积5500平方米。完成图文信息中心，教学楼、学生宿舍公共区域墙面9万平方米、护栏1.7万平方米翻新，完成风雨球场、体育运动场看台、工艺美术专业实验实训基地等多处拆旧建新，校园环境得到整体改造提升。（黄莉）

【桂林师范高等专科学校】 2021年，该校校址位于桂林市临桂区飞虎路9号。校园规划总占地面积73.09公顷，校舍建筑总面积39.5万平方米，其中教学科研行政用房22.24万平方米。有馆藏纸质图书120万册，电子图书135万册，教学用计算机5435台，多媒体教室及语音室座位14648个，教学科研仪器设备总值2.02亿元；校内外共有实验(实训)室和实训基地449个。该校设有学院1个、教学系9个、公共教学部1个，设有专业群5个、专业39个；专业设置涉及人文学科、社会学科、工学、管理学四大学科门类，专业(专业群)涵盖文化教育、艺术设

2021年10月14日，自治区人民政府、文化和旅游部共建桂林旅游学院签约仪式举行。（黄梦琪摄）

计传媒、生化与药品、电子信息等专业大类10个。该校是自治区示范性教师教育基地、广西基础教育教学法研究基地、广西小学全科教师教育协同创新中心、桂林基础教育发展联盟理事长单位、中小学幼儿园教师国家级培训计划项目实施学校、广西小学校长幼儿园园长培训基地和自治区职业教育培训基地。

2021年，该校有专任教师588人，其中正高级专业技术职称42人、副高级专业技术职称159人；具有研究生学位306人，其中博士8人；有广西高等学校教学名师1名、广西高校自治区级教学团队3个、广西高等学校高水平创新团队1个、广西“十百千人才”工程第二层次人选和广西高校卓越学者1人、广西高校优秀中青年骨干教师培养对象2人。全年该校共发表学术论文289篇，其中全国中文核心期刊12篇，SCI收录9篇，EI收录8篇。全年获国家发明专利授权1项，实用新型专利授权（软件著作权）共155项；有教学改革及质量工程建设主要成果69项。首批建设信息技术产业学院、电商产业学院、智能制造产业学院等产业学院5个。该校获批企业网络安全防护、可食食品快速检验等22项共27个职业技能等级证书试点。10月，1+X证书制度试点工作检查评估中被评为优秀等级。该校完成国家级教学成果“初中语文五程序单元教学模式”实证研究推广，参与全国统编教材名师“语文大单元建模”课堂教学研讨会的会务工作，创新了服务地方基础教育的新模式；支持并帮助附属崇文小学进行校园文化建设，制定《桂林师范高等专科学校支持附属学校建设发展的若干意见》。该校探索实施教师系列职称评审的量化综合评价，获广西区职称改革工作先进单位。

2021年，该校结合升本工作，深化教学改革，推进课程思政建设。落实《职业教育提质培优行动计划（2020—2023年）》要求，组织开展契合学校工作推进会；制定《桂林师范高等专科学校特色教材立项建设方案》《桂林师范高等专科学校精品在线开放课程建设方案》等制度；持续推进小学教育专业和音乐教育专业教学资源库建设工作；成立课程思政建设领导小组，开展课程思政教学比赛，打造国家和自治区级课程思政示范课程；编制学校2022—2025年专业认证工作规划，扎实开展师范类专业认证工作。该校2021届毕业生参军入伍52名，升入本科院校856名，115名毕业生自主创业并且带动就业27名。该校连续第九年获自治区高校毕业生就业创业工作突出单位。

2021年5月13日，桂林师范高等专科学校开展“初中语文五程序单元教学模式”实证学校教研活动。 （桂林师范高等专科学校供图）

2021年，该校积极招聘引进人才，全年共招聘教师95名，含正高级专业技术职称14名、副高级专业技术职称8名、急需紧缺人才36名；引进博士4名、思政教师6名。选送教师攻读博士学位34名，获得博士学位3名。开展新入职教师岗前培训及高校教师资格考核、认定，教师获得高校教师资格36名；获评自治区级“双师型”教师61名。年内，该校以职业化、专业化、专家化为方向，加强学生管理队伍建设，提升学生管理服务质量。全年新增专职辅导员45名，共录取全日制普通专科生3955名。年内共认定家庭经济困难学生4854名，共审核发放各类奖、助学金、学费补贴、生活补贴1635.7万元。该校获得“新时代广西高校党建工作标杆院系、样板支部”首批培育创建单位2个、首批广西高校党建创新典型案例和示范党建品牌2个及第一批自治区高校“三全育人”综合改革示范院系1个。

2021年，该校完善内部质量保障体系，创新国际交流形式。加强资金保障用于学生宿舍、智慧校园等办学软硬件方面的建设与提升；利用大数据平台、教务系统、诊改平台数据分析决策预警系统等新型系统平台，优化内部质量保证与诊改工作。年内，该校开拓线上国际交流形式，通过网络、电话等方式与泰国格乐大学、马来西亚世纪大学、乌克兰国立大学等高校驻华机构代表交流，并签订合作备忘录；学生与泰国远东大学开展线上文化体验课活动。全年该校在人民网、光明网、新浪网等国家级、省级、市级媒体发布新闻稿件共33篇。全年该校慰问帮扶贫困户33户，共完成基建修缮工程项目预算审计22项，开展物资采购、资产管理等经济活动的审计35项。 （赵航波）

科研机构

【概况】 2021年，中央、自治区直属驻桂林市部级以上的科研机构主要有中国地质科学院岩溶地质研究所、桂林电器科学研究院有限公司、中国电子科技集团公司第三十四研究所、广西壮族自治区中国科学院广西植物研究所、中国化工集团曙光橡胶工业研究设计院有限公司、中国有色桂林矿产地质研究院有限公司6家，共有专业技术人员1700余人，其中具有专业高级技术职称700余人、中级技术职称800余人。享受国务院政府特殊津贴37人。　（章丰展）

【中国地质科学院岩溶地质研究所】 2021年，中国地质科学院岩溶地质研究所在职人员213人，其中专业技术人员185人。专业技术人员中有研究员及教授级高级工程师31人、副研究员及高级工程师51人、中级专业技术职称91人。全年该所推进实施项目180项，新获批国家重点研发计划项目1项、国家自然科学基金5项、广西科技计划项目15项。年内，发表学术论文103篇，出版专著5部，授权专利30项；获省部级科技奖励3项，5项成果入选中国地质调查局年度25项重大成果；5人获正高级技术职称。13人获副高级技术职称，7人获中级技术职称。

年内，广西平果喀斯特生态系统国家野外科学观测研究站获批建设，并编制5年建设运行方案。建立山西马跑神泉岩溶地下水循环野外观测基地，成为"国家地下水监测工程Ⅱ期"首批8个典型野外观测基地之一。广西岩溶资源环境工程研究中心通过评估，挂牌运行。国际岩溶中心建设项目通过整体验收，完成暖通工程、超净实验室招标和开工建设。成功加入地球观测组织(GEO)。成功举办中国－东盟岩溶地质对比研究与编图研讨会、国际岩溶研究中心第十三届国际培训班与第二届学术委员会第三次会议。首次获国际地科联经费资助，执行完成国际地球科学计划IGCP661项目。

年内，该所发挥专业优势，服务地方经济社会发展。提出2项水土漏失防治技术对策，编制5份规划建议，支撑桂林市国家可持续发展议程创新示范区建设。建立断陷盆地、峰丛洼地和槽谷等三类典型石漠化区水资源高效利用与优化调控模式和示范工程，为干旱缺水石漠化区水资源开发利用提供新的解决方案。制定泸水市石漠化生态修复示范规划，开展冠岩地下河等3处石漠化治理示范，形成适应生态旅游及健康中国发展要求的石漠化治理新模式。完成珠江等典型岩溶流域地下水年度统测和近20年地下水资源周期评价，编制《粤港澳大湾区地下水资源特征及开发潜力专题报告》，优选10处应急水源地，支撑珠江流域生态保护和水资源开发利用，服务海南岛自由贸易港建设。创新提出雪峰山西南缘寒武纪乌训组外缓坡沉积相模式，形成南方页岩气重点区碳酸盐岩深部岩溶预测方法，为南方岩溶区页岩气勘探评价提供技术支撑。阐明雄安新区岩溶热储缝洞形成与充填演变机制，建立四种岩溶热储形成地质模式，明确岩溶热储形成与分布特征，划分出3类岩溶储集空间，完成岩溶热储垂向分带及有利区预测，有效指导雄安新区岩溶热储探测评价。建立会仙岩溶湿地系统地下水－地表水动态监测网络，研发地下河系统生态功能保护的关键技术，提出地下水资源化与生态功能保护技术方案。通过典型示范，地下水利用率提高10%以上、应急供水能力提升15%以上。查明丹寨富锶和偏硅酸矿泉水分布特征和可开采资源量，潜在经济价值超2亿元。查明渝中地区岩溶塌陷时空分布与成因，初步建立以大气降雨量和空腔气压力变化为指标的岩溶塌陷动力监测预警体系，为破解重庆四山隧道建设面临的岩溶塌陷地质灾害问题提供了科学依据。构建多技术融合岩溶塌陷隐患探测、监测预警和危险性评估技术体系，成功应用于深圳龙岗区岩溶塌陷调查监测，为岩溶区城市重大工程地质安全评估提供技术支撑。建成下牙地质文化村，推动乡村振兴，成为岩溶区可复制、可推广的样板。查明广西桂林、云南麻栗坡等地区地质遗迹特征，科学评估地质遗迹价值，为地质遗迹资源可持续开发利用提供技术支撑。建立漓江流域景观资源可持续利用模式和评估方法体系。自主研发的大型溶蚀－沉积试验装置，模拟碳酸盐岩溶蚀－沉积过程，揭示岩溶作用机理。形成"岩溶地质＋水文地质＋探测试验"技术方法体系，破解岩溶区湖库渗漏灾害治理"卡脖子"问题。成功入选中国地质学会第二批地学科普研学基地、首批精品地学研学路线，年度科普活动惠及人数1.4万人。　（喻崎雯）

【桂林电器科学研究院有限公司】 2021年，桂林电器科学研究院有限公司（简称桂林电科院）从业人员737人，其中专业技术人员236人。专业技术人员具有教授级高级工程师11

人、正高级技术职称 15 人、副高级技术职称 70 人,中级技术职称 139 人。拥有国家级专家 1 人,享受国务院政府特殊津贴 6 人。全年完成营业收入 10.17 亿元,(比上年,下同)增长 50.43%;利润总额增长 89.41%,净利润增长 58.42%。

年内,该公司主导、参与国际标准制(修)订 9 项,提出提案 2 项;获批国标 11 项、行标 18 项、团标 4 项;完成制(修)订国标 17 项、行标 15 项、团标四项,其中有两项标准分别获桂林市重要技术标准研制奖一、二等奖。在中国标准化研究院 2022 年 1 月发布的《2001—2020 年国内标准起草单位大数据分析》中,该公司 20 年来累计研制国标数量排名全国制造业企业中第二,累计研制行标数量排名全国第四。该公司提交专利申请 21 件,其中发明专利 14 件、实用新型专利 7 件;至年末,该公司共拥有有效专利 213 件,其中发明专利 160 件、实用新型专利 53 件。年内,公开发表论文 31 篇,其中 SCI(科学引文索引)收录 4 篇。

年内,该公司获各类科技奖励 7 项,其中《高可靠性银基电触头材料研究及产业化》获中国机械联合会科学技术奖二等奖,《高可靠性低压触头材料和元件开发及产业化》《节能型双轴定向聚苯乙烯薄膜生产线研制》获广西科技进步奖三等奖。金格公司"桂林移动金格电子 5G 工业互联网应用"项目获第四届"绽放杯"5G 应用征集大赛广西区域二等奖。

年内,该公司获批多项高水平资质平台,获批"技术与创新支持中心(TISC)""自治区中小企业公共服务示范平台""广西知识产权培训基地""科技计划项目管理专业机构"4 个资质平台,被工信部认定为"国家技术创新示范企业"。赛盟公司也被工信部认定为"服务型制造示范平台"。动力电池项目取得新的进展。该公司 3 个科技部重点研发项目、1 个广西科技重大专项分别顺利通过科技部和广西科技厅验收;与清华大学合作首次在《Nature Communications》上发表学术研究论文 1 篇;与清华大学联合申请的"全固态锂电池界面反应与载能子输运、转化耦合机理研究"项目首次获国家自然基金立项。 (潘姿宇)

【中国电子科技集团公司第三十四研究所】 2021 年,中国电子科技集团公司第三十四研究所(简称 34 所)占地面积 25.87 公顷(所本部 18.53 公顷,英才所区 7.34 公顷),现有在岗职工 908 人。有专业技术职务人员 722 人,研究员级高级工程师 9 人、副高职称 231 人、中级职称 283 人、初级职称 179 人。拥有国家级、省部级专家 26 人次,享受国务院政府特殊津贴专家 8 人,部级优秀专家和优秀科技青年专家 1 人,自治区优秀专家 1 人,广西卓越工程师 1 人。

2021 年,该所承担各类科技创新项目 75 项,取得科技成果 13 项,国内领先水平 1 项,成果推广应用 9 项,专利授权 37 项(发明专利授权 13 项)。启动了光开关自动化生产线、光电连接器组件生产线和多路并行光收发模块生产线专项建设,圆满完成工信厅"年产 10 万件光电基础器件生产线建设"项目验收;新推出 6 款光检测领域系统类产品,填补 45db 以上大动态监测产品空白;微组装工艺线和光开关生产线产能大幅提升,光电组件月度产能达到 100 万只。SPTN 系列产品已成功进入航天等重大系统;平流层激光通信设备突破多项关键技术,完成国家首次平流层对地高速数据传输试验;LDDU 系列产品再次精准助力天舟货运飞船和神州载人飞船精准对接。 (秦实)

【广西壮族自治区中国科学院广西植物研究所】 2021 年,广西壮族自治区中国科学院广西植物研究所(简称广西植物研究所)共有在职人员 226 人。其中专业技术人员 186 人,研究员 41 人,副研究员 53 人,博士 37 人,硕士 96 人。拥有享受国务院政府特殊津贴专家和有突出贡献科技人员 9 人、广西优秀专家 2 人、广西第一批高层次人才 3 人、广西"新世纪十百千人才工程"人选 7 人、桂林市拔尖人才 1 人。拥有大型仪器 60 余台套,仪器设备价值逾 5000 万元。

年内,该所拥有苦苣苔科植物国家级平台 1 个(国家苦苣苔科种质资源库——中国苦苣苔科植物保育中心),国家级博士后科研工作站 1 个,自治区重点实验室 2 个(广西植物功能物质研究与利用重点实验室、广西喀斯特植物保育与恢复生态学重点实验室),自治区工程中心 2 个(广西木质纤维素生物炼制工程技术研究中心、广西壮族自治区岩溶生态建设与植物资源持续利用工程研究中心),"广西喀斯特生物多样性保育与恢复生态学国际科技合作基地"1 个,广西第七批自治区级技术转移示范机构(技术领域:植物)1 个,自治区"广西岩溶生态建设与植物资源持续利用人才小高地"1 个;设立广西博士后创新实践基地,可申请与已设博士后科研流动站的高校和科研院所联合培养博士后。设址于该所,由桂林植物园与世界苦苣苔协会(总部设在美国西雅图)合作建立的"中国苦苣苔科植物保育中心"分别在贵州省植物园、安徽大学、深圳市中国科学院仙湖植物园和上海植物园成立分中心;该所与 BGCI、桂林市中医药管理局在其"喀斯特药用植物种质库"内建成"广西珍稀濒危植物保育及技术培训基地""特色珍稀中药材种源储备基地";与中国地质科学院岩溶地质研究所合作建立的广西平果石漠化治理示范基地成为自然资源部野外试验示范基地。广西植物标本馆(国际代码:IBK)馆藏近 50 万份标本,其中 50% 为石灰岩地区植物标本,模式标本 4000 余份,是华南第二大标本馆,跻身全国十大植物标本馆之列,作为成员被列入国家标本资源库建设体系。广西植物标本馆已正式启动了广西植物 DNA barcode 平台建设,获得广西近千种植物 DNA-barcode 序列。

年内,该所桂林植物园占地面积 73 公顷,内有珍稀濒危植物园、广西特有植物园、喀斯特岩溶植物专类园等 13 个专类园区,引种保存植物 5100 多种,其中包括迁地保护的国家珍稀濒危植物 400 多种。该所主办的《广西植物》科技期刊再次入选中文核心期刊、中国科学引文数据库 CSCD 来源期刊、中国科技核心期刊,复合影响因子达 1.24,首次突破 1.2,全年共刊发原创研究论文 200 篇,刊发中国科学院院士的专刊(增刊)1

期。坚持特色办刊，出版中国银莲花属新分类(王文采院士专刊)等6个专刊。完成第七届编委会换届和第八届编委会组建。

年内，该所共有在研项目364项，获立项科技经费4307.93万元，其中该所经费3522.83万元。82项科研项目通过结题验收。全年发表科技论文130篇，其中SCI(科学引文索引)收录20篇。主编出版著作3部，分别为《中国迁地栽培植物志(苦苣苔科)》《桉树人工林生态环境效应研究》《喀斯特地区青冈栎林生理生态学特性及其土壤生态功能研究》。申请发明专利26项，实用新型专利3项；获授权发明专利24项，实用新型专利7项，国际专利1项。进行广西科技成果登记31项；在世界苦苣苔协会登录新品种30项；申请"基于R语言获取同源序列的程序软件""广西药食同源植物药膳食谱系统""天坑植物数据查询软件V1.0"等软件著作权12项；编写团体标准1项；参与省部级奖项2项。

年内，该所完成成果转化7项，分别是"一种提高金槐产量的种植方法""经典瑶药种质保存及种苗繁育种植示范基地建设""番茄水溶性皂苷提取物、其制备方法及其应用""番茄水溶性皂苷提取物在制备治疗高尿酸血症药物或保健品种的应用""中国苦苣苔科植物保育中心(湖南)专类植物收集、保育与展示研究""灵川县海洋乡中药材种苗繁育基地建设""灵川县公平乡中药材种苗繁育基地建设""一种异杜荆素2″-o-β-D吡喃葡萄糖苷、其制备方法及应用"。

年内，该所共签订合作协议(备忘录)11份，与广西壮族自治区林业勘测设计院、广西壮族自治区国有黄冕林场、灵川县人民政府、中国农业银行桂林分行、广西精灵生物科技有限公司、桂林大野领御生物科技有限公司、木论国家级自然保护区、桂林千烨农产品有限公司、北京林业大学园林学院、云南大学园林学院、河南农业大学林学院等单位在科学研究、资源保护、技术开发等方面达成了合作协议。组织开展多次"科普进校园活动""科普进社区"等公益科普活动；开展"喀斯特石山植物知识进科普校园"活动，以科普讲座、标本展示、展板展示等形式，给龙胜各族自治县地灵村小学的100余名留守儿童带去科普活动；在全国科技活动周期间，以"走进植物世界，感受植物科学"为主题组织开展庆祝中国共产党成立100周年系列科普活动。

2021年4月7日，中国科学院植物园第十届名园名花展暨野生植物资源保护与利用论坛在桂林市举办。（广西植物研究所供图）

年内，该所派出科技特派员38名。以乡村振兴为主战场，围绕不同产业的需要开展科技服务，采用现场参观、培训授课、田间指导、发放技术资料和农资、科技咨询、QQ群与微信群交流讨论、科技特派员上门服务等方式。

年内，该所邀请国内专家、学者到访开展学术交流活动，分别为该所科技人员作学术报告3场；共组织接待包括中国工程院院士沈国舫等人在内的座谈会议17场96人次。主办中国科学院植物园第十届名园名花展暨野生植物资源保护与利用论坛、第十一届西部地区植物科学与资源利用研讨会、第二届广东广西植物学会联合学术年会、广西药用植物保护与利用座谈会、广西喀斯特植物保育与恢复生态学重点实验室第三届学术委员会暨2021年学术交流会、广西植物功能物质研究与利用重点实验室2021年学术委员会暨学术年会。（高丽梅）

【中国化工集团曙光橡胶工业研究设计院有限公司】 2021年，中国化工集团曙光橡胶工业研究设计院有限公司(简称曙光院)有职工435人，其中专业技术人员90人。专业技术人员有高级工程技术人员38人、教授级高级工程师11人。享受国务院政府特殊津贴人员7人。全年完成主营业务收入4.5亿元，实现利润总额6880万元。年内，发表论文18篇，出版内部交流性专业技术刊物《现代橡胶技术》6期。全年新立课题研究48项，科技投入4000.2万元，完成科技创收3597.8万元，完成专利申请36件，其中发明专利20件；获得专利授权20件，其中发明专利3件、实用新型专利17件。年内，该公司组织申报国家企业技术中心，经过省、市两级政府评审及国家发改委创新和高技术发展司的复核认定，2021年12月27日，国家发改委公布2021年(第28批)国家企业技术中心拟认定名单，该公司成功入选，实现在国家级技术创新平台"零"的突破。

2021年，该公司推进"民特富院"发展战略，编制上报每年10万条高性能民用航空轮胎产业化项目可行性研究报告获得中国中化的立项批复。年内，配套该公司研发的航空轮胎某型具有世界先进水平的先进机型飞机成功实现首飞，标志着该公司在中国第一款先进某型飞机轮胎核心技术攻关及高原严苛工况轮胎研制技术取得新的突破；C919飞机起落架舱轮胎爆破(轮胎碎片和空气喷流)适航验证试验圆满完成，为C919飞机型号取证提供重要支持；编写《航空轮胎径向和侧向试验方法研究总结报告》和Q/SGS136-2021《航空轮胎静态刚度

2021 年 4 月，桂林曙光设计院人员到华夏航空进行产品推介。

（桂林曙光设计院供图）

试验方法》。该公司研制的 ARJ21 飞机轮胎继 2020 年 11 月首飞试验成功后，2021 年 5 月在中国商飞快线装机使用，9 月在成都航空装机使用并投入航线运行，“替代进口的高性能 ARJ-700 型飞机轮胎研制”项目获得 2021 年度中国中化科技进步二等奖。牵头申报的“航空子午线轮胎”入选国家工业和信息化部“重点产品、工艺‘一条龙’应用示范”。（李乐霞）

【中国有色桂林矿产地质研究院有限公司】 2021 年，中国有色桂林矿产地质研究院有限公司（简称桂林矿地院）占地面积 12 公顷，建筑面积 11 万余平方米，注册资金 1.05 亿元。主要以地质科研与勘查、新材料研发及产业化、环保与工程为主营业务。下设矿产地质研究所、资源综合利用研究所、博泰环保研究所、测试中心、工程中心等研究所（分院）和研究中心 7 个，有特邦新材料公司、工程公司、中色赞比亚公司、中色老挝矿业有限公司、刚果（金）矿业公司、百锐光电公司等全资、控股和参股公司 11 个；有国际组织平台 1 个、国家级科研平台 1 个、省部级科研平台 9 个。2021 年年末，该公司有在职人员共 895 人，其中专业技术人员 312 人。专业技术人员有中、高级技术职称 218 人。拥有国家级、广西、桂林市、中国有色集团各类高层次人才 31 人。资产总额 5.54 亿元，净资产额 2.82 亿元；全年实现综合收入 3.64 亿元，实现利润总额 1374 万元。

年内，该公司深化改革三年行动和“双百行动”（100 余户中央企业子企业和 100 余户地方国有骨干企业）。三年行动任务清单 46 项，完成 36 项，2021 年任务完成率 100%，总体完成率 78.26%，超过集团 70% 的考核目标。“双百行动”33 项改革工作完成 24 项，完成率为 72.73%，完成集团下达的任务指标，改革军令状 6 项任务全部完成。持续深化百锐公司科技型企业股权激励改革，科技骨干首次兑现分红。利用百锐公司改革示范效应，推动特邦公司混合所有制企业骨干员工持股改革。特邦公司为集团首个完全按照国资改革“133”号文实施“引入战略投资者 + 员工持股计划”改革的企业；核心骨干员工在 3 个月内就完成实缴出资金额共 1179 万元，有力充实该公司发展资本金。同时，制订并发布百锐公司和特邦公司差异化管控方案，给勇于改革、善于改革者松绑、赋能、授权。

2021 年，该公司以“1+2”新战略和市场需求为导向，对外抓好科技项目、奖项和平台申报，对内促进技术服务升级和产品质量提升，开展应用科研和技术攻关。完成国资委“央企攻坚”任务，获批国家项目 4 项。“高寒深切割山区大型矿床找矿靶区圈定与评价技术研究”等 2 项成果获评“国际领先”水平。年内，该公司获广西技术发明一等奖 1 项、广西科技进步二等奖 1 项、中国有色金属工业科技进步一等奖 2 项、有色金属工业科技进步三等奖 1 项；“国家工程中心”等各级科研平台运行良好。获授权专利 23 件，其中发明专利 19 件；参与修订国际标准 1 项，参与修订国家标准 6 项，参与制订行业标准 6 项。国家工程中心以“漓江学者”团队为核心，改进专业测试设备，持续完善电子浆料研发平台。（李珊）

科技管理与科技活动

【概况】 2021 年，桂林市科学技术局（简称市科技局）办公地址在桂林市临桂区青莲路。内设机构 8 个及机关党组织，下辖事业单位 3 个。年内，全市新增国家级科技创新平台 3 家，广西重大创新平台和基地 35 家，新备案高新技术企业 143 家，保有量 385 家，科技型中小企业保有量 388 家，23 家企业获广西瞪羚企业培育库入库；转化重大科技成果 154 项，获广西科技奖励 40 项，其中特别贡献奖 1 项；新增引进符合广西高层次人才 18 人，获评“长江学者”1 人。

【科技创新环境优化】 2021 年，桂林市出台《关于进一步深化科技体制机制改革推动科技创新促进桂林高质量发展的若干措施》，制订《桂林市科技创新发展“十四五”规划》和《桂林市科技强市三年行动方案（2021—2023 年）》。首次采用财政奖补方式激励企业持续加大研发经费投入，大力支持企业研发创新。给予 230 家（次）企业前期研发投入、高新技术企业认定、成果承接转化等奖补资金 3887 万元；组织 410 家（次）企业申请获得自治区各类财政科技奖补和兑现科技创新券超过 9000 万元；453 家企业享受研发费用加计扣除政策减免税额 3.19 亿元，358 家高企享受税收优惠 2.71 亿元；205 家企业获“科创贷”16.7 亿元，降低直接融资成本超过 4700 万元。市本级 80% 以上财政科技资金用于资助企业技术创新，引导规模以上企业研发投入增长 59%，带动全市全社会研发经费投入 14.36 亿元；投

2021年9月22日，桂林市“揭榜挂帅”科技项目张榜招贤签约仪式在高新区创意大厦举行。（市科技局供图）

入强度提升到0.67%，是广西3个实现正增长的设区市之一。新备案有高新技术企业143家，保有量385家，其中广西高新技术企业百强18家，均居自治区第三；评价入库科技型中小企业388家。推动新备案首席技术官136名，覆盖45%以上高新技术企业，全市累计备案首席技术官企业259家。组织233家企业参加中国创新创业大赛广西赛区比赛，共有59家企业入围中国创新创业大赛广西赛区产业复赛，其中3家企业晋级广西赛区总决赛，6家企业入围第十届中国创新创业大赛全国赛，13家企业获广西赛区优胜企业，2家企业获高端装备制造全国赛优秀企业奖。2021年，临桂区恢复设立独立科技局。

【项目支撑引领作用】 2021年，桂林市获国家自然基金项目立项252项，实施自治区科技项目514项，争取自治区科技资金2亿元，其中获“大型曲轴关键技术研究及应用”等自治区重大、重点科技项目51项，争取自治区科技资金9542万元。坚持前端聚焦，在广西率先开展科技项目“揭榜挂帅”试点，探索“企业出题、科技答题”产学研合作新模式，首批促成优利特、吉福思等5家企业与区内外高校院所联合开展关键技术攻关；注重后端转化，探索以先实施后补助项目形式支持重大科技成果转化，发挥14家自治区技术转移示范机构作用，全年共转化重大科技成果154项，新增直接经济效益17亿元。荣获广西科技奖励40项，其中特别贡献奖1项。桂林市“技术攻关+人才共育+成果转化”产学研协同机制，获评广西科技体制机制改革优秀案例。“建筑物全生命周期结构健康智慧预警系统”等2项入选自治区人工智能典型应用场景案例。优利特、华谊智测科技产品服务北京冬奥会。

【科技创新平台建设】 2021年，桂林市新增国家技术创新示范企业3家、国家企业技术中心2家；新增广西重点实验室2家，广西工程技术研究中心7家，总数分别达35家、45家，新增自治区级以上科创平台38家。桂林智神信息公司认定为国家文化与科技融合示范基地；广西师范大学获批组建广西首批应用数学中心；推动中间协同，支持南药牵头成立自治区首批创新联合体；依托驻桂林高校创建3家自治区首批科技成果转化中试研究基地；顺利完成第三十届广西科技活动周广西创新驱动发展成就展桂林主题城市展任务，集中展示桂林市工业、农业、医药等各大优势领域的近百项展品。组织企业参加第二十四届中国北京国际科技产业博览会。

【高层次人才引进培育】 2021年，桂林市出台《桂林市外国高端人才服务“一卡通”实施细则》《桂林市“百名博士进百企”行动方案》，加强高层次人才引进培育。年内，新增培育与引进符合广西高层次人才条件创新人才团队共18人（个）、新引进博士9人，全市现拥有包括国家“万人计划”“杰出青年基金获得者”等在内的国家重大人才计划专家30人。桂林电子科技大学孙希延教授获评“长江学者”，桂林电子科技大学孙立贤教授受聘俄罗斯自然科学院外籍院士，桂林海威科技股份有限公司周明获批国家“万人计划”科技创业领军人才。智神、海威、南药等9家企业在上海、深圳等先进发达地区建设各类“创新飞地”，借力发展产业和吸纳人才。实施“百名博士进百企”行动，推动80名博士人才进驻68家企业开展产学研合作和科技服务。设置“高端国（境）外专家引进”专项，累计有24名外国高端人才分别申报承担国家、自治区级外国专家项目和市本级科技计划项目；共有8名外国专家获广西“金绣球友谊奖”，4名外国专家获“中国政府友谊奖”，1名水文地质外国专家获“中国政府友谊奖”并被国家表彰。

【科技助力乡村振兴和民生发展】 2021年，桂林市有创新型县（市）2个，国家级星创天地4家。永福县、阳朔县获批建设自治区农业科技园区，总数4家，获批自治区级星创天地9家。荔浦市参与国家“100+N”（广西区域）开放协同创新体系；荔浦市、全州县获批广西市县领导联系推动创新驱动乡村产业振兴试点，成为“一县一业”试点单位。市本级立项支持乡村振兴相关科技项目28项，科技经费310万元；全市共选派乡村振兴科技特派员658人，全年累计开展服务2.88万人次；建立各类科技示范基地3050个，受益人数超24万人；科技培训2011次，培训人数8.05万人次；引进新品种1007个，引进新技术912项，示范推广品种1201个，示范推广适用技术2501项，研发新产品281项，解决关键技术问题3909个。科技有力支撑乡村产业发展。围绕生物医药、中医药、卫生健康等特创产业发展需求，继续加大科技支持力度，全年共下达《全自动血细胞显微图像扫描分析系统的研制与应用》等民生类科技项目70项，下达经

2021年5月19日，自治区科技厅与桂林市人民政府举行厅市会商会议暨议题议定书签字仪式。（市科技局供图）

验，与国内外嘉宾进行交流。桂林市是国家可持续发展议程创新示范区，以景观资源可持续利用为主题，重点针对喀斯特石漠化地区生态修复和环境保护等问题探索系统解决方案，在推动国家落实2030年可持续发展中发挥重要的作用。桂林市推进漓江流域生态环境保护，漓江干流水质常年达到国家地表水Ⅱ类水质标准，水源地水质达标率保持100%。深入实施退耕还林、石漠化综合治理等重点生态工程，累计完成植树造林5.33万公顷，森林覆盖率71.62%。实施城乡生态环境综合治理工程，2020年空气质量优良天数达353天，PM10和PM2.5平均浓度连续6年实现“双降”，污染地块安全利用率100%。（覃帆）

费363万元，其中人口健康医疗项目56项，投入资金203万元，提升大健康产业科技创新能力，支撑产业发展。

【科技活动周科技宣传】 2021年，桂林市2021年全国科技活动周拨付科普经费共计23万元，带动和吸纳社会资金投入桂林市科普活动共65万元，社会公众参与7万人次。联合市教育局、团市委、市科协、市妇联推出“2021年桂林市‘悦动·科学’青少年科普知识宣传大赛”“2021年桂林市中小学生电脑机器人竞赛”“桂林市第四届青少年科技运动运动会”“2021年桂林市青少年科技创新大赛”等面向全市青少年的系列科普竞技活动，活动覆盖桂林市直和各区县94所中小学校。科技活动周期间，组织桂林理工大学地质博物馆、桂林甑皮岩遗址博物馆、中国岩溶地质博物馆、桂林植物园等6家院所、科普基地免费向公众开放。组织多项庆祝中国共产党成立100周年主题科普活动，其中“庆祝建党百年，弘扬科学精神——桂工地博研学科普行”线上直播活动观看量达1400人次，线下开放地质博物馆十大主题展厅，进馆参观量1000人次；“桂林市第三届‘漓江娃’科技活动周暨热烈庆祝建党100周年成果展活动”参观人员200余人次；“走进靖江王陵，探索六百年科技之光”科普活动发放宣传单180余份，接待学生及观众达200余人，投入资金8.26万元。

【桂林国家可持续发展议程创新示范区建设】 2021年，桂林市整合国家重大战略职能，在原促进中心基础上成立桂林市重大战略推进服务中心，共同推进示范区建设。桂林市人民政府与自治区科技厅举办新一轮工作会商，构建共同推进示范区建设的协同机制。《桂林市喀斯特景观资源可持续利用条例》发布，可持续发展法律法规体系更加健全。编制完成《桂林市国家可持续发展议程创新示范区建设方案(2021—2025年)》。国家重点研发计划“漓江流域喀斯特景观资源可持续利用关键技术研发与示范”等24项国家、自治区重大科技项目实施进展顺利，联合国开发计划署桂林可持续发展目标本地化项目顺利完成；漓江保护经验做法获国务院通报表扬。“沼气‘全托管’助推生态循环农业发展——恭城模式”等2个可持续发展桂林模式获科技部认可并编印推广。年内，荔浦市获评国家生态文明建设示范区，全州县、灵川县获批广西可持续发展实验区，灌阳县灌江国家湿地公园试点建设通过自治区验收。（张桂松）

【桂林可持续发展经验成果推介】 2021年9月26日—27日，2021年可持续发展论坛在北京举办。桂林市委常委、副市长沈威虎出席可持续发展论坛，并在地方政府圆桌会发言，介绍桂林市在推动落实可持续发展议程和实现碳达峰碳中和方面的行动和经

科技成果

【概况】 2021年，桂林市实施创新驱动发展战略，开展科技成果转化大行动，科技成果产业化效果明显。年内，共完成技术合同认定登记640件，合同交易总额135.14亿元，增长12269.14%。其中技术交易额3.04亿元，增长193.02%。吸纳技术合同921项。全市已通过自治区公示重大科技成果转化项目154项。推荐43个科技成果参加2021年度广西科学技术奖评选，“肝脏损伤与修复的应用基础研究和临床防治策略”等40个项目获评2020年度广西科学技术奖，其中特别贡献奖1项。

【科技成果转化体系建设】 2021年，桂林市通过自治区认定的技术转移机构共有14家，新推荐2家。依托国家级技术转移示范机构“科易网”，及其正式建设运营的“桂林科技成果交易平台”等平台，累计新增发布科技成果300项，新增推荐技术顾问203名，新增注册企业(个人)账户34家(个)，新增企业技术需求36项。桂林市经济技术开发区与西安交通大学国家技术转移中心开展产学研交流对接，签订技术成果转移合作协议；桂林市“人才飞地”引进企业重大科技成果转化并实现产业化，促成粤港澳大湾区企业

盯盯拍、拓邦股份与桂林电子科技大学、桂电深圳研究院签约，对接的大湾区企业在桂林科技成果交易平台上已发布5项需求，完成推荐3位大湾区专家入驻科技成果交易平台。

【科技成果转化奖补政策】 2021年，桂林市共发布登记的科技成果427项。根据《桂林市促进科技创新发展实施办法》，对技术转移机构建设、技术转移机构开展科技成果交易落地桂林、企业引进科技成果等活动予以补助，2021年，桂林市对符合条件的企事业单位71个项目，共发放奖补资金415万元。

【科技成果转化活动】 2021年，桂林市组织开展"技术合同政策解读"线上直播培训活动，举办"2021年桂林市促进科技成果转化奖励政策宣讲"成果转化培训班，面向企事业单位开展相关培训，提高企业、高等院校和科研院所对科技成果转化相关政策的认识，桂林市企(事)业单位、大专院校、科研院所、科技服务机构以及各县(市、区)科技管理部门、重点企业代表等相关人员120人参加培训。

（张松桂）

表21 2021年桂林市科技成果登记汇总表

序号	名称	第一完成单位、人员
1	铱停车软件 v1.0	桂林金铱星科技发展有限公司
2	铱停车路边停车巡视系统 v1.0	桂林金铱星科技发展有限公司
3	铱停车后台管理系统 V1.0	桂林金铱星科技发展有限公司
4	一种基于多相机联动的路边泊车检测系统	桂林金铱星科技发展有限公司
5	一种用于检测车辆夜间是否开启远光灯的识别装置	桂林金铱星科技发展有限公司
6	一种新型公网与公安内网隔离装置	桂林金铱星科技发展有限公司
7	一种移动式车辆违停抓拍装置	桂林金铱星科技发展有限公司
8	一种林业伐木收割头	灌阳县林业工作总站
9	一种林业伐木辅助夹抱装置	灌阳县林业工作总站
10	大学生创新创业孵化平台建设－桂林－北京联动协同创新服务示范	桂林智诚科技服务有限公司
11	全州县贫困村科技特派员服务创业基地及科技能力建设	全州县科学技术局
12	永福县贫困村科技特派员服务创业基地及科技能力建设示范	永福县科技情报研究所
13	桂林特色茶树资源的发掘与评价研究	广西壮族自治区茶叶科学研究所
14	桂茶2号茶树新品种	广西壮族自治区茶叶科学研究所
15	桂茶1号茶树新品种	广西壮族自治区茶叶科学研究所
16	haCER2高表达下调神经酰胺在肝癌中的作用、机制及干预	桂林医学院
17	神经酰胺在肝癌发生中的作用、机制及靶向干预研究	桂林医学院
18	LncRNAHOTAIR在参与调控环境激素苯并芘诱导乳腺癌发生发展中的作用及分子机制研究	桂林医学院
19	JNK12调控细胞凋亡自噬平衡对肝脏缺血再灌注损伤的影响及其影响目录	桂林医学院
20	极化树突细胞调控TH17Treg细胞影响IL-23IL-17与SLE早发动脉粥样	桂林市农业科学研究中心
21	基于生态系统的番茄—鱼绿色高效种养模式构建	桂林市农业科学研究中心
22	盆栽观赏茄果类蔬菜新品种引进及关键栽培技术研究	桂林市农业科学研究中心
23	石墨烯应用于航空轮胎高性能气密材料关键技术转化	中国化工集团曙光橡胶工业研究设计院有限公司
24	先进无铅核辐射防护材料研制与应用	中国化工集团曙光橡胶工业研究设计院有限公司
25	脂肪肝患者中医体质的分布特征及中医健康管理的临床观察	桂林市中医医院
26	抑木培土佐金法治疗胆碱能性荨麻疹的临床研究	桂林市中医医院
27	FGFR2、HER2、PTEN在胃癌组织中的表达及意义	桂林市人民医院
28	一种衣架挂钩夹具	桂林裕祥家居用品有限公司
29	蛹虫草速溶固体饮料	桂林丰润莱生物科技有限公司
30	木材加工仿形机	桂林毛嘉工艺品有限公司
31	HIV初筛阳性患者高危性行为史调查	桂林医学院
32	低酸诱导胶质细胞表达和释放IL-33的作用及其机制	桂林医学院
33	姜黄素干预甲基硝基亚硝基胍诱导胃上皮细胞EMT的研究	桂林医学院
34	血必净治疗重症急性胰腺炎肠源性内毒血症的临床研究	桂林医学院
35	二氢青蒿素联合替莫唑胺抑制胶质瘤细胞增殖和凋亡的机制研究	桂林医学院
36	足月新生儿小时胆红素百分位值与黄疸诊疗的研究	桂林医学院
37	阿司匹林联合喜疗妥对MM患者PICC血栓的作用研究	桂林医学院
38	俞募配穴埋线法治疗原发性痛经的临床研究	桂林医学院
39	超声应变和3D LVEF监测化疗患者心功能的研究	桂林医学院

续表

序号	名称	第一完成单位、人员
40	黄芩、双黄连联合头孢哌酮－舒巴坦钠对产 ESBLs 大肠埃希氏菌细菌学实验研究	桂林医学院
41	感染性休克时长与多器官功能损害转归的相关分析	桂林医学院
42	足月健康新生儿出生 14 天内经皮小时胆红素百分位值研究	桂林医学院
43	青蒿琥酯干预肺孢子菌肺炎大鼠 TOLL-2 受体的表达及机制研究	桂林医学院
44	人肠道病毒交叉中和表位的筛选鉴定	桂林医学院
45	一种精神药品保险柜	桂林医学院
46	miNA-29 对 PI3/AKT 信号通路 GSK3β 靶基因的调控及民槲皮苷的干预机制	桂林医学院
47	一种三轴手持稳定器	桂林飞宇科技股份有限公司
48	一种摄像云台	桂林飞宇科技股份有限公司
49	一种甘蔗田间划线工具	桂林市农业科学研究中心
50	一种田间划线工具	桂林市农业科学研究中心
51	一种甘蔗垄覆栽培土耙装置	桂林市农业科学研究中心
52	一种甘蔗捆绑支撑结构及其装置	桂林市农业科学研究中心
53	miRNA-29 对 PI3K/AKT 信号通路 GSK3β 靶基因的调控及异槲皮苷的干预机制	桂林医学院
54	雨天自动关窗装置	桂林电子科技大学
55	一种水上浮台光伏箱变	桂林君泰福电气有限公司
56	HC1900 雷蒙机砂粉加工系统研制项目	桂林鸿程矿山设备制造有限责任公司
57	竹屑栽培香菇技术创新示范	灵川县恩泽食用菌专业合作社
58	荔浦芋（槟榔芋）主要病虫害绿色综合防控技术研究与示范	桂林市科学技术情报研究所
59	注塑制品分拣机	荔浦华美塑料有限公司
60	爱家网上购物商城系统 V1.0	桂林慧谷人工智能产业技术研究院
61	人工智能技术创新合作平台建设	桂林慧谷人工智能产业技术研究院
62	基于 JAVA 的魔方计时器手机软件 V1.0	桂林慧谷人工智能产业技术研究院
63	蚕桑新品种高产优质高效种养示范及综合利用	桂林市农业科学研究中心
64	一种变压器通风散热系统	桂林君泰福电气有限公司
65	一种通用型变电站预制舱	桂林君泰福电气有限公司
66	一种折叠式通风散热窗	桂林君泰福电气有限公司
67	广西冬闲田“水稻＋油菜”轮作模式研究与集成示范	桂林市农业科学研究中心
68	一种适用于机载无线激光通信设备减振结构的设计方法	中国电子科技集团公司第三十四研究所
69	一种稀土萃取生产线上的搅拌器检测控制系统	桂林电子科技大学
70	一种萃取生产线搅拌叶片故障检测系统及方法	桂林电子科技大学
71	一种易拆装的组装式活动机架	桂林电子科技大学
72	胸水 microRNA 生物标记物在肺腺癌经血早期诊断以及预后应用的研究	桂林医学院附属医院
73	广西神经系统疾病临床医学研究中心	桂林医学院附属医院
74	医护一体化模式在急性心肌梗死患者全程管理中的应用	桂林医学院附属医院
75	手术器械分级管理模式在手－供一体化中的应用及效果观察	桂林医学院附属医院
76	自护技能指导前移在桂北地区肠造口患者中的应用	桂林医学院附属医院
77	液面感应装置、生化分析仪和液面感应方法	桂林优利特医疗电子有限公司
78	一种单电机双泵的伺服泵控液压直线驱动系统及控制方法	桂林星辰科技股份有限公司
79	一种编码器专用的联轴器	桂林星辰科技股份有限公司
80	注塑机用液压伺服泵控射胶装置	桂林星辰科技股份有限公司
81	永磁同步电机表贴式转子磁钢固定结构	桂林星辰科技股份有限公司
82	带位置环的风电变桨驱动器软件 V1.0	桂林星辰科技股份有限公司
83	节能型油压机专用伺服控制系统开发	广西瀚特信息产业股份有限公司
84	游客定位及大数据分析应用系统	广西瀚特信息产业股份有限公司
85	一种振动探测装置、系统及方法	广西瀚特信息产业股份有限公司
86	基于云技术的物业管理平台及示范应用项目	广西瀚特信息产业股份有限公司
87	建筑及居住区数字化技术应用智能硬件技术要求	广西瀚特信息产业股份有限公司
88	一种基于 WiFi Mesh 网络的室内定位系统及方法	广西瀚特信息产业股份有限公司
89	一种智能浇灌设备、系统及方法	广西瀚特信息产业股份有限公司

续表

序号	名称	第一完成单位、人员
90	一种食材营养成分的分析系统及分析方法	广西瀚特信息产业股份有限公司
91	在外周血淋巴细胞中对阿尔茨海默病发病机制的研究	桂林医学院第二附属医院
92	阿尔茨海默病淋巴细胞中细胞周期分布及 ASK1/P38MAPK 通路的表达	桂林医学院
93	压电式无痛超声牙周治疗仪产业化示范	桂林市啄木鸟医疗器械有限公司
94	面向数字航道的传感器网络可靠通信(滚动资助)	桂林电子科技大学
95	ICU 病房床边 X 射线 DR 照片患者辐射防护策略的研究	广西壮族自治区南溪山医院
96	针灸联合磁珠压耳穴疗法促进无痛人流术后恢复的临床研究	广西壮族自治区南溪山医院
97	2.2mm 同轴微切口超声乳化术治疗年龄相关性白内障的临床研究	广西壮族自治区南溪山医院
98	YY1 在宫颈癌发病中的表观修饰作用	桂林医学院附属医院
99	北斗导航的无人机海洋生态数据采集系统	桂林航天工业学院
100	人胞外超氧化物歧化酶(SOD3)蛋白调控网络在Ⅲ型前列腺炎中的作用机制研究	桂林医学院
101	APC 基因启动子甲基化在非小细胞肺癌肿瘤发生过程中的作用	桂林医学院
102	非小细胞肺癌表观遗传治疗与抗 PD-L1 的免疫治疗协同作用的研究	桂林医学院
103	一种提高聚酰胺酸薄膜边部强度的方法	桂林电器科学研究院有限公司
104	一种聚酰亚胺厚膜或超厚膜及其制备方法	桂林电器科学研究院有限公司
105	电子用亚光黑色聚酰亚胺薄膜研制及产业化	桂林电器科学研究院有限公司
106	一种纤维/聚氨酯/聚乳酸共混物及其制备方法	桂林电器科学研究院有限公司
107	一种用于薄膜冷却的喷水装置	桂林电器科学研究院有限公司
108	一种尺寸稳定型聚酰亚胺薄膜的制备方法	桂林电器科学研究院有限公司
109	一种增强增韧聚乳酸改性材料及其制备方法	桂林电器科学研究院有限公司
110	一种聚乳酸改性材料及其制备方法	桂林电器科学研究院有限公司
111	聚氨酯/聚乳酸共混物及其制备方法	桂林电器科学研究院有限公司
112	电工材料与装备技术转移创新服务体系建设	桂林电器科学研究院有限公司
113	海绵状硅粉及其制备方法以及锂离子电池	桂林电器科学研究院有限公司
114	防静电吸附聚酰亚胺薄膜的制备方法	桂林电器科学研究院有限公司
115	一种高绝缘亚光黑色聚酰亚胺薄膜及其制备方法	桂林电器科学研究院有限公司
116	一种低针孔发生率高绝缘亚光黑色聚酰亚胺薄膜及其制备方法	桂林电器科学研究院有限公司
117	一种低热膨胀系数亚光黑色聚酰亚胺薄膜及其制备方法	桂林电器科学研究院有限公司
118	一种各向同性的尺寸稳定型聚酰亚胺薄膜的制备方法	桂林电器科学研究院有限公司
119	聚酰亚胺消光粉及其制备方法、含有该消光粉的聚酰亚胺薄膜及其	桂林电器科学研究院有限公司
120	新型锂离子电池高比容量负极材料研究	桂林电器科学研究院有限公司
121	一种改善锭坯烧结性的银氧化锌触头材料的制备方法	桂林电器科学研究院有限公司
122	一种熔体管道加热装置	桂林电器科学研究院有限公司
123	塑料薄膜生产线的铸片装置及气刀	桂林电器科学研究院有限公司
124	一种黑色低亚光聚酰亚胺薄膜的制备方法	桂林电器科学研究院有限公司
125	三叶青原花青素的提取纯化工艺及活性评价研究	桂林旅游学院
126	高性能机器人专用伺服控制系统研发	桂林星辰科技股份有限公司
127	漓糯 1801	桂林市农业科学研究中心
128	一种木屑的干燥方法	广西荔浦利林木业有限公司
129	一种罗汉果高效率连续破碎设备	桂林中族中药股份有限公司
130	一种改善锭坯烧结性的银氧化锡触头材料的制备方法	桂林金格电工电子材料科技有限公司
131	一种固定泪道义管的器件	桂林医学院第二附属医院
132	一种婴儿防抓护具	桂林医学院第二附属医院
133	侵袭性肺部光滑念珠菌感染过程中 β-葡聚糖 TLR2/Dectin-1 通路对 Th17 免疫调控影响的研究	桂林医学院第二附属医院
134	一种气垫床	桂林医学院第二附属医院
135	一种连续循环式竹筒尺寸检测分类机	资源县桂族竹业有限公司
136	一体式喷粉机	桂林中电新材料科技有限公司
137	竹鼠腹泻疫病防控技术研究	阳朔县动物疫病预防控制中心
138	石歧鸽生态养殖疫病防治技术研究	阳朔县动物疫病预防控制中心

续表

序号	名称	第一完成单位、人员
139	土木工程智能化施工管控系统 V1.0	苏景云
140	桂林市生产力促进中心技术转移服务能力建设与示范	桂林市科学技术情报研究所
141	甘蔗新品种高产优质栽培示范及红糖加工工艺优化	桂林市农业科学研究中心
142	一种葡萄收取储运箱	桂林市农业科学研究中心
143	一种葡萄种植施肥器	桂林市农业科学研究中心
144	一种甘蔗田间取汁工具	桂林市农业科学研究中心
145	高龄胃癌患者行腹腔镜远端胃癌根治术后早期经空肠管营养的临床研究	广西壮族自治区南溪山医院
146	岩溶作用对峰丛洼地土壤水中微量元素迁移的影响机制研究	中国地质科学院岩溶地质研究所
147	会仙湿地岩溶水文系统活动地下分水岭迁移规律与影响机制研究	中国地质科学院岩溶地质研究所
148	典型地下河流域不同岩性外源水碳汇原因及效应研究	中国地质科学院岩溶地质研究所
149	GPR30/HOTAIR 通过雌激素非基因组效应调节乳腺癌细胞增殖及毛蕊异黄酮的干预作用	桂林医学院
150	生态公益林内业管理系统 V1.0	陶爱群
151	林业造林规划设计软件管理系统 V1.	陶爱群
152	水库大坝加固施工技术检测系统 V1.0	陶爱群
153	林业工程苗木栽种监测系统 V1.0	陶爱群
154	一种能将光信号耦合进光纤的装置	桂林聚联科技有限公司
155	广西典型岩溶水库热分层效应与碳循环耦合过程	中国地质科学院岩溶地质研究所
156	广西典型水库热分层效应与碳循环耦合过程	中国地质科学院岩溶地质研究所
157	一种周导式菌藻一体微生物燃料电池生态水体净化系统	广西恒晟水环境治理有限公司
158	湖库型饮用水水源地生态环境修复技术规程	广西恒晟水环境治理有限公司
159	一种用于防止水土流失的抗冲刷生态护坡结构	广西恒晟水环境治理有限公司
160	一种起伏表面地表径流污染生态拦截治理系统	广西恒晟水环境治理有限公司
161	一种水土保持结构	广西恒晟水环境治理有限公司
162	一种外产电内汇式水流人工湿地污水净化方法	广西恒晟水环境治理有限公司
163	一种地表饮用水水源地污染全生态治理系统	广西恒晟水环境治理有限公司
164	一种柿子干生产用旋转微波干燥装置	桂林恭城丰华园食品有限公司
165	全自动化智能化检测单元系列产品的研制及产业化	桂林广陆数字测控有限公司
166	一种桑螟防治装置	桂林市农业科学研究中心
167	桂林市科技特派员特色农业产业科技扶贫示范基地建设	桂林市农业科学研究中心
168	一年三(世)代早熟水稻恢复系体系建设与应用	桂林市农业科学研究中心
169	三种中西药联合运用对产 ESBLs 大肠埃希菌的抗菌作用研究	桂林医学院
170	人肠道病毒交叉中和表位筛选及其嵌合病毒样颗粒疫苗的免疫保护性研究	桂林医学院
171	一种一次性使用连体手术衣	桂林医学院
172	龙船花的抗炎作用及其机制初步研究	桂林医学院
173	可旋转式聚晶金刚石复合齿及其钻头	桂林星钻超硬材料有限公司
174	桂林市儿童急性中毒临床特点分析	桂林市第二人民医院
175	一种带有两侧防滑垫的铁衣架	桂林荔浦爱壹嘉家居用品有限公司
176	一种具有拉伸式可调节铁衣架	桂林荔浦爱壹嘉家居用品有限公司
177	一种气动式线位移测量装置	桂林广陆数字测控有限公司
178	一种长条形工件自动检测装置	桂林广陆数字测控有限公司
179	一种数控衣夹自动浸塑装置	荔浦双银塑胶五金制品厂
180	一种铁衣架的静电喷胶方法	广西桂林华海家居用品有限公司
181	miR-346/GSK3β 信号轴介导 6- 姜酚治疗心肌缺血 / 再灌注损伤的作用机制研究	桂林医学院
182	金桔脆片真空干燥温度调控监测系统 V1.0	阳朔遇龙河生态农业发展有限责任公司
183	茶小绿叶蝉测报调查及防控技术规程	广西茶叶科学研究所
184	一种单人采茶机配备的辅助茶叶过滤片	广西茶叶科学研究所
185	一种单人采茶机配备的辅助进叶片及可漏叶挡板盒	广西茶叶科学研究所
186	一种单人采茶机配备的角度可调漏叶挡板盒	广西茶叶科学研究所
187	桂北地区槟榔芋高产高效栽培技术集成研究与推广	桂林市经济作物技术推广站

续表

序号	名称	第一完成单位、人员
188	马蹄副产品的饲用示范与推广	桂林市畜牧站(桂林市草地监理站)
189	血管评估监测表的创建及在核素肾动态显像的应用研究	桂林医学院附属医院
190	一种竹林仿野生灵芝栽培技术	桂林灌阳桂灌菌业科技开发有限公司
191	一种复合结合剂及其制备方法、聚晶立方氮化硼复合片及其制备方法和应用	中国有色桂林矿产地质研究院有限公司
192	一种超硬材料复合片自动填料装配系统	中国有色桂林矿产地质研究院有限公司
193	一种富硒旱稻的种植方法	桂林全州鑫计米业有限公司
194	一种高效大米抛光机	桂林全州鑫计米业有限公司
195	一种手柄	桂林市锐锋医疗器械有限公司
196	一种堵头结构及含其的手柄	桂林市锐锋医疗器械有限公司
197	一种通水结构及含其的洁牙机手柄	桂林市锐锋医疗器械有限公司
198	防水换能器	桂林市锐锋医疗器械有限公司
199	一种手柄	桂林市锐锋医疗器械有限公司
200	一种手柄封装结构	桂林市锐锋医疗器械有限公司
201	一种手柄	桂林市锐锋医疗器械有限公司
202	一种喷砂瓶	桂林市锐锋医疗器械有限公司
203	一种牙科喷砂瓶	桂林市锐锋医疗器械有限公司
204	一种龈下喷砂头	桂林市锐锋医疗器械有限公司
205	一种可注塑成型的双马来酰亚胺模塑料及其制备方法	桂林金格电工电子材料科技有限公司
206	资源县贫困村中药材产业扶贫示范	资源县资源林场
207	一种鞘流阻抗、光学同步计数装置	桂林优利特医疗电子有限公司
208	数控卡尺成形磨床研制	桂林桂北机器有限责任公司
209	一种特定蛋白试剂冷藏装置	桂林英美特生物技术研究所
210	平面磨床油冷循环冷却工作台	桂林桂北机器有限责任公司
211	一种新型数显千分尺面板防水、防尘结构	桂林量具刃具有限责任公司
212	具有测量杆防抱死结构的指示表类量具	桂林量具刃具有限责任公司
213	一种轻量级微光夜视仪光学系统	桂林量具刃具有限责任公司
214	一种光缆敷设深度的测量装置	桂林聚联科技有限公司
215	一种用于 OTDR 测试的光纤耦合装置	桂林聚联科技有限公司
216	西瓜霜喉口宝生产用糖膏混合器	桂林三金大健康产业有限公司
217	西瓜霜喉口宝生产用立式包装机	桂林三金大健康产业有限公司
218	西瓜霜喉口宝生产用糖膏冷却床	桂林三金大健康产业有限公司
219	一种多孔铜粉载体负载银基的抗菌材料及其制备方法	中国有色桂林矿产地质研究院有限公司
220	热电堆测试设备	桂林芯飞光电子科技有限公司
221	一种蝶形封装激光器装置	桂林芯飞光电子科技有限公司
222	一种同轴封装激光装置	桂林芯飞光电子科技有限公司
223	一种激光器封装结构	桂林芯飞光电子科技有限公司
224	一种激光器测试装置	桂林芯飞光电子科技有限公司
225	一种采用可吸收光栅的抗反射激光器	桂林芯隆科技有限公司
226	一种 Bar 条测试用传输装置	桂林芯隆科技有限公司
227	激光器 Bar 条测试设备上料辅助装置	桂林芯隆科技有限公司
228	一种半导体清洗装置	桂林芯隆科技有限公司
229	一种分布式反馈激光器	桂林芯隆科技有限公司
230	一种红外探测器的表面镀膜夹具	桂林芯隆科技有限公司
231	一种探测器芯片的外延片镀膜装置	桂林芯隆科技有限公司
232	一种探测器芯片的外延片切割装置	桂林芯隆科技有限公司
233	一种探测器芯片的外延片蚀刻装置	桂林芯隆科技有限公司
234	一种外延片清洗台	桂林芯隆科技有限公司
235	一种芯片镀膜装置	桂林芯隆科技有限公司
236	一种用于芯片划片解离的加工设备	桂林芯隆科技有限公司
237	一种用于芯片测试的设备	桂林芯隆科技有限公司

续表

序号	名称	第一完成单位、人员
238	一种用于生产芯片的加工设备	桂林芯隆科技有限公司
239	金刚石绳锯半自动注塑方法	桂林特邦新材料有限公司
240	串珠自动冷压冲头固定结构	桂林特邦新材料有限公司
241	金刚石串珠自动开刃机	桂林特邦新材料有限公司
242	实现串珠双向冷压的模具结构	桂林特邦新材料有限公司
243	一种提高复合片平整度及均匀性的方法	桂林特邦新材料有限公司
245	中低温钎焊金刚石钻头及其制作方法	桂林特邦新材料有限公司
246	组锯机张紧轮轴承座结构	桂林特邦新材料有限公司
247	组锯机张紧伸缩导杆防水结构	桂林特邦新材料有限公司
248	新类型西瓜品种翠蜜中试示范	桂林市农业科学研究中心
249	一种防虫防鸟授粉套袋装置	桂林市农业科学研究中心
250	一种花生授粉防护罩	桂林市农业科学研究中心
251	一种手枪式播种器	桂林市农业科学研究中心
252	一种油菜授粉袋	桂林市农业科学研究中心
253	一种油菜授粉装置	桂林市农业科学研究中心
254	一种农用增效剂与新烟碱类杀虫剂的组合物	桂林集琦生化有限公司
255	一种治疗烧伤烫伤的外敷药及其制备方法	广西资源黄精生物科技有限公司
256	一种罗汉果清肺养生茶	广西资源黄精生物科技有限公司
257	用于消肿止痛、活血散瘀、解毒止痒的中药	广西资源黄精生物科技有限公司
258	晚熟柑桔新品种“沃柑”高产优质栽培研究与示范	广西特色作物研究院
259	伟江特色作物高产栽培技术示范推广基地建设	龙胜各族自治县土壤肥料站
260	一种罗汉果芯加工用低温脱水设备	桂林大迈罗汉果专业合作社
261	PHGF 对百草枯中毒大鼠多器官功能损害及血浆 NO、TNF-a 水平的影响	桂林市第二人民医院
262	PICCO 指导合并 ARDS 的脓毒症休克的临床观察	桂林市第二人民医院
263	联合家庭护理干预对轻度慢性阻塞性肺疾病患者戒烟疗效的研究	桂林市第二人民医院
264	细菌药敏试验结果与抗感染经验治疗效果的相符性分析及临床应用	桂林市第二人民医院
265	核素显像在多发甲状腺结节 FNAB 筛查甲状腺癌中的增益价值	桂林医学院附属医院
266	一种农药检测前处理装置	品创检测(广西)有限公司
267	一种土壤检测前处理萃取装置	品创检测(广西)有限公司
268	一种土壤检测用快速取样装置	品创检测(广西)有限公司
269	一种土壤检测用取样封存装置及其使用方法	品创检测(广西)有限公司
270	一种重金属土壤采样装置及其使用方法	品创检测(广西)有限公司
271	一种微晶纤维素增强双向拉伸聚乳酸薄膜及其制备方法	桂林电器科学研究院有限公司
272	一种低针孔发生率亚光黑色聚酰亚胺薄膜及其制备方法	桂林电器科学研究院有限公司
273	低成本大容量高电压精密稳压电老化系统	桂林电器科学研究院有限公司
274	一种低针孔发生率亚光黑色聚酰亚胺薄膜的制备方法	桂林电器科学研究院有限公司
275	一种尺寸稳定型噁唑基聚酰亚胺薄膜及其制备方法	桂林电器科学研究院有限公司
276	尺寸稳定型聚酰亚胺薄膜及其制备方法	桂林电器科学研究院有限公司
277	一种高面外导热系数聚酰亚胺薄膜及其制备方法	桂林电器科学研究院有限公司
278	冲模　氮气弹簧　第 4 部分:等高强力氮气弹簧	桂林电器科学研究院有限公司
279	塑料注射模热流道系统　零部件　第 6 部分:承压垫片	桂林电器科学研究院有限公司
280	Tools for pressing — Vocabulary（冲模　术语）	桂林电器科学研究院有限公司
281	一种果蝇 Hsp22 蛋白在制备用于抗肿瘤的药物中的应用	桂林医学院附属医院
282	一种吡啶类化合物在制备抗肿瘤药物中的用途	桂林医学院附属医院
283	一种帕金森综合症数据采集装置	桂林医学院附属医院
284	一种帕金森综合症诊断装置	桂林医学院附属医院
285	一种混凝土配料机	桂林市三鼎混凝土有限公司
286	一种混凝土搅拌站用收集仓	桂林市三鼎混凝土有限公司
287	一次性使用腹腔冲洗吸引器	桂林医学院附属医院
288	腹腔镜下胆道镜固定套管	桂林医学院附属医院

续表

序号	名称	第一完成单位、人员
289	一种绿色建筑施工噪声隔离装置	广西方信建设工程有限公司
290	一种建筑施工作业面喷淋降尘降温装置	广西方信建设工程有限公司
291	一种定位装置	桂林好测信息科技有限公司
292	平乐车田河循环农业星创天地建设与示范	平乐宏源农业发展有限公司
293	罗汉果电恒温烘烤技术研究与应用	龙胜各族自治县经济作物站
294	茶园用有机肥堆沤技术规程	广西壮族自治区茶叶科学研究所
295	生态茶园建设与管理规范	广西壮族自治区茶叶科学研究所
296	轮胎拆装机自动控制系统软件 V1.0	桂林施瑞德科技发展有限公司
297	东信容器云自动化部署系统 V1.0.0	桂林东信云科技有限公司
298	甲天下 app V1.0	桂林东信云科技有限公司
299	超声洁牙机工作尖	桂林市啄木鸟医疗器械有限公司
300	西山茶 8 号	广西壮族自治区茶叶科学研究所
301	西山茶 1 号	广西壮族自治区茶叶科学研究所
302	一种用来取消磷化工艺的盖板模具	桂林福达股份有限公司
303	一种新结构离合器从动盘总成弹性卡环组装模	桂林福达股份有限公司
304	一种去除曲轴轴颈边缘及台肩面磨削毛刺的方法	桂林福达股份有限公司
305	一种曲轴大头端保护盖	桂林福达股份有限公司
306	一种测量曲轴主轴颈跳动的检测工具	桂林福达股份有限公司
307	一种曲轴简易钻孔深度限位装置	桂林福达股份有限公司
308	一种检测大型曲轴轴颈圆角粗糙度的检具	桂林福达股份有限公司
309	一种曲轴偏心距及偏心圆半径的测量装置	桂林福达股份有限公司
310	一种曲轴轴向尺寸检测装置	桂林福达股份有限公司
311	一种无错差自定位的快换曲轴锻模模架结构	桂林福达股份有限公司
312	一种便捷式锻件错差检具	桂林福达股份有限公司
313	一种曲轴锻件小头弯曲专用检具	桂林福达股份有限公司
314	一种前轴类工件热处理吊具	桂林福达股份有限公司
315	用于热棒料的除氧化皮吹气装置	桂林福达股份有限公司
316	一种奇数齿花键外圆专用测量工具	桂林福达股份有限公司
317	一种锥齿轮齿面倒角工装	桂林福达股份有限公司
318	一种从动锥齿轮钻孔装置	桂林福达股份有限公司
319	锥齿轮差壳孔加工装置	桂林福达股份有限公司
320	社区干预对糖尿病视网膜病变患者早期诊断及预后的影响	桂林市人民医院
321	4R 雷蒙机粉体收集装置	广西龙广滑石开发股份有限公司
322	滑石矿水洗设备振动装置	广西龙广滑石开发股份有限公司
323	侧卧式 X 线定位下真空辅助旋切术在乳腺微小病变的临床研究	桂林市中医医院
324	一种破损山体锚杆灌浆堆叠植生袋复绿装置	桂林市石山站绿化试验站
325	一种破损山体修复绿化用复合型复绿装置	桂林市石山站绿化试验站
326	Theranostics 纳米粒的制备及其在脑胶质瘤诊疗一体化模式中的应用	桂林市科学技术局
327	一珍珠鸡的孵化方法	桂林大管家农业发展有限公司
328	一种多功能 LED 灯具散热结构	桂林海威科技股份有限公司
329	一种低眩光灯具	桂林海威科技股份有限公司
330	纳米复合散热材料制备及应用研究	桂林清研皓隆新材料有限公司
331	一种计算机外接线束保护装置	桂林艾晟科技有限公司
332	在线激光厚度测量系统 V1.0	广西平乐爱森新材料有限公司
333	罗汉果风味即溶饮品及其制备方法	桂林吉福思罗汉果生物技术股份有限公司
334	混合定位电磁感应式位移传感器	桂林广陆数字测控有限公司
335	一种中药生产用研磨装置	桂林欧润药业有限公司
336	高性能微晶竹炭复合陶瓷材料关键技术研发及产业化	桂林新竹大自然生物材料有限公司
337	肿瘤转移的抑制及分子机制	桂林医学院
338	头孢类医药中间体回收乙腈系统	广西科伦制药有限公司

续表

序号	名称	第一完成单位、人员
339	一种水溶性大蒜素混合物及其制备方法	广西鸿翼生物科技有限公司
340	一种蔬菜水果残留农药重金属离子处理装置	桂林日盛食品有限责任公司
341	一种林间穿透雨检测装置	中国地质科学院岩溶地质研究所
342	一种钻孔地下水位测量装置	中国地质科学院岩溶地质研究所
343	一种便携可调距离式多点测量土壤含水率的装置	中国地质科学院岩溶地质研究所
344	一种林间穿透雨的水文自动监测装置	中国地质科学院岩溶地质研究所
345	一种植物茎流计	中国地质科学院岩溶地质研究所
346	一种直接式土壤含水率检测设备	中国地质科学院岩溶地质研究所
347	渗流土壤水监测记录装置	中国地质科学院岩溶地质研究所
348	钻孔地下水位测量管理系统 V1.0	中国地质科学院岩溶地质研究所
349	土壤含水量测量检测系统	中国地质科学院岩溶地质研究所
350	植物茎流测量管理系统 V1.0	中国地质科学院岩溶地质研究所
351	一种节能环保的输配电设备	广西惠明电气有限公司
352	一种复合塑料编织袋生产用热风烘干装置	桂林泓雅彩印包装有限公司
353	一种具有缓冲功能的编袋生产用牵引装置	桂林泓雅彩印包装有限公司
354	一种编织袋生产用双面印刷装置	桂林泓雅彩印包装有限公司
355	一种米粉制作包装流水线及包装加工工艺	桂林全州县康乐粉业有限责任公司
356	一种基于多级分流消声降噪型的制氧机	广西珂深威医疗科技有限公司
357	一种稳定器重心调节机构	桂林智神信息技术股份有限公司
358	一种图传快拆结构	桂林智神信息技术股份有限公司
359	摄影控制系统	桂林智神信息技术股份有限公司
360	醉茄素调控小胶质细胞与血管内皮细胞发挥脑外伤后的神经保护作用研究	桂林医学院
361	跨网考勤软件 V1.0	广西启讯科技有限公司
362	多网融合人脸预警交互软件 V1.0	广西启讯科技有限公司
363	启讯办案中心管控系统 V1.0	广西启讯科技有限公司
364	重点人多维数据管理软件 V1.0	广西启讯科技有限公司
365	启讯执法办案管理软件 V1.0	广西启讯科技有限公司
366	校园防控圈管理软件 V1.0	广西启讯科技有限公司
367	启讯定位系统定位引擎软件 V1.0	广西启讯科技有限公司
367	安防联动数据可视化软件 V1.0	广西启讯科技有限公司
368	航空轮胎胎侧胶	中国化工集团曙光橡胶工业研究设计院有限公司
369	航空轮胎先进成型关键技术研究	中国化工集团曙光橡胶工业研究设计院有限公司
370	一种提高子母弹燃气囊气密性的粘结成型方法	中国化工集团曙光橡胶工业研究设计院有限公司
371	一种用于防核辐射防护服面料的防粘连涂层组合物	中国化工集团曙光橡胶工业研究设计院有限公司
372	一种高速高效钻头	桂林创源金刚石有限公司
373	camfi 监控系统 V1.0	广西创美信息技术有限公司
374	创美内容管理系统［简称：创美 CMS 系统］V1.0	广西创美信息技术有限公司
375	投标管理系统 V1.0	广西创美信息技术有限公司
376	景区非票类过闸录像系统 V1.0.0	广西创美信息技术有限公司
377	赛联监控智能拍摄数据检测平台 V2.0	广西赛联信息科技股份有限公司
378	赛联计算机设备在线综合管理软件 V1.0	广西赛联信息科技股份有限公司
379	赛联校园集成信息安全管理软件 V1.0	广西赛联信息科技股份有限公司
380	IL-6/Periostin/microRNA-155 轴影响幽门螺杆菌感染相关性胃癌发生发展机制研究	桂林医学院
381	婴幼儿肺炎合并脓毒症的 1,25—二羟维生素 D3 水平及临床意义	桂林市人民医院
382	一种多层复合瓦楞纸板及其制备工艺	桂林金美印刷包装有限公司
383	带有颜色识别的超声洁牙机	桂林懿可仕医疗器械有限公司
384	茶叶生产智能管理系统 V1.0	桂林平乐阳发茶业有限公司
385	新式超细磨粉机	广西桂林航大重工机械有限公司
386	可折转体视显微镜支架	桂林市迈特光学仪器有限公司
387	可标定物面位置的连续变倍显微镜	桂林市迈特光学仪器有限公司

续表

序号	名称	第一完成单位、人员
388	显微镜额托	桂林市迈特光学仪器有限公司
389	90°角转向正像连续变倍单筒显微镜	桂林市迈特光学仪器有限公司
390	一种使用凹透镜观察和带视频成像两用无目镜显微镜	桂林市迈特光学仪器有限公司
391	一种导柱式平行光体视显微镜变倍机构	桂林市迈特光学仪器有限公司
392	漓峰消毒液全自动生产线控制系统 V1.0	桂林漓峰医药用品有限责任公司
393	啤酒瓶盖拉环受力分析系统 V1.0	桂林翔兆科技有限公司
394	一种祛臭液提纯用过滤装置	桂林长圣药业有限责任公司
395	一种高通量卫星网络信号船载天线装置	广西联星卫视设备有限责任公司
396	交通车辆信息识别系统 V1.0	桂林市公安局
397	图像小区域缺损检测与修复软件 V1.0	桂林市公安局
398	行人识别与查询系统 V1.0	桂林市公安局
399	一键式报警信息综合管理平台 V1.0	广西领视网络科技技术有限公司
400	一种茶叶制作用烘干设备	广西福鑫园农业科技有限公司
401	分散式全过程一体式生活污水生态净化装置	广西恒晟水环境治理有限公司
402	集中式全过程一体式生活污水生态净化装置	广西恒晟水环境治理有限公司
403	一种内导式菌藻一体微生物燃料电池生态水体净化系统	广西恒晟水环境治理有限公司
404	一种利用 YB-7 菌株厌氧降解处理采油废水的方法	广西恒晟水环境治理有限公司
405	一种内导式菌藻一体微生物燃料电池生态水体净化方法	广西恒晟水环境治理有限公司
406	一种周导式菌藻一体微生物燃料电池生态水体净化系统	广西恒晟水环境治理有限公司
407	一种农村生活污水分散式全生态强化治理系统	广西恒晟水环境治理有限公司
408	一种加强型厕所集污一体式无害化处理装置	广西恒晟水环境治理有限公司
409	一种厕所集污一体式无害化处理装置	广西恒晟水环境治理有限公司
410	磷酸钛氧钾单晶元件抗灰迹性能测试方法	桂林百锐光电技术有限公司
411	全固态激光器用高抗灰迹磷酸钛氧钾单晶元件技术要求	桂林百锐光电技术有限公司
412	一种用于辅助测量高压釜反应腔填充体积的装置	桂林百锐光电技术有限公司
413	一种便于控温的制茶机杀青成形机构	广西壮族自治区茶叶科学研究所
414	一种中药材炒制用的去灰除杂装置	桂林欧润药业有限公司
415	废弃煤矿区典型地下水系统硫产出机制与岩溶水环境效应	中国地质科学院岩溶地质研究所
416	沉默 P75NTR 联合 hNGF 过表达对 BMSCs 的影响及治疗骨折不愈合的实验研究	桂林医学院
417	重楼皂甙Ⅱ调控自噬保护高糖诱导系膜细胞损伤的作用及机制	桂林医学院
418	维生素 K2 对 SCA3/MJD 转基因果蝇的作用及对 ataxin-3 蛋白降解的影响	桂林医学院
419	IL-17 经 IL-17R/Act1/TRAF6 通路对香烟诱导 COPD 小鼠气道上皮细胞的作用及机制	桂林医学院
420	共载锌离子和 JDF-12 的纳米靶向给药系统治疗前列腺癌的研究	桂林医学院
421	癌蛋白 DEPDC1 调控肝癌细胞自噬和凋亡的机制及其靶向干预	桂林医学院
422	5- 氨基酮戊酸光动力疗法治疗鲜红斑痣的实验研究	桂林医学院
423	甲基化沉默的候选抑癌基因 ZNF154 调控 EMT 抑制鼻咽癌转移的机制	桂林医学院
424	“glymphatic 系统”在蛛网膜下腔出血后认知功能障碍中的作用及其机制研究	桂林医学院
425	三叶青藤总黄酮干预 Th17 细胞增殖对小鼠胶原性关节炎	桂林医学院
426	鬼针草总黄酮联合甲氨蝶呤调控 RANKL/RANK/OPG 通路减缓骨破坏的作用机制研究	桂林医学院
427	维生素 B3 对 PINK1 突变帕金森病转基因果蝇的作用及其与糖酵解的关系	桂林医学院

（张松桂）

科学普及

【概况】2021年，桂林市科学技术协会（简称市科协）办公地址在桂林市临桂区青莲路投资发展商务大厦南楼。内设部室5个，下设直属事业单位3个。全市共有市级自然科学学会（协会、研究会）27个、研究院3个、企业（园区）、科协（含工作站）91家、高校科协8个、县（市、区）科协17个，乡镇（街道）科协148个、农村专业技术协会219个。年内，市科协面向基层、农村和社区广泛开展科学技术普及工作，组织大型科普活动、学术交流活动和青少年科技教育活动，提高全民科学素质和青少年的科技创新能力。

【应急科普宣传】2021年，市科协投入1万余元，编印《应急科普知识》手册7万册发放到各县（市、区）科协，由县(市、区)科协负责组织发放到各学校、社区、乡镇等学生和群众手中，并充分利用“桂林科协”微信公众号、微信工作群、“桂林市科协”网站等新媒体平台上发布应急科普知识。

【科普主题活动】 2021年，市科协开展“文化科技卫生三下乡”、科技活动周、食品安全周、防灾减灾日、“2021年全国科普日暨八桂科普大行动桂林市活动”“快乐科普校园行”“我是党的小红花·长大要当科学家”等主题科普活动。全年累计开展科普大篷车进校园、进社区、进乡村科普活动25次，展出科普展具500套、展板500块，发放科普宣传资料3.6万余册，受益人数3万余人次。市科协获中国科协“全国科普日”活动优秀组织奖、中国科协青少年科技中心“科技教育乡村行”优秀组织单位、广西科协“八桂科普大行动”优秀组织单位、第三届广西青少年科普知识竞赛活动优秀组织奖。全州县、灵川县、恭城瑶族自治县被确认为2021—2025年度全国科普示范县创建单位。

【基层科普行动实施】 2021年，市科协在自治区统一安排下组织实施“基层科普行动计划”和“广西科普惠农兴村计划”项目，在各县(市、区)提质升级农村专业技术协会2个，新建农村专业技术协会5个，建设科普教育基地2个、科普示范社区1个、科普示范村1个、科普示范学校2个，获奖补资金177万元，向中国科协申请配发1台科普大篷车(含展具)价值76万元。组织全市农技协挑选150多种优质农产品参加2021年广西“科普惠农兴村计划”成果交流活动，全面展示桂林市实施“科普惠农兴村计划”所取得的新成就。

【科普教育基地建设】 2021年，桂林市认定桂林会仙喀斯特国家湿地公园、靖江王陵国家考古遗址公园、桂林融创国际旅游度假区海世界、桂林市呀哈健康管理咨询有限公司(呀哈口腔)、桂林市顺昌食品有限公司(桂花公社)5家单位为市级科普教育基地；桂林会仙喀斯特国家湿地公园、桂林理工大学生态环境保护与可持续发展科普基地、广西师范大学生物多样性博物馆、深能环保桂林能源生态园生态环境科普教育基地被认定为广西壮族自治区生态环境科普基地；推荐广西师范大学生物多样性博物馆、中国科学院桂林植物园、桂林理工大学地质博物馆参评国家级科普教育基地。灵川县、兴安县、资源县、龙胜各族自治县分别举办“中国流动科技馆广西巡展”活动，共有基层群众、学生23万人次享受到最新的科普展教资源。

2021年9月15日，2021年全国科普日暨八桂科普大行动桂林活动启动仪式举行。(石峰摄)

【青少年科技教育】 2021年，市科协组织11名教师到北京参加“广西中小学教师科学营”科技教育交流活动；联合市教育局组织6城区38所中小学的69名科技辅导骨干教师开展科技教育工作交流活动；邀请广西大学原物理科学与工程学院院长罗里熊教授和国家级心理咨询师黄星辉老师分别到荔浦市第三小学、桂林市英才小学、桂林市龙隐小学、临桂尚贤学校等5所学校举办2021年广西“大手拉小手，科普报告希望行”科普讲座，内容涉及天文、物理、航空等多个知识领域，参加讲座学生1500余人。市科协与市教育局、科技局等部门在市旅游职业中等专业学校联合举办2021年桂林市中小学电脑机器人竞赛，共评出一等奖85个、二等奖120个、三等奖187个、优秀组织奖6个。灵川、阳朔、龙胜、平乐、恭城等县(自治县)派出参赛队伍，此项赛事覆盖面和影响力不断扩大，已成为桂林市中小学科技教育的一项品牌活动。在第十九届广西青少年机器人竞赛暨东盟国家及粤港澳青少年机器人邀请赛上，桂林市选派219支队伍参加竞技类、创客类、创意编程与智能设计类的各项比赛，获一等奖48项、二等奖47项、三等奖94项、优秀奖50项。2021年广西青少年科技创新大赛决赛采取线上方式进行，17名选手代表桂林市参加竞赛，经线上评审、在线展示，各参赛项目获一等奖14项、二等奖11项、三等奖23项、优秀奖3项。市科协与市教育局、市科技局、共青团市委、市妇联共同主办以“科技创新·少年风采”为主题的2021年桂林市青少年科技创新大赛，参赛选手500余人，参赛项目458项。在第六届广西青少年科技运动会上，桂林市选派的49支参赛队伍，获一等奖16个(第一名5个、第二名3个、第三名8个)、二等奖9个、三等奖11个。在第十二届全国青少年科学影像节上，桂林选送的28个参赛作品中，桂林理工大学附属小学陆彦雨同学的《神奇的半导体制冷片》等5个作品获全国优秀作品；桂林市第十六中学胡雨婷、曹雨晗、罗子嘉同学的《垃圾分类让城市更美丽》等4个作品获入围作品。 (石峰)

防震减灾

【概况】 2021年，桂林市地震监测中心办公地址位于临桂区西城中路69号，内设机构2个。市防震减灾工作坚持以防为主、防抗救相结合，坚持常态减灾和非常态救灾相统一，从注重灾后救助向注重灾前预防转变，从应对单一灾种向综合减灾转变，从减少灾害损失向减轻灾害风险转变，突出防震减灾“三大体系”（地震监测预报、地震灾害预防、地震应急救援）建设。

【防震减灾业务能力建设】 2021年，市地震监测中心与桂林地震监测中心站深入合作，共同提升桂林市防震减灾能力，助推防震减灾事业发展，更好地服务于桂林国家级旅游胜地的建成。12月28日，由市地震监测中心主办的2021年度桂林市防震减灾工作会议在桂林市临桂区召开，采取课堂教学与参观见学相结合的方式进行，组织参观临桂区六塘地震烈度速报与预警系统台站和临桂一中国家级防震减灾科普示范学校，市地震监测中心介绍地震背景场项目进展并对地震监测台站运维进行培训并就2022年建设全市地震工作机构三级联动协调机制进行介绍。

2021年12月28日，2021年度桂林市防震减灾工作会议召开。（伍笙玮摄）

【地震监测预警能力建设】 2021年，市地震监测中心完成永福、灵川、资源、灌阳、平乐、荔浦、恭城、阳朔、临桂等9个国家项目地震烈度速报与预警基本站的设备安装与调试。印发《桂林市地震监测台站运维管理规定》，对桂林市34个地震烈度速报与预警台站，兴安、龙胜、全州3个地震监测台站进行定期维护管理，确保台站运行正常。加强数字地震观测指挥中心日常运维管理和24小时值班值守，投入5万元经费对指挥中心进行修缮、部分设备设施进行更新。继续完善地震群测群防“三网一员”（地震宏观测报网、地震灾情速报网、地震知识宣传网、防震减灾助理员）体系建设，并对全市“三网一员”全面清查统计，根据人员变动及时更新调整，落实“三网一员”业务培训，地震群测群防点管理运行正常。

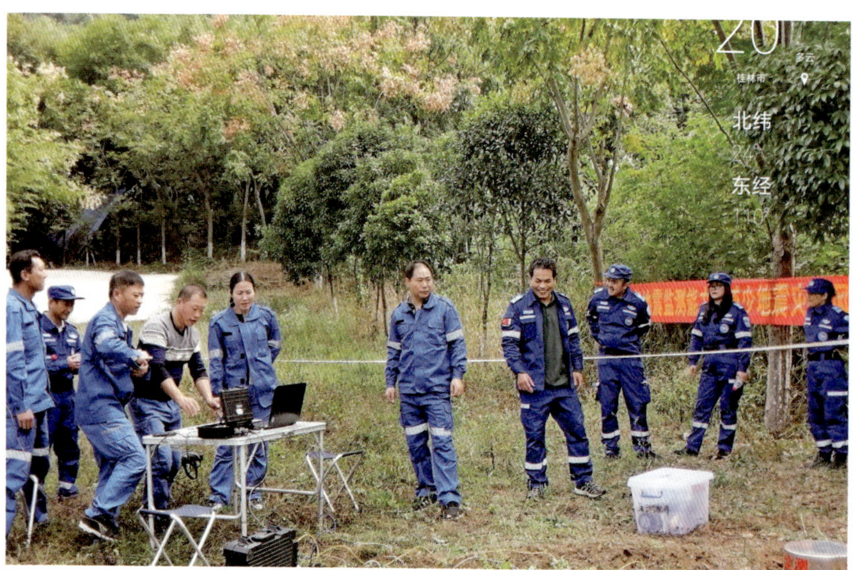

2021年10月18日—19日，市地震监测中心与桂林地震监测中心站、临桂区地震监测中心在阳朔县葡萄镇联合开展测震流动演练。（伍笙玮摄）

【地震应急能力建设】 2021年，市地震监测中心加强应急避难场所维护管理，出台《桂林市地震监测中心2021年全国文明城市常态化管理工作方案》，明确各个避难场所责任人、检查时间及检查标准。先后投入4.5万元经费对应急避难场所设施设备进行维修、更换。9月16日—18日，市地震监测中心参加2021年度广西测震应急流动演练，获第二名。10月18日—19日，市地震监测中心与桂林地震监测中心站、临桂区地震监测中心在阳朔县葡萄镇联合开展测震流动演练。

【防震减灾知识宣传】 2021年，市地震监测中心增加编印防震减灾宣传资料1万余份分发给县（市、区）地震部门、《防震减灾知识青少年读本》6000本印发给县（市、区）学校，开放市防震减灾科普教育基地，满足市民、学生学习参观的需求，年接待参观人员800余人。开展防震减灾知识讲座、地震应急演练。到社区、学校等场所开展知识讲座和地震应急演练，把防震减灾科普知识宣传和地震应急演练纳入常态化管理。市地震监测中心与临桂区地震监测中心联合在临桂一中开展临桂区地震应急演练并对全校师生开展防震减灾知识培训，对桂林理工大学、崇文小学、解西幼儿园、机关一幼、临桂实验小学及解东社区、社山桥社区等开展防震减灾知识讲座及地震应急模拟演练。通过宣传教育，进一步提高市民防震减灾意识和地震应急能力。

【科普示范学校建设】 2021年，市地震监测中心指导创建防震减灾科普示范学校，临桂区第一中学被评为国家级科普示范学校，临桂区桂康小学、崇文小学被评为自治区级防震减灾科普示范学校。投入2万元更新自治区级科普教育基地防震减灾宣传栏及地震体验设施设备，进一步提高防震减灾科普宣传效果。

【地震灾害风险普查】 2021年，市地震监测中心谋划、科学开展地震灾害风险普查工作，赴全州县（地震灾害风险普查试点县）开展地震风险普查调研工作，与南宁、柳州、梧州、贺州等城市了解地震灾害普查工作开展情况，印发《桂林市地震灾害风险普查实施方案》，先后2次召开地震灾害风险普查市县工作推进会，有力推进桂林市地震风险普查工作进度。

（伍笙璋）

社科活动

【概况】 2021年，桂林市社会科学界联合会（简称市社科联）位于桂林市临桂新区青莲路投资发展大厦南楼。内设机构3个。下辖《社会科学家》杂志社。所属团体会员59个，会员总数2.3万人。年内，桂林市社会科学界围绕桂林经济社会发展开展社科学术活动，加强社会科学普及宣传，组织课题研究，全市立项课题180项。

【社科学术活动】 2021年，市社科联承办"第六届中国（广西）－东盟民族文化论坛"。来自中国各地的专家学者、嘉宾和东南亚国家驻南宁总领馆领事等100多人参加会议。组织完成"桂林市社科界贯彻落实习近平总书记视察广西重要讲话精神座谈会暨'学党史、办实事，我为桂林发展建言献策'工作部署会""桂林市社科界学习贯彻习近平总书记在庆祝中国共产党成立100周年大会上的重要讲话精神座谈会""桂林市社科界党的十九届六中全会精神培训"。组织开展的"桂林党的建设历程及时代价值研究""统筹规模化、优质化、品牌化发展，打造世界级旅游城市""桂林少数民族文化传播与保护研究""舜帝文化全州遗存考察研究""桂林地方戏曲的现状调查与研究""桂林在现代革命史上的地位研究"6个课题研究工作，并已通过专家评审。七星区社科联撰写报送"中共党史教育视域下湘江战役红色基因传承研究""四史教育融入高校思想政治理论课的价值探索"等课题；荔浦市社科联收集全市13个乡镇144个行政村（社区）姓氏来源、人数等数据，积极开展姓氏研究；灵川县社科联完成"加快田园综合体建设，打造乡村振兴新引擎""从柳州螺蛳粉的成功出圈思考桂林米粉产业化发展的可行性"等4项课题研究；桂林市社区教育学会开展与江苏省跨区域终身学习共同体项目合作，"银龄智学、乐享生活"老年教育专项服务活动获2021年教育部"全民终身学习品牌项目"命名；桂林旅游学会开展"桂林市旅游发展与空间保障研究"，出版"桂林旅游发展史"；桂林市经济学学会向市政府提交"新发展理念的桂林实践""顺势而为、乘胜而上，创办桂林旅游大学"资政报告，发表"新时代桂林漓江保护模式"和"新时代桂林文化现象"研究报告，出版漓江智库丛书《访谈与回忆——说说桂林旅游——来自"深耕者"的经历和思考》《访谈与杂谈——说说桂林旅游——来自"奋进者"的脚步和思索》；桂林马克思主义理论与现实学会举办党史学习教育研讨沙龙；桂林钱币学会开展"传承红色金融基因，践行金融为民使命"主题征文研讨活动；举办"赏邮币、学党史、悟思想、跟党史"专题讲座；桂林市香文化研究会召开"桂林山水生活美学研讨会"，开展"走进南理、遇见非遗"系列学术研讨，开设传统文化进校园公益讲座；桂林市图书读者协会举办"文献中的百年党史谷雨书会"和"重温峥嵘岁月，传承革命精神——学党史影评活动"；桂林抗战文化研究会主办丰子恺作品读书分享会，开展《桂林红色之路》历史宣讲15场，出版《红星闪耀照南国——八路军桂林办事处》专题学习资料，"桂林文化城文学名家作品版本流变研究"获国家社科基金项目；桂林金融学会完成"金融科技货币政策影响研究》等课题研究任务，举办桂林绿色金融发展策略研讨会；桂林市党的建设研究会收集调研成果110项，撰写的《以系统观念推动基层党建全域过硬——以桂林市为例》获自治区优秀调研成果二等奖；桂林市教育学会举办"桂林市特级教师主题论坛"。

【科普宣传活动】 2021年，市社科联围绕《广西壮族自治区社会科学普及条例》开展社会科学普及宣传。新建非遗传承、民族团结、国防教育等市级科普基地4家。七星区社科联在辖区打造党史文化墙、"习语长廊""习语小径"等宣传新阵地，举办"传承红色记忆——中国共产党百年光辉历程"图片展；荔浦市社科联开展"我们的中国梦"——文化进万家系列活动和全市红色故事、红色歌曲比赛；龙胜各族自治县社科联承办自治区社科联"族心向党"音乐视频拍摄，举办"永远跟党走"艺术作品展；灵川县社科联开展外国专家桂北文化体验暨建设世界级旅游城市建议献策专场活动；桂林市社区教育学会举办"全民终身学习活动周"；桂林市推广普通话学会承办桂林市经典诵读大赛，举办庆祝中国共产党成立100周年诗文朗诵会，承办桂林市"曹灿杯"全国青少年朗诵大赛桂林赛事，为乡村开展"普通话＋职业技能培训"，助力乡村振兴；桂林钱币学会依托钱币陈列馆免费向市民宣传钱币文化；桂林市香文化研究会承办广西茶产业展销博览会文化艺术展和山水文人生活香事美学展；桂林长田山水画研究院主办"赠人玫瑰、手有余香——漓骚、十二时辰书局捐书"活动，协办"丹青绘盛世、翰墨颂党恩"书画作品展；桂林市图书读者协会利用传统节日之机，积极开展线上线下传统文化交流活动，举办文化旅游专题公益讲座；桂林市旗袍文化学会开办人生十雅艺术课堂6场；桂林市文化教育研究会开展"勤俭节约、从我做起""红色百年、不忘初心"主题书法大赛；桂林抗战文化研究会开展抗战歌曲演唱活动；桂林金融学会开展"3·15""钱袋子"和"金普月"宣传活动；桂林市金大插花艺术研究院举办桂林市第一届美业职业技能省际邀请赛；桂林市葡萄酒文化学会举办“荷香酒韵，醉美水云阁”走进企业专场活动和“世界美酒中国行——桂林站”葡萄酒巡展；桂林石涛书画研究院举办“秦岭境·漓水情”艺术联展和“八桂丹青颂延安·翰墨飘香歌盛世”书画作品展。

2021 年 5 月 17 日，桂林市社科联在临桂金山广场开展科普宣传活动。（吴坚摄）

【开展年度规划课题研究】 2021 年，市社科联建立年度规划课题和咨政建言双轨运行的课题管理新体系，提高咨政建言比重。加强应用对策研究课题选题设置，鼓励支持专家学者先开展研究、后参与立项，以审批关口后置推动对策研究前移。围绕党史学习教育、世界级旅游城市建设、乡村振兴等重大问题的选题设置，引导学术研讨向服务实践转移，将世界级旅游城市建设研究作为单列学科接受申报。年内共组织或委托组织理论研讨活动 5 场，立项理论研究课题 6 项。“桂林党建历程及其时代价值研究”被评为 2021 年度全市机关党建重点课题调研成果三等奖；“统筹规模化、优质化、品牌化发展，打造桂林世界级旅游城市”研究成果在打造桂林世界级旅游城市过程中提供了理论支撑和智力支持；“桂林党建历程及其时代价值研究”“桂林在现代革命史上的地位研究”2 项研究成果成为 2021 年市委党史学习教育理论阵地的唯一两项研究成果。

【桂林市在全市范围开展科学宣传周活动】 2021 年 5 月 17 日—23 日，市社科联在全市开展桂林市科普宣传周活动。科普宣传周的主题：“学习百年党史　建设美丽桂林”。以公众喜闻乐见、易于理解、接受和参与的方式、开展“社科知识进乡村”暨图书捐赠、社科普及咨询、交流座谈、社科讲坛讲座、社科专家进基层服务、社会科学普及基地展览展示等活动。共举办活动 16 场次，参与活动 6000 人次；发放各类书籍 400 册，科普资料 5000 份，科普宣传单 1.2 万份。

【科普“四级联动”机制建立】 2021 年，桂林市建立以市社科联为内核，以县区社科联为依托、以社会组织为骨干、以企业（社区、学校）等社科组织的社科专家、工作者为毛细血管的“四级联动”方式，形成上下联动、左右互动的社科工作机制。通过进行跨学科、跨区域的联合作战实践探索，既拓宽社科工作的覆盖面，拓展基层社科组织的生存发展空间。打造“五月社会科学普及周”社科普及品牌，网上、网下“双线推进”，市、县“两级同步”，机关、学校、企业、农村、社区“五进协同”。结合当今“微视频”盛行的趋势，将社科理论以小视频的形式展现在受众面前，拉近理论与群众间距离。全年全市社科联组织共开展各类学术活动 103 场，科普宣传活动 92 场，各类公益活动 37 场。

【第六届中国（广西）–东盟民族文化论坛在桂林举行】 2021 年 10 月 28 日至 29 日，第六届中国（广西）–东盟民族文化论坛在桂林市召开。来自中国各地的专家学者、嘉宾和东南亚国家驻南宁总领馆领事等 100 多人参加会议，泰国、柬埔寨、越南、菲律宾等国学者共 10 人在线上出席会议，围绕“中国–东盟民族文化与当代发展”展开讨论。桂林市人民政府

2021 年 10 月 28 日，第六届中国（广西）–东盟民族文化论坛在桂林市召开合影。（吴坚摄）

市长李楚、广西壮族自治区社科联主席朱东、广西民族大学副校长李珍刚在开幕式上致辞。缅甸驻南宁总领事 Kyaw Soe Thein（觉梭登）代表东盟国家驻南宁总领事馆致辞。缅甸驻南宁总领事馆副领事 Cherry Naing（琪莉奈）、老挝驻南宁总领事馆副领事 Vonexay LAMANYPHONE（万赛·哈马尼潘）出席开幕式。与会专家学者就“民族文化传承与乡村振兴”“民族文化传承与新时代经济社会发展”“后疫情时代民族传统文化的数字化发展”等议题进行讨论，为中国（广西）-东盟民族文化交流发展提供新的学术支持。（吴坚）

社科成果

【“桂林党建历程及其时代价值研究”课题】 该课题是桂林市哲学社会科学规划研究重点课题，由桂林理工大学教授陆平等完成。课题组在对桂林党建历程和时代价值进行整理汇编基础上，提炼其现代价值，阐述精义，以期为党的百年华诞献礼。课题组以编年体为主线索，少数片段采用纪事体对桂林党建历程进行梳理，以党史进程为基础，聚焦桂林党组织在不同时期的主题、主线、历史事件，并融入了与桂林党建密切相关的其他重要事件。按照共性将桂林的百年党建历程共分为“1926 年桂林建党—1949 年桂林解放、1949 年桂林解放—1978 年十一届三中全会、1978 年十一届三中全会—2012 年十八大召开、2012 年十八大召开至今的中国特色社会主义新时代”四个阶段进行整理和研究。课题组研究指出，桂林党建历程可以概括为新民主主义革命的残酷斗争、对社会主义的艰辛探索、中国特色社会主义的建立和发展、十八大以来取得的辉煌成就四个阶段；其价值可以总结为加强党的自身建设、注重统一战线工作、尊重经济发展规律、维护群众切身利益、坚持各领域协调发展等。中国共产党桂林地方组织成立近百年来，围绕不同历史时期中心任务，进行一系列由小到大、由局部到全面的波澜壮阔的党建活动；经历一个从分散进行到集中开展、从党内向社会延伸、从改革发展到全面深化的演进过程。

【“桂林在现代革命史上的地位研究”课题】 该课题是桂林市哲学社会科学规划研究重点课题，由桂林抗战文化研究会凌世君等完成。课题组认为，桂林有 2100 多年的建城史，现代史是其中重要一环，而在现代史中，革命史又是其中的重中之重，对桂林现代革命史进行梳理，并与其他相关城市进行比较，从而认清桂林在中国现代革命史上所处的地位、所起的作用，可以弥补桂林史学研究的空白，更好的认识桂林城市发展的脉络，起到以史为鉴、资政育人的作用。通过研究，课题组认为，桂林是孙中山倡导的新三民主义的萌芽地，是建立国共合作统一战线的最早实践地，是红军长征的第一个关键节点和第一场重要战役发生地，是中国共产党最早实践民族政策的地域，是抗日战争时期全国文化中心之一，也是当时国统区革命的、进步的文化书刊出版中心，是中国共产党开展抗日民族统一战线工作的成功典范，也是世界反法西斯文化活动的重要阵地，是马克思主义传播的沃土，是西南地区革命思想、文化的重镇。基于以上桂林在现代革命史上的地位，课题组对打造桂林红色之城提出相关建议。

【“统筹规模化、优质化、品牌化发展，打造桂林世界级旅游城市”课题】 该课题是桂林市哲学社会科学规划研究重点课题，由桂林旅游学会会长、高级经济师庞铁坚等完成。课题组从旅游业的规模化、优质化、品牌化发展方向入手，分析桂林建设世界级旅游城市的有利条件和存在不足，就推进旅游“三化”发展，打造世界级旅游城市给出若干建议。课题组从学理和操作层面阐述了如何把桂林打造成世界级旅游城市的思考，在“把桂林打造成世界级旅游城市”研究中具有较突出的创新性。

【“桂林少数民族文化传播与保护研究”课题】 该课题是桂林市哲学社会科学规划研究重点课题，由广西师范大学蒙岚副教授等完成。课题组从中国过去和文化建设方案等相关理论出发，梳理广西桂林地区文化建设与发展的历史历程，展现当地的文化特色，分析出所存在的问题及其产生原因。基于中国特色社会主义的文化建设有关思想，整理桂林民族地区的文化发展历史演进，揭示桂林民族地区当前的文化发展状况，寻找桂林民族文化建中获得的成果，然而因广西综合生产力较低、资源欠缺，使民族文化建设较为浅显，桂林民族文化在建设、传输与保护上均有不少问题。由此，认为应基于公共文化服务机制构建、民族文化的产业发展与世界化传播、非遗保护及文化产业改革人才培育等多领域进行，以期为桂林文化建设及保护给予部分参考，对新的边境文化承继及保护方式的建立提供帮助。

【“桂林地方戏曲的现状调查与研究”课题】 该课题是桂林市哲学社会科学规划研究重点课题，由桂林市群众艺术馆周丹等完成。课题组以桂林现有的、影响力较大、仍旧活跃于舞台的地方戏曲为研究对象，根据文献记载、口述史资料及田野调查，梳理现有地方戏曲的历史，结合近几年走访老艺人和下乡进行田野调查的情况，侧重描述桂林地方戏曲——桂剧、彩调的传承与发展及其现状；研究涉及的时间段为清代中期至 21 世纪初，重点在于 21 世纪以来；选取的考察范围为以今桂林市区及所辖县区为主。课题组从史料出发，通过访谈结合口述史料，从中梳理出桂剧、彩调发展的脉络，总结其艺术特点，发现不同时期、不同人物对桂剧、彩调发展的作用，正确认识桂剧、彩调当前面临的问题、原因，探讨桂剧、彩调传承与发展的思路。

【“舜帝文化全州遗存考察研究”课题】 该课题是桂林市哲学社会科学规划研究重点课题，由桂林市经济学学会会长、研究员王清荣等完成。课题组以全州县域内的舜帝文化遗存为研究考察对象，收集历史文献、地方志、名人笔记以及碑刻资料，对舜帝文化全州遗存考察研究，描述舜帝文化全州遗存的历史全貌，进一步考证、论证舜帝文化全州遗存其原因。通过对舜帝文化全州遗存历史的研究,总结舜帝文化全州遗存蕴涵的深刻文化内涵。在历史文献资料的辅助下,对舜帝文化全州遗存的具体问题体分析,并通过相关性的分析,论证舜帝文化全州遗存在传承、培养人才方面所起到的作用。此外,从舜帝文化全州遗存考察研究中获得借鉴其有益成分,对当今推行社会主义核心价值观有着重要启示与借鉴。 (吴坚)

社科期刊

【《社会科学家》杂志】《社会科学家》为月刊,由桂林市社科联主管、主办,继续保持在CSSCI(扩展版)、全国中文核心期刊、RCCSE中国核心学术期刊(A)期刊目录中、主要栏目有《名家访谈》《名家特稿》《博导新论》《哲学与当今世界》《经济新视野》《法学与法制建设》《旅游时空》《人文家园》等。2021年出版12期,发表论文300篇,获第九届广西优秀期刊称号。共有15篇文章被各转载机构转载。第五期刊发的人民大学教授祁凡骅的文章被人大复印资料转载并被人大国发院微信平台推送;第十期北京大学教授黄季焜的文章刊出后得到广泛关注并被自媒体转发。杂志微信公众号发展迅速,用户数3935人,全年推文60篇,总阅读量25555次。 (吴坚)

【《广西师范大学学报(哲学社会科学版)》杂志】 该学报为双月刊,由广西师范大学主办,是全国百强社科学报,广西十佳社科期刊,中国学术期刊综合评价数据库来源期刊,中国学术期刊(光盘版)全文收录期刊。常设栏目有《马克思主义理论与实践》《政治、法律与社会》《经济与管理》《教育科学》《人文评论》。2021年全年出版6期,发表论文70篇,通过网络首发形式的提前出刊,对提升刊物的影响因子意义重大。各期所发论文论点明确,论据充分,概念严谨,逻辑推理严密,达到较高学术水平,均能代表该学科的前沿研究成果,反映学术界的研究动态和研究热点,相对应学科的研究起到促进作用。其中《马克思主义理论与实践》专栏比较有分量的论文:马亮《国家治理、制度优势与治理效能》(第一期),张强《中国共产党领导干部选拔制度的百年变迁——基于历史制度主义视角的考察》(第二期),王怀乐《政治动员视角下的文件政治——中国共产党治国理政方式的一种研究》(第二期),韩喜平《分配制度变革何以推动共同富裕现代化》(第六期)。《治理现代化》栏目比较有影响的论文包括:刘建军《论中国社区精神》(第一期),吴晓林、谢伊云《强组织的低成本撬动:党建引领城市基层群众自治制度效能转化的机制》(第一期),马卫红《以政社同构弥合制度距离:基层治理吹哨改革的效能转化机制分析》(第一期),张爱军《网络政治学构建的差异性及其技术可能性》(第五期),吕德文《迈向城乡共治的乡村治理新格局——基于P县的田野发现》(第六期),唐斌、梅畅《枢纽脱嵌:农村政策试点中违法案件的行为特征与逻辑归因》(第六期)。《教育科学》栏目发表的优秀论文包括:班建武《劳动与劳动教育的关系辨析及其实践意义》(第二期),张家军、吕寒雪《人工智能时代劳动教育的价值意蕴、可能困境与突破路径》(第二期),岳伟、高树平《新时期中小学劳动价值观教育研究》(第二期),周序《家庭资本与学业焦虑——试论"双减"政策引发的家长焦虑问题》(第六期)。《经济与管理》栏目发表的高质量论文包括:汪建新、陈依楠、郭莞歆《全球经济不确定性下拓展外贸多元化的影响因素与突破路径》(第三期),李小平、杨薇、肖唯楚《产业链集聚对价值链升位的影响——基于41个"一带一路"沿线国家2005—2015年的面板数据》(第四期),席卫群《制造业资本使用成本、所得税负与固定资产投资——基于我国省级面板数据的分析》(第四期),刘建江、彭娜《拜登—哈里斯政府的贸易政策及中国应对思路》(第六期)。《人文评论》栏目发表的优秀论文包括:朱汉民《"四书"学术形态的历史演变》(第二期),赵法生《从性情论到性理论——程朱理学对原始儒家性情关系的诠释与重构》(第五期)。

年内,期刊以热点研究主题为主线,实现用稿串联由点到线的优化组合,围绕"短视频""双减""历史地理与空间政治""空间治理""网络政治与数字治理""社会组织治理""实验方法""城乡融合发展与基层治理创新"专题展开研讨和组稿,并围绕国家战略,向重大项目主持人及其团队组稿。同时,改革学报稿酬制度,优稿优酬、特稿特酬。对于主动投稿且通过哲社版学报三审并予以刊发的优质稿件,实行优稿优酬;对于特约稿件,在严格遵守国家相关稿酬规定的基础上,采取基础稿酬加专家咨询费、论文奖励等形式,实现特稿特酬,充分发挥激励效应。探索实施《广西师范大学学报》年度优秀论文奖励制度,按照总被引频次、转载转摘情况奖励多篇优秀论文作者,发挥了导向作用。期刊大部分论文被引用、转载、转摘,其中被《中国社会科学文摘》长文转载2次,被《中国人民大学复印资料》长文转载7次。根据中国知网发布的期刊影响因子年报,广西师范大学学报(哲社版)各项年度指标大幅提升,其中,复合影响因子创近10年的历史新高,学科排名进入前20%,位列Q1区。刊物被评为"广西高校名刊",编辑部多人次荣获各级各类年度优秀主编、优秀编辑等荣誉称号。 (刘文俊)

【《桂林发展研究》杂志】《桂林发展研究》为双月刊内部资料性出版物,由桂林市人民政府发展研究中心主办。该刊是桂林市人民政府的机关刊物,为桂林市委、市人民政府决策服务。2021年,《桂林发展研究》主要栏目有《领导讲话》《重大课题研究》《工作研究》《市情民意》《漓江论坛》《名城文化》《他山之石》等。全年出刊《桂林发展研究》6期,刊发各类理论研究文章130篇60万字。先后推出《学习贯彻党的十九届五中全会精神暨习近平总书记视察广西时的重要讲话精神》《打造世界级旅游城市统揽发展全局,推动桂林经济高质量发展》《巩固拓展脱贫攻坚成果同乡村振兴有效衔接工作经验交流》专刊,持续提升办刊质量。深化与市内外相关单位的合作交流,组织或参与各种研讨、调研、座谈等活动20余次,进一步拓展咨政服务功能,发挥智库力量。

(杨光忠)

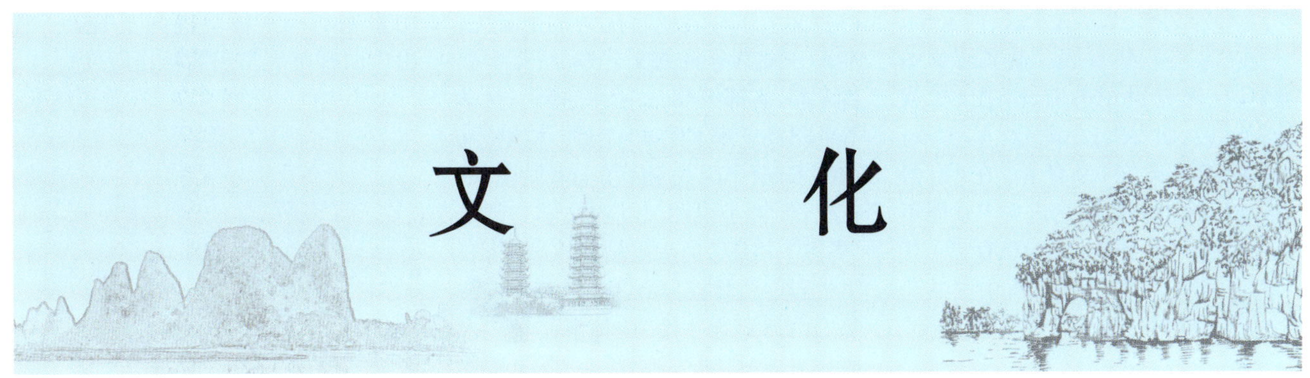

文化

综述

2021年，桂林市文化广电和旅游局（简称市文化广电和旅游局）办公地址在桂林市临桂区公园北路广电中心。内设机构24个。年内，桂林市文化旅游系统牢牢把握中共中央总书记习近平视察桂林的重大机遇，推出9条红色游学精品线路，“血战湘江突破包围”精品线路入选全国“建党百年红色旅游百条旅游精品线路”。抓住中俄外长桂林会晤等机遇，推出“世界桂林·漓江出发”主题活动、“云游中国”线上直播等活动。举办“两会一节”等系列国际文化旅游活动，新华社等100余家主流媒体深度报道，触达人群超2.5亿人次。国家文化和旅游消费试点城市建设顺利推进，举办“2021广西全域旅游大集市”“冬游桂林”等主题促销活动，启动全市职工疗休养、中小学生研学旅行，全面激活本地旅游市场。桂林甑皮岩入选全国“百年百大考古发现”，靖江王陵国家考古遗址公园开园，桂林市拥有全国重点文物保护单位20处。桂林米粉制作技艺、恭城瑶族油茶习俗成为国家级非物质文化遗产代表性项目。创作大型桂剧《燕歌行》《马前泼水》《江姐》，桂林演员再获中国戏剧梅花奖，首获国家级非遗薪传奖。永福县（彩调）获评“中国民间文化艺术之乡”。创新打造“桂林之夜”沉浸式城市艺术展和沉浸式情境晚宴，成为桂林市又一文艺时尚精品项目。桂林文化旅游中心漓江歌剧院等一批标志性、引领性、关键性的文旅融合项目加快建设。年内，桂林市72个列入自治区考核的大健康和文旅产业重大项目共完成投资107亿元。

（王善库）

文学

【概况】 2021年，市文联所属文艺家协会12个：桂林市作家协会、桂林市戏剧家协会、桂林市音乐家协会、桂林市舞蹈家协会、桂林市美术家协会、桂林市书法家协会、桂林市摄影家协会、桂林市曲艺家协会、桂林市杂技魔术家协会、桂林市电视艺术家协会、桂林市民间文艺家协会和桂林市文艺理论家协会。

【文学创作】 2021年，市文联组织桂林作家深入挖掘本地创作素材，创作一批讴歌党的百年历程、讴歌新时代的优秀文学作品。在全国各大文学期刊发表作品700余篇（首）。光盘在《小说月报》《青年文学》《作品》《民族文学》《长城》《红岩》等重要刊物发表中短篇小说10篇。刘春在《诗歌月报》《扬子江》《星星》《草堂》《江南诗》等重要期刊发表诗歌近百首。黄芳在《诗歌月刊》《诗刊》《诗潮》《广西文学》发表诗歌20多首。陈贵根在《星星》《四川文学》《陕西文学》《三月三》等刊物发表诗歌。邓焕小小说《一则报道》获中国微型小说学会主办的全国征文比赛二等奖，并在《小说选刊》发表。唐女、刘永娟、桂琼丽、肖肖、原子、刘建新、李启远等人的中短篇小说在《莽原》《广西文学》《南方文学》等刊物发表。邓学云、唐国连、蒋纯槐、许桂林、韦桥送等人的诗歌在《星星》《诗歌月刊》《海外文摘》《诗潮》《广西文学》《南方文学》《红豆》等刊物发表。彭喜媛、吕婵、邓跃华、陆丽、刘莹、蒋忠民 、杨海标、卢子、郑义来、王艳姣、郭丽洁、李艺葩等人的散文在《散文选刊》《北京文

2021年3月30日，市文联与桂林市音乐家协会联合举办“艺心向党 共庆百年华诞系列文艺活动”——著名词作家曾宪瑞作品研讨会。 （黄丹阳摄）

学》《海外文摘》《星火》《广西文学》《三月三》等刊物发表。盘文波的中篇小说《跨越世纪的监视》在《民族文学》第九期发表；小说《红军旗》与唐女的纪实散文《幸存者》在《广西文学》庆祝中国共产党成立100周年专号发表。唐女的散文《幸存者》获广西作家协会举办的“庆祝中国共产党成立100周年重点文学创作征文”二等奖，李时新的报告文学《保卫员》获三等奖，杨海标、邹业佐等人的小说获优秀奖。李时新、刘玉、蒋敏、肖肖、陈贵根、邓学云、唐国连等人的“建党百年”主题作品在《南方文学》2021年第四期庆祝中国共产党成立100周年专刊发表。唐女、蒋纯槐的诗歌作品入选广西文联、广西作家协会举办的“新征程上——庆祝中国共产党成立100周年原创诗歌朗诵会”。蒋忠民的歌词《前路辉煌》作为庆祝中国共产党成立100周年主题歌词获得广西音乐家协会推荐。盘文波长篇小说《失散》获得第十届广西文艺创作铜鼓奖。刘春获得2021年度广西年度诗人奖。黄继树、刘敏、唐女获得第二届广西文艺花山奖。刘永娟作品《刘永娟散文二题》获2021年度《广西文学》优秀作品。刘玉出版报告文学《湘江战役的民间记忆》；梁安早出版长篇儿童文学《村寨英雄》；唐国连出版诗集《雪落南国》；李泽军出版诗集《李泽军诗词选》、长篇小说《爱与痛的边缘》。

【文艺精品创作】 2021年，桂林市各协会文艺工作者挖掘优秀本土文化，推出一批有分量的文艺作品，其中获得全国、省部级戏曲、美术、摄影、文学等各门类艺术奖励40余件。桂剧《马前泼水》获中国戏剧家协会戏剧奖·梅花奖；长篇小说湘江红遍文学三部曲《失散》、摄影《漓水出岫有林泉》等获第十届广西壮族自治区文艺创作铜鼓奖。由何绍连主编、桂林市文学艺术研究室课题“斯文在焉——陈玉圃谈艺录”获第二届广西文艺花山奖·创新奖。

【文艺界科研成果】 2021年7月5日，桂学博物馆开馆仪式在广西师范大学雁山校区举行，获得社会各界人士捐赠文物数千件，年内参观人数几千人。桂林市文艺理论家协会推进新西南剧展，《秋声赋》《花桥荣记》分别在桂林大剧院、梧州学院、桂林旅游学院、广西师范大学、广西师范大学附属中学演出，场场爆满，中国文艺评论家协会副主席徐粤春等专家领导观看演出并给予高度评价。冯强著作《新诗海外传播的当代性反思》获第十届广西文艺创作铜鼓奖。张利群获第二届广西文艺花山奖·贡献奖，黄伟林、刘铁群、李逊组成的新西南剧展团队获创新奖。《以新西南剧展为核心的美育改革》获全国第六届大学生艺术展演活动高校美育改革创新优秀案例一等奖。9月，由何绍连主编，桂林市文学艺术研究室与桂林市民协合作课题项目，李肇隆、苏韶芬等编著的《时节流转山水密码——桂林民间节日》一书由广西师范大学出版社出版发行。

（黄正鹏）

2021年5月31日，桂林市第二届文明礼仪小天使大赛启动。（黄丹阳摄）

艺　术

【概况】 2021年，桂林市开展“三月三歌圩节演出”“东盟博览会旅游展演出”“第二届广西花卉节演出”“第二十二届阳朔漓江渔火节”等文艺活动。全年共计完成指令性演出20余场，观众2万人次。举办庆祝中国共产党成立100周年精品剧目展演，展演以“永远跟党走”为主题，展演剧目有大型桂剧《江姐》《燕歌行》《马前泼水》《破阵曲》。6月26日，举办永远跟党走——“红色征程·艺心向党”桂林市庆祝中国共产党成立100周年美术书法作品展，共展出美术作品100件、书法作品100件；6月28日举办“感党恩　跟党走——桂林市唱支山歌给党听”歌手大赛。组织策划“翰墨漓江——丁杰百幅桂林写生展”“文心雅墨”当代中国画名家学术邀请巡回展、“文化振兴乡村描摹绿水桂林”“建党百年辉煌历程到乡村振兴中国梦”将军书法红壶展等各类展览近20多次。此外还到山东菏泽举办“‘大美桂林’桂林画院美术书法精品巡回展”，观众最多一天达4000多人。

（王善库）

【美术活动】 2021年，桂林市美术家协会共举办、承办、协办10多次重大展览活动包括芦笛春晓——广西艺术名家写生作品邀请展、庆祝共产党成立100周年暨壮乡印记小品展、广西艺术学院“80师生展”、墨·相——黎小强西南少数民族人物水墨肖像作品展、笔墨象限——黄文祥山水画作品展；“百年辉煌擘画未来”桂林市主题美术作品展、2021第一届广西版画作品展；“山水依旧——赵松柏油画展”“丝绸之路·从写实到写意——杨晓阳美术作品暨创作文献展”、2021发现雁山——广西美术作品展；奋斗百年路启航新征程——桂林脱贫攻坚主题艺术展、2021·“南方的风景”作品展、“传承·拓展”花桥纪2021年度油画展等。开展“深入生活，扎根人民”形式多样的写生采风、学术研讨等交流活动。张贤、徐家珏、韦广寿、蓝凡武等赴各县区开展学术讲座活动，协助桂林美术馆开办漓江画童培训班等。年内，20 多名协会会员创作的 50 多件美术作品参加由国家文化部、中国文联、中国美协等单位主办的一级展览。其中，张贤、张点宇、林莘翔的作品获由自治区人民政府主办的“2021 广西艺术作品展览——第九届广西美术作品展”优秀奖。

【书法活动】 2021 年 1 月，桂林市书法家协会组织会员赴恭城瑶族自治县恭城镇庄埠村委会，为当地群众书写对联 260 副；3 月，组织文艺志愿者到桂林市宁远小学、凤集小学开展新时代文明实践之优秀传统文化进校园活动；5 月，在五里店社区举办新时代文明实践之“学党史跟党走感党恩”书法专题教育活动，为社区居民近 40 人讲授硬笔书法课；6 月，广西书画研究院与广西美术家协会、广西书法家协会共同举办“庆祝中国共产党成立 100 周年广西书画精品展”；11 月 28 日，市书法家协会主席团成员参加桂林赛区的广西“红色画卷”网上书法作品评选活动，评选出成年组、高中组、初中组、小学组的作品若干名。开展多种形式的书法培训活动，在国展和广西艺术展中取得较好成绩。朱继恩作品入展 2021“中国书法·年展”全国篆书、隶书、篆刻作品展；在广西艺术展中，马青燕、蒋月喜的书法作品获奖，秦保连、黄子力、唐明、经东云、王子靖、石云端、陈咸振、宋静、吕佳炳的书法作品、潘永生、秦中文的篆刻作品入展；在广西首届隶书展中，马青燕、石云端、宋静、陈燕、唐世民、蒋志宏、廖德宝、秦中文的作品入展；在广西首届“八桂书风”青年书法作品展中，石云端、唐明、蒋家莉、廖德宝的作品入展。石云端获第十届广西文艺创作铜鼓奖；石云端、唐明获第二届广西文艺花山奖·新人奖。

【摄影活动】 2021 年，桂林市摄影家协会配合桂林国际旅游胜地建设，举办“花开桂林，美在春天”摄影征集活动，共 4 期，发布影像作品 108 幅，被中共中央宣传部“学习强国”学习平台连续选用 3 期推送发布。6 月，在新华美术馆举办“永远跟党走”庆祝中国共产党成立 100 周年桂林摄影艺术作品展览，共计展出 100 幅组抒写伟大时代、讴歌中国共产党百年成就、讲述桂林改革发展故事的优秀摄影艺术作品。发起并举办 2021 年度桂林摄影培优工作坊，分阶段建立精品摄影项目的培养体系。合作举办或承办漓江大河坊、桂海晴岚、如意峰、2021 东盟博览会旅游展等摄影大赛活动。举办“中国摄影金像奖走进桂林”系列专题摄影讲座，分别邀请周梅生、杨越峦和董冬等金像奖获得者，分别为桂林摄影爱好者举办摄影专题讲座，讲座专题分别为：周梅生《风景摄影与自然观》，杨越峦《摄影有多远？从省展的专题导向谈起》，董冬《视觉与风格·风光摄影》等。承办“中国摄影金像奖走进桂海”名家采风专题创作活动。11 月，邀请中国摄影家协会主席李舸、中国摄影家协会副主席柳军、中国摄影家协会副主席杨越峦、世界遗产影像学专家周梅生、中国摄影金像奖获得者梁达明、王建军、严志刚等 7 人走进桂海晴岚，围绕桂林山水胜境进行专题创作。市摄协主席滕彬及会员参加 2021 丽水摄影节展览，以“何以为桂——广西摄影 10 人展”的形式进行展现，并且获优秀展览。组织会员作品参加“建党 100 周年”红军长征论坛关于七市（州）“红色地图”的摄影联展，大力传承弘扬长征精神。

2021 年 12 月 14 日，桂林市文学艺术研究室开展“学党史 育新人 办实事”进校园活动。 （黄丹阳摄）

【音乐活动】 2021 年，桂林市音乐家协会组织会员梁尚、彭超、靳英智、梅文、陆絮彬、何昌辉等多人深入基层开展文艺志愿服务活动，服务基层群众 5000 多人次；梅文参加市总工会新时代文明实践志愿服务及文化服务快车走基层等公益宣传演出活动共 20 场。承办“艺心向党 共庆百年华诞系列文艺活动”——著名词作家曾宪瑞作品研讨会；感党恩跟党走——桂林市“唱支山歌给党听”歌手大赛。年内，市音乐家协会创作《爱的足迹》《扶贫在线》《一个都没有少》《景秀泗林》《最美岚岩》等脱贫攻坚、乡村振兴主题歌曲主题歌词 20 多首，其中，黄清、何群作词，梅文作曲的《扶贫日记》入选中宣部“学习强国”平台登发展播，曾宪瑞词，彭超曲的歌曲《爱的足迹》发表在《当代音乐》杂志 2021 年第四期，邱有源词，彭超曲的歌曲《扶贫在线》发表在《当代音乐》杂志 2021 年第五期。创作庆祝中国共产党成立 100 周年音乐作品。其中彭超、周昱麟等创作“建党百年颂”组歌；黄婉倪、雷金息作词，梅文作曲的《你掌舵我划船》在广西文联、广西音乐家协会主办的庆祝中国共产党成立 100 周年主题歌曲创作征集活动中，被评为优秀歌曲；曾宪瑞作词，梅文作曲的歌曲《听歌》入选中宣部“学习强国”学习平台登发展播；兰晓华作词的歌曲《致母亲——庆祝中国共产党

100周年华诞》在参加庆祝中国共产党成立100周年“唱响新时代·颂歌献给党”大型文艺晚会活动中,获金奖;兰晓华作词的歌曲《致母亲——庆祝中国共产党100周年华诞》《我的祖国》在香港卫视文旅台展示、展播;兰晓华作词的歌曲《致母亲——庆祝中国共产党100周年华诞》《和你在一起》入选北京电视艺术中心音像出版社有限公司出版的中国当代文艺家系列专辑“永久的歌——庆祝建党100周年全国大型音乐作品展”;兰晓华作词的歌曲《党的旗帜》《共圆中国梦》等5首歌曲入选中国新乡村音乐发展中心主办的“颂歌献给党——宁波市庆祝建党100周年主题音乐作品”征集活动的中国新乡村音乐作品;兰晓华创作的歌词《党的旗帜》《南湖红船颂》《致母亲》发表在《新歌诗》2021年第三期上。苏庆学作词作曲的歌曲《山歌飞出漓江水》获第九届广西基层群众文艺会演声乐类三等奖。曾宪瑞词,彭超曲的抗疫歌曲《是前线也是防线》发表在《当代音乐》杂志2021年第二期,曾宪瑞词,彭超曲的《你的名字惊天动地》发表在《当代音乐》杂志2021年第三期。

【舞蹈表演活动】 2021年,桂林市舞蹈家协会组织、编导、策划各类大型晚会节目及文艺演出活动和文艺赛事近10场:第二届广西花卉苗木交易会开幕式、闭幕式文艺演出;2021中国－东盟博览会旅游展文艺演出;中央电视台综艺节目《欢乐城市派——宝藏桂林》节目录制演出;中国旅游日桂林分会场启动仪式文艺演出;“百姓大舞台”系列演出;2021年中国－东盟国际舞蹈节桂林少年儿童舞蹈培训教学成果展;广西师范大学第二届“科研活动月”暨音乐学院第五届学术活动月系列讲座等;与中央民族歌舞团共同携手演出龙胜各族自治县成立70周年文艺晚会。为民开展桂林“三区”舞蹈人才培训、群众艺术馆免费培训班、桂林市“志愿者”舞蹈培训班、留守儿童免费舞蹈培训班、2021年广场舞蹈培训班、中老年形体舞蹈培训班等。少儿舞蹈《茶言·舞语》获自治区首届红绣球舞蹈展演优秀奖;《无问西东》获自治区第六届大学生艺术展演舞蹈甲组一等奖;原创舞蹈《湘江红》获全国第六届大学生艺术展演舞蹈类二等奖,获自治区第六届大学生艺术展演舞蹈一等奖;女子群舞《象山水月》获第十一届广西音乐舞蹈比赛舞蹈类表演二等奖,获2021年“红绣球”广西舞蹈创作作品展演创作作品奖。

【民间艺术】 2021年,桂林民间文艺家协会开展“民间文化进校园”活动,将本地的非物质文化遗产融入学校教育和学生生活。罗友军在资源县举办山歌培训班4期,培训学员250多人。罗友军、莫高阳及山歌手参加自治区山歌比赛获歌王称号。集扇斋黄硕夫、黄可人父女两人在南溪山小学定期开设团扇课程,定期为学生授课,剪纸协会举办剪纸培训班4期,培训学员200余人,举办专题讲座1期,学员30余人。闵江红剪纸团队到广西师范大学、桂林旗袍协会、铁西小学、广西师范大学附属外国语学校开展剪纸分享活动。年内,举办桂林高校剪纸大赛、“建党百年”剪纸专题展览,展出剪纸作品100余幅。10月30日,组织协会会员赴秀峰区张家村开展傩文化采风,到集扇斋、剪纸工作室开展调研采风,为协会会员提供技术支持和交流。编辑刊印《桂林民间文艺家协会庆祝中国共产党成立100周年文艺作品集》,龙晓添策划撰写出版《一阅而起汉语分级阅读绘本》。

2021年10月28日,“我们的中国梦”——文化进万家活动在灵川县双潭村举行。
(市文化广电和旅游局供图)

【曲艺表演·杂技魔术】 2021年,桂林市曲艺家协会进校园、进社区、乡下演出60余场,参与第十一届桂林国际山水文化旅游节“桂林之夜”开幕式演出及非遗美学展示。广西文场《十里柚香》入选第四届中国西部优秀曲艺节目展演、广西第九届基层群众文艺会演获三等奖。桂林弹词《爽神汤》入选第十六届马街书会优秀曲艺节目展演。桂林渔鼓《临阳红》参加第九届自治区基层群众文艺会演并荣获优秀奖。创作桂林渔鼓《临阳红》、桂林渔鼓《瑶山春暖》、桂林渔鼓《读书兴中华》、广西文场《扬眉吐气》、瑶族铃鼓《瑶衣谣》等曲艺作品。复排广西文场古装戏《王老虎抢亲》。广西文场《帆过漓江天地红》《十里柚香》参加自治区旅游集市展演。广西文场《帆过漓江天地红》入选庆祝中国共产党成立100周年优秀曲艺作品并在《曲艺》杂志融媒进行网上展播、自治区庆祝中国共产党成立100周年广西艺术精品创作重点扶持项目。广西文场《帆过漓江天地红》(青年版)入选第六届“南山杯”全国新人新作曲艺展演。文场戏《漓江,1944》入选参加广西第十一届剧展。年内,桂林市戏剧家协会完成戏曲进校园活动20余场。完成传统桂剧《马前泼水》排演赴南京参加第30届梅

2021年10月28日，中央电视台综艺节目《欢乐城市派——宝藏桂林》在北京录制。
（桂林市新闻出版局供图）

花奖竞演，获梅花奖。排演大型桂剧《江姐》为中国共产党成立100周年献礼。创排大型桂剧《燕歌行》参加广西剧展演出获桂花金奖。12个剧目14名青年演员在第八届广西戏曲青年演员比赛获一等奖一名、二等奖二名、三等奖五名。承办广西小戏小品比赛。7月5日，广西文联主办，广西杂协、桂林市文艺演出有限责任公司、桂林市杂技魔术家协会承办的2021年广西魔术杂技人才培训研讨班在桂林开班，以“友谊、交流、繁荣、发展”为主题，采用专题讲座、交流研讨、现场教学等方式进行。中国杂协副主席、中国魔术艺术委员会主席李宁，中国杂协香港区代表、金牌奖国际魔术近景比赛冠军毛镇凯，中国杂技“金菊奖”获得者、魔术师廖小润，广西新桂军魔术协会副会长、中国五省魔术比赛近景优秀奖获得者彭少杰为学员授课。培训为期3天，来自自治区各地市的魔术工作者、爱好者50多人参加培训。

【电视艺术】 2021年，桂林市电视艺术家协会拓展电视艺术工作者队伍，推荐业内优秀人才参加高层次专业培训，推动媒体融合发展人才培训，推荐相关业务骨干到外地学习，开展“深入基层，扎根人民”主题实践活动，向市、自治区选送电视节目参加评审，其中纪录片《商隐诗情动桂林》入选“优秀国产纪录片作品”、《爱国爱家爱桂林讲德讲孝讲文明》和《无名英雄共和国不会忘记》获评2020“壮美广西—网播天下”原创网络视听节目推优展播活动“网络宣传片”优秀三类作品。协会会员写各类论文10余篇，分别在《新闻潮》《视听》等报刊杂志上发表。 （黄正鹏）

【庆祝中国共产党成立100周年广西优秀舞台艺术作品展演】 2021年，市戏剧创作中心创排的大型桂剧《江姐》《破阵曲》《燕歌行》入选自治区“永远跟党走”庆祝中国共产党成立100周年广西优秀舞台艺术作品展演。其中，桂剧《江姐》于6月21日和22日在桂林大剧院演出；《燕歌行》于7月16日和17日在桂林大剧院演出，7月23日在南宁剧场参加第十一届广西剧展展演；《破阵曲》于11月15日在广西师范大学演出。

【第十一届桂林国际山水文化旅游节活动】 2021年，第十一届桂林国际山水文化旅游节以“以文塑旅以旅彰文”为主题，共有“桂林之夜”沉浸式文化旅游推介暨第十一届桂林国际山水文化旅游节开幕式、桂林打造世界级旅游城市特色旅游产品及线路推介会、“桂林有礼”品牌（旅游商品）发布活动、“丝绸之路——从写实到写意”杨晓阳小幅作品及创作文献展、桂林漓泉啤酒音乐节暨国际美食展5项活动。“桂林之夜”于10月14日晚在融创国际会议中心举行，“桂林之夜”以“桂林有礼”为主题，运用舞美设计和冰屏装置打造沉浸式情境宴会厅，带给人“视、听、闻、触、味”的五感体验，创新性地展现桂林的山水、历史、人文，营造出写意唯美、缥缈灵动的桂林意境，整个活动与非遗、餐饮、舞美等融合起来。该演出将作为文旅融合精品项目保留。

【伍思亭获得“梅花奖”】 2021年5月16日，桂林市戏剧创作研究中心

2021年10月14日，“桂林之夜”沉浸式文化旅游推介演出在融创国际会议中心举行。
（市文化广电和旅游局供图）

2021 年 9 月 14 日，桂林市文联“广西文场进校园”启动暨开班仪式在象山区二塘中心校举行。（肖品林摄）

国家一级演员伍思亭领衔主演的大型桂剧《马前泼水》在南京紫金大剧场参加第 30 届中国戏剧梅花奖评选并获得“梅花奖”，是桂林市获得的第二个“梅花奖”。

【艺术精品创佳绩】 2021 年，桂林市文艺演出有限责任公司 1 名青年演员获第八届广西戏曲青年演员比赛金奖，2 人分别获银奖、铜奖，3 个作品在第十一届广西音乐舞蹈比赛中获二、三等奖。桂剧《燕歌行》、小彩调《六米街》获第十一届广西戏剧展演桂花金奖，另有 4 个小戏小品作品获银、铜奖。短视频《这就是桂林》获第六届海峡两岸青年网络视听优秀作品展最佳短视频作品。大型桂戏《桂林有缘》入选广西当代文学艺术创作工程三年规划（2022—2024）扶持项目。歌舞剧《龙脊有个金牛寨》获国家艺术基金资助项目，是桂林市文艺演出有限公司继民族歌剧《刘三姐》后获得的第二个国家艺术基金资组项目（大型作品）。

【舞蹈作品《象山水月》广获好评】 2021 年，桂林市文艺演出有限责任公司深入挖掘山水文化、民族文化，创作地方艺术特色的舞蹈作品《象山水月》。该作品获第十一届广西音乐舞蹈比赛表演二等奖，获 2021 年“红绣球”广西舞蹈创作作品展演优秀奖。10 月，赴北京参加央视《综艺盛典——欢乐城市派》节目录制；12 月，组织舞蹈研讨会围绕《象山水月》进行研讨交流。

（王善库）

公共文化

【概况】 2021 年，桂林市 14 个公共图书馆、18 个文化馆（群众艺术馆）、2 个美术馆、6 个公共博物馆（纪念馆）、134 个乡镇综合文化站对公众实施免费开放服务。年内，桂林市展览馆（桂林市花桥美术馆）新增馆藏作品 81 件，其中国画 14 件、版画 11 件、油画 18 件、雕塑 1 件、丙烯画 7 件、书法 7 件、水彩画 4 件、刮蜡纸 1 件、瓷器 3 件、儿童画 10 件。结合“庆祝中国共产党成立 100 周年”主题，共举办高质量展览活动 8 个，观展人数达 4 万人次。桂林市群众艺术馆开办各类艺术培训课共 42 期，培训 4400 人次，800 课时。“周末大家乐”广场文艺演出活动 42 场。

【文化公共服务设施建设】 2021 年，荔浦市图书馆、永福县图书馆、灵川县文化馆、灵川县三街镇综合文化站建设项目进展顺利。至年末，永福县图书馆项目竣工，灵川县文化馆和灵川县三街镇综合文化站项目封顶，荔浦市图书馆开工建设。桂林图书馆有 10 个地方数字文化资源建设项目通过验收，数字文化建设成效明显。

【桂林图书馆基础服务】 2021 年，桂林图书馆新增藏书 3.76 万种，9.11 万册，馆藏总量 360 万册。全年免费对外开放，接待读者（含线上线下）418 万人次，借阅书刊 631 万册次，网站、移动终端点击量 2016 万次，微博、微信、抖音阅读量 883 万次；数字资源总量 196.83TB。举办各类线上线下读者活动 623 场，参与人数共计 302 万人次。年内，桂林图书馆获评广西第二批自治区级中小学生研学实践教育基地，获得广西文化和旅游厅授予的第二届八桂文化艺术奖先进集体称号。馆长钟琼被人力资源和社会保障部、文化和旅游部授予“全国文化和旅游系统先进工作者”称号。

【桂林图书馆开展党史宣传教育】 2021 年，桂林图书馆发挥馆藏文献资源优势优化阵地红色文化氛围，在阅读服务阵地开辟党史学习教育红色书柜，定期推出红色图书推荐，引导社会公众大力发扬红色传统，赓续精神血脉；发挥网络宣传教育功能，挖掘视听资源，在官网、官微等开设党史教育专栏，推出“八桂党史记忆”“党史上的今天”、党史知识线上答题、爱国主义教育绘本、红色影片、红色歌曲等内容，普及党史知识、讲好广西红色故事，讲好桂林山水故事，营造知史爱党、知史爱国的浓厚氛围；接待部队、机关单位、社会组织、学校等团体到馆参观学习，深化拓展党史学习教育。

【桂林图书馆举办党史学习教育系列活动】 2021 年，自治区文化和旅游厅创新打造的公共服务活动品牌“党旗高高飘扬·走读广西”最后一站——走读湘江战役之旅在桂林图书馆启动。桂林图书馆充分挖掘和利用馆藏资源和本土红色文化旅游资源，线上线下同步开展活动，包括红色书柜、红色影片展播、线下听书、红色歌曲赏析、学党史影评活动、红色故事绘等内容。线上以馆藏红色文献资源、本地革命历史遗址、遗迹等红色场馆为主线，围绕重要革命历史事件、党史人物等内容，在微信、微博开展“党旗高高飘扬·走读广西”阅读推广。通过线下研学体验活动，组织党员干部实地走读八路军桂林办事处灵川县路莫村军需物资转运站纪念馆、龙胜各族自治县万人界长征体验区和红军岩、救亡日报旧址、何信纪念馆等地。品牌活动“谷雨诗会”结合“党旗高高飘扬·走读广西”，开展桂林人文走读活动，以走读、品读的形式重温光辉历史，接受红色教育，汲取奋进力量。年内，桂林图书馆在自治区文化和旅游厅“走读广西”品牌建设优秀奖项评选中，获2021年“党旗高高飘扬走读广西”最佳走读路线、优秀组织奖以及优秀创意推文三个奖项。

【桂林图书馆加强区域图书馆服务体系建设】 2021年，桂林图书馆进一步加强区域图书馆服务体系建设，通过区域集群建设、总分馆建设、流动图书车等措施点面结合，统筹服务网络，完善服务结构。稳步推进广西区域图书馆集群建设，桂林11个县（市）和临桂区图书馆已全部覆盖，实现图书馆业务系统的统一管理、区域资源共享等服务，并实现通借通还。合作新建馆外流通点14个，建立覆盖学校、军营、企业、监狱、社区、政府部门等的服务网点，定期提供书刊借阅服务，推送馆藏数字资源。并在此基础上探索建设不同类型的分馆，升级“资源＋服务”的建设模式，配置红色文献、经典名著、地方历史人文等资源，探索根据特定群体需求建设特色主题分馆。指导荔浦市图书馆建设自治区级文旅融合试点单位——荔江湾景区分馆并挂牌开放。加入国家图书馆文献共享借阅计划，将国家图书馆的部分馆藏复本文献投入到各级图书馆借阅流通体系。流动图书车从城区开进贫困乡村，助力乡村文化振兴。

【桂林图书馆提升线上线下阅读体验】 2021年，桂林图书馆主动适应后疫情时期图书馆的阅读推广理念变化，加强数字阅读推广，构建线上线下立体式阅读服务，通过官方微信公众号、微博、网站等全媒体平台，不间断地向读者推荐优质数字资源，涵盖电子书、有声书、视频、期刊、图片等各类型数字资源。线上推送“建党百年”“脱贫感党恩”“党史上的今天”“历史上的今天”“走读广西”“二十四节气”“我们的传统节日”“我们的传统技艺”等主题内容，宣传普及党史知识，传播中华优秀传统文化；通过开展线上故事会、线上讲座、线上培训、线上咨询、线上展览等活动，满足市民的数字阅读需求。线下举办听书活动、优秀电影电视剧展播等活动，助力读者获取更多阅读和学习途径。同时广泛开展社会合作，通过电视、网络、“学习强国”APP、报纸等平台加强图书馆特色资源全媒体推广，更好地完善服务内容，提高服务水平，提升阅读推广效果。

【桂林图书馆“图书馆＋律师”项目启动】 2021年，桂林图书馆与桂林市律师协会签署《“普法惠民伴您同行”公益法律服务项目战略合作协议》，标志着广西首个“图书馆＋律师”联手公益法律服务项目启动。该项目以桂林图书馆为平台，聚合丰富的法律文献信息资源和优秀的法律专业人才，免费为群众提供便捷专业、精准高效的公共法律服务。全年共开展48场“法律专家面对面”咨询活动，为群众解决实际法律问题，服务群众201人次。

【桂林图书馆公共数字文化建设】 2021年，桂林图书馆完成2018—2020年中央补助地方数字文化建设资源建设项目验收工作，验收地方资源建设项目10个。参加2020年公共数字文化3个建设项目（《广西地标》《广西百工》（二）、听遍桂林山水文学篇（三））结项答辩并通过自治区文化和旅游厅验收。验收数字图书馆推广工程资源联合建设项目11个，完成自治区内专家验收并上报国家图书馆参加验收。积极推进地方特色数字资源项目建设，补充丰富桂林抗战文化专题资源库项目资源内容，增加“文化活动、遗址遗迹、文化城名人、研究论文”等数据内容。积极参与2021年度全国智慧图书馆体系建设，承接知识资源颗粒度建设和标签标引项目，延续申报基础数字资源项目，为公共图书馆管理和服务的智慧化建设做好准备。

（王善库）

文化产业

【概况】 2021年，市文化广电和旅游局调整完善桂林大健康和文旅产业工程指挥部领导小组工作机构，确保指挥部办公室工作高效运转。指导17个县（市、区）建立健全相应工作机制。筹办2021年推动文旅振兴暨“十四五”文旅开新局工作会议有关大健康和文旅产业工程指挥部会议工作，编辑完成《2020年大健康和文旅产业典型案例汇编》等材料，出台《桂林大健康和文旅产业工程指挥部2021年工作要点》。建立项目清单化管理机制，对2021年桂林市大健康和文旅产业重点项目进行梳理，对符合条件的项目实行清单化管理并进行动态调整，梳理和编制《桂林市2021年重点推进大健康和文旅产业重大项目表》，首批共入库大健康产业项目27个，文旅产业项目35个。年内，桂林市72个自治区绩效备案项目完成投资112.5亿元，其中，15个新开工重大项目完成21.4亿元。

【文化产业示范园区和示范基地创建验收工作】 2021年，市文化广电和旅游局组织推荐文化旅游企业参加2021年自治区级文化产业示范园区及示范基地创建验收工作。桂林千古情演艺发展有限公司、桂林广恒工艺品有限公司获自治区级文化产业示范基地命名，桂林民华科技发展有限公司列入自治区级文化产业示范园区创建单位，桂林巅峰文化科技股份有限公司、桂林智神信息技术股份有限公司列入自治区级文化产业示范基地创建单位。

【漓江歌剧院项目建设】 2021年，漓江歌剧院完成与37家相关部门或单位签订59份合同相关手续，合计4.6

亿元，年内，项目外围绿化提升加快推进。

【招商工作成效】 2021年，桂林市72个自治区绩效备案项目完成投资112.5亿元，其中15个新开工重大项目完成21.4亿元。征集梳理大健康和文旅产业招商项目57个，出台《2021年桂林市大健康和文旅产业招商项目手册》《桂林市2021年重点推进大健康和文旅产业重大项目表》，编制首批共入库大健康产业项目27个，文旅产业项目35个。9月14日—17日，桂林市在杭州、北京开展大健康和文旅产业招商推介活动，现场签约3个项目共14.85亿元。年内，桂林市61个文旅大健康类别项目参与推介，总投资约868亿元。 （王善库）

文化市场管理

【概况】 2021年，市文化广电和旅游局出动执法检查人员3万人次，检查文旅企业1万多家次，收到文化旅游市场投诉、举报、咨询、求助和建议等信息共1564件，立案55件，罚没款达53万余元，为游客挽回经济损失94多万元。开展各类导游培训17场，培训人数超过2000人次。积极为近30家规上旅行社申请到奖励资金220万元，为300多旅行社办理暂退质保金5781万元。制定出台社会导游参加工伤保险政策文件，申报投诉仲裁和信用承诺2个文旅部试点项目。两个案件获评文化和旅游部优秀案件。

【文化经营场所建设】 2021年，市文化广电和旅游局通过市旅游投诉中心、12345、12301、12318等平台，收到文化旅游市场投诉、举报、咨询、求助、建议等信息共1584件，其中涉旅行社类172件（旅行社类125件、非旅行社类47件），举报类33件，咨询、求助、建议等信息1379件，为游客挽回经济损失约130多万元。共立案57件，作出行政处罚62件（含2020年立案案件6件），其中文化市场案件15件、旅游市场案件38件、新闻出版案件9件。结案61件（含2020年处罚案件8件），停业整顿企业5家，依法取缔企业2家。

【文化领域“扫黄打非”】 2021年，市文化广电和旅游局组织开展“清源2021”“固边2021”“护苗2021”“净网2021”“秋风2021”“少儿出版物”“2021绿书签行动”校园周边文化环境等专项整治行动。重点对校园周边打字复印店、快印店等开展联合检查，严查印制有害出版物、文稿资料等行为，清查宣扬淫秽色情等有害内容的非法出版物；对KTV等娱乐场所及网络音乐平台传播有害歌曲等进行巡查监管，加大实地检查、网上监测力度，重点清理涉政治性宗教类、色情低俗、暴力恐怖等有害歌曲传播，有力净化市场环境；对培训机构非法出版、盗版教材教辅行为及印刷企业非法盗印等侵权行为开展执法检查，严厉打击非法传播有害出版物和各类盗版侵权行为。年内，共开展“扫黄打非”专项检查行动189次，其中联合其他单位检查29次，检查各类场所519家次，出动检查人员2112人次。“扫黄打非”案件共立案9件，办结9件，没收出版物254本，罚款4400元，没收违法所得1003元。

【文化市场专项整治】 2021年，桂林市人员开展专项行动25次，出动检查人员1082人次，检查场所275家次，网络巡查互联网文化单位网站12个，立案1件，收缴“口袋本”图书80余本、非法出版图书262余册、“刮刮乐”1000余张、非法音像制品120余张；发放《告家长书》1500余份、《致家长的一封信》7600份；劝离销售出版物流动摊贩800人次；教育学生及家长670人次。依法查处违法安装、擅自使用卫星电视广播地面接收设施行为，确保广播电视播出安全。检查卫地设施397家次，立案查处2家，下发责令整改通知书60余份，拆除地面卫星接收器（天线）34个，居民自行拆除55个。开展文物保护单位巡查6次，巡查文物保护单位106家次，立案查处1件。依法对桂林市兴鸿置业有限公司破坏文物的违法行为作出责令改正并处30万元罚款的行政处罚。通过严厉打击和法律法规宣传，较好地提高广大群众对文物保护的意识，有效维护桂林市文物的安全。

【文化市场执法】 2021年，市文化广电和旅游局为进一步规范执法工作流程，严格执法程序，提高执法水平，建立健全《桂林市文化市场综合行政执法人员行为规范》《桂林市文化市场综合行政执法支队案件处理常用流程暂行规定》《桂林市文化市场综合执法支队行政执法流程及注意事项》《桂林市文化市场综合行政执法支队案件集体讨论暂行规定》《桂林市文化市场综合行政执法支队文化市场投诉（举报）处理规定》《桂林市文化市场综合行政执法支队重大案件移送制度》等相关执法工作制度。在桂林市公共信用信息平台、国家企业信用信息公示系统、桂林市政府门户网、局文化事业和旅游事业网站等网站平台公示行政处罚信息共53条（不含新闻出版9条），公示率100%，公示合格率100%。 （王善库）

非物质文化遗产

【概况】 2021年，桂林市新增桂林市级非物质文化遗产项目代表性传承人56人；新增自治区级非物质文化遗产项目代表性传承人28人。现有国家级非遗代表性传承人7人，自治区级非遗代表性传承人90人。“壮族三月三”期间，桂林市遴选1个国家级非遗项目、3个自治区级非遗项目参加广西壮族自治区文化和旅游厅举办“广西有味·百县千菜”——2021广西非遗特色美食大赛活动，遴选桂林米粉、桂林三宝（三花酒、豆腐乳、辣椒酱）、桂林漆器、恭城油茶6个项目参加广西壮族自治区文化和旅游厅举办“壮族三月三·八桂嘉年华”分会场系列展览展演活动。

【“文化和自然遗产日”宣传活动】 2021年“文化和自然遗产日”，桂林市遴选桂林漆器、桂林圆竹剖丝团扇、恭城油茶参加北海主场活动进行展示。6月10日—11日，桂林市2021“非

2021 年,桂林市戏曲进校园活动走进翠竹小学。（市文化广电和旅游局供图）

遗日"活动首次在非遗体验馆举办,市非遗中心打造西山雅集生活美学体验和"八桂戏韵"沉浸式戏曲体验,展现桂林漆器融于生活的生动实践,通过传统曲艺、传统戏剧演艺以及传统技艺与时尚理念的融合,让非遗走入生活,用民众喜闻乐见的形式集中展示桂林非物质文化遗产保护新成果,通过线上宣传普及非遗法。

【非遗文创产品展示】 2021 年,在广西全域旅游大集市举办期间,桂林漆器、桂林石画、桂林彩拓、桂林团扇等传统技艺、传统美术类非物质文化遗产项目有机嵌入,展现桂林非物质文化遗产特色,营造良好活动氛围。"桂林之夜"沉浸式文化旅游推介会暨第十一届桂林国际山水节在融创国际会议中心开幕,精心组织打造"品味生活,寄情山水"非遗美学展,文人雅趣与当代美学空间交融,古典雅致与现代风尚的碰撞,创新性展现桂林的山水、历史、人文,传递出桂林人独特的生活态度。同时组织桂林米粉、恭城油茶、桂林漆器、桂林柚器、桂林团扇等非遗项目参加 2021 中国－东盟博览会旅游展,面向各地宣传桂林市非遗的文化和非遗文创产品。

【非遗传承实践】 2021 年,桂林市推进非遗进校园活动。市戏剧创作研究院和市群众艺术馆分别到桂林市逸仙中学、桂林中学、桂林市第十九中学、石油小学、西山小学、大河中心校、南溪山小学等学校开展戏曲进校园演出活动,观看演出的师生近 1000 多人次。桂林集扇斋文化创意有限公司将桂林圆竹剖丝团扇制作技艺带入南溪山小学校园,走进课堂,开设具有南溪特色的团扇艺术校本课程,把团扇文化打造成特色鲜明的校园文化。年内,开展团扇制作课程 210 余课时,培训学员 8000 余名。桂林市残联、桂林惠仁旅游产品开发有限公司、桂林石画传承人与桂林市平山小学多方合作,在平山小学成立本土色石镶嵌画非遗工作室,让桂林石画走进校园。开展培训班 10 余次,惠及师生 200 余人。桂林剪纸传承人带领剪纸协会走进广西师大、建安小学、铁西小学、中华小学等合作开展剪纸教学兴趣班,开展课程 700 余课时,培训学员 600 余名。

（王善库）

文物·博物

【概况】 2021 年,桂林博物馆共接待 65.91 万人次,开展线下活动 95 场,参与活动 59842 人次;线上活动 34 场,观众浏览量达 58.5 万人次。组织编制完成《桂林靖江王陵国家考古遗址公园一期(保护利用设施)工程初步设计及概算》,落实中央预算内资金 1600 万元。靖江王陵与国文科保(北京)新材料开发科技有限公司共建"中国桂林·石质文物保护工作站"。完成 2021 年靖江王陵散葬民坟 425 座搬迁任务。调查桂林市 16 处摩崖造像 210 余龛 640 余尊,新发现唐代芙蓉山摩崖造像和宋代芦笛佛塔石刻。

【国家考古遗址公园建设推进】 2021 年,桂林博物馆组织编制完成《桂林靖江王陵国家考古遗址公园一期(保护利用设施)工程初步设计及概算》,落实中央预算内资金 1600 万元。6 月 25 日,举行"靖江王陵国家考古遗址公园开园仪式",新展示馆对外开放,形成靖江王陵"三陵一馆一基地"新格局。完成靖江王陵赵氏次妃墓保护及环境整治工程,该工程的实施对保护展示靖江王陵墓群序列的完整性和丰富靖江王陵国家考古遗址公园游览内容具有重要意义。靖江王陵与国文科保(北京)新材料开发科技有限公司共建"中国桂林·石质文物保护工作站"。完成 2021 年靖江王陵散葬民坟 425 座搬迁任务。

【革命文物保护】 2021 年,桂林市编制完成《桂林市红色文化旅游概念性规划》,明确未来桂林革命文物保护工作和红色旅游发展方向;完成广西省立艺术馆、红军街环境整治、广西人民革命大学旧址等革命文物保护工程。落实《关于加强红色遗址、革命文物和纪念设施保护工作的通知》精神,组织开展对桂林市革命历史类纪念设施有关问题开展深入的核查排查。

【传承红色基因】 2021 年,桂林博物馆策划组织"学党史感党恩"主题系列活动 10 余场次,共 658 名未成年参加。结合传统民族文化和节庆文化,继续打造《年味就在博物馆》《你好!三月三》系列富有"桂博特色"的民族文化节庆活动,与庆祝中国共产党成立 100 周年主题相结合,演绎和传承优秀的民族文化,彰显文化自信。年内,开展线下活动 95 场,参与活动 59842 人次,未成年人 23779 人次。以"流动博物馆"的方式,开设博物馆文化课堂,采用"走出去"的形式开展巡展及各种体验活动进企业、社区,参与活动达 1100 多人次。

【文物收藏保护】 2021年,桂林博物馆做好文物保存环境系统平台相关设备的全面维检工作,保证各种设备能正常运行。推进珍贵文物数字化保护项目工作。文物征集有新突破,接收画家吕光远捐赠的书法作品114件(套);征集其他类藏品3件(套)。完成周小兰魁家属捐赠其生前物品1000余件的各项文物信息采集。年内,共征集藏品1341套1344件,其中契约类1335件(套)。

【靖江王陵大遗址考古取得新发现】 2021年,桂林博物馆编制完成《靖江王陵大遗址考古工作计划(2021—2025)》。与市文物保护与考古研究中心合作开展叠彩区新民村委靖江王宗室墓抢救性考古发掘工作,发现保存完好的高等级宗室墓。与浙江大学合作实施悼僖王陵物探考古项目,开创靖江王陵考古+科技的新探索。实施完成赵氏次妃墓、六辅将军墓的考古清理项目,其中六辅将军墓考古清理出土的神道碑残碎件,更正原普查资料中定为将军墓的错误,实为悼僖王朱赞仪耿夫人(即庄简王朱佐敬生母)之墓,发挥考古资料正史的作用。同时,完成靖江王陵文物标本室与修复室的筹建工作。

【靖江王陵保护和古遗址公园规划编制】 2021年,靖江王陵保护规划修编和靖江王陵国家考古遗址公园规划编制工作启动。悼僖王陵和怀顺王陵保护及环境整治工程通过自治区文化和旅游厅组织的验收。实施完成赵氏墓保护及环境整治工程,实施靖江王陵石刻保护前期勘察项目。悼僖王陵和怀顺王陵保护展示项目、六辅将军墓保护修缮项目通过国家文物局的批准立项,编制靖江王宗室墓迁移保护方案。与国文科保(北京)新材料科技有限公司合作共建"中国桂林·石质文物保护研究工作站",建成石刻科技保护实验室;与桂林电子科技大学合作组建"广西文化遗产数字化保护与利用研究院",实施靖江王陵石刻三维扫码保护工作。靖江王陵保护与科技融合,开创广西文化遗产保护利用新模式。

【公园建设实现新突破】 2021年,桂林市完成靖江王陵墓群33处重要遗址点的地籍测绘和土地权属调查工作。争取中央预算内资金1600万元和市级配套资金40万元,实施靖江王陵国家考古遗址公园一期工程,完成靖江王陵展示馆提升改造及《靖江藩国故事》展陈项目,完成庄简王陵祾恩殿陵祭场景、康僖王陵地宫复原展示,建成票务中心、多功能影院、接待室、研学基地、北大门、旅游厕所、标识标牌等基础设施。6月25日,靖江王陵国家考古遗址公园举行开园仪式,实现靖江王陵开放格局从"一陵"到"三陵一馆一基地"的新突破。

【靖江王陵被命名为桂林市科普教育基地】 2021年,靖江王陵被命名为桂林市科普教育基地,发挥靖江王陵遗址公园的社教功能。累计开展12次社教宣传活动。举办6次移动展览、5场讲座,参加活动的人数超过5000人次。其中,"二月二·春舞龙头""文化进校园——走进西南中心校""'5·18'博物馆日——走进卓然小学""科技活动周活动——走进靖江王陵,探索六百年科技之光活动",以及"快乐六一,觅古寻芳"靖江王陵六一特别活动、"靖江藩王文化小使者"活动、"行走的课堂"之靖江王陵探秘研学活动、走进恭城瑶族自治县"中华民族一家亲,同心恭筑中国梦"等主题文化活动反响较大,社会效益显著。 (王善库)

桂林红军长征湘江战役文化保护传承

【概况】 2021年,桂林红军长征湘江战役文化保护传承中心办公地址在桂林市临桂区青莲路投资发展商务大厦。内设机构5个。年内,桂林红军长征湘江战役文化保护传承中心细化、调整、修改红军长征湘江战役纪念园凭吊广场主体浮雕"红军魂"雕塑长廊、"战地救护所"主题雕塑、六组主题雕塑。6月30日,完成全部建设任务。11月3日,完成竣工验收。

【红军长征湘江战役纪念设施参观接待】 2021年,红军长征湘江战役纪念设施红军长征湘江战役纪念园(馆)、红军长征突破湘江烈士纪念碑园(馆)、湘江战役新圩阻击战酒海井红军纪念园(馆)累计接待3.77万批次,775.91万人次参观;4月25日,中共中央总书记习近平到红军长征湘江战役纪念园,向湘江战役红军烈士敬献花篮,参观红军长征湘江战役纪念馆,缅怀革命先烈,赓续共产党人精神血脉,吸引广大红色研学者参观学习。5月1日至12月31日,累计接待2.9万批次569.67万人次参观。

【长征国家文化公园广西段规划建设】 2021年2月,桂林市确定长征国家文化公园广西段红军长征文化遗产廊道(一期)、兴安县湘江战役中央纵队界首渡江遗址公园(一期)(以下简称"一廊一园")为桂林市庆祝中国共产党成立100周年献礼项目。6月30日,"一廊"(一期)重点完成全州、兴安、灌阳段建设涉及里程约193千米,建设红色驿站、红军步道、文物修复、文化标识等总计24个节点项目(其中全州县8个、兴安县11个、灌阳县5个)。"一园"(一期)重点建设完成文物监测中心、红军浮桥、红军街、生态停车场、红军渡江雕塑群、公园标识等11个单体子项目,项目完成投资约6000万元。8月,确定9个项目获批纳入国家发改委"十四五"规划保护传承利用工程项目储备库,其中桂林市湘江战役步行体验道路建设项目、全州县红军长征湘江战役三大渡口遗址保护传承工程2个重点项目,桂林市兴安县界首镇红色古镇暨历史文化名镇建设项目、兴安县红军长征湘江战役中央纵队界首渡江遗址公园建设项目、龙胜各族自治县长征文化旅游复合廊道建设项目、兴安县中央红军翻越老山界遗址建设项目、资源县中锋镇红军长征旧址保护展示项目、灌阳县红军长征入桂关口遗址保护利用项目、桂林市兴安县长征国家文化公园(广西段)溶江镇金石红军故道改建及配套设施建设项目7个一般项目。9个项目均完成项目建议书、可行性研究报告。12月16日,国家文化公园建设工作领导小组办公室正式批复

《长征国家文化公园(广西段)建设保护规划》。年内,筹划完成红军长征湘江战役纪念设施革命文物预防性保护及数字化保护6个项目立项。

【湘江战役历史文化集成研究】 2021年4月,内部出版《为了不能忘却的纪念——红军长征湘江战役纪念设施建设和遗址遗存保护图册》《习总书记的关怀八桂儿女的守护——红军长征湘江战役纪念设施建设和遗址遗存保护图册》。9月,广西人民出版社出版由桂林红军长征湘江战役文化保护传承中心协助自治区政协编写新图书《湘江,为你守候》,该书被中共中央宣传部列为2021年主题出版重点出版物和广西庆祝中国共产党成立100周年主题出版项目。10月,结题报送中央党史和文献研究院课题研究“湘江战役史实考辨”考辨文字和采访影像资料,完成国家文物局项目兴安县界首镇湘江战役文物利用展示大纲,并打造党史精品课件2个、湘江战役舞台情景党课1台,初步达成广西和央视联合拍摄湘江战役红三十四师电视剧共识。

【庆祝中国共产党成立100周年红色文化主题活动】 2021年3月,桂林红军长征湘江战役文化保护传承中心举办庆祝中国共产党成立100周年“弘扬长征精神感党恩跟党走”主题征文比赛,762人参赛,收到915篇作品,推选一等奖10篇、二等奖20篇、三等奖40篇、优秀奖30篇;4月,桂林红军长征湘江战役文化保护传承中心和桂林市文化体育产业投资发展集团联合主办华语大师公开课全国巡讲公益行·桂林红色之旅暨声音的重量·华语名家红色名篇配音朗诵会,80余位北京华语艺术家、桂林华语少年朗诵艺术团小演员同台献演;5月31日,桂林市“血战湘江·突破包围”精品线路入选文化和旅游部联合中共中央宣传部、中央党史和文献研究院、国家发展改革委推出的“建党百年红色旅游百条精品线路”;6月4日,中共桂林市委党史学习教育领导小组办公室主办“感党恩跟党走”红色故事大赛,桂林市100多百名选手参赛;6月29日,中共桂林市委宣传部组织中央、自治区和桂林市属新闻媒体开展“重走长征路奋斗新征程”革命传统教育暨“打卡红色教育基地”活动;6月30日,中共桂林市委党史学习教育领导小组、中共桂林市秀峰区委、区人民政府在东西巷和独秀峰·王城景区举办“红色桂林·百年足迹”主题活动;7月5日,桂林红军长征湘江战役文化保护传承中心参加国家文物局指导、中国文物学会等主办的革命文物保护利用实践与理念创新论坛,荣获第二届(2020)全国革命文物保护利用十佳案例授牌;7月19日,参加国家文物局、江苏省人民政府主办的“用好红色资源,赓续红色血脉”主题2021年中国革命纪念馆高质量发展峰会;9月27日,第十七届中国(深圳)国际文化产业博览交易会,广西展馆特别规划“百年潮起壮乡红心”展区,多家桂林市红色旅游企业参展;10月15日,2021年中国–东盟博览会旅游展在桂林国际会展中心开展,桂林红军长征湘江战役文化保护传承中心与桂林市红色旅游协会参展设置“红色·桂林之旅”展区,展出《血战湘江》图书和“红色记忆”文创作品,推介全州红油米粉、灌阳红薯粉和纪念红军长征胜利85周年“血战湘江·红色桂林”主题桂林米粉;12月29日,自治区文化和旅游厅、桂林市人民政府在桂林市举行广西自驾游大会暨广西红色文化旅游协会揭牌仪式。

2021年5月20日,社会各界自发组织到红军长征湘江战役纪念馆参观学习。(何平江摄)

【湘江战役红色文化宣传教育】 2021年4月25日起,桂林市通过央视新闻、人民日报、新华社等主流媒体采访报道中共中央总书记习近平视察广西相关内容,共播放电视报道、发表新闻稿件500余篇。加强桂林生活网“弘扬长征精神传承红色基因”专题和桂林市红色旅游协会“红色·桂林”网站建设,其中“网上祭英烈”板块,点击量100万次,网络鞠躬、鲜花353.39万次,“桂林红军长征湘江战役文化保护传承中心”创建微信公众号,截至12月31日,总用户人数达500人,累计群发湘江战役红色图文信息600余条。

【湘江战役区域交流宣讲推介】 2021年,桂林市组建培养红色讲解员队伍,规范深化红军长征湘江战役纪念馆讲解词,举办红色文化旅游景区及场馆管理人员党史学习教育与红色讲解员业务能力提升培训班、湘江战役文化史实培训班,累计培训2500多名红色讲解员。探索红色培训教育新方式,开展湘江战役纪念设施馆外讲解员培训,将理论学习与现场示范融合,实行笔试和点上讲解面试检验培训效果;推进红色文化进校园,启动桂林市中小学生“红军长征突破湘江”研学活动,培养新时代红色文化传承人。全年宣讲31场次,受众2000余人。宣讲《弘扬长征精神坚定理想信念——红军长征湘江战役》14场,《桂林红色之路——中共桂林地方历史》3场,《红军长征过桂北民族政策》2场,《全面解读十九届六中全会精神》2场。2020年12月6日，第四届“红军长征论坛”筹备工作交流会在桂林市召开，2021年第四届“红军长征论坛”完成前期筹备工作，落实“红军长征论坛”党政领导联席会议制度和专题会商制度，完善桂林、遵义、延安、赣州、丽水、阿坝六市（州）常态化交流合作机制，邀请福建省龙岩市和湖南省永州市加入“红军长征论坛”，加强文化旅游、红色教育培训、产业经贸、互联互通、长征国家文化公园建设合作，重点联合策划红色基础设施项目，初步形成第四届“红军长征论坛”战略合作共识等材料。（黄安跃）

新闻出版

【概况】 2021年，桂林市新闻出版局办公地址在桂林市临桂区西城中路69号。内设科室3个。年内，桂林市有广西师范大学出版集团有限公司、漓江出版社有限公司、桂林日报社、《南方文学》《社会科学家》等出版单位，有各类印刷企业218家、出版物发行单位510家。

【出版发行管理】 2021年，桂林市新闻出版局坚持正确出版导向，不断提升出版质量。对申请内部资料准印证的单位，一律进行前置审核。严把出版内容关、人员资质关、印企资质关，凡不符合规定的，一律不审核通过。完成市直27个单位42种（其中市委3种重大题材内容）内部资料出版前的审读工作。同时加强事中事后监管，全年无导向错误等事故发生。强化出版物行业监管。重点检查印刷发行各个环节上有无经营各种非法出版物，确保出版、印刷、发行市场安全。组织开展对桂林市出版物市场“双随机一公开”检查1030家（次）。其中，完成自治区下达的“双随机、一公开”抽查任务59家（次），其中印刷企业39家（次），占桂林市印刷企业210家（次）的18.57%；发行企业20家，占桂林市发行企业414家的0.05%；完成与桂林邮政联合发起“双随机、一公开”抽查任务2个。保证出版物市场源头不出现任何问题。年内，广西广大印务有限公司获自治区新闻出版局首批“广西示范印刷企业”称号。

【农家书屋管理工作】 2021年，桂林市在广西率先启动农家书屋出版物配送工作，指导和督促完成市内1723个村点配送图书95种、16.36万册、价值502.7万元。图书的接收、登记、分类、上架、开放和借阅管理等服务工作，满足农民群众对文化的需求。及时启动“农家读书角”建设工作，完成自治区下达桂林市“农家读书角”自治区示范点建设任务14个，建成17个，完成任务的120%。其中，完成自治区示范点14个，自建点3个。依托农家书屋平台阵地组织开展“我的书屋，我的梦”农村少年儿童阅读实践活动。开展各类阅读活动503场（次），涉及学校学生21000人（次），收集到各类作品4700多篇（幅），选送到市212篇；收集绘画、手抄报、书法作品417幅。组织评选出各类作品110篇（幅）上报自治区，共获得优秀作品等17个奖项，其中获国家新闻出版署优秀作品奖1个。

【全民阅读活动深入开展】 2021年，桂林市举行以“阅读百年史·奋进新征程”为主题的全民阅读活动启动仪式，围绕4个方面开展17项阅读活动。开展全民阅读“十进一创”活动。市领导为乡村党组织赠送党史书籍2296本。各级党委（党组）理论学习中心组征订《中国共产党简史》《社会主义发展简史》《改革开放简史》1.2万多册。征订《论中国共产党历史》等4本书籍109万多册，向基层赠送党史书籍42万余本。桂林市各单位开展全民阅读推广活动进机关、进学校、进企业、进村组、进社区、进家庭、进工地、进军营、进特殊人群、进网络及相关网站，争创“书香之家”系列活动。组织开展“新时代乡村阅读季”、中华经典阅读大赛、爱国主义读书活动、“我邀明月诵中华”爱国诗词大赛、“颂百年风华传红色基因”读史颂党爱国亲子阅读、故事会、书画展、图书捐赠等活动3000多场次，捐赠图书300多万元，惠及服务群众40多万人（次）。10月10日，市委宣传部深入资源县枫林阁易地扶贫搬迁安置小区粤桂扶贫协作服务站举行图书捐赠活动，活动当天捐赠图书一批价值6500多元。年内，桂林市各级依托农家书屋，开展形式多样的文化活动，优化农家书屋阅读氛围。使农家书屋成为宣传党的方针政策、传达党和政府声音、学习党史以及组织观看的中国共产党成立100周年大会直播和2021年“新时代乡村阅读盛典”活动的重要场所。农家书屋开展“阅读百年史奋进新征程”为主题的各种阅读活动2000余次。

【桂林新华书店品牌建设】 2021年，桂林市新华书店有限公司围绕创新发展、转型升级，聚焦主责主业抓突破，创新思路谋发展，全年一般图书销售码洋1.34亿，增长40.5%。营业总收入3.4亿元，增长19.6%；利润总额1678万元，增长14.27%。全员劳动生产率为每人23.43万元。年内，把宣传庆祝中国共产党成立100周年作为首要任务。设17个专柜专架做好庆祝中国共产党成立100周年优秀出版物系列推荐、征订、发行工作。发行党史学习教育四本指定用书109万册，销售码洋1.3亿元，党员平均覆盖率100.11%；《红色传奇》发行56万册，码洋888万元。发挥资源优势，开展形式多样的阅读分享、主题团课、讲红色故事等系列活动，开展全民阅读活动80余场。深入社区、单位、村镇开展流动售书30余次；开展“青少年爱国主义读书教育活动”等进校园主题活动10多次；新华美术馆举办各类书画展10余次。在教材教辅征订的统一规范管理，严格按照“中小学教材发行管理办法”的要求，确保“课前到书，人手一册”，做到按时、保质、保量把征订工作落到实处。2021年全桂林市教材教辅预计销售码洋2.13亿元，增长12.26%。完成各县公司门店升级改造。改造后的营业面积增加4000平方米，增加展示图书3.8万种；象山·书房、兴安中学首家校园书店建成，探索经营图书到经营文化，多元化经营模式。（李玲）

【政府机关使用软件正版工作年度考核】 2021年11月24日—26日，自治区党委宣传部版权管理处到桂林市开展政府机关使用软件正版化年度考核工作，桂林市使用正版软件工作领导小组派出督查组。随机抽查党政机关15家。对政府机关使用正版软件安装使用情况及日常管理工作情况进行督查。督查采取听取汇报、查阅资料台账和实地随机抽查计算机等方式，共检查计算机312台。

2021年，桂林市开展电影公益放映活动，全年放映公益电影19896场次。

（市新闻出版局供图）

【农村公益电影放映】 2021年，桂林市全年农村电影公益放映任务数为19836场，全年11县（市）和6城区共放映19896场，已完成年度放映任务数的100.3%。累计观影人数132万人次。

【全市电影业发展】 2021年，桂林市共35家院线影院，全年放映场数29.55万场，观众人数291万人次，放映收入9768万元。桂林市电影公司营业总收入为779.47万元，增长56.74%。2021年桂林市电影公司利润总额-72.79万元。桂林市电影公司全年全员劳动生产率为447.36万元，净资产收益率为-13.64%。

（黎辉海 蒋亚莉）

【“扫黄打非”专项行动】 2021年，桂林市将集中整治与日常检查相结合，深入开展“清源、固边、净网、护苗、秋风”五大专项行动，共查办“扫黄打非”案件87件。其中，刑事案件12起，两起被列为全国挂牌督办案件。市公安局治安管理警察支队被评为2021年全国“扫黄打非”先进集体。扎实履行意识形态工作主体责任，修订完善《桂林市“扫黄打非”工作责任制》；扎实推进“扫黄打非”进基层，打造“扫黄打非”主题宣教园7个；创新宣传教育形式，组织开展“扫黄打非·我们共同的责任”征文绘画比赛，其中3件作品获得自治区级奖项。年内，桂林市“扫黄打非”工作，年度考评位列自治区第三名。 （蒋睿 韦松谷）

【桂林日报社】 2021年，桂林日报社办公地址在桂林市临桂区山水大道49号。内设部室18个，主办有《桂林日报》《桂林晚报》《体坛导报》、桂林生活网和新闻资讯客户端(APP)“第一时间”、微信公众号“桂林晚报”及“桂林晚报微博”，另有参股公司3家。年内，该社有2件作品获2020年度广西新闻奖一等奖、2件作品荣获二等奖、7件作品荣获三等奖。

年内，该社在《桂林日报》《桂林晚报》、桂林生活网（“两报一网”）和新媒体上，开辟110多栏目，推出系列策划报道和特别报道70多个，累计发稿3万多篇（幅）。

该社推出中共中央总书记、国家主席、中央军委主席习近平视察广西及桂林宣传报道。开辟专栏、栏目，策划推出“问漓哪得清如许”“忠魂与丰碑”“风生水起看桂林——打造世界级旅游城市”等特别报道，推出反映桂林经济社会发展成果的系列综述，报道桂林市上下学习贯彻落实中共中央总书记、国家主席、中央军委主席习近平视察广西及桂林重要讲话和重要指示精神的情况。

年内，该社推出庆祝中国共产党成立100周年宣传报道。开设“庆建党百年 谱八桂新篇”“奋斗百年路 启航新征程”“感恩党 跟党走”“春华秋实100年 励志桂林再出发”“深入学习贯彻落实习近平总书记‘七一’重要讲话”等专栏，对中国共产党成立100周年来的重大事件、重大成就、桂林产生的英雄人物、桂林取得成就、七一庆祝活动等进行系统报道，共推出120多个整版，刊发1500多篇（幅）。

2021年，该社推出桂林市党史学习教育宣传报道。在“两报一网”及新媒体上开设“在习近平新时代中国特色社会主义思想指引下迎建党百年 谱八桂新篇党史学习教育”“奋进百年路启航新征程”“党史学习教育问答”“桂林红色足迹”“桂林数风流人物”“红色传家宝”“向党说句心里话”等系列栏目，对桂林市开展党史学习教育进行全面深入的宣传报道，共发稿1100多篇（幅）。

年内，该社围绕桂林建设世界级旅游城市、创全国文明城、工业振兴等重大题材，讲好桂林故事。抓住“建设世界级旅游城市”这个主题，开设“牢记总书记嘱托全力打造世界级旅游城市”栏目，策划推出“风生水起看桂林——打造世界级旅游城市”“打造世界级旅游城市高端访谈”“他山之石”“我为打造世界级旅游城市建一言”等系列报道，为桂林世界级旅游城市掀起新的舆论高潮。针对桂林工作振兴题材，策划推出“全市上下齐心协力奋力推进工业振兴”“走进重大项目”“回顾十三五展望十四五”“开局十四五 奋进新征程”等10个栏目，其中，《桂林日报》刊发的《中国首台便携式遥控折叠装卸机器人在桂林问世》报道，《桂林晚报》推出的“推进工业振兴我们怎么办”特别报道共四期8个版，引起中央、自治区等媒体关注，产生良好宣传效果。

2021年，该社主动推进媒体融

2021 年 5 月 12 日,《桂林日报》创刊 70 周年座谈会召开。 (何平江摄)

合发展,不断壮大媒体矩阵,稳步推进新媒体的"两微一端"建设,设立调整新闻媒体运营部,制定以微信公众号为核心,各平台全面开花的发展思路,完善全媒体保障机制和激励政策,加强原创和突发事件、重大事件的报道力度,对一些重大新闻事件开展同步直播。全年全网平台粉丝覆盖量 65 万 +,全网发布稿件 1 万篇以上,视频直播 23 场,抖音发布作品总量 1929 个,视频号发布作品总量 729 个。

年内,该社开展党史学习教育,举办读书班 1 期,中心组专题学习 3 次,党组书记讲党课 2 次,其他班子成员分别在所在的党支部上讲党课,组织全体干部收看庆祝中国共产党成立 100 周年大会,部署学习习近平总书记在庆祝中国共产党成立 100 周年大会上的讲话精神;邀请党史专家讲党课,组织观看红色电影《大会师》《悬崖之上》《邹碧华》;收看"十场名家"党课、勤廉榜样先进事迹主题情景报告会;组织"党史故事大家讲""党史知识大家答""红色歌曲大家唱""入党誓词大家宣""二万五千里长征大家走""党员心声大家谈"等活动,开发"百年辉煌·党史百课"课程《没有硝烟的战线——百年桂林红色报业史》,获二等奖。同时与市直机关工委、市消防救援支队、武警桂林支队、南溪山医院、交通银行桂林分行、中国邮政桂林分公司等单位开展党史教育联学联建活动,促进报社全体党员干部学史明理、学史增信、学史崇德、学史力行,以学习成效推动报社发展上新台阶。

2021 年,面对严峻的经营形势,该社进一步转变思想观念,创新工作思路,加强活动策划,对经营工作做到抓得早、抓得严、抓得实,有困难一起扛,坚决下好"改革棋",举好"融合旗",各项事业稳中有进、稳中提质、稳中增效,基本完成年初确定的各项目标任务。2022 年度两报合计完成征订 8.3 万份。经营总收入 5200 多万元。

【桂林生活网】 2021 年,桂林生活网(Guilinlife.com)为桂林日报社控股的三新网络传媒有限责任公司旗下网站。桂林生活网注重互联网传播新技术的应用开发,该网站自有平台桂林生活网、桂林生活网微信公众号、微博、桂林生活网客户端(APP)、桂林生活网直播平台等拥有大量用户。网站重点开发国内网络强势平台运用、短视频和直播业务,直播业务平均点击量超 60 万;拥有头条号、抖音号、快手号、视频号、百家号、企鹅号等平台账号,抖音号粉丝超百万,每月平均点击量超 2 亿。年内,该网站获中国地市新闻网联盟授予的"全国地市主流媒体视频直播影响力 TOP10 案例"、网站特别策划专题《抗疫日记——凡人英雄温暖如光》获广西新闻奖三等奖。该网站成为广西网络媒体前三强,综合覆盖用户共计 300 万。 (吴文)

【广西师范大学出版社集团有限公司】 2021 年,广西师范大学出版社集团有限公司共出版图书 3334 种,其中新书 1139 种,增加 27.26%;造货码洋 19.04 亿元,增长 11.67%;发行码洋 18.12 亿元,增长 6.93%。年内,获得由中宣部、商务部等 5 部委联合颁授的"国家文化出口重点企业"称号,出版社集团澳门分社合作出版项目入选"国家文化出口重点项目"。

年内,出版社集团《中国老教材封面图录》获第五届中国出版政府奖印刷复制奖,《日本所藏稀见明人诗文总集汇刊》和《清代新疆满文档案汉译汇编》获得图书提名奖。其中,《中国老教材封面图录》印刷复制奖的取得实现广西出版印刷界在这一奖项上零的突破。在历届中国出版政府奖图书奖获奖总数上,位列全国出版单位前十。出版社集团期刊《媒介批评》新增为 CSSCI 收录集刊,《出版广角》和《规划师》继续入选中文核心期刊目录和 CSSCI 扩展版目录;《作文大王》杂志策划的专题入选中宣部出版局"青少年期刊讲党史"主题宣传重点选题,《求学》等 3 种期刊获评第九届广西优秀期刊。出版社集团在中国图书海外馆藏影响力榜单中排名第 18 位(大学出版社中排名第 2 位),也是出版社集团连续 8 年入选中国图书海外馆藏影响力 20 强。在首批公布的国家"十四五"重点出版物出版规划名录中,出版社集团共 9 个项目入选。2021 年,在自治区党委宣传部组织开展的 2020 年度广西文化产业龙头企业申报工作中,出版社集团获评"广西文化产业龙头企业"。

年内,在出版走出去工作中,2021 年,出版社集团继续推进"加油图书馆""乡村书屋"等公益文化项目向纵深发展,助力推动全民阅读和乡村振兴,共向自治区内外 20 余家单位捐赠图书近 100 万码洋。出版社文化发展基金会各项工作得到上级管理部门高度肯定,被自治区民政厅评为 4A 级社会组织。 (蒋奇志)

【漓江出版社】 2021 年,漓江出版社全年生产图书 371 种,其中新书 192 种,再版重印 179 种,总印数 276.46 万册,生产码洋 8476.27 万元。图书发货码洋 13212 万元,图书销售收入 3603 万元。

年内,漓江出版社围绕漓江品牌

振兴工程调整优化图书产品板块，聚焦主题出版、中外文学、人文社科、文化生活、教育产品五大主线，瞄准定位“精、专、特、新”，突出漓江选题特色，培育漓江子品牌产品线。主题出版方面，把握重要时间节点，围绕中国共产党成立100周年抓好主题出版。《虎犊》《上党课了》《重生——湘江战役失散红军记忆》等图书以不同视角和叙述方式弘扬红色精神；《秀儿——“时代楷模”黄文秀》《医路长行》《天津支边医生在广西》突出新时代精神，讲新时代好故事。《独弦出海》《天歌地唱——广西当代山歌笔记》《广西古村镇古街巷》《广西民歌》《极简广西史》《广西文学史》等图书围绕广西地方特色和壮乡风土人情，为增强广西文化自信，谱写建设壮美广西新篇章添砖加瓦。漓江文学品牌打造方面，维护并推陈出新。如对传统漓江文学板块产品“诺贝尔文学奖作家文集”的维护升级；通过内容整理和整体设计再版，不断拓展“旅伴文库”“中国故事原创文学丛书”“百部国学传世经典”“红色经典爱国教育丛书”等产品线，打造形成体量规模，并具有新漓江文学特色的产品板块。重建上海出版中心，积极开发葡语系、西语系的外国文学精品，如《阿尔塔索尔》等，正逐步实现对漓江外国文学品牌特色的增量补充。充分挖掘类型化精英作者的有效资源，如新增东亚文化类《昭和风，平成雨：当代日本的过去与现在》《海东五百年：朝鲜王朝（1392—1910）兴衰史》《青春燃烧：日本动漫与战后左翼运动》等，打造具有漓江品质特色的人文社科类产品线。坚持高品质文化生活类产品的开发，如《文化的衰颓》《女人50+》《手绘林徽因的一生》《手绘萧红的一生》《鸟之千谜》《女儿与父亲》等。细化教育产品线，精准定位市场，夯实基础。以教育产品中心为平台，整合全社教育产品类资源，搭建“短期”“中期”“长期”相结合的漓江教育产品构架，利用当前教育政策改革契机，密切关注并深入研究改革方向，通过创新合作模式，项目借力，开发并建立起教育合作资源库。

2021年，漓江出版社落实集团首席编辑工作制，漓江社2021年重点打造文龙玉首席编辑工作室，以教育理论为产品线，通过整合原有教育理论类产品资源，凭借首席编辑工作室制度优势吸纳并建立教育界一批一流作者资源库，如朱永新、魏书生、李镇西、卢勤等。依托作者资源优势，构筑漓江社教育图书品牌核心价值优势，同时带动漓江版教育图书的市场活跃度。

年内，漓江出版社以漓江书院的建设为重要平台，推动融合发展深度转型发展。彤书屋·漓江书院经过近四年的建设，已拥有五家门店。南宁四家门店，三祺店、金狮巷店、西大店是横贯南宁城自东向西的3个生活商圈的特色主题书店，万科店位于南宁重点区位，深度开发亲子社区店，形成漓江书院在首府南宁的“3+1”布局；桂林初建桂林党校店，发挥国企和广西文化企业的担当作用，为党建做好服务。针对不同特色的城市商圈，打造不同特色、不同业态的阅读体验空间，漓江书院已成为市民熟知、读者喜爱、与文化艺术界互动频繁、与国内同行业实现良好合作的城市文化小高地；已成为有一定社会影响力、实现较大社会效益的全民阅读品牌。彤书屋—漓江书院品牌已经扎根南宁，影响广西，书院品牌在全国也有一定知名度，显现出一股强劲鲜活的文化力量。同时在以品牌为核心价值的基础上，不断探索和扩展新合作模式。经多次前期调研与商谈，与北京凤凰文投置业有限公司达成漓江书院在桂林阳朔的文旅及出版板块等方面的合作意向，在努力实现漓江书院品牌社会效益带动实现经济效益的发展上取得重要突破。以文化出版为切入点探索融合出版取得巨大成效。积极拓展数字出版平台合作。与中图、京东、中国知网等平台达成合作，参与“习近平书柜”“宠爱女人小礼包”“与文字重逢——漓江出版社文学专场”等各种线上、线下活动几十场，为电子书、有声书、音频课等数字出版产品进行宣传推广。与学科网、博看网、动听文化、壹仟赫兹等近10家电子书、有声书新平台达成合作协议，在教育类、大众类、馆配等各领域探索和迭代“后疫情时代”的数字产品制作、推广和营销模式。拓展在当当、掌阅、亚马逊等已合作平台的数字产品业务范围，将电子书业务范围由B2C向B2B领域延伸。建设电子书网店教辅书城、电子书铺，并实现与微信公众号联动，探索数字出版的新营销模式。

2021年，全社完成图书版权输出44个品种，输出至美国、俄罗斯、加拿大、意大利、沙特阿拉伯、阿联酋、越南和蒙古等12个国家。积极申报图书出版资助项目，推动以项目带动图书版权输出。《秀儿——“时代楷模”黄文秀》韩语版获得2021年度丝路书香工程项目资助。

年内，以市场为导向，图书营销工作为纽带，深度促进编、发融合。通过重新整合营销资源，定位精准营销、营销下沉的工作思路，对市场营销工作进行搭建升级。同时在加大改革力度，推进制度化建设、加强内部管理上，围绕提质增效、促进高质量发展，重点制定图书内部议价管理制度，从图书选题、投产、发行、营销各环节前置论证，促进贯穿生产、销售全流程的高度参与，实现对产品市场、生产体量的全面论。

2021年，漓江出版社为更好适应漓江书院的经营管理需要，充分拓展业务，完成以广西漓江书院文化传播有限公司为主体独立运营的转换，建立健全内部管理制度，并继续以实现出版的价值回归和融合发展的文化资源平台为理念和定位，认真推动新阅读和新文化的探索与实践。通过资源整合，架构体系调整，明确漓江书院运营模式：以五家主力门店为基础运营平台，在做好门店图书零售、文创销售和文化空间租赁等日常经营业务的同时，通过图书开发部、品牌传播部开发以图书为基础的各类增值业务；开发馆配、教辅书服务等；依托漓江社出版资源，通过书院的业务拓展链接深度挖掘相关图书出版业务资源；开发异业多元合作的同时积极开展各类文化活动，提供文化活动的策划营销，从而形成支撑起漓江书院运营的多元化、立体化、特色化业务模式。

年内，漓江出版社聚焦中国共产党成立100周年辉煌，主题出版取得突出成效。《虎犊》《上党课了》《秀儿——“时代楷模黄文秀”》（修订版）《独弦出海》被列为自治区党委宣传部庆祝中国共产党成立100周年主题出版重点选题。与接力社联合出版的《虎犊》入选中宣部2021年主题出版重点出版物选题，该书还入选2021年中国作家协会重点作品扶持项目（“庆祝建党百年、纪录全面小康”主题专项），入选中宣部、农业农村部和国家乡村振兴局主办的2021“新时代乡村阅读季”——2021“农民喜爱的百种图书”，入选2021年6月中国好书榜单及中宣部出版局“书映百年伟业”好书荐读7月书单。《秀儿——“时代楷模”黄文秀》（韩语版）入选2021年丝路书香工程项目，同时入选由中国出版协会举办的第30届全国图书交易博览会少儿阅读节“献礼百年——红色主题儿童图书展”百种图书书目。《鸟之千谜》荣获2021年广西十佳科普读物大赛二等奖，《佛陀的容颜》《玫瑰之路》获优秀奖。《天津支边医生在广西》入选2021年度国家出版基金资助项目；《天歌地唱——广西当代山歌笔记》荣获第八届中华印制大奖金奖，并荣获第十届广西文艺创作铜鼓奖（文学）。《阿加莎的毒药》（节目版有声书）、中国村落文化数字出版平台入选全国新闻出版深度融合发展创新案例；《长江边的传说·鲤鱼石》《长江边的传说·小狐滩》入选教育部幼儿图画书推荐书目。《医路长行》入选中国医学人文好书榜；《女儿与父亲》《重生——湘江战役失散红军记忆》《明娜》《冬天我到南方》等一批图书入选文学好书榜、文艺联合书单等月榜。

2021年，漓江出版社入围2021年中国图书海外馆藏影响力出版百强，漓江书院广西大学店入选“新时代杯”2020时代出版·中国书店年度致敬名单。（秦瑜蔓）

广播电视

【概况】 2021年，桂林广播电视台办公地址在桂林市临桂区公园北路1号。内设机构25个。年内，桂林广播电视台安全播出时间38762小时，其中广播安全播出时间19162小时，电视安全播出时间19600小时。年内广播《桂林新闻》播发稿件3623篇，广播播放新闻（含转播）3010.87小时，电视播放新闻（含转播）4140.05小时。桂林广播电视台38部优秀广播、电视、新媒体节目作品和公益广告获国家级、自治区级大赛奖项。桂林广播电视台获自治区广电局2021年“恰是百年风华”庆祝中国共产党成立100周年主题电视短片大赛“优秀组织机构奖”，获自治区广电局授予的庆祝中国共产党成立100周年公益广告优秀展播机构“一等扶持机构”。

【桂林打造世界级旅游城市宣传报道】 2021年，桂林广播电视台精心组织，创新节目形式，策划系列专题，推动媒体融合，重点聚焦中共中央总书记习近平视察广西及桂林、中共十九届六中全会、中国共产党成立100周年、党史学习教育、疫情防控、推动三大振兴、营造六大环境、常态化创建全国文明城市等多个主题做大量新闻报道和精品节目，在桂林市两会和党代会期间形成集中宣传的优势和全媒宣传的态势。“中国共产党成立100周年”广播新闻报道200多条，电视新闻及专题600多条，电视专栏300多条。常设专栏如“创城为民创城惠民”等10多个广播电视专栏和《战“疫”在路上》等12个特色广播节目保持不间断报道，取得良好的宣传效果。

【对外宣传提升桂林影响力】 2021年，桂林广播电视台借助对外宣传持续提升桂林的知名度。积极向上级广播电视台供稿。广播新闻在中央人民广播电台播出12篇，在广西人民广播电台播出77篇，其中《广西新闻联播》头条8条。电视新闻在中央电视台播出122条，在广西电视台播出632条，其中，中央电视台《新闻联播》栏目播出16条，《广西新闻》栏目播出264条。提升桂林对外宣传的良好形象。

【中国共产党成立100周年主题活动报道】 2021年，桂林广播电视台配合完成中央广播电视总台“沿着高速看中国·包茂高速”大型直播报道、“今日中国·广西篇”大型直播报道和国家广电总局庆祝中国共产党成立100周年重点栏目《我们的父辈先烈》之《李征凤：碧血洒漓江》专题采访报道；参与济南广播电视台、南京广播电视台有关党史学习教育、“七一”等重大专题报道，讲好桂林红色故事，宣传桂林红色资源。

【广播电视收听收视率】 2021年，桂林广播电视台电视实施以新闻综合频道晚间时段改版为主的节目编排，广播完成三套频率节目的改版播出。据自治区文化广电和旅游局公布的2021年监测工作数据，桂林广播电视台电视新闻综合频道名列自治区电视频道收视率第二。据赛立信2021年广播收听调查报告显示，桂林广播电视台三套广播频率

2021年5月30日，桂林广播电视台飞扬883旅游音乐广播在桂林甲天下国际会场中心开启“爱心送考”公益活动启动仪式。（桂林广播电视台供图）

继续保持着桂林市广播收听率前3名，其中飞扬883旅游音乐广播收听率和市场占有率排名第一。

【广播电视节目丰富】 2021年，桂林广播电视台以中国共产党成立100周年为主线，精心策划播出大批优秀广播电视节目和融媒体短视频作品。飞扬883旅游音乐广播“建党百年，致敬青春”读书节目，入选学习强国平台。广播实现可视化，飞扬883旅游音乐广播重点策划“探路先锋”视频直播活动，共完成10场视频直播，实现广播领域的突破。“百名少年讲党史红心向党谱华章”庆祝中国共产党成立100周年桂林市少儿语言艺术大赛，飞扬883旅游音乐广播“齐心协力·同心护考——2021‘爱心护考’公益活动”等线下主题活动，取得良好的社会效益和经济效益。电视专题片策划录制水准进一步提升，完成市委、市人民政府各类晚会及活动录制11场，制作完成全市性专题片16部20集。派出2组直播团队随行广播服务广西乡村振兴暨乡村风貌改造现场会考察活动。

【媒体融合构建完备的网络宣传矩阵】 2021年，桂林广播电视台所属桂视网推出45个网络新闻专题，完成大型网络直播9场，实现前期宣传、现场直播、实时互动、第一时间回看、后续报道跟进的立体传播方式；并开设桂视网、抖音号、微信视频号、新浪微博、央视频等平台的直播输出矩阵，通过与今日头条、腾讯、新浪等平台的合作，实现更广泛的网络传播。适应经济发展新常态，打造《知·道桂林》全媒体矩阵，探索广播电视产业转型。《知·道桂林》全媒体矩阵项目被评为广西广播电视媒体融合成长项目。

2021年6月25日，桂林广播电视台投资1820万元的广西第一台5G+4K电视转播车启用。 （桂林广播电视台供图）

【新闻综合高清频道制作播出】 2021年，桂林广播电视台实现新闻综合高清频道制作播出。4月8日，桂林广播电视台获得国家广电总局的播出批复许可；4月20日，获得自治区广电局播出答复；4月27日，向自治区广电网络公司去函对接落实大网高清播出事宜，6月18日，进入大网高清播出阶段，试播期6个月；7月2日，新闻综合高清频道制作播出。电视画面清晰，分辨率高，内容真实，图像稳定，达到预期目标。

【广西首台4K+5G电视转播车交付使用】 2021年6月26日，桂林广播电视台筹措资金1820万元购买的广西首台4K+5G超高清电视转播车安装调试完毕，交付使用。该转播车长12米，宽2.5米，高4米，全程使用电视4K超高清索尼制作、播出系统，分辨率高、画面清晰、信号快捷、图像稳定，填补广西4K+5G超高清转播车的空白。6月29日，桂林广播电视台4K+5G超高清转播车首次转播桂林市庆祝中国共产党成立100周年联欢晚会达到预期效果。桂林广播电视台成为广西首个装备4K+5G超高清电视转播车的广播电视台。

【广播电视台党史学习教育】 2021年，桂林广播电视台开展形式多样的上党课活动。主创情景党课《闪光的青春》获得桂林市“百年辉煌党史百课”课程评审“优秀组织单位”、课程、讲师“双十佳”荣誉。文章《在马克思主义新闻观指导下学好党史》获得桂林市“感党恩跟党走”党史学习教育理论征文活动一等奖。

（陈浩）

卫生健康·体育

卫生健康

【概况】 2021年,桂林市卫生健康委员会(简称市卫生健康委)办公地址在桂林市临桂区万福路与人民路交叉路口鼎晟大厦,内设科室20个。年内,桂林市医药卫生体制改革取得新突破,至年末,共建立紧密型县域医共体21个,实现县(市、区)全覆盖。推进旅游综合医院、市中医医院城北院区等一批医疗卫生重点项目建设,提升公共医疗卫生水平。深入开展爱国卫生运动,高分通过国家卫生城市复审。实施健康知识普及、防控重大疾病等16项健康促进行动,入围全国健康中国行动创新模式候选试点城市。强化职业病防治技术支撑体系建设,在自治区职业健康工作综合评价中排名第一。开展关爱"一老一小"工作,全面启动老年友善医疗机构创建活动,婴幼儿照护服务快速起步,通过备案婴幼儿照护服务机构27家。全市有医疗卫生机构4960家,其中医院88家(综合医院47家、中医医院20家、中西医结合医院2家、专科医院18家、护理院1家),社区卫生服务中心(站)46家,乡(镇)卫生院143家,村卫生室3094家,门诊部53家,诊所、卫生所、医务室1458家,疾病预防控制中心14家,采供血机构4家,妇幼保健院13家,卫生监督所18家,急救中心1家,计生服务机构12家,其他卫生机构16家。医疗卫生机构实有床位2.85万张,每千常住人口有医疗卫生机构床位5.42张。每千常住人口有卫生技术人员8.08人、执业医师(助理)医师3.07人、注册护士4.03人。

【新冠肺炎疫情防控】 2021年,桂林市完成新冠病毒核酸检测458.74万人次,进口冷链样本检测6.60万份,新冠疫苗全程接种413.57万人次,覆盖率87.16%。8月8日、12月7日—11日,在阳朔县及七星区、秀峰区、临桂区等重点区域开展规模人群核酸检测,累计派出医护人员4776人次,采样检测27.82万人次,及时排除疫情风险。全年共报告和收治3例境外输入复阳人员、1例非法入境确诊病例,采取市级专家协同、中西医结合救治策略,全部治愈出院,实现确诊病例零死亡、院内零感染、医务人员零感染的目标。完成市级定点医院(市第三人民医院)"独立院区"和普通病区改造,符合"三区两通道"院感防控要求,具备整院区腾空收治新冠肺炎患者条件。桂林市年内首次完成新冠毒株基因测序。核酸检测能力提升至每日24万管。组建13支"两公一局一委"联合流调队伍,多方式开展培训和演练,为精准快速进行流调溯源奠定基础。年末,疾控系统派遣41名专业人员支援东兴抗击新冠疫情,桂林市流调队流调报告得到国务院联防联控机制组赴广西工作组肯定并推广。

【医药卫生体制改革】 2021年,桂林市推进分级诊疗制度落地,推进各种形式医疗联合体建设,初步形成"三二"医联体、"三二一"医联体、县域医共体、城市区域医联体等4种医联体建设发展模式,全市建成16个"三二"医联体,"三二一"医联体模式4个;建立紧密型县域医共体21个,其中医疗集团4个,乡(镇)卫生院参与率达99.27%;建立城市区域医联体4个;全市二级以上公立医院建立56个专科联盟。完善服务体系和体制机制,恭城瑶族自治县被国家卫健委和世界卫生组织确定为构建优质高效医疗卫生服务体系,成为全国推选出的30个"紧密型县域医共体建设"优秀实践案例之一,入选全国首部医共体建设50个典型案例,获《中国卫生》、

2021年11月10日,市卫生健康委举办新时代抗疫战士刘岳龙先进事迹报告会。(市卫生健康委)

2021 年 4 月 30 日，国家卫健委和世界卫生组织构建优质高效医疗卫生服务体系调研座谈会在恭城瑶族自治县举行。（市卫生健康委供图）

健康报社主办的 2021 年度“推进医改服务百姓健康十大新举措”，召开自治区医改工作现场推进会，被列为广西开展国家基本药物制度综合试点工作试点地区。灌阳县人民医院获全国现代医院管理制度示范奖。

【医疗工作与医政管理】 2021 年，桂林市加强医疗服务能力建设，争取国家区域医疗中心建设项目。9 月 28 日，自治区人民政府、桂林市人民政府与中南大学湘雅二医院签订框架协议，以桂林市第二人民医院（桂林旅游综合医院）为本地依托医院，以中南大学湘雅二医院为输出医院，共建国家区域医疗中心。加强临床重点专科建设，获国家临床重点专科建设项目 1 个，自治区级临床重点专科建设（孵育）项目 7 个。市卫生健康委、市发展改革委、市财政局、市人力资源社会保障局、市医保局、市市场监管局联合印发《关于进一步规范医疗行为促进合理医疗检查的实施方案》，开展大型设备检测阳性率的整治。推动无偿献血事业健康发展，在全市推行临床用血第三方配送，制定《桂林市高校无偿献血管理方案》，全年累计采血 5.63 万人次，采血量 19.22 吨。

【爱国卫生运动】 2021 年，桂林市通过国家卫生城市复审。开展第 33 个爱国卫生月活动，筑牢疫情常态化防控的社会大防线。举办全市病媒生物防制技术视频培训，提升基层“四害”防制能力，完成春秋两季除“四害”活动。全域创卫推动城乡环境整洁行动，将创建国家卫生县城纳入《政府工作报告》和绩效考评项目，启动全域创卫工作，在阳朔县召开现场培训会。年内，阳朔县、恭城瑶族自治县、平乐县、兴安县、全州县、灌阳县、龙胜各族自治县、灵川县、资源县、荔浦市等 10 个县（市）申报创建本周期国家卫生县（市），19 个乡（镇）开展国家卫生乡镇创建；永福县启动自治区卫生县城创建；14 个乡（镇）、61 个村和 37 家单位被自治区爱卫会分别命名为自治区卫生乡镇、自治区卫生村屯、自治区卫生先进单位；4 个自治区卫生乡镇、162 个自治区卫生村屯和 4 个自治区卫生先进单位通过复审检查；组织 13 个乡（镇）、51 个村（社区）、37 个单位开展健康乡镇、健康村（社区）、健康单位（企业）的创建。推进无烟支持性环境建设，推进无烟党政机关和无烟家庭建设活动，通过组织培训和社区宣传，全市 902 个单位开展无烟党政机关建设，459 户家庭承诺开展无烟家庭建设。

【疾病预防控制】 2021 年，桂林市法定报告传染病发病率 791.08/10 万，无甲类传染病报告。全市 37.78 万名适龄儿童接受第一类疫苗免费接种，累计接种 102.6 万剂次，免疫规划疫苗报告接种率 99.44%。连续 29 年无脊髓灰质炎野病毒病例，连续 36 年无白喉病例，连续 6 年无麻疹病例。15 岁以下人群乙肝发病数连续 2 年下降，风疹、甲肝、乙脑等发病率均维持在较低水平。结核病发病率 50.50/10 万，肺结核治疗成功率 88.41%，患者总体到位率 96.33%，重大传染病得到有效防控。健康素养水平逐年提高，巩固 2 个国家级健康促进县（区）和 2 个自治区级健康促进县。市区新增 25 个健康生活方式行动示范单元，巩固促进慢性病综合防控示范区建设，居民健康状况明显提高。构建市 - 县（区）- 乡（镇）- 社区（村）的心理纵向管理体系，成立桂林市心理卫生协会，组建桂林市未成年人心理健康辅导中心，组建心理救援队伍，开展危机事件心

2021 年 9 月 28 日，自治区人民政府、桂林市人民政府与中南大学湘雅二医院签署共建国家区域医疗中心框架协议。（市卫生健康委供图）

理救援，探索"家—校—医"三位一体心理危机干预模式，覆盖人群4万余人，开通公益抗疫心理救援热线，为确诊新冠肺炎病人、医务人员提供心理焦虑、恐慌情绪等咨询。

【艾滋病防治】 2021年，桂林市启动第三轮防治艾滋病攻坚工程，组织制定攻坚工程方案，开展防治艾滋病宣传教育、防治艾滋病社会综合治理、防治艾滋病综合干预、学校防治艾滋病、防治艾滋病扩大检测和治疗、防治艾滋病基层体系建设、防治艾滋病社会救助、防治艾滋病科学研究与技术推广8个专项工程。桂林市累计报告艾滋病感染者和病人共计1.51万例，其中艾滋病感染者6995例（占46.35%），艾滋病病人8098例（占53.65%）。累计报告死亡的艾滋病感染者和病人5607例，存活9486例。艾滋病患者随访管理率93.49%，配偶或固定性伴的艾滋病检测比例92.25%，结核筛查率98.43%，新发现病例治疗率87.24%，累计病例抗病毒治疗覆盖率92.13%。艾滋病筛查量78.72万人次。

【妇幼卫生保健】 2021年，桂林市住院分娩活产数3.49人，住院分娩率99.99%。孕产妇死亡率5.73/10万，婴儿死亡率2.72‰，5岁以下儿童死亡率4.07‰。全市婚前医学检查3.58万人，婚检率99.96%；产前筛查3.43万人，筛查率84.04%；新生儿遗传代谢病筛查3.44万人，筛查率98.83%；新生儿听力筛查3.47万人，筛查率99.57%；宫颈癌筛查7.14万人；乳腺癌筛查7.17万人。持续巩固妇幼健康领域疫情防控成果，实施母婴安全行动提升计划，落实母婴安全"五项制度"，强化妇幼保健服务体系建设。推动民族地区妇幼健康示范建设，巩固"一站式"婚育综合服务，严把"四个"出生缺陷防控节点、提供地中海贫血防控"五免服务"、强化基层服务能力和服务质量监管。宫颈癌乳腺癌筛查提质扩面，将9600名城市困难妇女纳入筛查对象。规范开展0—6岁儿童眼保健操及视力检查，初步建立视力不良儿童管理体系和干预网络，全年为全市38.22万名7岁以下儿童提供眼及视力检查，视力不良检出率14.8%。

【基层卫生】 2021年，桂林市叠彩区、秀峰区、南门社区卫生服务中心达到推荐标准，通过社区医院建设评估。南门社区卫生服务中心通过二级医院评审，升级为二级医院。定江镇、大圩镇、白沙镇、莲花镇、栗木镇等5所卫生院达到推荐标准；定江镇、大圩镇卫生院通过社区医院评估，8家机构达到基本标准。家庭医生签约服务质量和群众满意度、获得感提升，共组建1144个家庭医生服务团队，家庭医生数4611人，常住人口签约人数237.15万人，常住人口签约率46.39%，重点人群签约人数113.68万人，重点人群签约率66.72%。继续实施中央补助广西基层卫生人才能力提升培训项目，2018级毕业生183人充实到村卫生室，组织16家二级以上医疗卫生机构74名医务人员对口支援17家乡镇卫生院。

【健康扶贫成果巩固】 2021年，桂林市卫生健康委贯彻落实县域内"先诊疗、后付费"、大病集中救治以及家庭医生签约服务等政策措施，累计救治脱贫大病患者10752人，救治率99.52%；符合签约条件的脱贫人口、监测对象和农村低收入人口签约数40.54万人。年内，桂林市卫生健康委分别获评自治区脱贫攻坚先进集体、桂林市"十三五"脱贫攻坚先进集体，卫健系统10人获评桂林市"十三五"脱贫攻坚先进个人。

【卫生监督】 2021年，桂林市印发《桂林市改革完善医疗卫生行业综合监管制度实施方案》。全市共查处各类医疗卫生案件723件，罚款239.74万元，没收5.48万元。行政复议案件1件，行政诉讼案件1件，向公安机关移送案件1件。开展打击非法医疗美容服务专项整治和打击非法应用人类辅助生殖技术等违法犯罪行为专项整治工作，检查医疗机构、企业单位123家次，下发意见书37份，查处案件10件。将常态化疫情防控措施落实情况纳入医疗卫生机构、公共场所、学校卫生、职业卫生等日常监督检查内容，督促各责任主体依法履行疫情防控职责，严厉查处违法违规行为。在全市范围内，对基层医疗卫生机构和民营医疗机构开展常态化疫情防控专项执法行动，发现诊所和村卫生室违规接诊发热病人31例，关停整顿50多家诊所、村卫生室。

【职业健康】 2021年，桂林市在自治区尘肺病防治攻坚行动考核评估中自治区排名第二。推进国家监测项目，对242家存在职业病危害因素的工作场所开展监测，完成职业病危害因素申报239家，对189家放射诊疗医疗机构开展问卷调查，完成放射诊疗机构监测任务30家。在自治区职业病防治监测项目进度调度中，自治区综合排名第一。完善职业病防治支撑体系建设，投入300万元加强市职业病防治院设施建设，提高桂林市职业病诊疗能力。投入200万元加强市疾控中心设施建设，提高职业病监测能力，投入72万元建成恭城瑶族自治县国家级尘肺病康复站，为尘肺病患者提供康复服务。11月，自治区职业健康工作现场推进会及业务培训班在桂林市召开。

【卫生应急】 2021年，桂林市报告突发公卫事件38起，均得到及时有效处置救治及信息报送。完成93次桂林市召开的各类重要会议的疫情防控和应急保障任务。组织对委属医疗救护专业队伍、防疫防化专业队伍和采供血队伍进行点验演练拉动，配合广西南宁市卫生健康委进行"两市三地"卫生应急演练，参加粤桂卫生应急综合演练，提高卫生应急队伍处置突发事件及突发公共卫生事件能力。

【食品安全风险监测】 2021年，桂林市采集粮食及其制品、肉及肉制品、水产品、蛋及蛋制品、蔬菜水果、婴儿辅助食品、酒类、饮料类、餐饮食品等18大类、24种食品545份，开展化学污染物和有害因素、微生物及其致病因子检测，完成检测样品18大类、20种食品782份。处置食源性疾病暴发事件10起，采集相关样品166份。及时介入处置食源性疾病，未发生因食物中毒引起的死亡事故。

【人口和家庭发展】 2020年10月至2021年9月，桂林市出生人口3.56万人，减少7518人；出生率6.86‰，下降0.74个千分点；自然增长率0.95‰，出生人口性别比为110（女为100）。实现生育服务网上办证，生育登记3.6万人，其中一孩占36.33%，二孩占49.37%，多孩占14.3%。2021年，桂林市组织开展普惠托育服务专项行动，共争取国家普惠托育服务专项行动项目4个，自治区本级预算内基本建设项目1个，总投资815万元。向市级争取财政资金9万元，重点支持3家托育机构开展规范化建设，推荐1家机构参加广西示范性托育机构评选。在自治区率先出台《县级婴幼儿照护指导中心建设规范（试行）》，成立市级、阳朔县、全州县婴幼儿照护服务指导中心，探索“医育结合”新模式。制作自治区首部托育服务动漫政策宣传片，在社区、乡镇广泛开展政策宣传。落实国家农村部分计划生育家庭奖励扶助金5505.84万元，扶助对象3.82万人；落实国家计划生育家庭特别扶助金3406.86万元，扶助对象2961人。落实广西农村部分计划生育奖励扩面扶助金5308.7万元，扶助对象7.37万人；落实广西城镇居民独生子女父母年老奖励1532万元，扶助对象9429人。落实农村独生子女户、双女结扎户的子女中考、高考降分录取，共4307人享受政策。

【计划生育协会作用发挥】 2021年，桂林市推进计划生育协会综合改革试点工作，在荔浦市和资源县新建2个自治区计划生育协会优生优育指导中心，全市已建成7个计划生育协会优生优育指导中心。秀峰区、七星区、灵川县新建3个自治区级“向日葵亲子小屋”，全市共建立国家级和自治区级“向日葵亲子小屋”13个。与桂林图书馆对接，设立2个“计生协阳光书屋”为家庭提供优质的亲子阅读、亲子活动空间。举办2期全市婴幼儿照护职业技能培训班，近70人参加培训。桂林市先后在自治区计生协六届四次理事会、中国计生协优生优育指导中心交流培训班上作优生优育工作典型发言。桂林市计生协改革经验“深化改革　强化服务　奋力推进桂林市计生协创新发展”获中国计生协《改革通报》（第37期）单篇刊发。推动家庭健康促进行动，恭城瑶族自治县开展“健康素养知识进村屯”活动，打造桥头村“健康文化知识一条街”，在自治区计生协理事会作典型发言。广西师范大学被中国计生协评为第八批青春健康高校项目A类优秀结项高校。市计划生育协会获中国计生协和全国爱卫办2020年家庭健康主题推进活动先进单位。在自治区率先开通市级计生协微信公众号。持续实施生育关怀公益金扶（救）助工作，累计扶助265户计生特殊困难家庭，发放公益金118.9万元。做好计生家庭系列保险工作。2021年关爱保险投保17.95万人次，8716人次受益，理赔588万元。做好自治区财政出资的农村计生家庭爱心保险和特殊困难家庭综合保险，为9.83万人次办理爱心保险，215人次计生家庭受益，获赔132.02万元；办理计生特殊困难家庭综合保险3810份，投保金额15.24万元。

【中医药服务】 2021年，桂林市中西医结合医院通过三级甲等中西医结合医院评审，兴安界首骨伤医院成为自治区首家民营三级中医医院，桂林市中医医院在三级公立中医医院绩效考核进入全国百强。平乐县中医医院新综合业务投入使用，灵川县中医医院完成整体搬迁。完成龙胜各族自治县中医医院等级评审（复评）工作。获得自治区重点专科建设项目6个，完成14家基层医疗机构中医馆建设。促成林毅全国名中医传承工作站落户桂林市中医医院。桂林市中医医院乳腺科获全国中医药系统改善医疗服务先进典型。开展全市中医医院（含民营）疫情防控督查及指导工作。中医药参与新冠疫情防治，为600余名密接与次密接者配送预防中药达5000余剂。

【中医药人才和科研发展】 2021年，桂林市举办基层中医药适宜技术推广培训班，培训190余名医务人员；举办中医药技能竞赛，共17支队伍51名选手参赛。桂林市中医医院“西学中”培训基地第一期培训班开班，共招收学员39名。40名考生取得《传统医学师承出师证书》或《传统医学医术确有专长证书》，38名考生通过中医医术确有专长人员医师资格考核。兴安界首骨伤医院的骨伤丸获“广西十大中药民族药院内制剂”，桂林市中医医院新增4个儿科制剂。年内，桂林市获省级科技进步奖1项，科研立项50余项，完成科研结题11项，发表SCI科研论文8篇。桂林市中医医院乳腺外科卓式乳腺肿瘤整形技术在《医学外科学年鉴》杂志刊登。

【中医药健康产业】 2021年，桂林市人民政府与广西药用植物园合作编纂的《桂林中药资源典》正式出版发行。中科院植物研究所建成“岭南本草园”喀斯特药用植物种质库。启动《桂林

2021年8月12日，《桂林中药资源典》新书发布会在桂林市召开。

（市卫生健康委供图）

市中医药"十四五"发展规划》编制工作。桂林市中西医结合医院开展中医药传统知识收集与整理工作,完成《药膳集》编纂,共收录30种使用桂北特色道地药材的药膳食疗方。1家中医药健康旅游示范基地、2家医养结合示范基地、3家中药材示范基地获评自治区第二批"三个一批"示范基地项目。联合9部门印发《桂林市卫生健康委员会等九部门关于进一步做好桂林市中药材示范基地建设的通知》,开展市级"三个一批"示范基地遴选工作,遴选出10家中药材示范基地和6家中医药特色医养结合示范基地。建成桂林市中药材质量追溯体系平台,完成8家种植基地的体系建设,将罗汉果、生姜、百部等道地药材品种纳入全过程质量追溯体系管理,并举办第一期中药材质量追溯体系建设培训班。

【中医药文化宣传】 2021年,桂林市组织34家中医药企业、15家自治区中医药示范基地和代表性中医类医疗机构参加第九届全国中药材种植共建共享联盟大会,设置展区500平方米。桂林市中西医结合医院、崇华中医街获评自治区中医药文化宣传教育基地。组织全市中医医疗机构开展"方便看中医""服务百姓健康行动"等主题义诊活动80余场,义诊服务1.2万人次。

【科技与教育】 2021年,桂林市卫生医疗机构公司申报自治区级以上继续教育项目162项,获批100项,获批率61.7%,恭城瑶族自治县人民医院获批自治区第四批助理全科医生规范化培训基地,桂林市人民医院国家住院医师规范化培训基地全科专业获自治区认定为重点专业基地。全市共有3家市属国家住院医师规范化培训基地和4家助理全科医生培训基地。在自治区卫健委主办的第四届广西住院医师(助理全科医生)规范化培训临床技能竞赛中,荔浦市人民医院获助理全科医生组一等奖,桂林市人民医院获住院医师非手术组三等奖,灵川县人民医院获助理全科医生组三等奖,实现桂林参加技能比赛奖项零的突破。完成农村订单定向免费医学生培养任务92人,其中本科44人(临床医学31人,中医学13人)、专科48人(临床医学40人,针灸推拿8人)。农村订单定向免费医学毕业生毕业履约114人,其中本科44人(临床医学31人,中医学13人)、专科70人(临床医学62人、针灸8人),全部落实到医院转入3年或2年的规范化培训。

【信息化建设】 2021年,桂林市48家公立医院中,40家医院与市级区域平台调通前置机网络,22家二级以上医院能够调阅跨机构健康信息,实现患者就诊信息跨机构共享。数据中心完成采集人口信息主索引数据1283万条(带身份证号的439万条),人口健康档案数据44万条,病案首页数据174万条,门急诊挂号数据3145万条,门急诊处方数据6621万条,门急诊收费明细数据1.76亿条,住院收费明细数据3.03亿条,检验检查数据2263万条,还采集了部分出院小结、手术记录、医院体检等数据。全市40家二级以上公立医院完成电子卡应用环境改造。全年发放电子健康卡226.4万张,用卡372.4万次。桂林市医学影像数据平台接入医院30家,累计完成123.5万人次云影像服务,开展远程会诊4689人次。

【健康旅游示范基地建设】 2021年,桂林市积极推进桂林国家健康旅游示范基地建设,推进健康、养生、养老多元素融合,重点抓好桂林仙源健康产业园、桂林国际智慧健康旅游产业园、全州大碧头国际旅游度假区、中国中药(桂林)产业园、中国健康好乡村旅游康养项目等年度十大重点建设项目。完成投资6.57亿元,完成率113.07%。提升中医药健康服务质量,推进中医药与旅游的融合发展,3个自治区中医药健康旅游示范基地(瑶汉养寿城、崇华中医街、全州大碧头)的服务质量显著提升。

【老龄健康】 2021年,桂林市开展医养结合的机构有12家,共有医养结合床位数4113张(医疗床位数657张,养老床位数3456张)。从业人员1266人,其中医疗卫生服务人员877人、养老服务人员389人。注册开通微信公众号"银龄桂林",搭建老龄工作宣传平台。出台《桂林市关于开展老年友善医疗机构创建活动实施方案》,在全市二级以上医疗机构、基层医疗机构(社区卫生服务中心、乡镇卫生院)范围开展老年友善医疗机构创建活动,完成了市人民医院、灵川县人民医院、永福县中医医院、南门社区卫生中心、全州县石塘乡卫生院5家单位的创建试点。桂林市人民医院《推动医院适老化改造 积极应对人口老龄化》、恭城瑶族自治县《推进医疗康养融合发展 提升老龄健康服务能力》、七星区陶然居护理中心《抓好硬件建设 创新工作机制 实现医养融合发展》典型经验在国家卫生健康委开展的老年友善医疗机构建设和老年人心理关爱项目典型经验征集活动中获得国家卫生健康委认可。市人民医院老年友善医疗机构创建经验,灵川县失能(失智)老年人预防干预工作经验,夕阳红养老中心医养结合工作之医、养、游工作经验等工作经验纳入自治区老龄工作会议专题片拍摄题材,将在自治区老龄工作会议上播映。

(谢诗维)

新冠肺炎疫情防控

【概况】 2021年,桂林市坚持新冠疫情防控"外防输入、内防反弹"总策略不动摇,深入贯彻落实国家和自治区疫情防控各项工作部署,做好疫情防控常态化工作,从严从紧落实疫情防控各项措施。全年累计处置阳性病例、密切接触者、涉疫物品、非法入境人员等新冠疫情应急事件145起,排查相关人员3982人次。处置3例境外输入复阳病例、1例非法入境确诊病例、1例外省确诊病例在桂林市活动等疫情事件,及时排除疫情风险,为快速恢复社会秩序,促进经济社会发展提供有力保障。

【新冠肺炎疫情联防联控】 2021年,桂林市把好入口关,织密防控网,控好重点人,管好隔离点,坚持一张网排查、一个卡严守、一个点服务、一张表管理,确保重点人群查得出、管得住、服务好。全面落实联合流调工作和重点人排查服务管控工作措施，狠抓人员密集场所常态化疫情防控，严厉打击“三非”人员、走私进口冷链食品、非法捕捉、非法售卖野生动物等行为。严格交通运输及关口管理，科学精准，有效防范疫情输入和发生风险。至年末，全市共接收、处置832批次重点人群，1.73万名重点人的排查任务，排查从国内中高风险地区进入桂林人员7.5万人次，整理疫情重点国家入境抵桂数据5万余条，核查国内中高风险地区来返桂航班322个班次、乘客人员2.75万人次，规定时间内完成上级下达的各项紧急疫情核查指令61次，涉及人员4500人。全年共查获“三非”外国人194件250人(非法居留100件107人，非法就业7件10人，非法入境87件133人)。另有越南人偷越国边境案件共计26件29人。打掉中转窝点2个，严惩非法用工企业5个。

【重点场所重点人群疫情防控】 2021年，桂林市抓住人员密集重点场所疫情防控，确保重点场所疫情零发生。加大力度推动疫情防控常态化社区管控等各项工作，严格落实属地管理、部门监管责任，健全完善全社会协同的防控体系；继续保持工作落实不断档，常态化开展疫情防控各项工作任务，提升疫情监测和联合防控工作力度；继续发动乡镇(街道)、村(社区)各级资源和广大群众的力量，发挥基层联防联控的有效作用。对车站、机场、码头、公共交通工具、健身娱乐场所、理发洗浴场所、农贸(集贸)市场、商场超市、影剧院、体育场馆、会议中心、图书馆、博物馆、美术馆等室内场馆，商品展销与售后服务场所，宗教活动等重点场所及医疗机构、儿童福利院、养老院、护理院、监管场所、学校、托幼机构、培训机构等重点机构加强“三码”联查的排查管理。狠抓医疗机构疫情防控，实施预检分诊、发热门诊制度，将有流行病史、发热等新冠肺炎相关症状患者集中至发热门诊、哨点诊室就诊。对发热门诊就诊患者、新住院患者和陪护人员开展核酸检测“应检尽检”，全年累计检测458.74万人次。加强核酸检测能力建设。在全市建成41个核酸检测实验室的基础上，争取自治区、市级财政资金4722万元，用于建设2个新冠病毒城市检测基地、购买5台移动检测设备、提升23个县级核酸检测机构能力，进一步提升核酸检测能力建设，全市核酸检测能力提升至每天14.4万管。加强学校疫情防控，严把校园入口关，严格执行24小时专人值班和领导干部带班制度，各级各类学校不得组织学生返校集体补课或自习。各学校坚持错峰放假、落实分批有序组织人员入校、离校，“一人一档”建立入校、离校、留校学生信息台账，坚持落实“日报告、零报告”制度。为进一步督促各级各类学校做好疫情防控工作的落实，对全市学校疫情防控进行全面督查，共督查学校90所。抓好交通运输及关口，加大对“两站一场”防控工作开展常态化监督检查，为市区3个客运站购置了6套通道式红外智能测温仪，实现测温“闭环”管理，配发2.2万个口罩。严格执行客运场站和交通运输工具消毒通风规定，严格落实乘客测温、查验健康码、戴口罩、信息登记、发热乘客移交和从业人员健康检测、个人防护等措施；严格执行“点对点运输”，途经中高风险地区客运班线，不得在中高风险区域内上下客，客运包车必须绕行中高风险区域，不得前往中高风险区域。坚持“人物同防”，督促辖区从事冷链运输的货运企业高度重视冷链食品等传播新冠病毒的风险，严格落实运输环节车辆消毒、人员防控等措施。加强疫情防控指导，为重大活动保驾护航，圆满完成60余次重大活动、会议、考试的疫情防控和应急保障任务。

【新冠肺炎疫情防控闭环规范管理】 2021年，桂林市对集中隔离场所(点)等重点部位，严格落实“一点一院一专班”制度，做到集中隔离人员闭环转运、登记造册、周边治安管控、后续跟踪检测工作。全市共设置集中隔离场所29个(含备用)，房间1730间，集中隔离223人(密接3人，入境人员72人，次密接21人，来自中高风险地区40人，其他隔离人员87人)。严格加强卫生管理，组织消杀公司对集中隔离医学观察场所及物品进行消杀，隔离对象解除观察或转出后及时对其房间进行终末消毒。严格按照医疗垃圾处理要求，每日定点定期回收处理。加强隔离人员和工作人员管理，所有隔离人员均安排单人单间居住。为工作人员配备防护服、消毒液、医用口罩等医疗物资，定期开展核酸检测及自我健康监测。公安部门全力配合做好隔离场所的安全防护、宣传教育和服务管理工作。集中隔离点安保投入警力2.28万人次，集中隔离点安保排查整治隐患125处。

【冷链食品全程管理】 2021年，桂林市加强进口冷链食品集中监管专仓的设立、开仓和集中查验监管，全年各集中监管专仓、查验仓共计开具出仓证明4061份，查验进口冷链食品3688余吨。排查、摸清全市冷链食品经营户和冷库，为进口冷链食品疫情防控提供数据支持，强化疫情防控“外防输入”力度。全市出动执法人员8709人次，检查生产企业741户次，检查经营企业3693户次，共排查全市冷库数716个，其中703个已录入“八桂冷链通”平台，录入率98.2%。

【新冠疫苗接种】 2021年，桂林市坚持“政府主导+行业协同+网格(单位)实施+个人参与”的工作机制，倒排工期、挂图作战，加强“条”“块”协作，形成一张横到边纵到底的组织网络。加强接种点建设，新冠疫苗接种点建设数量提高到225个，其中基层医疗机构127个、二级以上医疗机构35个、大型临时接种点17个、监管场所等临时接种点3个，移动接种车2个，市级流动接种队3个，县级流动接种点4个。接种日开展服务的接种点数量从5月13日前最高的53个，提高到120个。加强医疗保障，严格按“四有”原则落实医疗救治保障，完善应急预案，严守安全底线，严格按照《预防接种工作规范》要求实施，落实“三查七对一验证”(查接种卡和接种证、查儿童的健康状况和禁忌症、查疫苗和注射器的外观及有效期，核对儿童的姓名、年龄、接种的程序、接种的计量、疫苗的有效期、注射的部位、注射的方法，请受种者或监护人检验疫苗的有效期和名称)操作规范，严格执行接种前健康状况询问、接种禁忌核查和接种后留观等各环节工作要求，规范开展接种。至年末，全

2021 年 5 月 18 日，桂林理工大学组织学生接种新冠疫苗。　（刘昊摄）

市 3 周岁以上人群累计接种新冠病毒疫苗 950.62 万剂次，其中接种第一针 432.82 万剂次，接种第二针 417.15 万剂次，接种第三针 100.66 万剂次。3—11 周岁人群全程接种覆盖率 91.03%，12 周岁以上人群全程接种覆盖率 87.05%，均达到国家要求。全程接种覆盖 413.57 万人，排名自治区第三位。

【完善疫情防控物资保障体系】 2021 年，桂林市获得医疗器械产品注册证生产企业 18 家 38 个产品，形成了涵盖口罩、护目镜、医用手套、测温枪、消杀用品等较为完备的医疗防疫物资全产业链生产体系。全市每日口罩总产能达 600 多万个，红外额温仪生产线 6000 台，医用手套 80 万套，医用护目镜、隔离面罩 100 万个，医用隔离衣 2000 套，84 消毒液、乙醇消毒液、过氧化氢消毒液 50 吨，满足全市疫情防控物资需要。市级和 11 个县(市)已全部确定应急医疗物资储备承储单位并建立储备目录。如需紧急调用医疗物资，从下达调用通知到货物送达指定地点，市区现货可 2 小时内送达，如需紧急采购物资 6 小时内送达，非市区送达地点需额外增加两小时。“12·6”疫情突发后，紧急调用医用防护服、一次性隔离衣、医用外科口罩、N95 口罩、一次性乳胶手套、护目镜等 28 种物资，分别送达桂林市人民医院等 9 家医疗机构，各类医疗物资折合人民币 202.7 万元。全市各成员单位做到“两全一关注”(基本信息动态全掌握、预案全完善，密切关注解决生活物资保障工作中出现的具体问题)，做好疫情全市生活物资市场保供稳价工作。按照“封闭管理、高效配送、保障需求”的原则，印发了《关于全力保障市区居民居家封闭期间基本生活物资需求的通知》，拓宽生活物资购买渠道，动员力源、步步高超市等保供企业对接开展社区配送服务，打通生活物资配送“最后一公里”，确保封闭区不成为“孤岛”。

【疫情防控宣传引导】 2021 年，桂林市通过全媒体联动、多角度引导、广范围覆盖、高频度宣传等举措，营造群防群治、人人参与的浓厚氛围。发挥市内主流媒体、基层宣传文化阵地主力军作用，通过开设专栏、张贴宣传标语、村级大喇叭、宣传车、无人机播报等形式，形成地空立体式、全覆盖宣传，提高群众的知晓率、参与率和信心。年内，在中央、自治区及市属媒体刊播桂林市疫情防控相关新闻报道 1.03 万条。全市共张贴各类宣传标语 182.12 万条，印制各类海报 100.74 万张，发放各类纸质宣传资料 48.86 万份；使用流动宣传车、大喇叭 7955 台(个)，通过三大运营商发送短信 4567.68 条，累计展出各类文艺作品 5200 余份。充分动员农村党员、志愿者等力量，组成流动宣传队、巡查队走村串户，把疫情防控知识传递到千家万户。

（桂林市新冠疫情防控工作领导小组指挥部）

体　　育

【概况】 2021 年，桂林市体育局办公地址在桂林市临桂区青莲路投资发展商务大厦南楼 18 楼。内设职能科室 6 个，下设事业单位 8 个。年内，桂林市新增体育公园 4 个、健身步道 1 条、休闲绿道 2 条、全民健身中心 1 个、全民健身工程村(屯)级篮球场 3 个，门球场 2 个，全民健身路径 2 条。全市有业余体校 15 所、专职教练 191 人，在校学生 2000 人，全年向自治区以上运动队输送运动员 86 人。共上报自治区一级运动员 27 人，授予二级运动员称号 73 人，核准二级、三级社会体育指导员 466 人。桂林籍运动员参加第 32 届奥林匹克运动会获金牌 1 枚；参加全国比赛获奖牌 29 枚(金牌 8 枚、银牌 10 枚、铜牌 11 枚)。8 个单位、6 名个人获评 2017—2020 年度全国群众体育先进单位和先进个人。在自治区体育重点工作目标任务综合考评排名自治区第一位，获评自治区体育工作先进单位和广西体育宣传工作先进单位。

【群众体育活动与培训】 2021 年，桂林市举办各类群众性赛事活动 100 余项，累计参与群众 30 余万人次。4 月 13 日—17 日，桂林市承办“壮族三月三·民族体育炫”系列活动，“永远跟党走·奋进新征程”2021 年“壮族三月三·民族体育炫”系列活动暨兴安县湘江红文化体育节在兴安县举行，举办花炮、珍珠球、板鞋竞速、独竹漂等 7 个民族传统体育项目的线下比赛；举办“感党恩·跟党走”广西街舞城市邀请赛(兴安站)、“古韵灵渠·红色兴安”广西城市定向系列赛(兴安站)暨无线电测向赛；整合兴安县“感党恩·跟党走”天上源江自行车骑行赛、“跑遍中国”系列赛资源，推出跑遍中国——“弘扬长征精神·走好新时代长征路”2021 广西兴安红色马拉松线上赛。4 月 25 日—29 日，2021 年广西全民健身工作业务专题培训班在阳朔县举行，237 名体育工作者参加培训。5 月 26 日，举办“百舸争流千

2021年5月26日，桂林市举办“百舸争流千帆竞　旅游胜地党旗红”桂林市直机关党组织庆祝“建党百年”趣味运动会。　　　　（桂林市体育局供图）

帆竞　旅游胜地党旗红”桂林市直机关党组织庆祝“建党百年”趣味运动会，运动会设运转乾坤、时代巨轮、汉诺塔、众星捧月、旱地龙舟、超级组合接力6个项目，共有市直、中区直机关75个单位的108支代表队1300名运动员同场竞技。6月7日—8日，举办2021年桂林市跆拳道社会体育指导员培训班，共70余名跆拳道爱好者参加培训。6月6日、6月12日—13日，举办“我要上全运”广西气排球选拔赛（桂林赛区），共40支队伍400余名运动员参赛，其中中年女子组冠军桂林象山奔亿队代表广西参加第十四届全国运动会预赛，取得决赛资格。9月29日—30日，在龙胜各族自治县举办2021年桂林市国民体质检测队伍暨体医融合复合型人才班，158人参加培训。10月11日—12日，2021年桂林市广播体操培训班在桂林市七星区举行，参加培训学员400余人。10月17日，举办“党建引领　文旅融合　助推乡村振兴”2021临桂区四塘镇田园半程马拉松赛，赛事将运动和禁毒工作相结合，设置半程马拉松和绿色无毒健康跑两个组别。10月30日—31日，举办2021年第二十二届桂林市羽毛球比赛，共有41支球队500余名运动员参赛。11月5日—8日，举办2021年第12届桂林市大众篮球赛（县队组），11个县（市）代表队共100余名运动员参赛。11月20日—21日，举办2021年桂林市广播体操比赛，共有86个队伍、2020名运动员参赛。11月21日，举办2021年桂林市气排球培训班，共50位气排球爱好者参加培训。11月24日—26日，举办2021年桂林市体医融合复合型人才暨社会体育指导员培训班，17个县（市、区）52名医务人员参加培训。全年在桂林市体育中心举办体育技能健身培训班共5次，培训内容涵盖健身气功、八段锦、五禽戏、易筋经功法、健身操、太极拳、健身气功新功法（马王堆导引术）等，共培训约800人次。结合中国共产党成立100周年，举办全市老年人乒乓球赛、广场舞交流展示活动。完成培训及体育赛事活动超100项，培训人员1.2万人，参与活动人员10万人，每项培训及赛事在各类媒体宣传200余次，全年共核准二级、三级社会体育指导员466人。

【群众体育项目建设和管理】 2021年，桂林市向上申报为民办实事项目、乡村振兴项目、中央预算投资补短板项目、中央专项彩票公益金支持地方事业项目等中央、自治区、市本级项目共147个，其中16个项目获中央和自治区专项资金补贴5250万元，项目涉及体育公园、绿道、全民健身中心等六大类基础设施。其中，广西乡村振兴体育基础设施项目5个（建设体育公园2个、休闲绿道1条、全民健身中心1个、健身步道1条），获补助资金1740万元；获批建设门球场2个、乡村村（屯）建设村级篮球场3个、村（屯）配建体育器材健身项目2个，获补资金30万元；中央预算投资建设项目2个（建设生态体育公园1个、休闲绿道1条），获补资金2580万元；中央专项彩票公益金支持地方社会公益事业发展资金项目2个（开展桂林市体育中心体育场围网除锈刷漆工程1项、建设体育公园1个），获补资金600万元。强化协会俱乐部管理，完成4家协会2家俱乐部成立工作，推行协会俱乐部负责人任职前公示制度。推进大型体育场馆免费低收费开放，全市12个场馆免费低收费开放，免费发放12万元锻炼票券，全年向群众免费开放时间4.7万小时。8个单位、6名个人获评

2021年10月17日，2021临桂区四塘镇田园半程马拉松赛在临桂区四塘镇宏谋广场开赛。　　　　（桂林市体育局供图）

2017—2020年度全国群众体育先进单位和先进个人。

【青少年体育】 2021年，桂林市出台《深化体教融合 促进桂林青少年健康发展实施方案》，实行青少年体育活动促进计划，举办全市中小学生运动会，涵盖航空模型、田径、篮球、足球、排球、羽毛球、乒乓球、啦啦操、象棋、游泳等16项赛事，超1万人次参赛。举办桂林市"奔跑吧·少年"儿童青少年主题健身活动，通过校校联合、校协联办、校企合作的方式办赛办活动，进一步丰富学校体育活动内容，青少年体育赛事组织、运动队建设、体育教师和教练员培养水平有效提升，体教融合取得新实效。开展运动项目基地申报，桂林市体育运动学校、桂林市体操学校、临桂区业余体校、荔浦市业余体校获评自治区体育后备人才基地，桂林市体育运动学校田径短跑项目获评"2021—2024国家田径单项高水平后备人才基地（第一批）"。4月21日—22日，国家体育总局在桂林召开2021年全国青少年体育工作会议，国家体育总局各司、运动中心以及各省（市、自治区）及区内各地市体育局、体育协会和企业等负责人200余人参会，现场调研、观摩临桂区业余体校、桂林市榕湖小学、桂林市第一中学体教融合工作，桂林作为广西基层代表之一在会上就体教融合工作作典型发言。5月2日，2021年桂林市青少年围棋段位赛在桂林棋院落幕，共有913名青少年棋手参赛。5月28日，第六届幼儿篮球嘉年华桂林站在临桂区举行，各县（市、区）34家幼儿园，643名运动员参赛。6月13日，举办广西第一届幼儿篮球赛，广西9个城市的48支队伍，400多名运动员、500多名家长参与。7月3日，桂林市"奔跑吧·少年"儿童青少年主题健身活动启动仪式暨2021年桂林市幼儿趣味运动会在桂林市清风实验学校举行，启动仪式后，举办幼儿30米跑、双人板鞋竞速、运球射门、30秒计时单人跳绳、20米 ×6迎面接力等幼儿趣味运动会比赛。8月2日，历时7天的2021中国小篮球联赛广西桂林赛区暨桂林市第一届青少年篮球联赛落幕，各县（市、区）中小学、各篮球俱乐部的65个队、600余名选手参加比赛。10月30日—11月2日，举办桂林市第二十二届重点中学学生篮球赛，各县（市）、临桂区重点中学和市属重点中学共17所中学，432人参赛。11月12日，2021年桂林市青少年羽毛球公益培训班在桂林市体育中心体育馆举行，培训内容包含羽毛球基础知识、正反手握拍、高远球、发球、正反手挑球、全场步伐、身体综合素质训练等，共有150多名青少年羽毛球爱好者参加培训。11月9日，2021年广西青少年单项锦标赛落下帷幕，桂林市共派出728名运动员参加田径、体操、游泳、羽毛球、乒乓球、篮球等26个项目的比赛，共获金牌114枚、银牌134枚、铜牌143枚。

2021年4月21日—22日，国家体育总局在桂林召开2021年全国青少年体育工作会议。

（桂林市体育局供图）

【竞技体育】 2021年，桂林市开展2022年自治区第十五届少数民族传统体育运动会筹备工作，完成赛事前期调研、参赛队伍摸底工作；开展第一届全国学生（青年）运动会桂林市承接项目的赛事筹办工作。完成年度教练员、运动员注册工作，共为191名教练员，2000名运动员进行注册。全年向自治区以上运动队输送运动员86人，共上报自治区一级运动员27人，授予二级运动员称号共73人。6月20日—23日，举办桂林市击剑项目二级裁判员培训班，共35人参加培训。指导桂林市篮球协会、田径协会分别举办裁判员培训班，共培训篮球裁判员、田径裁判员共350人。7月28日，在第32届东京奥运会男子举重决赛中，桂林籍运动员石智勇再次打破由他保持的世界纪录并蝉联奥运冠军，为中国体育代表团赢得第12枚金牌。9月27日，中华人民共和国第十四届运动会在陕西西安落下帷幕，桂林派出30名运动员代表广西出战，获得2枚金牌（桂林籍运动员获1枚金牌、桂林输送的运动员获1枚金牌）、1枚铜牌。10月1日，"相约漓江 亮剑平乐"2021桂林·平乐击剑公开赛开幕式在平乐县开赛，全国近1000名运动员参赛，最终决出个人和团体金牌84枚。10月23日，由桂林市体操学校联合培养输送的女子体操运动员韦筱圆在日本举办的第50届世界体操锦标赛获得女子高低杠冠军。10月29日—31日，"相约漓江 艇进平乐"2021年中国桂林平乐赛艇大师赛在桂林平乐县桂林河段印山码头举行，金蝶、万科、宝马、北京大学、同济大学、西安交大、中山大学等30余支知名企业及高校的赛艇队伍500余名选手同江竞逐，吸引众多赛艇选手和爱好者观赛。10月31日，2021阳朔铁人三项赛暨"奔跑吧广西"生态系列赛（桂林阳朔站）在阳朔县龙头山码头开赛，赛事规模扩大为2200人，其中半程大铁组1000人，标铁组1200人，广东、广西、湖南、北京、贵州等27个地区选手参赛。12月26日—2022年1月9日举办桂林马拉松线上赛，32个省、自治区、直辖市、特别行政区共153472人报名参赛，通过线上赛掀起"云跑"高潮。

【体育产业】 2021年，桂林市做强体育旅游示范工程，抓实广西体育旅游示范市创建成果，在全市范围推动打造一批体育特色鲜明、体旅有机融合的精品体育旅游示范县（市、区）、体育旅游精品线路、精品赛事和示范基地。阳朔遇龙河休闲体育旅游度假区分别获评国家体育旅游示范基地、自治区体育旅游示范基地；2021年“壮族三月三·民族体育炫”系列活动获评中华体育文化优秀节庆项目；桂林大碧头国际旅游度假区获评自治区四星级体育综合体；桂林吉隆服装有限公司获评广西体育产业示范单位；阳朔兴坪燕豪航空运动基地（动力伞和热气球项目）获评广西航空体育飞行基地；桂林丹霞大峡谷户外挑战精品线路获评广西体育旅游精品线路；平乐县、灌阳县获广西体育旅游示范试点县，桂林市已有4个县（区）获该项试点。组织28家体育产业协会召开“双减”背景下的中小学体育教育研讨会，引导相关体育企业与教育局和有意愿开展体育运动的学校对接、沟通协调，争取更多的体育项目进校园，为体育企业、体育俱乐部找到更好发展的路子。抓好体育彩票销售工作，全市体育彩票完成销售3.49亿元，增幅52.1%。全市体育产业总规模超过100亿元。

2021年10月1日，“相约漓江　亮剑平乐”2021桂林·平乐击剑公开赛在平乐县开赛。 （桂林市体育局供图）

表22　　2021年桂林市籍运动员破纪录统计表

姓名	性别	比赛时间	地点	比赛名称	比赛项目	名次	成绩	破纪录情况
石智勇	男	7月28日	日本东京	第32届东京奥林匹克运动会	男子举重73kg级	1	364kg	破世界纪录
唐凯悦	男	12月9日	福建将乐	2021年全国蹼泳锦标赛	男子200米双蹼	1	01:38:41	破全国纪录

表23　　2021年桂林市籍运动员参加世界三大赛成绩表

姓名	性别	比赛时间	地点	比赛名称	比赛项目	名次
石智勇	男	7月28日	日本东京	第32届东京奥林匹克运动会	男子举重73kg级	1
牛冠男	女	7月28日	日本东京	第32届东京奥林匹克运动会	女子水球	8

表24　　2021年桂林市籍运动员参加全国大赛（含全运会）比赛成绩表

姓名	性别	比赛时间	地点	比赛名称	比赛项目	名次
姚康平	男	3月19日	吉林白山	2020—2021赛季全国单板滑雪大跳台和坡面障碍技巧锦标赛	男子大跳台	2
姚康平	男	3月19日	吉林白山	2020—2021赛季全国单板滑雪大跳台和坡面障碍技巧锦标赛	男子坡面障碍技巧	4
姚康平	男	3月25日	吉林白山	2020—2021赛季全国单板滑雪大跳台和坡面障碍技巧冠军赛	男子大跳台	3
姚康平	男	3月25日	吉林白山	2020—2021赛季全国单板滑雪大跳台和坡面障碍技巧冠军赛	男子坡面障碍技巧	4
蒋艳丽	女	4月25日	海南博鳌	2021年全国风筝板冠军赛	女子TTR双向板个人场地	2
莫玉璐	女	4月25日	海南博鳌	2021年全国风筝板冠军赛	女子TTR双向板个人场地	4
骆建林	男	5月1日—10日	四川成都	2021年全国体操锦标赛暨东京奥运会选拔赛、第十四届全运会资格赛	男子团体	3
张玉娟	女	5月10日—14日	浙江江山	2021年全国女子举重锦标赛暨第十四届全国运动会举重比赛预赛	女子59kg级	6
郑良润	男	5月16日—20日	浙江江山	2021年全国男子举重锦标赛暨第十四届全国运动会举重比赛预赛	男子61kg级	6

续表

姓名	性别	比赛时间	地点	比赛名称	比赛项目	名次
苏　联	男	5月16日—20日	浙江江山	2021年全国男子举重锦标赛暨第十四届全国运动会举重比赛预赛	男子67kg级	8
苏　联	男	5月16日—20日	浙江江山	2021年全国男子举重锦标赛暨第十四届全国运动会举重比赛预赛	男子67kg级	7
梁敏华	男	5月16日—20日	浙江江山	2021年全国男子举重锦标赛暨第十四届全国运动会举重比赛预赛	男子+109kg级	5
梁敏华	男	5月16日—20日	浙江江山	2021年全国男子举重锦标赛暨第十四届全国运动会举重比赛预赛	男子+109kg级	3
梁敏华	男	5月16日—20日	浙江江山	2021年全国男子举重锦标赛暨第十四届全国运动会举重比赛预赛	男子+109kg级	5
唐凯悦	男	5月19日—21日	江西吉安	2021年全国蹼泳冠军赛	男女4×100米混合双蹼接力	1
唐凯悦	男	5月19日—21日	江西吉安	2021年全国蹼泳冠军赛	男子100米双蹼	2
唐凯悦	男	5月19日—21日	江西吉安	2021年全国蹼泳冠军赛	男子400米双蹼	2
唐凯悦	男	5月19日—21日	江西吉安	2021年全国蹼泳冠军赛	男子200米双蹼	4
刘裕刚	男	5月19日—21日	江西吉安	2021年全国蹼泳冠军赛	男子200米双蹼	3
刘裕刚	男	5月19日—21日	江西吉安	2021年全国蹼泳冠军赛	男子400米双蹼	3
刘裕刚	男	5月19日—21日	江西吉安	2021年全国蹼泳冠军赛	男子100米双蹼	4
曲鹏旭	男	5月19日—21日	江西吉安	2021年全国蹼泳冠军赛	男子4×100米蹼泳接力	2
曲鹏旭	男	5月19日—21日	江西吉安	2021年全国蹼泳冠军赛	男子4×200米蹼泳接力	2
曲鹏旭	男	5月19日—21日	江西吉安	2021年全国蹼泳冠军赛	男子800米蹼泳	6
曲鹏旭	男	5月19日—21日	江西吉安	2021年全国蹼泳冠军赛	男子1500米蹼泳	6
徐永轩	男	5月22日—27日	江苏盐城	2021年全国滑板锦标赛暨全运会选拔赛	男子街式	7
兰友生	男	5月24日—30日	河南漯河	中华人民共和国第十四届运动会武术散打资格赛	男子60kg级	5
唐米阳	女	5月28日—6月6日	山西太原	2021年“招商银行杯”全国艺术体操锦标赛	团体总分	6
汪爹娜	女	5月28日—6月6日	山西太原	2021年“招商银行杯”全国艺术体操锦标赛	团体总分	6
陆瞳彤	女	5月28日—6月6日	山西太原	2021年“招商银行杯”全国艺术体操锦标赛	团体总分	6
黄瑞怡	女	5月28日—6月6日	山西太原	2021年“招商银行杯”全国艺术体操锦标赛	团体总分	6
黄嘉琪	女	5月28日—6月6日	山西太原	2021年“招商银行杯”全国艺术体操锦标赛	团体总分	6
谢新慧	女	5月28日—6月6日	山西太原	2021年“招商银行杯”全国艺术体操锦标赛	团体总分	6
王　曦	女	5月28日—6月6日	山西太原	2021年“招商银行杯”全国艺术体操锦标赛	团体总分	6
谢新慧	女	5月28日—6月6日	山西太原	2021年“招商银行杯”全国艺术体操锦标赛	个人项目团体总分	8
唐米阳	女	5月28日—6月6日	山西太原	中华人民共和国第十四届运动会艺术体操资格赛	个人团体	8
谢新慧	女	5月28日—6月6日	山西太原	中华人民共和国第十四届运动会艺术体操资格赛	个人团体	8
田佳宁	女	5月31日	四川成都	2021年全国女子水球冠军赛暨第十四届全运会女子水球资格赛	女子水球	5
唐鑫凤	女	5月31日	四川成都	2021年全国女子水球冠军赛暨第十四届全运会女子水球资格赛	女子水球	5
韦心敏	女	5月31日	四川成都	2021年全国女子水球冠军赛暨第十四届全运会女子水球资格赛	女子水球	5
李凤丹	女	6月11日—13日	浙江绍兴	2021年全国田径冠军赛暨奥运会选拔赛	女子4×400米接力	1
李凤丹	女	6月11日—13日	浙江绍兴	2021年全国田径冠军赛暨奥运会选拔赛	混合4×400米接力	2
廖　羽	女	6月24日—27日	重庆	2021年全国田径锦标赛暨全运会资格赛	女子标枪	5
李凤丹	女	6月24日—27日	重庆	2021年全国田径锦标赛暨全运会资格赛	混合4×400米接力	2
宾胜男	女	7月11日—14日	陕西西安	中华人民共和国第十四届运动会体操比赛	女子U14团体	4
徐永轩	男	9月10日—11日	陕西西安	中华人民共和国第十四届运动会	男子滑板街式	5
黄银娇	女	9月19日	广西北海	2021年全国冲浪(长板)锦标赛	公开组女子长板团体赛	5
段慧敏	女	9月19日	广西北海	2021年全国冲浪(长板)锦标赛	U18组女子长板团体赛	6
廖　羽	女	9月20日—26日	陕西西安	中华人民共和国第十四届运动会田径比赛	女子标枪	6
李凤丹	女	9月20日—26日	陕西西安	中华人民共和国第十四届运动会田径比赛	女子4×400米接力	3
骆建林	男	9月21日—26日	陕西西安	中华人民共和国第十四届运动会体操比赛	男子团体	5
张玉娟	女	9月16日—19日	陕西渭南	中华人民共和国第十四届运动会举重项目比赛决赛	女子59kg级	7

续表

姓名	性别	比赛时间	地点	比赛名称	比赛项目	名次
郑良润	男	9月21日—24日	陕西渭南	中华人民共和国第十四届运动会举重项目比赛决赛	男子61kg级	5
梁敏华	男	9月21日—24日	陕西渭南	中华人民共和国第十四届运动会举重项目比赛决赛	男子109kg以上级	6
苏　联	男	9月21日—24日	陕西渭南	中华人民共和国第十四届运动会举重项目比赛决赛	男子67kg级	6
牛冠男	女	9月22日	陕西宝鸡	中华人民共和国第十四届运动会	女子水球	1
唐鑫凤	女	9月22日	陕西宝鸡	中华人民共和国第十四届运动会	女子水球	5
田佳宁	女	9月22日	陕西宝鸡	中华人民共和国第十四届运动会	女子水球	5
韦心敏	女	9月22日	陕西宝鸡	中华人民共和国第十四届运动会	女子水球	5
兰友生	男	9月22日—24日	陕西安康	中华人民共和国第十四届运动会武术散打比赛	男子60kg级	5
唐振翔	男	9月25日	陕西西安	中华人民共和国第十四届运动会游泳比赛	男女混合4×100米混合泳接力	8
唐琪智	男	10月16日	江苏溧阳	2021年全国桨板锦标赛	男子专业组长距离赛	4
黎韦福	男	12月8日—15日	云南玉溪	2021全国射箭锦标赛（室外）	男团淘汰赛	8
何　林	女	12月8日—15日	云南玉溪	2021全国射箭锦标赛（室外）	女团淘汰赛	4
唐凯悦	男	12月9日	福建将乐	2021年全国蹼泳锦标赛	男子100米双蹼	1
唐凯悦	男	12月9日	福建将乐	2021年全国蹼泳锦标赛	男子200米双蹼	1
唐凯悦	男	12月9日	福建将乐	2021年全国蹼泳锦标赛	男子400米双蹼	1
唐凯悦	男	12月9日	福建将乐	2021年全国蹼泳锦标赛	男女混合4×100米双蹼接力	1
唐凯悦	男	12月9日	福建将乐	2021年全国蹼泳锦标赛	男子50米双蹼	2
刘裕刚	男	12月9日	福建将乐	2021年全国蹼泳锦标赛	男女混合4×50米蹼泳接力	1
刘裕刚	男	12月9日	福建将乐	2021年全国蹼泳锦标赛	男子4×100米蹼泳接力	2
刘裕刚	男	12月9日	福建将乐	2021年全国蹼泳锦标赛	男子4×200米蹼泳接力	3
刘裕刚	男	12月9日	福建将乐	2021年全国蹼泳锦标赛	男子50米双蹼	3
刘裕刚	男	12月9日	福建将乐	2021年全国蹼泳锦标赛	男子100米蹼泳	3
刘裕刚	男	12月9日	福建将乐	2021年全国蹼泳锦标赛	男子50米蹼泳	4
曲鹏旭	男	12月9日	福建将乐	2021年全国蹼泳锦标赛	男子1500米蹼泳	3
曲鹏旭	男	12月9日	福建将乐	2021年全国蹼泳锦标赛	男子800米蹼泳	4
曲鹏旭	男	12月9日	福建将乐	2021年全国蹼泳锦标赛	男子400米蹼泳	6
陈宥余	男	12月15日	海南万宁	2021年全国冲浪冠军赛	U15组男子长板	7
段慧敏	女	12月15日	海南万宁	2021年全国冲浪冠军赛	公开组女子长板团体接力赛	5
段慧敏	女	12月15日	海南万宁	2021年全国冲浪冠军赛	U18组女子长板团体赛	6

表25　　2021年桂林市籍运动员参加一般国内比赛成绩表

姓名	性别	比赛时间	地点	比赛名称	比赛项目	名次
莫　芸	女	5月14日—16日	四川成都	“相约幸福成都”2021年田径邀请赛	女子标枪	4
覃承宇	女	5月19日—20日	武汉	2021年“菲普莱杯”田径分区邀赛（华中赛区2）	男子4×100米接力	3

表26　　2021年桂林市籍运动员参加全国青、少年比赛成绩表

姓名	性别	比赛时间	地点	比赛名称	比赛项目	名次
王　曦	女	5月28日—6月6日	山西太原	2021年“招商银行杯”全国艺术体操锦标赛	少年个人团体	6

（阳馨莹）

人力资源·社会保障

综　　述

【概况】 2021年，桂林市有县级以上人力资源和社会保障管理机构18个，其中桂林市本级1个、县（市、区）17个。桂林市人力资源和社会保障局（简称市人力资源社会保障局）办公地址在桂林市临桂区青莲路投资发展商务大厦南楼4–5层。内设科室19个。下辖公益一类事业单位8个，分别为桂林市社会保险事业管理中心、桂林市人才服务中心、桂林市劳动和社会保障监察支队、桂林市公共就业创业服务中心、桂林市劳动人事争议仲裁院、桂林市人事考试中心、桂林市社会保障卡服务中心、桂林市职业技能评价指导中心；公益二类事业单位4个，分别为桂林技师学院（桂林高级技工学校）、桂林市交通技工学校、桂林市第二技工学校、桂林市劳动就业培训中心学校。全年全市县以上政府部门设立公共就业和人才服务等各类服务机构32家，其中就业服务中心18个、人才服务机构14家。至年末，全市共有职业技能评价机构86个，其中社会培训评价组织30个、院校自主认定机构16个、企业自主认定机构18个、考核鉴定机构22个；全市劳动保障监察机构30个，专职劳动保障监察员93人。全市有国家、自治区级专家710余人，建立博士后科研工作站5个、自治区人才小高地5个、广西博士后创新实践基地7个。年内，桂林市先后7次在自治区作人力资源和社会保障工作经验交流发言，在广西第一届职业技能大赛上取得2金2银2铜的好成绩。桂林市人力资源服务产业园挂牌成立并运营，人社政务服务好评率100%。6月11日—12日，人力资源社会保障部部长张纪南在桂林调研，实地考察了桂林技师学院办学、校企合作，七星区和平村村级就业社保服务平台，雁山区文化旅游城吸纳就业、技能培训等情况，对桂林市人力资源和社会保障工作给予高度评价。

【就业形势平稳】 2021年，市人力资源社会保障局贯彻落实中央、自治区“稳就业”“保就业”部署要求，通过强化公共就业服务，实施减负稳岗扩就业政策，扎实开展就业创业培训，全方位就业创业服务持续发力，有力促进了桂林市企业复工复产和重点人群就业，全市就业局势持续保持稳定。全年全市实现城镇新增就业、失业人员再就业、就业困难人员就业分别为4.65万人、2.8万人、1.56万人，分别完成全年任务的122.36%、233.68%、558.32%；全市城镇登记失业率2.58%，控制在4.5%的范围之内。开展各类培训5.65万人次，发放职业培训补贴9890.03万元；为重点企业输送产业工人2.91万人。2021年自治区“就业援助月”“金秋招聘月”就业专项活动启动仪式分别在桂林举办，桂林就业创业工作先后2次在全自治区作先进典型发言。

【社会保障水平提高】 2021年，桂林市社会保险制度建设加快推进，参保人数持续增加，社会保险基金运行总体平稳。至年末，全市城镇职工基本养老保险、失业保险、工伤保险、城乡居民基本养老保险参保人数分别为110.42万人、50.05万人、60.20万人、263.37万人。全市基本养老保险已入库参保人数378.88万人，入库率94.13%，在全自治区排名靠前。全年全市共发放养老待遇144.16亿元，新开工工程建设项目工伤保险参保率100%，全市社会保障卡持卡人数504.25万人，社会保障水平逐年提高。

【人事人才工作激发活力】 2021年，桂林市事业单位面向社会公开招聘4724人，完成职称认定1960人次，专业技术人员继续教育公需科目培训9.17万人次。组织完成工程系列、中小学教师系列、卫生系列、中职系列高级评审5542人；各类中级、初级职称评审3500人。招聘事业单位高层次人才33人，急需紧缺专业人才完成报名808人，完成102名高层次人才认定工作。申请兑现人才奖励2395万元。完成桂林市公立医院薪酬改革。桂林市事业单位专项编制高层次人才招聘管理工作在自治区作经验交流发言。

【劳动关系和谐稳定】 2021年，桂林市共受理劳动人事争议仲裁案件2947件，已结案2947件，结案率100%，调解率81.67%。各级调解组织全年共调解劳动人事争议2780件，调解率100%。劳动保障监察举报投诉案件结案率100%。全年签订电子劳动合同1.28万份，在全自治区设区市排名第二。桂林市劳动人事争议仲裁院被评为全国首批“劳动人事争议金牌调解组织”“全国人社系统文明优质服务窗口”。大力开展根治欠薪专项行动，全市农民工工资得到有效保障。

【人社扶持政策落实】 2021年，桂林市为打造全市更加优良的营商环境，多措并举降低企业经营用工成本，优化各类手续办理流程，确保将各项服务措施落到实处。加大失业保险援企稳岗力度，纾解企业困难，持续发挥社会保障保民生的作用。全年失业保险累计减负2.27亿万元，惠及单位2.41万个、职工46.41万人。全市发放稳岗返还资金3742.82万元，惠及企业11246家、职工23.78万人，发放率100%。至年末，全市领取失业补助金8.02万人，发放失业补助金4654.76万元。落实各类就业创业优惠政策的补贴工作。全年全市兑现新增岗位社保补贴、求职创业补贴、就业见习补贴、中小微企业吸纳高校毕业生社保补贴、中小微企业吸纳高校毕业生就业补贴4986.2万元。

【人社服务水平提升】 2021年，市人力资源社会保障局开展行风建设提升大行动，全面加快"人社服务快办行动"步伐，加速推动人社领域服务"清事项、减材料、压时限"工作，建立专人专班，设立快办综合服务窗口。广泛开展窗口岗位比武练兵活动，按要求坚持周周练月月比，不断提升人社服务能力水平，在全自治区人社窗口业务比武练兵中获团体二等奖。年内，全州县人力资源社会保障部门创新社保经办举措，与中国工商银行全州县支行等金融机构在社保经办方面合作，打造"社银一体化"工作。全州县"社银一体化"作为"最具协同力"的社保经办管理服务地方案例在《中国社会保障》杂志上刊登。市人力资源社会保障局深入开展平安建设工作，妥善治理重复信访、化解信访积案。全年，中央信访联席办交办信访事项13件，已全部化解结案，完成率100%。

【就业帮扶助力乡村振兴】 2021年，市人力资源社会保障局保持就业帮扶政策总体稳定。全年全市易地搬迁户6989户2.99万人，已实现家庭至少1人就业户数6900户，实现就业1.53万人，实现每户1人(含)以上有劳动能力且有就业意向的家庭成员实现就业。至年末，全市共建有就业帮扶车间513家，其中认定466家；带动就业2.89万人，吸纳脱贫家庭劳动力4381人，安排易地搬迁劳动力到"就业帮扶车间"就业447人。发挥公益性岗位兜底作用。至年末，市本级122个单位吸纳就业困难人员894人，发放公益性岗位补贴2986.23万元，公益性岗位社保补贴1152.15万元。人社部门继续把社会保障兜底帮扶作为基本防线，充分发挥社会保险政策作用，做实做细脱贫人口参保工作。脱贫后继续扶持两年的参保人数40965人，全部实行代缴，代缴金额409.65万元；不在扶持期内参保人数17.5万人，参保率100%；差异化政策代缴7.32万人，代缴金额732.32万元；监测户参保1万人，全部实行代缴。4月，市人力资源社会保障局被评为自治区脱贫攻坚先进集体；5月，被评为桂林市"十三五"脱贫攻坚先进集体；选派的驻村第一书记段宗元被评为自治区勤廉榜样。

【《桂林市人力资源和社会保障事业发展"十四五"规划》编制】 2021年，市人力资源社会保障局按照"十四五"规划工作要求，编制完成《桂林市人力资源和社会保障事业发展"十四五"规划》。规划编制坚持目标导向与问题导向相统一，坚持地方落实与中央部署保持步调一致，坚持全面规划与重点突出相结合，明确工作思路，制定了桂林市人社"十四五"发展重点目标任务、举措；规划工作严格按照编制规定程序，开展实地调研、广泛征求社会各界意见，顺利通过专家评审并获得好评。《桂林市人力资源和社会保障事业发展"十四五"规划》包括9章35节，提出"十四五"时期人力资源和社会保障事业发展指导思想和基本原则，明确事业发展的5大主要目标和14项具体指标，部署就业创业、社会保障、人才队伍建设、人事制度改革、劳动关系和基本公共服务6个方面的重点任务和重大举措，设置8个专栏，对重点项目进行了统筹安排，同时提出规划实施的保障措施。《桂林市人力资源和社会保障事业发展"十四五"规划》经桂林市第六届人民政府第2次常务会审议通过，于2021年12月28日正式印发实施，并在桂林市人力资源和社会保障网站对该规划进行了解读。

人事管理

【评比表彰奖励组织领导】 2021年，市人力资源社会保障局组织开展桂林市评比达标表彰项目的申报工作。全年桂林市向自治区申报获批的评比达标表彰奖励项目19个，其中市本级2个，所辖17个县(市、区)各1个。积极推荐突出的单位和个人参评国家、自治区级表彰。3月，桂林市1个集体和11名个人获自治区"六稳六保"专项奖励。年内，市人力资源社会保障局开展事业单位扶贫即时奖励工作，对在扶贫工作中作出突出贡献的个人和集体开展及时奖励，全年集体记功29个、个人记功123人、集体嘉奖94个、个人嘉奖1251人。开展定期奖励工作，激发事业单位工作人员干事创业的热情，全年集体记功3个、个人记功326人、集体嘉奖70个、个人嘉奖6689人。

【事业单位公开招聘】 2021年，市人力资源社会保障局完成2021年度事业单位公开考试招聘人员工作。全年桂林市事业单位1010个岗位计划招聘1200人，报名参加笔试人数1.85万人，面试人数2411人，面试结束招聘967人。开展2021年面向全国部分高校招聘事业单位高层次人才工作。聘用后可享受桂林市高层次人才待遇，表现优秀者，可以调入机关或参照公务员法管理事业单位。全年共招聘33名事业单位高层次人才。开展2021年面向全国高校招聘急需紧缺专业人才工作。受新冠肺炎疫情影响，桂林市未到高校现场进行招聘，采取网上报名，到桂林市进行笔试、面试的方式进行招聘，年底已完成报名工作，符合条件人数808人。完成随军未就业家属定向招聘工作。桂林市2021年事业单位公开招聘工作，根据随军未就业家属的基本情况，拿出22个专项招聘岗位定向招聘随军未就业家属，经过笔试、面试、体检等环节，为21名随军未就业家属解决就业问题。完成直接面试招聘工作。全年桂林市本级事业单位招聘岗位143个，招聘

2021年5月22日，市人力资源社会保障局召开事业单位公开招聘人员笔试桂林考区考前工作布置会。（市人力资源社会保障局供图）

人数184人，已完成招聘90人。桂林市事业单位专项编制高层次人才招聘、管理工作成效突出，在全自治区作经验交流发言。

【事业单位基层招聘政策落实】 2021年，市人力资源社会保障局强化政策落实，缓解事业单位基层招人难、留人难问题。放宽条件设置。全年桂林市事业单位公开考试招聘学历放宽到中专以上的岗位14个，年龄放宽到40周岁以下的岗位42个，设置户籍人员（或生源）限制的岗位138个，降低开考比例的岗位146个。艰苦边远乡镇事业单位公开招聘时约定服务年限，在约定的服务年限内不予流动。全年桂林市公开考试招聘约定服务年限的岗位317个。县（市、区）乡镇事业单位每年可以安排一定数量岗位直接定向招聘服务基层项目和优秀村“两委”人员。全年桂林市公开考试招聘面向“两委”成员、村党组织书记（村委会主任）、服务基层项目人员招聘岗位37个。下放招聘权限。县（市、区）可根据需要自主确定公开招聘批次、规模及招聘时间，自主确定引进高层次人才和急需紧缺专业人才的层级、专业和数量。加大岗位聘用倾斜力度。除县城所在地乡镇外，其他乡镇事业单位专业技术人员，可不受岗位结构比例限制。

【事业单位岗位管理】 2021年，市人力资源社会保障局按照编制部门机构整合改革的要求，研究完善岗位设置管理办法，优化办事流程，提高办事效率，及时处理事业单位各类岗位变动、等级调整等日常管理业务。全年核准事业单位岗位设置方案189个，办理市直事业单位3480人次的岗位聘用备案，办理人员流动136人次。至年末完成2021年事业单位专业技术三级岗位竞聘报名及行业初评工作。

【专业技术人员职称管理】 2021年，市人力资源社会保障局做好教育、工程、卫生、中等职业学校教师等4个副高级系列的异地交叉评审工作。全市有613人申报高级工程师，评审通过318人，通过率51.88%；1118人申报卫生副高级专业技术资格，评审通过652人，通过率58.32%；3743人申报中小学高级教师，评审通过1870人，通过率49.96%；68人申报中等职业学校高级讲师，评审通过33人，通过率48.53%。审核推荐582人到自治区各高级系列评审会评审高级专业技术资格。全市申报中级专业技术资格4424人，评审通过2662人，平均通过率60.17%。全年办理大中专生职称认定2155人次，职称重新确认和遗失补办198人次。年内，全市职称申报、认定、重新确认、遗失补办、验证注册等业务全部实行网上办理，全年网上办理职称业务8736人次。

人才开发

【高层次人才队伍建设】 2021年，桂林市开展2021年度高层次人才认定申报，完成102名高层次人才认定工作，高层次人才包括俄罗斯自然科学院外籍院士、创新人才推进计划入选者、国务院特殊津贴专家等。桂林市通过“丹桂育才”平台以及“一事一议”绿色通道将3名获得外国院士称谓的人才认定为桂林市第一类高层次人才。

【人才本土培育加强】 2021年，桂林市实施“丹桂育才计划”，依托“云上丹桂”架构，以“互联网+”培训模式，为卫生、教育、综合三大类别的事业单位新进人才量身打造岗前培训项目，帮助2200余名事业单位新进人员。继续推广“云上丹桂”线上培训平台，

2021年5月14日，在桂林金融大厦举办丹桂育才计划“引育留用：优化人才生态圈”专题讲座。（龙璇摄）

建设十大企业学院、技能人才网络学堂。开展人才政策宣传，打造集教育培训、智慧碰撞、政策宣传等为一体的线上“人才企业联谊阵地”。至年末，平台拥有4800余门精品课程，惠及桂林市1300余家企业，注册用户1.09万人，推送“金牌班组长职业化成长体系构建”等线上专题课程53期，1.78万人次通过平台参训，完成学时2.76万个。线下举办丹桂育才计划“引育留用：优化人才生态圈”专题讲座，组织127家企业200余名企业人力资源管理者参训，帮助企业解决人才引育留用方面存在的难题，营造良好的企业内部人才生态。

【桂林市在全国首创商圈式“智慧人才服务角”】 2021年，桂林市在临桂万达、高新万达、叠彩万达分别建设商圈式“智慧人才服务角”，作为全国首个商圈式人才自助服务平台，“智慧人才服务角”通过整合人才服务政策、人才就业信息等服务资源，为用人单位及个人提供政策信息“一键查询”、服务事项“一体申办”、人才活动“一站宣传”、就业招聘“一步对接”等多样化、智能化服务，实现公共服务与智慧商圈的有效衔接，致力提高人才服务便利化、智慧化水平。

【桂林市海内外高端人才创业创新示范基地建设】 2021年，桂林市依托基地建立以“人才+项目+产业”的人才创新创业服务模式，探索走出一条“引进一个人才、带来一个团队、助推一个产业”的新路子，推动人才、企业、产业协同发展。全年，累计开展各类对接活动47场，新促成9名高层次人才携项目落地。促成在孵企业与龙胜各族自治县在“2021广西携手粤港澳大湾区共同打造国内国际双循环重要节点枢纽恳谈会”上签约；引进博士专家在“2021年海内外高端人才创新创业成果展暨‘揭榜挂帅’工作推介会”上进行项目落地签约。

【桂林建设世界级旅游城市专家研讨会举办】 2021年6月9日—11日，桂林召开建设世界级旅游城市专家研讨会。研讨会深入学习贯彻中共中央总书记习近平视察广西时的重要讲话和重要指示精神，集思广益、凝聚共识，加强顶层设计，明晰目标方向，动员全市上下以昂扬斗志和坚定决心，加快建设桂林世界级旅游城市，以实干实绩回报中共中央总书记习近平的关心关怀和殷切期望。会上，市委、市政府为桂林建设世界级旅游城市特聘专家颁发聘书。原国家旅游局副局长、中国国际公共关系协会副会长吴文学，中国旅游研究院院长、文化和旅游部数据中心主任戴斌，北京大学建筑与景观设计学院教授、美国艺术与科学院院士俞孔坚，北京大学建筑与景观设计学院负责人、副教授李迪华，中山大学旅游发展与规划研究中心主任、教育部长江学者特聘教授保继刚，国家林业和草原局调查规划设计院副院长、国家公园管理办公室副主任唐小平，复旦大学环境科学与工程系教授、城市环境管理研究中心主任包存宽，华南农业大学热带园林研究中心主任、教授李敏8名专家，获聘为桂林建设世界级旅游城市首批特聘专家。

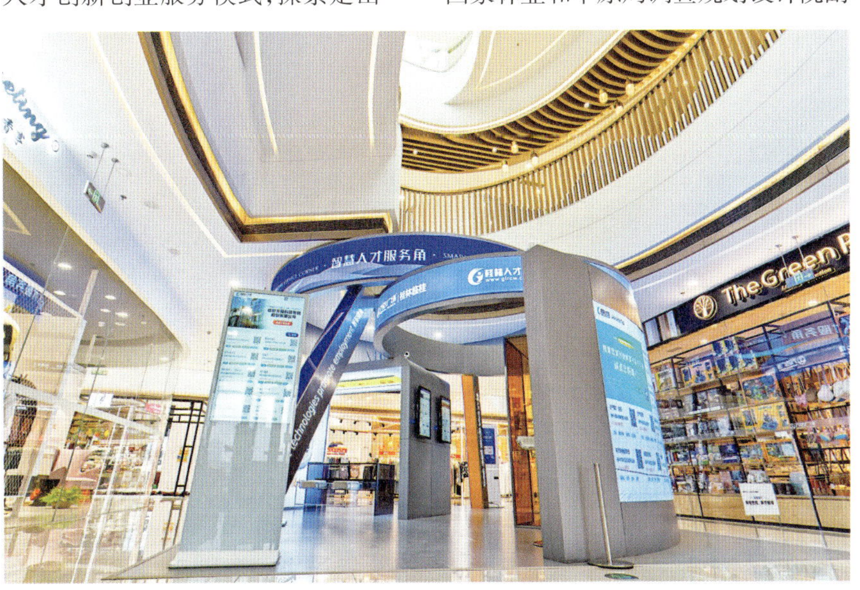

2021年，桂林市在临桂万达广场建设商圈式“智慧人才服务角”。

（桂林市人才服务中心供图）

【桂林人才建设文章获全国奖项】 2021年，桂林市撰写的《筑巢引才产才融合——人才飞地链接粤港澳大湾区支撑高质量发展的“桂林实践”》专题文章，获2021年全国人才创新案例最佳案例奖，是广西唯一获得该奖项的地级市；撰写的《桂林市急需紧缺高层次人才政策的探索与实践》专题论文，获全国人事人才研究主题征文二等奖，也是广西唯一获得该奖项的地级市。

【才企对接强化】 2021年，桂林市实施“鱼鹰引才”计划，围绕重点优势产业急需紧缺人才需求，开展全市急需紧缺人才需求目录征集，累计征集人才需求153个、项目对接需求8个。举办2021年桂林市部分规上企业面向全国高校招聘急需紧缺人才云聘会，邀请211家企业参加，发布人才需求近6000个，简历8000余份，才企线上互动5.8万次。

【高层次人才“一站式”服务】 2021年，桂林市继续建设桂林市高层次人才“一站式”服务平台，做好人才奖励、创新创业、生活保障等服务事项。全年累计受理服务申请、业务咨询近1000人次，兑现人才奖励2395万元，办理高层次人才子女就学服务33人次；开展专家体检、专家休养等活动，服务企业专家105人次；受理人才公寓入住、续住申请77人次。提质“人才贴心服务工程”，加快整合“人才绿卡”服务，探索开发涵盖金融服务功能的“桂林英才卡”，整合优化高层次人才就医优待、人才便利出行、休闲旅游、金融扶持等10余项服务，探索开发“人才贷”服务，首期与桂林银行试点合作。

【人社部“海外赤子”相关活动在桂林】 2021年7月8日，举行“海外赤子助力桂林全面推进乡村振兴巩固脱

2021年7月8日，"海外赤子助力桂林全面推进乡村振兴巩固脱贫攻坚成果活动"暨桂林市"人才引领乡村振兴"专题活动启动仪式现场。

（桂林市海内外高端人才创业创新示范基地供图）

贫攻坚成果活动"暨桂林市"人才引领乡村振兴"专题活动启动仪式。活动邀请16名现代农业产业领域的海内外高层次人才及团队代表，与桂林市50余家农业企业开展对接交流，现场促成多个项目合作意向，助力桂林市乡村振兴人才队伍建设，服务乡村振兴。

【高技能人才培养】 2021年，桂林市新增高技能人才3047人，其中技师、高级技师676人，分别完成目标任务的160.37%和296.49%。开展技能大师工作室申报和遴选工作。全年在桂林市遴选6家企业，给予认定为大师工作室的企业一次性补助资金20万元。至年末，桂林市有国家级高技能人才培养基地3个、自治区级高技能人才培养基地2个、国家级技能大师工作室3个、自治区级大师工作室6个、市级技能大师工作室10个。

劳动就业与培训

【聚力重点人群就业】 2021年，市人力资源社会保障局双线推动重点人群就业。线上就业渠道以"桂林人社"微信公众号、桂林人才网为依托，打造数字化就业，提高服务效率和质量；线下就业服务结合"春风行动""人社进校园"高校专场招聘会等活动。全年，全市线上、线下组织乡村振兴、返乡农民工、易地搬迁劳动力等专场招聘会191场（次），提供就业岗位22.57万余个，达成就业意向3.12万余人。面向高校毕业生招聘会49场，累计征集就业岗位4.12万个，达成就业意向1.1万余人；举办退役军人专场招聘会41场，达成就业意向3200人。帮扶农民工返岗复工。开展政策宣传25.14万次，提供就业服务18.61万人次，组织送温暖活动85场，提供岗位信息18.37万条，达成就业意向5.45万人。年内，861名高校毕业生获留桂兴业奖、企业纳才奖，涉及资金239.9万元。开放急需紧缺人才评价，支持毕业生向高层次人才发展。全年收到71名留桂就业的高校毕业生申请认定桂林市高层次人才。扩大就业见习规模，市辖区新增见习基地42家，比上年增长85.71%。25家见习基地吸纳573名见习人员，发放见习补贴513.01万元。为164家中小微企业的830名留桂就业高校毕业生发放社保补贴399.54万元。发挥公益性岗位兜底作用。至年末，市本级122个单位吸纳就业困难人员894人，发放公益性岗位补贴2986.23万元，公益性岗位社保补贴1152.15万元。

【重点企业用工保障】 2021年，市人力资源社会保障局层层推进重点企业招工用工。全年全市为重点企业输送产业工人2.91万人。至年末，发放各类职业介绍补贴69.45万元。实时监测桂林市550家规模以上企业用工情况，针对部分季节性生产企业用工难题，建立共享用工目录，支持企业参与共享用工，促进稳企保岗。带领深科技等重点企业赴自治区内外20个乡镇进行跨区招聘，发放招聘信息手册1万份。

【就业服务专项活动】 2021年，市人力资源社会保障局推进各项公共就业服务专项活动开展。开展"就业援助月"专项活动。1月9日，60家市重点企业参加在秀峰区尊神庙美食文化城举行的"广西就业援助月专项活动

2021年6月27日，桂林市残疾人、退役军人就业帮扶专场招聘会在七星区高新万达广场举行。

（桂林市公共就业创业服务中心供图）

启动仪式暨现场招聘会”，提供就业岗位1.68万个，进场求职1500多人次，达成就业意向426人，其中帮助就业困难人员实现就业82人，帮助残疾人实现就业23人。开展“春风行动”。线下组织各类现场招聘活动173场（次），1570多家企业累计提供就业岗位18.37万个，签订聘用合同或达成意向5.45万人次；组织3支“就业送岗大篷车”小分队，直达67个乡镇派发4.5万份招聘信息手册；80趟专车、1趟专列为自治区内外重点企业接送产业工人2855人。线上组织桂林市第二届“春风行动”大型网络招聘活动，组织1个主会场、6个县域分会场和2个园区会场，452家企业历时2个月在线上为求职者提供就业岗位6.21万个。开展“民营企业招聘月”专项活动。在县（市、区）召开17场招聘会，438家企业提供就业岗位3.22万个，意向成交4349人，包括高校毕业生308人、退役军人138人、登记失业人员235人、农民工1732人，提供维权及法律援助395人次，印发就业政策宣传资料5.16万份。开展“金秋招聘月”专项活动。10月21日，2021年广西“金秋招聘月”活动启动仪式暨就业帮扶行动周全州专场招聘会在全州县中心广场举行。全市线上、线下共举办专场招聘会28场，其中线上招聘会11场、线下招聘会17场；有1079家企业参加招聘会，其中民营企业963家；提供岗位6.36万个，意向成交8617人。

【技能培训稳就业】 2021年，市人力资源社会保障局组织开展补贴性职业技能培训。自治区下达桂林市2021年补贴性职业技能培训任务4.7万人次，至年末全市组织各类培训5.65万人次，完成目标任务的120.21%，其中开展企业新型学徒制培训2975人，完成目标任务的152.17%。技能培训不断扩面增效。技工院校与民办机构双管齐下，结合“工业振兴”“乡村振兴”等主题，围绕家政、养老服务、托幼等急需紧缺职业，发放职业培训补贴1.04亿元，推动技能提升的广覆盖和扩面增效。推进企业自主培养技能人才。推广企业技能人才自主评价制度，主动上门指导12家市属企业通过自治区自主认定试点企业评估，为6家央企和区直企业办理属地企业自主认定备案。全市有6819名企业职工获企业颁发的自主认定证书。

【创业技能竞技】 2021年，市人力资源社会保障局以赛促创、以赛促学，通过大赛挖掘出一批创新创业典型。桂林市在自治区第一届职业技能大赛中获2金2银2铜，在全国乡村振兴技能大赛广西赛场获1金2银4铜及6个优胜奖，在全国马兰花创业培训大赛广西赛场获金奖、银奖。联合市总工会等部门及米粉协会、美容美发、茶艺等行业协会组织企业职工技能大赛等赛事近10项，特别是在桂林市第一届美业职业技能省级邀请赛中，有7个省的607名选手同台竞技，达到了以赛带训强技能、以赛促学补短板的效果。组织桂林市60家企业参加广西农民工创业大赛桂林选拔赛，15家企业代表桂林参加自治区农民工创业大赛，5家企业晋级决赛，其中1家企业获一等奖、3家企业获三等奖、1家企业获优秀奖，桂林市获优秀组织奖。组织桂林首届“漓峰杯”创业大赛暨第七届广西创业大赛桂林选拔赛，桂林市7个项目入围第七届广西创业大赛决赛，有4个项目在决赛中获奖，市人力资源社会保障局获最佳组织奖。

2021年1月28日，桂林市“春风行动”就业送岗大篷车活动在灵川县潭下镇举行。
（桂林市公共就业创业服务中心供图）

【桂北首个人力资源服务产业园】 2021年12月20日，桂林市人力资源服务产业园在桂林经济技术开发区挂牌成立并运营，标志着桂林市成为全自治区第三个成立人力资源产业园的地级市，是桂林市推进人力资源服务业发展进程中的一项重要创新。该园区采用政府主导、企业投资、市场化运作的管理模式，围绕产业集聚，人才服务，企业服务，双创孵化，人社公共服务五大主要功能，服务和孵化一批有特色、有创新的本土人力资源服务企业，为落户到桂林的人才、人才项目提供“一站式”人力资源服务，进而构建一个“产业＋人才”“科技＋资本”双轮驱动的生态体系，为助推桂林世界级旅游城市建设提供强大的人才支撑和人力资源保障。至年末，园区集聚全市各类优秀人力资源服务机构22家，从业人数1000多人，为近101万人提供全方位的人力资源服务，涵盖招聘、劳务派遣、人力资源外包、猎头、培训、咨询、测评8个业态。

【创业政策精准落实】 2021年，市人力资源社会保障局建立健全创业专家指导团、乡镇（社区）创业指导站。全年全市投入1034万元建立3个农民工创业园，入驻企业69家，其中农民工创办企业50家；投产运营企业42家，提供就业岗位4631个，实现就业人数3941人。全市建设14个创业孵化基地，累计1002家企业和项目入驻，累计带动就业11921人，发放孵化奖补259.09万元。全年为1109人申报农民工一次性创业奖补580.87万元。落实高校毕业生就业创业政策，全市119家见习基地吸纳就业见习大学生 1317 人，发放就业见习补贴 675.47 万元，向 2.06 万名高校毕业生发放求职创业补贴 2981.28 万元。

劳动关系协调

【劳动用工管理】 2021 年，桂林市劳动用工备案基本覆盖全市所有用人单位，建立集体协商企业 4195 家；推进电子劳动合同签订工作，全年签订电子劳动合同 1.28 万份，在全自治区设区市排名第二。持续抓好最低工资标准落实工作，市区最低工资标准每月 1810 元，县（市）最低工资标准每月 1430 元。及时发布 2021 年企业工资指导线，以货币平均工资增长率 7.5%、10% 作为企业工资增长的基准线、上线（预警线）。

【和谐共赢的劳动关系构建】 2021 年，桂林市共受理劳动人事争议仲裁案件 2947 件，已结案 2947 件，结案率 100%，调解率 81.67%，各级调解组织全年共调解劳动人事争议 2780 件，调解成功率 100%。至年末，全市劳动保障监察立案 9 件，非立案快速调处案件 29 件，全市劳动保障监察举报投诉案件和拖欠农民工工资举报投诉案件结案率均为 100%。全年，全市共接收全国根治欠薪线索反映平台涉嫌欠薪线索案件 1814 条，其中核实欠薪线索 168 条，涉及人数 874 人，涉及金额 1151.75 万元，桂林市在 12 月 31 日前将全国根治欠薪线索反映平台案件线索全部清零，维护了劳动者的合法权益，保障社会和谐稳定。全市没有发生政府投资项目拖欠农民工工资，没有发生 50 人以上的讨薪群体事件，没有发生因欠薪引发的极端事件“三个严禁”的情况。全年全市认定“和谐劳动关系”企业 33 家，其中市本级 13 家、县级 20 家；认定 AAA 级“和谐劳动关系”企业 30 家、AA 级“和谐劳动关系”企业 2 家、A 级“和谐劳动关系”企业 1 家。

【劳动人事争议调解处理】 2021 年，桂林市劳动人事争议调解中心积极预防化解劳动纠纷，构建和谐稳定劳动关系，被自治区推荐为全国首批“金牌劳动人事争议调解组织”，3 人被评为广西金牌劳动人事争议调解员。7 月 16 日，全国人大常委会副委员长张春贤率队实地考察依托桂林市劳动人事争议仲裁院建立的桂林市劳动人事争议调解中心，调研后作出批示：“桂林市创新方式、方法，打造多元联合处理调解机制，为保障新零工经济从业人员劳动权益作出了积极探索，提供了有益经验。相关情况和建议，请全国人大社会委认真研究吸纳”。9 月，桂林市在自治区仲裁工作会上作经验交流发言。至年末，该调解中心受理案件 2073 件，调解成功 1915 件，调解成功率 92.38%。

2021 年 9 月 3 日，全市劳动保障监察工作推进会在桂林市劳动和社会保障监察支队召开。

（桂林市劳动和社会保障监察支队供图）

【根治欠薪专项行动】 2021 年元旦、春节期间，市人力资源社会保障局开展根治欠薪专项行动。专项行动中检查用人单位 937 个，其中建筑业单位 392 个、加工制造业单位 237 个、其他用人单位 308 个；检查政府投资项目 138 个、政府与社会资本合作项目 3 个、国企项目 27 个。涉及职工人数 5.57 万人（农民工 4.99 万人）。经核查涉嫌欠薪单位 31 个，涉及职工人数 231 人（农民工 216 人），涉及金额 218 万元（农民工工资 212.6 万元）。7 月 13 日—8 月 31 日，在全市范围内开展根治欠薪夏季专项行动。此次专项行动针对各类在建工程项目及已竣工但仍存在欠薪的工程项目，重点是政府投资工程项目（含各类政府与社会资本合作项目）、国企项目及有欠薪记录的其他在建工程项目。全市各级劳动保障监察机构有 114 人参加专项行动，通过非立案快速调处解决投诉 27 件，涉及农民工 187 人，涉及金额 110.27 万元。11 月 5 日至 2022 年春节前，桂林市以工程建设领域和其他欠薪易发多发行业企业为重点，在全市范围内开展根治欠薪冬季专项行动。专项行动检查用人单位 1088 个，其中建筑业单位 382 个、加工制造业单位 161 个、校外培训机构 43 个、其他用人单位 502 个，检查政府投资项目 112 个、政府与社会资本合作项目 25 个、国企项目 8 个。涉及农民工人数 8.46 万人，立案 2 件，通过协调等非立案方式解决 104 件，为 1596 名农民工追回工资 460.45 万元。

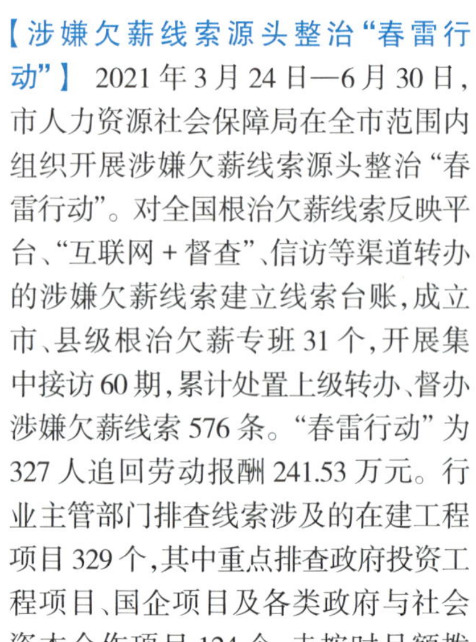

【涉嫌欠薪线索源头整治“春雷行动”】 2021 年 3 月 24 日—6 月 30 日，市人力资源社会保障局在全市范围内组织开展涉嫌欠薪线索源头整治“春雷行动”。对全国根治欠薪线索反映平台、“互联网 + 督查”、信访等渠道转办的涉嫌欠薪线索建立线索台账，成立市、县级根治欠薪专班 31 个，开展集中接访 60 期，累计处置上级转办、督办涉嫌欠薪线索 576 条。“春雷行动”为 327 人追回劳动报酬 241.53 万元。行业主管部门排查线索涉及的在建工程项目 329 个，其中重点排查政府投资工程项目、国企项目及各类政府与社会资本合作项目 124 个，未按时足额拨

2021年6月10日，桂林市劳动和社会保障监察支队工作人员在叠彩区开展交叉执法检查。（桂林市劳动和社会保障监察支队供图）

付工程款中的人工费项目有12个，对未按规定落实“一金七制度”的工程项目责令限期整改，从源头上根治欠薪。

【劳动保障监察执法检查工作模式创新】 2021年5月下旬—6月中旬，市人力资源社会保障局为保障涉嫌欠薪线索源头整治和贯彻实施《保障农民工工资支付条例》执法年活动取得实效，在全市创新性组织开展交叉执法检查活动。从市本级和各县（市、区）劳动保障监察机构抽调业务骨干30人，组成6个检查组按南北片区交叉进行执法检查。10—11月，为推进劳动保障监察队伍执法规范化建设，在全市开展劳动保障监察执法规范化“秋风行动”，提升办案能力水平，推动形成根治欠薪长效机制。

社会保险

【全民参保计划实施】 2021年，市人力资源社会保障局通过开展基本养老保险参保扩面专项行动，做好应保未保企业或群体精准核查工作，强化政策宣传，推动在城镇就业的新业态从业人员、灵活就业人员、农民工等重点群体参加企业职工基本养老保险，提高参保率和参保质量。全市职工基本养老保险参保人数110.42万人，完成自治区下达任务的103.31%；失业保险参保人数50.05万人，完成自治区下达任务的108.34%；工伤保险参保人数60.20万人，完成自治区下达任务的112.84%；城乡居民养老保险参保人数263.37万人，完成自治区下达任务的107.50%。全市基本养老保险已入库参保人数378.88万人，入库率94.13%。

【社会保险待遇按时足额发放】 2021年，市人力资源社会保障局按照政策规定和相关文件要求及时调整社会保险待遇标准，并按时足额发放。调整企业职工养老保险退休人员27.29万人，月人均增加养老金134.51元，调整后月人均养老金2773.07元；调整机关事业单位退休人员6.98万人，月人均增加养老金179.88元，调整后月人均养老金5089.86元；调整城乡居民养老保险基础养老金最低标准72.69万人，月最低标准由121元调整至131元。调整伤残津贴、生活护理费、供养亲属抚恤金、工伤保险基金补差待遇511人。全市共发放养老待遇144.16亿元。其中，企业退休28.59万人，待遇支付96.06亿元；机关事业单位退休7.07万人，完成社会化发放7.07万人，待遇支付48.10亿元。发放工伤待遇2609人，待遇支付1.40亿元。发放失业待遇1.52万人，待遇支付1.89亿元。5月始，职业年金待遇按月领取正式支付。发放支付待遇单位2295个，支付待遇人员18.47万人次，支付待遇总金额2862.01万元。加快做好全市机关事业单位改革以来退休人员养老金的重算核定工作，2014年10月—2021年10月全市新增退休人员2.16万人，已完成重算发放人员1.8万人，重算发放完成率83.48%。

【社会保险惠民政策实施】 2021年，市人力资源社会保障局继续延长实施阶段性降低失业保险和工伤保险费率政策。全市失业保险累计减负2.48亿元，惠及单位2.44万个、职工46.80万人；工伤保险累计减负7282.56万元，惠及单位2.61万个、职工58.70万人。继续实施失业保险一般稳岗返还政策。全市发放稳岗返还资金3918.05万元，惠及企业1.12万家，惠及企业职工24.31万人。继续落实失业保险扩围政策。全市领取失业补助

2021年，桂林市社会保险事业管理中心到社区开展社保政策宣传。（桂林市社会保险事业管理中心供图）

金人数 8.02 万人，累计发放失业补助金 4654.76 万元。

【养老保险待遇资格认证综窗受理】 2021 年 4 月，市社会保险事业管理中心设置综窗受理市本级职工养老保险待遇资格手工强制认证。7 月，桂林市机关事业单位离退休人员正式启动养老待遇资格生存认证工作。至年末，全市机关事业单位、企业职工离退休人员和城乡居民养老保险领取人员，其手工强制认证全部实现通过综窗受理，进一步提高养老保险待遇资格生存认证工作风险防控能力。

【人社服务快办行动】 2021 年，市社会保险事业管理中心持续推动关联事项“打包办”、高频事项“提速办”、所有事项“简便办”，进一步提升社保经办管理服务能力。全年市本级受理业务量 57.92 万笔。市本级重新调整服务大厅窗口设置，将原独立设置的社保卡服务窗口并入综合受理窗口，真正实现社保卡业务只需通过“一个窗口”即可“一次办理”相关业务。在“桂林人社”微信公众号上正式上线社保卡智能客服，为参保人提供 24 小时自助问询服务，解答社保卡民众关心的九大类问题，并可线上办理社保卡申领、激活、挂失、补办等业务，真正实现“一次不用跑”就能办理社保卡各项业务。

【老年人服务专窗设立】 2021 年，桂林市社会保险事业管理中心设立老年人及行动不便人员服务专窗。在一楼办事大厅设置等候专区、爱心专座，印制适合老年人阅读的专用办事指南，张贴醒目的引导标识，免费提供饮用水、老花镜、手机充电器等设备和用品，配备服务引导人员，主动询问办理业务。针对养老保险待遇发放账户维护申请、社保待遇资格认证、社保卡办理、养老金信息查询等社保高频服务事项，开辟“绿色通道”，提供从接待、答疑、受理、办理、反馈等“一站式”服务。全年，老年人服务窗口共接待参保人员 2.42 万人次。

【社会保险基金管理风险防控体系完善】 2021 年，市社会保险事业管理中心完善机构职能，强化业务经办风险防控。开展社会保险基金管理问题专项整治工作，开展失业保险基金管理内控风险排查，在全市范围内开展社会保险经办管理及风控信息系统核查工作。对上级下发的各类数据稽核疑点数据及审计发现问题，按时完成数据核对及问题整改进展情况上报。健全社会保险基金管理风险内控制度建设。明确各岗位职责，按照内控制度和风险管理的原则，设置财务受理、复核等岗位，建立岗位责任制度，形成责任明确，相互制约的内部制衡机制，执行内部控制常态化。严格基金管理流程控制，落实岗位监督制约要求，严格授权管理，规范银行账户的使用管理，加强基金财务科经办人员风险管理。 （唐小龙）

2021 年，桂林市社会保险事业管理中心设立老年人服务专窗。
（桂林市社会保险事业管理中心供图）

医疗保障

【概况】 2021 年，桂林市医疗保障局办公地址在桂林市临桂区万福路鼎晟大厦 4 楼。内设机构 4 个。下设公益一类事业单位 1 个，为桂林市医疗保障事业管理中心。全年全市城镇职工基本医疗保险基金收入累计 34.08 亿元，累计支出 30.40 亿元；城乡居民医疗保险基金收入累计 13.69 亿元，财政补助收入 24.76 亿元，累计支出 43.31 亿元。至年末，全市参加城乡居民基本医疗保险 430.46 万人，参加城镇职工基本医疗保险 79.47 万人。年内，做好新冠肺炎病毒疫苗及接种费用保障工作，全年疫苗费用共 5.6 亿元预算专项资金上解至自治区财政专户，全年接种费用 9378.76 万元已拨付至 1267 个接种单位，疫苗费用待遇列支账务处理 3.73 亿元。巩固拓展脱贫攻坚成果同乡村振兴有效衔接，完善脱贫人口分类资助参保政策，继续做好脱贫人口参保动员工作，联合市税务局加大城乡居民基本医保参保缴费宣传力度。从 2021 年始，大病保险继续对困难群众实行起付线降低 50%、报销比例提高 10%、取消封顶线的倾斜政策，健全防范因病致贫返贫风险长效机制。

【城乡居民门诊统筹提高】 2021 年 1 月 1 日始，桂林市门诊医疗统筹服务点扩大至二级及以上定点医疗机构，城乡居民参保人员在定点医疗机构门诊发生符合基本医疗保险支付范围的医疗费用，门诊统筹年度支付限额由 200 元增加至 300 元。社区卫生服务中心、乡镇卫生院单日门诊医疗费用报销上限由 60 元提高至 100 元，报销比例由 65% 提高至 75%；社区卫生服务站、一体化管理的村卫生室单日门诊医疗费用报销上限由 30 元提高至 70 元，报销比例由 75% 提高至 85%。

【城乡居民大病保险】 桂林市自 2021 年始执行自治区统一的城乡居民大病保险政策，在保障范围、起付标准、支付比例、筹资标准、招标管理、盈亏分担机制、“一站式”服务及监督管理等方面实现全自治区“八统一”。2021—2023年大病保险项目经自治区医疗保障局统一招标，确定由泰康养老保险股份有限公司广西分公司承保，2021年大病保险人均筹资标准为108元，桂林市2021年参保人数420.75万人，总保费4.54亿元。2021年1月始，桂林市参保个人在1个年度内发生的住院及门诊特殊慢性病医疗费用，除自费药品和自费项目费用外，其余的医疗费用经城乡居民基本医疗保险报销后，个人累计负担的医疗费用超过8000元以上部分，由城乡居民大病保险给予保障。属于城乡特困救助供养对象、孤儿、事实无人抚养儿童、城乡低保对象、城乡低收入对象以及建档立卡贫困人口的，起付线降低50%，报销比例提高10%，取消城乡居民大病保险封顶线。

【桂林惠民保】2021年11月8日，桂林市医疗保障局指导推出2022年度城市定制型商业医疗保险——桂林惠民保，由平安养老保险股份有限公司桂林中心支公司承保，广西柳州医药股份有限公司(桂中大药房)提供药品服务。参保时间为2021年11月8日—12月31日，保费标准为每人每年68元，最高保障额度每人每年300万元，桂林惠民保可有效减轻参保人在患重大疾病时的高额医疗费用负担。

【DRG医保支付方式改革】2021年，桂林市医疗保障局印发按床日点数付费、按价值疗效付费、日间手术付费、DRG点数法付费经办规程等相关配套文件，全市58家二级及以上医疗机构全面实现DRG点数法付费结算。DRG付费改革实施后，桂林市三级定点医疗机构住院患者人均费用负担从3222.46元降为3080.2元，降幅4.41%，扭转了医疗费用上升趋势，增强医院控制成本的内生动力，提升医保基金的使用效率。

【新版药品目录严格执行】2021年，桂林市医疗保障局根据国家医保药品目录实行动态调整的原则，执行《广西药品目录(2021年)》，及时调整信息系统，更新完善数据库，督促定点医药机构做好药品目录衔接使用工作。同时将43个新增国家谈判药品纳入门诊特殊慢性病用药范围，惠及全市30万名慢性病患者。支持中医药民族医药的发展，将531种中药及壮瑶药饮片纳入医保支付范围。对全市医疗机构院内制剂进行摸底调研，拟将桂林市中医医院、924医院、兴安界首骨科医院共70种院内制剂纳入基本医疗保险支付范围。

【药品和医用耗材集中带量采购】2021年，桂林市医疗保障局新落地实施6批次共计199个药品品种的带量采购中选结果，平均降幅55.7%，单品种最高降幅98.23%，一大批常用药、抗癌药价格大幅下降。冠脉支架、人工晶体、冠脉球囊、骨科创伤类耗材等一批价格昂贵的高值医用耗材集采结果在桂林市落地，冠脉支架均价从万元区进入百元区，平均降幅93%。进一步扩大带量采购品种范围，已启动对“三高”药品、超声刀头、静脉留置针、新冠病毒检测试剂等药品和医用耗材带量采购。桂林市共有包括抗肿瘤、高血压、糖尿病等325个常用药品和冠脉支架、人工晶体、冠脉球囊、新冠试剂等8类医用耗材集采结果落地执行，平均降价56.1%，预计年可减少群众就医负担5.4亿元。

2021年9月8日，桂林市代表队参加2021年广西病案信息(医保DRG付费)编写竞赛获团体一等奖。 (桂林市医疗保障局供图)

【医疗“两定管理办法”贯彻落实】2021年，国家医疗保障局出台《医疗机构医疗保障定点管理暂行办法》和《零售药店医疗保障定点管理暂行办法》(简称“两定管理办法”)后，桂林市医疗保障局组织全市定点医药机构开展“两定管理办法”专题培训，做好政策的调整和衔接，确保医保定点受理工作不因政策调整而间断。全年桂林市本级受理214家定点医药机构申请，完成3批次共计204家定点医药机构现场评估工作，其中医疗机构58家、零售药店146家。

【医疗新技术推广应用】2021年，桂林市医疗保障局根据《自治区医疗保障局关于公立医疗机构新增医疗服务项目价格管理有关问题的通知》，临时新增医疗服务项目的实施主体由全市三级甲等公立医疗机构扩大至全自治区三级、二级公立医疗机构，全市共备案新增医疗服务项目141项，推动患者及早享受先进的医疗技术服务。同时鼓励新型病房的投入使用，做好床位费调整的工作，全年批复新床位1851张。

【医保基金监管及宣传】2021年，桂林市医疗保障局持续做好医保基金监管全覆盖检查，严厉打击欺诈骗保行为，完成对全市2119家定点医药机构现场检查，检查率100%；共处理定点医药机构2088家(含约谈)，追回违规金额2.15亿元。全市处理参保人违规233人，共追回违规金额20.65万元，兑现举报奖励7例，奖励金额 4816.32 元，主动在单位门户网站、新闻媒体公开典型案例 110 例，对侵害医保基金安全的违法违规行为起到了有力震慑作用。2021 年 4 月 6 日，《医疗保障基金使用监督管理条例》宣传贯彻暨 2021 年自治区、市、县三级联动医保基金监管集中宣传月启动仪式在桂林市举行。《医疗保障基金使用监督管理条例》是中国第一部医保行政法规，2021 年 5 月 1 日正式施行。桂林市医疗保障局在全市范围内开展以“宣传贯彻《条例》，加强医保基金监管”为主题的医保基金监管集中宣传月活动。对医保行政部门、经办机构和定点医药机构开展对条例的解读和培训。同时充分利用广播、电视、报纸、微信公众号等多种渠道开展宣传，在定点医疗机构门诊大厅、住院窗口、医保经办大厅和市民广场等悬挂宣传横幅、张贴宣传海报、发放宣传单、播放宣传片、曝光典型案件等。通过全方位、深层次、高频率的宣传活动，营造“人人知法、人人守法”的良好监管环境。

（朱志贵）

2021 年 4 月 6 日，《医疗保障基金使用监督管理条例》宣传贯彻暨 2021 年自治区、市、县三级联动医保基金监管集中宣传月启动仪式在桂林市举行。

（桂林市医疗保障局供图）

退役军人事务

【概况】 2021 年，桂林市退役军人事务局（简称市退役军人局）办公地址在桂林市临桂区青莲路住建大厦北楼。内设科室 7 个。下辖 9 个二层机构。年内，市退役军人局落实退役军人和其他优抚对象各项待遇保障，深入开展退役军人安置就业和创业扶持，不断深化双拥共建，全面做好退役军人事务领域稳就业保民生、防风险促稳定各项工作。桂林军供站被评为全国“退役军人服务保障先进单位”，全州县才湾镇退役军人服务站被评为“全国 100 家红色退役军人服务站”，军休中心老战士志愿者扶贫队获“全区脱贫攻坚先进集体”称号，新的海军桂林舰正式入列，为全市双拥共建工作增添新平台。

【退役军人思想政治建设】 2021 年，市退役军人局在全市组织优秀退役军人党员访谈对象和“全国最美退役军人”推荐报送，组织力量对部分优秀退役军人党员进行专访。临桂区、七星区广泛开展“感党恩·跟党走”老兵宣讲公益项目，推动营造全社会尊崇军人、尊重退役军人的浓厚氛围。持续推动主流媒体加强英雄烈士和优秀退役军人事迹宣传，发挥“全国模范退役军人”“自治区优秀退役军人”“桂林市最美退役军人”等品牌效应。开展“老兵永远跟党走传承红色基因　续写军旅荣光”作品征集活动，向自治区退役军人事务厅推荐报送书法、诗歌、文章、摄影、绘画类作品近 50 幅（篇）。全市选拔培育出 1650 名优秀退役军人担任“兵支书”。

【退役军人权益维护和信访稳定】 2021 年，市退役军人局落实信访事项首办责任制和责任科室联合接访制，领导包片负责、包联化解，市、县、乡各级领导开展约访下访 535 人次。持续开展重复访、积案访等专项攻坚行动，至 10 月底，市本级共妥善办理来信来访事项 436 件次、838 人次，信访量大幅下降，信访秩序持续好转，桂林市退役军人信访群体未发生赴邕进京集体访事件。

【退役军人安置和就业创业扶持】 2021 年，市退役军人局完成退役军人接收安置任务。深入推进退役军人

2021 年 7 月 30 日，市退役军人局举办庆祝“八一”建军节快闪活动。

（叶静婕摄）

2021年7月31日，桂林市"周末大家乐"暨庆祝"八一"建军节文艺晚会在桂林市中心广场举行。（魏敬斌摄）

就业创业工作，举办退役军人专场招聘会活动44场，提供求职岗位2.5万余个，达成就业意向签约人数3900余人。持续推进桂林市退役军人就业创业服务平台开发建设，先后组织1700余人次参加职业技能培训、转岗适应性培训和技能提升培训，举办广西第二届退役军人创业创新大赛桂林市选拔赛。联合桂林银行以"创业就业+金融"的模式打造"退役军人创业就业驿站"300余家，七星区、象山区分别与正大集团（广西）、桂林数字港科技有限公司签约合力共建退役军人就业创业基地。

【优抚工作质量提升】 2021年，市退役军人局落实好各项优抚政策，全年为优抚对象及时足额发放抚恤和生活补助金2.49亿元。发放企业军转干部生活困难补助金、困难退役军人关爱金1600余万元。完成优抚对象年度确认工作（灵川县为国家试点和自治区试点），创新探索总结年度确认"六全"工作经验做法，并由自治区退役军人事务厅在全国试点工作会议上进行经验交流发言。组织全市军休系统庆祝中国共产党成立100周年文艺会演、军休干部"口述历史"征集、军休文化周等活动，献礼中国共产党成立100周年华诞。完成跨区演习、新老兵运输等过往部队重大军供保障任务，桂林军供站在自治区军供系统机动保障演练暨烹饪技能竞赛中获二等奖。

【部队官兵和优抚对象走访慰问】 2021年，市退役军人局开展"关心关爱退役军人和其他优抚对象"送温暖走访慰问活动，市、县两级党委政府走访慰问部队官兵，送慰问金678万元；慰问优抚对象，送慰问金572万元。开展建军节走访慰问活动，全市向驻军部队赠送慰问品折合1070万元。开展"老兵永远跟党走·把党的关爱送到老兵心中"主题走访慰问活动，走访慰问全国模范退役军人、困难退役军人老党员、烈士遗属556户，送慰问金31.9万元。

【尊崇英烈浓厚氛围营造】 2021年，市退役军人局完成重要保障任务及烈士祭扫服务保障工作，全力做好中共中央总书记习近平到红军长征湘江战役纪念园向湘江战役红军烈士敬献花篮仪式的筹备保障工作。做好烈士纪念设施规划建设、修缮保护、管理维护，完成桂林5202处烈士纪念设施数据校核，编印《湘江战役红军烈士纪念设施图典》。开展烈士寻亲活动，年内为21名安葬在境外和8名安葬在境内其他地区的桂林籍烈士寻到亲属，让烈士英灵真正"回家"。

【双拥共建】 2021年，市退役军人局开展"关心关爱退役军人和其他优抚对象""老兵永远跟党走·把党的关爱送到老兵心中"和走访慰问驻军部队官兵活动，送慰问金2300余万元。做好拥军优待工作，修订《桂林市人民政府关于进一步做好士兵优待工作的意见》，出台《桂林市消防救援队伍职业优待保障若干措施》，创新制定消防救援人员家庭悬挂"消防员荣誉之家"光荣牌匾制度。在雁山区草坪回族乡落户建成桂林市首条爱国拥军示范街。高标准做好新入列的海军桂林舰舰歌、舰徽的创作设计和舰艇通道文化建设。做好随军未就业家属生活补助发放工作，接收安置随军家属42人，其中定向招聘随军未就业家属21人，保障330名现役军人子女就便就优入学入园。落实军地困难需求清单制度，先后协调推动解决部队架设天桥、营区用电、训练场建设等问题。

【退役军人服务先进典型推树活动】 2021年，市退役军人局在全市开展退役军人服务保障先进单位、退役军人服务保障先进个人、先进军休干部、最美双拥人物评选推树活动。桂林军供站、五里亭军休所所长唐伟军、市军休中心军休干部谢志高分别被退役军人事务部、中央军委政治工作部表彰为"退役军人服务保障先进单位""退役军人服务保障先进个人""先进军休干部"，全州县才湾镇退役军人服务站被评为"全国100家红色退役军人服务站"，桂林市退役军人事务局军休中心老战士志愿者扶贫队获"全区脱贫攻坚先进集体"称号，桂林市优秀退役军人创业代表陶辛有入选年度"全国退役军人创业光荣榜"。

【退役军人服务保障体系建设】 2021年，市退役军人局持续推进服务保障体系发展，全面完成县、乡两级164家全国示范型退役军人服务中心（站）创建任务，在桂林旅游学院建成自治区首个高校退役军人服务中心。推进创业就业服务平台、视频会商、统计业务等退役军人事务系统信息化建设。召开市级层面项目建设协调推进会，推进桂林市康养优抚医院、光荣院、退役军人就业创业服务中心、军人公墓等"十四五"规划重点工程项目建设，完成项目建议书编制并报批立项。（李海明）

社会生活

居民收入支出

【概况】 2021年，桂林市统筹推进新冠肺炎疫情常态化防控，推动“六稳”“六保”落地落实，经济社会发展秩序有序恢复，城乡居民收入稳步增长，全市民生福祉持续改善。全年全市城乡居民人均可支配收入29964元，(比上年，下同)增加2219元，名义增长8.0%；比自治区26727元平均水平高出3237元，比全国35128元平均水平低5164元。其中，城镇居民人均可支配收入40739元，名义增长6.8%；农村居民人均可支配收入18993元，名义增长9.5%。农村居民人均可支配收入增速比城镇居民人均可支配收入增速高2.7个百分点。整体消费水平明显提高，八大消费项目中均有不同程度增长，享受型消费的占比逐渐增大。

【城乡居民收入】 2021年，桂林市城乡全体居民人均可支配收入中，人均工资性收入22529元，占可支配收入的比重55.3%；人均经营净收入5133元，占可支配收入的比重12.6%；人均财产净收入2689元，占可支配收入的比重6.6%；人均转移净收入10388元，占可支配收入的比重25.5%。在农村居民人均可支配收入中，人均工资性收入8034元，占可支配收入的比重42.3%；人均经营净收入7958元，占可支配收入的比重41.9%；人均财产净收入399元，占可支配收入的比重为2.1%；人均转移净收入2602元，占可支配收入的比重13.7%。

【居民生活消费支出】 2021年，桂林市居民生活消费支出结构中，食品、烟酒消费支出占总支出比重均呈下降趋势。城镇居民恩格尔系数(指食品支出总额占个人消费支出总额的比重)从2020年的33.9%下降至2021年的33.7%；农村居民恩格尔系数从2020年的35.5%下降至2021年的35.3%。城乡居民消费水平由生存型消费向发展型、服务型消费升级转变的趋势日益显现。居民生活支出不断增长，享受型消费的占比逐渐增大，增速较快。2021年，全市城镇居民衣着类人均消费支出1263元，增长7.8%；农村居民衣着类人均消费支出405元，增长10.6%。城镇居民居住人均消费支出4793元，增长5.6%；农村居民居住人均消费支出2620元，增长9.8%。城镇居民人均医疗保健支出2326元，增长11.9%；农村居民人均医疗保健支出1250元，增长13.7%。城镇居民交通、通信人均支出2398元，增长9.0%，占生活消费支出比重10.3%，提高0.1个百分点；农村居民交通、通信人均支出1503元，增长13.9%，占生活消费支出比重12.2%，提高0.3个百分点。城镇居民教育、文化、娱乐人均支出2853元，增长13.6%，占生活消费人均支出比重12.2%，提高0.5个百分点；农村居民教育、文化、娱乐人均支出1218元，增长15.4%，占生活消费支出比重9.8%，提高0.3个百分点。教育、文化、娱乐、交通、通信、医疗保健人均支出占比保持逐年上升趋势。耐用消费品升级换代趋势明显，保有量较大增加，由档次较低实用型向档次高享受型方向发展。2021年，全市城镇居民家庭每100户拥有家用汽车48.9辆，增长18.7%；农村居民家庭每100户拥有家用汽车31.8辆，增长15.6%。城镇居民每100户拥有洗衣机102台、电冰箱104.9台、空调167.9台，分别增长1.9%、2.7%、20.0%；农村居民每100户拥有洗衣机91.3台、电冰箱101.4台、空调65.3台，分别增长4.7%、1.4%、34.1%。城镇居民每100户拥有移动电话263.5部，增长0.34%；农村居民100户拥有移动电话289.3部，下降0.9%。居民生活家庭娱乐设备由电视机替换为平板电脑、移动电话等数码产品。

（黎艺）

居民消费物价

【概况】 2021年，桂林市居民消费价格指数(CPI)受上年基数较高、猪肉价格下降、疫情反复多点零星突发等因素影响，增长0.7%，涨幅缩小1.9个百分点，其中食品价格下降1.6%，服务价格增长0.9%，消费品价格增长0.7%。各月CPI同比涨幅、环比涨幅均呈现小幅波动变化，全年保持低位运行态势。构成CPI的八大类商品和服务价格呈“七升一降”态势。其中，交通通信、生活用品及服务、衣着、教育文化娱乐、医疗保健、居住、其他用品及服务价格分别增长2.6%、1.9%、1.2%、1.2%、1.2%、0.8%、0.4%；食品烟酒价格下降0.7%。

【食品类价格由涨转跌】 2021年，桂林市食品价格下降1.6%，其中猪肉价格下降，成为食品类价格由涨转跌的决定性因素。年内，受生猪生产扶持政策措施影响，桂林市生猪基础产能持续恢复，出栏量显著增加，猪肉价格

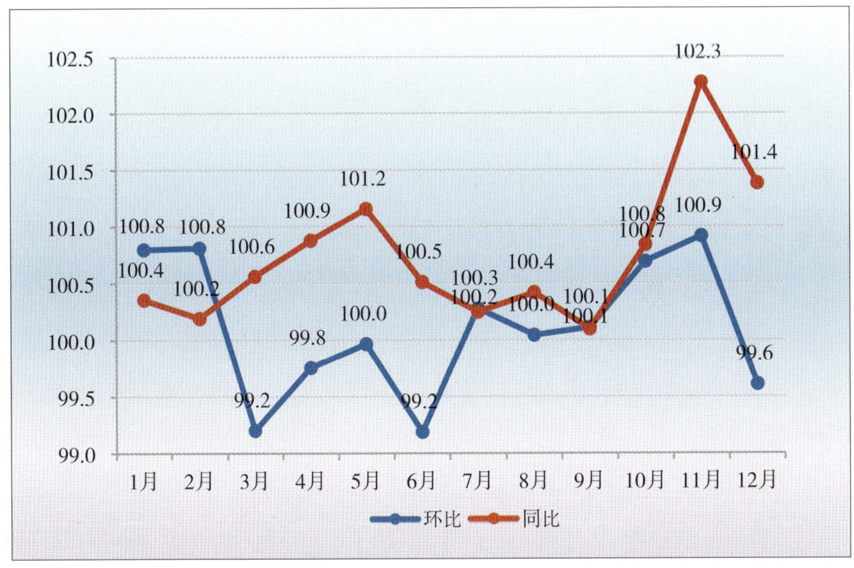

2021 年桂林市居民消费价格指数同比、环比走势图。

（国家统计局桂林调查队供图）

从 2 月开始由升转降，连续 8 个月呈现下降趋势。猪肉消费疲软，市场猪肉出现供大于求现象；餐馆经营者大量减少猪肉购买量，控制生产经营成本；多重因素共同导致市场对猪肉的需求下降。年末，全市猪肉价格同比下降 30.1%，带动食品类价格下降，拉动 CPI 下降 0.7 个百分点。

【服务价格涨幅扩大】 2021 年，桂林市服务价格增长 0.9%，涨幅扩大 0.2 个百分点。监测的 72 类服务项目价格呈“34 涨 13 降 25 平”态势。年内，随着国内新冠肺炎疫情防控形势向好，桂林市作为疫情防控低风险地区，旅游市场、文化娱乐市场逐步回暖，住宿、飞机票、交通工具租赁费、电影及演出票、网络文娱服务、其他文娱服务等服务价格分别上涨 14.6%、13.4%、8.5%、12.0%、7.8%、4.9%。消费需求回暖叠加人工成本上升共同推动部分服务价格温和上涨，养老服务、其他家庭服务、家政服务、装潢维修费、美发、课外教育、专业技能培训等服务价格分别上涨 3.7%、3.0%、2.8%、2.2%、2.2%、1.6%、1.5%。政策性调价措施的实施影响教育、医疗领域服务成本的增加。春季学期，桂林市调整幼儿园收费标准，学前教育价格上涨 3.1%。受 2020 年医疗服务改革影响，居民在病理学诊断、临床手术治疗、一般治疗操作等服务内容的价格分别上涨 10.5%、9.8%、5.8%。

【工业品价格由降转涨】 2021 年，桂林市工业品价格上涨 1.9%，涨幅扩大 3.9 个百分点，拉动 CPI 总水平上涨 0.6 个百分点，成为推动 CPI 上行的重要因素。年内，全球石油、有色金属铜、钢材、煤炭等上游大宗商品价格飙升，在上游原材料价格上涨带动下，全市部分工业品销售价格从 4 月起出现上涨，涨幅呈现不断攀升趋势。其中汽油和柴油价格分别上涨 17.3% 和 19.1%，住房装修材料中的其他装潢材料、门窗、水泥、管材价格分别上涨 18.3%、10.9%、9.3%、6.5%；大型家用器具中的洗衣机、抽油烟机、炉具灶具、空调器分别上涨 8.3%、5.8%、5.6%、5.5%；小家电中的厨房小家电和生活小家电分别上涨 3.3% 和 0.7%。受全球硅晶片制造产能紧缺，半导体芯片涨价潮持续蔓延影响，笔记本电脑、台式电脑、液晶电视机的销售价格分别上涨 5.0%、1.9%、0.7%。

（杜鹃）

民族宗教事务

【概况】 2021 年，桂林市民族宗教事务委员会（简称市民宗委）办公地址在桂林市临桂区西城中路 69 号。内设机构 5 个。年内，桂林市围绕“中华民族一家亲，同心共筑中国梦”总目标，重点推进全国民族团结进步示范市创建和宗教专项整治。增补市民族工作委员会组成单位数量，成员单位达到 44 个，健全和完善全市民族宗教事务治理体系和治理能力。创新打造少数民族流动人口一站式服务平台，深化各民族交往交流交融的成功经验得到《人民日报》等主流媒体报道推介。全年全市办理公民民族成份变更审批 272 件，完成少数民族发展项目建设 197 个。2 个单位获评为全国民族团结进步示范区（单位）；28 个单位获评为自治区民族团结进步示范区（单位），2 个单位获评为自治区民族团结进步教育基地，11 个村寨被命名为自治区民族特色村寨，2 个村（屯）被列入广西 2021 年民族特色村寨农旅融合发展试点名单；评选命名市级民族团结进步示范单位 210 个、民族团结进步教育基地 41 个。

【民族团结进步创建】 2021 年 4 月，桂林市成立桂林市创建全国民族团结进步示范市领导小组办公室。举行桂林市创建全国民族团结进步示范市全民动员仪式，向全体市民发出创建全国民族团结进步示范市倡议书，鼓励各族群众参与创建工作。组成 7 支少数民族传统体育运动参赛队，代表桂林市参加在兴安县举行的自治区“壮族三月三·民族体育炫”活动，参与花炮、珍珠球、板鞋竞速、高脚竞速、陀螺、独竹漂、舞狮等项目竞技，共取得比赛第一名 4 个、第二名 18 个、第三名 16 个。在“壮族三月三”节日期间，制作并播放桂林市民族团结进步宣传短视频和公益宣传片，印发《民族理论政策宣传册》5000 份、《民族团结故事汇编》3000 册，组织编写《桂林市民族团结进步宣传读本》，利用网站开设民族团结进步创建工作宣传专栏进行广泛宣传。选派培训辅导员，为全市各级组织举办民族团结进步专题培训班 20 多期，培训人数 1500 多人。指导和支持龙胜各族自治县、全州县东山瑶族乡举办成立 70 周年县庆、乡庆活动，促进少数民族地区经济社会加快发展。构建互嵌式社区环境，将少数民族流动人口纳入城市流动人口服务管理体系，在就业落户、社会保障、就医就学、租房租赁等方面提供均等化公共服务，

2021 年 4 月 14 日,桂林市创建全国民族团结进步示范市全民动员仪式在市中心广场举行。（市民宗委供图）

推动各民族人口流动融居。积极筹备 2022 年在桂林市举办的广西壮族自治区第 15 届少数民族传统体育运动会,当好东道主,促进民族团结与民族体育协调发展。年内,象山区、秀峰区分别获“全国民族团结进步示范区”称号;市民宗委等 28 个单位获评自治区第五批民族团结进步创建示范县(区)、示范单位;260 个单位获评为桂林市第二批民族团结进步创建示范单位。广西师范大学被自治区民宗委命名为“首批铸牢中华民族共同体意识研究基地”。桂林市城市民族工作经验在全自治区民族关系状况分析暨城市民族工作会议上做经验交流,桂林市民族事务一站式服务平台工作经验得到中央政治局常委、全国政协主席汪洋的肯定性批示。

【开展少数民族发展资金监管“抓系统、系统抓”专项整治】 2021 年,桂林市共获得中央、自治区级少数民族发展资金 7401 万元,涉及 11 个县(市)和雁山区、临桂区。共安排发展项目 197 个,其中道路修建及水毁修复工程 116 个、饮水工程 28 个、水利工程 27 个、桥梁工程 4 个、民族村寨保护建设项目 22 个。年内,市民宗委强化对少数民族发展资金使用监管,组织开展“抓系统、系统抓”专项整治行动。先后对兴安、资源、平乐、荔浦、灌阳等县(市)少数民族发展资金使用管理和民族特色村寨建设工作进行督导检查;联合市纪委监委驻市委统战部纪检监察组对永福县、临桂区少数民族发展资金使用管理工作进行监督检查。通过采取查阅项目档案、资金拨付及报账等相关资料,走访问询和实地查看相结合的方式,共查看项目档案材料 50 余册,实地抽查项目 39 个,涉及资金 4000 多万元,督促受检单位对发现的问题认真落实整改。至年末,197 个发展项目全部完工,项目竣工率 100%,资金拨付率 100%。

【打造新时代城市民族工作典型】 2021 年,桂林市民族工作创新打造的“一中心”“四机制”“五个站”工作模式被评为广西城市民族工作典型案例。2019 年 7 月,桂林市成立七星区少数民族服务中心,搭建少数民族流动人口一站式服务平台。该服务中心探索构建“双网格长”“双向管理”“多部门联席会商”“社会各界参与服务”四项机制。通过安排 7 名热心公益的少数民族群众担任市内各城区网格长,与社区干部密切配合,形成“共听民意、共访民情、共商民事、共解民忧”的联合管理模式。联合少数民族输出集中地政府派驻工作人员与服务中心工作人员共同参与“双向管理”,实现原籍地与居住地服务管理无缝对接。邀请七星区民政、教育、市场监管、卫健、环保及城管等相关部门,定期召开“为少数民族群众办实事”联席会议,推动少数民族群众的诉求“事事有回应、件件有着落、项项有结果”。成立矛盾纠纷排查化解工作小组,派驻公益律师提供免费咨询,化解各类民族关系矛盾纠纷。带动社会各界参与民族团结进步创建工作,帮助少数民族群众融入到城市生活。至年末该服务中心已打造成为民族工作党的政策“宣讲站”、办实事的“服务站”、知识技能的“充电站”、矛盾纠纷的“调解站”、民族融合的“交流站”。年内,《广西桂林:创新推进新时代城市民族工作》被人民网宣传报道。（向华）

民政事务

【概况】 2021 年,桂林市民政局办公地址在桂林市临桂区青莲路建设大厦。内设机构 9 个和机关党组织。下辖桂林市社会福利院、桂林市社会福利医院、桂林市救助管理站、桂林市殡葬管理处、桂林市公墓管理所、桂林市殡仪馆、桂林市福利彩票发行中心、桂林市低收入家庭经济状况核对中心。年内,桂林市民政部门加快构建居家社区相协调、医养康养相结合的养老服务体系,规范开展区划地名管理,加强行业部门综合监管和关爱服务机制建设,夯实基层政权基础,激发基层组织治理能力。全年全市争取中央、自治区下拨各项民政资金10亿元,多项民政工作获得中央、自治区领导的肯定。

【社会救助保障】 2021年,桂林市共有城乡低保对象21.29万人(城市低保对象2.58万人、农村低保对象18.71万人),城乡特困供养人员3.09万人(城市特困人员0.11万人、农村特困人员2.98万人),临时救助人员4.52万人。累计发放困难群众补助资金9.74亿元,其中城乡低保补助资金7.03亿元(城市低保补助资金1.27亿元、农村低保补助资金5.76亿元),特困供养资金2.52亿元(城市特困供养资金0.13亿元、农村特困供养资金2.39亿元),临时救助资金1947.6万元。全市城市低保平均补助水平达到每人每月403元,农村低保平均补助水平达到每人每月245元。全年共发放困难残疾人"两项补贴"(困难残疾人生活补贴和重度残疾人护理补贴)124.78万人次,金额9982.82万元;发放孤儿基本生活费6357人次,金额733.70万元;发放事实无人抚养儿童基本生活补贴10715人次,金额721.20万元;发放高龄津贴7455.89万元,惠及80岁以上老年人14.2万人。

【养老服务体系建设】 2021年,桂林市加快构建居家社区相协调、医养康养相结合的养老服务体系建设。年内,桂林市投入养老服务资金3795万元,支持叠彩区、平乐县、永福县民政园区建设;争取资金4320万元,完成城市老人服务中心主体建设;建设10个居家养老服务站点、20个社区长者食堂,对1000名失能老人家庭成员进行护理服务培训,为1000名看护缺失的老年人购买智能看护系统,为1500名特殊困难老人提供居家养老政府购买服务,为2000名高龄老人配备应急呼叫设备,为2万名社区高龄老人提供居家养老政府购买服务。获批设立桂林市养老服务中心,启动筹备建设程序。安排福彩公益金40多万元开展养老服务从业人员培训,举办各类培训班28期,培训养老服务从业人员1.2万人次。龙胜各族自治县争取资金4870万元,完成养老综合楼主体建设。临桂区投入2800多万元建成养老综合服务中心。全州县、兴安县、荔浦市通过公建民营等方式,推动形成医养、康养养老模式。象山区创建嵌入式居家、医养结合养老模式,满足养老多元化需求。至年末,全市已建有社区养老服务机构和设施1238个(家),养老床位3.16万张,其中养老机构85家,养老机构床位数1.27万张,养老机构护理型床位8312张,占比达65.6%。全市已建成17个县级以上示范性养老设施、85个农村区域性养老服务中心;建成社区老年人日间照料中心93家。将不符合法人登记条件的乡(镇)敬老院转型为农村社区日间照料中心,提升农村养老服务设施覆盖率。全市实现街道综合养老服务中心和城乡居家养老服务设施全覆盖。恭城瑶族自治县平安镇成为广西首个入选全国智慧健康养老试点示范乡(镇)。

【未成年人保护和关爱】 2021年,桂林市加强对未成年人保护工作的组织和领导,成立各级人民政府未成年人保护工作领导小组。统筹协调领导小组成员单位开展法制宣传教育、防家暴、防溺水、预防未成年人犯罪等工作,打造以校园为龙头、家庭为基础、网格为平台的"三位一体"教育新模式。成立桂林市未成年人心理健康辅导中心,建立广西首个未成年人违法问题处理工作站,开展涉案未成年人教育、训诫、感化、(追踪)回访等工作。指导兴安县、平乐县创建全国未成年人保护示范县。打造"合力关爱,呵护成长"未成年人保护品牌。开展以"法治护航,相伴成长"为主题的《中华人民共和国未成年人保护法》宣传月活动、"邻里守望,相伴成长"万民志愿书活动等系列主题活动。举办"慈善呵护,关爱童行""千名困境儿童庆'六一'"等未成年人关爱活动,投入资金120余万元,慰问儿童5000多名。开展孤儿和事实无人抚养儿童"金秋助学"慰问活动。对全市在享孤儿、事实无人抚养儿童和艾滋病病毒感染儿童等福利补贴的儿童以及因年满18周岁停发相关儿童福利补贴的在校生,按照义务教育、高中、中职、高职、专科、本科等层次给予助学补助,共发放助学金34.72万元,惠及未成年人1402名。制定《桂林市进一步推动儿童福利机构优化提质和创新转型高质量发展工作方案》,完成县级儿童福利院供养的儿童移交市社会福利院,推动县级儿童福利机构向未成年人保护机构转型升级。市社会福利院探索"养、治、教、康、置+社工"六位一体发展模式,为121名孤残儿童服务,帮助116名脑瘫、智障、自闭症等残疾儿童进行康复训练。市未成年人保护中心启动未成年人拓展训练中心项目,启动创建自治区示范性未成年保护机构。夯实儿童福利保障。全市共落实乡(镇、街道)儿童督导员179名、村委(居委会)儿童主任2562名,实现每个乡(镇、街道)有一名儿童督导员,每个村(社区)有一名儿童主任。从2021年1月起,将机构养育儿童保障标准提高至每人每月1350元,社会散居孤儿和事实无人抚养儿童保障标准提高至每人每月950元。全年共发放孤儿基本生活费6275人次,金额648.37万元;发放艾滋病病毒感染儿童基本生活费655人次,金额62.23万元;发放事实无人抚养儿童基本生活补贴1.06万人次,金额1002.25万元。

【殡葬管理】 2021年,桂林市出台《桂林市深化殡葬改革和促进殡葬事业发展实施方案》,建立全市殡葬服务设施建设三年行动计划项目库,加快消灭殡葬设施空白县。12月,恭城瑶族自治县殡仪馆、阳朔县殡仪服务中心落成投入使用;尧山公墓获得土地批复17.18公顷,启动项目征地等前期工作。开展"双随机一公开"行政执法检查、全市殡葬服务行业调研指导、全市殡葬业价格秩序和公益性殡葬服务设施建设经营专项整治等一系列行动,促进殡葬服务行业规范发展。进一步推广生态安葬方式。举办桂林市第八届花坛葬、平乐县第三届生态节地花坛葬、桂林市首届"九九·公益"生态安葬等活动,组织市民参加自治区组织的海葬活动,参与群众共计358名。建设17个红白理事中心试点并开展全市婚丧事移风易俗宣传月活动,将殡葬改革政策宣传落实到乡村民间。推进靖江王陵遗址保护区内散葬民坟治理,完成一期目标任务，整治迁移民坟 451 座，迁入天赐园 370 座。落实殡葬惠民措施。对见义勇为牺牲人员、遗体和人体器官捐献者、现役军人、无人认领遗体的遗体接运费、收殓抬尸费、遗体存放费、遗体火化费、骨灰寄存费 5 项基本服务项目费用全免；对牺牲（或病故）军人、烈士遗属、残疾军人、老复员军人、参战参试退役军人等人员的遗体接运费、收殓抬尸费、遗体存放费、遗体火化费、骨灰寄存费 5 个项目的收费标准下浮 40%。

【婚姻登记服务】 2021 年，桂林市共办理结婚登记 2.18 万对，离婚登记 7562 对，补发登记 4942 对。年内，桂林市民政部门贯彻《中华人民共和国民法典》关于离婚冷静期制度的规定，加强政策宣传。建立市婚姻登记中心法律咨询室，免费为市民提供婚姻家庭法律咨询服务。推进婚姻登记历史数据电子化，为实施婚姻登记“全市通办”奠定数据基础。

【流浪乞讨救助】 2021 年，桂林市开展流浪乞讨人员救助管理服务质量大提升专项行动，将街面流浪乞讨救助管理纳入创建全国文明城市常态化管理工作。出台《桂林市流浪乞讨长期滞留人员落户安置工作方案》，妥善解决 114 名流浪人员长期滞留问题，其中 8 名人员寻亲成功，106 名人员落户安置到市社会福利院和市社会福利医院。全市各救助管理站组织开展“寒冬送温暖”专项行动，加大对街面流浪乞讨人员巡查和救助力度，提供救助服务 1960 人次，有效减少“强行讨要”“职业乞讨”“露宿街头”等不文明现象。年内，桂林市救助管理站获共青团中央、民政部联合颁发的“全国青少年维权岗”称号。

【社会组织监督管理】 2021 年，桂林市打造社会组织党建核心示范圈，涌现出“党旗领航·服务万家”“党旗领航·蓝天救援”“金融促振兴·保险助护航”等社会组织党建品牌。强化对社会组织的监管和引导。持续开展“僵尸型”社会组织整治工作，清查不正常社会组织 100 余家，激活 50 余家僵尸组织恢复运作。开展全市 127 家行业协会商会收费清理整治工作，指导部分存在会费公示等问题的行业协会商会完成整改。优化营商环境，开展“我为企业减负担”专项行动，为会员企业减免会费约 100 万元。发布《桂林市民政局链接第一批社会组织参与乡村振兴项目的通知》，落实社会组织参与乡村振兴“十百千”结对帮扶工程，动员社会组织参与乡村治理、乡村建设，捐赠物资 50 多万元，推进全州县峡口村产业路改扩建和灌阳县福星小学改造两个重点民生项目建设。推行“党建 + 基地 + 协会”模式，培育全州县才湾镇葡萄种植协会等一批农村专业经济协会。发挥社会组织服务社会功能，发起《社会组织驰援河南抗洪救灾倡议书》，组织社会组织捐赠近 100 万元物资。

【慈善组织和社会工作服务】 2021 年，桂林市登记认定慈善组织 11 家，登记社会工作服务机构 39 个，取得国家社会工作职业资格人员 428 人；注册志愿者 110.23 万人，占全市总人口 22.3%。年内，桂林市争取财政投入 36.5 万元，用于社会工作人才教育培训、乡（镇、街道）社会工作服务站建设督导工作。已有 49 个乡（镇、街道）建成社会工作服务站，引入社会工作者 125 名。打通服务群众“最后一米”，累计动员社会组织 32 家、注册志愿者 8.9 万名，参与直接服务群众 9550 人次。加强城乡社区志愿服务站点建设，推动社区志愿服务常态化开展。全市共设立城乡社区服务志愿服务站点 291 个，占社区综合服务设施 85.2%。

【行政区划和地名管理】 2021 年，桂林市民政局组织开展行政区划专项调研，形成优化市辖区行政区划设置意见。加强行政区域界线管理，完成第四轮“桂梧线”行政区域界线联合检查和市内 7 条毗邻县界线联合检查。年内，桂林市地名标志管理系统上线运行，收录已命名的道路、地名标志点位信息 2890 条，更新国家、广西地名信息库词条 1000 余条。出版《桂林市城镇乡村名录》，规范自然村村名，建立自然村村名动态管理机制，解决因自然村定义不清造成的群众生产生活不便及基层矛盾难题。开展红色地名故事征集及宣传活动。共收集红色地名故事 138 篇、录制地名视频 10 条，整理收集来的地名故事资源，开发出《从身边的地名学党史》精品党建课程。推选《大坪：红军强渡湘江第一渡》和《江口侗寨的红军情 2 个红色地名故事，参加民政部举办的“红色地名礼赞百年”地名“文·图·影”有奖征集活动，分别获红色地名图影和红色地名故事单项三等奖。

【福利彩票发行】 2021 年，桂林市累计销售即开票 7930 万元，筹集公益金 1586 万元。探索开发“旅游 + 彩票”的新型营销模式，主动加强与中置科技公司、高晟科技公司等社会集团网点的协作和服务，制定针对集团网点的促销方案，在构建彩票销售形式多元化方面下功夫。帮助中置科技公司与桂林旅游发展总公司签订合作协议，打造阳朔益田西街福彩销售亭，并对销售亭进行升级改造，使销售亭整体风格与西街周围环境相融合，吸引了大批年轻彩民和旅游彩民，日均销量增长至 3 万元。

【激发基层组织治理能力】 2021 年，桂林市全面完成村（社区）党支部委员会和村民（社区居民）委员会“两委”换届选举。共选举产生村（社区）党组织成员 10406 人，村民（居民）委员会成员 10082 人，实现村（社区）党组织书记和村民（居民）委员会主任“一肩挑”全覆盖。组织开展新任村（居）委干部培训 16 场次 3200 多人次。完善党组织领导的自治、法治、德治相结合的城乡基层治理体系，推广村民自治“一组两会”（即党小组、户主会、理事会）、网格化管理、村（社区）级协商议事等基层创新治理模式。年内，全市有 2 个县、1 个街道、7 个村（社区）被确定为自治区村（社区）级协商议事示范单位；3 个村被确认为全国村级议事协商创新实验试点单位。

（许德新）

区县(市)概览

秀峰区

【概况】 秀峰区位于桂林市区中西部，辖秀峰、丽君、甲山3个街道办事处，分辖社区22个、建制村7个。区人民政府驻中隐路31号。行政区域土地面积54平方千米。2021年年末，户籍人口12万人。全年出生人口594人(计划生育统计口径)，出生男女性别比100.68，人口自然增长率0.32‰。

经济总指标 全年实现地区生产总值按可比价格计算，(比上年，下同)增长3.1%。第一产业增加值下降0.4%，第二产业增加值下降18.5%(工业增加值下降0.3%)，第三产业增加值增长6.3%，固定资产投资下降26.4%。社会消费品零售总额80.03亿元。

财政 全年一般公共预算收入2.97亿元，其中税收收入完成2.13亿元、非税收入完成8428万元。一般公共预算支出5.70亿元。

农业 全年农林牧渔业总产值1.29亿元，其中农业产值0.9亿元、畜牧业产值0.06亿元、渔业产值0.16亿元、农林牧渔服务业产值0.17亿元。粮食播种面积241公顷，总产量1332.73吨。

工业 全年工业增加值下降0.3%；工业增加值占地区生产总值的比重5.3%。规模以上工业实现工业总产值增长0.2%；规模工业增加值下降3.9%。全区规模以上工业企业达10家，其中年产值超1亿元企业5家。

文化·科技 年末拥有文化艺术团体12个，创作完成的文化艺术作品4个。文化馆(站)1个。有国家级文化产业示范基地1家、自治区级文化产业示范基地4家、自治区级文化产业示范园区1家。全年全区高新技术企业保有量共25家。高新技术企业复审6家，通过复审5家，新增申报成功3家。全年科技成果转化任务目标4件，已完成科技成果转化6件。

教育 全区有直属公办中小学9所，其中小学7所、九年一贯制学校2所。民办、事业单位办小学5所。公办小学在校小学生1.28万人，专任教师615人。民办、事业单位办小学在校小学生1058人，专任教师67人。公办初中在校学生1012人，专任教师75人。小学适龄儿童入学率100%。

卫生·体育 全区有各级各类医疗卫生机构98个，床位数2818张。有卫生技术人员4350人，其中执业(执助)医师1416人、注册护士2194人、药师(士)175人、技师(士)267人、其他卫技人员298人。秀峰区体育场地总面积为44.2万平方米，体育场地数量为518个，体育场地人均面积为2.74平方米。

固定资产投资 全年固定资产投资下降26.4%。其中，5000万元以上投资下降55.1%，5000万元以下投资增长13.1%，房地产业投资增长44.9%。

招商引资 全年区外境内到位资金26.7亿元，完成比121.37%；商务口径实际利用外资完成23万美元，完成年度目标任务的11.5%。

居民生活 全年城镇居民人均可支配收入41694元，增长6.7%。其中，工资性收入21472元，增长7.0%；经营净收入3732元，增长9.5%；财产净收入(成本法)3190元，增长3.3%；转移净收入13300元，增长6.4%。城镇居民人均生活消费支出23317元，增长8.5%。

旅游 全区有国家5A级旅游景区3家、国家4A级旅游景区4家、国家3A级旅游景区1家。全年旅游接待总人数981.3万人次，旅游总消费121.38亿元。

【秀峰区项目建设】 2021年，秀峰区推进市级以上层面重大项目51个，

2021年5月16日，清华大学重大科技项目中试孵化基地科技成果转化与产业合作(桂林·秀峰)峰会签约仪式在漓江大瀑布饭店举行。(秀峰区地方志办供图)

完成投资63.46亿元。争取上级资金共计2.49亿元。举行6个民生工程系列项目集中开竣工活动。高铁秀峰园完成核心区域控规调整方案编制和12个项目的用地预审与选址批复。桂北云计算产业园项目控规方案获市人民政府批复。凤凰·山水逸境项目顺利推进，筌塘新村改造接近尾声。桃花江旅游休闲绿道（筌塘村段）开工建设。桃江小学项目（一期）改造完成并实现招生入学。飞凤片区城中村改造、鼎亨桃花江度假酒店、靖江别苑等项目前期工作扎实推进。荷韵生态体育公园开工建设。琴潭岩南北村城中村改造、东莲市场片区改造、奥特莱斯家居建材城等项目前期工作有序开展。

【秀峰区招商引资成效】 2021年，秀峰区新签约项目8个，总投资161.3亿元。其中在中国－东盟博览会上签约项目4个，总投资67亿元。营商环境持续优化，动态调整9个部门183项随机抽查事项清单。扎实推进25个部门470项政务服务事项纳入政务服务大厅集中办理，实现政务服务事项进驻率、网上办理率100%。

【秀峰区商贸业】 2021年，秀峰区激发消费潜能释放，住宿业营业额、餐饮业营业额、商品房销售面积分别增长28.0%、26.3%、8.8%。加大企业培育力度，完成月度入库企业8家、年度入库企业27家。

【秀峰区文旅产业发展】 2021年，秀峰区以第一名成绩通过自治区第一批广西全域旅游示范区复核。接待国内游客人数突破980万人次。正阳东西巷获“首批国家级旅游休闲街区”称号。桂花公社创建国家4A级旅游景区。和记农庄获评广西五星级乡村旅游区。

【秀峰区工业振兴】 2021年，秀峰区落实“周三走访企业日”制度，举办工业企业沙龙活动，选派特派员一对一帮扶企业，助力企业解压纾困，为企业争取各类补贴补助资金643.76万元。桂林紫竹乳胶制品有限公司产值增长21.9%。桂林桂北机器有限责任公司产值增长48.1%，平面磨床类产品在全国市场占有率稳居前三位，获得国家级和自治区级专精特新“小巨人”企业称号。高新技术企业保有量25家，完成科技成果转化6件，增长50%。

【秀峰区现代农业发展】 2021年，秀峰区完成高标准农田建设200公顷。完成耕地地力保护补贴面积376.18公顷，涉及农户1830户，补贴金额60万元。健全防止返贫动态监测和帮扶工作机制，守住返贫底线。

【秀峰区城乡建设】 2021年，秀峰区推进72个老旧小区改造工程。8个全域整治型村庄环境整治完成率均为100%。完成漓江支流秀峰段整治工作。依法拆除违法建筑面积23万平方米。市级数字化平台下派案件处置率、结案率100%。打造棠梓西巷历史文化特色街巷。区城管大队获住房和城乡建设部“2021年度‘强基础、转作风、树形象’专项行动表现突出单位”称号。城市管理绩效考评连续四年位于全市前茅。完成中央生态环保督察组交办15件问题整改和销号工作。建立常态化禁止露天烧烤与焚烧管理机制。持续推进南溪河、甲山溪、乌金河整治工作。依法关停“散乱污”企业23家，立案处罚6家。连续七年完成自治区下达的空气约束性指标任务。节约型公共机构示范引领作用发挥明显。 （李雪）

叠彩区

【概况】 叠彩区位于桂林市东北部，辖叠彩、北门2个街道办事处和大河乡，分辖社区22个，建制村15个。区人民政府驻中山北路147号。行政区域土地面积52平方千米。2021年年末，户籍人口16.11万人。全年全区出生人数1054人，出生男女性别比为96.9。人口自然增长率1.48‰。

经济总指标 全年实现地区生产总值93.38亿元，增长4.3%。其中，第一产业增加值1.57亿元，增长3.1%；第二产业增加值8.75亿元，下降12.6%；第三产业增加值83.05亿元，增长6.4%。全社会固定资产投资额完成34.91亿元，下降43.1%。社会消费品零售总额75.89亿元，增长4.0%。

财政 全年组织财政收入4.54亿元，下降5%，其中地方财政收入2.39亿元，下降5.79%。财政支出7.31亿元，其中一般公共预算支出4.98亿元、政府性基金支出2.33亿元，下降41.55%。

农业 全年农林牧渔业总产值3.03亿元，其中农业（含花卉）产值2.37亿元、林业产值7.30万元、牧业产值0.44亿元、渔业产值0.01亿元、农林牧渔业及辅助活动总产值0.21亿元。粮食播种面积0.03万公顷，总产量0.17万吨。森林覆盖率29.7%。

工业 全年工业总产值19.69亿元，增长8.7%；工业增加值3.34亿元，增长2.7%；工业增加值占地区生产总值的3.58%；工业对全区经济增长的贡献率2.46%。规模以上工业实现总产值16.05亿元，增长7.8%；实现利税1.2亿元，增长11.5%。新增规模以上企业3家，全区规模以上（年产值超1000万元企业）工业企业11家，其中超1亿元企业4家。

文化·科技 年末拥有文化站3个；电影放映单位4个，放映电影4.55万场次。全年共举办种植业、养殖业等科技培训班、科普讲座2期（场次），培训0.02万人次。年内专利有效数据47件。

教育 全区共有中小学17所，在校学生1.80万人。初级中学2所，专任教师186人，在校初中生2163人。小学15所，专任教师847人，在校小学生1.57万人。小学适龄儿童入学率100%。

卫生·体育 全区各级各类医疗机构床位1344张，其中医院床位640张，妇幼保健院床位648张。卫生技术人员2819人，其中执业医师986人、注册护士1417人。全区参加城乡居民医保69200人。辖区胜利小学获2021年全国棒球比赛一、二年级组第三名，全国小学啦啦操锦标赛桂林站冠军。

固定资产投资 全区固定资产投资34.91亿元，下降43.1%。其中，5000万元以上固定投资6.95亿元，5000万元以下固定投资2.62亿元；房地产业投资25.34亿元。

招商引资　全年全区市级层面在建项目19个，续建项目17个，计划投资45亿元，完成投资46.99亿元。自治区外建设项目资金28.99亿元，完成年度任务的111.5%。

居民生活　全区居民人均可支配收入39477元，增长6.3%。按常住地分，城镇居民人均可支配收入41240元，增长5.9%；农村居民人均可支配收入19148元，增长9.0%。全年发放城镇居民低保金841.33万元。城镇新增就业2156人，完成任务率113.47%；城镇失业人员再就业1340人，完成任务率178.67%；就业困难人员实现就业534人，完成任务率281.05%；失业率控制在4.5%以内。开发公益性岗位193个。

旅游　全区有34个自然景点和人文景观，营业景区5个，有国家5A级旅游景区3个、国家3A级旅游景区1个、其他旅游景区1个。全年接待国内外游客764.99万人次，旅游总收入104.63亿元。

2021年10月23日，第二届广西花卉苗木交易会签约仪式在叠彩区"大美漓江缤纷叠彩"田园综合体（尧山花卉基地）举行。（叠彩区委宣传部供图）

【叠彩区发展规划编制】　2021年，叠彩区聘请中国城建院规划院开展漓江叠彩段滨江带和江东片区规划编制工作，争取上级资金支持，获得自治区100万元规划前期工作经费。加快推进文旅复苏步伐，繁荣假日经济、会展经济，找准"一城一都一地一中心"的叠彩位置。依托伏龙洲、蚂蝗洲、南洲岛等旅游资源和大美漓江田园综合体，着力打造漓江西岸经典山水旅游观光带，融入世界级山水旅游名城；依托八路军办事处、苏蔓三烈士墓等红色旅游景点，发展红色文化经典游，谋划推动古宋城历史文化街区、铁路旅游生态新城等文旅项目建设，融入世界级文化旅游之都；依托医学院附院漓东新院区的专业优势，规划布局健康医疗医美产业，打造叠彩江东片区健康旅游示范基地，融入世界级康养休闲胜地；依托叠彩万达、联发乾景广场等城市商业综合体，进一步完善商业整体规划和空间布局，加快打造提升站前片区百亿商圈，融入世界级旅游消费中心。

2021年12月2日，叠彩区与中国城市建设研究院专家团队召开滨江带及江东片区规划编制座谈会。（叠彩区委宣传部供图）

【叠彩区承办第二届广西花卉苗木交易会】　2021年10月23日—25日，第二届广西花卉苗木交易会（主会场）在叠彩区"缤纷叠彩"田园综合体（尧山花卉基地）举办。该届交易会分为5个展区，市级展区共设标14个展区，自治区共13个市参展；企业展销区展销企业62个，由区内外优质企业参加布展；专题展区设兰花、盆景、插花花艺、三角梅5个专题，共有花卉苗木1200多个品种40多万盆参展。此外，本届花卉苗木交易会开展了分会场现场考察、产业论坛、产业推介和产销对接等多项活动；增设"中村美食一条街"，涉及叠彩区特色美食展位37家，花卉及农产品参展企业75家。本届交易会接待游客超过10万人次，完成交易额4.8亿元，完成投资意向额10亿元。

【叠彩区疫情防控】　2021年，叠彩区紧盯"外防输入"，严守桂林北大门。调度部署火车北站疫情防控工作，对出站旅客严格进行"三码联查"，并在火车站出口设置独立隔离室，对发热人员进行隔离、登记。2021年，出站口共查处旅客人数948万人，发现转运发热人员78人、红黄码人数170余人。加快疫苗接种，建立免疫屏障。截至2021年12月31日，叠彩区已接种新冠病毒疫苗接种44.34万剂次。其中，第一针18.59万剂次，接种率全区覆盖率95.32%；第二针17.42万剂次，接种率全区覆盖率89.31%；第三针6.69万剂次，接种率全区覆盖率34.31%。叠彩区无重大涉疫事件发生，无确诊病例。

【叠彩区生态环境保护】2021年，叠彩区推进漓江流域生态环境治理。全年开展"四乱一脏"专项整治行动285次，拆除漓江、清风沟、灵剑溪沿岸各类违法搭建及私垦菜地107处20万平方米，整改叠彩区漓江干流、支流范围内"散乱污"企业3家，对饮用水水源保护区域和泗洲湾、蚂蝗洲等洲岛进行常态化巡察，防止拆除的非法渔餐馆死灰复燃。深入排查治理非法挖砂、制砂、售砂、散埋乱葬等行为。抓好漓江岸线建设，完成广西主要支流桂江治理工程叠彩段漓江左岸易家村至虞山桥段项目建设。城市集中式饮用水水源地水质达标率和主要河流水质达标率均100%，城市空气质量达标率保持在95%以上，空气质量优良天数比率94.1%。

【叠彩区特色农业发展】2021年，叠彩区名特优蔬菜水果种植面积大幅增长，水果产量302.3吨，增长59.8%。推进大美漓江田园综合体叠彩段建设，投入3200万元完成缤纷叠彩田园综合体升级改造，花卉种植面积扩大至800公顷。累计投入2.4亿元建设漓江茂源奇果大世界，建成50个连栋农业标准大棚，完成大棚内水果标准种植33.33公顷，露天水果种植46.67公顷。漓江茂源田园综合体获评桂林市五星级田园综合体，桂林荣桓农业发展有限公司获评自治区农业龙头企业。加快推进高标准农田建设，投资450万元建设渠道2.59千米、机耕道4.99千米并全部完工。

【叠彩区重大项目建设】2021年，叠彩区设立重大项目办公室、前期工作专班、融资工作和资金保障专班、督查和考评组4个专班，实行项目指挥部"五个一"工作机制。推进项目包装策划和资金争取，争取到漓江流域上下游横向生态保护补偿试点奖励资金250万元。项目招商取得新进展，累计招商项目到位资金28.99亿元，接待全国500强企业或行业龙头企业客商到叠彩区实地考察20次。扎实推进重大项目，3个自治区层面重大项目累计完成投资5.66亿元，完成年度计划的132%，25个市级层面重大项目累计完成投资46.99亿元，完成年度计划的104%。完成第一批34个老旧小区改造任务，第二批51个老旧小区改造全面开工；城北消防站项目初步完成进驻；靖江王陵散葬民坟整治项目进入收尾阶段；安置房建设取得新突破。

【宜居叠彩建设】2021年，叠彩区常态化持续推进全国文明城市创建和全国卫生城市复审工作，生活垃圾实现日产日清，垃圾分类工作有序推进。"两违"治理持续发力，组织拆违行动53次，拆除违法建筑1472栋，总面积19.35万平方米。精细化实施城市双修工程，累计改造和疏通市政管道2112米，维修路面6230平方米。八角塘整治一期工程全部完成，步道建设和路灯安装完毕，新建两个污水泵站和两个公厕，彻底解决池塘排污问题。推进乡村风貌提升和农村人居环境改善工作，14个基本整治型村庄"三清三拆"基本完工，潘家村委中村的改造方案设计工作和43栋房屋风貌改造全面完成，自治区第二批831栋房屋风貌改造任务完工率100%。

【叠彩区民生福祉保障】2021年，叠彩区加强社会保障，全年累计发放各类民生资金1403.89万元，累计保障困难群众5.43万人次。强化就业优先导向，城镇新增就业2156人，超额完成全年任务。全面推进教育扩容提质，启动芳华小学、南洲实验学校、城北小学二期前期工作；积极扩大学前教育，新建胜利嘉园幼儿园，推进漓江锦府配套公办幼儿园建设。开展群众性文体活动，举办文化惠民演出50场，戏曲进乡村(社区)20场。持续完善全民健身公共服务体系，完成5个村级公共服务中心和3套体育健身路径建设。巩固"全国健康促进区"建设成果，通过国家慢性病综合防控示范区复审。安全生产形势持续向好，事故发生率下降79.4%，死亡人数下降33.3%，受伤人数下降80.0%。（翁慧萍）

象 山 区

【概况】象山区位于桂林市中南部，辖象山、南门、平山3个街道办事处和二塘乡，分辖社区36个，建制村8个。区人民政府驻环城西二路6号。行政区域土地面积88平方千米。2021年年末，户籍人口24.09万人。全年全区出生人数1395人，出生男女性别比为107。人口自然增长率2.39‰。

经济总指标　全年实现地区生产总值197.18亿元，增长6.5%。其中，第一产业增加值1.34亿元，增长2.0%；第二产业增加值62.95亿元，增长5.9%；第三产业增加值132.89亿元，增长6.9%。人均地区生产总值68573元。全社会固定资产投资额完成48.98亿元，下降19.10%。社会消费品零售总额123.3亿元。

财政　全年组织财政收入11.5亿元，其中一般公共财政预算收入3.41亿元。一般公共财政预算支出8.95亿元。

农业　全年完成农林牧渔业总产值2.46亿元，增长1.76%。其中，农业产值1.29亿元，增长1.48%；牧业产值0.75亿元，增长1.95%；渔业产值0.26亿元，增长1.75%；农林牧渔专业及辅助性活动产值0.16亿元，增长2.16%。全区粮食播种面积1231.1公顷，总产量5902.32吨。农业机械总动力2.86万千瓦。森林面积2676公顷。

工业　全年工业总产值121.3亿元，增长14.2%；工业增加值42.69亿元，增长11.2%；工业增加值占地区生产总值的21.65%；全区规模以上工业企业19家，实现总产值113.45亿元，增长14.2%。

文化·科技　年末拥有专业艺术表演团体2个，演出经营机构1家，演出场次40场；公共图书馆1个，图书藏量200万册；剧场1个，文化站3个；电影放映单位5个，放映电影4.87万场次，观众37.78万人次。全年申报市级科技项目1项。举办科普讲座1期(场次)，培训0.05万人次。年内共申请专利286件。

教育　全区有自治区示范性普通高中1所(逸仙中学)，专任教师218人，在校学生3224人。普通高中(高完中)3所，专任教师428人，在校高中生2254人、初中生3585人；初级中学4所，专任教师187人，在校初中生2371人；特教学校2所，专任教师

116人，在校小学生262人，在校初中生86人，职训生69人，学前幼儿59人。九年一贯制学校2所，在校小学生2044人，初中生608人。小学23所，专任教师1289人，在校小学生24123人。小学适龄儿童入学率100%。

卫生　全区各级各类医疗机构床位4959张。医疗卫生技术人员5781人、其中执业医师2038人、执业助理医师23人、注册护士2909人。全区参加新型农村合作医疗农民1964人。

固定资产投资　全社会固定资产投资额完成48.98亿元，下降19.10%。

招商引资　全年已完成内资到位资金任务28.29亿元，完成率达101.05%。完成新引进计划投资1000万元以上工业项目8个，完成率100%；完成新引进计划投资亿元以上工业项目3个，完成率150%。全年新签项目共9个，开工项目共2个，占比22.22%。

居民生活　全区城镇居民人均可支配收入41975元，增长7.6%，人均消费支出24541元。农村居民人均可支配收入18585元，增长8.3%，人均消费支出12550元。全年累计为3.71万人次低保对象发放低保金1493.67万元。城镇新增就业人数2464人；领取再就业优惠证的下岗失业人员再就业人数2050人，城镇登记失业率为3.05%。新增劳务输出1807人，开发公益性岗位106个。

旅游　全区有自然景点和人文景观16个，营业景区5个，有国家5A级旅游景区1个、国家4A级旅游景区1个、国家3A级旅游景区3个。全年共接待国内游客人数901.48万人次，国内旅游收入118.32亿元。接待入境旅游者832人次，接待入境旅游收入29.95万美元。

【象山区重大项目建设】2021年，象山区围绕“打造一江三路，建设美丽象山”为目标，强化项目策划包装、前期工作、征地拆迁和资金筹措等工作，为项目落地创造好条件。全年共召开重大项目推进会4次，经反复研究论证，将最初的70个重大项目，最终确定为35个（含市领导跟踪重中之重和重大项目10个），计划总投资313.85亿元，年度计划投资25亿元，累计完成投资23.9亿元，完成年度计划的95%。自治区层面推进的重大项目3个，年度完成投资7亿元，完成年度计划175.3%。市领导跟踪服务推进的重中之重项目10个，年度完成投资10.84亿元，完成年度计划95%。区本级集中推进的重大项目23个，年度完成投资6.05亿元，完成年度计划96.6%。彰泰春天颂和高速路口加油站项目实现开工，凯风小学万福分校复工建设，龙光·养生谷项目一期主体全部封顶，403地质队提升改造、象山文化产业园等续建项目有序推进，龙光·普罗旺斯（八期）、龙船坪特色街区、万福医院等项目实现竣工。

2021年9月10日，米哈苏栗高端装备制造产业园项目在“一带一路”国际产业合作项目签约仪式上，作为自治区重点项目参与签约。（象山区投资促进局供图）

【象山区工农业发展】2021年，象山区完成工业总产值121.30亿元，增长14.2%。全区规模以上工业企业19家，完成规模以上工业产值113.45亿元，增长14.20%。完成工业固定资产投资10.47亿元，增长29.11%。完成工业技改投资5.89亿元，增长21.14%。完成工业增加值42.69亿元，增长11.2%。其中，规模以上工业增加值完成40.58亿元，增长11.5%。工业综合能耗消费量24.10万吨标准煤，增长2.9%；单位工业增加值能耗下降7.5%。燕京漓泉有限公司申报2021年广西智能工厂示范企业；桂林橡胶机械有限公司与桂林量具刃具有限公司两家企业获2021年度自治区“专精特新”中小企业认定。象山区深化农业供给侧结构性改革，发展生态农业，落实粮食生产责任制。全年完成蔬菜播种面积981.87公顷，蔬菜产量19927吨；畜禽养殖总体较稳定，全年生猪出栏2.26万头、牛出栏875头、家禽出栏48.48万只。重大动物疫病防控成效明显，开展非洲猪瘟防控和春季动物防疫工作，确保全区生猪生产安全，未发生重大动物疫病。

【象山区商贸业发展】2021年，象山区抓住“新冠肺炎疫情防控安全”和“生产经营销售安全”两条生命线，消费品市场呈现逆势而进的态势。全年社会消费品零售总额完成123.30亿元，增长5.77%。全区104家限额以上批发零售住宿餐饮企业中，下降的企业28家（批发业10家，零售业10家，住宿业3家，餐饮业5家），增长的企业76家。批发业完成商品销售额88.04亿元，增长12.18%。19家限额以上批发业完成商品销售额73.35亿元，增长15.70%。零售业完成商品销售额108.69亿元，增长14.39%，其中43家限额以上零售企业完成商品销售额26.08亿元，增长9.63%。住宿业完成营业额3.84亿元，增长21.71%。其中，22家限额以上住宿企业完成营业额1.72亿元，增长16.04%。餐饮业完成营业额9.05亿元，增长15.5%。其中，20家限额以上餐饮企业完成营业额2.94亿元，增长11.91%。年内，象山区外贸进出口任务7.35亿元，实际完成7.35亿元，完成率100%。

【象山区生态环境改善】 2021年，象山区严格落实河长制、湖长制、林长制和田长制的工作职责。开展“四大专项整治行动”，完成中央环保督察交办件12批20个问题的整改。治理漓江支流生态，提升水质及沿岸生态景观品质，争取到南溪河（象山段）水质提升和生态修复工程自治区专项资金1400万元，开展瓦窑河、西干渠等河道截污、清淤，依法清理拆除河堤线10米以内违法建筑17处，清理水域污染8处，修建河堤300米、污水主管网3500米，辖区漓江干流水质达到II类水标准，辖区瓦窑水厂饮用水源水质达标率保持100%，饮水安全得到保障。持续打好大气污染防治攻坚战，空气质量综合指数达到桂林市控制指标要求。建立“地、空、天”三位一体的网格化监管系统。强化工业企业、建筑扬尘、机动车尾气等排放源监督管理，确保空气质量优良天数比率持续达标，空气质量明显改善。全年优良天率94.2%，PM10平均浓度为48微克每立方米，PM2.5平均浓度为31微克每立方米，各项指标均达到桂林市控制指标要求。

【象山区社会事业发展】 2021年，象山区落实“双减”政策，126节“基础教育精品课”获教育部认可。三个校园（公平教育校园、廉洁校园、平安校园）基础不断夯实，增扩24个班、1200个学位。年末，辖区新冠肺炎疫苗接种54.83万剂次（累计65万人次）。全年民生领域财政投入6.7亿元，占一般公共预算支出74.8%。社会保障全面加强，全年发放低保资金、各类救助金3455.4万元。投入871万元解决被征地农民参保历史遗留问题。畅通就业渠道，城镇新增就业人数2464人，完成率为102.67%；城镇失业人员再就业人数2050人，完成率为205.00%；就业困难对象再就业人员1099人，完成率为536.10%；农村劳动力转移就业373人，完成率为266.43%；失业率控制在4.0%以下。推进综合医改，完成二塘乡卫生院与南溪山医院、南门社区卫生服务中心与市第二人民医院医联体建设，群众看病就医更加方便。推进养老产业健康发展，引导桂林疗养院成立铁路桂林康养中心，成为首个广西国企改革发展践行者；探索嵌入式居家养老服务模式，新建3个综合养老服务中心，孝慈轩养老院获评“全国敬老文明号”，凯风社区被评为全国示范性老年友好型社区。大力推进食品安全放心攻坚行动，严厉打击食品药品和特种设备安全领域的违法行为，全年受理投诉举报1146起，为消费者挽回经济损失162.93万元。

【象山区市容风貌提升】 2021年，象山区深入开展乡村风貌提升工作，投资3600万元，如期完成17个基本整治型村庄建设及6个自然村345栋房屋风貌改造提升工程，打造北芬小村精品示范村，321国道沿线村庄风貌焕然一新。积极开展基本整治型村庄的整治工作，开工率100%，拆除老旧厕所、占道钢架棚等2.5万平方米，清运垃圾约3780吨，乡村风貌日益改观。全年投入9000万元，持续推进85个老旧小区改造。彰泰春天颂和高速路口加油站项目实现开工，完成沙河立交修缮、万福路维修改造，桂青路下穿涵洞建成通车。加大烂尾楼处置力度，实施“一楼一事一策”，联动法院、银行盘活已烂尾13年的枫丹丽苑项目，为全市提供可借鉴的烂尾楼处置案例，好莱坞公寓、兴宸·山水中央等项目处置正有序推进。大力打击“两违”，拆除违法建筑20万平方米。创城常态化工作取得实效，城市管理考评绩效连续4个月位居全市前列。新增生活垃圾分类试点小区25个，餐厨废弃物资源化利用和无害化处理项目建成投产。 （赵旋）

2021年9月7日，象山区举行第一批新冠病毒疫苗接种应接尽接标识发放仪式。
（象山区委宣传部供图）

七　星　区

【概况】 七星区位于桂林市东部，辖东江、七星、穿山、漓东4个街道办事处和朝阳乡、华侨旅游经济区，分辖社区33个、建制村14个。区人民政府驻骖鸾路26号。行政区域土地面积97平方千米（含桂林华侨旅游经济区）。2021年年末，户籍人口23.75万人。全年全区出生人数1982人，出生男女性别比为104.54。人口自然增长率5.69‰。

经济总指标　全年实现地区生产总值294.90亿元。其中，第一产业增加值1.64亿元，下降1.1%；第二产业增加值101.60亿元，下降0.1%；第三产业增加值191.66亿元，增长6.4%。人均地区生产总值75975元（常住人口口径）。全社会固定资产投资额完成89.95亿元，下降8.3%。社会消费品零售总额153.79亿元，增长6.8%。

财政　全年组织财政收入18.35亿元，增长12.1%，其中一般公共预算收入9.09亿元，上涨7%。财政支出11.85亿元，下降6.8%。

农业　全年农林牧渔业总产值2.77亿元，其中农业产值1.94亿元、牧业产值0.48亿元、渔业产值0.07亿元、服务业产值（农林牧渔专业及辅助性活动产值）0.28 亿元。

工业　全年工业总产值 225.38 亿元，增长 11.1%；工业增加值 63.22 亿元，增长 7.0%；工业增加值占地区生产总值的 21.44%；工业对全区经济增长的贡献率 39.60%。规模以上工业实现总产值 216.00 亿元，增长 11.1%。新增规模以上企业 9 家，全区规模以上工业企业 74 家，其中超 1 亿元企业 36 家。

文化·科技　全年演出场次 50 场；剧场 2 个，文化站 1 个。全年授权专利 2922 件，其中发明专利 876 件、实用新型 1749 件、外观设计 297 件；有效发明专利 4140 件，每万人口拥有量 38.73 件。

教育　全区九年一贯制学校 1 所，初级中学 3 所，专任教师 194 人，在校初中生 2031 人（含九年一贯制学校初中部）。小学 28 所，专任教师 1529 人，在校小学生 2.69 万人（含九年一贯制学校小学部）。小学适龄儿童入学率 100%。

卫生　全区各级各类医疗机构床位 1108 张，其中医院床位 1000 张。卫生技术人员 2574 人，其中执业医师 1035 人（执业助理医师 1108 人）、注册护士 1144 人。全区参加新型农村合作医疗农民（独生子女和双女户家庭）11851 人。

固定资产投资　全区固定资产投资 89.95 亿元，下降 8.3%。

招商引资　全区在建项目 11 个，续建项目 9 个，合同总额 333.8 亿元，其中市外建设项目资金 75.02 亿元、自治区外建设项目资金 75.02 亿元，完成年度任务的 100.03%。引进外资项目到位资金 3174 万美元，完成利用外资年度任务（1300 万美元）的 244.2%。

居民生活　全区居民人均可支配收入 44059 元，增长 8.4%。按常住地分，城镇居民人均可支配收入 44198 元，增长 8.2%；农村居民人均可支配收入 23089 元，增长 9.5%。全年全区城镇居民人均消费支出 25057 元，增长 9.8%；农村居民人均消费支出 15337 元，增长 11.6%。全年发放城乡居民低保金 1381.43 万元。城镇新增就业人数 2932 人；失业人员再就业人数 2486 人，城镇登记失业率为 3.05%。新增劳务输出 848 人。开发公益性岗位 27 个。

旅游　全区有 16 个自然景点和人文景观，营业景区 4 个，有国家 5A 级旅游景区 1 个、国家 4A 级旅游景区 3 个。全年接待国内外游客 886.54 万人次，旅游总收入 142.83 亿元。

【七星区工业经济发展】 2021 年，七星区支持企业智能化车间改造及节能项目，落实企业技改资金 1000 万。桂林君泰福电气有限公司的金盘科技桂林基地数字化转型项目成套产线建成投产，广西鸣新底盘部件有限公司的汽车控制臂冲压多机器人柔性生产线建设顺利实现开工建设。引入桂林狮达技术股份有限公司电子数字化机械制造项目、桂林市锐锋医疗器械有限公司研发生产基地项目、桂林云璟科技有限公司环境监测智能仪器仪表生产基地等一批补链、强链项目落户。帮助企业协调解决问题 103 个，争取“桂惠贷”超 26 亿元。年内，桂林南药股份有限公司获中国质量奖提名奖；桂林电力电容器有限责任公司、桂林南药股份有限公司、桂林云璟科技有限公司获评 2021 年广西工业企业质量管理标杆；桂林皮尔金顿安全玻璃有限公司、桂林星辰科技股份有限公司、桂林光隆光学科技有限公司获 2021 年广西智能工厂示范企业称号。

【七星区项目建设推进】 2021 年，七星区全年包装策划自治区和市级层面重大项目 86 项，完成投资 93 亿元。洁伶智能化生产车间仓储基地、华网智能芯片研发生产基地等 15 个产业项目开工建设，中国中药（桂林）产业园项目一期等 6 个项目实现竣工。新建 12 万平方米标准厂房，英才一支路等 6 条园区道路开工建设。客世界商业文化广场投入运营。东站冷链物流园一期交易区投入使用。组建粤港澳大湾区驻点招商工作队，引进亿元以上工业项目 10 个。成功签约格力电器（桂林）智能制造生产基地项目，完成项目征地 71.93 公顷。大飞机起落架特种轮胎项目开工建设，曙光大道路面水稳层完成 80% 以上。桂林电气节能及电力电子产业项目，完成一期干式电容器生产车间建设并投入使用；二期部分车间竣工。高光效 LED 封装及相关产业基地项目，一期 4 栋标准厂房实现竣工并投入使用。塔山片区城中村·棚户区改造暨环境整治项目，完成签约选房 355 户 275 栋。七星区融创和平万达旅游城项目，完成第三批次 245 户分房选房安置工作；完成 106 栋房屋拆迁补偿安置协议，拆除房屋 83 栋，安置房二期 12 栋楼完成封顶；进出融创实验学校规划 A 路顺利通车。

【七星区科技创新成效】 2021 年，七星区培育科技创新主体，组织企业申报 2021 年高新技术企业认定 158 家次。新认定高新技术企业 72 家、4 家企业建设的 4 个广西工程技术研究中心被认定为 2021 年广西工程技术

2021 年 6 月 20 日，市长李楚（中）到七星区调研智深科技有限公司。（王芸摄）

研究中心，拥有自治区瞪羚企业12家。桂林电器科学研究院有限公司、桂林市啄木鸟医疗器械有限公司入选2021年国家技术创新示范企业。完成科技型中小企业评价入库186家，重大科技成果转化核验62项，发明专利万人拥有量达106.4件，11项科技成果获广西科学技术奖，数量均居全市第一。实施“人才回桂”工程，引进各类高端人才65名，桂林电子科技大学“250瓦超级快充型锂离子电池”项目获第一届全国博士后创新创业大赛创业组银奖。桂林城德科技园众创空间获得2021年度自治区众创空间备案。67名企业首席技术官纳入2021年广西CTO人才库备案。桂林星辰科技股份有限公司成为全国首批、广西唯一在北京证券交易所上市的企业。

【七星区乡村振兴示范样板】 2021年，七星区完成高速公路沿线15个村庄1385栋房屋风貌改造提升任务；桂林华侨旅游经济区竹江、畔塘、沙洲3个精品村风貌改造基本完成；完成朝阳乡司公村、南村等6个自然村自来水安装。辖区农村生活垃圾无害化处理率100%。推动桂林市“大美漓江”田园综合体七星段（七星“漓韵侨乡”田园综合体二期）改造升级工作，打造广西示范样板。“漓韵侨乡”品牌获得国家知识产权局商标注册证书。16千米休闲绿道全线贯通，驿站及观景平台建设基本完成。规划多个特色园区，“一米阳光”花卉、富硒彩色水稻等特色产业提档升级。开展“美丽七星乡村行”网络专题报道和直播，共刊播新闻报道530条。《春到七星万花开》微视频获得1000万浏览量。年内，集琦生化获评自治区农业产业化重点龙头企业，莲花源生态田园被评为广西休闲农业与乡村旅游示范点，“漓歌侨园”被评为桂林市第二批五星级田园综合体，沙洲村获评“壮美广西·乡村振兴”年度特色案例。

【七星区疫情防控措施】 2021年，七星区加强重点人员排查管控工作，共排查管控重点人员4181人，闭环转运来自境外和重点地区1300人；开展区域和重点人群核酸检测工作，结果均为阴性。提升基层医疗机构基础设施建设，争取申请上级抗疫国债资金1046.83万元。完成朝阳卫生院、华侨医院等基层医疗卫生机构硬件升级，并采购负压救护车、B超等一批医疗设备。创新以“基本医疗＋公卫”形式开展家庭医生签约服务，完成常住人口签约服务12.48万人，签约率为40.26%，其中重点人群签约6.90万人，签约率为82%。强力推进疫苗接种工作，制定完善《七星区新冠病毒疫苗大规模接种工作方案》，定期召开疫苗接种调度会，辖区共设5个疫苗接种点，疫苗接种突破74万剂次。

【七星区惠民生增福祉】 2021年，七星区开展“春风行动暨就业援助月线上招聘会”等4场专项活动，辖区386家企业提供8224个岗位，提供就业服务群众38万人次。全年累计发放特困供养人员供养资金133万元，残疾人两项补贴206.8万元。落实计生奖扶发放工作，共发放符合奖扶政策资金7603人870万元。保障辖区学位供需，完成扩班28个，增加学位1275个，率先在桂林市推行学前教育集团化办园，其经验做法在《广西日报》《中国改革报》刊发。完成25个垃圾分类亭棚点建设。推进27个老旧小区改造工作，完成七星路一巷、骖鸾路西一巷等背街小巷改造提升工作，老旧小区改造经验在国家住建部城市建设司视频会上作交流发言。实现“15分钟健身圈”，人均体育场地面积5.89平方米，处于自治区领先水平。开展常态化文明城市创建，完善“六级包联体系”，实施“九大提升行动”，完成全国文明城市复查迎检工作。集中整治桂林华侨旅游经济区乌桕滩环境污染问题，辖区灵剑溪水体达到国家消除黑臭水体标准。中央生态环境保护督察反馈问题整改全部落实到位。

【七星区营商环境】 2021年，七星区推行“零窗口”登记改革，设立企业自助申报区，实行“注册官”现场办结制度，将网报预审工位“移步”至大厅内，推行“口述办照”服务，由导办员提供全程导办帮办服务，依托一窗通平台，实现企业开办1日办结，可网办率100%，一窗受理率100%。在桂林市首创推行“远程视频核查”模式，开发微信小程序，启动“股所联动”机制，推行“远程视频核查”，改缩现场实地核查为后台审核，节约办证时间成本50%以上。

【七星区成为广西唯一行政复议体制改革县（区）级试点单位】 2021年，七星区开展场地规范化建设，完成全国行政复议体制改革和规范化建设创建示范县（区）工作任务。科学设置了行政复议服务厅、行政复议审理庭、听证室（含远程视频听证室）、案件审理会议室、调解室、阅卷室、法律援助律师服务站、档案室、案件审理室等“一站式”办案场所。率先在广西县（区）级单位中设立法治事务与法律援

2021年2月25日，市委书记周家斌（前排中）到七星区调研乡村风貌提升工作。（熊晓敏 摄）

助中心，任命5名大学本科以上学历、具有法律职业资格的人员为首批行政复议员，全员持证上岗。创新办案模式，依托全国行政复议平台，实现行政复议网上申请、受理、审理、审批和公开等功能，率先实现远程听证。自行政复议体制改革以来，办理行政应诉案件数237件。（黄健　钟婷）

雁山区

【概况】雁山区位于桂林市南部，辖良丰街道、雁山镇、柘木镇、大埠乡、草坪回族乡，分辖社区4个、建制村39个。区人民政府驻雁山区雁中路18号。行政区域土地面积302平方千米。2021年年末，户籍人口7.04万人。全年全区出生人数582人，出生男女性别比为118.8。人口自然增长率1.48‰。

经济总指标　全年实现地区生产总值33.54亿元，增长5.0%。其中，第一产业增加值6.91亿元，增长9.7%；第二产业增加值4.22亿元，下降10%；第三产业增加值22.41亿元，增长6.8%。人均地区生产总值47628元。全社会固定资产投资额完成25.18亿元，下降36.5%。社会消费品零售总额11.21亿元，增长8.2%。

财政　全年一般公共预算收入5070万元，增长8.1%。全年财政总收入6.22亿元。财政总支出6.22亿元。

农业　全年农林牧渔业总产值12.36亿元，其中农业产值7.94亿元、林业产值0.02亿元、牧业产值3.75亿元、渔业产值0.35亿元、服务业产值0.3亿元。粮食播种面积0.35万公顷，总产量1.54万吨。全年完成各类人工造林面积6公顷，森林覆盖率49.26%。农业机械总动力13.63万千瓦。

工业　全年工业总产值9.96亿元，工业增加值占地区生产总值的5.4%。规模以上工业实现总产值9.15亿元。新增规模以上企业1家，全区规模以上（年产值超1000万元）工业企业9家，其中超1亿元企业3家。

文化·科技　年末拥有专业艺术表演团体4个，演出场次95场；公共图书馆1个，图书藏量8.6万册；文化站4个；电影放映单位1个，放映电影420场次，观众1万人次。全年申报自治区级科技项目1项，市级科技项目4项，总投资111万元。共举办种植业、养殖业等科技培训班、科普讲座44期（场次），培训0.23万人次。年内共申请专利30件。

教育　全区有初级中学2所，专任教师187人，在校初中生2074人。小学9所（含民办2所），专任教师406人（民办39人），在校小学生5574人（民办462）。小学适龄儿童入学率100%。

卫生·体育　全区各级各类医疗机构床位110张，其中医院床位110张。卫生技术人员141人，其中执业医师37人、注册护士67人。全区参加新型农村合作医疗农民47705人，参合率100%。全年向上级输送各类优秀运动员9人。获自治区级奖牌29枚，其中金牌2枚、银牌5枚、铜牌9枚。

固定资产投资　全区固定资产投资25.18亿元，下降36.5%。

招商引资　全年全区招商引资到位资金44.98亿元；新签工业项目9个，合同总额12.12亿元；行企助力转型升级新签项目2个，合同总额40.1亿元；全年商务口径实际利用外资47万美元。

居民生活　全区居民人均可支配收入33067元，增长7.5%。按常住地分，城镇居民人均可支配收入39002元，增长6.5%；农村居民人均可支配收入17940元，增长10.7%。全年全区城镇居民人均消费支出22424元，增长7.9%；农村居民人均消费支出10856元，增长12.7%。全年发放城乡低保金1089.7万元。城镇新增就业人数1050人；领取再就业优惠证的下岗失业人员再就业人数322人，城镇登记失业率为3.05%。新增劳务输出811人。开发公益性岗位122个。

旅游　全区有国家5A级旅游景区1个、国家4A级旅游景区3个、国家3A级旅游景区2个。全年接待国内外游客666.82万人次，旅游总收入71.56亿元。

【雁山区文旅融合发展】2021年6月26日，雁山区融创国际旅游度假区开业运营，成为广西文旅融合新典范，承办“桂林之夜”沉浸式文化旅游推介暨第十一届桂林国际山水文化旅游节开幕式等重要活动。相思江旅游度假区被确定为自治区级旅游度假区，乡谣里获评广西四星级乡村旅游区，雁山创建国家全域旅游示范区步伐不断加快。开展“壮乡三月三·相邀来雁山”“金秋盛柿丰收节”等文旅体验活动，组织系列旅游促销，促进文旅消费复苏。

【雁山区项目建设推进】2021年，雁山区做好项目要素保障，完成土地征收120公顷、收储17.07公顷；累计争取财政转移支付4.38亿元，政府债券资金到位2.15亿元，银行融资到位1.5亿元。围绕科教旅游新城建设，启动

2021年9月29日，桂林吉福思特色罗汉果产品生产线竣工投产。（贺悦摄）

雁东新区规划，谋划实施交通路网、保障性安置房、创业服务中心、市政基础设施等一批重点项目，南溪山医院公共卫生应急救治中心项目开工，金雁路成为全市“畅通缓堵”工程率先完成招标的项目。雁南路、雁飞路、国立达总部基地、草坪自来水厂等一批项目实现开工；雁翔路、益田民国风情小镇、兴进漓江悦府、利森红悦城等项目加快推进；金雁学校（一期）、中心环线电力管道工程、科教园B-2-6地块南侧城市道路等项目基本完工，新建地下污水管网7.46千米。

【雁山区产业振兴】 2021年，雁山区强力推动工业发展，全年工业固定资产投资4.6亿元，增长554.9%。企业培育取得新成效，新增入库福桂纸业、良丰加油站、融创汇润商业、炀森瑞丽酒店、润勤人力资源等11家“四上”企业。吉福思成为国家级农业产业化重点龙头企业、自治区“专精特新”中小企业和广西第一批制造业单项冠军企业，国立达晋升建筑工程施工总承包一级资质，桂林雅湿洁被认定为高新技术企业。计划总投资189亿元的电科云项目实现开工，总投资24亿元的航空航天产业园项目完成交地，金谷新材料项目完成厂房封顶，奇峰创业园标准厂房项目用地成为桂林市首宗出让的工业“标准地”。

【雁山区乡村振兴推进】 2021年，雁山区发展现代特色农业，加快推进田园综合体建设，打造了“悦桂情歌”“大美漓江”“红顶花园”等一批乡村振兴产业融合发展亮点。嵘盛生态养殖基地投入运营，瑞丰农业、麒胜养殖等规模企业不断发展壮大，鱼伯伯雁山渔村被认定为广西休闲农业与乡村旅游示范点。美丽乡村建设成效明显，完成9个市级精品型示范村建设，潜经村成为广西乡村旅游重点村。安排一事一议资金1056万元实施项目58个，受益人口2.8万人，新建东立桥、李家至何家公路、奇峰镇至大埠路口公路路面提升工程等项目基本完工，农村基础设施不断改善。草坪回族乡实现通公交车，城乡公交一体化进程不断加快。推进巩固拓展脱贫攻坚成果同乡村振兴有效衔接，发放各项农业补贴1033万元，投入财政衔接资金2792万元用于产业扶持和农村基础设施建设，健全防贫动态监测和帮扶机制，完成巩固脱贫成果后评估考核工作。“房地一体”不动产确权登记有序推进，全市首批产权证在雁山区发放。

【雁山区生态环境】 2021年，雁山区加强生态环境保护，全力保护漓江、保护桂林山水。“四乱一脏”整治成效明显，开展非法采石挖沙整治行动，漓江流域（草坪段）生态环境保护与修复工程基本完工。实施漓江风景名胜区核心景区可视范围景观林提升工程，绿化面积1.12万平方米。狠抓大气、水、土壤污染防治，全区空气质量优良天数和优良比例完成市下达目标任务，主要河流和集中式饮用水水源地水质达标率100%。全面落实河长制，投入资金3500万元推进良丰河整治、桂江治理、大雁排洪渠及青洛溪整治等工程建设。自治区级重点生态功能区建设取得显著成效，雁山区在桂林市生态环境目标责任状考核中获一等奖。抓好中央生态环境保护督察反馈问题整改，雁山区群众投诉环保案件数量全市最少。

2021年，雁山区雁山镇良丰下村乡村风貌提升和农村人居环境改善工作取得显著成效。

（雁山区融媒体中心供图）

【雁山区民生事业发展】 2021年，雁山区投入2919万元改善中小学校及幼儿园办学条件，大埠中心幼儿园创建市级示范幼儿园完成评估。雁山区人民医院住院综合楼竣工移交南溪山医院使用，柘木、草坪、良丰卫生院完成中医馆建设，雁山中心卫生院新建中医康复门诊投入使用。疫情防控扎实有效，常态化疫情防控经受住考验，疫苗接种工作稳步推进。社会保障全面加强，累计发放农民工创业就业补助340万元，发放城乡低保、特困供养、临时救助等资金1340万元。民族团结进步取得新成效，雁山区获自治区民族团结进步示范区，草坪回族希望小学等9家单位获评自治区、桂林市民族团结进步示范单位。大埠派出所打造独具特色的“退役军人之家”，桂林旅游学院挂牌成立广西首个高校退役军人服务中心。在草坪回族乡打造桂林市首条爱国拥军示范街。社会大局和谐稳定，“天网”“雪亮”工程交付使用，扫黑除恶、禁毒工作深入推进，公安雁山分局荣立自治区二等功，雁山区被国家信访局授予信访工作“三无县区”，群众安全感满意度在自治区、桂林市排名前列。

（韦笑）

临　桂　区

【概况】 临桂区位于桂林市西南部，辖临桂、南边山、六塘、会仙、四塘、两江、五通、中庸、茶洞9个镇和宛田（瑶族乡）、黄沙（瑶族乡）2个乡，分辖居民委员会15个、村民委员会161个，有自然村1336个。区人民政府驻临桂镇。行政区域土地面积 2202 平方千米。2021 年年末，户籍人口 53.89 万人。全年全区出生人数 3955 人，出生男女性别比为 110。人口自然增长率 1.52‰。

经济总指标　全年实现地区生产总值 254.79 亿元，增长 6.8%。其中，第一产业增加值 51.54 亿元，增长 8.7%；第二产业增加值 81.01 亿元，增长 11.7%；第三产业增加值 122.24 亿元，增长 3.1%。人均地区生产总值 45772 元。全区固定资产投资（不含农户）下降 13.8%。社会消费品零售总额增长 5.1%。

财政　全年组织财政收入 33.56 亿元，下降 2.34%。财政支出 48.44 亿元，增长 14.81%。

农业　全年农林牧渔业总产值 89.74 亿元，增长 9.8%，其中农业产值 55.11 亿元、林业产值 3.12 亿元、牧业产值 26.95 亿元、渔业产值 2.07 亿元、服务业产值 2.49 亿元。粮食播种面积 4.31 万公顷，总产量 23.92 万吨。全年完成各类人工造林面积 357.77 公顷，森林覆盖率 63.4%。农业机械总动力 42 万千瓦。

工业　全年工业总产值 170.07 亿元，增长 12.2%。工业增加值 46.38 亿元，增长 7.1%；规模以上工业实现总产值 158.7 亿元，增长 12.1%，实现利税 18.28 亿元，增长 19.6%。全区规模以上企业 65 家，其中年产值超 1000 万元企业 61 家、超 1 亿元企业 19 家。

文化·科技　全年拥有公共图书馆 1 个，图书藏量 13.4 万册。区属文化馆 1 个、乡镇文化站 11 个。电影放映单位 5 个，放映电影 5.74 万场次，观众 91.36 万人次。申报自治区级科技项目 1 个，市级科技项目 15 个。举办种植业、养殖业等科技培训班及科普讲座 70 期（场次），培训人数 2 万人次。发明专利授权 25 件。

教育　全区有自治区示范性普通高中 1 所，普通高中 4 所，专任教师 649 人，在校高中生 8774 人。初级中学 16 所，专任教师 1303 人，在校初中生 1.84 万人。小学 120 所，专任教师 2848 人，在校小学生 4.64 万人。

卫生·体育　全区各级各类医疗机构拥有床位 2003 张。卫生技术人员 3514 人，其中执业医生（含助理）1325 人，注册护士 1635 人。全区参加城乡居民医疗保险人数 44.5 万人。全年向上级输送各类运动员 3 人。在各类大赛中获全国比赛 8 枚奖牌（金牌 5 枚，银牌 1 枚，铜牌 2 枚）。2021 年 7 月 28 日，临桂籍举重运动员石智勇在东京奥运会上打破世界纪录获得男子举重 73 公斤级冠军。

固定资产投资　全年全区固定资产投资下降 13.8%。第一产业投资增长 174.0%；第二产业投资增长 29.9%，其中工业技改投资增长 11.1%；第三产业投资下降 20.3%。基础设施投资增长 15.3%，制造业投资增长 24.7%，房地产开发投资下降 32.5%。

招商引资　全年签约（引进）项目 37 个（工业项目 25 个），计划总投资额为 155.01 亿元；在建项目 45 个，其中续建项目 37 个；全年新录入系统项目 27 个，自治区外境内实际到位资金 85.09 亿元，完成任务的 112%，商务口径利用外资 643 万美元，完成任务的 49.5%。“三企入桂”项目“四率”任务均超额完成，“行企助力转型升级”招商活动新签项目投资总额 129.36 亿元，完成任务的 117.6%。

居民生活　全年城镇居民人均可支配收入 44365 元，增长 6.3%。农民人均可支配收入 22165 元，增长 8.2%。全区享受城乡最低生活保障人数 1.86 万人，发放低保金 6021.57 万元；城乡医疗资助参保 2.37 万人，资助参保金额 502.08 万，发放城乡医疗救助金 1256.51 万元，救助患者 3.30 万人次。城镇新增就业人数 4760 人；失业人员再就业人数 1839 人，城镇登记失业率为 1.81%。农村劳动力转移就业人数 5892 人。农村劳动力转移就业职业培训 4258 人。

旅游　全区有自然景点和人文景观 71 个，其中国家 4A 级旅游景区 4 个、国家 3A 级旅游景区 11 个、4 星农家乐 2 家、乡村旅游区 2 个。各级文物保护单位 52 处。营业景区 22 个。全年旅游接待人数 406.32 万人次，旅游总收入 39.01 亿元。

【临桂区重大项目建设】 2021 年，临桂区两次承办桂林市重大项目集中开竣工仪式，实现安科讯数字能源、鸿程矿山高端装备制造等 29 个重大项目建设开工，临桂城区第一小学搬迁工程、桂林市旅游综合医院等 9 个项目竣工投产，总投资额 169.8 亿元。全区在建重大项目 210 项，总投资 1699 亿元；完成自治区、市级层面统筹推进重大项目投资 137.63 亿元，均超额完成年度投资任务。

【临桂区农业经济】 2021 年，临桂区罗汉果、蔬菜、桂花等特色农产品量增价升，农业成为经济稳定的重要支撑。创建自治区级“一村一品”示范村 2 个，自治区级示范家庭农场 2 家，自治区级休闲农业示范点 1 个；市级示范家庭农场 3 家，市级罗汉果加工集聚

2021 年 12 月 28 日，桂林福达农产品冷链物流园开园暨乡村振兴合作签约仪式。（杨浩摄）

区1个。农产品获“三品一证”认证3个。福达农产品冷链物流园开园，拓宽了农产品销售渠道。推进农产品深加工项目建设，促进一二三产业深度融合。推进巩固脱贫攻坚成果同乡村振兴有效衔接，投入资金1.3亿元，发展特色产业脱贫户4278户，覆盖率达90.1%。

【临桂区巩固拓展脱贫攻坚成果】 2021年，临桂区完成2020年国家脱贫攻坚成效考核反馈问题的整改，整改措施25条，完成率100%。年内，全区易地返贫致贫户由571户1917人下降到369户1260人。使用财政衔接资金1.3亿元，安排项目185个，均已开工。整合其他涉农资金3.7亿元，改善农村道路、饮水基础设施，提升乡村建设品质。全年资助义务教育阶段脱贫家庭学生6460人次，补助资金249.54万元。雨露计划学历补助1606人，资助资金227.49万元。补充农村教师248名，建成城乡同步课堂教室138间。秋季学期，全区义务教育阶段扩班76个，新增学习位置3650个。全年支出脱贫户、边缘户财政兜底资金223.5万元，全区脱贫人口26240人，慢性病家庭医生签约服务率100%。推行收入超过低保标准“渐退期”和生活暂时困难“临时救助期”等政策，筑牢民生保障底线。全年全区享受相关救助政策脱贫人口7505人，落实养老保险费兜底政策，其中脱贫人员14013人，特殊人群7068人。全年排查农村自建非经营性住房97713栋，对新纳入边缘易致贫户房屋进行安全认证，整治存在安全隐患的房屋243栋。办理易地扶贫搬迁户不动产权证81本。全年实施安全饮水工程项目40个，年末完工并投入使用37个。全年脱贫户外出务工12676人次，发放带动就业补贴、社保补贴135.26万元，脱贫人口跨省务工交通补贴31.14万元。打造就业帮扶车间15家，吸纳脱贫户就业124人，新增公益性岗位160个。全年发展特色产业脱贫户4278户，覆盖率为90.1%。打造百香果、罗汉果等优势农产品示范基地6个，获广西出口(供港)农产品示范基地3个。联合京东农场在六塘镇培养18种蔬菜1333.33公顷。帮助脱贫户销售农产品200多万元，带动脱贫户4000多户。

【临桂区打造宜居临桂】 2021年，临桂区优化城市空间布局，完成《华为万亩科技城概念规划方案》等规划编制，完成机场路以北片区控规a组团、兰塘河以南片区控规及局部地块控规调整工作；改善基础设施，西城大道南延长线、临江东路、山水南路等一批路网全面通车。新桂柳高速公路建成通车，保安至滩头4级公路改建及危桥改造工程竣工，五通至黄沙通乡3级公路工程、飞机坪至燕山(k5—k12.1)改造工程前期工作基本完成。新续建交通道路项目14个，完成投资2.87亿元。北区水系污水泵站建设完工。完成水库道路提升改造工程项目11项。六会水厂供水管网改建、大江水库饮用水水源保护、水库维修养护等项目全面实施。完成涉及23个自然村单村饮水工程、28个饮水维修项目建设，总投资1353万元，受益人口2.2万人。提升城市功能品质，启动老旧小区改造工程16项实施绿化美化亮化工程项目13项。立体园林绿化建筑建设试点工作加快推进。推进文明城市建设，依托城市管理数字化平台，重点抓好交通治堵、环境治脏、市容治乱工作，在25个居民小区，5个公共机构开展垃圾分类试点工作，生活垃圾无害化处理率100%。

【临桂区生态文明建设】 2021年，临桂区完成漓江支流“四乱一脏”治理整顿工作，整治违建项目29个。启动实施污水治理工程项目17项，建成城区临时2万吨日处理规模的一体化污水处理设施2个，实现区内主要河流水质全年监测均保持国家地表水II类标准。开展漓江生态系统保护修复工程项目5个。抓好大气、水、土壤污染防治工作，全年空气质量优良比率94.1%，PM10平均浓度、PM2.5年平均浓度均控制在规定范围以内，城市建成区黑臭水体消除比例100%，污染地块安全利用率达100%。植树造林352.77公顷，森林覆盖率63.3%。推广生态种养模式，新建标准化生猪生态养殖场120个，肉鸡高效养殖小区2个。探索“生态文明积分制”管理模式，做法获国家发改委、自治区刊发推广，在自治区推广交流会上作典型发言。

【临桂区获2020年度广西高质量发展进步县称号】 2021年12月20日，中共广西壮族自治区委员会办公厅、广西壮族自治区人民政府办公厅下发《关于表彰2020年度“广西高质量发展先进县(城区)、进步县(城区)”的决定》，为表彰临桂区2020年度按照中央和自治区关于实施乡村振兴战略等决策部署，扎实推进县域经济高质量发展各项工作，县域经济发展取得新突破，为全区经济社会持续健康发展、决战脱贫攻坚取得全面胜利作出重要贡献，授予桂林市临桂区“2020年度广西高质量发展进步县”称号。

【自治区乡村史志文化建设现场交流暨乡村史志编修专题培训会在临桂召开】 2021年10月13日—15日，自治区乡村史志文化建设现场交流会暨乡村史志编修专题培训会在临桂区召开。会议由自治区地方志办公室、自治区住房城乡建设厅、桂林市人民政府、广西桂学研究会举办，自治区、桂林市、临桂区相关领导及广西各设区市、县(市、区)地方志工作机构负责人等150人参加会议。会议对广西全区乡村史志编修、名镇名村建设、传统村落保护等工作就行了部署；对乡村史志文化建设进行了现场交流；对乡村史志编修进行了专题培训。

(李华荣　何红青)

阳　朔　县

【概况】 阳朔县位于桂林市南部，辖阳朔、白沙、兴坪、福利、高田、葡萄6个镇和金宝、杨堤、普益3个乡，分辖社区15个、建制村99个。县人民政府驻阳朔镇。行政区域土地面积1428平方千米。2021年年末，户籍人口33.06万人。全年全县出生人数2213人，出生男女性别比为107，人口自然增长率−0.6‰。

经济总指标　全年实现地区生产总值116.66亿元，增长7.1%。其中，第一产业增加值32.66亿元，增长8.0%；第二产业增加值24.81亿元，增长9.2%；第三产业增加值59.19亿元，增长5.7%。全社会固定资产投资额完成57.74亿元，增长0.4%。社会消费品零售总额44.64亿元，增长9%。

财政·金融　全年组织财政收入4.75亿元，下降6.4%，其中地方财政收入3.02亿元，下降8.33%。财政支出20.22亿元，下降19.24%。年末，金融机构各项存款余额141亿元，增长9.6%；各项贷款余额111.21亿元，增长24.1%。

农业　全年农林牧渔业总产值57.32亿元，其中农业产值45.65亿元、林业产值0.91亿元、畜牧业产值8亿元、渔业产值1.29亿元、服务业产值1.47亿元。粮食播种面积1.96万公顷，总产量9.42万吨。全年完成各类人工造林面积66.97公顷，森林覆盖率65.18%。农业机械总动力34.99万千瓦。

工业　全年工业总产值9.11亿元，增长2.3%；工业增加值4.91亿元，下降3.4%；工业增加值占地区生产总值的4.2%。规模以上工业实现总产值3.66亿元，下降10.5%；实现利税1190亿元，下降10.66%。新增规模以上企业2家，全县规模以上工业企业8家，其中年产值超1000万元企业7家，超1亿元企业1家。

交通·邮电　全年完成农村公路建设投资及固定资产6.78亿元，完成客运量225.2万人，客运周转量1.27亿人公里；完成货运量371.96万吨，货运周转量5.25亿吨公里。全年完成邮政业务运营收入4880万元。全县固定电话用户1.42万户，手机用户28.61万户，宽带用户8.36万户。

文化·科技　年末拥有公共图书馆1个，图书藏量12万册；剧场2个，文化站9个；电影放映单位1个。全年申报自治区级科技项目2项，县级科技项目5项，总投资22万元，共举办种植业、养殖业等科技培训班、科普讲座67期（场次），培训823人次。建立各类科技示范基地28个。

教育　全县有自治区示范性普通高中1所，专任教师165人，在校高中生2275人。普通高中2所，专任教师176人，在校高中生2728人。初级中学8所，专任教师639人，在校初中生9727人。小学81所，专任教师1341人，在校小学生22090人。小学适龄儿童入学率100%。

卫生·体育　全县各级各类医疗机构床位1069张，其中县医院床位350张，妇幼保健院床位110张。卫生技术人员1321人，其中执业医师412人、注册护士568人。全县参加城乡居民基本医疗保险27.83万人，参合率97%。全年向上级输送各类优秀运动员2人。阳朔籍运动员获省级奖牌12枚，其中金牌4枚，银牌3枚，铜牌5枚。

固定资产投资　全县固定资产投资57.74亿元，增长0.4%。

招商引资　全年全县在建项目23个，续建项目14个，合同总额252.05亿元，其中市外建设项目资金23.64亿元，自治区外建设项目资金23.64亿元，完成年度任务的107.5%。引进外资项目到位资金458万美元，完成利用外资年度任务的130.8%。

居民生活　全县城镇居民人均可支配收入44739元，增长6.9%；农村居民人均可支配收入21865元，增长10.1%。全年发放农村低收入人口低保金131700人次3240.02万元，发放城镇居民低保金5422人次219.39万元。城镇新增就业人数2328人；失业人员再就业人数1032人，城镇登记失业率为3.71%。农村劳动力转移就业职业培训3091人；开发公益性岗位315个。

旅游　全县有国家5A级旅游景区1个，国家4A级旅游景区6个。全年接待国内外游客1652万人次，旅游总收入224.81亿元。

【阳朔县世界级旅游城市打造】 2021年，阳朔县明确打造世界级旅游城市先导区的发展定位。构建"一办十组"专班专抓工作机制，实现了打造世界级旅游城市先导区的良好开局。连续3年获评广西唯一的全国县域旅游综合实力百强县。遇龙河国家级旅游度假区被认定为国家体育旅游示范基地，获评国家4A级旅游景区。益田西街入选首批"国家级夜间文化旅游消费集聚区"，墨兰山舍被评定为"全国甲级旅游民宿"，桂林千古情景区获评"自治区级文化产业示范基地"，阳朔西街入选"广西旅游休闲街区"。阳朔跨境购（零关税）体验城开业。举办漓江渔火节、遇龙河竹筏漂游节等大型文旅活动，"巨龙巡游"国庆献礼活动盛况获中央电视台《新闻联播》报道。

【阳朔县生态环境质量改善】 2021年，阳朔县开展"科学保护漓江联合执法行动"，完善以漓江阳朔段为核心的大景区旅游生态补偿机制。严格禁止露天焚烧，全县环境空气质量优良天数351天，优良率96.2%。城镇集中式饮用水源、地表水断面、污水处理厂出口水质达标率均为100%。行政村生活垃圾收集、转运和处置体

2021年6月28日，阳朔县举办遇龙河"巨龙巡游"国庆献礼活动。

（阳朔县白沙镇人民政府供图）

系覆盖率100%。厕所革命深入推进，自然村无害化卫生厕所覆盖率96.33%，成为全自治区农村社会事业培训班现场考察点。实施生态公益林管护49573.33公顷，完成封山育林578.13公顷，森林覆盖率65.18%。国土变更调查数据库建设通过国家核查，完成生态红线划定方案，对耕地卫片、永久基本农田进行动态监测，查处违建房屋18113平方米。杨堤乡获新时代中国最美绿色生态小镇称号。兴坪镇大河背村生态修复工程得到人民日报点赞。

2021年，阳朔金橘广西特色农产品优势区提档升级。 （白沙镇人民政府供图）

【阳朔县乡村振兴发展】 2021年，阳朔县统筹安排乡村振兴补助资金7216万元、衔接资金4085万元，建设基础设施项目140个。发放产业奖补资金922.55万元，惠及2150户脱贫户；脱贫人口小额信贷存量贷款4985.15万元，惠及1334户脱贫户。投资4.99亿元的全国首批水系连通及水美乡村试点项目、25个饮水及农田水利基础设施项目顺利竣工。完成70个村庄综合整治和7283栋房屋风貌提升，11个自治区农村环境整治项目竣工运行。重点打造葡萄镇七星村、白沙镇桥背村等18个精品示范村庄。阳朔县在全自治区第一批乡村风貌提升和农村人居环境整治三年行动验收考评中位列第一档次。喜龙村成为东南亚驻华使节交流活动参观点，凤楼村获评自治区乡村振兴改革集成优秀试点村，鸡窝渡村入选“壮美广西·乡村振兴”特色案例。以优秀等次通过国家级第三批农村综合改革（美丽乡村建设）标准化试点考核。

【阳朔县生态农业建设】 2021年，阳朔县推进遇龙河休闲农业核心示范区和阳朔金橘广西特色农产品优势区提档升级。建成市级以上产业化龙头企业6家、农民专业合作社281个、家庭农场52家。发展“互联网+农业”和“农旅融合”模式，拓宽黑皮果蔗、柑橘系列、酸枣糕等农特产品销售渠道。2021年，阳朔县获评“广西农业科技园区”，“蔗香甜园”田园综合体入选“桂林市五星级田园综合体”。阳朔金橘品牌价值高达41.42亿元，成为阳朔支柱产业之一，其广告宣传片在中央电视台《新闻联播》黄金时段播出。龙尾猕猴桃获中央级媒体《瞭望》刊登报道。沐天生态农业发展有限公司获评自治区农业产业化重点龙头企业，白沙古板水果专业合作社入选“广西好嘢”农业企业品牌。

2021年6月25日，阳朔县福利镇古座塘临阳联队红色旅游基地揭牌。
（福利镇人民政府供图）

【阳朔县城乡建设】 2021年，阳朔县实施老城区提级改造，县城所有主干道全部完成新改扩建及亮化。将军路、清泉路、福源路等工程完成投资1652万元。完成全国首批水系连通及水美乡村试点县建设，在全自治区作典型发言。“两城”创建扎实推进，通过国家卫生城市复审检查。完成饮水及农田水利基础设施工程35项。实施乡村风貌提升和农村人居环境改善行动，完成6.65万户农房安全隐患排查、“交通末梢”不断优化。完成路面提升工程10个，全县高效衔接、多网融合的交通体系基本形成。

【阳朔县文体事业成效】 2021年，阳朔县举办首届“道山论稻”农耕文化节。打造临阳联队革命红色文化品牌。建成曹邺诗碑廊。自然攀岩2项国家标准获批立项。举办第五届阳朔铁人三项赛。群众体育蓬勃发展，获2017—2020年全国群众体育先进单位。竞技体育高质量发展，阳朔运动员诸葛义在广西田径锦标赛上打破男子甲组七项全能记录。

【阳朔县党群服务中心启用】 2021年7月23日，阳朔县党群服务中心揭牌启用。该中心位于阳朔县山水大道林溪路，建筑面积约1100平方米，设有便民服务厅、党史纵横馆、全域党建馆、荟萃先锋馆、信念永驻馆和党群活动馆，其功能作用定位为服务党员群众的红色家园、党员干部素能提升的学习基地、党群活动联建开放的共享空间、党建成果互动交流的展示中心。

（陆秀福　唐松林）

灵　川　县

【概况】 灵川县位于桂林市东北部，辖灵川、定江、三街、大圩、潭下、九屋、灵田7个镇和海洋、潮田、公平、大境（瑶族乡）、兰田（瑶族乡）5个乡，下设社区19个、建制村129个。县人民政府驻灵川镇。行政区域土地面积2287平方千米。2021年末，户籍人口39.69万人。全年全县出生人数3101人，出生男女性别比为113。人口自然增长率–0.3‰。

经济总指标　全年实现地区生产总值190.42亿元，增长7.3%。其中，第一产业增加值60.04亿元，增长9.9%；第二产业增加值39.44亿元，增长4.9%；第三产业增加值90.94亿元，增长6.7%。人均地区生产总值4.49万元。固定资产投资完成额113.80亿元，增长8.8%。社会消费品零售额143.52亿元，增长6.1%。

财政·金融　全年收入总计32.70亿元，一般公共预算收入7.6亿元。一般公共预算支出30.18亿元。年末，金融机构各项存款余额277.44亿元，增长10.9%，其中城乡住户存款余额211.63亿元，增长12.6%；各项贷款余额246.69亿元，增长14.7%。

农业　全年农林牧渔业总产值101.59亿元，其中农业产值78.20亿元、林业产值3.50亿元、牧业产值16.73亿元、渔业产值1.30亿元、服务业产值1.86亿元。粮食播种面积2.74万公顷，总产量14.37万吨。全年完成各类人工造林面积753.33公顷，森林覆盖率76.74%。农业机械总动力54.74万千瓦。

工业　全年工业总产值95.19亿元，增长6.6%；工业增加值17.65亿元，增长4.6%；工业增加值占地区生产总值的9.3%；工业对全县经济增长的贡献率6.6%。规模以上工业实现总产值77.80亿元，增长5.3%；实现利税2.57亿元，增长13.71%。新增规模以上企业10家，全县规模以上（年产值超千万元企业）工业企业72家，其中超亿元企业2家。

交通·邮电　全县农村公路通达率100%，完成农村公路建设投资及固定资产1.7亿元，通行政村、自然村道路硬化率分别为100%、88.75%。完成客运量87.77万人，客运周转量6754万人公里；完成货运量2021.77万吨，货运周转量24.64亿吨公里。邮路总长1123千米，完成邮政业务运营收入5718万元。全县固定电话用户1.5万户，手机用户38.70万户，宽带用户13.81万户。

文化·科技　年末拥有公共图书馆1个，图书藏量24.15万册；文化站12个；电影放映单位1个，放映电影1550场次，观众10万人次。全年获得自治区级科技项目2项，市级科技项目5项，获得上级拨款科技经费370万元。共举办种植业、养殖业等科技培训班、科普讲座96期（场次），培训4800人次。建立各类科技示范基地66个。年内共申请专利授权313件。

教育　全县公办学校共94所（含教学点），其中自治区示范性高中1所、普通高中2所、高完中1所、职业中等专业学校1所、九年一贯制学校3所、初级中学12所、小学48所、教学点26个。在校生5.02万人（含中职），其中小学生2.98万人、初中生1.29万人、高中生6276人、中职在校生1236人。专任教师3087人。民办学校8所，其中小学5所、九年一贯制学校2所、初级中学1所。在校生7851人，其中小学生5536人、初中生2315人。民办教师469人。小学适龄儿童入学率100%。

卫生·体育　全县医疗机构床位1574张，其中县医院床位320张，中医院床位220张、乡镇卫生院床位419张、妇幼保健院床位150张、310医院及民营医院465张。卫生技术人员2522人，其中执业医师806人、注册护士1074人。全县城乡医疗保险32.99万人，参合率97%。全年向上级输送各类优秀运动员1人。获自治区级奖牌2枚，其中金牌1枚、铜牌1枚。

固定资产投资　全县固定资产投资113.80亿元，增长8.8%。房地产业投资68.48亿元。

招商引资　全年全县共引进市外境内新建或增资项目31个，协议投资总额330.48亿元，自治区外建设项目资金70.35亿元，完成市下达年度任务指标69亿元的109.96%。实际利用外资1万美元，完成全年目标任务800万美元的0.1%。

居民生活　全县城镇居民人均可支配收入41489元，增长6.2%。农民人均可支配收入19950元，增长9.8%。全年发放农村低保户人口低保金3505.03万元，发放城镇居民低保金604.71万元。城镇新增就业人数3126人；城镇失业人员再就业人数2952人，城镇登记失业率为2.6%。农村劳动力转移就业新增人数1546人。职业技术培训5510人，贫困劳动力培训2756人；开发公益性岗位216个。

旅游　全县自然景点和人文景观16个。有国家A级景区9个，其中国家5A级旅游景区1个、国家4A级旅游景区4个、国家3A级旅游景区4个。全年接待国内外游客843.39万人次，旅游总收入94.18亿元。

【灵川县项目建设】 2021年，灵川县列入自治区、桂林市重大项目51项，完成投资82.6亿元，完成计划的103.7%。海洋风电场（一期）竣工，兰田风电场（一期）并网发电。桂林市第二水源、新疆煤制气外输管道、桂林力源粮油食品综合加工物流等项目加速推进，大境葫芦顶风电场、兰田风电场（二期）、潭下机械制造园标准厂房等项目相继开工。洞井至潮田公路基本建成。西环路、兰田至九屋路等项目稳步推进。桂灌、桂林外环高速路开工建设。建成55个通自然村道路。行政村4G信号全覆盖；新增5G基站154座，覆盖县城、八里街及各乡镇核心区域。

【灵川县产业振兴】 2021年，灵川县新培育规模以上企业10家。桂林广陆数字测控有限公司、桂林矿山机械有限公司获广西制造业单项冠军，桂林金山新材料有限公司、桂林华信制药等4家企业成为广西工业龙头企

2021年12月30日，第二十一届农交会在桂林开幕。自治区副主席方春明（右二）到灵川县展区参观。（灵川县融媒体中心供图）

业。高铁园区建设投资基础设施2.3亿元，兴川路、福瑞路北等4条园区道路建成通车。新建标准厂房19.6万平方米，收储土地55.67公顷。新增桂林漓峰医药用品有限公司、广西惠明电气有限公司等14家国家高新技术企业，广西桂康新材料有限公司、广西珂深威医疗科技有限公司被认定为广西战略性新兴企业，桂林宝通科技有限公司、桂林中昊力创机电设备有限公司等25家企业入库自治区科技型中小企业。桂林韶兴电力科技有限公司、桂林独石山建材有限公司入选广西智能工厂示范企业和数字化车间名单。国际建材仓储物流中心（一期）、城北现代物流配送中心（二期）等项目竣工。高铁园电商大厦投入运营，入驻电商20家，线上销售额超15亿元。

【灵川县现代农业】 2021年，全县建设高标准农田1666.67公顷，主要农作物综合机械化率73.8%，成为全自治区丘陵山区优特产业生产机械化推进会观摩点。橘红甘棠江、桂林市润森种养有限责任公司获评自治区五星、四星级现代化示范区。潭下合群村获评全国乡村特色产业亿元村。全年培育“三品一标”产品11个，入选“广西好嘢”品牌目录7个，“江头一品”葡萄夺得广西“好吃葡萄”金奖，桂林市润森种养有限责任公司、桂林聚龙潭生态渔业有限公司灵川养殖基地成为广西农业信息化示范基地。

【灵川县电子商务】 2021年，灵川县有电商个体户、企业1200家，建成1个县级物流服务中心、2个县级电商运营中心，成立12家覆盖全县所有乡镇的物流服务站、88个菜鸟驿站；成立128个乡村电商站点、382个乡村益农信息服务站，实现农村电商行政村全覆盖。年内，灵川县入选国家级电子商务进农村综合示范县。

【灵川县县域旅游】 2021年，灵川县继续通过广西特色旅游名县复核。全面修缮八路军桂林办事处路莫村物资转运站旧址，年内列入“广西十大红色游学精品线路”。大圩镇、海洋乡大桐木湾村入选全国、全自治区乡村旅游重点镇、村，漓水文化度假区获评自治区级旅游度假区，展翼飞行营地入选广西体育旅游示范基地。全年接待游客843.39万人次，总收入94.18亿元，连续4年入选中国县域旅游竞争力百强县。

【灵川县潮田乡南圩村委获“全国脱贫攻坚先进集体”称号】 2021年2月25日，灵川县潮田乡南圩村委获“全国脱贫攻坚先进集体”称号。南圩村委共有18个自然村1157户4112人。属石漠化山区，基础设施建设、经济发展长期滞后，2014年建档立卡贫困户为269户897人，是灵川县贫困户最多的村。针对南圩村石漠化山区基础设施落后、农业生产季节性缺水的情况，投入资金654万元，实施道路硬化、安防、桥梁、饮水项目23个；推进水土保持小流域建设，发放苗木22万株；维修和新建堰坝7座，硬化渠道3千米；把35.33公顷旱地改造为水田，配套建设生产道路、灌溉水利设施，提高土地的产出效益，为产业发展改良土地生产条件，惠及贫困户57户。南圩村多方筹措资金，发展集体经济。建成0.53公顷食用菌大棚，种植香菇8.5万棒，2020年产值34万元；村委合作社引导村民进行土地流转，以土地为股本入股分红。2020年村级集体经济总收入45.4万元。引进公司，引导农户以劳动力入股，与公司合作在南圩村建成33.33公顷蔬菜种植基地，成立100个种植互助小组，贫困户蔬菜产业覆盖率91.3%，带动150户贫困户实现增收。经过6年的脱贫攻坚，全村贫困人口人均纯收入从2014年的0.16万元增长到2020年的1.07万元，实现贫困人口全部脱贫和贫困村整村摘帽。（秦荣萍）

全 州 县

【概况】 全州县位于桂林市东北部，辖全州、黄沙河、庙头、文桥、大西江、龙水、才湾、绍水、石塘、安和、两河、凤凰、咸水、枧塘、永岁15个镇和蕉江瑶族乡、白宝乡、东山瑶族乡3个乡，分辖社区14个、建制村272个。县人民政府驻全州镇。行政区域土地面积4021平方千米。2021年年末，户籍人口83.9万人。全年全县出生人数5500人，出生男女性别比为114。人口自然增长率0.67‰。

经济总指标 全年实现地区生产总值193.09亿元，增长8%。其中：第一产业增加值76.02亿元，增长8%，第二产业增加值24.22亿元，增长7.5%；第三产业增加值92.85亿元，增长8.1%。人均地区生产总值2.11万元。社会消费品零售总额42.59亿元，增长4.78%。

财政·金融 全年组织财政收入7.85亿元，增长9.18%，其中地方财政收入5.15亿元，增长15.16%。财政支出45.17亿元，增长0.16%。年末，金融机构各项存款余额273.62亿元，增长9.31%，其中城乡居民存款余额231.36亿元，增长13.15%；各项贷款余额192.22亿元，增长10.92%。

农业　全年农林牧渔业总产值121.70亿元，其中农业产值90.12亿元、林业产值4.58亿元、牧业产值21.62亿元、渔业产值3.11亿元、服务业产值2.27亿元。粮食播种面积7.39万公顷，总产量38.76万吨。全年完成各类人工造林面积1866.67公顷，森林覆盖率68.19%。农业机械总动力66.39万千瓦。

工业　全年工业总产值57.77亿元，增长6.5%；工业增加值12.89亿元，增长4.4%；工业增加值占地区生产总值的6.68%；规模以上工业实现总产值42.99亿元，增长4.4%。新增规模以上企业6家，全县规模以上（年产值超1000万元企业）工业企业67家，其中超1亿元企业12家。

交通·邮电　全县公路总里程3100.51千米，272个建制村公路全部硬化，通畅率100%。完成客运量139.27万人，客运周转量1.13亿人公里；完成货运量707.74万吨，货运周转量9.93亿吨公里。邮路总长672千米，完成邮政业务运营收入5994万元，电信业务（含电信、移动、联通等）运营收入3.16亿元。全县固定电话用户1.64万户，手机用户50万户，宽带用户16.2万户。

文化·科技　年末拥有公共图书馆1个，图书藏量22.62万册；文化馆及艺术馆1个；文化站18个；电影放映单位1个，放映电影3269场次，观众44.06万人次。全年申报自治区级科技项目5项，市级科技项目10项，县级科技项目2项，总投资605万元，共举办种植业、养殖业等科技培训班、科普讲座190期（场次），培训1.9万人次。建立各类科技示范基地12个。年内受理专利申请72件，专利授权72项。

教育　全县有普通高中6所（自治区示有范性普通高中1所），专任教师1228人，在校高中生1.46万人。初级中学（含完中）24所，专任教师1980人，在校初中生2.78万人。小学46所，专任教师2929人，在校小学生4.98万人。小学适龄儿童入学率100%。

卫生　全县各级各类医疗机构床位2600张，其中医院床位1654张、妇幼保健院床位170张。卫生技术人员3633人，其中执业医师1251人、注册护士1760人。全县参加居民基本医疗保险66.77万人，参加职工基本医疗保险4.72万人。

固定资产投资　全县固定资产投资103.21亿元，增长11.6%。

招商引资　全年全县统筹推进的重大项目182个，完成投资160.3亿元，其中自治区、桂林市层面重大项目101个。自治区外建设项目资金57.9亿元，完成年度任务的113.6%。引进外资项目到位资金2700万美元，完成利用外资年度任务的450%。

居民生活　全县居民人均可支配收入26478元，增长9.2%。按常住地分，城镇居民人均可支配收入39293元，增长6.6%；农村居民人均可支配收入19695元，增长10.9%。全年发放农村低收入人口低保金9162.92万元，发放城镇居民低保金1440.42万元。城镇新增就业人数5281人；城镇登记失业率为2.47%。农村劳动力转移就业职业培训4258人；开发公益性岗位141个。

旅游　全县有营业景区6个，有国家4A级旅游景区3个、国家3A级旅游景区3个。全年接待国内外游客736.39万人次，旅游总收入76.6亿元。

【习近平总书记视察全州】 2021年4月25日，中共中央总书记、国家主席、中央军委主席习近平在全州县考察。在红军长征湘江战役纪念园凭吊广场向红军烈士敬献花篮，瞻仰“红军魂”雕塑，参观纪念馆，在纪念馆发表重要讲话，指出革命理想高于天，理想信念之火一经点燃就会产生巨大的精神力量。到才湾镇毛竹山村参观、了解葡萄种植产业，察看村容村貌，与村民座谈，了解群众生产生活情况，指出“好日子都是靠奋斗来的”“‘国之大者’就是人民的幸福生活”，要注重学习科学技术，用知识托起乡村振兴。

【全州县乡村振兴成效】 2021年，全州县农林牧渔业总产值增长9%，增速创近20年新高。新增创建全州县大碧头森林生态文化旅游现代化示范区、全州县龙水万穗稻渔生态综合种养现代化示范区广西五星级示范区2个，全州县都庞芋香特色农业现代化示范区、广西农垦桂北柑橘特色农业现代化示范区广西四星级示范区2个，数量居桂林市第一、自治区前列。“红色丰碑”田园综合体、“禾美稻香”田园综合体分别被认定为桂林市五星级、四星级田园综合体；才湾镇南一村、绍水镇柳甲村入选全国乡村特色产业“亿元村”。毛竹山村“小葡萄串起致富梦”的乡村振兴典型经验获中央级主流媒体报道300篇。全州县获评全国农村创业创新典型县、

2021年，全州县都庞芋香现代特色农业示范区获广西四星级示范区。

（全州县融媒体中心供图）

全国主要农作物生产全程机械化示范县、广西乡村振兴改革集成工作先进县。规划建设毛竹山乡村振兴示范村，贯通产加销，自治区商务厅等厅（局）和桂林市人民政府共同举办毛竹山葡萄节云上推介会，观看量超100万人次；融合农文旅，培育农民导游20人、农家乐30家，接待游客32万人次，毛竹山成为乡村旅游热门打卡地。

【全州县项目投资发展】 2021年，全州县申报长征国家文化公园（全州段）、全国农村产业融合发展示范园、国家现代农业产业园、全国水系连通及水美乡村试点县、全国农村人居环境综合整治试点县、“红色湘江”自治区级田园综合体等5个国家级、1个自治区级“非常5+1”重大项目。全年争取各类资金46.19亿元，其中获得上级项目建设资金13.93亿元、债券资金7.98亿元（专项债券资金7.27亿元，一般债券资金0.71亿元）。构建条块结合、以块为主、高效运转的重大项目管理体系，成立6个重大项目指挥部和33个重点项目指挥部，统筹推进重大项目182个，完成投资160.3亿元。全年组织重大项目集中开（竣）工4次，金鸡岭风电、金峰岭风电等35个项目如期开工，“红色湘江”党建先锋体、湘山大道等11个项目顺利竣工，新疆煤制气外输管道等33个项目加速推进。加大招商引资力度，引进桂北“千亩花海”、红色演艺等项目10个，总投资38.3亿元；东莞亮舍美缝剂、江西华强方特红色文化旅游等在谈项目9个，总投资33亿元。

【全州县工业振兴】 2021年，全州县落实县主要领导每月企业接待日制度，出台印发《县领导联系第四季度工业经济运行工作方案》，对企业主体进行精准服务，规模以上工业总产值增长4.4%。工业投资稳定增长，鼎固经纬新材料、粤桂纸业等15个工业项目开工建设，亚荣鞋业、明特电子等10个项目竣工投产，声一科技音响产业园等8个项目签约，全年完成工业投资23.6亿元。签约金安国纪、能源生态园等“双百双新”项目（“双百”项目指投资超过百亿元或产值超过百亿元的重大产业项目，“双新”项目指新产业、新技术项目）5个，加快福达、百里香等企业技改升级，投入技改资金6.5亿元。工业园区完成基础设施建设投资7500万元，新建标准厂房10万平方米，完成征地146.67公顷，新增土地收储53.33公顷。

【全州县三农工作】 2021年，全州县稳定粮食生产。广西第十八届“看禾选种”（桂北）大会、桂林市春季粮食生产推进会在全州县召开。经济作物快速发展，水果种植面积3.15万公顷，产量86.4万吨，增长20.4%；蔬菜产量78.4万吨，增长7%。畜牧业健康发展，生猪出栏74.5万头，增长31.6%。全年第一产业增加值增长8%。安和香芋获国家地理标志产品认证；才湾镇南一村获评全国“一村一品”示范村、中国美丽休闲乡村。新型农业经营主体不断壮大，新增农民专业合作社43家、家庭农场51家。完成自治区下达的3597栋农房风貌改造、2487个村屯全域环境基本整治任务，建成9.2千米全州西至纪念园段风貌提升精品示范带和珠塘铺等5个精品示范村，建设经验在全自治区、全桂林市推广。

【全州县三产发展】 2021年，全州县旅游业蓬勃发展，以总分第一名的成绩创建广西全域旅游示范区。推进红色文旅项目建设，红军长征文化遗产廊道、大坪渡口遗址公园一期建成使用，游客集散中心、25千米沿江骑行绿道等项目加快推进，累计完成投资6.88亿元。推出红色游学精品线路3条。大碧头国际旅游度假区获广西第二批中医药健康旅游示范基地、桂林“2021年度优秀A景区及度假区”，全年接待游客130万人次。助力北京冬奥会，天湖滑雪场景区获中央电视台新闻联播冬季旅游推介，作为桂林高山冰雪温泉体育旅游路线，是全自治区唯一入选全国“2022年春节假期体育旅游精品线路”。天龙湾璞悦酒店建成开业，东丰国际大酒店完成主体建设。全年旅游人次、旅游总消费分别增长89%、84.3%。商贸物流业加快发展，联晨国际商贸城（南区）建成开业，进驻商家150多家，进驻率80%；桂北粮食仓储物流中心加快推进；引进广西现代物流集团，投资建设占地10公顷的桂北冷链物流分拨中心。出台商品房契税补贴等调控政策，完成商品房销售52.9万平方米，房地产行业保持平稳发展。

【全州县城乡面貌】 2021年，全州县城北新区完成投资7.5亿元，累计完成投资56亿元。洮阳路建成通车，镇湘塔公园向市民开放，北区沿江风光带、图书馆等项目加快推进。完成老旧小区改造30个、棚户区改造1211套、农村危房改造425户。14个乡（镇）具备生活污水收集处理能力，城区生活污水处理率98.9%。投入2800万元，完成14个乡（镇）垃圾中转站建设和垃圾转运车辆采购，运营“镇收—县运—县处理”新模式，

2021年，红军长征湘江战役纪念馆。（游拥军摄）

农村生活垃圾处理实现全覆盖。龙水镇新型城镇化示范乡镇建设加快推进，投资1491.5万元完成风貌改造样板房、垃圾中转站等项目。新增自治区级传统村落6个，广西乡村传统建筑工匠培训基地在全州县思源民俗博物馆挂牌成立。生态环境持续优化，城区环境空气质量优良，主要河流水质达标率保持100%，土壤环境质量总体稳定。林长制全面推进，全年完成植树造林1866.67公顷，森林覆盖率68.19%。

【全州县社会事业发展】 2021年，全州县始终牢记中共中央总书记习近平在毛竹山村首次提出，让人民生活幸福是“国之大者”的殷切嘱托，保民生、惠民生，办好民生实事，全县财政支出超八成投入民生领域。统筹安排乡村振兴衔接补助资金2.2亿元，实施基础设施和产业项目251个，脱贫户、监测户人均年收入达6800元以上，被确定为自治区乡村振兴重点帮扶县。打造红色文化、大碧头农耕文化、鱼香科技文化和民俗文化4个社区教育基地，被列为自治区级社区教育实验区。桂北初中建成使用，城南高中、红军小学、城西高中二期项目开工建设。医疗卫生条件改善，构建县乡村卫生监督网络及网格化管理模式，在自治区卫生监督工作会议上作典型发言。首家“公建民营”医养结合养老机构—华康医养中心挂牌试运营。实行全链条、闭环式管理，累计接种疫苗95.8万剂次，常态化疫情防控总体形势平稳。县城“交巡警合一”警务改革创新模式，获公安部部长高度肯定。人民群众获得感、幸福感、安全感大幅提升。（蒋晓琼　俞鲜鲜）

兴 安 县

【概况】 兴安县位于桂林市北部，辖兴安、湘漓、界首、高尚、溶江、严关6个镇和漠川、白石、崔家、华江（瑶族乡）4个乡，分辖社区10个、建制村115个。县人民政府驻兴安镇。行政区域土地面积2344平方千米。2021年年末，户籍人口38.92万人。全年全县出生人数2998人，出生男女性别比为113.5。人口自然增长率0.3‰。

经济总指标　全年实现地区生产总值增长9.3%，其中第一产业增加值增长10.3%，第二产业增加值增长8.7%，第三产业增加值下降8.4%。人均地区生产总值增长9.9%。全县固定资产投资（不含农户）增长8.2%。社会消费品零售总额增长6.5%。

财政·金融　全年组织财政收入8.7亿元，其中一般公共预算收入4.95亿元。一般公共财政预算支出28.74亿元。全县金融机构存款余额211.58亿元。

农业　全年农林牧渔业总产值增长12.8%，其中农业产值增长10.2%，林业产值增长10.6%，牧业产值增长24.6%，渔业产值增长0.6%，农林牧渔专业及辅助性活动产值增10.1%。粮食作物播种面积增长1.6%，全年粮食总产量增长1.2%。全年完成各类人工造林面积453.2公顷，森林覆盖率76.53%。农业机械总动力55.8万千瓦。

工业　全部工业总产值增长8.4%，其中规模以上工业总产值增长7.2%。全部工业增加值增长1.4%，规模工业值下降2.0%。规模以上工业企业26家，年产值超亿元企业6家。

交通·邮电　全年客运量83.99万人，客运周转量8027.63万人公里；完成货运量670.79万吨，货运周转量8.79亿吨公里。电信业务运营收入6879.12万元，手机出账用户数128493户，宽带出账用户数43815户，IPTV出账用户数40256户。

文化·科技　年末拥有专业艺术表演团体1个，演出场次120场；公共图书馆1个，图书藏量13.6万册；剧场1个，文化站10个；电影放映单位1个，农村公益电影放映电影1380场次，观众70万人次。全年申报自治区级科技项目1项。共举办种植业、养殖业等科技培训班、科普讲座89期（场次），培训4676人次。全年专利申请量104件，授权量49件，发明专利保有量92件，发明专利拥有量达2.64件每万人。

教育　全县共有各级各类中小学50所，在校学生4.5万人。其中，小学29所，学生2.7万人；初级中学13所，学生2414人；高中3所，学生4945人；特殊教育学校1所，学生75人；中等职业学校1所（兴安师范学校），学生1697人。幼儿园166所，在园（班）幼儿1.4万人。全县教职员工人员2971人，其中小学1614人、幼儿197人、初中622人、高（职）中486人，特教8人，教育局机关44人。

卫生·体育　全县医疗卫生机构实际开放床位1803张。全县现有医疗卫生工作人员2255人，其中卫生技术人员2070人（执业医师619人、执业助理医师194人、注册护士968人、药剂人员147人、检验人员82人、其他60人）。全年向上级输送各类优秀运动员2人。获自治区级奖牌13枚，其中银牌1枚、铜牌3枚。

固定资产投资　全县固定资产投资增长8.2%。其中房地产开发投资增长247.5%。

招商引资　全年全县在建项目69个，续建项目41个，签约项目计划投资176.92亿元，自治区外建设项目资金79.21亿元，完成年度任务的118.2%。

居民生活　全县城镇居民人均可支配收入增长5.6%，农村居民人均可支配收入增长8.5%。住户年末存款余额176.75亿元。年末参加城乡居民基本养老保险22万人，参加城镇职工基本养老保险1.1万人；参加基本医疗保险35.81万人，其中居民32.79万人、职工30263人。城镇新增就业人数5209人；城镇失业人员再就业人数2367人，就业困难人员就业人数1783人，农村劳动力转移就业新增人数5196人。

旅游　全县自然景点和人文景观7个，营业景区6个，有国家5A级旅游景区1个、国家4A级旅游景区2个。全年接待国内外游客824.15万人次，旅游总收入92.43亿元。

【兴安县新冠疫情防控】 2021年，兴安县无确诊病例、疑似病例报告；县疾控中心共协查密接与次密接人员14人，追查出次密接14人。入境人员累计进行核酸检测168人次，密接与次密接人员核酸检测127人次，重点人员核酸检测196人次。做好冷冻海产品、运输用冷链设施、产品外包装、储

2021年1月31日，县交警大队民警与医护人员坚守在疫情防控一线。
（兴安县交警大队供图）

存设备、外环境、从业人员等采样监测工作，从业人员采样1205人，冷冻食品采样906份，环境样品采样434份，检测结果均为阴性。开展疫苗接种工作，截至2021年12月31日，疫苗总接种剂次：56.74万剂次（第1剂26.33万剂次，第2剂25.04万剂次，第3剂5.37万剂次）。投入1200万元在县3家公立医院及疾控中心建设核酸试验室并投入使用，日检测量45000人次。组成596人的核酸采样队伍，34人的核酸检测队伍，150人的流调队伍，分梯队进行了培训。1—12月全县隔离总人数380人。

【兴安县项目建设】 2021年，兴安县全年统筹推进重大项目147个，完成投资129亿元，占年度计划的107%。界首渡江遗址公园（一期）、乾昭新型金属材料、县妇幼保健院整体搬迁、财神庙历史文化街区（一期）等项目竣工投用；灵渠大道（三期）、殿堂风电（二期）、严关风电（三期）等项目有序推进。成功实施390.6公顷的城乡建设用地增减挂钩项目，为全县重大项目建设用地提供强力保障。全年实施招商引资境内区外项目59个，完成自治区外内资到位资金76.21亿元，占市下达任务的118%，持续培育经济发展新动能。

【兴安县三农工作】 2021年，兴安县猫儿山竹海森林生态文化旅游示范区、红色湘江蜜橘产业示范区分别被评定为自治区五星级、四星级现代特色农业（核心）示范区，金玉粮园田园综合体、陡江古韵田园综合体分别被评为桂林市五星级、四星级田园综合体。建成崔家乡稻米飘香农耕研学基地。完成太平寨、虾塘等16座小型水库除险加固，提升改造湘漓镇腊背村、崔家乡赵家村等12处农村安全饮水工程。推进全国水系连通及水美乡村试点项目建设和上桂峡水库扩容工程前期工作。抓好农村集体产权制度改革，发放村集体股权证17994本。“三大水库”7857名移民安置工作基本完成，通过实施整村提升、美丽家园建设、生产增收等后期扶持项目，进一步提升移民幸福指数。完善28个脱贫村、1.78万脱贫人口的后续帮扶机制，推进巩固拓展脱贫成果同乡村振兴有效衔接，顺利通过自治区巩固脱贫成果后评估考核。

【兴安县工业发展】 2021年，兴安县新能源、综合建材等主导产业的集群效应不断凸显，汽车部件产业园、碳酸钙科技产业园等特色专业园区的规划建设快速推进，汽车部件产业园被列为自治区实施工业振兴三年行动计划重点项目。全年完成规模工业总产值增长7.2%；工业园区收储土地83.07公顷，增长149%；建设标准厂房10.5万平方米，增长5%；工业园区基础设施建设完成投资1亿元，增长57%；发放“桂惠贷”12.5亿元，财政贴息1558万元，1010家企业受益。

【兴安县文化旅游融合】 2021年，兴安县通过“广西特色旅游名县”复核。长征文化园（一期）、灵渠渠首清淤、“一园一廊”（一期）等项目顺利完成，长征国家文化公园（兴安段）、灵渠修缮（二期）等项目快速实施。灵渠经营权收回，《桂林市灵渠保护条例》施行，灵渠展示中心（兴安博物馆）被列为全自治区民族团结进步教育基地，灵渠保护与利用提升实现新突破，为持续推进申报世界文化遗产工作奠定坚实基础。依托湘江战役红色文化资源，推出突破湘江烈士纪念碑园连接界首、华江、溶江等乡镇红色旅游景点的4条红色旅游精品线路，开发《湘江战役》系列丛书和《渡江前夕》《突破湘江保卫界首》沉浸式现场体验课程等文旅产品。持续推进“华江九寨”建设，龙塘寨被评为“第三批全国乡村旅游重点村”，与梁家寨一同入选“广西民族特色村寨”。猫儿山景区被广西旅发集团整合并购，进一步加快高品质发展。老山界龙潭江景区创建国家4A级旅游景区。建成广西（兴安）知青历史文化博物馆。在严格落实疫情防控要求的前提下，旅游市场逐步复苏，全年旅游接待人数823.93万人次，增长18.73%；实现旅游收入92.36亿元，增长25.68%。“国家全域旅游示范区”“全国旅游标准化示范单位”创建成果进一步巩固提升。

【兴安县城乡建设】 2021年，兴安县获批全自治区首个县级城市更新项目，获得授信5.2亿元。持续推进棚户区改造，完成安置点建设。实施12个老旧小区改造工程，惠及1009户居民。完成双拥路延长线（一期）建设。加快灵渠大道（三期）建设。实施县城道路、水街景区亮化提升改造，加强海螺路、三将军铜像广场、大湾陡至塘市污水管网等市政基础设施维护管理，进一步提升公共设施服务水平。巩固城乡公交一体化改革成效，开通县城至界首公交线路，推动城市公共服务向乡镇延伸。深入实施农村人居环境提升行动，广泛开展村庄清洁、农

2021 年 12 月 28 日，《广西政协报》《文史春秋》兴安灵渠专辑组稿座谈会在兴安县举行。（兴安县政协供图）

房管控、大棚房整治，推进“三微”“三清三拆”“四化五网六改”等工作，高质量完成 30 个“两高”沿线村庄和 1033 个基本整治型村庄的整治，农村人居环境得到有效改善，涌现出胡家洞、五架车等乡村振兴先行示范村，自治区党委刘宁书记对兴安县农村人居环境提升工作给予了高度评价。

【兴安县召开灵渠专辑组稿座谈会】 2021 年 12 月 28 日，《广西政协报》《文史春秋》报刊相关领导和专家到兴安县召开灵渠专辑组稿座谈会。广西政协报社社长兼总编辑，文史春秋杂志社社长兼总编辑农超，县政协主席庄慧琼、副主席蒋功合，以及杂志社人员、县委宣传部人员、有关灵渠文化的专家学者等人员参加座谈会。座谈会围绕灵渠的历史价值、文化价值展开讨论，大家畅所欲言，就组稿的文体、内容、篇幅、侧重方向进行了具体的探讨。

【海螺水泥广西区域第一家光伏项目在兴安开工】 2021 年 12 月 4 日，兴安海螺 18 兆瓦分布式光伏发电项目开工建设。该项目是利用公司现有空闲矿山采空区域 20.4 万平方米建设光伏电站，规划装机容量 18 兆瓦，建成后每年可平均发电 1641.84 万千伏每小时，是当年海螺集团最大的分布式光伏发电项目，也是海螺水泥在广西区域建设的第一个光伏发电项目。

（阳旭　陈艳洁）

永福县

【概况】 永福县位于桂林市西南部，辖永福镇、罗锦镇、苏桥镇、百寿镇、堡里镇、三皇镇 6 个镇和广福乡、龙江乡、永安乡 3 个乡，分辖社区 6 个、建制村 93 个。县人民政府驻永福镇。行政区域土地面积 2806 平方千米。2021 年年末，户籍人口 29.01 万人。全年全县出生人数 1909 人，出生男女性别比为 105.49。人口自然增长率 −0.28‰。

经济总指标　全年实现地区生产总值 93.49 亿元，增长 8.3%。其中，第一产业增加值 33.41 亿元，增长 8.9%；第二产业增加值 13.87 亿元，增长 2.4%；第三产业增加值 46.21 亿元，增长 9.9%。社会消费品零售总额 41.64 亿元，增长 8.6%。

财政·金融　全年组织财政收入 5.92 亿元，增长 16.9%，其中地方财政收入 3.84 亿元，增加 30.17%。财政支出 25.26 亿元，增长 6.59%。年末，金融机构各项存款余额 115.43 亿元，增长 11.2%，住户存款 90.72 亿元，增长 14.5%；各项贷款余额 93.38 亿元，增长 14%。

农业　全年农林牧渔业总产值 62.23 亿元，增长 11.4%，其中农业产值 40.38 亿元、林业产值 5.16 亿元、牧业产值 13.74 亿元、渔业产值 0.71 亿元、服务业产值 2.24 亿元。粮食播种面积 2.32 万公顷，总产量 11.57 万吨。全年完成各类人工造林面积 1220 公顷，森林覆盖率 79.56%。农业机械总动力 31 万千瓦。

工业　全年工业总产值 76.74 亿元，增长 12.0%。工业增加值 10.09 亿元，增长 7.50%。工业增加值占地区生产总值的 10.80%。工业对全县经济增长的贡献率 10.82%。规模以上工业实现总产值 69.16 亿元，增长 11.9%；实现利税 2.19 亿元。新增规模以上企业 9 家，全县规模以上（年产值超 1000 万元企业）企业 47 家，其中超亿元企业 18 家。

交通·邮电　全年完成农村公路建设投资及固定资产 0.67 亿元，完成客运量 65.78 万人，客运周转量 0.50 亿人公里，完成货运量 470.55 万吨，货运周转量 6.10 亿吨公里。邮路总长 450 千米，完成邮政业务营收入 887.68 万元，电信业务（含电信、移动、联通等）营运收入 1.61 亿元。全县固定电话用户 0.5 万户，手机用户 23.12 万户，宽带用户 5.95 万户。

文化·科技　年末拥有专业艺术表演团体 1 个，演出场次 100 场；公共图书馆 1 个，图书藏量 14.29 万册；剧场 2 个，文化站 9 个；电影放映单位 3 个，放映电影 4255 场次，观众 3.45 万人次。共举办种植业、养殖业等科技培训班、科普讲座 110 期（场次），培训 8510 人次。建立各类科技示范基地 8 个。年内共申请专利 110 件。

教育　全县有自治区示范性普通高中 1 所，专任教师 156 人，在校高中生 1683 人。普通高中 2 所，专任教师 192 人，在校高中生 2672 人。初级中学 11 所，专任教师 648 人，在校初中生 8837 人。小学 66 所，专任教师 1147 人，在校小学生 1.87 万人。小学适龄儿童入学率 100%。

卫生·体育　全县各级各类医疗机构床位 1468 张，其中医院床位共 1382 张、妇幼保健院床位 86 张。卫生技术人员 1747 人，其中执业医师共 449 人、注册护士 804 人。全县参加城乡居民基本医疗保险 17.26 万人，参合率 67.19%。全年向上级输送各类优秀运动员 23 人。

固定资产投资 全年全县固定资产投资增长20.4%。房地产业投资3.28亿元。

招商引资 全年全县共引进项目共33个，项目总投资227.5亿元，其中新引进工业项目32个，总投资227亿元。招商引资累计自治区外境内到位资金56.55亿元，下降25.68%。

居民生活 城镇居民人均可支配收入41194元。农民人均可支配收入18275元，增长9.9%。全年发放农村低收入人口低保金4734.22万元，发放城镇居民低保金853.90万元。城镇新增就业人数2697人；领取再就业优惠证的下岗失业人员再就业人数837人，城镇登记失业率为3.21%。新增劳务输出8582人。农村劳动力转移就业职业培训1.21万人；开发公益性岗位185个。

旅游 全县有自然景点和人文景观60个，营业景区3个，有国家4A级旅游景区1个、国家3A级旅游景区2个。全年接待国内外游客127.18万人次，旅游总收入19.28亿元。

【永福县农业产业发展】 2021年，永福县完成2666.67公顷高标准农田建设，粮食总产量11.57万吨，发放各类粮食耕种补贴1948万元。优化特色产业结构，砂糖橘种植面积合理减退至2.50万公顷，永福砂糖橘入选广西特色农产品优势区，打造了2个市级罗汉果农业产业化联合体，罗汉果种植面积、产量和产值稳居全国第一，全产业链总产值达48亿元，被列为全国罗汉果全产业链典型县。持续加强柑橘黄龙病、松材线虫病等病虫害防治工作，全县绿色防控面积达3万公顷。壮大农业经营主体，3家农民合作社获评国家级示范社，8家农民合作社获评自治区级示范社，4家家庭农场获评自治区级示范场，三棱生物被认定为自治区农业产业化重点龙头企业、农业龙头企业。

【永福县工业发展】 2021年，永福县工业产业稳定复苏，国能永福、新桂轮、金鹰乳胶等企业达产满产，惠昌创展、翔兆科技等7个项目竣工投产，乐恩光学科技、兴城福钢化玻璃等一批项目开工建设。企业培育成效显著，新入库15家规上企业，艺宇印刷获评全国绿色工厂，实力科技、甙元生物等5家企业被认定为广西“专精特新”中小企业，惠昌盛获评广西星级混凝土搅拌企业，新桂轮被评为桂林市工业龙头企业，全县高新技术企业保有量达26家，被列为自治区300亿级工业强县培育县。

【永福县旅游服务业发展】 2021年，永福县实施现代服务业提升发展三年行动，县级电子商务公共服务中心建成投入使用，举办首届农产品电商节，农产品“出村进城”物流体系进一步完善。第三产业增加值46.21亿元，增长9.9%。接待游客127.18万人次，实现旅游综合收入19.28亿元。

【永福县项目建设推进】 2021年，永福县实施扩大有效投资三年攻坚行动，争取项目89个，投入资金10.94亿元。自治区、市级层面重大项目完成投资52.26亿元，超额完成上级下达任务，长塘水库列入国家“十四五”规划。推进基础设施项目建设，桂林外环高速公路（永福段）、从江至荔浦高速公路（永福段）开工建设，桂柳高速公路四改八（永福段）、临桂会仙至融安浮石公路（永福段）等项目加快推进，桂林至柳城高速公路建成通车；火光互补项目开工建设，LNG输气管道、金鸡河除险加固等项目加快推进，永福县被确定为全国整县屋顶分布式光伏试点县。加大招商引资力度，开展“三企入桂”“福燕还巢”行动，与中央民族大学签订合作协议，设立8个自治区外招商服务联络处，常态化开展驻点招商。

【永福县县城发展】 2021年，永福县县城“三江六岸”城市框架逐步拉开，桂影影视文化广场、永福国际商贸物流城等项目加速推进，完成34个老旧小区改造，十字街棚户区改造（一期）竣工，西江三桥、十字街棚户区项目红线内道路竣工通车，福道步道、随河路等彩调剧院片区路网基本建成。“一院两馆”、苏永生态大道、党校至东江半岛道路等项目提速推进，第二高中、县疾控中心业务综合楼和县卫生监督实训基地等项目加紧施工，东江、下窑、上台等新区建设迈出实质性步伐。县城环卫实现市场化，永福镇渔洞村和县税务局分别被评为全国文明村镇和全国文明单位，“四城联创”取得阶段性成果。

【永福县乡镇建设推进】 2021年，永福县龙江乡新型城镇化示范乡镇建设项目全力推进，龙山大桥建成通车，永安乡乡村振兴全域旅游基础设施项目稳步推进，集镇街道硬化改造、环城路等项目有序实施，木兰南街、笋岗北路等产业路网逐步完善，罗锦农贸市场、百寿镇中心卫生院业务用房、镇级污水处理厂管网二期开工建设；百寿镇、永安乡全民健身中心扎实推进，三皇农贸市场投入使用。

【永福县乡村风貌】 2021年，永福县完成“两高”沿线75个村屯共5639栋农房风貌改造，打造人居环境整治精品村屯7个，苏桥镇交龙屯被列为全自治区乡村振兴暨乡村风貌提升工作现场推进会观摩点，成为乡村风貌提升样板村。“大美青龙湖”田园综合体被评为桂林市五星级田园综合体。完成江喇公路路面改造，永福镇渔洞大桥、永安乡小江桥基本建成，全县公路总里程625.77千米。行政村生活垃圾处理率100%，卫生厕所普及率96.2%，畜禽粪污利用率92%，村容村貌得到阶段性改善。

【永福县发展环境改善】 2021年，永福县完成全国集体产权制度改革试点工作，崇山村获评自治区乡村振兴改革集成优秀村。县级农村合作银行改制组建农村商业银行工作获自治区领导批示肯定。开展财税体制改革，预决算公开工作获全国第一名，财政收入质量跃居全自治区第二名，获自治区通报表扬。推进“放管服”改革，政务服务事项网上办理率100%，1167项高频政务服务事项实现“最多跑一次”，工程建设类项目审批可在40个工作日内办结，企业开办时间平均不超过0.5个工作日，新增市场主体2010户。发放“桂惠贷”12.72亿元，减税降费4300万元，增长24%。企业开办、登记财产、纳税等9项指标达到全自治区先进水平，营商环境持续优化。

【永福县污染防治成效】 2021年，永福县落实环境保护"党政同责、一岗双责"及河长制、林长制工作要求，完成中央和自治区环境保护督察反馈意见13个问题和15件信访交办件的整改。精准防治大气污染，推动扬尘治理、露天焚烧、油烟整治等行动落地落实，空气优良天数344天，空气质量达到国家二级标准。开展水环境治理，完成28个农村饮水安全维修养护工程，农村自来水普及率达88.38%，县城集中式饮用水水源地连续4年水质达标率为100%。加强土壤污染防治，打击非法盗采矿山河砂等破坏生态环境行为，完成植树造林1220公顷、义务植树45万株。污染防治三大"攻坚战"取得较好成绩，生态环境质量有效改善。

【永福县民生福祉增进】 2021年，永福县民生领域累计支出20.6亿元，占一般公共预算支出81.68%。脱贫攻坚成果同乡村振兴有效衔接，695户消除返贫致贫风险，易地搬迁后续扶持工作在全自治区现场会作典型发言。文化软实力持续增强，永福彩调传承人潘玉芳、罗汉果饮膳养生法传承人范天环入选自治区级非物质文化遗产项目代表性传承人名单，彩调博物馆开工建设，永福剧院投入使用，承办第42届"漓江之声"大赛、广西剧展等重大活动，第三次获评"中国民间文化艺术之乡"。教育事业加快发展，第二幼儿园、龙湾小学开工建设，凤凰幼儿园、清水幼儿园建成招生，平安校园建设实现"四个100%"，"双减"政策得到全面落实，中小学教师"县管校聘"管理改革顺利完成。医疗服务能力持续提升，永福县中医医院门诊综合楼开工建设，永福县妇幼保健院整体搬迁(一期)快速推进，永福县人民医院公共卫生救治能力提升项目建设完成、与南溪山医院结成"紧密型"医联体，康宁医院投入使用。社会保障全面加强，城镇新增就业2697人，农村劳动力转移就业8582人，登记失业率3.21%，发放困难群众社会救助金7200万元、军人抚恤优待金1574万元，社会保险覆盖率97%以上，医疗救助覆盖率100%。

【永福县安全发展加强】 2021年，永福县开展常态化疫情防控，完成新冠病毒疫苗接种38.2万剂次。强化食品药品安全监管，完善风险防范化解和灾害救助机制，被列为全自治区自然灾害救助规范化管理示范县创建试点。深化平安永福建设，打击电信网络诈骗，政府性债务、房地产、金融等重点领域风险总体可控，扫黑除恶专项斗争进入常态化并取得良好成绩。有效化解中央交办的2批次33件信访积案，被评为全国信访"三无"县，社会大局稳定向好，群众安全感提升至97.68%。 （秦长友）

灌阳县

【概况】 灌阳县位于桂林市东北部，辖灌阳、黄关、新街、文市、新圩、水车6个镇和洞井(瑶族乡)、西山(瑶族乡)、观音阁3个乡，分辖社区4个、建制村138个。县人民政府驻灌阳镇。行政区域土地面积1835平方千米。2021年年末，户籍人口29.57万人。全年全县出生人数1876人，出生男女性别比为112。人口自然增长率−4.68‰。

经济总指标 全年实现地区生产总值77.74亿元，增长8.6%。其中，第一产业增加值32.82亿元，增长9.6%；第二产业增加值12.75亿元，增长10.4%；第三产业增加值32.17亿元，增长6.8%。人均地区生产总值37240元。社会消费品零售总额11.15亿元，增长4.5%。

财政·金融 全年组织财政收入3.17亿元，增长21.0%。其中一般公共预算收入1.79亿元，增长27.3%；税收收入2.53亿元，增长21.4%。财政支出25.26亿元，增长7.5%。年末，金融机构各项存款余额118.30亿元，增长11.5%，其中城乡居民存款余额117.60亿元，增长11.3%；各项贷款余额101.41亿元，增长18.0%。

农业 全年农林牧渔业总产值48.82亿元，其中农业产值35.22亿元、林业产值2.34亿元、牧业产值8.80亿元、渔业产值0.78亿元、服务业产值1.68亿元。粮食播种面积2.79万公顷，总产量16.33万吨。全年完成各类人工造林面积402公顷，森林覆盖率76.73%。农业机械总动力34.74万千瓦。

工业 全年工业总产值34.28亿元，增长4.2%；工业增加值9.5亿元，增长10.6%；工业增加值占地区生产总值的12.2%；工业对全县经济增长的贡献率15.5%。规模以上工业实现总产值22.96亿元，增长0.3%；实现利税1.68亿元，下降23.0%。新增重点工业项目4个，其中亿元以上项目3个，累计在建、续建重大工业项目18个，新开工项目8个，工业项目内资累计到位资金3.27亿元。

交通·邮电 全年完成农村通达公路300条875.85千米，完成客运量89万人，客运周转量6942万人公里；完成货运量305万吨，货运周转量4.28亿吨公里。邮路总长800千米，完成邮政业务运营收入3456万元，电信业务(含电信、移动、联通等)运营收入1.76亿元。全县固定电话用户1.47万户，手机用户20万户，宽带用户6万户。

文化·科技 年末拥有专业艺术表演团体1个;公共图书馆1个，图书藏量12.48万册;剧场1个，文化站9个;电影放映单位1个。全年申报市级以上科技项目9项，有效发明专利22件。

教育 有自治区示范性普通高中1所，普通高中2所，教职工323人，在校高中生4272人。初级中学10所，专任教师770人，在校初中生9554人。小学14所，专任教师1377人，在校小学生17817人。小学适龄儿童入学率100%。

卫生·体育 全县各级各类医疗机构床位962张，卫生技术人员1479人，其中执业医师526人、注册护士651人。全县参加新型农村合作医疗农民26.7万人，参合率90.1%。全年向上级输送各类优秀运动员12人。获各级奖牌9枚，其中金牌1枚、银牌3枚、铜牌5枚。

固定资产投资 全县固定资产投资28.8亿元，增长36.6%。

招商引资 全年全县在建项目33个，内资累计到位资金23.21亿元，完成年度任务数 105.5%；新引进项目 7 个，总投资 33.18 亿元。

居民生活　城镇居民人均可支配收入 37651 元，增长 7.2%；农村居民人均可支配收入 14146 元，增长 9.3%。全年全县城镇居民人均消费支出 2.05 万元，增长 8.7%；农村居民人均消费支出 9390 元，增长 10.7%。全年发放农村低收入人口低保金 5318.08 万元，发放城镇居民低保金 580.02 万元。城镇新增就业人数 3576 人；失业人员再就业人数 2889 人，城镇登记失业率为 3.06%。开发公益性岗位 140 个。

旅游　全县有 41 个自然景点和人文景观，营业景区 2 个，有国家 4A 级旅游景区 2 个、国家 3A 级旅游景区 6 个。全年接待国内外游客 425.15 万人次，旅游总收入 41.46 亿元。

【灌阳县特色农业集群发展】 2021 年，灌阳县集中打造优质粮食、优势水果、标准化养殖、中药材、特色蔬菜、生态食用菌六大产业集群，全县“5+2”特色产业覆盖率 98.1%。全年完成水果产量 63.3 万吨；新增 500 头以上生猪规模养殖场 15 个，生猪出栏 35.39 万头；引进灌阳金银花种植及产学研基地项目并开展试种植；完成蔬菜产量 23.11 万吨。推进农业特色产品创牌行动，新认证“三品一标”产品 3 个。新增国家农民合作社示范社 1 家、自治区级示范家庭农场和合作社共 17 家。灌阳县油茶产业现代化示范区升级为四星级广西特色农业现代化示范区；灌阳县农村产业融合发展示范园列入第三批国家农村产业融合发展示范园创建名单。

2021 年，灌阳县海山食用菌菌种车间。（灌阳县融媒体中心供图）

【灌阳县特色工业产业建设】 2021 年，灌阳县持续发展壮大石材全产业链、石英砂、硅基新材料等三大特色产业集群，全县 33 家在库规模工业企业中，三大特色产业企业 14 家、产值占比超过五成。稳步推进“黑白根”石材文化产业园、灌阳硅基新材料产业园、双百双新科技产业园、文市石材园中园等特色园区建设，成功引进千万元以上工业项目 6 个，其中亿元以上项目 3 个，实现竣工投产 2 个。灌阳地德新材料科技有限公司获评“全国石英行业优质供应商”。

【灌阳县“体育 + 旅游”产业融合发展】 2021 年，灌阳县以“红色灌阳 · 户外胜地”为主题，推进“体育 + 旅游”产业融合发展，承办 2021 年广西青少年乒乓球锦标赛、网球锦标赛、田径冠军赛及“广西灌阳杯”街道方程式赛车华南邀请赛等体育赛事。完成千家洞文旅度假区建设并试营业，千家洞汽车旅游营地被列为广西三星级汽车旅游营地，红军长征文化遗产廊道建设“一廊一园”一期项目竣工。完成灌阳县博物馆展览提质升级、湘江战役旧址修缮二三四期材料整理及验收。开发乡村旅游景点 5 个，建设“休闲度假村”“民俗型农家乐”等 100 多家，文市镇大湾村社拐屯获“广西乡村旅游重点村”称号。灌阳县列入广西体育旅游示范县试点名单。

【灌阳县重大项目建设】 2021 年，灌阳县统筹推进全县重大项目 81 项，其中列入市级层面统筹推进项目 26 项，列入自治区级层面统筹推进重大项目 4 项。全年向上争取资金 17.08 亿元，招商引资累计到位资金 23.21 亿元。开展全县土地征收和房屋拆迁第一阶段集中攻坚，其中 8 个项目协议签订率 100%，完成历年批而未供土地征收 28.47 公顷，可盘活土地面积 120 公顷。完成灌平高速公路征拆及路基工程，完成长水文公路、兴安至黄关公路改建工程，357 国道洞井至潮田公路通过验收。东安经全州至灌阳高速公路、灌阳至桂林高速公路开工建设，

2021 年，灌阳县黑白根石材产品。（灌阳县工信商贸局供图）

灌平高速灌阳连接线项目启动。新改扩建农村公路128千米，改造危旧桥8座。完成9个中小河流治理项目，完成皮江小流域国家水土保持工程，乌石江流域水环境综合治理（一期）工程顺利推进。完成24处农村集中供水保障工程，惠及4.62万人。

【灌阳县生态环境优化】 2021年，灌阳县强化空气和水质监管，烟花爆竹禁燃限放管控有效实施，划定秸秆禁烧区和限烧区，完成秸秆还田2.33万公顷次；对61个入河排污口开展现场核查，争取专项资金900万元在洞井、黄关、新街、文市等4个乡镇开展农村生活污水治理，地表水环境质量、主要河流水质达标率和城市集中式生活饮用水水源地水质达标率均达100%。全县合力守护绿水青山，生态环境持续向好。全年空气质量优良天数达359天，优良率98.4%，空气质量优良率和PM2.5位于全市前列。深入开展生态修复，完成义务植树51万株，新造林面积402.13公顷，全县森林覆盖率76.73%。灌阳灌江国家湿地公园通过自治区试点建设验收。

【灌阳县社会保障水平】 2021年，灌阳县实施为民办实事项目23个，累计完成投资4.65亿元。城镇新增就业3576人，失业人员再就业2889人，就业困难人员实现再就业2557人。完成12个城镇老旧小区改造，惠及848户2968人。完成减税降费2500万元，惠及企业（个体户）5800家。投入资金3037万元加强学校校舍建设维修、购置电教设备和加强校园专职保安配备及一键式紧急报警设备安装等工作。坚持“外防输入、内防反弹”的原则，加强疫情防控工作。完成1877份口岸入境和国内疫情中高风险地区返灌来灌人员新冠病毒核酸检测。严格落实预检分诊和发热门诊管理，规范设置都庞红大酒店集中隔离点，对中高风险地区和国外入境人员共317人落实管控措施。全面落实新冠病毒疫苗和接种费用保障，医保基金累计支付2359.38万元，完成疫苗接种38万剂次，巩固了“零输入、零感染、零病例”防疫成果。

（莫国建　唐广桢）

龙胜各族自治县

【概况】 龙胜各族自治县位于桂林市西北部，辖龙胜、瓢里、三门、龙脊、平等、乐江6个镇和泗水、江底、马堤、伟江4个乡，分辖社区9个、建制村119个。县人民政府驻龙胜镇。行政区域土地面积2538平方千米。2021年年末，户籍人口17.26万人。全年全县出生人数1145人，出生男女性别比为109.32。人口自然增长率-1.50‰。

经济总指标　全年实现地区生产总值66.16亿元，增长6.2%。其中，第一产业增加值15.68亿元，增长8.8%；第二产业增加值14.50亿元，增长0.5%；第三产业增加值35.98亿元，增长7.5%。按常住人口计算，人均地区生产总值47335元。社会消费品零售总额13.53亿元，增长7.5%。

财政·金融　全年组织财政收入4.42亿元，增长12.4%。财政支出20.20亿元，下降11.1%。年末，金融机构各项存款余额78.24亿元，增长7.1%，其中城乡居民存款余额61.51亿元，增长14.0%；各项贷款余额69.08亿元，增长11.1%。

农业　全年农林牧渔业总产值34.81亿元，其中农业产值20.14亿元、林业产值2.11亿元，牧业产值4.37亿元、渔业产值0.10亿元、农林牧渔专业及辅助性活动产值8.09亿元。粮食播种面积1.13万公顷，总产量6.28万吨。全年完成各类人工造林面积571.33公顷，森林覆盖率82.55%。农业机械总动力32.1万千瓦。

工业　全年工业总产值22.86亿元，增长6.3%；工业增加值8.43亿元，增长2.2%；工业增加值占地区生产总值的12.7%；工业对全县经济增长的贡献率5.0%。规模以上工业实现总产值17.65亿元，增长4.5%；实现利税2.94亿元，增长44.64%。新增规模以上企业3家，全县规模以上（年产值超1000万元企业）工业企业22家，其中超1亿元企业4家。

交通·邮电　全年完成农村通达公路40条，完成农村公路建设投资及固定资产2.05亿元，完成客运量77万人，客运周转量4970.91万人公里；货运周转量9.42亿吨公里。邮路总长497千米，完成邮政业务运营收入1627万元。全县固定电话用户0.5万户，手机用户19.75万户，宽带用户7.11万户。

文化·科技　年末拥有公共图书馆1个，图书藏量12万册；文化站10个；电影放映单位1个。共举办种植业、养殖业等科技培训班、科普讲座157期（场次），培训0.76万人次。建立各类科技示范基地38个。年内共申请专利34件。

教育　全县有自治区示范性普通高中1所，专任教师198人，在校高中生2763人。普通高中1所，专任教师198人，在校高中生2763人。初

2021年9月22日—26日，龙胜各族自治县组团参加2021中国深圳（第7届）国际现代绿色农业博览会。

（县融媒体中心供图）

级中学3所,专任教师379人,在校初中生4900人。小学12所,专任教师854人,在校小学生9991人。小学适龄儿童入学率100%。

卫生　全县各级各类医疗机构床位675张,其中医院床位400张,妇幼保健院床位80张。卫生技术人员1109人,其中执业医师256人,注册护士472人。全县参加新型农村合作医疗农民14.29人,参合率82.78%。

固定资产投资　全县固定资产投资39.60亿元,增长11.2%。

招商引资　全年全县在建项目15个,续建项目8个,合同总额21.96亿元。建设项目到位资金16.37亿元,完成年度任务的109.13%。

居民生活　全县居民人均可支配收入23480元,增长9.7%。按常住地分,城镇居民人均可支配收入38845元,增长7.0%;农村居民人均可支配收入15408元,增长10.6%。全年全县城镇居民人均消费支出22614元,增长8.6%;农村居民人均消费支出9805元,增长12.6%。全年累计城乡低保对象16.08万人次,累计发放金额4121.78万元。城镇新增就业人数1724人;领取再就业优惠证的下岗失业人员再就业人数556人,城镇登记失业率为2.5%。农村劳动力转移就业职业培训2545人;开发公益性岗位169个。

旅游　全县自然景点和人文景观26个,营业景区26个,有国家4A级旅游景区2个、国家3A级旅游景区2个。全年接待国内外游客803.03万人次,旅游总收入102.40亿元。

【龙胜生态旅游扶贫大环线瓢平公路二期建设开工】 2021年1月20日,龙胜各族自治县生态旅游扶贫大环线瓢里至平等(野牛坳)公路改建工程(二期)项目举行开工仪式。该项目是龙胜各族自治县市级层面重大项目之一,路线全长35.95千米,全线路基宽度为8.5千米,路面宽度为7.5千米,项目总投资5.8亿元。路线途径乐江镇、平等镇共34个行政村203个村民小组,受益群众6.43万人。

【中央生态环境保护督察组到龙胜督察】 2021年4月19日,中央生态环境保护督察组组长李家祥率队到龙胜各族自治县督察生态环境治理工作。督察组先后在乐江镇、平等镇广南侗寨、龙脊镇金竹壮寨察看村容村貌、历史文化挖掘、保护和基础设施建设等情况,听取关于生态文明建设和生态环境保护工作情况介绍。督查组对龙胜县乡村环境整治工作给予高度评价。

【龙胜组团参加国际现代绿色农业博览会】 2021年9月22日—26日,龙胜各族自治县组团参加在深圳会展中心举办的2021中国·深圳(第7届)国际现代绿色农业博览会。县领导雷陈、黄强、粟海英、杨桂姬等县主要领导以及部分班子成员、县直相关单位、各乡(镇)领导出席龙胜县农旅专场推介会。

【龙胜欢庆自治县成立70周年】 2021年11月19日,龙胜各族自治县举行自治县成立七十周年庆祝大会,国家民委舆情中心主任、全国人大民委、国家民委祝贺团团长赵至敏出席庆祝大会并讲话。中央民族歌舞因进行演出慰问。县庆期间,自治区代表团分成5个分团分别到农村、学校、医院、企业和机关单位看望慰问各族干部、群众。　(杨进朝　范阳田)

2021年11月19日,龙胜各族自治县成立七十周年庆祝大会举行。
(县融媒体中心供图)

资源县

【概况】 资源县位于桂林市东北部,辖资源、中峰、梅溪3个镇和瓜里、车田苗族乡、两水苗族乡、河口瑶族乡4个乡(民族乡),分辖社区3个,建制村74个。县人民政府驻资源镇。行政区域土地面积1954平方千米。2021年年末,户籍人口18.07万人。全年全县出生人数1346人,出生男女性别比为106.1。人口自然增长率0.36‰。

经济总指标　全年实现地区生产总值58.47亿元,增长6.3%。其中,第一产业增加值24.24亿元,增长10.0%;第二产业增加值6.55亿元,下降3.1%;第三产业增加值27.68亿元,增长6.1%。人均地区生产总值41958元。社会消费品零售总额9.29亿元,增长7.9%。

财政·金融　全年组织财政收入2.24亿元,下降17.4%,其中地方财政收入1.46亿元,下降10.2%。财政支出20.89亿元,下降7.7%。年末,金融机构各项存款余额87.91亿元,增长10.61%,其中城乡居民存款余额69.73亿元,增长9.8%;各项贷款余额64.43亿元,增长3.69%。

农业　全年农林牧渔业总产值35.24亿元,其中农业产值27.56亿元、林业产值3.54亿元、牧业产值3.05亿元、渔业产值0.18亿元、服务业产值0.91亿元。粮食播种面积9800公顷,总产量5.64万吨。全年完成各类人工造林面积275公顷,森林覆盖率82.91%。农业机械总动力27.67万千瓦。

工业　全年工业总产值20.10亿元,下降3.9%;工业增加值(可比价)5.37亿元,下降4.8%;工业增加值占地区生产总值的9.9%;工业对全县经济增长的贡献率-9.0%。规模以上工业实现总产值 13.93 亿元，下降 9.8%；实现利税 0.89 亿元，下降 14%。新增规模以上企业 1 家，全县规模以上（年产值超 1000 万元企业）工业企业 18 家，其中超 1 亿元企业 4 家。

交通·邮电　全年完成农村通达公路 1 条 4 千米，完成农村公路建设投资及固定资产 348 万元，完成客运量 62.91 万人，客运周转量 5.26 亿人公里；完成货运量 182.31 万吨，货运周转量 43.17 亿吨公里。邮路总长 1050 千米，完成邮政业务运营收入 390 万元。全县固定电话用户 0.91 万户，手机用户 16.39 万户，宽带用户 4.77 万户。

文化·科技　年末拥有专业艺术表演团体 1 个，演出场次 58 场；公共图书馆 1 个，图书藏量 7.2 万册；剧场 1 个，文化站 7 个；电影放映单位 2 个，放映电影 8519 场次，观众 16.12 万人次。全年申报市级科技项目 2 项，总投资 50 万元，共举办种植业、养殖业等科技培训班、科普讲座 57 期（场次），培训 3200 人次。建立各类科技示范基地 8 个。年内共有有效发明专利 20 件。

教育　全县有自治区示范性普通高中 1 所，专任教师 126 人，在校高中生 1983 人。普通高中 1 所，专任教师 100 人，在校高中生 1575 人。初级中学 5 所，专任教师 478 人，在校初中生 6400 人。小学 97 所，专任教师 870 人，在校小学生 1.26 万人。小学适龄儿童入学率 100%。

卫生·体育　全县各级各类医疗机构床位 650 张，其中医院床位 601 张、妇幼保健院床位 49 张。卫生技术人员 786 人，其中执业医师 192 人、注册护士 360 人。全县参加新型农村合作医疗农民 15.30 万人。全年向上级输送各类优秀运动员 15 人。获市级奖牌 15 枚，其中金牌 5 枚、银牌 5 枚、铜牌 5 枚。

固定资产投资　全县固定资产投资 28.25 亿元，下降 19.0%。

招商引资　全年全县在建项目 12 个，续建项目 6 个，合同总额 65 亿元，其中自治区外建设项目资金 17.3 亿元，完成年度任务的 101.91%。

居民生活　全县居民人均可支配收入 22558 元，增长 9.6%。按常住地分，城镇居民人均可支配收入 38589 元，增长 7.9%；农村居民人均可支配收入 14726 元，增长 10.5%。全年全县城镇居民人均消费支出 21669 元，增长 9.1%；农村居民人均消费支出 9321 元，增长 11.7%。全年共保障城市低保对象 5347 人次，发放城市低保金 216.66 万元；共保障农村低保对象 14.16 万人次，共发放农村低保金 3.54 亿元。城镇新增就业人数 1795 人；失业人员实现再就业人数 652 人，城镇登记失业率为 2.5%。农村劳动力转移就业职业培训 1123 人；开发公益性岗位 199 个。

旅游　全县自然景点和人文景观 21 个，营业景区 9 个，有国家 4A 级旅游景区 3 个、国家 3A 级旅游景区 2 个。全年接待国内外游客 686.95 万人次，旅游总收入 71.79 亿元。

【资源县建设世界级旅游小镇】 2021 年，资源县作出了建设世界一级旅游小镇的决定，并研究制定建设规划。加快资江东西两岸提质改造；按照建设新的文化中心、新的城市会客厅、新的城市商业中心、新的旅游集散中心“四个新”定位，打造城北丹霞文旅小镇；建设艺术馆、美术馆、博物馆、剧场及街区开放式小舞台等公共文化设施。将资源县城建设成为富有人文情怀的集文化艺术小镇、浪漫休闲小镇、国际慢城小镇、山水魅力小镇、康养度假小镇等为核心内涵于一体的世界级旅游小镇，将资源打造成为桂林世界级旅游城市的北向重要极和北向旅游核心目的地、集散中心，打造成为张家界至桂林旅游大通道的重要门户、湘桂经济走廊重要的经济发展镇区，以及县域政治、经济、文化和旅游集散中心，县域产城一体化融合发展中心。

【资源县“红色老山界”田园综合体】 2021 年 9 月 1 日，资源县两水乡“红色老山界”田园综合体项目开工，12 月 15 日完工。投入粤桂帮扶资金 335.01 万元，修复旅游通道 1.24 万平方米，田间休闲步道 936 平方米，篝火营地 586 平方米，全面提升塘洞村李洞屯公共服务水平，引导农户发展农家乐经营，带动群众开展种植养殖，推动形成农旅融合发展。

【资源县石山底“鱼米之乡”休闲农业示范点建设】 2021 年，资源县挖掘苗、瑶等民俗文化，持续深入推进民族特色文化的传承与发展，依托风景独特的龙洞峡和优势产业，整合“农文旅”资源，将石山底打造成“华南地区第一民族特色村寨”“石山底·世外桃源旅居景区”，争创“生态文化旅游融合发展示范村”“粤桂协作示范村”“少数民族传统村落保护示范村”，使其成为车田苗族乡高质量绿色发展的突破口和“先手棋”。该项目从建筑、景观和市政方面实施，总规划面积 91 公顷，占地面积 1.74 万平方米。2021 年，投入 393 万元，完成 370.02 万元建成一条电瓶车观光道。种有富硒水稻 8 公顷、羊肚菌 3.33 公顷，建有 4 星级农家乐 1 个。规划设计的游客中心、特产中心、民俗戏苑及村民民宿可吸纳 200 名群众就业。

【资源县被自治区列为“广西家庭农场示范县”】 2021 年，资源县新增自治区级示范家庭农场 7 家，桂林市级示范家庭农场 25 家，县级示范家庭农场 33 家。培育了以优质葡萄种植为主业的示范农场——资源县春花葡萄种植家庭农场、以高效特色中药材种植为主业的示范农场——资源县茂发种养家庭农场、以农旅结合综合发展的示范农场——资源县石山底富民家庭农场、以有机农产品种植为主业的示范农场——资源县秀云家庭农场、以高山特色生态养殖为主业的示范农场——资源县高山生态养殖家庭农场。举办家庭农场培训班 1 期，培训家庭农场主 62 人次。资源县家庭农场示范县累计支出资金 152.7 万元。2021 年，被自治区农业农村厅列为“广西家庭农场示范县”。

【资源县创建自治区民族团结进步示范县】 2021 年，资源县出台《资源县创建自治区民族团结进步示范县实施方案》，共悬挂壮汉文民族团结宣传标语、横幅 80 条，利用辖区主要路段、机关单位宣传栏、板报、LED 电子屏等载体宣传民族团结 200 处。利用传统节庆和宣传月活动开展民族宗教政策法规宣传，全年共发放民族宗教政策法规宣传手册 7000 份，组织推荐车田苗族乡石山底屯申报少数民族特色村寨，并获得“第二批广西少数民族特色村寨”命名，全县范围内推动6个同心文化广场(长廊)建设。举办以“党和人民心连心，民族团结一家亲”为主题的资源县2021年“六月六”民族团结大联欢活动。组织推荐资源县19个单位和基地申报桂林市民族团结进步示范单位和民族团结进步教育基地，并组织推荐资源县、资源县文广体旅局、资源民族中学申报自治区第五批民族团结示范单位，申报单位的民族团结进步创建工作都得到核验组的充分肯定。

【资源县确立城乡发展体系战略】2021年8月16日至20日，资源县集中邀请自治区内外旅游、规划、设计、艺术、音乐、建筑、美食、民宿、戏曲等各类型40名专家到资源开展调查研究，召开专家研讨会，就资源融入桂林世界级旅游城市建设大局、在绿色发展高质量发展上迈出新步伐，听取各方面各行业专家的意见建议。确立了“乡村振兴、产业振兴和文旅振兴”三大发展战略和“一核三轴”战略(以县城为核心，以资兴高速中峰方向为重点的南向发展轴，以资兴高速梅溪和瓜里方向为重点的北向发展轴，以车田两水河口乡方向为重点的西向发展轴)的城乡发展体系。以全力打造世界级旅游小镇为奋斗目标，全面实施乡村振兴、产业振兴和文旅振兴三大战略，扎实推进县域治理现代化，加快提高人民生活品质，建设风清气正的政治生态、团结和谐的社会生态、山清水秀的自然生态三大生态示范县，争创广西高质量发展先进县、国家生态综合补偿试点县，着力将资源打造成为华南地区绿色发展示范县和“两山”(绿水青山就是金山银山)理论实践创新基地，在绿色发展上迈出崭新步伐。 (杨顺珍)

平乐县

【概况】平乐县位于桂林市东南部，辖平乐、二塘、沙子、同安、张家、源头6个镇和阳安、青龙、桥亭、大发(瑶族乡)4个乡，分辖社区13个、建制村134个。县人民政府驻平乐镇。行政区域土地面积1919.34平方千米。2021年年末，户籍人口46.36万人。全县出生人数2767人，出生男女性别比为106。人口自然增长率2.96‰。

经济总指标　全年实现地区生产总值127.38亿元，增长10.3%。其中，第一产业增加值66.40亿元，增长9.2%；第二产业增加值13.20亿元，增长44.3%；第三产业增加值47.78亿元，增长4.7%。人均地区生产总值37279元。固定资产投资完成额46.29亿元，增长11.9%。社会消费品零售总额32.98亿元，增长7.2%。

财政·金融　全年财政收入7亿元，增长11.2%。财政支出26.63亿元，下降9.97%。年末，金融机构各项存款余额144.19亿元，增长9.2%。其中城乡居民存款余额124.54亿元，增长13.56%；金融机构各项贷款余额107.28亿元，下降11.2%。

农业　全年农林牧渔业总产值107.43亿元，其中农业产值89.27亿元、林业产值6.26亿元、牧业产值8.43亿元、渔业产值1.24亿元。农林牧渔服务业产值2.23亿元。粮食播种面积2.99万公顷，总产量15.2万吨。森林覆盖率73.77%。农业机械总动力54.97万千瓦。

工业　全年工业总产值67.81亿元，增长181.1%；工业增加值9.11亿元，增长79.7%，工业增加值占地区生产总值的7.15%。规模以上企业实现总产值61.61亿元，增长230.5%；新增规模以上企业8家，全县规模以上工业企业36家。

交通·邮电　全年完成农村通畅公路3条21.78千米，完成农村公路建设投资及固定资产11.39亿元，完成道路客运量993.82万人，客运周转量11.87亿人公里；完成货运量1079.93万吨，货运周转量10.10亿吨公里。邮路总长3395千米，完成邮政业务运营收入2785万元，电信业务(含电信、移动、联通等)运营收入2.73亿元。全县固定电话用户1.89万户，手机用户39.36万户，宽带用户14.7万户。

文化·科技　年末拥有专业艺术表演团体1个，演出场次103场；公共图书馆1个，图书藏量16.26万册；剧场1个，文化站10个；电影放映单位2个，放映电影4837场次，观众9.63万人次。全年市级科技项目2项，投资46万元，共举办种植业、养殖业等科技培训班、科普讲座56场次。建立各类科技示范基地4个。年内有效发明专利10件。

教育　全县有自治区示范性普通高中1所，普通高中2所，专任教师457人，在校高中生7553人。初级中学11所，专任教师713人，在校初中生15884人。小学35所，专任教师2066人，在校小学生3.33万人。小学适龄儿童入学率100%。

卫生　全县医疗机构开放床位1774张，其中县级医院1071张、卫生院483张、民营医院220张；卫生技术人员2001人，其中执业医师571人、注册护士1007人。全县参加城乡医疗保险386551人。

固定资产投资　全县固定资产投资46.29亿元，增长11.9%。

招商引资　全县新签约项目27个，总投资122.3亿元。招商引资到位资金33.14亿元，完成年度任务的103.56%。新引进投资1000万元以上工业项目完成16个，其中亿元以上项目10个。

居民生活　全县城镇居民人均可支配收入39388元，增长7.3%；农村居民人均可支配收入18357元，增长10.3%。全年发放农村低收入人口低保金5515.41万元，发放城镇居民低保金649.4万元。城镇新增就业人数3033人；领取再就业优惠证的下岗失业人员再就业人数1560人，城镇登记失业率为1.89%。农村劳动力转移就业4684人。

旅游　全县自然景点9个，营业景区1个。全年接待国内外游客274.97万人次，旅游总消费24.52亿元。

【平乐县工业振兴推进】2021年，平乐县工业对地区生产总值贡献率达37.24%。基础设施不断完善，建成标准厂房10.12万平方米，收储土地40.08公顷，完成投资7713.36万元。招大引强成效显著，全年招商签约亿元项目13个，总投资122.3亿元。全年内资实施项目累计到位资

2021 年 9 月，平乐县在南宁市第十八届中国东盟博览会签订湖南东立农特电商物流园项目。 （平乐党史县志研究室供图）

金 33.14 亿元，“三企入桂”项目开工率 89.74%，“资金到位率”增量完成 164.75%。可再生能源产业加快推进，引进大唐集团、深能集团、天合光能股份有限公司等央企、国企和民企上市公司投资平乐县可再生能源，沙子风电场、同安天峰岭风电场等项目纳入《广西陆上风电发展规划》。企业服务务实高效，实行县领导联系服务工业企业制度、“六大跟踪服务体系”和“一企一策”精准帮扶，全年兑现企业奖励扶持资金 6382.76 万元，培育规模以上工业企业 8 家。营商环境持续优化，为企业提供“一站式”法治保障，推进电子证照等“简易办”改革，推行新设企业“开办即开户”、工程建设项目“拿地即开工”等便民利民微改革，企业开办 7 个事项实现 1 个工作日完成。

【平乐县项目稳投资】 2021 年，平乐县印发《平乐县 2021 年县领导跟踪服务统筹推进的重中之重项目和重大项目工作方案》，统筹推进重大项目 125 项，其中自治区、市级层面统筹推进重大项目分别为 8 项、62 项，总投资 418.9 亿元，年度计划投资 63.85 亿元。自治区、市级层面重大项目均超额完成年度投资计划，其中自治区层面完成投资 10.2 亿元，增幅 300%。平乐县工业集中区生态食品产业园基础设施建设等工业项目、500 千伏漓江输变电工程、220 千伏配套送出线路工程、110 千伏长滩珠子洲港口变电站等项目前期工作稳步开展。中国长城电子、桂林市广演艺术中等职业学校、“原味漓江花海”田园景观、平口水库除险加固工程等 37 项重大项目实现开工建设，西德电梯、工业集中区天然气、县中医院综合业务用房建设等 16 个项目竣工。

【平乐县城镇化建设】 2021 年，平乐县统筹推进棚改、城市更新等项目，全年完成投资 40.25 亿元。老旧小区改造和新安街旧城改造项目完成投资 2240 万元，铺设污水、雨水、供水管网 6.96 千米；推进县城南洲、同乐新区配套基础设施建设，全年完成用地报批 97.87 公顷。市容市貌明显改善，连片整治县城外围至二塘工业园区国道两侧乱摆、乱停等现象；改善农村人居环境，仅用 1 个月时间打造了上河、大面山两个自治区级乡村风貌改造示范村；启动漓江平乐段 18 千米及县城花化美化工作，打造平乐花城。交通体系逐步完善，全县交通基础设施完成投资 11.8 亿元，增长 42%，桂林港平乐港区珠子洲作业区码头项目一期工程和平乐至黄龙公路（长滩至黄龙段）改建工程列入自治区“十四五”规划统筹推进重大项目；柳州经贺州至韶关铁路择经平乐；阳朔至平乐二级公路等项目基本完工；灌阳至平乐高速、富川柳家至平乐二塘公路等建设稳步推进。

【平乐县生态环境优化】 2021 年，平乐县开展生态修复工作，完成植树造林 1666.67 公顷，投入 4224 万元全力做好漓江流域上下游生态保护治理工程。严厉打击滥采乱挖，打造“山水林田湖草沙”综合治理先行示范区。利用矿山生态修复土地建成工业园区获得广西国土空间生态修复典型案例通报表扬。强化扬尘管控、露天焚烧和烟花爆竹燃放管理，全年空气质量优良率达 98.9%，地表水环境质量达标率 100%。

【平乐县保就业惠民生】 2021 年，平乐县全年民生支出 20.85 亿元，占一般公共预算支出的 85%，为民办实事项目全面完成。稳岗就业持续推进，举办 19 场招聘会，提供岗位 5000 个；开办职业技能培训班 41 期，培训学员 1725 人；全县 28 家就业帮扶车间带动就业 2553 人；社会保障持续加强，

2021 年 10 月 30 日，中国桂林平乐赛艇大师赛开幕式举行。
（平乐党史县志研究室供图）

2021 年 10 月 1 日,桂林·平乐击剑公开赛在平乐县开幕。（平乐党史县志研究室供图）

全年累计发放城乡低保、特困供养等各类惠民补贴 1.04 亿元,发放退役军人重点优抚对象抚恤金及各类补助 2232.47 万元;城乡居民医疗保险参保率达 97.46%,社会基本养老保险参保率达 97.37%,城镇职工医保参保全面覆盖,推进殡葬改革和殡葬事业不断发展。

【桂林·平乐击剑公开赛在平乐县开幕】 2021 年 10 月 1 日,“相约漓江 亮剑平乐”2021 桂林·平乐击剑公开赛在平乐县开幕,国内千名运动员相聚平乐,为游客及平乐县群众带来一场精彩的击剑赛事。经过两天的激烈角逐,共决出个人冠军和团体冠军 84 名。赛事的举办为平乐县经济社会发展、加快打造文旅强县、体教融合示范县提供了有力支撑。

【中国桂林平乐赛艇大师赛】 2021 年 10 月 30 日,以“相约漓江,艇进平乐”为主题的 2021 中国桂林平乐赛艇大师赛在平乐县印山旅游码头开幕,30 支国内顶级赛艇俱乐部团队 500 名运动员在美丽的漓江、荔江、茶江三江河畔开桨起航竞逐,为广大观众上演速度与激情的精彩赛艇大师赛。经过两天激烈的角逐,所有比赛圆满结束,共决出 38 个比赛项目的冠军。

【平乐甜柿在全国第二届“太秋”甜柿优质产品鉴评会上获金奖】 2021 年 9 月 29 日,全国第二届“太秋”甜柿优质产品鉴评大会在浙江省杭州市富阳区永安山举办,共有来自全国 12 个省 40 个地区的 66 个样品参与,最终评选出了 10 个金奖产品,平乐县选送的甜柿产品获 1 项金奖 1 项银奖。

（欧应清）

恭城瑶族自治县

【概况】 恭城瑶族自治县位于桂林市东南部,辖恭城、栗木、莲花、嘉会、西岭、平安 6 个镇和三江、观音、龙虎 3 个乡及栗木矿区管理委员会,分辖社区(居委)10 个、建制村 117 个。县人民政府驻恭城镇。行政区域土地面积 2149 平方千米。2021 年年末,户籍人口 30.5 万人。全年全县出生人数 1969 人,出生男女性别比为 114。人口自然增长率 0.12‰。

经济总指标 全年实现地区生产总值 90.86 亿元,增长 6.3%。其中,第一产业增加值 44.4 亿元,增长 7.9%;第二产业增加值 11.11 亿元,下降 1.3%;第三产业增加值 35.35 亿元,增长 7.1%。人均地区生产总值 36959 元。全社会固定资产投资完成 32.7%,增长 19%。社会消费品零售总额 28.3 亿元,增长 4.2%。

财政·金融 全年组织财政收入 4.86 亿元,增长 1.79%。全县一般公共预算总收入 28.14 亿元,其中地方财政收入 2.84 亿元,增长 10.35%。财政支出 25.78 亿元,增长 6.95%。年末,金融机构各项存款余额 112.68 亿元,增长 13.18%,其中城乡居民存款余额 89.95 亿元,增长 13.27%;各项贷款余额 79.96 亿元,增长 18.53%。

农业 全年农林牧渔业总产值 56.92 亿元,增长 8.95%。其中,农业产值增长 7.16%,林业产值增长 8.51%,牧业产值增长 19.84%,渔业产值增长 3.66%,服务业产值增长 3.57%。粮食播种面积 1.71 万公顷,总产量 7.00 万吨。全年完成各类人工造林面积 179.29 公顷,森林覆盖率 82.53%。农业机械总动力 61.37 万千瓦。

工业 全年工业总产值 26.36 亿元,增长 2.4%;工业增加值 9.48 亿元,增长 1.2%。工业增加值占地区生产总值的 10.43%;工业对全县经济增长的贡献率 2.29%。规模以上工业实现总产值 18.33 亿元,下降 1.6%;实现利税 2.98 亿元,下降 27.2%。新增规模以上企业 3 家,全县规模以上(年产值超 1000 万元企业)工业企业 17 家,其中超 1 亿元企业 3 家。

交通·邮电 全年完成农村通达公路 410 条 1151.09 千米,完成农村公路建设投资及固定资产 1.3 亿元,完成客运量 65.94 万人,客运周转量 4407.74 万人公里;完成货运量 216.98 万吨,货运周转量 3.13 亿吨公里。邮路总长 343 千米,完成邮政业务运营收入 2402.49 万元,电信业务(含电信、移动、联通等)运营收入 1.84 亿元。全县固定电话用户 1.11 万户,手机用户 28.57 万户,宽带用户 8.91 万户。

文化·科技 年末拥有专业艺术表演团体 1 个,演出场次 69 场;公共图书馆 1 个,图书藏量 10.51 万册,文化站 9 个;电影放映单位 1 个,放映电影6394场次，观众204484人次。全年申报自治区级科技项目1项，市级科技项目1项，获得上级科技经费150万元，总投资300万元，共举办种植业、养殖业等科技培训班、科普讲座133期(场次)，培训4033人次。建立各类科技示范基地8个。年内授权专利数43件。

教育　全县有普通中学11所，专任教师1125人，在校生1.66万人。普通高中2所，专任教师372人，在校高中生5261人。初级中学9所(含民办1所)，专任教师753人，在校初中生1.13万人。中等职业学校1所，专任教师39人，在校生1495人。小学23所(含民办1所)，教学点77个，专任教师1538人，在校小学生2.15万人。小学适龄儿童入学率99.8%。

卫生·体育　全县各级各类医疗卫生机构床位1478张，其中医院床位948张(含民营医院286张)、乡镇卫生院490张、妇幼保健院床位40张。卫生技术人员1873人，其中执业医师(含执业助理医师627人、注册护士(师)794人。全县参加城乡居民基本医疗保险26.30万人。全年向上级输送各类优秀运动员8人。获自治区级奖牌18枚，其中金牌5枚、银牌7枚、铜牌6枚。

固定资产投资　完成投资27.8亿元，实现固定资产投资增长19%。

招商引资　全年全县在建项目20个，续建项目9个，合同总额114.11亿元，自治区外建设项目资金19.75亿元，完成年度任务的109.7%。

居民生活　全县居民人均可支配收入23374元，增长7.9%。按常住地分，城镇居民人均可支配收入37855元，增长6.4%；农村居民人均可支配收入16494元，增长8.8%。全年全县城镇居民人均消费支出2.13万元，增长8.2%；农村居民人均消费支出1.07万元，增长11.8%。全县共有农村低保5283户1.39万人，累计发放农村低保4379.75万元；城市低保对象544户1014人，累计发放城市低保金506.52万元。城镇新增就业人数1834人；失业人员实现再就业人数1065人，城镇登记失业率2.52%。农村劳动力转移就业职业培训2352人；开发公益性岗位139个。

旅游　全县自然景点和人文景观64个，营业景区9个，有国家4A级旅游景区2个、国家3A级旅游景区7个。全年接待国内外游客508.9万人次，旅游总收入53.03亿元。

【恭城实施品牌农业】 2021年，恭城瑶族自治县农林牧渔业总产值增长9%。全面落实各项惠农政策，发放农业政策补贴1.15亿元。建设高标准农田1333.33公顷，新增水田436.28公顷，粮食总产量6.99万吨，水果产量152.39万吨，生猪出栏19.44万头，牛出栏1.29万头。农业智慧项目取得阶段性成果。2021年11月16日，2021年广西数字乡村建设现场经验交流会在恭城召开。恭城在会上介绍数字乡村建设方面的成果和做法。创建恭城月柿中国特色农产品优势区，实施恭城月柿地理标志产品保护项目，建成“中国柿子博览园”和“中国月柿博物馆”。年末，全县月柿种植面积14533.33公顷，产量63万吨，其中绿色食品认证面积超过6666.67公顷。恭城成为全国最大的柿产品生产基地。“恭城月柿”获评2021年中国农产品区域公用品牌的“市场竞争力新锐品牌”。以自治区资金补助、国企融资、招商引资等多渠道筹集资金，持续实施包括特色产业、生态环保、人居环境、乡村治理、文化旅游等25个项目的“瑶韵柿乡”田园综合体项目建设，重点打造特色生态农业发展轴、文旅产业发展区、产业融合发展区、田园社区示范带，项目覆盖莲花和平安2个镇35平方千米，涉及10个建制村，惠及3万多人。年末，该项目获评桂林市星级田园综合体。2021年6月10日，恭城油茶被列入第五批国家级非物质文化遗产代表性项目名录。恭城森璐贸易有限公司获“广西好嘢”农业企业品牌，西岭镇杨溪朝川水果专业合作社“恭城月柿”果品及莲花镇五冲源甜柿专业合作社“五冲源”甜柿获“广西好嘢”农业产品品牌。有9家企业的10个农产品获得绿色食品产品证书。2家企业获2021年度自治区农业产业化重点龙头企业，1家企业获评2020年自治区级农业龙头企业，3个合作社被认定为2020年度自治区级农民合作社示范社，11个家庭农场被认定为2020年度自治区级示范家庭农场。

【恭城工业发展】 2021年，恭城瑶族自治县统筹财政资金1500万元支持工业发展，安排财政贴息资金1246万元，协调引导落实“桂惠贷”资金11亿元，帮助实体企业解难纾困，兑现工业企业目标奖励资金497.38万元。规上工业总产值、增加值分别实现18.33亿元、6.3亿元。完成“双新”(新产业、新技术项目)签约1个，引进千万元以上工业项目15个，其中亿元以上项目2个，工业项目总投资额23.52亿元，增长107.9%。新培育规上企业4家，协调引导4家企业获得大额度融资支持。提档升级工业园区投资环境，调整完善工业集中区总体规划；新增存量土地73.33公顷，工业园区总面积突破666.67公顷。盘活工业园区存量土地8公顷，新增土地收储30.13公顷，竣工标准厂房3.1万平方米。投入2250万元用于园区污水处理、排水管网、排洪工程等基础设施建设。

【恭城交通基础设施改善】 2021年，恭城瑶族自治县完成交通基础设施建设项目投资1.03亿元。推进高速公路桂林至江永(恭城段)、灌阳至平乐(恭城段)、桂林至钟山(恭城段)工程建设；二级路洞井至潮田(栗木泉会段)、栗木至观音(8.5千米)建成通车；实施二级路富川至平乐(恭城段)工程建设；二级路(改建)虎尾至峻山段完成6.6千米，完成投资4000万元；峻山至营盘公路改建工作开工建设。桂林恭城综合客运枢纽站按一级站标准建设，工程总投资概算为3.48亿元。推进农村公路管理养护体制改革。完成大石桥至水滨项目建设，总投资7225万元，全长8.5千米。完成民族街区道路及附属设施建设工程项目，完成投资3205万元。燕岩桥维修加固项目开工建设。

【恭城城乡建设】 2021年，恭城瑶族自治县实施城市更新工程，开展县城建成区管网普查和监测，建立地下排水(雨水、污水)管线专业数据图、排水管线专业管线图。实施建设改造地下管网23.66千米,建成新能源汽车充电设施29个。燃气管道项目完成投资2150万元,完成安装5.71千米,庭院管网敷设1.8千米,覆盖居民1400户。启动位于高铁经济产业园的工人文化宫项目建设,设计建筑面积21858平方米。保障性安居工程建设完成投资2.54亿元,建设安置房6栋400套,年内新增公共租赁住房新增分配入住59户,发放住房租赁补贴31户,发放3.54万元。加强对县城各主次干道严格管理,对重要节点开展集中整治活动。完成基本整治型村庄项目建设852个,建成5G基站46个,农村卫生厕所普及率91.69%,生活垃圾处理实现人全覆盖。数字赋能乡村振兴的社会治理新式入选中央网信办数字乡村建设典型案例。继续实施中国传统村落保护项目建设。年内完成投资2100万元。观音乡水滨村被命名为"广西民族特色村寨"。

【恭城生态环境改善】 2021年,恭城瑶族自治县采取多项措施抓好蓝天、碧水、净土保卫战,空气质量优良率99.2%,县域空气质量优良天数、综合指数排名桂林市第一。全面落实河长制,常态化推进整治河湖"四乱"(河湖附近乱占、乱采、乱建、乱堆),地表水水质和饮用水源达标率100%,县城集中式饮用水源地水质保持Ⅱ类标准,县城黑臭水体消除率、城镇生活垃圾无害化处理率100%。争取中央资金700万元实施土壤污染防治项目,土壤环境质量状况稳定。持续实施"森林四禁"(禁伐阔叶林、禁止开垦25度以上坡地林地、禁放山羊、禁种速生桉树)和国土绿化,完成退化林修复179.29公顷,封山育林274.49公顷,森林覆盖率82.53%。在茶江河恭城镇境内流域13个点位安装23个高清摄像头,在茶江河龙虎乡境内流域6个点位安装11个摄像头。全面推行林长制,制定林长、副林长工作任务清单。全面落实中央生态环境保护督察反馈问题整改要求,持续抓实反馈问题整改落实。开展"五乱"整治(矿产开展整治、河道采砂整治、乱排乱放整治、违法乱建整治、乱占耕地建房整治)专项行动,取得成效。推进绿色低碳发展,贯彻落实中央有关碳达峰、碳中和战略部署,有效遏制耗能和高排放项目的发展。

【恭城商旅融合】 2021年,恭城瑶族自治县完成广西旅游标准化示范县创建工作,通过广西特色旅游名县复核验收。制定印发《恭城瑶族自治县2021年推进全域旅游发展工作实施方案》及工作任务分解表。进一步完善星级乡村旅游区、农家乐基础设施,提升旅游服务质量。客运交通枢纽获评自治区二级旅游集散中心;重点打造瑶韵柿乡风景道以及翠峰山公园滨水步道、北洞源河休闲绿道、滨江健康绿道,形成全长35千米的风景旅游道路网络和绿道网络;投入80多万元制作和更新完善全县旅游场所导向标识牌、大中小型景物说明牌以及全县旅游道路指示牌等1000块,覆盖完善全县的旅游导览指示系统,健全恭城旅游公共服务体系。开发提升以平安镇瑶汉养寿城职工疗休养基地为核心,恭城镇、莲花镇为两翼的核心"五天四晚"的旅游精品线路。完成高铁站站前大道欢迎拱门建设、县城主干道沿线路灯电杆路旗悬挂、疗休养专题宣传片拍摄、瑶汉养寿城顶楼"魅力瑶乡　康养恭城"大型发光宣传字体制作等。组织5批机关单位干部职工参加县内疗休养体验。成立招商引资、旅游企业标准化建设、宣传推介、基础设施建设4个专项工作组。涉旅企业依托各类节假日,举办三月三瑶圩山歌节、"5·19"牛王节、"5·21"桂林恭城油茶文化节暨第二个"国际茶日"、"6·14"瑶药端午文化节活动、孔子文化节、"柿红欢歌迎客来"第十八届月柿节等节庆活动,吸引县内外游客93.6万人次。依托三庙两馆(文庙、武庙、周渭祠,湖南会馆、瑶族博物馆)面向学校举办开笔礼、祭孔仪式活动,开展优秀传统文化、国学和尊师重教教育等。全年举办农耕文化、生态文化、瑶医瑶药各类研学活动40次。组织全县干部群众开展"我为恭城代言"短视频活动。恭城8家涉旅企业参加5月29日—31日由自治区文化和旅游厅、桂林市人民政府主办的第三届广西全域旅游大集市活动,在美食特色大赛中获得一等奖2个,二等奖、三等奖各1个。10月14日,恭城油茶、柿宝生物科技公司等企业参加第十一届桂林国际山水文化旅游节暨"桂林有礼·旅游商品"品牌发布会,其中恭城安信食品商贸有限公司的农家米产品、柿宝生物科技有限责任公司的柿子醋获得品牌称号。年内,限上住宿业企业完成营业额1830万元,增长5.12%。组织创建广西旅游标准化试点企业20家的从业人员进行各类国家标准、行业标准、地方标准培训30人次,另对旅游服务从业人员300人进行业务培训;组织一期讲解员(导游)精英培训班,为旅游企业培养优秀导游骨干20人。

【恭城开展平安建设】 2021年,恭城瑶族自治县常态化开展打黑除恶斗争,持续开展社会治理体系建设和信访维稳工作。连续6年保持全国信访"三无"(无进京越级上访、无大规模集体上访、无因信访问题引发的极端恶性事件)县称号。2021年,在全县村屯建立"一约三会"即《村规民约》,村民理事会、传统文化联合会和法规监督委员会,保障组甲制正常运转,深化"三心三治一守"社会治理效果。推进"数字化+网格化"建设,搭建社会治理数字信息平台。以龙虎乡为数字治理示范乡试点,在重要路段、卡口、河道、校园门口、周边区域建设63路高清视频监控系统,在校园安装安全人脸识别终端设备及一键报警平台。建成社会综合治理云平台监控指挥中心,在交通事故责任快速认定、破案线索侦查、自然灾害现场指挥调度、风险评估预判、重点人员追踪、防溺水安全巡查、校园安全一键报警、降低社会治安犯罪率等方面发挥重要作用,成为2021年11月16日召开的广西数字乡村建设现场经验交流会数字治理指定参观点。年末,群众安全感达到98.26%;平安镇桥头村获评第二批全国乡村治理示范村。 (张万强)

荔浦市

【概况】 荔浦市位于桂林市南部,辖荔城、东昌、新坪、杜莫、青山、修仁、大塘、双江、花篢、马岭10个镇和茶城、蒲芦(瑶族乡)、龙怀3个乡，分辖社区22个、建制村122个。市人民政府驻荔城镇。行政区域土地面积1760平方千米。2021年年末，户籍人口38.37万人。全年全市出生人数2681人，出生男女性别比为106。人口自然增长率-1.8‰。

经济总指标　全年实现地区生产总值159.45亿元，增长6.3%。其中，第一产业增加值33.18亿元，增长9.0%；第二产业增加值43.20亿元，增长2.2%；第三产业增加值83.07亿元，增长7.4%。人均地区生产总值47604元。社会消费品零售总额47.60亿元，增长5.3%。

财政·金融　全年组织财政收入9.41亿元，增长5.5%，其中地方财政收入5.74亿元，增长14.1%。财政支出26.16亿元，下降3.6%。年末，金融机构各项存款余额171.05亿元，增长4.8%，其中城乡居民存款余额145.83亿元，增长11.72%；各项贷款余额220.49亿元，增长19%。

农业　全年农林牧渔业总产值73.36亿元，其中农业产值55.59亿元、林业产值2.05亿元、牧业产值12.50亿元、渔业产值0.91亿元、服务业产值2.31亿元。粮食播种面积1.94万公顷，总产量10.31万吨。全年完成各类人工造林面积67公顷，森林覆盖率70.89%。农业机械总动力50.14万千瓦。

工业　全年工业总产值增长14.1%；工业增加值增长6.9%，工业增加值占地区生产总值的14.32%，规模以上工业总产值增长14.6%，工业对全市经济增长的贡献率16.91%。新增规模以上企业11家，全市规模以上工业企业64家，其中年产值超1000万元企业25家，超1亿元企业2家。

交通·邮电　全年完成农村通达公路211条198.22千米，完成农村公路建设投资及固定资产1800万元，完成客运量132.11万人，客运周转量1.05亿人公里；完成货运量1772.36万吨，货运周转量21.15亿吨公里。邮路总长2116千米，完成邮政业务总量5352.00万元，电信业务(含电信、移动、联通等)总量3.25亿元。全县固定电话用户2万户，手机用户38.10万户，宽带用户10.97万户。

文化·科技　年末拥有专业艺术表演团体1个，演出场次85场；公共图书馆5个，图书藏量13.19万册；文化站13个；电影放映单位1个，放映电影1762场次，观众13.3万人次。全年申报自治区级科技项目5项，地市级科技项目12项，总投资1800万元。共举办种植业、养殖业等科技培训班、科普讲座104期(场次)，培训1.5万人次。建立各类科技示范基地381个。年内共申请专利123件。

教育　全市有自治区示范性普通高中1所，专任教师156人，在校高中生2391人。普通高中2所，专任教师242人，在校高中生3644人。初级中学10所，专任教师745人，在校初中生11758人。小学60所(教学点62个)，专任教师1641人，在校小学生24100人。小学适龄儿童入学率100%。

卫生·体育　全市各级各类医疗机构床位1786张，其中医院床位1719张、妇幼保健院床位67张。卫生技术人员2545人，其中执业(助理)医师926人、注册护士1206人。全市参加城乡居民基本医疗保险330561人，参保率为98.82%。全年向上级输送各类优秀运动员1人。获自治区级奖牌5枚，其中金牌3枚、银牌2枚。

固定资产投资　全市固定资产投资增长3%。

招商引资　全年全市引进项目13个，总投资额73.6亿元，其中自治区外到位资金34.44亿元，完成年度任务的101.29%。

居民生活　全市居民人均可支配收入29071元，增长6.9%。按常住地分，城镇居民人均可支配收入40096元，增长5.7%；农村居民人均可支配收入19306元，增长8.1%。全年全市城镇居民人均消费支出23725元，增长7.5%；农村居民人均消费支出12438元，增长11.3%。全年发放农村低收入人口低保金4108.13万元，发放城镇居民低保金706.52万元。城镇新增就业人数2645人；领取再就业优惠证的下岗失业人员再就业人数1666人，城镇登记失业率为2.4%。新增劳务输出106人。农村劳动力转移就业职业培训4288人；开发公益性岗位104个。

旅游　全市自然景点和人文景观12个，营业景区7个，有国家4A级旅游景区4个、国家3A级旅游景区3个。全年接待国内外游客797.02万人次，旅游总消费109.07亿元。

【荔浦市工业振兴】 2021年，荔浦市制定出台《2021年工业振兴实施方案》等系列政策文件，加大企业帮扶力度。安排奖励资金3000万元表彰奖励73家企业。建立健全服务企业机制，将市本级企业跟踪协调服务职能下放到乡镇。荔浦市衣架家居特色产业园项目全面启动，木材交易中心建成运营，衣架家居产业链加速升级。坚持补链延链强链，新培育13家工业企业上规入统，全市规模以上工业企业达到64家。推动“校企合作”，高新技术产业园区与桂林电子科技大学签订科技成果转化基地合作协议，荔浦科创基金投资9500万元到5家企业并大幅升值。2021年，荔浦市7个项目入选2021年自治区“千企技改”工程项目；11家企业获评2021年度自治区知识产权优势企业；新增4家企业通过国家高新技术企业认定，高新技术企业保有量达到13家。

【荔浦市乡村振兴】 2021年，荔浦市巩固提升脱贫攻坚成果与乡村振兴有效衔接，整合各级资金7000多万元实施产业开发、村集体经济、基础设施建设等乡村振兴项目251个。推行耕地保护田长制，实行耕地保护党政同责和网格化管理，整治耕地“非农化”“非粮化”面积1000公顷，落实落细耕地地力保护补贴、产业以奖代补等惠民政策资金2200多万元。大力发展特色优势产业，荔浦芋、荔浦马蹄、荔浦砂糖橘、生猪、花卉苗木等特色优势产业持续发展，新增4个出口供深供港基地，荔浦砂糖橘获评2021年度广西农产品区域公用品牌，荔浦砂糖橘广西特色农产品优势区通过上级验收，荔浦芋成功申报广西特色农产品优势区并成为广西“一县一业”科技重点研发扶持项目，修仁镇获评全国乡村特色产业十亿元镇。稳步推进农村集体产权制度和农村承包地改革管理工作，青山镇三联村获得自治区乡村振兴改革集成优秀试点村称号。持续推进田园综合体创建工作，茶城乡“梦里茶香”田园综合体获得桂林市五星级田园综合体称号。完成阳(朔)鹿(寨)高速公路、荔(浦)玉(林)高速公路沿线7个乡镇94个村屯环境整治及3874栋房屋风貌改造提升，荔浦市获评“2021年全国村庄清洁行动先进县”，马岭镇地狮村获评“第二批全国乡村治理示范村”。

【荔浦市服务业提质增效】 2021年，荔浦市融入桂林世界级旅游城市建设，修编《荔浦市全域旅游发展总体规划(2021—2030)》《荔浦市民宿业发展规划(2021—2028)》等重点规划，优化旅游生产要素配置。荔水青山·荔江国家湿地公园被评为2021年第三批国家4A级旅游景区，荔浦市通过广西特色旅游名县第二轮复核。加快推进天誉翡翠谷、荔江湾景区提升改造及养生养老、银子岩景区提升等重大旅游项目建设，完成地球记忆博物馆、美丽壮乡(一期)等旅游项目建设，启动荔浦市文化旅游街、江畔·悦乐庄(江畔芋苑)康养中心等文旅融合项目建设。推动重点工业物流特色县(市)建设，建成市乡村三级物流节点体系，13个乡镇级物流网络节点覆盖率达100%；桂林荔浦保税物流中心(B型)项目建设加快推进，建设方案已通过南宁海关初审；智慧电商物流园(一期)于2021年10月投入试运营。举办荔浦市第五届荔浦芋文化节，订单签约金额近20亿元。承办全自治区砂糖橘产销对接会，并在北京

2021年，荔浦芋申报广西特色农产品优势区并成为广西“一县一业”科技重点研发扶持项目。 (周俊远摄)

新发地市场举办“荔浦砂糖橘品牌战略发布会”，发布会现场签订销售合同金额5亿元。

【荔浦市生态环境改善】 2021年，荔浦市推进各项生态建设工作，重点指标完成率100%，成功创建“国家级生态乡镇”1个、“自治区级生态乡镇”13个、“广西生态旅游示范区”1个，荔浦市被授予“国家生态文明建设示范区”称号。开展人居环境治理工作，完成马岭镇、修仁镇等9个镇级第二批污水管网项目建设，实现农村生活垃圾无害化处理率100%，农村家庭建有无害化卫生厕所覆盖率达99.37%。全年空气质量优良率97.5%，PM2.5、PM10年平均浓度均达到桂林市考核要求，集中式饮用水水质和地表水水质达标率为100%。

【荔浦市城乡建设发展】 2021年，荔浦市围绕“桂林市南部副中心城市”定位和“西部百强县”目标，以重大项目建设为支撑，持续拓展城市框架，碧桂园、蓝泊湾小镇、君临荔江(三期)等一批高档商住小区陆续建成并交付使用，碧桂园悦江二期、华生天玺开工建设，城镇化率提升至48.5%。荔塔路至金雷桥段道路工程、五里片区污水管网等一批城区重大基础设施项目相继完工，时代广场、滨江南岸路网及给排水建设工程等一批重大项目启动实施。全市交通基础设施完成投资14亿元，全市所有乡镇、社区、建制村及符合条件的自然村道路硬化率100%，乡镇通公交率100%，建制村通公交率90%，荔浦市获全国“城乡交通运输一体化示范县”称号。

(方杰萍　吴灵湘)

2021年，荔浦市茶城乡“梦里茶香”田园综合体被评为桂林市五星级田园综合体。 (周俊远摄)

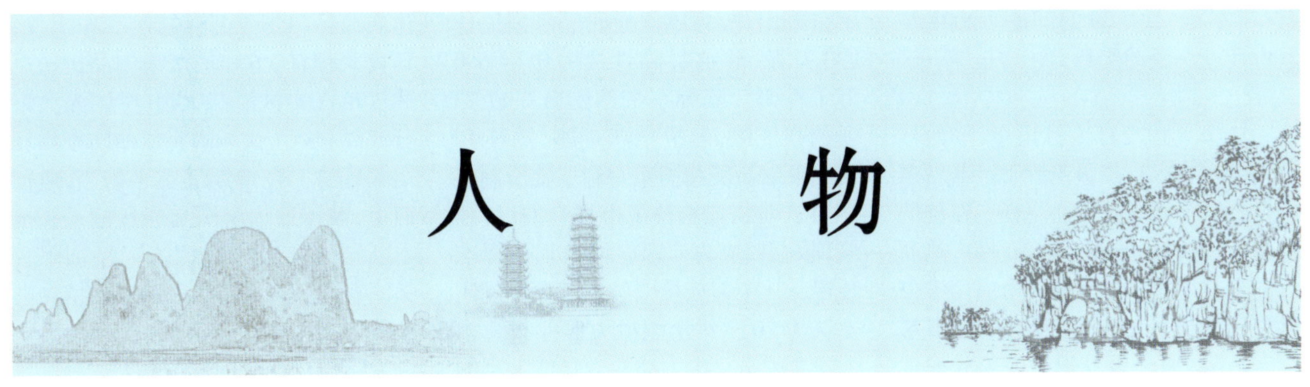

人　物

全国五一劳动奖章获得者

翟玲党　1968年7月出生，河南洛阳人，高中学历，桂林福达股份有限公司模具技师，技师。他自1986年以来一直从事模具相关工作，他执着专注、勇于创新。2019年12月成立桂林市翟玲党技能大师工作室，培养了多名模具技师。他带领团队在工作中取得的多项技术改进和创新成果，不断提升产品模具的开发和专项保障能力，确保了公司对沃尔沃、宝马、奔驰、康明斯、日本日野、日本洋马等国际高端客户的产品定点开发，加快了公司的国际化步伐和产业升级；累计给公司带来了200多万元的经济效益，受到了公司多次表彰，他用实际行动践行着国家所倡导的劳动精神，在公司里面起到了很好的带头模范作用。2017年获"桂林工匠"称号，2018年获广西五一劳动奖章，2021年获全国五一劳动奖章。

（邓庆中）

全国见义勇为道德模范获得者

崔译文　女，1999年2月出生，浙江宁波人，预备党员，桂林电子科技大学计算机与信息安全学院2018级学生。她为了保护同学挺身而出，在搏斗中身中8刀，肝被捅穿，胆囊被刺伤，胸腔、腰腹、手臂各有一道深深的口子，胸口到腹部还有一排伤痕，其中3刀贯穿。被大家称为"最牛女生""挡刀女孩"。2021年获"全国见义勇为道德模范"称号。

李莎　女，1999年5月出生，四川平昌人，共青团员。生前是华南理工大学学生。2019年，李莎保研后选择先去龙胜各族自治县龙胜小学支教。支教期间，她总是把每件事做到最好，去家访就去最偏远的学生家，做工作就做到学生的心坎上。2020年5月9日，在赴学校开会途中发生意外，经全力抢救无效，不幸去世，年仅21岁。她先后被追加授予"全国优秀共青团员""最美大学生""优秀共青团员"。2021年获"全国见义勇为道德模范"称号。

（邓庆中）

全国文化科技卫生"三下乡"活动服务标兵获得者

蒋士宋　1965年12月出生，广西全州人，中共党员，1987年毕业于广西农学院农学专业。在全州县科学技术情报研究所工作，2002年获高级农艺师。他开展科技下乡活动，投身经济社会发展和脱贫攻坚（乡村振兴）主战场，为农业高质量发展、农民增收作出相应贡献，连续4年获"广西贫困村优秀科技特派员"；获广西科技进步二等奖1项、三等奖3项；获发明专利、实用新型专利授权各1项；在国家期刊发表学术论文7篇；参与编撰出版2套科技专著。2021年获"全国文化科技卫生'三下乡'活动服务标兵"称号。　（张朝玉）

广西五一劳动奖章获得者

谢银姣　女，1967年9月出生，广西灌阳人，本科学历，中共党员。桂林市第三中学校长。担任校长12年，有6年连续获桂林市教育局高中优秀校长奖；她负责的学校有9年被评为市教育教学质量管理先进单位。她参与市十九中校园改扩建征地，使第一期投入2000多万元的5栋大楼破土动工。让市三中恢复了停办多年的高中班办学；共促成投资1000多万元改善学校软硬件设施，新增教学班级22个，新增学生1000多人；完成建设工程大小项目几十个。学校获全国青少年足球、篮球特色学校等数十项集体荣誉。2021年获广西五一劳动奖章。

宾恩信　1962年9月出生，广西桂林人，中专，群众。桂林全州县大碧头开发有限公司董事长兼总经理。全州县大碧头村位于湘桂之交，有700多年历史，三年前交通闭塞、田园荒芜、人烟凋敝，年轻人为生活所迫外出务工。曾经有920多人，现剩下87人的留守儿童和老人。宾恩信决定为家乡开发建设旅游项目，总投资50亿元。该项目于2018年6月30日正式开工，通过一年多的时间打造成集田园农业体验、温泉养生度假，森林秘境探索、运动拓展度假、康养养生度假为一体的国际旅游度假区，于2019年10月正式开业运营。同时被评为桂林市五星田园综合体和区级旅游度假区。解决了大碧头村及周边各村走路难、行车难、饮水难的问题。2021年获广西五一劳动奖章。

陈峰　1972年8月出生，广西桂林人，中共党员，高级工程师。恭城瑶族自治县公路养护中心主任。在他的带领下，养护团队勇于创新，推广热沥青同步封层技术等新型技术应用于公路路面病害处治、大粒径级配碎石基层、公路路树全域景观修剪等养护工艺，取得良好效果。恭城瑶乡公路建管养事业连续九年获桂林公路系统绩效考核一等奖，先后获自治区和谐单位、自治区文明单位、自治区交通运输系统第一批依法行政示范点等荣誉。其个人先后获“全国交通运输行业精神文明建设先进工作者”、广西交通运输厅“优秀共产党员”、广西公路系统“优秀共产党员”、广西公路安全生产“先进个人”、广西交通运输厅抗洪救灾抢险公路抢通个人嘉奖等荣誉。2021年获得广西五一劳动奖章。

胡碧华　1985年12月出生，湖北咸宁人，中专学历，中共党员。燕京啤酒（桂林漓泉）股份有限公司包装四车间副主任。2014年发酵车间烛式过滤机烛棒过滤漏土，影响公司生产及质量，他组织维修人员去设备厂家学习，解决了烛式过滤机设备漏土问题。面对清酒溶解氧含量高的历史性难题，他团结带领班组成员迎难而上，不断优化过程操作并制定标准化操作规程，最终解决了过滤环节增氧问题，为公司破解了发展难题。面对公司酒损生产成本增加的问题，他组织成立降低发酵车间酒损课题小组，针对问题制定行动计划，通过各项技改措施，降低公司酒损，全年为公司酒损节约金额超过140万元。他攻关微生物指数与行业标杆水平存在差距的难题，确保了公司产品质量的稳步提升。2015年获桂林五一劳动奖章。2021年获广西五一劳动奖章。

陈羿宇　女，1983年3月出生，广西北流人，本科学历，中共党员，2007年参加工作。广西电网有限责任公司桂林供电局计量中心电能数据一班班长。在岗期间，她勇于探索，推行全年不间断数据监控模式，“揪出”了窃电用户，为单位挽回经济损失达230万元，并追补隐性故障电量600万千瓦时。陈羿宇带领团队完成23项创新成果，解决生产难题，并获17项成果创新奖和国家专利。她研制的多项培训装置填补了市场空白，增强培训效果，成为广西电网培训的标准装置。其中装表接电仿真培训装置还被选为2017年全国电力职业教育教学指导委员会电力类专业技能大赛的竞赛设备。先后两年担任广西营销集训队教练，带领广西参赛队伍连续两次获南方电网公司乡镇供电所安全大比武竞赛团体一等奖。2021年获广西五一劳动奖章。

海翔　1982年9月出生，广西桂林人，回族，大学学历，群众，2005年7月参加工作，2017年4月获工程硕士学位，高级工程师。桂林航天电子有限公司系统技术研究中心固体、延时技术研究室主任。海翔主要从事固体继电器及控制模块的研发工作，先后完成固体继电器、混合继电器、固体控制模块和固体板卡等多个系列共21个型号产品的研发工作。他主动承担固体点火板卡的研制和市场推广，仅4年时间，固体点火板卡系列实现过千万元的经济效益。为国家某重点型号配套研制的点火板卡于2019年随整机一起参加中华人民共和国成立70周年国庆阅兵。2015年获桂林市五一劳动奖章称号，研究室团队获评自治区“劳模创新工作室”。2021年获广西五一劳动奖章。

蒋德铭　1977年1月出生，广西桂林人，中共党员，中国邮政桂林分公司寄递事业部职员。自新冠肺炎疫情发生以来，他得知公司征集驾驶员运送生活物资驰援湖北的消息后，第一时间报名参加，三次请战驰援湖北。经公司批准后，蒋德铭于2020年3月2日从桂林出发，历经1000多千米，近20个小时将满载桂林市爱心企业向湖北捐赠的速食桂林米粉和罗汉果制品等一车物资安全送达湖北省十堰市。3月4日平安返回桂林居家隔离休整的蒋德铭，在得知公司接到中国光大银行桂林分行捐赠一批罗汉果给中国光大银行武汉分行的运输任务时，他再次出征，3月9日从桂林驾车出发，日夜兼程将3.6吨罗汉果制品运送至武汉市江岸区沿江大道（中国光大银行武汉分行），又一次完成的防疫物资运输任务。疫情期间勇于担当，逆行而上，被评选为全国交通运输系统抗击新冠肺炎疫情先进个人、中国邮政集团有限公司抗击新冠肺炎疫情先进个人。2021年获广西五一劳动奖章。

蒋茂军　1979年6月出生，广西灌阳人，大专学历，群众，1998年7月参加工作。2015年1月入职桂林市金烨保安服务有限公司，任建设银行桂林分行保安服务项目大队长。面对2020年初突如其来的疫情，他通过微信群、钉钉等工作通讯软件召集所管理的保安员传达防疫知识，强调面对疫情要做好个人的防护措施，对出入办公场所的人员严格执行消杀及测量体温等预防措施。对所有保安员逐个进行疫情排查统计，摸清离开桂林保安员的去向及目的地，对疫区返桂的保安员严格按照防疫指挥部的要求进行隔离。疫情初期各种防疫物质极度缺乏，他积极下到各个银行网点进行检查，对口罩、体温枪、消毒液、酒精等防疫物质是否到位，是否需要补充的问题进行登记以便及时调整。在2018年被自治区保安协会评为“2018年度全区优秀保安员”。2021年获广西五一劳动奖章。

以斌　1969年1月出生，广西桂林人，回族，中共党员，桂林市叠彩区教研室主任。他在教科研方面能创造性地开展好各项工作，使叠彩区小学主要学科的教学质量稳步上升，各项成绩均名列市级前列。教师培训方面探索出新方法，新路子，提升教师的研修水平和力度。组织叠彩区首推的“五课”教师团体赛（原创）；推出优秀学科示范校评选活动（原创）；推出面向全市、自治区的教科研成果推广现场会，让科研成果产生生产力。在教育科研方面，创造性使用小学数学教材的系列研究成果在多家刊物刊登。还有10多篇研究论文被省级及以上刊物收录发表。指导的教师有53人次分别获全国、全省、全市一等奖的成绩。2021年获广西五一劳动奖章。

（邓庆中）

广西工匠获得者

周阳锋　1987年7月出生，江西省赣州人，中共党员，2009年毕业于赣南师范大学电子信息工程专业。桂林银行信息技术部高级工程师。2019年至2021年，他带领团队不断创新，投产SDN、SSLO业务编排、办公大楼网络扁平化部署、推动分支行建设SD-WAN项目落地、配合建设数据中心信创云等，为桂林银行的“科技兴行”贡献力量。2021年，他作为中共桂林市第六次代表大会代表参加大会，并作为中共广西壮族自治区第十二次代表大会代表参加大会。2021年获“广西工匠”称号。

龙桂发　1979年2月出生，广西永福人，中共党员，是中国化学工业桂林工程有限公司橡胶装备生产基地的1名钳工师傅，担任机头装配班班长。龙桂发负责装配的高端设备有四复合橡胶挤出机组、五复合橡胶挤出机组以及宽幅胶片挤出压延生产线，均被认定为国内首台套重大技术装备产品，填补了国内空白，性能达到国际同类产品领先水平。四复合橡胶挤出机组获国家科技部“首批国家自主创新产品”称号；二代宽幅挤出机为核心设备的“特种高性能橡胶复合材料关键技术及工程应用”项目获2019年国家科学技术进步二等奖。2015年获“广西壮族自治区劳动模范”称号，2020年获“全国劳动模范”、中国化学集团“十大技术能手”称号。2021年被评选为中国化学集团第一批“一十百千”人才工程技能人才。2021年获“广西工匠”称号。

谭兴勇　1974年7月出生，广西兴业人，大学学历，中共党员，桂林旅游学院专任教师，中式烹调高级技师。他发挥行业领军作用，不断突破技术难题。带领团队攻关低温密闭卤水熬制技术、非油炸锅烧关键技术、益生菌发酵酸菜关键技术等，两项发明专利获得受理；带领团队攻关节水节能技术，获得2项实用新型专利。其中，多功能节水龙头，每年能为企业降低用水成本30%。热能再利用多功能加压水箱实用新型专利，每年能为企业降低燃气成本10%，经济效益可观。他主持的“养生膳食理论体系构建”获得中餐科技进步三等奖，突破养生膳食无法定量配餐的关键技术。他将掌握的桂林米粉、油茶等技艺向贫困地区人们传授，被中央电台、中工网络电视台等多家媒体宣传报道。他先后获全国先进工作者、全国五一劳动奖章、广西五一劳动奖章、广西烹饪大师和桂菜大师等。2021年获“广西工匠”称号。

赵日美　1971年6月出生，大学学历，广西平南人，中共党员，国营长虹机械厂雷达制导专业总师，“赵日美创新工作室”带头人。他专注雷达制导修理技术研究近30年，被誉为从“前线”转向“后方”的雷达手术师，先后解决武器装备重大修理技术难题近30项，是国内某型装备雷达导引头深修精修第一人，他掌握非国产四型和国产三型雷达导引头的修理技术，面对被动雷达导引头批量出现空选多值问题，他通过潜心研究，首创空选波门调整法，解决空选多值的问题，得到国外相关专家的认可和赞扬。他解决了战训中出现的“挂机截获不稳”“多路径效应”及“靶标架设角度偏差”等故障问题，及时提出有效的解决方案，将专业领域从装备修理延伸到机、弹、靶整个系统，配合部队开展战训保障，指导修复故障装备数百枚。是部队转业军人留在空军装备修理工厂的优秀代表。2021年获“广西工匠”称号。

（邓庆中）

广西“最美公务员”获得者

韦敏　1978年5月出生，广西恭城人，大学学历，中共党员，2000年7月参加工作。桂林市市场监督管理局协调和应急管理科四级调研员。她探索食品安全事故“实战演练＋直播”方法，建立多部门联合治理体系，有效提高基层在应急工作中的处置能力。她在白酒小作坊监管暂无经验可循的情况下，研究制定白酒小作坊监管“三分”模式，小作坊实现从“无人管”到“管得好”的飞跃，工作经验在全国食品监管领域推广。2021年被评选为广西“最美公务员”。

唐莉　1968年3月出生，广西平乐人，大学学历，中共党员，1992年7月参加工作。平乐县张家镇党委委员。她2015年9月至2020年3月担任张家镇老埠村第一书记，以“在产业链上建组织、强服务、富农户”为思路，采取“党支部＋合作社＋农户”的发展模式，实现全村产业走上“黄金橘、致富稻、摇钱树”发展之路。她多方争取项目并带动群众，新建村级文化服务中心、防洪排涝河堤、村道硬化，基础设施建设得到极大改善。筹划建成平乐县帮富农产品种销专业合作社、平乐县万胜果蔬种植合作社等10多家合作社，每年村集体分红创收5万元以上。2021年被评选为广西“最美公务员”。

（秦秉凯）

表27　2021年桂林籍官兵荣立三等功人员

序号	姓名	性别	籍贯	民族	出生年月	工作单位	获得荣誉	授予荣誉单位
1	李政	男	广西桂林	汉	1991年12月	中国人民解放军66172部队	三等功	中国人民解放军66172部队政治工作处
2	吴鹏	男	广西桂林	汉	1990年3月	中国人民解放军95389部队	三等功	中国人民解放军95389部队
3	秩润坤	男	广西桂林	汉	1993年2月	武警特战第二支队指导员	三等功	武警特战第二支队指导员
4	李志强	男	广西桂林	汉	1979年2月	中国人民解放军95795部队	三等功	中国人民解放军95795部队
5	曹昌新	男	广西桂林	汉	1979年4月	中国人民解放军95795部队	三等功	中国人民解放军95795部队
6	彭林	男	广西桂林	汉	1994年7月	武警北京机总第三支队	三等功	武警北京机总第三支队

续表

序号	姓名	性别	籍贯	民族	出生年月	工作单位	获得荣誉	授予荣誉单位
7	董强	男	广西桂林	汉	1979年4月	中国人民解放军95795部队	三等功	中国人民解放军95795部队
8	唐健	男	广西桂林	汉	1991年1月	湖南军区	三等功	湖南军区
9	李玮	男	广西桂林	汉	1987年4月	中国人民解放军95918部队	三等功	中国人民解放军95918部队
10	石志强	男	广西桂林	汉	1986年6月	武警广东省总队执勤第一支队	三等功	武警广东省总队执勤第一支队
11	刘远继	男	广西桂林	汉	1986年6月	中国人民解放军75180部队	三等功	中国人民解放军75180部队
12	陈建林	男	广西桂林	汉	1978年5月	中国人民解放军空军装备部	三等功	中国人民解放军空军装备部
13	黄业凯	男	广西桂林	汉	1992年12月	中国人民解放军91959部队	三等功	中国人民解放军91959部队
14	邓述海	男	广西桂林	汉	1991年7月	中国人民解放军31647部队	三等功	中国人民解放军31647部队
15	黄雨晨	男	广西桂林	壮	1994年8月	中国人民解放军92212部队	三等功	中国人民解放军92212部队
16	廖泽平	男	广西桂林	汉	1985年4月	中国人民解放军广东省军区	三等功	中国人民解放军广东省军区
17	周本之	男	广西桂林	汉	1991年12月	中国人民解放军31639部队	三等功	中国人民解放军31639部队政治工作部
18	唐荣辉	男	广西桂林	汉	1992年4月	武警广西总队河池支队	三等功	武警察广西总队政治工作部
19	黄秋琴	男	广西桂林	汉	1985年11月	湖北省武汉第十八干休所	三等功	湖北省武汉第十八干休所
20	蒋艳德	男	广西叠彩	汉	1990年8月	中国人民解放军国防科技大学研究所院	三等功	中国人民解放军国防科技大学研究所院政治工作处
21	石为强	男	广西叠彩	汉	1998年11月	中国人民解放军广东省军区	三等功	中国人民解放军广东省军区政治工作处
22	曾智	男	广西叠彩	汉	1988年8月	中国人民解放军31690部队	三等功	中国人民解放军31690部队政治工作处
23	秦志刚	男	广西雁山	汉	1979年10月	中国人民解放军63620部队	三等功	中国人民解放军63620部队政治工作处
24	兰宏福	男	广西临桂	汉	1985年11月	中国人民解放军93707部队	三等功	中国人民解放军93707部队政治工作部
25	梁钟亮	男	广西临桂	汉	1988年11月	中国人民解放军66220部队	三等功	中国人民解放军66220部队政治工作部
26	周永荣	男	广西临桂	汉	1989年12月	中国人民解放军66220部队	三等功	中国人民解放军66220部队政治工作部
27	唐文慧	男	广西临桂	汉	1989年7月	中国人民解放军75752部队	三等功	中国人民解放军75752部队政治工作部
28	李美欢	男	广西临桂	汉	1990年1月	武警嘉兴支队	三等功	武警嘉兴支队
29	周绍平	男	广西临桂	汉	1991年7月	武警肇庆支队	三等功	武警肇庆支队
30	王德锦	男	广西临桂	汉	1994年5月	中国人民解放军31629部队	三等功	中国人民解放军31629部队政治工作部
31	何斌团	男	广西临桂	汉	1985年1月	中国人民解放军92098部队	三等功	中国人民解放军92098部队政治工作部
32	吴延昭	男	广西临桂	汉	1985年5月	中国人民解放军93609部队	三等功	中国人民解放军93609部队政治工作部
33	邓毅	男	广西临桂	汉	1982年5月	武警广西总队	三等功	武警广西总队政治工作处
34	莫林兴	男	广西临桂	汉	1977年7月	广西军区政治工作局	三等功	中国人民解放军广西军区政治工作局
35	冯黄林	男	广西永福	汉	1996年12月	武警江门支队	三等功	武装警察部队江门支队政治工作处
36	韦春云	男	广西永福	汉	1985年11月	中国人民解放军31639部队	三等功	中国人民解放军31639部队政治工作处
37	侯星毅	男	广西永福	汉	1988年11月	中国人民解放军31631部队	三等功	中国人民解放军31631部队政治工作处
38	黄继永	男	广西永福	汉	1997年12月	中国人民解放军69225部队	三等功	中国人民解放军69225部队政治工作处
39	韦世松	男	广西永福	汉	1995年2月	海警总队广东支队	三等功	武警海警总队广东支队政治工作处
40	韦昌格	男	广西永福	汉	1990年7月	武警海警总队第四支队	三等功	武警海警总队第四支队政治工作部
41	康卿亮	男	广西永福	汉	1993年10月	武警广西总队机动支队	三等功	武警广西总队机动支队政治处
42	郑家杰	男	广西永福	汉	1995年3月	武警第二机动总队机动第六支队	三等功	武警第二机动总队机动第六支队
43	梁祖亮	男	广西永福	汉	1998年8月	陆军工程大学军械士官学校	三等功	陆军工程大学军械士官学校政治工作处
44	黎成杰	男	广西阳朔	汉	1999年12月	武警黔东南支队	三等功	武警黔东南支队政治工作处
45	郑毅	男	广西阳朔	壮	1986年5月	中国人民解放军31631部队	三等功	中国人民解放军31631部队
46	王凯	男	广西阳朔	汉	1995年11月	中国人民解放军75240部队	三等功	中国人民解放军75240部队政治工作部
47	莫振锋	男	广西阳朔	汉	1985年6月	中国人民解放军95795部队	三等功	中国人民解放军95795部队
48	宋和真	男	广西阳朔	汉	1990年7月	武装警察部队桂林支队	三等功	武装警察部队桂林支队政治工作处
49	唐武斌	男	广西阳朔	汉	1994年1月	武装警察部队岳阳支队	三等功	武装警察部队岳阳支队
50	粟项祥	男	广西阳朔	汉	1989年8月	广西壮族自治区消防救援总队	三等功	广西壮族自治区消防救援总队政治部
51	容道乐	男	广西阳朔	汉	1991年11月	中国人民解放军31639部队	三等功	中国人民解放军31639部队政治工作部
52	罗恒	男	广西阳朔	汉	1990年1月	武警广东省总队机动支队	三等功	武警广东省总队机动支队
53	陆权生	男	广西阳朔	壮	1996年2月	武警陕西省总队机动支队	三等功	武警陕西省总队机动支队政治工作处
54	韦科合	男	广西阳朔	壮	1994年3月	武警西藏总队机动第一支队	三等功	武警西藏总队机动第一支队政治工作部
55	陆凤杰	男	广西灵川	汉	1997年11月	中国人民解放军32176部队	三等功	中国人民解放军32176部队政治工作部

续表

序号	姓名	性别	籍贯	民族	出生年月	工作单位	获得荣誉	授予荣誉单位
56	秦兴湘	男	广西灵川	汉	1993 年 9 月	中国人民解放军 71622 部队	三等功	中国人民解放军 71226 部队政治工作部
57	秦邦林	男	广西灵川	汉	1993 年 9 月	武警拉萨支队执勤大队二十六中队	三等功	武警拉萨支队政治工作部
58	秦宏春	男	广西灵川	汉	1987 年 1 月	中国人民解放军 75841 部队	三等功	中国人民解放军 75841 部队政治工作部
59	莫彦平	男	广西灵川	汉	1987 年 4 月	中国人民解放军 93038 部队	三等功	中国人民解放军 93038 部队党委
60	文自群	男	广西灵川	汉	1995 年 6 月	中国人民解放军 32145 部队	三等功	中国人民解放军 32145 部队政治工作部
61	阳忠阳	男	广西灵川	汉	1987 年 10 月	中国人民解放军 32256 部队	三等功	直属保障大队
62	秦东	男	广西灵川	汉	1995 年 9 月	中国人民解放军 32145 部队	三等功	中国人民解放军 32145 部队政治工作部
63	唐强杰	男	广西灵川	汉	1983 年 1 月	中国人民解放军 31639 部队	三等功	中国人民解放军 31639 部队政治工作部
64	郑文韬	男	广西灵川	汉	1991 年 7 月	中国人民解放军 75222 部队	三等功	中国人民解放军 75222 部队政治工作部
65	阳周明	男	广西灵川	汉	1977 年 11 月	武警部队玉林支队	三等功	武警玉林支队党委
66	周林波	男	广西灵川	汉	1991 年 1 月	武警部队常德支队	三等功	武警常德支队政治工作处
67	秦泉	男	广西灵川	汉	1995 年 1 月	中国人民解放军 75180 部队	三等功	中国人民解放军 75180 部队党委
68	秦庆航	男	广西灵川	汉	1993 年 8 月	中国人民解放军 92056 部队	三等功	中国人民解放军 92056 部队政治工作部
69	姚集文	男	广西灵川	汉	1990 年 7 月	中国人民解放军 75180 部队	三等功	中国人民解放军 75180 部队党委
70	石顺文	男	广西灵川	汉	1985 年 9 月	中国人民解放军 96731 部队	三等功	中国人民解放军 96731 部队政治工作部
71	李江桂	男	广西灵川	汉	1994 年 5 月	中国人民解放军 95178 部队	三等功	中国人民解放军 95178 部队政治工作处
72	张紫旺	男	广西兴安	汉	1998 年 6 月	武警东莞支队	三等功	武警东莞支队政治处
73	尹利军	男	广西兴安	汉	1984 年 10 月	中国人民解放军 92279 部队	三等功	中国人民解放军 92279 部队政治工作处
74	秦凯翔	男	广西兴安	汉	1993 年 3 月	中国人民解放军 66069 部队	三等功	中国人民解放军 66069 部队政治工作处
75	侯东海	男	广西兴安	汉	1987 年 6 月	中国人民解放军 31628 部队	三等功	中国人民解放军 31628 部队政治工作部
76	彭琦骁	男	广西兴安	汉	1990 年 8 月	中国人民解放军 75310 部队舟桥第 32 旅	三等功	中国人民解放军 75310 部队政治工作部
77	宾旭华	男	广西兴安	汉	1984 年 12 月	中国人民解放军 31628 部队	三等功	中国人民解放军 31628 部队政治工作部
78	郑家民	男	广西兴安	汉	1988 年 2 月	武警特战第二支队	三等功	武警第二机动总队特战第二支队政治工作部
79	唐本富	男	广西兴安	汉	1984 年 8 月	中国人民解放军 31003 部队	三等功	中国人民解放军 31003 部队政治部
80	侯松青	男	广西兴安	汉	1983 年 8 月	中国人民解放军 95389 部队	三等功	中国人民解放军 95389 部队政治工作部
81	蒋光文	男	广西兴安	汉	1997 年 6 月	武警绍兴支队	三等功	武警绍兴支队政治工作处
82	蒋娟娟	女	广西兴安	汉	1993 年 11 月	中国人民解放军 32148 部队	三等功	中国人民解放军 32148 部队政治工作部
83	宾凌杰	男	广西兴安	汉	1994 年 1 月	中国人民解放军 95445 部队	三等功	中国人民解放军 95445 部队政治工作部
84	潘昱州	男	广西兴安	汉	1993 年 9 月	中国人民解放军 93169 部队	三等功	中国人民解放军 93169 部队政治工作处
85	刘又华	男	广西兴安	汉	1981 年 6 月	武警柳州支队	三等功	武警柳州支队政治工作部
86	刘林鑫	男	广西兴安	汉	1988 年 1 月	中国人民解放军 75630 部队	三等功	中国人民解放军 75630 部队政治工作部
87	何吉	男	广西兴安	汉	1987 年 6 月	武警海警总队	三等功	武警海警总队广东支队
88	孟槟	男	广西全州	汉	1989 年 6 月	中国人民解放军 95486 部队	三等功	中国人民解放军 95486 部队政治工作部
89	唐剑	男	广西全州	汉	1998 年 11 月	中国人民解放军 75640 部队	三等功	中国人民解放军 75640 部队政治工作部
90	蒋立	男	广西全州	汉	1993 年 7 月	中国人民解放军 93942 部队	三等功	中国人民解放军 93942 部队政治工作部
91	赵浩钧	男	广西全州	汉	1994 年 6 月	武警柳州支队	三等功	武警柳州支队
92	王武	男	广西全州	汉	1989 年 6 月	中国人民解放军 75841 部队	三等功	中国人民解放军 75841 部队政治工作部
93	王明	男	广西全州	汉	1981 年 8 月	桂林警备区	三等功	桂林警备区政治工作处
94	蒋志梁	男	广西全州	汉	1991 年 10 月	中国人民解放军 31629 部队	三等功	中国人民解放军 31629 部队政治工作部
95	唐铭	男	广西全州	汉	1991 年 2 月	中国人民解放军 75180 部队	三等功	中国人民解放军 75180 部队政治工作部
96	蒋文广	男	广西全州	汉	1988 年 2 月	中国人民解放军 95080 部队	三等功	中国人民解放军 95080 部队政治工作部
97	唐民东	男	广西全州	汉	1990 年 9 月	中国人民解放军 30609 部队	三等功	中国人民解放军 30609 部队政治工作部
98	王雷	男	广西全州	汉	1998 年 2 月	中国人民解放军 31690 部队	三等功	中国人民解放军 31690 部队政治工作部
99	廖建	男	广西全州	汉	1995 年 2 月	武装警察部队文山支队	三等功	武装警察部队文山支队
100	蒋增涛	男	广西全州	汉	1989 年 6 月	陆军特种作战学院	三等功	陆军特种作战学院
101	蒋军松	男	广西全州	汉	1990 年 2 月	武装警察部队吉安支队	三等功	武装警察部队吉安支队
102	倪权	男	广西全州	汉	1981 年 9 月	中国人民解放军 75840 部队	三等功	中国人民解放军 75840 部队政治工作部
103	唐文豪	男	广西全州	汉	1992 年 8 月	武装警察部队柳州支队	三等功	武装警察部队柳州支队

续表

序号	姓名	性别	籍贯	民族	出生年月	工作单位	获得荣誉	授予荣誉单位
104	唐桥武	男	广西全州	汉	1986年10月	中国人民解放军31648部队	三等功	中国人民解放军31648部队政治工作部
105	赵湖广	男	广西全州	汉	1991年10月	中国人民解放军71897部队	三等功	中国人民解放军71897部队政治工作部
106	唐雄	男	广西全州	汉	1989年1月	中国人民解放军73022部队	三等功	中国人民解放军73022部队政治工作部
107	闫磊磊	男	广西全州	汉	1989年7月	武装警察部队杭州支队	三等功	武装警察部队杭州支队
108	王勇	男	广西全州	汉	1978年12月	河池军分区	三等功	河池军分区政治工作部
109	唐政臻	男	广西全州	汉	1997年9月	武警工程大学	三等功	武警工程大学政治工作处
110	高佳泉	男	广西全州	汉	1993年7月	武警柳州支队	三等功	武警柳州支队
111	蒋锦波	男	广西全州	汉	1992年10月	武装警察部队崇左支队	三等功	武装警察部队崇左支队
112	邓家胜	男	广西全州	汉	1977年1月	中国人民解放军75610部队	三等功	中国人民解放军75610部队政治工作部
113	陈武	男	广西全州	汉	1993年11月	武装警察部队海警总队	三等功	武装警察部队海警总队
114	唐波	男	广西全州	汉	1989年1月	湖南永州军分区	三等功	湖南永州军分区
115	唐照坤	男	广西全州	汉	1984年11月	广西陆军预备役	三等功	广西陆军预备役
116	唐海琳	男	广西全州	汉	1983年11月	海军军医大学	三等功	海军军医大学政治工作处
117	蒋延波	男	广西全州	汉	1987年9月	中国人民解放军31630部队	三等功	中国人民解放军31630部队政治工作部
118	唐权	男	广西全州	汉	1990年9月	中国人民解放军75560部队	三等功	中国人民解放军75560部队政治工作部
119	蒋红安	男	广西全州	汉	1988年2月	中国人民解放军94162部队	三等功	中国人民解放军94162部队政治工作部
120	唐梁军	男	广西全州	汉	1997年7月	武装警察部队中山支队	三等功	武装警察部队中山支队
121	邓博文	男	广西全州	汉	1999年6月	中国人民解放军91526部队	三等功	中国人民解放军91526部队政治工作部
122	邓伟峰	男	广西全州	汉	1991年6月	中国人民解放军31630部队	三等功	中国人民解放军31630部队政治工作部
123	黄勇军	男	广西全州	汉	1997年10月	武装警察部队第二机动总队	三等功	武装警察部队第二机动总队
124	蒋林辉	男	广西全州	汉	1994年6月	中国人民解放军71891部队	三等功	中国人民解放军71891部队政治工作部
125	卢云涛	男	广西全州	汉	1987年7月	中国人民解放军31633部队	三等功	中国人民解放军31633部队政治工作部
126	唐明辉	男	广西全州	汉	1992年12月	武装警察部队柳州支队	三等功	武装警察部队柳州支队
127	王志斌	男	广西全州	汉	1991年8月	中国人民解放军93361部队	三等功	中国人民解放军93361部队政治工作部
128	唐振春	男	广西全州	汉	1993年2月	武警西藏昌都总队	三等功	武警西藏昌都总队
129	余浩	男	广西全州	壮	1990年9月	武警广东总队执勤第一支队	三等功	武警广东总队执勤第一支队政治工作处
130	曾宪春	男	广西龙胜	苗	1992年2月	中国人民解放军32552部队	三等功	中国人民解放军32552部队工作政治部
131	黄仕仁	男	广西龙胜	瑶	1993年9月	武警第二机动总队第六支队	三等功	武警第二机动总队第六支队工作政治部
132	杜智超	男	广西龙胜	汉	1987年3月	中国人民解放军75180部队	三等功	中国人民解放军75180部队工作政治部
133	陈明森	男	广西龙胜	汉	1995年5月	武警崇左支队	三等功	武警崇左支队工作政治部
134	石彤丹	男	广西龙胜	侗	1992年8月	中央军委机关事务管理总局服务局	三等功	中央军委机关事务管理总局服务局工作政治部
135	王竑力	男	广西龙胜	汉	1992年5月	武警韶关支队	三等功	武警韶关支队工作政治部
136	蒙昌庆	男	广西龙胜	侗	1989年10月	武警南平支队	三等功	武警南平支队工作政治部
137	蒙昌富	男	广西龙胜	侗	1992年6月	中国人民解放军393279部队	三等功	中国人民解放军393279部队工作政治部
138	阳周成	男	广西龙胜	苗	1992年8月	中国人民解放军93279部队	三等功	中国人民解放军93279部队工作政治部
139	潘伦	男	广西龙胜	壮	1994年12月	武警海警总队第四支队	三等功	武警海警总队第四支队工作政治部
140	刘长勇	男	广西灌阳	汉	1986年11月	中共人民解放军94175部队	三等功	中共人民解放军94175部队
141	胡毅	男	广西灌阳	汉	1992年2月	武警海警总队第三支队	三等功	武警海警总队第三支队
142	伍礼友	男	广西灌阳	汉	1995年2月	中国解放军93015部队	三等功	中国人民解放军93015部队
143	唐新荣	男	广西灌阳	汉	1990年11月	中国人民解放军31628部队115分队	三等功	中国人民解放军31628部队115分队
144	邓勇进	男	广西灌阳	汉	1988年8月	武警第一机动总队交通第一支队	三等功	武警第一机动总队交通第一支队
145	阳远	男	广西灌阳	汉	1984年7月	武警广东总队执勤第二支队	三等功	武警广东总队执勤第二支队
146	蒋乐敏	男	广西灌阳	汉	1986年3月	中国人民解放军广东广州第六离职干休所	三等功	中国人民解放军广东广州第六离职干休所
147	唐金龙	男	广西灌阳	汉	1995年3月	武警湖南总队岳阳支队	三等功	武警湖南总队岳阳支队
148	陆海军	男	广西灌阳	汉	1992年12月	武警云南总队昆明支队晋宁中队	三等功	武警云南总队昆明支队晋宁中队
149	陆海涛	男	广西灌阳	汉	1987年5月	武警海警总队广西支队	三等功	武警海警总队广西支队
150	谭富昌	男	广西平乐	汉	1991年1月	中国人民武装警察部队钦州支队	三等功	中国人民武装警察部队钦州支队
151	李辉昌	男	广西平乐	瑶	1987年11月	中人民解放军75630部队	三等功	中人民解放军75630部队政治工作部

续表

序号	姓名	性别	籍贯	民族	出生年月	工作单位	获得荣誉	授予荣誉单位
152	黄华聪	男	广西平乐	瑶	1995 年 12 月	中国人民武装警察部队宝鸡支队	三等功	中国人民武装警察部队宝鸡支队政治工作部
153	韦建国	男	广西平乐	壮	1997 年 8 月	中国人民武装警察部队宝鸡支队	三等功	中国人民武装警察部队宝鸡支队政治工作部
154	李培第	男	广西平乐	汉	1987 年 6 月	中人民解放军 75210 部队	三等功	中人民解放军 75210 部队政治工作部
155	李土明	男	广西平乐	汉	1985 年 9 月	中人民解放军 75210 部队	三等功	中人民解放军 75210 部队政治工作部
156	李世财	男	广西平乐	壮	1986 年 12 月	中人民解放军 75222 部队	三等功	中人民解放军 75222 部队政治工作部
157	尹明福	男	广西平乐	瑶	1996 年 12 月	武警云浮支队	三等功	武警云浮支队政治工作部
158	林旭	男	广西平乐	汉	1992 年 9 月	中人民解放军 75620 部队	三等功	中人民解放军 75620 部队政治工作部
159	岑宾源	男	广西平乐	瑶	1990 年 8 月	桂林市消防救援支队政治部	三等功	桂林市消防救援支队政治部
160	曾建仁	男	广西平乐	汉	1993 年 12 月	武警梅州支队	三等功	武警梅州支队政治工作部
161	蒙勇翔	男	广西平乐	汉	1996 年 8 月	武警部队韶关支队	三等功	武警韶关支队政治工作部
162	张晓楠	男	广西平乐	汉	1987 年 9 月	武警海警总队广西支队	三等功	武警海警总队广西支队委员会
163	陈炳全	男	广西平乐	汉	1991 年 11 月	武警四川总队机动第四支队	三等功	武警四川总队机动第四支队
164	覃强兴	男	广西平乐	壮	1984 年 3 月	广西军区	三等功	中人民解放军广西军区
165	周荣华	男	广西恭城	瑶	1989 年 9 月	中国人民解放军 32140 部队	三等功	中国人民解放军 32140 部队政治工作部
166	柏春均	男	广西恭城	瑶	1987 年 5 月	中国人民解放军 75600 部队	三等功	中国人民解放军 75600 部队政治工作部
167	江高敏	男	广西恭城	汉	1988 年 3 月	武警贵港支队	三等功	武警贵港支队政治工作处
168	陈慕良	男	广西恭城	瑶	1986 年 12 月	中国人民解放军 75222 部队	三等功	中国人民解放军 75222 部队政治工作部
169	陈辉	男	广西恭城	瑶	1985 年 9 月	中国人民解放军 31633 部队	三等功	中国人民解放军 31633 部队政治工作部
170	赖权禄	男	广西恭城	瑶	1993 年 5 月	武警机动第六支队	三等功	武警机动第六支队政治工作部
171	蒋庆明	男	广西恭城	瑶	1995 年 10 月	武警云南总队第三支队	三等功	武警云南总队第三支队政治工作处
172	路俭	男	广西恭城	壮	1992 年 8 月	武警深圳支队	三等功	武警深圳支队政治工作部
173	邓梦成	男	广西恭城	瑶	1993 年 3 月	武警特种警察学院	三等功	武警特种警察学院政治工作处
174	文泽华	男	广西恭城	瑶	1985 年 1 月	中国人民解放军 75240 部队	三等功	中国人民解放军 75240 部队政治工作部
175	周世明	男	广西恭城	瑶	1990 年 5 月	中国人民解放军 31651 部队	三等功	中国人民解放军 31651 部队政治工作处
176	廖润清	男	广西恭城	瑶	1988 年 1 月	中国人民解放军 32553 部队	三等功	中国人民解放军 32553 部队政治工作部
177	赵黄昕	男	广西恭城	瑶	1996 年 6 月	中国人民解放军 91892 部队	三等功	中国人民解放军 91892 部队政治工作部
178	黎光新	男	广西恭城	汉	1992 年 12 月	武警南宁支队	三等功	武警南宁支队政治工作部
179	梁新杰	男	广西恭城	瑶	1992 年 4 月	武警海警总队第一支队	三等功	武警海警总队第一支队政治工作部
180	王卓	男	广西恭城	瑶	1991 年 9 月	中国人民解放军 77626 部队	三等功	中国人民解放军 77626 部队政治工作部
181	兰鹏	男	广西资源	苗	1993 年 12 月	武警咸阳支队	三等功	武警咸阳支队政治工作部
182	王承武	男	广西资源	汉	1995 年 4 月	武警咸阳支队	三等功	武警咸阳支队政治工作部
183	苏强	男	广西资源	汉	1985 年 12 月	中国人民解放军 31639 部队	三等功	中国人民解放军 31639 部队政治工作部
184	唐强	男	广西资源	汉	1992 年 10 月	中国人民解放军 75240 部队	三等功	中国人民解放军 75240 部队政治工作部
185	阳京宏	男	广西资源	汉	1990 年 9 月	桂林警备区	三等功	桂林警备区政治工作处
186	潘元宝	男	广西资源	汉	1993 年 3 月	武警四川省总队机动第三支队	三等功	武警四川省总队机动第三支队政治工作处
187	莫云	男	广西资源	汉	1992 年 2 月	武警广西总队	三等功	武警广西总队训练基地
188	李德军	男	广西资源	汉	1985 年 5 月	中国人民解放军 94011 部队	三等功	中国人民解放军 94011 部队政治工作部
189	赵华春	男	广西资源	苗	1991 年 6 月	武警第二机动总队	三等功	武警第二机动总队政治工作部
190	刘助华	男	广西资源	苗	1989 年 12 月	中国人民解放军 31629 部队	三等功	中国人民解放军 31629 部队政治工作部
191	李泉游	男	广西荔浦	壮	1990 年 10 月	中国人民解放军 31633 部队	三等功	中国人民解放军 31633 部队政治工作部
192	王斌	男	广西荔浦	壮	1992 年 1 月	中国人民解放军 31644 部队	三等功	中国人民解放军 31644 部队政治工作部
193	李运辉	男	广西荔浦	汉	1995 年 7 月	武警深圳支队	三等功	武警深圳支队政治工作部
194	何永胜	男	广西荔浦	壮	1971 年 7 月	中国人民解放军 75220 部队	三等功	中国人民解放军 75220 部队政治工作部
195	覃涛	男	广西荔浦	汉	1998 年 10 月	中国人民解放军 31689 部队	三等功	中国人民解放军 31689 部队政治工作部
196	郭吉钊	男	广西荔浦	壮	1988 年 12 月	中国人民解放军 95526 部队	三等功	中国人民解放军 95526 部队政治工作部
197	巫自国	男	广西荔浦	汉	1981 年 9 月	桂林市消防救援支队永福大队	三等功	桂林市消防救援支队政治部
198	苏积林	男	广西荔浦	汉	1997 年 10 月	武警黔南支队	三等功	武警黔南支队政治工作处

（李海明）

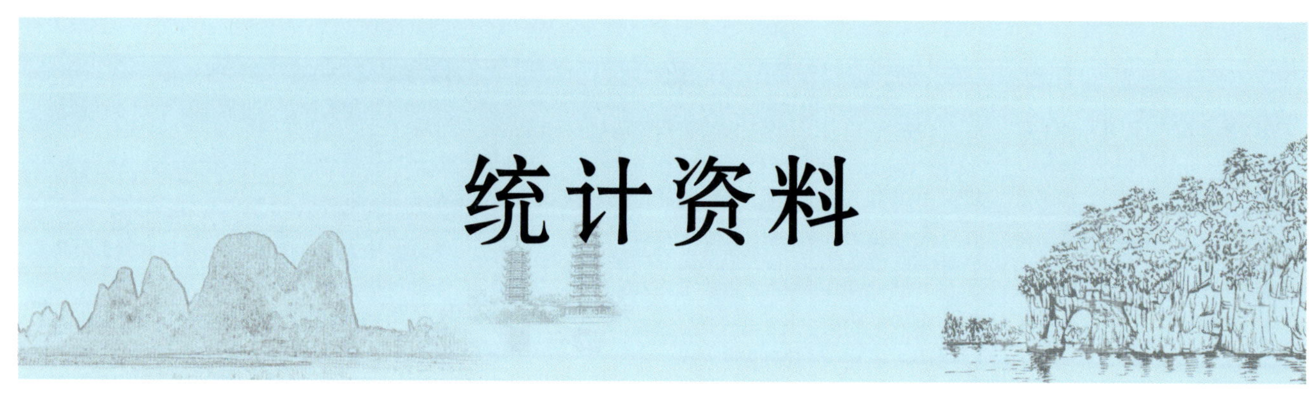

统计资料

2021年桂林市行政区划及土地面积

县(市、区)名称	乡镇合计(个)	乡(个)		镇(个)	街道办事处(个)	村民居民(社区)委员会(个)			行政区域土地面积(平方千米)
			民族乡(个)				村民委员会(个)	居民委员会(个)	
全市	134	46	15	88	13	1910	1653	257	27809
秀峰区					3	29	7	22	54
叠彩区	1	1			2	37	15	22	52
象山区	1	1			3	44	8	36	88
七星区	1	1			4	47	14	33	83
雁山区	4	2	1	2	1	43	39	4	288
临桂区	11	2	2	9		176	161	15	2202
阳朔县	9	3		6		114	99	15	1428
灵川县	12	5	2	7		148	129	19	2287
全州县	18	3	2	15		286	272	14	4021
兴安县	10	4	1	6		125	115	10	2344
永福县	9	3		6		99	93	6	2806
灌阳县	9	3	2	6		142	138	4	1837
龙胜各族自治县	10	4		6		128	119	9	2538
资源县	7	4	3	3		74	71	3	1954
平乐县	10	4	1	6		147	134	13	1919
恭城瑶族自治县	9	3		6		127	117	10	2149
荔浦市	13	3	1	10		144	122	22	1759

注:行政区划数据来源于市民政局,土地面积数据来源于市自然资源局。

2021年桂林市工业企业分地区主要经济指标

单位:万元

地区名称	资产总计	流动资产合计				长期股权投资	固定资产原价	
			应收账款	存货				房屋和构筑物
					产成品			
桂林市	14204400	6965656	1781169	1511164	619624	857979	8044831	1769371
秀峰区	369800	282828	58559	105923	15732	3656	106586	34673
叠彩区	718566	472946	21266	18624	4419	232782	18259	3693
象山区	2377137	739312	201735	163069	17886	140099	2055412	194850
七星区	2386075	1682806	449387	428924	227426	150501	640233	226207
雁山区	157673	119969	62420	29676	4047	5728	47354	22090
临桂区	2165536	1168850	308462	232259	78506	270764	895992	280472
阳朔县	19253	14878	5112	2360	345	950	7229	635
灵川县	984011	604020	159671	106855	44582	4766	387672	80177

续表一

地区名称	资产总计	流动资产合计	应收账款	存货	产成品	长期股权投资	固定资产原价	房屋和构筑物
全州县	657282	219620	67724	44365	31880	1190	524622	150800
兴安县	719644	164751	77011	35133	17810	303	687478	119396
永福县	976948	428077	128184	115569	63900	10414	832042	230165
灌阳县	388008	161673	41135	37983	10934	269	244258	58344
龙胜各族自治县	616659	242497	34587	21233	7074	19338	425475	151132
资源县	410137	87778	16235	21146	15218	303	361156	9625
平乐县	483890	243064	34867	57232	44706	4038	273045	42164
恭城瑶族自治县	352590	78751	29642	11674	7016	24	353954	92101
荔浦市	421194	253837	85172	79138	28145	12855	184066	72847

续表二

单位：万元

地区名称	机器设备	累计折旧	本年折旧	固定资产净额	在建工程	无形资产	土地使用权	负债合计
桂林市	3400158	3045877	408636	4822608	535490	547933	375450	8998226
秀峰区	32769	51213	3988	53010	6359	17155	17105	218597
叠彩区	6464	13377	748	3930	6031	3684	3550	521738
象山区	253330	989729	118873	1087293	263134	86702	66632	1611115
七星区	262424	315619	31617	319614	48814	88894	68042	1167062
雁山区	21243	24681	1662	22306	2410	4332	2992	73288
临桂区	568849	334389	55992	502082	46350	116628	56764	1034186
阳朔县	6449	3914	726	3315	53	48		17116
灵川县	93044	124834	16173	257786	18513	42669	31114	737639
全州县	130537	148781	21991	357631	28896	26537	14101	432405
兴安县	533835	194423	33011	480183	4907	37446	31266	442738
永福县	553004	366950	42293	454776	41728	35008	28852	943987
灌阳县	130693	59030	10238	174891	24323	16326	12532	211260
龙胜各族自治县	161637	139707	13455	281316	8817	25620	12122	469399
资源县	279372	53461	13545	247890	8148	6572	46	309407
平乐县	135202	58946	11282	208914	9901	10150	7500	342755
恭城瑶族自治县	170425	103591	15637	249138	8060	11507	7710	193750
荔浦市	60882	63234	17405	118532	9045	18655	15123	271786

续表三

单位：万元

地区名称	流动负债合计	应付账款	所有者权益合计	实收资本	国家资本	集体资本	法人资本	个人资本
桂林市	5653861	1507887	5206167	2555715	379578	193449	1134802	471982
秀峰区	208077	103325	151204	62426	29498	320	25010	7599
叠彩区	404262	5944	196827	56488		45552	7732	3204
象山区	270513	159515	766021	382595	100697	35937	31033	24082
七星区	960671	341012	1219012	347207	21852	9818	223356	52094
雁山区	69021	24127	84385	52680		11000	640	24936
临桂区	889314	214933	1131349	477054	37622		294061	106390
阳朔县	17116	6759	2137	1917			1120	797
灵川县	531800	133343	246371	181746	19048	13007	21681	48934

续表三

地区名称			所有者权益合计					
	流动负债合计	应付账款		实收资本	国家资本	集体资本	法人资本	个人资本
全州县	232591	70836	224877	90091	12988		61884	13594
兴安县	214685	42056	276907	182798	0.1	0.1	153577	28221
永福县	689352	184920	32960	225365	48206	9990	119401	45711
灌阳县	130056	48964	176748	80341	11300		48692	20350
龙胜各族自治县	285967	16628	147259	93232	26730	13175	40094	10446
资源县	153944	53113	100730	95510		52301	33364	6568
平乐县	289165	32024	141134	73690	23000	350	7940	42400
恭城瑶族自治县	96226	16848	158839	85106	38620	2000	37061	7426
荔浦市	211101	53542	149407	67470	10018		28159	29231

续表四

单位：万元

地区名称			营业收入		营业成本	税金及附加	销售费用	管理费用
	港澳台资本	外商资本		主营业务收入				
桂林市	187218	149840	9781243	9545246	8110570	77449	368216	407173
秀峰区			319545	314177	265383	1084	6309	12594
叠彩区			196305	192078	168169	347	3817	5648
象山区	151113	887	1280882	1209086	1045903	27846	44123	69629
七星区	7508	32580	2173793	2098347	1706569	10284	111678	94967
雁山区		16103	81286	81052	67625	527	4400	6387
临桂区	25540	13441	1565858	1528124	1290390	8015	79919	49461
阳朔县			38814	38814	32043	101	1568	3296
灵川县		79076	809055	803830	698887	4803	24219	29928
全州县		1626	385631	384673	335671	2742	3303	13468
兴安县	1001	0.1	410547	407448	297899	3089	9108	11447
永福县	2056		710165	690029	647314	5234	19113	42984
灌阳县			217510	214742	187526	1239	2901	9747
龙胜各族自治县		2788	190525	188276	133321	2663	12526	13384
资源县		3277	143659	141899	123411	992	1499	6858
平乐县			585664	584066	559577	4401	7778	10436
恭城瑶族自治县			194648	193965	151975	1050	1543	8541
荔浦市		63	477356	474641	398907	3033	34411	18398

续表五

单位：万元

地区名称	研发费用	财务费用			资产减值损失	其他收益	投资收益	公允价值变动收益
			利息费用	利息收入				
桂林市	169454	129996	121022	8154	19007	53453	117663	-357
秀峰区	6975	767	912	366	78	1442	172	-62
叠彩区	3014	3849	3924	1428	6	255	81988	
象山区	20928	2714	4433	2168	-15	1353	6486	
七星区	78777	19696	18160	6281	10116	19720	8999	-333
雁山区	2691	1477	1094	219	497	9	5	
临桂区	20493	13810	15310	-2241	6906	19876	15688	1281
阳朔县		50	46	10				
灵川县	10302	6991	7466	-1377	75	1281	218	
全州县	761	7514	5589	82	243	419	-240	-1211

续表五

地区名称	研发费用	财务费用			资产减值损失	其他收益	投资收益	公允价值变动收益
			利息费用	利息收入				
兴安县	5975	12048	11824	-33	5	386	-11	
永福县	8740	20520	15600	976	1246	6344	182	-31
灌阳县	48	4907	4728	150		33	13	
龙胜各族自治县	1111	10484	9936	101	-437	476	3359	
资源县	765	7650	6752	9	57	281	3	
平乐县	687	6288	5353	110	91	305	190	
恭城瑶族自治县	3062	5178	4928	72	27	499		
荔浦市	5126	6054	4968	-167	113	775	612	

续表六

单位：万元

地区名称	资产处置收益	营业利润	营业外收入	营业外支出	利润总额	所得税费用	应付职工薪酬	应交增值税
桂林市	18723	688841	51997	19713	721128	97519	900858	237671
秀峰区	-1	27904	657	281	28280	4365	32805	4659
叠彩区	1	93699	345	35	94008	2135	8529	975
象山区	18829	96421	5621	2859	99182	12823	189860	36505
七星区	-53	170037	10649	4432	176255	20427	198741	12601
雁山区	-3	-2308	916	179	-1571	324	8488	1898
临桂区	77	133783	3357	1417	135724	18062	147387	39555
阳朔县		1757	49	17	1789	338	2625	1089
灵川县	-75	35274	3391	1550	37115	5886	46696	15025
全州县	-165	20730	2812	2200	21343	952	28555	10145
兴安县	-2	71347	1103	166	72286	10056	21029	17042
永福县	-55	-28548	4668	2431	-26312	2926	61932	-1861
灌阳县		11189	1099	2037	10250	1066	11602	5289
龙胜各族自治县	-61	21247	1092	740	21599	4743	27512	11116
资源县	239	2949	1117	471	3594	418	10216	5913
平乐县	-9	-3109	9363	186	6069	3443	24253	57881
恭城瑶族自治县		23771	1175	83	24863	5555	15103	6089
荔浦市	1	12700	4583	629	16653	4002	65525	13752

2021年桂林市主要工业产品产量

产品名称	计量单位	产量	产品名称	计量单位	产量
石灰石	吨	9673136	硅酸盐水泥熟料	吨	5353806
建筑用天然石料	立方米	3694025	商品混凝土	立方米	7737389
大米	吨	191535	天然大理石建筑板材	平方米	2101086
饲料	吨	1451843	天然花岗石建筑板材	平方米	5891538
罐头	吨	11492	钢材	吨	493449
饮料酒	千升	579475	铁合金	吨	714691
饮料	吨	419752	汽车	辆	5693
人造板	立方米	702763	电力电容器	千乏	17435315
复合木地板	平方米	7270	电力电缆	千米	257478
化学药品原药	吨	8118	路由器	台	2281286
中成药	吨	6486	自来水生产量	万立方米	18928
橡胶轮胎外胎	条	1084967			

2021年桂林市农作物播种面积和产量

指标	播种面积(公顷)			总产量(吨)		
	2021年	上年	±%	2021年	上年	±%
粮食合计	340006	337260	0.8	1791592	1769319	1.3
谷物合计	269015	267663	0.5	1627526	1606018	1.3
稻谷	220620	220375	0.1	1390699	1372555	1.3
早稻	102140	101877	0.3	603656	600571	0.5
中稻	38330	37288	2.8	329986	314273	5.0
晚稻	80150	81210	-1.3	457057	457710	-0.1
旱稻						
小麦	939	892	5.3	1651	1562	5.7
玉米	43890	42931	2.2	226352	223214	1.4
粟(谷子)	350	347	1.0	1148	1128	1.8
高粱	2050	2123	-3.4	6279	6372	-1.5
豆类合计	32985	32167	2.5	72025	71107	1.3
大豆	17830	17298	3.1	38091	36867	3.3
绿豆	3990	3982	0.2	5977	6038	-1.0
其他豆类	11125	10847	2.6	27890	28130	-0.9
薯类	38006	37431	1.5	92041	92196	-0.2
红薯	33722	33284	1.3	83513	83872	-0.4
马铃薯	4284	4147	3.3	8529	8325	2.5
经济作物						
油料作物	27609	26870	2.8	84501	83804	0.8

续表

指标	播种面积(公顷)			总产量(吨)		
	2021年	上年	±%	2021年	上年	±%
花生	21063	20558	2.5	72670	72322	0.5
油菜籽	5518	5296	4.2	5754	5579	3.1
棉花	259	256	0.8	275	281	-2.3
生麻	431	430	0.3	1005	970	3.6
生苎麻	406	405	0.5	965	927	4.0
甘蔗	3136	3247	-3.4	269790	277720	-2.9
糖料蔗	1051	1166	-9.9	93582	101730	-8.0
果蔗	2085	2081	0.2	176208	175990	0.1
中草药材	29071	28705	1.3	—	—	—
蔬菜及食用菌	228850	222693	2.8	5622060	5336539	5.4
食用菌(干鲜混合)	—	—	—	156114	146500	6.6
果瓜类	19915	19575	1.7	682948	664095	2.8
西瓜	16475	16109	2.3	613765	594854	3.2
其他农作物	67995	66808	1.8	—	—	—
木薯	7469	7396	1.0	50259	49585	1.4
红瓜籽	4675	4568	2.3	10948	10651	2.8
青饲料	10189	9998	1.9	—	—	—
饲草	3611	3491	3.4	—	—	—
绿肥	29290	28608	2.4	—	—	—
马蹄	12066	12047	0.2	529514	531335	-0.3

2021 年桂林市县区城镇居民人均收支情况

指标名称	单位	桂林市	秀峰区	叠彩区	象山区	七星区	雁山区	临桂区	阳朔县	灵川县
城镇家庭人均可支配收入与生活消费支出										
一、人均可支配收入	元	40739	41694	41240	41975	44198	39002	44365	44739	41489
1. 工资性收入	元	22529	21472	23258	22851	23204	23792	23504	23512	24146
2. 经营净收入	元	5133	3732	4565	3778	4641	5070	6725	7689	6016
3. 财产净收入	元	2689	3190	2864	3223	4155	2925	3990	3941	3029
4. 转移净收入	元	10388	13300	10553	12123	12199	7215	10146	9597	8298
二、人均生活消费支出	元	23335	23317	24573	24541	25057	22424	24874	25361	22703
1. 食品烟酒	元	7882	8045	8331	8859	8545	7745	8830	8369	7776
2. 衣着	元	1263	1289	1586	1353	1541	1406	1511	1219	1422
3. 居住	元	4793	4182	4999	4970	5501	4218	4910	5861	4128
4. 生活用品及服务	元	1398	1362	1521	1546	1571	1243	1662	1639	1480
5. 交通通信	元	2398	2412	2498	2383	2409	2592	2760	3257	2622
6. 教育文化娱乐	元	2853	2902	2651	2933	2548	2540	2469	2917	2650
7. 医疗保健	元	2326	2710	2566	2035	2413	2262	2255	1487	2195
8. 其他用品和服务	元	422	415	421	462	529	418	477	612	430

注：本表数据由国家统计局桂林调查队提供。

续表

指标名称	单位	全州县	兴安县	永福县	灌阳县	龙胜各族自治县	资源县	平乐县	恭城瑶族自治县	荔浦市
城镇家庭人均可支配收入与生活消费支出										
一、人均可支配收入	元	39293	41148	41194	37651	38845	38589	39388	37855	40096
1. 工资性收入	元	20275	19345	21645	20022	22661	23449	20954	21956	21933
2. 经营净收入	元	7387	10699	7015	8025	5581	5565	5357	4997	5573
3. 财产净收入	元	3733	1983	3577	1624	2323	3119	3584	3142	3689
4. 转移净收入	元	7898	9121	8957	7980	8280	6456	9493	7760	8901
二、人均生活消费支出	元	21492	22215	22788	20474	22614	21669	20637	21305	23725
1. 食品烟酒	元	7225	7665	7499	7268	7849	7528	7223	7175	8069
2. 衣着	元	1132	1329	1562	1440	1374	1274	991	1150	1190
3. 居住	元	4668	4683	4352	3820	5091	4295	3715	4538	5281
4. 生活用品及服务	元	1320	1151	1375	1183	1692	1256	1424	1481	1576
5. 交通通信	元	2287	2547	2235	2045	2398	2491	2930	2472	3006
6. 教育文化娱乐	元	2748	2612	3094	2598	2264	2436	2208	2496	2343
7. 医疗保健	元	1752	1809	2191	1720	1571	1843	1795	1622	1972
8. 其他用品和服务	元	360	419	480	400	375	546	351	371	288

2021 年桂林市县区农村居民人均收支情况

指标名称	单位	桂林市	秀峰区	叠彩区	象山区	七星区	雁山区	临桂区	阳朔县	灵川县
农村居民人均可支配收入与生活消费支出										
一、可支配收入	元	18993	—	19148	18585	23089	17940	22165	21865	19950
（一）工资性收入	元	8034	—	9971	9353	12468	8073	7395	5669	8239
（二）经营净收入	元	7958	—	4013	4965	3394	7176	10418	13467	8997
1. 第一产业经营净收入	元	5133	—	2712	2875	2064	5383	7156	10309	7243
①农业	元	4132	—	1699	1673	1308	4306	5185	7761	4635
②林业	元	390	—	4	64	19	188	710	574	1288
③牧业	元	565	—	991	864	720	867	1220	1941	1296

续表一

指标名称	单位	桂林市	秀峰区	叠彩区	象山区	七星区	雁山区	临桂区	阳朔县	灵川县
④渔业	元	46	—	18	274	17	22	41	33	24
2. 第二产业经营净收入	元	756	—	108	285	193	215	623	917	324
3. 第三产业经营净收入	元	2069	—	1193	1805	1137	1579	2639	2241	1431
(三)财产净收入	元	399	—	1972	1555	3117	359	460	215	419
(四)转移净收入	元	2602	—	3192	2712	4110	2332	3892	2514	2295
二、生活消费支出	元	12358	—	12129	12550	15337	10856	12748	13542	11370
(一)食品烟酒	元	4367	—	4315	4518	5445	3995	4436	4857	4042
(二)衣着	元	405	—	386	450	585	386	368	337	437
(三)居住	元	2620	—	3212	3086	3042	2207	2365	2649	2399
(四)生活用品及服务	元	803	—	812	1056	1085	655	1043	834	658
(五)交通通信	元	1503	—	1453	1256	2296	1374	1876	2315	1578
(六)教育文化娱乐	元	1218	—	1022	1018	1531	1207	1043	1094	1168
(七)医疗保健	元	1250	—	786	987	1072	836	1390	1327	912
(八)其他用品和服务	元	192	—	143	179	281	196	227	129	176

注:本表数据由国家统计局桂林调查队提供。

续表二

指标名称	单位	全州县	兴安县	永福县	灌阳县	龙胜各族自治县	资源县	平乐县	恭城瑶族自治县	荔浦市
农村居民人均可支配收入与生活消费支出										
一、可支配收入	元	19695	22580	18275	14146	15408	14726	18357	16494	19306
(一)工资性收入	元	6361	6967	7357	5898	5265	5218	4975	5921	6159
(二)经营净收入	元	9296	8587	8253	4555	6701	6979	9821	7950	10116
1. 第一产业经营净收入	元	6293	8539	6227	2728	4881	5396	7670	6360	8184
①农业	元	5117	6303	4532	1157	3483	4719	6957	5101	6391
②林业	元	459	950	495	483	699	625	152	477	647
③牧业	元	655	1242	1199	1036	691	30	545	750	1113
④渔业	元	63	44	1	52	8	22	16	32	33
2. 第二产业经营净收入	元	363	296	661	679	512	153	432	382	303
3. 第三产业经营净收入	元	2640	1951	1366	1148	1066	1430	1719	1193	1629
(三)财产净收入	元	335	251	226	57	352	265	385	264	367
(四)转移净收入	元	3703	6775	2439	3636	3090	2264	3176	2392	2664
二、生活消费支出	元	12618	13580	11010	9390	9805	9321	11111	10679	12438
(一)食品烟酒	元	4402	4873	3956	3494	3730	3437	3733	3700	4192
(二)衣着	元	487	525	390	376	319	395	300	350	431
(三)居住	元	2812	2927	2159	1972	2186	1948	2233	2290	2745
(四)生活用品及服务	元	883	913	652	647	582	799	800	767	724
(五)交通通信	元	1230	1248	1550	1033	1050	1137	1689	1350	2082
(六)教育文化娱乐	元	1287	1382	1079	939	942	846	956	1100	1025
(七)医疗保健	元	1376	1439	1019	751	878	645	1256	1000	1081
(八)其他用品和服务	元	141	273	205	178	118	114	144	122	158

2021年桂林市农村社会经济基本情况表

指标	单位	桂林市	秀峰区	叠彩区	象山区	七星区	雁山区
一、农村基层组织情况							
1. 乡镇个数	个	134		1	1	1	4
其中:镇个数	个	88					2
2. 村民委员会	个	1653	7	15	8	16	37
3. 居民委员会	个	130				1	
二、农村基础设施							
1. 自来水受益村数	个	1186	7	7	8	17	11
2. 通有线电视村数	个	1451	7	15	8	17	14
3. 通宽带村数	个	1631	7	15	8	17	35
三、乡村人口与从业人员							
1. 乡(镇)村户数	万户	116.74	0.57	0.93	0.60	1.54	1.78
2. 乡(镇)村人口数	万人	411.00	2.18	2.93	2.54	5.36	6.59
其中:男	万人	215.08	1.13	1.40	1.29	2.65	3.28
其中:女	万人	195.92	1.04	1.53	1.25	2.71	3.31
3. 乡(镇)村劳动力资源数	万人	257.40	1.18	1.67	1.52	3.63	4.24
其中:男	万人	136.92	0.63	0.82	0.80	1.83	2.11
其中:女	万人	120.48	0.55	0.85	0.72	1.79	2.13
4. 乡(镇)村从业人员数	万人	218.40	0.99	1.45	1.25	2.83	3.92
其中:男	万人	117.01	0.52	0.74	0.61	1.44	1.93
其中:农业从业人员	万人	77.96	0.23	0.49	0.29	0.18	1.40
其中:女	万人	101.39	0.47	0.71	0.64	1.39	1.99
其中:农业从业人员	万人	67.17	0.17	0.38	0.31	0.17	1.41

续表一

指标	单位	临桂区	阳朔县	灵川县	全州县	兴安县	永福县
一、农村基层组织情况							
1. 乡镇个数	个	11	9	12	18	10	9
其中:镇个数	个	9	6	7	15	6	6
2. 村民委员会	个	161	99	129	272	115	93
3. 居民委员会	个	15	15	19	14	2	6
二、农村基础设施							
1. 自来水受益村数	个	113	70	100	192	46	42
2. 通有线电视村数	个	124	90	118	221	115	82
3. 通宽带村数	个	154	93	129	265	115	93
三、乡村人口与从业人员							
1. 乡(镇)村户数	万户	11.80	7.92	8.82	21.44	10.09	5.78
2. 乡(镇)村人口数	万人	44.89	29.08	32.62	75.74	33.98	21.53
其中:男	万人	23.52	15.43	16.60	40.65	17.55	11.47
其中:女	万人	21.37	13.66	16.02	35.09	16.43	10.07
3. 乡(镇)村劳动力资源数	万人	28.34	18.62	19.40	45.42	22.31	12.91
其中:男	万人	15.05	9.79	10.04	24.56	11.61	6.87
其中:女	万人	13.29	8.83	9.35	20.86	10.70	6.04
4. 乡(镇)村从业人员数	万人	24.13	16.53	17.01	37.15	18.40	11.27
其中:男	万人	12.93	8.82	8.75	20.33	9.71	5.88
其中:农业从业人员	万人	7.28	6.00	5.76	13.73	6.59	4.87
其中:女	万人	11.21	7.70	8.27	16.82	8.68	5.39
其中:农业从业人员	万人	6.33	4.98	5.32	11.32	5.87	4.47

续表二

指标	单位	灌阳县	龙胜各族自治县	资源县	平乐县	恭城瑶族自治县	荔浦市
一、农村基层组织情况							
1. 乡镇个数	个	9	10	7	10	9	13
其中：镇个数	个	6	6	3	6	6	10
2. 村民委员会	个	138	119	71	134	117	122
3. 居民委员会	个	4		1	21	10	22
二、农村基础设施							
1. 自来水受益村数	个	124	119	71	65	100	94
2. 通有线电视村数	个	102	118	68	128	107	117
3. 通宽带村数	个	138	119	71	134	116	122
三、乡村人口与从业人员							
1. 乡（镇）村户数	万户	7.61	3.98	4.93	11.76	7.38	9.82
2. 乡（镇）村人口数	万人	24.63	14.75	16.48	37.40	26.04	34.24
其中：男	万人	13.05	7.47	8.58	19.89	13.62	17.51
其中：女	万人	11.59	7.27	7.90	17.51	12.42	16.74
3. 乡（镇）村劳动力资源数	万人	15.32	9.13	9.69	23.69	17.23	23.12
其中：男	万人	8.23	4.97	5.26	12.59	9.58	12.17
其中：女	万人	7.08	4.17	4.43	11.09	7.64	10.94
4. 乡（镇）村从业人员数	万人	13.16	7.74	7.82	21.51	14.80	18.45
其中：男	万人	7.05	4.22	4.29	11.53	8.17	10.10
其中：农业从业人员	万人	5.30	3.44	2.74	6.37	5.97	7.32
其中：女	万人	6.11	3.52	3.53	9.98	6.63	8.35
其中：农业从业人员	万人	4.65	2.88	2.32	5.51	4.66	6.41

2021 年桂林市社会消费品零售总额及发展速度

单位：万元

指标	2021 年	2021 年比上年增长 %	指标	2021 年	2021 年比上年增长 %
合计	9425492	6.0	灵川县	1435160	6.1
按区域分			全州县	425911	4.8
市区	4442159	5.8	兴安县	228894	6.5
秀峰区	800255	5.5	永福县	416386	8.6
叠彩区	758898	4.0	灌阳县	111480	4.5
象山区	1233012	5.8	龙胜各族自治县	135337	7.5
七星区	1537926	6.8	资源县	92855	7.9
雁山区	112068	8.2	平乐县	329775	7.2
各县（市、区）合计	4983333	6.2	恭城瑶族自治县	283071	4.2
临桂区	598465	5.1	荔浦市	479562	5.3
阳朔县	446437	9.0			

2021 年桂林市旅游业重要指标一览表

指标名称	一季度	上半年	前三季度	2021 年	2021 年比上年增长 %
到桂林游客总人数（万人次）	1825.69	6002.74	9925.53	12239.14	19.50
国内游客人数	1825.08	6000.54	9922.14	12234.88	19.60
入境过夜游客人数	0.61	2.20	3.39	4.26	-56.60
#外国人	0.33	1.43	2.33	2.94	-41.20
#东盟十国	0.02	0.09	0.14	0.17	-86.00
港澳同胞	0.20	0.53	0.73	0.92	-64.40
台湾同胞	0.08	0.23	0.33	0.40	-82.10
旅游总消费（亿元）	234.86	740.74	1234.24	1502.88	21.80
国内旅游消费（亿元）	234.71	740.17	1233.35	1501.79	22.00
国际旅游（外汇）消费（万美元）	208.99	817.14	1284.71	1570.89	-55.70
入境过夜游客人均逗留天数（人/天）	1.83	1.64	1.64	2.42	-0.40

2021 年桂林市社会服务事业基本情况

指标	单位	全市	市区	指标	单位	全市	市区
农村社会救济事业				先进女能手年末数	人	2052	
农村特困人员救助供养机构	个	2	2	来信来访情况			
工作人员	人	16	16	全年来信人数	人	515	
农村医疗救助人数	人			来信件数	件	515	
农村定期救济人数	人			处理件数	件	515	
农村居民最低生活保障人数	人	187078	17376	全年来访人次	人	327	
城市社会福利事业				来访件数	件	327	
城市福利院(所)	人	5	1	处理件数	件	327	
工作人员	人	243	234	其他			
年末实有收养人员	人	362	342	三八红旗手	人	59	
城镇居民最低生活保障人数	人	25774	11856	三八红旗集体	个	30	
妇联组织基本情况				五好家庭	户		
妇联组织情况				全年妇联干部培训	期	42	
县、区妇联年末数	个	17		接受培训人数	人	3300	
乡镇(街道)妇联年末数	个	147		妇联内部期刊份数	份		
社区妇联	个	115		婚姻登记状况			
委员人数	人	1288		登记结婚数	对	21781	5973
村级妇联	个	1790		社会团体及城镇社区服务设施情况			
委员人数	人	19820		社会团体年末数	个	1777	582
妇联干部基本情况				本年申请登记社团机构数	个		
干部总数	人	225		本年准予登记社团机构数	个	82	27
# 正、副主席	人	187		本年注销取缔社团数	个		
参加同级党委	人	18		农村困难人口救济			
参加同级人大	人	5		临时救济人次数	人	45239	9360
参加同级政协	人	10		传统救济人次数	人	27	19
妇联少数民族干部	人	79		定期救济支出金额	万元		
巾帼建功活动情况				城镇社区服务设施数		259	136
组织妇女参与创业就业	万人	1.5		殡葬情况			
新建市级巾帼文明岗	个	34		殡葬管理处	个	20	4
巾帼劳动竞赛	场次	190		年末职工人数	人	193	88
参与巾帼竞赛人数	人	3600		火化炉	台	17	4
全年实用技术培训班培训人数	万人	3.64		全年火化尸体	具	10083	5699

2021 年桂林市城市基础设施基本情况

指标	单位	市区	指标	单位	市区
城市设施水平			排水管道长度	千米	1030.07
人口密度	人 / 平方千米	1700	污水排放总量	万立方米	11919
人均日生活用水量	升	273.07	城市污水处理量	万吨	
用水普及率	%	99.67	节约用水		
燃气普及率	%	99	用水量	万吨	
人均拥有道路面积	平方米	21	取水量	万吨	2159
污水处理率	%	99.48	节约用水量	万吨	1100
人均公园绿地面积	平方米	13.90	生产用水量重复利用量	万吨	14600
建成区绿化覆盖率	%	40.91	公共汽车、出租车运行情况		
生活垃圾无害化处理率	%	100	1. 公共汽车公司		

续表

指标	单位	市区	指标	单位	市区
液化石油气供销情况(系统内)			年末实有车辆数	辆	885
储气能力	吨	1887	年末营运汽车数	辆	734
销售总量	吨	16687	营运标准车台	标台	1015.40
#家庭用量	吨	14686	营运线路长度	千米	1220.60
用气总户数	户	122973	运客总数	万人次	11597.52
用气总人口	万人	36.97	利润总额	万元	11.66
环境卫生			营运收入	万元	9401.69
应清扫面积	万平方米	2249	年末职工人数	人	1358
生活垃圾清运理	万吨	49.69	2. 出租汽车公司		
年末拥有公共厕所	座	362	年末实有车辆数	辆	2193
环卫机械拥有数	辆	449	年末营运汽车数	辆	2034
城市自来水基本情况			营运标准车台	标台	2193
年末实有水厂	个	5	营运线路长度	千米	7683.45
年末水厂总生产能力	万吨/日	74	运客总数	万人次	2123.76
年末供水管总长度	千米	2721.45	利润总额	万元	2293.36
全年供水量	万吨	14519.39	营运收入	万元	8967.03
全年售水量	万吨	12251.46	年末职工人数	人	3659
#生产运营	万吨	1788.67	城市园林绿化基本情况		
居民家庭	万吨	7239.65	绿化覆盖面积	公顷	5792.80
用水人口	万人	103.65	#绿地面积	公顷	5125.68
市政工程建设情况			人均绿地面积	平方米/人	37.45
年末实有道路长度	千米	1094.10	建成区绿地面积	公顷	4808.57
年末实有道路面积	万平方米	2168.53	绿化覆盖率	%	40.91
年末路灯盏数	盏	58231	公园、景区点年末数	个(公园个数)	35
城市桥梁数	座	116	公园、景区点总面积	公顷(公园面积)	1111.37

2021 年桂林市教育事业基本情况

单位:人

学校名称级类别	本年招生数	本年毕业生数	期末在校生数	年末教职工人数				
					专任教师	副教授以上	讲师	助教
总计	355601	311152	1229964	91176	69037	5027	4407	637
高等院校	93156	75424	280724	15597	10446	4550	3769	255
普通院校	92539	75124	279088	15533	10422	4539	3762	252
广西师范大学	25340	19653	66453	2554	2050	1021	712	14
桂林理工大学	26309	18710	67769	2747	1788	843	740	9
桂林电子科技大学	11030	11228	41766	3340	1836	832	594	47
桂林医学院	3750	3237	14049	1504	991	694	238	17
桂林旅游学院	2819	4036	12574	987	601	242	255	14
桂林航天工业学院	5064	3727	16593	1185	853	297	342	6
桂林学院	3434	2948	12641	577	308	82	160	6
桂林信息科技学院	3441	3286	12570	518	412	54	121	8
南宁理工学院	2589	4173	12160	769	521	225	240	9
桂林师范高等专科学校	3855	3356	12027	718	603	211	251	29
桂林山水职业学院	996	610	2285	139	59	3	21	3
桂林生命与健康职业技术学院	3912	160	8201	495	400	35	88	90
成人高等学校	617	300	1616	64	24	11	7	3

续表一

学校名称级类别	本年招生数	本年毕业生数	期末在校生数	年末教职工人数				
					专任教师	副教授以上	讲师	助教
桂林开放大学	537	210	1412	41	11	5	4	2
桂林市职工大学	80	90	204	23	13	6	3	1
中等专业学校(不含区直学校)	12523	7317	29130	1491	1232	383	480	265
桂林市卫生学校	2005	981	5332	205	187	84	73	24
桂林市艺术学校	25	36	203	31	19	1	10	8
桂林市旅游职业中等专业学校	2406	2046	5911	326	274	108	115	46
桂林市机电职业技术学校	2330	1020	4052	191	155	63	66	26
张艺谋漓江艺术学校	99	53	235	58	34	2	1	17
桂林风帆旅游学校	241	178	436	19	16	1	1	5
山水职业学校附属中专	60	54	86	25	25	2	12	1
桂林市兴安师范学校	724	402	1181	131	99	29	39	20
全州县中等职业技术学校	559	1070	2237	110	88	6	40	39

续表二

单位：人

学校名称级类别	本年招生数	本年毕业生数	期末在校生数	年末教职工人数				
					专任教师	副教授以上	讲师	助教
灵川县职业中等专业学校	919	235	1962	72	69	19	31	13
荔浦市职业教育中心学校	978	785	2832	86	84	21	25	34
阳朔县中等职业技术学校	121	55	312	33	33	12	15	6
永福县职业教育中心	743	257	1936	55	55	7	25	14
恭城县职业教育中心	607	130	1495	48	41	16	18	5
桂林市森林美工艺雕刻中等职业技术学校	137	15	351	24	13	3	6	2
技工学校	7558	3728	20238	881	557	94	158	117
广西桂林商贸旅游技工学校	1727	500	5056	115	95	11	40	21
桂林市交通技工学校	861	360	2203	68	53	19	23	10
广西商业技师学院	2307	1664	7067	336	125	7	10	24
桂林市第二技工学校	733	296	1984	145	118	21	42	43
桂林技师学院	1930	908	3928	217	166	36	43	19
普通中学	100363	87569	292298	25196	20572			
# 城区	28917	23626	82737	7773	5876			
# 高中(市属)	12482	9530	33841	7773	2377			
初中(市属)	16435	14096	48896		3499			
县镇	58874	52299	172395	14309	11976			
农村	12572	11644	37166	3114	2720			
普通小学	70478	63391	412920	27220	25473			
# 城区	21478	15655	116134	6931	6573			
县镇	29673	30367	183402	10675	10257			
农村	19327	17369	113384	9614	8643			
幼儿园	71296	73526	193403	20530	10509			
# 城区	17071	17014	50347	7441	3607			
县镇	31400	32351	89598	9382	4602			
农村	22825	24161	53458	3707	2300			
特殊教育学校	190	188	1210	248	238			
工读学校	37	9	41	13	10			

（桂林市统计局）

2021 年桂林市国民经济和社会发展统计公报[1]

桂林市统计局　国家统计局桂林调查队

2022 年 4 月 25 日

2021 年，面对复杂多变的国内外环境和新冠肺炎疫情散点多发的挑战，桂林市坚持以习近平新时代中国特色社会主义思想为指导，认真贯彻落实党的十九大和十九届历次全会精神，认真贯彻落实习近平总书记视察广西"4·27"重要讲话精神和对桂林工作系列重要指示要求，认真贯彻落实中央和自治区各项决策部署，统筹推进疫情防控和经济社会发展，扎实做好"六稳"工作，全面落实"六保"任务，经济持续恢复，民生保障有力，社会和谐稳定，"十四五"实现良好开局，建设世界级旅游城市迈出坚实步伐。

一、综合

初步核算，全年全市生产总值[2]（GDP）2311.06 亿元，按可比价计算，比上年增长 6.6%，两年平均增长[3]4.4%。

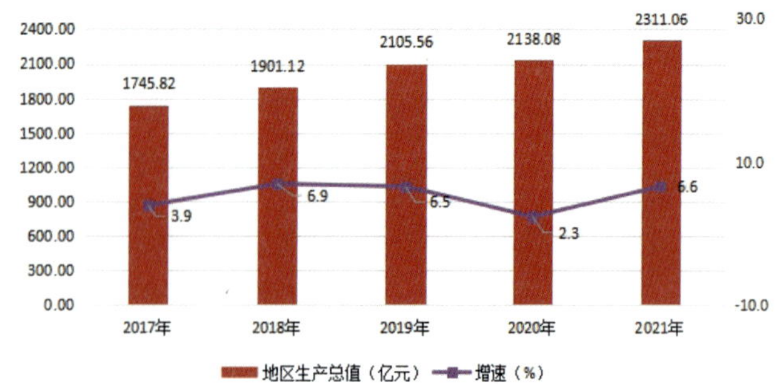

2017 年—2021 年全市生产总值及增长速度

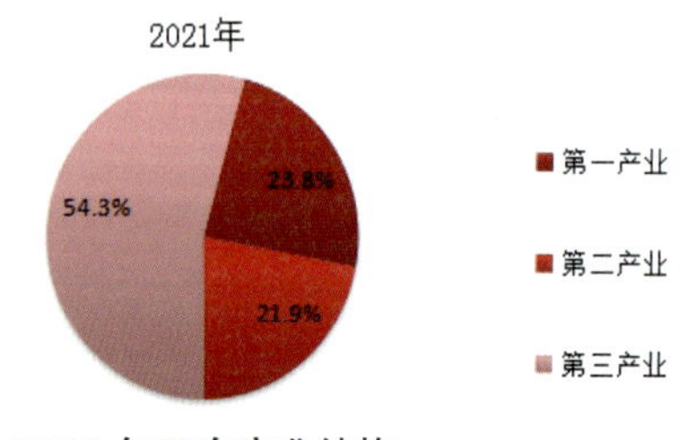

2021 年三次产业结构

分产业看，第一产业增加值 549.47 亿元，增长 8.9%；第二产业增加值 506.40 亿元，增长 4.5%；第三产业增加值 1255.19 亿元，增长 6.4%。三次产业增加值占地区生产总值的比重分别为 23.8%、21.9% 和 54.3%，对经济增长的贡献率分别为 31.5%、15.6% 和 52.9%。按常住人口计算，全年人均地区生产总值 46767 元，比上年增长 6.4%。

年末全市常住人口 494.59 万人，比上年末增加 0.85 万人，其中城镇人口 264.20 万人，占常住人口比重（常住人口城镇化率）为 53.42%，比上年末提高 0.84 个百分点。全年出生人口 4.03 万人，出生率为 8.33‰；死亡人口 3.57 万人，死亡率为 7.18‰；自然增长率为 1.15‰。

2021 年，居民消费价格（CPI）比上年上涨 0.7%；商品零售价格比上年上涨 1.9%。

2021 年居民消费价格指数

指　标	指数（上年同期 =100）
居民消费价格总指数	100.7
# 食品烟酒	99.3
衣着	101.2
居住	100.8
生活用品及服务	101.9
交通和通信	102.6
教育文化和娱乐	101.2
医疗保健	101.2
其他用品和服务	100.4

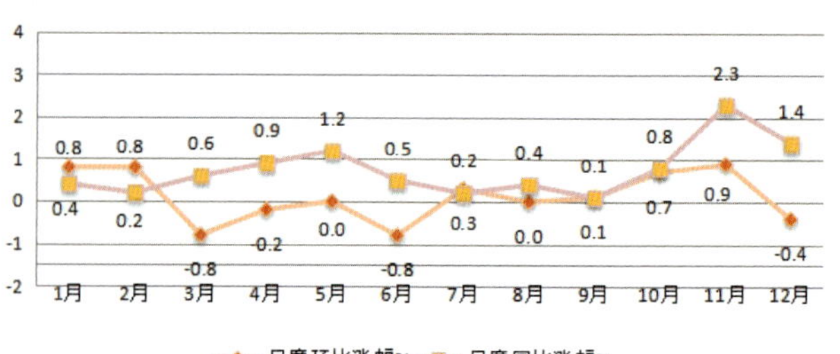

2021 年月度居民消费价格涨跌情况

全年一般公共预算收入117.50亿元，比上年增长5.4%，税收收入73.66亿元，增长6.1%。一般公共预算支出461.79亿元，下降2.2%。民生领域支出方面，教育、社会保障和就业、交通运输、商业服务业支出分别增长4.5%、9.9%、3.6%和17.4%。全年新增内资企业1.53万个，新登记市场主体6.00万户，年末市场主体总数35.91万户。

二、农业

全市农林牧渔业总产值913.95亿元，比上年增长10.2%。其中，农业产值比上年增长7.7%；林业产值比上年增长3.5%；畜牧业比上年增长21.0%；渔业产值比上年增长3.6%；农林牧渔专业及辅助性活动产值比上年增长6.2%。

全市粮食播种面积34万公顷，增长0.8%；粮食总产量179.16万吨，增长1.3%。全年水果产量914.35万吨，比上年增长15.4%，其中柑橘增长16.5%，柿子增长12.7%，葡萄增长13.3%。2021年，全市蔬菜（含食用菌）产量562.20万吨，比上年增长5.4%。全年生猪出栏426.49万头，比上年增长37.1%。期末存栏285.31万头，增长16.1%。家禽出栏1.36亿只，下降4.3%。禽蛋产量3.80万吨，增长0.3%。

全年肉类总产量56.73万吨，比上年增长18.3%，猪肉产量33.37万吨，比上年增长40.4%。牛肉产量1.64万吨，增长1.8%。羊肉产量0.32万吨，增长8.6%。水产品产量10.64万吨，比上年增长3.6%。

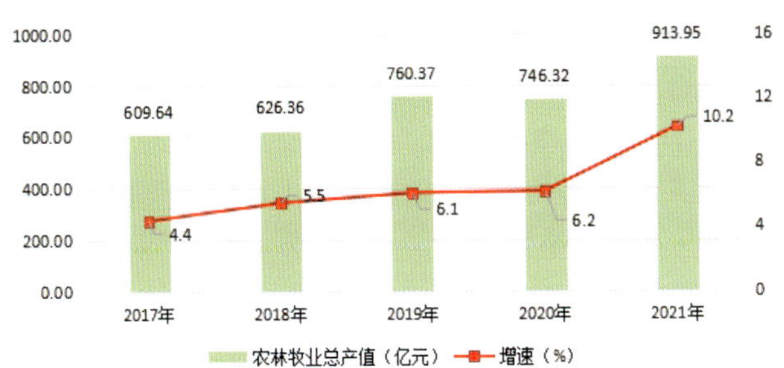

2017年—2021年农林牧渔业总产值及增长速度

2021年主要农产品产量及增长速度

指　标	绝对值(万吨)	比上年增长(%)
粮食	179.16	1.3
# 夏粮	78.90	0.9
秋粮	97.48	1.5
# 稻谷	139.07	1.3
玉米	22.64	1.4
豆类	7.20	1.3
薯类(折粮)	9.20	−0.2
油料	8.45	0.8
# 花生	7.27	0.5
糖类(甘蔗)	26.98	−2.9
水果产量	914.35	15.4
# 柑桔	643.29	16.5
蔬菜产量	546.59	5.3

续表

指　标	绝对值(万吨)	比上年增长(%)
肉类总产量	56.73	18.3
# 猪肉	33.37	40.4
牛肉	1.64	1.8
羊肉	0.32	8.6
水产品产量	10.64	3.6
禽蛋产量	3.80	0.3

三、工业和建筑业

全年全部工业增加值比上年增长7.6%，规模以上工业增加值比上年增长8.1%。在规模以上工业中，分经济类型看，国有企业增加值增长8.2%，集体企业增长31.1%，股份制企业增长7.7%，外商及港澳台投资企业增长11.3%。分三大门类看，采矿业增加值下降2.7%；制造业增加值增长10.0%，其中，高技术行业增加值增长5.9%，高耗能行业增长2.8%；电力热力燃气及水生产和供应业增加值增长9.5%。

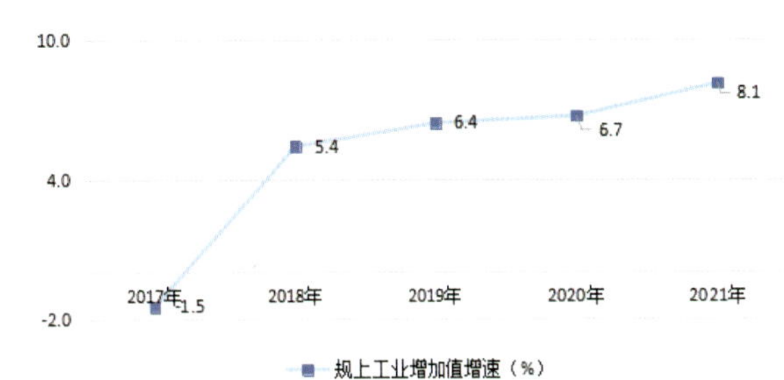

2017—2021年规模以上工业增加值增长速度

从行业看，黑色金属冶炼和压延加工业增加值比上年增长69.6%，电力、热力生产和供应业增加值增长8.1%，酒、饮料和精制茶制造业增长8.5%，废弃资源综合利用业增长556.7%，汽车制造业增长13.1%，专用设备制造业增长30.4%。从产品产量看，金属切削机床增长33.1%，汽车增长49.4%，人造板增长32.2%。

2021年主要工业产品产量增长速度

产品名称	比上年增长(%)
# 纸制品	−7.5
金属切削机床	33.1
汽车	49.4
钢材	5265.9
电力电容器	−34.1
电力电缆	3.0
橡胶轮胎外胎	−2.1
饮料酒	5.6
# 白酒(折65度，商品量)	−12.7
啤酒	5.9
饮料	14.2
人造板	32.2
衣架	8.6

续表

产品名称	比上年增长(%)
铁合金	-15.4
化学药品原药	-1.5
中成药	2.7
水泥	-9.8

全年规模以上工业企业营业收入增长16.7%，分经济类型看，国有控股企业营业收入增长15.0%，集体企业增长22.5%，非公企业增长17.8%。分规模类型看，大中型企业增长14.1%，小微企业增长19.8%。规模以上工业销售产值增长14.3%；产品销售率为95.49%。全年规模以上工业企业利润比上年增长1.8%。

全年全社会建筑业增加值(按可比价格计算)比上年增长0.1%，资质以上建筑业企业实现总产值增长12.1%。

四、固定资产投资

2021年，全市固定资产投资比上年下降4.3%，两年平均增长下降0.3%。分产业看，第一产业投资增长11.5%；第二产业投资增长6.2%，其中工业投资比上年增长7.5%；第三产业投资下降6.9%。分领域看，基础设施投资增长14.4%，制造业投资增长24.8%，交通运输、仓储和邮政业增长23.5%，房地产开发投资下降11.0%。全市高技术产业投资增长20.0%，快于全部投资24.3个百分点。计算机、通信和其他电子设备制造业投资增长52.5%，研究和试验发展投资增长293.9%，科技推广和应用服务业投资增长30.7%。

2021年分行业固定资产投资增长速度

行业名称	比上年增长(%)
固定资产投资	-4.3
#农、林、牧、渔业	11.5
采矿业	13.6
制造业	24.8
电力、热力、燃气及水生产和供应业	-26.5
建筑业	-82.0
批发和零售业	4.0
交通运输、仓储和邮政业	23.5
住宿和餐饮业	-42.5
信息传输、软件和信息技术服务业	-26.9
金融业	0.0
房地产业	-14.3
租赁和商务服务业	-45.3
科学研究和技术服务业	-0.9
水利、环境和公共设施管理业	6.0
居民服务、修理和其他服务业	-24.2
教育	-26.8
卫生和社会工作	-3.9
文化、体育和娱乐业	2.3
公共管理、社会保障和社会组织	-18.7

全年房地产开发房屋施工面积比上年增长4.7%，其中，住宅增长4.0%，年内新开工面积下降33.0%。房屋竣工面积下降23.1%，其中住宅下降18.2%。商品房销售面积下降8.3%，其中住宅销售面积下降27.6%。商品房销售额下降16.2%，其中住宅销售额下降28.5%。商品房待售面积下降46.7%，其中住宅下降59.5%。

五、国内贸易和对外经济

全年社会消费品零售总额942.55亿元，比上年增长6.0%。按经营单位所在地分，城镇社会消费品零售额比上年增长5.6%，乡村社会消费品零售额比上年增长8.0%。按消费类型分，商品零售比上年增长3.6%，餐饮收入比上年增长26.0%。

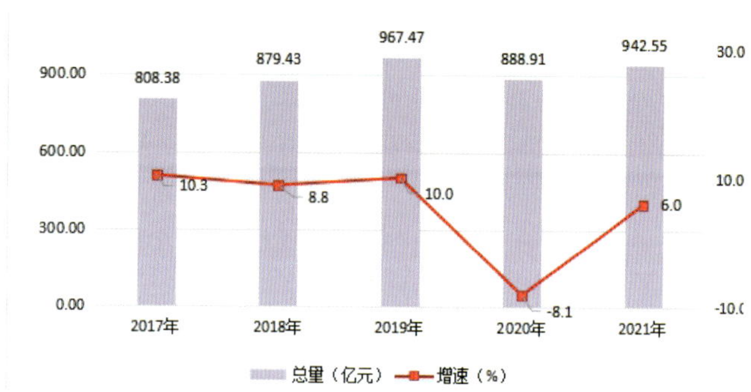

2017年—2021年社会消费品零售总额及增长速度[4]

从批零住餐四大行业情况看，批发业销售额比上年增长6.9%；零售业销售额比上年增长3.8%；住宿业营业额比上年增长26.8%；餐饮业销售额比上年增长22.3%。从限额以上商品零售类值看，文化办公用品类增长63.9%，其中计算机及其配套产品增长99.1%，通讯器材类增长88.5%，可穿戴智能设备增长65.9%，机电产品及设备类增长55.1%，新能源汽车增长78.0%。

全年外贸进出口总额91.61亿元，比上年增长27.3%。其中，出口82.14亿元，增长27.3%；进口9.47亿元，增长27.4%。

2017年—2021年进出口总额及增长速度

六、服务业

2021年，全市第三产业增加值比上年增长6.4%，分行业看，全年批发和零售业增加值比上年增长7.0%；交通运输、仓储和邮政业增加值增长15.8%；住宿和餐饮业增加值增长13.4%；金融业增加值增长4.0%；房地产业增加值增长2.2%；其他服务业增加值增长7.1%。规模以上服务业企业营业收入比上年增长5.4%。

年末公路总里程16900.83千米，比上年增长13.1%。其中，高速公路里程779.14千米，增长8.9%。年末民用汽车保有量81.65万辆，增长6.9%，其中私人72.51万辆，增长2.5%。

2021年客货运输量及增长速度

指 标	单位	绝对值	比上年增长(%)
全社会货运总量			
#公路	万吨	11291	16.0
水运	万吨	37	56.5
空运(货邮吞吐量)	吨	17223	11.5
全社会客运总量			
#公路	万人次	1978	-61.8
水运	万人次	147	74.9
空运(旅客吞吐量)	万人次	453	4.1

全年完成邮电业务总量[5]63.88亿元，比上年增长27.5%。其中邮政业务总量10.91亿元，增长6.8%。电信业务总量52.96亿元，增长32.8%。年末移动电话用户571.65万户，增长3.7%，其中4G以上用户521.07万户，年内新增用户124.97万户，互联网宽带接入用户数209.39万户。

全年接待国内游客12234.88万人次，比上年增长19.6%。国内旅游总消费1501.79亿元，增长22.0%。入境过夜游客4.26万人次，下降56.6%。国际旅游消费1570.89万美元，下降55.7%。国内过夜旅游者平均停留天数2.42天。

七、金融和保险

年末金融机构本外币存款余额4484.50亿元，增长11.5%。其中人民币各项存款余额4450.32亿元，增长11.4%，本外币贷款余额3542.01亿元，增长8.8%。其中人民币各项贷款余额3539.44亿元，增长8.8%。

2021年末金融机构本外币存贷款余额及增长速度

指 标	单位	绝对值	比上年增长(%)
本外币各项存款余额	亿元	4484.50	11.5
#住户存款	亿元	2779.29	10.4
本外币各项贷款余额	亿元	3542.01	8.8
#境内中长期贷款	亿元	1222.11	1.9
境内短期贷款	亿元	349.87	-1.0

全年保险业承保额合计42129.06亿元，比上年增长15.9%。其中，财产险业务承保额32675.82亿元，增长18.7%；寿险业务承保额9453.25亿元，增长7.2%，健康险和意外险业务承保额17416.80亿元，增长41.1%。保费收入79.16亿元，增长4.2%。其中，财产险业务保费收入23.84亿元，增长13.2%；寿险业务保费收入55.32亿元，增长0.7%，健康险和意外险业务保费收入19.38亿元，增长13.7%。

八、教育和科学技术

全市有普通高等院校12所(不含军事院校)，专任教师1.04万人，在校生28.07万人，当年招收学生9.32万人，毕业学生7.54万人。中等职业教育学校21所，专任教师1789人，在校学生4.73万人，当年招生2.00万人，毕业生1.10万人。有普通中学228所，专任教师2.06万人，在校生29.23万人，当年招生10.04万人，毕业生8.76万人；有普通小学554所，专任教师2.55万人，在校生41.29万人，当年招生7.05万人，毕业生6.34万人。全市九年义务教育巩固率101.70%，高中阶段毛入学率111.82%。有幼儿园1162所，专任教师1.05万人，在园幼儿19.34万人。有特殊教育学校10所，在校学生1210人，专任教师238人。

全年登记科技成果427项，增长21.3%，获自治区级科技进步奖43项。新增国家技术创新示范企业3家，自治区级以上创新平台32家。年内签订技术登记合同640件，合同成交额135.14亿元，技术交易额3.04亿元。专利授权5729项，其中发明1034项。

九、文化、卫生和体育

全市共有专业艺术表演团体9个，国内演出1120场次。各类电影放映单位36个，全年放映电影33.70万场次。公共图书馆14个，藏书517.49万册。文化馆及艺术馆18个，剧场7个，文化站141个，博物馆30个，博物馆接待观众1059.39万人次。年末广播节目综合人口覆盖率为99.18%，电视节目综合人口覆盖率为99.39%。

全市共有各类卫生医疗机构4960所。其中，医院88所，乡镇卫生院143所，社区卫生服务中心(站)46所，门诊53个，村卫生室3094个，专业公共卫生机构62个，其中疾病预防控制中心14所，卫生监督所(中心)18所。医疗卫生机构床位2.85万张，其中，医院2.12万张。全市卫生技术人员4.25万人，执业医师(含执业助理医师)1.52万人，注册护士(师)1.99万人。

全市体育场馆41个，场地14685个，向上级输送各类运动员86人。在各类大赛中获全国比赛29枚奖牌，其中8枚金牌，10枚银牌，11枚铜牌。

十、人民生活和社会保障

2021年，全市居民人均可支配收入29964元，比上年增长8.0%。按常住地分，城镇居民人均可支配收入40739元，比上年增长6.8%；农村居民可支配收入18993元，比上年增长9.5%。城乡居民收入倍差2.14，比上年缩小0.06。全年全市城镇居民人均消费支出23335元，增长8.5%；农村居民人均消费支出12358元，增长11.7%。

年末全市参加城乡居民基本养老保险 263.37 万人，比上年增长 7.8%，参加城镇职工养老保险 110.42 万人，增长 5.8%。参加居民基本医疗保险 430.46 万人，下降 0.2%，参加职工基本医疗保险 79.47 万人，增长 3.7%。参加失业保险人数 50.05 万人，增长 9.4%，参加工伤保险人数 60.20 万人，增长 12.9%；参加生育保险 51.78 万人，增长 7.3%。全市享受城市最低生活保障人数 2.58 万人，增长 0.5%，享受农村最低生活保障人数 18.71 万人，下降 6.9%。全市有提供住宿的社会工作机构 95 个，床位 1.40 万张。其中养老机构 82 个，床位 1.25 万张。

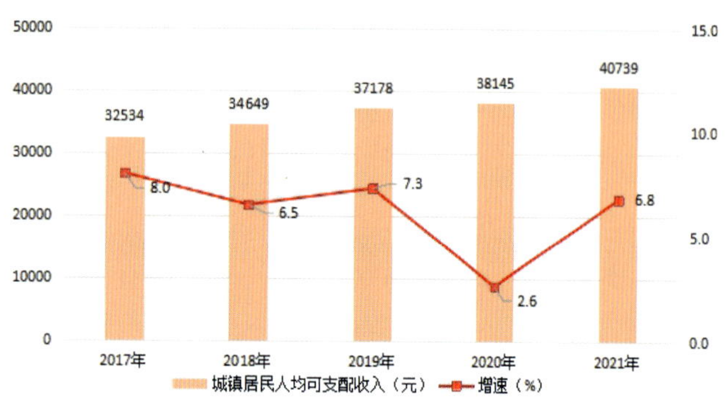

2017 年—2021 年城镇居民人均可支配收入及增长速度

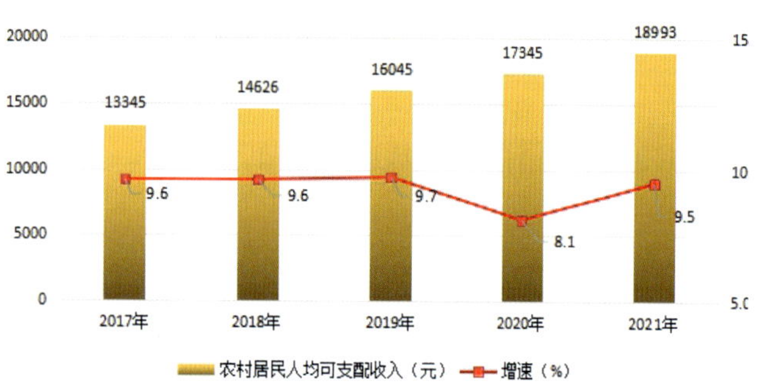

2017 年—2021 年农村居民人均可支配收入及增长速度

十一、资源、环境和安全生产

全年全市空气质量优良天数比例 94.2%，细颗粒物（PM2.5）年平均浓度 29μg/m³，降水量 2136.50 毫米，水资源总量 361.00 亿立方米，全市森林覆盖率 71.97%。绿化覆盖面积 10630.39 公顷，建成区绿化覆盖率 41.47%，绿地面积 9323.85 公顷，建成区绿地率 36.41%；公园绿地面积 3025.59 公顷。造林面积 0.98 万公顷，未成林及中幼林抚育面积 8.81 万公顷。

全市共有污水处理厂 17 个，污水集中日处理能力 58.95 万立方米，污水处理率 98%，污水处理厂集中处理率 98%。生活垃圾处理厂 15 个，生活垃圾处理量 88.47 万吨，生活垃圾无害化处理率 100%。

全年全社会用电量 164.40 亿千瓦时，比上年增长 13.1%。全行业用电量 118.04 亿千瓦时，比上年增长 14.4%。其中，第一产业用电量 1.94 亿千瓦时，增长 26.4%，第二产业用电量 81.57 亿千瓦时，增长 11.7%，第三产业用电量 34.53 亿千瓦时，增长 20.6%。居民生活用电 46.36 亿千瓦时，增长 10.0%，工业用电 79.43 亿千瓦时，增长 12.0%。

全年交通事故死亡人数 363 人，交通事故直接财产损失 941.60 万元，火灾事故死亡人数 6 人，火灾事故直接财产损失 1155 万元。

注释：

［1］本公报中 2021 年数据均为初步统计数，2020 年 GDP 为年报数。部分数据因四舍五入的原因，存在着与分项合计不等的情况。

［2］地区生产总值、三次产业及相关行业增加值、人均地区生产总值、农林牧渔业总产值绝对数按现价计算，增长速度按不变价格计算。

［3］两年平均增速是指以 2019 年同期数为基数，采用几何平均的方法计算的增速。

［4］根据第四次全国经济普查结果及有关制度规定，对 2017—2019 年社会消费品零售总额数据进行了修订。

［5］邮政行业业务总量、电信业务总量按 2020 年价格计算。

资料来源：

本公报中物价、城乡居民收支及部分农业数据由国家统计局桂林调查队提供；财政数据由市财政局提供；市场主体数据由市市场监管局提供；进出口数据由桂林海关提供；交通数据由市交通局、市交警支队、桂林机场提供；邮政业务数据由邮政管理局提供；电信业务数据由通信管理局提供；移动电话数据由电信、联通、移动、铁通、广电桂林分公司提供；金融数据由中国人民银行桂林市中心支行提供；保险数据由市保险行业协会提供；教育数据由市教育局及相关院校提供；科技数据由市科技局提供；体育数据由市体育局提供；文化、旅游数据由市委宣传部、市文化广电和旅游局提供；卫生数据由市卫生健康委员会提供；就业、社会保障数据由市人力资源和社会保障局提供；医疗保障数据由市医保局提供；用电情况数据由市供电局提供；用水量数据由市水利局提供；林业数据由市林业和园林局提供；火灾事故数据、道路交通事故数据由市消防救援支队和市公安局提供。

桂林市城市绿化条例

（2020年10月28日桂林市第五届人民代表大会常务委员会第三十二次会议通过，2021年3月26日广西壮族自治区第十三届人民代表大会常务委员会第二十二次会议批准）

目 录

第一章 总则

第一条 为了促进城市绿化事业的发展，改善生态环境，美化生活环境，增进人民身心健康，根据国务院《城市绿化条例》等有关法律法规，结合本市实际，制定本条例。

第二条 本条例适用于本市城市规划区和县级人民政府所在地的镇规划区范围内种植和保护树木花草等城市绿化的规划、建设、保护和管理。

第三条 市、县级人民政府应当把城市绿化建设纳入国民经济和社会发展中长期规划和年度计划，保障城市绿化发展所需用地和资金。

第四条 市人民政府城市绿化行政主管部门负责全市的城市绿化工作，组织实施本条例。县级人民政府城市绿化行政主管部门负责本行政区域内的城市绿化工作，组织实施本条例。

发展改革、公安、财政、城乡规划、生态环境、住房和城乡建设、交通运输、水利、农业农村、城市管理等部门按照职责做好城市绿化工作。

第五条 市、县级人民政府应当组织开展全民义务植树活动和群众性绿化工作。

各单位和有劳动能力的公民，应当依照国家有关规定履行植树或者其他绿化义务。

鼓励企事业单位、社会团体和个人以投资、捐资、认建、认养等方式，参与城市绿化建设和养护。

第六条 任何单位和个人都有权对损害、破坏城市绿化及其设施的行为进行劝阻、投诉和举报。

城市绿化行政主管部门应当建立健全投诉举报制度，向社会公开投诉和举报的电话、信箱或者电子邮箱。对投诉、举报应当及时调查处理，并将处理结果及时反馈给实名投诉人、举报人。对投诉人、举报人的信息应当保密。

第七条 鼓励和加强城市绿化的科研创新，推广先进技术，开展引种驯化、选种育苗、栽培管理、石山复绿、植物多样性、区域性物种保护与开发、植物病虫害防治等方面的研究，提高城市绿化的科学技术和艺术水平。

第二章 规划和建设

第八条 市、县（市）人民政府应当组织城乡规划行政主管部门和城市绿化行政主管部门等共同编制城市规划区和县级人民政府所在地镇规划区的绿化规划，纳入国土空间规划。

城市规划区和镇规划区内绿化用地等内容，应当作为城市总体规划和镇总体规划的强制性内容，落实到详细规划实施管理。城市绿化规划由城市绿化行政主管部门组织实施。

重大绿化规划设计方案实行自然资源审查委员会审议制度，具体办法由市人民政府制定。

城区人民政府应当根据城市绿化规划，制定和实施本行政区的绿化建设方案。

第九条 城市绿化规划应当根据本地的景观风貌特色、历史文化特点、城市山水格局和空间布局，利用原有地形、地貌、水体、植被和历史文化遗址等自然、人文条件，结合旧城改造和新区开发建设需要，以方便群众为原则，合理设置各类绿地及绿化设施，形成完整有机的绿化系统。

城市绿化设计应当符合国家、自治区有关标准和规范，体现地方特色和民族风格，突出实效性、科学性和艺术性。

城市绿化应当引进适合在本地区生长的绿化植物，注重乡土植物应用，加强市树市花的培育和使用。

第十条 城乡规划行政主管部门应当会同城市绿化行政主管部门根据国土空间规划和城市绿化规划及其详细规划确定规划区内绿地范围控制线，向社会公布，接受公众监督。

绿地范围控制线划定后，任何单位和个人不得擅自修改。确需修改的，应当按照原审批程序报批。因调整绿地范围控制线而减少的绿地面积，应当同步落实新的规划绿地予以补足。

第十一条 本市绿化规划建设指标应当不低于国家和自治区规定的标准，其中城市建成区绿化覆盖率不低于百分之四十，绿地率不低于百分之三十五，人均公园绿地面积不低于十二平方米。

新建建设工程项目应当安排配套绿化用地，配套绿化用地占新建建设工程项目用地面积的比例不低于国家、自治区标准。改建、扩建建设工程项目不得降低原配套绿化用地标准。

城市公园绿化用地面积应当占总用地面积的百分之六十五以上，游览、休憩、服务性的建筑面积不得超过陆地总面积的百分之五。

城乡规划行政主管部门应当在规划编制及实施过程中，确保本条例规定的绿化建设指标实现。

第十二条 城市绿地建设按照下列规定分工负责：

（一）城市公园绿地、防护绿地及区域绿地的绿化建设由城市绿化行政主管部门负责；

（二）城市道路、桥梁、防汛等建设项目附属绿地的绿化建设由项目建设单位负责；

（三）新建、扩建、改建的居住区附属绿地的绿化建设由建设单位负责；

（四）单位附属绿地和本单位管界内防护绿地的绿化建设由本单位负责。

前款规定以外的城市绿地的建设责任不明确的，按照属地管理的原则，由所在地县（市、区）人民政府负责建设。

第十三条　城市道路两侧种植的行道树应当选择适应城市道路环境条件、符合交通安全要求、与道路景观相协调、地方特色鲜明的树种。

第十四条　建设单位向城乡规划行政主管部门报送建设工程设计方案时，应当同时报送附属绿化工程设计方案。附属绿化工程设计方案应当包括对建设项目用地范围内现有树木的处置和保护措施。按照基本建设程序审批时，城市绿化行政主管部门应当参加对附属绿化工程设计方案的审查。

建设工程附属绿化工程设计方案不符合控制性详细规划、规划条件和绿化规划建设标准规定的，城乡规划行政主管部门不予核发建设工程规划许可证。

第十五条　城市绿化工程的设计，应当委托持有相应资格证书的设计单位承担。建设单位、施工单位应当按照绿化工程施工规范、标准和经批准的绿化工程设计方案组织施工。

城市新建、扩建、改建工程建设项目附属绿化工程应当与主体工程同步设计、同步施工、同步验收。达不到规定标准的，不得投入使用。

城乡规划行政主管部门对建设工程进行规划条件核实时，城市绿化行政主管部门应当对附属绿化工程是否符合规划条件提出意见。

城市绿化行政主管部门应当建立绿化工程设计和施工企业信用管理制度。

第十六条　鼓励和推行以建筑物、构筑物为载体的立体绿化。新建公共建筑和高架桥、人行天桥、大型环卫设施等市政公用设施，应当按照相关标准和技术规范实施立体绿化。建筑物的屋顶、墙体、阳台和围栏、棚架，以及桥体、高架沿口、公交站点、停车场等，在符合公共安全的情况下，实施屋顶绿化、垂直绿化等立体绿化。城市绿化行政主管部门应当会同城乡规划行政主管部门制定立体绿化技术规范和立体绿化与地面绿化面积折算办法。

未经市、县（市）人民政府批准，不得在已建成城市绿地下进行地下空间开发利用。经批准在城市绿地下进行地下空间开发利用的，地下空间顶部覆土厚度应当满足绿化种植相关要求，确保树木正常生长和绿地使用功能。

第三章　保护和管理

第十七条　城市绿地按照下列规定确定管理养护责任人：

（一）政府投资建设的绿地，在保修养护期内由建设单位负责管理养护；保修养护期届满，经验收合格后交由城市绿化行政主管部门指定或者委托的单位管理养护；

（二）居住区附属绿地，由业主或者其委托的管理单位负责管理养护；

（三）机关、团体、部队、企业、事业等单位附属绿地和管界内的防护绿地，由该单位负责管理养护；

（四）建设工程范围内保留的绿地，在建设期间由建设单位负责管理养护；

（五）城市苗圃、花圃、草圃等生产绿地，由经营单位管理养护。

按照前款规定不能确定管理养护责任人的，由市、县级人民政府按照有利于建设、方便养护的原则，根据实际情况确定管理养护责任人。

城市绿化行政主管部门应当制定城市绿地管理养护有关标准和技术规范，并组织实施；对管理养护责任人负责的绿地管理和养护工作进行检查、监督和指导。

管理养护责任人应当按照相关标准和技术规范履行责任，保持绿地功能完整和设施完好。

第十八条　任何单位和个人不得擅自改变城市绿化规划用地性质或者破坏绿化规划用地的地形、地貌、水体和植被。

城市绿化规划用地性质调整涉及国土空间规划、详细规划修改的，按照有关法律法规的规定执行。

第十九条　任何单位和个人不得擅自占用城市绿地。

因建设施工或者其他特殊情况，需要临时占用城市绿地的，由临时占用单位或者个人提出书面申请，经城市绿化行政主管部门批准，按照规定办理临时占用绿地手续。

临时占用城市绿地施工期间，施工单位应当在施工现场设立施工标牌，公示施工内容、时间和批准单位，接受公众监督。影响安全的，应当设立围档等安全设施。

第二十条　临时占用城市绿地期限不得超过一年，因特殊原因确需延长使用期限的，临时占用单位应当在使用期满前二个月内，向原批准单位申请办理临时用地延期手续。延期时间不得超过一年。

临时占用期满后，临时占用单位应当在规定期限内恢复城市绿地原状，绿地恢复不得低于临时占用前面积和标准，并在保修养护期满后移交原管理养护责任人。

第二十一条　任何单位和个人不得擅自砍伐树木。因建设施工或者其他活动确需砍伐城市树木的，必须报城市绿化行政主管部门批准，并按照国家有关规定补植树木或者采取其他补救措施。

同一个建设项目需砍伐胸径二十厘米以上乔木十株以上的，城市绿化行政主管部门在许可之前，应当通过专家论证会、听证会等形式广泛征求意见，接受社会监督。

同一建设项目及其附属工程中需砍伐城市树木的，应当按照规划确定的范围一次性向城市绿化行政主管部门提出申请，不得分次进行，城市绿化行政主管部门不得分次审批。

第二十二条　城市树木不得随意迁移。单位和个人因建设工程施工等原因需要迁移城市树木的，应当按照有关技术规范操作，迁移到城市绿化行政主管部门指定地点，加强管理养护。树木迁移一年内未成活的，应当补植相同数量同种类同规格的树木，或者采取其他补救措施。

第二十三条　城市树木不得随意修剪。修剪树木应当按照相关标准和技术规范进行，不得截除树木主干、去除树冠。

因树木生长影响住房采光、通风及安全，遮挡路灯、交通信号灯、交通标志、交通标线、通行视线，以及影响管线等公共设施使用和交通安全的，树木管理养护责任人应当及时修剪。有关公民、法人或者其他组织应当予以协助。

第二十四条　因自然灾害或者突发事件等不可抗力致使树木危及人身财产和管线等公共设施安全时，有关单位和个人可以先行修剪、扶正或者砍伐树木。砍伐树木的，应当在五个工作日内报告城市绿化行政主管部门或者管理养护责任人。

因树木生长严重损坏城市道路或者严重妨碍车辆、行人交通安全的，管理养护责任人应当及时迁移。

第二十五条　市政、交通、电力、通信等建设工程项目影响城市绿化的，建设单位应当在设计、施工前，会同城市绿化行政主管部门或者管理养护责任人确定保护措施。

因建设工程施工、交通事故等原因造成绿化设施损坏的，责任人应当向管理养护责任人赔偿损失，由管理养护责任人负责对损坏的绿化设施按原标准进行恢复。

第二十六条　禁止下列损害城市绿化的行为：

（一）攀折、刻划树木，擅自采摘花果，践踏地被植物、剥损树皮、破坏植物根系等；

（二）借树木作为支撑物或者固定物，在树上拉线挂物、拴系牲畜、倚靠重物、围圈搭盖、架设电线电缆；

（三）擅自在城市绿地内铺设硬化地面、摆摊设点、停放车辆；

（四）在城市绿地内挖沙取土、造坟修墓、打砖、种菜、用火、烧烤、堆放物料，倾倒污水、垃圾、渣土，设置商业广告等；

（五）损坏树木支架、护栏、给排水等绿化设施；

（六）法律法规禁止的其他行为。

第二十七条　严禁砍伐或者迁移古树名木。因特殊原因需要迁移古树名木的，必须经市人民政府城市绿化行政主管部门审查同意，并报同级或者上级人民政府批准。

未列入古树名木的下列树木，作为古树名木的后续资源，非因自然枯死、发生严重病虫害已无法挽救或者进行城市重大基础设施建设等特殊情况，不得砍伐、迁移：

（一）桂花树种胸径三十厘米以上的；

（二）非速生树种胸径五十厘米以上或者树龄五十年以上的。

第二十八条　加强石山山体绿化。石山应当实行封山育林与人工造林相结合、群众造林与专业队伍造林相结合进行绿化。

石山绿化不得破坏原生植被，应当选用适合石山种植的常绿植物、色叶树种。

第二十九条　城市绿化行政主管部门应当编制突发事件应急预案，建立城市绿化植物病虫害疫情监测、预报网络，健全城市绿化植物病虫害预警预防控制体系。

从市外调入的苗木应当检疫合格。禁止引进和使用带有检疫性有害生物的植物进行城市绿化，防止外来有害物种入侵。

第四章　法律责任

第三十条　违反本条例规定的行为，法律法规已有法律责任规定的，从其规定。

第三十一条　违反本条例第十一条第二款规定，建设单位未经批准擅自降低配套绿化用地占新建建设工程项目用地面积的比例进行建设的，由城市绿化行政主管部门责令限期改正，逾期不改正或者无法改正的，按照降低配套绿化用地面积基准地价的五倍处以罚款。

第三十二条　违反本条例第十八条第一款规定，擅自改变城市绿化规划用地性质或者破坏绿化规划用地的地形、地貌、水体和植被的，由城市绿化行政主管部门责令限期改正、恢复原状，按照每平方米二百元以上五百元以下计算处以罚款；造成损失的，应当承担赔偿责任。

第三十三条　违反本条例第十九条第一款、第二款规定，擅自占用城市绿地或者超过批准面积占用城市绿地的，由城市绿化行政主管部门责令限期改正、恢复原状，按照占用绿地面积每平方米每日三十元以上一百五十元以下计算处以罚款；造成损失的，应当承担赔偿责任。

违反本条例第十九条第三款规定，临时占用城市绿地施工期间不按规定在施工现场设立施工标牌、围挡等安全设施的，由城市绿化行政主管部门责令限期改正，处五百元以上二千元以下罚款。

第三十四条　违反本条例第二十条第二款规定，临时占用期满后未在规定期限内恢复城市绿地原状的，或者绿地恢复低于临时占用前面积和标准的，由城市绿化行政主管部门责令限期改正，按照所占用绿地面积每平方米每日三十元以上一百五十元以下计算处以罚款；造成损失的，应当承担赔偿责任。

第三十五条　违反本条例第二十一条第一款规定，擅自砍伐树木的，由城市绿化行政主管部门责令停止侵害，处每株五百元以上五千元以下罚款。造成损失的，依法承担赔偿责任。应当给予治安处罚的，依照《中华人民共和国治安管理处罚法》的有关规定处罚。构成犯罪的，依法追究刑事责任。

第三十六条　违反本条例第二十三条第一款规定，截除树木主干、去除树冠的，由城市绿化行政主管部门责令停止侵害，处每株二百元以上二千元以下罚款。造成损失的，依法承担赔偿责任。

第三十七条　违反本条例第二十六条规定，损害城市绿化的，由城市绿化行政主管部门责令停止侵害，处二百元以上二千元以下罚款。造成损失的，应当承担赔偿责任。

第三十八条　城市绿化行政主管部门、城市绿地管理养护单位和其他有关部门工作人员在城市绿化工作中玩忽职守、滥用职权、徇私舞弊的，依照有关法律法规给予处分；构成犯罪的，依法追究刑事责任。

第五章　附则

第三十九条　本条例自2021年7月1日起施行。

桂林市灵渠保护条例

（2021年8月10日桂林市第五届人民代表大会常务委员会第三十八次会议通过，2021年11月20日广西壮族自治区人民代表大会常务委员会第二十六次会议批准）

目 录

第一章 总则

第一条 为了加强灵渠保护，继承中华民族优秀的历史文化遗产，根据《中华人民共和国文物保护法》《广西壮族自治区文物保护条例》等相关法律法规，结合本市实际，制定本条例。

第二条 本条例适用于灵渠的保护、管理和利用活动。凡在依法划定并公布的灵渠保护范围和建设控制地带以及灵渠保护规划确定的环境协调区内从事相关活动的单位和个人，应当遵守本条例。

第三条 本条例所称灵渠是指灵渠水利工程文物本体及其各类伴生历史文化遗存和自然景观。灵渠水利工程文物本体包括大天平、小天平、铧嘴、南渠、北渠、陡门、堤岸、三将军墓、泄水天平、堰坝、桥梁、水涵等。灵渠伴生历史文化遗存主要包括秦城遗址、石马坪古墓群、石刻、古树名木等。

第四条 灵渠保护工作应当贯彻保护为主、抢救第一、合理利用、加强管理的方针，实行政府统一领导、部门分工负责、社会共同参与的管理体制，以统一规划、统一管理、统筹协调、有效保护为原则，确保灵渠及其历史风貌和自然环境的真实性与完整性。

第五条 灵渠实施整体性保护，发挥灵渠水利工程文物本体及其伴生历史文化遗存的功能价值，保护灵渠沿线水域河道两岸的历史风貌和自然景观。

第六条 市、兴安县人民政府应当加强灵渠的保护，将灵渠保护纳入本级国民经济和社会发展规划，所需经费列入本级财政预算，并建立相应保护目标责任考核评价制度。

市人民政府应当建立灵渠保护协调机制，统筹协调解决灵渠保护、管理、利用和文化交流的重大事项。

兴安县人民政府负责灵渠的保护工作，建立联席会议制度，组织本级相关部门、乡（镇）人民政府及村（居）民委员会开展灵渠保护、管理和利用工作。

第七条 市人民政府文物行政主管部门应当加强对灵渠文物保护工作的指导和监督。兴安县人民政府文物行政主管部门负责对灵渠保护实施监督管理，并依法组织灵渠的研究和传承。

市、兴安县人民政府其他有关行政主管部门在各自职责范围内，负责有关灵渠的保护工作。

灵渠保护管理机构具体负责灵渠的保护管理工作。

第八条 灵渠保护管理机构发现灵渠保护管理中存在问题或者涉嫌违法行为的，应当及时处理和制止。不属于职权范围的，应当书面告知管理单位或者有管辖权的部门。

相关单位或者部门对灵渠保护管理机构书面告知的问题或者涉嫌违法行为的线索，应当及时进行处理或者依法立案查处。

第九条 市、兴安县人民政府应当将灵渠保护经费纳入本级财政预算，依法使用各类灵渠保护专项资金，确保灵渠各项保护、管理和修缮资金的专款专用。

鼓励通过社会捐赠等方式筹集灵渠保护资金。

第十条 任何单位和个人都有依法保护灵渠的义务，并有权对违反本条例的行为进行制止和举报。灵渠保护管理机构应当建立举报制度，向社会公布举报电话，对投诉举报人的信息应当保密，并将处理结果及时反馈给实名投诉举报人。

第十一条 灵渠保护管理机构应当开展灵渠保护的宣传教育，提高公众对灵渠的保护意识。

鼓励新闻媒体、各类文化教育培训机构参与灵渠保护宣传教育工作。

第十二条 灵渠保护管理机构应当建立灵渠保护志愿者工作机制，组织、培训、指导志愿者参与灵渠保护工作。

第二章 规划与保护

第十三条 灵渠保护范围与建设控制地带，以自治区人民政府划定并公布的区域为准，任何单位和个人不得擅自变更。

经依法批准并公布的灵渠保护规划，是灵渠保护、管理和利用的依据，未经原批准机关批准不得擅自变更。

兴安县人民政府应当根据灵渠保护规划设定并公布灵渠环境协调区，纳入国土空间规划。在灵渠环境协调区内采取必要措施保护灵渠周围生态环境、传统村落、景观视线通廊，控制建筑高度与建筑体量。

市、兴安县人民政府应当根据灵渠保护规划要求，控制灵渠保护范围、建设控制地带与环境协调区内的土地利用强度和建设规模。

第十四条 灵渠保护范围内不得擅自进行建设工程或者爆破、钻探、挖掘等作业。因特殊情况需要，经依法批准在灵渠保护范围内进行建设工程或者爆破、钻探、挖掘等作业的，应当保证灵渠安全并符合灵渠保护规划。

灵渠保护范围及建设控制地带内的建设项目工程设计方案应当包括相应的文物保护措施，采取有效措施保护灵渠及其周围林木、水体、地貌，不得造成破坏和污染，并按照有关法律、法规规定程序报经批准实施。

环境协调区内的建设工程规划许可应当征求灵渠保护管理机构意见。

第十五条 灵渠保护范围及建设控制地带和环境协调区内新建、改建、扩建建筑物、构筑物的，其布局、体量、高度、色调、造型和风格等，应当符合灵渠保护规划要求，与灵渠文物历史风貌和周围景观环境相协调。

任何单位和个人不得在原建筑物、构筑物上擅自搭建影响灵渠视线通廊和历史风貌的建筑物、构筑物或者附属设施。

第十六条 在灵渠保护范围及建设控制地带设置的保护范围界桩、文物保护单位标志和提示警示标识标牌等保护设施，其他单位和个人不得损毁和擅自移动。

灵渠保护管理机构应当建立灵渠的信息标识系统，向公众提供真实、完整的灵渠历史与自然环境信息。

设置文物保护范围界桩、文物保护单位标志和提示警示标识标牌等保护设施，以及防汛、水文监测和测量、河岸地质监测、通信照明标识标牌等设施应当与灵渠景观环境相协调。

第十七条 在灵渠水利工程文物本体不得有下列行为：

（一）在大天平坝、小天平坝上新建码头或者在坝顶通行机动车辆；

（二）在铧嘴上擅自新建码头或者从事与文物保护无关的建设活动；

（三）在南渠、北渠上擅自修建跨渠通行桥梁、新开引水口、筑坝、建设取水泵站或者从事与渠、堤岸保护无关的其他建设活动；

（四）撬取、毁坏陡门、堰坝、堤岸、桥梁、水涵构件，以及在其周边从事取土等破坏自然风貌的活动；

（五）其他损害灵渠本体的行为。

第十八条 在灵渠伴生历史文化遗存，不得有下列行为：

（一）在秦城遗址上修路，搭建建筑物、构筑物和开道、取土、挖沙、深耕、种植、建坟以及养殖等；

（二）在石马坪古墓群修建与文物保护无关的建筑物、构筑物，以及在石马坪古墓群封土堆上取土、种植、建坟等；

（三）涂绘、刻画、损毁石刻以及在飞来石上新刻、补刻作品；

（四）其他损害灵渠伴生历史文化遗存的行为。

第十九条 灵渠保护范围和建设控制地带内，不得建设污染灵渠及其环境的设施，不得进行可能影响灵渠安全及其环境的活动。对已有的污染灵渠及其环境的设施，应当限期治理。

灵渠保护管理机构发现危害灵渠安全或者破坏灵渠历史风貌的建筑物、构筑物，应当及时报告文物行政主管部门。

第二十条 灵渠保护管理机构应当按照国家有关规定，及时组织对灵渠进行保护、修缮，灵渠保护修缮施工方案应当经专家论证，并经法定程序批准实施。

第二十一条 兴安县人民政府水行政主管部门应当加强灵渠水量分配调度。临岸渠道、管道、暗涵等分水取水设施，应当同时符合灵渠保护规划及水资源规划、水量配置和调度计划。

第二十二条 在灵渠保护范围水域内不得有下列行为：

（一）排放工业污水、含病原体的污水等污染物；

（二）倾倒矿渣、有毒有害物质、垃圾、农业生产投入品废弃物，丢弃动物尸体；

（三）在灵渠南渠、北渠、分水塘、湘江故道等水体炸鱼、电鱼、毒鱼，以及从事网箱养鱼、畜禽养殖等危害灵渠安全的活动；

（四）在灵渠南渠、北渠渠道内洗刷机动车辆、农业机械；

（五）擅自围垦；

（六）其他危害灵渠安全的行为。

第二十三条 兴安县人民政府根据灵渠保护规划和河道水质保护需要，可以在灵渠保护范围划定畜禽、水产网箱养殖的禁养或者限养区域，并向社会公布。

第二十四条 兴安县人民政府水行政、城市管理、交通运输等行政主管部门以及灵渠保护管理机构应当根据职责分工，对灵渠河道淤积情况进行监测，定期组织清淤疏浚，组织河道保洁，清除影响水质的浮泥及有害生物，减少污染物释放。

第二十五条 市、兴安县人民政府应当做好灵渠源头、河道、渠道及其相关支流的管理工作，沿岸各乡（镇）人民政府应当采取有效措施提高灵渠周边森林覆盖率，加强水土保持，改善灵渠生态环境。

在灵渠源头、河道、渠道及其相关支流沿岸禁止开矿、毁林开垦和毁林采石、采砂、采土；未经依法批准，不得采伐水源涵养林、水土保持林、护岸林、风景林和珍贵林木。

第二十六条 灵渠保护管理机构应当对灵渠保护范围和建设控制地带内古树和具有历史价值、纪念意义以及重要科研价值的珍贵、稀有名木进行调查、登记、编号，建立档案，设立标志，制定养护管理措施。

第二十七条 兴安县人民政府文物行政主管部门应当对灵渠保护范围及建设控制地带内的古建筑文物进行保护，任何单位和个人不得破坏或者擅自拆除。

第二十八条 任何单位和个人不得擅自对灵渠建设控制地带内的山体进行爆破。

兴安县人民政府自然资源、农业和林业等行政主管部门应当对灵渠保护范围及建设控制地带和环境协调区范围内遭受破坏的山体组织实施修复治理，使之与灵渠景观环境相协调。

第二十九条 灵渠保护管理机构应当组织制定灵渠安全突发事件应急预案和监测预警制度，建立统一的灵渠动态监测预警平台，报兴安县人民政府批准实施。

兴安县人民政府有关行政主管部门应当根据各自职责，做好与灵渠保护有关的各项专业监测工作，及时将监测数据纳入灵渠监测预警平台。发生危害灵渠文物安全事件或者发现灵渠文物存在安全隐患的，应当及时发布预警信息，启动应急预案，协调相关部门采取处置措施，并向市、兴安县人民政府报告。

第三章　利用与传承

第三十条　灵渠的利用应当遵循科学、合理、适度、持续的原则，在不改变灵渠原状和有效保护灵渠真实性、完整性的前提下，维持和延续其水利、航运、灌溉、游憩、文化传播等功能。兴安县人民政府文物行政主管部门应当做好灵渠利用的监督管理工作，提供指导和服务。

第三十一条　在灵渠保护范围及建设控制地带和环境协调区范围内开辟、建设游览区，应当符合灵渠保护规划要求。

第三十二条　灵渠游览景点、线路、项目的确定，应当符合灵渠保护、文化传承和环境保护的要求。

灵渠游览区的游客承载标准应当经过科学评估，合理确定后向社会公布。

灵渠游览区内的游览设施、船只、竹筏以及其他水上载人工具，实行总量控制，游览设施、船只、竹筏外观应当与灵渠历史风貌及景观环境相协调。

灵渠游览区内的餐饮、娱乐、宾馆等经营服务性企业，应当采用有利于保护灵渠及其周边生态环境的技术、设备和设施。

第三十三条　市、兴安县人民政府应当将灵渠列入爱国主义教育、革命传统教育、民族团结教育基地，教育行政主管部门应当鼓励中小学校组织开展与灵渠保护相关的教育活动。

第三十四条　兴安县人民政府文化行政主管部门应当对灵渠相关非物质文化遗产进行调查、发掘，建立档案，组织研究、保护和传承灵渠相关非物质文化遗产。

第四章　法律责任

第三十五条　违反本条例规定的行为，法律法规已有法律责任规定的，从其规定。

第三十六条　违反本条例第二十二条第三项规定，在灵渠南渠、北渠、分水塘、湘江故道等水体炸鱼、电鱼、毒鱼的，由渔业行政主管部门没收渔获物和违法所得，并处二千元以上一万元以下的罚款；构成犯罪的，依法追究刑事责任。

违反本条例第二十二条第三项规定，从事网箱养鱼的，由农业农村行政主管部门责令停止违法行为；拒不停止违法行为的，对单位处二万元以上十万元以下的罚款，对个人处一千元以上一万元以下的罚款。

违反本条例第二十二条第三项规定，养殖专业户从事畜禽养殖的，由乡（镇）人民政府或者其委托的综合执法机构责令停止违法行为；拒不停止违法行为的，处三千元以上三万元以下的罚款，报经有批准权的人民政府批准责令拆除或者关闭。

违反本条例第二十二条第四项规定在灵渠南渠、北渠渠道内洗刷机动车辆、农业机械的，由灵渠保护管理机构责令停止违法行为；拒不停止违法行为的，处二十元以上二百元以下的罚款。

第三十七条　违反本条例第二十八条第一款规定，擅自对灵渠建设控制地带内的山体进行爆破，尚不构成犯罪的，由文物行政主管部门责令改正；造成严重后果的，处五万元以上五十万元以下的罚款。

第三十八条　相关行政机关和灵渠保护管理机构及其工作人员在灵渠保护监督管理工作中滥用职权、玩忽职守、徇私舞弊的，依法给予处分；构成犯罪的，依法追究刑事责任。

第五章　附则

第三十九条　本条例自 2022 年 1 月 1 日起施行。

桂林市喀斯特景观资源可持续利用条例

（2021 年 8 月 10 日桂林市第五届人民代表大会常务委员会第三十八次会议通过，2021 年 11 月 20 日广西壮族自治区人民代表大会常务委员会第二十六次会议批准）

目　录

第一章　总则

第一条　为了加强本市喀斯特景观资源保护，实现景观资源可持续利用，促进经济社会可持续发展，根据《中华人民共和国环境保护法》《中华人民共和国城乡规划法》等法律法规，结合本市实际，制定本条例。

第二条　本市行政区喀斯特景观资源可持续利用适用本条例，喀斯特景观资源保护范围包括桂林喀斯特世界自然遗产地和市、县级人民政府确定的其他喀斯特景观资源保护区。

本条例所称喀斯特景观资源是指具有一定科学价值、美学价值和历史文化价值的地质地貌景观组合以及相关文化遗迹，包括岩溶峰林、峰丛、湿地、溶洞、天坑、漏斗、河流、田园、动植物等地表和地下自然资源以及摩崖石刻等文化遗迹。

本条例所称可持续利用是指合理、节约、高效利用喀斯特景观资源，不断开发创新替代资源，保护喀斯特景观资源原真性和完整性，满足当代与后代发展的需要。

第三条　喀斯特景观资源可持续利用应当坚持以人为本、保护优先、创新驱动、多元参与的原则。

第四条　市、县级人民政府负责本辖区内的喀斯特景观资源可持续利用工作，建立健全协调监督机制，解决喀斯特景观资源可持续利用工作中的重大事项。

市、县级人民政府应当将喀斯特景观资源可持续利用纳入国民经济和社会发展规划，加大财政投入，统筹上级转移支付与本级预算资金，支持喀斯特石漠化治理与修复、生态系统保护、污染治理与防控、喀斯特景观资源研究等事项。

喀斯特景观资源所在地的乡镇人民政府、街道办事处应当协同做好辖区内喀斯特景观资源的保护管理工作。

第五条　市、县级人民政府自然资源行政主管部门负责喀斯特景观资源可持续利用的组织实施。

桂林喀斯特世界自然遗产地管理机构负责对桂林喀斯特世界自然遗产地进行统一保护和管理。桂林喀斯特世界自然遗产地以外的喀斯特景观资源由市、县级人民政府自然资源行政主管部门负责保护和管理。

风景名胜区、自然保护区、文物保护、地质公园等管理机构依法承担各自职责范围内喀斯特景观资源可持续利用工作。

市、县级人民政府其他有关行政主管部门应当在各自的职责范围内做好喀斯特景观资源可持续利用工作。

第六条　喀斯特景观资源所在地居民委员会、村民委员会可以组织居民和村民在居民公约和村规民约中规定保护和管理喀斯特景观资源的措施，协助有关行政主管部门做好喀斯特景观资源保护管理工作。

鼓励和支持科研机构、大专院校与市、县级人民政府有关行政主管部门、相关管理机构联合开展喀斯特景观资源科研、监测和保护工作，并建立合作共享机制。

鼓励社会投资参与喀斯特景观资源可持续利用工作。

第七条　有关社会团体、学校、基层群众性自治组织采取多种方式，宣传喀斯特景观资源保护法律法规和可持续利用相关科普知识，增强全社会的喀斯特景观资源可持续利用意识，营造保护喀斯特景观资源的良好氛围。

广播电视、报刊、互联网等媒介开展喀斯特景观资源保护法律法规、可持续利用相关知识的宣传。

第二章　保护和管理

第八条　本市各级人民政府应当组织编制喀斯特景观资源保护管理规划，并纳入国土空间规划。城市总体规划和有关镇总体规划，应当将喀斯特景观资源保护管理规划作为强制性内容。有关乡、村庄规划应当包括喀斯特景观资源保护管理具体安排。

桂林喀斯特世界自然遗产地保护管理规划按照国家和自治区的有关规定组织编制和报批。

第九条　喀斯特景观资源保护管理规划是桂林喀斯特世界自然遗产地和其他喀斯特景观资源保护区保护管理的基本依据。喀斯特景观资源保护管理规划应当依法向社会公布，单位和个人有权查阅。经批准公布的喀斯特景观资源保护管理规划，不得擅自改变。

第十条　桂林喀斯特世界自然遗产地保护管理规划应当与漓江风景名胜区规划相协调，实行分区分级保护管理。

市、县级人民政府和桂林喀斯特世界自然遗产地管理机构应当按照喀斯特景观资源保护管理规划，确定桂林喀斯特世界自然遗产地范围和其他喀斯特景观资源保护区范围，设立界碑、标志或者其他保护设施。禁止破坏或者擅自移动喀斯特景观资源保护界碑、标志和其他保护设施。

市、县级人民政府可以在喀斯特景观资源集中区设立喀斯特景观资源保护区或者喀斯特自然公园。

第十一条　市、县级人民政府自然资源行政主管部门应当会同水利、林业和园林、生态环境等有关行政主管部门对本行政区内喀斯特景观资源定期开展水文、地质地貌、岩溶资源、生物多样性等方面的调查监测、登记建档。

桂林喀斯特世界自然遗产地管理机构应当建立自然遗产保护监测制度，对自然遗产的价值、完整性环境资源状况进行监测，开展水文、地质地貌、生物多样性等方面的调查，提出调查评估报告，采取相应保护措施，并按照规定向上级有关主管部门报告。

第十二条　喀斯特景观资源保护范围内禁止开山、采石、采砂、取土、开矿、毁林、开荒、修坟立碑等破坏喀斯特景观资源的活动。

第十三条　在喀斯特景观资源保护范围内从事开发建设、生产经营活动，应当符合喀斯特景观资源保护管理规划，并依法开展环境影响评价和地质灾害危险性评估，依法办理相关审批审核手续。

第十四条　在喀斯特景观资源保护范围内，经批准从事开发建设、生产经营活动的，应当制定喀斯特景观资源保护方案和生态修复方案，采取有效措施，保护山体林草植被，预防水土流失，维护喀斯特景观资源生态功能。

经批准的开发建设、生产经营活动的喀斯特景观资源生态修复工程应当纳入工程验收范围。

经批准的矿山、采石场，经营者应当建立与开采同步的生态环境修复机制，采取防渗漏和植被修复措施；建立水质监测设施，防止淋滤液渗漏污染地表水和地下水。开采结束时，应当及时修复作业区喀斯特景观资源生态功能。

第十五条　市、县级人民政府应当采取有效措施，保护喀斯特水资源，防止喀斯特水资源流失。实施漓江补水工程，提高喀斯特水资源利用效率。

在喀斯特景观资源保护范围内禁止以围、填、堵、截等方式破坏自然水系，禁止经营性开采地下水，禁止在落水洞、脚洞自建提水设施。

第十六条　市、县级人民政府自然资源行政主管部门应当建立健全喀斯特山体地质灾害排查和风险管控制度，在岩体险要部位、危险地段应当设置安全保护设施和警示标志，采取措施排除危岩险石，消除崩塌、滑坡、地面塌陷等地质灾害隐患。

第十七条　市、县级人民政府及其有关行政主管部门应当控制岩溶洞穴资源的开发利用。未经依法批准，禁止开发利用岩溶洞穴。

发现尚未开发利用的岩溶洞穴，经调查评估具有一定科学价值、美学价值和历史文化价值的，自然资源行政主管部门应当予以封闭，设立保护标志。

未经依法批准，禁止任何人员进入已设立封闭保护标志的岩溶洞穴。

人民防空行政主管部门负责对纳入人民防空规划管理的岩溶洞穴的保护和管理，不得损毁喀斯特景观资源。利用岩溶洞穴修建人民防空设施，应当制定喀斯特景观资源保护和修复方案。经批准的人民防空工程，其喀斯特景观资源生态修复工程应当纳入工程验收范围。

第十八条　钟乳石资源属于国家所有，禁止任何组织或者个人侵占、破坏，擅自开采或者非法经营。

第三章　可持续利用

第十九条　市、县级人民政府应当采取有效措施，合理、节约和高效利用喀斯特景观资源，预防喀斯特景观资源石漠化，实现喀斯特景观资源的可持续利用。

市、县级人民政府应当组织和引导建立与桂林喀斯特景观资源可持续利用相适应的产业发展模式，优化产业结构和规划布局，构建绿色、低碳、循环发展的经济体系，支持环境友好型项目和企业，推动产业绿色转型发展。

市、县级人民政府应当组织和引导开发创新替代资源，鼓励和支持企业、科研机构和创新创业人才参与开发创新替代资源。采取有效措施，节约和减少喀斯特景观资源的消耗利用。

第二十条　市、县级人民政府应当加大喀斯特景观资源综合治理力度，开展喀斯特景观资源治理和修复、水生态保护和修复、城乡生态环境综合治理、自然景观风貌保护和修复，建立健全生态保护机制，保持喀斯特景观资源的完整性和原真性。

市、县级人民政府应当遵循自然恢复为主、人工修复为辅的原则，实施喀斯特石漠化治理与修复，开展土地整理及土壤改良、林草植被保护与恢复、水土资源统筹利用、喀斯特地貌生态系统保护、喀斯特地区生态系统修复、退耕还林等工程，改善生态脆弱地区生态状况和农业生产条件，恢复山体植被，提升景观资源品质。

第二十一条　市、县级人民政府旅游行政主管部门应当会同自然资源行政主管部门和桂林喀斯特世界自然遗产地管理机构，依据喀斯特景观资源环境的承载能力合理确定喀斯特景区的旅游环境容量。

岩溶洞穴旅游经营者应当采取分区封闭轮休、控制游客数量、限制开放时间、使用冷光灯具照明等保护措施，减少人为活动对岩溶洞穴发育过程的影响。

第二十二条　市、县级人民政府应当在喀斯特景观资源保护区推进生态农业创新发展和循环发展，实施高效生态农业生产基地建设、特色农产品深度开发与产业化示范、农产品质量安全保障等工程，推进生态农业规模化、专业化和标准化，建设要素集中、产业集聚、技术集成、经营集约的现代特色农业。

鼓励开展田园综合体、农业公园、农业特色小镇等生态循环农业项目建设和农业发展新模式探索与推广应用，培育喀斯特田园景观资源。

第二十三条　市、县级人民政府应当优化喀斯特景观资源保护范围内种植业结构与布局，鼓励和支持农林业生产者选用兼有经济价值和景观价值的喀斯特乡土植物，控制和减少容易造成水土流失的经济农林作物的种植。

在喀斯特景观资源保护范围内禁止非法砍伐林木、采挖树蔸等破坏林木、植被的行为，禁止放养山羊，禁止新种植桉树和其他轮伐期不足十年的用材林。

第二十四条　市、县级人民政府应当加强喀斯特景观资源保护范围内的旅游基础设施、信息化服务设施和公共服务体系建设，构建与国际接轨的旅游供给和保障机制，统筹推进生态旅游业发展。

第二十五条　市、县级人民政府应当采取措施，鼓励和支持喀斯特景观资源保护范围内农村居民以多种形式参与旅游业，扶持农村居民开发观光、民俗、休闲等具有地方特色的乡村旅游项目。

第二十六条　市、县级人民政府应当利用喀斯特景观资源，发展休养、医养等服务产业，推动健康产业与文化旅游产业融合高质量发展。

第四章　法律责任

第二十七条　违反本条例规定的行为，法律法规已有法律责任规定的，从其规定。

第二十八条　违反本条例第十条第二款规定，破坏或者擅自移动喀斯特景观资源保护界碑、标志和其他保护设施的，在桂林喀斯特世界自然遗产地内的由桂林喀斯特世界自然遗产地管理机构责令恢复原状或者采取其他补救措施，并可以处一千元以上三千元以下罚款；在其他喀斯特景观资源保护区的由自然资源行政主管部门责令恢复原状或者采取其他补救措施，并可以处一千元以上三千元以下罚款。

第二十九条　违反本条例第十五条第二款规定，在落水洞、脚洞自建提水设施的，在桂林喀斯特世界自然遗产地内的由桂林喀斯特世界自然遗产地管理机构责令停止违法行为，没收提水设施和违法所得，并可以处二千元以上二万元以下罚款；在其他喀斯特景观资源保护区的由自然资源行政主管部门责令停止违法行为，没收提水设施和违法所得，并可以处二百元以上二千元以下罚款。

第三十条 违反本条例第十七条第三款规定,未经批准擅自进入已设立封闭保护标志的岩溶洞穴的,在桂林喀斯特世界自然遗产地内的由桂林喀斯特世界自然遗产地管理机构责令停止违法行为,给予警告或者通报批评;情节严重的,处二千元以上二万元以下罚款。在其他喀斯特景观资源保护区的由自然资源行政主管部门责令停止违法行为,给予警告或者通报批评;情节严重的,处二百元以上二千元以下罚款。

第三十一条 违反本条例第二十三条第二款规定实施以下违法行为,按照下列规定处罚:

(一)违法放养山羊的,由林业行政主管部门责令停止违法行为,给予警告或者通报批评;情节严重的,处二百元以上二千元以下罚款;

(二)违法新种植桉树和其他轮伐期不足十年用材林的,由林业行政主管部门责令限期改正;逾期不改正的,按照种植面积对个人处每平方米五元以上十元以下罚款,对单位处每平方米十元以上五十元以下罚款;有违法所得的,没收违法所得。

第三十二条 县级以上人民政府和有关行政主管部门、管理机构及其工作人员有下列行为之一的,由监察机关或者上级行政主管部门责令限期改正,给予通报批评,对直接负责的主管人员和其他直接责任人员依法给予处分:

(一)违反本条例第九条规定,擅自改变喀斯特景观资源保护管理规划;

(二)违反本条例第十三条第一款规定,擅自批准不符合喀斯特景观资源保护管理规划要求的开发建设、生产经营活动;

(三)违反本条例第十四条第三款规定,擅自批准未建立生态环境修复机制的矿山、采石场;

(四)违反本条例第十七条第一款规定,不按照规划批准岩溶洞穴开发利用;

(五)违反本条例第十七条第四款规定,未对人民防空和其他开发建设活动的喀斯特景观资源生态修复工程进行验收;

(六)违反本条例第十八条规定,擅自批准开采或者经营钟乳石;

(七)其他滥用职权、玩忽职守、徇私舞弊行为。

第五章 附则

第三十三条 本条例自2022年1月1日起施行。

桂林市及市本级五城区第三次国土调查主要数据公报

2018年9月,国务院部署开展第三次全国国土调查(以下简称“三调”),以2019年12月31日为标准时点汇总数据。桂林市按照国家、自治区的统一部署和要求扎实开展“三调”工作,共投入调查人员390多人,历时三年,形成了172.1万个调查图斑数据,全面查清了全市国土利用状况。此次调查全面采用优于1米分辨率的卫星遥感影像制作调查底图,广泛应用基于空间分析、叠加分析、缓冲区分析等地理信息系统技术以及移动互联网、云计算、无人机、卫星导航定位等新技术,运用“互联网+调查”机制,全流程严格实行质量管控。成果通过了上级抽查评估,调查数据真实、准确、可靠。

现将全市及市本级五城区主要地类数据公布如下:

一、全市主要地类数据

(一)耕地189504.99公顷

其中,水田156182.54公顷,占82.42%;水浇地889.26公顷,占0.47%;旱地32433.19公顷,占17.11%。全州县、临桂区等2个县区耕地面积较大,占全市耕地的39.07%。

位于2度以下坡度(含2度)的耕地126020.03公顷,占全市耕地的66.50%;位于2—6度坡度(含6度)的耕地23718.68公顷,占12.52%;位于6—15度坡度(含15度)的耕地16264.99公顷,占8.58%;位于15—25度坡度(含25度)的耕地6970.25公顷,占3.68%;位于25度以上坡度的耕地16531.04公顷,占8.72%。

(二)园地350073.18公顷

其中,果园306192.40公顷,占87.47%;茶园677.58公顷,占0.19%;其他园地43203.20公顷,占12.34%。平乐县和荔浦市的园地面积较大,占全市园地的27.51%。

(三)林地1965131.75公顷

其中,乔木林地1364487.64公顷,占69.43%;竹林地152993.70公顷,占7.79%;灌木林地336152.09公顷,占17.11%;其他林地111498.32公顷,占5.67%。全州县、永福县2个县林地面积较大,占全市林地的25.27%。

(四)草地40116.89公顷

其中,天然牧草地2798.04公顷,占6.97%;人工牧草地223.32公顷,占0.56%;其他草地37095.53公顷,占92.47%。草地主要分布在龙胜各族自治县、全州县等2个县,占全市草地的36.18%。

(五)湿地3637.46公顷

湿地是“三调”新增的一级地类,分布在桂林市的有沼泽草地、内陆滩涂2个二级地类。其中,沼泽草地58.36公顷,占1.60%;内陆滩涂3579.10公顷,占98.40%。湿地主要分布在全州县、阳朔县等2个县,占全市湿地的34.68%。

(六)城镇村及工矿用地102912.67公顷

其中,城市用地9784.32公顷,占9.51%;建制镇用地 14882.02 公顷，占 14.46%；村庄用地 70864.67 公顷，占 68.86%；采矿用地 5190.50 公顷，占 5.04%；风景名胜及特殊用地 2191.16 公顷，占 2.13%。

（七）交通运输用地 29560.93 公顷

其中，铁路用地 2069.70 公顷，占 7.00%；公路用地 13647.51 公顷，占 46.17%；农村道路 13400.47 公顷，占 45.33%；机场用地 416.59 公顷，占 1.41%；港口码头用地 22.78 公顷，占 0.08%；管道运输用地 3.88 公顷，占 0.01%。

（八）水域及水利设施用地 67650.05 公顷

其中，河流水面 33044.62 公顷，占 48.85%；水库水面 12801.50 公顷，占 18.92%；坑塘水面 14757.98 公顷，占 21.82%；沟渠 6320.36 公顷，占 9.34%；水工建筑用地 725.59 公顷，占 1.07%。

二、桂林市本级五城区（秀峰区、叠彩区、象山区、七星区、雁山区）主要地类数据

（一）秀峰区主要地类数据

1. 耕地 394.54 公顷。其中，水田 340.01 公顷，占 86.18%；水浇地 23.68 公顷，占 6.00%；旱地 30.85 公顷，占 7.82%。

位于 2 度以下坡度（含 2 度）的耕地 361.79 公顷，占秀峰区耕地的 91.70%；位于 2—6 度坡度（含 6 度）的耕地 16.96 公顷，占 4.30%；位于 6—15 度坡度（含 15 度）的耕地 15.29 公顷，占 3.88%；位于 15—25 度坡度（含 25 度）的耕地 0.44 公顷，占 0.11%；位于 25 度以上坡度的耕地 0.06 公顷，占 0.02%。

2. 园地 34.79 公顷。其中，果园 23.97 公顷，占 68.90%；其他园地 10.82 公顷，占 31.10%。

3. 林地 1722.99 公顷。其中，乔木林地 262.42 公顷，占 15.23%；竹林地 0.25 公顷，占 0.01%；灌木林地 1374.53 公顷，占 79.78%；其他林地 85.79 公顷，占 4.98%。

4. 草地 62.58 公顷。分布在秀峰区只有其他草地 1 个二级地类。其他草地 62.58 公顷，占 100.00%。

5. 湿地 0.33 公顷。分布在秀峰区只有内陆滩涂 1 个二级地类。内陆滩涂 0.33 公顷，占 100.00%。

6. 城镇村及工矿用地 1636.15 公顷。其中，城市用地 1302.98 公顷，占 79.64%；建制镇用地 8.32 公顷，占 0.51%；村庄用地 191.18 公顷，占 11.68%；采矿用地 22.53 公顷，占 1.38%；风景名胜及特殊用地 111.14 公顷，占 6.79%。

7. 交通运输用地 112.16 公顷。其中，铁路用地 30.43 公顷，占 27.13%；公路用地 55.58 公顷，占 49.56%；农村道路 26.15 公顷，占 23.31%。

8. 水域及水利设施用地 350.75 公顷。其中，河流水面 128.24 公顷，占 36.56%；坑塘水面 192.20 公顷，占 54.80%；沟渠 28.21 公顷，占 8.04%；水工建筑用地 2.10 公顷，占 0.60%。

（二）叠彩区主要地类数据

1. 耕地 808.81 公顷。其中，水田 448.64 公顷，占 55.47%；水浇地 95.36 公顷，占 11.79%；旱地 264.81 公顷，占 32.74%。

位于 2 度以下坡度（含 2 度）的耕地 696.69 公顷，占叠彩区耕地的 86.138%；位于 2—6 度坡度（含 6 度）的耕地 89.70 公顷，占 11.090%；位于 6—15 度坡度（含 15 度）的耕地 22.11 公顷，占 2.734%；位于 15—25 度坡度（含 25 度）的耕地 0.29 公顷，占 0.036%；位于 25 度以上坡度的耕地 0.02 公顷，占 0.002%。

2. 园地 467.86 公顷。其中，果园 227.83 公顷，占 48.70%；茶园 6.08 公顷，占 1.30%；其他园地 233.95 公顷，占 50.00%。

3. 林地 1327.11 公顷。其中，乔木林地 1055.55 公顷，占 79.54%；竹林地 2.56 公顷，占 0.19%；灌木林地 163.54 公顷，占 12.32%；其他林地 105.46 公顷，占 7.95%。

4. 草地 65.32 公顷。分布在叠彩区只有其他草地 1 个二级地类。其他草地 65.32 公顷，占 100.00%。

5. 湿地 7.11 公顷。分布在叠彩区只有内陆滩涂 1 个二级地类。内陆滩涂 0.33 公顷，占 100.00%。

6. 城镇村及工矿用地 2005.17 公顷。其中，城市用地 851.17 公顷，占 42.45%；建制镇用地 1.04 公顷，占 0.05%；村庄用地 1065.61 公顷，占 53.15%；采矿用地 1.85 公顷，占 0.09%；风景名胜及特殊用地 85.50 公顷，占 4.26%。

7. 交通运输用地 184.76 公顷。其中，铁路用地 48.59 公顷，占 26.30%；公路用地 83.41 公顷，占 45.14%；农村道路 52.76 公顷，占 28.56%。

8. 水域及水利设施用地 279.92 公顷。其中，河流水面 179.11 公顷，占 63.99%；坑塘水面 64.58 公顷，占 23.07%；沟渠 34.71 公顷，占 12.40%；水工建筑用地 1.52 公顷，占 0.54%。

（三）象山区主要地类数据

1. 耕地 1328.37 公顷。其中，水田 949.39 公顷，占 71.47%；水浇地 11.21 公顷，占 0.84%；旱地 367.77 公顷，占 27.69%。

位于 2 度以下坡度（含 2 度）的耕地 1232.40 公顷，占象山区耕地的 92.77%；位于 2—6 度坡度（含 6 度）的耕地 88.10 公顷，占 6.63%；位于 6—15 度坡度（含 15 度）的耕地 4.63 公顷，占 0.35%；位于 15—25 度坡度（含 25 度）的耕地 2.2 公顷，占 0.17%；位于 25 度以上坡度的耕地 1.04 公顷，占 0.08%。

2. 园地 229.12 公顷。其中，果园 217.96 公顷，占 95.13%；其他园地 11.16 公顷，占 4.87%。

3. 林地 3086.69 公顷。其中，乔木林地 884.37 公顷，占 28.65%；竹林地 6.49 公顷，占 0.21%；灌木林地 2088.01 公顷，占 67.65%；其他林地 107.82 公顷，占 3.49%。

4. 草地 260.32 公顷。分布在象山区只有其他草地 1 个二级地类。其他草地 260.32 公顷，占 100.00%。

5. 湿地 5.41 公顷。分布在象山区只有内陆滩涂 1 个二级地类。内陆滩涂 5.41 公顷，占 100.00%。

6. 城镇村及工矿用地 3182.87 公顷。其中，城市用地 1818.62 公顷，占 57.14%；建制镇用地 0.70 公顷，占 0.02%；村庄用地 802.55 公顷，占 25.22%；采矿用地 69.85 公顷，占

2.19%；风景名胜及特殊用地 491.15 公顷，占 15.43%。

7. 交通运输用地 213.56 公顷。其中，铁路用地 49.84 公顷，占 23.33%；公路用地 89.43 公顷，占 41.88%；农村道路 73.27 公顷，占 34.31%；港口码头用地 1.02 公顷，占 0.48%。

8. 水域及水利设施用地 615.72 公顷。其中，河流水面 108.19 公顷，占 17.57%；坑塘水面 431.24 公顷，占 70.04%；沟渠 74.21 公顷，占 12.05%；水工建筑用地 2.08 公顷，占 0.34%。

（四）七星区主要地类数据

1. 耕地 627.11 公顷。其中，水田 327.19 公顷，占 52.18%；水浇地 135.23 公顷，占 21.56%；旱地 164.69 公顷，占 26.26%。

位于 2 度以下坡度（含 2 度）的耕地 572.22 公顷，占七星区耕地的 91.25%；位于 2—6 度坡度（含 6 度）的耕地 52.01 公顷，占 8.29%；位于 6—15 度坡度（含 15 度）的耕地 2.64 公顷，占 0.42%；位于 15—25 度坡度（含 25 度）的耕地 0.11 公顷，占 0.02%；位于 25 度以上坡度的耕地 0.13 公顷，占 0.02%。

2. 园地 168.42 公顷。其中，果园 85.55 公顷，占 50.79%；茶园 16.99 公顷，占 10.09%；其他园地 65.88 公顷，占 39.12%。

3. 林地 2057.19 公顷。其中，乔木林地 608.47 公顷，占 29.58%；竹林地 9.95 公顷，占 0.48%；灌木林地 1392.90 公顷，占 67.71%；其他林地 45.87 公顷，占 2.23%。

4. 草地 156.58 公顷。分布在七星区只有其他草地 1 个二级地类。其他草地 156.58 公顷，占 100.00%。

5. 湿地 9.58 公顷。分布在七星区只有内陆滩涂 1 个二级地类。内陆滩涂 9.58 公顷，占 100.00%。

6. 城镇村及工矿用地 3377.01 公顷。其中，城市用地 1941.64 公顷，占 57.49%；建制镇用地 26.60 公顷，占 0.79%；村庄用地 1243.04 公顷，占 36.81%；采矿用地 24.24 公顷，占 0.72%；风景名胜及特殊用地 141.49 公顷，占 4.19%。

7. 交通运输用地 138.41 公顷。其中，铁路用地 2.06 公顷，占 1.49%；公路用地 96.42 公顷，占 69.66%；农村道路 39.93 公顷，占 28.85%。

8. 水域及水利设施用地 512.43 公顷。其中，河流水面 155.42 公顷，占 30.33%；坑塘水面 315.06 公顷，占 61.48%；沟渠 35.36 公顷，占 6.90%；水工建筑用地 6.59 公顷，占 1.29%。

（五）雁山区主要地类数据

1. 耕地 4654.41 公顷。其中，水田 3322.20 公顷，占 71.38%；水浇地 83.03 公顷，占 1.78%；旱地 1249.18 公顷，占 26.84%。

位于 2 度以下坡度（含 2 度）的耕地 4309.38 公顷，占雁山区耕地的 92.59%；位于 2—6 度坡度（含 6 度）的耕地 287.59 公顷，占 6.18%；位于 6—15 度坡度（含 15 度）的耕地 53.27 公顷，占 1.14%；位于 15—25 度坡度（含 25 度）的耕地 3.19 公顷，占 0.07%；位于 25 度以上坡度的耕地 0.98 公顷，占 0.02%。

2. 园地 4101.86 公顷。其中，果园 3765.48 公顷，占 91.80%；其他园地 336.38 公顷，占 8.20%。

3. 林地 14387.38 公顷。其中，乔木林地 2430.59 公顷，占 16.90%；竹林地 138.03 公顷，占 0.96%；灌木林地 11156.46 公顷，占 77.54%；其他林地 662.30 公顷，占 4.60%。

4. 草地 812.64 公顷。分布在雁山区只有其他草地 1 个二级地类。其他草地 812.64 公顷，占 100.00%。

5. 湿地 108.44 公顷。分布在雁山区只有内陆滩涂 1 个二级地类。内陆滩涂 108.44 公顷，占 100.00%。

6. 城镇村及工矿用地 2996.33 公顷。其中，城市用地 31.25 公顷，占 1.04%；建制镇用地 1018.45 公顷，占 33.99%；村庄用地 1324.03 公顷，占 44.19%；采矿用地 31.77 公顷，占 1.06%；风景名胜及特殊用地 590.83 公顷，占 19.72%。

7. 交通运输用地 696.70 公顷。其中，铁路用地 12.56 公顷，占 1.80%；公路用地 431.31 公顷，占 61.91%；农村道路 251.66 公顷，占 36.12%；港口码头用地 1.17 公顷，占 0.17%。

8. 水域及水利设施用地 2202.03 公顷。其中，河流水面 484.72 公顷，占 22.01%；水库水面 127.37 公顷，占 5.78%；坑塘水面 1404.57 公顷，占 63.79%；沟渠 182.84 公顷，占 8.30%；水工建筑用地 2.53 公顷，占 0.12%。

“三调”是一次重大国情国力调查，也是党和国家机构改革后统一开展的自然资源基础调查。“三调”数据成果全面客观反映了桂林市土地利用状况，也反映出耕地流向果园、林地的突出问题，土地利用效率不高、节约集约用地问题处置仍需加大力度。要坚持最严格的耕地保护制度，压实地方各级党委和政府耕地保护责任，实行党政同责。要坚决遏制耕地“非农化”、严格管控耕地“非粮化”，从严控制耕地转为其他农用地。从严查处各类违法违规占用耕地或改变耕地用途行为。规范完善耕地占补平衡。要坚持节约集约，合理确定新增建设用地规模，提高土地开发利用效率。继续推动城乡存量建设用地开发利用，完善政府引导市场参与的城镇低效用地再开发政策体系。强化土地使用标准和节约集约用地评价，大力推广节地模式。

“三调”成果是制定经济社会发展重大战略规划、重要政策举措的基本依据。下一步，桂林市将强化成果运用助推经济社会发展，积极推动“三调”成果在各部门间的共享应用，为经济社会发展提供有力的基础数据支撑。同时，认真组织实施年度国土变更调查及各类专项调查，持续做好“三调”成果的维护和更新，保障调查数据的安全性、现势性。

桂林市第三次国土调查领导小组办公室

桂林市自然资源局

桂林市统计局

2021 年 12 月 15 日

桂林市国民经济和社会发展第十四个五年规划和 2035 年远景目标纲要

桂林市人民政府
2021 年 7 月

桂林市国民经济和社会发展第十四个五年规划（2021—2025 年）和 2035 年远景目标纲要，根据《中共桂林市委员会关于制定国民经济和社会发展第十四个五年规划和二〇三五年远景目标的建议》编制，主要阐明全市发展战略意图，明确政府工作重点，引导规范市场主体行为，是桂林市打造世界级旅游城市、开启全面建设社会主义现代化新征程的宏伟蓝图，是全市各族人民的行动纲领。

第一篇 “两个建成”取得决定性成就，经济社会发展进入新阶段

第一章 “十三五”规划顺利收官

“十三五”时期，面对错综复杂的国内外形势和艰巨繁重的改革发展稳定任务，面对转型升级的阵痛和经济下行压力持续加大的严峻考验，面对突如其来的新冠肺炎疫情严重冲击，在自治区党委、政府和市委的正确领导下，全市坚持以习近平新时代中国特色社会主义思想为指导，深入贯彻新发展理念，坚持高质量发展，坚持桂林国际旅游胜地建设“一本蓝图绘到底”，按照“加快建设新城、疏解提升老城，产业融合发展、城乡协调推进，生态文化相融、富裕和谐桂林”的总要求，统筹推进稳增长、促改革、调结构、惠民生、防风险、保稳定各项工作，在攻坚克难中实现经济持续健康发展和社会和谐稳定。

第一节 “两个建成”目标如期实现

决胜全面建成小康社会取得决定性成就。2020 年桂林市地区生产总值 2130.41 亿元，按可比价是 2010 年的 2.1 倍；城镇和农村居民人均可支配收入分别达到 3.81 万元和 1.73 万元，分别是 2010 年的 2.2 倍、3 倍。地区生产总值、城乡居民收入提前实现“两个翻番”。3 个贫困县全部摘帽，510 个贫困村全部出列，29.7 万建档立卡贫困人口全部脱贫，贫困地区面貌和贫困群众生活发生翻天覆地变化，历史性消除绝对贫困，实现了从总体小康向全面小康的新跨越。

基本建成国际旅游胜地。胜地规划纲要提出的四大战略定位逐步实现，服务业增加值占比 54.4%，旅游成为千亿元产业，在旅游产业用地改革、文化旅游融合发展等方面率全国之先，实现了从零散景点向全域旅游、观光游览向休闲度假、单一要素向多元融合转变，从旅游项目开发向文旅精品创造、市场低效竞争向集聚集约发展、服务基本规范向国际化品质转变，为“十四五”时期打造世界级旅游城市奠定了坚实基础。

第二节 过去五年经济社会发展取得的重大成就

“十三五”时期是桂林市综合实力大幅提升的五年。经济发展迈上新台阶，地区生产总值年均增长 5.2%。工业振兴吹响号角，园区布局全面重塑，名城名企合作成效显著，华为、比亚迪、格力等一批引领性重大产业项目落地实施，产业发展大格局加速形成。服务业成为拉动全市经济增长的主动力，数字经济、电子商务、文化创意等新产业新业态发展迅猛。特色优势农业持续壮大，砂糖橘、罗汉果、月柿面积和产量全国领先，休闲农业、循环农业走在全区前列。国家可持续发展议程创新示范区建设获国务院批复，以创新为引领的现代经济体系建设蓄势待发。航空、铁路、公路、能源、水利、信息等基础设施建设取得重大进展，城市现代化水平显著提升，美誉度和影响力不断扩大。

“十三五”时期是桂林市城乡面貌变化卓著的五年。主城区建成区面积扩展至 147.55 平方公里，全市常住人口城镇化率比“十二五”末提升 5.96 个百分点。桂林新区建成区面积 40 平方公里，行政、金融、教育、医疗等配套设施一应俱全，一座公园式现代化新城已然崛起，“再造一个新桂林”的蓝图变为现实。老城疏解改造品位提升，“北通南畅、东拓西联”工程成效显著，完成万福东路、龙门大桥、香江立交等一批道路桥梁建设，建成 17 座人行天桥，改造提升 111 个城中村及 260 个无物业管理小区，实施福隆园、塔山、新生街等片区改造，做成了多年来想干未干成的大事难事。荔浦撤县设市，灵川与主城区同城化步伐加快，全州、灌阳、平乐、阳朔等县城新区建设取得新成效，资源、龙胜、恭城、兴安、永福等县城基础设施建设和风貌改造迈出新步伐，县域经济发展迅猛，涌现出一批广西科学发展进步县、先进县。开创新型城镇化示范乡镇、田园综合体、旅游精品线路点线面三位一体全面推进乡村振兴新模式，2020 年获全区乡村振兴实绩考核优秀等次第一名，新型城镇化示范乡镇占全市乡镇总数的 55%，田园综合体覆盖每个县区，在农村人居环境改善、农村精神文明建设等方面探索出“桂林经验”向全国推广。大桂林“城乡一体、生态美丽、文化繁荣、富裕和谐大家园”生机勃勃。

“十三五”时期是桂林市历史文化光彩焕发的五年。“寻找桂林文化的力量，挖掘桂林文化的价值”工程取得丰硕成果，历史文化遗产“散珠碎玉”得到系统性整理、完整性呈现、保护性利用。编纂出版《桂林历史文化大典》，颁布《桂林市石刻保护条例》，推出《马前泼水》《刘三姐》《桂林有戏》《桂林千古情》《破阵曲》等精品力作。长征国家文化公园（广西段）建设全面启动，红色文化保护传承取得里程碑式进展，红色旅游成为桂林文旅融合新品牌。重建

的逍遥楼、东西巷成为城市新地标，建成一批望得见山水、留得住乡愁的历史文化名镇名村和传统文化村落。灵渠入选世界灌溉工程遗产名录，龙脊梯田被列入全球重要农业文化遗产。成功创建全国文明城市，"爱国爱家爱桂林，讲德讲孝讲文明"蔚然成风，"一城文化满城绿"的桂林韵味全面彰显，国家历史文化名城底蕴更加深厚。

"十三五"时期是桂林市生态建设成绩斐然的五年。坚守"绿水青山就是金山银山"的发展理念，植树造林 5.33 万公顷，森林覆盖率达 71.62%。漓江"三统"体制机制改革取得重大成效，漓江全流域保护迈入法治化、规范化、常态化轨道，建成桂林市防洪及漓江补水枢纽工程，实现漓江上游水库群联合调度和城市段常态化壅水，有效缓解长期以来漓江"雨季洪水泛滥，旱季枯水停航"困局，主城区达到百年一遇防洪标准。大气、水、土壤污染防治攻坚战成果丰硕，2020 年市区空气质量优良天数达 353 天，较 2015 年增加 57 天，细颗粒物、可吸入颗粒物平均浓度连续 6 年下降。主要河流和县级以上集中式饮用水水源地水质达标率均保持 100%，主要污染物排放总量持续减少。通过全国水生态文明建设试点城市、国家低碳试点城市验收，"桂林山水甲天下"金字招牌愈擦愈亮。

"十三五"时期是桂林市民生保障力度空前的五年。民生领域支出累计超过 1700 亿元，占一般公共预算支出 78% 以上，累计减税降费超 150 亿元。教育科技、文化体育、医疗卫生等社会事业全面进步，九年义务教育巩固率 101.07%，解决了 30 多万居民住房困难问题，城镇新增就业人数 27.4 万人，城镇登记失业率控制在 5.5% 以内，社会保障基本实现应保尽保。新冠肺炎疫情防控取得重大成果。公共图书馆、文化馆、文化站、综合类博物馆全部免费开放，基本实现村村有公共服务中心，所有建制村通硬化路、通客车。居民收入年均增速高于经济增速 3 个百分点以上，城乡居民人均可支配收入比值由 2.5 缩窄至 2.2。全面深化改革、全面依法治市、全面从严治党取得新进展，社会治理水平不断提高，实现全国"双拥模范城"九连冠，连续 5 届荣获"全国社会治安综合治理优秀市"称号，连续 3 次捧获"长安杯"，社会和谐稳定，人民群众获得感幸福感安全感大幅提升。

专栏 1 "十三五"规划纲要主要指标完成情况

类别	指标	2015 年	规划目标		完成情况		指标属性
			2020 年	年均增长(%)/五年累计	2020 年	年均增长(%)/五年累计	
经济发展	1. 地区生产总值(亿元)	1485.59	—	8	2130.41	5.2	预期性
	2. 人均地区生产总值(元)	30071	—	7	42424	4.9	预期性
	3. 财政收入(亿元)	—	—	7	207.9	3.3	预期性
	4. 固定资产投资(亿元)	—	—	13	—	9.6	预期性
	5. 社会消费品零售总额(亿元)	665	1210	10	888.9	6	预期性
	6. 进出口总额(亿元)	57.32	80.73	8	72.14	5.2	预期性
	7. 工业增加值(亿元)	244.77	—	9	290.56	2.5	预期性
	8. 服务业增加值比重(%)	51.1	—	—	54.4	[3.3]	预期性
	9. 常住人口城镇化率(%)	46.62	55	[8.4]	52.58	[5.96]	预期性
	10. 户籍人口城镇化率(%)	30.5	41	[10.5]	41.3	[10.8]	约束性
	11. 全员劳动生产率(万元/人)	—	—	8.7	7.2	5.6	预期性
	12. 旅游总消费(亿元)	517.3	>1000	>15	1233.5	18.9	预期性
创新驱动	13. 研究与试验发展经费支出占地区生产总值比重(%)	0.82	2.2	[1.38]	核定数未出	—	预期性
	14. 每万人口发明专利拥有量(件)	4.6	8	—	9.03	—	预期性
	15. 互联网普及率(%)						预期性
	固定宽带家庭普及率	60	≥ 85	≥[25]	95	[35]	
	移动宽带家庭普及率	35	≥ 75	≥[40]	92	[57]	
民生福祉	16. 常住人口(万人)	496.16	520	1	493.11	—	预期性
	17. 居民人均可支配收入(元)	18840	31140	10.4	27745	8.0	预期性
	18. 城镇新增就业人数(万人)	—	—	[40]	—	[27.4]	预期性
	19. 农村贫困人口脱贫(万人)	—	—	[28.7]	—	[29.7]	约束性
	20. 基本养老保险参保率(%)	95	≥ 98	—	98	[3]	约束性
	21. 城镇保障性住房建设和棚户区改造(万套)	—	—	[5]	—	[6.17]	约束性
	22. 每千人口执业(助理)医师数(人)	2.06	≥ 2.29	—	2.92	—	预期性
	23. 每千名老人养老床位数(张)	23.9	40	—	30.1	—	预期性
	24. 人均预期寿命(岁)	77.88	78	—	78.8	[0.92]	预期性
	25. 劳动年龄人口平均受教育年限(年)	8.8	10.2	—	10.2	[1.4]	约束性

续表

类别	指标	2015 年	规划目标		完成情况		指标属性
			2020 年	年均增长(%)/ 五年累计	2020 年	年均增长(%)/ 五年累计	
生态文明	26. 耕地保有量(万公顷)	32.96	33.265	—	核定数未出		约束性
	27. 新增建设用地规模(万公顷)	—	—	≤[1]	—	[0.527]	约束性
	28. 单位生产总值能源消耗降低(%)	—	完成自治区下达目标		—	[17.34]	约束性
	29. 单位生产总值二氧化碳排放量降低(%)	—			核定数未出		约束性
	30. 万元生产总值用水量(吨 / 万元)	212			140.77	[-33.6]	约束性
	31. 主要污染物排放量降低(%) 其中:化学需氧量(%) 氨氮(%) 二氧化硫(%) 氮氧化物(%)	—	完成自治区下达目标		完成自治区下达目标		约束性
	32. 森林增长						约束性
	森林覆盖率(%)	70.9	≥ 71	—	71.62	[0.72]	
	森林蓄积量(亿立方米)	1.047	≥ 1.1	—	1.22	[0.173]	
	33. 城市空气质量优良天数比例(%)	81.1	≥ 85	—	96.4	[15.3]	约束性
	其中:PM2.5 浓度下降(%)	—	完成自治区下达目标		29	—	
	34. 地表水质量		完成自治区下达目标				约束性
	达到或好于Ⅲ类水体比例(%)	100			100	—	
	劣Ⅴ类水体比例(%)	0			0	—	

注:1. 地区生产总值、人均地区生产总值增速按不变价计算,人均地区生产总值按第七次全国人口普查数据计算,财政收入增速按可比口径计算。
2. 根据第四次全国经济普查数据,对地区生产总值、人均地区生产总值、工业增加值、服务业增加值比重等指标进行了修订。因统计口径变化,财政收入、固定资产投资绝对数无可比性,故表格中未列明。
3. [ ]内为五年累计数。

第二章　新发展阶段的新历史方位

深刻认识国内外环境的新形势新变化,准确把握发展的历史方位和阶段特征,抓住用好重大战略机遇,牢牢把握发展主动权。

第一节　“十四五”时期发展面临的新形势

世界正经历百年未有之大变局。新一轮科技革命和产业变革深入发展,国际力量对比深刻调整,和平与发展仍然是时代主题。以信息技术、生物科技、新能源、新材料、人工智能等为代表的新技术革命不同程度地孕育突破,将带来产业组织方式、生产生活方式的颠覆性变革,全球产业链、价值链、供应链加快重塑。同时,国际环境日趋复杂,不稳定性不确定性明显增加,新冠肺炎疫情影响广泛深远,经济全球化遭遇逆流,世界进入动荡变革期。

中国转向高质量发展阶段。中国处在转变发展方式、优化经济结构、转换增长动力的攻坚期,正由中等收入国家迈向高收入国家,发展的阶段任务也由全面建成小康社会转向全面建设社会主义现代化国家,社会主要矛盾转化为人民日益增长的美好生活需要和不平衡不充分的发展之间的矛盾,国内大循环为主体、国内国际双循环相互促进的新发展格局加快形成。中国制度优势显著,治理效能提升,经济长期向好,物质基础雄厚,人力资源丰富,市场空间广阔,发展韧性强劲,社会大局稳定,继续发展具有多方面优势和条件。

广西进入加快建设新时代中国特色社会主义壮美广西的关键期。习近平总书记赋予自治区“三大定位”新使命,提出“五个扎实”新要求和“四个新”总要求,提出建设新时代中国特色社会主义壮美广西。《区域全面经济伙伴关系协定》(RCEP)正式签署,广西“一湾相挽十一国、良性互动东中西”的独特区位优势更加凸显,将在国家“一带一路”建设、中国－东盟合作中发挥更大作用。西部陆海新通道上升为国家战略,中国(广西)自由贸易试验区、面向东盟的金融开放门户等一批国家级重大开放平台推进建设,进一步提升全区在国家总体战略格局中的地位。

第二节　机遇和挑战

发展机遇。新一轮科技革命和产业变革深入发展,国家以畅通国民经济为主构建新发展格局,稳定产业链供应链,支持中西部地区承接产业转移,新经济新产业新模式加速兴起,为桂林市加快产业转型升级、培育发展新动能、推动工业振兴带来新机遇;国家大力推进新型城镇化、推进新时代西部大开发,全面推进乡村振兴,为桂林市扩大有效投资、加快基础设施建设、统筹城乡发展带来新机遇;国家着力提高人民生活品质,加强社会治理体系建设,为桂林市加快补齐公共服务短板、保障和改善民生带来新机遇;习近平总书记视察广西及桂林时提出努力创造宜业、宜居、宜乐、宜游的良好环境，打造世界级旅游城市，为桂林市发展指明了方向、提供了根本遵循、注入了强大动力；广西加快实施建设西部陆海新通道等国家战略，构建“南向、北联、东融、西合”全方位开放格局，为桂林市深度融入国内国际双循环、实现更高水平开放发展带来新机遇。桂林市政策优势叠加，发展基础不断夯实，发展环境全面改善，发展态势持续向好，为抢抓新机遇提供了有利条件。

问题与挑战。桂林市经济总量小，人均地区生产总值约为全国平均水平的58%，产业结构不优，工业短板明显，面临“不进则退、慢进亦退”的严峻挑战。经济发展速度较慢，工业化、城镇化、信息化、农业现代化进程滞后，旅游对外依赖性强，生产性服务业发展偏慢。大项目大企业少，人才和科技支撑高质量发展能力不足，生态环境保护任务依然艰巨，科教、生态等优势资源没有很好地转化为经济发展优势。发展不平衡不充分问题仍然突出，城乡优质公共服务供给不足，资源要素保障能力有待提升，民生保障和社会治理有不少短板弱项，干部思想不够解放等问题仍然存在。

综合判断，“十四五”时期是桂林市可以大有作为、必须奋发有为的重要战略机遇期，是实现换道超车、弯道取直、后发赶超的关键时期。全市上下要胸怀“两个大局”，准确识变、科学应变、主动求变，善于在危机中育先机、于变局中开新局，以敢冲善拼的勇气和韧劲，提高工作主动性、预见性、创造性，奋力赶超，加速崛起，为与全国同步基本实现社会主义现代化奠定坚实基础。

第二篇　全力打造世界级旅游城市，谱写新时代中国特色社会主义壮美广西的桂林新篇章

第三章　“十四五”时期经济社会发展总体要求

“十四五”时期是中国开启全面建设社会主义现代化国家新征程、向第二个百年奋斗目标进军的第一个五年。党中央赋予桂林打造世界级旅游城市历史使命，站在新时代新起点上，我们要始终牢记总书记的嘱托，以世界级旅游城市建设统领全市经济社会发展，走出一条符合桂林实际的高质量发展之路。

第一节　指导思想

坚持以习近平新时代中国特色社会主义思想为指导，深入贯彻党的十九大和十九届二中、三中、四中、五中全会精神，统筹推进“五位一体”总体布局，协调推进“四个全面”战略布局，全面落实习近平总书记视察广西及桂林时的重要讲话和重要指示精神，准确把握新发展阶段，全面贯彻新发展理念，服务构建新发展格局，以打造世界级旅游城市为统领，坚持稳中求进工作总基调，以推动高质量发展为主题，以改革创新为动力，以满足人民日益增长的美好生活需要为根本目的，统筹发展和安全，推进治理体系和治理能力现代化，全面加强生态环境保护，全力推进产业振兴、乡村振兴，加快建设最宜居城市，努力提高人民生活品质，实现经济持续健康发展、民族团结、社会和谐稳定，奋力谱写新时代中国特色社会主义壮美广西的桂林新篇章。

第二节　基本原则

——坚持党的全面领导。坚持和完善党领导经济社会发展的体制机制，坚决维护党中央权威和集中统一领导，始终同以习近平同志为核心的党中央保持高度一致，为实现高质量发展提供根本保证。

——坚持以人民为中心。坚持人民主体地位，坚持共同富裕方向，把增进人民福祉、促进人的全面发展作为发展的出发点和落脚点，始终做到发展为了人民、发展依靠人民、发展成果由人民共享，更好实现人民对美好生活的向往。

——坚持新发展理念。把新发展理念贯穿经济社会发展全过程和各领域，积极服务和融入新发展格局，转变发展方式，推动质量变革、效率变革、动力变革，实现更高质量、更有效率、更加公平、更可持续、更为安全的发展。

——坚持深化改革开放。坚持全面深化改革、全方位扩大开放，加快推进市域治理现代化，破除制约高质量发展、高品质生活的体制机制障碍，持续增强发展动力活力。

——坚持系统观念。胸怀“两个大局”，加强前瞻性思考、全局性谋划、战略性布局、整体性推进，统筹发展和安全，充分调动各方面积极性，着力固根基、扬优势、补短板、强弱项，注重防范和化解重大风险挑战，实现发展质量、结构、规模、速度、效益、安全相统一。

第三节　发展目标

2035年远景目标：展望2035年，桂林市将与全国同步基本实现社会主义现代化，全面建成世界级旅游城市。综合实力显著提升，经济总量和城乡居民人均收入将迈上大台阶；科技支撑能力显著增强，基本建成创新型城市；基本实现新型工业化、信息化、城镇化、农业现代化，基本建成具有桂林特色的现代化经济体系；开放水平大幅提升，成为广西“东融”新高地、“北联”主阵地，形成全方位开放发展新格局；平安桂林建设达到更高水平，基本建成法治桂林、法治政府、法治社会，基本实现市域治理现代化；建成经济强市、文旅强市、生态桂林、健康桂林，市民素质和社会文明程度达到新境界；生态环境质量位居全国前列，广泛形成绿色生产生活方式，美丽桂林建设达到新高度；基本公共服务实现均等化，城乡区域发展差距和城乡居民生活水平差距显著缩小；民族团结巩固提升，人民生活更加美好，人的全面发展、全体人民共同富裕取得更为明显的实质性进展。

“十四五”时期发展目标：综合考虑国内外发展趋势和桂林市发展条件、优势、潜力，坚持目标导向和问题导向，今后五年桂林市经济社会发展要努力实现以下主要目标。

——经济发展实现新跨越。经济持续健康发展，地区生产总值年均增长7.5%以上，高于全区平均水平，经济总量明显提升。三次产业结构更加优化，工业振兴取得显著成效，第二产业增加值年均增长14%左右，占地区生产总值比重30%以上，绿色低碳循环的现代产业体系基本形

成。科技整体实力保持广西前列、西部同类地区先进水平，形成高质量发展新格局。

——改革开放迈出新步伐。重点领域和关键环节改革实现重大突破，高质量发展体制机制更加完善，营商环境达到国内一流水平。更高水平融入中国－东盟自由贸易区，全面对接粤港澳大湾区和长江经济带，“粤桂画廊”和“湘桂走廊”建设全面提速，“东融”“北联”取得新突破，开放型经济发展水平全面提升。

——社会文明建设得到新提高。社会主义核心价值观更加深入人心，市民思想道德素质、科学文化素质和身心健康素质明显提高，文化大繁荣大发展机制进一步完善，公共文化服务体系和文化产业体系更加健全，精神文明创建成果巩固拓展，社会文明程度全面提升。

——生态文明建设取得新进步。国土空间开发保护格局更加优化，生态立市成效显著，“绿水青山就是金山银山”理念更加牢固，生态系统治理水平不断提高，生态环境质量持续改善，生态经济加快发展，能源资源配置更加合理，主要环境评价指标保持全国前列，经济社会发展向全面绿色转型，绿色低碳生产生活方式成为自觉行动，城乡环境更加宜居宜人。

——民生福祉达到新水平。基本公共服务均等化水平明显提高，全民受教育程度不断提升，实现更加充分更高质量就业，多层次社会保障体系更加健全，卫生健康体系更加完善，脱贫攻坚成果巩固拓展，居民收入增长高于经济增长，人民生活品质明显提高。

——社会治理效能得到新提升。法治桂林建设深入推进，民主法治更加健全，社会公平正义更加彰显，政府职能转变成效明显，行政效率和公信力显著提升，基层社会治理水平明显提高，突发公共事件应急能力显著增强，发展安全保障更加有力。

专栏 2 “十四五”时期经济社会发展主要指标

类别	指标	2020 年	2025 年	年均增长 / 五年累计(%)	指标属性
经济发展	1. 地区生产总值增长(%)	2.1	—	≥ 7.5	预期性
	2. 人均地区生产总值增长(%)	—	—	6.8	预期性
	3. 财政收入(亿元)	207.9	265	5.0	预期性
	其中：税收收入占一般公共预算收入比重(%)	62.3	≥ 70	[7.7]	预期性
	4. 工业增加值占地区生产总值比重(%)	13.6	21	[7.4]	预期性
	5. 全员劳动生产率增长(%)	—	—	6.8	预期性
	6. 常住人口城镇化率(%)	52.58	—	[5]	预期性
	7. 旅游总消费(亿元)	1233.5	2150	12	预期性
创新驱动	8. 研发经费投入增长(%)	—	—	22	预期性
	9. 每万人口高价值发明专利拥有量(件)	3.19	3.96	—	预期性
	10. 数字经济核心产业增加值占 GDP 比重(%)	—	≥ 6	—	预期性
民生福祉	11. 居民人均可支配收入(元)	27745	—	7.6	预期性
	12. 城镇登记失业率(%)	≤ 5.5	≤ 4.5	—	预期性
	13. 劳动年龄人口平均受教育年限(年)	10.2	11	[0.8]	约束性
	14. 每千人口拥有执业(助理)医师数(人)	2.92	3.0	[0.08]	预期性
	15. 基本养老保险参保率(%)	98	≥ 96	—	预期性
	16. 每千人拥有 3 岁以下婴幼儿托位数(个)	1.6	4	[2.4]	预期性
	17. 人均预期寿命(岁)	78.8	79.3	[0.5]	预期性
绿色生态	18. 单位地区生产总值能源消耗降低(%)	—	—	完成自治区下达目标	约束性
	19. 单位地区生产总值二氧化碳排放量降低(%)	—	—	完成自治区下达目标	约束性
	20. 空气质量				
	城市空气质量优良天数比率(%)	96.4	—	完成自治区下达目标	约束性
	PM2.5 年平均浓度(μg/m³)	29	—		约束性
	21. 地表水质量达到或好于Ⅲ类水体比例(%)	100	完成自治区下达目标	—	约束性
	22. 森林覆盖率(%)	71.62	71.9	—	约束性
安全保障	23. 粮食综合生产能力(万吨)	176.93	完成自治区下达目标	—	约束性

注：1. 地区生产总值、人均地区生产总值、全员劳动生产率增速按不变价计算。
2. [ ]内为五年累计数。

第三篇 加快产业振兴，推动经济高质量发展

第四章 强化工业振兴，推动制造业高端化智能化绿色化

坚定不移把制造业高质量发展作为经济高质量发展的重中之重，促进各类资源要素向工业发展集聚，坚持强龙头、补链条、聚集群、抓创新、创品牌、拓市场，推动产业向高端化、智能化、绿色化转型升级，打造广西先进制造业中心城市。到2025年，争取全市工业总产值达2500亿元，工业增加值年均增长18%，进入广西工业发展第一梯队。

第一节 推动优势主导产业大发展

坚持全产业链发展思路，做大做强电子信息、先进装备制造、生物医药及医疗器械、生态食品等优势主导产业。到2025年，优势主导产业总产值占工业总产值65%以上。

推进电子信息产业扩能提级。重点发展移动智能终端、通信设备、光电、集成电路等产业。深化与华为合作，引进上下游供应链核心企业、配套企业，支持本土企业融入供应链体系，打造广西智能终端制造基地。做大做强智神、飞宇等企业，提高手持稳定器、运动相机等产品竞争力。培育壮大光通信、微波通信产业，推动光传输设备、光网络设备、光无源器件及专用仪器等产品规模化生产。以美亚迪、海威科技等企业为重点，发展全彩色、高性能LED照明系统及散热器件等，大力发展智慧照明、健康照明等新兴照明产品。支持光隆科技等光电企业扩大特色智能芯片产能，配套发展芯片设计、芯片封装。到2025年，力争电子信息产业总产值超650亿元。

提升先进装备制造业协同配套能力。鼓励比亚迪、桂客等企业稳步扩大中高端纯电动整车生产规模，突破智能驾驶、智能交互等核心技术，布局发展智能汽车、智能网联汽车。引进电池、电机、电控、电机驱动系统等核心零部件生产企业，推进底盘、曲轴、离合器、伺服驱动控制器等零部件生产企业发展，打造西南地区新能源客车生产基地。加快发展轨道交通、航空航天、无人机、应急救援装备、机器人等高端装备产业，推进轨道交通装备产业园区建设，推动牵引传动系统、制动系统等配套设备本地化生产。进一步做强电力装备产业，重点发展电线电缆、干式变压器、电抗器、电力电容器及成套装置等产品，大力发展特高压输变电配套装备、智能化和绿色环保输变电配套装备，积极引进上游配套企业。支持数控机床及工量具、矿山机械、橡胶机械等装备制造企业技术改造和创新，加快传统产品转型升级。壮大轮胎、卫生防护用品产业，构建轮胎全产业链，建成华南、西南区域最大的橡胶生产销售基地。到2025年，力争先进装备制造业总产值超500亿元。

推动生物医药和医疗器械产业创新发展。重点发展中药民族药、化学原料药、生物技术药、医疗器械、防疫物资等产业。巩固提升喉口类、心脑血管类等中成药产品优势，推进抗肿瘤、抗血栓等特效中药研发生产。扩大青蒿琥酯、左旋咪唑等系列优势产品生产规模，开发抗疟、抗肿瘤、抗感染化学原料药及其制剂。延长人体表皮再生因子、紫杉醇等生物技术药产品链。支持本土医疗器械生产企业做大做强，推进智能医疗设备、医用机器人、手术机器人、健康监测可穿戴设备等智能医疗器械研发生产，引进高端医疗诊断仪器、影像设备、远程诊疗、移动医疗设备制造项目，建成广西医疗器械（桂林）产业示范园，做大医疗设备及器械产业集群。支持优利特、优尼康通等医疗防疫物资生产企业发展，打造医疗防疫物资生产基地。到2025年，力争生物医药和医疗器械产业总产值超250亿元。

提升生态食品附加值。重点发展旅游休闲食品、畜禽加工、果蔬加工、酒水饮料、粮油加工等产业，打造"一碗粉（桂林米粉）、一朵花（桂花食品）、两瓶酒（白酒、啤酒）"品牌。加快桂林米粉产业园、罗汉果小镇建设，引进培育研发、物流、营销等关键环节企业，完善精深加工产业链条，积极开发保鲜湿米粉等特色生态旅游休闲食品、新型保健食品。加快酒及生态饮品产业制造工艺技术攻关，改良酒类品质，振兴桂酒品牌。加快力源、漓泉、三养等龙头企业创新发展，建成全国知名的生态绿色食品产业基地。到2025年，力争生态食品产值超250亿元。

专栏3 优势主导产业重大项目

电子信息产业。桂林花江智慧谷电子信息创业产业园、中电科桂林光电子光通信产业园、雁南飞科创小镇、桂林深科技三期、安科讯数字能源智能制造项目、思奇通信项目、荔浦高新产业园、深圳华谊智测整体搬迁项目、光隆科技光芯片研发及产业化项目等。

先进装备制造业。比亚迪城项目、兴安（玉环）汽车部件产业园、鹏威新能源年产20亿Wh锂离子电池建设项目、鸿程高端装备智能制造产业园、长虹高端装备制造产业园、航空轮胎产业基地项目、桂林航空航天产业园、白云电气集团桂林电气节能及电力电子产业项目、国际线缆技术升级改造项目、金盘科技桂林基地数字化转型项目、平乐智能制造产业园等。

生物医药和医疗器械产业。中国中药（桂林）产业园、广西医疗器械（桂林）产业示范园、桂林智能仪器和医疗器械创新中心、桂林生物医药研究基地、华诺威生物医药基地、防疫物资生产储备基地等。

生态食品产业。桂林米粉产业园、桂林（正大）生态食品产业园、桂柳食品园、平乐食品和农副产品深加工生产基地、三塘新型酒业科技园、罗汉果小镇、全州生态食品产业园等。

第二节 推动战略性新兴产业大崛起

积极发展新一代信息技术、新材料、新能源等战略性新兴产业，大力发展数字经济，布局发展生物工程、第三代半导体、智能制造、航空航天等未来产业，加快培育经济发展新动能。

大力发展新一代信息技术产业。以华为科技城为核心，重点发展5G通信设备及应用、物联网、人工智能等，全力打造智能终端基地、人工智能创新中心、软件服务中心和鲲鹏联合创新中心。大力发展浸入式视频、虚拟现实技术、网络游戏、工业互联网、远程医疗等5G应用产业。推进物联网集成和工业云协同发展，推动新型传感器、智能控制系统、工业云平台在制造业重点行业的应用。规划布局"无人经济"，发展教育、家用、农业等机器人。

培育发展新材料产业。重点发展新型电工电子新材料、石墨烯、高性能聚合树脂材料与无机材料、非金属材料等产业。扩大低压触头、中高压触头、特种塑料等产能规

模，丰富新型电工电子新材料产品种类。培育发展石墨烯材料产业，积极开发应用于电池、环保涂料、复合材料、超级电容器、新能源汽车等领域的产品。引导企业研发生产高性能聚合树脂材料与矿物母粒等无机材料。支持碳酸钙、滑石、硅等非金属材料生产企业提升精深加工能力和产品品质，延长产业链条。到 2025 年，力争新材料产业总产值超 150 亿元。

积极发展新能源产业。有序推进风电、太阳能发电、生物质发电、垃圾发电、热电联产等新能源产业发展。配套发展风电装备、太阳能光伏发电装备产业链，开发风光电站智能成套设备、风电叶片、调速系统、控制系统、变流器及风力发电装备铸件、电机、轴承等零部件产品，太阳能电池及组件、单晶 / 多晶硅光伏板、逆变装置、光伏系统集成等零部件产品。到 2025 年，新增风电装机容量 150 万千瓦，力争新能源产业总产值超 150 亿元。

加快发展数字经济。实施大数据战略，推进数字产业化。建设物联网云平台和大型云数据中心，加大在电子标签、射频识别、定位系统、北斗卫星导航、终端产品制造、系统集成等领域研发投入和示范应用，推动大数据在经济转型、政府治理、服务民生等领域的创新应用。大力推广电子政务、智慧城市平台等综合管理软件，培育发展与机器人、智能控制等新兴产业配套的行业应用软件。加快区块链在供应链金融、民族医药质量追溯、医养健康、社保服务、政务数据共享等领域应用，打造广西区块链副中心城市。加快产业数字化，实施制造业数字化转型升级行动，推进关键工序智能化、关键岗位机器人替代、生产过程智能化控制。加快智能工厂、数字化车间和工业互联网平台建设，积极引导企业实施“设备换芯”“生产换线”“机器换人”，全面提升企业研发、生产、管理和服务的智能化水平，支持符合条件的企业申报国家级、自治区级智能制造试点示范项目，打造 20 家左右的数字化标杆企业。到 2025 年，力争全市 30% 以上规模工业企业实现整体或部分关键环节智能化改造。

专栏 4 战略性新兴产业重大项目

新一代信息技术产业。华为科技城“一基地三中心”项目、电科云（桂林）国际大数据发展中心、研祥工业互联网技术研究院项目、桂林慧谷人工智能产业技术研究院、国际数字文化科技（桂林）产业城等。

新材料产业。新一代高性能动力电池高镍正极材料项目、桂林石墨烯复合材料产业园、恭城碳酸钙新材料产业园、广西中炀新材料科技有限公司年产 60 万 m² 无孔纳米微晶板材项目、资源百亿级硅产业园、灌阳双百双新产业园、兴安碳酸钙科技产业园等。

新能源产业。阳朔生态环保科技园、中能建投兴安生物质电厂、平乐热电联产项目，兴安、灵川、龙胜、平乐、资源等县域风电场项目。

第三节 推动传统工业大提升

推进传统产业高端化、智能化、绿色化，推动装备升级、模式创新和品牌质量提升，加快家电家居、冶金、建材等传统产业“二次创业”、重焕生机。到 2025 年，力争传统工业总产值超 550 亿元。

做深做精家电家居产业。加强与格力合作，全力引进现代绿色智能家居产业，积极发展家电产品，规划建设智能家用电器产业园区。推动竹木产业向高附加值精深加工延伸，重点发展纸制品、建筑模板、竹地板材、家具家居、办公用品等产业，提高竹木原材料综合利用效率。提升荔浦“中国衣架之都”品牌知名度，搭建衣架产业海外仓储和出口平台。加强纺织服装自主品牌建设，大力发展艺术设计、文化创意等配套产业，促进产品向精品化、高端化发展，打造新型纺织工业集群。

推进冶金工业持续健康发展。调整冶金产品供给结构，稳妥发展精锡、硅锰合金等产业。有序淘汰电解锰落后产能，引进战略投资企业，推进锰加工企业战略重组。合理控制铁合金、有色金属产能规模，推动相关产业项目向园区集聚发展。开展产业资源整合和技术改造升级，促进生产环节绿色化、低碳化、循环化发展，推动产业向中高端转变，打造生态环保型有色金属产业基地。

加快建材产业绿色化发展。巩固传统水泥产业优势，发展高性能混凝土和高强混凝土、轻骨料混凝土等新型绿色水泥。加快发展预制和装配式结构、围护结构、复合多功能砌块及新型墙体材料等，开发智能化生产与运输设备、施工安装设备等智能化建筑设备产品，推进广西建筑产业现代化研发推广和示范基地建设。引进钢铁精深加工项目和企业，发展应用于电子信息、装备制造等领域的新型不锈钢制品。引导石材企业采用先进机械设备和先进技术集聚发展，加快石材产业转型升级。

有序发展电力、供水、供热、供气等产业。稳定电力、热力和水的生产供应，保障生产生活需求，大力推进分布式可再生电力、热力、燃气等在用户侧直接就近利用。

专栏 5 传统工业重大项目

家电家居产业。格力桂林产业园、荔浦衣架家居特色产业园、兴安竹木产业园、九美桥时尚园升级发展项目等。

冶金工业。新桂康产业园、灌阳恒丰年产 1 万吨高纯锡锭异地搬迁技改项目等。

建材产业。兴安海螺循环产业园、平乐同安石材产业园、平乐新型建材产业园、灌阳岭南黑白根石材文化产业园、永福装配式建筑产业基地、广西建工集团桂林装配式建筑产业基地等。

第四节 加快强龙头补链条聚集群

培养壮大龙头企业。实施龙头企业引进培育计划，发展壮大一批“链主”和生态主导型龙头企业。鼓励智能终端制造、新能源商用车、橡胶轮胎、电力装备等产业龙头企业以品牌资源优势开展产业链垂直整合和兼并重组，加快成长为区域性知名企业、本土领军企业或行业单项冠军。分级分类动态滚动培育发展潜力大的成长型企业，促进企业裂变扩张为隐形冠军企业、专精特新企业、瞪羚企业。加强政策扶持和定向服务，加快培育有潜力的企业入规。鼓励龙头企业持续加大本地区采购、增强上下游产业链协同，促进一批配套、协作中小企业加快发展。力争培育打造产值 100 亿元以上企业 2 家、50—100 亿元企业 6 家、10—50 亿元企业 20 家。

提升产业链供应链现代化水平。聚焦主导产业，坚持全产业链发展思路，开展补链强链延链专项行动，锻长板补短板，推动产业链迈上中高端，重点培育壮大智能终端制造、新能源汽车、先进装备制造、橡胶轮胎等产业，打造一批超500亿元产业，力争实现千亿元产业零突破。实施产业基础再造和产业链提升工程，推进工业互联网创新发展，加快新一代信息技术与传统产业融合发展，形成一批超百亿元产业集群。推进一批超百亿元投资、超百亿元产值的项目及园区建设，打造跨区域产业链供应链。

第五节　提升完善“345”发展格局

强化全市一盘棋理念，进一步明确园区主导产业，鼓励引导产业集聚发展，提升壮大高新区、经济技术开发区、高铁（桂林）广西园三大园区，加快发展全州、兴安、平乐、荔浦四个工业重点县（市），推动阳朔、灌阳、龙胜、资源、恭城五个生态功能区县特色发展，形成覆盖全市、布局合理、多点支撑的“345”发展新格局。到2025年，园区工业总产值占全部工业总产值比重超过80%。工业增加值和规上企业数量，三大园区年均增长超20%，四个工业重点县（市）和灵川、永福以及六城区年均增长超18%，五个生态功能区县年均增长超13%。

推进三大园区规模质量“双提升”。以三大园区为工业振兴主战场，做大做强做优新一代信息技术、先进装备制造、新材料、生物医药和医疗器械、生态食品等主导产业，强化园区产业链协同发展。到2025年，三大园区土地开发面积增长27%，工业投资规模增长175%。高新区加快布局建设七星园、象山园、雁山园，大力引进和孵化高新技术企业，完善产业链配套，打造成为高新技术产业集聚区、产业融合

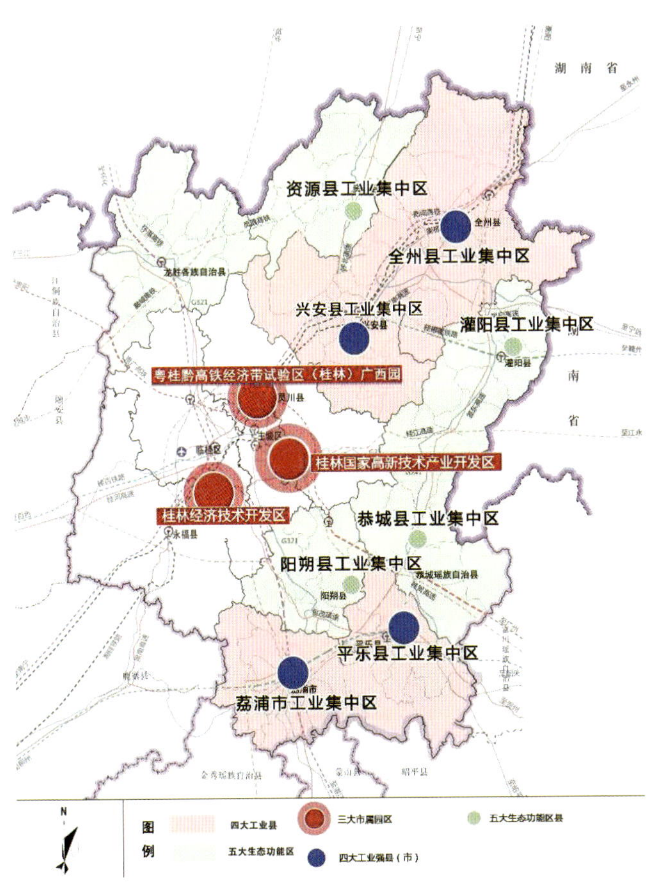

桂林“345”发展布局图

和产城融合发展先行区、产学研用协同示范区、高质量发展排头兵，力争七星区、象山区、雁山区工业总产值超750亿元。经济技术开发区加快秧塘园、苏桥园建设，充分挖掘临苏公路两侧的发展潜力，打造成为面向东盟的先进制造业基地、智能制造基地、产城融合发展的改革开放新高地，争取升级为国家级经济技术开发区，力争永福县和临桂区工业总产值超700亿元。高铁（桂林）广西园加快布局建设灵川园、秀峰园、叠彩园，加快基础及配套设施建设，推进智慧产业园、装备制造产业园及花江智慧谷电子信息创业产业园建设，打造成为粤桂黔协作发展创新区、粤桂黔高铁经济带产业承接新高地、国家物流枢纽区域性中心，力争灵川县、秀峰区和叠彩区工业总产值超350亿元。

加快发展四大工业重点县（市）。积极承接粤港澳大湾区、长三角等地区产业转移，推动生态食品、新型建材、智能光电、绿色家居、汽车部件等一批县域特色产业园做大做强，提升壮大县域经济实力，形成工业振兴重要支撑。推进荔浦市工业集中区建设，鼓励民间资本投资，全力招大引强，力争工业总产值突破130亿元。推进平乐县工业集中区提档升级，力争工业总产值超150亿元。加快全州县工业集中区建设，大力实施企业培优扶壮工程，力争工业总产值超110亿元。推动兴安工业集中区加快盘活土地资源，依托龙头企业带动产业集群发展，力争工业总产值突破110亿元。

培育发展五个生态功能区县。依托产业基础和资源禀赋，加快发展生态食品、新材料、新型建材、绿色家居等低碳产业，推进特色化、差异化发展。灌阳县、恭城瑶族自治县力争工业总产值分别超50亿元，资源县力争工业总产值超40亿元，阳朔县、龙胜各族自治县力争工业总产值分别超30亿元。

第六节　建立支撑工业振兴的长效机制

保障用地需求。加快工业项目供地速度，探索工业项目“标准地”改革，建立以单位土地面积投资强度、产出效益、创造税收为指标的工业标准用地体系。推动土地集约利用，建立工业用地退出机制，开展闲置和低效用地处置，大力发展城区楼宇经济，集中发展轻型工业，打造一批“亿元楼”。到2025年，全市新增工业用地超过4000公顷，占全部新增建设用地比例不低于30%。

加大金融支持。建立市级投融资平台，推动财政专项资金、产业投资基金、融资担保基金等向重点企业和项目集中，鼓励金融资本提前介入土地收储等环节。调整财政贴息政策，确保企业综合融资成本逐年下降。鼓励优质企业发行债券开展直接融资，引导金融机构采取“债贷组合”增信方式，为重大工业项目制定债券和贷款一体化融资方案。

加强人才引进培育。引导优秀干部向工业振兴一线集聚，建立紧缺人才引进目录，加大对企业人才的奖励力度。抓好劳动力培训、储备、管理，推动高校和职业院校建立公共实训基地，通过定向培养、联合培养等方式培养研发人才、技能人才和高级技术工人，保障重点工业企业用工需求。

推动园区提档升级。强化顶层设计，整体谋划、统筹推进全市工业园区发展和业态布局。加强工业园区基础设施建设，建成标准厂房500万平方米，加快完善住房、教

育、商业等配套设施，提升园区承载能力。进一步理顺园区管理体制机制，放开园区土地、规划、环保等审批权限，全面实现“园区事园区办”。做大做强园区融资平台，探索推行“管委会＋专业投资运营公司”模式，鼓励民营资本投资建设运营“园中园”。健全政策支持体系，完善园区财税分配，推动“一区多园”建设。

健全工作机制。完善要素保障机制，严格落实项目审批便捷流程，推动生产要素向重点园区、重点企业和重点项目集中，全力保障重点项目能源需求。建立健全工业振兴绩效考评机制和压力传导机制，定期开展工业振兴政策成效评估，将工业振兴纳入县（市、区）党政领导班子和主要领导年度综合考核范围。强化考核结果分析运用，对工业振兴实绩突出的县（市、区）和部门优先给予用地安排、资金扶持。

第五章　坚持高品质高格调，加快现代服务业创新发展

坚决贯彻落实习近平总书记关于“打造世界级旅游城市”的重要指示精神，坚持以文塑旅、以旅彰文，提升格调品味，推动文旅产业高质量发展、服务业提质增效，充分发挥服务业对经济增长、税收贡献、新增就业的作用，第三产业增加值年均增长6.5%。

第一节　加快提升旅游品质

围绕“六个一流”目标，坚持统筹思维、融合理念、高水平规划设计，推动旅游全域化发展、全产业融合、全要素配套，构建高品质服务体系，建设一批富有文化底蕴的世界级旅游景区和度假区，打造国家级旅游休闲城市、全国文旅融合高质量发展典范和全国旅游创新发展先行区，争创旅居时代的引领者。力争到2025年全市年接待游客1.53亿人次，其中境外游客350万人次，旅游总消费达2150亿元。

构建全域旅游大格局。整合全域旅游资源，规划建设“四区一带一中心”，提升优化八条旅游精品线路，推动旅游区域化、特色化、差异化发展，打造国家全域旅游示范区。城市中心区重点优化提升景区品质，布局高端休闲度假产品，建成世界一流的景区型城市。漓江黄金旅游带重点高标准改造旅游配套设施，提升旅游服务品质，投入运营一批五星级高端特色化游船，推进漓江黄金旅游带向平乐延伸，打造桂林世界级旅游城市示范区。南部旅游片区重点提升壮大山水观光、康养旅游，着力建设世界级旅游度假区，打造一流的康养基地。北部旅游片区以“红绿结合”为特色，以长征国家文化公园（广西段）为依托，重点发展红色旅游，打造国内一流的红色旅游品牌。东部旅游片区重点发展体育休闲、乡村旅游，打造一流的体旅融合示范区。西部旅游片区重点发展民族文化、农耕文化旅游，打造一流的文旅深度融合示范区。优化提升阳朔、兴安国家全域旅游示范区，支持雁山、龙胜、恭城等创建国家级全域旅游示范区，临桂、全州、永福、平乐等创建自治区级全域旅游示范区。实施景点景区提质扩容工程，做好新一批景区提升工作和A级景区创建，推动乡村旅游扩容升级，打造一批国际乡村旅游目的地，到2025年，国家5A级旅游景区和国家级旅游度假区达6家、4A级旅游景区50家。

加快旅游发展国际化。实施旅游服务提升工程，建立健全与国际通行规则相衔接的旅游服务标准体系，推动全域旅游基础设施、公共服务设施、旅游业态、旅游管理提档升级。实施境外航线倍增工程，到2025年境外航线达12条，争取中途分程权、第五航权和团队免签等政策落地，打造区域性国际旅游航空枢纽。加强旅游集散中心、旅游标识标牌、旅游应急医疗救助体系、旅游环境元素等国际化提升改造，建设“无语言障碍国际化旅游城市”。积极引进国际旅游组织总部、分支机构和国际旅游管理集团，加强国际化旅游人才引进培养，完善导游星级评定制度，提高旅游管理国际化水平。扩容升级“一键游桂林”云平台，打造智慧旅游桂林样板。继续办好“两会一节”，提高桂林国际知名度、美誉度和影响力。

推动大健康文旅融合高质量发展。加快建设桂林国家健康旅游示范基地，提升完善健康旅游服务设施，丰富健康旅游产品供给，打造成为具有国际影响力的健康旅游目的地。重点发展大健康养老、大健康医疗和管理、大健康食品、大健康文旅、大健康运动和文化等产业，加快形成大健康和文旅产业链。结合本土医药制造业，引进和培育一批国际医疗康养机构、养老机构和管理团队，创新开展健康体检、健康管理、美容整形、互联网医疗等特色服务，积极发展候鸟旅居度假游，推进健康产品和服务与国际标准有效接轨。加快中国－东盟友好疗养基地等大健康文旅重大项目建设，推动健康旅游向精细化、优质化、高端化发展，创建一批国家级和自治区级中医药健康旅游示范区（基地、项目）、职工疗休养基地，持续打造“漓水青山·养生桂林”品牌。

提升旅游休闲娱乐业态。积极争取承办国际电影节、音乐节、艺术节、摄影节等国际文化交流活动，以及电子竞技、极限挑战等国际赛事娱乐活动。深度挖掘桂林历史文化、民族文化、非遗文化、红色文化等内涵，推出一批国际旅游演艺精品，打造“文艺之都”。推动传统商业综合体转型升级为文旅商旅综合体，建设一批新型文化和旅游消费集聚区，打造一批国际旅游综合体，营造在国内外有影响力的休闲娱乐环境。

加强旅游市场营销和监管。充分利用大数据，创新营销方式，建立信息化、精准化的全媒体营销推广体系。推进线上线下旅游市场营销，继续做好国内外重点客源地城市旅游宣传，加强在抖音、微博、微信等新媒体渠道的宣传推广。加快建立权责明确、执法有力、行为规范、保障有效的文化旅游市场综合监管机制，建立健全市场监管标准和诚信体系，全面提升文化旅游市场综合监管水平。

专栏6　打造世界级旅游城市“六个一流”旅游工程

一流的精品景区：推动龙脊梯田、八角寨、长征国家文化公园（广西段）、猫儿山创建国家5A级旅游景区，提升漓江、乐满地、王城、两江四湖·象山景区等景区品质，创建桂林桃花湾等国家旅游度假区，推进融创文化旅游城、会仙湿地等高端休闲度假项目建设。

一流的旅游服务：实施旅游通达工程，建设环桂林旅游公路网，4A级及以上景区实现二级及以上公路连通，所有通往景区的公路完成等级化提升，建设一批文旅融合型高速公路服务区。建成市级和一批县级旅游集散中心，以市主城区、阳朔、兴安、龙胜、灵川等为重点，打造高端旅游度假酒店群和旅游民宿集聚区。

一流的旅游品牌：培育宜居桂林、养生桂林、桂林有礼、桂林有戏、桂林有缘、吃在桂林等品牌，办好桂林国际马拉松赛、阳朔国际攀岩节、资源世界漂流锦标赛、灌阳国家山地户外运动赛。

一流的国际消费中心：建设国家文化和旅游消费试点城市，布局建设高端步行街和内外贸融合的智慧消费商圈，打造跨境电商消费体验中心、进出口商品直销集散中心、中国－东盟旅游商品交易基地等。

一流的文旅体验：推出"桂林博物馆—非遗展示馆—靖江王府·逍遥楼东西巷—桂海碑林—靖江王陵—甑皮岩遗址公园"等一批历史文化精品旅游线路。建设雁山益田民国风情小镇、(雪松)漓江文旅小镇、七星桂海国际旅游度假区、兴安灵渠历史文化小镇、永福文化影视旅游城、燕京啤酒堡城市综合体、平乐原味漓江景区。

一流的康养基地：建设桂林磨盘山康体旅游度假区、恭城瑶汉养寿城康养综合体、龙胜温泉康养基地、荔浦荔江湾养生养老休闲度假区、全州大碧头文旅康养度假区、灌阳瑶乡康养文旅智慧产业园、永福西江月康养度假中心、象山龙光养生谷、信和信桂林国际智慧产业园等。

第二节 推动生产性服务业向专业化和价值链高端延伸

以促进制造业高质量发展为导向，加快发展生产性服务业，培育示范带动好、影响大、品牌效应强的大型龙头企业 10 家以上。

建设面向东盟的金融开放门户。培育壮大金融机构。深入实施"引金入桂"工程，引进更多境内外银行、证券公司、保险公司等金融机构，推动基金、小额贷款、融资担保公司等其他金融机构发展。提升桂林银行、国海证券等金融机构实力，进一步推动桂林银行"走出去"，加强与东盟国家金融机构的合作。创新金融服务业态。推进绿色金融、直接融资改革示范区建设，争创国家绿色金融改革创新试验区，大力发展绿色信贷、绿色保险、绿色债券等金融业务。完善农村金融组织体系，发展城乡融合普惠金融。强化与粤港澳地区优质金融服务资源协同发展，推动设立桂林光大控股母基金，打造"产业＋基金"区域性金融集聚区。加快推进跨境人民币业务创新，探索开展在跨境旅游支付、个人旅游消费贷款、小微旅游企业融资、境外旅游项目投资等领域人民币跨境使用先行先试。提高金融服务实体经济效能。促进政银企关系良性互动，加大对主导产业和新兴产业信贷支持，提供更多直达经营主体的金融产品，提升实体经济直接融资比重。以证券发行注册制改革为契机，梯次培育重点企业上市，支持优质企业发行企业债、公司债等债券融资。到 2025 年，全市金融机构人民币存贷款余额超 1 万亿元。

加快建设商贸服务型国家物流枢纽承载城市。完善国家物流枢纽，因地制宜布局一批地方物流枢纽、现代物流集聚中心和县域物流基地。增强铁路干线和大型物流园区接驳专线运输能力，提升两江国际机场航空货运转运水平。建成苏桥无水港、桂林医药及应急物资储备中心等一批物流重大基础设施，推进荔浦保税物流中心(B 型)建设，积极申报桂林综合保税物流园。建成福达农产品冷链物流园、桂林海吉星农产品物流园，打造区域性冷链物流枢纽。加强消费物流网络设施建设，加快建设商贸物流配送中心、快递服务网络、邮政和供销网络设施，实施快递"进村进厂出海"工程，合理布局分拨中心、配送中心、末端配送网点等三级配送节点。积极引进国内外物流龙头企业，支持本市第三方物流企业发展。推动大数据、物联网等信息技术及多式联运技术装备应用。大力发展枢纽经济，加快关联产业聚集，打造高铁经济商圈、临空经济产业集群。

提升商务服务业发展水平。大力发展会展业，以中国－东盟博览会旅游展、联合国世界旅游组织／亚太旅游协会旅游趋势与展望国际论坛为核心，打造具有区域影响力的会展品牌。加强桂林新区、七星区两大会展核心区建设，建成新国际会展中心，完善现代化会展配套服务功能，引进培育专业会展公司，延长会展服务产业链。开发漓江游船会议、乡村农舍会议等特色服务，创新展会服务模式。积极发展研发设计、法律服务、人力资源服务、科技服务等现代服务业。实施制造业设计能力提升专项行动，促进工业设计向高端综合设计服务转变。

第三节 促进生活性服务业向高品质和多样化发展

顺应城镇化快速发展和城乡居民消费结构升级趋势，增加高质量的服务供给，不断满足人民美好生活需求，提升消费对经济的拉动作用。

加快发展居民与家庭服务业。加快构建以家庭为基础、社区为依托、企业为主体的居民生活服务体系，打造"15 分钟便民生活圈"。推进教育、文化、育幼、医疗、家政、体育等生活服务进社区。促进信息技术与居民家庭服务业融合，探索新型商贸零售、智慧服务、体验服务等新形态。鼓励在乡村建立综合性服务网点，提升农村居民家庭服务供给水平和生活便利化水平。培育一批居民家庭服务品牌企业，引导企业提供标准化、专业化服务。

推动新兴服务消费产业发展。大力发展在线办公、在线教育、网络医疗、数字娱乐、数字生活、跨境电商等新业态，促进传统销售和服务上线升级。提升网络视听、数字音频、网络文学等信息服务，规划建设直播经济创新基地，吸引和聚集直播机构入驻。支持共享经济发展，加快政府闲置资源共享。鼓励互联网企业发展虚拟旅游，促进自然景观与虚拟现实技术融合。继续推进国家电子商务示范基地建设，争取跨境电商零售进口试点，到 2025 年，电子商务网络零售额突破 150 亿元。

平稳健康发展房地产业。全面落实房地产长效调控机制，扩大有效需求，化解房地产库存，保持房地产开发投资与销售稳定增长。积极培育和发展住房租赁市场。加大房地产市场监管力度，依法加强"烂尾楼"处置，探索建立房地产信用平台和管理机制，加强对房地产开发企业、中介服务机构和从业人员的信用管理。规范房地产咨询、评估、经纪等中介服务，加快物业服务企业健康发展。

第四节 加快服务业提质升级

推进服务业标准化、品牌化发展。围绕桂林米粉产业和旅游、健康、养老等服务业重点领域，制定发布并组织实施一批广西地方标准。组织实施一批国家、自治区级标准化试点项目，加快国家级服务业标准化试点建设，推动荔浦、灌阳、龙胜等广西旅游标准化示范单位建设，促进桂林标准上升为广西标准、国家标准。加强对服务产品和企业名牌、商标、商号、老字号等认定，支持企业实施商标品牌战略。开展"标准提升服务质量行动"，创建一批行业服务品牌。建立完善品牌培育和评价标准体系，打造一批特色鲜明、竞争力强、市场信誉好的区域品牌。加强服务品牌保护力度，依法依规查处侵权假冒服务品牌行为。

推动现代服务业同先进制造业、现代特色农业深度融合。鼓励发展供应链服务企业，支持规模较大的制造业企业将原材料购买、物流、仓储、研发、销售等环节剥离，进行专业运营运作。加快工业互联网创新应用，推广柔性化定制，加强全生命周期管理，优化供应链管理，发展工业文化旅游等新业态新模式。提升农业信息化和标准化服务水平，创新农产品市场流通体系，完善农机技术推广和社会化服务。积极培育5家以上两业深度融合发展市场主体，争创1家以上国家级两业融合发展试点。

推进现代服务业集聚区提档升级。围绕现代物流、休闲旅游、文化创意、现代商贸、电子商务、信息服务、创新创业等重点领域服务业集聚区，按照“提升一批、完善一批、新建一批”的分类指导原则，优化布局，提升能级，增强服务业集聚区综合竞争力。提升类集聚区聚焦龙头企业，紧扣主导产业，提升管理服务水平，增强辐射带动能力。完善类集聚区加大招商引资和项目建设力度，健全管理机构，完善工作机制，提高集约发展水平。新建类集聚区强化规划引领、要素保障、公共配套和政策扶持，建设一批产业突出、特色鲜明、辐射带动力强的现代服务业集聚区。

第六章　加快乡村振兴，促进农业农村现代化

坚定不移把乡村振兴作为“三农”工作总抓手，坚持农业农村优先发展，立足特色资源，坚持科技兴农，贯通产加销，融合农文旅，提升乡村“形实魂”，努力实现农业高质高效、农村宜居宜业、农民富裕富足，第一产业增加值年均增长4%左右，农村居民人均可支配收入年均增速高于全国和全区水平，全力打造乡村振兴广西新标杆、中西部地区典范。

第一节　加快现代特色农业高质量发展

打造六大种养产业集群。强化粮食安全保障，落实粮食安全党政同责，稳定粮食产量和粮食播种面积，推进“退果还粮”，重点发展水稻、玉米、马铃薯“三大主粮”，引导恢复双季稻种植，推广间作套种，鼓励发展大豆、红薯等小杂粮。调整优化柑橘等水果生产区域布局和品种结构，建设无公害、绿色、有机、地理标志水果生产基地，形成“一特一片”“多县一带”的特色果业“圈”状发展格局。推广现代生态技术养殖，恢复并稳定生猪产能，大力发展草食动物饲养，积极发展家禽养殖，加快养殖规模化、产业化、生态化发展，扩大优质畜禽生产产能。加强蔬菜优新品种示范推广，持续推进蔬菜标准化生产，支持适度规模经营。大力发展特色中草药产业和南方高山特色种养产业。确保优势特色农产品生产规模保持全区领先。

专栏7　六大种养产业集群发展重点

优质粮食产业集群。落实最严格的耕地保护制度，实施藏粮于地、藏粮于技战略。建成高标准农田6.67万公顷，确保粮食播种面积稳定在33.33万公顷左右，粮食综合生产能力保持在175万吨。

水果产业集群。巩固柑橘、月柿、葡萄等特色水果产业优势，科学布局李、桃、猕猴桃、甜柿等优稀特色水果种植基地，适度引进推广新优品种。水果产量达900万吨。

优质畜禽产业集群。在全州、兴安、荔浦、灵川、临桂、永福、平乐等地重点布局发展生猪优势养殖区，稳定临桂、永福、灵川、兴安、恭城、龙胜等传统家禽主产区产能，打造龙胜、全州、灌阳、兴安、资源等桂北冷水鱼优势区，加快恭城、龙胜、资源、平乐等地方特色家禽发展。肉类总产量达65万吨。

蔬菜产业集群。重点建设桂江、湘江流域和西部山区、城郊“四大蔬菜产业带”。蔬菜生产面积稳定在21.33万公顷，产量达600万吨。

中草药产业集群。做大做强罗汉果、淮山、葛根、金银花、金槐等优势品种，发展杜仲、厚朴、黄柏三木药材，白芨、百部、牛大力、黄精、铁皮石斛等特色中药材。

南方高山特色种养产业集群。发挥龙胜、资源等独特的南方高山气候优势，实施高山反季节蔬菜基地建设培育项目，重点发展番茄、辣椒和萝卜等高山蔬菜产业，推动发展有机茶叶、百合等高山特色种植业。加快建设中国南方（桂林）草食动物饲养基地，做大高山特色养殖规模。

大力发展现代林产业。积极发展花卉苗木产业，加快叠彩、阳朔、荔浦等花卉苗木核心示范园建设，新建和提升花木种植基地面积0.33万公顷以上，加快配套基础设施建设，促进林业旅游深度融合发展。积极推动林产加工业集群发展，大力发展林下经济，打造各具特色的林下经济产业带。

实施农业品牌战略。积极创建“三品一标”，全力打造桂林砂糖橘、恭城月柿、荔浦芋等一批“桂林系列”区域公用品牌、企业品牌、农产品产品品牌，支持资源、龙胜等创建国家有机产品认证示范县。实施现代特色农业核心示范园区提升工程，加快全州国家现代农业产业园等项目建设，创建一批国家、自治区级现代农业产业园、科技园和特色农产品优势区。

第二节　推进农村一二三产业融合发展

做大做强农产品加工业。支持农民合作社、家庭农场和中小微企业开展农产品产地初加工。促进农产品多次加工多次增值，提升农产品综合利用水平。推动农产品加工与销区对接、向产地集聚、向园区集中，形成粮食、米粉、水果、中药材、畜禽、特色农产品等六大超百亿元农产品加工产业链，建成2个自治区级、10个市级农产品加工集聚区和一批农业产业强镇强村。

专栏8　百亿元农产品加工产业链培育工程

粮食加工产业链。支持桂林力源、永福福寿米业、灵川绿苑、全州米兰香等企业发展，打造全州、城北两大粮食加工园区。

米粉加工产业链。促进米粉加工企业集聚发展，打造经济技术开发区、全州县两大米粉加工产业集聚区。

特优水果加工产业链。建设一批集初加工和流通于一体的大型水果专业市场，引进扶持企业开展果汁、罐头、即食果片等精深加工。

特色中药材加工产业链。推进罗汉果等特色优势产业集群发展，加强西瓜霜、青蒿素等传统优势产品研发。

优质畜禽加工产业链。引进培育一批畜牧产品加工龙头企业，鼓励开展鲜切肉加工和腊味制品、快餐食品生产，提升养殖经济附加值。

其他特色农产品加工产业链。巩固提升竹木衣架、油茶、桂花茶等产业，实施加工副产物综合利用工程。

优化发展乡村休闲产业。积极创建旅游名县、名镇，培育一批星级乡村旅游区，在灵川、阳朔、恭城、兴安、龙胜等建设山水田园休闲农业示范区，构建环市休闲农业旅游圈，打造灵川—兴安、桂林—阳朔和漓江沿岸休闲农业旅游带，推进乡村旅游从景点到路线升级发展。培育精品星级农家乐、精品特色民宿、休闲农业与乡村旅游示范点，丰富和提升乡村旅游品质。

拓宽农产品流通渠道。加强农产品产地市场体系和仓储保鲜冷链设施建设，解决农产品“入市难”和“流通难”问题。加快完善县、乡、村三级冷链物流体系和覆盖城乡的冷链网点，建立“从田头到餐桌”的一体化冷链物流网络，建成1个农产品骨干冷链物流基地，升级建设20个农产品产地市场、300个地头农产品仓储保鲜设施。大力发展农村电商，继续推进国家电子商务进农村综合示范项目建设，推广“互联网 +”营销，积极推动农超、农社、农企、农校等产销对接，在各大城市布局桂林农产品展示销售中心，通过共享经济、直播带货等方式拓宽农产品销售渠道。

大力发展新型农业经营主体。坚持家庭经营基础性地位，推动承包土地经营权有序流转，发展多种形式适度规模经营。发展壮大专业大户、家庭农林场、农民专业合作社等新型农业经营主体，打造一批国家、自治区级农民合作社示范社和示范家庭农场。引进和培育壮大农业龙头企业，发展农业产业化联合体，打造大型农业企业集团。发展村级供销社。健全农业专业化社会化服务体系，创新农业经营组织方式，完善新型农业经营主体与小农户的利益联结机制，实现小农户和现代农业有机衔接。

第三节　加强现代农业基础保障

坚持科技兴农。推广优质高产粮食新品种和高效栽培技术，加大良种攻关和加工型品种引进培育力度，建设桂北种业基地。开展实用技术攻关应用，创建一批农业应用研究示范基地，重点开展柑橘黄龙病防治、农产品精深加工、生猪生态养殖等农业关键技术应用推广，健全动物防疫和农作物病虫害防治体系。深入推进农业智能化技术应用，利用信息技术开展农业生产经营全程托管、农业植保、农业农村综合服务、农业气象“私人定制”等服务，提高水肥一体化滴灌设施、无人机病虫防治、农产品质量安全管理与溯源等智能化应用水平。

提升农业机械化装备水平。继续加大农机购置补贴，推进田地机耕道路、机库、机棚等生产设施宜机化改造，加快主要农产品种植、养殖、加工全面机械化进程，扩大无人机等现代农业科技应用，打造一批机械化示范基地。到2025年，主要农作物耕种收综合机械化率达72.5%，水稻耕种收综合机械化率达86%，超过全区平均水平。

加快农村水利基础设施建设。实施城乡供水一体化工程、千吨万人以上规模化供水工程和农村集中供水工程，完善农村供水管理体系，提高农村水质达标率和供水保证率，全市农村自来水普及率达85%。推进农田水利基础设施建设，加快五小水利工程和小微型水源工程建设，完善末级渠系、农业排灌网络和节水网络。推进兴安、阳朔全国农村水系试点县建设。

全面推进农村信息化建设。加快百兆乡村、5G乡村等工程建设，实现5G网络覆盖80%以上的行政村，农村广电网络入网率超过70%。推进信息通信与道路、电力、冷链物流等公共基础设施协同融合，加快建设智慧农业，推进农业农村数据中心和涉农资源数据共享系统建设。加强重要农产品供给保障监测，争取建设5个国家级、自治区级数字农业和数字乡村示范点。

第四节　扎实推进乡村建设行动

深化新型城镇化示范乡镇和田园综合体建设。坚持“四化”同步、产城融合、城景融合，突出风貌特色，推进新型城镇化示范乡镇建设全覆盖，完善长效管理机制，全面提升集镇基础设施、公共服务、产业发展、人居环境水平，增强乡镇服务农村能力。坚持因地制宜、融合发展，以点带面、连线成片，全面推进田园综合体建设，传承乡土文化，推进产镇融合、产村融合、村景融合发展，集中打造60个各具特色的市级田园综合体，探索现代农业、乡村旅游、田园社区融合的乡村振兴新路径。推动桂林“大美漓江”、全州“红色湘江”田园综合体等创建自治区级以上田园综合体。

建设生态宜居田园乡村。大力开展乡村风貌提升行动，推进村庄规划建设，加强农房建设管控，加快“两高两道一江”沿线农房风貌改造。保护历史文化名镇名村和传统村落，彰显“一村一景一文化一特色”的传统村落韵味。分类推动村屯整治，提升基本整治型村庄条件，提高精品示范型村庄、设施完善型村庄比例。完善乡村水、电、路、气、通信、广播电视、物流等基础设施，加强公共基础消防设施建设。深入实施农村人居环境整治工程，全面推进农村户用厕所无害化改造、生活垃圾分类和资源化利用，梯次推进生活污水治理和黑臭水体整治，实现农户卫生厕所覆盖率达92%以上。加快龙胜、阳朔、全州、灌阳全国农村人居环境整治试点县建设。

加强现代化乡村治理。发挥农村基层党组织作用，加快构建自治、法治、德治相结合的乡村治理体系，建立完善乡村管理长效机制。推进法治乡村建设，健全村规民约，完善基层民主制度和村民议事协商制度。创新乡村治理机制，开展乡村治理积分制试点，完善激励约束机制，争创一批全国乡村治理示范县、示范镇村。建立健全市、县两级农业综合行政执法队伍，建设农业执法信息共享平台。推进乡风文明建设，持续深化“百镇千村”文明创建行动，支持乡村少数民族民俗文化传承发展。

第五节　巩固拓展脱贫攻坚成果

建立完善防止返贫的帮扶机制。严格落实“四个不摘”要求，保持现有帮扶政策、资金支持、帮扶力量总体稳定，健全防止返贫动态监测和帮扶机制，有效防止返贫现象和新增贫困人口。进一步巩固“两不愁三保障”成果，完善社会救助保障体系，强化农村低保兜底和特困供养人员基本生活保障。坚持减贫和扶志扶智相结合，增强奋进致富典型示范引领，全面激发欠发达地区和低收入人口发展的内生动力，确保全市脱贫村、脱贫户和脱贫不稳定户、边缘易致贫户不再返贫。

实现巩固拓展脱贫攻坚成果同乡村振兴有效衔接。继续发挥政府投入的主导和主体作用、金融资金的引导协同作用以及社会资金的参与补充作用，加大财政涉农资金统筹整合力度,确保资金投入与巩固脱贫成果、实现乡村振兴相匹配。集中支持一批乡村振兴重点帮扶县,优先布局脱贫地区乡村道路、水利、电力、通信等基础设施建设项目,继续加大农村危房改造等支持力度,进一步改善脱贫地区生产生活条件。因地制宜发展特色农业、劳动密集型产业和乡村休闲旅游业,加快建设扶贫车间,开发公益岗位,拓宽脱贫地区人口就业渠道,增强脱贫地区造血功能,缩小区域和全体发展差距,逐步实现共同富裕。

深入推进易地扶贫搬迁后续扶持。全面推进大中型集中安置区新型城镇化建设,完善教育、医疗、就业、产业配套、社区管理等设施。加快安置区产业发展,做好劳动力稳岗就业。加强安置区社区建设和管理,促进搬迁群众尽快融入新社区、适应新生活。盘活迁出区耕地林地资源,有序推进拆旧复垦复绿,保障搬迁居民合法权益。

第七章 强化内涵型增长,构建富有活力的创新体系

深入实施创新驱动发展战略,优化创新生态环境,坚持前端聚焦、推进中间协同、注重后端转化,激发全社会创新活力和创造潜能,促进科技与经济社会紧密结合、融通发展,科技整体实力保持在全区前列。

第一节 加快创新主体建设

强化企业创新主体地位。健全政府引导、企业为主、院所协同、社会多渠道投入的科技创新机制,促进各类创新要素向企业集聚。支持龙头企业开展核心技术自主创新攻关和新产品研发,加强共性技术平台建设。实施企业质量提升行动,打造一批具有自主知识产权的名牌产品,全面提升桂林产品质量,打响"桂林制造"品牌。加强知识产权保护和运用,优化创新环境。建立创新引导基金,落实企业研发投入财税优惠政策及奖励机制,鼓励企业加大研发投入。到2025年,大中型工业企业研发机构覆盖率达60%、经费投入强度达2.5%。

培育优秀科技型企业。建立"科技型中小企业—高新技术企业—瞪羚企业—独角兽企业"创新主体阶梯式培育体系。实施中小型科技企业成长计划,加速推动科技型中小企业数量扩张,培育一批专精特新科技型中小企业。实施高新技术企业再倍增计划,建立培育后备库,扶持发展一批掌握产业链核心关键节点技术的创新型主导企业。加快培育瞪羚企业,建立"一对一"精准对接机制。建立与自治区协同互补的市级科技创新券制度,降低中小科技型企业和创客创新创业成本。到2025年,全市高新技术企业保有量达750家。

提升县域科技创新能力。推进县域科技创新能力和科技服务能力建设,重点培育农业科技龙头企业、特色制造业创新龙头企业。引导金融机构支持县域科技创新,鼓励有条件的县(市)设立创业投资引导基金,围绕本地优势资源和特色产业建设产业创新平台,支持荔浦、全州等建设国家、自治区级创新型县(市)。确保到2025年,高新技术企业覆盖全市所有县域。

第二节 加强政产学研用创新协同

开展重点领域技术攻关应用。积极对接国家和自治区重点科技工程和重大科技项目布局,加强人工智能、生命健康、生物技术等前沿领域科学研究、技术研发与集成应用,突破一批产业关键技术和辅助性技术,推动产业链再造和价值链提升,积极培育"蛙跳"产业。围绕科技强农,提升农产品科技含量和附加值,聚焦生态建设、社会发展和民生改善,加快科技应用,促进科技成果惠及广大民众。

健全科技成果转化长效机制。加强政产学研用深度融合,推动高校、科研院所与本地企业创新需求对接,实施一批重大科技成果转化和产业化项目。完善科技成果本地转化激励机制和收益分配机制,提高优质科技成果转移转化成效。加快广西民族药省部共建协同创新中心等平台建设,充分发挥桂林科技成果交易平台作用,到2025年,全市累计技术交易额5亿元以上。

完善协同创新体系。建立政府协调和信息共享机制,整合创新资源,实施产业链协同创新。建立人才双向流动机制,推动驻地高校联合企业设立人才工作站,高标准打造产学研用一体的创新链。围绕电子信息和装备制造等重点产业领域,推动建设军民融合协同创新试验区。

第三节 搭建高质量创新载体

建设高水平创新平台。采用厅市共建、资源整合组建等方式,在信息技术、装备制造、生物医药、新材料、生态环境等领域,打造一批国家级、自治区级重点实验室、企业技术中心、工程研究中心等创新平台,争取大科学装置落户桂林。支持科技型中小企业与高校院所共建研发机构或行业共性技术研发平台。组建广西产业技术研究院(桂林)专业研究所,在锂电池等领域建设新型研发机构,探索产业技术创新和产业组织创新的协同创新模式。到2025年,建成各类国家级科技创新创业平台75个以上,确保研发平台数量和质量保持全区前列。

强化产业孵化平台建设。优化中小微企业创新创业环境,构建科技金融服务体系,建设提升一批科技企业孵化器、众创空间等科创平台。完善创业孵化链条,推进高新区国家级大众创业万众创新示范基地建设,支持花江智慧谷电子信息产业园打造自治区级以上创新创业示范基地,支持有条件的县域产业园区和工业集中区建设市级众创空间。到2025年累计孵化企业250家以上。

第四节 强化高质量发展人才支撑

构建全方位人才引育体系。深化人才发展体制机制改革,实行更加开放的人才政策,壮大人才总量,提高人才质量。继续实施"漓江学者"培养工程,发挥"海创基地"平台作用,建立"人才飞地"机制,大力引进创新型尖端人才、重点产业领军人才。加大青年拔尖人才引育力度,强化人才队伍梯次建设。加快中级人才培养,推进人才小高地和拔尖人才工程建设,通过候鸟服务、顾问指导、短期兼职、对口支援等方式吸引使用市外人才资源,充分发挥退休科技人才资源作用。加强实用人才培养,持续开展"十万大学生留桂林"创新创业活动。力争培养4名以上"漓江学者",打造8个人才小高地,每个县(市)建立1个乡村振兴产业人才集聚示范点。

加快紧缺型产业人才引进和培养。聚焦重大战略和重点产业,加快引进和培养高层次创新人才和高水平创新

团队。制定重点产业急需紧缺人才目录,推动人才链与产业链相互融合。大力培养创新型、应用型、技能型人才,壮大科技领军人才、高水平工程师和高技能人才队伍。实施企业家培养工程,培养一批具有创新理念和现代经营管理水平的优秀企业家和职业经理人。推进农村实用人才培养示范基地建设,加快乡村振兴产业人才集聚。深入推进“人才回归”工程,建立桂林籍人才库,搭建返乡创业信息交流平台。

激发人才创新活力。健全以创新能力、质量、实效、贡献为导向的科技人才评价体系,构建充分体现知识、技术等创新要素价值的收益分配机制。持续优化人才发展环境,创新人才流动体制机制,畅通人才流动渠道,健全人才工作领域容错纠错机制。创新人才服务机制,提高人才服务质效,升级高层次人才一站式服务平台,落实高层次人才安居、出行、子女就学等政策,完善分配、激励、保障制度,营造吸引和留住人才的良好氛围,打造区域人才集聚地。

第八章　提升城市文化软实力,构建富有竞争力的文化体系

坚定文化自信,推动文化创造性转化创新性发展,加快建设文旅强市,促进满足人民文化需求和增强人民精神力量相统一,实现文化事业和文化产业大发展大繁荣。

第一节　用好用活红色资源

全面建成长征国家文化公园(广西段)。实施保护传承、研究发掘、环境配套、文旅融合、数字再现、人才提升等六大工程,建成全国红色文化与旅游融合创新示范地。结合红军长征过广西线路,打造长征国家文化公园(广西段)红军长征文化遗产廊道,统筹点线面建设布局。加强对战场旧址、历史建筑、渡口、烈士陵园、红军标语等长征文物和纪念设施的保护与修缮,实施馆藏文物保护修复行动。提升红军长征湘江战役纪念园、红军长征突破湘江烈士纪念碑园、湘江战役新圩阻击战酒海井红军纪念园三个核心展示园,建成和提升一批陈列馆、展览馆和纪念馆。

大力弘扬湘江战役精神。弘扬革命文化,传承红色基因,结合党史学习教育,持续发挥湘江战役纪念设施的宣传教育功能,深挖红色文化的时代内涵和精神特质,创作一批党史题材的文艺作品,赓续共产党人精神血脉。加强与长征沿线城市在干部教育培训、文化旅游等领域合作,实现红色教育资源共享。推进成立湘江战役干部学院,提升完善湘江战役现场教学点(基地)综合基础设施,打造成为全国党员干部党性教育重要基地。

第二节　提升社会文明程度

推动理想信念教育常态化制度化。坚持马克思主义在意识形态领域的指导地位,围绕举旗帜、聚民心、育新人、兴文化、展形象使命任务,深入开展习近平新时代中国特色社会主义思想学习教育,推动党的创新理论走深走实。加强党史、新中国史、改革开放史、社会主义发展史教育,严格落实意识形态工作责任制,强化阵地建设和管理。大力发展哲学社会科学事业,加强新型特色智库建设。

培育和弘扬社会主义核心价值观。坚持以社会主义核心价值观引领文化建设,深入开展新时代爱国主义、集体主义、社会主义、民族团结进步教育,提升爱国主义教育基地建设水平。弘扬民族精神和时代精神,推动优秀传统文化、民族文化创造性转化、创新性发展。加强社会主义精神文明建设,深入开展群众性精神文明创建活动,推进全国文明城市创建常态化,加强乡风文明建设,不断提高人民文明素养。

加强公民道德建设。持续巩固壮大主流舆论,坚持正确舆论导向,用好新媒体新平台,讲好桂林故事。持续深化新时代文明实践中心(所、站)建设。加强公民道德和家庭、家教、家风建设,倡导“爱国爱家爱桂林、讲德讲孝讲文明”。弘扬诚信文化,推进诚信建设。提倡艰苦奋斗,勤俭节约,大力弘扬劳模精神、劳动精神、工匠精神。健全志愿服务体系,广泛开展志愿服务关爱活动。加强网络文明建设,发展积极健康的网络文化。

第三节　加快文化事业发展

推动优秀传统文化守正创新。坚持“寻找桂林文化的力量,挖掘桂林文化的价值”,持续推进历史文化保护利用与传承,创建国家文物保护利用示范区。加强文物古籍保护、研究、利用,启动第三轮地方综合志书编修。实施文物和文化遗产保护维修工程,推进兴安灵渠申报世界文化遗产,加快甑皮岩国家考古遗址公园、靖江王府及王陵国家考古遗址公园建设。抓好石窟寺类文物、革命文物等保护利用工作,推进广西旅游博物馆、桂林考古博物馆等项目建设,支持桂林理工大学地质博物馆申报国家级博物馆,打造博物馆联盟。加强广西文场、桂林渔鼓、桂剧、彩调、团扇制作技艺等非物质文化遗产保护与传承,争取更多列入国家级非物质文化遗产代表性项目名录,建成桂林非遗馆和桂林渔鼓传承基地。加大对非物质文化遗产代表性传承人的培养力度,鼓励高校、中小学开设非物质文化遗产传承课程。

完善城乡公共文化设施。加强重大文化设施和项目建设,以图书馆、博物馆、美术馆、文化馆、乡镇(街道)综合文化站、村(社区)综合性文化服务中心为重点,以流动文化设施和数字文化设施为补充,完善市县乡村四级公共文化设施网络,推进行政村公共文化服务中心全覆盖。做大做强新型主流媒体,实施全媒体传播工程,推进市级媒体融合发展,建强用好县级融媒体中心。深入实施科技文化惠民工程,加快公共文化数字化发展,推进智慧书屋、数字文化驿站、科技馆、青少年科技活动中心等建设,加强科普工作。加强档案保护和利用,推动档案管理信息化建设。继续实施“壮美广西·智慧广电”工程,加快应急广播体系建设,推动广电网络全覆盖。

打造惠民艺术精品。实施文艺作品质量提升工程,加强文艺创作生产规划,用好文艺创作扶持资金,支持创作具有桂林特色的文化作品。扩大《桂林有戏》演出品牌影响力,提升《破阵曲》《咏桂林》《刘三姐》等文艺精品品质,打造《桂林有礼》《桂林有缘》演艺新品牌。深度挖掘地域文化、历史文化、民族文化资源,加强现实题材创作生产,打造2—3部具有艺术生命力和广泛市场影响力的精品力作。继续开展“漓江之声”“百姓大舞台”“周末大家乐”广场文艺演出活动,提升公共文化服务水平。支持举

办漓江画派书画等特色美术艺术展览，继续举办大美桂林—桂林画院精品巡回展，打造“画说桂林”新品牌。持续开展“文化下乡”惠民活动，建立健全政府向社会购买公共文化服务工作机制，开展优秀文化普及教育，积极创建国家公共文化服务体系示范区。

第四节　加快发展现代文化产业

培育壮大文化创意产业。加强特色文创产品研发，提升动漫游戏、出版发行、影视拍摄、文博非遗、数字创意等产业发展水平。加强桂林高新区创意产业园建设，支持龙头企业延伸动漫创意产业链，发展电子竞技。推进创建一批国家级文化产业示范园区（基地）、国家文化产业和旅游产业融合发展示范区。实施文化产业数字化战略，加快布局线上线下文化新业态，启动国家文化大数据体系建设。推动广西师大出版社等传统出版发行企业转型升级，积极培育数字出版、知识服务等新模式新业态。支持桂林山水画产业化发展，提升和建设一批文创产业园区（街区）和特色文创产品交易市场。支持将“刘三姐”IP拓展到服装、影视、游戏等领域，打造地域特色文化知识产权。

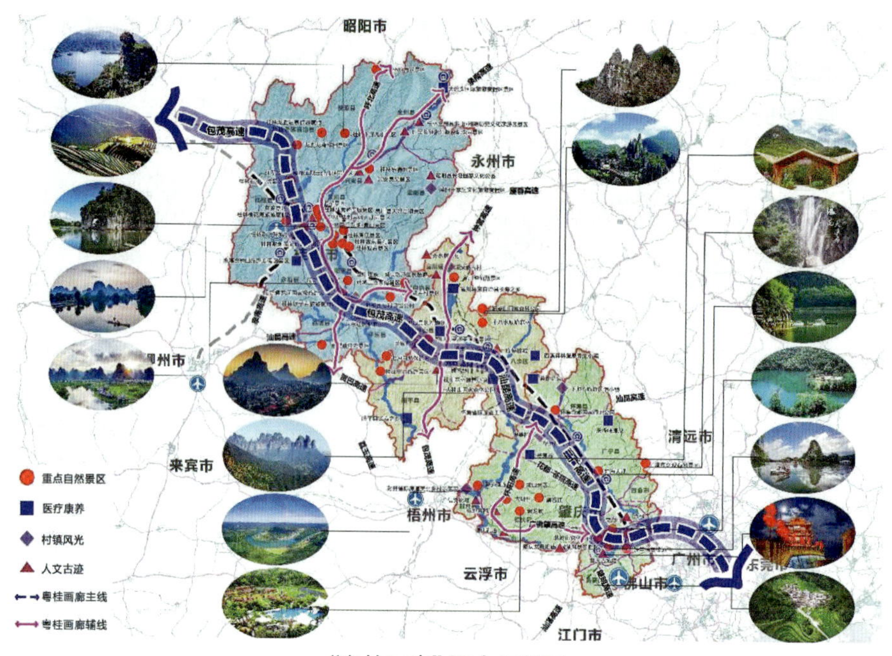

“粤桂画廊”概念规划图

繁荣文化演艺产业。升级印象·刘三姐、桂林千古情等文化演艺品牌，推出《突破湘江》《远去的恐龙》《境SHOW·生动莲花》等大型文化实景演艺项目。在桂林大剧院、漓江歌剧院等剧场举办演出季，打造常态化演艺项目，恢复西南剧展演出活动。支持各类经营主体利用室外广场、商业综合体、老旧厂房等建设一批中小型演艺空间、旅游小剧场，引进文艺院团驻场演出。

培育壮大文化企业。深化文化体制改革，完善文化产业规划和政策，加强文化市场体系建设，加强国有文化企业管理，激活各类文化主体活力。加快引进一批实力雄厚的国际文化旅游投资集团，促进文化企业规模化、品牌化、网络化运营，支持申报认定自治区文化产业龙头企业，鼓励中小微文化企业差异化创新发展。

第九章　对接国内国际双循环，构建更高水平的开放经济体系

深入贯彻落实“三大定位”新使命，主动对接长江经济带发展、粤港澳大湾区等国家重大战略，全面融入广西“南向、北联、东融、西合”开放新格局，更好利用国内国际两个市场，推动更大范围、更宽领域、更深层次的对外开放，打造全方位开放合作新高地。

第一节　深入对接粤港澳大湾区

积极对接产业和市场。积极承接大湾区电子信息、人工智能、无人机、生物医药、家具家装等全产业链转移，有效导入优质资本、技术及人才资源，打造高水平的粤桂湘黔四省（区）产业合作平台和先进生产力承接地。加强协同创新，积极探索“飞地研发＋桂林转化”合作模式，支持在大湾区城市创建“创新飞地”，打造桂林“飞地经济”园区。提升农产品品质品牌，建设一批面向大湾区的“果园子”“菜篮子”基地。

全力打造“粤桂画廊”。推进粤桂城市旅游合作，积极培育旅游合作精品线路，支持旅游企业跨省区投资发展。全面推进与肇庆、贺州跨（省）市合作，规划建设点、轴、面梯次发展的旅游廊道，共建高品质重大项目，加快建设集文化旅游、健康养生、康养旅居、产业融合于一体的“粤桂画廊”，构建千里国家级特色风光带，共同打造面向世界的康养旅游休闲度假胜地，为新发展阶段推进东西部合作提供新样板。

加快公共服务领域合作。全面开展粤桂乡村振兴协作及人才教育、医疗卫生等公共服务领域合作，提高共商共建共享发展水平。加快实施珠江流域防护林体系等重点生态建设工程，积极开展重要生态功能区共建、生物多样性保护与生物安全等方面合作，建立漓江生态环境保护的跨省、跨区域上下游横向生态补偿机制。

第二节　主动对接长江经济带

完善城际交通对接。突出桂林在自治区“北联”战略中的区位优势，加强跨区域基础设施互联互通，完善以桂林为核心节点、联通周边城市的城际交通，推进构建张家界、桂林、北海等旅游机场航线网络，加快怀化经桂林至湛江高铁、江永经灌阳至桂林高速公路等出省联市的重大交通项目建设，打通中部地区南向东盟、东南亚的国际贸易大通道。

推进湘桂经济走廊建设。积极对接长株潭城市群、长江中下游城市群、京津冀城市群等区域产业转移，加强在生物医药、新材料、数字经济、文化创意、出版传媒等重点产业领域合作，共建湘桂合作开发区，加快桂北湘南物流中心建设，谋划桂粤黔湘高铁枢纽物流中心，强化货源组织与物流集聚。依托特色文化旅游资源，共建湘桂红色精品旅游线路，规划建设联通革命老区的红色高铁，推动建

立区域联动、资源共享、信息互通、市场互动的区域协作机制。积极推进湘江、资江等跨省界河流联防联控联治。

积极推动全区南北纵向主轴发展。推进与柳州产业协同发展，加强产业链互补和产能合作，携手打造新能源汽车等产业集群。加强与北部湾跨区域深度联动，利用港口功能和保税港区政策及物流基地借港出海，拓展进出口加工业务。加快与周边城市的旅游互动合作，推动桂贺旅游一体化，打造“大桂林旅游圈”。

第三节 积极融入“一带一路”建设

主动服务中国（广西）自由贸易试验区建设。完善桂林口岸服务功能，积极申报建设综合保税区和铁路一类口岸，合理布局无水港和公路港，支持公用型和自用型保税仓建设，主动承接自贸区溢出效应。通过无水港通关模式，加强与自贸区主要港口、口岸合作，提高货物通关效率。争取“渝桂新（新加坡）”南向通道延伸至桂林，拓展桂林制造通往东南亚、欧洲、非洲等地区的国际商贸物流通道。

加强与东盟开放合作。深化与东盟国家城市在经贸、产能、旅游人才培训等方面的开放合作，积极参与中国－东盟信息港建设，争取创办广西（桂林）建设“一带一路”旅游发展高峰论坛及旅游商品交易博览会，加快推动打造桂林旅游学院中国－东盟旅游教育联盟，进一步深化与东盟各国旅游教育合作交流。

强化对外经贸合作。实施外贸提升工程，推进生物医药、电子产品、衣架、橡胶、电线电缆等国家和自治区级外贸转型升级基地建设和再升级，建设外贸企业孵化和公共服务平台，规划建设加工贸易出口加工园区。拓展客车、新材料、农产品等出口，高质量举办“一带一路”“RCEP”国家自主展会，搭建外贸产品转内销线上线下平台，促进外贸产品进入国内市场拓展内销渠道。支持装备制造、生物医药、电子信息、食品加工等优势领域重点企业到境外投资，建立加工组装基地、营销网络等。鼓励跨境电商、采购贸易、海外直邮等外贸新业态发展，大力发展旅游、文化创意、教育培训、服务外包等服务贸易。全面实行外商投资准入前国民待遇加负面清单管理制度，吸引更多优质外资参与桂林市经济社会发展。

第四节 加快服务国内国际双循环

建设国际消费中心城市。积极培育新型消费，大力发展夜间经济，提升阳朔西街、正阳东西巷业态，规划建设一批高品位步行街、特色商业街区和大型消费商圈。积极争取“离桂免税店”或免税牌照试点，用活用好境外旅客购物离境退税政策，培育壮大中高端消费市场，创建国家文化和旅游消费试点城市。实施消费升级工程，充分释放汽车、家电、家装等消费潜力，提升特色餐饮、购物娱乐等传统消费，做大“桂林有礼”品牌，打响“吃在桂林”品牌。推动桂林米粉“走出去”，争取在一线城市建立桂林米粉文化体验中心（桂林礼品馆）和中央配送厨房。深入实施品牌强市战略，完善桂林产品营销体系，规划建设西南特色产品交易平台。完善促进消费政策，落实节假日制度、带薪休假制度，扩大节假日消费。健全市场监管和消费维权体系，实施放心消费行动，全方位优化消费环境。社会消费品零售总额年均增长8%以上。

加强招商引资。深入开展产业大招商行动，聚焦“三大三新”“双百双新”重点领域，以强龙头为抓手、以聚集群为目标，围绕上下游产业链和高附加值环节实施产业链招商。以推进央企、民企、湾企“三企入桂”为重点，进一步发动协会、商会、校友会等社会组织招商，鼓励以商招商、中介招商、人才招商，积极开展驻点招商。强化引进项目后续跟踪服务，提高协议履约率、资金到位率、项目开工率、竣工投产率。完成自治区下达的实际利用外资任务。

积极扩大有效投资。实施新一轮扩大有效投资行动，激发民间投资，扩大产业投资，优化投资结构，拓展多元化投融资渠道，发挥投资对稳增长、优化供给结构的关键作用。加大战略性新兴产业投资力度，推进工业产业重大支撑项目建设，加快企业设备更新和技术改造，培育壮大新动能。加强新型基础设施、新型城镇化、交通水利等重大工程建设，围绕基础设施、市政工程、农业农村、公共安全、生态环保、公共卫生、物资储备、防灾减灾、民生保障和社会事业等领域，建设一批强基础、增功能、优结构、利长远的重大项目。发挥政府资金和专项债券引导作用，积极推广PPP模式，畅通实体经济融资渠道，激发民间投资活力。力争“十四五”期间固定资产投资年均增长15%。

第十章 加快现代基础设施建设，构建高质量发展支撑体系

按照适当超前的原则，坚持补短板、强弱项，加快现代化基础设施建设，构建集约高效、经济适用、智能绿色、安全可靠的现代化基础设施体系。

第一节 建设高效畅通的全国性综合交通枢纽城市

提升空港服务水平。加强桂林两江国际机场枢纽功能，提升T2航站楼服务水平，将T1航站楼改造为国际航空中转站，加密联结日本、韩国、欧美等国家和港澳台地区的直飞航线航班，打造世界一流旅游航空港。加快推进桂林临空经济区建设，吸引高端要素集聚，培育壮大临空产业，积极发展航空物流，打造广西临空经济发展的重要增长极。支持桂林航空做大做强，壮大机队规模，拓展国际和国内新航点。积极发展商务飞行、私人定制飞行。推进兴安、荔浦、阳朔、资源等通用航空机场、低空旅游专用机场建设。

完善铁路路网。畅通高标准客运通道，完成衡柳铁路提速扩能改造项目，推进南宁经桂林至衡阳高铁、怀化经桂林至湛江高铁前期工作，谋划桂林—郴州—赣州红色高铁等项目。推动桂林—贺州—肇庆、柳州—荔浦—平乐—贺州—韶关等客货铁路建设，提高铁路货运能力。加密至粤港澳大湾区、长三角、京津冀和西南地区等主要客源地的始发列车。推进城市轨道交通建设，发展新老城区大运量快速交通。在桂林新区规划建设桂林南综合客运枢纽，实施桂林北站及东广场改造项目，提升火车场站公共服务设施水平。

提高公路通达水平。完善高速公路网布局，建成桂林至柳城、灌阳至平乐、龙胜至峒中口岸公路龙胜芙蓉至县

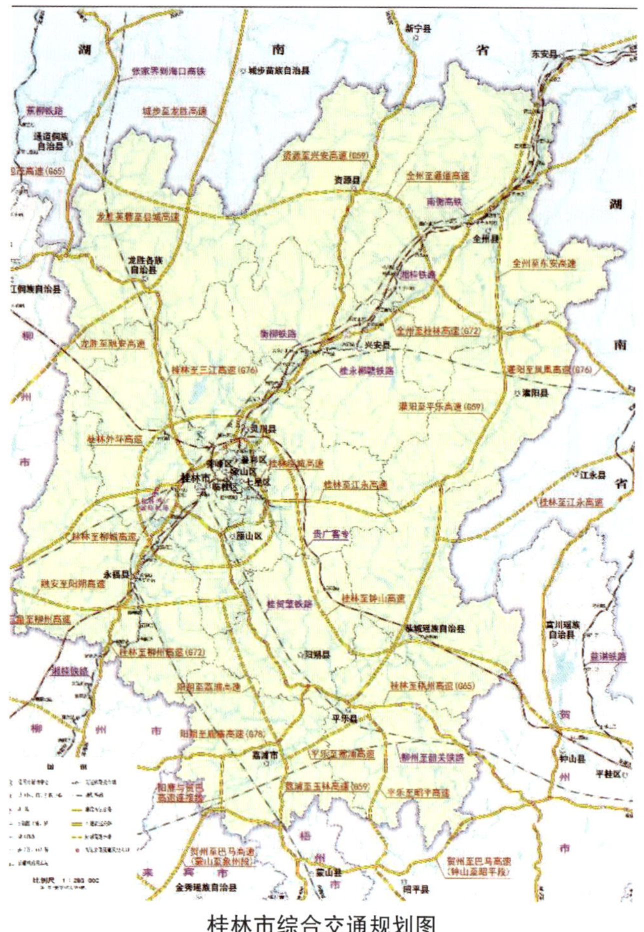

桂林市综合交通规划图

城段、桂林至恭城至钟山、桂林至柳州改扩建等项目，推进全州至桂林改扩建工程等项目建设，开工平乐至昭平、平乐至荔浦、湖南通道经资源至全州凤凰、资源至凤凰（接厦蓉高速）、桂林外环高速公路等项目。加快普通干线公路提级改造，建成国道梅溪至资源、永安关经水车至灌阳、灵川经五通至苏桥，以及省道全州石塘经焦江至高尚、阳朔至平乐等一批国省干线公路，开工省道双牌（桂湘界）至全州等一批公路项目。继续推进“四好农村路”建设。提升县乡联网、旅游路、产业路等重要节点路段技术等级，推进通自然村（屯）硬化公路建设，农村公路向进村入户延伸，至“十四五”末，实现所有乡镇通三级及以上公路，90%以上的自然村（屯）通硬化路。到2025年，新增公路里程3000公里以上，其中高速公路里程500公里。

提升航道通航能力。提高内河航道等级和过船设施通过能力，尽快开展洛清江复航工程（苏桥至柳江河口）、湘桂运河规划和项目前期工作，争取开工平乐桂江高等级航道升级改造项目。构建以漓江、湘桂运河、桂江、洛清江为主骨架，两江四湖、临桂水系为支脉的水运网络。

第二节　大力推进新型基础设施建设

建设新一代信息网络及数据智能基础设施。加强信息基础设施建设，建成高水平全光网络，建设全域感知智能终端。加快5G网络基础设施规模化部署，实现5G基站城市全覆盖。建设千兆城市、百兆乡村，完成城区、县域和重点乡镇以及60%以上农村地区千兆网络改造升级。以经济技术开发区为主基地，打造区域性大数据中心，建设公共数据资源开放平台。大力发展物联网，部署感知终端200万个以上，积极推广北斗导航等物联网通信技术应用。加快建设普惠型人工智能计算平台，推动重点行业人工智能深度融合，建成智能车间等一批示范应用项目。

建设一体化融合基础设施。加快智慧城市建设，推进一批智慧县城、智慧社区、智慧村镇、智慧园区建设，完成城市大脑等一批重点工程，全面提高数字集群服务能力。加强数字社会、数字政府建设，提升公共服务和社会治理等数字化智能化水平，推动政府部门、医疗机构、相关企业等开放数据，完善数据资源流通应用机制。加快交通、能源、水利等传统基础设施的数字化改造和智慧化升级，在医疗、康养、文化、社保、金融等行业领域推进智慧互联应用。保障数据安全，加强个人信息保护，提升全民数字技能，实现信息服务全覆盖。积极参与中国－东盟数字领域规则和标准制定。建设“路—网—车—云”全面协同的车联网平台，布局新能源汽车充电桩达1.8万个。

建设自治区级数字经济示范区。支持开展5G、物联网、工业互联网、云化大数据等场景应用的安全设施改造提升，培育一批拥有网络安全核心技术和服务能力的创新性企业。发展壮大地理信息、北斗产业，打造一批特色鲜明的信息技术应用创新产业基地、数字经济龙头企业和数字产业集群。推进中国长城（桂林）数字经济生态创新示范园、华为生态信息产业园、花江智慧谷电子信息创业产业园等项目建设，打造具有较强竞争力的数字经济产业生态圈。

第三节　加强水利基础设施建设

提升供水保障能力。持续优化水资源配置格局，推进城乡供水一体化和农村连片集中供水工程建设，加快农村饮水区域化集中式改造，加快长塘水库、源口潭水库扩容等工程建设，做好上桂峡水库扩容等工程前期工作，完善重点区域供水骨干网络。

提升防汛抗旱减灾能力。完善桂江、湘江、资江等防洪减灾体系，推进病险水库除险加固、病险水闸更新改造、中小河流治理、河湖水系连通、山洪灾害防治等工程，加快水毁设施修复。加强城镇防洪和排涝工程建设，建立监测预警系统。强化抗旱应急水源建设和水资源调度，推进中型灌区节水改造、小型水库和抗旱水源工程等基础设施建设。

第四节　构建清洁高效安全能源保障体系

保障能源安全。坚持压煤、增气、优电、纳新，构建清洁低碳、安全高效的现代能源体系。推进全市城乡用电“一张网”，加快绿色智能电网建设，建设一批220千伏输变电工程，完善电网架构，增强农村、边远地区供电能力和供电质量。落实“气化广西”工程，加快天然气主干管网和配套支线管道建设，提高天然气输送调配能力和管道天然气覆盖率，力争实现“县县通”天然气。提升油、煤、气等应急储备能力，强化能源监测预警，保障能源运行安全。

大力发展清洁能源。积极发展分布式能源，稳步推进风电项目建设，打造桂北高山风电基地。因地制宜推进太阳能开发利用，有序推动生物质能开发，适度发展水电、清洁煤电，不断提高清洁能源的消费比重。建设智慧能源系统，加快综合供能服务站建设，提升新能源消纳和存储能力。

第四篇　以人民为中心，创造宜业宜居宜乐宜游的良好环境

第十一章　呵护好桂林山水，打造人与自然和谐共生的典范

始终铭记习近平总书记关于保护好桂林山水的殷切嘱托，把生态保护放在第一位，坚持正确的生态观、发展观，敬畏自然、顺应自然、保护自然，深入践行“绿水青山就是金山银山”理念，实施山水林田湖草沙系统治理，推动经济社会发展全面绿色转型，走出一条生产发展、生活富裕、生态良好的文明发展道路，为中西部多民族生态脆弱地区实现可持续发展提供桂林经验。

第一节　全面提升漓江保护治理水平

严格落实生态环境保护制度。当好守护桂林山水的“二郎神”，健全源头预防、过程控制、损害赔偿、责任追究的生态环境保护体系。严厉打击非法违法开采，杜绝滥采乱挖破坏生态行为，严格查处漓江沿岸“四乱一脏”行为。建设漓江生态监控预警平台，构建高效行政管理和综合执法机制，提高漓江生态环境监管和应急响应能力。持续推进漓江生态保护和修复提升、漓江流域山水林田湖草沙生态保护修复等工程，加快废弃矿山、喀斯特遗产地、洲岛湿地、岸线边坡等生态景观修复，推动流域生态环境持续改善、生态系统持续优化、整体功能持续提升。统筹推进漓江全流域保护治理，建立完善以桂林喀斯特世界自然遗产地、漓江风景名胜区、猫儿山自然保护区等为主体的漓江流域自然保护地体系，筑牢漓江流域生态安全屏障。强化漓江水源林建设，逐步提升林分质量，改善林种结构。推进漓江风景名胜区生态补偿机制试点工作，建立漓江流域生态环境保护公益基金，争取国家建立漓江生态保护专项资金，提高漓江保护群众参与度，打造漓江生态保护世界品牌和国内江河综合治理典范。

提升漓江水系质量。实施漓江流域水治理工程，开展漓江干支流全面综合整治、城市洲岛生态修复、沿岸乡镇村屯污垃集中治理。建立流域水生态环境功能分区管理体系，加强污水处理设施建设，推进农业面源污染和工业废水治理。建立水源地水环境安全预警监控系统，提高漓江防洪治涝能力。保障用水水质安全，保证漓江生态流量常年保持60立方米/秒，到2025年水功能区水质达标率94.5%，国家考核断面水质达标率100%，确保漓江水质长期稳居全国前列。

推进漓江流域景观资源可持续利用。深化漓江管理体制机制改革，建立漓江分级分责保护管理及考评问责机制。建立流域旅游一体化经营和管理体系，推进票制票价和经营权改革，健全水上游览经营项目准入退出监管体制，推进漓江流域旅游资源整合，探索景观资源有偿使用模式，加快推动建立健全生态产品价值实现机制，走出一条生态优先、绿色发展的新路子。实施漓江品牌提升工程，加快建设数字漓江，推进智慧景区建设，促进漓江游船清洁低碳发展。加强漓江沿岸山水田园景观保护和建设，保持山水生态的原真性和完整性，逐步推进桂林喀斯特世界自然遗产地、漓江风景名胜区漓江干流沿岸可视范围“退果还林”，协调景区内居民建筑风格，严格控制建筑体量和数量。

专栏9　漓江生态保护重大工程
漓江生态保护和修复提升工程。重点实施漓江综合治理、生态保护、生态修复、城市生态提升、产业生态提升、漓江生态保护和修复提升重点支撑工程等六大工程，促进景观资源可持续利用。 漓江流域山水林田湖草沙生态保护和修复工程。重点实施重要生态系统与生物多样性保护修复工程、岩溶石漠化综合治理工程、矿区生态保护修复工程、漓江流域水生态环境保护修复工程和监测工程等。

第二节　加强生态建设与环境保护

加强生态建设。实施山水林田湖草沙生态一体化保护和修复工程，完善河长制、湖长制和林长制，构建以漓江百里绿色画廊，都庞岭、越城岭生态屏障，龙胜、资源、阳朔、灌阳、恭城五个国家级重点生态功能区为主体的“一廊两屏五区”生态保护格局。推进退耕还林还草、天然林保护等重点生态工程建设，加大植树造林、封山育林和森林抚育力度。推进石漠化治理工程建设，加强草地生态保护与修复，减少石山地区生产生活用能对林草植被的破坏，恢复矿山生态。加强湿地保护，实施湿地生态修复与恢复工程，加快推进会仙、荔江等国家湿地公园建设。实施生物多样性保护工程，加强外来物种管控。建设国家森林城市，推进花坪、千家洞银竹老山等自然保护区和森林公园建设，持续增加森林及生态系统碳汇。到2025年，全市森林覆盖率达71.9%，森林蓄积量1.25亿立方米。

坚决打赢蓝天碧水净土保卫战。加强大气污染防治。实施大气污染防治行动计划，强化源头管控，加强能源、产业、交通、城市建设等重点领域污染综合治理，强化新型污染物治理。加大工业废气治理力度，削减氮氧化物、挥发性有机物等大气污染物的排放总量。推行大气污染防治精细化、网格化管理，确保市区空气质量优良天数比率92%以上。积极应对气候变化，制定二氧化碳排放达峰行动方案，有效控制温室气体排放。巩固提升水环境质量。推进集中式饮用水水源地保护和规范化建设，建立水源地水环境安全预警监控系统。加强内河水系水环境容量整治，提升大溪河等水环境容量。加强黑臭水体整治，强化畜禽养殖业污染治理和监管，完善城市排水管网和污水处理设施，推进城镇污水管网全覆盖，到2025年全市地表水国家考核断面水环境质量状况保持全国前列，县级以上集中式生活饮用水水源地水质达标率保持100%，城市建成区黑臭水体消除率达100%。加强土壤污染防治。全面开展土壤生态环境保护与重金属污染防治，加强农业面源污染防治和白色污染治理，减少农药化肥用量，确保全市土壤环境质量总体保持稳定。提升固体废弃物处置水平。加快固体废弃物收集、处置设施建设，提高全市生活垃圾处理率、保持医疗废物无害化处理率100%。加强废弃危险化学品风险防控，完善应急体系建设。推进工业固体废物源头减量，引导就地就近规模化处理处置。加强环境监管。深化生态环境保护管理制度改革，提升环境治理体系和治理能力现代化水平。加强环境风险源管理，全面实行排污许可制，推进排污权、用

能权、用水权、碳排放权市场化交易。

第三节　加快建设国家可持续发展议程创新示范区

推进示范区体制机制改革。完善示范区建设保障机制，加强投融资体制创新，探索发行专项绿色金融债券，推动建立创新投资基金，加快景观资源可持续利用地方立法，推动国家、自治区支持示范区建设政策落地。积极承接自治区下放的证照审批、备案和资质管理等经济管理权限，推进办事权改革，建立完善用人机制和督查考核机制。健全自然资源资产产权制度，加强自然资源调查评价监测和确权登记，推进资源总量管理、科学配置、全面节约、循环利用。推行领导干部自然资源资产离任审计制度，探索开展区域环境托管服务新模式，提升工业园区智慧环境管理水平。

以科技创新支撑示范区建设。统筹各类创新资源，集成运用关键技术，在生态治理、绿色制造、循环经济等领域，策划实施一批国家、自治区级可持续发展科技重大专项，推进桂林喀斯特世界自然遗产地生态景观修复工程等项目建设，着力解决生态修复和环境保护重大问题。加强可持续发展创新领域国际合作，办好中国－东盟可持续发展创新合作国际论坛等活动，加强与联合国开发计划署、亚洲开发银行等国际机构合作，推进联合国教科文组织国际岩溶中心等重大国际科创平台建设。建立绿色技术创新体系，支持有条件的企业牵头组建产业与技术创新联盟。

加快推动绿色低碳发展。促进生态产业化。探索将“生态资产”转化为“发展资本”的路径和模式，打通生态资源项目化、项目产业化、产业税收化、税收反哺生态的良性循环链条。统筹财政资金，撬动社会资本，完善生态补偿机制，推动景观资源可持续利用及生态产业发展。加快产业生态化。推进工业、农业、建筑业、服务业绿色化发展，深化重点园区和企业循环改造，创建一批绿色工厂、绿色园区。加快发展循环农业，大力推广“立体循环生产”“稻鱼综合种养”等种养结合的生态循环发展模式。大力发展绿色建筑，推广装配式建筑技术和菜单式装修模式，提升壮大一批现代化建筑企业。实施清洁能源替代工程，推进重点高能耗行业能效提升改造，推动能源消费结构向绿色低碳转型，加强能源消费强度、消费总量及碳排放强度控制工作。开展绿色生活创建活动。推进低碳城市建设，增强全社会生态环保意识。开展节水行动，建设节水型社会。推行垃圾分类和减量化、资源化处理，加快废旧物资循环利用。创建“公交都市”，倡导绿色出行。制定汽车全面电动化时间表和路线图，积极推广使用新能源汽车。

第十二章　打造最宜居城市，构建融合互动的城乡发展体系

坚持区域协调发展战略，完善中心城市带动、市县联动、镇村互动格局，围绕“宜业、宜居、宜乐、宜游”目标，大力推进以人为核心的新型城镇化，构建城景一体、城乡共荣、主客共享的现代化城市新空间，打造产业要素和人口集聚、城市功能完善、品质优化、辐射带动能力强的广西副中心城市。到2025年，全市常住人口城镇化率提高5个百分点。

第一节　优化国土空间开发保护格局

推动国土空间开发保护“多规合一”。立足资源环境

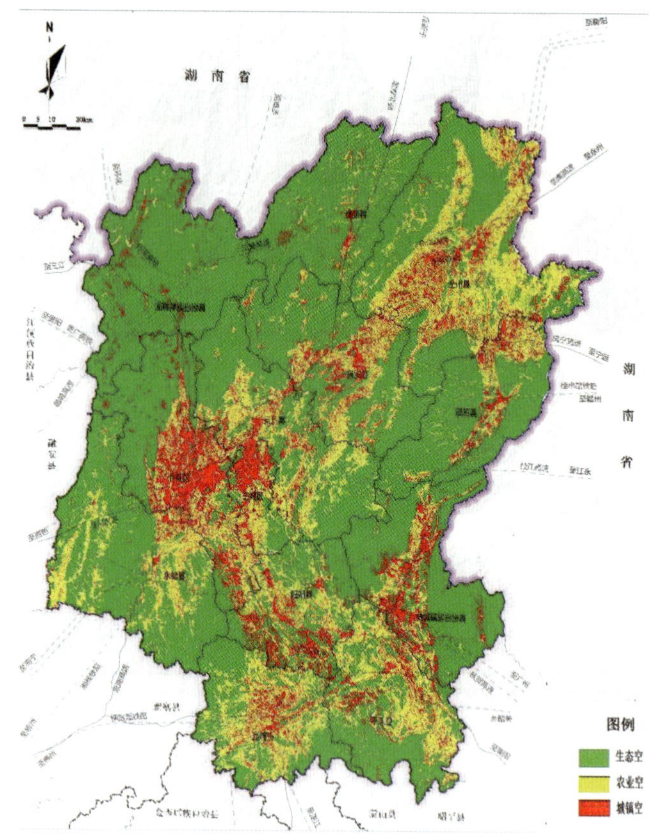

市域国土空间开发适宜性综合评价图

承载能力和国土空间开发适应性评价，分级分类科学编制国土空间规划，构建全市统一、权责清晰、科学高效的国土空间规划体系。落实生态保护红线、永久基本农田、城镇开发边界等三条控制线的管控要求，加快推进“多规合一”实用性村庄规划编制，充分发挥主体功能区作为国土空间开发保护基础制度作用，科学有序布局生产、生活和生态空间，形成主体功能明显、优势互补、高质量发展的国土空间开发保护新格局。

深入实施主体功能区制度。优化重大基础设施、重大生产力和公共资源布局，逐步形成城市化地区、农产品主产区、生态功能区三大空间格局。创新差异化协同发展机制，实现主体功能定位精准落地。推动城市化地区坚持产业发展导向，提高经济和人口高效集聚能力，保障新型城镇化和经济发展对开发空间的合理需求。增强农产品主产区农业生产能力，确保粮食安全和优质农产品供给。推动生态功能区保护生态环境、筑牢生态屏障，因地制宜发展生态产业，支持人口逐步有序向城镇转移。

强化国土空间管控。统筹建设空间和山水林田湖草沙等非建设空间，严格划定生产、生活和生态空间开发管制界限，遵循用途主导功能原则，实现全域全类型国土空间规划管控。强化存量土地的使用和管理，采取城乡建设用地增减挂钩、农村建设用地整治、工矿废弃地复垦利用等方式，提高土地资源节约集约利用水平。严格保护耕地，建立田长制，提升耕地质量和农业综合生产能力，坚决遏制耕地“非农化”，防止耕地“非粮化”，严控农田建房，确保永久基本农田面积不减、质量不降、布局稳定。

第二节　塑造“山、水、城、文”融为一体的城市格局

实施城市更新行动，建立新区建设与老城区提升联动

机制，围绕拓展空间、完善功能、提升品质、优化环境，统筹实施一批城市基础和公共服务设施项目，建设功能完善、特色鲜明、文化品位突出的中心城区。

将老城区建成历史文化与时尚潮流先导之城。高标准疏解提升老城，按照“能平衡、美城市、促产业”原则，统筹推进老旧小区、棚户区、城中村和重要交通节点改造，健全停车场、智能快件箱、社区菜市场等便民设施。加强城市文化传承和风貌塑造，加大历史文化街区、地方特色建筑等“桂林符号”的保护修缮，打造一批文化多元的休闲娱乐主题街区，展现休闲品位之都新魅力。深入推进城市修补和生态修复“双修”工程，加强漓江沿岸城市段改造提质，建设宜居城市、智慧城市、韧性城市、公园城市。适应消费新需求，规划建设一批新兴文化娱乐项目，赋予古城动感、时尚、浪漫新元素。大力发展现代服务业和楼宇型绿色工业，推进中心城区行政区划调整，增强中心城区要素集聚和辐射带动能力。

将桂林新区打造成活力四射的现代产城融合示范样板。围绕绿色、便捷、特色、和谐、智慧、创新的要求，完善“桂林新中心”城市功能。优化城市开发建设模式，加快机场路以北片区、兰塘河以南片区、凤凰林场片区开发建设，全力向西拓展城市发展空间。完善新区基础设施和文化体育、医疗卫生等配套设施，建成新区湖塘水系中期补水工程和西城大道南延长线提升改造等一批路网项目，推进大数据、云计算等现代信息技术应用，建立现代化智慧城市管理联动机制，全方位提升生产生活便利度和城市管理水平。大力发展新型工业和生产性服务业，加快各种优势资源要素向中心区聚集，引进科技、贸易、体育、金融等业态，推进企业总部入驻，建成现代化的政务聚集区、信息服务聚集区和金融商务聚集区。

第三节　加快补齐县域短板

按照城市标准加快县城建设。深入实施大县城战略和县域综合服务能力提升工程，加快补齐县域城镇化短板弱项，坚持扩容提质和凸显特色并重，统筹各县(市)旧城改造和新区建设，加大县城基础设施、公共服务、产业平台资源投入力度，强化基本公共服务保障，完善县城居住和产业培育等功能，促进县城人口集聚。推动全州撤县设市，优化阳朔行政区划设置，加快灵川与中心城区一体化建设，构建以荔浦、全州为副中心城市，各县为重要支撑的县域城镇化格局。

大力发展县域经济。实施县域经济发展分类培育工程，促进县域经济提质增效、综合实力整体进位。七星、临桂、灵川、永福加快园区建设，发展现代工业和现代服务业，推进产城融合；象山、秀峰、叠彩建好园中园，发展新型工业、楼宇经济，打造服务业发展新高地；雁山加快建设科教旅游新城，大力推进“旅游+”融合发展，打造科教产业融合发展和创业创新基地；全州打造百亿米粉产业，培育新材料、装备制造产业；兴安打造百亿汽车零部件产业园，做强农产品加工、新型建材等产业；荔浦打造衣架家居、食品药品、光电科技三大百亿产业集群和高新技术百亿园区；平乐大力发展现代物流，做大新型建材、智能制造和电子信息、农产品加工产业；阳朔发挥旅游及乡村建设引领带动作用，壮大民宿经济，推进全域旅游升级发展；恭城发挥生态和人居环境优势，加快发展健康旅游产业，做大油茶产业；龙胜、资源、灌阳进一步巩固脱贫攻坚成果，发挥生态文化优势，大力发展旅游业、生态农业，积极发展特色新型工业，做大做强龙胜滑石产业，培育发展资源、灌阳硅基产业。力争每个县(市、区)打造1—2个特色产业集群，形成“一县一业”差异化发展格局。大力培育县城市场主体，加快发展中小企业和民营经济。争取到2025年地区生产总值超200亿元的县(市、区)达7个。

提升乡镇服务农村经济的能力。抓住“两新一重”建设和“五网”大会战机遇，加快乡镇供气供电、公共服务平台等基础设施改造升级，完善交通、环境卫生、学校医院、集贸市场等配套设施。支持农产品批发市场、加工流通企业向镇域集聚，鼓励社会力量在乡镇发展农资供应、餐饮休闲、物流配送等服务业。加快发展主导产业，促进创业带动就业，推进产城人文融合，吸引各类生产要素汇集，建设一批少数民族示范乡和百强城镇，打造一批区内一流、全国知名的集镇。

专栏10　特色小镇培育和建设工程

国家级特色小镇：月柿小镇(恭城莲花镇)、漓江三花小镇(兴安溶江镇)

自治区级特色小镇：月柿小镇(恭城莲花镇)、漓江三花小镇(兴安溶江镇)、衣架小镇(荔浦青山镇)、罗汉果小镇(永福苏桥镇)、漓水文化小镇(灵川大圩镇)、健康养生小镇(恭城平安镇)、油茶小镇(灌阳黄关镇)、丹霞旅游小镇(资源梅溪镇)、粉业小镇(全州才湾镇)

第四节　完善市政基础设施建设

优化城市道路系统。大力实施城市交通基础设施建设，重点推进重要交通节点改造，有序打通一批断头路，提高城市交通承载能力。优化城市道路网络功能和级配结构，城市建成区平均路网密度达8公里/平方公里。加强城市道路与桥梁的养护和改造，提高既有路网的承载能力和运行水平。完善城市无障碍设施、公交专用道、非机动车和行人过街设施，建设零换乘系统。

完善市政管网设施。持续推进污水、雨水、供水、燃气、综合管廊等地下管网基础设施建设，集约利用城市地下空间。建立多元化投资运营模式，强化管线工程建设和维护。全面改造老旧破损供水管网，推进雨污分流管网改造和建设，实施城市电网、通信网架空线入地改造工程。建设海绵城市，完善城镇排水系统和防洪排涝体系建设，提高应对洪涝灾害能力。

提升城市生态景观。抓好绿满八桂工程建设，推进城市“花化美化彩化”，加快象山景区宁远河、桃花江、漓江滨水沿岸、滨江休闲绿化景观带(虞山景区段)建设，推进公路、铁路、河流、沟渠沿线植树造林。完善绿地布局，推动公园基础设施改造，提升公园品质，完善居民游憩体系，强化城在景中、景在城中、山水城景交融的城市特质，营造生态宜居城市。到2025年，城市建成区绿化覆盖率达42%，绿地率达36.5%，人均公园绿地面积达15平方米。

第五节　促进城乡融合发展

合理配置城乡要素资源。深化户籍制度改革，配套落实教育、医疗、社保、就业等公共服务政策，加快农业转移人口市民化，提高城镇化率。建立健全城市人才入乡激励机制，支持企业家、党政干部、专家学者、医生、教师等服务乡村振兴，完善向农村地区选派第一书记的长效工作机制。深化城乡土地制度改革，创新土地要素市场化配置方式。引导工商资本入乡，推动经济社会发展。

实现城乡基本公共服务普惠共享。健全城乡教育资源均衡配置机制，保障符合条件随迁子女能在居住地就学，鼓励教师资源向乡村输送，推行城乡教育联合体模式，以信息化推动优质教育资源城乡共享。进一步改善乡镇卫生院和村卫生室条件，支持建设县域医共体，鼓励城市大医院与县医院建立对口帮扶、巡回医疗和远程医疗机制。健全城乡公共文化服务体系，支持乡村民间文化团体开展符合乡村特点的文化活动。完善城乡统一的社会保障制度，实施全民参保行动，加快落实异地就医结算制度，推行跨省异地就医门诊费用直接结算。

推动城乡基础设施一体化发展。统筹县域城镇和村庄规划建设，推动重要市政公用设施向郊区乡村和规模较大中心镇覆盖延伸，支持县（市、区）城乡基础设施一体化开发建设，把乡镇建成服务农民的区域中心。将城乡道路等公益性设施管护和运行纳入同级一般公共财政预算，多渠道落实乡村准公益性设施管护经费，提高管护市场化程度，完善经营性设施使用者付费和产品定价机制。

第十三章　提高人民生活品质，构建均等可及的基本公共服务体系

让人民生活幸福是“国之大者”，坚持以人民为中心，把实现好、维护好、发展好最广大人民根本利益作为发展的出发点和落脚点，完善教育、卫生等设施，健全基本公共服务体系，促进人的全面发展和社会全面进步。

第一节　强化就业优先政策

千方百计稳定和扩大就业。实施更加积极的就业政策，拓宽就业容量，提升就业质量，促进充分就业，保障劳动者待遇和权益。健全就业公共服务体系、劳动关系协调机制、终身职业技能培训制度，推进公共就业服务常住人口全覆盖。大力推进创新创业，健全创业带动就业机制，畅通就业渠道。做好农村劳动力转移就业创业工作，统筹推进高校毕业生、退役军人等重点人群就业，建设广西退役军人就业创业桂林培训基地。支持灵活就业和新就业形态，建立统一规范的人力资源市场，引导劳动力合理有序畅通流动，争创自治区级人力资源服务产业园。实施就业困难群体就业援助行动，开发和提供适宜的公益性岗位。健全就业需求调查和失业监测预警机制，城镇登记失业率控制在4.5%范围之内。

提高人民收入水平。多途径增加城乡居民工资性和财产性收入，保持居民收入增长快于经济增长。健全职工工资决定和正常增长机制，完善最低工资和工资支付保障制度。改革公立医院和高校科研院所薪酬制度，提高职工工资性收入。广开农民增收渠道，鼓励农民利用电子商务开展多种经营，积极发展民宿经济、林下经济，增加经营性收入来源，促进农村劳动力转移就业，增加工资性收入。深化收入分配制度改革，努力缩小不同行业之间的工资收入差距。

第二节　推动教育高质量发展

全面贯彻党的教育方针，落实立德树人根本任务，大力发展素质教育，实施新时代教育评价改革，培养德智体美劳全面发展的社会主义建设者和接班人。

加快学前教育普及普惠发展。全面建成“全覆盖、强基本、多元化、高质量”的学前教育公共服务体系，健全公共财政投入和家庭合理分担成本的学前教育运行保障机制。新建、改扩建一批公办幼儿园，加快推进城镇小区配套幼儿园建设，多渠道增加普惠性学前教育资源供给，确保到2025年普惠幼儿园覆盖率达88%，学前教育三年毛入园率达100.7%。深化学前教育集团化办学模式改革，加大自治区、市示范幼儿园创建力度，全面提高幼儿园办园质量。

推动义务教育优质均衡发展。进一步优化义务教育学校布局，深入推进义务教育学校标准化建设，加强城镇学校规划建设，改善乡镇寄宿制学校和乡村小规模学校办学条件。发展公平而有质量的义务教育，缩小县域内校际之间资源配置差距，实现义务教育免试就近入学，深入实施学区制管理改革，实现优质教育资源共享。做好国家县域义务教育优质均衡发展督导评估认定工作，实现县域义务教育优质均衡全覆盖。支持驻地高校利用名校名师资源，创办附属中小学校，打造一批校地合作优质基础教育集群。构建更为严密的控辍保学责任体系和保障体系，巩固控辍保学成果，减轻学生负担，九年义务教育巩固率达102.7%。办好特殊教育，加强专门教育。

推进普通高中教育内涵式特色化发展。按照向城市和县城集中原则，新建、改扩建一批普通高中学校，撤并乡镇普通高中学校，扩大普通高中教育资源总量，改善办学条件，消除大班额，高中阶段教育毛入学率达113%。实施普通高中内涵提升和特色发展建设支持计划，建立健全优质高中帮扶薄弱高中制度，探索集团化办学模式。全面实施高考综合改革，深化普通高中育人方式改革，提升教育教学质量。

推进职业教育产教融合。完善现代职业教育体系，深化职普融通、产教融合、校企合作和专业结构优化改革，推动中职教育与高职教育有机衔接，提升职业教育服务地方经济发展能力。整合现有技工教育资源，推动技工院校向中职、高职院校发展。加强基础能力建设，改扩建一批中职学校。强化内涵建设，增强职业教育吸引力，保持办学规模与普通高中大体相当，提升人才培养质量，建设一批自治区级示范学校。

提升高等教育质量。加快桂林高校集聚区建设，完善基础和配套设施。推动高校教学与地方产业深度融合，支持高校智库建设，创建广西一流的产教融合示范区，打造区域性国际科教名城和产学研培一体的高级人才培养基地。支持广西师范大学、桂林理工大学、桂林电子科技大学等建设国内一流大学，建设一批一流学科。推动桂林师范高等专科学校升本、桂林医学院和桂林旅游学院更名为大学，争取创立广西农业大学、规划大学（学院）。支持在经济技术开发区筹设1所民办中职、高职和本科一体化院校，在临桂区筹设1所民办本科院校。

完善教育发展保障体系。加强城区教育配套设施建设,满足市民入学需求。深化以“县管校聘”为主的教师队伍建设改革,强化师德师风建设,提升教师教书育人能力素质。强化教育督导,加大教育投入,缓解教育资源供求矛盾,建立完善各级各类教育生均财政公用经费拨款标准动态调整机制。支持和规范民办教育发展,加强校外培训机构、课后托管机构监督指导。加强教育信息化建设,推动信息技术与教育教学深度融合。提高国家通用语言文字应用能力。优化终身学习制度环境,构建开放融通的终身学习体系,打造学习型社会。

专栏 11 教育重大项目

市本级:新建 1 所普通高中,续建桂林中学临桂校区三期项目、第十九中学二期项目,改扩建第一中学、第三中学、第十二中学和第十八中学高中部;迁建市机电职业技术学校,新建市职业技术学院(暂名)、电子信息职业技术学校(暂名),改扩建卫生学校雁山校区二期项目、旅游职业中等专业学校和艺术学校,新建交通技工学校、技师学院、第二技工学校公共实训基地,培育第二技工学校为市级公共实训基地;改扩建技师学院、第二技工学校。

县(市、区):新建幼儿园 133 所,新建义务教育学校 79 所(其中:小学 54 所、初中 18 所、九年一贯制学校 4 所、特殊学校 3 所),新建高中 18 所,新建中职学校 1 所。

第三节 深化健康桂林建设

推动优质医疗资源均衡发展。加快优质医疗资源扩容和区域均衡布局,完善医疗卫生机构硬件设施和信息化建设。加强市级综合、中医、妇儿专科等区域医疗中心和县域医疗中心建设,建设国家区域医疗中心,推进县域卫生健康基础设施提档升级。加强基层卫生服务体系建设,促进资源配置向基层倾斜,二级以上医疗卫生机构对口支援乡镇卫生院。全面实施“村医通”工程,稳定乡村两级人才队伍。推进家庭医生签约服务,积极发展远程医疗、远程会诊、远程教育等医学服务,完善信息化建设平台。

完善公共卫生服务体系。加强重大疾病防治和重大疫情应急体系建设,完善职业病和传染病等防治体系,持续推进慢性病、地方病、结核病、艾滋病等综合防治,支持有条件的县(市、区)创建慢性病综合防控示范区。推进全生育周期妇幼健康全程服务,完善地中海贫血和出生缺陷防治体系。提升精神卫生、心理健康和残疾康复保障能力,实现精神专科医院或县医院精神科门诊全覆盖。做好医疗物资和救治设施设备储备,建设区域性防疫救治中心和防疫物资生产储备中心。完善市、县两级疾控中心建设,成立城区疾控中心,推进县域疾控中心达标提质。强化卫生应急服务体系建设,逐步实现急救网络市、县、乡全覆盖。加强市 120 急救指挥中心建设,打造 2 小时紧急医学救援圈。深入开展爱国卫生运动,巩固国家卫生城市创建成果。

持续深化医药卫生体制改革。推进公立医院改革,加强医疗、医保、医药“三医联动”。进一步完善分级诊疗制度,深入推进医联体建设。加强医疗质量监管,构建和谐医患关系。健全药品供应保障体系,实施合理用药监测,优先配备使用国家基本药物,推进短缺药品多源信息采集平台建设,建立部门协同监测机制。建立健全药品耗材价格常态化监测预警机制,加强全市采购价格动态监测。加强公立医院建设和绩效考核,推动公立医院高质量发展。强化基层公共卫生体系,提升基层预防、治疗、护理、康复服务水平。

推动中医药传承创新。坚持中西医并重和优势互补,发挥中医药在疾病预防、治疗、康复中的独特优势,促进少数民族医药发展,加强中药质量监管,培养中医药特色人才,健全中医药服务体系,建设一批道地药材种养示范基地和“定制药园”。

广泛开展全民健身运动。夯实学校体育基础,积极发展青少年体育。加大公共体育设施建设力度,建成桂林新区体育中心,推动公共体育场馆低收费或免费开放。规划建设贴近社区、方便可达的全民健身中心、运动场、体育公园、健身步道、小型足球场等健身设施,优化社区 15 分钟健身圈。大力弘扬追求卓越、突破自我的中华体育精神,提高竞技体育水平。建设国家和自治区运动队训练基地、灌阳广西青少年球类集训基地,加快少数民族传统体育基地建设。鼓励社会力量发展体育产业,丰富健身消费产品和服务供给。

专栏 12 医疗卫生重大项目

运营桂林旅游综合医院,建成市中医医院城北院区,加快推进桂林医学院附属医院漓东新院区、南溪山医院雁山分院、市妇幼保健院临桂院区、市 120 急救指挥中心项目。继续推进市中西医结合医院改造提升、市第三人民医院公共卫生临床中心、市疾控中心实验室能力提升等项目建设。支持全州等人口较多的县(市)人民医院提升为三级综合医院。

第四节 全面建成多层次社会保障体系

扩大社会保险覆盖面。推进社保转移接续和跨地区互联互通,健全基本养老、基本医疗保险筹资和待遇调整机制。促进农民工、灵活就业人员、新就业形态人员、未参保居民等重点群体参保。加快发展企业年金和职业年金,发挥商业养老保险补充性作用,发展多层次、多支柱养老保险体系。完善失业保险制度,做好对特定人群的补贴标准提升和兜底保障工作。进一步推进工伤预防和工伤康复工作。加快完善医疗救助保障体系,全面实施城乡居民大病保险制度。大力发行电子社保卡,推动社会保障卡跨地区“一卡通”应用。到 2025 年,基本养老保险参保率达 96%,基本医疗保险参保率稳定在 97.5%,失业、工伤保险参保人数分别达 50、59 万人。

提升住房保障水平。推进公租房和共有产权房建设,扩大保障性住房供给,建立多主体供给、多渠道保障、租购并举的住房保障体系。将城市新增就业无房职工、进城务工人员及大中院校毕业生等群体纳入主要保障对象,降低保障性住房准入门槛,完善公共租赁住房管理。

完善多元化的社会救助、社会福利、优抚安置体系。提高城乡低保标准和特困人员供养标准,统筹推进城乡低保对象、特困供养人员服务均等化。完善困难群众医疗救助、临时救助、法律援助制度,健全“救急难”工作机制,加强基层流浪乞讨人员救助服务设施建设。完善退役军人服务保障体系,提升抚恤优待水平,切实维护退役军人的合法权益。大力发展慈善事业,落实慈善激励政策,培育发展公益慈善组织。深化殡葬事业改革,支持公共殡仪馆、公益性骨灰安放(葬)等设施建设。

第五节　保障妇女未成年人和残疾人基本权益

保障妇女儿童合法权益。保障妇女平等获得教育、就业、社会保障、婚姻家庭财产、参与社会事务等权利和机会,提高妇女参与决策管理水平。加强妇女劳动保护、卫生保健、生育关怀、社会福利、法律援助等工作,保障农村妇女土地权益和集体经济组织成员待遇,加强农村留守妇女关爱服务和特殊困难妇女群体民生保障。严厉打击侵害妇女儿童违法犯罪行为。保障儿童生存权、发展权、受保护权和参与权等权利。加强儿童思想道德教育、劳动教育、安全教育和心理教育,加强网络保护,预防和控制伤害,保障身心健康,提升综合素质。健全儿童福利网络,提升服务水平。完善帮扶孤儿、事实无人抚养儿童、困境儿童等社会福利制度和机制,加强农村留守儿童关爱服务,强化儿童营养及食品用品质量安全管理。加强未成年人保护,预防未成年人违法犯罪。

健全残疾人关爱服务体系。强化残疾人救助保障,加强和规范困难残疾人生活补贴、重度残疾人护理补贴发放。积极落实残疾儿童康复救助制度,推进适龄残疾儿童和少年教育全覆盖。提升残疾康复服务保障能力。拓宽残疾人就业渠道,提高残疾人就业创业和自我发展能力。加强残疾人康复设施建设,增加残疾人公共服务供给,逐步推进城乡无障碍环境建设。

第六节　积极应对人口老龄化

提高优生优育服务水平。加强居住区配套婴幼儿照护服务场地建设,加快发展多种形式的婴幼儿照护服务机构,满足新增公共服务需求。支持社会力量发展普惠托育服务,促进3岁以下婴幼儿照护服务发展,推动"托幼一体化"建设,降低生育、养育、教育成本,加强婴幼儿照护服务人才队伍建设,规范婴幼儿照护服务机构安全管理。努力创建0—3岁婴幼儿照护服务全国示范城市。

促进青年全面发展。稳步推动落实中长期青年发展规划。维护青年发展权益,落实全社会担负青少年成长成才责任,增强青少年文明素养、社会责任意识、探索精神、实践本领,重视青少年身体素质和心理健康教育,建立完善青年发展数据监测体系,推进青少年活动阵地和"为了明天"预防青少年违法犯罪工程建设。健全各级青少年综合服务平台,加强治理现代化青年政治人才培养,持续推动大学生志愿服务西部计划地方项目。实施青年就业见习计划,健全"公益资助+政府配套+志愿者参与"新时代希望工程资助体系。加强与东盟国家和港澳台地区青少年交流。

推动养老事业和养老产业协同发展。加快养老基础设施建设,健全城乡养老公共服务设施。积极发展普惠型养老和互助性养老服务,完善高龄津贴制度,探索建立长期护理保险制度。实施养老机构公办民营、公建民营、民办公助,鼓励养老机构服务功能向社区延伸,发展智慧化居家养老服务。鼓励社会力量合理利用闲置宾馆、学校等设施申办养老服务机构,健全养老服务综合监管。推进医养结合,开展现有医疗卫生机构和养老机构合作试点。大力发展银发经济,加快发展健康教育、预防保健、疾病诊治、康复护理、长期照护、安宁疗护等健康养老服务,促进养老与家政、保险等领域融合互动,扩大为老服务产品供给。加快老年大学建设,促进老年教育全面协调可持续发展。

第十四章　全面深化改革,构建共建共治共享的现代化治理体系

聚焦影响和制约发展的重要领域和关键环节,把改革向纵深推进,推动改革与发展深度高效联动。加快转变政府职能,提升社会治理现代化水平,打造市场化法治化国际化营商环境,全面激发市场主体活力和社会创造力。

第一节　打造一流营商环境

提升政府服务效能。加快转变政府职能,深化简政放权、放管结合、优化服务改革。推进行政审批制度改革,加快政务服务"简易办"、承诺审批制度改革,推进政务服务标准化、规范化、便利化。实施涉企经营许可事项清单管理,加强事中事后监管,对新产业新业态实行包容审慎监管。深化"互联网+政务"服务,提升全流程一体化在线服务平台功能,更好实现一窗受理、限时办结、最多跑一次。推行智能审批,拓展自助办理。强化服务企业意识,营造企业成长良好社会环境。

完善公平公正的营商环境。推进高标准市场体系建设,健全产权执法司法保护制度,完善公平竞争审查机制,推行市场准入负面清单制度,保障各类市场主体公平竞争。完善政策制定、实施、评估和异议解决机制,建立常态化的市场主体意见征集机制,搭建政企沟通网上平台。深化行业协会、商会和中介机构改革。强化社会信用体系建设,推动各部门基础信用信息全面归集共享。持续完善信用评价、联合奖惩等机制,构建以信用为核心的新型市场监管机制。

有效降低企业经营成本。建立惠企政策落实评估机制,全面贯彻落实系列减税降费政策,切实减轻市场主体的税费负担。提高物流规模化、组织化、集约化、智能化水平,有效降低企业物流成本。严格落实供水、供电、供气、电讯、邮政等公用事业服务收费公示制度,扩大电力市场化交易规模,持续降低企业用能成本。

第二节　统筹推进重点领域改革

充分激发各类市场主体活力。实施国企改革三年行动,稳妥推进国企混改、重组整合、国资监管体制改革,加快完善现代企业制度,做大做强做优国有资本和国有企业,支持本土企业发展壮大。实施大企业大集团培育行动,加快培育行业性区域性一流企业。优化民营经济发展环境,建立规范化制度化政企沟通渠道,构建亲清政商关系。依法平等保护民营企业产权和企业家权益,健全民营企业参与桂林重大战略实施机制,完善促进中小微企业和个体工商户发展政策体系,激发民营企业活力。

深化农业农村改革。落实第二轮土地承包到期后再延长三十年政策。健全城乡统一的建设用地市场,稳妥有序推进农村集体经营性建设用地入市。深入探索宅基地所有权、资格权、使用权分置实现形式,保障进城落户农民

土地承包权、宅基地使用权、集体收益分配权。引导和规范农业设施用地管理。持续推进农村集体产权制度改革,推动资源变资产、资金变股金、农民变股东,发展新型农村集体经济。深化农村金融改革,升级推广"田东模式"。健全政策性农业信贷担保体系,提高农业保险、产业发展贷款贴息覆盖面和保障水平。持续深化林业、供销、水利改革。健全城乡融合发展体制机制,推动城乡要素平等交换、双向流动,强化以工补农、以城带乡,推动形成工农互促、城乡互补、协调发展、共同繁荣的新型工农城乡关系。

深化财税和投融资体制改革。深化财政体制改革,加强财政资源统筹和规划管理,深化预算管理制度改革,加快财政支出标准化建设,健全以绩效为导向的预算分配机制,加强地方税源培育和财源建设。深化投融资体制改革,完善政银企合作机制,健全金融有效支持实体经济的体制机制,推动金融产品创新。推进统计现代化改革。

第三节 提升社会治理能力

推进市域社会治理现代化。完善党委领导、政府负责、民主协商、社会协同、公众参与、科技支撑的社会治理体系。发挥政治引领和自治基础作用,推进基层群众自治组织规范化建设,推动市域社会治理与基层社会治理有效衔接。深入实施公民道德建设工程,强化德治教化作用。大力推动现代科技与市域社会治理深度融合,持续提升社会治理精细化和现代化水平。

提高基层治理能力水平。推动社会治理重心向基层下移,向基层放权赋能,强化各级综治中心实体化建设,创建"网格化+智能化"社会治理新模式。优化基层行政执法力量,减轻基层负担。发挥群团组织、社会组织在社会治理中的作用,畅通和规范市场主体、新社会阶层、社会工作者和志愿者参与社会治理的途径,构建以乡镇(街道)社会工作服务站为基础的社会工作服务体系。健全党组织领导、村(居)委会主导、人民群众为主体的新型基层社会治理架构,完善民事民议、民事民办、民事民管的基层社会治理机制。

扎实推进法治桂林建设。贯彻落实习近平法治思想,健全党领导全面依法治市的制度机制,统筹推进科学立法、严格执法、公正司法、全民守法,完善公共法律服务体系,建设高素质法治人才队伍。加强新时代立法工作,推进城市管理、生态文明、历史文化保护等重点领域立法。加强法治政府建设,健全政府守信践诺机制,构建市县乡行政执法协调监督工作体系,提高依法行政水平。深化法治领域改革,完善监察权、审判权、检察权运行和监督机制,健全社会公平正义法治保障制度,全面提升执法司法公信力。

发展社会主义民主。坚持党的领导、人民当家作主、依法治国有机统一,坚定不移走中国特色社会主义政治发展道路。坚持和完善人民代表大会制度、中国共产党领导的多党合作和政治协商制度、民族区域自治制度,全面贯彻党的宗教工作基本方针,依法加强宗教事务管理。健全基层群众自治制度,发挥工会、共青团、妇联等人民团体作用,完善大统战工作格局,深入贯彻党的侨务政策,巩固和发展最广泛的爱国统一战线。创建全国民族团结进步示范市,营造同心同德、团结奋进的良好局面。

第四节 统筹发展和安全

维护社会稳定和人民生命安全。坚持和发展新时代"枫桥经验",完善社会矛盾纠纷多元预防调处化解综合机制,深入开展信访积案专项治理。推进扫黑除恶斗争常态化,坚决防范和打击暴力、恐怖、邪教、毒品犯罪、传销违法犯罪、电信网络新型违法犯罪和跨国跨境犯罪。加强对特殊人群和重点人员的帮扶管理。完善安全生产责任和管理制度,建立公共安全隐患排查和安全预防控制体系,加强交通安全、生产安全、校园安全、消防安全等工作,有效遏制危险化学品、非煤矿山、建筑施工、人员密集场所等领域重特大安全事故。深入实施质量强市战略,抓好食品药品安全治理,完善食品安全风险监测体系,建设广西食品安全示范城市。

提升政法智能化水平。强力推进雪亮天网工程,加快数字平安桂林建设,以"智慧+融合+协同+服务"为核心,统筹政法智能化、智慧法院、智慧检务、智能情报、数字法治、违法犯罪侦查打击、社会安全风险防控等领域建设。开展大数据智能化应用,强化信息资源整合共享,提升政法综治监测预警、协同联动、辅助办案、社会治理和综合决策能力。

推进应急管理现代化建设。加快推进市应急指挥中心、应急保障中心、自然灾害监测预警和风险普查系统、安全生产监测预警系统等建设,优化应急综合救援物资储备仓库、乡镇应急站(消防救援站)布局。强化综合性消防救援队伍和专业应急队伍建设,提升全民防灾减灾意识。进一步畅通应急保供投放网络,落实重点商品政府应急储备制度。坚持预防为主、防抗救相结合,加强多灾种灾害防治,提升应对森林火灾、地质灾害、生物灾害、气象灾害等处置能力。

支持国防和军队现代化建设。贯彻党管武装根本原则,落实国防动员体制和兵役制度改革,巩固深化民兵调整改革成果,加强人民武装部正规化建设,做好新时代双拥工作,落实军人军属和民兵待遇保障政策,推动军民融合深度发展,巩固军政军民团结。加强国家安全人民防线建设,强化全民国防教育,增强全民国家安全意识,提高防范抵御国家安全风险能力。

有效防范化解经济运行重大风险。加强经济安全风险预警与防控,健全经济运行分析和预判制度。维护水利、电力、供水、油气、交通、通信、网络、金融等重要基础设施安全,实现重要产业、战略资源、重大科技等关键领域安全可控。落实粮食安全责任,推进粮食节约减损,提升收储调控能力,确保粮、油、糖、肉等重要民生商品供应安全。加强信息网络安全防护,完善网络安全风险联防联控机制,加强个人信息保护。强化金融风险管理,健全金融风险预防、预警、处置、问责体系,守住不发生系统性风险的底线。加强政府债务管理,完善举债融资机制。

第五篇 强化规划实施保障,全面推进规划落实

第十五章 加强规划实施保障

坚持党的全面领导,落实规划实施责任,科学制定政策和配置公共资源,广泛动员全社会力量,共同推动规划顺利实施。

第一节 坚持党的全面领导

充分发挥各级党委(党组)总揽全局、协调各方的领导作用,把方向、谋大局、促改革、抓落实,不断提高政治判断力、政治领悟力、政治执行力,在准确把握新发展阶段、抢抓用好新发展机遇、全面贯彻新发展理念、积极融入新发展格局中勇担当、善作为。加强基层党组织建设,增强组织引领能力,关心关爱艰苦地区基层干部。进一步完善监督体系,把严的主基调长期坚持下去,把监督贯穿于党领导经济社会发展全过程,加强对“一把手”和领导班子的监督,一体推进不敢腐、不能腐、不想腐,持续营造风清气正的政治生态和良好发展环境。大兴改革创新之风、攻坚克难之风、真抓实干之风,尊重群众首创精神,充分调动广大群众的积极性和主动性。深入开展规划宣传,让规划实施成为全社会的自觉行动,形成群策群力、共建共享的生动局面。

第二节 健全统一规划体系

强化发展规划的战略导向作用,加强与国家、自治区各类规划的衔接,进一步完善以发展规划为统领,以国土空间规划为基础,以专项规划为支撑,由市、县各级规划共同组成,定位准确、边界清晰、功能互补、统一衔接的全市规划体系。按照本规划确定的国土空间开发保护要求,制定实施市国土空间规划。聚焦本规划确定的战略重点和重要任务,在产业发展、生态文明、民生保障、开放合作等领域,编制一批专项规划。加强县(市、区)规划对本规划确定的发展战略、主要目标、重点任务、重大工程项目的贯彻落实。

第三节 完善规划实施机制

健全政策协调和工作协同机制,完善规划实施监测评估和绩效考评机制。本规划确定的主要指标及工作任务,要明确责任主体和进度要求,加强事中事后监管,及时开展监测评估,确保各项部署落到实处。强化年度计划与本规划的衔接,将本规划确定的主要指标分解纳入年度计划指标体系,设置年度目标并做好年度间综合平衡,合理确定年度工作重点。开展规划实施情况动态监测、中期评估和总结评估,中期评估报告和总结评估报告情况按程序提请市委常委会审议,把监测评估结果作为改进政府工作和绩效考核的重要依据,并依法向市人民代表大会常务委员会报告规划实施情况,自觉接受人大监督。发挥审计机关对推进规划实施的监督作用。需要对本规划进行调整时,由市人民政府提出调整方案,报市人民代表大会常务委员会审查批准。

第四节 建立健全要素保障联动机制

坚持规划定方向、财政作保障、金融为支撑、其他政策相协调,着力构建规划与宏观政策协调联动机制。加强中期财政规划和年度预算、政府投资计划与本规划实施的衔接协调,财政资金优先投向本规划确定的重大任务和重大工程项目。坚持项目跟着规划走、资金和要素跟着项目走,依据本规划制定重大工程项目清单,对清单内工程项目优先列入年度统筹推进计划,简化审批核准程序,优先保障规划选址、土地供应和资金需求,推动规划目标任务顺利实现。

实现“十四五”规划和2035年远景目标,意义重大,任务艰巨,前景光明。全市各族人民要更加紧密团结在以习近平同志为核心的党中央周围,进一步解放思想、深化改革、凝心聚力、担当实干,奋力谱写新时代中国特色社会主义壮美广西的桂林新篇章,为夺取全面建设社会主义现代化新胜利而不懈奋斗!

名词解释

1. 四大战略定位:世界一流的旅游目的地、全国生态文明建设示范区、全国旅游创新发展先行区、区域性文化旅游中心和国际交流的重要平台。

2. “三统”:统一管理、统一经营、统筹利益分配。

3. 九年义务教育巩固率:计算公式为当年初三在校生数 ÷8 年前小学一年级学生数 ×100%。

4. “三大定位”:构建面向东盟的国际大通道、打造西南中南地区开放发展新的战略支点、形成“一带一路”有机衔接重要门户。

5. “五个扎实”:扎实推动经济持续健康发展、扎实推进现代特色农业建设、扎实推进民生建设和脱贫攻坚、扎实推进生态环境保护建设、扎实建设坚强有力的领导班子。

6. “四个新”:2021年4月25日—27日,习近平总书记视察广西时强调,要在推动边疆民族地区高质量发展上闯出新路子,在服务和融入新发展格局上展现新作为,在推动绿色发展上迈出新步伐,在巩固发展民族团结、社会稳定、边疆安宁上彰显新担当。

7. “六个一流”:一流的精品景区、一流的旅游服务、一流的旅游品牌、一流的国际消费中心、一流的文旅体验、一流的康养基地。

8. 八条旅游精品线路:百里漓东、峰林遗产、茶江生态、桂柳运河、龙脊风情、资江丹霞、湘江红色、灵渠古道等8条精品线路。

9. “两会一节”:联合国世界旅游组织/亚太旅游协会旅游趋势与展望国际论坛、中国-东盟博览会旅游展、桂林国际山水文化旅游节。

10. 提升乡村“形实魂”:塑造美丽乡村之“形”,充盈乡村产业之“实”,铸牢乡村文明之“魂”。

11. “四个不摘”:摘帽不摘责任、摘帽不摘政策、摘帽不摘帮扶、摘帽不摘监管。

12. “三大三新”:大健康、大数据、大物流、新制造、新材料、新能源。

13. “双百双新”:投资超过百亿元、产值超过百亿元的重大产业项目,新产业、新技术项目。

14. “两新一重”:新型基础设施、新型城镇化,交通、水利等重大工程。

15. “五网”:综合交通网、能源网、水利网、信息网、物流网。

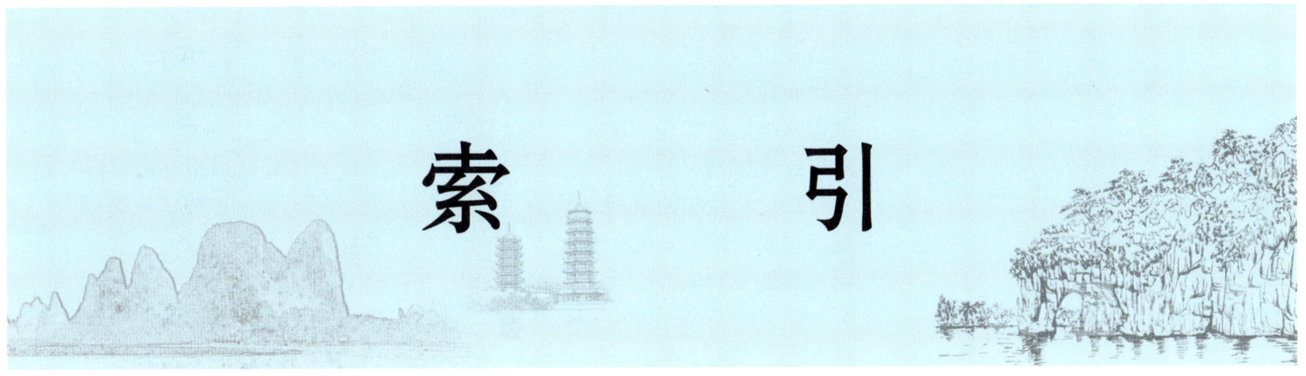

索　引

说　明

一、本索引采用主题分析方法。正文(包括条码、文献、资料、图片和表格)中凡具有独立检索意义的完整资料,均可通过本索引进行检索。为突出图片主题,图片文字说明作简要处理。

二、主题词词首按汉语拼音字母(同音字按声调)顺序排列。索引范围包括类目、分目、条目、图片和表格标题。正文中的类目、分目在本索引中用黑体字标明,其余款目用宋体字排印。图片、表格在其款目后分别标明“图”“表”。

三、主题词后的数字表示其所在页码,a、b、c分别表示左栏、中栏、右栏。

四、同一主题的内容在文中多处出现的,在其款目后用不同的页码标明。内容有交叉的款目在本索引中重复出现。

五、“编辑说明”“市党政机关、直属事业单位、党派团体及其领导人名单”“特载”“大事记”“人物”“附录”等栏目不作索引,阿拉伯数字开头的款目排在索引的前面。

数字

A

B

C

D

M

N

P

Q

R

S

T

W

X